Andrei N. Rodnikov

ENGLISH-RUSSIAN DICTIONARY OF PHYSICAL DISTRIBUTION AND MATERIALS MANAGEMENT

edited by V.I. Osipov

EXAMEN

MOSCOW

2001

Родников А.Н.

АНГЛО-РУССКИЙ СЛОВАРЬ ПО ЭКОНОМИКЕ ТОВАРОДВИЖЕНИЯ

под редакцией В.И. Осипова

ЭКЗАМЕН

МОСКВА
2001

УДК 811.111'374.8
ББК 81.2Англ-4
Р60

Родников А.Н.

Р60 Англо-русский словарь по экономике товародвижения = English-Russian Dictionary of Physical Distribution and Materials Management / Под ред. В.И. Осипова — М.: Экзамен, 2001. — 608 с.

ISBN 5-8212-0209-4

Словарь включает 2814 употребляемых в США и/или Великобритании терминов по организации оптовой и розничной торговли, управлению грузовыми перевозками, тарному складскому хозяйству и т.д. Каждый термин в словаре приводится на английском и русском языке, после чего дается его толкование на русском языке. В словаре имеется развитая система оцифрования отсылок, которая позволяет читателю четко уяснить себе родо-видовые и ассоциативные связи обозначаемых соответствующими терминами понятий. В конце словаря приведен алфавитный указатель русских эквивалентов англоязычных терминов, что позволяет использовать настоящий словарь и при переводе литературы по соответствующей тематике с русского языка на английский.

Словарь предназначен для специалистов, занятых в сфере международных грузовых перевозок, работников таможенных и товарных складов, экспедиторов, а также для студентов старших курсов соответствующих специальностей вузов и втузов.

УДК 811.111'374.8
ББК 81.2Англ-4

ISBN 5-8212-0209-4

ПРЕДИСЛОВИЕ

В руках у читателя — первый в России англо-русский толклвый словарь по комплексной проблеме управления товародвижением. Эта проблема включает, в частности, вопросы, связанные с организацией оптовой и розничной торговли и товаропроводящей сети; управлением материальными ресурсами на всех стадиях их жизненного цикла, начиная от добычи сырья и кончая утилизацией выработавших свой ресурс изделий. Естестенно, что выработка оптимальных решений по этим вопросам сегодня практически невозможна без использования методов, зародившихся в годы Второй мировой войны (1939 – 1945 гг.), интенсивно развивавшихся всю вторую половину XX века и сейчас известных всем под названием «исследование операций». Эти и другие вопросы отражены в предлагаемом читателю словаре.

Примерно 10% из 2814 терминов настоящего словаря в других изданных в России (по состоянию на конец 2000 г.) лексикографических пособиях отсутствуют и определяются здесь впервые. При отборе новейших терминов для включения в словарь автор опирался не столько на частоту использования того или иного термина (которая сама по себе мало о чем говорит), сколько на мнения своих консультантов и на свой личный опыт. Дело в том, что некоторые из модных сейчас терминов являются кабинетными измышлениями западных (и прежде всего американских) авторов, не обозначают сколь-нибудь теоретически значимых и практически полезных понятий и являются словами-однодневками или, выражаясь языком лингвистов, эфемерными терминами. У этого вопроса есть и другая сторона — засорение русского языка транслитерированными терминами — «прокьюремет», «циклический инвенторий», «хаб» и т.д. и т.п. Кстати, все три упомянутых «термина» то и дело проскальзывают в периодической печати, а второй из них даже попал в изданную в 1999 г. солидную монографию. Первый из названных «терминов» послужил для автора этих строк поводом для обращения за консультацией к известному ученому-филологу из Института языкознания РАН (г. Москва). В языкознании это явление называется жаргонным заимствованием (например, «политесс» вместо «вежливость», «моветон» вместо «грубость»), обусловленным не объективной потребностью носителя заимствующего языка, а — в данном случае — модой на иностранное. И глубоко был прав писатель В.И. Белов, который еще в начале 1980-х гг. отметил, что «нельзя забывать, что засорение (то есть порча) языка иноязычными, чуждыми его духу и плоти словами при достаточной изворотливости ума можно преподнести как положительное явление»[1].

В настоящем словаре нет или почти нет транслитерированных заимствований, «ответственность» за которые читатель мог бы возложить на автора этих строк. Однако есть уже устоявшиеся заимствования, например, «Канбан» (кстати, это слово уже вошло в английский, итальянский и многие другие языки). Здесь мы подошли к еще одной важной проблеме — формулировке определений фундаментальных понятий науки об управлении материальными ресурсами или логистики. Известные отечественные и зарубежные ученые (В.И. Сергеев, Г.С. Шишкин, Э. Морэш и др.) неоднократно выражали сожаление по поводу противоречивости определений ряда понятий этой науки. Например, Э. Морэш пишет, что «… на нынешнем этате эволюции логистики некоторые из ее важнейших понятий не имеют точных определений …»[2]. И именно по этой (в подлинном смысле слова объективной) причине в определениях некоторых новейших терминов в настоящем словаре не выполнено требование соразмерности определяемого и определяющего.

Словарь является результатом многолетней работы автора этих строк в качестве референта отдела транспорта Всесоюзного института научной и технической информации (ВИНИТИ) и сотрудничества

---

[1] В.И. Белов «И снова о нем …». В сб. «Раздумья на родине». — М.: Современник, 1986, с. 237.

[2] Edward A. Morash et al. «Boundary spanning interfaces between logistics, production, marketing and new product development». International Journal of Physical Distribution & Logistics Management, Vol. 26, № 8, 1996, p 48.

с фирмой «Lodge Holdings Ltd.» (Великобритания). При подборе русскоязычного эквивалента для нового американского или британского термина автор мог идти тремя путями.

1. Предложить, после консультаций со специалистами в соответствующей облости, свой вариант, например, «multiple-leg run» — «кольцевой маршрут» (ст. 1563).

2. Использовать для обозначения соответствующего понятия русский термин, имеющий более широкое значение, например, «stocking agent» — «брокер» (ст. 2363).

3. Применить, в случае отсутствия устоявшегося русскоязычного эквивалента английского термина, многословную предложно-падежную конструкцию, т.е. сознательно нарушить одно из важнейших требований к термину — краткости, например, «drop shipper» — «посредник, организующий транзитную поставку с участием в расчетах» (ст. 782).

По этим причинам предлагаемые в словаре эквиваленты новейших терминов не следует рассматривать как нормативные.

В данном издании словарная статья может включать следующие элементы:

1) номер;

2) заглавный термин, набранный полужирным шрифтом;

3) краткая форма заглавного термина, отделенная от него запятой;

4) синоним или синонимы заглавного термина, отделенные от него точкой с запятой (в отдельных случаях в скобках указана область применения или ареал применения термина);

5) русскоязычный эквивалент термина, отделенный от предыдущих элементов статьи с помощью тире;

6) определение термина.

Если у английского термина имеется один русский эквивалент, имеющий несколько значений, то соответствующие определения пронумерованы арабскими цифрами. Если английский термин имеет несколько русских эквивалентов, то соответствующие эквиваленты пронумерованы арабскими цифрами и отделены от толклваний с помощью тире. Если в определении термина используются другие термины, также толкуемые в словаре, то при первом упоминании они набраны прописными (заглавными) буквами и сопровождаются номером соответствующей статьи в скобках. В конце ряда статей имеются отсылки к другим терминам, имеющим родо-видовые или ассоциативные связи с толкуемым термином. Такие отсылки имеют пометку «См. также». Отсылки от терминов-синонимов и от терминов-аббривиатур к основному термину имеют пометку «См.». Если синонимы являются американскими или британскими эквивалентами соответствующего русского термина, то толкование дается американскому термину, а британский термин (или термины) приводятся в качестве синонимического ряда к американскому.

В приложении приведен алфавитный перечень терминов на русском языке с указанием номеров соответствующих статей, что позволяет использовать настоящий словарь и при переводе литературы по соответстующей тематике с руского языка на английский.

Автор выражает благодарность В.И. Осипову и Н.С. Фиолетовой, по инициативе и под руководством которых материал, накопленный в ходе сотрудничества в 1993 – 1998 гг. с фирмой «Lodge Holdings Ltd.» (Великобритания) был обработан и составил основу данного словаря, директору этой фирмы господину А. Гловацки (Alexander Glowacki) и ее региональному менеджеру Ю.П. Бабьяку, директору ЦНИИТЭИМС Госснаба СССР (ныне ОАО НИИТЭИМС) А.М. Захарову, коллективу библиотеки Американского центра (Москва), а также А.А. Воскресенскому, М.В. Залесской, В.Ю. Коростелеву, Е.Ю. Светличному, В.П. Сиротинской, А.С. Баронову и Н.Ф. Абрамову за ценные советы и помощь.

Автор будет признателен всем читателям, которые сообщат по указанному ниже адресу о замеченых ими в словаре неточностях, либо предложат свои эквиваленты зафиксированных в словаре новейших английских терминов или укажут новые значения уже известных терминов (в последнем случае — обязательно со ссылкой на опубликованный источник, а еще лучше — в контексте).

E-mail издательства: examen@cityline.ru

СПИСОК ОСНОВНЫХ СОКРАЩЕНИЙ, ПРИНЯТЫХ В СЛОВАРЕ

амер. — американизм; выражение, термин или оборот речи, характерные для США
абс. — абсолютный
автомат. — автоматический
брит. — бритицизм; выражение, термин или оборот речи, характерные для Великобритании
бух. — бухгалтерский термин
внеш. — внешний
ВНП — валовый национальный продукт
внутр. — внутренний
воен. — военный
гл. — главный
гл. о. — главным образом
г. — год
гг. — годы
гос. — государственный
гос-во — государство
ден. — денежный
дин. — динамический
долл. — доллар
доп. — дополнительный
др. — другой; другие
ед. — единица
ЕС — Европейский Союз
ж. -д. — железнодорожный
ИСО — Международная организация по стандартизации
кг — килограмм
к. -л. — какой-либо
кол-во — количество
коэф. — коэффициент
куб. — кубический
л — литр
м — метр
макс. — максимальный
матем. — математический
междунар. — международный
мин. — минимальный
мн. — многий; многие
мн-во — множество
напр. — например
нац. — национальный
нек-рый — некоторый
об-ние — объединение
оптим. — оптимальный
орг. произ-ва — организация производства
орг-ция — организация
осн. — основной
ОЭСР — Организация экономического сотрудничества и развития
подмн-во — подмножество

произ-во — производство
пром. — промышленный
пром-сть — промышленность
пр-тие — предприятие
разг. — разговорное выражение
разл. — различный
след. — следующий
см. — смотри
спец. — специальный
ср. — средний
стат. — статистический
ст-ка — статистика
ст. — статья
страх. — страховой термин
стр-во — строительство
с. х. — сельскохозяйственный
т — тонна
т. д. — так далее
т. е. — то есть
техн. — технический
технол. — технологический
т. н. — так называемый
т. о. — таким образом
т. п. — тому подобное
трансп. — транспортный; транспортный термин
тыс. — тысяча
ур-ние — уравнение
устр-во — устройство
физ. — физический
фин. — финансовый
ф-ла — формула
ф-ция — функция
хим. — химический
хоз. — хозяйственный
хоз-во — хозяйство
ч. — час
экон. — экономический

A

1. **a. a.** — см. **always afloat**

2. **abandoned property** — бесхозное имущество.
Собирательный термин, обозначающий вещи, владелец которых неизвестен или от права собственности на которые владелец отказался. К бесхозному имуществу могут быть отнесены НЕВОСТРЕБОВАННЫЕ ГРУЗЫ (2651), ТВЕРДЫЕ БЫТОВЫЕ ОТХОДЫ (1572), оставленные на ПЛОЩАДКЕ ДЛЯ МУСОРА (780), и т. д. В соответствии с законодательством ряда стран, если законный владелец не заявит о своих правах на него в течение установленного срока, бесхозное имущество подлежит реализации, а выручка от его реализации обращается в доход местного бюджета.

3. **abandonment** — 1) Отказ от груза — отказ ГРУЗОПОЛУЧАТЕЛЯ (492) от ГРУЗА (340), напр., из-за значительных повреждений, возникших по вине ПЕРЕВОЗЧИКА (366). В нек-рых случаях получатель не вправе отказаться от доставленных ему грузов, напр., от ОПАСНЫХ ГРУЗОВ (614), и обязан принять последние на ОТВЕТСТВЕННОЕ ХРАНЕНИЕ (173). 2) Абандон — отказ СТРАХОВАТЕЛЯ (1196) от своих прав на застрахованное имущество в пользу СТРАХОВЩИКА (1197) при условии выплаты последним полной СТРАХОВОЙ СУММЫ (2443). 3) Консервация (амер.) — вывод из эксплуатации по к. -л. причинам, напр., из-за нерентабельности, ж. -д. линии. В США протяженность ж. -д. линий с 1916 по 1979 гг. уменьшилась по рассматриваемой причине с 254000 до 185000 МИЛЬ (1519).

4. **ABC inventory management** — метод ABC.
Способ УПРАВЛЕНИЯ ЗАПАСАМИ (1236), заключающийся в разбиении номенклатуры всех потребляемых пром. пр-тием материальных ресурсов или реализуемых торговой фирмой товаров на 3 подмн-ва A, B и C. Алгоритм разбиения может быть, напр., след. Подсчитывается общее кол-во ЗАКАЗОВ (1646), поступивших за определенный период. Полученная величина делится на общее кол-во позиций номенклатуры. Все ресурсы или товары, кол-во заказов на которые в 6 и более раз превышает ср. величину, включаются в ПРОДУКЦИЮ ГРУППЫ «А» (77). Товары, кол-во заказов на которые в 2 и более раз меньше ср. величины, образуют ПРОДУКЦИЮ ГРУППЫ «С» (426). Остальные товары включаются в ПРОДУКЦИЮ ГРУППЫ «В» (233). В основе метода ABC лежит зависимость, которую часто называют «правило 20/80» (на меньшую часть ассортимента приходится наибольшая часть товарооборота), приоритет в исследовании которой принадлежит итальянскому экономисту Вильфредо Парето (1848 – 1923). См. также 2506.

5. **absorbent materials** — поглощающие материалы.
МАТЕРИАЛЫ (1477), используемые, напр., при УПАКОВЫВАНИИ (1721) ОПАСНЫХ ГРУЗОВ (614). При повреждении ВНУТРЕННЕЙ УПАКОВКИ (1862) П.м. предотвращают или уменьшают испарение, УЛЕТУЧИВАНИЕ (842) или разлив груза. Процесс АБСОРБЦИИ (6) происходит во всем объеме П.м. П.м. должны быть инертными по отношению к перевозимому грузу.

6. **absorption** — 1) Абсорбция — поглощение вещества из раствора или смеси газов твердым телом или жидкостью. Процесс абсорбции происходит во всем объеме ПОГЛОЩАЮЩИХ МАТЕРИАЛОВ (5). 2) Слияние — процесс об-ния двух и более фирм. См. также 18, 500. 3) Поглощение дополнительных из-

держек (амер.) — принятие ПЕРЕВОЗЧИКОМ (366) расходов на СОПУТСТВУЮЩИЕ УСЛУГИ (10) на свой счет. См. также 999.

7. **acceptance** — 1) Приемка — определение количественно-качественного соответствия поставленной ПРОДУКЦИИ (1885) условиям ЗАКАЗА (1646). Производится в установленные в заказе сроки, а если сроки приемки заказом не установлены, то в разумные сроки. Если заказчик в разумные сроки не сообщил ПОСТАВЩИКУ (2450) о факте приемки или об отказе от приемки, то поставщик вправе считать, что поставленная продукция принята, и что заказчик обязан оплатить ее. 2) Квитанция — расписка в получении товарно-материальных ценностей, грузов и т. п. При наличии у ПЕРЕВОЗЧИКА (366) расписки получателя за груз получатель теряет право на предъявление к перевозчику претензий на ЯВНЫЕ ПОВРЕЖДЕНИЯ (1281), которые могли возникнуть в процессе перевозки. См. также 1984.

8. **acceptance protocol** — акт о приемке материалов.
Документ, при котором в ряде стран, напр., в России, оформляется ПРИЕМКА (7) товаров при наличии количественно-качественных расхождений с сопроводительными документами ПОСТАВЩИКА (2450).

9. **acceptance sampling**; sampling inspection — статистический контроль качества.
Контроль КАЧЕСТВА (1941) товаров в ПАРТИИ (204) путем выделения из партии (генеральной совокупности) ряда единиц (представительной выборки). Отобранные единицы подвергаются всестороннему контролю, а полученные результаты распространяются на всю партию.

10. **accessorial services** — сопутствующие услуги.
Доп. УСЛУГИ (2175), предоставляемые ПЕРЕВОЗЧИКОМ (366). Сопутствующие услуги включают, напр., СБОР ГРУЗОВ (1799), ПЕРЕАДРЕСОВКУ (743), ИЗМЕНЕНИЕ ПОЛУЧАТЕЛЯ (1997), ОТСЛЕЖИВАНИЕ ГРУЗОВ (2199) и т. д. Большинство таких услуг предоставляется за доп. плату.

11. **access road** — подъездная дорога.
АВТОМОБИЛЬНАЯ ДОРОГА (1125), связывающая территорию пром. пр-тия, СКЛАДА (2718) и т. п. с автомобильной дорогой общего пользования. См. также 2258.

12. **accomodation berth**; apprpriated berth — причал необщего пользования.
ПРИЧАЛ (214), являющийся частной собственностью или предназначенный для обслуживания судов одного судовладельца или группы судовладельцев.

13. **accomodation bill of lading** — коносамент, выдаваемый отправителю до передачи груза перевозчику.
КОНОСАМЕНТ (225), выданный ПЕРЕВОЗЧИКОМ (366) ГРУЗООТПРАВИТЕЛЮ (497) до того как последний предъявил ГРУЗ (340) перевозчику. Такой коносамент может быть выдан отправителю по его просьбе, чтобы последний получил возможность произвести необходимые расчеты по аккредитиву.

14. **accomodation stocks** (брит.) — запасы на ответственном хранении.
Товары, находящиеся на СКЛАДЕ (2718) потребителя, но остающиеся собственностью ПОСТАВЩИКА (2450). Потребитель фактически является ХРАНИТЕЛЕМ (2723) товаров и несет перед поставщиком ответственность за их сохранность до того, как он их оплатил. См. также 1193.

15. **accounting** — счетоводство.
Способы группировки объектов БУХГАЛТЕРСКОГО УЧЕТА (262), позволяющие получать сведения, необходимые для текущего контроля за хоз. операциями. Общим для всех счетов является то, что они представляют собой двухстороннюю таблицу, левая часть которой называется дебетом, а правая — кредитом. Счета делятся на активные, пассивные, активно-пассивные; счета аналитического учета, счета синтетического учета и т. д.

16. **acid-test ratio** — см. **quick ratio**.

17. **acknowledgement** — 1) уведомление о вручении — документ, подписываемый получателем ПОЧТОВОЙ ПОСЫЛКИ (1844), заказного письма, перевода и т. п., в подтверждение факта доставки посылки по назначению. Уведомление направляется отправителю по почтовым каналам, по электронной почте или по факсу. 2) Подтверждение принятия заказа — документ, подписываемый ПОСТАВЩИКОМ (2450) и являющийся свидетельством того, что последний принял условия НАРЯДА-ЗАКАЗА (1920). В США этот документ является во мн. случаях одной из копий наряда-заказа, которая, в отличие от оригинала, имеет соответствующую пометку или напечатана на бумаге др. цвета. Для ЗАКАЗОВ С ОПЛАТОЙ НАЛИЧНЫМИ (384) такая копия не предусмотрена.

18. **acquisition** — 1) Приобретение — покупка движимого или недвижимого имущества. 2) Приобретенное имущество — закупленное имущество или ценности, напр., ТОВАРНЫЕ ЗАПАСЫ (1511). 3) Приобретение одной фирмы другой — поглощение одной фирмы другой. Может быть произведено, напр., путем покупки контрольного пакета акций поглощаемой фирмы. См. также 500.

19. **action period** — см. **time bucket**.

20. **active stock** — см. **cycle stock**.

21. **activity-based costing** — дифференцированное начисление накладных расходов.
Техника СЧЕТОВОДСТВА (15), в соответствии с которой НАКЛАДНЫЕ РАСХОДЫ (1696) относятся не на всю ПРОДУКЦИЮ (1885), а лишь на те виды продукции, применительно к которым данные расходы были фактически понесены.

22. **act of God** — форс-мажор.
Обстоятельства непреодолимой силы, при наступлении которых ОТВЕТСТВЕННОСТЬ ПЕРЕВОЗЧИКА (369) или ОТВЕТСТВЕННОСТЬ ХРАНИТЕЛЯ (2726) носит ограниченный характер или исключается полностью. К таким обстоятельствам относятся, напр., пожары, стихийные бедствия и т. п.

23. **act of public authority** — действия властей.
Обстоятельства, уменьшающие объем ОТВЕТСТВЕННОСТИ ПЕРЕВОЗЧИКА (369) или ОТВЕТСТВЕННОСТИ ХРАНИТЕЛЯ (2726) или исключающие ее полностью. К таким обстоятельствам относятся изъятие товаров органами санитарного контроля, органами внутр. дел и т. п.

24. **act of public enemy** — действия врагов ощества.
Обстоятельства, уменьшающие объем ОТВЕТСТВЕННОСТИ ПЕРЕВОЗЧИКА (369) или ОТВЕТСТВЕННОСТИ ХРАНИТЕЛЯ (2726) или исключающие ее полностью. К таким обстоятельствам относятся, напр., действия воюющих сторон, вооруженные ограбления и т. п.

25. **act of shipper** — небрежность грузоотправителя.
Неумышленные действия ГРУЗООТПРАВИТЕЛЯ (2201), которые ввели в заблуждение ПЕРЕВОЗЧИКА (366). К таким действиям относятся, напр., неправильная МАРКИРОВКА (1469) или неправильное УПАКОВЫВАНИЕ (1721). Перевозчик освобождается полностью или частично от ответственности за несохранную перевозку, если им будет доказано, что она вызвана небрежностью грузоотправителя.

26. **actual inventory** — см. **on-hand inventory.**

27. **actual total loss**; total loss — полная гибель.
Исчезновение или ПОВРЕЖДЕНИЕ ГРУЗА (1224) в такой степени, что его восстановление с целью использования по назначению нецелесообразно. См. также 505.

28. **actual value** — действительная стоимость.
В СТРАХОВАНИИ (1194) — рыночная стоимость восстановления поврежденного имущества или замены утраченного имущества с учетом его износа. См. также 637.

29. **actual value rate** (амер.) — договорный тариф.
ГРУЗОВОЙ ТАРИФ (1020), основанной на оценке стоимости ГРУЗА (340), произведенной самим ГРУЗООТПРАВИТЕЛЕМ (497). Действительная стоимость груза ПЕРЕВОЗЧИКУ (366) неизвестна.

30. **Adcom** — см. **address commission**.

31. **added value** — см. **value added**.

32. **address** — 1) Адрес — элемент МАРКИРОВКИ (1469), представляющий собой описание местонахождения ГРУЗООТПРАВИТЕЛЯ (497) и ГРУЗОПОЛУЧАТЕЛЯ (492). 2) Бронирование — закрепление за СУДОВЫМ БРОКЕРОМ (2191) всей или части грузоподъемности судна. 3) АДРЕСНАЯ КОМИССИЯ (33).

33. **address commission**; Adcom; address — адресная комиссия.
Выплачиваемая указанному ФРАХТОВАТЕЛЕМ (414) третьему лицу ден. сумма. Обычно составляет 2,5% суммы ФРАХТА (998) и является вознаграждением за орг-цию ПОГРУЗКИ (1366) судна.

34. **ADF** — см. **advanced disposal fee**.

35. **adjustment of average** — диспаша.
В МОРСКОМ СТРАХОВАНИИ (1466): распределение УБЫТКОВ (1418) по ОБЩЕЙ АВАРИИ (1044). Для составления Д. необходимо письменное заявление СТРАХОВЩИКА (1197) или др. заинтересованной стороны с приложением документов, подтверждающих сумму понесенных убытков и расходов.

36. **ad valorem duty** — адвалорная пошлина.
ТАМОЖЕННАЯ ПОШЛИНА (594), взимаемая в процентах от стоимости товара. См. также 2310, 2684.

37. **advanced charges** (амер.) — авансируемая провозная плата.
Ден. суммы, выплачиваемые авансом одним ПЕРЕВОЗЧИКОМ (366) другому при ПОСЛЕДОВАТЕЛЬНОЙ ПЕРЕВОЗКЕ (2442). Как правило, ГРУЗ (340) выдается ГРУЗОПОЛУЧАТЕЛЮ (492) только после того как ПРОВОЗНАЯ ПЛАТА (2593) внесена полностью. См. также 39.

38. **advanced disposal fee, ADF**; front end disposal fee — экологическая составляющая цены.
Расходы на УДАЛЕНИЕ (729) или УТИЛИЗАЦИЮ (2007), включаемые в ПОЛНУЮ СЕБЕСТОИМОСТЬ (2536) товара. См. также 154.

39. **advance freight** — аванс фрахта.
ФРАХТ (998), вносимый до того как ГРУЗ (340) доставлен ГРУЗОПОЛУЧАТЕЛЮ (492).

40. **adventure** — коммерческий риск.
Период времени, в течение которого товары находятся на РИСКЕ ПЕРЕВОЗЧИКА (372) или на РИСКЕ ГРУЗОВЛАДЕЛЬЦА (1707) независимо от того, застрахованы они или нет.

41. **advice note** — 1) Извещение об отгрузке — документ, высылаемый ГРУЗООТПРАВИТЕЛЕМ (497) ГРУЗОПОЛУЧАТЕЛЮ (492) в подтверждение того, что заказанные последним товары ему отправлены. 2) Извещение о прибытии груза — документ, высылаемый ПЕРЕВОЗЧИКОМ (366) грузополучателю в подтверждение того, что предназначенные ему товары доставлены в МЕСТО НАЗНАЧЕНИЯ (694). 3) Расписка в получении товаров — РАСПИСКА (1984) получателя за доставленные ему товары. 4) Авизо (бух.) — извещение, высылаемое одним лицом другому о состоянии взаимных расчетов.

42. **advice of despatch** — извещение об отгрузке.
Документ, высылаемый экспортером импортеру в подтверждение факта ОТГРУЗКИ (2205).

43. **aeration** — аэрация.
Процесс насыщения воздухом. А. используется, напр., в СИСТЕМАХ ХРАНЕНИЯ ЗЕРНА (1069) в целях уменьшения ВЛАЖНОСТИ (1544) последнего перед закладкой в хранилища; при КОМПОСТИРОВАНИИ (480); при обработке кислородом ОСАДКА СТОЧНЫХ ВОД (2284) и т. п.

44. **aerosol dispenser** — аэрозольная упаковка.
Изобарическая ТАРА (513), внутри которой находится активное вещество и закачанный под давлением газ-вытеснитель. НОРМЫ НАПОЛНЕНИЯ (644) аэрозольных упаковок различаются для мн. веществ и устанавливаются в нормативно-техн. документации.

45. **affreightment** — 1) Фрахтование — процесс оформления аренды судна. 2) ДОГОВОР ФРАХТОВАНИЯ СУДНА (534).

46. **A frame rack** — А-образный консольный стеллаж.
Двухсторонний наклонный КОНСОЛЬНЫЙ СТЕЛЛАЖ (327).

47. **age-coding** — цветовое кодирование сроков годности товаров.
Использование ЯРЛЫКОВ (1282) разл. цветов для обозначения СРОКА ГОДНОСТИ (2185) товаров. Напр., товары, срок годности которых подходит к концу, могут быть помечены ярлыками красного цвета.

48. **age monitoring** — контроль сроков хранения товаров на складе.
Одна из задач, решаемых в АВТОМАТИЗИРОВАННЫХ СИСТЕМАХ УПРАВЛЕНИЯ СКЛАДСКИМИ ПРОЦЕССАМИ (2724). На печать или на дисплей с установленной периодичностью выдаются справки о товарах, СРОК ГОДНОСТИ (2185)

которых подходит к концу и которые по этой причине подлежат первоочередной реализации. См. также 2354.

49. **agent, agt** — агент.
Представитель, уполномоченный др. лицом (принципалом) совершать к.-л. юридические действия в интересах последнего. А. может действовать на основании договора поручения, договора представительства и т. д.

50. **aggregated rebate**; deferred rebate — комбинированная скидка.
СКИДКА (719), предоставляемая ПОСТАВЩИКОМ (2450) РОЗНИЧНОМУ ТОРГОВЦУ (2067) в обмен на обязательство последнего продавать товары только данного поставщика. См. также 2507.

51. **aggregated shipment** — сборная отправка.
ГРУЗ (340), предназначенный одному ГРУЗОПОЛУЧАТЕЛЮ (492), но состоящий из ряда МЕЛКИХ ОТПРАВОК (2286). Формирование сборной отправки дает право на более низкие ГРУЗОВЫЕ ТАРИФЫ (1020), но может привести к замедлению ТОВАРОДВИЖЕНИЯ (1777) и удлинению СРОКОВ ДОСТАВКИ (2585) грузов.

52. **aggregate inventory** — совокупный запас.
ЗАПАС (1230) в укрупненной номенклатуре, имеющийся на разл. стадиях произ-ва и распределения товаров; все виды запасов, существующие на момент учета на данной территории.

53. **aggregate of intermediates rate** (амер.) — комбинированный тариф.
ГРУЗОВОЙ ТАРИФ (1020) от пункта А до пункта С, вычисляемый как сумма двух тарифов (от А до В и от В до С). Получен-

ная сумма может быть меньше СКВОЗНОГО ТАРИФА (2505) от А до С.

54. **aging** — 1) Фактическая продолжительность хранения — период времени, в течение которого товар находился на СКЛАДЕ (2718). 2) Группировка счетов по срокам оплаты (бух.) — систематизация дебиторской задолженности по срокам наступления оплаты.

55. **AGO** — см. **apparent good order**.

56. **agreed rate**; loyalty-incentive rate — договорный тариф.
ГРУЗОВОЙ ТАРИФ (1020), предоставляемый участнику ЛИНЕЙНОЙ КОНФЕРЕНЦИИ (1341). Является льготным тарифом со СКИДКОЙ (719) за лояльность.

57. **agreed valuation** — согласованная объявленная стоимость.
ОБЪЯВЛЕННАЯ ЦЕННОСТЬ (637) ГРУЗА (340), подтвержденная ПЕРЕВОЗЧИКОМ (366). Является основанием для определения вида используемого ГРУЗОВОГО ТАРИФА (1020).

58. **agreed weight** — нормативная масса.
НОРМА НАПОЛНЕНИЯ (644) конкретного вида УПАКОВКИ (1709), согласованная между ПЕРЕВОЗЧИКОМ (366) и ГРУЗООТПРАВИТЕЛЕМ (497).

59. **agricultural wastes** — отходы сельскохозяйственного производства.
ТВЕРДЫЕ ОТХОДЫ (2290), образующиесмя в растениеводстве, животноводстве и т. д. и подлежащие УТИЛИЗАЦИИ (2007) и/или УДАЛЕНИЮ (729).

60. **agt** — см. **agent**.

61. **AGV** — см. **automated guided vehicle**.

62. **air-belt type leg** — разгрузочный пневмотрубопровод.
Аэродинамический РАЗГРУЗОЧНЫЙ ЭЛЕВАТОР (1314) производительностью до 1000 т/ч.

63. **airbill** — см. **airwaybill**.

64. **air cargo terminal**; air freight transportation terminal — авиагрузовой терминал.
На ВОЗДУШНОМ ТРАНСПОРТЕ (73): ТЕРМИНАЛ (2492), на котором ГРУЗЫ (340) хранятся до ПОГРУЗКИ (1366) в воздушные суда или после ВЫГРУЗКИ (2667) из них.

65. **air carrier** — воздушный перевозчик; авиакомпания.
На ВОЗДУШНОМ ТРАНСПОРТЕ (73): КОММЕРЧЕСКОЕ ТРАНСПОРТНОЕ ПРЕДПРИЯТИЕ (954), перевозящее ГРУЗЫ (340), пассажиров и почту.

66. **air corridor** — воздушный коридор.
Предписанный воздушному судну МАРШРУТ (2099) полета. Согласно нормам Междунар. орг-ции гражданской авиации удаление воздушных судов друг от друга по высоте должно быть не менее 1000 футов.

67. **air express** (амер.) — ускоренная воздушная перевозка.
СОПУТСТВУЮЩАЯ УСЛУГА (10), связанная с обеспечением экстренной доставки к. -л. МЕЛКОЙ ОТПРАВКИ (2286).

68. **air freight agent**; cargo agent (амер.) — экспедитор; диспетчер.
Работник АВИАГРУЗОВОГО ТЕРМИНАЛА (64), в обязанности которого входит прием ЗАКАЗОВ (1646), орг-ция сбора и развоза ГРУЗОВ (340), оформление перевозок, подготовка ИЗВЕЩЕНИЙ О ПРИБЫТИИ ГРУЗОВ (41) и т. д.

69. **air freighter**; cargo aircraft — грузовой летательный аппарат.
Трансп. летательный аппарат (самолет, вертолет, дирижабль), предназначенный для перевозки ГРУЗОВ (340). Осн. характеристиками грузового летательного аппарата являются ГРУЗОПОДЪЕМНОСТЬ (343), объем ГРУЗОВОГО ОТСЕКА (1132), СЕБЕСТОИМОСТЬ ПЕРЕВОЗОК (367) и часовая производительность (произведение КОММЕРЧЕСКОЙ ЗАГРУЗКИ (1754) на рейсовую СКОРОСТЬ (2313)).

70. **air freight transportation terminal** — см. **air cargo terminal**.

71. **airline** — авиакомпания.
Пр-тие ВОЗДУШНОГО ТРАНСПОРТА (73), эксплуатирующее принадлежащие ему или находящиеся в его оперативном управлении воздушные суда и наземные техн. и служебные сооружения для перевозки ГРУЗОВ (340), пассажиров и почты. Большинство существующих А. являются нац. пр-тиями, однако существуют и совместные авиатранспортные пр-тия, напр. SAS (шведско-норвежско-датское). В 1990-е гг. КОЭФФИЦИЕНТ ПАССАЖИРОЗАГРУЗКИ (1365) у авиакомпаний стран-членов Междунар. орг-ции гражданской авиации (ИКАО) составлял менее 0,7.

72. **airport** — аэропорт.
На ВОЗДУШНОМ ТРАНСПОРТЕ (73): ТЕРМИНАЛ (2492), предназначенный для приема и отправки ГРУЗОВ (340), пасса-

жиров, БАГАЖА (168) и почты. Осн. элементы аэропорта: аэродром, служебно-техн. зона и приаэродромная территория. См. также 64.

73. **air transport** — воздушный транспорт.
Отрасль транспорта, сформировавшаяся в 1920-е гг. и осуществляющая перевозки на летательных аппаратах тяжелее воздуха (гл. о. на самолетах и вертолетах). Включает как КОММЕРЧЕСКИЕ ТРАНСПОРТНЫЕ ПРЕДПРИЯТИЯ (954), так и ЧАСТНЫХ ПЕРЕВОЗЧИКОВ (1870). СЕБЕСТОИМОСТЬ ПЕРЕВОЗОК (367) у воздушного транспорта самая высокая по сравнению с др. ВИДАМИ ТРАНСПОРТА (1541). Структура перевозок на воздушном транспорте характеризуется высоким удельным весом МЕЛКИХ ОТПРАВОК (2286). Воздушный транспорт характеризуется относительно низким уровнем НАДЕЖНОСТИ (674), которая во многом зависит от метеоусловий, высоким уровнем ШУМОВОГО ЗАГРЯЗНЕНИЯ (1589) окружающей среды.

74. **airwaybill, AWB**; airbill — авиагрузовая накладная.
Перевозочный документ, оформляемый ВОЗДУШНЫМ ПЕРЕВОЗЧИКОМ (65) при заключении договора воздушной перевозки. В отличие от КОНОСАМЕНТА (225) авиагрузовая накладная является необоротным документом и не может быть передана по индоссаменту. См. также 1139, 1472.

75. **aisle** — проход.
Проезд между СКЛАДСКИМИ СТЕЛЛАЖАМИ (2414), между стенами СКЛАДА (2718)и стеллажами и т. п. Ширина прохода зависит от размеров хранимых товаров, вида применяемого подъемно-транспортного оборудования и др. факторов.

76. **aisle width** — ширина межстеллажного коридора.
Горизонтальное расстояние между двумя смежными рядами СКЛАДСКИХ СТЕЛЛАЖЕЙ (2414).

77. **A- item**; A-product — 1) Продукция группы «А» — товары, составляющие относительно небольшую часть АССОРТИМЕНТА (122) или номенклатуры, но на которую приходится наибольшая часть ОБОРОТА (2636). Эта продукция требует особого внимания руководства пр-тия, вплоть до ЕЖЕДНЕВНОГО СНЯТИЯ ОСТАТКОВ (604), регулярного контроля за объемом СТРАХОВОГО ЗАПАСА (2115) и др. мер. 2) ХОДОВАЯ ПРОДУКЦИЯ (884). См. также 4.

78. **alarm level**; danger level — критический уровень запаса.
Снижение уровня ЗАПАСОВ (1230) до такой величины, при которой наиболее вероятно возникновение ДЕФИЦИТА (2376).

79. **allocated inventory** — забронированный запас.
Часть НАЛИЧНЫХ ЗАПАСОВ (1624), которая зарезервирована под уже полученные или будущие ЗАКАЗЫ (1646).

80. **allocation** — 1) Фондирование — распределение ДЕФИЦИТНЫХ МАТЕРИАЛОВ (568) с учетом ПРИОРИТЕТОВ (1867) пользователей или направлений использования. 2) Распоряжение на выдачу — в системе МРП (1488): оформление заявки на КОМПЛЕКТАЦИЮ (1785). 3) Разукрупнение — формирование мелких ПАРТИЙ (204) из крупной ПАРТИИ ПОСТАВКИ (1421). 4) Распределение расходов (бух.) — отнесение разл. затрат при расчете ПОЛНОЙ СЕБЕСТОИМОСТИ (2536) товаров на соответствующие счета.

81. **allowable weight per gallon** (амер.) — предельная объемная масса.
Максимально допустимая ПЛОТНОСТЬ (2763) ГРУЗА (340), в фунтах на галлон, который может быть загружен в ГРУЗОВОЙ ВАГОН (1004) данного типа с учетом допустимой нагрузки на путь.

82. **allowance** — 1) Норма бесплатного провоза багажа — кол-во БАГАЖА (168) (в фунтах или кг), которое пассажир может взять с собой без доп. платы. Зависит от типа трансп. средства, класса обслуживания и др. факторов. 2) Скидка — СКИДКА (719) со стоимости товара, предоставляемая покупателю при ВЫБОРКЕ (452) товара им самим. 3) НОРМА ЕСТЕСТВЕННОЙ УБЫЛИ (2245). 4) Денежное пособие — ден. сумма, выдаваемая работнику наличными на определенные цели.

83. **all purposes**; purposes — нормативное время на погрузку/разгрузку.
Максимально допустимое время на ПОГРУЗКУ (1366) и/или РАЗГРУЗКУ (2667) судна; в ЧАРТЕРАХ (416) исчисляется кол-вом дней. См. также 1374, 997.

84. **all risks** — с ответственностью за все риски.
Оговорка в СТРАХОВОМ ПОЛИСЕ (1195), обеспечивающая широкую страховую защиту и подразумевающая отсутствие ИСКЛЮЧЕННЫХ РИСКОВ (845).

85. **alternative delivery point** — см. **optional delivery point**.

86. **always afloat, a. a.** — всегда на плаву.
Условие ЧАРТЕРА (416), в соответствии с которым ФРАХТОВАТЕЛЬ (414) обязан предоставить судну такое место для грузовых работ, где оно имело бы под килем достаточный запас воды.

87. **American ton** — см. **short ton.**

88. **anchorage charges** — см. **anchorage dues**.

89. **anchorage dues**; anchorage charges — якорный сбор.
Ден. сумма, взыскиваемая администрацией ПОРТА (1831) за 1 куб. м. условного объема судна за каждый час стоянки на якоре на рейде.

90. **ancillary materials** — см. **auxiliary materials.**

91. **angle of friction** — угол естественного откоса.
Одна из ТРАНСПОРТНЫХ ХАРАКТЕРИСТИК (2592) НАВАЛОЧНОГО ГРУЗА (295); представляет собой угол между образующей и плоскостью штабеля.

92. **anticipated useful life**; service life — срок службы; ресурс.
Продолжительность эксплуатации техн. устр-ва, по истечении которого оно подлежит списанию или замене; может также выражаться через предельное кол-во операций, выполненных устр-вом. Зависит, в первую очередь, от ФИЗИЧЕСКОГО ИЗНОСА (698) и МОРАЛЬНОГО ИЗНОСА (1609). Напр., ресурс нек-рых видов ОБОРОТНОЙ ТАРЫ (1571) превышает 10 лет или 500 циклов использования.

93. **anticipation inventory** — буферный запас; запас досрочного завоза.
ЗАПАСЫ (1230), создаваемые с учетом возможных колебаний будущего СПРОСА (669), сезонного характера перевозок, забастовок и др. факторов. См. также 2144, 2312.

94. **anti-two block system** — система предупреждения двойной блокировки.
Совокупность устр-в, исключающих опасное сближение крюка КРАНА (563) с оголовником СТРЕЛЫ (263), которое может привести к обрыву грузового каната и падению ГРУЗА (1359), и блокирующее соответствующие ф-ции (подъем груза, выдвижение стрелы и др.). См. также 1380.

95. **any-quantity rate**; AQ rate — единообразный весовой тариф.
ГРУЗОВОЙ ТАРИФ (1020), взыскиваемый за МЕЛКУЮ ОТПРАВКУ (2286) с учетом ее массы, но без учета ценности груза. См. также 551.

96. **apparent good order, AGO** — без видимых повреждений.
Оговорка к КОНОСАМЕНТЕ (225), означающая, что товары переданы ПЕРЕВОЗЧИКУ (366) в исправной УПАКОВКЕ (1714).

97. **apparent loss and damage** — см. **known loss and damage**.

98. **appointment system** (амер.) — система диспетчирования заявок.
Система КАЛЕНДАРНОГО ПЛАНИРОВАНИЯ (2133), позволяющая формировать ПОРТФЕЛЬ ЗАКАЗОВ (160) с учетом ПРИОРИТЕТОВ (1867).

99. **apportionment** — 1) Распределение убытков — процесс распределения УБЫТКОВ (1418) по ОБЩЕЙ АВАРИИ (1044). 2) Распределение средств (бух.) — отнесение издержек на соответствующие статьи. См. также 21.

100. **A-product** — см. **A-item.**

101. **appropriated berth** — см. **accomodation berth**.

102. **approved supplier** — сертифицированный поставщик.
ПОСТАВЩИК (2450), ПРОДУКЦИЯ (1885) которого имеет СЕРТИФИКАТ КАЧЕСТВА (398). С. п. пользуется преференциальным режимом при получении ЗАКАЗОВ (1646).

103. **AQ rate** — см. **any-quantity rate**.

104. **arc** — 1) Ребро — в теории ГРАФОВ (1586): ненаправленная линия, соединяющая две ВЕРШИНЫ (1588) графа. 2) Дуга — линия, соединяющая две вершины графа (с заданным направлением). 3) Траектория — линия, которую описывает рабочий орган пром. робота.

105. **arc capacity** — пропускная способность дуги.
Макс. МАТЕРИАЛЬНЫЙ ПОТОК (1482), который может быть пропущен через ДУГУ (709). См. также 2558.

106. **arrest** — задержание.
Арест, наложенный администрацией ПОРТА (1831) на судно или его ГРУЗ (340).

107. **arrival notice** — 1) Уведомление о прибытии груза — документ, высылаемый ПЕРЕВОЗЧИКОМ (366) ГРУЗОПОЛУЧАТЕЛЮ (492) в подтверждение того, что предназначенные последнему товары доставлены в место назначения. 2) Извещение о доставке — сообщение в стандарте ЕАНКОМ (802), высылаемое перевозчиком по электронным каналам связи ИЗВЕЩАЕМОЙ СТОРОНЕ (1603).

108. **arrived ship** — прибывшее судно.
Судно, прибывшее в предусмотренное ЧАРТЕРОМ (416) место проведения грузовых работ.

109. **arson** — поджог.
Умышленные действия, имеющие целью вызвать пожар. Поджог может быть совершен, напр., для того чтобы скрыть ХИЩЕНИЕ (1802). СТРАХОВЩИКИ (1197) обеспечивают страховую защиту от поджога, но при условии, что поджог совершен не самим СТРАХОВАТЕЛЕМ (1196), а третьим лицом.

110. **articulated car** (амер.) — сочлененный вагон.
Два ГРУЗОВЫХ ВАГОНА (1004), имеющие общую центральную ВАГОННУЮ ТЕЛЕЖКУ (2624).

111. **aseptic container** — асептическая тара.
Разновидность РАЗОВОЙ ТАРЫ (1622), предназначенной для упаковывания жидких пищевых продуктов (в ее произ-ве используются бумага, полиэтилен и алюминий). КОЭФФИЦИЕНТ ТАРЫ (1715) для асептической тары составляет около 0,04.

112. **as freighted** — таксировка по одному базису.
Способ расчета стоимости СОПУТСТВУЮЩИХ УСЛУГ (10), топлива и др. в зависимости от способа начисления ПРОВОЗНОЙ ПЛАТЫ (2593), которая может взыскиваться с ед. объема или ед. массы груза.

113. **ash** — зола.
Остаток от сжигания органических веществ, напр., ТВЕРДЫХ БЫТОВЫХ ОТХОДОВ (1572), в виде серо-черной пыли.

114. **as is**; tel quel — тель-кель.

Условие договора, в соответствии с которым покупатель обязуется принять товар в том виде и состоянии, в котором он был на момент ОТГРУЗКИ (2205). Это условие применяется, напр., в договорах продажи ПОДЕРЖАННОГО ОБОРУДОВАНИЯ (2673).

115. **ASRS** — см. **automated storage and retrieval system**.

116. **assembler** — 1) Оптовик (амер.) — ОПТОВИК (2774), выполняющий услуги по КОМПЛЕКТАЦИИ (1785) МЕЛКИХ ЗАКАЗОВ (2285), поступающих от РОЗНИЧНЫХ ТОРГОВЦЕВ (2067). 2) Ассемблер — язык программирования.

117. **assemble-to-order product** (амер., орг. произ-ва) — продукция массового производства, собираемая по индивидуальному заказу. ПРОДУКЦИЯ (1885) машиностроительного произ-ва, собираемая из стандартных комплектующих по конкретному ЗАКАЗУ (1646). Напр., стандартный легковой автомобиль может по желанию покупателя быть в процессе произ-ва оснащен тонированными пуленепробиваемыми стеклами, кондиционером или стереомагнитофоном определенной марки и т. п. См. также 589, 1448.

118. **assembly** — 1) Сборочная единица — изделие, составные части которого подлежат соединению между собой на заводе-изготовителе. 2) Сборка — процесс соединения ДЕТАЛЕЙ (1739), комплектующих и др. друг с другом. 3) Укрупнение — процесс КОНСОЛИДАЦИИ (500) МЕЛКИХ ОТПРАВОК (2286). 4) КОМПЛЕКТАЦИЯ (1785).

119. **assembly service** — укрупнение грузов.

Процесс формирования СБОРНЫХ ОТПРАВОК (51), выполняемые пр-тием ТРАНСПОРТА ОБЩЕГО ПОЛЬЗОВАНИЯ

(472). Перевозка укрупненного груза оплачивается по ТАРИФУ НА УКРУПНЕННУЮ ОТПРАВКУ (2690), но обычно приводит к удлинению СРОКОВ ДОСТАВКИ (2585). См. также 1085.

120. **assets** — активы.
Совокупность имущества или имущественных прав, имеющих материально-вещественную форму [ОБОРОТНЫЕ СРЕДСТВА (583), ОСНОВНЫЕ ФОНДЫ (911)] или нематериальную форму (имидж пр-тия, торговая марка и т. п.).

121. **assigned siding** (амер.) — погрузочно-выгрузочный путь.
ПОДЪЕЗДНОЙ ПУТЬ (2258) коллективного пользования, являющийся собственностью ж. -д. ПЕРЕВОЗЧИКА (366).

122. **assortment** — ассортимент.
Совокупность товаров или УСЛУГ (2175), объединенных в группы по к. -л. признакам. А. характеризуется широтой или кол-вом товаров (услуг), предлагаемых потребителю, и глубиной или кол-вом товаров для каждого наименования, имеющихся в наличии.

123. **assured** — см. **insured**.

124. **astray freight** — бездокументный груз.
ГРУЗ (998), принадлежность которого можно установить по МАРКИРОВКЕ (1469), но у которого отсутствуют ТОВАРОСОПРОВОДИТЕЛЬНЫЕ ДОКУМЕНТЫ (2213). См. также 1530.

125. **astray waybill** (амер.) — досылочная ведомость.
ГРУЗОВАЯ НАКЛАДНАЯ (2750), оформляемая ПЕРЕВОЗЧИКОМ (366) на БЕЗДОКУМЕНТНЫЙ ГРУЗ (124) или на ЗАСЛАННЫЙ ГРУЗ (1530).

126. **ATP** — см. **available-to-promise**.

127. **at ship's rail** — см. **Under ship's derrick**.

128. **attrition rate** — коэффициент выбытия.

Показатель, характеризующий потери и списание ВОЗВРАТНОЙ ТАРЫ (2071). Определяется как отношение утраченных и списанных в течение года ед. возвратной тары к ее кол-ву на начало года или как отношение стоимостей утраченной (списанной) возвратной тары и всей возвратной тары. На практике коэффициент выбытия оставляет около 0,1.

129. **automated guided vehicle, AGV**; robovehicle — робокар.

Трансп. робот, предназначенный для внутризаводских и/или внутрискладских перевозок. Может иметь оптическую, индуктивную, лазерную и иную систему маршрутослежения.

130. **automated storage and retrieval system, ASRS** — автоматизированная транспортно-складская система.

Комплекс взаимосвязанных устр-в для ХРАНЕНИЯ (2400) и внутризаводских и/или внутрискладских ПЕРЕВОЗОК (2589) комплектующих, ДЕТАЛЕЙ (1739), ГОТОВОЙ ПРОДУКЦИИ (900) и т. д. Является подсистемой ГИБКОЙ ПРОИЗВОДСТВЕННОЙ СИСТЕМЫ (926).

131. **automatic replenishment system**; fill-in system (амер.) — система пополнения товарного запаса.

Система управления ЗАПАСАМИ ТОВАРОВ СТАБИЛЬНОГО СПРОСА (2342). В алгоритме расчета ПАРТИИ ПОСТАВКИ (1421) учитывается величина ЗАГОТОВИТЕЛЬНОГО ПЕРИОДА (2044), ср. объем продаж и НАЛИЧНЫЕ ЗАПАСЫ (1624).

132. **automobile rack car**; autorack (амер.) — платформа для легковых автомобилей.
Спец. ПЛАТФОРМА (919), предназначенная для ПЕРЕВОЗОК (2589) легковых автомобилей от заводов-изготовителей до приемных пунктов ДИСТРИБЬЮТОРОВ (741). Может быть одно-, двух- и трехъярусной. См. также 221.

133. **autorack** — см. **automobile rack car**.

134. **auxiliary materials**; ancillary materials; indirect materials — вспомогательные материалы.
МАТЕРИАЛЫ (1477), составляющие относительно небольшую часть предметов труда, используемые для производственно-эксплуатационных нужд и не входящие в состав ГОТОВОЙ ПРОДУКЦИИ (900). Могут быть отнесены на НАКЛАДНЫЕ РАСХОДЫ (1696). См. также 21, 712.

135. **auxiliary user** (амер.) — транспортно-экспедиционная контора.
Пр-тие, специализирующееся на СБОРЕ ГРУЗОВ (1799), их РАЗВОЗЕ (655) и орг-ции ПЕРЕВОЗОК (2589), напр., ЭКСПЕДИТОР (1012). Транспортно-экспедиционная контора может, тем не менее, иметь в собственности или в оперативном управлении ограниченное кол-во трансп. средств для осуществления магистральных перевозок.

136. **availability** — 1) Эксплуатационная готовность — вероятность того, что техн. уст-во, напр., КРАН-ШТАБЕЛЕР (2332), при поступлении ЗАКАЗА (1646) окажется в исправном состоянии. 2) Наличие товара — вероятность приобрести нужный товар в разумный срок. Эта вероятность тем выше, чем ближе находятся к потребителю ЗАПАСЫ (1230) торговых пр-тий, и характеризуется, напр., КОЭФФИЦИЕНТОМ УДОВЛЕТВОРЕНИЯ СПРОСА (894).

137. **available inventory** — располагаемый запас; остаток с учетом резерва.
НАЛИЧНЫЕ ЗАПАСЫ (1624) за вычетом той их части, на которую уже получены ЗАКАЗЫ (1646).

138. **available-to-promise, ATP** — незабронированный ресурс.
Незарезервированная часть ЗАПАСОВ (1230) или незагруженная часть производственного оборудования. Может быть рассчитана, напр., на основе ГРАФИКА ПРОИЗВОДСТВА (1474).

139. **average, avg** — 1) Средняя величина — обобщенная характеристика признака в стат. совокупности, напр. средняя арифметическая, средняя геометрическая. 2) Авария (страх.) — способ распределения убытков между участниками перевозки, напр., ОБЩАЯ АВАРИЯ (1044), ЧАСТНАЯ АВАРИЯ (1748). 3) Чаевые — наличные деньги, даваемые за мелкие УСЛУГИ (2175) в дополнение к осн. плате.

140. **average adjuster**; average stater; average taker — диспашер; аварийный комиссар.
Специалист по МОРСКОМУ СТРАХОВАНИЮ (1466), составляющий роспись расходов по ОБЩЕЙ АВАРИИ (1044). См. также 35.

141. **average clause**; pro rata distribution clause; average distribution clause — аварийная оговорка.
1) Условие МОРСКОГО СТРАХОВАНИЯ (1466), предусматривающее ФРАНШИЗУ (970). 2) Оговорка в СТРАХОВОМ ПОЛИСЕ (1195), предусматривающая распределение СТРАХОВОЙ СУММЫ (2443) по нескольким застрахованным территориально распределенным объектам пропорционально стоимости каждого объекта.

142. **average demurrage agreement** (амер.) — соглашение о взаимном зачете штрафов и премий.
Договор между ПЕРЕВОЗЧИКОМ (366) и ГРУЗООТПРАВИТЕЛЕМ (2201), в соответствии с которым перевозчик ведет помесячный учет штрафных санкций за задержку ГРУЗОВЫХ ВАГОНОВ (1004) или др. трансп. средств грузоотправителем сверх нормативного времени и премий, выплачиваемых последнему за досрочное освобождение трансп. средств из-под грузовых операций. В конце месяца подводится итог и производится взаимный зачет требований. См. также 2083.

143. **average distribution clause** — см. **average clause**.

144. **average inventory** — средний запас.
1) Сумма СРЕДНЕГО ТЕКУЩЕГО ЗАПАСА (1308), ПОДГОТОВИТЕЛЬНОГО ЗАПАСА (1852) и СТРАХОВОГО ЗАПАСА (2115). 2) В БУХГАЛТЕРСКОМ УЧЕТЕ (262): величина, равная половине суммы ЗАПАСОВ НА КОНЕЦ ПЕРИОДА, ПРЕДШЕСТВУЮЩЕГО ОТЧЕТНОМУ (212), и ЗАПАСОВ НА КОНЕЦ ОТЧЕТНОГО ПЕРИОДА (825).

145. **average length of haul** — средняя дальность перевозок.
СРЕДНЯЯ ВЕЛИЧИНА (139) в ст-ке грузовых перевозок; может быть получена, напр., путем деления грузооборота в ТОННО-МИЛЯХ (2529) на кол-во перевезенных ГРУЗОВ (340) в ТОННАХ (2528). Средняя дальность перевозок вычисляется по отдельным видам транспорта, по отдельным видам грузов, по всем видам транспорта в целом и т. д. По нек-рым данным, С. д. п. в мире за 1965 — 1995 гг. возросла почти вдвое.

146. **average revenue per ton-mile** — доходная ставка.
Средневзвешенная величина ПРОВОЗНОЙ ПЛАТЫ (2593) и разл. сборов, приходящихся на 1 ТОННО-МИЛЮ (2529); доход

ПЕРЕВОЗЧИКА (366), приходящийся на ед. объема ПЕРЕВОЗОК (2589).

147. **average stater** — см. **average adjuster**.

148. **average taker** — см. **average adjuster**.

149. **avg** — см. **average**.

150. **aviation insurance** — авиационное страхование.
Вид СТРАХОВАНИЯ (1194), распространяющийся на воздушные суда, перевозимые ими ГРУЗЫ (340) и на ответственность АВИАКОМПАНИИ (71) перед пассажирами, командой судна, администрацией АЭРОПОРТОВ (72) и иными лицами.

151. **avoided costs** (амер.) — условная экономия.
Экономия, полученная за счет реализации программ по сокращению объема ТВЕРДЫХ БЫТОВЫХ ОТХОДОВ (1572) и их УТИЛИЗАЦИИ (2007). Образуется за счет средств, которые иначе были бы израсходованы на СБОР ОТХОДОВ (452) и их УДАЛЕНИЕ (729).

152. **AWB** — см. **airwaybill**

153. **awkward load** — негабаритный груз.
ГРУЗ (340), не вписывающийся в ГАБАРИТ ПОГРУЗКИ (1369); груз, размеры которого не соответствуют размерам грузового ЛЮКА (1102) водного судна, загрузочного люка самолета и т. д.; груз, который может повредить путевые сооружения или создать аварийную обстановку, напр., буровое оборудование, крупногабаритные строительные конструкции.

B

154. **back end disposal fee** (амер.) — плата за вывоз мусора.
Плата за УДАЛЕНИЕ (729) ТВЕРДЫХ БЫТОВЫХ ОТХОДОВ (1572), взыскиваемая с физ. лиц в виде местного налога. Полученные средства расходуются на вывоз отходов на СВАЛКИ (1290) и мусоросжигательные установки. См. также 38, 2747.

155. **backflushing**; post-deduct inventory transaction processing (амер. орг. произ-ва) — расчет расхода материалов по фактически оприходованной готовой продукции.
Способ учета расхода ДЕТАЛЕЙ (1739), СБОРОЧНЫХ УЗЛОВ (2437) и др. РАСЧЕТ СПЕЦИФИЦИРОВАННОЙ ПОТРЕБНОСТИ В МАТЕРИАЛАХ (855) производится не перед началом изготовления ПАРТИИ (204), а после его окончания путем вычитания из НАЛИЧНЫХ ЗАПАСОВ (1624) кол-ва материалов, которое должно было быть израсходовано на данную партию. Соответствующая информация вводится из ВЕДОМОСТЕЙ МАТЕРИАЛОВ (226). Т. о., расчет нормативного расхода производится по факту сдачи ГОТОВОЙ ПРОДУКЦИИ (900) на СКЛАД (2718).

156. **back freight** — обратный фрахт.
ФРАХТ (998), который должен быть уплачен ВЛАДЕЛЬЦЕМ ГРУЗА (352) судовладельцу за доставку груза обратно в ПОРТ ПОГРУЗКИ (1835), при условии, что груз не был выгружен в порту назначения по причинам, не зависящим от судовладельца.

157. **back haul** — 1) Обратный рейс — РЕЙС (2621) ТРАНСПОРТНОГО СРЕДСТВА (1506) в ПУНКТ ОТПРАВЛЕНИЯ (1669); может быть порожним или груженым. 2) Кружная перевозка (амер.) — рейс автомобиля или ГРУЗОВОГО ВАГОНА (1004),

при котором эксплуатационное расстояние превышает тарифное, т. е. рейс, совершаемый не по кратчайшему пути.

158. **back-haul rate** — тариф на перевозку обратных грузов.
ГРУЗОВОЙ ТАРИФ (1020), взыскиваемый за перевозку ОБРАТНОГО ГРУЗА (2074); по своему экон. содержанию обычно является ПООЩРИТЕЛЬНЫМ ТАРИФОМ (1151).

159. **back load** — 1) ОБРАТНЫЙ ГРУЗ (2074). 2) Вычеты (амер., страх.) — ден. сумма, удерживаемая из причитающегося работнику пособия.

160. **backlog** — портфель заказов.
Принятые пр-тием к исполнению ЗАКАЗЫ (1646); заказы, ДИРЕКТИВНЫЙ СРОК (789) по которым еще не наступил.

161. **backorder** — задолженность по заказам.
ЗАКАЗЫ (1646), не выполненные в срок; заказы, ДИРЕКТИВНЫЙ СРОК (789) для которых уже наступил.

162. **back scheduling** — см. **backward scheduling.**

163. **back-up stock** — резервный запас.
Часть ЗАПАСОВ НАЛИЧНЫХ (1624), которая не используется на момент наблюдения при КОМПЛЕКТАЦИИ (1785).

164. **back-up stock location** — ячейка резервного запаса,
СКЛАДСКАЯ ЯЧЕЙКА (2409), в которой хранится РЕЗЕРВНЫЙ ЗАПАС (163). См. также 2050.

165. **backward integration** (амер., орг. произ-ва) — регрессивная вертикальная интеграция.
Орг-ция головной фирмой собственного произ-ва к. -л. ДЕТАЛЕЙ (1739), ранее приобретавшихся у сторонних ПОСТАВЩИКОВ (2450), или ОБЪЕДИНЕНИЕ (500) с фирмой-поставщиком.

166. **backward scheduling**; back scheduling — календарное планирование по дате окончания работ.
Техника КАЛЕНДАРНОГО ПЛАНИРОВАНИЯ (2133) произ-ва от ДИРЕКТИВНОГО СРОКА (789) к дате начала работ. См. также 960.

167. **bag cargo**; bagged cargo — груз в мешках.
НАВАЛОЧНЫЙ ГРУЗ (295), напр., цемент или зерно, затаренный в МЕШКИ (2112). При переработке таких грузов с использованием КОНВЕЙЕРОВ (541) и вилочных ПОГРУЗЧИКОВ (1331) производительность обычно составляет около 50 т/ч.

168. **baggage** — 1) Багаж — личные вещи пассажира. Различают зарегистрированный багаж, т. е. взятый ПЕРЕВОЗЧИКОМ (366) на свою ответственность и оформленный надлежащим образом, и незарегистрированный (ручная кладь), т. е. находящийся при пассажире, за сохранность которого перевозчик может не нести ответственности. 2) Обоз (воен.) — возимое имущество полка, батальона и т. п. (боеприпасы, продовольствие и т. п.). См. также 1436.

169. **baggage car** (амер.); luggage van (брит.) — багажный вагон.
Ж. -д. вагон, предназначенный для перевозки БАГАЖА (168). В багажном вагоне имеется кладовая, купе приемосдатчиков багажа; может быть укомплектован КРАНОМ (563) или иным оборудованием для механизации грузовых работ.

170. **bagged cargo — см.bag cargo.**

171. **bailee** — хранитель.
Сторона ДОГОВОРА ХРАНЕНИЯ (2401), в обязанности которой входит содержание вещей или товаров, переданных ПОКЛАЖЕДАТЕЛЕМ (174), в течение обусловленного срока или бессрочно (до востребования) в целости и сохранности. Хранитель обязан вернуть поклажедателю ту же самую вещь, которая была отдана на хранение, за исключением случая, когда договором предусмотрено ХРАНЕНИЕ С ОБЕЗЛИЧЕНИЕМ (466). См. также 2723.

172. **bailee's customers insurance** — страхование ответственности хранителя.
СТРАХОВАНИЕ (1194) обязательств ХРАНИТЕЛЯ (171), которые могут возникнуть у последнего перед ПОКЛАЖЕДАТЕЛЯМИ (174) при ХИЩЕНИИ (1802) имущества поклажедателей в период хранения, при ПОДЖОГЕ (109), повреждении или гибели по причинам, которые хранитель не мог предвидеть, или предотвратить которые доступными ему средствами он был не в состоянии.

173. **bailment** — ответственное хранение.
Содержание вещей или товаров, являющихся собственностью ПОКЛАЖЕДАТЕЛЯ (174), ХРАНИТЕЛЕМ (171). Вещи, находящиеся в ремонтном пр-тии; ГРУЗЫ (340), переданные ПЕРЕВОЗЧИКУ (366), также считаются находящимися на ответственном хранении. Ремонтное пр-тие, перевозчик и т. д. обязан вернуть вещь владельцу или вручить указанному третьему лицу.

174. **bailor** — поклажедатель.
Физ. или юридическое лицо, передающее ХРАНИТЕЛЮ (171) вещь или товары для определенной цели. Вещь, находящаяся в

оперативном управлении хранителя, остается собственностью П. См. также 677.

175. **balance-of-stores ledger** (амер.) — книга учета запасов и заказов. В БУХГАЛТЕРСКОМ УЧЕТЕ (262): вид учетных регистров, открываемых на каждый год ОТДЕЛОМ СНАБЖЕНИЯ (1932) пром. пр-тия. В этой книге учитываются НАЛИЧНЫЕ ЗАПАСЫ (1624) и ЗАКАЗЫ (1646), полученные пр-тием.

176. **bale**; bundle — 1) Кипа — ГРУЗ (340), представляющий собой спрессованную массу, обвитую мешковиной, стянутую веревкой, металлической лентой и т. п. 2) Тюк (амер.) — УТИЛИЗИРУЕМЫЕ ОТХОДЫ (2003), напр., алюминиевые банки из-под напитков, спрессованные в форме куба и представляющие собой готовый к перевозке ТРАНСПОРТНЫЙ ПАКЕТ (2665). Этот пакет может быть усилен разд. средствами крепления.

177. **bale cargo**; baled cargo — киповый груз. ГРУЗ (340), состоящий из КИП (176) стандартного размера (30 x 15 x 15 дюймов).

178. **bale cubic capacity** — киповая грузовместимость. Суммарный объем помещений ГРУЗОВОГО СУДНА (358), используемых для размещения штучных грузов — КИП (176), МЕШКОВ (2112) и т. д. См. также 1068.

179. **baled cargo** — см. **bale cargo.**

180. **baler** — 1) Пресс — техн. устр-во, предназначенное для сжатия с целью уплотнения разл. веществ и материалов, напр., УТИЛИЗИРУЕМЫХ ОТХОДОВ (2003), которым придается форма КИПЫ (176) или иная. 2) УПАКОВЩИК (185).

181. **balking** — потеря требования.

Уход невыполненного ТРЕБОВАНИЯ (587) из СИСТЕМЫ МАССОВОГО ОБСЛУЖИВАНИЯ (1953). Этот уход может быть вызван, напр., ограничениями на ДЛИНУ ОЧЕРЕДИ (1955).

182. **ballast bonus** — балластный бонус.

Доп. единовременная сумма, которую ФРАХТОВАТЕЛЬ (414) может уплатить судовладельцу, если судну предстоит значительный БАЛЛАСТНЫЙ ПЕРЕХОД (183) в пункт приема в ТАЙМ-ЧАРТЕР (2513); доп. плата, которую судовладелец может потребовать в случае НЕДОГРУЗА (2655) судна.

183. **ballast passage** — балластный переход.

РЕЙС (2710) водного судна без КОММЕРЧЕСКОГО ГРУЗА (2078). В целях обеспечения остойчивости и осадки судна на его борт принимается некоммерческий груз (балласт) — песок, щебень, забортная вода и т. п. См. также 353.

184. **balloon cargo** (амер.) — легковесный груз; объемный груз.

ГРУЗ (340), имеющий низкую ПЛОТНОСТЬ (2763) или насыпную массу. См. также 1507.

185. **bander**; baler — упаковщик.

Работник, в обязанности которого входит УПАКОВЫВАНИЕ (1721) ГРУЗОВ (340), ГОТОВОЙ ПРОДУКЦИИ (900) пром. пр-тия и т. п. См. также 1718.

186. **bareboat charter** — бэрбоут-чартер.

Разновидность ТАЙМ-ЧАРТЕРА (2513), особенностью которой является то обстоятельство, что обязанность нанять команду, обеспечить ПРЕДМЕТЫ СУДОВОГО СНАБЖЕНИЯ (2231) и страховую защиту лежит на ФРАХТОВАТЕЛЕ (414).

187. **barefoot** (брит., разг.) — груз без поддона.
ГРУЗ (340), поступающий на СКЛАД (2718) без ПОДДОНА (1726) или ПОДКЛАДНОГО ЛИСТА (2281). При поступлении такого груза на склад обычно требуется доп. операция — ПАКЕТИРОВАНИЕ (1731). См. также 1732.

188. **barge**; lighter — баржа; лихтер.
Плоскодонное водное судно (как правило, несамоходное), предназначенное для перевозки грузов на реках, озерах, внутри акватории ПОРТА (1831), для частичной РАЗГРУЗКИ (2667) глубокосидящих морских судов и т. п.

189. **barratry** — баратрия.
Ущерб судну или ГРУЗУ (340), вызванный умышленными или грубо небрежными действиями команды, напр., ХИЩЕНИЕ (1802) груза, посадка судна на мель, провоз КОНТРАБАНДЫ (531) и т. д. Термин «баратрия» используется, напр., в МОРСКОМ СТРАХОВАНИИ (1466).

190. **barrel**; brl., bl., bbl. — 1) Бочка — жесткая закрытая трансп. ТАРА (513), изготовленная из дерева, металла, пластмассы и т. п. Корпус бочки обычно имеет цилиндрическую или параболическую форму. В бочках перевозят разл. продовольственные и хим. насыпные и НАЛИВНЫЕ ГРУЗЫ (1346). 2) Барель; баррель — ед. объема жидких и сыпучих веществ (имеет разл. значения в зависимости от вида вещества). Нефтяной барель в США равен 159 л. На ТРУБОПРОВОДНОМ ТРАНСПОРТЕ (1806) в США ГРУЗОВЫЕ ТАРИФЫ (1020) взимаются, как правило, за барель.

191. **barrel cargo** — катно-бочковый груз; катковый груз.
ГРУЗ (340) цилиндрической или конической формы, в УПАКОВКЕ (1714) или без нее, напр., БОЧКИ (190), БАРАБАНЫ (784), рулоны, автопокрышки и т. п.

192. **barter** — бартер; меновая торговля.
Разновидность ВСТРЕЧНОЙ ТОРГОВЛИ (554); обменивается определенное кол-во ПРОДУКЦИИ (1885) на эквивалентное кол-во др. продукции без использования механизма валютно-финансовых отношений. В междунар. торговле удельный вес бартера относительно невелик, однако во внутр. торговле ряда развивающихся стран бартер играет заметную роль.

193. **base rate** (амер.) — базисный тариф.
ГРУЗОВОЙ ТАРИФ (1020), являющийся основой для расчета др. тарифов (с фиксированной или процентной надбавкой или скидкой).

194. **base section** — секция основания стрелы.
Часть телескопической СТРЕЛЫ (263) КРАНА (563), которая крепится на опорно-поворотном устр-ве последнего.

195. **base stock** — см. **cycle stock.**

196. **base stock system** (амер.) — система нормирования текущего запаса.
СИСТЕМА УПРАВЛЕНИЯ ЗАПАСАМИ (1237), при которой в каждом ФИРМЕННОМ МАГАЗИНЕ (2507) и на каждом СКЛАДЕ (2718) устанавливается регулярно пересматриваемый уровень ТЕКУЩЕГО ЗАПАСА (607). Эта система исходит из положения о том, что СПРОС (669) по сети магазинов в целом относительно стабилен, хотя в отдельно взятых магазинах он может быть подвержен значительным колебаниям.

197. **basic stock** (амер.) — минимальный товарный запас.

Наименьшее кол-во ед. товара данного наименования, которое должно быть в НАЛИЧНЫХ ЗАПАСАХ (1624). Данная величина определяется применительно к товарам сезонного спроса (для сезона, в который спрос минимален). См. также 198.

198. **basic stock method** — метод фиксированного уровня запаса.

Метод УПРАВЛЕНИЯ ЗАПАСАМИ (1236), применяемый в РОЗНИЧНОЙ ТОРГОВЛЕ (2068) в США. В соответствии с этим методом в торговом пр-тии должен быть МИНИМАЛЬНЫЙ ТОВАРНЫЙ ЗАПАС (197).В начале каждого планового периода минимальный товарный запас может быть увеличен на основании данных об ожидаемом ОБЪЕМЕ ПРОДАЖ (2117), полученных путем ПРОГНОЗИРОВАНИЯ (952). См. также 1512, 2756.

199. **basic stock plan** (амер.) — план формирования товарного запаса.

Документ, содержащий роспись ТОВАРНЫХ ЗАПАСОВ (1511), которые пр-тие РОЗНИЧНОЙ ТОРГОВЛИ (2068) должно иметь в планируемом периоде с учетом ожидаемого ОБЪЕМА ПРОДАЖ (2117). Момент возобновления ЗАПАСОВ ТОВАРОВ СТАБИЛЬНОГО СПРОСА (2342) определяется по ТОЧКЕ ЗАКАЗА (1659) или с помощью СИСТЕМЫ ПОПОЛНЕНИЯ ТОВАРНОГО ЗАПАСА (131).

200. **basic terms of delivery** — базисные условия поставки.

Признанные в междунар. торговле условия, применяемые при заключении договоров купли-продажи. Определяют осн. обязанности ПОСТАВЩИКА (2450) и ПОКУПАТЕЛЯ (309) при распределении ТРАНСПОРТНЫХ ИЗДЕРЖЕК (2594), место и время перехода страховых рисков, порядок выполнения таможенных формальностей и др. Перечень базисных условий поставки имеется в словаре ИНКОТЕРМС (1155).

201. **basing point** (амер.) — базисный пункт.

Применяемый в ТАРИФООБРАЗОВАНИИ (2599) термин, обозначающий центр произ-ва или распределения к. -л. ПРОДУКЦИИ (1885). При отгрузке продукции из любого пункта страны ПРОВОЗНАЯ ПЛАТА (2593) исчисляется не по расстоянию от места отгрузки до места назначения, а от базисного пункта до места назначения. В нек-рых случаях применяется система множественных базисных пунктов, при которой провозная плата рассчитывается от базисного пункта, наименее удаленного от данного потребителя. Эта система, несмотря на свои достоинства, может привести к нерациональным ВСТРЕЧНЫМ ПЕРЕВОЗКАМ (574).

202. **basing-point pricing** — ценообразование по системе базисного пункта.

Применяемый в США метод УЧЕТА ТРАНСПОРТНОЙ СОСТАВЛЯЮЩЕЙ В ЦЕНЕ ТОВАРА (652). ЦЕНА (1857) товара представляет собой сумму его цены в БАЗИСНОМ ПУНКТЕ (201) и ПРОВОЗНОЙ ПЛАТЫ (2593) от базисного пункта до ПОКУПАТЕЛЯ (309). Этот метод (на основе единого базисного пункта) впервые применен в сталелитейной пром-сти США; в цементной пром-сти применялся этот же метод на основе множественных базисных пунктов.

203. **basing point rate** — тариф базисного пункта.

ГРУЗОВОЙ ТАРИФ (1020), особенностью которого является то обстоятельство, что ПРОВОЗНАЯ ПЛАТА (2593) рассчитывается от ПУНКТА ОТПРАВЛЕНИЯ (1669) до БАЗИСНОГО ПУНКТА (201) и суммируется с нек-рой суммой за перевозку от базисного пункта до конечного МЕСТА НАЗНАЧЕНИЯ (694).

204. **batch** — 1) Партия — определенное кол-во товаров, одновременно производимых или поставляемых (транспортируемых)

как физически и/или юридически неделимое целое. 2) Группа требований — определенное кол-во ТРЕБОВАНИЙ (587), одновременно поступивших в СИСТЕМУ МАССОВОГО ОБСЛУЖИВАНИЯ (1953). 3) Исходная смесь — установленное в нормативно-техн. документации номенклатура и кол-во СЫРЬЯ (1979), необходимого для изготовления ПРОДУКЦИИ (1885) данного вида. См. также 1887.

205. **batch life** (брит.) — фактический срок реализации партии товара.
В РОЗНИЧНОЙ ТОРГОВЛЕ (2068): период времени, за который была распродана данная ПАРТИЯ (204).

206. **batch production** — серийное производство.
Форма орг-ции произ-ва, для которой характерен выпуск ПРОДУКЦИИ (1885) крупными ПАРТИЯМИ (204), повторяемыми через нек-рые промежутки времени, возможно с последующей модернизацией продукции.

207. **batch quantity** — см. **lot size.**

208. **batch stock** — см. **cycle stock.**

209. **bay** — 1) Контейнероплан — ГРУЗОВОЙ ПЛАН (2424) водного судна, предназначенного для перевозки КОНТЕЙНЕРОВ (1009); представляет собой вертикальный разрез судна от носовой до кормовой части. 2) Секция стеллажа — группа расположенных друг над другом СКЛАДСКИХ ЯЧЕЕК (2409). 3) Отсек — изолированное помещение в воздушном судне, напр., ГРУЗОВОЙ ОТСЕК (346).

210. **bbl.** — см. **barrel.**

211. **bedding charge** (амер.) — сбор за подстилочные материалы.
Доп. плата, взимаемая ж.-д. компанией с отправителя ЖИВНОСТИ (1350) за предоставление подстилочных материалов (соломы, рогожи и т. п.).

212. **beginning inventory** (бух.) — запасы на конец периода, предшествующего отчетному.
Величина НАЛИЧНЫХ ЗАПАСОВ (1624) на конец месяца, квартала и т. п. Может быть определена, напр., по данным НЕПРЕРЫВНОЙ ИНВЕНТАРИЗАЦИИ (1770). См. также 825.

213. **belly** — подпольное грузовое помещение.
ГРУЗОВОЙ ОТСЕК (346) в нижней части пассажирского или грузопассажирского самолета. Для пассажирских самолетов перевозка ГРУЗОВ (340) является ПОБОЧНОЙ ПРОДУКЦИЕЙ (314). В начале 1990-х гг., когда КОЭФФИЦИЕНТ ПАССАЖИРОЗАГРУЗКИ (1365) у мн. АВИАКОМПАНИЙ (71) в США был менее 0,7, на перевозку грузов пассажирскими рейсами устанавливались ПООЩРИТЕЛЬНЫЕ ТАРИФЫ (1151). См. также 457.

214. **berth** — 1) Причал — часть береговой линии ПОРТА (1831), оборудованная устр-вами для швартовки, стоянки судов, выполнения грузовых работ, посадки и высадки пассажиров. 2) Пространство для маневрирования — часть акватории порта, предназначенная для движения судов. 3) Спальное место — выделенная пассажиру отдельная койка на судне. 4) Должность — штатное место на судне. См. также 2769.

215. **berth cargo** — попутный груз.
ГРУЗ (340), принимаемый на ГРУЗОВОЕ СУДНО (358) с целью уменьшения НЕДОГРУЗА (2655). На попутный груз устанавливаются ПООЩРИТЕЛЬНЫЕ ТАРИФЫ (1151). См. также 642, 1642.

216. **berth clause** — причальная оговорка.
Условие ЧАРТЕРА (416), согласно которому последний вступает в силу с момента начала ПОГРУЗКИ (1366) судна.

217. **berth terms**; BT; liner terms — линейные условия.
Оговорка в ЧАРТЕРЕ (416), в соответствии с которой ЗАТРАТЫ НА ПОГРУЗОЧНО-РАЗГРУЗОЧНЫЕ РАБОТЫ (1367) относятся на судовладельцев. См. также 1079.

218. **B/G** — см. **bonded goods.**

219. **B/H** — см. **bill of health.**

220. **BIC code** — код контейнера.
Код, присвоенный КОНТЕЙНЕРУ (1009) Междунар. бюро контейнеризации. К.к. включает 14 знаков, в т. ч. код страны принадлежности (3 знака), код владельца (4 знака), серийный номер контейнера (7 знаков, в т. ч. контрольный разряд).

221. **bi-level car** (амер.) — крытый цельнометаллический грузовой вагон.
Спец. ГРУЗОВОЙ ВАГОН (1004), предназначенный для перевозки легковых автомобилей. Автомобили внутри вагона размещаются в два яруса. См. также 132.

222. **billed weight** — оплачиваемый вес.
Масса ГРУЗА (340), за которую взыскивается ПРОВОЗНАЯ ПЛАТА (2593). Указывается в СЧЕТЕ ЗА ПЕРЕВОЗКУ (1003) и в ГРУЗОВОЙ НАКЛАДНОЙ (2750).

223. **bill of health,** B/H — судовое санитарное свидетельство.

Документ за подписью консула или администрации ПОРТА (1831), выдаваемый капитану судна перед выходом из порта. В судовом санитарном свидетельстве фиксируется состояние здоровья лиц, находящихся на борту. См. также 2228.

224. **bill of labor approach** (амер., орг. произ-ва) — расчет трудозатрат.

Метод ОЦЕНКИ ПРОИЗВОДСТВЕННЫХ МОЩНОСТЕЙ (2098) по нормам расхода ключевых РЕСУРСОВ (2056) применительно к конкретным видам ПРОДУКЦИИ (1885).

225. **bill of lading,** BL, B/L, b/l — коносамент.

Один из ГРУЗОВЫХ ДОКУМЕНТОВ (2213). Выполняет три ф-ции: является доказательством наличия ДОГОВОРА ПЕРЕВОЗКИ (535), РАСПИСКОЙ (1984) в приеме ГРУЗА (340) от отправителя и ТОВАРОРАСПОРЯДИТЕЛЬНЫМ ДОКУМЕНТОМ (761). Применяется на ВОДНОМ ТРАНСПОРТЕ (2749) и на др. видах транспорта. См. также 13, 239, 435, 714, 1085, 1649, 2427, 2503.

226. **bill of material,** B/M, BOM (амер., орг. произ-ва) — ведомость материалов; комплектовочный график.

Перечень ДЕТАЛЕЙ (1739), МАТЕРИАЛОВ (1477) и др., необходимых для изготовления ГОТОВОЙ ПРОДУКЦИИ (900) данного вида. Является конструкторским и технол. документом, дополняющим ГРАФИК ПРОИЗВОДСТВА (1474) и используемым, напр., при оформлении внутр. ЗАЯВОК НА МАТЕРИАЛЬНЫЕ РЕСУРСЫ (1927).

227. **bill of material explosion** — см. **explosion.**

228. **bin** — 1) Бункер — емкость, используемая для ХРАНЕНИЯ (2400) насыпных и НАВАЛОЧНЫХ ГРУЗОВ (295). 2) КОНТЕЙНЕР ДЛЯ МУСОРА (2017).

229. **bin rack** — полочный стеллаж.
Раззновидность СКЛАДСКОГО СТЕЛЛАЖА (2414). Глубина СКЛАДСКИХ ЯЧЕЕК (2409) в нем обычно не превышает 65 см, а высота всей конструкции — 2 м. Такие стеллажи рассчитаны на КОМПЛЕКТАЦИЮ (1785) ручным методом. В них могут храниться мелкий инструмент, медикаменты, канцелярские товары и т. п. ПОЛКИ (2184) могут быть регулируемыми по высоте.

230. **bin tag** (брит.) — ярлык.
Изготовленная из картона, пластмассы или др. материала бирка, закрепляемая у СКЛАДСКОЙ ЯЧЕЙКИ (2409). Содержит код товара, хранящегося в ячейке, его наименование, ед. измерения и т. п. Широко применяется в ручных СИСТЕМАХ УПРАВЛЕНИЯ ЗАПАСАМИ (1237) и складскими процессами.

231. **biodegradable waste** — биологически разложимые отходы.
Часть ТВЕРДЫХ БЫТОВЫХ ОТХОДОВ (1572), напр., ОСТАТКИ ПРОДУКТОВ ПИТАНИЯ (950), а также нек-рые виды ОТХОДОВ ПРОИЗВОДСТВА (1170), процесс распада которых происходит в ествественных условиях под действием воздуха, света, воды и микроорганизмов. Продукты распада экологически безвредны. См. также 1776.

232. **birdyback** (амер. разг.) — автомобильно-воздушная перевозка.
СМЕШАННЫЕ ПЕРЕВОЗКИ (1220), при которых ГРУЗОВЫЕ АВТОМОБИЛИ (1417), ПРИЦЕПЫ (2565) и т. д. перевозятся в ГРУЗОВЫХ ЛЕТАТЕЛЬНЫХ АППАРАТАХ (69). См. также 909, 1800.

233. **B-item**; B-product — продукция группы «B».
ПРОДУКЦИЯ СТАНДАРТНОГО СПРОСА (1509); товары, которые не входят ни в ПРОДУКЦИЮ ГРУППЫ «A» (77), ни в ПРОДУКЦИЮ ГРУППЫ «C» (426). См. также 4.

234. **BL** — см. **bill of lading.**

235. **B/L** — см. **bill of lading.**

236. **bl.** — см. **barrel.**

237. **b/l** — см. **bill of lading.**

238. **blank** — заготовка.
Предмет труда, из которого получают ПОЛУФАБРИКАТ (2163) или ГОТОВУЮ ПРОДУКЦИЮ (900).

239. **blank bill of lading** — коносамент на предъявителя.
КОНОСАМЕНТ (225), в котором не указан ГРУЗОПОЛУЧАТЕЛЬ (492). ГРУЗ (340) может быть выдан любому законному держателю такого коносамента.

240. **blanket order** (амер. орг. произ-ва) — общий заказ.
Обязательство ПОКУПАТЕЛЯ (309) приобрести мин. кол-во товаров у данного ПОСТАВЩИКА (2450) за определенный период (обычно год). См. также 2033, 2335, 526.

241. **blanket rate** — 1) Поясной тариф — ГРУЗОВОЙ ТАРИФ (1020), установленный для перевозок между двумя тарифными зонами и не зависящий от расстояния перевозки внутри зон (аналогично тому как пассажир пригородного поезда оплачива-

ет проезд не от одной станции до др., а от одной тарифной зоны до др.) 2) Тариф комбинированной страховой защиты (амер.) — ставка страхового платежа за СТРАХОВАНИЕ (1194) более чем одного объекта от нескольких видов РИСКОВ (2087) одновременно.

242. **blind check** (амер.) — проверка «вслепую».
Способ проверки поступающих ГРУЗОВ (340), при котором ПРИЕМОСДАТЧИК (345) подсчитывает кол-во ед. товара, не пользуясь никакими документами. Данный способ более трудоемкий, чем ПРОВЕРКА МЕТОДОМ ПРЯМОГО СЧЕТА (706), но более надежный. Приемосдатчик фиксирует содержание каждой грузовой ед., затем бухгалтерия пр-тия сличает полученные им данные с ТОВАРОСОПРОВОДИТЕЛЬНЫМИ ДОКУМЕНТАМИ (2213). См. также 2160.

243. **blister packaging** — блистерная упаковка.
Прозрачная термоформованная УПАКОВКА (1714), обычно в форме полусферы или параллелепипеда, с картонной подложкой. Предназначена для УПАКОВЫВАНИЯ (1721) разл. мелких ШТУЧНЫХ ТОВАРОВ (1713), напр., медикаментов, парфюмерно-косметических товаров, галантерейных товаров и др.

244. **blocked location** — заблокированная ячейка.
В АВТОМАТИЗИРОВАННОЙ СИСТЕМЕ УПРАВЛЕНИЯ СКЛАДСКИМИ ПРОЦЕССАМИ (2724): СКЛАДСКАЯ ЯЧЕЙКА (2409), специально помеченная в памяти компьютера с тем чтобы исключить ее использование или доступ к находящимся в ней товарам [напр., во время проведения ИНВЕНТАРИЗАЦИИ (2387)].

245. **block insurance** (брит.) — блочное страхование.
СТРАХОВАНИЕ (1194) мелкопартионных ГРУЗОВ (340) от нескольких РИСКОВ (2087) одновременно. Одним из осн. условий такого страхования является то обстоятельство, что ОБЪЯВЛЕННАЯ ЦЕННОСТЬ (637) грузов, перевозимых в одном ТРАНСПОРТНОМ СРЕДСТВЕ (1506), не должна превышать установленной величины.

246. **block stacking** — блочное складирование.
Укладка товара в ШТАБЕЛЬ (2330) или в СКЛАДСКУЮ ЯЧЕЙКУ (2409), не обеспечивающая непосредственного доступа к любой ед. товара, за исключением находящихся по внеш. периметру штабеля (ячейки).

247. **block time** (амер.) — время в рейсе.
На ВОЗДУШНОМ ТРАНСПОРТЕ (73): интервал времени между окончанием ПОГРУЗКИ (1366) воздушного судна в АЭРОПОРТУ (72) отправления и началом РАЗГРУЗКИ (2667) в аэропорту назначения.

248. **B/M** — см. **bill of material.**

249. **board lot** — лот.
Единица купли-продажи на ТОВАРНОЙ БИРЖЕ (470), ЦЕНА (1857) которой высвечивается на табло. См. также 1269.

250. **bogey** — см. **bogie.**

251. **bogie**; bogey (амер.) — 1) ВАГОННАЯ ТЕЛЕЖКА (2624). 2) Стандарт предприятия — нормали, техн. условия и т. п., применяемые только на данном пр-тии. 3) Неопознанное воздушное судно (амер.) — летательный аппарат, обнаруженный визу-

ально или электронным путем, принадлежность и назначение которого неизвестны.

252. **bolster** — поперечный брусок.
Средство крепления КОНТЕЙНЕРА (1009) на ПЛАТФОРМЕ (919). Во избежание продольного смещения во время перевозки контейнер закрепляют двумя поперечными брусьями длиной, равной внутр. ширине платформы. См. также 2508.

253. **BOM** — см. **bill of material.**

254. **bonded carman** (брит.) — таможенный перевозчик.
ПЕРЕВОЗЧИК (366), уполномоченный органами ТАМОЖНИ (591) перевозить товары, пошлины на которые еще не оплачены. См. также 1326.

255. **bonded goods**; B/G — бондовые грузы.
Товары, хранящиеся на ТАМОЖЕННОМ СКЛАДЕ (256).

256. **bonded warehouse** — 1) Таможенный склад — СКЛАД (2718), на котором товары хранятся под таможенным контролем, но без взимания ТАМОЖЕННЫХ ПОШЛИН (594). 2) Товарный склад (амер.) — СКЛАД ОБЩЕГО ПОЛЬЗОВАНИЯ (1915), имеющий лицензию на ХРАНЕНИЕ (2400) с. -х. СЫРЬЕВЫХ ТОВАРОВ (469). 3) Залоговый склад (амер.) — склад, на котором хранятся товары, на которые местные власти имеют залоговое право в обеспечение налоговых или иных платежей.

257. **booking** — 1) Букировка; бронирование — на ВОДНОМ ТРАНСПОРТЕ (2749): резервирование всей или части вместимости судна под конкретные ГРУЗЫ (340). 2) Сбор заказов (амер.) — формирование ПОРТФЕЛЯ ЗАКАЗОВ (160) пром. пр-тия.

258. **booking clerk** — букировщик.
На ВОДНОМ ТРАНСПОРТЕ (2749): служащий, производящий БУКИРОВКУ (257).

259. **booking confirmation** — подтверждение брони.
Сообщение в стандарте ЕАНКОМ (802), в котором ПЕРЕВОЗЧИК (366) в ответ на запрос ГРУЗООТПРАВИТЕЛЯ (497) подтверждает БРОНИРОВАНИЕ (257) всей или части грузоподъемности или грузовместимости водного судна или иного ТРАНСПОРТНОГО СРЕДСТВА (1506).

260. **book inventory** — 1) Балансовая стоимость запасов — стоимость НАЛИЧНЫХ ЗАПАСОВ (1624), установленная бухгалтерией по учетным документам. 2) Балансовый учет запасов — способ учета ЗАПАСОВ (1230), заключающийся в суммировании запасов на начало отчетного периода с объемом поступления и вычитания из полученной суммы объема расхода. Полученные данные должны систематически сопоставляться с данными ИНВЕНТАРИЗАЦИЙ (2387).

261. **bookkeeping** — см. **book-keeping.**

262. **book-keeping**; bookkeeping — бухгалтерский учет.
Система непрерывного, взаимосвязанного, документированного отражения в обобщенном ден. измерении хоз. средств и их источников, процессов и результатов деятельности фирмы или пр-тия. Бухгалтерский учет наряду с оперативно-техн. и стат. учетом является осн. видом хоз. учета. См. также 15.

263. **boom** — 1) Стрела — подвижная шарнирно-сочлененная часть КРАНА (563), к которой через грузовой канат могут быть подсоединены крюкоблок и/или СМЕННЫЕ ГРУЗОЗАХВАТНЫЕ

ПРИСПОСОБЛЕНИЯ (1094). Различают С. фиксированной длины (как правило, решетчатой конструкции) и изменяемой длины (телескопические). Для расширения подстрелового пространства С. может быть укомплектована НАДСТАВКОЙ (1262). 2) Телескопическая штанга — устр-во, предназначенное для ЗАПРАВКИ В ПОЛЕТЕ (1177). Данное устр-во имеет длину до 17 м и одним концом жестко крепится на фюзеляже заправщика. Наконечник устр-ва наводится на горловину приемника топлива на заправляемом самолете.

264. **boom angle** — угол наклона стрелы.
Угол между горизонталью и продольной осью СЕКЦИИ ОСНОВАНИЯ СТРЕЛЫ (194) под НОМИНАЛЬНОЙ НАГРУЗКОЙ (1976). Угол наклона стрелы — один из параметров, учитываемых в ДИАГРАММЕ ГРУЗОВЫХ ХАРАКТЕРИСТИК (1361) подъемного КРАНА (563). См. также 1363.

265. **bottleneck**; critical resource — узкое место; критический ресурс.
РЕСУРС (2056), который в любой данный момент может быть использован ограниченным числом абонентов или пользователей, т. е. ресурс, перед которым имеется ОЧЕРЕДЬ (1950). Данное понятие является одним из фундаментальных в системе ОПТ (1640).

266. **bottomry** — бодмерея.
На ВОДНОМ ТРАНСПОРТЕ (2749): получение ссуды под залог судна и/или ГРУЗА (340) в целях завершения РЕЙСА (2710).

267. **box car** (амер.); covered wagon (брит.) — крытый вагон.
ГРУЗОВОЙ ВАГОН (1004), предназначенный для перевозки ГРУЗОВ (340), требующих защиты от атмосферных воздействий. Различают универсальные и специализированные крытые вагоны. К специализированным крытым вагонам относятся,

напр., ВАГОНЫ ДЛЯ СКОТА (1355), КРЫТЫЕ ЦЕЛЬНОМЕТАЛЛИЧЕСКИЕ ГРУЗОВЫЕ ВАГОНЫ (221) и др.

268. **box pallet** — ящичный поддон.
ПОДДОН (1726) с крышкой или без нее, имеющий не менее трех вертикальных сплошных, решетчатых или сетчатых, съемных или складных стенок, обеспечивающих ШТАБЕЛИРОВАНИЕ (2333) товаров. См. также 949.

269. **B-product** — см. **B-item.**

270. **bracing** — средства крепления.
Разл. устр-ва (раскосы, распорки, стойки, обвязки, щиты и др.), обеспечивающие устойчивость ГРУЗА (340) и исключающие его смещение, опрокидывание, перекатывание и т. п.

271. **branch warehouse** — см. **distribution center.**

272. **break-bulk** — 1) Трюмный груз — ГРУЗЫ (340), перевозимые в ТРЮМЕ (1132) водного судна. 2) Разукрупнение — процесс расформирования СБОРНОЙ ОТПРАВКИ (51); РАСКОНСОЛИДАЦИЯ (638).

273. **break-bulk point** — перевалочная база.
ТЕРМИНАЛ (2492) или СКЛАД (2718), на котором производится расформирование СБОРНЫХ ОТПРАВОК (51) и ОТГРУЗКА (2205) товаров мелкими ПАРТИЯМИ (204).

274. **break-bulk shipment** — тарно-штучный груз.
ПАРТИЯ (204) ТАРНО-ШТУЧНЫХ ГРУЗОВ (1711), предназначенная разным ГРУЗОПОЛУЧАТЕЛЯМ (492).

275. **breakdown crane** — см. **wrecking crane.**

276. **break-even distance** — точка безубыточности перевозки.
РАССТОЯНИЕ ПЕРЕВОЗКИ (1317), при котором могут быть полностью возмещены ТРАНСПОРТНЫЕ ИЗДЕРЖКИ (2594), но не образуется прибыль.

277. **break-even point** — точка безубыточности.
ОБЪЕМ ПРОИЗВОДСТВА (1684) или ОБЪЕМ ПРОДАЖ (2117), при котором полностью возмещаются понесенные затраты, но не образуется прибыль.

278. **breaking load** — разрушающая нагрузка.
НАГРУЗКА (1359) на техн. устр-во, напр., КРАН (563), которая приведет к его поломке, напр., обрыву грузового каната. См. также 2520.

279. **breaking point** (амер.) — точка расслоения.
Термин, применяемый в матем. моделях СПРОСА (669) в РОЗНИЧНОЙ ТОРГОВЛЕ (2068). Обозначает такое расстояние от центра ЗОНЫ ОБСЛУЖИВАНИЯ (389) А, при котором ПОКУПАТЕЛЬ (309) отдаст предпочтение не зоне обслуживания Б, а зоне А.

280. **break-in priority** — см. **preemptive priority.**

281. **bridge carrier** — см. **intermediate carrier.**

282. **bridge crane** — мостовой кран.
КРАН (563), опирающийся на надземные подкрановые рельсы.

283. **bridge plate** — 1) Переездной мостик — уравнивающее устр-во, являющееся элементом конструкции ПЛАТФОРМЫ (919) для КОНТРЕЙЛЕРНЫХ ПЕРЕВОЗОК (2568) и используемое при ПРОДОЛЬНОЙ ПОГРУЗКЕ (425). 2) ПЕРЕКИДНОЙ МОСТИК (755).

284. **British ton** см. **long ton.**

285. **brl.** см. **barrel.**

286. **broken lot** — некомплектная партия.
ПАРТИЯ (1419) товара, в которой обнаружена НЕДОСТАЧА (2237).

287. **broken stowage** — неравномерная укладка.
Недоиспользование объема ГРУЗОВОГО ОТСЕКА (346), вызванное геометрической формой ГРУЗА (340). Потери пространства наиболее велики для грузов неправильной геометрической формы, для КАТНО-БОЧКОВЫХ ГРУЗОВ (191) и др.

288. **broker** — брокер.
АГЕНТ (49), действующий от имени и за счет уполномочившего его лица (принципиала). За свою деятельность получает комиссионное вознаграждение (обычно в %% от заключенных сделок).

289. **BT** — см. **berth terms.**

290. **bucket** — 1) ВРЕМЕННОЙ ИНТЕРВАЛ (2512). 2) Ковш — элемент конструкции ЭЛЕВАТОРА (820); емкость или бадья, предназначенная для подъема сыпучих материалов, напр., зерна.

291. **bucketed system** (амер. орг. произ-ва) — система с интервальным планированием.
Система планирования произ-ва, напр., МРП (1488), в которой производится разбиение горизонта планирования на ВРЕМЕННЫЕ ИНТЕРВАЛЫ (2512).

292. **bucket elevator leg** — ковшовый разгрузочный элеватор.
Разновидность РАЗГРУЗОЧНОГО ЭЛЕВАТОРА (1314). Представляет собой вертикальный ленточный КОНВЕЙЕР (541) с закрепленными на нем КОВШАМИ (290). Производительность К. р. э. — около 1400 т/ч.

293. **bucketless system** (амер. орг. произ-ва.) — система с точечным планированием.
Система планирования произ-ва, напр., ДРП (738), в которой в качестве горизонта планирования рассматриваются одни сутки. Такая система требует большего объема запоминающего устр-ва и большей мощности процессора, чем СИСТЕМА С ИНТЕРВАЛЬНЫМ ПЛАНИРОВАНИЕМ (291).

294. **buffer stock** — 1) Межоперационный задел — небольшое кол-во ДЕТАЛЕЙ (1739), которое имеется у оператора обрабатывающего центра для того чтобы исключить простои, вызванные неравномерностью внутризоводских перевозок. 2) СТРАХОВОЙ ЗАПАС (2115).

295. **bulk cargo**; bulk freight — 1) Навалочный груз — ГРУЗ (340), перевозимый в неупакованном и незакрепленном виде. Различают особо крупные, крупнокусковые, среднекусковые, мелкокусковые, крупнозернистые, мелкозернистые, порошкообразные и пылевидные Н. г. 2) Массовый груз — на ВОДНОМ

ТРАНСПОРТЕ (2749): собирательный термин, обозначающий навалочные грузы и НАЛИВНЫЕ ГРУЗЫ (1346).

296. **bulk freight** — см. **bulk cargo.**

297. **bulkhead** — 1) Торцевая стенка — поперечная перегородка, устанавливаемая в ГРУЗОВОМ ВАГОНЕ (1004) с целью исключить продольное смещение ГРУЗА (340) в процессе перевозки. 2) Переборка — водонепроницаемая вертикальная перегородка в корпусе судна.

298. **bulkheading** — 1) Сепарация — разделение в трансп. средстве разнородных ГРУЗОВ (340) либо поконосаментных ПАРТИЙ (204) с помощью матов, досок, ТОРЦЕВЫХ СТЕНОК (297) и др. 2) Формирование партий — СОПУТСТВУЮЩАЯ УСЛУГА (10), оказываемая на ЭЛЕВАТОРАХ (820) сдатчикам зерна; заключается в формировании партий менее ВАГОННОЙ ОТПРАВКИ (360).

299. **bulky waste** — нетранспортабельные отходы.
Крупногабаритные ТВЕРДЫЕ ОТХОДЫ (2290), напр., ОТХОДЫ СТРОИТЕЛЬСТВА (503), для УДАЛЕНИЯ (729) которых требуются спец. методы.

300. **bunching** — сгущение.
Накопление ПЕРЕВОЗЧИКОМ (366) и ПОДАЧА (2319) трансп. средств вне РАСПИСАНИЯ (2518) путем сокращения интервалов между прибытием трансп. средств. Допускается с ведома и с согласия КЛИЕНТА (2674).

301. **bundle** — см. **bale.**

302. **bundling** (амер.) — групповая упаковка.
ВНЕШНЯЯ УПАКОВКА (2149), в которую укладываются КОРОБКИ (376). См. также 1473.

303. **bunker** — 1) Бункер — помещение на судне для ХРАНЕНИЯ (2400) твердого топлива. 2) Бункер — емкость для хранения НАВАЛОЧНОГО ГРУЗА (295). 3) Бункерное топливо — ЗАПАС (1230) топлива на судне.

304. **bunkering** — бункеровка.
Пополнение судном запасов БУНКЕРНОГО ТОПЛИВА (303) в ПОРТУ ЗАХОДА (1833).

305. **business interruption insurance** — страхование вынужденного простоя предприятия.
СТРАХОВАНИЕ (1194) РИСКОВ (1763), связанных с ПРОСТОЕМ ПРОИЗВОДСТВА (2510).

306. **buy-and-sell operations** (амер.) — перевозка товаров частным лицом в спекулятивных целях.
Перевозка СЫРЬЕВЫХ ТОВАРОВ (469) ЧАСТНЫМ ПЕРЕВОЗЧИКОМ (1870) от места их приобретения к месту перепродажи с целью извлечения прибыли. В США такая практика в ряде случаев признается противозаконной.

307. **buy-back** — компенсационные соглашения.
Форма ВСТРЕЧНОЙ ТОРГОВЛИ (554), при которой расчеты за поставку оборудования для пром. пр-тия, построенного в др. стране, производятся полностью или частично ПРОДУКЦИЕЙ (1885), изготовленной на этом оборудовании.

308. **buy-back center** (амер.) — пункт заготовки вторичного сырья.
Пр-тие, покупающее у физ. и юридических лиц рассортированные УТИЛИЗИРУЕМЫЕ ОТХОДЫ (2003) за наличный расчет. Может быть стационарным или мобильным. В последнем случае представляет собой автомобиль, который по установленному РАСПИСАНИЮ (2518) совершает объезд определенной территории (продолжительность остановок, как правило, не более 1 ч.). См. также 780.

309. **buyer** — 1) Покупатель — физ. или юридическое лицо, приобретающее или имеющее целью приобрести к. — л. ПРОДУКЦИЮ (1885), или правопреемник такого лица. 2) АГЕНТ ПО СНАБЖЕНИЮ (1929).

310. **buyer's risk** — риск покупателя.
1) В СТРАХОВАНИИ (1194): место, в котором происходит ПЕРЕДАЧА ПРАВА СОБСТВЕННОСТИ (655) на товар и дальнейших страховых РИСКОВ (1763) с одного лица на др. 2) Товары без ГАРАНТИИ (2738), напр., ПОДЕРЖАННОЕ ОБОРУДОВАНИЕ (2673).

311. **buyer-supplier partnerships**; vendor-customer relationships — хозяйственные связи.
Организационно-экон. и правовые отношения ПОСТАВЩИКОВ (2450) и ПОКУПАТЕЛЕЙ (309); классифицируются по отраслевой структуре, территориальному признаку, степени участия в них ПОСРЕДНИКОВ (1209), длительности действия и т. д.

312. **buying-round system** — закупки на основе прямых связей.
Система орг-ции ХОЗЯЙСТВЕННЫХ СВЯЗЕЙ (311) по поставкам материальной ПРОДУКЦИИ (1885) без участия ПОСРЕДНИКОВ (1209).

313. **buy national bias** — предоставление отечественным производителям преимуществ при размещении государственного заказа.
Практика предоставления льгот фирмам, зарегистрированным в данной стране, при получении ЗАКАЗОВ (1646) на поставку товаров для гос. нужд. Согласованный на Токийском раунде многосторонних переговоров в рамках Генерального соглашения о тарифах и торговле Кодекс правил гос. закупок (1979 г.) предусматривает ограничение такой практики, которая рассматривается в качестве нетарифного барьера, если импортные товары лучше по КАЧЕСТВУ (1941) и дешевле по сравнению с отечественными.

314. **by-product** — побочная продукция.
ПРОДУКЦИЯ (1885), не являющаяся осн. целью данного производственного процесса, но имеющая определенную потребительную стоимость, напр., навоз в животноводстве, солома в растениеводстве.

C

315. **cabin car** — см. **caboose**.

316. **caboose**; cabin car; way car (амер.) — служебный вагон.
Ж.-д. вагон, прицепляемый к хвостовой части ГРУЗОВОГО ПОЕЗДА (1061). Предназначен для отдыха лиц, сопровождающих ГРУЗЫ (340), ХРАНЕНИЯ (2400) инструмента и т. п.

317. **cabotage** — каботаж.
1) Перевозка ГРУЗОВ (340) между ПОРТАМИ (1831) одной страны. Различают малый каботаж (перевозка между портами

одного моря) и большой каботаж (перевозки между портами разных морей). 2) Воздушные и автомобильные перевозки по нац. территории (в данном случае рассматриваемый термин широко используется в документах ЕС).

318. **CAD** — см. **Cash against Documents**.

319. **CAF** — 1) КАФ (547). 2) СИФ (549). В данном значении рассматриваемая аббревиатура используется в договорах, составленных на французском языке (cout, assurance, fret).

320. **calling population** — см. **input source**.

321. **call-off order** — см. **release order**.

322. **cancellation** — 1) Отмена заявки — аннулирование ЗАКАЗА (1646), сделанного ПОКУПАТЕЛЕМ (309) ПОСТАВЩИКУ (2450), по причинам, не зависящим от поставщика. При оформлении ДОГОВОРА ПОДРЯДА (1458) договаривающимся сторонам следует предусмотреть размер СБОРА ЗА ОТМЕНУ ЗАКАЗА (323). 2) Неликвидные товары — в РОЗНИЧНОЙ ТОРГОВЛЕ (2068): товары, которые из-за своего низкого КАЧЕСТВА (1941), несоответствия моде и по др. причинам не могут быть реализованы в разумные сроки. 3) Гашение — лишение ден. знака и т. п. юридической силы, платежеспособности и т. д. путем надрыва, перфорации, наложения спец. штемпеля или иным способом.

323. **cancellation charges** — сбор за отмену заказа.
Ден. сумма, выплачиваемая ПОСТАВЩИКУ (2450), ПЕРЕВОЗЧИКУ (366) и др., заказчиком в случае аннулирования ЗАКАЗА (1646). В соответствии с ОБЫЧАЯМИ ДЕЛОВОГО

ОБОРОТА (2672) заказчик должен возместить потерпевшей стороне все понесенные ею на момент расторжения договора или ОТМЕНЫ ЗАЯВКИ (322) разумные расходы и иные суммы, порядок выплаты и размер которых следует предусмотреть при оформлении заказа или заключения договора. См. также 602.

324. **cancelling date** — канцеллинг.
Предусмотренный ЧАРТЕРОМ (416) предельный срок, к которому судно должно быть готовым во всех отношениях к ПОГРУЗКЕ (1366). ФРАХТОВАТЕЛЬ (414) вправе расторгнуть чартер, если судно не прибыло под погрузку к дате канцеллинга.

325. **cannibalization** — 1) Сокращение сбыта — в РОЗНИЧНОЙ ТОРГОВЛЕ (2068): уменьшение ОБЪЕМА ПРОДАЖ (2117) одного товара при появлении в продаже аналогичного нового товара, имеющего перед первым конкурентное преимущество. 2) РАЗУКОМПЛЕКТОВАНИЕ (2121).

326. **canopy** — свес кровли; козырек.
Продолжение крыши или элемент конструкции, закрепленный на стене СКЛАДА (2718). Устраивается над ПОГРУЗОЧНО-РАЗГРУЗОЧНОЙ ПЛОЩАДКОЙ (1368) для защиты товаров от атмосферных осадков и т. п.

327. **cantilever rack** — консольный стеллаж.
СКЛАДСКОЙ СТЕЛЛАЖ (2414), грузонесущий элемент которого представляет собой консоль (балку, жестко закрепленную на самом стеллаже и выступающую за его конструкцию). Складской стеллаж используется для ХРАНЕНИЯ (2400) труб, бухт проволоки и т. п.

328. **capacity** — 1) Производительность — способность выпускать определенное кол-во ПРОДУКЦИИ (1885) в ед. времени. 2) ВМЕСТИМОСТЬ СКЛАДА (2403). 3) ГРУЗОПОДЪЕМНОСТЬ (343). 4) Вместимость — кол-во ГРУЗА (340), который можно уложить в ТАРУ (513).

329. **capacity action** — (амер.) — корректирующее воздействие.
Меры, принимаемые руководством пром. пр-тия, если ПРОИЗВОДИТЕЛЬНОСТЬ (328) пр-тия падает ниже допустимого уровня. См. также 2098.

330. **capacity of the way** — ПРОПУСКНАЯ СПОСОБНОСТЬ ПУТИ СООБЩЕНИЯ (2558).

331. **capacity planning using overall factors,** CPOF — расчет потребности в ресурсах по обобщенным факторам.
Техника ОЦЕНКИ ПРОИЗВОДСТВЕННЫХ МОЩНОСТЕЙ (2098), для реализации которой требуются три вида входных данных: ГРАФИК ПРОИЗВОДСТВА (1474); нормы времени на произ-во ДЕТАЛЕЙ (1739); ретроспективная информация по ключевым РЕСУРСАМ (2056), необходимым для реализации производственной программы.

332. **capacity requirements planning,** CRP (амер. орг. произ-ва) — планирование потребности в ресурсах.
Методы расчета РЕСУРСОВ (2056), необходимых для реализации производственной программы. В соответствии с установленной процедурой проверяется, дочтаточна ли ПРОИЗВОДИТЕЛЬНОСТЬ (328) пр-тия для выполнения ожидаемых в плановом периоде ЗАКАЗОВ (1646). Конечным результатом этой процедуры является утверждение ГРАФИКА ПРОИЗВОДСТВА (1474). В отличие от техники ОЦЕНКИ ПРОИЗ-

ВОДСТВЕННЫХ МОЩНОСТЕЙ (2098), в рассматриваемом методе используются не усредненные оценки, а фактические данные о производительности каждой ед. оборудования.

333. **capital assets** — см. **fixed assets**.

334. **capital goods** — см. **producer goods**.

335. **captain's protest**; ship's protest — морской протест.
Письменное заявление капитана судна с целью защиты законных интересов судовладельца в случаях, когда ГРУЗУ (340) или судну был нанесен ущерб. Морской протест заявляется, напр., в случаях, когда требуется доказать, что ПОВРЕЖДЕНИЕ ГРУЗА (1224) является следствием ФОРС-МАЖОР (22).

336. **captive warehouse** — см. **private warehouse**.

337. **carboy** — бутыль.
Стеклянная ОБОРОТНАЯ ТАРА (1571), обычно ВМЕСТИМОСТЬЮ (328) не менее 10 л, используемая для перевозки жидких ОПАСНЫХ ГРУЗОВ (614). Перевозится в плетеных корзинах, ОБРЕШЕТКАХ (565) и т. п.

338. **card board** (амер.) — щит для предупредительных знаков.
Щит на внеш. стороне ГРУЗОВОГО ВАГОНА (1004), на котором закрепляются МАНИПУЛЯЦИОННЫЕ ЗНАКИ (1095), ЗНАКИ ОПАСНОСТИ (612) и т. п.

339. **carding point** — (амер., разг.) — сортировочная станция.
Пункт, предназначенный для переработки СБОРНЫХ ВАГОНОВ (1510) в пути следования.

340. **cargo** — груз.

ПРОДУКЦИЯ (1885), принятая к перевозке или находящаяся в процессе перевозки; разл. имущество физ. и юридических лиц, перевозимое из одного места в др. См. также 998, 1359.

341. **cargo agent** — см. **air freight agent**.

342. **cargo book** — грузовая книга.

1) Регистр, в который СУДОВОЙ БРОКЕР (2191) вносит сведения о принятых к перевозке ГРУЗАХ (340). 2) Документ, в который капитан судна каботажного плавания вносит сведения о перевозимых грузах и грузовых операциях. Грузовая книга может быть затребована для просмотра администрацией ТАМОЖНИ (591).

343. **cargo-carrying capacity**; weight-carrying capacity — грузоподъемность.

Одна из техн. характеристик ТРАНСПОРТНОГО СРЕДСТВА (1506); кол-во ГРУЗА (340) в ТОННАХ (2528), которое может перевезти трансп. средство данного типа. Как правило, чем больше грузоподъемность, тем меньше УДЕЛЬНЫЕ ИЗДЕРЖКИ ПЕРЕВОЗЧИКА (552). Однако эта экономия может быть реализована при высоком КОЭФФИЦИЕНТЕ ИСПОЛЬЗОВАНИЯ ГРУЗОПОДЪЕМНОСТИ (344).

344. **cargo-carrying capacity utilization rate** — коэффициент использования грузоподъемности.

Мера эффективности использования ГРУЗОПОДЪЕМНОСТИ (343). Различают статический коэффициент использования грузоподъемности [отношение массы ГРУЗА (340) в ПУНКТЕ ОТПРАВЛЕНИЯ (1669) к грузоподъемности] и дин. коэффициент использования грузоподъемности [отношение фактических

ТОННО-МИЛЬ (2529) к максимально возможным тонно-милям]. См. также 1365.

345. **cargo checker**; freight checker — приемосдатчик; чекер.
Работник коммерческой службы железной дороги, ПОРТА (1831) и т. п., принимающий ГРУЗЫ (340) от ГРУЗООТПРАВИТЕЛЕЙ (497) на начальном этапе перевозочного процесса и выдающий грузы ГРУЗОПОЛУЧАТЕЛЯМ (492) на заключительном этапе этого процесса. В его обязанности входит учет выдаваемых и принимаемых грузов, их ВЗВЕШИВАНИЕ (2758), участие в коммерческом осмотре грузов и т. п.

346. **cargo compartment** — грузовой отсек.
Помещение на водном судне, самолете и т. п., предназначенное для размещения ГРУЗОВ (340), напр., ТРЮМ (1132).

347. **cargo escorting** — сопровождение.
Присутствие при нек-рых ГРУЗАХ (340), напр., ЖИВНОСТИ (1350), ЦЕННЫХ ГРУЗАХ (2677), спец. представителя ГРУЗООТПРАВИТЕЛЯ (497) или ГРУЗОПОЛУЧАТЕЛЯ (492), в обязанности которого входит обслуживание этих грузов, их охрана в пути следования и т. п.

348. **cargo/goods handling and movement** — заявка исполнителю логистических услугж
Сообщение в стандарте ЕАНКОМ (802), представляющее собой ЗАКАЗ (1646) ИСПОЛНИТЕЛЮ ЛОГИСТИЧЕСКИХ УСЛУГ (1402) произвести ЛОГИСТИЧЕСКИЕ ОПЕРАЦИИ (1404), добавляющие стоимость.

349. **cargo insurance** — страхование грузов.
Один из видов ТРАНСПОРТНОГО СТРАХОВАНИЯ (2596). Обеспечивает страховую защиту владельцев ГРУЗОВ (340), но

не владельцев трансп. средств, напр., С ОТВЕТСТВЕННОСТЬЮ ЗА ВСЕ РИСКИ (84).

350. **cargo list** — см. **tally**.

351. **cargo (manifest)** — см. **manifest**.

352. **cargo owner** — владелец груза.
Физ. или юридическое лицо, обладающее на момент учета правом собственности на ГРУЗ (340). В роли владельца груза может выступать как ГРУЗООТПРАВИТЕЛЬ (497), так и ГРУЗОПОЛУЧАТЕЛЬ (492). См. также 1707.

353. **cargo passage** — груженый рейс.
РЕЙС (2710) ГРУЗОВОГО СУДНА (358) с КОММЕРЧЕСКИМ ГРУЗОМ (2078). См. также 183.

354. **cargo plan** — см. **stowage plan**.

355. **cargo policy** — фрахтовый полис.
СТРАХОВОЙ ПОЛИС (1195) на ГРУЗ (340) водного судна в отличие от ПОЛИСА СТРАХОВАНИЯ СУДНА (1144). См. также 1057.

356. **cargo preference** — грузовая преференция.
Преимущественное или исключительное право, предоставляемое нац. ПЕРЕВОЗЧИКАМ (366) при перевозках нек-рых категорий ГРУЗОВ (340).

357. **cargo sharing** — распределение грузопотоков.
Распределение квот на ПЕРЕВОЗКИ (2589) между участниками ЛИНЕЙНОЙ КОНФЕРЕНЦИИ (1341).

358. **cargo ship**; freight vessel — грузовое судно.

Плавучее ТРАНСПОРТНОЕ СРЕДСТВО (1506), предназначенное для перевозки ГРУЗОВ (340). Грузовые суда подразделяются на универсальные и специализированные. К последним относятся танкеры [для НАЛИВНЫХ ГРУЗОВ (1346)], суда-рефрижераторы [для СКОРОПОРТЯЩИХСЯ ГРУЗОВ (1767)], балкеры [для НАВАЛОЧНЫХ ГРУЗОВ (295)] и др. К числу осн. техн. характеристик грузового судна относятся ДЕДВЕЙТ (630), СКОРОСТЬ (2313), автономность плавания, мощность судовой энергетической установки и др.

359. **cargo tracing** — см. **shipment tracking**.

360. **carload,** CL (амер.); full wagon load (брит.) — 1) Вагонная отправка — ГРУЗ (340), оформленный ж.-д. ГРУЗОВОЙ НАКЛАДНОЙ (2750) и занимающий отдельный ГРУЗОВОЙ ВАГОН (1004). 2) ГРУЗОПОДЪЕМНОСТЬ (343) — макс. кол-во груза, которое вмещает грузовой вагон данного типа. См. также 1318.

361. **carousel** — 1) Карусельный стеллаж — СКЛАДСКОЙ СТЕЛЛАЖ (2414) с приводом, перемещающийся вокруг вертикальной оси, состоящий из двух и более ярусов. 2) Конвейер для багажа — ленточный или иной КОНВЕЙЕР (541), предназначенный для транспортирования БАГАЖА (168) внутри АЭРОПОРТА (72).

362. **Carriage and Insurance Paid to..., CIP** — перевозка и страхование оплачены; СИП; ПСО.

БАЗИСНЫЕ УСЛОВИЯ ПОСТАВКИ (200), согласно которым ПОСТАВЩИК (2450) оплачивает страховые расходы и ПРОВОЗНУЮ ПЛАТУ (2593) до ПУНКТА НАЗНАЧЕНИЯ (694); дальнейшие расходы несет ПОКУПАТЕЛЬ (309).

363. **carriage charges** — см. **transportation charges**.

364. **carriage costs** — см. **transportation costs**.

365. **Carriage Paid to..., CPT** — перевозка оплачена до места назначения, ПРО.
БАЗИСНЫЕ УСЛОВИЯ ПОСТАВКИ (200), согласно которым ПОСТАВЩИК (2450) оплачивает ПРОВОЗНУЮ ПЛАТУ (2593) до ПУНКТА НАЗНАЧЕНИЯ (694); дальнейшие расходы несет ПОКУПАТЕЛЬ (309).

366. **carrier** — 1) Перевозчик — физ. или юридическое лицо, использующее ТРАНСПОРТНЫЕ СРЕДСТВА (1506) для коммерческих ПЕРЕВОЗОК (2589). 2) СТРАХОВЩИК (1197). 3) Почтальон — работник, доставляющий письма и т. п. См. также 65, 457, 472, 486, 532, 954, 1157, 1182, 1251, 1336, 1545, 1587, 1870, 2025, 2457.

367. **carrier costs** — себестоимость перевозок.
Расходы ПЕРЕВОЗЧИКА (366), связанные с эксплуатацией, стр-вом или приобретением ТРАНСПОРТНЫХ СРЕДСТВ (1506), ТЕРМИНАЛОВ (2492), ПУТЕЙ СООБЩЕНИЯ (2752). Эти расходы могут быть фиксированными, не зависящими от объема ПЕРЕВОЗОК (2589), и переменными, напр., МАТЕРИАЛЬНЫЕ ЗАТРАТЫ (1480). В ряде случаев эти расходы можно разделить на ЗАТРАТЫ НА НАЧАЛЬНО-КОНЕЧНЫЕ ОПЕРАЦИИ (2493) и на ЗАТРАТЫ НА ДВИЖЕНЧЕСКУЮ ОПЕРАЦИЮ (1339). Для нек-рых видов транспорта отдельной строкой могут быть показаны расходы на СБОР ГРУЗОВ (1799) и на их РАЗВОЗ (655). См. также 551, 552.

368. **carrier inspection report** (амер.) — акт проверки груза.
Документ, составляемый ПЕРЕВОЗЧИКОМ (366) или его АГЕНТОМ (49) в случае несохранной перевозки, обнаруженной до предъявления ГРУЗА (340) получателю; коммерческий акт.

369. **carrier liability** — ответственность перевозчика.
Имущественные обязательства, которые могут возникнуть у ПЕРЕВОЗЧИКА (366) по ИСКАМ (429) за ПОВРЕЖДЕНИЕ ГРУЗА (1224), УТРАТУ ГРУЗА (1227), ЗАДЕРЖКУ ДОСТАВКИ (1225) и др. Во всех перечисленных и иных случаях перевозчик обязан возместить убытки истца, если не докажет, что они явились следствием НЕБРЕЖНОСТИ ГРУЗООТПРАВИТЕЛЯ (25), ФОРС-МАЖОР (22) и в нек-рых др. случаях.

370. **carrier pricing** — см. **transportation pricing**.

371. **carrier's lien** — залоговое право перевозчика; право удержания груза.
Право ПЕРЕВОЗЧИКА (366) задержать выдачу всего или части ГРУЗА (340) пока он не получит причитающиеся ему платежи, напр., ПРОВОЗНУЮ ПЛАТУ (2593), ПЛАТУ ЗА ХРАНЕНИЕ (2404).

372. **carrier's risk** — риск перевозчика.
Обязанность ПЕРЕВОЗЧИКА (366) возместить при всех обстоятельствах убытки от ПОВРЕЖДЕНИЯ ГРУЗА (1224) или УТРАТЫ ГРУЗА (1227). Перевозчик может принять на себя такие обязательства за повышенный ГРУЗОВОЙ ТАРИФ (1020). См. также 1707.

373. **carrier's weight** — погрузка и счет перевозчика.
Условие в ДОГОВОРЕ ПЕРЕВОЗКИ (535), согласно которому масса принятого к перевозке ГРУЗА (340) или кол-во мест определяются ПЕРЕВОЗЧИКОМ (366). См. также 2203.

374. **carryover merchandise** (амер.) — остатки товарных запасов.
В РОЗНИЧНОЙ ТОРГОВЛЕ (2068): ТОВАРНЫЕ ЗАПАСЫ (1511), которые не были реализованы в плановом периоде; нераспроданные товары сезонного СПРОСА (669). См. также 825.

375. **cartage** — 1) Местная перевозка — перевозка на короткие расстояния, напр., внутрипортовая [от ПАКГАУЗА (2183) на ПИРС (1260) и т. п.]. 2) Сбор за перевозку — плата за местную перевозку.

376. **carton** — коробка.
Жесткая ТАРА (513) из картона в форме куба или параллелепипеда, в которой перевозятся продовольственные товары, приборы и т. п. Коробка обычно является РАЗОВОЙ ТАРОЙ (1622); выпускаются коробки усиленной конструкции, выдерживающие до 6 ОБОРОТОВ (2638).

377. **cascade tax** — см. **turnover tax**.

378. **Cash against Documents,** CAD; documents against payment – оплата наличными против грузовых документов.
Условие договора купли-продажи, согласно которому ПОКУПАТЕЛЬ (309) платит наличными при получении ТОВАРОРАСПОРЯДИТЕЛЬНОГО ДОКУМЕНТА (761).

379. **cash-and-carry wholesaler** (амер.) — оптовик, отпускающий товары за наличный расчет.
ПРЕДПРИЯТИЕ ОПТОВОЙ ТОРГОВЛИ С ОГРАНИЧЕННЫМ НАБОРОМ УСЛУГ (1338), имеющее ЗАПАСЫ ТОВАРОВ СТАБИЛЬНОГО СПРОСА (2342). Товары отпускаются РОЗНИЧНЫМ ТОРГОВЦАМ (2067) обычно за наличный расчет, реже — с использованием чековой формы расчетов.

380. **Cash before Delivery,** C.B.D.; cash in advance; cash with order — предварительная оплата.
Условие договора купли-продажи, согласно которому ПОСТАВЩИК (2450) отгрузит товары лишь после того как ПОКУПАТЕЛЬ (309) полностью рассчитается за эти товары. См. также 383.

381. **cash in advance** — см. **Cash before Delivery**.

382. **cash-in-fist,** CIF (амер.) — расчеты за перевозку чеками.
Способ РАСЧЕТОВ ПО ПЕРЕВОЗКАМ (1017), согласно которому ПЕРЕВОЗЧИК (366) заполняет банковский чек, являющийся частью бланка КОНОСАМЕНТА (225), и передает чек в банк. В чеке указана ПРОВОЗНАЯ ПЛАТА (2593), и др. причитающиеся перевозчику суммы.

383. **Cash on Delivery,** C.O.D, COD, collect on delivery — наложенный платеж.
Условие договора купли-продажи, согласно которому ПОСТАВЩИК (2450) отгрузит товары, если ПОКУПАТЕЛЬ (309) обязуется их оплатить немедленно после ПРИЕМКИ (1984). См. также 380.

384. **cash purchase order** (амер.) — заказ с оплатой наличными.
НАРЯД-ЗАКАЗ (1920), оплачиваемый наличными. В ОТДЕЛЕ СНАБЖЕНИЯ (1932) обычно имеется небольшой фонд наличных средств для расчетов по МЕЛКИМ ЗАКАЗАМ (2285).

385. **cash purchase ticket** — квитанция за сданное зерно.
В СИСТЕМЕ ХРАНЕНИЯ ЗЕРНА (1069) — РАСПИСКА (1984), выдаваемая администрацией ЭЛЕВАТОРА (820) фермеру в обмен за полученное от него зерно. См. также 2417.

386. **cash with order** — см. **Cash before Delivery.**

387. **castaway** — см. **jettison**.

388. **catalog buying** (амер.) — покупка по каталогам.
Способ проведения ЗАКУПОК (1928) малоценной ПРОДУКЦИИ ПРОИЗВОДСТВЕННО-ТЕХНИЧЕСКОГО НАЗНАЧЕНИЯ (1882). Отбор продукции производится уполномоченным представителем ПОКУПАТЕЛЯ (309) из каталога [упорядоченного перечня товаров ПОСТАВЩИКА (2450) с указанием ЦЕН (1857)].

389. **catchment area** — зона обслуживания.
Территория, являющаяся ИСТОЧНИКОМ ЗАЯВОК (1187) для данной СИСТЕМЫ МАССОВОГО ОБСЛУЖИВАНИЯ (1953). Напр., для ПРЕДПРИЯТИЯ РОЗНИЧНОЙ ТОРГОВЛИ (2067) в качестве зоны обслуживания могут рассматриваться близлежащие населенные пункты и жилые кварталы. См. также 279.

390. **cattle wagon** — см. **livestock car**.

391. **C.B.D.** — см. **Cash before Delivery**.

392. **C & D** — см. **construction and demolition waste**.

393. **ceiling height** — рабочая высота.
Расстояние от уровня чистого пола СКЛАДА (2718) до низа конструкций перекрытия.

394. **cellar** — погреб.
Подвальное или полуподвальное помещение в здании, используемое в целях ХРАНЕНИЯ (2400) товаров, продуктов питания и т. п.

395. **cellarage** — 1) ПЛАТА ЗА ХРАНЕНИЕ (2404). 2) Отсек — часть погреба, предназначенная для хранения товаров определенного вида.

396. **certificate of damage** — аварийный сертификат.
Документ, выдаваемый администрацией ПОРТА (1831) ГРУЗОПОЛУЧАТЕЛЮ (492) в удостоверение того, что предназначенные ему товары приняты им в поврежденном виде. Аварийный сертификат используется в качестве доказательства при предъявлении ИСКА (429) за несохранную перевозку.

397. **certificate of origin,** С/О — свидетельство о происхождении товара.
Документ, выданный торгово-пром. палатой или др. орг-цией страны-экспортера. Прилагается к ЭКСПОРТНОЙ НАКЛАДНОЙ (858) и удостоверяет производителя товара.

398. **certificate of quality** — сертификат качества.
Официальные документ, выданный специально уполномоченной орг-цией и удостоверяющий, что КАЧЕСТВО (1941) товара, услуги и т. п. соответствует стандартам, образцам и др.

399. **certificate of receipt** — см. **forwarder's receipt**.

400. **certificate of registry**; ship's register — свидетельство о праве плавания.
Один из СУДОВЫХ ДОКУМЕНТОВ (2228), в котором указаны собственник судна, ПОРТ ПРИПИСКИ (1837) и осн. техн. данные судна.

401. **certificate of weight** — весовой сертификат.
Заверенный в установленном порядке документ, удостоверяющий ПОГРУЖЕННУЮ МАССУ (2200). См. также 2203, 2765.

402. **certified invoice** — заверенная накладная.
ЭКСПОРТНАЯ НАКЛАДНАЯ (858), к которой приложено СВИДЕТЕЛЬСТВО О ПРОИСХОЖДЕНИИ ТОВАРА (397).

403. **C & F** — см. **Cost and Freight**.

404. **CFR** — см. **Cost and Freight**.

405. **chafage** — потертость.
ПОВРЕЖДЕНИЕ ГРУЗА (1224), вызванное трением о др. груз, о пол или стены ГРУЗОВОГО ОТСЕКА (346) и др.

406. **change order — см. purchase order change notice**.

407. **changeover** — см. **setup**.

408. **changeover costs** — см. **setup costs**.

409. **channel** — 1) Канал — искусственное русло для воды, устраиваемое для судоходной связи, для орошения и др. 2) ЛОГИСТИЧЕСКИЙ КАНАЛ (1399). 3) Канал (обслуживания) — функциональный элемент в СИСТЕМЕ МАССОВОГО ОБСЛУЖИВАНИЯ (1953), непосредственно выполняющий ЗАКАЗЫ (1646).

410. **channel conflict** — конфликт в канале товародвижения.
Столкновение интересов участников ЛОГИСТИЧЕСКОГО КАНАЛА (1399) безотносительно к целям друг друга (конструктивный конфликт) или при действиях одного участника, ущемляющих права другого (деструктивный конфликт). Конструктивные конфликты могут выполнять интегративную ф-цию, деструктивные конфликты могут привести к распаду логистического канала.

411. **channel level** — см. **echelon**.

412. **charter** — чартер.
Договор, согласно которому владелец судна или самолета предоставляет его в аренду др. лицу — ФРАХТОВАТЕЛЮ (414). Этот договор оформляется ЧАРТЕР-ПАРТИЕЙ (416). См. также 1438, 1627, 2513, 2711.

413. **charter by demise** — димайз-чартер.
Разновидность ТАЙМ-ЧАРТЕРА (2513). Судовладелец предоставляет ФРАХТОВАТЕЛЮ (414) судно на обусловленный срок с передачей права контроля над командой, которая на срок действия чартера становится служащим фрахтователя.

414. **charterer** — фрахтователь.
Сторона ЧАРТЕРА (412), принимающая в оперативное управление водное или воздушное судно от его владельцев.

415. **chartering broker** — фрахтовый брокер.
ПОСРЕДНИК (1209) между судовладельцами и ФРАХТОВАТЕЛЕМ (414) при заключении ЧАРТЕРОВ (412). Обычно судовладельцы пользуются услугами разл. фрахтовых брокеров. Переговоры по чартеру ведутся фрахтовыми брокерами от имени своих принципалов. См. также 2206.

416. **charter party** — чартер; чартер-партия.
Документ, которым оформляется ЧАРТЕР (412). Имеется ряд стандартных форм чартера, разработанных Балтийским и междунар. морским советом и др. орг-циями.

417. **chase strategy** (амер.) — гибкая стратегия удовлетворения спроса.
Метод регулирования ОБЪЕМА ПРОИЗВОДСТВА (1684), предусматривающий ротацию персонала, использование СВЕРХУРОЧНЫХ (1703), выполнение работ на условиях договора СУБПОДРЯДА (533) и др. См. также 1323.

418. **checkout** — 1) Расчет за покупку — подсчет отобранных ПОКУПАТЕЛЕМ (309) товаров и начисление подлежащей уплате ден. суммы. 2) Расчетный узел — точка в ПРЕДПРИЯТИИ РОЗНИЧНОЙ ТОРГОВЛИ (2067), в которой производится расчет за покупку. Опыт показывает, что расчетный узел — место, где обычно возникают ЗАТОРЫ (2562) и образуются ОЧЕРЕДИ (1950). 3) Контроль качества — проверка КАЧЕСТВА (1941) товара.

419. **child — resistant pack** — см. **special packaging**.

420. **CIF** — см. **Cost, Insurance and Freight**; **Cash-in-fist**.

421. **CIP** — см. **Carriage and Insurance Paid to...**

422. **circuitous route** — кружный маршрут.
МАРШРУТ (2099), не являющийся кратчайшим. См. также 2241.

423. **circular stack** — колодцеобразный штабель.
МЕШКИ (2112) или иные ТАРНО-ШТУЧНЫЕ ГРУЗЫ (1711), уложенные друг на друга (со смещением на полмешка) по окружности. Колодцеобразный штабель обеспечивает хорошую вентиляцию и применяется в случаях, если имеется опасность согревания груза, прорастания, если груз имеет некондиционную ВЛАЖНОСТЬ (1544) и т. д. См. также 2330.

424. **circulating assets** — см. **current assets**.

425. **circus loading**; end loading (амер.) — продольная погрузка.
Метод ПОГРУЗКИ (1366) ПРИЦЕПОВ (2565) на ж. -д. ПЛАТФОРМЫ (919), в соответствии с которым автомобиль-тягач с прицепами въезжает задним ходом по ПАНДУСУ (1973) на группу платформ, между которыми установлены ПЕРЕЕЗДНЫЕ МОСТИКИ (283). См. также 1697, 2255.

426. **C-item**; C-product — продукция группы «С».
ПРОДУКЦИЯ (1885) широкой номенклатуры, на которую приходится незначительная часть ОБОРОТА (2636) или объема производственного потребления; НЕХОДОВАЯ ПРОДУКЦИЯ (2283). См. также 4.

427. **CKD** — см. **completely knocked down**.

428. **CL** — см. **carload**.

429. **claim** — иск.
Юридическое средство защиты нарушенного или оспариваемого права либо охраняемого законом интереса. Иск может быть направлен на принуждение ответчика к совершению определенных действий, напр., к уплате ШТРАФА (1760), на установление наличия или отсутствия правоотношений между сторонами. См. также 1006.

430. **claim ratio** (амер.) — коэффициент выплат по претензиям и искам.
Показатель ст-ки грузовых перевозок; отношение общей суммы выплат по ИСКАМ К ПЕРЕВОЗЧИКУ (1006), к валовому доходу ПЕРЕВОЗЧИКА (366). Показатель применяется на ТРАНСПОРТЕ ОБЩЕГО ПОЛЬЗОВАНИЯ (472).

431. **classification center** — см. **vehicle load center**.

432. **classification yard**; railway marshalling yard — сортировочная станция.
Пункт, предназначенный для переработки ГРУЗОВЫХ ВАГОНОВ (1004) и формирования (расформирования) ГРУЗОВЫХ ПОЕЗДОВ (1061). Для этих целей используются спец. МАНЕВРОВЫЕ ЛОКОМОТИВЫ (2248), ж. -д. пути, горки и др.

433. **class rate** — классный тариф.
ГРУЗОВОЙ ТАРИФ (1020), основанный на об-нии в группы ГРУЗОВ (340) со сходными ТРАНСПОРТНЫМИ ХАРАКТЕРИСТИКАМИ (2592). По своему экон. содержанию классные тарифы обычно являются ГРУЗОВЫМИ ТАРИФАМИ СО СКИДКОЙ НА ДАЛЬНОСТЬ (2480).

434. **claused bill of lading** — см. **dirty bill of lading**.

435. **clean bill of lading** — чистый коносамент.
КОНОСАМЕНТ (225), в котором ПЕРЕВОЗЧИК (366) удостоверяет, что ГРУЗ (340) принят им БЕЗ ВИДИМЫХ ПОВРЕЖДЕНИЙ (96). См. также 714.

436. **cleanup** — очистка.
Уборка ТРАНСПОРТНОГО СРЕДСТВА (1506) после РАЗГРУЗКИ (2667); удаление пыли, мусора, остатков ГРУЗА (340) и др. Может включать мероприятия по промывке, пропариванию, дезинфекции, дезинсекции, фумигации и т. п.

437. **clearance** — 1) Таможенная очистка — выполнение необходимых формальностей на ТАМОЖНЕ (591). 2) Сертификат очистки судна от пошлин — документ, выдаваемый капитану администрацией таможни и являющийся разрешением на ПОГРУЗКУ (1366) или РАЗГРУЗКУ (2667). Выдается после проверки СУДОВОГО САНИТАРНОГО СВИДЕТЕЛЬСТВА (223), КОНОСАМЕНТА (225) и уплаты портовых сборов. 3) Распродажа — продажа по сниженным ЦЕНАМ (1857) товаров сезонного спроса, которые не были реализованы в соответствующем сезоне. 4) Дорожный просвет — расстояние между нижней точкой агрегатов ТРАНСПОРТНОГО СРЕДСТВА (1506) и дорогой.

438. **clearance limit** (амер.) — габарит подвижного состава.
Предельное поперечное перпендикулярное к оси пути очертание, за пределы которого не должны выходить никакие части ж. -д. ПОДВИЖНОГО СОСТАВА (2094) ни в порожнем, ни в груженом состоянии. См. также 1369.

439. **closed loop logistics system** — замкнутая логистическая система.
ЛОГИСТИЧЕСКАЯ СИСТЕМА (1411) с относительно устойчивыми ХОЗЯЙСТВЕННЫМИ СВЯЗЯМИ (311), напр., металлургический завод, имеющий стабильную клиентуру.

440. **closed-loop MRP** — замкнутая МРП.
Разработанная в США система орг-ции произ-ва, являющаяся частью системы МРП II (1464) и использующая элементы системы МРП (1488) и технику ПЛАНИРОВАНИЯ ПОТРЕБНОСТИ В РЕСУРСАХ (332).

441. **C/O** — см. **certificate of origin**.

442. **COA** — см. **contract of affreightment**.

443. **coalition** — объединение.
Группировка ТРЕБОВАНИЙ (587) в СИСТЕМЕ МАССОВОГО ОБСЛУЖИВАНИЯ (1953).

444. **COD** — см. **Cash on Delivery**.

445. **C.O.D** — см. **Cash on Delivery**.

446. **codisposal** (амер.) — сжигание отходов.
СЖИГАНИЕ (1152) ТВЕРДЫХ БЫТОВЫХ ОТХОДОВ (1572) вместе с обезвоженным ОСАДКОМ СТОЧНЫХ ВОД (2284).

447. **COFC** — см. **container on flatcar**.

448. **coke rack** (амер.) — наращенный борт.
Решетчатая рама, закрепляемая на стенках ПОЛУВАГОНА (1054) в целях увеличения вместимости при перевозке ЛЕГКОВЕСНЫХ ГРУЗОВ (184).

449. **cold store** (брит.) — холодильный склад.
ЗАКРЫТЫЙ СКЛАД (824), в помещениях которого обеспечивается оптим. для данного вида ПРОДУКЦИИ (1885) температурно-влажностный режим.

450. **collapsible packaging** — складная тара.
ОБОРОТНАЯ ТАРА (1571), конструкция которой позволяет сложить ее без РАЗБОРКИ (715) и при необходимости вновь придать ей первоначальную форму. См. также 949.

451. **collecting storage** — централизованное хранение зерна.
СИСТЕМА ХРАНЕНИЯ ЗЕРНА (1069), в которую зерно поступает непосредственно с полей или из устр-в ХРАНЕНИЯ ЗЕРНА В ПЕРВИЧНЫХ ХОЗЯЙСТВАХ (882). Зерно хранится в АМБАРАХ (2183) навалом или в МЕШКАХ (2112). Единовременно может храниться от 10 до 30 тыс т. зерна. В процессе ХРАНЕНИЯ (2400) выполняются операции АЭРАЦИИ (43) и очистки зерна.

452. **collection** — 1) Сбор отходов — процесс доставки ТВЕРДЫХ БЫТОВЫХ ОТХОДОВ (1572) с ПЛОЩАДОК ДЛЯ МУСОРА (780) на СВАЛКИ (1290), МУСОРОСОРТИРОВОЧНЫЕ ЗАВОДЫ (1497) и т. п. 2) Выборка — получение ПОКУПАТЕЛЕМ (309) товаров на пр-тии ПОСТАВЩИКА (2450) и вывоз их оттуда собственным или арендованным транспортом.

453. **collection vehicle**; garbage truck; refuse vehicle — мусоровоз.
Спец. ГРУЗОВОЙ АВТОМОБИЛЬ (1417), предназначенный для СБОРА ОТХОДОВ (452). Может быть оснащен манипулятором или КРАНОМ (563) для подъема и опорожнения РОЛИКОВЫХ КОНТЕЙНЕРОВ ДЛЯ МУСОРА (2096).

454. **collect on delivery** — см. **Cash on Delivery**.

455. **collect rate shipment** — оплата перевозки после доставки.
Способ РАСЧЕТОВ ПО ПЕРЕВОЗКАМ (1017), в соответствии с которым ГРУЗОПОЛУЧАТЕЛЬ (492) вносит ПРОВОЗНУЮ ПЛАТУ (2593) по факту доставки ГРУЗА (340).

456. **column stack** — стопа.
ШТАБЕЛЬ (2330), в котором ГРУЗЫ (340) уложены друг на друга без смещения.

457. **combination carrier** — предприятие грузопассажирских перевозок.
ВОЗДУШНЫЙ ПЕРЕВОЗЧИК (65), перевозящий как пассажиров, так и ГРУЗЫ (340).

458. **combination rate** — комбинированный тариф.
ГРУЗОВОЙ ТАРИФ (1020) от пункта А до пункта С, полученный путем складывания тарифа от А до В и от В до С [при отсутствии СКВОЗНОГО ТАРИФА (2505)].

459. **combined certificate of value and origin** — см. **customs invoice**.

460. **combined package** — сборная упаковка.
ОТПРАВКА (1709), в которой содержится ПРОДУКЦИЯ (1885) разл. наименований.

461. **Combined Transport Operator, CTO** — оператор комбинированных перевозок.
Пр-тие ТРАНСПОРТА ОБЩЕГО ПОЛЬЗОВАНИЯ (472), осуществляющее СМЕШАННЫЕ ПЕРЕВОЗКИ (1220). Часть перевозки выполняется ПЕРЕВОЗЧИКОМ (366), оформившим КОНОСАМЕНТ (225), др. часть — сторонними перевозчиками, работающими на условиях СУБПОДРЯДА (533).

462. **commercial invoice** — коммерческая накладная.
ЭКСПОРТНАЯ НАКЛАДНАЯ (858), направляемая ПОКУПАТЕЛЮ (309) непосредственно или через банк.

463. **commercial traveller** — см. **travelling salesman**.

464. **commingled cargo** — обезличенный груз.
ВЗАИМОЗАМЕНЯЕМЫЕ ТОВАРЫ (1037), оформленные разными КОНОСАМЕНТАМИ (225), предназначенные разным ГРУЗОПОЛУЧАТЕЛЯМ (492), но перевозимые в одном ТРЮМЕ (1132) или ином грузовом помещении.

465. **commingled recyclables**- неотсортированные возвратные отходы.
УТИЛИЗИРУЕМЫЕ ОТХОДЫ (2003) разл. наименований, находящиеся в одном КОНТЕЙНЕРЕ ДЛЯ МУСОРА (2017). См. также 1534.

466. **commingled storage** — хранение с обезличением.
Смешение ВЗАИМОЗАМЕНЯЕМЫХ ТОВАРОВ (1037) разных ПОКЛАЖЕДАТЕЛЕЙ (174) в процессе ХРАНЕНИЯ (2400). См. также 488.

467. **commissioning** — комиссионирование.
Совокупность процессов КОМПЛЕКТАЦИИ (1785) ЗАКАЗОВ (1646) на СКЛАДЕ (2718) и их ОТГРУЗКИ (2205).

468. **committee buying** (амер.) — коллегиальное принятие решений о закупках.
Процедура ЗАКУПОК (1928), используемая в супермаркетах. ПОСТАВЩИКИ (2450) передают коммерческие предложения представителю супермаркета, который оценивает их и передает нек-рые из них на рассмотрение коллегии в составе руководящих работников супермаркета. См. также 2053.

469. **commodity** — 1) Сырьевой товар — СЫРЬЕ (1979), являющееся объектом купли-продажи. 2) ЗАМЕНИТЕЛЬ (2441). 3) ГРУЗ (340) (амер., ж. -д. термин).

470. **commodity exchange** — товарная биржа.
Регулярная форма оптовой торговли СЫРЬЕВЫМИ ТОВАРАМИ (469). Сделки на товарной бирже совершаются не по РЕАЛЬНЫМ ТОВАРАМ (851), а имеют срочный характер. Важную роль на товарной бирже играют ПОСРЕДНИКИ (1209).

471. **commodity rate** — тариф на перевозку массовых грузов.
ГРУЗОВОЙ ТАРИФ (1020), установленный на конкретный вид СЫРЬЕВОГО ТОВАРА (469), напр., уголь, зерно и т. п. Эти тарифы обычно ниже по сравнению с КЛАССНЫМИ ТАРИФАМИ (433). В США в 1980-е гг. примерно 85% грузооборота ЖЕЛЕЗНОДОРОЖНОГО ТРАНСПОРТА (1967) перевезено по тарифам на перевозку массовых грузов.

472. **common carrier** — транспорт общего пользования.
ПЕРЕВОЗЧИК (366), осуществляющий ПЕРЕВОЗКИ (2589) пассажиров, БАГАЖА (168) и ГРУЗОВ (340) по обращению любого физ. или юридического лица.

473. **commuter airline** — местная авиалиния.
ВОЗДУШНЫЙ ПЕРЕВОЗЧИК (65), осуществляющий ПЕРЕВОЗКИ (2589) между небольшими населенными пунктами.

474. **company material** (амер.) — хозяйственные грузы.
На ЖЕЛЕЗНОДОРОЖНОМ ТРАНСПОРТЕ (1967): ГРУЗЫ (340), перевозимые для собственных нужд (шпалы, рельсы, балласт и т. п.).

475. **compatibility** — совместимость (грузов).
Возможность совместного ХРАНЕНИЯ (2400) или ПЕРЕВОЗОК (2589) разл. ГРУЗОВ (340). Грузы считаются совместимыми, если при их хранении или перевозке в одном грузовом помещении исключено их взаимодействие, которое может привести либо к обесценению и снижению КАЧЕСТВА (1941) этих грузов или одного из них, либо к пожару, взрыву, выделению ядовитых газов и т. п.

476. **compelled rate** (амер.) — заниженный тариф.
ГРУЗОВОЙ ТАРИФ (1020), установленный ниже СЕБЕСТОИМОСТИ ПЕРЕВОЗОК (367) из соображений обеспечения конкурентоспособности. Напр., ж. -д. компания может установить заниженный тариф на перевозки между пунктами, связанными между собой водным путем.

477. **competitive rate** (амер.) — заниженный тариф.
Льготный ТАРИФ НА ПЕРЕВОЗКУ МАССОВЫХ ГРУЗОВ (471) или КЛАССНЫЙ ТАРИФ (433), обеспечивающий конку-

рентное преимущество по отношению к ПЕРЕВОЗЧИКАМ (366) того же или др. ВИДА ТРАНСПОРТА (1541).

478. **completely knocked down,** CKD — в разобранном виде.

1) Товары, представляемые в виде отдельных ДЕТАЛЕЙ (1739) и узлов, которые ПОКУПАТЕЛЬ (309) должен собрать сам. Такая форма торговли позволяет экономить ТРАНСПОРТНЫЕ ИЗДЕРЖКИ (2594) и уменьшить несохранные перевозки нек-рых товаров, напр., мебели. 2) Слова или аббревиатура, наносимые на УПАКОВКУ (1714) импортных машиностроительных ГРУЗОВ (340). В нек-рых странах такие грузы облагаются льготной ТАМОЖЕННОЙ ПОШЛИНОЙ (594). См. также 1280.

479. **component** — составная часть.

ДЕТАЛЬ (1739), СБОРОЧНЫЙ УЗЕЛ (2437) или СЫРЬЕ (1979), используемые при СБОРКЕ (118) или изготовлении ПРОДУКЦИИ (1885). В нек-рых случаях составной частью продукции является ее УПАКОВКА (1714).

480. **composting** — компостирование.

Способ УТИЛИЗАЦИИ (2007) ТВЕРДЫХ БЫТОВЫХ ОТХОДОВ (1572), ОСАДКА СТОЧНЫХ ВОД (2284) и т. п. Представляет собой разложение смеси органических веществ под воздействием микроорганизмов в воздушной среде. В процессе компостирования в смеси повышается содержание доступных усвоению растениями элементов, обезвреживается патогенная микрофлора, уменьшается кол-во пектиновых веществ.

481. **compound duty** — комбинированная пошлина.

ТАМОЖЕННАЯ ПОШЛИНА (594), являющаяся сочетанием АДВАЛОРНОЙ ПОШЛИНЫ (36) и СПЕЦИФИЧЕСКОЙ ПОШЛИНЫ (2310).

482. **compressing** — уплотнение графика работ.
Сокращение ВРЕМЕНИ ВЫПОЛНЕНИЯ ЗАКАЗА (1306). В машиностроении может быть достигнуто, напр., на основе ПАРАЛЛЕЛЬНОЙ РАБОТЫ СУБПОДРЯДЧИКОВ И ЗАКАЗЧИКА (805).

483. **computerized route scheduling system** — автоматизированная система диспетчирования автотранспорта.
Основанная на использовании ЭВМ и матем. методов система формирования МАРШРУТОВ (2099) и РАСПИСАНИЙ (2518) на АВТОМОБИЛЬНОМ ТРАНСПОРТЕ (1546). В качестве ОГРАНИЧЕНИЙ (502) в такой системе обычно рассматриваются расходы на оплату труда и дорожная обстановка. Внедрение системы обеспечивает сокращение ЭКСПЛУАТАЦИОННЫХ РАСХОДОВ (1634) примерно на 10%.

484. **concealed loss and damage**; hidden loss and damage — скрытые повреждения; скрытая недостача.
ПОВРЕЖДЕНИЕ ГРУЗА (1224) или частичная УТРАТА ГРУЗА (1227), которые нельзя обнаружить обычным путем при его приемке ГРУЗОПОЛУЧАТЕЛЕМ (492). Бремя доказательства вины ПЕРЕВОЗЧИКА (366) падает на получателя.

485. **conditional sale** — условная продажа.
1) Договор купли-продажи, по условиям которого продавец сохраняет за собой право собственности на товар, пока ПОКУПАТЕЛЬ (309) не внес все причитающиеся с него суммы, напр., продажа товаров в кредит. 2) Договор купли-продажи, по которому покупатель обязуется перепродать приобретенный им товар на определенных условиях, напр., по ЦЕНЕ (1857) не выше обусловленной.

486. **conference carrier** — член линейной конференции.
ПЕРЕВОЗЧИК (366), входящий в состав ЛИНЕЙНОЙ КОНФЕРЕНЦИИ (1341).

487. **confiscation** — конфискация.
Принудительное изъятие компетентными органами всей или части ГРУЗА (340), БАГАЖА (168), почтового отправления и т. п. Конфискации подлежат грузы, багаж и т. п., таможенные декларации или ГРУЗОВЫЕ ДОКУМЕНТЫ (2213) на которые содержат неполные, неточные или заведомо ложные сведения; предметы КОНТРАБАНДЫ (531).

488. **confusion of goods** — смешение товаров.
Обезличение товаров разл. владельцев в процессе ХРАНЕНИЯ (2400) или перевозки. Если такое смешение произведено виновным лицом в нарушение условий договора или ОБЫЧАЕВ ДЕЛОВОГО ОБОРОТА (2672), то у потерпевшей стороны может возникнуть право собственности на всю массу смешанных товаров. См. также 466.

489. **consequential damages** — см. **consequential loss**.

490. **consequential loss**; consequential damages — косвенные потери.
В имущественном СТРАХОВАНИИ (1194): КОСВЕННЫЙ УБЫТОК (1159), являющийся следствием СТРАХОВОГО СЛУЧАЯ (843).

491. **consgt.** — см. **consignment**.

492. **consignee**; receiver — 1) Грузополучатель — лицо, уполномоченное принять доставленный ПЕРЕВОЗЧИКОМ (366) ГРУЗ (340) 2) Консигнатор — сторона договора КОНСИГНАЦИИ

(493), получившая товары от КОНСИГНАНТА (497) и обязавшаяся продать их за счет последнего. Право собственности на товары, находящиеся в оперативном управления консигнатора, сохраняется за консигнантом.

493. **consignment**; consgt. — 1) ОТПРАВКА (1709). 2) Консигнация — форма продажи товаров, близкая к комиссионной торговле. Продавец [КОНСИГНАНТ (497)] передает свои товары на реализацию посреднику [КОНСИГНАТОРУ (492)], но сохраняет право собственности на них до момента реализации их посредником. Последний получает за это комиссионное вознаграждение.

494. **consignment insurance** — страхование товаров от ответственном хранении.
СТРАХОВАНИЕ (1194) товаров, переданных на КОНСИГНАЦИЮ (493).

495. **consignment invoice** — консигнационная накладная.
ЭКСПОРТНАЯ НАКЛАДНАЯ (858) на товары, переданные на КОНСИГНАЦИЮ (493).

496. **consignment note** — 1) Транспортная накладная — необоротный документ, приложенный к товарам, отгруженным по конкретному ЗАКАЗУ (1646), и являющийся обычно копией СЧЕТА-ФАКТУРЫ (1248). На ВОЗДУШНОМ ТРАНСПОРТЕ (73) транспортная накладная является также РАСПИСКОЙ (1984) за ГРУЗ (340), выданной ПЕРЕВОЗЧИКОМ (366), но не является ТОВАРОРАСПОРЯДИТЕЛЬНЫМ ДОКУМЕНТОМ (761). 2) Расписка — квитанция за товары, принятые на КОНСИГНАЦИЮ (493).

497. **consignor**; sender — 1) Грузоотправитель — лицо, передающее ПЕРЕВОЗЧИКУ (366) ГРУЗ (340) в ПУНКТЕ ОТПРАВЛЕНИЯ (1669); лицо, заключающее от своего имени ДОГОВОР ПЕРЕВОЗКИ (535). 2) Консигнант — сторона договора КОНСИГНАЦИИ (493), передающая товары КОНСИГНАТОРУ (492) на реализацию.

498. **consist** (амер.) — 1) Натурный лист — документ, сопровождающий ГРУЗОВОЙ ПОЕЗД (1061) на всем пути следования. Составляется СОРТИРОВОЧНОЙ СТАНЦИЕЙ (432) и содержит сведения о перевозимых ГРУЗАХ (340) с разбивкой по вагонам; длине и массе поезда и т. д. 2) Прицепной подвижной состав — несамоходный ж. -д. ПОДВИЖНОЙ СОСТАВ (2094).

499. **consolidated distribution** (амер.) — сотрудничество конкурентов в процессе сбыта.
Доставка конкурирующими фирмами своих товаров крупными партиями, напр., ВАГОННЫМИ ОТПРАВКАМИ (360), в общий РАСПРЕДЕЛИТЕЛЬНЫЙ ЦЕНТР (734) для развоза по ПРЕДПРИЯТИЯМ РОЗНИЧНОЙ ТОРГОВЛИ (2067). Такая форма сотрудничества конкурентов позволяет сократить ИЗДЕРЖКИ ОБРАЩЕНИЯ (736) каждому из них примерно на 10% за счет концентрации ТОВАРНЫХ ЗАПАСОВ (1511), но может привести к утечке информации, являющейся предметом коммерческой тайны. См. также 739, 1827.

500. **consolidation** — 1) Консолидация; укрупнение грузов — формирование СБОРНОЙ ОТПРАВКИ (51) из МЕЛКИХ ОТПРАВОК (2286). 2) Укрупнение заказов (амер.) — процесс об-ния ВНУТРЕННИХ НАРЯДОВ (2791) с целью сокращения ЗАТРАТ НА ПЕРЕНАЛАДКУ (2180). 3) Объединение — слияние нескольких фирм в одну (с новым названием). См. также 18.

501. **consolidation and deconsolidation coverage** — страхование промежуточных грузовых операций.

Форма СТРАХОВАНИЯ (1194) ПОВРЕЖДЕНИЯ ГРУЗА (1224), которое может возникнуть при УПАКОВЫВАНИИ (1721) и др. ЛОГИСТИЧЕСКИХ ОПЕРАЦИЯХ (1404).

502. **constraint** — 1) Ограничение — условие, при котором действительны расчеты по матем. модели. Обычно представляет собой систему неравенств или ур-ний. 2) Ограниченный ресурс — РЕСУРС (2056), СПРОС (669) на который превышает ПРЕДЛОЖЕНИЕ (2454). Ограниченный ресурс — одно из фундаментальных понятий системы ОПТ (1640), в которой расходы на СТРАХОВОЙ ЗАПАС (2115) не считаются НЕПРОИЗВОДИТЕЛЬНЫМИ РАСХОДАМИ (2741).

503. **construction and demolition waste**; C&D — отходы строительства.

ТВЕРДЫЕ ОТХОДЫ (2290),образующиеся в процессе стр-ва, реконструкции или РЕМОНТА (2039) пром. и гражданских зданий и сооружений, ПУТЕЙ СООБЩЕНИЯ (2752) и т. п. Составляют примерно 10% (по массе) общего ПОТОКА ОТХОДОВ (2746). Состав отходов строительства примерно след.: бетон (свыше 60%), дерево (около 20%), битый кирпич и глина (около 15%), металлы (около 2%) и т. д.

504. **constructive placement** (амер.) — условная подача.

ПОДАЧА (2319) ГРУЗОВОГО ВАГОНА (1004) к месту проведения грузовых работ, отличному от первоначально указанного ГРУЗООТПРАВИТЕЛЕМ (497). Если условная подача произведена по вине или по просьбе получателя (отправителя), то ответственность последнего за СВЕРХНОРМАТИВНЫЙ ПРОСТОЙ (672) наступает от срока высвобождения вагона из-под грузовых операций, указанного для первоначального места подачи.

505. **constructive total loss** — конструктивная гибель.
В СТРАХОВАНИИ (1194): повреждение застрахованного объекта в такой степени, что его РЕМОНТ (2039) экономически нецелесообразен. См. также 27.

506. **consular invoice** — консульская счет-фактура.
ЭКСПОРТНАЯ НАКЛАДНАЯ (858), подписанная консулом (должностным лицом, представляющим юридические и экон. интересы иностранного гос-ва на данной территории).

507. **consumable supplies** — малоценные и быстроизнашивающиеся предметы.
Средства труда со СРОКОМ СЛУЖБЫ (92) менее 1 года; дешевый мелкий инструмент (независимо от срока службы); ВСПОМОТАТЕЛЬНЫЕ МАТЕРИАЛЫ (134).

508. **consumer** — потребитель.
Физ. лицо, приобретающее ПРОДУКЦИЮ (1885) для удовлетворения личных нужд, т. е. в целях, не связанных с ее перепродажей или иным использованием для извлечения прибыли. См. также 587.

509. **consumer goods** — товары народного потребления.
ПРОДУКЦИЯ (1885), предназначенная для удовлетворения личных нужд ПОТРЕБИТЕЛЕЙ (508) — продовольственные товары, одежда, обувь, мебель и т. п. См. также 1882.

510. **consumer services** — потребительские услуги.
УСЛУГИ (2175), предназначенные для удовлетворения личных нужд ПОТРЕБИТЕЛЕЙ (508). См. также 1168.

511. **consumer's risk** — риск потребителя.
Вероятность ПРИЕМКИ (7) ПАРТИИ (1419) товара, в которой доля дефектных товаров является неприемлемой. См. также 1883, 2126.

512. **consumer unit** — штучный товар; розничная партия.
По терминологии Междунар. ассоциации товарной нумерации — ед. ПРОДУКЦИИ (1885), являющаяся предметом купли-продажи в РОЗНИЧНОЙ ТОРГОВЛЕ (2068). Штриховой код этой продукции сканируется кассиром РАСЧЕТНОГО УЗЛА (418). Штучный товар идентифицируется кодами ЕАН-8 или ЕАН-13. См. также 2551, 2605.

513. **container** — 1) Тара — изделие, предназначенное для размещения ПРОДУКЦИИ (1885) в целях ХРАНЕНИЯ (2400), ПЕРЕВОЗКИ (2589) и т. д. Различают жесткую и мягкую, разовую и оборотную, закрытую и открытую, разборную и неразборную, герметичную и негерметичную тару. 2) КОНТЕЙНЕР (1009). См. также 1714.

514. **container car** (амер.) — платформа для контейнеров.
Ж.-д. ПЛАТФОРМА (919), предназначенная для перевозки КОНТЕЙНЕРОВ (513). Может быть укомплектованная УПОРАМИ ДЛЯ КРЕПЛЕНИЯ КОНТЕЙНЕРОВ (520), ПОПЕРЕЧНЫМИ БРУСКАМИ (252) и т. п.

515. **container coordinator** (амер.) — диспетчер контейнерного терминала.
Работник, который ведет учет использования КОНТЕЙНЕРОВ (513), принимает меры к ускорению ДОСТАВКИ (655) задержанных в пути контейнеров, оформляет счета за ХРАНЕНИЕ (2400) контейнеров на ТЕРМИНАЛЕ (2492) и т. д.

516. **container crane** (амер.) — контейнерный кран.
КОЗЛОВОЙ КРАН (1039) или кран иного типа, используемый на КОНТЕЙНЕРНОМ СКЛАДЕ (518) для переработки КОНТЕЙНЕРОВ (513).

517. **container deposit** — залоговая стоимость тары.
ЦЕНА (1857) ТАРЫ (513), включенная в стоимость ПРОДУКЦИИ (1885). З.с.т. возвращается ПОКУПАТЕЛЮ (309) при возврате тары (напр., пустой бутылки из-под молока) по месту приобретения товара или таросбирающей орг-ции. См. также 680.

518. **container depot** — контейнерный склад; котнейнерный терминал.
СКЛАД (2718), на котором производится ХРАНЕНИЕ (2400) и транзитная переработка груженых и порожних КОНТЕЙНЕРОВ (513).

519. **container on flatcar,** COFC — контейнерная железнодорожная перевозка.
Вид ПЕРЕВОЗКИ НА ЖЕЛЕЗНОДОРОЖНОЙ ПЛАТФОРМЕ (1800). КОНТЕЙНЕР (513) перегружается с ГРУЗОВОГО АВТОМОБИЛЯ (1417) на платформу и доставляется в ПУНКТ НАЗНАЧЕНИЯ (694). См. также 2568.

520. **container pedestal** (амер.) — упор для крепления контейнеров.
КРЕПЕЖНОЕ УСТРОЙСТВО (2508), встроенное в пол ПЛАТФОРМЫ ДЛЯ КОНТЕЙНЕРОВ (514) и фиксирующее КОНТЕЙНЕР (513) в неподвижном положении за его ФИТИНГИ (544).

521. **container rate** — тариф контейнерной отправки.
ГРУЗОВОЙ ТАРИФ (1020) на перевозку КОНТЕЙНЕРНОЙ ОТПРАВКИ (522).

522. **container shipment**; container-sized lot — контейнерная отправка.
ОТПРАВКА (2194), масса или объем которой соответствуют грузоподъемности или грузовместимости КОНТЕЙНЕРА (513). См. также 2434.

523. **container-sized lot** — см. **container shipment**.

524. **container traffic** — контейнерные перевозки.
ПЕРЕВОЗКИ (2589) ГРУЗОВ (340) в КОНТЕЙНЕРАХ (513).

525. **contaminant** — 1) ПОЛЛЮТАНТ (1823). 2) Вредная примесь — постороннее вещество, попавшее в состав УТИЛИЗИРУЕМЫХ ОТХОДОВ (2003). В. п. может ухудшить КАЧЕСТВО (1941) ГОТОВОЙ ПРОДУКЦИИ (900), изготовленной из отходов, или привести к аварии или выходу из строя технол. оборудования.

526. **continuing supply contract** — договор поставки.
Договор купли-продажи, согласно которому ПОСТАВЩИК (2450) обязуется предоставить ПОКУПАТЕЛЮ (309) ПРОДУКЦИЮ (1885) по обусловленной ЦЕНЕ (1857). Срок действия договора может быть фиксированным или неопределенным. См. также 2033.

527. **continuous production** — непрерывное серийное производство.
СЕРИЙНОЕ ПРОИЗВОДСТВО (206), в котором переход от одного вида ПРОДУКЦИИ (1885) к др. не требует или почти не требует ПЕРЕНАЛАДКИ (2179).

528. **continuous replenishment** — непрерывное пополнение запасов.
Совместное УПРАВЛЕНИЕ ЗАПАСАМИ (1236), осуществляемое ПОСТАВЩИКОМ (2450) и ПОКУПАТЕЛЕМ (309). Поставщик получает в реальном масштабе времени информацию с электронных РАСЧЕТНЫХ УЗЛОВ (418), установленных в магазине покупателя, определяет оптим. ПАРТИИ ПОСТАВКИ (1421) и формирует ГРАФИКИ ПОСТАВОК (663). В такой системе обязательно устанавливается объем ответственности поставщика за последствия принятых им решений для покупателя. См. также 815.

529. **continuous review system**; (s,Q) system — система с фиксированным размером заказа.
СИСТЕМА УПРАВЛЕНИЯ ЗАПАСАМИ (1237), в которой ПАРТИЯ ПОСТАВКИ (1421) является фиксированной величиной. ЗАКАЗ (1646) размещается, когда НАЛИЧНЫЕ ЗАПАСЫ (1624) достигают ТОЧКИ ЗАКАЗА (1659). Разновидностью данной системы является СИСТЕМА С ДВУМЯ ФИКСИРОВАННЫМИ УРОВНЯМИ ЗАПАСА БЕЗ ПОСТОЯННОЙ ПЕРИОДИЧНОСТИ ЗАКАЗА (1644). См. также 1765.

530. **continuous stock taking** — непрерывная инвентаризация.
ИНВЕНТАРИЗАЦИЯ (2387), проводимая без приостановки работы СКЛАДА (2718), магазина и т. п. Контрольные операции в рамках непрерывной инвентаризации обычно совмещены с др. операциями, напр., КОМПЛЕКТАЦИЕЙ (1785), и являются доп. обязанностями для соответствующего работника. См. также 1770.

531. **contraband** — контрабанда.
1) Ввоз или незаконное перемещение через ТАМОЖЕННУЮ ТЕРРИТОРИЮ (600) товаров или иных материальных ценностей, оборот которых запрещен или ограничен на данной терри-

тории. 2) Товары или др. ценности, незаконно перемещаемые через гос. границу. Такие товары и ценности подлежат КОНФИСКАЦИИ (487), а лица, с ведома или при участии которых совершена попытка незаконного ввоза или вывоза, могут быть привлечены к уголовной или административной ответственности.

532. **contract carrier**; haulage contractor; public carrier — перевозчик, работающий по договорам.
КОММЕРЧЕСКОЕ ТРАНСПОРТНОЕ ПРЕДПРИЯТИЕ (954), не являющееся пр-тием ТРАНСПОРТА ОБЩЕГО ПОЛЬЗОВАНИЯ (472). В США этот тип перевозчика распространен на АВТОМОБИЛЬНОМ ТРАНСПОРТЕ (1546), а с 1980 г. допускается и на ЖЕЛЕЗНОДОРОЖНОМ ТРАНСПОРТЕ (1967).

533. **contracting out**; outsourcing — субподряд.
Передача орг-цией или пр-тием части выполняемых ею работ др. орг-ции или пр-тию на условиях ДОГОВОРА ПОДРЯДА (1458); привлечение сторонних орг-ций для выполнения ЛОГИСТИЧЕСКИХ ОПЕРАЦИЙ (1404).

534. **contract of affreightment,** COA; affreightment; freighting — договор фрахтования судна.
Документ в форме ЧАРТЕР-ПАРТИИ (416) или КОНОСАМЕНТА (225), согласно которому судовладелец обязуется доставить ГРУЗ (340) в требуемое место за установленную плату [ФРАХТ (998)].

535. **contract of carriage**; transportation agreement — договор перевозки.
Соглашение между КЛИЕНТОМ (2674) и КОММЕРЧЕСКИМ ТРАНСПОРТНЫМ ПРЕДПРИЯТИЕМ (954), согласно которо-

му последнее обязуется доставить принадлежащий первому ГРУЗ (340) в ПУНКТ НАЗНАЧЕНИЯ (694) и вручить уполномоченному лицу. В этом соглашении обычно предусмотрены уровень ГРУЗОВЫХ ТАРИФОВ (1020), ОТВЕТСТВЕННОСТЬ ПЕРЕВОЗЧИКА (369) и др. Если соглашением не предусмотрено иное, то трансп. пр-тие вправе передать часть работ третьему лицу на условиях СУБПОДРЯДА (533). Соглашение может быть письменным или устным; может быть заключено в пользу третьего лица.

536. **contract of insurance** — договор страхования.
Соглашение между СТРАХОВАТЕЛЕМ (1196) и СТРАХОВЩИКОМ (1197), согласно которому первый обязуется уплатить второму страховые взносы, а второй — выплатить первому СТРАХОВОЕ ВОЗМЕЩЕНИЕ (1156) при наступлении предусмотренного соглашением СТРАХОВОГО СЛУЧАЯ (843). Это соглашение может быть только письменным.

537. **contract of marine insurance** — договор морского страхования.
ДОГОВОР СТРАХОВАНИЯ (536), предусматривающий защиту от РИСКОВ (1763), которым подвергаются СУДНО (1143), ГРУЗ (340), ФРАХТ (998), а также иных рисков, связанных с морской перевозкой (вознаграждение экипажа судна, ожидаемая от груза прибыль и т. п.).

538. **contract rate** — 1) Договорный тариф — ГРУЗОВОЙ ТАРИФ (1020), основанный на взаимном соглашении ПЕРЕВОЗЧИКА (366) и КЛИЕНТА (2674). В США Д.т. узаконены в 1979 г. Комиссией по межштатным перевозкам и торговле (ICC). 2) Льготный тариф — пониженный тариф, предоставляемый КЛИЕНТУ ЛИНЕЙНОЙ КОНФЕРЕНЦИИ (539).

539. **contract shipper** — клиент линейной конференции.
ГРУЗООТПРАВИТЕЛЬ (2201), пользующийся услугами ЛИНЕЙНОЙ КОНФЕРЕНЦИИ (1341).

540. **conveyance** — см. **means of transport**.

541. **conveyor** — конвейер.
Устр-во для перемещения ГРУЗОВ (340) в виде замкнутой ленты, роликов, лопастей и т. п. Различают стационарные и передвижные, приводные и неприводные (гравитационные) конвейеры. По характеру движения грузонесущего органа различают конвейеры непрерывного и дискретного действия.

542. **cooperage** — 1) Сбор за переоборудование тары — доп. плата, взимаемая ПЕРЕВОЗЧИКОМ (366) за мелкую переделку ТАРЫ (513) с учетом специфики ГРУЗА (340), за предоставление перегородок, распорок и т. п. 2) ВТОРИЧНАЯ УПАКОВКА (2149).

543. **coopering** — установка прокладок.
Оснащение ГРУЗОВОГО ВАГОНА (1004) реквизитами крепления в форме съемных деревянных или картонных щитов, прокладок и т. п. при перевозке НАВАЛОЧНЫХ ГРУЗОВ (295). Эти реквизиты обычно предоставляются ж. -д. компанией, но устанавливаются самим ГРУЗООТПРАВИТЕЛЕМ (497). Напр., при перевозке зерновых грузов размещение груза должно производиться на 10 см ниже верхней кромки щита в дверном проеме вагона, а начало подъема зерна в сторону торцовых стен вагона под УГЛОМ ЕСТЕСТВЕННОГО ОТКОСА (91) должно быть удалено от края щита не менее чем на 100 см.

544. **corner fitting** — фитинг; угловой фитинг.
Элемент конструкции КОНТЕЙНЕРА (1009), используемый для его крепления к фиксирующему устр-ву ж. -д. ПЛАТФОРМЫ (919), автомобильного ПРИЦЕПА (2565) и т. п.

545. **correction of wrong address** — уточнение адреса получателя.
СОПУТСТВУЮЩАЯ УСЛУГА (10), предоставляемая нек-рыми ПЕРЕВОЗЧИКАМИ (366). Если АДРЕС (32) ГРУЗОПОЛУЧАТЕЛЯ (492) указан отправителем ошибочно, то перевозчик в соответствии с ОБЫЧАЯМИ ДЕЛОВОГО ОБОРОТА (2672) уточняет адрес доступными ему средствами, взыскивая за это с отправителя доп. плату, а затем переадресует ГРУЗ (340) на новый адрес. Если оказалось, что получатель находится в др. стране, то перевозчик должен обратиться за инструкциями к отправителю.

546. **corrugated container** — ящик из гофрокартона.
ТАРА (513), изготовленная из картона, состоящего из чередующихся между собой плоских и волнообразных слоев. Используется, напр., при перевозке ХРУПКИХ ГРУЗОВ (969).

547. **Cost and Freight,** C & F, CAF, CFR — стоимость и фрахт; КАФ.
БАЗИСНЫЕ УСЛОВИЯ ПОСТАВКИ (200), согласно которым ПОСТАВЩИК (2450) оплачивает ПРОВОЗНУЮ ПЛАТУ (2593) до ПОРТА РАЗГРУЗКИ (1834), но товары находятся на РИСКЕ ПОКУПАТЕЛЯ (310) после того как они погружены на судно.

548. **cost drivers** (амер., орг. произ-ва) — источники косвенных затрат.
Общезаводские расходы, в т. ч. на оформление НАРЯД-ЗАКАЗОВ (1920), ГРУЗОПЕРЕРАБОТКУ (1484), ПЕРЕНА-

ЛАДКУ (2179) технол. линий и т. п. Техника ДИФФЕРЕНЦИРОВАННОГО НАЧИСЛЕНИЯ НАКЛАДНЫХ РАСХОДОВ (21) позволяет обоснованно учесть их в ЗАВОДСКОЙ СЕБЕСТОИМОСТИ (1888).

549. **Cost, Insurance and Freight,** CIF — стоимость, страхование и фрахт; СИФ.
БАЗИСНЫЕ УСЛОВИЯ ПОСТАВКИ (200), согласно которым ПОСТАВЩИК (2450) оплачивает ПОГРУЗКУ (1366) товара, страховые расходы и ПРОВОЗНУЮ ПЛАТУ (2593) до ПОРТА РАЗГРУЗКИ (1834). В ст-ке междунар. торговли импорт обычно учитывается на базе цен СИФ.

550. **cost of quality** — затраты на обеспечение качества.
Затраты, которые несет пр-тие — изготовитель в связи с недостаточно высоким КАЧЕСТВОМ (1941) ПРОДУКЦИИ (1885). Условно могут быть подразделены на внутр. (потери от брака, выявленного в процессе контроля качества продукции на пр-тии), внеш. (расходы на удовлетворение претензий и ИСКОВ (429)) и профилактические (проведение мероприятий по повышению качества).

551. **cost of service rate** — тариф, рассчитанный по себестоимости перевозок.
ГРУЗОВОЙ ТАРИФ (1020), построенный так, чтобы обеспечить нормально работающему ПЕРЕВОЗЧИКУ (366) возмещение СЕБЕСТОИМОСТИ ПЕРЕВОЗОК (367) и получение разумной прибыли. См. также 2684.

552. **cost per unit of traffic carried** — удельные издержки перевозчика.
Капитальные затраты [на стр-во ТЕРМИНАЛОВ (2492)], ПУТЕЙ СООБЩЕНИЯ (2752), приобретение ТРАНСПОРТНЫХ

СРЕДСТВ (1506) и ЭКСПЛУАТАЦИОННЫЕ РАСХОДЫ (1634) ПЕРЕВОЗЧИКА (366) в расчете на ТОННО-МИЛЮ (2529) или пассажиро-милю. См. также 367, 827.

553. **counterpurchase** — встречные закупки.
Форма ВСТРЕЧНОЙ ТОРГОВЛИ (554). ПОСТАВЩИК (2450), продающий свои товары в др. стране, обязуется израсходовать полученные им ДОХОДЫ (1984) от продажи в этой же стране в течение согласованного срока.

554. **countertrade** — встречная торговля.
Родовой термин, охватывающий разл. формы купли-продажи ПРОДУКЦИИ (1885) без использования или с ограниченным использованием валютно-фин. механизма. К осн. формам встречной торговли относятся БАРТЕР (192), ВСТРЕЧНЫЕ ЗАКУПКИ (553), КОМПЕНСАЦИОННЫЕ СОГЛАШЕНИЯ (307).

555. **counterweight** — противовес.
Контргруз, закрепляемый на СТРЕЛЕ (263) КРАНА (563), в корпусе вилочного ПОГРУЗЧИКА (1331) для уравновешивания статических и дин. нагрузок.

556. **covered wagon** — см. **box car**.

557. **covering** — см. **hedging**.

558. **CPM** — см. **Critical Path Method**.

559. **CPOF** — см. **capacity planning using overall factors**.

560. **C-product** — см. **C-item**.

561. **CPT** — см. **Carriage Paid to...**

562. **CR** — см. **critical ratio**.

563. **crane** — кран.
Машина циклического действия, выполняющая вертикальный подъем и/или горизонтальное перемещение разл. ГРУЗОВ (1359). На практике применяются КОНСОЛЬНЫЕ КРАНЫ (1263), КРАНЫ-ШТАБЕЛЕРЫ (2332), МОСТОВЫЕ КРАНЫ (282), КОЗЛОВЫЕ КРАНЫ (1039) и др. Различают стационарные и передвижные (напр., на шасси автомобиля), ручные и механические (паровые, моторные, электрические) краны.

564. **crane operator** — крановщик.
Работник, управляющий КРАНОМ (563) при подъеме и перемещении ГРУЗОВ (1359) с использованием СМЕННЫХ ГРУЗОЗАХВАТНЫХ ПРИСПОСОБЛЕНИЙ (1094) или без них. Крановщик отвечает за ТЕХНИКУ БЕЗОПАСНОСТИ ПОГРУЗОЧНО-РАЗГРУЗОЧНЫХ И ТРАНСПОРТНО-СКЛАДСКИХ РАБОТ (1615) и техн. состояние крана; может исполнять обязанности шофера (в случае крана на автомобильном шасси).

565. **crate**; ct — обрешетка.
ДЕРЕВЯННЫЙ ЯЩИК (1722) с просветами между элементами конструкции свыше 5 мм. Может не иметь верхней крышки. В таких ящиках перевозят овощи и фрукты, БУТЫЛИ (337) и т. п.

566. **crew list**; muster roll — судовая роль.
Один из СУДОВЫХ ДОКУМЕНТОВ (2228), служащий для контроля за соблюдением судовладельцем требований относительно мин. состава экипажа судна. Ведется капитаном по спец. форме.

567. **critical item report** (амер., орг. произ-ва) — уведомление о дефиците материалов.
Документ, направляемый ОТДЕЛОМ СКЛАДСКОГО ХОЗЯЙСТВА (2419) в ОТДЕЛ СНАБЖЕНИЯ (1932) пром. пр-тия. Содержит указания относительно УСКОРЕНИЯ ПРОХОЖДЕНИЯ ЗАКАЗОВ (853) на ПРОДУКЦИЮ (1885), по которой может возникнуть ДЕФИЦИТ (2376).

568. **critical materials** — дефицитные материалы.
1) ПРОДУКЦИЯ (1885), СПРОС (669) на которую превышает ПРЕДЛОЖЕНИЕ (2454) 2) В СИСТЕМЕ УПРАВЛЕНИЯ ЗАПАСАМИ (1237): продукция, ЗАПАСЫ (1230) которой уменьшились ниже допустимого уровня [разбронирован СТРАХОВОЙ ЗАПАС (2115)].

569. **Critical Path Method,** CPM — метод критического пути.
Метод управления проектами, основанный на выборе ПУТИ (1753) наибольшей суммарной продолжительности.

570. **critical ratio,** CR — критический коэффициент.
1) В СИСТЕМЕ УПРАВЛЕНИЯ ЗАПАСАМИ (1237): частное от деления величины СПРОСА (669) на длительность ЗАГОТОВИТЕЛЬНОГО ПЕРИОДА (2044). 2) Индекс ПРИОРИТЕТА (1867) ЗАКАЗА (1646). Равен разности между ДИРЕКТИВНЫМ СРОКОМ (789) и текущей датой, поделенной на остаток ПРОИЗВОДСТВЕННОГО ЦИКЛА (1462), считая от текущей даты. Из массива непросроченных заказов должны отбираться для первоочередного исполнения заказы, имеющие наиболее низкий критический коэффициент.

571. **critical resouce** — см. **bottleneck**.

572. **cross bar** — ПОПЕРЕЧНЫЙ БРУСОК (252).

573. **cross-docking** — переотправка.
ОТГРУЗКА (2205) товаров, поступивших на СКЛАД (2718), минуя ЗОНУ ХРАНЕНИЯ (2402). Напр., ПАРТИЯ (204) СКОРОПОРТЯЩИХСЯ ГРУЗОВ (1767), поступившая с завода-изготовителя, может быть расформирована непосредственно в ЗОНЕ ПРИЕМА (1988). Там же может быть выполнена и КОМПЛЕКТАЦИЯ (1785) МЕЛКИХ ЗАКАЗОВ (2285), которые затем передаются в ЭКСПЕДИЦИЮ (691).

574. **cross-hauling** — встречные перевозки.
ПЕРЕВОЗКИ (2589) однородной ПРОДУКЦИИ (1885) в противоположных направлениях по одному участку ПУТЕЙ СООБЩЕНИЯ (2752) или по разным участкам (соответственно явно встречные и скрыто встречные перевозки).

575. **CRP** — см. **capacity requirements planning**.

576. **ct** — см. **crate**.

577. **CTO** — см. **Combined Transport Operator**.

578. **cube-movement analysis** (амер.) — анализ складского грузооборота.
Метод матем. моделирования, позволяющий получить оптим. вариант размещения товаров на складе при макс. использовании ВМЕСТИМОСТИ СКЛАДА (2403), выработать рекомендации по оптим. габаритам СКЛАДСКИХ ЯЧЕЕК (2282) и по интервалам ПОПОЛНЕНИЯ (2043) ЗАПАСОВ (1230).

579. **cube-per-order index** (амер.) — физический объем продукции в расчете на комплектуемый заказ.
Показатель работы СКЛАДА (2718). Используется при планировании размещения товаров т. о., что товары с наибольшим объемом в процессе КОМПЛЕКТАЦИИ (1785) транспортируются в пределах склада на наименьшее расстояние.

580. **cube rate** — тариф объемного груза.
ГРУЗОВОЙ ТАРИФ (1020) на перевозку МЕЛКИХ ОТПРАВОК (2286), зависящий от ПЛОТНОСТИ (2763) груза [чем больше плотность, тем меньше ПРОВОЗНАЯ ПЛАТА (2593)].

581. **cubic measurement cargo** — см. **measurement cargo**.

582. **cullet** — стеклобой.
Один из компонентов ТВЕРДЫХ БЫТОВЫХ ОТХОДОВ (1572) и ТВЕРДЫХ ПРОМЫШЛЕННЫХ ОТХОДОВ (1169). Включает тарное стекло, лампы накаливания и дневного света, зеркальное стекло, стекловату, техн. стекло и т. п. Используется в качестве добавок к СЫРЬЮ (1979) на стекольных заводах, в пром-сти строительных материалов и т. д.

583. **current assets**; circulating assets; floating assets — оборотные средства.
АКТИВЫ (120) пр-тия, которые могут быть обналичены или быстро использованы в коммерческих целях. Включают СЫРЬЕ (1979), МАТЕРИАЛЫ (1477), МАЛОЦЕННЫЕ И БЫСТРОИЗНАШИВАЮЩИЕСЯ ПРЕДМЕТЫ (507), средства в расчетах и т. п.

584. **current ratio** (амер.) — отношение оборотных средств к краткосрочной задолженности.

Экон. показатель, рассчитываемый как частное от деления ОБОРОТНЫХ СРЕДСТВ (583) фирмы на ее текущие долговые обязательства. Характеризует способность фирмы рассчитаться с долгами. См. также 1958.

585. **cushioning materials** — амортизационные материалы.

МАТЕРИАЛЫ (1477), используемые для изготовления прокладок, усиливающих УПАКОВКУ (1714), поглощающих ударные и вибрационные нагрузки при ПЕРЕВОЗКЕ (2589). Включают древесную стружку, войлок, стекловолокно, вату, пенистые полимеры и т. д. См. также 1725.

586. **custodian warehousing**; field warehousing (амер.) — хранение товаров с правом распоряжения ими; залог товаров в обороте.

ХРАНЕНИЕ (2400) товаров, служащих обеспечением ссуды, в помещении заемщика. Заимодавец назначает АГЕНТА (49), который контролирует использование товаров, под залог которых выдана ссуда.

587. **customer** — 1) Потребитель — физ. или юридическое лицо, использующее ПРОДУКЦИЮ (1885) как для личных нужд, так и для перепродажи или в иных целях, связанных с извлечением прибыли. 2) Клиент; требование — физ, лицо, обратившееся в СИСТЕМУ МАССОВОГО ОБСЛУЖИВАНЯ (1953); ЗАКАЗ (1646), поступивший в такую систему. См. также 508.

588. **customer service** — 1) Обслуживание потребителя — родовой термин, обозначающий разл. операции, выполняемые ПОСТАВЩИКОМ (2450) или ИСПОЛНИТЕЛЕМ ЛОГИСТИЧЕСКИХ УСЛУГ (1402) до начала выполнения ЗАКАЗА (1646), в

процессе выполнения и после окончания выполнения. Как правило, чем меньше ВРЕМЯ ОЖИДАНИЯ (2716), тем выше расходы на обслуживание потребителя. Показатели качества обслуживания потребителя могут быть абс., напр., длительность ЗАГОТОВИТЕЛЬНОГО ПЕРИОДА (1651), и относительными, напр., КОЭФФИЦИЕНТ УДОВЛЕТВОРЕНИЯ СПРОСА (894).
2) Отдел связи с потребителями — структурное подразделение фирмы, осуществляющее информационное обслуживание клиентуры, ведущее претензионно-исковую работу и т. п.

589. **customization** — индивидуализация продукции.
Процесс изготовления ПРОДУКЦИИ МАССОВОГО ПРОИЗВОДСТВА, СОБИРАЕМОЙ ПО ИНДИВИДУАЛЬНОМУ ЗАКАЗУ (117). Позволяет сочетать принципы ЕДИНИЧНОГО ПРОИЗВОДСТВА (2264) и СЕРИЙНОГО ПРОИЗВОДСТВА (206). Различают массовую И.п. (определяемую пожеланиями конкретных потребителей), адаптивную И.п. (выполняемую самими потребителями), косметическую индивидуализацию продукции (незначительные изменения в товаре) и скрытую индивидуализацию продукции (потребитель не знает, что изготовитель учел его индивидуальные нужды).

590. **custom pack** (амер.) — товары, упакованные по индивидуальному заказу.
Формирование ГРУППОВОЙ УПАКОВКИ (1473) на основе не прогнозируемой, а фактически заявленной потребности ПОТРЕБИТЕЛЯ (587). Увеличивает затраты на УПАКОВЫВАНИЕ (1714), но позволяет улучшить ОБСЛУЖИВАНИЕ ПОТРЕБИТЕЛЯ (588).

591. **customs** — таможня.
Гос. орган, осуществляющий контроль над провозом ГРУЗОВ (340) и БАГАЖА (168) через границу, их учет; взимание ТА-

МОЖЕННЫХ ПОШЛИН (594), а также временное ХРАНЕНИЕ (2400) грузов. Таможни обычно находятся в ПОРТАХ (1831), АЭРОПОРТАХ (72) и др. пунктах, через которые осуществляется провоз экспортно-импортных и транзитных грузов.

592. **customs bond** — таможенная закладная.
Документ, выданный импортером администрации ТАМОЖНИ (591). Импортер обязуется уплатить ТАМОЖЕННЫЕ ПОШЛИНЫ (594) за товары, помещенные на ТАМОЖЕННЫЙ СКЛАД (256).

593. **customs declaration** — таможенная декларация.
Заявление, представленное администрации ТАМОЖНИ (591). Содержит описание ГРУЗА (340) или БАГАЖА (168), вывозимого за границу или ввозимого из-за границы. Таможенные декларации подразделяются на грузовые и пассажирские.

594. **customs duty**; duty — таможенная пошлина.
Налог, взимаемый ТАМОЖНЕЙ (591) при пропуске товаров через границу. Перечень ставок таможенных пошлин приводится в СПРАВОЧНИКЕ ТАМОЖЕННЫХ ПОШЛИН (2483). Различают АДВАЛОРНЫЕ ПОШЛИНЫ (36), СПЕЦИФИЧЕСКИЕ ПОШЛИНЫ (2310) и таможенные пошлины, взимаемые комбинированным способом.

595. **customs examination** — таможенный досмотр.
Действия администрации ТАМОЖНИ (591) по проверке ГРУЗОВ (340) и БАГАЖА (168), а также ТРАНСПОРТНЫХ СРЕДСТВ (1506) с целью контроля выполнения законодательства о внеш. торговле. В необходимых случаях таможенный досмотр может включать отбор проб товаров и их лабораторное исследование с целью проверки сведений, указанных в ТАМО-

ЖЕННОЙ ДЕКЛАРАЦИИ (593), и определения ставки ТАМОЖЕННОЙ ПОШЛИНЫ (594).

596. **customs invoice**; combined certificate of value and origin — таможенная счет-фактура.
ЭКСПОРТНАЯ НАКЛАДНАЯ (858), подготовленная для ТАМОЖНИ (591).

597. **customs of the port** — обычаи порта.
Сложившиеся в практике работы конкретного ПОРТА (1831) толкования тех или иных условий проведения грузовых работ и исчисления СТАЛИЙНОГО ВРЕМЕНИ (1301). В ряде случаев правовые нормы, регулирующие взаимоотношения участников перевозочного процесса, содержат отсылку к обычаям порта или ОБЫЧАЯМ ДЕЛОВОГО ОБОРОТА (2672).

598. **customs of the trade** — см. **usage of trade**.

599. **customs tariff** — таможенный тариф.
Систематизированный перечень ТАМОЖЕННЫХ ПОШЛИН (594), взимаемых при прохождении товаров через ТАМОЖНЮ (591). Включает перечень товаров, облагаемых пошлиной, ставку пошлины и способ обложения с учетом скидок и надбавок. См. также 2483.

600. **customs territory** — таможенная территория.
Территория, на которой действует единое таможенное законодательство и ведется единый стат. учет внеш. торговли. Границы таможенной территории не совпадают с гос. границей, если в стране имеются свободные гавани, зоны и др., изъятые из таможенной территории.

601. **cut** — разрез сети.
Мн-во ДУГ (709) ГРАФА (1586), заходящих в А (соединяющих ВЕРШИНЫ (1588) $y \notin A$ с вершинами $x \in A$) где $A \subset X$. Данное понятие используется, напр., при расчете пропускной способности КАНАЛОВ ОБСЛУЖИВАНИЯ (409).

602. **cut-off point** — критическая точка.
Момент времени или дата, после наступления которой ПОТРЕБИТЕЛЬ (587) несет ответственность за аннулирование сделанного им ЗАКАЗА (1646) или внесение в него изменений. См. также 323.

603. **cycle** — 1) Цикл — ПУТЬ (1753), начинающийся и заканчивающийся в одной и той же ВЕРШИНЕ (1588) ГРАФА (1586). 2) Время оборота — продолжительность ОБОРОТА (2638) ТРАНСПОРТНОГО СРЕДСТВА (1506).

604. **cycle counting** (амер.) — ежедневное снятие остатков.
Внесение изменений в КАРТОЧКИ СКЛАДСКОГО УЧЕТА (1240) нек-рых видов товаров, напр., ПРОДУКЦИИ ГРУППЫ «А» (77), путем ежедневного пересчета остатков. Ежедневное снятие остатков дополняет результаты ИНВЕНТАРИЗАЦИЙ (2387). См. также 844, 2373.

605. **cycle interval** — интервал поставки.
Промежуток времени между двумя следующими друг за другом ПОСТАВКАМИ (655), Между объемом ПАРТИИ ПОСТАВКИ (1421) и интервалом поставки существует прямая пропорциональная зависимость. См. также 656.

606. **cycle review system** — см. **periodic review system**.

607. **cycle stock**; lot-size inventory; batch stock; working stock; base stock; active stock — текущий запас.

Осн. часть ПРОИЗВОДСТВЕННЫХ ЗАПАСОВ (1461) или ТОВАРНЫХ ЗАПАСОВ (1511), обеспечивающая непрерывность снабжения произ-ва или реализации ПРОДУКЦИИ (1885) в период между двумя очередными ПОСТАВКАМИ (655). См. также 2044, 2115.

608. **cylinder** — баллон.

Изобарическая ТАРА (513), цилиндрической формы, изготовленная из металла. Применяется для перевозки разл. ОПАСНЫХ ГРУЗОВ (614), напр., сжиженных или растворенных под давлением газов.

D

609. **DAF** — см. **Delivered at Frontier**.

610. **daily loading report** — докладная о выполнении грузовых работ.

Документ, представляющий собой ежедневно формируемую справку о времени ПОГРУЗКИ (1366) или РАЗГРУЗКИ (2667) судна, кол-ве погруженного или выгруженного ГРУЗА (340), времени простоев с указанием причин и т. д. Подписывается помощником капитана и ТАЛЬМАНОМ (2472).

611. **damage-free car,** DF (амер.) — вагон с повышенной защитой груза.

ГРУЗОВОЙ ВАГОН (1004), стандартным оборудованием которого являются разл. реквизиты крепления ГРУЗОВ (340), фиксирующие устр-ва, СЕПАРАЦИОННЫЕ МАТЕРИАЛЫ (794) и т. п.

612. **danger labels** — знаки опасности.
Разл. символы и/или предупредительные надписи, наносимые на ТАРУ (513) и ТРАНСПОРТНЫЕ СРЕДСТВА (1506) с ОПАСНЫМИ ГРУЗАМИ (614). Обычно имеют форму квадрата, повернутого на угол и разделенного на две части. В верхнюю часть наносится символ опасности.

613. **danger level** — см. **alarm level**.

614. **dangerous goods**; hazardous materials — опасные грузы.
ГРУЗЫ (340), которые в процессе ПЕРЕВОЗКИ (2589), ХРАНЕНИЯ (2400) или перегрузки могут послужить причиной взыва, пожара, повреждения ТРАНСПОРТНЫХ СРЕДСТВ (1506) и путевых сооружений, заболевания, травмирования или гибели людей и животных, или стать причиной экологического ущерба. Включают взрывчаные и легковоспламеняющиеся вещества, окисляющие вещества, инфекционные вещества, радиоактивные материалы и т. п. См. также 612.

615. **dangerous goods regulations** — правила перевозок опасных грузов.
Нормативные акты, определяющие порядок приемки, УПАКОВЫВАНИЯ (1721), ХРАНЕНИЯ (2400), ПЕРЕВОЗКИ (2589) и выдачи ОПАСНЫХ ГРУЗОВ (614). Порядок перевозки таких грузов определяется соответствующими рекомендациями ООН, Междунар. кодексом морской перевозки опасных грузов, правилами перевозки опасных грузов воздушным транспортом, разработанными под эгидой Междунар. ассоциации воздушного транспорта (ИАТА) и др. нормативными актами.

616. **dating plan** (амер.) — оплата после реализации товаров.
УСЛОВИЯ ПОСТАВКИ (666) товаров сезонного спроса, позволяющие более равномерно загрузить произ-во у ПОСТАВЩИКОВ (2450). Напр., ОПТОВИК (2774) может принять от изготовителя в весенний период партию товаров летнего ассортимента, но при условии, что расчеты с изготовителем будут произведены в летний период.

617. **days' supply** — см. **period order quantity**.

618. **DC** — см. **distribution center**.

619. **DDP** — см. **Delivered Duty Paid**.

620. **DDU** — см. **Delivered Duty Unpaid**.

621. **dead carriage** (брит.) — недогруз.
Недоиспользованная грузовместимость или грузоподъемность КОНТЕЙНЕРА (1009).

622. **dead carriage charges** — штраф за недогруз.
ШТРАФ (1760), взыскиваемый ПЕРЕВОЗЧИКОМ (366) за НЕДОГРУЗ (621).

623. **dead freight**, d. f. — мертвый фрахт.
Ден. сумма, выплачиваемая ФРАХТОВАТЕЛЕМ (414) за НЕДОГРУЗ (2655) судна. Из мертвого фрахта удерживается стоимость грузовых работ, если по условиям ЧАРТЕРА (412) они производятся за счет судовладельца. Право на мертвый фрахт возникает у судовладельца как при недоиспользовании грузоподъемности судна, так и его грузовместимости. См. также 622.

624. **deadheading** (амер.) — 1) Порожний рейс — РЕЙС (2621) ГРУЗОВОГО ВАГОНА (1004) или иного трансп. средства обратно в ПУНКТ ОТПРАВЛЕНИЯ (1669) без ГРУЗА (340). 2) Бесплатный проезд — ПЕРЕВОЗКА (2589) служащих трансп. компании и их БАГАЖА (168) за счет компании.

625. **dead stock** — неликвидные запасы.
Товары, которые из-за своего невысокого КАЧЕСТВА (1941), несоответствия моде и др. причин не могут быть проданы в течение установленного периода. Такие товары подлежат возврату ПОСТАВЩИКУ (2450), ВНУТРЕННЕЙ ПЕРЕБРОСКЕ (1223), уценке, а в исключительных случаях — списанию и уничтожению. См. также 1612.

626. **dead storage charges** — плата за несостоявшееся хранение.
Ден. сумма, выплачиваемая ПОКЛАЖЕДАТЕЛЕМ (677) ХРАНИТЕЛЮ (2723), если первый не представил или представил несвоевременно вещи или товары, являющиеся предметом ДОГОВОРА ХРАНЕНИЯ (2401). Эта сумма исчисляется от даты вступления договора в силу до даты фактической передачи товаров на хранение или аннулирования договора. Поклажедатель освобождается от платы за несостоявшееся хранение, если он в разумный срок до даты вступления договора в силу сообщит о своем отказе от него.

627. **deadweight** — 1) ТЯЖЕЛОВЕСНЫЙ ГРУЗ (1115). 2) Тара (амер.) — собственная масса ТРАНСПОРТНОГО СРЕДСТВА (1506). 3) Тара — разность между МАССОЙ БРУТТО (1083) и МАССОЙ НЕТТО (1585); собственная масса УПАКОВКИ (1714).

628. **deadweight cargo** — весовой груз; дедвейтный груз.
ГРУЗ (340), имеющий высокую ПЛОТНОСТЬ (2763) или объемную массу. ПРОВОЗНАЯ ПЛАТА (2593) за такой груз взыскивается с ед. массы, а не объема. См. также 1507.

629. **deadweight carrying capacity** — см. **deadweight tonnage**.

630. **deadweight tonnage,** DWT, d. w. t.; deadweight carryng capacity — дедвейт.
Разность между водоизмещением судна в полном грузу и в порожнем состоянии; масса ГРУЗА (340), ПРЕДМЕТОВ СУДОВОГО СНАБЖЕНИЯ (2231), экипажа, пассажиров и их личных вещей при погружении судна по летнюю ГРУЗОВУЮ МАРКУ (1377).

631. **dealer** — дилер.
ПОСРЕДНИК (1209), действующий от своего имени и за свой счет.

632. **deck,** DK — 1) Палуба — горизонтальное перекрытие в КОРПУСЕ СУДНА (1143). 2) Настил — грузонесущая и/или опорная поверхность ПОДДОНА (1726).

633. **deck board** — см. **dock plate**.

634. **deck-cargo**; on-deck cargo; deck-load — палубный груз.
ГРУЗ (340), перевозимый на открытой ПАЛУБЕ (632) водного судна. На палубе перевозятся гл. о. ОПАСНЫЕ ГРУЗЫ (614). ОТВЕТСТВЕННОСТЬ ПЕРЕВОЗЧИКА (369) за П.г. носит ограниченный характер. В КОНОСАМЕНТЕ (225) в этом случае делается соответствующая пометка. Ставки страховых платежей за палубный груз выше, чем за трюмный груз.

635. **deck-gear** — судовые грузовые механизмы.
КРАНЫ (563) и др. средства механизации ПОГРУЗКИ (1366) и РАЗГРУЗКИ (2667), являющиеся элементом конструкции водного судна или установленные на его ПАЛУБЕ (632).

636. **deck-load** — см. **deck-cargo**.

637. **declared value** — объявленная ценность.
1) Ден. сумма, заявленная ТАМОЖНЕ (591) и являющаяся оценкой стоимости ГРУЗА (340), сделанной его владельцем. Для грузов некоммерческого характера эта сумма должна быть не ниже ЗАВОДСКОЙ СЕБЕСТОИМОСТИ (1888) товара. ТАМОЖЕННАЯ ПОШЛИНА (594) начисляется с учетом объявленной ценности. 2) Ден. сумма, заявленная ПЕРЕВОЗЧИКУ (366) и являющаяся оценкой стоимости БАГАЖА (168), сделанной пассажиром. За объявление ценности перевозчик взыскивает соответствующий сбор, а при утрате багажа возмещает его стоимость в пределах О. ц. 3) Оценка стоимости товаров, переданных на СКЛАД ОБЩЕГО ПОЛЬЗОВАНИЯ (1915), сделанная ПОКЛАЖЕДАТЕЛЕМ (174). При существенном изменении этой стоимости в процессе хранения поклажедатель обязан немедленно уведомить об этом ХРАНИТЕЛЯ (2723). В последнем случае хранитель вправе самостоятельно произвести переоценку, но с обязательным уведомлением поклажедателя.

638. **deconsolidation** — расконсолидация.
Процесс расформирования СБОРНОЙ ОТПРАВКИ (51) на исходные МЕЛКИЕ ОТПРАВКИ (2286). См. также 272.

639. **decontamination** — обезвреживание.
1) ОЧИСТКА (436) ТАРЫ (513) или ТРАНСПОРТНОГО СРЕДСТВА (1506) от остатков ОПАСНЫХ ГРУЗОВ (614).

2) Приведение УТИЛИЗИРУЕМЫХ ОТХОДОВ (2003) в состояние, пригодное для ПЕРЕВОЗКИ (2589) и переработки.

640. **dedicated storage**; fixed location — фиксированное размещение.
Закрепление за каждым видом ПРОДУКЦИИ (1255) строго определенного МЕСТА ХРАНЕНИЯ (2409). См. также 1974.

641. **defective vehicle** — неисправный подвижной состав.
ТРАНСПОРТНОЕ СРЕДСТВО (1506), которое может вызвать ПОВРЕЖДЕНИЕ ГРУЗА (1224). ОТВЕТСТВЕННОСТЬ ПЕРЕВОЗЧИКА (369) за повреждение груза, вызванное неисправным подвижным составом, наступает в общем порядке. Однако если ПОГРУЗКА (1366) в неисправный подвижной состав произведена с ведома ГРУЗООТПРАВИТЕЛЯ (497), то ответственность перевозчика носит ограниченный характер.

642. **deferred rate**; space-available rate — тариф на перевозку попутного груза; тариф малой скорости.
ГРУЗОВОЙ ТАРИФ (1020) на ФАКУЛЬТАТИВНЫЙ ГРУЗ (1642). Данный тариф является более низким по сравнению с др. тарифами. По условиям перевозки таких грузов они отправляются из ПУНКТА ОТПРАВЛЕНИЯ (1669) при наличии свободного места, но не позднее обусловленной даты. В этом смысле рассматриваемые тарифы являются разновидностью ТАРИФОВ ГАРАНТИРОВАННОГО СРОКА ДОСТАВКИ (1093).

643. **deferred rebate** — см. **aggregated rebate**.

644. **degree of filling** — норма наполнения.
Установленная техн. условиями степень заполнения к.-л. вида ТАРЫ (513) разл. веществами. Норма наполнения обычно ука-

зывается в процентах от внутр. объема тары или в кг на литр объема. В соответствии с Междунар. правилами ж. -д. перевозки ОПАСНЫХ ГРУЗОВ (614) норма наполнения тары, если иное специально не оговорено, установлена для температуры 15 градусов Ц.

645. **delay claim** — иск за задержку доставки.
ИСК К ПЕРЕВОЗЧИКУ (1006) за ЗАДЕРЖКУ ДОСТАВКИ (1225). Возмещение, выплачиваемое ПЕРЕВОЗЧИКОМ (366) по такому иску, обычно исчисляется в процентах от ПРОВОЗНОЙ ПЛАТЫ (2593); в объеме доказанных убытков истца, напр., при задержке доставки СКОРОПОРТЯЩЕГОСЯ ГРУЗА (1767).

646. **delayed rate** (амер.) — тариф за перевозку груза, распродаваемого в пути следования.
ГРУЗОВОЙ ТАРИФ (1020), предоставляемый в тех случаях, когда требуется ЗАДЕРЖКА ГРУЗА ПО ТРЕБОВАНИЮ ОТПРАВИТЕЛЯ (2397) в пути следования, напр., при распродаже СКОРОПОРТЯЩЕГОСЯ ГРУЗА (1767).

647. **Delivered at Frontier,** DAF — поставлено на границе; франко-граница; ДАФ.
БАЗИСНЫЕ УСЛОВИЯ ПОСТАВКИ (200), согласно которым ПОСТАВЩИК (2450) предъявляет товар ПОКУПАТЕЛЮ (309) в пункте таможенного контроля на границе. Последний уплачивает ТАМОЖЕННУЮ ПОШЛИНУ (594) и несет все дальнейшие расходы по доставке товара.

648. **Delivered Duty Paid,** DDP — поставлено с оплатой пошлины, ДДП.
БАЗИСНЫЕ УСЛОВИЯ ПОСТАВКИ (200), согласно которым ПОСТАВЩИК (2450) предъявляет товар ПОКУПАТЕЛЮ (309)

на ПРИСТАНИ (2769) в ПОРТУ РАЗГРУЗКИ (1834); при этом ТАМОЖЕННАЯ ПОШЛИНА (594) может быть оплачена как поставщиком, так и покупателем. Все дальнейшие РИСКИ (2087) и расходы несет покупатель.

649. **Delivered Duty Unpaid,** DDU — поставлено без оплаты пошлины, ДДУ.
БАЗИСНЫЕ УСЛОВИЯ ПОСТАВКИ (200), согласно которым ПОСТАВЩИК (2450) несет все расходы по доставке товара в ПУНКТ НАЗНАЧЕНИЯ (694), за исключением оплаты ТАМОЖЕННЫХ ПОШЛИН (594) и соответствующих сборов. ПОКУПАТЕЛЬ (309) несет все дальнейшие расходы.

650. **Delivered ex Quay,** DEQ — поставлено с причала; поставлено с пристани; ДЕК.
БАЗИСНЫЕ УСЛОВИЯ ПОСТАВКИ (200), согласно которым ПОСТАВЩИК (2450) предъявляет товар ПОКУПАТЕЛЮ (309) на ПРИСТАНИ (2769) в ПОРТУ РАЗГРУЗКИ (1834); при этом ТАМОЖЕННАЯ ПОШЛИНА (594) может быть оплачена как поставщиком, так и покупателем. Все дальнейшие РИСКИ (2087) и расходы несет покупатель.

651. **Delivered ex Ship,** DES — поставлено с судна, ДЕС.
БАЗИСНЫЕ УСЛОВИЯ ПОСТАВКИ (200), согласно которым ПОСТАВЩИК (2450) считается выполнившим свои обязательства после того как товар доставлен в ПОРТ РАЗГРУЗКИ (1834). Все дальнейшие РИСКИ (2087) и расходы переходят на ПОКУПАТЕЛЯ (309) после того товар поднят над палубой судна.

652. **delivered pricing** — учет транспортной составляющей в цене товара.
Включение в ЦЕНУ (1857) ПРОДУКЦИИ (1855) ТРАНСПОРТНЫХ ИЗДЕРЖЕК (2594) необходимых для ДОСТАВКИ (655) продукции к месту продажи. В единых ценах учтены ср. трансп. расходы от места произ-ва товара; такие цены являются дискриминационными по отношению к ПОТРЕБИТЕЛЯМ (508), находящимся вблизи производителя, т. к. доставка товаров к удаленным потребителям фактически производится за счет первых. В ПОЯСНЫХ ЦЕНАХ (2814) учтены ср. расходы для каждой из зон, на которые условно поделена территория страны. См. также 202, 999, 2599.

653. **delivered weight** — выгруженная масса; масса груза в месте назначения.
Масса НАВАЛОЧНОГО ГРУЗА (295) при РАЗГРУЗКЕ (2667). НЕДОСТАЧУ (2237) оплачивает ПОСТАВЩИК (2450); ИЗЛИШКИ (1691) оплачивает ПОКУПАТЕЛЬ (309), если недостача или излишки не являются следствием изменения ВЛАЖНОСТИ (1544) груза. При ГРЕЙФЕРНОЙ ВЫГРУЗКЕ (1066) способ определения выгруженной массы должен быть согласован при подписании КОНОСАМЕНТА (225) поставщиком и покупателем или их АГЕНТАМИ (49). См. также 2200.

654. **delivering carrier**; terminating carrier — последний перевозчик.
ПЕРЕВОЗЧИК (366), вручающий ГРУЗ (340) конечному ГРУЗОПОЛУЧАТЕЛЮ (492). Последний перевозчик получает груз либо от ПРОМЕЖУТОЧНОГО ПЕРЕВОЗЧИКА (1210), либо от ПЕРВОГО ПЕРЕВОЗЧИКА (1672). См. также 1220.

655. **delivery** — 1) Доставка — процесс ПЕРЕВОЗКИ (2589) ГРУЗА (340) в ПУНКТ НАЗНАЧЕНИЯ (694). 2) Поставка — передача товаров ПЕРЕВОЗЧИКУ (366) или ПОКУПАТЕЛЮ (309).

3) Передача права собственности — формальный переход РИСКОВ (2087) с ПОСТАВЩИКА (2450) на покупателя; место и время перехода определяется УСЛОВИЯМИ ПОСТАВКИ (666). 4) Доставка — доп. УСЛУГА (2175), оказываемая ПРЕДПРИЯТИЯМИ РОЗНИЧНОЙ ТОРГОВЛИ (2067); перевозка купленного товара по домашнему адресу покупателя. 5) Развоз — СОПУТСТВУЮЩАЯ УСЛУГА (10), заключающаяся в перевозке груза с ТЕРМИНАЛА (2492) на АДРЕС (32) ГРУЗОПОЛУЧАТЕЛЯ (492).

656. **delivery frequency** — частота поставки.

Кол-во ПОСТАВОК (655) в ед. времени (обычно год). При прочих равных условиях, чем меньше ПАРТИЯ ПОСТАВКИ (1421), тем больше частота поставки. См. также 605.

657. **delivery note** — транспортная накладная.

Оформленный ГРУЗООТПРАВИТЕЛЕМ (497) документ, доставляемый вместе с товаром. Подписанная ГРУЗОПОЛУЧАТЕЛЕМ (492), транспортная накладная является РАСПИСКОЙ ГРУЗОПОЛУЧАТЕЛЯ (1905). См. также 496.

658. **delivery notice,** D/N — извещение о поставке.

Уведомление, высылаемое ТОВАРНОЙ БИРЖЕЙ (470) относительно того, что СЫРЬЕВОЙ ТОВАР (469), являющийся предметом сделки, отгружен ПОКУПАТЕЛЮ (309).

659. **delivery of incorrect goods** — поставка незаказанной продукции.

ПОСТАВКА (655) ПРОДУКЦИИ (1885), не предусмотренной ЗАКАЗОМ (1646). В соответствии с ОБЫЧАЯМИ ДЕЛОВОГО ОБОРОТА (2672) ПОКУПАТЕЛЬ (309) вправе отказаться от такой продукции и не обязан возвращать ее ПОСТАВЩИКУ (2450), но обязан уведомить последнего о своем отказе.

660. **delivery order,** D.O. — деливери-ордер.

1) Долевой КОНОСАМЕНТ (225), содержащий распоряжение о выдаче части доставленного по нему ГРУЗА (340) определенному лицу. 2) Письменное предписание ВЛАДЕЛЬЦА ГРУЗА (352) ХРАНИТЕЛЮ (2723) относительно выдачи части груза определенному лицу.

661. **delivery period** — 1) ПЕРИОД ОТГРУЗКИ (2217). 2) СРОК ДОСТАВКИ (2585).

662. **delivery point,** D/P — место поставки.

1) Пункт, в который в соответствии с указаниями ТОВАРНОЙ БИРЖИ (470) должны быть доставлены СЫРЬЕВЫЕ ТОВАРЫ (469), являющиеся предметом фьючерсной сделки. В отдельных случаях могут быть указаны АЛЬТЕРНАТИВНЫЕ МЕСТА ПОСТАВКИ (1643). 2) Место, в котором происходит ПЕРЕДАЧА ПРАВА СОБСТВЕННОСТИ (655) на товар ПОКУПАТЕЛЮ (309).

663. **delivery schedule**; vendor schedule — график поставок.

Согласованный между ПОСТАВЩИКОМ (2450) и ПОКУПАТЕЛЕМ (309) документ, регулирующий сроки, АССОРТИМЕНТ (122) и порядок ОТГРУЗКИ (2205) товаров, являющихся предметом договора купли-продажи, ДОГОВОРА ПОСТАВКИ (526) и т. п.

664. **delivery slot** — интервал доставки.

В системе ТОЧНО ВОВРЕМЯ (1276): период времени, в который заказанная ПРОДУКЦИЯ (1885) должна быть доставлена ПОТРЕБИТЕЛЮ (587). В нек-рых реальных системах интервал доставки составляет ±30 мин., а ШТРАФ (1760), уплачиваемый ПОСТАВЩИКОМ (2450) или ПЕРЕВОЗЧИКОМ (366) за нарушение интервала доставки, составляет несколько десятков тыс. долл.

665. **delivery status** — данные о местонахождении груза.

Оперативная информация о процессе ПЕРЕВОЗКИ (2589) ГРУЗА (340), предоставляемая в системах ОТСЛЕЖИВАНИЯ ГРУЗОВ (2199). Эта информация может быть выдана в ответ на запрос по телефону; на факсимильный аппарат клиента, с помощью системы Интернет.

666. **delivery terms** — условия поставки.

Предусмотренные ЗАКАЗОМ (1646) или ДОГОВОРОМ ПОСТАВКИ (526) требования к кол-ву и КАЧЕСТВУ (1941) товаров, АССОРТИМЕНТУ (122), УПАКОВКЕ (1714), к порядку ПЕРЕДАЧИ ПРАВА СОБСТВЕННОСТИ (655), оплаты ТРАНСПОРТНЫХ ИЗДЕРЖЕК (2594) и т. п.

667. **delivery to a carrier** — передача продукции органу транспорта.

Вручение товара, являющегося предметом ДОГОВОРА ПОСТАВКИ (526), ПЕРЕВОЗЧИКУ (366) для доставки ПОКУПАТЕЛЮ (309). В ряде случаев ПОСТАВЩИК (2450) считается выполнившим свои обязательства в момент передачи товара перевозчику. При этом предполагается, что ДОГОВОР ПЕРЕВОЗКИ (535) заключен поставщиком на коммерчески разумных условиях; в противном случае покупатель вправе считать поставщика не выполнившим свои обязательства.

668. **Delphi method** — метод Дельфы.

Метод ПРОГНОЗИРОВАНИЯ (952), основанный на опросе экспертов по спец. анкетам, матем. обработке результатов опроса и корректировке экспертами своих оценок на основе каждого цикла обработки.

669. **demand** — спрос.
Потребность в ПРОДУКЦИИ (1885), предоставленная на рынке деньгами, т. е. кол-во и АССОРТИМЕНТ (122) товаров и услуг, которые ПОТРЕБИТЕЛИ (587) желают и могут приобрести. Различают спрос твердосформулированный, альтернативный, формирующийся, отложенный и т. д.

670. **demand node**; sink — выход транспортной сети.
ВЕРШИНА (1588) ГРАФА (1586), объем входящего МАТЕРИАЛЬНОГО ПОТОКА (1482) в которую превышает объем выходящего из нее потока.

671. **DEMDES** — ДЕМДИС.
Прилагаемый к ЧАРТЕРУ (416) документ, содержащий роспись расходов по ДЕМЕРЕДЖУ (672) и ДИСПАЧУ (689).

672. **demurrage** — 1) Демередж — ден. сумма, выплачиваемая владельцу ТРАНСПОРТНОГО СРЕДСТВА (1506) за задержку трансп. средства под грузовыми работами сверх НОРМ ПРОСТОЯ (997). 2) СВЕРХНОРМАТИВНЫЙ ПРОСТОЙ (697).

673. **depalletising** — расформирование грузового пакета.
Операция, обратная ПАКЕТИРОВАНИЮ (1731); разборка грузового пакета путем поштучного или послойного удаления образующих его КОРОБОК (376), ящиков и т. п.

674. **dependability** — надежность.
Способность ПЕРЕВОЗЧИКА (366) доставлять ГРУЗЫ (340) в требуемые сроки в целости и сохранности. Из всех видов транспорта наибольшей надежностью обладает ТРУБОПРОВОДНЫЙ ТРАНСПОРТ (1806); за ним следует ЖЕЛЕЗНОДОРОЖНЫЙ ТРАНСПОРТ (1967). Исследования надежности др.

видов транспорта дают разноречивые результаты, т. к. приходится учитывать ряд случайных факторов, действующих независимо друг от друга.

675. **depletion** — 1) Расходование — процесс использования накопленных ЗАПАСОВ (1230). 2) Истощение — иссякание возобновляемых природных РЕСУРСОВ (2056); восстановление ресурса (напр., лесных массивов) происходит медленнее, чем его потребление. 3) Уменьшение стоимости — уменьшение рыночной ЦЕНЫ (1857) АКТИВОВ (120) в связи с их производственным потреблением.

676. **deposit contract** — см. **storage agreement**.

677. **depositor** — 1) ПОКЛАЖЕДАТЕЛЬ (174). 2) Сдатчик (амер.) — физ. лицо, сдающее УТИЛИЗИРУЕМЫЕ ОТХОДЫ (2003) в ПУНКТ ЗАГОТОВКИ ВТОРИЧНОГО СЫРЬЯ (308). 3) Вкладчик — владелец ден. вклада в банк.

678. **depositor's liability** — ответственность поклажедателя.
Обязательства ПОКЛАЖЕДАТЕЛЯ (677), которые могут возникнуть в связи с нарушением им ДОГОВОРА ХРАНЕНИЯ (2401), напр., непредставлением или несвоевременным представлением товаров или вещей на ХРАНЕНИЕ (2400), сдачей на хранение ОПАСНЫХ ГРУЗОВ (614) под неправильным наименованием, в результате чего оборудованию СКЛАДА (2718) и/или товарам др. поклажедателей был нанесен ущерб, и т. п. См. также 2726.

679. **depositor's risk** — риск поклажедателя.
РИСКИ (2087), исключенные из ОТВЕТСТВЕННОСТИ ХРАНИТЕЛЯ (2726), напр., ФОРС-МАЖОР (22), ДЕЙСТВИЯ

ВРАГОВ ОБЩЕСТВА (24) и др. Убытки в этих случаях, при условии, что они не могли быть предотвращены или уменьшены ХРАНИТЕЛЕМ (2723) разумными и доступными ему мерами, падают на ПОКЛАЖЕДАТЕЛЯ (677).

680. **deposit-paid container**- залоговая тара.
ТАРА (513), напр., стеклянная бутылка, стоимость которой включена в ЦЕНУ (1857) товара. Эта стоимость возвращается ПОКУПАТЕЛЮ (309) при возврате тары по месту приобретения товара или тарособирающей орг-ции. См. также 517.

681. **deposit-refund system** (амер.) — система стимулирования повторного использования тары и отходов.
Методы поощрения ПОТРЕБИТЕЛЕЙ (508) к сдаче ЗАЛОГОВОЙ ТАРЫ (680) и ОПАСНЫХ БЫТОВЫХ ОТХОДОВ (1140), пром. пр-тий — к сдаче ОПАСНЫХ ОТХОДОВ (1111) с целью их УТИЛИЗАЦИИ (2007) или УДАЛЕНИЯ (729). Напр., пром. пр-тие платит местным властям ден. сумму за каждую тонну производимой ПРОДУКЦИИ (1885), при изготовлении которой используются опасные вещества. Эта сумма должна быть не менее суммы расходов на удаление и утилизацию отходов в расчете на каждую тонну продукции. Если пром. пр-тие представит властям справку, что отходы в соответствующем кол-ве сданы заготовителям, то залоговая сумма ему возвращается. Опыт показал, что такая система позволяет уменьшить НЕЗАКОННЫЙ СБРОС ОТХОДОВ (1518). См. также 38.

682. **deposit warrant** — см. **dock warrant**.

683. **depot** — 1) СКЛАД (2718). 2) Гараж (брит.) — помещение для стоянки, заправки и техн. обслуживания самоходных ТРАНСПОРТНЫХ СРЕДСТВ (1506). 3) Станция (амер.) — остановоч-

ный пункт на АВТОМОБИЛЬНОМ ТРАНСПОРТЕ (1546) или ЖЕЛЕЗНОДОРОЖНОМ ТРАНСПОРТЕ (1967), выполняющий грузовые и/или пассажирские операции.

684. **depressed center flatcar**; well car (амер.); well wagon (брит.) — транспортер.

Спец. ж. — д. ПЛАТФОРМА (919), предназначенная для ПЕРЕВОЗКИ (2589) НЕГАБАРИТНЫХ ГРУЗОВ (153), ТЯЖЕЛОВЕСНЫХ ГРУЗОВ (1115), в т. ч. трансформаторов большой мощности, частей гидравлических турбин, статоров и роторов генераторов и т. п. Транспортер колодцевого типа имеет гл. несущую балку, которая в ср. межтележечной части образует нишу между двумя боковыми элементами. В нижней части ниши расположены передвижные балки для опирания груза. Применяются также площадочные, платформенные, сцепные и сочлененные транспортеры. См. также 110.

685. **DEQ** — см. **Delivered ex Quay**.

686. **DES** — см. **Delivered ex Ship**.

687. **design for environment,** DFE; green engineering — экологически-ориентированное конструирование.

Разработка ПРОДУКЦИИ (1885) с учетом требований защиты окружающей среды; использование экологически безопасных МАЛООТХОДНЫХ ТЕХНОЛОГИЙ (1429) в процессе изготовления товаров, не причиняющих или причиняющих мин. вред среде обитания при эксплуатации. Эти товары должны соответствовать критерию УТИЛИЗИРУЕМОСТИ (2002). Однако реализация концепции экологически-ориентируемого проектирования наталкивается на ряд трудностей. При произ-ве высокотехнологичной продукции обычно используются тысячи и даже десятки тысяч наименований ДЕТАЛЕЙ (1739), часть которых приобретается у сторонних ПОСТАВЩИКОВ (2450); эти поставщики, в свою очередь, приобретают часть комплектующих у др. поставщиков и т. д. Иначе говоря, дать объективную оценку ЭКОЛОГИЧНОСТИ (836) конечной продукции — весьма трудная задача.

688. **desk jobber** — см. **drop shipper**.

689. **despatch**; despatch money — диспач.
Ден. сумма, выплачиваемая ФРАХТОВАТЕЛЮ (414) за досрочное окончание грузовых работ. Ставка диспача обычно составляет 50% ставки ДЕМЕРЕДЖА (672).

690. **despatch advice** — извещение об отгрузке.
Сообщение в стандарте ЕАНКОМ (802), в котором ПОСТАВЩИК (2450) уведомляет ПОКУПАТЕЛЯ (309) об ОТГРУЗКЕ (2205) предназначенных последнему товаров. В этом сообщении может быть также указан КОД ОТПРАВКИ (2166).

691. **despatch area** — экспедиция; экспедиция отпуска.
Зона СКЛАДА (2718), в которой производятся операции, связанные с подготовкой укомплектованной ПРОДУКЦИИ (1885) к ОТГРУЗКЕ (2205): УПАКОВЫВАНИЕ (1714), оформление ГРУЗОВЫХ ДОКУМЕНТОВ (2213) и т. п. В экспедиции в отдельных случаях может производиться подбор ГРУЗОВ (340) по грузовым направлениям.

692. **despatch money** — см. **despatch**.

693. **destacking** — разборка штабеля.

Операция, обратная ШТАБЕЛИРОВАНИЮ (2333). Эту операцию рекомендуется выполнять послойно и при сохранении симметрии ШТАБЕЛЯ (2330), т. к. в противном случае может произойти его обрушение.

694. **destination,** destn, dstn — 1) Пункт назначения; место назначения — место, в котором ГРУЗ (340) передается ПЕРЕВОЗЧИКОМ (366) ГРУЗОПОЛУЧАТЕЛЮ (492). 2) Место перехода коммерческого риска (страх.) — пункт, в котором заканчиваются РИСКИ (1763), связанные с морской ПЕРЕВОЗКОЙ (2589). 3) Конечное событие — в МЕТОДЕ КРИТИЧЕСКОГО ПУТИ (569); СОБЫТИЕ (843), завершающее работы по данному проекту. 4) Грузопоглощающий пункт — в ТРАНСПОРТНОЙ ЗАДАЧЕ (2600): место потребления, в которое надлежит доставить заданное кол-во грузов. 5) Вершина графа — ВЕРШИНА (1588), связанная по крайней мере двумя ДУГАМИ (104) с др. вершиной ГРАФА (1586).

695. **destination contract** (амер.) — договор о доставке товара на риске поставщика.

Договор купли-продажи, согласно которому ПОСТАВЩИК (2450) принимает на себя все РИСКИ (2087) до момента передачи товара ПОКУПАТЕЛЮ (309) в ПУНКТЕ НАЗНАЧЕНИЯ (694).

696. **destn** — см. **destination**.

697. **detention** — 1) Сверхнормативный простой — задержание ТРАНСПОРТНОГО СРЕДСТВА (1506) под грузовыми работами сверх НОРМ ПРОСТОЯ (997). 2) Штраф за перепростой — ШТРАФ (1760), взыскиваемый за сверхнормативный простой трансп. средства под грузовыми работами. См. также 672.

698. **deterioration** — 1) Физический износ — естественное или эксплуатационное снашивание ОСНОВНЫХ ФОНДОВ (911). 2) Ухудшение качества — понижение КАЧЕСТВА (1941) хранимой или перевозимой ПРОДУКЦИИ (1885) в силу происходящих в ней естественных процессов.

699. **deviation** — девиация.
Отклонение водного судна от прямого пути следования. Если девиация не вызвана причинами, перечисленными в СТРАХОВОМ ПОЛИСЕ (1195) или ЧАРТЕРЕ (412), то судно на время пребывания вне р-на плавания лишается страховой защиты.

700. **DF** — см. **damage-free car**.

701. **d. f.** — см. **dead freight**.

702. **DFE** — см. **design for environment**.

703. **differential rate** — дифференциальный тариф.
ГРУЗОВОЙ ТАРИФ (1020), взыскиваемый за ПЕРЕВОЗКУ (2589) при отсутствии СКВОЗНОГО ТАРИФА (2505) между пунктами А и С; представляет собой сумму промежуточных тарифов от А до В и от В до С, к которой добавляется или из которой вычитается нек-рая фиксированная сумма (отсюда название этого тарифа). Эти тарифы используются, напр., на КРУЖНЫХ МАРШРУТАХ (422), при экспортных перевозках. См. также 458.

704. **dim** — см. **dimension**.

705. **dimension,** dim — линейные размеры.
Одна из ТРАНСПОРТНЫХ ХАРАКТЕРИСТИК (2592) ГРУЗА (340), определяющих его длину, ширину, высоту, диаметр и т. п. Осн. мерой линейных размеров служат метр или фут (0,3048 м). Нек-рые ПЕРЕВОЗЧИКИ (366) накладывают ограничения на сумму Л. р. грузов и/или БАГАЖА (168), которая должна быть не больше (не меньше) установленного максимума (минимума).

706. **direct check** (амер.) — проверка методом прямого счета.
Способ проверки поступающих ГРУЗОВ (340), при котором ПРИЕМОСДАТЧИК (345) подсчитывает кол-во ед. товара, сличает ЯРЛЫКИ (1282) с УПАКОВОЧНЫМИ ЛИСТАМИ (1724) и НАРЯД-ЗАКАЗАМИ (1920). См. также 242.

707. **direct crossloading** (амер.) — прямой вариант перевалки.
На АВТОМОБИЛЬНОМ ТРАНСПОРТЕ (1546): перегрузка ГРУЗА (340) из автомобиля, производящего СБОР ГРУЗОВ (1799), в междугородний ГРУЗОВОЙ АВТОМОБИЛЬ (1417) без выгрузки этого груза в СКЛАД (2718); перегрузка груза из междугороднего грузового автомобиля в автомобиль, производящий РАЗВОЗ (655) грузов. См. также 573, 1211.

708. **direct delivery** — транзитная поставка.
ПОСТАВКА (655) товаров пром. пр-тием непосредственно ПОТРЕБИТЕЛЮ (587), без ПОСРЕДНИКОВ (1209).

709. **direct arc** — дуга.
РЕБРО (104) с заданным направлением. См. также 2661.

710. **direct logistics system** — логистическая система с прямыми связями.
ЛОГИСТИЧЕСКАЯ СИСТЕМА (1411), в которой ПОСТАВКИ (655) осуществляются без ПОСРЕДНИКОВ (1209).

711. **direct loss** — прямые убытки.
УБЫТКИ (1418), являющиеся непосредственным результатом СТРАХОВОГО СЛУЧАЯ (843), в отличие от КОСВЕННЫХ УБЫТКОВ (1159).

712. **direct materials** — основные материалы.
Осн. часть предметов труда, используемых при изготовлении ГОТОВОЙ ПРОДУКЦИИ (900) и составляющих ее основу. Стоимость основных материалов полностью переносится на готовую продукцию. См. также 134.

713. **direct store delivery,** DSD — прямые хозяйственные связи в торговле.
ПОСТАВКА (655) товаров пр-тием — изготовителем в ПРЕДПРИЯТИЕ РОЗНИЧНОЙ ТОРГОВЛИ (2067), минуя РАСПРЕДЕЛИТЕЛЬНЫЙ ЦЕНТР (734).

714. **dirty bill of lading**; claused bill of lading; foul bill of lading — нечистый коносамент.
КОНОСАМЕНТ (225), в котором содержатся оговорки относительно состояния ГРУЗА (340) и/или его УПАКОВКИ (1721). См. также 435.

715. **disassembly** — разборка.
Операция, обратная СБОРКЕ (118); снятие с НЕГАБАРИТНЫХ ГРУЗОВ (153) отдельных частей, выступающих за ГАБАРИТ ПОГРУЗКИ (1369). См. также 2121.

716. **disbursement** — 1) Денежная сумма — ден. средства, выданные наличными. 2) Выдача — отпуск ПРОДУКЦИИ (1255) со СКЛАДА (2718). См. также 1253.

717. **discharge** — 1) РАЗГРУЗКА (2667). 2) Расписка о погашении задолженности — РАСПИСКА (1984), выданная СТРАХОВЩИКУ (1197) истцом в подтверждение того, что последний получил СТРАХОВОЕ ВОЗМЕЩЕНИЕ (1156) и больше не имеет к страховщику претензий.

718. **discharge port** — см. **port of discharge**.

719. **discount** — скидка.
Понижение ЦЕНЫ (1857) ПРОДУКЦИИ (1855). Может предоставляться ПОТРЕБИТЕЛЮ (587) за лояльность (в этом случае может быть кумулятивной, т. е. рассчитанной по сумме всех предыдущих сделок с данным потребителем), за приобретение крупной ПАРТИИ (1419) продукции [ОПТОВАЯ СКИДКА (1946)], за досрочную оплату поставленной продукции; за ПОСТАВКУ (655) товара более низкого КАЧЕСТВА (1941), чем предусмотрено договором, и в др. случаях. См. также 50, 2550.

720. **discrete order quantity** — см. **lot-for-lot**.

721. **dishoarding** — разбронирование.
Выпуск товаров из гос. МАТЕРИАЛЬНЫХ РЕЗЕРВОВ (2431) в связи с истечением СРОКА ГОДНОСТИ (2185) этих товаров, с целью регулирования ЦЕН (1857) и по др. причинам.

722. **dispatching** — диспетчирование.
Упорядочение РАБОТ (1266), ЗАКАЗОВ (1646) и т. п. в ОЧЕРЕДИ (1950) с учетом их ПРИОРИТЕТОВ (1867). См. также 98, 723.

723. **dispatching rule** — дисциплина обслуживания.
Алгоритм присвоения ПРИОРИТЕТОВ (1867) РАБОТАМ (1266), напр., ПЕРВЫМ ПОСТУПИЛ — ПЕРВЫМ ОБСЛУЖЕН (907). См. также 570, 1295, 1956.

724. **dispatch list**; foreman's report; priority report (амер., орг. произ-ва) — упорядоченный перечень работ.
Список ВНУТРЕННИХ НАРЯДОВ (2791) в порядке их ПРИОРИТЕТОВ (1867). В этом списке имеются также сведения о планируемых трудозатратах, описание работ, КОДЫ ПРОДУКЦИИ (1256) и др.

725. **dispersion** — 1) РАСКОНСОЛИДАЦИЯ (638). 2) Дисперсия — мера рассеяния случайной величины, т. е. ее отклонения от среднего; матем. ожидание квадрата отклонения случайной величины от ее матем. ожидания. Различают дисперсию общую, остаточную, выборочную и т. д.

726. **displacement ton** — тонна водоизмещения.
Ед. массы; масса воды объемом 35 куб. футов (0,99109 куб. м).

727. **disposable container** — см. **one-trip packaging**.

728. **disposable pallet**; one-trip pallet; expendable pallet — одноразовый поддон.
ПОДДОН (1726), рассчитанный на один ОБОРОТ (2638).

729. **disposal** — удаление.
Процесс избавления от ОТХОДОВ ПРОИЗВОДСТВА (1170), ТВЕРДЫХ БЫТОВЫХ ОТХОДОВ (1572) и др. путем их захоронения на СВАЛКАХ (1290), СЖИГАНИЯ (1152) без РЕКУПЕРАЦИИ (828) энергии, СБРОСА В ОКЕАН (1616). В концепциях устойчивого развития удаление отходов имеет более низкий ПРИОРИТЕТ (1867) по сравнению с СОКРАЩЕНИЕМ ОТХОДОВ (2295) и их УТИЛИЗАЦИЕЙ (2007). В начале 1990-х гг. расходы пром. пр-тий на удаление отходов составляли в ср. 2% ОБОРОТА (2636); расходы на удаление в тот период ежегодно возрастали в ср. на 10%. Расходы на У. ОПАСНЫХ ОТХОДОВ (1111) примерно в десять раз больше, чем на У. др. отходов.

730. **disposal surcharge** — налог на уборку мусора.
Плата, взимаемая муниципальными властями за УДАЛЕНИЕ (729) ТВЕРДЫХ БЫТОВЫХ ОТХОДОВ (1572). Размер платы пропорционален кол-ву образующихся на данной территории отходов. Эта плата обычно включается в плату за жилищно-коммунальные услуги. См. также 2747.

731. **distress freight** (амер., разг.) — ПОПУТНЫЙ ГРУЗ (1642).

732. **distributing storage** — хранение зерна на коммерческой основе.
Разновидность СИСТЕМЫ ХРАНЕНИЯ ЗЕРНА (1069), снабжаемая системой ЦЕНТРАЛИЗОВАННОГО ХРАНЕНИЯ ЗЕРНА (451). Устр-ва для коммерческого хранения зерна обычно находятся вблизи крупных населенных пунктов и снабжают ОПТОВИКОВ (2774) и мукомольные заводы. Грузооборот системы коммерческого хранения обычно не менее чем в 8 раз больше общей ВМЕСТИМОСТИ СКЛАДОВ (2403) этой системы.

733. **distribution allowance** — сбытовая скидка.
СКИДКА (719) с оптовой ЦЕНЫ (1857), предоставляемая пр-тием-изготовителем ДИСТРИБЬЮТОРУ (741).

734. **distribution center**; DC; branch warehouse — распределительный центр.
СКЛАД (2718), на котором хранится ГОТОВАЯ ПРОДУКЦИЯ (900) и/или ЗАПАСНЫЕ ЧАСТИ (2303). Нек-рые технол. операции, напр., связанные с ИНДИВИДУАЛИЗАЦИЕЙ ПРОДУКЦИИ (589), удобнее и дешевле выполнять не на заводе, а в Р.ц. В распределительном центре целесообразно также производить ФАСОВАНИЕ (2038) нек-рых продовольственных товаров, СБОРКУ (118) мебели, перевозимой к месту продажи в разобранном виде с целью исключения ее повреждения при транспортировании.

735. **distribution channel** — см. **logistics channel**.

736. **distribution costs**; distributive costs — издержки обращения.
Выраженные в ден. форме совокупные затраты по доведению ПРОДУКЦИИ (1885) от изготовителей до ПОТРЕБИТЕЛЕЙ (587). Подразделяются на ЧИСТЫЕ ИЗДЕРЖКИ ОБРАЩЕНИЯ (1595) и ДОПОЛНИТЕЛЬНЫЕ ИЗДЕРЖКИ ОБРАЩЕНИЯ (2680). Включают расходы на оплату труда, содержание СКЛАДОВ (2718), ИЗДЕРЖКИ ХРАНЕНИЯ (2405) и др. См. также 1400, 2159.

737. **distribution inventory** — 1) ТОВАРНЫЕ ЗАПАСЫ (1511). 2) Сбытовые запасы — ЗАПАСЫ (1230) ГОТОВОЙ ПРОДУКЦИИ (900) у пр-тий-изготовителей. См. также 961, 2069, 2555.

738. **Distribution Requirements Planning**; DRP — ДРП.
ТОЛКАЮЩАЯ СИСТЕМА (1936), осн. ф-цией которой является УПРАВЛЕНИЕ ЗАПАСАМИ (1236) в РАСПРЕДЕЛИТЕЛЬНОМ ЦЕНТРЕ (734) на основе расчета ФАКТИЧЕСКОЙ ПОТРЕБНОСТИ (1581). В системе ДРП используется обеспечивающий комплекс системы МРП (1488).

739. **distribution utility** (амер.) — торгово-посредническая фирма.
ПОСРЕДНИК (1209), предоставляющий ряд услуг по ПЕРЕВОЗКЕ (2589), ХРАНЕНИЮ (2400) товаров, сбору и обработке ЗАКАЗОВ (1646) и т. п. при заданном уровне ОБСЛУЖИВАНИЯ ПОТРЕБИТЕЛЯ (588). Торгово-посредническая фирма не обладает правом собственности на находящиеся в ее оперативном управлении товары. См. также 2500.

740. **distributive costs** — см. distribution costs.

741. **distributor** — дистрибьютор.
ПОСРЕДНИК (1209), напр., ОПТОВИК (2774), действующий от своего имени и за свой счет.

742. **DITR** — см. **dynamic inventory turnover rate**.

743. **diversion**; diversion in transit — переадресовка.
СОПУТСТВУЮЩАЯ УСЛУГА (10), связанная с изменением ПУНКТА НАЗНАЧЕНИЯ (694) принятого к ПЕРЕВОЗКЕ (2589) или находящегося в процессе перевозки ГРУЗА (340). Как правило, переадресовка может быть произведена только один раз и только в прямом направлении. См. также 1997.

744. **diversion in transit** — см. **diversion**.

745. **diversion rate** — коэффициент утилизации отходов.
Отношение массы фактически использованных УТИЛИЗИРУЕМЫХ ОТХОДОВ (2003) к общей массе образовавшихся на данном пр-тии или на данной территории ОТХОДОВ (2741). См. также 2008.

746. **diverter** — 1) Неавторизованный член канала товародвижения (амер.) — ПОСРЕДНИК (1209), скупающий излишки товаров у участников ЛОГИСТИЧЕСКОЙ ЦЕПИ (1398). 2) Оптовая фирма (амер.) — ОПТОВИК (2774), приобретающий товары у изготовителей со СКИДКОЙ (719), предоставляемой в период проведения рекламных компаний или с целью содействия продвижению товара на рынок, затем перепродающий эти товары после того как цена на них повысилась. 3) Сталкиватель — механическое устр-во, сдвигающее ГРУЗЫ (1359) с движущегося КОНВЕЙЕРА (541) на соответствующие ответвления этого конвейера в процессе СОРТИРОВАНИЯ (2291).

747. **divisible goods** — делимые товары.
Товары или ГРУЗЫ (340), которые в процессе ПЕРЕВОЗКИ (2589) или ХРАНЕНИЯ (2400) могут быть поделены на части, напр., ПАРТИЯ (1419) КОНТЕЙНЕРОВ (1009). Отдельно взятый контейнер в приведенном примере является физически неделимым; сама партия, если она перевозится как отдельная ОТПРАВКА (2194), является физически делимой, но юридически неделимой.

748. **DK** — см. **deck**.

749. **D. O.** — см. **delivery order**.

750. **D/N** — см. **delivery notice**.

751. **dock** — 1) Док — портовое сооружения для осмотра и РЕМОНТА (2039) судов; различают плавучие и сухие доки. 2) ПОГРУЗОЧНО-РАЗГРУЗОЧНАЯ ПЛОЩАДКА (1368). 3) Ангар — сооружение для стоянки и РЕМОНТА (2039) воздушных судов.

752. **dockage** — 1) Доковый сбор — плата, взыскиваемая администрацией ПОРТА (1831) за 1 м^3 условного объема судна при его постановке в ДОК (751). 2) Примеси — инородные частицы, напр., солома, песок и т. п., имеющиеся в зерне [обычно указывается в %% от ВЫГРУЖЕННОЙ МАССЫ (653)]. 3) СКИДКА (719).

753. **docked freight** (амер.) — перевалочный груз, обрабатываемый по складскому варианту.
ГРУЗ (340), который перед ПОГРУЗКОЙ (1366) в автомобиль, осуществляющий магистральную ПЕРЕВОЗКУ (2589), или после ВЫГРУЗКИ (2667) из него, хранится на СКЛАДЕ (2718) ТЕРМИНАЛА (2492). См. также 707.

754. **dock leveller** — уравнивающее устройство.
Механико-гидравлическое устр-во, представляющее собой плоскую платформу размерами обычно не менее 2,0 х 2,5 м, закрепленную одним концом у ПОГРУЗОЧНО-РАЗГРУЗОЧНОЙ ПЛОЩАДКИ (751). С помощью гидравлических цилиндров эта платформа может быть поднята (опущена) не менее чем на 25 см по отношению к уровню пола площадки в целях обеспечения въезда в ГРУЗОВОЙ ВАГОН (1004) или автомобиль ПОГРУЗЧИКА (1331) или др. ТРАНСПОРТНОГО СРЕДСТВА (1506), используемого для механизации грузовых работ.

755. **dock plate**; deck board; bridge plate — перекидной мостик.
Переносная плоская платформа, обеспечивающая безопасный въезд ПОГРУЗЧИКОВ (1331) или иных колесных средств механизации грузовых работ с ПОГРУЗОЧНО-РАЗГРУЗОЧНОЙ ПЛОЩАДКИ (751) в ГРУЗОВОЙ ВАГОН (1004), КОНТЕЙНЕР (1009) и т. п.

756. **dock receipt**; wharfinger's receipt — доковая расписка.
РАСПИСКА (1984), выданная в подтверждение приема ГРУЗА (340) на ТОВАРНУЮ ПРИСТАНЬ (2769) или портовый СКЛАД (2718).

757. **dock seal** — механический тамбур.
Защитное устр-во, уменьшающее потери холодного воздуха из дверей ХОЛОДИЛЬНОГО СКЛАДА (449) при ПОГРУЗКЕ (1366) или ВЫГРУЗКЕ (2667) автомобиля. Представляет собой изготовленные из теплоизоляционных материалов полосы, облегающие сверху и с боков край кузова автомобиля, находящегося на ПОГРУЗОЧНО-РАЗГРУЗОЧНОЙ ПЛОЩАДКЕ (751) склада. Подъем или перемещение этих полос производятся с помощью спец. механизма. См. также 1175.

758. **dock shelter** — выступающий механический шлюз.
Снабженные пружинным механизмом изготовленные из плотного материала шторы, находящиеся с боков СВЕСА КРОВЛИ (326) над ПОГРУЗОЧНО-РАЗГРУЗОЧНОЙ ПЛОЩАДКОЙ (751) ХОЛОДИЛЬНОГО СКЛАДА (449); такая штора может быть закреплена и на самом свесе. При подъезде к площадке автомобиля шторы облегают его кузов, уменьшая потери холодного воздуха. См. также 757.

759. **dock-to-stock time** — время приемки.

Интервал времени между ДОСТАВКОЙ (655) товаров на СКЛАД (2718) и их РАЗМЕЩЕНИЕМ (1937) на ХРАНЕНИЕ (2400). Включает время на оформление ДОКУМЕНТОВ СКЛАДСКОГО УЧЕТА (2735), ввод данных в АВТОМАТИЗИРОВАННУЮ СИСТЕМУ УПРАВЛЕНИЯ СКЛАДСКИМИ ПРОЦЕССАМИ (2724) и т. п. Чем больше время приемки, тем больше объем ПОДГОТОВИТЕЛЬНОГО ЗАПАСА (1852). См. также 2388.

760. **dock warrant**; D. W.; deposit warrant, warehouse warrant — доковый варрант.

РАСПИСКА (1984), выданная владельцу товаров, принятых на припортовый СКЛАД (2718); является переуступаемым документом.

761. **document of title** — товарораспорядительный документ.

Материальный носитель информации, содержащий все необходимые реквизиты и являющийся основанием для совершения хоз. операций с переходом права собственности на покрываемый им товар или ГРУЗ (340), напр., КОНОСАМЕНТ (225), ДОКОВЫЙ ВАРРАНТ (760), СКЛАДСКАЯ РАСПИСКА (2728). Законный держатель товарораспорядительного документа является владельцем перечисленных в нем товаров. Нек-рые товарораспорядительные документы являются комбинированными документами, сочетающими в себе признаки нескольких видов документов (оправдательных, перевозочных и др.).

762. **documents against payment** — см. **Cash against Documents**.

763. **dome** — 1) Куполообразное зернохранилище — СКЛАД (2718) для зерна в форме полусферы вместимостью до 150 тыс. т.

Стоимость стр-ва такого зернохранилища составляет примерно 50% стоимости ЭЛЕВАТОРА (2259) такой же вместимости. 2) Верхний люк — вертикальный цилиндр в верхней части ВАГОНА-ЦИСТЕРНЫ (2476).

764. **domestic source end product** (амер.) — товар местного производства.
СЫРЬЕВОЙ ТОВАР (469), добытый или выращенный на территории США; ГОТОВАЯ ПРОДУКЦИЯ (900), стоимость ДЕТАЛЕЙ (1739) которой, изготовленных на территории США, составляет свыше 50% стоимости всех деталей.

765. **door** — 1) Двери; ворота — створ для закрытия проема в стене СКЛАДА (2718). Различают распашные (обычно открывающиеся наружу) и раздвижные двери. 2) Люк — отверстие в верхней и/или нижней части ГРУЗОВОГО ВАГОНА (1004), используемое для ПОГРУЗКИ (1366) или РАЗГРУЗКИ (2667). 3) Люк — вырез в боковой обшивке летательного аппарата, служащий для входа и выхода и обеспечивающий доступ к узлам летательного аппарата в целях технического обслуживания, используемый также для погрузки/разгрузки. Обычно снабжается резиновым уплотнением с целью исключить утечку воздуха из кабины.

766. **door-to-door service** — перевозка «от двери до двери».
ПЕРЕВОЗКА (2589) ГРУЗА (340) от ГРУЗООТПРАВИТЕЛЯ (497) ГРУЗОПОЛУЧАТЕЛЮ (492), при которой орг-цию ПОДВОЗА (1799) и РАЗВОЗА (655) грузов берет на себя ПЕРЕВОЗЧИК (366) или ЭКСПЕДИТОР (1012). Этот термин является антонимом термина «перевозка от терминала до терминала».

767. **dormant stock** (амер.) — неликвидные запасы.
ЗАПАСЫ (1230), на которые в течение определенного срока не поступало ЗАКАЗОВ (1646).

768. **double-decked pallet** — см. **double-faced pallet**.

769. **double deep racking** — стеллаж глубокого штабелирования.
СКЛАДСКОЙ СТЕЛЛАЖ (2414), в котором можно разместить не менее двух грузовых ед. под прямым углом к его продольной стороне. Загрузка и разгрузка стеллажей глубокого штабелирования могут производиться с обеих сторон или с одной стороны.

770. **double-faced pallet**; double-decked pallet — двухнастильный поддон.
ПОДДОН (1726), имеющий верхний и нижний НАСТИЛЫ (632). См. также 2263.

771. **double order point system** — система с двумя точками заказа.
СИСТЕМА УПРАВЛЕНИЯ ЗАПАСАМИ (1237), в которой используются две ТОЧКИ ЗАКАЗА (1659): первая определяется с учетом потребности в товарах в ЗАГОТОВИТЕЛЬНЫЙ ПЕРИОД (2044), вторая — с учетом потребности в период ПРОИЗВОДСТВЕННОГО ЦИКЛА (1462). Эта система может применяться, напр., на центральном СКЛАДЕ (2718), снабжающем локальные склады. Она позволяет более точно определять потребность в товарах, которая может возникнуть на локальном уровне.

772. **double-wing pallet**; stevedore pallet — поддон с выступающими настилами.
Применяемый на ВОДНОМ ТРАНСПОРТЕ (2749) ДВУХНАСТИЛЬНЫЙ ПОДДОН (770), НАСТИЛЫ (632) которого вы-

ступают за бруски и служат для захвата поддона спец. подвеской.

773. **downstream** — товародвижение.
Процесс доведения ПРОДУКЦИИ (1885) до ПОТРЕБИТЕЛЯ (587). См. также 1777.

774. **down to her marks** (амер., разг.) — по грузовую марку.
Загрузка судна под макс. осадку; погружение судна по ГРУЗОВУЮ МАРКУ (1377).

775. **D/P** — см. **delivery point**.

776. **drag chain leg** — цепной разгрузочный элеватор.
РАЗГРУЗОЧНЫЙ ЭЛЕВАТОР (1314) на базе цепного КОНВЕЙЕРА (541); имеет производительность до 1800 т/ч.

777. **drawback** — 1) Возврат пошлины — возврат ТАМОЖЕННОЙ ПОШЛИНЫ (594), уплаченной за ввезенные товары, которые впоследствии вывозятся за границу. 2) Дебентура — свидетельство о возврате таможенной пошлины.

778. **drayage** — 1) МЕСТНАЯ ПЕРЕВОЗКА (375). 2) Плата за доставку — сбор за РАЗВОЗ (655) ГРУЗОВ (340).

779. **drive-through rack** — проходной стеллаж.
СКЛАДСКОЙ СТЕЛЛАЖ (2414), состоящий из вертикальных стоек, соединенных между собой горизонтальными уголками. Нижние полки уголков выступают внутрь конструкции и используются для укладки на них ПОДДОНОВ (1726). Размещение поддонов и их изъятие из проходного стеллажа производится ви-

лочным ПОГРУЗЧИКОМ (1331), который может свободно перемещаться между стойками. Применение проходного стеллажа позволяет повысить КОЭФФИЦИЕНТ ИСПОЛЬЗОВАНИЯ РАБОЧЕГО ОБЪЕМА СКЛАДА (2407). Их применение не рекомендуется в системах, в которых регулярное ОБНОВЛЕНИЕ ЗАПАСОВ (2384) является существенно важным фактором.

780. **drop-off station** — площадка для мусора.
Специально выделенный участок вблизи жилых массивов, предназначенный для установки КОНТЕЙНЕРОВ ДЛЯ МУСОРА (2017). За эксплуатацию площадки для мусора могут нести ответственность муниципальные органы или МУСОРОСОРТИРОВОЧНЫЕ ЗАВОДЫ (1497). В юридическом смысле любой предмет, оставленный на площадке для мусора, может считаться БЕСХОЗНЫМ ИМУЩЕСТВОМ (2); частные лица, оставляющие на площадке для мусора ТВЕРДЫЕ БЫТОВЫЕ ОТХОДЫ (1572), не обязаны производить их СОРТИРОВАНИЕ (2292). В нек-рых штатах США имеются законы, запрещающие частным лицам уносить любые предметы, оставленные на площадке для мусора, однако проконтролировать исполнение таких законов представляется затруднительным.

781. **drop shipment** — транзитная поставка с участием в расчетах.
ПОСТАВКА (655) товаров изготовителем ПОКУПАТЕЛЮ (309), организованная ПОСРЕДНИКОМ (1209), но минуя СКЛАД (2718) посредника. Посредник оплачивает поставку изготовителю, приобретает право собственности на товары, затем выставляет счет за них покупателю.

782. **drop shipper**; desk jobber (амер., разг.) — посредник, организующий транзитную поставку с участием в расчетах.
ПРЕДПРИЯТИЕ ОПТОВОЙ ТОРГОВЛИ С ОГРАНИЧЕННЫМ НАБОРОМ УСЛУГ (1338), организующее ТРАНЗИТ-

НЫЕ ПОСТАВКИ С УЧАСТИЕМ В РАСЧЕТАХ (781) на ПРЕДПРИЯТИЯ РОЗНИЧНОЙ ТОРГОВЛИ (2067).

783. **DRP** — см. **Distribution Requirements Planning**.

784. **drum** — барабан.
ТАРА (513) с гладким или гофрированным корпусом цилиндрической формы, без обручей, с плоским дном, изготовленная из металла или дерева. Предназначена для ХРАНЕНИЯ (2400) и/или ПЕРЕВОЗКИ (2589) порошкообразных и пылевидных НАВАЛОЧНЫХ ГРУЗОВ (295), НАЛИВНЫХ ГРУЗОВ (1346). См. также 190.

785. **DSD** — см. **direct store delivery**.

786. **dstn** — см. **destination**.

787. **dual cycle** — двойной цикл; совмещенная операция.
Складская операция, в которой совмещаются КОМПЛЕКТАЦИЯ (1785) и ПОПОЛНЕНИЕ (2043) СКЛАДСКОЙ ЯЧЕЙКИ (2409).

788. **dual distribution** — дублирование каналов сбыта.
Реализация производителем своей ПРОДУКЦИИ (1885) по двум КАНАЛАМ ТОВАРОДВИЖЕНИЯ (1399) — через собственный сбытовой аппарат и через независимое ПРЕДПРИЯТИЕ РОЗНИЧНОЙ ТОРГОВЛИ (2067). Первая сторона в этом случае обычно имеет конкурентное преимущество. ДИЛЕРЫ (631) и ДИСТРИБЬЮТОРЫ (741) вправе требовать от производителя включения в договор обязательства воздерживаться от продажи своей продукции через собственный сбытовой аппарат на территории, которая закреплена за дилером / дистрибьютором.

789. **due date**; need date- директивный срок.

Принятое в сетевых методах планирования и управления и в системе МРП (1488) обозначение даты, к которой должна быть закончена предыдущая РАБОТА (1266), дающая возможность начать последующую работу. Напр., в системе МРП директивный срок определяется для ПОКУПНЫХ КОМПЛЕКТУЮЩИХ ИЗДЕЛИЙ (1917) при РАСЧЕТЕ СПЕЦИФИЦИРОВАННОЙ ПОТРЕБНОСТИ В МАТЕРИАЛАХ (855) и последующем УТОЧНЕНИИ ПОТРЕБНОСТИ В МАТЕРИАЛАХ (1582).

790. **dump-and-pick operations** (амер., разг.) — ручная сортировка отходов.

СОРТИРОВАНИЕ (2292) СМЕШАННЫХ ОТХОДОВ (1534) без применения средств механизации с целью отделения УТИЛИЗИРУЕМЫХ ОТХОДОВ (2003), напр., макулатуры, СТЕКЛОБОЯ (582), тряпья.

791. **dump car** (амер.); tilting wagon (брит.) — вагон-самосвал; думпкар.

Спец. ГРУЗОВОЙ ВАГОН (1004), снабженный кузовом, наклоняющимся при РАЗГРУЗКЕ (2667), и бортами, откидывающимися при наклоне кузова. Предназначен для ПЕРЕВОЗКИ (2589) и автоматизированной разгрузки вскрышных пород, угля, песка и др. НАВАЛОЧНЫХ ГРУЗОВ (295).

792. **dumper** — вагоноопрокидыватель.

Устр-во для механизированной РАЗГРУЗКИ (2667) ж.-д. ПЛАТФОРМ (919) и КРЫТЫХ ВАГОНОВ (267) с НАВАЛОЧНЫМИ ГРУЗАМИ (295). Разгрузка крытого вагона с помощью В выполняется за 5 — 8 мин. Выпускаются как стационарные, так и передвижные вагоноопрокидыватели. В роторных и круговых вагоноопрокидывателях разгрузка вагона выполняется при повороте вокруг его продольной оси. В боковых подъемноповоротных вагоноопрокидывателях вагон поворачивается вокруг продольной оси и одновременно поднимается. В торцевых вагоноопрокидывателях производится наклон вагона относительно поперечной оси. В комбинированных вагоноопрокидывателях производится поворот вагона относительно продольной и поперечной осей.

793. **dun.** — см. **dunnage**.

794. **dunnage,** dun. — 1) Сепарационные материалы; даннаж — маты, циновки, мешковина и др. материалы, используемые для отделения ГРУЗОВ (340) от бортов и переборок судна с целью предохранения их от порчи из-за отпотевания, трения и смещения. Применяются также ДАННАЖНЫЕ ПОДУШКИ (1176), укладываемые в пустоты между ХРУПКИМИ ГРУЗАМИ (969) и защищающие эти грузы за счет пневматического давления внутри подушки. Стоимость даннажа обычно относят за счет ПЕРЕВОЗЧИКА (366). 2) БАГАЖ (168). См. также 585.

795. **durability** — долговечность.
Показатель КАЧЕСТВА (1941) ПРОДУКЦИИ (1885), характеризующий способность последней выполнять свои ф-ции в течение СРОКА СЛУЖБЫ (92). Для необслуживаемых изделий (напр., электрических ламп накаливания) долговечность более важна, чем РЕМОНТОПРИГОДНОСТЬ (2167).

796. **duty** — см. **customs duty**.

797. **D. W.** — см. **dock warrant**.

798. **DWT** — см. **deadweight tonnage**.

799. **d. w. t.** — см. **deadweight tonnage**.

800. **dynamic inventory turnover rate,** DITR — динамический коэффициент оборачиваемости запасов.
СКОРОСТЬ ТОВАРООБОРОТА (1245), рассчитанная как частное от деления ОБЪЕМА ПРОДАЖ (2117) по данным за последний квартал на величину НАЛИЧНЫХ ЗАПАСОВ (1624).

801. **dynamic scheduling** (амер., орг. произ-ва) — динамическое календарное планирование.
Техника КАЛЕНДАРНОГО ПЛАНИРОВАНИЯ (2133), предполагающая включение во ВРЕМЯ ОЖИДАНИЯ (2716) страховой надбавки с учетом возможностей ПЕРЕГРУЗКИ ПРОИЗВОДСТВА (2234).

E

802. **EANCOM** — ЕАНКОМ.
Подмножество стандарта ЭДИФАКТ ООН (электронный обмен данными в управлении, торговле и на транспорте). Разработка ЕАНКОМ ведется с 1987 г. по решению Междунар. ассоциации товарной нумерации. В первой версии ЕАНКОМ, опубликованной в 1990 г., имелось семь сообщений. В действующей версии (ЕАНКОМ-1997) имеется 42 сообщения, в т. ч. ПОДТВЕРЖДЕНИЕ БРОНИ (259), СПРАВКА О СОСТОЯНИИ ТОВАРНЫХ ЗАПАСОВ (1241), ЗАПРОС О ХОДЕ ВЫПОЛНЕНИЯ ЗАКАЗА (1665), СПРАВКА О ВЫПОЛНЕНИИ ЗАКАЗА (1666) и др.

803. **EAN label** — унифицированная этикетка ЕАН.
ЭТИКЕТКА (1282), предназначенная для нанесения на трансп. пакеты. Состоит из трех частей. Верхняя часть заполняется ГРУЗООТПРАВИТЕЛЕМ (497) в обычной алфавитно-цифровой форме и включает такие данные как наименование и адрес грузоотправителя, его товарный знак и т. п. Ср. часть этикетки содержит в обычной цифровой форме КОД ОТПРАВКИ (2166), штриховой код ЕАН-13, кол-во штук в пакете, номер ПАРТИИ (204), СРОК ГОДНОСТИ (2185). В нижней части этикетки данные ее ср. части записаны с помощью кода UCC/EAN 128.

804. **EAN location number** — идентификационный номер ЕАН.
Тринадцатизначный код, используемый в стандарте ЕАНКОМ (802) для идентификации юридического лица, напр., ПОСТАВЩИКА (2450), к. -л. объекта, напр., СКЛАДА (2718), и т. п. С помощью идентификационного номера ЕАН из базы данных можно извлечь след. информацию: наименование юридического лица и его почтовые и банковские реквизиты, лицо для контактов и т. п.

805. **early supplier involvement,** ESI; presourcing — параллельная работа субподрядчиков и заказчика.
Форма взаимодействия головной фирмы и ее ПОСТАВЩИКОВ (2450), для которой характерны выбор поставщика соответствующего комплектующего изделия на стадии концептуальной отработки новой ПРОДУКЦИИ (1885) и поручение ему осн. части работ по созданию этого изделия; полная материальная ответственность поставщика за КАЧЕСТВО (1941) серийного образца комплектующего изделия; перераспределение экономии, полученной от реализации к. -л. предложения поставщика, между головной фирмой и поставщиком; долгосрочный характер хоз. связей. Рассмотренная система применяется, напр.,

фирмами Xerox Corp. и Chrysler (США). В результате применения этой системы фирма Chrysler в период с 1989 по 1994 гг. смогла сократить кол-во своих поставщиков с 2500 до 1140 и сократить сроки разработки новых автомобилей более чем на 30%.

806. **EAS** — см. **electronic article surveillance.**

807. **EAS label** — см. **security label.**

808. **echelon**; channel level — эшелон, уровень канала.
Физ. или юридическое лицо, выполняющее определенные ф-ции в процессе ТОВАРОДВИЖЕНИЯ (1777); участник ЛОГИСТИЧЕСКОГО КАНАЛА (1399). В простейшем случае в логистическом канале имеется два уровня: ПОСТАВЩИК (2450) и ПОТРЕБИТЕЛЬ (587).

809. **echelon logistics system** — эшелонированная логистическая система.
ЛОГИСТИЧЕСКАЯ СИСТЕМА (1411), в которой доведение ПРОДУКЦИИ (1885) до ПОТРЕБИТЕЛЯ (587) происходит при участии ПОСРЕДНИКОВ (1209). См. также 2364.

810. **ecolabelling** — экомаркировка.
Графическое изображение, которое может дополняться алфавитной и/или цифровой информацией относительно ЭКОЛОГИЧНОСТИ (836) ПРОДУКЦИИ (1885). Экомаркировка возникла в 1970-е гг., напр., знак «Голубой ангел» (ФРГ, 1978 г.), Эко-знак (Япония) и др. Решением Европейского совета № 880/92 от 23 марта 1992 г. утверждена общеевропейская Э. Утвержден также порядок присвоения экомаркировки в странах ЕС. См. также 2009.

811. **economic manufacturing quantity** — оптимальная производственная партия.

Запускаемая в произ-во ПАРТИЯ (204), в которой затраты на одно изделие минимальны. ЦЕХОВАЯ СЕБЕСТОИМОСТЬ (1863) складывается из трех составляющих: прямых затрат, относительно неизменных при изменении объема партии; ИЗДЕРЖЕК ХРАНЕНИЯ (2405) СЫРЬЯ (1979), комплектующих и т. п.; ЗАТРАТ НА ПЕРЕНАЛАДКУ (2180) оборудования, уменьшающихся в расчете на одно изделие при увеличении размера партии. При увеличении размера партии снижается удельный вес затрат на переналадку, однако возрастает удельный вес издержек хранения. Оптим. вариант можно найти, напр., методами матем. программирования.

812. **Economic Order Quantity,** EOQ; optimum lot size — оптимальная партия поставки; норма заказа.

Объем ПАРТИИ ПОСТАВКИ (1421), обеспечивающий ПОТРЕБИТЕЛЮ (587) мин. значение суммы двух составляющих: ЗАТРАТ НА ФОРМИРОВАНИЕ И ХРАНЕНИЕ ЗАПАСОВ (1232) и ЗАГОТОВИТЕЛЬНЫХ РАСХОДОВ (1851). Исторически первая ф-ла расчета оптимальной партии поставки была выведена Харрисом (F.W.Harris) в 1915 г.

813. **ECR** — см. **Efficient Consumer Response.**

814. **edge guard** — подкладка.

Защитная угловая накладка; приспособление в виде щита, рамки или угла, используемое для защиты ГРУЗА (340) от повреждения в местах его сопряжения с обвязкой.

815. **Efficient Consumer Response**; ECR — система взаимодействия «магазин-поставщик».
Система орг-ции ХОЗЯЙСТВЕННЫХ СВЯЗЕЙ (311) ПРЕДПРИЯТИЙ РОЗНИЧНОЙ ТОРГОВЛИ (2067) и их ПОСТАВЩИКОВ (2450). Разработана и впервые практически реализована в США в 1992-1993 гг. В этой системе ПОСТАВКИ (655) на пр-тия розничной торговли организованы по принципу ТОЧНО ВОВРЕМЯ (1276); действует электронный обмен данными между кассовыми ТЕРМИНАЛАМИ (2492) магазина и информационной системой поставщика. Др. важными принципами являются НЕПРЕРЫВНОЕ ПОПОЛНЕНИЕ ЗАПАСОВ (528), ПЕРЕОТПРАВКА (573) и РАЦИОНАЛЬНАЯ УКЛАДКА ТОВАРОВ В ТРАНСПОРТНУЮ ТАРУ (2092). В анализе хоз. деятельности магазина используется, в частности, принцип ДИФФЕРЕНЦИРОВАННОГО НАЧИСЛЕНИЯ НАКЛАДНЫХ РАСХОДОВ (21). В 1994 г. при участии Междунар. ассоциации товарной нумерации организован Европейский совет по проблемам системы взаимодействия «магазин-поставщик». По оценкам этого совета, применение данной системы в Европе позволит уменьшить текущие издержки в торговле на 6%.

816. **EIA** — см. **environmental impact assessment.**

817. **elderly friendly pack** — легковскрываемая упаковка.
УПАКОВКА (1714), конструкция которой обеспечивает ее открывание и использование содержимого без существенных физ. усилий. Такие упаковки обычно предназначены для лекарственных средств, используемых ослабленными и пожилыми людьми. С др. стороны, принцип, положенный в основу конструкции легковскрываемой упаковки, противоречит принципу СПЕЦИАЛЬНОЙ УПАКОВКИ (2307).

818. **electronic article surveillance,** EAS — электронные средства отслеживания товаров.

Средства борьбы с ВОРОВСТВОМ ПОКУПАТЕЛЕЙ (2235) на ПРЕДПРИЯТИЯХ РОЗНИЧНОЙ ТОРГОВЛИ (2067), напр., ЗАЩИТНЫЕ ЭТИКЕТКИ (2151), ярлыки-защелки и т. п. Напр., в системах с магнитно-акустической сигнализацией при попытке выноса из магазина неоплаченного товара [защитная этикетка не была деактивирована в РАСЧЕТНОМ УЗЛЕ (418)] срабатывает звуковой сигнал тревоги. Нанесение этикеток и ярлыков может производиться работниками магазина, однако более рациональна ЗАЩИТНАЯ МАРКИРОВКА ТОВАРОВ ЗАВОДОМ-ИЗГОТОВИТЕЛЕМ (2297). Использование электронных средств отслеживания товаров позволяет уменьшить потери от ХИЩЕНИЙ (1802) в торговле, которые в странах ЕС в 1996 г. составили 17 млрд. долл.

819. **electronic shelf label,** ESL — электронный ярлык.

ЯРЛЫК (1282) в виде индикатора на жидких кристаллах, прикрепленный к ПОЛКЕ (2184), на которой выложены товары в супермаркете. На этот ярлык выводится код товара, его краткое описание и ЦЕНА (1857). Связь между компьютером супермаркета и электронным ярлыком беспроводная. При изменении цены в течение дня компьютер в автоматическом или поуавтоматическом режиме меняет данные, выведенные на электронном ярлыке. Применение электронного ярлыка практически исключает ошибки, связанные с заполнением обычных бумажных ярлыков и этикеток вручную, и полностью исключает расходы на бумажные носители информации.

820. **elevator** — 1) Элеватор — устр-во для приема, ВЗВЕШИВАНИЯ (2758), ХРАНЕНИЯ (2400) и выдачи мелкозернистых и порошкообразных НАВАЛОЧНЫХ ГРУЗОВ (295), напр., зерна или цемента. На элеваторе имеются автомат. устр-ва ОБЕСПЕ-

ЧЕНИЯ ВЗРЫВОБЕЗОПАСНОСТИ (856) и пожаробезопасности. Один из принципов коммерческой эксплуатации большей части элеваторов — ХРАНЕНИЕ С ОБЕЗЛИЧЕНИЕМ (466). В этой связи ХРАНИТЕЛЬ (2723) должен контролировать содержание ПРИМЕСЕЙ (752) в зерне, т. к. если ПОКЛАЖЕДАТЕЛЮ (174) возвращается зерно с более высоким содержанием примесей по сравнению с тем, которое было им сдано, то хранитель обязан возместить ему потери от понижения КАЧЕСТВА (1941). 2) Элеваторный стеллаж — СКЛАДСКОЙ СТЕЛЛАЖ (2414) с приводом, перемещающийся вокруг горизонтальной оси и доставляющий ДЕТАЛИ (1739) к загрузочно-разгрузочному проему. Представляет собой сборно-разборную конструкцию шахтного типа, внутри которой имеется вертикальный КОНВЕЙЕР (541) с втулочно-роликовыми цепями, к которым прикреплены грузонесущие полки. См. также 2259.

821. **embezzlement** — незаконное присвоение.
Растрата ден. средств кассиром или иным лицом, имеющим к ним доступ на законном основании; ХИЩЕНИЕ (1802) вещей ПОКЛАЖЕДАТЕЛЯ (174), совершенное самим ХРАНИТЕЛЕМ (2723) или его служащими.

822. **emergency order** — см. **urgent order.**

823. **emergency response plan** — план аварийных мероприятий.
Инструкция членам ОПЕРАТИВНОЙ ГРУППЫ ПО ЛИКВИДАЦИИ ПОСЛЕДСТВИЙ АВАРИИ (1110). возникшей в процессе ПЕРЕВОЗКИ (2589) или ХРАНЕНИЯ (2400) ОПАСНЫХ ГРУЗОВ (614) или ОПАСНЫХ ОТХОДОВ (1111). Содержит распределение обязанностей, меры индивидуальной защиты, перечень используемых техн. средств защиты (респираторы, противогазы, защитные очки и т. п.) при работе с разл. опасны-

ми веществами, описание мер первой медицинской помощи пострадавшим и т. п.

824. **enclosed warehouse** — закрытый склад.
СКЛАД (2718), имеющий ограждения со всех сторон.

825. **ending inventory** — запасы на конец отчетного периода.
НАЛИЧНЫЕ ЗАПАСЫ (1624), объем которых рассчитан на конец месяца, квартала или иного отчетного периода. Объем таких запасов можно определить, напр., методом НЕПРЕРЫВНОЙ ИНВЕНТАРИЗАЦИИ (1770). См. также 212.

826. **end loading** — см. **circus loading.**

827. **energy intensity** — энергоемкость.
Расход топливно-энергетических ресурсов на ед. продукции транспорта, напр., ТОННО-МИЛЮ (2529) или пассажиро-милю. Энергоемкость наиболее высока на ВОЗДУШНОМ ТРАНСПОРТЕ (73), наиболее низка на ТРУБОПРОВОДНОМ ТРАНСПОРТЕ (1806). Энергоемкость зависит, напр., от РАССТОЯНИЯ ПЕРЕВОЗКИ (1317). Энергоемкость ж. -д. КОРОТКОПРОБЕЖНЫХ ПЕРЕВОЗОК (2242) выше, чем автомобильных.

828. **energy recovery** — 1) Рекуперация — использование энергии, получение которой не является целью данного технол. процесса. Напр., рекуперация энергии торможения вилочного ПОГРУЗЧИКА (1331) позволяет возвращать до 5% энергии в аккумуляторную батарею. 2) Использование отходов на топливо — СЖИГАНИЕ (1152) органических ТВЕРДЫХ ОТХОДОВ (2290) с полезным применением образующейся при этом тепловой энергии; использование отходов в качестве ВТОРИЧНЫХ ЭНЕРГЕТИЧЕСКИХ РЕСУРСОВ (2020).

829. **engineering insurance** — страхование технического оснащения предприятий.
Разновидность СТРАХОВАНИЯ (1194); страховая защита от РИСКОВ (2087), возникающих в процессе эксплуатации разл. технол. оборудования, напр., КРАНОВ (563).

830. **engineer-to-order product** — продукция единичного производства.
ПРОДУКЦИЯ (1885), состоящая из стандартных ДЕТАЛЕЙ (1739) и деталей, сконструированных для нее по техн. заданию ПОТРЕБИТЕЛЯ (587). ПРОИЗВОДСТВЕННЫЙ ЦИКЛ (1462) может продолжаться несколько месяцев и даже лет, напр., в судостроении. См. также 2264.

831. **English ton** — см. **long ton.**

832. **entry for free goods** — декларация о беспошлинных товарах.
Подписанный импортером документ на товары, не облагаемые ТАМОЖЕННОЙ ПОШЛИНОЙ (594). Вручается администрации ТАМОЖНИ (591). Подписанная работником таможни копия этого документа возвращается импортеру.

833. **entry for home use ex ship** — декларация о товарах, подлежащих немедленной выгрузке.
Документ на товары, облагаемые ТАМОЖЕННОЙ ПОШЛИНОЙ (594) и подлежащие срочной реализации на территории импортера. Подписывается импортером и передается администрации ТАМОЖНИ (591).

834. **environmental impact assessment,** EIA — экологическая экспертиза.
Процедуры, позволяющие определить степень воздействия пром. объекта, ТЕРМИНАЛА (2492) на окружающую среду по

разл. параметрам, напр., ШУМОВОМУ ЗАГРЯЗНЕНИЮ (1589), загрязнению сточными водами водного бассейна и т. п. В странах ЕС перечень таких процедур определяется директивой 85/337/EEC.

835. **environmentally-friendly product** — см. **green product.**

836. **environment-friendliness** — экологичность.
Свойства ПРОДУКЦИИ (1885), заключающиеся в ее воздействии на окружающую среду в процессе произ-ва, ПЕРЕВОЗКИ (2589), ХРАНЕНИЯ (2400), использования и УДАЛЕНИЯ (729). См. также 1073.

837. **EOQ** — см. **Economic Order Quantity.**

838. **equal runout quantity** (амер., орг. произ-ва) — корректировка объема партии поставки.
Алгоритм РАЗМЕЩЕНИЯ МНОГОНОМЕНКЛАТУРНОГО ЗАКАЗА (1273), в котором ОПТИМАЛЬНАЯ ПАРТИЯ ПОСТАВКИ (812) рассчитывается применительно к каждому отдельно взятому виду заказанной ПРОДУКЦИИ (1885) с учетом разности между РАСПОЛАГАЕМЫМ ЗАПАСОМ (137) и запасом в ТОЧКЕ ЗАКАЗА (1659) в момент размещения заказа.

839. **equipment interchange receipt** — акт о передаче оборудования.
РАСПИСКА (1984), выданная одним ПЕРЕВОЗЧИКОМ (366) другому за принятый от него КОНТЕЙНЕР (1009), ПРИЦЕП (2565) и т. п. В акте о передаче оборудования указывается состояние оборудования и имеющиеся в нем дефекты. Если принимающая сторона не указала в акте имеющиеся в оборудовании дефекты, то РЕМОНТ (2039) оборудования производится за ее счет. См. также 1204.

840. **ESI** — см. **early supplier involvement.**

841. **Europallet** — европоддон.
ЧЕТЫРЕХЗАХОДНЫЙ ПОДДОН (964) размерами 800х1200 мм.

842. **evaporation** — улетучивание.
Разновидность ЕСТЕСТВЕННОЙ УБЫЛИ (2245); уменьшение массы или объема нек-рых твердых и НАЛИВНЫХ ГРУЗОВ (1346) за счет перехода в газообразное состояние. Интенсивность этого процесса зависит от температуры окружающей среды, состояния УПАКОВКИ (1714) и т. п.

843. **event** — 1) Событие — возможный исход стат. эксперимента. 2) Событие — в МЕТОДЕ КРИТИЧЕСКОГО ПУТИ (569): точка, обозначающая окончание одной РАБОТЫ (1266) и начало другой. 3) Страховой случай — предусмотренное ДОГОВОРОМ СТРАХОВАНИЯ (536) и реально наступившее событие.

844. **event-based counting** (амер.) — эпизодическое снятие остатков.
Разновидность метода ЕЖЕДНЕВНОГО СНЯТИЯ ОСТАТКОВ (604). Подсчет кол-ва ПРОДУКЦИИ (1255) производится при ее ВЫДАЧЕ (1253).

845. **excepted perils**; excluded perils — исключенные риски.
Оговорка в СТРАХОВОМ ПОЛИСЕ (1195), перечисляющая РИСКИ (1763), за которые СТРАХОВЩИК (1197) не отвечает.

846. **exception rate** — исключительный тариф.
ГРУЗОВОЙ ТАРИФ (1020), обеспечивающий льготные условия ПЕРЕВОЗКИ (2589) для ГРУЗА (340) данного вида и/или на данном направлении и/или в данный сезон. По своему экон. со-

держанию И. т. аналогичен ТАРИФУ, ЗАВИСЯЩЕМУ ОТ МАССЫ ОТПРАВКИ (1172).

847. **exception report** — 1) Сличительная ведомость — документ, в котором фиксируются ИЗЛИШКИ (1691) и НЕДОСТАЧИ (2237), выявленные при ИНВЕНТАРИЗАЦИИ (2387). 2) Коммерческий акт — документ, в котором фиксируются ИЗЛИШКИ, НЕДОСТАЧИ И ПОВРЕЖДЕНИЯ (1699), выявленные ГРУЗОПОЛУЧАТЕЛЕМ (492) при приемке ГРУЗА (340) от ПЕРЕВОЗЧИКА (366); излишки, недостачи и повреждения товаров, установленные при инвентаризации СКЛАДА (2718). 3) Сообщение о состоянии запаса — выводимое на дисплей или на печать в СИСТЕМЕ УПРАВЛЕНИЯ ЗАПАСАМИ (1237) сообщение о ПРОДУКЦИИ (1885), запас которой приблизился к ТОЧКЕ ЗАКАЗА (1659). 4) Сообщение о текущих проблемах (амер., орг. произ-ва) — электронный или бумажный документ, фиксирующий разл. проблемы произ-ва, напр., НЕИСПРАВИМЫЙ БРАК (2136), НЕ ВЫПОЛНЕННЫЕ В СРОК ЗАКАЗЫ (1694) и др.

848. **excluded perils** — см. **excepted perils.**

849. **ex dock**; ex quay; ex wharf — франко-пристань назначения.
УСЛОВИЯ ПОСТАВКИ (666), согласно которым ЦЕНА (1857) товара включает расходы по ПЕРЕВОЗКЕ (2589) до ПОРТА РАЗГРУЗКИ (1834), в т. ч. РАЗГРУЗКУ (2667) и оплату ТАМОЖЕННОЙ ПОШЛИНЫ (594). См. также 650.

850. **exhibition** — выставка.
Мероприятие, цель которого заключается в показе достижений одной или нескольких стран в области науки, произ-ва, культуры и т. п. Применяются разл. формы показа (натурный экспо-

нат, макет, фотография и т. п.). По нек-рым видам товаров (автомобили, авиационная техника и др.) выставки проводятся в форме салонов.

851. **existing goods** — реальный товар.

Товар, который на момент заключения сделки находится в собственности или в оперативном управлении продавца.

852. **expeditor** (амер.); progress chaser (брит.) — толкач.

Должностное лицо, осн. обязанностью которого является УСКОРЕНИЕ ПРОХОЖДЕНИЯ ЗАКАЗОВ (853). Краткая должностная инструкция на толкача имеется в классификаторе Министерства труда США.

853. **expediting** — ускорение прохождения заказов.

Мероприятия, обеспечивающие более быстрое выполнение НАРЯД-ЗАКАЗОВ (1920), первоочередное исполнение НЕ ВЫПОЛНЕННЫХ В СРОК ЗАКАЗОВ (1694). За выполнение таких мероприятий отвечает спец. сотрудник — ТОЛКАЧ (852).

854. **expendable pallet** — см. **disposable pallet.**

855. **explosion**; product explosion; bill of material explosion — расчет специфицированной потребности в материалах.

В системе МРП (1488): процесс определения времени РАЗМЕЩЕНИЯ ЗАКАЗА (1658), кол-ва и состава заказываемых ДЕТАЛЕЙ (1739), МАТЕРИАЛОВ (1477) и др. Для этой цели используются, в частности, ГРАФИК ПРОИЗВОДСТВА (1474), КАРТОЧКИ СКЛАДСКОГО УЧЕТА (1240). Т. о. СПРОС (669) на ГОТОВУЮ ПРОДУКЦИЮ (900) трансформируется в спрос на необходимые для ее произ-ва материалы, комплектующие и т. п. См. также 1307, 1582.

856. **explosion proofing** — обеспечение взрывобезопасности.
В СИСТЕМЕ ХРАНЕНИЯ ЗЕРНА (1069): комплекс мероприятий, включающих запрет на курение, вентилирование хранилищ, применение искробезопасных средств механизации грузовых и трансп. работ, использование электродвигателей, рабочая температура которых при всех обстоятельствах ниже точки воспламенения взрывоопасной пыли, образующейся в ЭЛЕВАТОРАХ (820), и др.

857. **exponential smoothing** — экспоненциальное сглаживание.
Один из методов, применяемых в ПРОГНОЗИРОВАНИИ (952). Более поздним наблюдениям придается больший вес, учитывая их более высокую информационную ценность.

858. **export invoice** — экспортная накладная.
НАКЛАДНАЯ (1248), являющаяся ТОВАРОРАСПОРЯДИТЕЛЬНЫМ ДОКУМЕНТОМ (761). В ней приводятся нек-рые доп. сведения, напр., о МАРКИРОВКЕ (1469), ПРОВОЗНОЙ ПЛАТЕ (2593), страховых расходах и др. См. также 402, 462, 495, 506, 596.

859. **exposure** — 1) Риск — вероятность понесения УБЫТКОВ (1418) или к.-л. потерь. Напр., в СИСТЕМЕ УПРАВЛЕНИЯ ЗАПАСАМИ (1237) кол-во рискованных ситуаций, связанных с ДЕФИЦИТОМ (2376), может быть вычислено как частное от деления годовой потребности на объем ПАРТИИ ПОСТАВКИ (1421). 2) Показ — демонстрация по телевидению или передача в иной наглядной форме рекламных материалов.

860. **express mail** (амер.) — экспресс-почта.
Один из пяти видов ДОСТАВКИ (655) корреспонденции, используемый в работе федерального почтового ведомства (доставка на след. после приемки день).

861. **ex quay** — см. **ex dock.**

862. **ex ship,** X ship, X shp, X sh; ex steamer; free overside — франко-пароход пристань назначения.
УСЛОВИЯ ПОСТАВКИ (666), согласно которым в ЦЕНУ (1857) товара включаются все расходы до того момента как товар поднят над поручнями судна в ПОРТУ РАЗГРУЗКИ (1834). ПОКУПАТЕЛЬ (309) оплачивает РАЗГРУЗКУ (2667) и все дальнейшие расходы. См. также 651.

863. **ex steamer** — см. **ex ship.**

864. **ex stk** — см. **ex stock.**

865. **ex stock,** ex stk, X stk — поставка со склада.
ПОСТАВКА (655) РЕАЛЬНОГО ТОВАРА (851) из НАЛИЧНЫХ ЗАПАСОВ (1624). См. также 1449.

866. **ex store,** ex stre, X store, X stre — франко-магазин.
УСЛОВИЯ ПОСТАВКИ (666), согласно которым ПОКУПАТЕЛЬ (309) производит ВЫБОРКУ (452) товара из магазина ПОСТАВЩИКА (2450). См. также 875.

867. **ex stre** — см. **ex store.**

868. **extension of shipment** — пролонгация срока отгрузки.
Право ПОСТАВЩИКА (2450) включить по согласованию с ПОКУПАТЕЛЕМ (309) в контракт, заключенный на условиях КАФ (319) или СИФ (549), оговорку относительно ОТГРУЗКИ (2205) товара (напр., зерна) позднее согласованной даты (но не более чем на 8 дрей). Если поставщик воспользовался этим пра-

вом, то может быть применена, напр., след. система СКИДОК (719) с ЦЕНЫ (1857): при переносе срока отгрузки на 1-4 дня цена уменьшается на 0,5%, на 5-6 дней — на 1,0%, на 7-8 дней — на 1,5%. При всех обстоятельствах поставщик обязан заблаговременно уведомить покупателя о своем намерении воспользоваться этим правом.

869. **extraordinary-repair expenditures** — расходы на капитальный ремонт.
В БУХГАЛТЕРСКОМ УЧЕТЕ (262): затраты на РЕМОНТ (2039) оборудования, произведенные с целью продлить СРОК СЛУЖБЫ (92) этого оборудования или повысить его ОСТАТОЧНУЮ СТОИМОСТЬ (2553), если принято решение продать его как ПОДЕРЖАННОЕ ОБОРУДОВАНИЕ (2673).

870. **ex W** — см. **ex works.**

871. **ex warehouse,** ex WH, ex whse, X whse — франко-склад поставщика.
УСЛОВИЯ ПОСТАВКИ (666), согласно которым ПОКУПАТЕЛЬ (309) производит ВЫБОРКУ (452) товара со СКЛАДА (2718) ПОСТАВЩИКА (2450). См. также 866.

872. **ex WH** — см. **ex warehouse.**

873. **ex wharf** — см. **ex dock.**

874. **ex whse** — см. **ex warehouse.**

875. **ex works,** ex W, X wks — франко-завод.
БАЗИСНЫЕ УСЛОВИЯ ПОСТАВКИ (200), согласно которым ПОСТАВЩИК (2450) предъявляет товар ПОКУПАТЕЛЮ (309)

на своем пр-тии, СКЛАДЕ (2718) и т. п. Покупатель производит ВЫБОРКУ (452) товара и несет все дальнейшие расходы и РИСКИ (2087).

F

876. **f.a.a. — см. free of all average.**

877. **FAA — см. free of all average.**

878. **facility location model** — модель размещения производств.
Матем. представление задачи поиска оптим. места стр-ва пром. пр-тия. В таких моделях учитывается ряд факторов, в т. ч. близость к источнику снабжения СЫРЬЕМ (1979), рынкам сбыта; наличие ПУТЕЙ СООБЩЕНИЯ (2752), социальные и демографические факторы и т. п. См. также 1486.

879. **failure rate** — интенсивность отказов.
Один из показателей НАДЕЖНОСТИ (2034) ПРОДУКЦИИ (1885); кол-во отказов (поломок, выходов из строя) в ед. времени.

880. **FAK** — см. **freight all kinds rate.**

881. **fall**; part-of-line — ветвь подвеса.
Виток намотки стального каната, образующийся при его ЗАПАСОВКЕ (2012) в грузоподъемном органе КРАНА (563).

882. **farm storage** — хранение зерна в первичном хозяйстве.
Разновидность СИСТЕМЫ ХРАНЕНИЯ ЗЕРНА (1069), в которой зерно хранится навалом в амбарах вместимостью от 30 до 150 т. Зерно поставляется из хоз-ва в систему ЦЕНТРАЛИЗОВАННОГО ХРАНЕНИЯ ЗЕРНА (451).

883. **FAS** — см. **final assembly schedule**; **free alongside ship.**

884. **fast-mover** — ходовая продукция.
ПРОДУКЦИЯ (1885), пользующаяся повышенным СПРОСОМ (669); продукция, составляющая относительно небольшую часть АССОРТИМЕНТА (122), но наибольшую часть ОБОРОТА (2636). Снабжение такой продукцией пр-тиями-изготовителями РАСПРЕДЕЛИТЕЛЬНЫХ ЦЕНТРОВ (734), а последними — своих ПОТРЕБИТЕЛЕЙ (587) производится, как правило, по ТОЛКАЮЩЕЙ СИСТЕМЕ (1936). См. также 77.

885. **fault of the user** — небрежность грузовладельца.
Оговорка в ДОГОВОРЕ ПЕРЕВОЗКИ (535), исключающая ОТВЕТСТВЕННОСТЬ ПЕРЕВОЗЧИКА (369) за потери и убытки, вызванные ошибками КЛИЕНТА (2674) при нанесении МАНИПУЛЯЦИОННЫХ ЗНАКОВ (1095), неправильным описанием товаров в ТОВАРОСОПРОВОДИТЕЛЬНЫХ ДОКУМЕНТАХ (2213), небрежным выполнением служащими клиента грузовых работ или их противоправными действиями, напр., ХИЩЕНИЕМ (1802) товаров. См. также 25.

886. **FCA** — см. **Free Carrier.**

887. **feeder warehouse** (амер., орг. произ-ва) — подсортировочный склад.

Производственный СКЛАД (2718), получающий ДЕТАЛИ (1739) и комплектующие изделия от ПОСТАВЩИКОВ (2450), осуществляющий их ВХОДНОЙ КОНТРОЛЬ (1154), их СОРТИРОВАНИЕ (2292) и подборку в соответствии с потребностями производства. Подсортировочные склады обычно размещаются вблизи линий СБОРКИ (118).

888. **ferry car** — см. **trap car.**

889. **fictitious freight** — см. **phantom freight.**

890. **field warehousing** — см. **custodian warehousing.**

891. **FIFO** — см. **first in, first out.**

892. **filler freight**; low-priority freight (амер.) — ПОПУТНЫЙ ГРУЗ (1642). См. также 731.

893. **fill-in system** — см. **automatic replenishment system.**

894. **fill rate**; service level — коэффициент удовлетворения спроса.

Один из осн. показателей КАЧЕСТВА (1941) ОБСЛУЖИВАНИЯ ПОТРЕБИТЕЛЯ (588). В общем случае вычисляется как отношение ЗАКАЗОВ (1646), выполненных в срок и без к.-л. претензий со стороны потребителей, к общему кол-ву заказов. В СИСТЕМЕ УПРАВЛЕНИЯ ЗАПАСАМИ (1237) К.у.с. может быть вычислен как разность I – К, где К – КОЭФФИЦИЕНТ НЕУДОВЛЕТВОРЕННОГО СПРОСА (1683). См. также 908.

895. **final assembly schedule,** FAS (амер., орг. произ-ва) — рабочий график сборки.
ГРАФИК (2131) СБОРКИ (118) изделий, предназначенных для ПОСТАВКИ (655). Составляется для ПРОДУКЦИИ МАССОВОГО ПРОИЗВОДСТВА, СОБИРАЕМОЙ ПО ИНДИВИДУАЛЬНОМУ ЗАКАЗУ (117), и для ПРОДУКЦИИ МАССОВОГО ПРОИЗВОДСТВА, ИЗГОТОВЛЯЕМОЙ ПО ЗАКАЗАМ (1448). Рабочий график сборки формируется в разрезе индивидуальных ЗАКАЗОВ (1646) и согласуется с ГРАФИКОМ ПОСТАВОК (663).

896. **final inspection**; preshipment inspection — предотгрузочная проверка.
Разновидность сплошного или СТАТИСТИЧЕСКОГО КОНТРОЛЯ КАЧЕСТВА (9), выполняемого силами ПОСТАВЩИКА (2450) перед ОТГРУЗКОЙ (2205) товаров ПОКУПАТЕЛЮ (309). См. также 1154.

897. **final invoice** — заключительная счет-фактура.
СЧЕТ-ФАКТУРА (1248), заменяющая собой ранее высланную ПРЕДВАРИТЕЛЬНУЮ СЧЕТ-ФАКТУРУ (1912).

898. **final stock** — см. **residual stock.**

899. **finger rack** (амер.) — стоечная скоба.
КРЕПЕЖНОЕ УСТРОЙСТВО (2508), предназначенное для фиксации ДЛИННОМЕРНОГО ГРУЗА (1413) на полу ж. -д. ПЛАТФОРМЫ (919). Представляет собой вертикальную стойку, прикрепленную к полу платформы. См. также 252.

900. **finished goods** — готовая продукция.
ПРОДУКЦИЯ (1885), полностью прошедшая ПРОИЗВОДСТВЕННЫЙ ЦИКЛ (1462) на пр-тии-изготовителе, полностью

укомплектованная, прошедшая техн. контроль и сданная на СКЛАД (2718) готовой продукции или отгруженная ПОКУПАТЕЛЮ (309). В зависимости от цели произ-ва готовая продукция делится на осн., сопряженную и ПОБОЧНУЮ ПРОДУКЦИЮ (314).

901. **finished goods inventory**; finished stock — СБЫТОВЫЕ ЗАПАСЫ (737), запасы готовой продукции.

902. **finished stock** — см. **finished goods inventory.**

903. **FIO,** free in and out — ФИО.
Способ распределения ЗАТРАТ НА ПОГРУЗОЧНО-РАЗГРУЗОЧНЫЕ РАБОТЫ (1367), в соответствии с которым ответственность за них падает на ФРАХТОВАТЕЛЯ (414).

904. **FIOS**; free in and out, stowed — ФИОС.
Способ распределения ЗАТРАТ НА ПОГРУЗОЧНО-РАЗГРУЗОЧНЫЕ РАБОТЫ (1367), в соответствии с которым расходы на эти работы и на ШТИВКУ (2422) относятся на ФРАХТОВАТЕЛЯ (414).

905. **FIOT**; free in and out, trimmed — ФИОТ.
Способ распределения ЗАТРАТ НА ПОГРУЗОЧНО-РАЗГРУЗОЧНЫЕ РАБОТЫ (1367), в соответствии с которым расходы на эти работы и на РАЗРАВНИВАНИЕ (2620) НАВАЛОЧНОГО ГРУЗА (295) относятся на ФРАХТОВАТЕЛЯ (414).

906. **firm planned order**; FPO (амер., орг. произ-ва) — зарезервированный заказ.
ЗАКАЗ (1646), исполнение которого находится под особым контролем диспетчера произ-ва и обработка которого произво-

дится при блокировке нек-рых ф-ций системы МРП (1488). При обработке такого заказа не производятся ЗАЧЕТ СРОКА ИСПОЛНЕНИЯ ЗАКАЗА (1307) и УТОЧНЕНИЕ ПОТРЕБНОСТИ В МАТЕРИАЛАХ (1582).

907. **first in, first out**; FIFO — 1) Первым поступил — первым обслужен — ДИСЦИПЛИНА ОБСЛУЖИВАНИЯ (1951), при котором ТРЕБОВАНИЯ (587) выполняются в порядке их поступления и считаются равноприоритетными. 2) Первым поступил — первым продан — метод продажи и оценки стоимости товаров, в соответствии с которым товары продаются в порядке их поступления в магазин. Такой метод применяется, напр., при продаже товаров с ограниченным СРОКОМ ГОДНОСТИ (2185). Т. о. ЗАПАСЫ НА КОНЕЦ ОТЧЕТНОГО ПЕРИОДА (825) включают недавно приобретенные магазином товары. ОБЪЕМ ПРОДАЖ (2117) рассчитывается по стоимости товаров раннего поступления.

908. **first-pass fill rate** (амер.) — коэффициент исполнения заказов.
КОЭФФИЦИЕНТ УДОВЛЕТВОРЕНИЯ СПРОСА (894) в ЭШЕЛОНИРОВАННОЙ ЛОГИСТИЧЕСКОЙ СИСТЕМЕ (809), рассчитанный как отношение ЗАКАЗОВ (1646), которые не были исполнены в нижестоящем ЭШЕЛОНЕ ЛОГИСТИЧЕСКОЙ СИСТЕМЫ (2364), переданы в вышестоящий эшелон и исполнены в нем, к общему кол-ву неисполненных нижестоящим эшелоном заказов, переданных в вышестоящий эшелон. Коэффициент исполнения заказов применяется, напр., в СИСТЕМАХ СНАБЖЕНИЯ ЗАПАСНЫМИ ЧАСТЯМИ (2304).

909. **fishyback**; fishy-back service (амер.) — комбинированная наземно-водная перевозка.
ПЕРЕВОЗКА (2589) ГРУЗОВЫХ ВАГОНОВ (1004) и/или ГРУЗОВЫХ АВТОМОБИЛЕЙ (1417) на РОЛКЕРАХ (2095); пере-

возка груженых ПРИЦЕПОВ (2565) на БАРЖАХ (188). См. также 232, 1800.

910. **fishy-back service** см. **fishyback.**

911. **fixed assets**; capital assets; permanent assets — основные фонды.
АКТИВЫ (120) пром. пр-тия, которые неоднократно участвуют в ПРОИЗВОДСТВЕННЫХ ЦИКЛАХ (1462) и по частям переносят свою стоимость на ПРОДУКЦИЮ (1885), созданную с их помощью; материальные блага длительного пользования непроизводственной сферы. Основные фонды подразделяются на активные (машины, технол. оборудование и т. п.), непосредственно воздействующие на предмет труда, и пассивные, создающие условия для нормального протекания производственного процесса (здания, сооружения и т. п.). См. также 583.

912. **fixed location** — см. **dedicated storage.**

913. **fixed order quantity** — фиксированный размер заказа.
АЛГОРИТМ РАСЧЕТА РАЗМЕРА ПАРТИИ (1424) в СИСТЕМЕ УПРАВЛЕНИЯ ЗАПАСАМИ (1237), в котором размер ЗАКАЗА (1646) задан заранее. См. также 812.

914. **fixing letter**; fixture — фиксчюр-нот.
Предварительный документ, согласованный между судовладельцем и ФРАХТОВАТЕЛЕМ (414), фиксирующий ПОРТ ПОГРУЗКИ (1835), время прибытия судна под ПОГРУЗКУ (1366) и др. Впоследствии заменяется ЧАРТЕРОМ (416).

915. **fixture** — см. **fixing letter.**

916. **flag of convenience**; flag of necessity — удобный флаг.
Флаг Кипра, Либерии, Гондураса и нек-рых др. гос-в, под который судовладельцы переводят свои суда с целью снижения расходов на оплату труда и налоговых обязательств. В 1980-е гг. на долю судов, плавающих под удобным флагом, приходилось около 29% всего мирового тоннажа. В соответствии с Женевской конвенцией об открытом море (1958 г.) и Конвенцией ООН об условиях регистрации судов (1986 г.) между гос-вом, под флагом которого плавает судно, и самим судном должна существовать реальная связь; граждане соответствующего гос-ва должны участвовать в комплектовании экипажа и в оперативном управлении судном.

917. **flag of necessity** — см. **flag of convenience.**

918. **flammable goods** — легковоспламеняющиеся грузы.
Разновидность ОПАСНЫХ ГРУЗОВ (614), точка воспламенения которых не превышает 22,8 ° С (легковоспламеняющиеся грузы класса А), или находится в пределах 22,8° С — 65,6° С (легковоспламеняющиеся грузы класса В). См. также 2318.

919. **flatcar** (амер.); low-sided wagon (брит.) — платформа.
ГРУЗОВОЙ ВАГОН (1004) открытого типа, предназначенный для НАВАЛОЧНЫХ ГРУЗОВ (295) и нек-рых видов ТАРНО-ШТУЧНЫХ ГРУЗОВ (1711), не требующих защиты от атмосферных осадков. Различают универсальные платформы (со стальной сварной рамой, деревянным или дерево-металлическим настилом пола, низкими металлическими откидными боковыми и торцовыми бортами) и специализированные платформы [без бортов, а иногда и без настила пола, напр., ПЛАТФОРМЫ ДЛЯ КОНТЕЙНЕРОВ (514)].

920. **flat storage shed** — амбар.

Техн. устр-во СИСТЕМЫ ХРАНЕНИЯ ЗЕРНА (1069); ЗАКРЫТЫЙ СКЛАД (824), высота которого обычно не превышает длину или диаметр, предназначенный для хранения навалом пшеницы, ржи и др. зерновых.

921. **flatted cargo** (амер.) — трюмный груз.

ГРУЗ (340), размещенный в нижней части ТРЮМА (1132) и укрытый ДАННАЖОМ (794). На трюмный груз допускается при соответствующих условиях укладывать к. -л. др. груз.

922. **fleet** — 1) Флотилия — караван водных судов, выполняющих общую задачу или следующих вместе. 2) Парк транспортных средств — группа ТРАНСПОРТНЫХ СРЕДСТВ (1506), принадлежащих одному юридическому лицу или находящихся в оперативном управлении к. -л. одного лица. 3) Флот — группа водных судов, принадлежащих к. -л. гос-ву. См. также 2094, 2205, 2530.

923. **flexibility** — гибкость.

1) Способность ПЕРЕВОЗЧИКА (366) оперативно реагировать на изменение конъюнктуры рынка — перестраивать МАРШРУТЫ (2099), вводить в эксплуатацию новые виды ТРАНСПОРТНЫХ СРЕДСТВ (1506) и т. п. Наибольшей гибкостью обладает АВТОМОБИЛЬНЫЙ ТРАНСПОРТ (1546), наименьшей — ТРУБОПРОВОДНЫЙ ТРАНСПОРТ (1806). 2) Способность производителя оперативно и с мин. ЗАТРАТАМИ НА ПЕРЕНАЛАДКУ (2180) менять производственную программу. См. также 926.

924. **flexible container** — мягкий контейнер.

ТАРА (513), способная изменять форму и габаритные размеры. Может изготавливаться, напр., из двух- или трехслойной резинокордной ткани. ШТАБЕЛИРОВАНИЕ (2333) мягкой тары обычно производится вилочными ПОГРУЗЧИКАМИ (1331) в 2-3 яруса.

925. **flexible logistics system** — гибкая логистическая система.
ЛОГИСТИЧЕСКАЯ СИСТЕМА (1411), представляющая собой гибрид ЛОГИСТИЧЕСКОЙ СИСТЕМЫ С ПРЯМЫМИ СВЯЗЯМИ (710) и ЭШЕЛОНИРОВАННОЙ ЛОГИСТИЧЕСКОЙ СИСТЕМЫ (809), напр., СИСТЕМА СНАБЖЕНИЯ ЗАПАСНЫМИ ЧАСТЯМИ (2304).

926. **flexible manufacturing system,** FMS — гибкая производственная система.
Совокупность в разл. сочетаниях производственного оборудования с числовым программным управлением, роботизированных технол. комплексов и систем обеспечения функционирования, напр., АВТОМАТИЗИРОВАННОЙ ТРАНСПОРТНО-СКЛАДСКОЙ СИСТЕМЫ (130), автоматизированной системы удаления ОТХОДОВ ПРОИЗВОДСТВА (1170), системы автоматизированного проектирования, и т. п. Гибкая производственная система обладает свойством автоматизированной ПЕРЕНАЛАДКИ (2179) при произ-ве малыми ПАРТИЯМИ (1419) ПРОДУКЦИИ (1885) произвольной номенклатуры в установленных пределах значений ее характеристик.

927. **flinching** (амер., разг.) — фальсификация результатов контроля качества.
Умышленное искажение данных проверки КАЧЕСТВА (1941) ПРОДУКЦИИ (1885) лицом, ответственным за проведение такой проверки, напр., по сговору с работником, допустившим производственный брак.

928. **floatage**; flotage — 1) Надводная часть — часть КОРПУСА СУДНА (1143) над ватерлинией (черта вдоль борта судна, показывающая предельную осадку судна в полном грузу). 2) Плавающий груз (страх.) — ГРУЗ (340), поднятый с поверхности воды (оказавшийся там в результате кораблекрушения). 3) Паромный сбор (амер.) — плата за ПЕРЕВОЗКУ (2589) ГРУЗОВОГО ВАГОНА (1004) водным путем, напр., на спец. БАРЖЕ (188). 4) Плавучесть — свойство судна оставаться на поверхности воды или всплывать на поверхность.

929. **flotation** — 1) Упаковывание с использованием амортизационных прокладок (амер.) — УПАКОВЫВАНИЕ (1721) ХРУПКИХ ГРУЗОВ (969), напр., электронных приборов, путем вкладывания в ТАРУ (513) АМОРТИЗАЦИОННЫХ МАТЕРИАЛОВ (585), плотно облегающих груз и поглощающих ударные и вибрационные нагрузки при ПЕРЕВОЗКЕ (2589) и грузовых работах. 2) Флотация — способ обогащения полезных ископаемых в водной среде, основанный на свойстве одних частиц прилипать к воздушным пузырькам и переходить в пенный слой, других — оставаться во взвешенном состоянии в воде.

930. **floating assets** — см. **current assets.**

931. **floating order point** — плавающая точка заказа.
ТОЧКА ЗАКАЗА (1659), величина которой может изменяться в зависимости от колебаний СПРОСА (669) и/или ВРЕМЕНИ ВЫПОЛНЕНИЯ ЗАКАЗА (1306).

932. **floor-load capacity** — технологическая нагрузка.
Допустимая (нормативная) НАГРУЗКА (1359) на пол СКЛАДА (2718). Измеряется как отношение массы ГРУЗА (340) в ШТАБЕЛЕ (2330) к площади, занятой штабелем.

933. **flotage** — см. **floatage.**

934. **flotsam** — 1) Дрейфующий груз (страх.) — ГРУЗ (340), обнаруженный на поверхности воды после кораблекрушения. 2) Потеря права — частичная или полная утрата СТРАХОВАТЕЛЕМ (1196) права на СТРАХОВОЕ ВОЗМЕЩЕНИЕ (1156), если к. -л. сообщенные им в связи со СТРАХОВЫМ СЛУЧАЕМ (843) сведения оказались неточными либо заведомо ложными. См. также 1288, 928.

935. **flow chart**; flow diagram; flow process chart — блок-схема. Документ в форме схемы, графика и т. п., показывающий последовательность выполнения ОПЕРАЦИЙ (1636) к. -л. процесса. Может дополняться таблицами, нормативно-техн. материалами и т. п. См. также 1406.

936. **flow diagram** — см. **flow chart.**

937. **flow process chart** — см. **flow chart.**

938. **flow rack**; flow-through rack — проточный стеллаж. СКЛАДСКОЙ СТЕЛЛАЖ (2414), отбор товаров из которого и загрузка которого производится с двух противоположных сторон. Позволяет реализовать метод ПЕРВЫМ ПОСТУПИЛ — ПЕРВЫМ ПРОДАН (907). ПОЛКИ (2184) проточного стеллажа обычно горизонтальные. См. также 1352.

939. **flow-through rack** — см. **flow rack.**

940. **fluctuation inventory** (амер.) — резервный запас.
СТРАХОВОЙ ЗАПАС (2115), компенсирующий ошибки ПРОГНОЗИРОВАНИЯ (952) как СПРОСА (669), так и длительности ЗАГОТОВИТЕЛЬНОГО ПЕРИОДА (1651).

941. **fly section** — головная подвижная секция.
Последняя секция телескопической СТРЕЛЫ (263), к которой крепятся шкивы для стальных канатов, удерживающих крюковую обойму. При необходимости к головной подвижной секции крепится также НАДСТАВКА (1262).

942. **FMS** — см. **flexible manufacturing system.**

943. **FOA** — см. **FOB airport.**

944. **FOB** — см. **Free on Board.**

945. **FOB airport,** FOA — ФОБ аэропорт.
БАЗИСНЫЕ УСЛОВИЯ ПОСТАВКИ (200), согласно которым ПОСТАВЩИК (2450) доставляет товар в АЭРОПОРТ (72) отправления и оплачивает его ПОГРУЗКУ (1366) на борт воздушного судна. ПОКУПАТЕЛЬ (309) несет все дальнейшие расходы. Условия ФОБ аэропорт, утвержденные Междунар. торговой палатой в 1976 г., в действующую редакцию словаря ИНКОТЕРМС (1155) не вошли. Вместо них рекомендовано использовать условия ФРАНКО-ПЕРЕВОЗЧИК (978).

946. **FOB destination** (амер.) — франко-вагон станция назначения; франко-грузовик пункт назначения; франко-пароход пристань назначения.
УСЛОВИЯ ПОСТАВКИ (666), применяемые во внутр. торговле в США.Применяются на ж. -д., автомобильном и водном транс-

порте. ЦЕНА (1857) товара включает ПРОВОЗНУЮ ПЛАТУ (2593) до ПУНКТА НАЗНАЧЕНИЯ (694), но не включает расходы по РАЗГРУЗКЕ (2667) товара в пункте назначения.

947. **FOB factory** (амер.) — франко-завод.
УСЛОВИЯ ПОСТАВКИ (666), применяемые во внутр. торговле в США. Обозначают мин. обязательства со стороны ПОСТАВЩИКА (2450). Право собственности на товар переходит на ПОКУПАТЕЛЯ (309) при передаче ему товара непосредственно на месте произ-ва. Все РИСКИ (2087) и дальнейшие расходы покупатель несет сам. См. также 875.

948. **FOB shipping point** (амер.) — франко-вагон станция отправления; франко-грузовик пункт отправления; франко-пароход пристань отправления.
УСЛОВИЯ ПОСТАВКИ (666), применяемые во внутр. торговле в США. Применяются на ж.-д., автомобильном и водном транспорте. ПОСТАВЩИК (2450) оплачивает ДОСТАВКУ (655) товара к МЕСТУ ОТГРУЗКИ (2218), напр., ГРУЗОВОЙ ЖЕЛЕЗНОДОРОЖНОЙ СТАНЦИИ (1964), и его ПОГРУЗКУ (1366). Все дальнейшие расходы и РИСКИ (2087) несет ПОКУПАТЕЛЬ (309).

949. **folding pallet box,** FPB — складной ящичный поддон.
Разновидность СКЛАДНОЙ ТАРЫ (450). Представляет собой ПОДДОН (1726) размерами 1000 х 1200 мм или иной, имеющий четыре вертикальные складные картонные или пластмассовые стенки, ВМЕСТИМОСТЬЮ (328) не менее 500 кг, штабелируемый в груженном виде в два или три яруса. В сложенном виде уменьшается в объеме не менее чем на 75%. См. также 1727.

950. **food waste** — пищевые отбросы; остатки продуктов питания.

Отходы продуктов питания, образующие не менее 6% ТВЕРДЫХ БЫТОВЫХ ОТХОДОВ (1572) по массе. См. также 231, 1938.

951. **FOR** — см. **Free on Rail.**

952. **forecasting** — прогнозирование.

Основанное на установлении причинно-следственных связей предсказание вероятных путей развития к. -л. процессов в будущем. Прогнозы могут быть точечными (единственное значение прогнозируемой величины) и интервальные (совокупность значений). В прогнозировании применяются методы СКОЛЬЗЯЩЕЙ СРЕДНЕЙ (1549), ЭКСПОНЕНЦИАЛЬНОГО СГЛАЖИВАНИЯ (857), МЕТОД ДЕЛЬФЫ (668) и др.

953. **foreman's report** — см. **dispatch list.**

954. **for-hire carrier** — коммерческое транспортное предприятие.

ПЕРЕВОЗЧИК (366), осуществляющий трансп. обслуживание др. лиц на возмездной основе. См. также 472.

955. **forward buying** — закупка в запас.

ЗАКУПКИ (1928) СЫРЬЕВЫХ ТОВАРОВ (469), ДЕТАЛЕЙ (1739) и т. п. с целью создания резерва, напр., ввиду ожидаемого повышения ЦЕН (1857). При всех обстоятельствах пр-тие несет потери, связанные с ИЗДЕРЖКАМИ ХРАНЕНИЯ (2405) резервов; возможны также потери из-за МОРАЛЬНОГО ИЗНОСА (1609) и УХУДШЕНИЯ КАЧЕСТВА (698) в процессе ХРАНЕНИЯ (2400).

956. **forwarder** — см. **freight forwarder.**

957. **forwarder's receipt**; certificate of receipt — квитанция экспедитора.
РАСПИСКА (1984), выданная ЭКСПЕДИТОРОМ (1012) ГРУЗООТПРАВИТЕЛЮ (497) в подтверждение того, что первый принял от последнего ГРУЗ (340) с целью ДОСТАВКИ (655) в ПУНКТ НАЗНАЧЕНИЯ (694).

958. **forwarding agent** — см. **freight forwarder.**

959. **forwarding instructions** — экспедиторское поручение.
Перевозочный документ, разработанный и утвержденный Междунар. федерацией экспедиторских ассоциаций (ФИАТА) в 1984 г. Используется для оформления ДОГОВОРА ТРАНСПОРТНОЙ ЭКСПЕДИЦИИ (1013). Содержит свыше 20 позиций.

960. **forward scheduling** (амер., орг. произ-ва) — календарное планирование по дате начала работ.
Техника КАЛЕНДАРНОГО ПЛАНИРОВАНИЯ (2133), в соответствии с которой диспетчер формирует график работ, начиная от даты РАЗРЕШЕНИЯ НА РАЗМЕЩЕНИЕ ЗАКАЗА (1663). См. также 166, 332.

961. **forward stock** — 1) Демонстрационные образцы (амер.) — в РОЗНИЧНОЙ ТОРГОВЛЕ (2068): дорогостоящие товары (напр., ювелирные изделия, нек-рые виды электронной техники), выложенные в торговом зале, но к которым ПОКУПАТЕЛИ (309) не имеют прямого доступа. 2) Товарные запасы — ЗАПАСЫ (1230), сформированные в ЛОГИСТИЧЕСКОМ КАНАЛЕ (1399) с учетом прогнозируемого СПРОСА (669).

962. **FOT** — см. **Free on Rail.**

963. **foul bill of lading** — см. **dirty bill of lading.**

964. **four-way pallet** — четырехзаходный поддон.
ПОДДОН (1726), который может быть поднят вилочным ПОГРУЗЧИКОМ (1331) или др. устр-вом с любой стороны. См. также 2642.

965. **FPA** — см. **free of particular average.**

966. **FPB** — см. **folding pallet box.**

967. **FPO** — см. **firm planned order.**

968. **F. R.** — см. **freight release.**

969. **fragile goods** — хрупкий груз; бьющийся груз.
ГРУЗ (340), чувствительный к вибрационным и УДАРНЫМ НАГРУЗКАМ (1148), напр., стекло, керамика, приборы. УПАКОВЫВАНИЕ (1721) таких грузов производится с применением АМОРТИЗАЦИОННЫХ МАТЕРИАЛОВ (585). На ТАРУ (513) наносится спец. МАНИПУЛЯЦИОННЫЙ ЗНАК (1095).

970. **franchise** — 1) Франчиза — форма сотрудничества между двумя юридически самостоятельными пр-тиями, связанными между собой лицензионным соглашением или договором коммерческой концессии. В соответствии с этим соглашением одно пр-тие [ФРАНЧАЙЗЕР (972)] передает другому [ФРАНЧАЙЗИ (971)] за определенное вознаграждение право на использование своей торговой марки, участвует в финансировании капитальных вложений и берет на себя часть ТЕКУЩИХ ЗАТРАТ (1634). В 1990-е гг. крупнейшим в мире франчайзером была

фирма «Макдоналдс» (США). 2) Франшиза — условие ДОГОВОРА СТРАХОВАНИЯ (536), в соответствии с которым СТРАХОВЩИК (1197) освобождается от возмещения УБЫТКОВ (1418), не превышающих определенный размер. Франшиза устанавливается либо в процентах от СТРАХОВОЙ СУММЫ (2443), либо в абс. размере. Применение франшизы позволяет страховщику сократить кол-во мелких выплат и исключить распыление страхового фонда. 3) Исключительная привилегия — предоставляемое от имени гос-ва монопольное право на произ-во социально значимой ПРОДУКЦИИ (1885) или на реализацию социально значимых УСЛУГ (2175).

971. **franchisee** — франчайзи.
Сторона договора ФРАНЧИЗЫ (970), получающая от ФРАНЧАЙЗЕРА (972) программу маркетинга, право на использование торгового знака последнего и т. п.

972. **franchisor** — франчайзер.
Сторона договора ФРАНЧИЗЫ (970), передающая ФРАНЧАЙЗИ (971) программу маркетинга, право на использование своей торговой марки и фирменной символики, оказывающая последнему разл. помощь, в т. ч. финансовую.

973. **franco** — франко.
Европейский коммерческий термин, в соответствии с которым ЦЕНА (1857) товара включает ТРАНСПОРТНЫЕ ИЗДЕРЖКИ (2594) до определенного пункта. В сходном значении впервые использован в армии наполеоновской Франции в 1807 г. В коммерческую практику вошел после Венского конгресса (1815 г.).

974. **fraudulent delivery** (амер., страх.) — передача груза неуполномоченному лицу.
Передача ГРУЗООТПРАВИТЕЛЕМ (497) товаров лицу, представившемуся АГЕНТОМ (49) ПЕРЕВОЗЧИКА (366), но не являющемуся таковым; передача перевозчиком доставленных товаров лицу, представившемуся агентом ГРУЗОПОЛУЧАТЕЛЯ (492), но не являющемуся таковым. В первом случае перевозчик не отвечает за УБЫТКИ (1418) отправителя; во втором случае он может нести ответственность за убытки получателя. РИСК (2087) передачи груза неуполномоченному лицу может быть принят на СТРАХОВАНИЕ (1194).

975. **FRC** — см. **Free Carrier.**

976. **Free alongside Ship,** FAS — франко вдоль борта судна, ФАС.
БАЗИСНЫЕ УСЛОВИЯ ПОСТАВКИ (200), в соответствии с которыми ПОСТАВЩИК (2450) доставляет товары на ПРИСТАНЬ (2769) в ПОРТУ ПОГРУЗКИ (1835). С этого момента право собственности на товар и все остальные расходы, в т. ч. ПОГРУЗКА (1366) и ПРОВОЗНАЯ ПЛАТА (2593), и РИСКИ (2087) переходят на ПОКУПАТЕЛЯ (309).

977. **free astray** — бесплатно как засланный.
ДОСТАВКА (655) ЗАСЛАННОГО ГРУЗА (1530) в указанное ГРУЗООТПРАВИТЕЛЕМ (497) МЕСТО НАЗНАЧЕНИЯ (694) за счет ПЕРЕВОЗЧИКА (366), при условии, что засылка произошла по вине перевозчика. ОТВЕТСТВЕННОСТЬ ПЕРЕВОЗЧИКА (369) за засылку, если отсутствуют к. -л. др. нарушения с его стороны, определяется в том же порядке, как и за ЗАДЕРЖКУ ДОСТАВКИ (1225).

978. **Free Carrier,** FRC, FCA — франко-перевозчик.
БАЗИСНЫЕ УСЛОВИЯ ПОСТАВКИ (200), в соответствии с которыми ПОСТАВЩИК (2450) несет расходы по ДОСТАВКЕ (655) товара на ТЕРМИНАЛ (2492) в ПУНКТЕ ОТПРАВЛЕНИЯ (1669) или до места передачи ПЕРВОМУ ПЕРЕВОЗЧИКУ (1672). Данное условие применяется и в случае СМЕШАННЫХ ПЕРЕВОЗОК (1220). Оно утверждено Междунар. торговой палатой в 1980 г., пересмотрено в 1990 г. и рекомендовано взамен условий ФРАНКО-ВАГОН (992) и ФОБ АЭРОПОРТ (945).

979. **free cover** (брит.) — располагаемый запас.
Сумма НАЛИЧНЫХ ЗАПАСОВ (1624) пр-тия и НЕВЫПОЛНЕННЫХ ЗАКАЗОВ (1688), т. е. товаров, на которые пр-тие уже разместило заказы, но которые еще не получило, минус потребность в планируемом периоде, т. е. товары, на которые пр-тием уже получены заказы. См. также 137, 2358.

980. **free discharge** — см. **free out.**

981. **free in** — фри-ин.
Способ распределения ЗАТРАТ НА ПОГРУЗОЧНО-РАЗГРУЗОЧНЫЕ РАБОТЫ (1367), в соответствии с которым ПОГРУЗКА (1366) производится ФРАХТОВАТЕЛЕМ (414) и ГРУЗООТПРАВИТЕЛЕМ (2201), РАЗГРУЗКА (717) — судовладельцем.

982. **free in and out** — см. **FIO.**

983. **free in and out,** stowed — см. **FIOS.**

984. **free in and out,** trimmed — см. **FIOT.**

985. **free issue materials** (брит.) — давальческое сырье.
СЫРЬЕ (1979), которое ЗАКАЗЧИК (1652) в соответствии с ДОГОВОРОМ ПОДРЯДА (1458) передает пр-тию-изготовителю для произ-ва определенного кол-ва товаров. Пр-тие-изготовитель несет ответственность за сохранность переданного ему сырья и в случае его порчи или утраты обязано заменить его сырьем аналогичного качества, либо возместить заказчику его убытки в кратном размере. См. также 2059.

986. **freely suspended load** — свободно висящий груз.
ГРУЗ (340), висящий на крюковой обойме под СТРЕЛОЙ (263), к которому не приложено к. -л. внеш. усилие, кроме создаваемого стальным канатом крюковой обоймы. См. также 1361.

987. **free of all average,** FAA, f. a. a. — свободно от всякой аварии.
Оговорка в СТРАХОВОМ ПОЛИСЕ (1195), предусматривающая обязанность СТРАХОВЩИКА (1197) удовлетворить ИСКИ (429) только за полную утрату застрахованного объекта.

988. **free of capture and seizure** — свободно от захвата и ареста.
Оговорка в СТРАХОВОМ ПОЛИСЕ (1195) относительно ИСКЛЮЧЕННЫХ РИСКОВ (845), в т. ч. ДЕЙСТВИЙ ВРАГОВ ОБЩЕСТВА (24) и ВОЕННЫХ РИСКОВ (2740). Эти риски могут быть приняты на страхование за доп. плату.

989. **free of particular average,** FPA — свободно от частной аварии.
Оговорка в ДОГОВОРЕ МОРСКОГО СТРАХОВАНИЯ (537), ограничивающая ответственность СТРАХОВЩИКА (1197). Последний обязан возмещать лишь те УБЫТКИ (1418), которые являются прямым результатом потопления судна, пожара на нем или его посадки на мель. Расчет суммы СТРАХОВОГО

ВОЗМЕЩЕНИЯ (1156) производится с применением ФРАНШИЗЫ (970). См. также 2781.

990. **free of turn** — вне очереди.
Оговорка в ЧАРТЕРЕ (416) относительно порядка исчисления СТАЛИЙНОГО ВРЕМЕНИ (1301). Течение сталийного времени начинается сразу же по прибытии в ПОРТ (1831), независимо от наличия свободного ПРИЧАЛА (214). См. также 1188.

991. **Free on Board,** FOB — франко-борт, ФОБ.
БАЗИСНЫЕ УСЛОВИЯ ПОСТАВКИ (200), согласно которым ПОСТАВЩИК (2450) обязан доставить товар в ПОРТ ПОГРУЗКИ (1835) и оплатить его ПОГРУЗКУ (1366) на судно. Все дальнейшие расходы, в т. ч. ПРОВОЗНАЯ ПЛАТА (2593), и РИСКИ (2087) падают на ПОКУПАТЕЛЯ (309). Учет экспорта в ст-ке междунар. торговли ведется в ЦЕНАХ (1857) ФОБ. В США термин ФОБ применяется во внутр. торговле и не только на ВОДНОМ ТРАНСПОРТЕ (2749). См. также 549, 946, 947, 948.

992. **Free on Rail,** FOR; Free on Truck, FOT — франко-вагон, ФОР, ФОТ.
БАЗИСНЫЕ УСЛОВИЯ ПОСТАВКИ (200), в соответствии с которыми ПОСТАВЩИК (2450) несет расходы по ДОСТАВКЕ (655) товара до ГРУЗОВОЙ ЖЕЛЕЗНОДОРОЖНОЙ СТАНЦИИ (1964) и по его ПОГРУЗКЕ (1366) в указанный ГРУЗОВОЙ ВАГОН (1004). Все дальнейшие расходы, в т. ч. ПРОВОЗНАЯ ПЛАТА (2593), и РИСКИ (2087) падают на ПОКУПАТЕЛЯ (309). Условия ФОР/ФОТ, утвержденные Междунар. торговой палатой в 1953 г., в действующую редакцию словаря ИНКОТЕРМС (1155) не вошли. Вместо них рекомендовано использовать условие ФРАНКО-ПЕРЕВОЗЧИК (978).

993. **Free on Truck** — см. **Free on Rail.**

994. **free out**; free discharge — фри-аут.

Способ распределения ЗАТРАТ НА ПОГРУЗОЧНО-РАЗГРУЗОЧНЫЕ РАБОТЫ (1367), в соответствии с которым судовладельцы оплачивают ПОГРУЗКУ (1366), ФРАХТОВАТЕЛИ (414) или ГРУЗОПОЛУЧАТЕЛИ (492) — РАЗГРУЗКУ (717) товара.

995. **free overside** — см. **ex ship.**

996. **free port** — 1) Свободная экономическая зона — ограниченная территория, обычно имеющая в качестве центра морской ПОРТ (1831), на которой действуют особо льготные фин. условия для нац. и иностранных предпринимателей. На этой территории смягчены или полностью отменены ТАМОЖЕННЫЕ ПОШЛИНЫ (594) на товары, поступающие на нее и вывозимые из нее. 2) Свободная технологическая зона — ПРОМЫШЛЕННАЯ ЗОНА (1167), обеспечивающая на основе разл. льгот произ-во высокотехнологичной ПРОДУКЦИИ (1885)с привлечением иностранного капитала. Центром такой зоны может быть и АЭРОПОРТ (72).

997. **free time**; load/unload time; terminal time — нормы погрузки/выгрузки; нормы простоя.

Условия ДОГОВОРА ПЕРЕВОЗКИ (535) относительно кол-ва ед. массы или объема ГРУЗА (340), подлежащих ПОГРУЗКЕ (1366) и/или РАЗГРУЗКЕ (2667) в ед. времени. Договор может содержать отсылку на ОБЫЧАЙ ДЕЛОВОГО ОБОРОТА (2672) или ОБЫЧАИ ПОРТА (597) относительно Н. п. в.

998. **freight,** Frt — 1) Транспортирование — ПЕРЕВОЗКА (2589) ГРУЗОВ (340), напр., ВОЗДУШНЫМ ТРАНСПОРТОМ (73) и ВОДНЫМ ТРАНСПОРТОМ (2749). 2) Фрахт — ПРОВОЗНАЯ ПЛАТА (2593) за перевозку грузов водным путем. Размер фрахта может оговариваться в каждом конкретном случае, напр., при заключении ЧАРТЕРА (412), или исчисляться на основе ГРУЗОВОГО ТАРИФА (1020). Ф. может взыскиваться за ед. объема или за ед. массы груза, либо взиматься в виде ЛЮМПСУМА (1439). Фрахт обычно взыскивается за ВЫГРУЖЕННУЮ МАССУ (653), однако в нек-рых случаях, напр., при перевозке гигроскопичных грузов, он может взыскиваться за ПОГРУЖЕННУЮ МАССУ (2200). 3) ГРУЗ (340). 4) Прибыль — чистый доход судовладельца от эксплуатации водного судна для перевозки КОММЕРЧЕСКИХ ГРУЗОВ (2078). 5) Перевозка грузовой скоростью — перевозка грузов ТРАНСПОРТОМ ОБЩЕГО ПОЛЬЗОВАНИЯ (472) на общих основаниях (в отличие от перевозки большой скоростью). 6) ГРУЗОВОЙ ПОЕЗД (1061). См. также 156.

999. **freight absorption** (амер.) — частичная оплата перевозки поставщиком.
Оплата отрицательной разности между ПРОВОЗНОЙ ПЛАТОЙ (2593) и фактическими ТРАНСПОРТНЫМИ ИЗДЕРЖКАМИ (2594) самим ПОСТАВЩИКОМ (2450). Может производиться, напр., в случае, когда пр-тие конкурента несет меньшие расходы на перевозку. Однако такая практика может привести к нарушению действующего законодательства, если окажется, что изготовитель устанавливает разные ЦЕНЫ (1857) на один и тот же товар для разных покупателей в одном и том же р-не. См. также 202, 1010, 1773.

1000. **freight all kinds rate,** FAK — ФАК.

ГРУЗОВОЙ ТАРИФ (1020), взыскиваемый за грузовую ед., напр., КОНТЕЙНЕР (1009), независимо от номенклатуры товаров, которые в нем находятся.

1001. **freight allocation report** (амер.) — справка от отгрузке в разрезе транспортных фирм.

Документ, содержащий разбивку объема отправленных данным ГРУЗООТПРАВИТЕЛЕМ (2201) ГРУЗОВ (340) в разрезе конкретных ПЕРЕВОЗЧИКОВ (366). Формирование такого документа позволяет руководству контролировать эффективность перевозочного процесса по разл. параметрам, напр., по соблюдению перевозчиками СРОКОВ ДОСТАВКИ (2585), кол-ву ПОВРЕЖДЕНИЙ ГРУЗА (1224) и др. На основании этого документа может быть принято решение о расширении сотрудничества с хорошо работающими перевозчиками и разрыве связей с перевозчиками, недостаточно хорошо выполняющими свои обязательства.

1002. **freight at destination** (амер.) — оплата перевозки получателем.

УСЛОВИЯ ПОСТАВКИ (666), согласно которым ПРОВОЗНАЯ ПЛАТА (2593) вносится ГРУЗОПОЛУЧАТЕЛЕМ (492) после прибытия товаров в указанный ПУНКТ НАЗНАЧЕНИЯ (694). См. также 1008.

1003. **freight bill** — счет за перевозку.

СЧЕТ-ФАКТУРА (1248), подготовленная ПЕРЕВОЗЧИКОМ (366) или по его поручению на имя лица, в обязанности которого входит внесение ПРОВОЗНОЙ ПЛАТЫ (2593) за конкретный ГРУЗ (340). Счет за перевозку может быть предъявлен в ПУНКТЕ ОТПРАВЛЕНИЯ (1669), если производится предварительная оплата перевозки, либо в ПУНКТЕ НАЗНАЧЕНИЯ (694), если оплата производится по факту доставки. Типичные ошибки, встречающиеся в счете за перевозку — ПЕРЕБОР (1692) и НЕДОБОР (2652) провозной платы. См. также 1017, 2735.

1004. **freight car** (амер.); rail wagon (брит.); wagon (брит.) — грузовой вагон.

Ед. ж. -д. прицепного ПОДВИЖНОГО СОСТАВА (2094), предназначенная для ПЕРЕВОЗКИ (2589) ГРУЗОВ (340). Различают универсальные и специализионванные грузовые вагоны. К универсальным грузовым вагонам относятся КРЫТЫЕ ВАГОНЫ (267), ПОЛУВАГОНЫ (1054), ПЛАТФОРМЫ (919), ВАГОНЫ-ЦИСТЕРНЫ (2476) и др. К специализированным грузовым вагонам относятся ПЛАТФОРМЫ ДЛЯ ЛЕГКОВЫХ АВТОМОБИЛЕЙ (132), ВАГОНЫ-ХОППЕРЫ (1137), ВАГОНЫ-САМОСВАЛЫ (791), ПЛАТФОРМЫ ДЛЯ ЛЕСОМАТЕРИАЛОВ (1394), ВАГОНЫ ДЛЯ СКОТА (1355) и др. Осн. техн. характеристики грузового вагона: грузоподьемность / грузовместимость, кол-во осей, площадь пола и т. д. К осн. экон. показателям эксплуатации вагонного парка относятся время ОБОРОТА (2638), ср. число ТОННО-МИЛЬ (2529) в расчете на одну ВАГОННУЮ ОТПРАВКУ (360), ср. загрузка грузового вагона и т. п.

1005. **freight checker** — см. **cargo checker.**

1006. **freight claim** (амер.) — иск к перевозчику; коммерческий акт.

Документ, которым оформляется ПОВРЕЖДЕНИЕ ГРУЗА (1224), ЗАДЕРЖКА ДОСТАВКИ (1225), ПЕРЕБОР (1692) ПРОВОЗНОЙ ПЛАТЫ (2593) и т. д. Представляет собой ИСК (429), который может быть предъявлен как ГРУЗООТПРАВИТЕЛЕМ (497), так и ГРУЗОПОЛУЧАТЕЛЕМ (492). См. также 2041.

1007. **freight classification** (амер.) — тарифная номенклатура грузов.
Перечень ГРУЗОВ (340), принимаемых к ПЕРЕВОЗКЕ (2589), в котором каждый вид груза отнесен к определенной классификационной группировке. Каждой группировке соответствует свой КЛАССНЫЙ ТАРИФ (433). Однако самих тарифов в этом перечне нет (они издаются отдельной книгой). См. также 1975.

1008. **freight collect** — оплата фрахта после доставки груза.
Способ РАСЧЕТОВ ПО ПЕРЕВОЗКАМ (1017), согласно которому ФРАХТ (998) оплачивается за фактически ВЫГРУЖЕННУЮ МАССУ (653) в процессе РАЗГРУЗКИ (717) или после ее окончания.

1009. **freight container**; container — контейнер.
Жесткая ОБОРОТНАЯ ТАРА (1571), изготовленная из металла, дерева и т. п., снабженная спец. приспособлениями, в т. ч. УГЛОВЫМИ ФИТИНГАМИ (544), облегчающими перегрузку и фиксацию в КРЕПЕЖНЫХ УСТРОЙСТВАХ (2508), запорных устр-вах ПЛАТФОРМЫ ДЛЯ КОНТЕЙНЕРОВ (514), ГРУЗОВОГО ЛЕТАТЕЛЬНОГО АППАРАТА (69) и т. д. Контейнеры подразделяются на малотоннажные, среднетоннажные и крупнотоннажные. Внутр. объем контейнера — не менее 1 куб. м. Стандартный контейнер ИСО имеет размеры 8 x 8 x 20 футов. См. также 220, 1147, 2113, 2639.

1010. **freight equalization** (амер.) — уравнивание транспортных расходов.
Способ УЧЕТА ТРАНСПОРТНОЙ СОСТАВЛЯЮЩЕЙ В ЦЕНЕ ТОВАРА (652), в соответствии с которым ПОСТАВЩИК (2450), в целях обеспечения конкурентоспособности, рассчитывает ТРАНСПОРТНЫЕ ИЗДЕРЖКИ (2594) не по расстоянию от своего пр-тия до ПОТРЕБИТЕЛЯ (587), а по расстоянию от пр-тия конкурента до потребителя, и если второе расстояние

меньше первого, то оплачивает разницу в стоимости сам. Т. о., пр-тие конкурента фактически является БАЗИСНЫМ ПУНКТОМ (201). См. также 999.

1011. **freight flow** — см. **freight traffic**.

1012. **freight forwarder**; forwarder; forwarding agent — экспедитор.
ПОСРЕДНИК (1209), действующий на основании ДОГОВОРА ТРАНСПОРТНОЙ ЭКСПЕДИЦИИ (1013), организующий ПЕРЕВОЗКУ (2589), но не обязательно принимающий в ней непосредственное участие. Экспедитор, напр, может принимать от ГРУЗООТПРАВИТЕЛЕЙ (2201) МЕЛКИЕ ОТПРАВКИ (2286) и формировать СБОРНЫЕ ОТПРАВКИ (51), передаваемые КОММЕРЧЕСКОМУ ТРАНСПОРТНОМУ ПРЕДПРИЯТИЮ (954). Прибыль экспедитора в данном случае образуется за счет разности в ГРУЗОВЫХ ТАРИФАХ (1020). Экспедитор, в отличие от ТРАНСПОРТНОГО БРОКЕРА (2206; 2591), оказывает широкий круг УСЛУГ (2175), в т. ч. БРОНИРОВАНИЕ (257) тоннажа, оформление ГРУЗОВЫХ ДОКУМЕНТОВ (2213) и т. д.; он может даже принимать непосредственное участие в перевозке на отдельном участке ее МАРШРУТА (2099).

1013. **freight forwarding agreement** — договор транспортной экспедиции.
Соглашение между ЭКСПЕДИТОРОМ (1012) и ГРУЗООТПРАВИТЕЛЕМ (2201), в соответствии с которым первый обязуется за вознаграждение и за счет грузоотправителя заключать от его или от своего имени ДОГОВОР ПЕРЕВОЗКИ (535) и организовать выполнение нек-рых УСЛУГ (2175).

1014. **Freight In**; Transportation In (амер.) — затраты по завозу товаров.
В БУХГАЛТЕРСКОМ УЧЕТЕ (262): спец. счет, на котором учитываются ТРАНСПОРТНЫЕ ИЗДЕРЖКИ (2594) по товарам, закупленным в целях перепродажи, в т. ч. ПРОВОЗНАЯ ПЛАТА (2593), расходы на ПОДАЧУ (2319) и УБОРКУ (2036) вагонов и т. д.

1015. **freighting** — см. **contract of affreightment.**

1016. **freight note** — счет за водную перевозку.
СЧЕТ ЗА ПЕРЕВОЗКУ (1003), выставляемый судовладельцем ГРУЗООТПРАВИТЕЛЮ (2201).

1017. **freight payment** — расчеты по перевозкам.
Способы внесения ПРОВОЗНОЙ ПЛАТЫ (2593). Эта плата может быть внесена после окончания ПОГРУЗКИ (1366) за ПОГРУЖЕННУЮ МАССУ (2200), либо во время РАЗГРУЗКИ (717) или после ее окончания за ВЫГРУЖЕННУЮ МАССУ (653). См. также 382, 1002, 1008, 1019.

1018. **freight policy** — полис страхования фрахта.
СТРАХОВОЙ ПОЛИС (1195), обеспечивающий защиту от РИСКОВ (1763), связанных с ФРАХТОМ (998).

1019. **freight prepaid** — предварительная оплата перевозки.
Способ РАСЧЕТОВ ПО ПЕРЕВОЗКАМ (1017), в соответствии с которым ФРАХТ (998) оплачивается ГРУЗООТПРАВИТЕЛЕМ (2201) в ПОРТУ ПОГРУЗКИ (1835) за фактически ПОГРУЖЕННУЮ МАССУ (2200).

1020. **freight rate** — грузовой тариф.

Платы и сборы, взыскиваемые за ПЕРЕВОЗКУ (2589) ГРУЗОВ (340), и правила их исчисления. Различают ТАРИФЫ, РАССЧИТАННЫЕ ПО СЕБЕСТОИМОСТИ ПЕРЕВОЗОК (551), и АДВАЛОРНЫЕ ГРУЗОВЫЕ ТАРИФЫ (2684). По способу учета в структуре грузовых тарифов ЗАТРАТ НА ДВИЖЕНЧЕСКУЮ ОПЕРАЦИЮ (1339) и ЗАТРАТ НА НАЧАЛЬНО-КОНЕЧНЫЕ ОПЕРАЦИИ (2493) различают ТАРИФЫ БАЗИСНОГО ПУНКТА (203), ПОЯСНЫЕ ТАРИФЫ (241), ТАРИФЫ НА ПЕРЕВОЗКУ ПОЧТЫ (1838), ПРОПОРЦИОНАЛЬНЫЕ ГРУЗОВЫЕ ТАРИФЫ (2428), ГРУЗОВЫЕ ТАРИФЫ СО СКИДКОЙ НА ДАЛЬНОСТЬ (2480). См. также 53, 56, 95, 193, 433, 458, 471, 476, 477, 580, 642, 646, 703, 846, 1000, 1086, 1090, 1093, 1151, 1172, 1272, 1321, 1385, 1560, 1568, 1899, 1907, 2031 2076, 2145, 2261, 2505, 2570, 2583, 2690.

1021. **freight release,** F. R. — разрешение на выдачу груза.

Документ, подтверждающий, что ФРАХТ (998) оплачен. На основании этого документа ХРАНИТЕЛЬ (2723) вправе выдать ГРУЗ (340) уполномоченному лицу.

1022. **freight ton** — фрахтовая тонна.

Ед., используемая при расчете ПРОВОЗНОЙ ПЛАТЫ (2593). Для ГРУЗОВ (340) низкой ПЛОТНОСТИ (2763) Ф. т. тождественна ОБМЕРНОЙ ТОННЕ (1508), высокой плотности — метрической ТОННЕ (2533), ДЛИННОЙ ТОННЕ (1416) и т. п.

1023. **freight traffic**; freight flow — грузовой поток.

Кол-во ГРУЗОВ (340) в ТОННАХ (2533) или в др. ед. измерения, перевезенных к. -л. видом транспорта или всеми ВИДАМИ ТРАНСПОРТА (1541) от пункта А до пункта В за определенный период (обычно год). Проблема несбалансированного грузового потока (поток в прямом направлении не равен потоку п обратном направлении) существует практически на всех видах транспорта, за исключением ТРУБОПРОВОДНОГО ТРАНСПОРТА (1806), где грузовой поток в обратном направлении вообще отсутствует. См. также 1482.

1024. **freight traffic agent** — см. **traffic agent.**

1025. **freight traffic chart** — график грузопотока.
Линия, нанесенная на контурную географическую карту. Направление и ширина этой линии характеризуют направление ГРУЗОВОГО ПОТОКА (1023) между пунктом А и пунктом В и кол-во перевезенных ГРУЗОВ (340).

1026. **freight train** — см. **goods train.**

1027. **freight vessel** — см. **cargo ship.**

1028. **front end disposal fee** — см. **advanced disposal fee.**

1029. **front-end recovery** (амер.) — первичная сортировка.
Процесс СОРТИРОВАНИЯ (2292) ТВЕРДЫХ БЫТОВЫХ ОТХОДОВ (1572) перед их УДАЛЕНИЕМ (729). Целью процесса является отбор неорганических УТИЛИЗИРУЕМЫХ ОТХОДОВ (2003), напр., СТЕКЛОБОЯ (582), МЕТАЛЛОЛОМА (2136) и т. п. Первичная сортировка производится с помощью магнитных сепараторов, грохотов и т. п., а также вручную. См. также 1496.

1030. **Frt** — см. **freight.**

1031. **frustrated cargo** (амер.) — переадресованный груз.
ГРУЗ (340), ПЕРЕВОЗКА (2589) которого приостановлена в ожидании УКАЗАНИЙ ГРУЗООТПРАВИТЕЛЯ (2215) относительно ПЕРЕАДРЕСОВКИ (743) и/или ИЗМЕНЕНИЯ ПОЛУЧАТЕЛЯ (1997).

1032. **fulfillment company** (амер.) — посредническая фирма.
ПОСРЕДНИК (1209), организующий сбор ЗАКАЗОВ (1646) для пром. фирмы. Может организоваыть транзитные ПОСТАВКИ (655) на ПРЕДПРИЯТИЯ РОЗНИЧНОЙ ТОРГОВЛИ (2067).

1033. **full charter** — см. **whole charter.**

1034. **full-function wholesaler** — см. **full-service wholesaler.**

1035. **full-service wholesaler**; full-function wholesaler (амер.) — оптовик, предоставляющий полный пакет услуг.
ОПТОВИК (2774), предоставляющий участникам КАНАЛА ТОВАРОДВИЖЕНИЯ (1399) полный набор ПРОИЗВОДСТВЕННЫХ УСЛУГ (1168), включая ХРАНЕНИЕ (2400) товаров, РАЗУКРУПНЕНИЕ (272) ПАРТИЙ (1419) и т. п. См. также 1048, 2265, 2308.

1036. **full wagon load** — см. **carload.**

1037. **fungible goods** — заменимые вещи; взаимозаменяемые товары.
Предметы или товары, различие между которыми в силу их естественных свойств, ОБЫЧАЕВ ДЕЛОВОГО ОБОРОТА (2672) или соглашения между ПОКЛАЖЕДАТЕЛЕМ (174) и ХРАНИТЕЛЕМ (171) существенного значения не имеет. Напр., в СИСТЕМЕ ХРАНЕНИЯ ЗЕРНА (1069) пшеница одного и того же сорта, урожая одного и того же года и с одинаковым процентом

ПРИМЕСЕЙ (752) подпадает под приведенное определение. В соответствии с действующим в ряде стран законодательством заменимые вещи подлежат ХРАНЕНИЮ С ОБЕЗЛИЧЕНИЕМ (466).

G

1038. **gage**; gauge — ширина колеи.

Расстояние между двумя рельсами, прикрепленными рельсовыми скреплениями к подрельсовому основанию (шпалам) ж. -д. пути и служащими направляющими для колес ПОДВИЖНОГО СОСТАВА (2094). Ширина колеи определяется расстоянием между внутр. рабочими гранями головок рельсов. По этому параметру различают дороги с широкой (более 1435 мм), нормальной (1435 мм) и узкой (1076, 1000, 914, 891, 762, 750 и 600 мм) колеей. В США, Канаде и мн. др. странах в осн. используются дороги с нормальной шириной колеи. (Примерно 60% длины путей всех дорог в мире приходится на нормальную ширину колеи). Однако стр-во узкоколейных путей обходится дешевле, чем др., и по этой причине на ряде дорог в развивающихся странах используются гл. о. узкоколейные пути. Допуски на ширину колеи предопределяют ее разл. значение по длине пути. При всех обстоятельствах для обеспечения плавности движения поездов изменения ширины колеи не должны превышать 1 мм на 1 м пути.

1039. **gantry crane** — козловой кран.

Грузовой КРАН (653), опирающийся на наземный подкрановый путь при помощи двух опорных стоек. К. к. общего назначения имеет грузоподъемность от 3,0 до 32 т, пролет 10 — 32 м, высоту подъема груза 7 — 10 м. Кран, мост которого с одной стороны опирается на наземный путь, а с др. — на надземный, называется полукозловым.

1040. **garbage** (амер.) — органические отходы.
ТВЕРДЫЕ ОТХОДЫ (2290), в состав которых входит углерод, напр, ОТХОДЫ РАСТИТЕЛЬНОГО ПРОИСХОЖДЕНИЯ (2686), ПИЩЕВЫЕ ОТБРОСЫ (950) и т. п. См. также 2016, 2105.

1041. **garbage truck** — см. **collection vehicle.**

1042. **«gate» fee** — см. **tipping fee.**

1043. **gauge** — см. **gage.**

1044. **general average**; gross average — общая авария.
УБЫТКИ (1418), возникшие вследствие понесенных преднамеренно и разумно чрезвычайных расходов в целях СПАСАНИЯ (2120) судна, ФРАХТА (998) и ГРУЗА (340) от общей для них опасности. Поскольку эти расходы были понесены разумно и дали полезный эффект, они подлежат распределению между участниками перевозочного процесса пропорционально стоимости принадлежащего им спасенного имущества. Если опасность, явившаяся причиной чрезвычайных расходов, угрожала только судну или только грузу, то такие убытки считаются ЧАСТНОЙ АВАРИЕЙ (1748). При всех обстоятельствах к общей аварии относятся лишь те расходы, размер которых превышает затраты судовладельца при выполнении своих обязанностей. Напр., если в аварийной обстановке судно израсходовало все БУНКЕРНОЕ ТОПЛИВО (303) и вынуждено было использовать к. -л. груз на топливо, но на общую аварию будет отнесена

лишь разность между стоимостью сожженного груза и стоимостью топлива, которое было бы израсходовано. В соответствии с нормами морского права к общей аварии могут быть также отнесены расходы, понесенные в целях получения помощи; убытки, причиненные судну или грузу судами, оказывавшими помощь; расходы на заработную плату экипажа и ПРЕДМЕТЫ СУДОВОГО СНАБЖЕНИЯ (2231), понесенные в связи с продлением РЕЙСА (2710) в результате захода в ПОРТ-УБЕЖИЩЕ (1836), и др.

1045. **general average contribution** — аварийный взнос.

Ден. сумма, истребуемая судовладельцем либо ДИСПАШЕРОМ (140) от ВЛАДЕЛЬЦА ГРУЗА (352) в качестве обеспечения доли последнего в общеаварийных расходах.

1046. **general cargo** — генеральный груз.

На ВОЗДУШНОМ ТРАНСПОРТЕ (73) и ВОДНОМ ТРАНСПОРТЕ (2749): упакованный или неупакованный ГРУЗ (340), перевозимый поштучно или укрупненными грузовыми местами [колесная техника, КОНТЕЙНЕРЫ (1009), КИПЫ (176) и др.].

1047. **general contractor**; main contractor — генеральный подрядчик.

Сторона ДОГОВОРА ПОДРЯДА (1458), привлекающая к выполнению своих обязательств по этому договору др. лиц, которые называются СУБПОДРЯДЧИКАМИ (2438). Генеральный подрядчик несет ответственность перед ЗАКАЗЧИКОМ (1652) за неисполнение или ненадлежащее исполнение субподрядчиками своих обязательств. Понятие «генеральный подрядчик» применяется, напр., в договорах строительного подряда.

1048. **general merchandise house** (амер.) — универсальное оптовое торговое предприятие.
Разновидность ОПТОВИКА, ПРЕДОСТАВЛЯЮЩЕГО ПОЛНЫЙ ПАКЕТ УСЛУГ (1035); снабжает ПРЕДПРИЯТИЯ РОЗНИЧНОЙ ТОРГОВЛИ (2067) электробытовыми товарами, медикаментами, товарами хозяйственного обихода и т. п.

1049. **ghosting** (разг.) — кража по предварительному сговору покупателей.
Разновидность ВОРОВСТВА ПОКУПАТЕЛЕЙ (2235) в магазинах самообслуживания. Два мошенника наполняют инвентарные тележки одинаковым набором товаров. Первый мошенник оплачивает купленный товар и выходит из торгового зала, затем возвращается и передает копию КАССОВОГО ЧЕКА (1984) второму мошеннику. Затем торговый зал покидает и второй мошенник; при возникновении к. -л. сомнений у контролера он предъявляет копию кассового чека. См. также 2717.

1050. **global logistics strategy** — глобальная логистическая стратегия.
Стратегия ЗАКУПОК (1928), основанная на формировании устойчивых экон. связей между странами и/или группами стран на основе междунар. разделения труда, особенно в форме подетальной и технол. специализации. Достоинствами глобальной логистической стратегии являются обеспечение более низкого уровня ЦЕН (1857), доступ к высококачественным комплектующим, производимым в др. странах, сотрудничество на условиях ВСТРЕЧНОЙ ТОРГОВЛИ (554) и др. К недостаткам глобальной логистической стратегии относятся увеличение ВРЕМЕНИ ВЫПОЛНЕНИЯ ЗАКАЗОВ (1306), потери от колебания курсов валют и др.

1051. **Global Positioning System,** GPS — глобальная система определения координат.
Разработанная в США автоматизированная спутниковая система, преддназначенная для расчета координат и скорости движущегося ТРАНСПОРТНОГО СРЕДСТВА (1506). Для вычисления координат необходимы данные с 3-4 спутников. Погрешность расчетов составляет 5-10 м. Погрешность определения скорости трансп. средства составляет не более ±0,9 км/ч.

1052. **GNP** — см. **government procurement.**

1053. **go-between** — см. **intermediary.**

1054. **gondola** (амер.); open wagon (брит.) — полувагон.
ГРУЗОВОЙ ВАГОН (1004) без крыши, предназначенный для НАВАЛОЧНЫХ ГРУЗОВ (295), лесоматериалов, металлопроката и нек-рых ТАРНО-ШТУЧНЫХ ГРУЗОВ (1711), не требующих защиты от атмосферных осадков. Различают универсальные полувагоны с разгрузочными ЛЮКАМИ (765) в полу и открывающимися внутрь вагона торцовыми дверями или без дверей и специальные полувагоны с кузовом без люка и без дверей, РАЗГРУЗКА (2667) которых производится на ВАГОНООПРОКИДЫВАТЕЛЯХ (792).

1055. **goods-in-process** — см. **work-in-process.**

1056. **goods-in-transit** — товары в пути.
ГРУЗ (340), переданный ГРУЗООТПРАВИТЕЛЕМ (497) ПЕРЕВОЗЧИКУ (366), но не врученный последним ГРУЗОПОЛУЧАТЕЛЮ (492). См. также 1226.

1057. **goods-in-transit policy** — полис страхования товаров в пути.
СТРАХОВОЙ ПОЛИС (1195) на ТОВАРЫ В ПУТИ (1056). Страхуемыми РИСКАМИ (1763) могут быть, напр., ПОВРЕЖДЕНИЕ ГРУЗА (1224), УТРАТА ГРУЗА (1227). См. также 355.

1058. **goods-inward area** — см. **receiving area.**

1059. **goods** shed- см. **shed.**

1060. **goods-to-man picking** — комплектация вне зоны хранения.
КОМПЛЕКТАЦИЯ (1785) ЗАКАЗОВ (1646) на специально выделенном участке СКЛАДА (2718), напр., УЧАСТКЕ КОМПЛЕКТАЦИИ (1786), отделенном от ЗОНЫ ХРАНЕНИЯ (2402). Комплектация вне зоны хранения обычно применяется на складах с ограниченной номенклатурой хранимых товаров, пользующихся повышенным спросом. См. также 1452.

1061. **goods train**; freight train — грузовой поезд.
Сформированный и сцепленный состав ГРУЗОВЫХ ВАГОНОВ (1004) с одним или несколькими локомотивами, в т. ч. ТОЛКАЧОМ (1120); подразделяются на МАРШРУТНЫЕ ПОЕЗДА (2666); сборные (предназначенные для сбора вагонов с промежуточных станций и их развоза) и др. На грузовые поезда составляется ряд поездных документов, в т. ч. НАТУРНЫЙ ЛИСТ (498) и МАРШРУТ МАШИНИСТА (2623).

1062. **government buying order** — государственный заказ.
ЗАКАЗ (1646), размещаемый специально уполномоченным органом, действующим от имени гос-ва, на ЗАКУПКИ ДЛЯ ГОСУДАРСТВЕННЫХ НУЖД (1063).

1063. **government procurement,** GNP — закупки для государственных нужд.

ЗАКУПКИ (1928) ПРОДУКЦИИ (1885) для потребностей гос-ва, в т. ч. на оборонные нужды, природоохранные мероприятия, развитие науки и техники, стр-во дорог и т. п. В соответствии с ГОСУДАРСТВЕННЫМ ЗАКАЗОМ (1062) ПОСТАВЩИК (2450) обязуется передать изготовленные им товары специально уполномоченному лицу, действующему от имени гос-ва (гос. заказчику), либо по его указанию третьему лицу, а гос. заказчик обязуется оплатить поставленные товары. Принятый в 1979 г. в рамках Генерального соглашения о тарифах и торговле Кодекс гос. закупок (Government Procurement Code) предусматривает ограничение политики ПРЕДОСТАВЛЕНИЯ ОТЕЧЕСТВЕННЫМ ПРОИЗВОДИТЕЛЯМ ПРЕИМУЩЕСТВ ПРИ РАЗМЕЩЕНИИ ГОСУДАРСТВЕННОГО ЗАКАЗА (313). С 1984 г. в США действует Положение о гос. закупках для федеральных нужд (Federal Acquisition Regulation), применяемое в работе Национального управления по аэронавтике и исследованию космического пространства (НАСА), Министерства обороны и Администрации общих служб.

1064. **GPS** — см. **Global Positioning System.**

1065. **grab** — грейфер.

СМЕННОЕ ГРУЗОЗАХВАТНОЕ ПРИСПОСОБЛЕНИЕ (1094), используемое при работе с НАВАЛОЧНЫМИ ГРУЗАМИ (295) и нек-рыми видами НЕГАБАРИТНЫХ ГРУЗОВ (153), напр., МЕТАЛЛОЛОМОМ (2136). В зависимости от системы подвески грейферы делят на одно-, двух- и четырехканатные, в зависимости от привода — на моторные, гидравлические и т. п. КРАНЫ (563) грузоподъемностью до 10 т обычно оснащаются одно- и двухканатными грейферами, грузоподъемностью свыше 10 т — четырехканатными. Особую группу составляют подгребающие двухчелюстные грейферы, используемые для ОЧИСТКИ (436) ТРЮМОВ (1132) от остатков навалочного груза и для нек-рых др. целей. Круглый лес россыпью перегружают трехлапым или многолапым двухканатным грейферами.

1066. **grab discharge** — грейферная выгрузка.
РАЗГРУЗКА (717) НАВАЛОЧНОГО ГРУЗА (295) из ГРУЗОВОГО ВАГОНА (1004), БАРЖИ (188) и т. п. с применением ГРЕЙФЕРОВ (1065). В ЧАРТЕРЫ (416) обычно включается оговорка, запрещающая УКЛАДКУ (2422) в тех местах ТРЮМА (1132), которые недоступны для грейферов.

1067. **grain capacity** — см. **grain cubic capacity.**

1068. **grain cubic capacity**; grain capacity — зерновая грузовместимость.
Суммарный объем помещений ГРУЗОВОГО СУДНА (358), которые могут быть использованы для крупнозернистых, мелкозернистых и порошкообразных НАВАЛОЧНЫХ ГРУЗОВ (295). См. также 178.

1069. **grain storage system** — система хранения зерна.
Совокупность разл. устр-в, предназначенных для ХРАНЕНИЯ (2400) пшеницы, ржи и др. зерновых [АМБАРОВ (920), ЭЛЕВАТОРОВ (2259) и др.], средств механизации перемещения, напр., КОНВЕЙЕРОВ (541), ВЗВЕШИВАНИЯ (2758), ПОГРУЗКИ (1366) и РАЗГРУЗКИ (2667) зерна, его очистки, АЭРАЦИИ (43) и т. п.; СИСТЕМЫ УПРАВЛЕНИЯ ЗАПАСАМИ (1237). Осн. типы систем хранения зерна включают ЦЕНТРАЛИЗОВАННОЕ ХРАНЕНИЕ ЗЕРНА (451), ХРАНЕНИЕ ЗЕРНА НА КОММЕРЧЕСКОЙ ОСНОВЕ (732), ХРАНЕНИЕ ЗЕРНА В ПЕРВИЧНОМ ХОЗЯЙСТВЕ (882), ПРОМЕЖУТОЧ-

НОЕ ХРАНЕНИЕ ЗЕРНА (1214), ХРАНЕНИЕ СТРАТЕГИЧЕСКОГО ЗАПАСА ЗЕРНА (2432). См. также 1199, 1842.

1070. **gravity flow rack** — гравитационный стеллаж.

СКЛАДСКОЙ СТЕЛЛАЖ (2414), наклонная поверхность которого обеспечивает перемещение ГРУЗА (1359) под действием силы тяжести. Применяются два осн. типа гравитационных стеллажей: ПРОТОЧНЫЕ СТЕЛЛАЖИ (1352), загружаемые с одной стороны и разгружаемые с др.; стеллажи, загружаемые и разгружаемые с одной стороны [режим расходования запасов — ПОСЛЕДНИМ ПОСТУПИЛ — ПЕРВЫМ ВЫДАН (1295)]. В зависимости от вида хранимых товаров гравитационный стеллаж может обслуживаться вручную, вилочным ПОГРУЗЧИКОМ (1331) и т. п.

1071. **gravity yard** — сортировочная горка.

Станционное устр-во, позволяющее благодаря уклону ж. -д. путей использовать силу тяжести вагонов для их скатывания на разветвляющиеся пути СОРТИРОВОЧНОЙ СТАНЦИИ (432). Между скатывающимися расцепленными вагонами образуются интервалы, позволяющие переводить стрелки и направлять вагоны на разл. пути в соответствии с графиком формирования поездов.

1072. **green engineering** — см. **design for environment.**

1073. **green product**; environmentally-friendly product — экологически безопасный товар.

ПРОДУКЦИЯ (1885), произ-во которой оказывает мин. вредное воздействие на окружающую среду и/или при изготовлении которой используются УТИЛИЗИРУЕМЫЕ ОТХОДЫ (2003); ПЕРЕВОЗКА (2589), ХРАНЕНИЕ (2400), потребление, УТИ-

ЛИЗАЦИЯ (2007) или УДАЛЕНИЕ (729) которой практически безвредны для окружающей среды. См. также 810.

1074. **gridlock** (амер.) — затор.
Дорожная «пробка»; временное замедление или приостановка движения в результате дорожно-транспортного происшествия, проведения РЕМОНТА (2039) и др. причин. См. также 2562.

1075. **gross average** — см. **general average.**

1076. **gross output** — валовая продукция.
Показатель, характеризующий объем произ-ва ПРОДУКЦИИ (1885) на данном пр-тии независимо от степени ее готовности. Стоимость валовой продукции включает МАТЕРИАЛЬНЫЕ ЗАТРАТЫ (1480), стоимость УСЛУГ (2175) др. пр-тий и орг-ций, но, как правило, не включает повторный счет продукции, предназначенной для последующей переработки самим пр-тием. См. также 1579.

1077. **gross register tonnage,** g. r. t.; gross tonnage; register tonnage — брутто-тоннаж.
Суммарный объем помещений водного судна под верхней ПАЛУБОЙ (632). См. также 1580.

1078. **gross requirements** — общая потребность.
Объем СПРОСА (669) на комплектующее изделие, ДЕТАЛЬ (1739) и т. п. до проведения процедуры УТОЧНЕНИЯ ПОТРЕБНОСТИ В МАТЕРИАЛАХ (1582) с учетом НАЛИЧНЫХ ЗАПАСОВ (1624) и ПЛАНИРУЕМЫХ ПОСТУПЛЕНИЙ (2132).

1079. **gross terms** — гросс-термз.

Способ распределения ЗАТРАТ НА ПОГРУЗОЧНО-РАЗГРУЗОЧНЫЕ РАБОТЫ (1367), в соответствии с которым ПОГРУЗКУ (1366) оплачивает ФРАХТОВАТЕЛЬ (414), а судовладелец оплачивает РАЗГРУЗКУ (2667). См. также 217.

1080. **gross ton** — см. **long ton.**

1081. **gross to net calculation** — см. **netting.**

1082. **gross tonnage** — см. **gross register tonnage.**

1083. **gross weight**; gr. wt. — масса брутто.

1) Полная масса ГРУЗА (340), включая массу его УПАКОВКИ (1714). 2) Полная масса ГРУЗОВОГО ВАГОНА (1004), включая массу груза и самого вагона. См. также 1334, 1585.

1084. **groupage**; grouping — формирование укрупненной отправки.

Выполняемая ЭКСПЕДИТОРАМИ (1012) операция, заключающаяся в объединении нескольких МЕЛКИХ ОТПРАВОК (2286) в СБОРНУЮ ОТПРАВКУ (51), оформляемую ГРУППОВЫМ КОНОСАМЕНТОМ (1085). См. также 119, 500.

1085. **groupage bill of lading** — групповой коносамент.

КОНОСАМЕНТ (225), которым оформляется СБОРНАЯ ОТПРАВКА (51), адресованная АГЕНТУ (49) ЭКСПЕДИТОРА (1012) в ПОРТУ РАЗГРУЗКИ (1834).

1086. **groupage rate** — тариф укрупненной отправки.

ГРУЗОВОЙ ТАРИФ (1020), оплачиваемый ЭКСПЕДИТОРОМ (1012) за СБОРНУЮ ОТПРАВКУ (51).

1087. **groupage shipment** — укрупненная отправка.
СБОРНАЯ ОТПРАВКА (51), сформированная ЭКСПЕДИТОРОМ (1012).

1088. **group code** (амер., орг. произ-ва) — групповой код.
КОД ПРОДУКЦИИ (1256), используемый при РАЗМЕЩЕНИИ МНОГОНОМЕНКЛАТУРНОГО ЗАКАЗА (1273); связь с др. видами продукции в заказе отражена в структуре кода.

1089. **grouping** — см. **groupage.**

1090. **group rate** — групповой тариф.
ГРУЗОВОЙ ТАРИФ (1020) на данный вид ГРУЗА (340), установленный не для ПЕРЕВОЗКИ (2589) между конкретными пунктами, а между теми или иными тарифными зонами.

1091. **g. r. t.** — см. **gross register tonnage.**

1092. **gr. wt.** — см. **gross weight.**

1093. **guaranteed schedule rate** — тариф гарантированного срока доставки.
ГРУЗОВОЙ ТАРИФ (1020) на ПЕРЕВОЗКУ (2589) СКОРОПОРТЯЩИХСЯ ГРУЗОВ (1767) и ЖИВНОСТИ (1350). ПЕРЕВОЗЧИК (366) обязуется доставить груз в заданный срок и принимает на себя полную ответственность за последствия невыполнения этого обязательства.

1094. **handling attachment** — сменное грузозахватное приспособление.

Любое устр-во, соединяющее ГРУЗ (340) с КРАНОМ (563), ПОГРУЗЧИКОМ (1331) и т. п., но не являющееся ни частью груза, ни крана. Применяются сменные грузозахватные приспособления для переработки ГРУЗОВ В МЕШКАХ (167), клещевые для перегрузки КИПОВЫХ ГРУЗОВ (177), рычажные для перегрузки КАТНО-БОЧКОВЫХ ГРУЗОВ (191), ГРЕЙФЕРЫ (1065); вилочные и штыревые подхваты, обеспечивающие взятие и удержание груза за счет ввода рабочего органа в зазоры, образуемые конфигурацией груза; КОВШИ (290), снегоуборочные щиты и т. п.

1095. **handling label** — манипуляционный знак.

Спец. МАРКИРОВКА (1469), указывающая характер ГРУЗА (340) и способ обращения с ним. Представляет собой изображение [напр., рюмку; зонтик с каплями над ним; перечеркнутый крюк и т. п.], которое может дополняться соответствующими надписями, напр., «Осторожно. Хрупкое», «Беречь от нагрева», «Беречь от влаги» и т. п.

1096. **handling time** (амер., орг. произ-ва) — время выполнения транспортных операций.

Время на внутризаводскую ПЕРЕВОЗКУ (2589) ПОЛУФАБРИКАТОВ (2163) от одного обрабатывающего центра к др. См. также 1548.

1097. **handling-time standards** — нормативы складских работ.

Показатели, определяющие требования к затратам времени на складские операции и результатам этих операций, напр., ТЕХ-

НИЧЕСКИЕ НОРМЫ ЗАГРУЗКИ СКЛАДА (2416), НОРМЫ ВЫРАБОТКИ КОМПЛЕКТОВЩИКА (1791), техн. условия на ПОГРУЗКУ (1366), УПАКОВЫВАНИЕ (1721) и др.

1098. **«hand-to-mouth» buying** — снабжение «с колес».

ЗАКУПКИ (1928) товаров с целью немедленного использования их ПОКУПАТЕЛЕМ (309), а не с целью формирования к. -л. ЗАПАСОВ (1230). Напр., в строительной индустрии доставленные на строительную площадку конструкции разгружаются не на приобъектный СКЛАД (2718), а поступают непосредственно в монтаж. Доставка производится обычно по часовому графику, согласованному с ПОСТАВЩИКАМИ (2450) и АВТОТРАНСПОРТНЫМ ПРЕДПРИЯТИЕМ (1545). Аналогично в автомобильной пром-сти при работе по системе КАНБАН (1277) полученные от поставщиков ДЕТАЛИ (1739) и комплектующие поступают не на склад, а на сборочные линии. На ПРЕДПРИЯТИЯХ РОЗНИЧНОЙ ТОРГОВЛИ (2067), использующих элементы СИСТЕМЫ ВЗАИМОДЕЙСТВИЯ «МАГАЗИН — ПОСТАВЩИК» (815), поступающие от поставщиков товары подаются непосредственно в торговый зал, минуя склад. Однако снабжение «с колес» требует строгой производственной и технол. дисциплины, т. к. невыполнение к. -л. участником ЛОГИСТИЧЕСКОЙ ЦЕПИ (1398) своих обязательств, ввиду отсутствия положительного РЕЗЕРВА ВРЕМЕНИ (2276) и резервных запасов, отрицательным образом сказывается на эффективности цепи и конечных результатах ее функционирования.

1099. **Harmonized Commodity Description and Coding System**; Harmonized System; Harmonized System of Tariffs; HS — гармонизированная система описания и кодирования товаров.

Многоцелевая товарная номенклатура, отвечающая потребностям ТАМОЖНИ (591), стат. служб и коммерческой деятельности. Разработана в 1973-1981 гг. под эгидой Совета по таможенному сотрудничеству. Структура кодового обозначения — шестиразрядная, седьмой и восьмой разряд могут использоваться странами в нац. целях. Начиная с 1988 г. постепенно заменяет т. н. Брюссельскую товарную номенклатуру. К Гармонизированной системе присоединилось свыше 150 гос-в.

1100. **Harmonized System** — см. **Harmonized Commodity Description and Coding System.**

1101. **Harmonized System of Tariffs** — см. **Harmonized Commodity Description and Coding System.**

1102. **hatch** — 1) Люк — загрузочный проем в ПАЛУБЕ (632) ГРУЗОВОГО СУДНА (358), в верхней части или в крыше ГРУЗОВОГО ВАГОНА (1004). 2) Крышка — средство для закрывания загрузочного проема. См. также 765.

1103. **haulage** — 1) ПЕРЕВОЗКА (2589). 2) Буксировка — процесс передвижения несамоходного судна, прикрепленного к движущемуся впереди самоходному судну с помощью каната [в отличие от подталкивания], напр., перемещение БАРЖИ (188) с помощью БУКСИРА (2634). 3) ПРОВОЗНАЯ ПЛАТА (2593). 4) Плата за буксировку — ден. сумма, взыскиваемая за буксировку.

1104. **haulage contractor** — см. **contract carrier.**

1105. **hauler** (амер.); haulier (брит.) — 1) Утильная фирма; старьевщик — юридическое или физ. лицо, осн. коммерческой деятельностью которого являются СБОР ОТХОДОВ (452) и их ДОСТАВКА (655) на СВАЛКИ (1290) и МУСОРОСОРТИРОВОЧ-

НЫЕ ЗАВОДЫ (1497). 2) ПЕРЕВОЗЧИК, РАБОТАЮЩИЙ ПО ДОГОВОРАМ (532). 3) АВТОТРАНСПОРТНОЕ ПРЕДПРИЯТИЕ (1545).

1106. **haulier** — см. **hauler.**

1107. **hazard** — 1) Опасность — потенциальный РИСК (1763), существующий при использовании к. -л. вещества, технол. процесса, техн. устр-ва и т. п. Классификация опасностей может быть, напр., след.: пренебрежимо малая [не связанная с причинением вреда здоровью ПОТРЕБИТЕЛЯ (508) или работника, либо с повреждением техн. устр-ва], контролируемая (не связанная с причинением вреда здоровью потребителя либо с неисправимым повреждением техн. устр-ва), критическая (связанная с нанесением вреда здоровью потребителя либо с серьезным повреждением техн. устр-ва), катастрофическая (связанная с травмированием или гибелью потребителя и иных лиц, либо с неисправимым повреждением техн. устр-ва). 2) Фактор риска – любой фактор, увеличивающий вероятность возникновения УБЫТКОВ (1418) от того или иного РИСКА (2087).

1108. **hazardous material accident** — транспортное происшествие с опасным грузом.
Не связанный с чьими-либо умышленными действиями инцидент во время ПОГРУЗКИ (1366), ПЕРЕВОЗКИ (2589) или РАЗГРУЗКИ (2667) ОПАСНЫХ ГРУЗОВ (614), приведший к их УЛЕТУЧИВАНИЮ (842), УТЕЧКЕ (1309) или утрате в иной форме, которая привела или могла привести к взрыву, пожару, травмированию людей и животных или к иным тяжким последствиям.

1109. **hazardous materials** — см. **dangerous goods.**

1110. **hazardous materials emergency response team** — оперативная группа по ликвидации последствий аварии.

Рабочая группа в составе пожарных, врачей и др. специалистов, созданная в целях ликвидации последствий ТРАНСПОРТНОГО ПРОИСШЕСТВИЯ С ОПАСНЫМ ГРУЗОМ (1108). Действует на основании ПЛАНА АВАРИЙНЫХ МЕРОПРИЯТИЙ (823). Может также руководствоваться в своей работе данными из АВАРИЙНЫХ КАРТОЧЕК (1114).

1111. **hazardous waste** — опасные отходы.

ОТХОДЫ ПРОИЗВОДСТВА (1170) и ТВЕРДЫЕ БЫТОВЫЕ ОТХОДЫ (1572), неконтролируемый выброс которых в атмосферу, сброс в водоемы, СЖИГАНИЕ (1152), захоронение на СВАЛКАХ (1290) могут создать угрозу здоровью и жизни людей и/или ухудшить качество окружающей среды. По оценкам, опасные отходы составляют около 20% всего ПОТОКА ОТХОДОВ (2746). Действующая в странах ЕС классификация опасных отходов и осн. принципы их сбора, ХРАНЕНИЯ (2400), ПЕРЕВОЗКИ (2589), УТИЛИЗАЦИИ (2007) и УДАЛЕНИЯ (729) определяются директивой Совета министров ЕС № 91/689 СЕЕ от 12 декабря 1991 г. Порядок междунар. перевозки опасных отходов определяется Базельской конвенцией о контроле за трансграничной перевозкой опасных отходов и их удалением [от 22 марта 1989 г.]. См. также 1112.

1112. **hazardous waste management** — управление опасными отходами.

Технологии и процедуры сбора, ХРАНЕНИЯ (2400), ПОГРУЗКИ (1366), ПЕРЕВОЗКИ (2589), РАЗГРУЗКИ (2667). УТИЛИЗАЦИИ (2007) и УДАЛЕНИЯ (729) ОПАСНЫХ ОТХОДОВ (1111) путем перехода на МАЛООТХОДНЫЕ ТЕХНОЛОГИИ (1429), СЕЛЕКТИВНАЯ ЗАГОТОВКА (2296) опасных отходов, их нейтрализация и СТАБИЛИЗАЦИЯ (2328). См. также 2578.

1113. **headloaded freight** (амер.) — груз, доставляемый в бесперегрузочном сообщении.
На АВТОМОБИЛЬНОМ ТРАНСПОРТЕ (1546): ГРУЗ (340), полученный ПЕРЕВОЗЧИКОМ (366) от ГРУЗООТПРАВИТЕЛЯ (497) по месту нахождения последнего, погруженный на ГРУЗОВОЙ АВТОМОБИЛЬ (1417) и остающийся на нем вплоть до выдачи ГРУЗОПОЛУЧАТЕЛЮ (492). Перевозчик вправе, в случае недоиспользования грузоподъемности грузового автомобиля, догрузить его ПОПУТНЫМ ГРУЗОМ (1642). См. также 766.

1114. **health and safety data sheet** — аварийная карточка.
Документ, содержащий наименование и описание ОПАСНЫХ ГРУЗОВ (614), видов ОПАСНОСТИ (1107), указания членам ОПЕРАТИВНОЙ ГРУППЫ ПО ЛИКВИДАЦИИ ПОСЛЕДСТВИЙ АВАРИИ (1110) относительно мер при УТЕЧКЕ (1309) или потере опасного груза в иной форме, средств индивидуальной защиты, мер доврачебной медицинской помощи пострадавшим и т. п.

1115. **heavy cargo** — тяжеловесный груз.
ГРУЗ (340), имеющий высокую ПЛОТНОСТЬ (2763); груз, масса которого превышает допустимую нагрузку на ТРАНСПОРТНОЕ СРЕДСТВО (1506), напр., на раму ГРУЗОВОГО ВАГОНА (1004). Определения Т. г. различны на разных видах транспорта. Если РАЗБОРКА (715) Т. г. по техн. причинам неосуществима, то его перевозят на спец. ПОДВИЖНОМ СОСТАВЕ (2094). На любом виде транспорта при ПЕРЕВОЗКЕ (2589) тяжеловесного груза грузоподъемность трансп. средства используется полностью, а грузовместимость недоиспользуется. См. также 1507.

1116. **heavy lift** — тяжеловесный груз.

На ВОДНОМ ТРАНСПОРТЕ (2749): ГРУЗ (340), ПОГРУЗКА (1366) или РАЗГРУЗКА (2667) которого не могут быть выполнены судовыми грузоподъемными механизмами. Перегрузочные операции с такими грузами выполняются с помощью береговых КРАНОВ (563). См. также 1115.

1117. **hedge inventory** — буферный запас.

ЗАПАС (1230), создаваемый в период РАСПРОДАЖИ (2667) к. -л. товаров либо в ожидании повышения ЦЕН (1857). См. также 93.

1118. **hedging**; covering — хеджирование; страхование от потерь.

Процедура минимизации РИСКА (1763) потерь от колебаний ЦЕН (1857), используемая, напр, на ТОВАРНЫХ БИРЖАХ (470). Заключается в одновременном подписании двух контрактов: на рынке реального товара и на бирже (т. н. фьючерсы), колебания цен на которых частично уравновешивают друг друга. В результате убытки, понесенные на одном рынке, полностью или частично уравновешиваются выигрышем на др. рынке.

1119. **helper** — см. **helper locomotive.**

1120. **helper locomotive**; helper (амер.) — толкач.

Локомотив в хвосте ГРУЗОВОГО ПОЕЗДА (1061), назначаемый в помощь ведущему локомотиву на отдельных перегонах. Масса поезда распределяется между ведущим локомотивом и толкачем в соответствии с их мощностью. Тормоз толкача может быть включен в общую магистраль. Связь между машинистами обоих локомотивов может осуществляться по радио. См. также 2248, 2467.

1121. **heuristic routing** — эвристический маршрут.
Применяемый на АВТОМОБИЛЬНОМ ТРАНСПОРТЕ (1546) в США термин, используемый для обозначения МАРШРУТА (2099) автомобиля, перевозящего ОПАСНЫЙ ГРУЗ (614). В эвристическом маршруте предусмотрена минимизация левых поворотов и разл. опасных маневров. Разработка эвристического маршрута может производиться с использованием экспертных систем.

1122. **HHW** — см. **household hazardous waste.**

1123. **hidden loss and damage** — см. **concealed loss and damage.**

1124. **high priority freight** — нефакультативный груз.
ГРУЗ (340), кол-во и график ПЕРЕВОЗКИ (2589) которого заданы ГРУЗООТПРАВИТЕЛЕМ (497) и не могут быть изменены в одностороннем порядке ПЕРЕВОЗЧИКОМ (366). Однако в случае НЕДОГРУЗА (2655) ТРАНСПОРТНОГО СРЕДСТВА (1506) нефакультативными грузами перевозчик вправе устранить недогруз за счет ПОПУТНЫХ ГРУЗОВ (1642).

1125. **highway** — 1) Автомобильная дорога (амер.) — специально оборудованный путь, предназначенный для движения грузового и пассажирского автотранспорта. Включает земляное полотно, проезжую часть с обочинами (разделенную, как правило, не менее чем на две полосы), дорожную одежду (многослойная конструкция проезжей части, предназначенная для движения автотранспорта и передающая нагрузки от него на земляное полотно), искусственные сооружения. Автомобильные дороги подразделяются на дороги общего пользования, ведомственные и частные. 2) Автомагистраль — автомобильная дорога, соединяющая между собой крупные города.

1126. **highway carrier freight terminal** — см. **trucking terminal.**

1127. **highway transportation** — см. **motor transport.**

1128. **highway trust fund** (амер.) — дорожный фонд.
Формируемые гос. органами ден. накопления, предназначенные для покрытия расходов на эксплуатацию и РЕМОНТ (2039) действующих и стр-во новых АВТОМОБИЛЬНЫХ ДОРОГ (1125). Дорожный фонд формируется за счет ДОРОЖНОГО НАЛОГА (1129), гос. капитальных вложений и др. источников.

1129. **highway user tax** (амер.) — дорожный налог.
Ден. сумма в виде надбавки к ЦЕНЕ (1857) горюче-смазочных материалов, сбора за получение водительских прав и т. п., отчисляемая в бюджет и используемая при формировании ДОРОЖНОГО ФОНДА (1128).

1130. **hit** (амер., разг.) — частота обращения.
В АНАЛИЗЕ СКЛАДСКОГО ГРУЗООБОРОТА (578): кол-во посещений КОМПЛЕКТОВЩИКОМ (1656) конкретного участка ЗОНЫ ХРАНЕНИЯ (2402) за заданный период.

1131. **hoist** — 1) Лебедка — грузоподъемное устр-во с электрическим, гидравлическим или ручным приводом, подвижное или стационарное. ГРУЗ (1359) крепится на грузонесущем органе с помощью цепи или стального каната. Канат или цепь наматываются на спец. барабан. 2) Таль — устр-во для подъема и/или перемещения груза по однорельсовому пути с ручным или электрическим приводом. Может быть частью МОСТОВОГО КРАНА (282). См. также 2777.

1132. **hold** — 1) Трюм — внутр. помещение судна между нижней ПАЛУБОЙ (632) и днищем, предназначенное для установки разл. механизмов и УКЛАДКИ (2422) ГРУЗОВ (340). 2) Багажный отсек — отсек пассажирского самолета, предназначенный для укладки БАГАЖА (168). 3) Грузовой отсек — помещение в воздушном судне, предназначенное для размещения грузов. См. также 346.

1133. **holding time** — см. **service time.**

1134. **home port** — см. **port of registry.**

1135. **home scrap** (амер.) — отходы металлургического производства. ТВЕРДЫЕ ПРОМЫШЛЕННЫЕ ОТХОДЫ (1169), образующиеся на сталелитейных пр-тиях, напр., прибыльные части слитков, отрезаемые в отход; деловые металлоотходы.

1136. **honeycombing** (брит., разг.) — недоиспользование склада. Неэффективное использование ВМЕСТИМОСТИ СКЛАДА (2403). Напр., ГРУЗ (340) в СКЛАДСКОЙ ЯЧЕЙКЕ (2409) размещен таким образом, что для его извлечения требуется сначала извлечь или переместить др. груз (доп. складская операция) либо оставить свободное пространство (недоиспользование площади и/или объема ячейки).

1137. **hopper car** (амер.) — вагон-хоппер; хоппер. Саморазгружающийся бункерный ГРУЗОВОЙ ВАГОН (1004) для НАВАЛОЧНЫХ ГРУЗОВ (295). Различают открытые и крытые вагоны-хопперы, с РАЗГРУЗКОЙ (2667) в междурельсовое пространство или на сторону от ж. -д. пути, с механизированным или ручным открыванием разгрузочных ЛЮКОВ (765). Крытые вагоны-хопперы имеют объем 82 — 143 куб м, грузоподъемность 70 — 91 т и используются для перевозки цемента, зерна или др. грузов, требующих защиты от атмосферных осадков.

1138. **hot list** — см. **shortage list.**

1139. **house airwaybill** (амер.) — авиагрузовая накладная на сборный груз.
АВИАГРУЗОВАЯ НАКЛАДНАЯ (74), оформленная ЭКСПЕДИТОРОМ (1012) на сформированную им СБОРНУЮ ОТПРАВКУ (51).

1140. **household hazardous waste,** HHW — опасные бытовые отходы.
ОПАСНЫЕ ОТХОДЫ (1111), образующие часть отходов потребления. Включают использованные АЭРОЗОЛЬНЫЕ УПАКОВКИ (44), электрические батареи, остатки используемых в быту химикатов (пестициды, растворители и т. п.). Для УДАЛЕНИЯ (729) опасных бытовых отходов требуются спец. методы и техн. средства, т. к. использование обычных техн. устр-в может привести к поломке оборудования МУСОРОСОРТИРОВОЧНОГО ЗАВОДА (1497), аварии установки по СЖИГАНИЮ (1152) мусора и т. д. Товары, которые по истечении СРОКА СЛУЖБЫ (92) становятся опасными бытовыми отходами, могут маркироваться спец. символом [напр., перечеркнутый КОНТЕЙНЕР ДЛЯ МУСОРА (1348) с нанесенной на него буквой «H»].

1141. **HS** — см. **Harmonized Commodity Description and Coding System.**

1142. **hub-and-spoke system** (амер.) — терминальная технология перевозок.
На ВОЗДУШНОМ ТРАНСПОРТЕ (73): схема МАРШРУТОВ (2099), при которой центральный АЭРОПОРТ (72) к. -л. р-на обслуживает периферийные аэропорты и обеспечивает их связь с др. крупными аэропортами в др. р-нах.

1143. **hull** — 1) Судно — в СТРАХОВАНИИ (1194): водное или воздушное ТРАНСПОРТНОЕ СРЕДСТВО (1506) как страхуемый объект [в отличие от находящегося на его борту ГРУЗА (340)].
2) Корпус судна — обшивка и каркас водного или воздушного судна. В авиационном страховании в это понятие включаются аэронавигационная аппаратура, крылья, двигатели и др. оборудование, закрепленное с помощью сборочных операций на самолете или находящееся на его борту.

1144. **hull policy** — полис страхования судна.
СТРАХОВОЙ ПОЛИС (1195) на СУДНО (1143). См. также 355.

I

1145. **IAT** — см. **interarrival time.**

1146. **identity check** (амер.) — проверка правильности наименований товаров.
Разновидность ВХОДНОГО КОНТРОЛЯ КАЧЕСТВА ПРОДУКЦИИ ПОСТАВЩИКА (1154). Единственная цель такой проверки — убедиться, что не имела место ПОСТАВКА НЕЗАКАЗАННОЙ ПРОДУКЦИИ (659).

1147. **igloo** — 1) Иглу — КОНТЕЙНЕР ДЛЯ МУСОРА (2017) в форме полусферы, усеченного конуса и т. п. со съемным дном, используемый в системах раздельного сбора ТВЕРДЫХ БЫТОВЫХ ОТХОДОВ (1572). 2) Иглу — авиационный КОНТЕЙНЕР (1009) облегченного типа, форма которого соответствует поперечному сечению фюзеляжа самолета. 3) Военный склад — СКЛАД (2718) в форме полусферы, предназначенный для военных материалов.

1148. **impact** — ударная нагрузка.
На ЖЕЛЕЗНОДОРОЖНОМ ТРАНСПОРТЕ (1967): инерционная сила, действующая на ПОДВИЖНОЙ СОСТАВ (2094) и ГРУЗЫ (340). Передается через автосцепку при соударении вагонов на СОРТИРОВОЧНОЙ СТАНЦИИ (432) и во время МАНЕВРОВОЙ РАБОТЫ (2464), при подходе локомотива к составу, трогании и осаживании поезда и т. д. Наиболее неблагоприятное воздействие ХРУПКИЕ ГРУЗЫ (969) испытывают при соударении вагонов. Возникающее при этом продольное ускорение грузов зависит от массы соударяющихся вагонов, жесткости поглощающих аппаратов автосцепок, жесткости крепления грузов и скорости соударения вагонов.

1149. **imperial ton** — см. **long ton**.

1150. **imprest stock control**; topping up system (брит.) — система с фиксированной периодичностью заказа и с фиксированным максимальным уровнем запаса.
СИСТЕМА УПРАВЛЕНИЯ ЗАПАСАМИ (1237), в которой заданы МАКСИМАЛЬНЫЙ ЗАПАС (2482) и ПЕРИОД МЕЖДУ ЗАКАЗАМИ (1655). См. также 1765.

1151. **incentive rate** — поощрительный тариф.

Пониженный ГРУЗОВОЙ ТАРИФ (1020), действующий в отдельные периоды времени или на отдельных направлениях. Устанавливается с целью привлечения ГРУЗОВ (340) и исключения НЕДОГРУЗА (2655) ПОДВИЖНОГО СОСТАВА (2094).

1152. **incineration** — сжигание.

Один из способов УДАЛЕНИЯ (729) ТВЕРДЫХ БЫТОВЫХ ОТХОДОВ (1572) и ТВЕРДЫХ ПРОМЫШЛЕННЫХ ОТХОДОВ (1169) путем нагрева в спец. установках до температуры 1000° С. Образовавшиеся в процессе сжигания ЗОЛА (113), шлак и пепел могут быть подвергнуты просеиванию и магнитной сепарации, затем захоронены на СВАЛКЕ (1290) или использованы в качестве добавок к СЫРЬЮ (1979) в пром-сти строительных материалов. Сжигание может производиться с РЕКУПЕРАЦИЕЙ (828) тепловой энергии. При сжигании объем отходов уменьшается не менее чем на 60%.

1153. **incoming-freight clerk** (амер.) — приемщик грузов.

Работник, в обязанности которого входит оформление поступающих ГРУЗОВ (340), проверка КОНОСАМЕНТОВ (225), подготовка СЧЕТОВ ЗА ПЕРЕВОЗКУ (1003), высылка УВЕДОМЛЕНИЙ О ПРИБЫТИИ ГРУЗОВ (107) и т. д.

1154. **incoming inspection** — входной контроль (качества продукции поставщика).

Совокупность методов проверки КАЧЕСТВА (1941) закупаемой ПРОДУКЦИИ (1885). Включает сплошной или СТАТИСТИЧЕСКИЙ КОНТРОЛЬ КАЧЕСТВА (9); КОНТРОЛЬ СИСТЕМЫ УПРАВЛЕНИЯ КАЧЕСТВОМ, ОСУЩЕСТВЛЯЕМЫЙ ПУТЕМ ИНСПЕКЦИИ НА МЕСТЕ (2699), ПРОВЕРКУ ПРАВИЛЬНОСТИ НАИМЕНОВАНИЙ ТОВАРОВ (1146) и т. д. См. также 1190.

1155. **Incoterms,** International Commercial Terms — Инкотермс.
Разработанный под эгидой Междунар. торговой палаты словарь терминов, наиболее часто используемых в междунар. торговле. Первое издание опубликовано в 1936 г. В исправленном и дополненном виде переиздавался в 1953, 1967, 1976, 1980, 1990 и 2000 гг. Действующая редакция этого словаря включает тринадцать БАЗИСНЫХ УСЛОВИЙ ПОСТАВКИ (200): СИП (362), ПРО (365), КАФ (547), СИФ (549), ДАФ (647), ДДП (648), ДДУ (649), ДЕК (650), ДЕС (651), ФРАНКО-ЗАВОД (875), ФАС (976), ФРАНКО-ПЕРЕВОЗЧИК (978), ФОБ (991).

1156. **indemnity** — страховое возмещение.
Ден. компенсация, выплачиваемая СТРАХОВЩИКОМ (1197) СТРАХОВАТЕЛЮ (1196) за понесенные последним УБЫТКИ (1418) от СТРАХОВОГО СЛУЧАЯ (843).

1157. **indirect carrier** (амер.) — косвенный перевозчик.
На ВОЗДУШНОМ ТРАНСПОРТЕ (73): ЭКСПЕДИТОР (1012), осуществляющий СБОР ГРУЗОВ (1799) и/или их РАЗВОЗ (655).

1158. **indirect damage** — см. **indirect loss**.

1159. **indirect loss**; indirect damage — косвенный убыток.
УБЫТКИ (1418) СТРАХОВАТЕЛЯ (1196), не покрытые ДОГОВОРОМ СТРАХОВАНИЯ (536), но являющиеся следствием СТРАХОВОГО СЛУЧАЯ (843). Иначе говоря, косвенные убытки — потери, производные от ПРЯМЫХ УБЫТКОВ (711). По оценкам, косвенные убытки могут в 2-8 раз превышать прямые убытки.

1160. **indirect materials** — см. **auxiliary materials**.

1161. **individual stocks** — индивидуальные запасы.
ЗАПАСЫ (1230) ТОВАРОВ НАРОДНОГО ПОТРЕБЛЕНИЯ (509) у физ. лиц.

1162. **industrial car** (амер.) — вагон промышленного транспорта.
ГРУЗОВОЙ ВАГОН (1004), используемый на внутризаводских ПЕРЕВОЗКАХ (2589), напр., ВАГОН-САМОСВАЛ (791), ВАГОН-ХОППЕР (1137), ВАГОНЫ-ЦИСТЕРНЫ (2476) для кислот; шлаковозы, чугуновозы и т. п.

1163. **industrial carriage** (амер.) — перевозка грузов собственными судами.
На ВОДНОМ ТРАНСПОРТЕ (2749): один из трех осн. режимов междунар. грузовых ПЕРЕВОЗОК (2589): ГРУЗООТПРАВИТЕЛЬ (497) использует собственное или арендованное ГРУЗОВОЕ СУДНО (358) для перевозки своего груза. См. также 2573.

1164. **industrial consumer** — см. **industrial customer**.

1165. **industrial customer**; industrial consumer — предприятие-потребитель.
ПОТРЕБИТЕЛЬ (2674) ПРОДУКЦИИ ПРОИЗВОДСТВЕННО-ТЕХНИЧЕСКОГО НАЗНАЧЕНИЯ (1882); юридическое лицо, использующее эту продукцию для изготовления др. продукции либо для реализации УСЛУГ (2175).

1166. **industrial goods** — см. **producer goods**.

1167. **industrial park** — промышленная зона.
Территория с размещенными на ней производственными и складскими зданиями и элементами инфраструктуры, включая ПОДЪЕЗДНЫЕ ДОРОГИ (11) и ПОДЪЕЗДНЫЕ ПУТИ (2258)

для подвоза СЫРЬЯ (1979) и вывоза ГОТОВОЙ ПРОДУКЦИИ (900).

1168. **industrial services** — производственные услуги.
УСЛУГИ (2175), оказываемые ПРЕДПРИЯТИЯМ-ПОТРЕБИТЕЛЯМ (1165), напр., ПЕРЕВОЗКИ (2589), СТРАХОВАНИЕ (1194), РЕМОНТ (2039) пром. оборудования и т. п. См. также 510.

1169. **industrial solid waste** — твердые промышленные отходы.
ОТХОДЫ ПРОИЗВОДСТВА (1170), исключая жидкую и газообразную фракцию, напр., пром. сточные воды и выхлопные газы.

1170. **industrial waste** — отходы производства.
Остатки СЫРЬЯ (1979), образовавшиеся в процессе изготовления товаров и утратившие полностью или частично потребительские свойства; продукты добычи и обогащения полезных ископаемых, получение которых не является целью данного технол. процесса; вещества, улавливаемые при очистке отходящих технол. газов и сточных вод, и т. д. Отходы производства включают ОТХОДЫ СЕЛЬСКОХОЗЯЙСТВЕННОГО ПРОИЗВОДСТВА (59), ОТХОДЫ СТРОИТЕЛЬСТВА (503), ПУСТУЮ ПОРОДУ (2741) и др.

1171. **inert waste** — инертные отходы.
ТВЕРДЫЕ ОТХОДЫ (2290), не относящиеся к категории ОПАСНЫХ ОТХОДОВ (1111) или не содержащие вредных примесей в опасных концентрациях.

1172. **in-excess rate** (амер.) — тариф, зависящий от массы отправки.
ГРУЗОВОЙ ТАРИФ (1020), понижающийся в расчете на ед. массы ГРУЗА (340) при увеличении массы. См. также 2761.

1173. **infectious waste** — инфицированные отходы.
Жидкие или твердые ОПАСНЫЕ ОТХОДЫ (1111), содержащие биологически активные вещества в высокой концентрации, при работе с которыми без средств индивидуальной защиты возможно заболевание или поражение персонала. См. также 2540.

1174. **inflatable bulkhead** — пневматическая перегородка.
Надувная переборка; представляет собой две ТОРЦЕВЫЕ СТЕНКИ (297) с находящимися между ними надувными подушками, смягчающими УДАРНЫЕ НАГРУЗКИ (1148). См. также 1817.

1175. **inflatable dock shelter** — пневматический шлюз рампы.
Защитное устр-во, уменьшающее потери холодного воздуха из ВОРОТ (765) ХОЛОДИЛЬНОГО СКЛАДА (449) во время грузовых работ. Представляет собой набор изготовленных из винила или др. материала надувных мешков, устр-ва подъема-опускания мешков, пневматического насоса и разл. датчиков. При остановке ГРУЗОВОГО АВТОМОБИЛЯ (1417)около ворот склада устр-во подъема устанавливает мешки таким образом, чтобы они плотно облегали кузов автомобиля. Затем включается насос. См. также 757, 758.

1176. **inflatable dunnage** — даннажная подушка.
Воздушный амортизатор из прочных синтетических материалов, предназначенный для защиты ХРУПКИХ ГРУЗОВ (969). Используется для заполнения пустот в КОНТЕЙНЕРЕ (1009), ТРЮМЕ (1132) и т. п. См. также 1174, 794.

1177. **in-flight refuelling** — заправка в полете.

Разновидность ЛОГИСТИЧЕСКОЙ ПОДДЕРЖКИ (1410) военно-воздушных сил; процесс передачи топлива одним самолетом (заправщиком) другому, напр., через ТЕЛЕСКОПИЧЕСКУЮ ШТАНГУ (263). Позволяет значительно увеличить дальность и/или продолжительность полета. Используется также на вертолетах нек-рых типов. См. также 2658.

1178. **information flow** — информационный поток.

Совокупность сообщений, циркулирующих в ЛОГИСТИЧЕСКОЙ СИСТЕМЕ (1411), между логистической системой и внеш. средой. Информационный поток соответствует МАТЕРИАЛЬНОМУ ПОТОКУ (1482), хотя это соответствие не всегда является взаимнооднозначным. Информационный поток характеризуется направлением, периодичностью, скоростью передачи, объемом и т. п. может существовать в виде бумажных и/или электронных документов. См. также 802.

1179. **infrastructure** — инфраструктура.

Комплекс отраслей экономики, обслуживающих производственные процессы и/или обеспечивающих условия жизнедеятельности общества. Включает средства связи, транспорт, складское хозяйство, дорожное хозяйство и т. п.

1180. **inherent defect** — см. **inherent vice**.

1181. **inherent vice**; inherent defect — внутренние пороки.

ИСКЛЮЧЕННЫЕ РИСКИ (845), связанные с физико-химическими свойствами ГРУЗОВ (340), напр., САМОВОЗГОРАНИЕ (2318).

1182. **inland carrier** (амер.) — компания внутренних перевозок.
ПЕРЕВОЗЧИК (366), доставляющий товары из ПОРТА РАЗГРУЗКИ (1834) внутрь страны.

1183. **inner-mid section** — охватывающая секция.
Промежуточная секция телескопической СТРЕЛЫ (263), предшествующая ГОЛОВНОЙ ПОДВИЖНОЙ СЕКЦИИ (941) у трехсекционной стрелы или ОХВАТЫВАЕМОЙ СЕКЦИИ (1680) у четырехсекционной стрелы.

1184. **inorganic waste** — неорганические отходы.
Негорючие ОТХОДЫ (2741), напр., СТЕКЛОБОЙ (582). См. также 1668.

1185. **in-process inventory** — см. **work-in-process**.

1186. **input** — 1) Фактор производства — РЕСУРС (2056), напр., труд, земля, капитал, участвующий в процессе произ-ва. 2) Стоимость покупных ресурсов — стоимость МАТЕРИАЛОВ (1477) и ПРОИЗВОДСТВЕННЫХ УСЛУГ (1168) на начальном этапе производства или сбыта ПРОДУКЦИИ (1885), используемая как база для расчета налога на ДОБАВЛЕННУЮ СТОИМОСТЬ (2679). 3) Входящий поток — совокупность ТРЕБОВАНИЙ (587), поступающих в СИСТЕМУ МАССОВОГО ОБСЛУЖИВАНИЯ (1953) в ед. времени. 4) Входные данные — информация, введенная в вычислительную систему; сигнал, подаваемый на вход логической схемы.

1187. **input source**; calling population — источник заявок.
ИСТОЧНИК ВОЗНИКНОВЕНИЯ ТРЕБОВАНИЙ (2293), поступающих в СИСТЕМУ МАССОВОГО ОБСЛУЖИВАНИЯ (1953). Напр., для СКЛАДА (2718) в качестве такого источника

можно рассматривать пр-тия, находящиеся на близлежащей территории.

1188. **in regular turn** — в порядке очереди.

Оговорка в ЧАРТЕРЕ (416), в соответствии с которой счет СТАЛИЙНОГО ВРЕМЕНИ (1301) начинается с момента постановки судна к ПРИЧАЛУ (214); при этом судно не имеет к. -л. преимуществ перед др. ожидающими постановки к причалу судами.

1189. **insert** — вкладыш.

Средство, помещаемое в ТАРУ (513) с целью предохранения упаковываемых товаров от смещения и УДАРНЫХ НАГРУЗОК (1148).

1190. **inspection of goods** — 1) Проверка товаров — досмотр товаров ХРАНИТЕЛЕМ (2723) при их приеме на ХРАНЕНИЕ (2400) или ПОКЛАЖЕДАТЕЛЛЕМ (174) по окончании хранения. 2) Досмотр груза — проверка ГРУЗА (340) ПЕРЕВОЗЧИКОМ (366) перед ПЕРЕВОЗКОЙ (2589). В исключительных случаях правом досмотра груза пользуется экипаж ТРАНСПОРТНОГО СРЕДСТВА (1506).

1191. **instantaneous replenishment** — дискретное пополнение запасов. ПОПОЛНЕНИЕ (2043) ЗАПАСА (1230) отдельными ПАРТИЯМИ (1419).

1192. **institutional waste** — отходы непроизводственной сферы.

ТВЕРДЫЕ ОТХОДЫ (2290), в т. ч. ПИЩЕВЫЕ ОТБРОСЫ (950), УПАКОВОЧНЫЙ МУСОР (1717), образующийся в деятельности учебных заведений, больниц и т. п.

1193. **in-store warehouse** (брит.) — консигнационный склад.
СКЛАД (2718), на котором ПРЕДПРИЯТИЕ-ПОТРЕБИТЕЛЬ (1165) хранит ЗАПАСЫ НА ОТВЕТСТВЕННОМ ХРАНЕНИИ (14).

1194. **insurance** — 1) Страхование — система защиты интересов физ. и юридических лиц от тех или иных РИСКОВ (2087) путем переложения их последствий одной стороной [СТРАХОВАТЕЛЕМ (1196)] на др. сторону [СТРАХОВЩИКА (1197)] за определенное вознаграждение. Экон. сущность страхования заключается в создании централизованного ден. фонда, формируемого из взносов (страховых премий) страхователей, и в выплате из этого фонда СТРАХОВОГО ВОЗМЕЩЕНИЯ (1156) тому страхователю, который понес УБЫТКИ (1418). 2) Страховое дело — теория и практика страхования, напр., методы расчета страховых взносов, норм доходности, коэф. возврата и т. п. 3) СТРАХОВОЙ ПОЛИС (1195). 4) Страховой взнос — сумма, уплачиваемая страхователем страховщику за принятое последним обязательство возместить убытки страхователя. В спец. литературе может называться страховым платежом или страховой премией. 5) СТРАХОВАЯ СУММА (2443).

1195. **insurance policy** — страховой полис.
Письменный документ, выдаваемый СТРАХОВЩИКОМ (1197) СТРАХОВАТЕЛЮ (1196) в удостоверение заключения ДОГОВОРА СТРАХОВАНИЯ (536) и содержащий все условия последнего. См. также 1018, 1057, 1144, 1533, 2198, 2516, 2712.

1196. **insured**; assured — страхователь.
Физ. или юридическое лицо, являющееся стороной ДОГОВОРА СТРАХОВАНИЯ (536). В обязанности этого лица входит уплата СТРАХОВЩИКУ (1197) СТРАХОВЫХ ВЗНОСОВ (1194).

Страхователь может заключить договор страхования как в свою пользу, так и в пользу третьего лица.

1197. **insurer** — страховщик.

Юридическое лицо, являющееся стороной ДОГОВОРА СТРАХОВАНИЯ (536), и за соответствующее вознаграждение [СТРАХОВЫЕ ВЗНОСЫ (1194)], принимающее на себя обязательство возместить УБЫТКИ (1418) СТРАХОВАТЕЛЯ (1196) при наступлении предусмотренного СТРАХОВОГО СЛУЧАЯ (843).

1198. **intangible loss** — косвенные потери.

УБЫТКИ (1418), которые трудно или невозможно представить в ден. форме. Косвенные потери обычно являются следствием прямых убытков, но по размеру могут значительно превосходить их. Напр., прямые убытки ПЕРЕВОЗЧИКА (366) из-за ЗАДЕРЖКИ ДОСТАВКИ (1225) исчисляются суммой уплаченного им ШТРАФА (1760), косвенные — потерей репутации и утратой клиентуры. См. также 1159.

1199. **integrated pest management,** IPM — комплексные методы борьбы с амбарными вредителями.

Сочетание разл. способов ликвидации насекомых, грызунов и микроорганизмов в СИСТЕМАХ ХРАНЕНИЯ ЗЕРНА (1069), на ТРАНСПОРТНЫХ СРЕДСТВАХ (1506) и т. п., в т. ч. физических [ОЧИСТКА (436) хранилищ и трансп. средств, АЭРАЦИЯ (43) и т. п.], химических (использование инсектицидов, фунгицидов и т. д.), биологических (искусственное распространение микроорганизмов, уничтожающих личинки соответствующего амбарного вредителя, или патогенных микроорганизмов, убивающих самих амбарных вредителей).

1200. **integrated transportation** (амер.) — единое управление перевозочным процессом.
Орг-ция ПЕРЕВОЗОК (2589), предполагающая владение или оперативное управление КОММЕРЧЕСКИМ ТРАНСПОРТНЫМ ПРЕДПРИЯТИЕМ (954) одного ВИДА ТРАНСПОРТА (1541) трансп. пр-тиями на др. видах транспорта. Напр., АВИАКОМПАНИЯ (65) может владеть АВТОТРАНСПОРТНЫМИ ПРЕДПРИЯТИЯМИ (1545) в крупных городах, доставляющих ГРУЗЫ (340) и пассажиров в АЭРОПОРТЫ (72) и из них. Противники этой концепции считают, что она является нарушением принципа свободной конкуренции.

1201. **interarrival time,** IAT — период между поступлением заявок.
Интервал времени между поступлением ТРЕБОВАНИЙ (587) в СИСТЕМУ МАССОВОГО ОБСЛУЖИВАНИЯ (1953). См. также 1655.

1202. **interchange** — 1) Передача вагонов — перестановка ГРУЗОВЫХ ВАГОНОВ (1004) с одной ЖЕЛЕЗНОЙ ДОРОГИ (1963) на др., 2) Перегрузка — передача КОНТЕЙНЕРОВ (1009) одним ПЕРЕВОЗЧИКОМ (366) другому. 3) Транспортная развязка (амер.) — способ стыковки АВТОМОБИЛЬНЫХ ДОРОГ (1125), исключающий пересечение ТРАНСПОРТНЫХ ПОТОКОВ (2560) на одном уровне.

1203. **interchangeable part** — стандартная деталь.
ДЕТАЛЬ (1739), которая может быть использована при СБОРКЕ (118) ПРОДУКЦИИ (1885) разл. видов.

1204. **interchanging agreement** — узловое соглашение.
Договор между ПЕРЕВОЗЧИКАМИ (366) разл. ВИДОВ ТРАНСПОРТА (1541) относительно порядка ПЕРЕВАЛКИ

(2606) ГРУЗОВ (340), согласования РАСПИСАНИЙ (2518), ПОДАЧИ (2319) ПОДВИЖНОГО СОСТАВА (2094) и т. п.

1205. **interim storage area** — завозная кладовая.
КЛАДОВАЯ (2418), предназначенная для РАЗМЕЩЕНИЯ (1937) ГРУЗОВ (340), не принятых по к. -л. причинам на ХРАНЕНИЕ (2400), напр., из-за отсутствия ТОВАРОСОПРОВОДИТЕЛЬНЫХ ДОКУМЕНТОВ (2213).

1206. **interline service management,** ISM — система управления междудорожными перевозками.
Концепция, в соответствии с которой ПЕРВЫЙ ПЕРЕВОЗЧИК (1672) принимает на себя всю ответственность перед ГРУЗООТПРАВИТЕЛЕМ (497) за соблюдение СРОКОВ ДОСТАВКИ (2585) и орг-цию ж. -д. ПЕРЕВОЗКИ (2589) ГРУЗА (340), включая ПЕРЕДАЧУ ВАГОНОВ (1202) одной дороги на др. и ОТСЛЕЖИВАНИЕ ГРУЗОВ (2199). Эта концепция разработана Ассоциацией американских железных дорог (AAR) в начале 1990-х гг.

1207. **interline waybill** — дорожная ведомость смешанного сообщения.
ГРУЗОВАЯ НАКЛАДНАЯ (2750), оформляемая на ГРУЗ (340), транспортируемый несколькими ПЕРЕВОЗЧИКАМИ (366). См. также 2503.

1208. **interlining** — интерлайнинг.
ПЕРЕВОЗКА (2589) ГРУЗА (340) с участием двух и более ПЕРЕВОЗЧИКОВ (366) одного и того же ВИДА ТРАНСПОРТА (1541), напр., с ПЕРЕГРУЗКОЙ (2606) в вагоны др. ШИРИНЫ КОЛЕИ (1038). См. также 2442.

1209. **intermediary**; middleman; go-between — посредник.
Физ. или юридическое лицо, действующее на основании договора поручения, договора представительства и т. п. в интересах др. лица и способствующее установлению к. -л. деловых связей, напр., ТРАНСПОРТНЫЙ БРОКЕР (2591).

1210. **intermediate carrier**; bridge carrier — промежуточный перевозчик.
ПЕРЕВОЗЧИК (366), принимающий ГРУЗ (340) от ПЕРВОГО ПЕРЕВОЗЧИКА (1672) и передающий его ПОСЛЕДНЕМУ ПЕРЕВОЗЧИКУ (654). См. также 1208.

1211. **intermediate docking** (амер.) — перевалка по складскому варианту; перевалка с выгрузкой в склад.
На АВТОМОБИЛЬНОМ ТРАНСПОРТЕ (1546): ПЕРЕВАЛКА (2606) ГРУЗА (340) с одного ГРУЗОВОГО АВТОМОБИЛЯ (1417) на др. с ХРАНЕНИЕМ (2400) на СКЛАДЕ (2718) ТЕРМИНАЛА (2492). См. также 707.

1212. **intermediate goods** — см. **semifinished product**.

1213. **intermediate processing center** — см. **materials recovery facility**.

1214. **intermediate storage** — промежуточное хранение зерна.
СИСТЕМА ХРАНЕНИЯ ЗЕРНА (1069), снабжаемая из хранилищ систем ХРАНЕНИЯ ЗЕРНА В ПЕРВИЧНЫХ ХОЗЯЙСТВАХ (882) и/или ЦЕНТРАЛИЗОВАННОГО ХРАНЕНИЯ ЗЕРНА (451). Вместимость хранилищ системы промежуточного хранения зерна — до 250 тыс. т. ХРАНЕНИЕ (2400) зерна производится навалом. Система промежуточного хранения зерна снабжает системы ХРАНЕНИЯ ЗЕРНА НА КОММЕРЧЕСКОЙ

ОСНОВЕ (732) и/или непосредственно ПРЕДПРИЯТИЙ-ПОТРЕБИТЕЛЕЙ (1165).

1215. **intermittent production**; job-shop manufacturing; jobbing production — мелкосерийное производство.
Форма орг-ции произ-ва, являющаяся переходной от ЕДИНИЧНОГО ПРОИЗВОДСТВА (2264) к МАССОВОМУ ПРОИЗВОДСТВУ (1471). Выпуск разл. видов ПРОДУКЦИИ (1885), каждый из которых имеет свой ТЕХНОЛОГИЧЕСКИЙ МАРШРУТ (2099), производится мелкими ПАРТИЯМИ (1419).

1216. **intermodal car**; TOFC/COFC car (амер.) — платформа для перевозки контейнеров; контрейлерная платформа.
Низкорамная длиннобазная ж.-д. ПЛАТФОРМА (919). используемая на перевозках ПИГГИБЭК (1800) и/или для перевозки КОНТЕЙНЕРОВ (1009). Снабжена ТРЕЙЛЕРНЫМИ УПОРАМИ (2567) и УПОРАМИ ДЛЯ КРЕПЛЕНИЯ КОНТЕЙНЕРОВ (520).

1217. **intermodal connection schedule** — контактный график.
Оперативный план взаимодействия разл. ВИДОВ ТРАНСПОРТА (1541) в ПУНКТЕ ПЕРЕВАЛКИ (2607). См. также 1204.

1218. **intermodal service** — см. **intermodal transport**.

1219. **intermodal shipping** — см. **intermodal transport**.

1220. **intermodal transport**; intermodal service; intermodal shipping — смешанные перевозки; интермодальные перевозки.
ПЕРЕВОЗКА (2589) ГРУЗА (340) с участием двух и более ВИДОВ ТРАНСПОРТА (1541) по ДОРОЖНОЙ ВЕДОМОСТИ

СМЕШАННОГО СООБЩЕНИЯ (1207) или иному перевозочному документу. См. также 1596.

1221. **International Commercial Terms** — см. **Incoterms**.

1222. **International Register of Potentially Toxic Chemicals,** IRPTC — Международный регистр потенциально опасных веществ.
Междунар. база данных, созданная в 1970-е гг. под эгидой ООН. Находится в Женеве (Швейцария). Обеспечивает своих членов (140 орг-ций в 105 странах) и др. лиц информацией об ОПАСНОСТЯХ (1107), связанных с произ-вом, ХРАНЕНИЕМ (2400), ПЕРЕВОЗКОЙ (2589), использованием и УДАЛЕНИЕМ (729) опасных веществ и ОПАСНЫХ ОТХОДОВ (1111).

1223. **inter-warehouse transfer** — внутренняя переброска.
Передача НЕИСПОЛЬЗУЕМЫХ ЗАПАСОВ (1612) с одного СКЛАДА (2718) или одного ПРЕДПРИЯТИЯ РОЗНИЧНОЙ ТОРГОВЛИ (2067) на др. в расчете на то, что на данный товар на др. территории есть СПРОС (669).

1224. **in-transit damage** — повреждение груза.
Понижение КАЧЕСТВА (1941) ГРУЗА (340) в результате невыполнения или ненадлежащего выполнения участниками ДОГОВОРА ПЕРЕВОЗКИ (535) своих обязательств [предъявление неправильно упакованного груза, ПОДАЧА (2319) поврежденного ГРУЗОВОГО ВАГОНА (1004) и т. п.]. См. также 369.

1225. **in-transit delay** — задержка доставки.
Удлинение СРОКОВ ДОСТАВКИ (2585) по вине ПЕРЕВОЗЧИКА (366), др. лиц, участвующих в перевозочном процессе, либо вследствие ФОРС-МАЖОР (22).

1226. **in-transit inventory**; transportation inventory — запасы в пути. ЗАПАСЫ (1230), на момент учета находящиеся в процессе ПЕРЕВОЗКИ (2589). См. также 1056.

1227. **in-transit loss** — утрата груза.
Полная или частичная потеря ГРУЗА (340) ПЕРЕВОЗЧИКОМ (366). Груз считается утраченным, если он не может быть предъявлен ГРУЗОПОЛУЧАТЕЛЮ (492) в течение установленного срока независимо от причины [ЗАСЫЛКА (1527), ХИЩЕНИЕ (1802) и т. п.].

1228. **in-transit process** — переработка груза в пути следования.
Технол. процесс, протекающий во время ПЕРЕВОЗКИ (2589), напр., приготовление раствора в спец. автомобиле, оснащенном бетономешалкой.

1229. **inv.** — см. **invoice**.

1230. **inventory** — 1) Запас; запасы — находящаяся на разл. стадиях произ-ва или распределения ПРОДУКЦИЯ (1885), ожидающая вступления в процесс личного или производственного потребления. 2) ИНВЕНТАРИЗАЦИЯ (2387). 3) Анкета страхователя — опись имущества физ. лица, составленная в целях СТРАХОВАНИЯ (1194). См. также 737, 1461, 2115.

1231. **inventory accuracy report** (амер.) — сличительная ведомость.
Разновидность СЛИЧИТЕЛЬНОЙ ВЕДОМОСТИ (847), в которой в дополнение к обычным для этого документа данным дается анализ ошибок в КАРТОЧКАХ СКЛАДСКОГО УЧЕТА (1240) и соответствующие рекомендации. См. также 1244.

1232. **inventory carrying costs**; stock holding costs — затраты на формирование и хранение запасов.
Разновидность ЛОГИСТИЧЕСКИХ ИЗДЕРЖЕК (1400); включают ИЗДЕРЖКИ ХРАНЕНИЯ (2405), расходы на СТРАХОВАНИЕ (1194), потери от ЕСТЕСТВЕННОЙ УБЫЛИ (2245), МОРАЛЬНОГО ИЗНОСА (1609) и др. См. также 1851.

1233. **inventory-carrying-costs rate** (амер.) — коэффициент затрат на формирование и хранение запасов.
Показатель, вычисляемый как частное от деления ЗАТРАТ НА ФОРМИРОВАНИЕ И ХРАНЕНИЕ ЗАПАСОВ (1232) на стоимость ЗАПАСОВ (1230). В реальных ЛОГИСТИЧЕСКИХ СИСТЕМАХ (1411) составляет 0,1 – 0, 4.

1234. **inventory certificate** (амер.) — отчет о состоянии запасов.
СЛИЧИТЕЛЬНАЯ ВЕДОМОСТЬ (1231), подготовленная независимым аудитором для руководства фирмы.

1235. **inventory location** — см. **storage location**.

1236. **inventory management**; stock control — управление запасами.
Определение стратегических целей в СИСТЕМЕ УПРАВЛЕНИЯ ЗАПАСАМИ (1237), в т. ч. формирование номенклатуры хранимой ПРОДУКЦИИ (1885), предельных ЗАТРАТ НА ФОРМИРОВАНИЕ И ХРАНЕНИЕ ЗАПАСОВ (1232), выработка политики ПОПОЛНЕНИЯ (2043) ЗАПАСА (1230); орг-ция персонала и делегирование ответственности за состояние запасов; выдвижение критериев эффективности и качества ОБСЛУЖИВАНИЯ ПОТРЕБИТЕЛЯ (588) и др.

1237. **inventory management system** — система управления запасами.
Система регулирования уровня ЗАПАСОВ (1230). К важнейшим регулируемым параметрам в системе управления запасами относятся ТОЧКА ЗАКАЗА (1659), МАКСИМАЛЬНЫЙ ЗАПАС (2482), МИНИМАЛЬНЫЙ ЗАПАС (1523), ПЕРИОД МЕЖДУ ЗАКАЗАМИ (1655). См. также 1660, 529, 1644, 1765.

1238. **inventory on order** (амер.) — заказанная продукция.
ПРОДУКЦИЯ (1885), ЗАКАЗ (1646) на которую уже размещен, но которая еще не поступила к ПОКУПАТЕЛЮ (309).

1239. **inventory position** (амер.) — чистый запас.
В СИСТЕМЕ С ФИКСИРОВАННЫМ РАЗМЕРОМ ЗАКАЗА (529): НАЛИЧНЫЕ ЗАПАСЫ (1624) плюс ЗАКАЗАННАЯ ПРОДУКЦИЯ (1238) минус ЗАДОЛЖЕННОСТЬ ПО ЗАКАЗАМ (161).

1240. **inventory record**; stock record — карточка складского учета.
Бумажный или электронный документ по каждому виду ПРОДУКЦИИ (1255), хранящейся на СКЛАДЕ (2718). Включает КОД ПРОДУКЦИИ (1256), адрес СКЛАДСКОЙ ЯЧЕЙКИ (2409), НАЛИЧНЫЕ ЗАПАСЫ (1624), наименование ПОСТАВЩИКА (2450) и др.

1241. **inventory report** — справка о состоянии товарных запасов.
Сообщение в стандарте ЕАНКОМ (802), которое высылается участниками КАНАЛА ТОВАРОДВИЖЕНИЯ (1399) друг другу регулярно или по запросу.

1242. **inventory/sales ratio** (амер.) — запасоемкость.

Экон. показатель, рассчитываемый как отношение НАЛИЧНЫХ ЗАПАСОВ (1624) к ОБЪЕМУ ПРОДАЖ (2117) за заданный период. См. также 2389.

1243. **inventory status file** — файл запасов.

В системе МРП (1488): массив данных, в котором отражается движение ЗАПАСОВ (1230) и содержится прогноз их наличия в каждом ВРЕМЕННОМ ИНТЕРВАЛЕ (2512).

1244. **inventory summary sheet** — инвентаризационная опись.

Документ, в котором фиксируются результаты ИНВЕНТАРИЗАЦИИ (1230). См. также 1231.

1245. **inventory turnover rate**; ITR; turnover — скорость товарооборота.

Экон. показатель, рассчитываемый как частное от деления ОБЪЕМА ПРОДАЖ (2117) на величину ЗАПАСОВ (1230). См. также 800, 1901, 2393.

1246. **inventory update cycle** — интервал задержки ввода данных о запасах.

Период времени между совершением к. -л. складской операции, напр., ПРИЕМКОЙ (1984) или ВЫДАЧЕЙ (1253), и внесением изменений в КАРТОЧКИ СКЛАДСКОГО УЧЕТА (1240). Чем меньше этот период, тем точнее УЧЕТ ЗАПАСОВ (2391).

1247. **invitation to bid**; request for quotation — коммерческое предложение.

Просьба потенциального ПОКУПАТЕЛЯ (309) к ПОСТАВЩИКУ (2450) относительно предоставления данных о поставляемых товарах, их ЦЕНАХ (1857) и т. п. Может направляться через ОТДЕЛ СНАБЖЕНИЯ (1932) пром. пр-тия; должна иметь пометку, что не является НАРЯД-ЗАКАЗОМ (1920). Соответствующее сообщение (Request for Quotation) имеется в стандарте ЕАНКОМ (802).

1248. **invoice,** inv. — счет-фактура; накладная; инвойс.
Подробный перечень товаров, отгруженных ПОКУПАТЕЛЮ (309) на основании его НАРЯД-ЗАКАЗА (1920) или др. полученного от него документа. Содержит данные о ЦЕНАХ (1857), МАРКИРОВКЕ (1469), кол-ве грузовых мест и т. п. См. также 858, 897, 1671, 1912, 2449.

1249. **IPM** — см. **integrated pest management**.

1250. **IRPTC** — см. **International Register of Potentially Toxic Chemicals**.

1251. **irregular route carrier** (амер.) — перевозчик, обслуживающий закрепленную зону.
Пр-тие ТРАНСПОРТА ОБЩЕГО ПОЛЬЗОВАНИЯ (472), которое имеет лицензию на обслуживание определенной территории, но вправе устанавливать и изменять МАРШРУТЫ (2099) по своему усмотрению. См. также 2025.

1252. **ISM** — см. **interline service management**.

1253. **issue** — выдача.
Складская операция, заключающаяся в изъятии товара из СКЛАДСКОЙ ЯЧЕЙКИ (2409) и его подготовке к ОТГРУЗКЕ (2205).

1254. **issue ticket** — приказ на отпуск; квитанция о перемещении.
Электронный или бумажный документ, являющийся основанием для ВЫДАЧИ (1253) товаров со СКЛАДА (2718).

1255. **item** — 1) Продукция (орг. произ-ва) — ПОКУПНОЕ КОМПЛЕКТУЮЩЕЕ ИЗДЕЛИЕ (1917), СБОРОЧНЫЙ УЗЕЛ (2437) и т. п. 2) ЕДИНИЦА ХРАНЕНИЯ (2368). 3) Запись — в БУХГАЛТЕРСКОМ УЧЕТЕ (262): отражение хоз. операций на счетах по определенной системе (линейная, шахматная и т. п.).

1256. **item number**; part number; stock code — код продукции.
Условный номер, поставленный во взаимнооднозначное соответствие ПРОДУКЦИИ (1255).

1257. **ITR** — см. **inventory turnover rate**.

J

1258. **jack arm** — см. **outrigger.**

1259. **jettison**; castaway — выбрасывание груза за борт.
Освобождение водного или воздушного судна от части ГРУЗА (340), произведенное намеренно и разумно с целью СПАСАНИЯ (2120) судна, груза и ФРАХТА (998) от общей опасности и успешного завершения РЕЙСА (2621). УБЫТКИ (1418) от выбрасывания груза за борт подлежат распределению по ОБЩЕЙ АВАРИИ (1044).

1260. **jetty** — 1) Пирс — гидротехническое сооружение ПРИЧАЛА (214), предназначенное для швартовки судов и расположенное перпендикулярно или под углом к береговой полосе. 2) Выступающая рампа — крытая СОРТИРОВОЧНО-ОТПУСКНАЯ ПЛОЩАДКА (2336), пристроенная под прямым углом к зданию ГРУЗОВОЙ АВТОСТАНЦИИ (2627).

1261. **jetty-mounted ship loader** — причальная погрузочная установка. Устр-во ПОГРУЗКИ (1366) судов-зерновозов, которое может быть самоходным [перемещается по рельсовому пути на ПИРСЕ (1260)] либо стационарным (в этом случае перемещаться должно находящееся под погрузкой судно). Рабочим органом устр-ва является СТРЕЛА (263) или ТЕЛЕСКОПИЧЕСКИЙ РУКАВ (2321), питаемые КОНВЕЙЕРАМИ (541).

1262. **jib** — 1) СТРЕЛА (263). 2) Консоль — элемент конструкции нек-рых КРАНОВ (563); представляет собой балку, жестко закрепленную одним концом под данным углом наклона; к свободному концу балки крепится крюковая обойма. 3) Надставка; удлинитель; гусек — спец. приспособление, закрепляемое на стреле крана; служит для увеличения подстрелового пространства. При использовании надставки кран должен быть вывешен на АУТРИГЕРАХ (1685).

1263. **jib crane** — консольный кран.
Стационарный или передвижной КРАН (563) с грузозахватным органом, подвешенным к КОНСОЛИ (1262), закрепленной на колонне.

1264. **jidoka** — см. **stop production authority.**

1265. **JIT** — см. **just-in-time.**

1266. **job** — 1) Задание; работа — совокупность ОПЕРАЦИЙ (1636), которые необходимо выполнить, чтобы изготовить ПРОДУКЦИЮ (1885), реализовать УСЛУГИ (2175). 2) ВНУТРЕННИЙ НАРЯД (2791). 3) Должность — служебное место, связанное с исполнением определенных обязанностей.

1267. **jobber** — 1) Посредник; комиссионер — АГЕНТ (49), приобретающий товары у ОПТОВИКА (2774) с целью перепродажи РОЗНИЧНЫМ ТОРГОВЦАМ (2067). Может организовывать ТРАНЗИТНЫЕ ПОСТАВКИ С УЧАСТИЕМ В РАСЧЕТАХ (781) с пр-тий — изготовителей. 2) Мелкооптовое предприятие — пр-тие оптовой торговли, приобретающее товары МЕЛКИМИ ПАРТИЯМИ (1269).

1268. **jobbing production** — см. **intermittent production.**

1269. **job lot** — 1) Минимальная биржевая партия — ПАРТИЯ (1419), представляющая собой частное от деления ЛОТА (249) на некрое заранее заданное число; напр., на зерновых биржах может составлять 20, 40 и 60 т (при величине лота 80 т). 2) Мелкая партия — ПАРТИЯ (204) выпускаемая в МЕЛКОСЕРИЙНОМ ПРОИЗВОДСТВЕ (1215).

1270. **job-shop manufacturing** — см. **intermittent production.**

1271. **joint order** — многономенклатурный заказ; многострочное требование.
ЗАКАЗ (1646) на несколько видов ПРОДУКЦИИ (1885). Формируется с целью получения ОПТОВЫХ СКИДОК (1946) или для перевозки по ТАРИФУ НА УКРУПНЕННУЮ ОТПРАВКУ (2690).

1272. **joint rate** — комбинированный тариф.
ГРУЗОВОЙ ТАРИФ (1020), который может применяться, если ГРУЗ (340) транспортируют не менее двух ПЕРЕВОЗЧИКОВ (366) одного или разных ВИДОВ ТРАНСПОРТА (1541).

1273. **joint replenishment** — размещение многономенклатурного заказа.
РАЗМЕЩЕНИЕ ЗАКАЗА (1658) на несколько видов ПРОДУКЦИИ (1885) одновременно; формирование МНОГОСТРОЧНОГО ТРЕБОВАНИЯ (1271). Позволяет экономить ЗАГОТОВИТЕЛЬНЫЕ РАСХОДЫ (1851), получить ОПТОВУЮ СКИДКУ (1946) и т. д.

1274. **journey sheet** — путевой лист.
На АВТОМОБИЛЬНОМ ТРАНСПОРТЕ (1546): документ, используемый для учета работы ПОДВИЖНОГО СОСТАВА (2094) и водителя.

1275. **junction point** — 1) Станция примыкания (амер.) — ж. -д. станция на магистральном пути, к которой подсоединены ПОДЪЕЗДНЫЕ ПУТИ (2258). 2) ПУНКТ ПЕРЕВАЛКИ (2607).

1276. **just-in-time,** JIT — точно вовремя.
ТЯНУЩАЯ СИСТЕМА (1916) орг-ции произ-ва, предполагающая ПОСТАВКУ (655) ДЕТАЛЕЙ (1739), комплектующих и т. п. высокого КАЧЕСТВА (1941) непосредственно к месту производственного потребления, минуя СКЛАД (2718). Принципы этой системы применяются также в торговле. См. также 815, 1277, 1959, 2093, 2269.

K

1277. **Kanban** — Канбан.

ТЯНУЩАЯ СИСТЕМА (1916) орг-ции произ-ва, разработанная фирмой «Тоета» (Япония) и внедренная на ее автомобильных заводах в конце 1950-х гг. Канбан в наиболее полном объеме реализует принципы системы ТОЧНО ВОВРЕМЯ (1276). Канбан является ОДНОКАНАЛЬНОЙ ЛОГИСТИЧЕСКОЙ СИСТЕМОЙ (2269). Кол-во ПОСТАВЩИКОВ (2450) в этой системе значительно ниже, чем в др. системах орг-ции произ-ва в автомобильной пром-сти. График работы цехов и формирование ВНУТРЕННИХ НАРЯДОВ (2791) в системе Канбан происходит путем обращения карточек Канбан, на основании которых производится изготовление ДЕТАЛЕЙ (1739)и их отпуск цехам-потребителям. Внедрение системы Канбан позволяет значительно сократить ПРОИЗВОДСТВЕННЫЕ ЗАПАСЫ (1461), уменьшить НЕЗАВЕРШЕННОЕ ПРОИЗВОДСТВО (2788), снизить ЗАВОДСКУЮ СЕБЕСТОИМОСТЬ (1888) автомобилей. Принципы системы Канбан используются в ряде западных стран в разл. отраслях произ-ва.

1278. **k. d.** — см. **knocked down.**

1279. **kerb weight** (брит.) — тара.

Собственная масса порожнего ГРУЗОВОГО АВТОМОБИЛЯ (1417). См. также 627, 2481.

1280. **knocked down,** k. d. — в частично разобранном виде.

Надпись на УПАКОВКЕ (1714) ГРУЗА (340), подвергнутого частичной РАЗБОРКЕ (715). На частично разобранный груз, при условии, что его объем уменьшился не менее чем на одну треть, может быть предоставлен ПООЩРИТЕЛЬНЫЙ ТАРИФ

(1151). На частично разобранные машиностроительные грузы в ряде стран установлены пониженные ТАМОЖЕННЫЕ ПОШЛИНЫ (594). См. также 478.

1281. **known loss and damage**; apparent loss and damage — явные повреждения.

ПОВРЕЖДЕНИЯ ГРУЗА (1224), которые могут быть обнаружены визуально при его ПРИЕМКЕ (7) ГРУЗОПОЛУЧАТЕЛЕМ (492). См. также 484.

L

1282. **label** — ярлык; этикетка.

Средство информирования о ПРОДУКЦИИ (1885) в виде кусочка бумаги или пластика, прикрепляемого к продукции, либо в виде текста и/или изображений, нанесенных на саму продукцию или ее УПАКОВКУ (1714). Может содержать данные об изготовителе, СРОКЕ ГОДНОСТИ (2185), инструкцию по применению и т. п. в обычной и/или машиночитаемой форме (штриховый код).

1283. **labelled cargo** (амер.) — замаркированный опасный груз.

ОПАСНЫЙ ГРУЗ (614) с нанесенными на него ЗНАКАМИ ОПАСНОСТИ (612) и МАНИПУЛЯЦИОННЫМИ ЗНАКАМИ (1095).

1284. **lading** — 1) ПОГРУЗКА (1366). 2) ГРУЗ (340).

1285. **lading port** — см. **port of loading.**

1286. **lading strap anchor** — устройство крепления.
КРЕПЕЖНОЕ УСТРОЙСТВО (2508), приваренное к ГРУЗОВОМУ ВАГОНУ (1004) и предназначенное для фиксации СТРОПОВ (2278).

1287. **lag** — временная задержка; лаг.
Интервал запаздывания; промежуток времени, за который изменение аргумента приведет к изменению результативного показателя.

1288. **lagan**; ligan — затонувший груз, обозначенный буем.
Выброшенный за борт ГРУЗ (340), обозначенный буем, т. е. плавучим знаком, посылающим световые, звуковые или радиосигналы, по которым он может быть найден СПАСАТЕЛЯМИ (2123). См. также 934, 1259.

1289. **landed cost** — полная стоимость.
1) ЦЕНА (1857) товара с учетом ТРАНСПОРТНЫХ ИЗДЕРЖЕК (2594). 2) Цена СИФ (549) плюс прочие расходы по ДОСТАВКЕ (655) ГРУЗА (340) ГРУЗОПОЛУЧАТЕЛЮ (492).

1290. **landfill** — свалка.
Специально выделенный участок земли, предназначенный для захоронения ТВЕРДЫХ БЫТОВЫХ ОТХОДОВ (1572) и ТВЕРДЫХ ПРОМЫШЛЕННЫХ ОТХОДОВ (1169). В основе свалки — водонепроницаемый слой глины. Сбрасывание отходов на свалке производится послойно с трамбованием и засыпкой грунтом, исключающим распространение ПРОДУКТОВ РАЗЛОЖЕНИЯ ЗАХОРОНЕННЫХ ОТХОДОВ (1291). После исчерпания вместимости свалки ее поверхность засыпается грунтом и может быть использована для разл. целей. См. также 1628, 2128.

1291. **landfill by-products** — продукты разложения захороненных отходов.
ПОБОЧНАЯ ПРОДУКЦИЯ (314) эксплуатации СВАЛОК (1290), в т. ч. горючий газ (смесь летучих углеводородов) и ФИЛЬТРАТ (1305).

1292. **landing gear collapse** — потеря устойчивости опоры.
Одна из осн. причин несчастных случаев на ПОГРУЗОЧНО-РАЗГРУЗОЧНЫХ ПЛОЩАДКАХ (1368). Заключается в выходе из строя или в самопроизвольном складывании передней опоры отсоединенного от ТЯГАЧА (2624) полуприцепа, находящегося в процессе ПОГРУЗКИ (1366). См. также 2670.

1293. **lap-phasing** — см. **operation overlapping.**

1294. **large-scale production** — см. **mass production.**

1295. **last in, first out**; LIFO — 1) Последним поступил — первым обслужен — ДИСЦИПЛИНА ОБСЛУЖИВАНИЯ (1951), при которой ТРЕБОВАНИЯ (587) выполняются в порядке, обратном порядку их поступления, и считаются равноприоритетными. 2) Последним поступил — первым продан; последним поступил — первым выдан — метод продажи и оценки стоимости товаров, в соответствии с которым товары продаются или отпускаются со СКЛАДА (2718) в порядке, обратном порядку их поступления. Т. о., ЗАПАСЫ НА КОНЕЦ ОТЧЕТНОГО ПЕРИОДА (825) включают товары, приобретенные магазином или складом в начале отчетного периода. См. также 907.

1296. **latent conflict** — скрытый конфликт.
КОНФЛИКТ В КАНАЛЕ ТОВАРОДВИЖЕНИЯ (410), существование которого участниками канала не осознается, но кото-

рый может перейти в ОТКРЫТЫЙ КОНФЛИКТ (1451). Наличие скрытого конфликта может быть связано, напр., с неправильным распределением прав и полномочий при решении к. -л. вопросов, затрагивающих интересы участников канала.

1297. **latent defect** — скрытый недостаток.
Дефект ПРОДУКЦИИ (1885), который не может быть установлен обычными методами СТАТИСТИЧЕСКОГО КОНТРОЛЯ КАЧЕСТВА (9) и проявляется лишь на стадии использования продукции ПОТРЕБИТЕЛЕМ (587). См. также 484.

1298. **lavatory truck** (амер.) — ассенизационная автоцистерна.
АВТОЦИСТЕРНА (2478), предназначенная для приема с борта воздушных и водных судов фекалий и сточных вод и их ПЕРЕВОЗКИ (2589) к местам УДАЛЕНИЯ (729).

1299. **laydays** — см. **laytime.**

1300. **layout** — компоновка.
Способ сочетания друг с другом элементов к. -л. системы.

1301. **laytime**; laydays — сталийное время; лейдейс.
Установленное ДОГОВОРОМ ПЕРЕВОЗКИ (535) время на произ-во ФРАХТОВАТЕЛЕМ (414) грузовых работ. Обычно выражается кол-вом тонн в день. См. также 1374, 2797.

1302. **laytime statement**; timesheet — расчет стояночного времени; таймшит.
Документ, фиксирующий продолжительность грузовых работ на судне в ПОРТАХ ПОГРУЗКИ (1835) и в ПОРТАХ РАЗГРУЗКИ (1834). Используется для расчета ДИСПАЧА (689) и ДЕМЕРЕДЖА (672). См. также 2343.

1303. **LCL** — см. **less-than-carload.**

1304. **LD. LMT.** — см. **load limit.**

1305. **leachate** — фильтрат; фильтрационные воды.
Образующаяся на СВАЛКАХ (1290) жидкость, представляющая собой смесь продуктов разложения ОРГАНИЧЕСКИХ ОТХОДОВ (1668), растворенных солей тяжелых металлов и т. п. Загрязняет грунтовые воды.

1306. **lead time** — время выполнения заказа.
Продолжительность времени, необходимого для того, чтобы исполнить ЗАКАЗ (1646). Включает время на передачу заказа исполнителю, ВРЕМЯ ОЖИДАНИЯ (2716) постановки заказа на выполнение, технол. время, время техн. контроля, ВРЕМЯ ПЕРЕВОЗКИ (2585) изготовленной ПРОДУКЦИИ (1885) ЗАКАЗЧИКУ (1652). См. также 1651, 1877, 1933, 2044, 2114.

1307. **lead time offsetting** — зачет срока исполнения заказа.
В системе МРП (1488): техника расчета момента РАЗМЕЩЕНИЯ ЗАКАЗА (1658) с учетом ВРЕМЕНИ ВЫПОЛНЕНИЯ ЗАКАЗА (1306) и предполагаемой даты возникновения потребности в заказанной ПРОДУКЦИИ (1885).

1308. **lead time stock** — средний текущий запас; минимальный запас.
ЗАПАС (1230), величина которого равна прогнозируемой потребности в ЗАГОТОВИТЕЛЬНЫЙ ПЕРИОД (2044).

1309. **leakage,** lkge — 1) Утечка — потеря НАЛИВНОГО ГРУЗА (1346), возникающая при неисправности ТАРЫ (513), при розливе в мелкую тару из крупной и т. п. 2) Норма естественной убыли — процент ЕСТЕСТВЕННОЙ УБЫЛИ (1575), установленный для отдельных видов наливных грузов.

1310. **lean-to stack** — уступообразный штабель с вертикальным торцом.

ШТАБЕЛЬ (2330), сужающийся к вершине. Представляет собой пятигранник, три боковые грани которого наклонные, одна — вертикальная. Вертикальная грань может касаться стены СКЛАДА (2718), за исключением случаев, когда в таком штабеле уложены ЛЕГКОВОСПЛАМЕНЯЮЩИЕСЯ ГРУЗЫ (918). См. также 2617.

1311. **leasing** — лизинг; прокат.

Аренда движимого и недвижимого (кроме земельных участков) имущества. Различают след. осн. формы Л.: фин. (лизингодатель приобретает указанное имущество и передает его лизингополучатюлю; по окончании срока договора право собственности переходит к лизингополучателю); оперативный (лизигополучатель не вправе требовать перехода права собственности); возвратный (поставщик имущества и лизингополучатель — одно лицо).

1312. **least total cost,** LTC — метод минимальных общих затрат.

АЛГОРИТМ РАСЧЕТА РАЗМЕРА ПАРТИИ (1424), в соответствии с которым оптимальной считается ПАРТИЯ (1419), для которой ЗАТРАТЫ НА ФОРМИРОВАНИЕ И ХРАНЕНИЕ ЗАПАСОВ (1232) равны или почти равны ЗАГОТОВИТЕЛЬНЫМ РАСХОДАМ (1851) или ЗАТРАТАМ НА ПЕРЕНАЛАДКУ (2180).

1313. **least unit cost,** LUC — метод минимизации затрат в расчете на одно изделие в партии.
АЛГОРИТМ РАСЧЕТА РАЗМЕРА ПАРТИИ (1424), в соответствии с которым суммируются ЗАТРАТЫ НА ФОРМИРОВАНИЕ И ХРАНЕНИЕ ЗАПАСОВ (1232) и ЗАГОТОВИТЕЛЬНЫЕ РАСХОДЫ (1851). Полученная сумма делится на кол-во изделий той или иной ПАРТИИ (1419). Оптимальной считается партия, для которой частное от деления минимально. См. также 1312.

1314. **leg** — 1) Нория — ленточная или цепная подъемная машина с установленными на ней КОВШАМИ (290). Используется для подъема мелкозернистых НАВАЛОЧНЫХ ГРУЗОВ (295) на высоту до 60 м. 2) Разгрузочный элеватор — приемный зернопровод с соплом на конце, опускаемый в ТРЮМ (1132) судна-зерновоза. Зерно зачерпывается из трюма ковшами зернопровода, затем сбрасывается из них на КОНВЕЙЕР (541), доставляющий его на берег. Различают, в частности, след. типы разгрузочных элеваторов: ЦЕПНОЙ РАЗГРУЗОЧНЫЙ ЭЛЕВАТОР (776), КОВШОВЫЙ РАЗГРУЗОЧНЫЙ ЭЛЕВАТОР (292), РАЗГРУЗОЧНЫЙ ПНЕВМОТРУБОПРОВОД (62), АСПИРАЦИОННОЕ РАЗГРУЗОЧНОЕ УСТРОЙСТВО (1818), ВИНТОВОЙ РАЗГРУЗОЧНЫЙ ЭЛЕВАТОР (2139). 3) Участок маршрута — часть МАРШРУТА (2099) ТРАНСПОРТНОГО СРЕДСТВА (1506).

1315. **legal weight** (амер.) — МАССА НЕТТО (1585).

1316. **legitimate waste** (амер.) — планируемые отходы.
ОТХОДЫ ПРОИЗВОДСТВА (1170), объем которых определяется заранее по соответствующим НОРМАМ ОТХОДОВ (2137). См. также 2246.

1317. **length of haul** — расстояние перевозки.
Дальность ПЕРЕВОЗКИ (2589); эксплуатационное расстояние перевозки ГРУЗА (340).

1318. **less-than-carload,** LCL (амер.); less than full wagon load (брит.) — мелкая отправка.
МЕЛКАЯ ОТПРАВКА (2286), объем и/или масса которой не позволяют полностью использовать вместимость или грузоподъемность соответствующего ГРУЗОВОГО ВАГОНА (1004). ВРЕМЯ ПЕРЕВОЗКИ (2585) мелкой отправки значительно больше, чем ВАГОННЫХ ОТПРАВОК (360). За перевозку мелкой отправки взимаются ТАРИФЫ МЕЛКИХ ОТПРАВОК (1321).

1319. **less than full wagon load** — см. **less-than-carload.**

1320. **less-than-truckload,** LTL (амер.) — мелкая отправка.
МЕЛКАЯ ОТПРАВКА (2286), масса которой меньше массы МАШИННОЙ ОТПРАВКИ (2628).

1321. **less-than-vehicle-load rate**; small shipment rate — тариф мелкой отправки.
ГРУЗОВОЙ ТАРИФ (1020), установленный на МЕЛКИЕ ОТПРАВКИ (2286). В расчете на ед. массы ГРУЗА (340) этот тариф выше, чем ТАРИФ НА УКРУПНЕННУЮ ОТПРАВКУ (2690).

1322. **level** — 1) Ступень входимости — в системе МРП (1488): один из уровней в СХЕМЕ ДЕЛЕНИЯ ИЗДЕЛИЯ НА СОСТАВНЫЕ ЧАСТИ (1895). 2) Ярус — горизонтальная последовательность СКЛАДСКИХ ЯЧЕЕК (2409). 3) Ватерпас — прибор для проверки горизонтального положения линии на плоскости.

1323. **level production strategy** (амер.) — жесткая стратегия удовлетворения спроса.
Система орг-ции произ-ва, в которой СПРОС (669) является относительно стабильным. Сезонные колебания спроса компенсируются за счет БУФЕРНОГО ЗАПАСА (93). См. также 417.

1324. **L4L** — см. **lot-for-lot.**

1325. **liability insurance**; third party insurance — страхование ответственности.
Вид СТРАХОВАНИЯ (1194), объектом которого являются обязательства СТРАХОВАТЕЛЯ (1196) перед третьим лицом (обязательства, возникшие в результате к. -л. неумышленных действий или бездействия страхователя, причинивших вред третьему лицу, напр., в результате дорожно-транспортного происшествия).

1326. **licensed carman** (брит.) — таможенный перевозчик.
ПЕРЕВОЗЧИК (366), отвечающий за перевозку выпущенных с ТАМОЖЕННОГО СКЛАДА (256) товаров за границу. См. также 254.

1327. **lieu of weighing** — скидка на естественную убыль.
СКИДКА (719) с ЦЕНЫ (1857) нек-рых НАВАЛОЧНЫХ ГРУЗОВ (295), напр., зерновых, компенсирующая потери в пути и при РАЗГРУЗКЕ (2667). Составляет 1-2% в расчете на ПОГРУЖЕННУЮ МАССУ (2200).

1328. **life cycle** — см. **product life cycle.**

1329. **life-cycle analysis** — анализ жизненного цикла.
Один из методом ЭКОЛОГИЧЕСКИ-ОРИЕНТИРОВАННОГО КОНСТРУИРОВАНИЯ (687). Предполагает сравнительный анализ ЖИЗНЕННОГО ЦИКЛА ТОВАРА (1893), который предполагается использовать взамен к. -л. др. товара, напр, пластмассовый ПОДДОН (1726) вместо деревянного поддона, по разл. фазам цикла, в т. ч. произ-во, эксплуатация, УТИЛИЗАЦИЯ (2007) или УДАЛЕНИЕ (729); комплексную экологическую оценку товара и выработку рекомендаций.

1330. **LIFO** — см. **last in, first out.**

1331. **lift truck** — погрузчик.
Напольное безрельсовое 3-х или 4-хколесное ТРАНСПОРТНОЕ СРЕДСТВО (1506), предназначенное для механизации погрузочно-разгрузочных и транспортно-складских работ. По типу привода погрузчики подразделяются на автопогрузчики или автокары (двигатель внутр. сгорания), электропогрузчики или электрокары (привод от аккумуляторных батарей или кабельное питание). Большинство погрузчиков снабжены ПРОТИВОВЕСОМ (555). Грузоподъемность погрузчиков составляет от 1,0 до 40 т. Погрузчики могут оснащаться СМЕННЫМИ ГРУЗОЗАХВАТНЫМИ ПРИСПОСОБЛЕНИЯМИ (1094). См. также 2254.

1332. **ligan** — см. **lagan.**

1333. **lighter** — см. **barge.**

1334. **light weight,** LT. WT. (амер.) — тара.
Собственная масса ГРУЗОВОГО ВАГОНА (1004). См. также 1083, 2481.

1335. **LIMIT** — см. **lot-size inventory management interpolation technique.**

1336. **limited carrier** — специализированный перевозчик.
КОММЕРЧЕСКОЕ ТРАНСПОРТНОЕ ПРЕДПРИЯТИЕ (954), перевозящее только ГРУЗЫ (340) определенного вида, напр., наливные ОПАСНЫЕ ГРУЗЫ (614).

1337. **limited-function wholesaler** — см. **limited-service wholesaler.**

1338. **limited-service wholesaler**; limited-function wholesaler — предприятие оптовой торговли с ограниченным набором услуг.
ОПТОВИК (2774), который в отличие от ОПТОВИКА, ПРЕДОСТАВЛЯЮЩЕГО ПОЛНЫЙ ПАКЕТ УСЛУГ (1035), не предоставляет своим ПОКУПАТЕЛЯМ (309) услуги по ХРАНЕНИЮ (2400) товаров и не продает товары в кредит. См. также 379, 1442.

1339. **line-haul costs** — затраты на движенческую операцию; издержки магистральной перевозки.
Часть СЕБЕСТОИМОСТИ ПЕРЕВОЗОК (367), непосредственно связанная с перемещением ГРУЗА (340) из ПУНКТА ОТПРАВЛЕНИЯ (1669) в ПУНКТ НАЗНАЧЕНИЯ (694). См. также 2493.

1340. **line-haul movement** — движенческая операция.
Применяемый в тарифообразовании термин, обозначающий собственно ПЕРЕВОЗКУ (2589) ГРУЗА (340) и разл. операции в пути следования, кроме операций в ПУНКТЕ ОТПРАВЛЕНИЯ (1669) и ПУНКТЕ НАЗНАЧЕНИЯ (694), которые в совокупности называются начально-конечной операцией.

1341. **liner conference**; shipping conference; shipping ring — линейная конференция.
Картельное об-ние морских ПЕРЕВОЗЧИКОВ (366) в форме соглашения об уровне ГРУЗОВЫХ ТАРИФОВ (1020) и квоте ПЕРЕВОЗОК (2589). См. также 486.

1342. **liner service** — линейное судоходство.
На ВОДНОМ ТРАНСПОРТЕ (2749): один из трех осн. режимов междунар. грузовых ПЕРЕВОЗОК (2589). Представляет собой перевозку по РАСПИСАНИЮ (2518) и по заранее объявленным ГРУЗОВЫМ ТАРИФАМ (1020). См. также 1163, 2573.

1343. **liner terms** — см. **berth terms.**

1344. **lining** — 1) Дощатая обшивка — щиты, прикрепляемые к стенкам КРЫТОГО ВАГОНА (267) с целью защиты ГРУЗОВ (340) от УДАРНЫХ НАГРУЗОК (1148). 2) Эмульсионный слой — покрытие, нанесенное на внутр. поверхность ВАГОНА-ЦИСТЕРНЫ (2476).

1345. **link** — 1) РЕБРО (2661). 2) Линк — звено цепи сюрвейера (эксперта, занимающегося обследованием судов), равное 20,12 см.

1346. **liquid cargo** — наливной груз.
Жидкий однородный ГРУЗ (340), напр., нефть, перевозимый укрупненной ОТПРАВКОЙ (2194), напр., СУДОВОЙ ОТПРАВКОЙ (2193) в танкере, ВАГОННОЙ ОТПРАВКОЙ (360) в ВАГОНЕ-ЦИСТЕРНЕ (2476) и т. д.

1347. **litter** (амер.) — стихийная свалка.
ТВЕРДЫЕ БЫТОВЫЕ ОТХОДЫ (1572) и/или ТВЕРДЫЕ ПРОМЫШЛЕННЫЕ ОТХОДЫ (1169) брошенные в неустанов-

ленном месте; несанкционированная ОТКРЫТАЯ СВАЛКА (1628).

1348. **litter bin** — КОНТЕЙНЕР ДЛЯ МУСОРА (2017). См. также 1147, 2096.

1349. **little MRP** — см. **Material Requirements Planning.**

1350. **live animals**; live cargo; livestock — живность.
Животные и птицы, перевозимые в качестве ГРУЗА (340). ПОДВИЖНОЙ СОСТАВ (2094) с живностью маркируется спец. МАНИПУЛЯЦИОННЫМ ЗНАКОМ (1095). На ЖЕЛЕЗНОДОРОЖНОМ ТРАНСПОРТЕ (1967) перевозка живности производится с обязательным сопровождением, за исключением перевозки живности МЕЛКИМИ ОТПРАВКАМИ (2286) в спец. ТАРЕ (513) в бесперегрузочном сообщении.

1351. **live cargo** — см. **live animals.**

1352. **live rack**; live storage racking — проточный стеллаж.
СКЛАДСКОЙ СТЕЛЛАЖ (2414), состоящий из нескольких ярусов, грузонесущая поверхность каждого из которых представляет собой неприводной наклонный роликовый КОНВЕЙЕР (541). ПОПОЛНЕНИЕ (2043) ЗАПАСА (1230) в проточном стеллаже производится с тыловой стороны. КОМПЛЕКТАЦИЯ (1785) производится у передней части проточного стеллажа. При этом на место изъятого из стеллажа товара под действием силы тяжести опускается по рольгангу находившийся непосредственно за ним др. товар, т. е. обеспечивается режим ПЕРВЫМ ПОСТУПИЛ — ПЕРВЫМ ПРОДАН (907). См. также 938.

1353. **live skid** — платформенная тележка.
ГРУЗОВАЯ ТЕЛЕЖКА (2273), оснащенная четырьмя опорными роликами или колесами.

1354. **livestock** — см. **live animals.**

1355. **livestock car**; stock car (амер.); cattle wagon (брит.) — вагон для скота.
Спец. ГРУЗОВОЙ ВАГОН (1004), предназначенный для перевозки ЖИВНОСТИ (1350). Вагон для скота может быть оснащен системами водоснабжения, поилками, кормушками, устр-вами вентиляции, служебными помещениями для проводников.

1356. **livestock transit insurance** — страхование живности.
СТРАХОВАНИЕ (1194) РИСКОВ (2087), связанных с ПЕРЕВОЗКОЙ (2589) ЖИВНОСТИ (1350), в т. ч. заболевания и падеж.

1357. **live storage racking** — см. **live rack.**

1358. **lkge** — см. **leakage.**

1359. **load** — 1) ГРУЗ (340). 2) ГРУЗОВАЯ ЕДИНИЦА (2665). 3) Нагрузка — номинальная величина груза, находящегося в ТРАНСПОРТНОМ СРЕДСТВЕ (1506). Напр., у ГРУЗОВЫХ ВАГОНОВ (1004) различают статическую нагрузку, т. е. массу груза в ПУНКТЕ ОТПРАВЛЕНИЯ (1669) и дин. нагрузку, т. е. ср. кол-во груза, приходящееся на вагон на всем пути следования. 4) Лод — ед. объема. Напр., для зерна составляет 1454,72 л в Великобритании и 1409,51 л в США; для лесоматериалов от 40 куб. футов (пиловочные бревна) до 50 куб. футов (опилки) и т. д. 5) Нагрузка — объем работы, приходящейся на к. -л. техн. устр-во.

1360. **loadability** (брит.) — коэффициент использования грузоподъемности.
Отношение фактической НАГРУЗКИ (1359) ТРАНСПОРТНОГО СРЕДСТВА (1506) к номинальной нагрузке. При НЕДОГРУЗЕ (2655) трансп. средства с ГРУЗООТПРАВИТЕЛЯ (497) может быть взыскан ШТРАФ (1760). См. также 622.

1361. **load chart** — 1) Диаграмма грузовых характеристик — документ, входящий в комплект техн. документации КРАНА (563). Представляет собой набор таблиц и схем, в которых показаны соотношения между длиной СТРЕЛЫ (263), как с НАДСТАВКОЙ (1262) так и без нее, углом ее наклона и допустимой грузоподъемностью. В диаграмме грузовых характеристик могут быть показаны РАЗРУШАЮЩИЕ НАГРУЗКИ (278) и ОПРОКИДЫВАЮЩИЕ НАГРУЗКИ (2520) для разл. режимов эксплуатации крана — НА КОЛЕСАХ (1626), с выдвинутыми АУТРИГЕРАМИ (1685) и т. п. 2) График работ — схематическое изображение РАБОТ (1266), которые пр-тие, цех и т. п. должно выполнить в планируемом периоде. 3) Схема загрузки — план размещения ГРУЗОВ (340) на ТРАНСПОРТНОМ СРЕДСТВЕ (1506).

1362. **load divider** — устройство крепления груза.
КРЕПЕЖНОЕ УСТРОЙСТВО (2508), исключающее продольное смещение ГРУЗА (340) в ГРУЗОВОМ ВАГОНЕ (1004).

1363. **loaded boom angle** — угол наклона стрелы под нагрузкой.
Угол между СЕКЦИЕЙ ОСНОВАНИЯ СТРЕЛЫ (194) КРАНА (563) и горизонталью; при этом стрела находится под НОМИ-

НАЛЬНОЙ НАГРУЗКОЙ (1976), ВЫЛЕТ (1635) стрелы не превышает допустимый. См. также 1361.

1364. **loader** — 1) Грузчик — работник, осн. обязанности которого заключаются в ПОГРУЗКЕ (1366) и РАЗГРУЗКЕ (2667) ТРАНСПОРТНЫХ СРЕДСТВ (1506), внутрискладском перемещении ГРУЗОВ (340) и т. п. 2) Погрузчик — механическое устр-во для перегрузки НАВАЛОЧНЫХ ГРУЗОВ (295).

1365. **load factor** — 1) Коэффициент динамической нагрузки — отношение оплаченных ТОННО-МИЛЬ (2529) к максимально возможным тонно-милям. 2) Коэффициент пассажирозагрузки — отношение оплаченных занятых посадочных мест в ТРАНСПОРТНОМ СРЕДСТВЕ (1506) к общему кол-ву посадочных мест. 3) Коэффициент загрузки мощностей — отношение используемой мощности пром. оборудования к установленной мощности этого оборудования. 4) Коэффициент загрузки — отношение скорости поступления ТРЕБОВАНИЙ (587) в СИСТЕМУ МАССОВОГО ОБСЛУЖИВАНИЯ (1953) к скорости обслуживания этих требований. Если коэффициент загрузки больше единицы, то образуется ОЧЕРЕДЬ (1950). См. также 1360, 1755.

1366. **loading** — 1) Погрузка — подача, ориентирование и укладка ГРУЗА (340) в ТРАНСПОРТНОМ СРЕДСТВЕ (1506); операция, обратная РАЗГРУЗКЕ (2667). 2) Надбавка — в СТРАХОВАНИИ (1194): сумма на которую увеличивается страховой тариф. 3) Загрузка — процесс распределения РАБОТ (1266) по исполнителям. 4) Калькуляция полной себестоимости — в БУХГАЛТЕРСКОМ УЧЕТЕ (262): суммирование НАКЛАДНЫХ РАСХОДОВ (1696) и ЦЕХОВОЙ СЕБЕСТОИМОСТИ (1863).

1367. **loading and discharging expenses** — затраты на погрузочно-разгрузочные работы.

Расходы на ПОГРУЗКУ (1366) и РАЗГРУЗКУ (2667) ТРАНСПОРТНЫХ СРЕДСТВ (1506). В ДОГОВОРАХ ПЕРЕВОЗКИ (535) обычно предусматривается способ распределения затрат на погрузочно-разгрузочные работы между ГРУЗООТПРАВИТЕЛЕМ (497) и ГРУЗОПОЛУЧАТЕЛЕМ (492); в таких договорах может быть также ссылка на ОБЫЧАИ ДЕЛОВОГО ОБОРОТА (2672). В БУХГАЛТЕРСКОМ УЧЕТЕ (262) затраты на погрузочно-разгрузочные работы обычно относят на ТРАНСПОРТНЫЕ ИЗДЕРЖКИ (2594) и/или ИЗДЕРЖКИ ХРАНЕНИЯ (2405). См. также 217, 903, 904, 905, 994, 1079, 2493.

1368. **loading bay** — погрузочно-разгрузочная площадка.

Примыкающая к СКЛАДУ (2718) платформа шириной, как правило, 2 – 8 метров и высотой 1,1 – 1,2 метра, предназначенная для ПОГРУЗКИ (1366) и/или РАЗГРУЗКИ (2667) ГРУЗОВЫХ АВТОМОБИЛЕЙ (1417) или ГРУЗОВЫХ ВАГОНОВ (1004). Пол склада и пол погрузочно-разгрузочной площадки находятся, как правило, на одном уровне. Для обеспечения въезда на погрузочно-разгрузочную площадку ПОГРУЗЧИКОВ (1331) обычно устраивают ПАНДУСЫ (1973). Для обеспечения въезда погрузчиков с погрузочно-разгрузочной площадки в вагоны применяются УРАВНИВАЮЩИЕ УСТРОЙСТВА (754) и ПЕРЕКИДНЫЕ МОСТИКИ (755). См. также 751, 757.

1369. **loading gage** — габарит погрузки.

Предельное поперечное перпендикулярное оси пути очертание, в которое должен вписываться ГРУЗ (340), установленный на ж. -д. ПОДВИЖНОЙ СОСТАВ (2094). См. также 438.

1370. **loading inspector** — работник пункта коммерческого осмотра.
Работник, в обязанности которого входит досмотр ГРУЗОВ (340) и ГРУЗОВЫХ ВАГОНОВ (1004), контроль состояния их УПАКОВКИ (1714) и средств крепления, принятие мер по устранению сдвига грузов за ГАБАРИТ ПОГРУЗКИ (1369), устранение развала ШТАБЕЛЕЙ (2330) и т. п.

1371. **loading pattern** — схема загрузки.
Способ размещения ГРУЗОВ (340) в КОНТЕЙНЕРЕ (1009), ТРАНСПОРТНОМ СРЕДСТВЕ (1506) и т. п. Осн. требованиями к схеме загрузки являются макс. использование вместимости контейнера (трансп. средства), равномерное распределение нагрузок на его пол и стены, укладка с учетом СОВМЕСТИМОСТИ (475) грузов и т. п.

1372. **loading programme** (амер., разг.) — план сбыта сверхнормативных запасов.
Способ сбыта ИЗЛИШНИХ ЗАПАСОВ (1702) ГОТОВОЙ ПРОДУКЦИИ (900) пром. пр-тиями, заключающийся в предоставлении льготных УСЛОВИЙ ПОСТАВКИ (666) ДИСТРИБЬЮТОРАМ (741).

1373. **loading quantity** — норма загрузки.
Кол-во ед. ПРОДУКЦИИ (1885) или масса продукции данного вида, которая может быть размещена в ТАРЕ (513) соответствующего типа. См. также 2434.

1374. **loading rate** — норма погрузки.
Условие ДОГОВОРА ПЕРЕВОЗКИ (535), определяющее кол-во ед. ГРУЗА (340) или массу груза, которая должна быть погружена (разгружена) в ед. времени. В договорах морской перевоз-

ки норма погрузки обычно указывается в ТОННАХ (2528) в день.

1375. **load levelling** (амер.) — выравнивание.

1) Равномерное распределение нагрузки на пол КОНТЕЙНЕРА (1009) или ТРАНСПОРТНОГО СРЕДСТВА (1506). 2) Способ КАЛЕНДАРНОГО ПЛАНИРОВАНИЯ (2133), предполагающий равномерное распределение РАБОТ (1266) по периодам времени; в случае необходимости — наличие резерва времени для выполнения СРОЧНЫХ ЗАКАЗОВ (2671). См. также 1361.

1376. **load limit,** LD. LMT. (амер.) — предельная грузоподъемность.

Макс. кол-во ГРУЗА (340) в ТОННАХ (2528), которое разрешается укладывать в ГРУЗОВОЙ ВАГОН (1004) данного типа; указывается в ТРАФАРЕТНЫХ НАДПИСЯХ (2348) на вагоне.

1377. **load line**; Plimsoll mark — грузовая марка.

Знак, наносимый на оба борта морского ГРУЗОВОГО СУДНА (358) для обозначения мин. высоты надводного борта, которую судно может иметь в разл. условиях плавания. Представляет собой круг (диск Плимсоля) диаметром 305 мм, пересеченный горизонтальной чертой длиной 457 мм.

1378. **load matching** — подбор грузов.

Операция, выполняемая при формировании ГРУЗОВОГО ПЛАНА (2424) водного судна или СХЕМЫ ЗАГРУЗКИ (1371) ТАРЫ (513). Критериями оптимальности при подборе грузов являются СОВМЕСТИМОСТЬ (475) ГРУЗОВ (340), макс. использование грузоподъемности/грузовместимости и т. д.

1379. **load moment** — грузовой момент.
Произведение массы ГРУЗА (1359), подвешенного на СТРЕЛЕ (263), на величину ВЫЛЕТА (1635). См. также 1361, 1380.

1380. **load moment indicator** — ограничитель грузоподъемности.
Устр-во, устанавливаемое на стреловых, башенных и портальных КРАНАХ (563). Обрабатывает информацию, поступающую от датчиков УГЛА НАКЛОНА СТРЕЛЫ (264), ВЫЛЕТА (1635), массы ГРУЗА (1359) и др., и может блокировать такие ф-ции крана как выдвижение стрелы и ее опускание при опасном сближении крюковой обоймы и оголовника стрелы, превышении номинальной грузоподъемности крана и т. д.

1381. **load radius** — см. **operating radius.**

1382. **load-size ratio** (амер.) — коэффициент «приемка-отгрузка.»
Отношение кол-ва РЕЙСОВ (2621) внутрискладских трансп. средств, напр., вилочных ПОГРУЗЧИКОВ (1331) при РАЗГРУЗКЕ (2667) товаров, поступивших ВАГОННОЙ ОТПРАВКОЙ (360), и их доставке в ЗОНУ ХРАНЕНИЯ (2402), к кол-ву рейсов при ПОГРУЗКЕ (1366) этих же товаров на ГРУЗОВЫЕ АВТОМОБИЛИ (1417).

1383. **load/unload time — см. free time.**

1384. **local pickup** — см. **pickup.**

1385. **local rate** — местный тариф.
ГРУЗОВОЙ ТАРИФ (1020) на ПЕРЕВОЗКУ (2589), совершаемую по линии, принадлежащей одной ж. -д. компании. См. также 1272.

1386. **local supply order** — одногородний наряд-заказ.

Применяемая в США спец. форма НАРЯД-ЗАКАЗА (1920) на мелкооптовые покупки; используется также при оформлении СРОЧНЫХ ЗАКАЗОВ (2671). Предельная сумма такого заказа устанавливается ОТДЕЛОМ СНАБЖЕНИЯ (1932).

1387. **location** — см. **storage location.**

1388. **location code**; storage location code — код складской ячейки.

Цифровой или алфавитно-цифровой код, идентифицирующий СКЛАДСКУЮ ЯЧЕЙКУ (2409). По этому коду можно определить номер СКЛАДСКОГО СТЕЛЛАЖА (2414), СЕКЦИИ СТЕЛЛАЖА (209) и ЯРУСА (1322).

1389. **location map** — план-карта.

В АВТОМАТИЗИРОВАННОЙ СИСТЕМЕ УПРАВЛЕНИЯ СКЛАДСКИМИ ПРОЦЕССАМИ (2724): выводимая на дисплей или на печать схема СКЛАДСКИХ ЯЧЕЕК (2409) с указанием вида и кол-ва находящихся в них товаров.

1390. **locator file** — файл адресов хранения; складская картотека.

Бумажная или электронная картотека, используемая при СВОБОДНОМ РАЗМЕЩЕНИИ (1974) товаров на СКЛАДЕ (2718). См. также 2374.

1391. **lockage**; lock dues — шлюзовый сбор.

Плата за проход водного судна через шлюз (гидротехническое сооружение для перевода судов из одного водного пространства в др. с отличающимся от первого уровнем воды).

1392. **lock dues** — см. **lockage.**

1393. **log** — 1) Лаг — прибор для измерения СКОРОСТИ (2313) хода водного судна. 2) Судовой журнал — один из СУДОВЫХ ДОКУМЕНТОВ (2228), в котором фиксируются важнейшие события по каждому РЕЙСУ (2710). Ведется по спец. форме под руководством капитана.

1394. **logging car** (амер.) — платформа для лесоматериалов.
Спец. ж. -д. ПЛАТФОРМА (919) для перевозки круглых бревен, хлыстов (деревьев с обрубленными сучьями) и т. п. Для фиксации лесоматериалов на платформе используют разл. КРЕПЕЖНЫЕ УСТРОЙСТВА (2508), металлические стяжки, многооборотные СТРОПЫ (2278) и т. п.

1395. **logistical system** — см. **logistics system.**

1396. **logistic curve**; Pearl-Reed curve — логистическая кривая; кривая Перла-Рида.
S-образная кривая с горизонтальной асимптотой. Используется, напр., при моделировании ЖИЗНЕННОГО ЦИКЛА ТОВАРА (1893), при ПРОГНОЗИРОВАНИИ (952) объема ГРУЗООБОРОТА (2556) и т. п.

1397. **logistics** — логистика.
1) Наука о планировании, контроле и управлении транспортированием, складированием и др. материальными и нематериальными операциями, совершаемыми в процессе доведения СЫРЬЯ (1979) до пр-тия-изготовителя и ГОТОВОЙ ПРОДУКЦИИ (900) до ПОТРЕБИТЕЛЯ (508), а также сборе, передаче, хранении и обработке соответствующей информации. 2) Раздел военной науки, касающейся тылового обеспечения фронта (снабжение действующей армии продовольствием, обмундированием, ЗАПАСНЫМИ ЧАСТЯМИ (2303) к военной технике,

эвакуации раненых и заболевших и т. п.), орг-ции военных перевозок, расквартировании личного состава и т. д. 3) Устаревшее название матем. логики. 4) Способ орг-ции к. -л. процесса или элементов к. -л. системы.

1398. **logistics chain** — логистическая цепь.

1) Линейно-упорядоченное мн-во (т. е. мн-во, для каждого элемента которого, кроме первого и последнего, можно указать предшествующий и последующий элемент), включающие ПОСТАВЩИКА (2450), разл. ПОСРЕДНИКОВ (1209) и ПОТРЕБИТЕЛЯ (587). Является подмн-вом ЛОГИСТИЧЕСКОГО КАНАЛА (1399). 2) Фирмы или территориально распределенные подразделения одной фирмы, связанные единой технол. цепочкой.

1399. **logistics channel**; distribution channel; trade channel — логистический канал; канал товародвижения.

Частично-упорядоченное мн-во, состоящее из ПОСТАВЩИКА (2450), ПОТРЕБИТЕЛЯ (587) и разл. ПОСРЕДНИКОВ (1209), которые могут участвовать в ТОВАРОДВИЖЕНИИ (1777); в условиях рыночной экономики поставщик и/или потребитель должны выбрать из них тех, кто будет участвовать в процессе доведения товаров от поставщика до потребителя. Когда выбор сделан, то логистический канал превращается в ЛОГИСТИЧЕСКУЮ ЦЕПЬ (1398). Однако ряд авторов не проводит строгого различия между логистическим каналом и логистической цепью и использует оба термина как синонимы. См. также 2455.

1400. **logistics costs** — логистические издержки.

Затраты на выполнение ЛОГИСТИЧЕСКИХ ОПЕРАЦИЙ (1404). Важнейшими видами логистических издержек являются ТРАНСПОРТНЫЕ РАСХОДЫ (2594), ЗАТРАТЫ НА ФОРМИРОВАНИЕ И ХРАНЕНИЕ ЗАПАСОВ (1232), расходы на

УПАКОВКУ (1714) и т. д. В развитых странах логистические издержки составляют 10-13% стоимости ВНП.

1401. **logistics engineer**; logistics specialist (амер.) — инженер-логистик.

Работник пром. пр-тия, координирующий деятельность ПОСТАВЩИКОВ (2450), производственных подразделений пр-тия и специалистов по техн. обслуживанию выпускаемой ПРОДУКЦИИ (1885) на основе требований ПОТРЕБИТЕЛЕЙ (587). Участвует в мероприятиях, связанных с ЛОГИСТИЧЕСКОЙ ПОДДЕРЖКОЙ (1410) производимой продукции. Специальность инженер-логистик (код 019.167 — 010) включена Министерством труда США в группу специальностей, «требующих глубоких профессиональных знаний и фундаментальной подготовки на уровне колледжа или университета».

1402. **logistics service provider** — исполнитель логистических услуг.

Юридическое лицо, осн. коммерческой деятельностью которого является выполнение ЛОГИСТИЧЕСКИХ ОПЕРАЦИЙ (1404), напр., ПЕРЕВОЗЧИК (366), ХРАНИТЕЛЬ (2723). Товары, находящиеся в оперативном управлении исполнителя логистических услуг, не являются его собственностью. Данный термин используется, напр., в стандарте ЕАНКОМ (802).

1403. **logistics function** — логистическая функция.

1) В военной ЛОГИСТИКЕ (1397) — разл. работы по проектированию и стр-ву оборонительных линий, ПЕРЕВОЗКАМ (2589) военных материалов и личного состава, интендантские операции и т. п. 2) В гражданской логистике — термин, определяемый разл. авторами по-разному. Одни авторы отождествляют логистическую функцию и ЛОГИСТИЧЕСКУЮ ОПЕРАЦИЮ (1404); др. авторы считают, что логистическая функция — это укрупненные группы логистических операций и выделя-

ют шесть таких групп: сбор ЗАКАЗОВ (1646), УПРАВЛЕНИЕ ЗАПАСАМИ (1236), ХРАНЕНИЕ (2400), ГРУЗОПЕРЕРАБОТКА (1484), УПАКОВЫВАНИЕ (1721) и ПЕРЕВОЗКИ (2589). 3) В математике — ф-ция, графически задаваемая ЛОГИСТИЧЕСКОЙ КРИВОЙ (1396).

1404. **logistics operations**; logistics services — логистические операции. ОПЕРАЦИИ (1636), направленные на преобразование МАТЕРИАЛЬНОГО ПОТОКА (1482) и/или ИНФОРМАЦИОННОГО ПОТОКА (1178), напр., ПОГРУЗКА (1366), УПАКОВЫВАНИЕ (1721), КОМПЛЕКТАЦИЯ (1785), оформление ТОВАРОСОПРОВОДИТЕЛЬНЫХ ДОКУМЕНТОВ (2213), ОТСЛЕЖИВАНИЕ ГРУЗОВ (2199) и т. п.

1405. **logistics park** — грузовой терминал; логистикс-парк. Специально выделенная территория с расположенными на ней СКЛАДАМИ (2718), РАСПРЕДЕЛИТЕЛЬНЫМИ ЦЕНТРАМИ (734) и т. п., имеющая необходимые элементы ИНФРАСТРУКТУРЫ (1179), в т. ч. ПОДЪЕЗНОЙ ПУТЬ (2258) и ПОДЪЕЗДНЫЕ ДОРОГИ (11). Обычно устраивается вблизи крупных пром. и торговых центров, ПОРТОВ (1831) и т. п.

1406. **logistics process** — логистический процесс. Упорядоченная во времени последовательность ЛОГИСТИЧЕСКИХ ОПЕРАЦИЙ (1404), направленная на обеспечение ПОТРЕБИТЕЛЯ (587) к. -л. ПРОДУКЦИЕЙ (1885). Удобной матем. моделью логистического процесса является, напр., случайный процесс, и, в частности, марковский процесс, т. е. процесс, для которого будущее при известном настоящем не зависит от прошлого.

1407. **logistics services** — см. **logistics operations.**

1408. **logistics software** — программно-математическое обеспечение задач логистики.

Пакеты прикладных программ, предназначенных для решения на ЭВМ разл. задач ЛОГИСТИКИ (1397), напр., УПРАВЛЕНИЯ ЗАПАСАМИ (1236), конструирования ТАРЫ (513), формирования ГРУЗОВЫХ ПЛАНОВ (2424), ОТСЛЕЖИВАНИЯ ГРУЗОВ (2199) и т. п.

1409. **logistics specialist** — см. **logistics engineer.**

1410. **logistics support** — логистическая поддержка.

1) В военной ЛОГИСТИКЕ (1397) — РАБОТЫ (1266), связанные с ТЕХНИЧЕСКИМ ОБСЛУЖИВАНИЕМ (1446) вооружения, линий связи и т. п.; интендантская служба. 2) В гражданской логистике — снабженческо-сбытовая деятельность пром. пр-тий; обеспечение ЗАПАСНЫМИ ЧАСТЯМИ (2303).

1411. **logistics system**; logistical system; logistic system — логистическая система.

1) Содержательно неясное понятие, которое может обозначать любую экон. систему, в которой выполняются ЛОГИСТИЧЕСКИЕ ОПЕРАЦИИ (1404), напр., пром. пр-тие, трансп. пр-тие, СКЛАД ОБЩЕГО ПОЛЬЗОВАНИЯ (1915) и т. п. 2) В матем. логике — формальная система, представляющая собой совокупность формализованного языка (мн-во исходных символов для констант, переменных, ф-ций и др.), мн-ва аксиом и мн-в правил вывода, позволяющих получать из одних ф-л другие.

1412. **logistic system** — см. **logistics system.**

1413. **long cargo** — длинномерный груз.

ГРУЗ (340), ЛИНЕЙНЫЕ РАЗМЕРЫ (705) которого превышают длину ТРАНСПОРТНОГО СРЕДСТВА (1506). См. также 2640.

1414. **longshoreman** — грузчик.

Работник, осн. обязанностью которого является ПОГРУЗКА (1366) и РАЗГРУЗКА (2667) водных судов. См. также 1364, 2350.

1415. **long-term supply and purchase agreement** — долгосрочный договор купли-продажи.

Соглашение между ПОСТАВЩИКОМ (2450) и ПОКУПАТЕЛЕМ (309), в роли которых обычно выступают гос. внешнеторговые орг-ции соответствующих стран, о том, что первый обязуется продать, а второй -приобрести заданное кол-во нек-рой ПРОДУКЦИИ (1885) в течение согласованного срока. Кол-во обычно задается в виде макс. или мин. объема соответствующей продукции, напр., зерна, которое покупатель обязуется приобретать ежегодно. В таком соглашении ГРАФИК ПОСТАВОК (663) обычно не фиксируется; он прилагается к отдельным контрактам, заключаемым на базе данного соглашения.

1416. **long ton**; British ton; English ton; gross ton; imperial ton; U. K. ton; weight ton — английская тонна; большая тонна; длинная тонна.

Ед. массы, применяемая в Великобритании и нек-рых др. странах; равна 2240 фунтам или 1016,05 кг. См. также 2528.

1417. **lorry** — 1) Грузовой автомобиль — ед. ПОДВИЖНОГО СОСТАВА (2094) АВТОМОБИЛЬНОГО ТРАНСПОРТА (1546), оснащенная дизельным, газотурбинным или иным двигателем и предназначенная для транспортирования ГРУЗОВ (340). В данном значении этот термин используется в Великобритании и нек-рых др. странах, кроме США. 2) Ж. -д. ПЛАТФОРМА (919). 3) ТРАНСПОРТЕР (684). В данном значении этот термин используется преимущественно в США.

1418. **loss** — 1) Убытки — фин. потери; превышение расходов над доходами. 2) СТРАХОВОЙ СЛУЧАЙ (843). 3) СТРАХОВОЕ ВОЗМЕЩЕНИЕ (1156).

1419. **lot** — 1) Лот — ед. купли-продажи на ТОВАРНОЙ БИРЖЕ (470). 2) ПАРТИЯ (204).

1420. **lot-for-lot**; L4L; discrete order quantity — партия поставки, соответствующая потребности.
АЛГОРИТМ РАСЧЕТА РАЗМЕРА ПАРТИИ (1424), в соответствии с которым объем ЗАКАЗА (1646) просчитывается так, чтобы он соответствовал ФАКТИЧЕСКОЙ ПОТРЕБНОСТИ (1581). Этот алгоритм используется в системе ТОЧНО ВОВРЕМЯ (1276) и позволяет уменьшить НАЛИЧНЫЕ ЗАПАСЫ (1624).

1421. **lot size**; batch quantity; order quantity — партия поставки.
Регламентируемые ДОГОВОРОМ ПОСТАВКИ (526) кол-во и АССОРТИМЕНТ (122) ПРОДУКЦИИ (1885) в отдельной ПОСТАВКЕ (2194). Для ТРАНЗИТНЫХ ПОСТАВОК (708) зависит от таких факторов как ЗАКАЗНАЯ НОРМА (1525), ТРАНЗИТНАЯ НОРМА (1526) и др. См. также 812.

1422. **lot-size inventory** — см. **cycle stock.**

1423. **lot-size inventory management interpolation technique,** LIMIT — метод интерполяции величины текущего запаса.
Метод расчета оптим. ПАРТИИ (204) производимой ПРОДУКЦИИ (1885), применяемый в случае, когда ОПТИМАЛЬНАЯ ПАРТИЯ ПОСТАВКИ (812) не соответствует ПРОИЗВОДИТЕЛЬНОСТИ (328) пром. пр-тия, превышая ее. В соответствии с этим методом КОЭФФИЦИЕНТ ЗАТРАТ НА ФОРМИРОВАНИЕ И ХРАНЕНИЕ ЗАПАСОВ (1233) должен быть одинаковым для всех видов продукции.

1424. **lot-sizing rule** — алгоритм расчета размера партии.
Алгоритм, позволяющий рассчитывать ОПТИМАЛЬНУЮ ПРОИЗВОДСТВЕННУЮ ПАРТИЮ (811) и/или ОПТИМАЛЬНУЮ ПАРТИЮ ПОСТАВКИ (812) с учетом ряда ОГРАНИЧЕНИЙ (502), напр., на ЗАТРАТЫ НА ПЕРЕНАЛАДКУ (2180) и на ЗАТРАТЫ НА ФОРМИРОВАНИЕ И ХРАНЕНИЕ ЗАПАСОВ (1232). См. также 913, 1312, 1313, 1420, 1766.

1425. **low level code** (амер., орг. произ-ва) — код низшей ступени входимости.
Число, идентифицирующее наиболее низкую СТУПЕНЬ ВХОДИМОСТИ (1322) для данной ДЕТАЛИ (1739) в данной ВЕДОМОСТИ МАТЕРИАЛОВ (226).

1426. **low-priority freight** — см. **filler freight.**

1427. **low-sided wagon** — см. **flatcar.**

1428. **low value cargo** — нетоварный груз.
ГРУЗ (340), не имеющий коммерческой стоимости или имеющий ограниченную коммерческую стоимость, напр., предназначенные для бесплатной раздачи рекламные проспекты. Указан-

ная в ТАМОЖЕННОЙ ДЕКЛАРАЦИИ (593) стоимость такого груза при всех обстоятельствах должна быть не ниже его ЗАВОДСКОЙ СЕБЕСТОИМОСТИ (1888).

1429. **low-waste technology** — малоотходная технология.
Производственные процессы и оборудование, применение которых позволяет минимизировать кол-во ОТХОДОВ (2741) и/или утилизировать образующиеся отходы непосредственно на месте.

1430. **loyalty card** — дисконтная карта.
Документ, напр., карта с магнитной полосой, СМАРТ-КАРТА (2288), выдаваемый ПРЕДПРИЯТИЕМ РОЗНИЧНОЙ ТОРГОВЛИ (2067) постоянному ПОКУПАТЕЛЮ (309) и дающий возможность покупать товары со СКИДКОЙ (719).

1431. **loyalty-incentive rate** — см. **agreed rate.**

1432. **LTC** — см. **least total cost.**

1433. **LTL** — см. **less-than-truckload.**

1434. **LT. WT.** — см. **light weight.**

1435. **LUC** — см. **least unit cost.**

1436. **luggage** — 1) БАГАЖ (168). 2) Тара для укладки багажа — чемоданы, сумки и т. п., используемые для размещения личных вещей пассажиров.

1437. **luggage van** — см. **baggage car.**

1438. **lumpsum charter** — чартер с твердой суммой фрахта.
Разновидность РЕЙСОВОГО ЧАРТЕРА (2711). ПРОВОЗНАЯ ПЛАТА (2593) вносится ФРАХТОВАТЕЛЕМ (414) в виде ЛЮМПСУМА (1439), не зависящего от фактического кол-ва ГРУЗА (340), принятого на борт.

1439. **lumpsum freight** — люмпсум.
ПРОВОЗНАЯ ПЛАТА (2593), взимаемая аккордно за все ГРУЗОВОЕ СУДНО (358) безотносительно к фактическому кол-ву перевозимого ГРУЗА (340). Люмпсум взыскивается обычно в тех случаях, когда перевозится разнохарактерный груз, массу и/или кубатуру которого заранее трудно определить.

M

1440. **machine load report** (амер., орг-ция произ-ва) — отчет о загрузке оборудования.
Оперативный документ, содержащий данные о коэффициенте использования станочного парка и др. технол. оборудования. На основании этого документа руководство цеха может принять решение о введении сверхурочных работ, о переходе на работу в условиях СУБПОДРЯДА (533) и т. п.

1441. **magazine** — 1) СКЛАД (2718). В данном значении рассматриваемый термин используется преимущественно в военной ЛОГИСТИКЕ (1397). 2) Хранилище взрывчатых веществ — спец. изолированное помещение на военном корабле, предназначенное для хранения тринитротолуола и др. веществ.

1442. **mail-order distributor** — оптовое предприятие посылочной торговли.

ПРЕДПРИЯТИЕ ОПТОВОЙ ТОРГОВЛИ С ОГРАНИЧЕННЫМ НАБОРОМ УСЛУГ (1338), снабжающее РОЗНИЧНЫХ ТОРГОВЦЕВ (2067) по почтовым каналам связи. Товары высылаются торговцам ПОЧТОВЫМИ ПОСЫЛКАМИ (1844).

1443. **mail traffic** — перевозка почты.

ДОСТАВКА (655) адресатам писем, ПОЧТОВЫХ ПОСЫЛОК (1844) и т. п. Значительную часть ВРЕМЕНИ ПЕРЕВОЗКИ (2585) занимают операции СОРТИРОВАНИЯ (2292) корреспонденции. Вопросами перевозки почты занимается ряд междунар. орг-ций, в т. ч. Всемирный почтовый союз, решением которого с 1 января 1997 г. плата, переводимая администрации почты в стране назначения, зависит не только от объема корреспонденции, но и от соблюдения сроков доставки. Контролировать эти сроки предполагается путем использования РАДИОЧАСТОТНЫХ БИРОК (1961), вкладываемых в письма и др.

1444. **main contractor** — см. **general contractor.**

1445. **maintainability** — см. **serviceability.**

1446. **maintenance** — 1) Техническое обслуживание; уход — комплекс ПРОИЗВОДСТВЕННЫХ УСЛУГ (1168), связанных со сбытом и поддержанием эксплуатационной готовности пром. ПРОДУКЦИИ (1885). Подразделяется на предпродажное и послепродажное, гарантийное и послегарантийное, ПРЕДУПРЕДИТЕЛЬНОЕ ТЕХНИЧЕСКОЕ ОБСЛУЖИВАНИЕ (1856) и аварийный РЕМОНТ (2039) и т. д. 2) Средства к существованию — наличные ден. средства, ИНДИВИДУАЛЬНЫЕ ЗАПА-

СЫ (1161), необходимые для поддержания физ. существования человека.

1447. **Make-or-Buy problem,** МОВ — задача «сделать или купить».
Трудноформализуемая задача, заключающаяся в решении вопроса о самостоятельном произ-ве к.-л. необходимого данному пр-тию комплектующего изделия, ДЕТАЛИ (1739) и т. п. или приобретении его у стороннего ПОСТАВЩИКА (2450). Самостоятельное произ-во всех необходимых деталей может привести к повышению ЗАВОДСКОЙ СЕБЕСТОИМОСТИ (1888) ПРОДУКЦИИ (1885) и снижению ее КАЧЕСТВА (1941). С др. стороны, приобретение большей части деталей и комплектующих у сторонних поставщиков ведет к потере имиджа и ставит пр-тие в зависимость от колебаний рыночной конъюнктуры. В реальных условиях КОЭФФИЦИЕНТ КООПЕРИРОВАННОГО СНАБЖЕНИЯ (1918) у ряда известных фирм колеблется в пределах 0,4 -0,6. См. также 165, 533.

1448. **make-to-order product** — продукция массового производства, изготовляемая по заказам.
ПРОДУКЦИЯ (1885) МАССОВОГО ПРОИЗВОДСТВА (1471), изготовление и отделка которой завершаются после поступления ЗАКАЗА (1646) конкретного ПОТРЕБИТЕЛЯ (587). Напр., в системе КАНБАН (1277) ИНДИВИДУАЛИЗАЦИЯ ПРОДУКЦИИ (589), в т. ч. установка разл. доп. принадлежностей, производится под конкретный заказ. См. также 1845, 2309.

1449. **make-to-stock product** — товары, поставляемые со склада готовой продукции.
ПРОДУКЦИЯ (1885) МАССОВОГО ПРОИЗВОДСТВА (1471), номенклатура и кол-во которой определяются методами ПРОГНОЗИРОВАНИЯ (952). См. также 865.

1450. **manifest**; cargo (manifest) — манифест.

Перечень перевозимых ТРАНСПОРТНЫМ СРЕДСТВОМ (1506) ГРУЗОВ (340) с разбивкой по КОНОСАМЕНТАМ (225). Является одним из обязательных СУДОВЫХ ДОКУМЕНТОВ (2228), представляемых администрации ТАМОЖНИ (591) и СТИВИДОРАМ (2350). Кол-во экземпляров манифеста, сроки и порядок его предъявления определяются ОБЫЧАЯМИ ПОРТОВ (597) и местным законодательством.

1451. **manifest conflict** — открытый конфликт.

КОНФЛИКТ В КАНАЛЕ ТОВАРОДВИЖЕНИЯ (410), явившийся результатом к. -л. инцидента, напр., ПОСТАВКИ НЕЗАКАЗАННОЙ ПРОДУКЦИИ (659), наличие которого признается участниками КАНАЛА ТОВАРОДВИЖЕНИЯ (1399). Открытый конфликт требует четкого определения обеими сторонами своих позиций и компенсации ущерба потерпевшей стороны, либо к. -л. компромиссных решений. См. также 1296.

1452. **man-to-goods picking** — комплектация внутри зоны хранения.

КОМПЛЕКТАЦИЯ (1785) ЗАКАЗОВ (1646), выполняемая непосредственно у СКЛАДСКОЙ ЯЧЕЙКИ (2409). См. также 1060.

1453. **manufacturability**; producibility — технологичность.

Совокупность свойств машиностроительной ПРОДУКЦИИ (1885), характеризующих простоту и удобство ее СБОРКИ (118).

1454. **manufacturers, agent** — промышленный агент.

АГЕНТ (49), сбывающий ПРОДУКЦИЮ (1885) двух или более производителей на закрепленной за ним территории. Он не входит в сбытовой аппарат ни одной из фирм-производителей и не имеет права собственности на их продукцию, находящуюся в его оперативном управлении. См. также 1455.

1455. **manufacturer's representative** — промышленный агент.

Физ. или юридическое лицо, действующее в качестве АГЕНТА (49) фирмы-производителя и получающее за свою деятельность комиссионное вознаграждение. Фирма-производитель может пользоваться услугами нескольких промышленных агентов, выделяя каждому из них определенную квоту или закрепляя за каждым соответствующую территорию. С др. стороны, промышленный агент вправе представлять на одной территории несколько фирм-производителей, производящих разнородную ПРОДУКЦИЮ (1885), т. е. не являющихся конкурентами. См. также 2158.

1456. **manufacturer's sales branch** — сбытовое отделение промышленной фирмы.

Оптовый ТОРГОВЫЙ ФИЛИАЛ ПРОМЫШЛЕННОЙ ФИРМЫ (1457), выполняющий НАРЯД-ЗАКАЗЫ (1920) из НАЛИЧНЫХ ЗАПАСОВ (1624).

1457. **manufacturer's sales office** — торговый филиал промышленной фирмы.

Отдел сбыта пром. фирмы, располагающий торговым помещением, в котором выставлены образцы ПРОДУКЦИИ (1885). Отдел принимает НАРЯД-ЗАКАЗЫ (1920) от ПОКУПАТЕЛЕЙ (309). НАЛИЧНЫХ ЗАПАСОВ (1624) отдел не имеет.

1458. **manufacturing contract** — договор подряда.

Соглашение, в соответствии с которым одна сторона (подрядчик) выполняет по заданию др. стороны [ЗАКАЗЧИКА (1652)] к.-л. работу, подлежащую оплате. МАТЕРИАЛЫ (1477), как правило, предоставляются заказчиком; в ином случае данное соглашение считается ДОГОВОРОМ ПОСТАВКИ (526). См. также 985.

1459. **manufacturing costs**; manufacturing expense — издержки производства.

Совокупные затраты живого и овеществленного труда в процессе произ-ва ПРОДУКЦИИ (1885). В ден. форме издержки производства пром. пр-тий выступают как ЗАВОДСКАЯ СЕБЕСТОИМОСТЬ (1888).

1460. **manufacturing expense** — см. **manufacturing costs.**

1461. **manufacturing inventory** — производственные запасы.

ЗАПАСЫ (1230) ПРОДУКЦИИ ПРОИЗВОДСТВЕННО-ТЕХНИЧЕСКОГО НАЗНАЧЕНИЯ (1882), в т. ч. СЫРЬЕ (1979), ТАРА (513) и т. п., на пром. пр-тиях. П. з. обеспечивают непрерывность производственного процесса. Производственные запасы подразделяются на ТЕКУЩИЙ ЗАПАС (607), ПОДГОТОВИТЕЛЬНЫЙ ЗАПАС (1852) и СТРАХОВОЙ ЗАПАС (2115). Производственные запасы учитываются в натуральных, условно-натуральных и стоимостных измерителях. См. также 737.

1462. **manufacturing lead time** — производственный цикл.

Период времени между началом и окончанием производственного процесса применительно к конкретной ПРОДУКЦИИ (1885) в пределах пром. пр-тия. Производительный цикл включает, в частности, ОСНОВНОЕ ТЕХНОЛОГИЧЕСКОЕ ВРЕМЯ (2110), МЕЖОПЕРАЦИОННОЕ ВРЕМЯ (1548), ВРЕМЯ ПЕРЕНАЛАДКИ (2181), ВРЕМЯ ТЕХНОЛОГИЧЕСКИХ ПЕРЕРЫВОВ (2716). Спец. исследования, проведенные в 1970-е гг., показали, что время технол. перерывов нередко составляет свыше 90% продолжительности П. ц. См. также 2681.

1463. **manufacturing order** — 1) Внутренний наряд-заказ — ЗАКАЗ (1646), подписанный уполномоченным лицом и содержащий задание на изготовление определенного кол-ва ДЕТАЛЕЙ (1739) в данном цехе пром. пр-тия. 2) Заказ — задание на выполнение определенной РАБОТЫ (1266), результаты которой ЗАКАЗЧИК (1652) обязуется оплатить. Кол-во размещенных заказов — один из показателей деловой активности, применяемых в США.

1464. **Manufacturing Resource Planning,** MRP II — МРП II.
Разработанная в США в конце 1970-х гг. система орг-ции произ-ва, включающая ф-ции системы МРП (1488), а также ряд новых ф-ций, в т. ч. автоматизированного проектирования, технол. подготовки произ-ва. Решение задач расчета потребности в ПРОДУКЦИИ ПРОИЗВОДСТВЕННО-ТЕХНИЧЕСКОГО НАЗНАЧЕНИЯ (1882) в системе МРП II производится параллельно с решением задач ПРОГНОЗИРОВАНИЯ (952) и УПРАВЛЕНИЯ ЗАПАСАМИ (1236). В МРП II широко применяются методы ИМИТАЦИОННОГО МОДЕЛИРОВАНИЯ (2260).

1465. **marine extension clause** — оговорка о расширенном морском страховании.
Оговорка в СТРАХОВОМ ПОЛИСЕ (1195), обеспечивающая страховую защиту ГРУЗА (340) в случае ДЕВИАЦИИ (699) и/или ПРИОСТАНОВКИ ПЕРЕВОЗКИ (2461).

1466. **marine insurance** — морское страхование.
Разновидность СТРАХОВАНИЯ (1194), обеспечивающая страховую защиту ГРУЗА (340), судна, ФРАХТА (998) от разл. РИСКОВ (1763), характерных для морской перевозки [посадка

на мель, столкновение, ДЕЙСТВИЯ ВРАГОВ ОБЩЕСТВА (24) и т. п.]. В понятие «морское страхование» включаются и др. виды страховой защиты, напр., СТРАХОВАНИЕ ОТВЕТСТВЕННОСТИ (1325).

1467. **market share** — доля рынка.
Отношение ОБЪЕМА ПРОДАЖ (2117) определенной ПРОДУКЦИИ (1885), изготовленной данным ПОСТАВЩИКОМ (2450), к емкости рынка, т. е. всему кол-ву продукции данного вида, которая при существующем уровне ЦЕН (1857) может быть куплена за определенный период.

1468. **marking** — 1) Маркирование — нанесение ЯРЛЫКОВ (1282), ценников, этикеток, на ПРОДУКЦИЮ (1885). 2) Регистрация сделок — ведение учетного реестра сделок, заключаемых на фондовой бирже. 3) Макет — способ компоновки элементов МАРКИРОВКИ (1469).

1469. **marks** — 1) Маркировка — надписи и условные изображения, наносимые на ТАРУ (513) и служащие для опознания ГРУЗА (340) и характеристики способов обращения с ним. Включают обозначение и АДРЕСА (32) ГРУЗООТПРАВИТЕЛЯ (497) и ГРУЗОПОЛУЧАТЕЛЯ (492), МАНИПУЛЯЦИОННЫЕ ЗНАКИ (1095) и ЗНАКИ ОПАСНОСТИ (612). 2) Товарный знак — торговая марка; обозначение, помещаемое на самом товаре или его УПАКОВКЕ (1714) в целях идентификации товара и его выделения среди аналогичных товаров др. производителей.

1470. **mass-burn facility** (амер.) — мусоросжигательная установка для смешанных отходов.
Устр-во для СЖИГАНИЯ (1152) СМЕШАННЫХ ОТХОДОВ (1534), в т. ч. НЕОТСОРТИРОВАННЫХ ВОЗВРАТНЫХ ОТХОДОВ (465). См. также 1872.

1471. **mass production**; large-scale production — массовое производство.
Форма орг-ции произ-ва, предполагающая изготовление однородной ПРОДУКЦИИ (1885) в больших кол-вах. Массовое производство предполагает унификацию продукции и технол. процессов, применение СТАНДАРТНЫХ ДЕТАЛЕЙ (1203) и узлов. Для массового производства характерна высокая степень механизации и автоматизации технол. процессов.

1472. **master airwaybill** — авиагрузовая накладная на пакетированный груз.
АВИАГРУЗОВАЯ НАКЛАДНАЯ (74) на физически неделимый ГРУЗ (340), предназначенный одному ГРУЗОПОЛУЧАТЕЛЮ (492).

1473. **master carton** (амер.) — групповая упаковка; внешняя упаковка.
Внеш. ТАРА (513), в которую уложены упакованные ШТУЧНЫЕ ТОВАРЫ (1713), напр., картонная КОРОБКА (376), в которую упакованы пачки сигарет во ВНУТРЕННЕЙ УПАКОВКЕ (1862). См. также 2149.

1474. **master production schedule,** MPS; master schedule — график производства.
Установленный для данного пр-тия перечень изготовляемых или ремонтируемых изделий с указанием объема выпуска на планируемый период. Является детализацией ПЛАНА ПРОИЗ-

ВОДСТВА (1889) на неделю, декаду и т. п., составляется с учетом прямых ЗАКАЗОВ (1646) и ПРОГНОЗИРОВАНИЯ (952) СПРОСА (669).

1475. **master schedule** — см. **master production schedule.**

1476. **master scheduler** (амер.) — диспетчер производства.
Работник, в обязанности которого входит формирование и корректировка ГРАФИКА ПРОИЗВОДСТВА (1474).

1477. **material** — 1) Материалы — вещественные элементы произ-ва, используемые в качестве предметов труда, напр., ВСПОМОГАТЕЛЬНЫЕ МАТЕРИАЛЫ (134), ОСНОВНЫЕ МАТЕРИАЛЫ (712). 2) Оборудование — часть ОСНОВНЫХ ФОНДОВ (911) пр-тия, включающая станки, обрабатывающие центры и т. п.

1478. **material control expediter** — см. **material coordinator.**

1479. **material coordinator**; material control expediter — диспетчер отдела снабжения.
Работник ОТДЕЛА СНАБЖЕНИЯ (1932) пром. пр-тия, координирующий входной МАТЕРИАЛЬНЫЙ ПОТОК (1482), участвующий в определении потребностей произ-ва в МАТЕРИАЛАХ (1477), в ОТСЛЕЖИВАНИИ ГРУЗОВ (2199) и т. д. См. также 852.

1480. **material costs**; materials costs — материальные затраты.
Затраты СЫРЬЯ (1979), МАТЕРИАЛОВ (1477) и топливно-энергетических ресурсов, включаемые в ЗАВОДСКУЮ СЕБЕСТОИМОСТЬ (1888) ПРОДУКЦИИ (1885).

1481. **material disbursed** — выданные материалы.
Объем ВЫДАЧИ (1253) МАТЕРИАЛОВ (1477) с производственного СКЛАДА (2718) под конкретный ЗАКАЗ (1646).

1482. **material flow**; materials flow — материальный поток.
Материальная ПРОДУКЦИЯ (1885), рассматриваемая в процессе приложения к ней разл. ЛОГИСТИЧЕСКИХ ОПЕРАЦИЙ (1404) и отнесенная к временному интервалу. Различают входной материальный поток [поступающий в ЛОГИСТИЧЕСКУЮ СИСТЕМУ (1411) из внеш. среды], внутр. материальный поток [протекающий в самой логистической системе] и т. д. Материальный поток является интервальной величиной. Если интервал стремится к нулю, то поток превращается в ЗАПАС (1230), являющийся моментной величиной. См. также 2560, 2746.

1483. **material handler** (амер.) — ГРУЗЧИК (1364).

1484. **material handling**; materials handling — грузопереработка.
Совокупность ЛОГИСТИЧЕСКИХ ОПЕРАЦИЙ (1404), выполняемых над СЫРЬЕМ (1979), ПОЛУФАБРИКАТАМИ (2163) и ГОТОВОЙ ПРОДУКЦИЕЙ (900) на пром. пр-тиях, над товарами на СКЛАДАХ (2718), над ГРУЗАМИ (340) на транспорте.

1485. **material-handling supervisor**; warehouse supervisor (амер.) — диспетчер грузовых работ.
Работник СКЛАДА (2718), в обязанности которого входит координация разл. операций ГРУЗОПЕРЕРАБОТКИ (1484), выполняемых как вручную, так и механизированным путем.

1486. **material index** — материальный коэффициент.
Показатель, используемый в МОДЕЛЯХ РАЗМЕЩЕНИЯ ПРОИЗВОДСТВ (878). Предложен в 1909 г. немецким ученым

А.Вебером. Характеризует удельный вес локализованного (т. е. имеющегося только в определенных р-нах) СЫРЬЯ (1979) в ГОТОВОЙ ПРОДУКЦИИ (900) и влияние, которое оказывает местонахождение источников сырья на размещение произ-ва. См. также 2646.

1487. **material productivity** — КОЭФФИЦИЕНТ ИСПОЛЬЗОВАНИЯ МАТЕРИАЛА (2808).

1488. **Material Requirements Planning,** MRP; MRP I; little MRP — МРП.
ТОЛКАЮЩАЯ СИСТЕМА (1936) орг-ции произ-ва, разработанная в США в конце 1960-х гг. Позволяет с высокой степенью точности рассчитывать потребность в СЫРЬЕ (1979) и МАТЕРИАЛАХ (1477), необходимых для произ-ва ПРОДУКЦИИ (1885), устанавливать сроки выдачи РАЗРЕШЕНИЙ НА РАЗМЕЩЕНИЕ ЗАКАЗОВ (1663) и ДИРЕКТИВНЫЕ СРОКИ (789) ПОСТАВОК (2194), согласовывать планы снабжения, произ-ва и сбыта.

1489. **material requisition** (амер.) — ТРЕБОВАНИЕ (2047).

1490. **material review board,** MRB (амер., орг. произ-ва) — 1) Дефектная кладовая — КЛАДОВАЯ (2382) для полученных от ПОСТАВЩИКОВ (2450) МАТЕРИАЛОВ (1477), не соответствующих требованиям стандартов. 2) Экспертная комиссия — временная рабочая группа, осуществляющая приемку недоброкачественных или поврежденных грузов, оформление недостач при инвентаризации и т. п.

1491. **materials buyer**; procurement officer; purchasing officer — агент по снабжению.

Работник пром. пр-тия, в обязанности которого входят ЗАКУПКИ (1928) МАТЕРИАЛОВ (1477), необходимых для производственной деятельности пр-тия. См. также 1929.

1492. **materials costs** — см. **material costs.**

1493. **materials flow** — см. **material flow.**

1494. **materials handling** — см. **material handling.**

1495. **materials management,** ММ — 1) Управление материальными ресурсами — совокупность операций, связанных с регулированием МАТЕРИАЛЬНОГО ПОТОКА (1482) на пром. пр-тии, в т. ч. ЗАКУПКИ (1928), УПРАВЛЕНИЕ ЗАПАСАМИ (1236) и др. Термин предложен в 1832 г. английским математиком Ч. Бэббиджем, который считал, что управление материальными ресурсами должно быть обособлено в самостоятельную ф-цию управления произ-вом. 2) Отдел контроля за использованием материалов (амер.) — структурное подразделение пром. пр-тия, отвечающее за регулирование материального потока на пр-тии и за ГРУЗОПЕРЕРАБОТКУ (1484).

1496. **materials recovery** (амер.) — извлечение утилизируемых отходов.

Удаление из ПОТОКА ОТХОДОВ (2746) УТИЛИЗИРУЕМЫХ ОТХОДОВ (2003), напр., макулатуры, тряпья и т. п., вручную или механизированным путем. См. также 1994.

1497. **materials recovery facility,** MRF; materials recycling facility; intermediate processing center (амер.) — мусоросортировочный завод; мусороперерабатывающий завод.
Пром. пр-тие, производящее СОРТИРОВАНИЕ (2292) УТИЛИЗИРУЕМЫХ ОТХОДОВ (2003) по видам, их УПАКОВЫВАНИЕ (1721) и ОТГРУЗКУ (2205) ПРЕДПРИЯТИЯМ-ПОТРЕБИТЕЛЯМ (1165), использующим их в качестве добавок к СЫРЬЮ (1979), для КОМПОСТИРОВАНИЯ (480) и т. п.

1498. **materials recycling facility** — см. **materials recovery facility.**

1499. **mate's receipt** — штурманская расписка.
ТОВАРОРАСПОРЯДИТЕЛЬНЫЙ ДОКУМЕНТ (761), выдаваемый администрацией судна в подтверждение факта принятия ГРУЗА (340) на борт. Является основанием для выписки КОНОСАМЕНТА (225).

1500. **maximum flow problem** — задача о нахождении потока максимальной величины.
Задача, связанная с поиском на ориентированном ГРАФЕ (1586) МАТЕРИАЛЬНОГО ПОТОКА (1482) или ТРАНСПОРТНОГО ПОТОКА (2560) наибольшей величины. Может быть решена, напр., симплекс-методом линейного программирования.

1501. **maximum inventory** — см. **target inventory level.**

1502. **mean arrival rate** — интенсивность входящего потока.
Ср. кол-во ТРЕБОВАНИЙ (587), поступающих в СИСТЕМУ МАССОВОГО ОБСЛУЖИВАНИЯ (1953) в ед. времени. Обозначается буквой «лямбда».

1503. **mean number in queue** — среднее число заявок в очереди.
Ср. ДЛИНА ОЧЕРЕДИ (1955) в СИСТЕМЕ МАССОВОГО ОБСЛУЖИВАНИЯ (1953).

1504. **mean queue time** — среднее время ожидания.
Ср. ВРЕМЯ ОЖИДАНИЯ (2716) ТРЕБОВАНИЕМ (587) начала обслуживания.

1505. **mean service rate** — абсолютная пропускная способность; производительность канала.
Ср. кол-во ТРЕБОВАНИЙ (587) обслуживаемых СИСТЕМОЙ МАССОВОГО ОБСЛУЖИВАНИЯ (1953) в ед. времени. Обозначается буквой «мю».

1506. **means of transport**; conveyance — транспортное средство.
Устр-во, предназначенное для ПЕРЕВОЗКИ (2589) пассажиров и/или ГРУЗОВ (340). Для использования Т. с. необходимы ПУТИ СООБЩЕНИЯ (2752), ТЕРМИНАЛЫ (2492), места стоянки (ангары, депо, гаражи и т. п.), пункты ТЕХНИЧЕСКОГО ОБСЛУЖИВАНИЯ (2177) и/или заправки, тяговые средства (двигатели внутр. сгорания, электродвигатели и т. п.). К техн. характеристикам транспортного средства относятся, напр., ГРУЗОПОДЪЕМНОСТЬ (343) и СКОРОСТЬ (2313). Затраты на приобретение и эксплуатацию Т. с. составляют часть СЕБЕСТОИМОСТИ ПЕРЕВОЗОК (367).

1507. **measurement cargo**; cubic measurement cargo — объемный груз.
Легковесный ГРУЗ (340); груз, имеющий низкую ПЛОТНОСТЬ (2763). Основой для начисления ПРОВОЗНОЙ ПЛАТЫ (2593) за объемный груз является ОБМЕРНАЯ ТОННА (1508). См. также 184.

1508. **measurement ton**; shipping ton — обмерная тонна.
Применяемая в ЛИНЕЙНОМ СУДОХОДСТВЕ (1342) ед. объема (40 куб. футов или 1,1327 куб. м) для расчета ПРОВОЗНОЙ ПЛАТЫ (2593) за ОБЪЕМНЫЙ ГРУЗ (1507).

1509. **medium-fast mover** — продукция стандартного спроса.
В технике управления запасами по МЕТОДУ ABC (4): ПРОДУКЦИЯ (1885), СПРОС (669) на которую носит стабильный характер; продукция, занимающая промежуточное положение между ХОДОВОЙ ПРОДУКЦИЕЙ (884) и НЕХОДОВОЙ ПРОДУКЦИЕЙ (2283).

1510. **merchandise car** (амер.) — сборный вагон.
ГРУЗОВОЙ ВАГОН (1004), в котором перевозятся МЕЛКИЕ ОТПРАВКИ (2286). ПУНКТОМ НАЗНАЧЕНИЯ (694) такого вагона является СОРТИРОВОЧНАЯ СТАНЦИЯ (339). См. также 1825.

1511. **merchandise inventory** — товарные запасы.
ЗАПАСЫ (1230) ГОТОВОЙ ПРОДУКЦИИ (900) у пр-тий-изготовителей, ЗАПАСЫ В ПУТИ (1226), запасы у ОПТОВИКОВ (2774) и РОЗНИЧНЫХ ТОРГОВЦЕВ (2067). См. также 737, 2069, 2555.

1512. **merchandise inventory planning** — планирование товарных запасов.
Методы регулирования ТОВАРНЫХ ЗАПАСОВ (1511) в РОЗНИЧНОЙ ТОРГОВЛЕ (2068), в т. ч. МЕТОД ФИКСИРОВАННОГО УРОВНЯ ЗАПАСА (198), МЕТОД ПЛАНИРОВАНИЯ ТОВАРНОГО ЗАПАСА ПО ОТНОСИТЕЛЬНОМУ ИЗМЕНЕНИЮ ЕГО ВЕЛИЧИНЫ (1762), МЕТОД РАСЧЕТА ТОВАРНОГО ЗАПАСА ПО ПОКАЗАТЕЛЮ ЗАПАСОЕМКОСТИ

(2390), МЕТОД ПЛАНИРОВАНИЯ ТОВАРНОГО ЗАПАСА НА ОСНОВЕ ОБЪЕМА РЕАЛИЗАЦИИ ЗА НЕДЕЛЮ (2756).

1513. **merchant middleman** (амер.) — независимый торговый посредник.
ОПТОВИК (2774), действующий от своего имени и за свой счет.

1514. **messenger** — мессенджер.
На ВОДНОМ ТРАНСПОРТЕ (2749): тросы или СТРОПЫ (2278), обносимые 2-3 шпагами (витками) вокруг шпиля (устр-ва с вертикальным барабаном) и вращающиеся вместе с ним в виде бесконечного ремня.

1515. **metric ton** — см. **tonne.**

1516. **mezzanine** — антресоль.
Верхний полуэтаж, встроенный в объем осн. этажа СКЛАДА (2718) и предназначенный для ХРАНЕНИЯ (2400) ЛЕГКОВЕСНЫХ ГРУЗОВ (184).

1517. **middleman** — см. **intermediary.**

1518. **midnight dumping** (амер., разг.) — незаконный сброс отходов.
УДАЛЕНИЕ (729) ОПАСНЫХ ОТХОДОВ (1111) путем нарушения действующего законодательства по защите окружающей среды, напр., слив неочищенных пром. сточных вод в водный бассейн. См. также 681, 2548.

1519. **mile** — миля.

Ед. длины, используемая в ряде стран с неметрической системой мер и на морском транспорте. Величина морской мили колеблется от 1,8429 км (у экватора) до 1,8616 км (у полюсов). Междунар. морская миля равна 1,852 км. В США широко используется понятие береговой (статутной) мили, которая равна 1,609 км.

1520. **mileage** — 1) Пробег — расстояние, пройденное ТРАНСПОРТНЫМ СРЕДСТВОМ (1506) за РЕЙС (2621). 2) Покилометровый тариф — ГРУЗОВОЙ ТАРИФ (1020), взимаемый за ед. пробега трансп. средства. 3) Нормативный пробег — пробег трансп. средства от начала эксплуатации до первого капитального РЕМОНТА (2039). 4) Пробег на единицу расхода горючего — пробег трансп. средства на ед. расхода (обычно галлон или л) бензина.

1521. **milestone** — 1) Контрольный пункт (амер., орг. произ-ва) — точка производственной системы, напр., сборочного КОНВЕЙЕРА (541), в которой производится подсчет ГОТОВОЙ ПРОДУКЦИИ (900) в натуральном выражении. 2) Узловое событие — в МЕТОДЕ КРИТИЧЕСКОГО ПУТИ (569): УЗЛОВАЯ ТОЧКА (1588), обозначающая окончание всех предшествующих операций.

1522. **minimum charge** — минимальный сбор.

Наименьший размер ПРОВОЗНОЙ ПЛАТЫ (2593), взыскиваемый за ПЕРЕВОЗКУ (2589) ГРУЗА (340) независимо от его массы. См. также 1526.

1523. **minimum inventory** — минимальный запас.

Термин, определяемый в литературе по-разному. Может обозначать уровень ЗАПАСА (1230) в ТОЧКЕ ЗАКАЗА (1659), КРИТИЧЕСКИЙ УРОВЕНЬ ЗАПАСА (78), СТРАХОВОЙ ЗАПАС (2115) и т. п. См. также 1308, 2482.

1524. **minimum-maximum system** — см. **optional replenishment system**

1525. **minimum order** — заказная норма; норма заказа; минимальный объем заказа.

1) Мин. кол-во ПРОДУКЦИИ (1885), принимаемое ПОСТАВЩИКОМ (2450) к изготовлению по одному ЗАКАЗУ (1646). Определяется с учетом ОПТИМАЛЬНОЙ ПРОИЗВОДСТВЕННОЙ ПАРТИИ (811) и позволяет устранить перегрузку произ-ва МЕЛКИМИ ЗАКАЗАМИ (2285). 2) Мин. кол-во товаров, отпускаемое ОПТОВИКОМ (2774) по одному заказу.

1526. **minimum quantity carried** — норма отгрузки; транзитная норма.

Мин. масса или объем ГРУЗА (340), который может быть принят к ПЕРЕВОЗКЕ (2589).

1527. **misdelivery** — засылка.

ДОСТАВКА (655) ГРУЗА (340) в ПУНКТ НАЗНАЧЕНИЯ (694), отличный от указанного ГРУЗООТПРАВИТЕЛЕМ (497). Если засылка произошла по вине ПЕРЕВОЗЧИКА (366), то последний обязан доставить груз в указанный ему пункт назначения за свой счет, возместив грузоотправителю убытки от ЗАДЕРЖКИ ДОСТАВКИ (1225). См. также 977.

1528. **mispick** — см. **picking error.**

1529. **misplacement** — застановка; пересортица.
Укладка поступивших на СКЛАД (2718) товаров в СКЛАДСКУЮ ЯЧЕЙКУ (2409), предназначенную для другого товара.

1530. **misrouted freight** — засланный груз.
ГРУЗ (340), доставленный в ПУНКТ НАЗНАЧЕНИЯ (694), отличный от указанного ГРУЗООТПРАВИТЕЛЕМ (497). См. также 124, 1527.

1531. **mixed loading** — совместная погрузка.
ПОГРУЗКА (1366) в одно ТРАНСПОРТНОЕ СРЕДСТВО (1506) ГРУЗОВ (340) с разл. ТРАНСПОРТНЫМИ ХАРАКТЕРИСТИКАМИ (2592) с учетом их СОВМЕСТИМОСТИ (475). См. также 1378.

1532. **mixed packing** — совместное упаковывание.
УПАКОВЫВАНИЕ (1721) в одну ТАРУ (513) ГРУЗОВ (340) с разл. ТРАНСПОРТНЫМИ ХАРАКТЕРИСТИКАМИ (2592) с учетом их СОВМЕСТИМОСТИ (475). При совместном упаковывании ОПАСНЫХ ГРУЗОВ (614) на тару должны быть нанесены ЗНАКИ ОПАСНОСТИ (612), соответствующие каждому грузу.

1533. **mixed policy** — полис смешанного страхования.
СТРАХОВОЙ ПОЛИС (1195), обеспечивающий страховую защиту судна на определенный период и на РЕЙСЫ (2710) между двумя указанными в нем ПОРТАМИ (1831). См. также 2516, 2712.

1534. **mixed refuse**; mixed waste — смешанные отходы.
Неотсортированные разнородные ОТХОДЫ (2741). См. также 465.

1535. **mixed waste** — см. **mixed refuse.**

1536. **mixing center** — см. **vehicle load center.**

1537. **MM** — см. **materials management.**

1538. **MOB** — см. **Make-or-Buy problem.**

1539. **main contractor** — см. **general contractor.**

1540. **modal split** — 1) Распределение перевозок — группировка грузовых ПЕРЕВОЗОК (2589) по разл. ВИДАМ ТРАНСПОРТА (1541) в ТОННАХ (2528) и/или ТОННО-МИЛЯХ (2529). 2) Взаимозаменяемость транспорта — возможность замены одним видом пассажирского транспорта другого, напр., в случае аварии на метрополитене его полностью или частично заменяет наземный городской транспорт.

1541. **mode** — 1) Вид транспорта — система, включающая ПУТИ СООБЩЕНИЯ (2752), ТЕРМИНАЛЫ (2492) и ТРАНСПОРТНЫЕ СРЕДСТВА (1506). Осн. видов транспорта насчитывается пять: ВОЗДУШНЫЙ ТРАНСПОРТ (73), АВТОМОБИЛЬНЫЙ ТРАНСПОРТ (1546), ТРУБОПРОВОДНЫЙ ТРАНСПОРТ (1806), ЖЕЛЕЗНОДОРОЖНЫЙ ТРАНСПОРТ (1967) и ВОДНЫЙ ТРАНСПОРТ (2749). 2) Мода — наиболее типичное значение случайной величины. Если случайная величина имеет одну моду, то ее распределение называется унимодальным, если две — то бимодальным, если три и более — то мультимодальным. 3) Метод — способ выполнения к. -л. РАБОТЫ (1266).

1542. **model stock** (амер.) — план закупки товаров модного ассортимента.
В РОЗНИЧНОЙ ТОРГОВЛЕ (2068): документ, в котором зафиксирован развернутый АССОРТИМЕНТ (122) товаров высокой моды, которые магазин планирует закупить на соответствующий сезон. См. также 1959.

1543. **mode of storage** — режим хранения.
МЕТОД (1541) ХРАНЕНИЯ (2400) товаров на СКЛАДЕ (2718). Зависит от свойств товаров [напр., СКОРОПОРТЯЩИЕСЯ ГРУЗЫ (1767) требуют контролируемого температурно-влажностного режима, ЦЕННЫЕ ГРУЗЫ (2677) должны быть защищены от ХИЩЕНИЯ (1802) и т. п.], от используемого на складе принципа орг-ции хранения [напр., ХРАНЕНИЕ С ОБЕЗЛИЧЕНИЕМ (466), СВОБОДНОЕ РАЗМЕЩЕНИЕ (1974), ФИКСИРОВАННОЕ РАЗМЕЩЕНИЕ (640) и т. д.].

1544. **moisture content** — влажность.
Одна из ТРАНСПОРТНЫХ ХАРАКТЕРИСТИК (2592) НАВАЛОЧНОГО ГРУЗА (295). Определяет кол-во воды в грузе (в процентах). Абс. влажность — отношение массы жидкости к массе сухой части груза. Относительная влажность — отношение массы жидкости к массе груза.

1545. **motor carrier**; trucking company — автотранспортное предприятие.
ПЕРЕВОЗЧИК (366), использующий ГРУЗОВЫЕ АВТОМОБИЛИ (1417) и/или легковые автомобили, автобусы для ПЕРЕВОЗКИ (2589) ГРУЗОВ (340) и/или пассажиров. ПОДВИЖНОЙ СОСТАВ (2094) может являться собственностью перевозчика либо использоваться им на условиях ЛИЗИНГА (1311).

1546. **motor transport**; highway transportation — автомобильный транспорт.

Наземный ВИД ТРАНСПОРТА (1541), обеспечивающий ПЕРЕВОЗКИ (2589) ГРУЗОВ (340) и пассажиров с помощью колесных ТРАНСПОРТНЫХ СРЕДСТВ (1506), оснащенных двигателями внутр. сгорания или иными по АВТОМОБИЛЬНЫМ ДОРОГАМ (1125). В структуре СЕБЕСТОИМОСТИ ПЕРЕВОЗОК (367) автомобильным транспортом преобладают переменные издержки. Осн. единовременные издержки — расходы на приобретение трансп. средств и стр-во ТЕРМИНАЛОВ (2492). Из всех видов транспорта автомобильный транспорт обладает самой высокой ГИБКОСТЬЮ (923). Автомобильный транспорт создает сравнительно высокий уровень ШУМОВОГО ЗАГРЯЗНЕНИЯ (1589) и высокий уровень загрязнения атмосферы; имеет более низкую НАДЕЖНОСТЬ (674) по сравнению, напр., с ЖЕЛЕЗНОДОРОЖНЫМ ТРАНСПОРТОМ (1967).

1547. **move ticket** (амер., орг-ция произ-ва) — внутренняя накладная.

Документ, используемый при ДИСПЕТЧИРОВАНИИ (722) произ-ва. В нем указаны подразделение, выдавшее МАТЕРИАЛЫ (1477), подразделение-получатель, порядок ПЕРЕВОЗКИ (2589) и перегрузки и т. п.

1548. **move time** (амер., орг-ция произ-ва) — межоперационное время.

Элемент ПРОИЗВОДСТВЕННОГО ЦИКЛА (1462). Включает время перемещения ДЕТАЛИ (1739), ПОЛУФАБРИКАТА (2163) и т. п. от одного обрабатывающего центра к другому, от одного производственного участка на другой и т. д.

1549. **moving average** — скользящая средняя.

1) Метод, используемый в ПРОГНОЗИРОВАНИИ (952). Состоит в замене фактических данных ср. арифметическими из нескольких уровней рядов динамики (хронологических рядов).

Расчет ведется путем скольжения, т. е. исключением из принятого интервала первого уровня и включением последующего. 2) Разновидность МЕТОДА УЧЕТА ЗАПАСОВ ПО СРЕДНЕЙ ВЗВЕШЕННОЙ СТОИМОСТИ (2764), используемая при расчете величины ЗАПАСОВ НА КОНЕЦ ОТЧЕТНОГО ПЕРИОДА (825).

1550. **MPS** — см. **master production schedule.**

1551. **MRB** — см. **material review board.**

1552. **MRF** — см. **materials recovery facility.**

1553. **MRP** — см. **Material Requirements Planning.**

1554. **MRP I** — см. **Material Requirements Planning.**

1555. **MRP – II** — см. **Manufacturing Resource Planning.**

1556. **MSW** — см. **municipal solid waste.**

1557. **multi-drop route** — развозочный маршрут.
ДОСТАВКА (655) ГРУЗОВЫМ АВТОМОБИЛЕМ (1417) ГРУЗОВ (340) одного ГРУЗООТПРАВИТЕЛЯ (497) нескольким ГРУЗОПОЛУЧАТЕЛЯМ (492) по разным АДРЕСАМ (32). См. также 2081, 2314.

1558. **multimodal transportation** — мультимодальные перевозки.
СМЕШАННЫЕ ПЕРЕВОЗКИ (1220), выполняемые ТРАНСПОРТНЫМИ СРЕДСТВАМИ (1506), принадлежащими одному

и тому же юридическому лицу или находящимися в его оперативном управлении.

1559. **multi-pick route** — сборный маршрут.
ДОСТАВКА (655) ГРУЗОВЫМ АВТОМОБИЛЕМ (1417) ГРУЗОВ (340) разл. ГРУЗООТПРАВИТЕЛЕЙ (497) из нескольких ПУНКТОВ ОТПРАВЛЕНИЯ (1669) одному ГРУЗОПОЛУЧАТЕЛЮ (492) в один ПУНКТ НАЗНАЧЕНИЯ (694). См. также 1557, 2315.

1560. **multiple-car rate** — тариф групповой отправки.
ГРУЗОВОЙ ТАРИФ (1020) на ГРУППОВУЮ ОТПРАВКУ (1561). Тариф групповой отправки ниже ТАРИФА МЕЛКОЙ ОТПРАВКИ (1321), но выше ТАРИФА МАРШРУТНОЙ ОТПРАВКИ (2570). См. также 1568.

1561. **multiple-car shipment** — групповая отправка.
Несколько ГРУЗОВЫХ ВАГОНОВ (1004), подлежащих доставке в один ПУНКТ НАЗНАЧЕНИЯ (694). См. также 2569.

1562. **multiple-consignee container** — сборный контейнер.
КОНТЕЙНЕР (1009), в котором перевозятся ГРУЗЫ (340), предназначенные разл. ГРУЗОПОЛУЧАТЕЛЯМ (492).

1563. **multiple-leg run** — кольцевой маршрут.
ДОСТАВКА (655) ГРУЗОВЫМ АВТОМОБИЛЕМ (1417) ГРУЗОВ (340), предназначенных нескольким ГРУЗОПОЛУЧАТЕЛЯМ (492), находящимся на одном МАРШРУТЕ (2099), за один РЕЙС (2621). Характерной особенностью кольцевого маршрута является постепенное снижение КОЭФФИЦИЕНТА ИСПОЛЬЗОВАНИЯ ГРУЗОПОДЪЕМНОСТИ (344) автомобиля — в начальном пункте рейса автомобиль загружен полностью; по мере

заезда в промежуточные пункты рейса его загрузка уменьшается. В начальный пункт рейса автомобиль возвращается порожняком.См. также 1557.

1564. **multiple-package shipment** — многоместная отправка.
ОТПРАВКА (2194), оформленная одним КОНОСАМЕНТОМ (225), но состоящая из нескольких ГРУЗОВЫХ МЕСТ (1709); физически делимая отправка. В МАРКИРОВКЕ (1469) каждого грузового места указывается номер места и кол-во мест в отправке. См. также 2266.

1565. **multiple-period inventory** — возобновляемый запас; запасы регулярного обновления.
ЗАПАС (1230), потребность в котором существует постоянно или возникает периодически и может быть прогнозируема. См. также 2267.

1566. **multiple-sourcing system** — многоканальная логистическая система.
ЛОГИСТИЧЕСКАЯ СИСТЕМА (1411), ЗАКУПКИ (1928) в которой производятся путем ДРОБЛЕНИЯ ЗАКАЗА (1664). См. также 2150, 2269.

1567. **multiple tariff** — множественный тариф.
Ставка ТАМОЖЕННОЙ ПОШЛИНЫ (594), зависящая от страны происхождения товара. Множественный тариф иногда называют дискриминационным тарифом.

1568. **multiple-vehicle rate** (амер.) — поощрительный тариф.
ПООЩРИТЕЛЬНЫЙ ТАРИФ (1151), предоставляемый ГРУЗООТПРАВИТЕЛЮ (497) при предъявлении им АВТО-

ТРАНСПОРТНОМУ ПРЕДПРИЯТИЮ (1545) нескольких МАШИННЫХ ОТПРАВОК (2628) одновременно.

1569. **multi-service car** (амер.) — универсальный грузовой вагон.
ГРУЗОВОЙ ВАГОН (1004), напр., ХОППЕР (1137) или ПОЛУВАГОН (1054), предназначенный для разл. НАВАЛОЧНЫХ ГРУЗОВ (295).

1570. **multi-shipping** (брит.) — комплектация многострочных заказов.
Выполнение СКЛАДОМ (2718) ЗАКАЗОВ (1646), содержащих несколько позиций и предназначенных разл. ГРУЗОПОЛУЧАТЕЛЯМ (492). ДОСТАВКА (655) заказов производится по РАЗВОЗОЧНОМУ МАРШРУТУ (1557).

1571. **multi-trip packaging** — оборотная тара.
Повторно используемая ТАРА (513); тара, рассчитанная на несколько ОБОРОТОВ (2638), напр., БАРАБАН (784), металлическая БОЧКА (190). Стоимость оборотной тары значительно выше, чем РАЗОВОЙ ТАРЫ (1622). Учитывая то, что РЕСУРС (92) нек-рых видов оборотной тары составляет более 10 лет и свыше 400 оборотов, расходы на тару в расчете на один оборот ниже, чем у разовой тары. См. также 2071.

1572. **municipal solid waste,** MSW — твердые бытовые отходы.
ТВЕРДЫЕ ОТХОДЫ (2290), образующиеся в домашних хозвах, в деятельности ПРЕДПРИЯТИЙ РОЗНИЧНОЙ ТОРГОВЛИ (2067), культурно-зрелищных пр-тий и др. Включают, напр., ПИЩЕВЫЕ ОТБРОСЫ (950), СТЕКЛОБОЙ (582), УПАКОВОЧНЫЙ МУСОР (1717), газетно-журнальную макулатуру, тряпье и т. п. Одним из осн. показателей, характеризующих образование твердых бытовых отходов, является КОЛИЧЕСТВО ТВЕРДЫХ БЫТОВЫХ ОТХОДОВ НА ДУШУ НАСЕЛЕНИЯ В

ГОД (2744), а использование твердых бытовых отходов — КОЭФФИЦИЕНТ УТИЛИЗАЦИИ ОТХОДОВ (2008).

1573. **muster roll** — см. **crew list.**

N

1574. **natural loss —** см. **natural shrinkage.**

1575. **natural shrinkage**; natural loss — естественная убыль.
НЕДОСТАЧА (2237) массы товаров, возникающая в процессе ПЕРЕВОЗКИ (2589), ХРАНЕНИЯ (2400), УПАКОВЫВАНИЯ (1721) и т. д. вследствие усушки, утруски, УЛЕТУЧИВАНИЯ (842), УТЕЧКИ (1309) и т. п. ОТВЕТСТВЕННОСТЬ ПЕРЕВОЗЧИКА (369) и ОТВЕТСТВЕННОСТЬ ХРАНИТЕЛЯ (2726) уменьшается с учетом НОРМ ЕСТЕСТВЕННОЙ УБЫЛИ (2245). См. также 1327.

1576. **need date** — см. **due date.**

1577. **negotiable warehouse receipt** — переуступаемая складская расписка.
СКЛАДСКАЯ РАСПИСКА (2728), выписываемая на имя указанного ПОКЛАЖЕДАТЕЛЕМ (174) третьего лица. См. также1592.

1578. **nesting** — вкладывание.
Установка одной ед. порожней ТАРЫ (513) в др. Конструкция нек-рых видов ОБОРОТНОЙ ТАРЫ (1571) разработана с уче-

том возможности вкладывания, что позволяет уменьшить общий объем такой тары при ПЕРЕВОЗКЕ (2589) и ХРАНЕНИИ (2400) на 70% и более.

1579. **net output** — чистая продукция.
Стоимость ВАЛОВОЙ ПРОДУКЦИИ (1076) пром. пр-тия за вычетом МАТЕРИАЛЬНЫХ ЗАТРАТ (1480) и стоимости УСЛУГ (2175), оказанных пр-тию сторонними пр-тиями и орг-циями. См. также 2679.

1580. **net register tonnage**; n. r. t.; net tonnage; register tonnage — чистая вместимость; нетто-тоннаж.
Разность между БРУТТО-ТОННАЖОМ (1077) и объемом, занимаемым судовыми механизмами, запасами ПРЕДМЕТОВ СУДОВОГО СНАБЖЕНИЯ (2231), жилыми помещениями для команды и т. п. Является основой для взимания ТОННАЖНОГО СБОРА (2532) и нек-рых портовых сборов.

1581. **net requirements** — фактическая потребность.
В системе МРП (1488): результат операции УТОЧНЕНИЯ ПОТРЕБНОСТИ В МАТЕРИАЛАХ (1582).

1582. **netting**; gross to net calculation — уточнение потребности в материалах.
Процесс определения потребности в МАТЕРИАЛАХ (1477) для к. -л. СБОРОЧНОЙ ЕДИНИЦЫ (118) или ДЕТАЛИ (1739) в системе МРП (1488). Исходными данными для уточнения потребности в материалах являются ОБЩАЯ ПОТРЕБНОСТЬ (1078), НАЛИЧНЫЕ ЗАПАСЫ (1624), СТРАХОВОЙ ЗАПАС (2115), ПЛАНИРУЕМЫЕ ПОСТУПЛЕНИЯ (2132) и РАСПОРЯЖЕНИЯ НА ВЫДАЧУ (80). На основании ФАКТИЧЕСКОЙ ПОТРЕБНОСТИ (1581) формируются ЗАКАЗЫ (1646).

1583. **net ton** — см. **short ton.**

1584. **net tonnage** — см. **net register tonnage.**

1585. **net weight,** Nt. wt., n. wt. — масса нетто.
Чистая масса ГРУЗА (340); масса груза без УПАКОВКИ (1714). См. также 1083, 1315, 2481.

1586. **network** — 1) Сетевой график — в МЕТОДЕ КРИТИЧЕСКОГО ПУТИ (569): наглядное изображение последовательности СОБЫТИЙ (843). 2) Граф, транспортная сеть — мн-во ВЕРШИН (1588) и РЕБЕР (104), соединяющих между собой пары разл. вершин. Если каждому ребру приписано направление, то граф называется ориентированным. См. также 709.

1587. **niche carrier** — специализированный перевозчик.
ПЕРЕВОЗЧИК (366), работающий в определенной нише рынка трансп. услуг, напр., перевозчик СКОРОПОРТЯЩИХСЯ ГРУЗОВ (1767). См. также 1336.

1588. **node** — 1) Вершина — узел или точка в ГРАФЕ (1586), которая может быть соединена РЕБРОМ (104) или ребрами с др. узлом или узлами. 2) Узел; узловая точка — в МЕТОДЕ КРИТИЧЕСКОГО ПУТИ (569): точка пересечения стрелок, обозначающая окончание или начало к.-л. РАБОТЫ (1266). 3) Локальная станция — узел компьютерной сети, представляющий собой, напр., персональную ЭВМ.

1589. **noise pollution** — шумовое загрязнение.
Не несущие полезной нагрузки звуковые сигналы, оказывающие вредное воздействие на организм человека. Различают шум, создаваемый ТРАНСПОРТНЫМИ СРЕДСТВАМИ (1506),

пром. и жилищно-бытовой шум. Наиболее остро проблема шумового загрязнения стоит на ВОЗДУШНОМ ТРАНСПОРТЕ (73), АВТОМОБИЛЬНОМ ТРАНСПОРТЕ (1546) и ЖЕЛЕЗНОДОРОЖНОМ ТРАНСПОРТЕ (1967). Шумовое загрязнение характеризуется громкостью звука, его частотным спектром и продолжительностью воздействия на человека.

1590. **nonbreak-in priority** — см. **nonpreemptive priority.**

1591. **nondedicated storage** — см. **random storage.**

1592. **nonnegotiable warehouse receipt** — непереуступаемая складская расписка.

СКЛАДСКАЯ РАСПИСКА (2728), выданная на имя определенного лица. Такая расписка не может быть использована в целях передачи права собственности на указанные в ней товары. См. также 1577.

1593. **nonpreemptive priority**; nonbreak-in priority — приоритет, не прерывающий обслуживания.

ДИСЦИПЛИНА ОБСЛУЖИВАНИЯ (1951), при которой выполнение ТРЕБОВАНИЯ (587) низкого ПРИОРИТЕТА (1867) не прерывается при поступлении требования высокого приоритета, но доводится до конца. См. также 1848.

1594. **nonsalable inventory** (амер.) — дефектные товары.

Товары, поврежденные при ПЕРЕВОЗКЕ (2589), или некондиционные товары, отгруженные ПОСТАВЩИКОМ (2450), не принятые ПОКУПАТЕЛЕМ (309) и хранящиеся в ДЕФЕКТНОЙ КЛАДОВОЙ (1490).

1595. **non value-added distribution costs** — чистые издержки обращения.

ИЗДЕРЖКИ ОБРАЩЕНИЯ (736), связанные со сменой формы стоимости и самим актом купли-продажи. В отличие от ДОПОЛНИТЕЛЬНЫХ ИЗДЕРЖЕК ОБРАЩЕНИЯ (2680), чистые издержки обращения не увеличивают стоимость продукции.

1596. **non-vessel operating common carrier,** NVOCC — перевозчик, не владеющий тоннажом.

Юридическое лицо, заключающее от своего имени с ГРУЗООТПРАВИТЕЛЕМ (497) договор о ПЕРЕВОЗКЕ «ОТ ДВЕРИ ДО ДВЕРИ» (766) и выдающее СКВОЗНОЙ КОНОСАМЕНТ (2503), но не принимающее в перевозке непосредственного участия.

1597. **normal package** — нормальный груз.

ГРУЗ (340), позволяющий полностью использовать как грузоподъемность, так и грузовместимость ТРАНСПОРТНОГО СРЕДСТВА (1506). В США это понятие используется также на СКЛАДАХ ОБЩЕГО ПОЛЬЗОВАНИЯ (1915). Груз считается нормальным, если его ПЛОТНОСТЬ (2763) составляет 25 фунтов/куб. фут. Если плотность больше указанной величины, то ПЛАТА ЗА ХРАНЕНИЕ (2404) взыскивается за ед. массы, в противном случае — за ед. объема.

1598. **normal storage** — хранение без обезличения; раздельное хранение.

ХРАНЕНИЕ (2400) товаров (вещей) разл. ПОКЛАЖЕДАТЕЛЕЙ (174) без их смешивания. ХРАНИТЕЛЬ (2723) обязан обеспечить раздельное хранение товаров разл. поклажедателей, за исключением ВЗАИМОЗАМЕНЯЕМЫХ ТОВАРОВ (1037), а также если ДОГОВОРОМ ХРАНЕНИЯ (2401) не предусмотрено иное. См. также 466.

1599. **Northwest-corner rule** — правило северозападного угла.
Метод решения ТРАНСПОРТНОЙ ЗАДАЧИ (2600), в соответствии с которым построение допустимого плана перевозок начинается с верхней левой клетки матрицы и заканчивается в ее нижней правой клетке. В клетки заносят максимально возможную поставку с учетом возможностей ПОСТАВЩИКА (2450) и СПРОСА (669) ПОТРЕБИТЕЛЯ (587). Этот метод сравнительно прост, однако первоначальное допустимое решение далеко от оптимального, т. к. в нем не учитываются ТРАНСПОРТНЫЕ ИЗДЕРЖКИ (2594).

1600. **notice of loss and damage** (амер.) — коммерческий акт.
Документ, фиксирующий ПОВРЕЖДЕНИЕ ГРУЗА (1224) или частичную УТРАТУ ГРУЗА (1227) при передаче груза ПЕРЕВОЗЧИКОМ (366) ГРУЗОПОЛУЧАТЕЛЮ (492) или СКРЫТОЕ ПОВРЕЖДЕНИЕ (484), обнаруженное в пределах определенного срока после получения груза от перевозчика. См. также 368.

1601. **notice of readiness** — извещение о готовности к грузовым работам; нотис.
Документ, направляемый судовладельцем (капитаном) ФРАХТОВАТЕЛЮ (414) и содержащий информацию о предполагаемом времени прибытия судна в ПОРТ (1831) или его готовности к началу грузовых работ. После вручения нотиса в установленном порядке начинается течение СТАЛИЙНОГО ВРЕМЕНИ (1301).

1602. **notice of shipment** — уведомление о высылке; извещение об отгрузке.
Бумажный или электронный документ, высылаемый ПОСТАВЩИКОМ (2450) ПОКУПАТЕЛЮ (309) в удостоверение

того, что заказанные последним товары первым отгружены. См. также 41.

1603. **notify party** — извещаемая сторона.
ГРУЗОПОЛУЧАТЕЛЬ (492) или иное лицо, которому ПЕРЕВОЗЧИК (366) высылает УВЕДОМЛЕНИЕ О ПРИБЫТИИ ГРУЗА (107) в ПУНКТ НАЗНАЧЕНИЯ (694). Извещаемая сторона может быть указана отправителем в ГРУЗОВЫХ ДОКУМЕНТАХ (2213).

1604. **n. r. t.** — см. **net register tonnage.**

1605. **Nt. wt.** — см. **net weight.**

1606. **nuclear waste** — ядерные отходы.
ОПАСНЫЕ ОТХОДЫ (1111), образующиеся в процессе эксплуатации атомных электростанций, в оборонной пром-сти и т. п. На сегодняшний день абсолютно безопасные способы УДАЛЕНИЯ (729) ядерных отходов отсутствуют. До начала 1960-х гг. осн. способом их удаления был СБРОС В ОКЕАН (1616). В наст. время распространено ЗАХОРОНЕНИЕ ОТХОДОВ (2654) в спец. подземных хранилищах или на спец. СВАЛКАХ (1290).

1607. **NVOCC** — см. **non-vessel operating common carrier.**

1608. **n. wt.** — см. **net weight.**

O

1609. **obsolescence** — моральный износ.

Потеря ПРОДУКЦИЕЙ (1885) потребительной стоимости из-за изменения моды, появления на рынке аналогичной продукции с улучшенными техн. параметрами и т. п. Проблема морального износа особенно актуальна для наукоемких произ-в, которые могут нести значительные потери из-за устаревания комплектующих изделий, находящихся в СТРАХОВОМ ЗАПАСЕ (2115).

1610. **obsolete parts** — запасные части к товарам, снятым с производства.

Разновидность НЕИСПОЛЬЗУЕМЫХ ЗАПАСОВ (1612), характерная для СИСТЕМ СНАБЖЕНИЯ ЗАПАСНЫМИ ЧАСТЯМИ (2304). Включает ЗАПАСНЫЕ ЧАСТИ (2303) к ПРОДУКЦИИ (1885), произ-во которых прекращено. Такие запасные части относятся к категории НЕХОДОВОЙ ПРОДУКЦИИ (2283), и хранить их целесообразно на центральном СКЛАДЕ (2718).

1611. **obsolete scrap** — металлолом; отходы металла.

Вторичные металлы, входящие в состав выработавших свой РЕСУРС (92) ТОВАРОВ НАРОДНОГО ПОТРЕБЛЕНИЯ (509) и ПРОДУКЦИИ ПРОИЗВОДСТВЕННО-ТЕХНИЧЕСКОГО НАЗНАЧЕНИЯ (1882).

1612. **obsolete stocks**- неиспользуемые запасы.

1) ПРОИЗВОДСТВЕННЫЕ ЗАПАСЫ (1461), образовавшиеся в результате сокращения ОБЪЕМА ПРОИЗВОДСТВА (1684) или снятия с произ-ва соответствующей ПРОДУКЦИИ (1885). 2) ТОВАРНЫЕ ЗАПАСЫ (1511) с истекшим СРОКОМ ГОДНОСТИ (2185), нераспроданный остаток товаров сезонного

СПРОСА (669) и т. п. Такие товары могут быть реализованы в порядке ВНУТРЕННЕЙ ПЕРЕБРОСКИ (1223), уценены, а в исключительных случаях — списаны и уничтожены.

1613. **obstruction clearance** — габарит приближения строений.
Предельное поперечное перпендикулярное к оси пути очертание, внутрь которого не должны входить никакие части сооружений и устр-в, кроме предназначенных для непосредственного взаимодействия с ж.-д. ПОДВИЖНЫМ СОСТАВОМ (2094). См. также 1369.

1614. **occasional purchaser** — см. **transient customer.**

1615. **occupational safety** — техника безопасности (погрузочно-разгрузочных и транспортно-складских работ).
Орг-ция и технология ПОГРУЗКИ (1366), ПЕРЕВОЗКИ (2589), РАЗГРУЗКИ (2667), ХРАНЕНИЯ (2400) и др. ЛОГИСТИЧЕСКИХ ОПЕРАЦИЙ (1404), исключающая производственный травматизм; разл. средства индивидуальной защиты, санитарии, гигиены, оказания первой медицинской помощи пострадавшим. Осн. требованиями к технике безопасности являются правильный выбор подъемно-трансп. оборудования и его использование в соответствии с нормативно-техн. документацией, применение знаковой и звуковой сигнализации при перемещении ГРУЗОВ (340), контроль за уровнем шума на месте проведения работ, обучение и медицинское освидетельствование лиц, допущенных к выполнению работ; проверка устойчивости ШТАБЕЛЕЙ (2330), прочности СКЛАДСКИХ СТЕЛЛАЖЕЙ (2414), размещение грузов с учетом их СОВМЕСТИМОСТИ (475) и т. д.

1616. **ocean dumping** — захоронение отходов в океане; сброс в океан. УДАЛЕНИЕ (729) разл. ОТХОДОВ (2741), напр., ОТХОДОВ СТРОИТЕЛЬСТВА (503), ОСАДКА СТОЧНЫХ ВОД (2284) и т.п., путем их сброса или слива в Мировой океан. Соответствующими междунар. конвенциями разрешен также сброс в океан ЯДЕРНЫХ ОТХОДОВ (1606) с невысоким уровнем радиации. Сброс отходов в океан обходится в 10 раз дешевле, чем их захоронение на СВАЛКАХ (1290).

1617. **OEM** — см. **original equipment manufacturer.**

1618. **oil slick** — см. **oil spill.**

1619. **oil spill**; oil slick — разлив нефти.
Потеря нефти или нефтепродуктов вследствие аварии ГРУЗОВОГО СУДНА (358), ВАГОНА-ЦИСТЕРНЫ (2476), к. -л. неисправностей на нефтебазе и т. п. Разлив нефти характеризуется объемом потери нефти, характером разлива (залповый или постепенный), источником разлива (стационарный или движущийся) и т. п. Для ликвидации разлива нефти в море применяется сбор нефти плавучими нефтемусоросборщиками, сжигание нефти, рассеивание диспергирующими препаратами и т. п. См. также 1325.

1620. **on-carriage** — развоз; доставка.
ДОСТАВКА (655) ГРУЗА (340) с ТЕРМИНАЛА (2492) в ПУНКТЕ НАЗНАЧЕНИЯ (694) ГРУЗОПОЛУЧАТЕЛЮ (492). Производится, как правило, ГРУЗОВЫМИ АВТОМОБИЛЯМИ (1417), автофургонами и т. п.

1621. **on-deck cargo** — см. **deck-cargo.**

1622. **one-trip packaging**; disposable container — разовая тара.
ТАРА (513), напр., бумажные МЕШКИ (2112), полиэтиленовые пакеты и т. п., рассчитанная на один ОБОРОТ (2638); тара однократного применения. После своего использования образует УПАКОВОЧНЫЙ МУСОР (1717) и подлежит УДАЛЕНИЮ (729) или УТИЛИЗАЦИИ (2007). См. также 1571.

1623. **one-trip pallet** — см. **disposable pallet.**

1624. **on-hand inventory**; actual inventory — наличные запасы.
ЗАПАСЫ (1230), кол-во которых на момент учета установлено по КАРТОЧКАМ СКЛАДСКОГО УЧЕТА (1240) или иным документам; все имеющиеся у ПОТРЕБИТЕЛЯ (587) на данный момент запасы. См. также 137.

1625. **on-order stock** — заказанный товар.
Кол-во ПРОДУКЦИИ (1885), на которую уже размещены ЗАКАЗЫ (1646), но которая еще не получена от ПОСТАВЩИКОВ (2450). Величина данного показателя увеличивается при РАЗМЕЩЕНИИ ЗАКАЗА (1658) и уменьшается при получении продукции.

1626. **on rubber** — на колесах.
Один из режимов эксплуатации грузового КРАНА (563) на автомобильном шасси. Подъем ГРУЗА (1359) в этом режиме производится без вывешивания крана на АУТРИГЕРЫ (1685). Грузоподъемность крана в этом режиме уменьшается. Подъем грузов в этом режиме производится на СТРЕЛЕ (263) без НАДСТАВКИ (1262).

1627. **open charter** — широкий чартер.
ЧАРТЕР (412), предусматривающий право ФРАХТОВАТЕЛЯ (414) использовать водное или воздушное судно для захода в любой ПОРТ (1831) или посадки в любом АЭРОПОРТУ (72).

1628. **open dump** — открытая свалка.
СВАЛКА (1290) для ТВЕРДЫХ ОТХОДОВ (2290), не имеющая гидроизолирующего слоя и устр-в для сбора и УДАЛЕНИЯ (729) ФИЛЬТРАЦИОННЫХ ВОД (1305). См. также 1347, 2128.

1629. **open loop logistics system** — разомкнутая логистическая система.
ЛОГИСТИЧЕСКАЯ СИСТЕМА (1411), ХОЗЯЙСТВЕННЫЕ СВЯЗИ (311) которой имеют неустойчивый характер, напр., ПРЕДПРИЯТИЕ РОЗНИЧНОЙ ТОРГОВЛИ (2067) с высоким удельным весом СЛУЧАЙНЫХ КЛИЕНТОВ (2580).

1630. **open order** — 1) Принятый заказ — ЗАКАЗ (1646), принятый ПОСТАВЩИКОМ (2450) к исполнению; НЕВЫПОЛНЕННЫЙ ЗАКАЗ (1688). 2) Специальный заказ (амер.) — заказ, в котором оговорено право ПОСРЕДНИКА (1209) выбирать поставщика по своему усмотрению. 3) Инструкция брокеру (амер.) — приказ БРОКЕРУ (288) на фондовой бирже, действующий до истечения срока исполнения или отмены.

1631. **open-to-buy**, ОТВ (амер.) — расходы на пополнение текущего товарного запаса.
Используемый в РОЗНИЧНОЙ ТОРГОВЛЕ (2068) экон. показатель, рассчитываемый как общая величина ТОВАРНЫХ ЗАПАСОВ (1511), предусмотренная на данный период, за вычетом ЗАКАЗАННОГО ТОВАРА (1625) и НАЛИЧНЫХ ЗАПАСОВ (1624).

1632. **open top car** (амер.) — открытый вагон; ПОЛУВАГОН (1054).

1633. **open wagon** — см. **gondola.**

1634. **operating expenses** — 1) Текущие затраты (амер.) — в БУХГАЛТЕРСКОМ УЧЕТЕ (262): разл. расходы, в т. ч. заработная плата персонала, расходы на рекламу и СТРАХОВАНИЕ (1194) и т. д. Текущие затраты не включают ИЗДЕРЖКИ ПРОИЗВОДСТВА (1459). 2) Эксплуатационные расходы (амер.) — расходы ПЕРЕВОЗЧИКА (366) в расчете на одну МИЛЮ (1519). См. также 552, 1696.

1635. **operating radius**; load radius; working radius — вылет.
Расстояние между проекцией оси вращения опорно-поворотного устр-ва КРАНА (563) и проекцей оси СТРЕЛЫ (263); один из параметров, включаемых в ДИАГРАММУ ГРУЗОВЫХ ХАРАКТЕРИСТИК (1361). При превышении допустимого вылета возникает ОПРОКИДЫВАЮЩАЯ НАГРУЗКА (2520).

1636. **operation** — операция.
1) Мин. отдельно взятая часть к.-л. РАБОТЫ (1266). 2) Совокупность действия, направленных на достижение нек-рой цели. Может быть описана след. мн-вами: начальных условий, характеристик внеш. среды, альтернативных стратегий достижения цели и характеристик цели. Операция — одно из фундаментальных понятий науки, известной как исследование операций.

1637. **operation overlapping**; lap-phasing (амер., орг. произ-ва) — перекрытие; частичное совмещение операций.
Способ сокращения ВРЕМЕНИ ВЫПОЛНЕНИЯ ЗАКАЗОВ (1306), заключающийся в разделении одной ПАРТИИ (1419)

находящихся в обработке изделий т. о., что последующая технол. ОПЕРАЦИЯ (1636) начинается до того, как окончена предыдущая. Часть партии, прошедшая предыдущую операцию, поступает на след. операцию, т. е. обе операции выполняются одновременно, но над разл. частями одной и той же партии.

1638. **operator** — 1) Эксплуатант — юридическое лицо, использующее находящееся в его оперативном управлении или являющееся его собственностью ТРАНСПОРТНОЕ СРЕДСТВО (1506) в коммерческих целях на основании полученного от гос. органов разрешения по установленной форме. 2) БРОКЕР (288). 3) Оператор — работник, обслуживающий станок, обрабатывающий центр и т. п.

1639. **OPT** — см. **Optimized Production Technology.**

1640. **Optimized Production Technology,** OPT — Оптимизированная производственная технология; ОПТ.
Система орг-ции произ-ва, разработанная американскими и израильскими специалистами в конце 1970-х гг. В спец. литературе может упоминаться как израильский КАНБАН (1277). Одним из осн. понятий ОПТ является КРИТИЧЕСКИЙ РЕСУРС (265). Критические ресурсы определяют эффективность системы в целом, и оптимизировать надо прежде всего их использование, т. к. оптимизация использования некритических ресурсов на эффективности системы практически не сказывается. Разработка ГРАФИКА ПРОИЗВОДСТВА (1474) производится на основе алгоритма Голдратта, содержание которого является предметом коммерческой тайны.

1641. **optimum lot size** — см. **Economic Order Quantity.**

1642. **optional cargo** — факультативный груз; попутный груз.
ГРУЗ (340), принимаемый к ПЕРЕВОЗКЕ (2589) при наличии свободного места на ТРАНСПОРТНОМ СРЕДСТВЕ (1506); груз, перевозка которого не предусмотрена оперативным планом перевозок. См. также 642.

1643. **optional delivery point**; alternative delivery point — альтернативное место поставки.
Одно из нескольких МЕСТ ПОСТАВКИ (662), перечисленный в биржевом контракте.

1644. **optional replenishment system**; minimum-maximum system; (s,S) system — система с двумя фиксированными уровнями запаса без постоянной периодичности заказа.
СИСТЕМА УПРАВЛЕНИЯ ЗАПАСАМИ (1237), в которой запас пополняется при достижении ТОЧКИ ЗАКАЗА (1659); ПЕРИОД МЕЖДУ ЗАКАЗАМИ (1655) не фиксируется.

1645. **option overplanning** (амер., орг. произ-ва) — планирование резерва комплектующих изделий.
Корректировка ВЕДОМОСТИ МАТЕРИАЛОВ (226) путем увеличения кол-ва указанных в ней комплектующих изделий, ДЕТАЛЕЙ (1739) и т. д. Методы корректировки используются те же, что и при расчете СТРАХОВОГО ЗАПАСА (2115).

1646. **order** — 1) Заказ — предложение ПОКУПАТЕЛЯ (309) ПОСТАВЩИКУ (2450) изготовить (отгрузить) товары с указанием их АССОРТИМЕНТА (122), кол-ва, КАЧЕСТВА (1941) и др. Может быть сделан как в письменной, так и в устной форме. Заказ считается принятым к исполнению, если поставщик в разумный срок не сообщит о своем отказе от него или о своих возражениях. 2) Заказанные товары — ПРОДУКЦИЯ (1885), подлежащая ОТГРУЗКЕ (2205) по заказу.

1647. **order accumulation** — подсортировка; накопление заказов.
Укрупнение ПОСРЕДНИКОМ (1209) МЕЛКИХ ЗАКАЗОВ (2285) до объема, соответствующего ЗАКАЗНОЙ НОРМЕ (1525) или ТРАНЗИТНОЙ НОРМЕ (1526).

1648. **order assembly area** — зона комплектации; экспедиция.
Участок СКЛАДА (2718), на который доставляются отобранные из ЗОНЫ ХРАНЕНИЯ (2402) товары и где производится их ПРЕДОТГРУЗОЧНАЯ ПРОВЕРКА (896), группировка по ПОТРЕБИТЕЛЯМ (587) и т. д. См. также 1060.

1649. **order bill of lading** — ордерный коносамент.
КОНОСАМЕНТ (225), составляемый по указанию ГРУЗООТПРАВИТЕЛЯ (497), ГРУЗОПОЛУЧАТЕЛЯ (492) или банка и могущий быть переданным по их указанию третьему лицу.

1650. **order cycle** — см. **order delivery lead time.**

1651. **order delivery lead time**; order cycle — заготовительный период.
Интервал времени между РАЗМЕЩЕНИЕМ ЗАКАЗА (1658) и ДОСТАВКОЙ (655) ЗАКАЗАННЫХ ТОВАРОВ (1646) ПОКУПАТЕЛЮ (309).

1652. **orderer** — заказчик.
Сторона ДОГОВОРА ПОДРЯДА (1458), по заданию которой выполняется к. -л. работа и которая обязана эту работу принять и оплатить.

1653. **order filler** (амер.) — отборщик.
В РОЗНИЧНОЙ ТОРГОВЛЕ (2068) и ОПТОВОЙ ТОРГОВЛЕ (2773): работник, в обязанности которого входит прием ЗАКАЗОВ (1646) от ПОКУПАТЕЛЕЙ (309), оформление НАКЛАДНЫХ (1248), изъятие товаров из СКЛАДСКИХ ЯЧЕЕК (2409) и др. См. также 1656.

1654. **ordering costs** — см. **preparation costs.**

1655. **order interval** — период между заказами.
Один из параметров, используемых в СИСТЕМЕ УПРАВЛЕНИЯ ЗАПАСАМИ (1237); интервал времени между поступлением ЗАКАЗОВ (1646); ПЕРИОД МЕЖДУ ПОСТУПЛЕНИЕМ ЗАЯВОК (1201).

1656. **order picker**; picker — 1) Отборщик; комплектовщик — работник, в обязанности которого входит изъятие товаров из СКЛАДСКИХ СТЕЛЛАЖЕЙ (2414) и их доставка в ЭКСПЕДИЦИЮ ОТПУСКА (691), ведение КАРТОЧЕК СКЛАДСКОГО УЧЕТА (1240), участие в ИНВЕНТАРИЗАЦИЯХ (2387) и др. 2) Комплектовочный штабелер — КРАН-ШТАБЕЛЕР (2332), используемый для КОМПЛЕКТАЦИИ (1785) ЗАКАЗОВ (1646).

1657. **order picking** — см. **picking.**

1658. **order placement** — размещение заказа.
Передача ЗАКАЗОВ (1646) исполнителю. Размещение заказа происходит через равные интервалы в СИСТЕМЕ С ПОСТОЯННОЙ ПЕРИОДИЧНОСТЬЮ ЗАКАЗА (1765); через интервалы, определяемые по случайному закону, в СИСТЕМЕ

УПРАВЛЕНИЯ ЗАПАСАМИ ПО ТОЧКЕ ЗАКАЗА (1660). См. также 1663.

1659. **order point**; reorder point; trigger level — точка заказа.
Один из параметров СИСТЕМЫ УПРАВЛЕНИЯ ЗАПАСАМИ (1237). Обозначает нижнюю границу запасов, при достижении которой необходимо организовать ЗАКАЗ (1646) на ПОПОЛНЕНИЕ (2043) запаса. Уровень запаса в точке заказа должен быть достаточным для бесперебойной работы в ЗАГОТОВИТЕЛЬНЫЙ ПЕРИОД (2044); при этом СТРАХОВОЙ ЗАПАС (2115) должен остаться неприкосновенным. См. также 78.

1660. **order point system**; statistical order point system — система управления запасами по точке заказа.
СИСТЕМА УПРАВЛЕНИЯ ЗАПАСАМИ (1237), в которой РАЗМЕЩЕНИЕ ЗАКАЗА (1658) происходит при достижении запасом ТОЧКИ ЗАКАЗА (1659). Применение этой системы наиболее эффективно для товаров, СПРОС (669) на которые относительно стабилен. См. также 2641.

1661. **order promising** — обязательства по поставкам.
Взаимные обязательства ПОСТАВЩИКА (2450) и ПОКУПАТЕЛЯ (309) по кол-ву и КАЧЕСТВУ (1941) подлежащих ОТГРУЗКЕ (2205) товаров, их АССОРТИМЕНТУ (122), порядку расчетов и др. См. также 98.

1662. **order quantity** — см. **lot size.**

1663. **order release** (амер.) — разрешение на размещение заказа.
Санкция специально уполномоченного руководством пр-тия лица на РАЗМЕЩЕНИЕ ЗАКАЗА (1658): превращение внутр. заявки в ПРИНЯТЫЙ ЗАКАЗ (1630).

1664. **order splitting** — дробление заказа.
1) РАЗМЕЩЕНИЕ ЗАКАЗА (1658) на одноименную ПРОДУКЦИЮ (1885) у нескольких ПОСТАВЩИКОВ (2450). Дробление заказа позволяет снизить вероятность ДЕФИЦИТА (2376), но увеличивает ЗАГОТОВИТЕЛЬНЫЕ РАСХОДЫ (1851). 2) Передача многострочного ЗАКАЗА (1646) для исполнения нескольким ОТБОРЩИКАМ (1656). 3) Разделение ПАРТИИ (1419) подлежащих обработке ДЕТАЛЕЙ (1739) в целях ЧАСТИЧНОГО СОВМЕЩЕНИЯ ОПЕРАЦИЙ (1637).

1665. **order status enquiry** — запрос о ходе выполнения заказа.
Сообщение в стандарте ЕАНКОМ (802), направляемое ПОСТАВЩИКУ (2450), если от него поступило ПОДТВЕРЖДЕНИЕ ПРИНЯТИЯ ЗАКАЗА (1923), но не поступило ИЗВЕЩЕНИЕ ОБ ОТГРУЗКЕ (690).

1666. **order status report** — справка о выполнении заказа.
Сообщение в стандарте ЕАНКОМ (802), высылаемое ПОСТАВЩИКОМ (2450) в ответ на ЗАПРОС О ХОДЕ ВЫПОЛНЕНИЯ ЗАКАЗА (1665), либо формируемое и высылаемое с установленной периодичностью.

1667. **«order-up-to» level** — см. **target inventory level.**

1668. **organic waste** — ОРГАНИЧЕСКИЕ ОТХОДЫ (1040).

1669. **origin** — 1) Пункт отправления; место отправления — начальный пункт РЕЙСА (2621); место передачи ГРУЗА (340) ПЕРЕВОЗЧИКУ (366). 2) ВЕРШИНА (1588).

1670. **original equipment manufacturer,** OEM — 1) Изготовитель комплектного оборудования — ПРЕДПРИЯТИЕ-ПОТРЕБИ-

ТЕЛЬ (1165), закупающее у ПОСТАВЩИКОВ (2450) ДЕТАЛИ (1739), используемые им для СБОРКИ (118) своей ПРОДУКЦИИ (1885). 2) Поставщик комплектующих изделий — пр-тие, реализующее свою продукцию др. пр-тиям, использующим ее для изготовления конечной продукции; напр., завод, поставляющий электрооборудование (стартеры, генераторы и т. п.) автомобильному заводу.

1671. **original invoice** — 1) Первоначальная счет-фактура — СЧЕТ-ФАКТУРА (1248), к которой впоследствии прилагаются ДОПОЛНИТЕЛЬНЫЕ СЧЕТА-ФАКТУРЫ (2449). 2) Оригинал счета-фактуры — первый машинописный экземпляр счета-фактуры (в отличие от последующих, печатаемых через копировальную бумагу).

1672. **originating carrier** — первый перевозчик.
ПЕРЕВОЗЧИК (366), получающий ГРУЗ (340) непосредственно от ГРУЗООТПРАВИТЕЛЯ (497) или ЭКСПЕДИТОРА (1012) и передающий его ПРОМЕЖУТОЧНОМУ ПЕРЕВОЗЧИКУ (1210) или ПОСЛЕДНЕМУ ПЕРЕВОЗЧИКУ (654).

1673. **origin-destination pairs table** — таблица корреспонденции грузовых перевозок.
Косая шахматная таблица, характеризующая трансп. связи отдельных пунктов; шахматка грузопотоков, по которой определяют соотношение между отправлением и прибытием ГРУЗА (340).

1674. **OSD** — см. **over, short and damaged.**

1675. **OS&D** — см. **over, short and damaged.**

1676. **OTB** — см. **open-to-buy.**

1677. **outage period** (амер., орг. произ-ва) — период работы на страховом запасе; обеспеченность страховым запасом.
Интервал времени, в течение которого НАЛИЧНЫЕ ЗАПАСЫ (1624), за вычетом СТРАХОВОГО ЗАПАСА (2115), равны нулю. См. также 2358.

1678. **out-and-back selection** (амер.) — размещение товаров с учетом спроса.
Метод РАЗМЕЩЕНИЯ (1937) товаров на СКЛАДЕ (2718), в соответствии с которым ХОДОВАЯ ПРОДУКЦИЯ (884) укладывается в СКЛАДСКИЕ ЯЧЕЙКИ (2409), находящиеся на мин. расстоянии от ЭКСПЕДИЦИИ ОТПУСКА (691).

1679. **outbound dock** — сортировочно-отпускная площадка.
Участок СКЛАДА (2718), на котором укомплектованные товары подготавливаются к ОТГРУЗКЕ (2205). На крупных складах может называться ЭКСПЕДИЦИЕЙ ОТПУСКА (691).

1680. **outer-mid section** — охватываемая секция.
Промежуточная секция телескопической СТРЕЛЫ (263), которой предшествует ОХВАТЫВАЮЩАЯ СЕКЦИЯ (1183) у четырехсекционной стрелы и которая сама предшествует ГОЛОВНОЙ ПОДВИЖНОЙ СЕКЦИИ (941).

1681. **out-of-line charges** (амер.) — сбор за кружную перевозку.
Доп. ПРОВОЗНАЯ ПЛАТА (2593), взыскиваемая с клиента, которому предоставлена ТРАНЗИТНАЯ ЛЬГОТА (2582) при условии, что ПУНКТ НАЗНАЧЕНИЯ (694) удален от магистрали не менее чем на 150 МИЛЬ (1519).

1682. **out-of-pocket costs** — 1) Приростные удельные транспортные издержки — переменные издержки, связанные с увеличением стоимости осн. транс. услуги, напр., издержки, связанные с добавлением в МАРШРУТНЫЙ ПОЕЗД (2666), состоящий из 50 ГРУЗОВЫХ ВАГОНОВ (1004), еще одного вагона. 2) Удельные переменные издержки — переменные ТРАНСПОРТНЫЕ ИЗДЕРЖКИ (2594), в т. ч. расходы на топливно-энергетические ресурсы, приходящиеся на одну ТОННО-МИЛЮ (2529). 3) Затраты, оплачиваемые наличными — расходы, подлежащие оплате наличными деньгами, напр., нек-рые виды командировочных расходов.

1683. **out-of-stock rate** — коэффициент неудовлетворенного спроса.
Отношение кол-ва ЗАКАЗОВ (1646), которые не могут быть удовлетворены из НАЛИЧНЫХ ЗАПАСОВ (1624), к общему кол-ву поступивших заказов. Чем ниже коэффициент неудовлетворенного спроса, тем выше ЗАТРАТЫ НА ФОРМИРОВАНИЕ И ХРАНЕНИЕ ЗАПАСОВ (1232). См. также 894.

1684. **output** — 1) Объем производства — общая сумма стоимости произведенных товаров и/или реализованных услуг, рассчитываемая в разрезе отдельного пр-тия, отрасли или гос-ва. 2) Облагаемая налогом стоимость — разность между стоимостью ГОТОВОЙ ПРОДУКЦИИ (900) и СТОИМОСТЬЮ ПОКУПНЫХ РЕСУРСОВ (1186), облагаемая налогом на ДОБАВЛЕННУЮ СТОИМОСТЬ (2679).

1685. **outrigger**; jack arm — аутригер.
Гидравлическая выносная опора, увеличивающая устойчивость грузового КРАНА (563), напр., крана на автомобильном шасси. Кран обычно снабжается четырьмя аутригерами (два спереди, два сзади), которые могут быть выдвинуты полностью или час-

тично. Под подпятники аутригеров могут быть установлены деревянные опоры.

1686. **outsider** — аутсайдер.
На ВОДНОМ ТРАНСПОРТЕ (2749): независимый ПЕРЕВОЗЧИК (366), не являющийся членом ЛИНЕЙНОЙ КОНФЕРЕНЦИИ (1341). См. также 486.

1687. **outsourcing** — см. **contracting out.**

1688. **outstanding order** (амер.) — невыполненный заказ.
ЗАКАЗ (1646), находящийся в стадии выполнения. См. также 1630, 1694.

1689. **outturn** — 1) ВЫГРУЖЕННАЯ МАССА (653). 2) ОБЪЕМ ПРОИЗВОДСТВА (1684).

1690. **outturn report** — ауттэрн-рипорт.
На ВОДНОМ ТРАНСПОРТЕ (2749): документ, в котором фиксируется ВЫГРУЖЕННАЯ МАССА (653).

1691. **overage** — 1) Излишки — превышение величины НАЛИЧНЫХ ЗАПАСОВ (1624) над величиной запасов, рассчитанной по документам складского учета [выявляются, напр., при ИНВЕНТАРИЗАЦИЯХ (2387)]; превышение величины ВЫГРУЖЕННОЙ МАССЫ (1689) над величиной ПОГРУЖЕННОЙ МАССЫ (2200). 2) Надбавка к арендной плате (амер.) — в РОЗНИЧНОЙ ТОРГОВЛЕ (2068): надбавка к ставке осн. арендной платы, взыскиваемой за аренду торгового помещения. Размер надбавки определяется в зависимости от ОБЪЕМА ПРОДАЖ (2117).

1692. **overcharge** — перебор.

Излишне взысканная ПРОВОЗНАЯ ПЛАТА (2593); ЦЕНА (1857), дающая возможность ПОСТАВЩИКУ (2450) получать сверхприбыль. В случаях, определяемых законодательством, перебор подлежит возврату клиенту. См. также 2652.

1693. **overdelivery** — перепоставка.

ПОСТАВКА (2194), масса которой или кол-во штук товара в которой превышают указанные в ГРУЗОВЫХ ДОКУМЕНТАХ (2213). Согласно ОБЫЧАЯМ ДЕЛОВОГО ОБОРОТА (2672) ПОКУПАТЕЛЬ (309) может, если ДОПУСТИМАЯ ВЕЛИЧИНА ПЕРЕПОСТАВКИ (1698) превышена, принять товары, масса или кол-во которых соответствуют условиям контракта, и отказаться от ИЗЛИШКОВ (1691), либо отказаться от всей поставки. См. также 2653.

1694. **overdue order** – не выполненный в срок заказ.

ЗАКАЗ (1646), не исполненный в срок, согласованный с ЗАКАЗЧИКОМ (1652); заказ, имеющий отрицательный РЕЗЕРВ ВРЕМЕНИ (2276). См. также 570.

1695. **«overflow» shipment** — излишек веса; излишек объема.

ОТПРАВКА (2194), масса или объем которой превышает ГРУЗОПОДЪЕМНОСТЬ (343) или грузовместимость ТРАНСПОРТНОГО СРЕДСТВА (1506).

1696. **overhead expenses** — накладные расходы.

В пром-сти: разность между ЗАВОДСКОЙ СЕБЕСТОИМОСТЬЮ (1888) и ЦЕХОВОЙ СЕБЕСТОИМОСТЬЮ (1863), включающая расходы на оплату труда управленческого аппарата цехов, затраты на содержание зданий, расходы на охрану труда и т. п.

1697. **overhead loading** — вертикальная погрузка.

Применяемый на ЖЕЛЕЗНОДОРОЖНОМ ТРАНСПОРТЕ (1967) в США термин, обозначающий ПОГРУЗКУ (1366) ПРИЦЕПОВ (2565) и/или КОНТЕЙНЕРОВ (1009) на ж.-д. ПЛАТФОРМУ (919) с помощью КОЗЛОВОГО КРАНА (1039). См. также 425, 2255.

1698. **overshipment tolerance** — допустимая величина перепоставки.

Норма ПЕРЕПОСТАВКИ (1693); макс. величина ИЗЛИШКОВ (1691), о которых ПОКУПАТЕЛЬ (309) не обязан сообщать ПОСТАВЩИКУ (2450), которые он не обязан возвращать или оплачивать. Если допустимая величина перепоставки превышена, то покупатель обязан поставить об этом в известность поставщика; он может также засчитать перепоставку в счет будущей поставки от того же поставщика.

1699. **over, short and damaged,** OSD, OS & D (амер.) — излишки, недостачи и повреждения.

ИЗЛИШКИ (1691), НЕДОСТАЧА (2237) и ПОВРЕЖДЕНИЯ ГРУЗА (1224), обнаруженные ГРУЗОПОЛУЧАТЕЛЕМ (492); излишки, недостатки и порча товаров, обнаруженные при ИНВЕНТАРИЗАЦИИ (2387) на СКЛАДЕ (2718). См. также 847.

1700. **overside delivery** — бортовая перевалка.

ВЫГРУЗКА (2667) ГРУЗА (340) из морского судна в ЛИХТЕРЫ (188) по варианту «борт — борт». В ЧАРТЕРЕ (412) может быть оговорено право ГРУЗОПОЛУЧАТЕЛЯ (492) принимать груз в лихтеры, минуя СКЛАДЫ (2718).

1701. **overstocking** — затоваривание.

Образование излишних и неиспользуемых ЗАПАСОВ (1230) в силу таких причин, как МОРАЛЬНЫЙ ИЗНОС (1609) товаров, ошибки ПРОГНОЗИРОВАНИЯ (952) СПРОСА (669), изменения ПЛАНОВ ПРОИЗВОДСТВА (1889) и др. См. также 1702.

1702. **overstocks** — излишние запасы.
ЗАПАСЫ (1230), величина которых превышает установленные НОРМЫ ЗАПАСОВ (2375); запасы, которые пр-тию больше не требуются [напр., комплектующие изделия к ПРОДУКЦИИ (1885), снятой с произ-ва]. См. также 1372, 1612.

1703. **overtime** — 1) Сверхурочные — работы сверх установленной продолжительности рабочего времени. Как правило, оплачиваются стороной, их заказавшей. 2) Оплата сверхурочных — оплата за сверхурочное время произ-ва работ по повышенным ставкам.

1704. **overweight** — перевес.
Неправильный результат операции ВЗВЕШИВАНИЯ (2758); расхождение между показаниями весов и массой товара в большую сторону. См. также 2659.

1705. **overwrap** (амер.) — ВТОРИЧНАЯ УПАКОВКА (2149).

1706. **owner-operator** — собственник-эксплуатант.
Физ. или юридическое лицо, в собственности которого находится один ГРУЗОВОЙ АВТОМОБИЛЬ (2624), но имеющее право использовать этот автомобиль для коммерческой ПЕРЕВОЗКИ (2589) ограниченной номенклатуры ГРУЗОВ (340). Собственник-эксплуатант может являться СУБПОДРЯДЧИКОМ (2438) КОММЕРЧЕСКОГО ТРАНСПОРТНОГО ПРЕДПРИЯТИЯ (954).

1707. **owner's risk** (страх.) — риск грузовладельца.
Товары, не застрахованные на время ПЕРЕВОЗКИ (2589); ответственность за ПОВРЕЖДЕНИЕ ГРУЗА (1224) и/или УТРАТУ ГРУЗА (1227) падает на ВЛАДЕЛЬЦА ГРУЗА (352), если последний не докажет, что повреждение или утрата вызваны умышленными или грубо неосторожными действиями служащих ПЕРЕВОЗЧИКА (366). См. также 372, 2031.

P

1708. **pack** — 1) Ноша — физически неделимый ГРУЗ (1359), переносимый вручную. 2) Упаковка — предназначенный для продажи товар, уложенный в картонную КОРОБКУ (376), железную банку и т.п.; ШТУЧНЫЙ ТОВАР (512). 3) Кипа — мера веса в торговле шерстью (240 фунтов или 108,864 кг).

1709. **package,** pk, pkg, pkge — 1) УПАКОВКА (1708). 2) Грузовое место — упакованная и замаркированная ГРУЗОВАЯ ЕДИНИЦА (1359). 3) ТАРА (513). 4) Отправка — юридически неделимый ГРУЗ (340), оформленный отдельным КОНОСАМЕНТОМ (225), принятый от одного ГРУЗООТПРАВИТЕЛЯ (497) и предназначенный одному ГРУЗОПОЛУЧАТЕЛЮ (492).

1710. **package car** (амер.) — перегрузочный вагон.
СБОРНЫЙ ВАГОН (1825), выгружаемый на одной или нескольких станциях РАЗГРУЗКИ (2667).

1711. **packaged freight** — тарно-штучный груз.
ГРУЗ (340), принимаемый к ПЕРЕВОЗКЕ (2589) по счету мест, напр., БОЧКИ (190), КОНТЕЙНЕРЫ (1009), колесная техника

(легковые автомобили, тракторы и т. п.); груз, характеризуемый определенными ЛИНЕЙНЫМИ РАЗМЕРАМИ (705) и формой. См. также 1046.

1712. **packaged goods** — см. **package goods.**

1713. **package goods**; packaged goods — штучный товар.
В РОЗНИЧНОЙ ТОРГОВЛЕ (2068): товары, отпускаемые в мелкой расфасовке или УПАКОВКЕ (1708). См. также 512.

1714. **packaging** — 1) УПАКОВЫВАНИЕ (1721). 2) Упаковка — комплекс средств, обеспечивающих защиту товара при ПЕРЕВОЗКЕ (2589), ХРАНЕНИИ (2400), РАЗГРУЗКЕ (2667) и т. п. 3) Конструирование упаковки — отрасль знаний, касающаяся разработки новых видов упаковки.

1715. **packaging factor** — коэффициент тары.
Отношение собственной массы ТАРЫ (513) к МАССЕ БРУТТО (1083). Коэффициент тары составляет, напр., 0,04 для АСЕПТИЧЕСКОЙ ТАРЫ (111) для фруктовых соков и около 1,0 для БАЛЛОНОВ (608) со сжатым газом.

1716. **packaging materials** — упаковочные материалы.
МАТЕРИАЛЫ (1477), используемые для изготовления ТАРЫ (513) и УПАКОВКИ (1714) и вспомогательных упаковочных средств (для обвязывания, обандероливания и т. п.). Упаковочные материалы включают дерево, бумагу, картон, разл. пластмассы (полиэтилен, полипропилен, полистирол и т. п.), металлы, текстильные материалы, стекло и т. п. Осн. требования к упаковочным материалам — обеспечение сохранности товара, соблюдение требований санитарии и гигиены, химическая

инертность по отношению к товару, мин. КОЭФФИЦИЕНТ ТАРЫ (1715), ЭКОЛОГИЧНОСТЬ (836) и др.

1717. **packaging waste** — упаковочный мусор.
Использованная или пришедшая в негодность ТАРА (513) и УПАКОВКА (1714). В США У. м. составляет свыше 31% массы ТВЕРДЫХ БЫТОВЫХ ОТХОДОВ (1572). Большую часть упаковочного материала (свыше 50%) составляет бумажная и картонная упаковка. У. м. подлежит УТИЛИЗАЦИИ (2007), СЖИГАНИЮ (1152) или захоронению на СВАЛКАХ (1290). Нек-рые виды упаковочных материалов используются при КОМПОСТИРОВАНИИ (480).

1718. **packer** — 1) Упаковщик — работник, осн. обязанностью которого является УПАКОВЫВАНИЕ (1721) товаров. 2) Прессование (амер.) — сжатие на спец. оборудовании макулатуры с целью уплотнения и упаковывания. 3) Мусоровоз (амер.) — МУСОРОВОЗ (453), оснащенный бортовым прессом для уплотнения ОТХОДОВ (2741). 4) Фасовочное предприятие — пр-тие, производящее упаковывание товаров или их ПЕРЕУПАКОВЫВАНИЕ (2038) из трансп. тары в мелкую потребительскую тару, напр., чаеразвесочная фабрика.

1719. **packet** — 1) Пачка — УПАКОВКА (1708) небольших размеров. 2) Пакетбот — морское судно, перевозящее почту, ГРУЗЫ (340) и пассажиров.

1720. **packhouse** — 1) СКЛАД (2718). 2) ФАСОВОЧНОЕ ПРЕДПРИЯТИЕ (1718).

1721. **packing** — 1) Упаковывание — процесс обертывания товара в УПАКОВОЧНЫЕ МАТЕРИАЛЫ (1716), напр., бумагу, или его укладывания в жесткую ТАРУ (513). 2) УПАКОВКА (1714).

1722. **packing case** — деревянный ящик.
Жесткая ВНЕШНЯЯ УПАКОВКА (2149), изготовленная из сосны или др. дерева.

1723. **packing list** — см. **packing slip.**

1724. **packing slip**; packing list — упаковочный лист.
Перечень товаров, уложенных в одно ГРУЗОВОЕ МЕСТО (1709). Упаковочный лист подписывается УПАКОВЩИКОМ (1718). См. также 1450.

1725. **padding** — 1) АМОРТИЗАЦИОННЫЕ МАТЕРИАЛЫ (585). 2) Завышение расходов (амер.) — приписки к платежным документам, напр., включение в счет услуг, которые не были оказаны, работ, которые не были выполнены и т. п.

1726. **pallet** — поддон.
Прямоугольная или квадратная деревянная, пластмассовая или металлическая платформа, используемая для ПЕРЕВОЗКИ (2589), ХРАНЕНИЯ (2400) и ПЕРЕГРУЗКИ (2606). Грузоподъемность поддона, как правило, находится в пределах 900-3000 кг. См. также 268, 770, 772, 964, 2263, 2270, 2642.

1727. **palletainer** (амер.) — складной ящичный поддон.
СКЛАДНОЙ ЯЩИЧНЫЙ ПОДДОН (949), предназначенный для ПЕРЕГРУЗКИ (2606) с использованием вилочного ПОГРУЗЧИКА (1331).

1728. **pallet dolly** — платформа для поддонов.

Низкорамная тележка для внутризаводской ПЕРЕВОЗКИ (2589) ГРУЗА (1359) на ПОДДОНАХ (1726). Корпус тележки обычно изготавливается из алюминиевого сплава; собственная масса тележки — не менее 5,2 кг.

1729. **pallet exchanger** — см. **pallet inverter.**

1730. **pallet inverter**; pallet exchanger — пакеторазборочная машина; автомат для замены поддонов.

Автомат. устр-во для снятия ГРУЗА (1359) с ПОДДОНА (1726) и/или укладки его на др. поддон.

1731. **palletising** — пакетирование.

Процесс укладки ГРУЗОВ (1359) на ПОДДОНЫ (1726) в целях ХРАНЕНИЯ (2400) и/или ПЕРЕВОЗКИ (2589). Процесс укладки и выбор СХЕМЫ ЗАГРУЗКИ (1371) может быть ручным или автоматизированным. См. также 673, 1733.

1732. **palletless package** — бесподдонный груз.

Устойчивое ГРУЗОВОЕ МЕСТО (1709), сформированное без применения ПОДДОНА (1726). Бесподдонный груз формируется с помощью УПАКОВЫВАНИЯ В ТЕРМОУСАДОЧНУЮ ПЛЕНКУ (2247) или иным способом. См. также 187.

1733. **pallet pattern** — схема укладки.

Способ формирования ШТАБЕЛЯ (2330) штучных ГРУЗОВ (1359), напр., КОРОБОК (376), на ПОДДОНЕ (1726). Определяется с учетом допустимых статических и дин. нагрузок, устойчивости и прочности штабеля.

1734. **pallet rack** — складской стеллаж без настила.
СКЛАДСКОЙ СТЕЛЛАЖ (2414) для ПОДДОНОВ (1726), состоящий из вертикальных стоек, соединенных между собой горизонтальными уголками. Нижние полки уголков выступают внутрь ячейки и служат для укладки поддонов. Расстояния между вертикальными стойками зависят от ширины поддонов и принимаются с тем расчетом, чтобы уложенные на выступающие уголки поддоны не могли упасть.

1735. **paperless picking** — безбумажная технология комплектации.
Технология КОМПЛЕКТАЦИИ (1785), предусматривающая сведение до минимума документооборота на бумажных носителях и, в частности, полную отмену ОТБОРОЧНЫХ ЛИСТОВ (1790). В простейшем случае ОТБОРЩИК (1656) комплектует ЗАКАЗЫ (1646), пользуясь портативным ТЕРМИНАЛОМ (2492), на дисплей которого выводятся данные о номере заказа, кол-ве и виде подлежащей отбору продукции. См. также 1797, 1798.

1736. **paperless purchasing** — безбумажная технология оформления поставок.
Документирование ОБЯЗАТЕЛЬСТВ ПО ПОСТАВКАМ (1661) и информации по выполнению этих обязательств со сведением до минимума документооборота на бумажных носителях. См. также 802.

1737. **parcel** — см. **post parcel.**

1738. **parent item** (амер., орг. произ-ва) — изделие вышестоящей ступени входимости.
СБОРОЧНАЯ ЕДИНИЦА (118), в которую входит данная ДЕТАЛЬ (1739). См. также 1322.

1739. **part** — деталь.
Изделие, изготовленное из МАТЕРИАЛА (1477) одной марки без применения операций СБОРКИ (118). См. также 1203.

1740. **part charter**; partial charter — частичный чартер.
ЧАРТЕР (416), в соответствии с которым ФРАХТОВАТЕЛЬ (414) получает в наем часть грузовместимости (грузоподъемности) воздушного (водного) судна. См. также 2300, 2772.

1741. **part delivery** — см. **part order.**

1742. **part-exchange** — смешанная форма оплаты.
Способ расчета за поставленные товары или реализованные УСЛУГИ (2175) частично с использованием валютно-финансового механизма, частично путем встречных поставок др. товаров и/или реализации др. услуг. См. также 2552.

1743. **partial charter** — см. **part charter.**

1744. **partial-pallet load** — частично расформированный пакет.
ГРУЗ (1359) на ПОДДОНЕ (1726), из которого в процессе КОМПЛЕКТАЦИИ (1785) были изъяты отдельные КОРОБКИ (376), ПАЧКИ (1719) и т. п.

1745. **partial release of goods deposited** — выдача груза по частям.
ВЫДАЧА (1253) ХРАНИТЕЛЕМ (2723) держателю СКЛАДСКОЙ РАСПИСКИ (2728) ДЕЛИМЫХ ТОВАРОВ (747) отдельными ПАРТИЯМИ (1419). При выдаче груза по частям хранитель вправе потребовать внесение соразмерной ПЛАТЫ ЗА ХРАНЕНИЕ (2404) до истечения СРОКА ХРАНЕНИЯ (2412). При отказе держателя складской расписки выполнить

это требование хранитель вправе отказать в выдаче груза по частям.

1746. **partial shipment** (амер.) — поставка товаров отдельными партиями.

ОТГРУЗКА (2205) товаров ПОКУПАТЕЛЮ (309) отдельными ПАРТИЯМИ (1419); может быть предусмотрена ДОГОВОРОМ ПОСТАВКИ (526). В противном случае покупатель согласно ОБЫЧАЯМ ДЕЛОВОГО ОБОРОТА (2672) вправе отказаться от отдельной партии, либо принять ее на ответственное ХРАНЕНИЕ (2400) за счет продавца, уведомив последнего об этом. См. также 2033, 2316, 2335.

1747. **partial unloading** — частичная разгрузка.

1) Одна из ТРАНЗИТНЫХ ЛЬГОТ (2582), сущность которой заключается в том, что ГРУЗООТПРАВИТЕЛЬ (497) расформировывает в пути следования МАРШРУТНУЮ ОТПРАВКУ (2569) или МАШИННУЮ ОТПРАВКУ (2628), напр., при распродаже СКОРОПОРТЯЩИХСЯ ГРУЗОВ (1767). 2) ВЫГРУЗКА (2667) товаров, перевозимых по РАЗВОЗОЧНОМУ МАРШРУТУ (1557).

1748. **particular average** — частная авария.

УБЫТКИ (1418) от морского происшествия, которые не подлежат распределению между участниками перевозочного процесса и падают на того, кто их потерпел. См. также 1044.

1749. **partnershipping** (брит.) — использование услуг сторонних транспортных предприятий.

Передача пром. или торговым пр-тием всей работы или части работ по ПЕРЕВОЗКЕ (2589) своих ГРУЗОВ (340) КОММЕР-

ЧЕСКОМУ ТРАНСПОРТНОМУ ПРЕДПРИЯТИЮ (954) или иному ПЕРЕВОЗЧИКУ (366) на условиях СУБПОДРЯДА (533).

1750. **part number** — см. **item number.**

1751. **part-of-line** — см. **fall.**

1752. **part order**; part delivery — поставка отдельными партиями.
ЗАКАЗ (1646), выполняемый с согласия ПОКУПАТЕЛЯ (309) по частям и отгружаемый ему отдельными ПАРТИЯМИ (1419). См. также 1746.

1753. **path** — путь.
1) Линейно-упорядоченное мн-во ДУГ (104), соединяющих две заданные ВЕРШИНЫ (1588) ГРАФА (1586). Путь называется простым, если при движении по нему одна и та же дуга не проходится дважды и элементарным, если ни одна вершина не встречается дважды. 2) Линейная последовательность взаимосвязанных РАБОТ (1266) в сетевой модели. См. также 569, 603, 2241.

1754. **payload** — 1) Полезная нагрузка; коммерческая загрузка — находящийся на ТРАНСПОРТНОМ СРЕДСТВЕ (1506) ГРУЗ (340), за который взимается ПРОВОЗНАЯ ПЛАТА (2593). 2) ГРУЗОПОДЪЕМНОСТЬ (343). См. также 2078.

1755. **payload-mass ratio** — коэффициент коммерческой загрузки.
На ВОЗДУШНОМ ТРАНСПОРТЕ (73): отношение ПОЛЕЗНОЙ НАГРУЗКИ (1754) к общей массе снаряженного и заправленного воздушного судна. См. также 1365.

1756. **Pearl-Reed curve** — см. **logistic curve.**

1757. **peddler car** (амер.) — сборный вагон грузоотправителя.
СБОРНЫЙ ВАГОН (1825), сформированный одним ГРУЗООТПРАВИТЕЛЕМ (497) в адрес нескольких ГРУЗОПОЛУЧАТЕЛЕЙ (492).

1758. **pegged requirements** (амер., орг. произ-ва) — специфицированная потребность.
Документ, в котором для каждой ДЕТАЛИ (1739) указывается требуемое ИЗДЕЛИЕ ВЫШЕСТОЯЩЕЙ СТУПЕНИ ВХОДИМОСТИ (1738) или номер ЗАКАЗА (1646).

1759. **pegging** — 1) Определение специфицированной потребности — в системе МРП (1488): расчет СПЕЦИФИЦИРОВАННОЙ ПОТРЕБНОСТИ (1758) с одновременным указанием ОБЩЕЙ ПОТРЕБНОСТИ (1078) в разрезе каждого изделия и подготовкой РАСПОРЯЖЕНИЙ НА ВЫДАЧУ (80). 2) Фиксация цены — установление твердой ЦЕНЫ (1857) на товар в начале процесса ТОВАРОДВИЖЕНИЯ (1777).

1760. **penalty** — штраф; неустойка.
Ден. сумма, взыскиваемая с виновной стороны за неисполнение или ненадлежащее исполнение договорных обязательств. Определяется в твердой сумме или в% от суммы договора.

1761. **pendant rope** — топенант.
Стальные канаты, предназначенные для изменения УГЛА НАКЛОНА СТРЕЛЫ (264) и/или ее поддерживания.

1762. **percentage variation method** (амер.) — метод планирования товарного запаса по относительному изменению его величины.
Способ ПЛАНИРОВАНИЯ ТОВАРНЫХ ЗАПАСОВ (1512), исходной информацией для которого является планируемый СРЕДНИЙ ЗАПАС (144) на данный сезон, прогнозируемый ОБЪЕМ ПРОДАЖ (2117) на сезон и среднемесячный фактический объем продаж.

1763. **peril** — риск.
Потенциальная возможность понесения УБЫТКОВ (1418).

1764. **periodic inventory system** (амер.) — система периодических инвентаризаций.
В БУХГАЛТЕРСКОМ УЧЕТЕ (262): регулярная (не реже одного раза в год) оценка НАЛИЧНЫХ ЗАПАСОВ (1624) на основе данных ИНВЕНТАРИЗАЦИИ (2387). См. также 1771.

1765. **periodic review system**; cycle review system — система с постоянной периодичностью заказа.
СИСТЕМА УПРАВЛЕНИЯ ЗАПАСАМИ (1237), в которой расчет объема ЗАКАЗА (1646) на ПОПОЛНЕНИЕ (2043) запаса производится через равные промежутки времени; объем заказа при этом является переменной величиной. См. также 529.

1766. **period order quantity**; POQ; days' supply; weeks' supply (амер.) — расчет размера партии с разбивкой по периодам.
АЛГОРИТМ РАСЧЕТА РАЗМЕРА ПАРТИИ (1424), в котором объем ПАРТИИ ПОСТАВКИ (1421) определяется исходя из ФАКТИЧЕСКОЙ ПОТРЕБНОСТИ (1581), что позволяет ликвидировать ЗАПАС СВЕРХ ТОЧКИ ЗАКАЗА (2035).

1767. **perishable goods**; perishables — скоропортящийся груз.
ГРУЗ (340), подверженный интенсивной порче в ненадлежащих условиях ХРАНЕНИЯ (2400) и/или ПЕРЕВОЗКИ (2589); груз, КАЧЕСТВО (1941) которого может понизиться при несоблюдении рекомендованного температурно-влажностного режима, напр., фрукты, мясо-молочные продукты.

1768. **perishables** — см. **perishable goods.**

1769. **permanent assets** — см. **fixed assets.**

1770. **perpetual inventory control,** PIC — НЕПРЕРЫВНАЯ ИНВЕНТАРИЗАЦИЯ (530).

1771. **perpetual inventory system** — система непрерывного учета товаров.
В БУХГАЛТЕРСКОМ УЧЕТЕ (262): оперативный учет всех изменений НАЛИЧНЫХ ЗАПАСОВ (1624) с подведением итога в момент совершения хоз. операции (прием, выдача и т. п.).

1772. **phantom**; phantom item (амер., орг. произ-ва) — промежуточный сборочный узел.
СБОРОЧНЫЙ УЗЕЛ (2437) используемый в ИЗДЕЛИИ ВЫШЕСТОЯЩЕЙ СТУПЕНИ ВХОДИМОСТИ (1738); сборочный узел, который существует лишь короткое время на сборочном КОНВЕЙЕРЕ (541).

1773. **phantom freight**; fictitious freight (амер.) — фиктивная провозная плата.
Положительная разность между ПРОВОЗНОЙ ПЛАТОЙ (2593) и фактическими ТРАНСПОРТНЫМИ РАСХОДАМИ (2594), которая образуется, если расстояние от МЕСТА ОТГРУЗКИ

(2218) товара до ПОКУПАТЕЛЯ (309) меньше, чем расстояние от БАЗИСНОГО ПУНКТА (201). См. также 999.

1774. **phantom item** — см. **phantom**

1775. **phantom part number** (амер., орг. произ-ва) — групповой код.
1) Код, присвоенный ДЕТАЛИ (1739), входящей во все модели типоряда. 2) Код, присвоенный ПРОМЕЖУТОЧНОМУ СБОРОЧНОМУ УЗЛУ (1772).

1776. **photodegradable waste** — отходы, разлагающиеся под действием света.
ТВЕРДЫЕ ОТХОДЫ (2290), распад которых происходит под влиянием солнечных лучей. См. также 231.

1777. **physical distribution** — сбыт; товародвижение.
Процесс доведения ПРОДУКЦИИ (1885) от ПОСТАВЩИКА (2450) до ПОТРЕБИТЕЛЯ (587). Этот процесс включает ряд ЛОГИСТИЧЕСКИХ ОПЕРАЦИЙ (1404), в т. ч. ПЕРЕВОЗКУ (2589), ХРАНЕНИЕ (2400), РАЗГРУЗКУ (2667) и др. Ряд авторов, в т. ч. Р.Сэмпсон, М.Пэрри и др., используют этот термин в более широком смысле, понимая под ним также и СНАБЖЕНИЕ (1875). См. также 499, 1827, 1861, 2148.

1778. **physical inventory** — см. **stock taking.**

1779. **physical stock taking** — снятие остатков.
Упрощенный способ ИНВЕНТАРИЗАЦИИ (2387), заключающийся в подсчете в натуре кол-ва мест хранения — КОРОБОК (376), ящиков и т. п. без подсчета кол-ва их содержимого.

1780. **physical supply** — см. **procurement.**

1781. **phytosanitary certificate** — фитосанитарный сертификат.
Документ, оформленный компетентным органом страны-экспортера и удостоверяющий, что ГРУЗ (340) растительного происхождения должным образом проверен и признан свободным от амбарных вредителей и не заражен к. -л. болезнями. При необходимости в фитосанитарный сертификат включаются данные о выполненных над грузом процедурах дезинсекции (способ обработки, действующее вещество, концентрация, длительность обработки), дезинфекции и др. См. также 2127.

1782. **PIC** — см. **perpetual inventory control.**

1783. **pick and carry** — движение крана своим ходом с поднятым грузом.
Режим эксплуатации КРАНА (563) на автомобильном шасси, при котором кран перемещается со включенным ходовым двигателем; при этом под СТРЕЛОЙ (263) подвешен ГРУЗ (1359). В этом режиме опорно-поворотное устр-во крана должно быть заблокировано, стрела должна быть повернута вперед или назад, а скорость крана не должна превышать 4 км/ч. См. также 1626.

1784. **picker** — см. **order picker.**

1785. **picking**; order picking — комплектация.
ЛОГИСТИЧЕСКАЯ ОПЕРАЦИЯ (1404), связанная с подбором ПРОДУКЦИИ (1885) по ЗАКАЗАМ (1646) на СКЛАДЕ (2718). Применяются два осн. способа комплектации: КОМПЛЕКТАЦИЯ ВНЕ ЗОНЫ ХРАНЕНИЯ (1060) и КОМПЛЕКТАЦИЯ ВНУТРИ ЗОНЫ ХРАНЕНИЯ (1452). Комплектация — одна из

наиболее трудоемких и дорогостоящих складских операций, на долю которой, по данным отдельных исследователей, приходится до 60% ТЕКУЩИХ ЗАТРАТ (1634) склада.

1786. **picking area**; picking zone — участок комплектации; зона комплектации.
1) Участок СКЛАДА (2718), на котором производится КОМПЛЕКТАЦИЯ (1785) ПРОДУКЦИИ (1255) по ЗАКАЗАМ (1646). 2) Участок склада, на котором хранится оперативный ЗАПАС (1230) ХОДОВОЙ ПРОДУКЦИИ (884), используемый в целях комплектации; этот запас хранится по принципу ФИКСИРОВАННОГО РАЗМЕЩЕНИЯ (640). РЕЗЕРВНЫЙ ЗАПАС (163) в осн. ЗОНЕ ХРАНЕНИЯ (2402) может храниться по принципу СВОБОДНОГО РАЗМЕЩЕНИЯ (1974).

1787. **picking cage** — съемная клеть.
Сменное приспособление к КОМПЛЕКТОВОЧНОМУ ШТАБЕЛЕРУ (1656), в которой находится КОМПЛЕКТОВЩИК (1656) и в которую он укладывает отбираемые из СКЛАДСКОГО СТЕЛЛАЖА (2414) товары. См. также 1452.

1788. **picking error**; mispick — ошибка комплектации.
Брак в работе КОМПЛЕКТОВЩИКА (1656), напр., отбор из СКЛАДСКОЙ ЯЧЕЙКИ (2409) не того товара, который указан в ЗАКАЗЕ (1646); отбор указанного в заказе товара, но в неправильном кол-ве, и т. д. По данным нек-рых авторов, ср. стоимость ошибки комплектации составляет около 30 долл. См. также 2720.

1789. **picking face** — торцевая сторона ячейки.

Передняя часть СКЛАДСКОЙ ЯЧЕЙКИ (2409) ПРОТОЧНОГО СТЕЛЛАЖА (1352), откуда КОМПЛЕКТОВЩИК (1656) отбирает товары.

1790. **picking list**; picking sheet; pick list; pick ticket — отборочный лист.

Бумажный документ, на основании которого ведется КОМПЛЕКТАЦИЯ (1785) ПРОДУКЦИИ (1255) по ЗАКАЗАМ (1646). В отборочном листе указываются наименование продукции, подлежащее отбору кол-во и КОД СКЛАДСКОЙ ЯЧЕЙКИ (1388).

1791. **picking rate** — норма выработки комплектовщика.

Показатель производительности труда КОМПЛЕКТОВЩИКА (1656), измеряемый, напр., как кол-во ед. соответствующей ПРОДУКЦИИ (1255), отобранной им за час. При КОМПЛЕКТАЦИИ ВНУТРИ ЗОНЫ ХРАНЕНИЯ (1452) на основе ОТБОРОЧНОГО ЛИСТА (1790) норма выработки комплектовщика составляет в ср. 60 ед. продукции за час. При использовании БЕЗБУМАЖНЫХ ТЕХНОЛОГИЙ КОМПЛЕКТАЦИИ (1735) норма выработки комплектовщика значительно выше.

1792. **picking route** — маршрут комплектации.

МАРШРУТ (2099) КОМПЛЕКТОВЩИКА (1656) при обходе им СКЛАДА (2718). В АВТОМАТИЗИРОВАННЫХ СИСТЕМАХ УПРАВЛЕНИЯ СКЛАДСКИМИ ПРОЦЕССАМИ (2724) основой оптимизации маршрутов комплектации может являться, напр., ЗАДАЧА О КРАТЧАЙШЕМ ПУТИ (2241).

1793. **picking sheet** — см. **picking list.**

1794. **picking zone** — см. **picking area.**

1795. **pick list** — см. **picking list.**

1796. **pick ticket** — см. **picking list.**

1797. **pick-to-light system** — система световой индикации комплектуемой продукции.
БЕЗБУМАЖНАЯ ТЕХНОЛОГИЯ КОМПЛЕКТАЦИИ (1735), предусматривающая установку у ТОРЦЕВОЙ СТОРОНЫ ЯЧЕЙКИ (1789) индикаторов на жидких кристаллах, светоизлучающих диодах и т. п., подключенных к АВТОМАТИЗИРОВАННОЙ СИСТЕМЕ УПРАВЛЕНИЯ СКЛАДСКИМИ ПРОЦЕССАМИ (2724). На этих индикаторах высвечивается номер ЗАКАЗА (1646) и кол-во штук ПРОДУКЦИИ (1225), подлежащей отбору из ячейки. Применение системы световой индикации комплектуемой продукции позволяет повысить НОРМУ ВЫРАБОТКИ КОМПЛЕКТОВЩИКА (1791) не менее чем в два раза и практически ликвидировать ОШИБКИ КОМПЛЕКТАЦИИ (1788).

1798. **pick-to-voice system** — система комплектации с автоматическим синтезом речи.
БЕЗБУМАЖНАЯ ТЕХНОЛОГИЯ КОМПЛЕКТАЦИИ (1735), предусматривающая экипировку КОМПЛЕКТОВЩИКА (1656) спец. портативным ТЕРМИНАЛОМ (2492). Этот терминал включает микрофон и наушники; связь с АВТОМАТИЗИРОВАННОЙ СИСТЕМОЙ УПРАВЛЕНИЯ СКЛАДСКИМИ ПРОЦЕССАМИ (2724) — беспроводная (макс. удаленность 300 м). Указания комплектовщику передаются с помощью синтезированной человеческой речи, комплектовщик подтверждает вы-

полнение команд через микрофон. Словарь системы — около 1000 слов.

1799. **pickup**; local pickup — сбор грузов; подвоз.
Одна из СОПУТСТВУЮЩИХ УСЛУГ (10); получение ГРУЗА (340) ПЕРЕВОЗЧИКОМ (366) от ГРУЗООТПРАВИТЕЛЯ (497) по месту нахождения грузоотправителя. См. также 2315.

1800. **piggyback** (амер., разг.) — пиггибэк; контрейлерная перевозка.
ПЕРЕВОЗКА (2589) груженых ПРИЦЕПОВ (2565) и ГРУЗОВЫХ АВТОМОБИЛЕЙ (2624) на ж. -д. ПЛАТФОРМАХ (919). См. также 232, 519, 909, 1216, 2568.

1801. **pilferable part** — легкоснимаемая часть.
ДЕТАЛЬ (1739) или узел перевозимого на открытом ПОДВИЖНОМ СОСТАВЕ (2094) машиностроительного ГРУЗА (340), которая может быть легко демонтирована посторонними лицами и похищена. Такие детали перед ПЕРЕВОЗКОЙ (2589) должны быть демонтированы и упакованы отдельно.

1802. **pilferage** — хищение.
В СТРАХОВАНИИ (1194): незаконное присвоение собственности юридических лиц. Напр., на транспорте до 80% всех хищений совершается лицами, имеющими доступ к ГРУЗАМ (340) на законном основании [водителями автомобилей, ПРИЕМОСДАТЧИКАМИ (345) и др.]. В РОЗНИЧНОЙ ТОРГОВЛЕ (2068) около 70% всех хищений совершается самими работниками торговли, остальные потери от хищения объясняются ВОРОВСТВОМ ПОКУПАТЕЛЕЙ (2235) и иных лиц.

1803. **pinwheel stacking** — укладка колодцем.
Способ ШТАБЕЛИРОВАНИЯ (2333) ТАРНО-ШТУЧНЫХ ГРУЗОВ (1711), при котором груз верхнего яруса опирается на два груза нижнего яруса; при этом ШТАБЕЛЬ (2330) в плане имеет форму квадрата с пустым пространством в центре (отсюда название).

1804. **pipeline stock** — запасы в каналах сферы обращения.
ЗАПАСЫ (1230) в КАНАЛАХ ТОВАРОДВИЖЕНИЯ (1399), напр., ЗАПАСЫ В ПУТИ (1226), ТОВАРНЫЕ ЗАПАСЫ (737) и др.

1805. **pipeline terminal**; pipeline transportation terminal — пункт путевого сброса; конечный пункт.
На ТРУБОПРОВОДНОМ ТРАНСПОРТЕ (1806): ТЕРМИНАЛ (2492), на котором производится ХРАНЕНИЕ (2400) НАЛИВНОГО ГРУЗА (1346) до или после перекачки по магистральному трубопроводу.

1806. **pipeline transport** — трубопроводный транспорт.
ВИД ТРАНСПОРТА (1541), особенностью которого является единство ТРАНСПОРТНОГО СРЕДСТВА (1506) и ПУТИ (2752), представляющего собой трубу, по которой с помощью головной и промежуточных перекачивающих станций производится транспортирование нефти, газа и т. п. В структуре СЕБЕСТОИМОСТИ ПЕРЕВОЗОК (367) трубопроводным транспортом значительный удельный вес имеют единовременные затраты, связанные с устр-вом трубопровода. Из всех видов транспорта трубопроводный транспорт имеет самый низкий уровень ШУМОВОГО ЗАГРЯЗНЕНИЯ (1589) и самый высокий уровень НАДЕЖНОСТИ (674); позволяет создавать значительные ЗАПАСЫ В ПУТИ (1226), которые могут в 20 и более раз превышать его суточную пропускную способность.

1807. **pipeline transportation terminal** — см. **pipeline terminal.**

1808. **PITR** — см. **projected inventory turnover rate.**

1809. **pk** — см. **package.**

1810. **pkg** — см. **package.**

1811. **pkge** — см. **package.**

1812. **place of delivery** — место отгрузки.
Пункт, из которого ПОСТАВЩИК (2450) производит ОТГРУЗКУ (2205) товара ПОКУПАТЕЛЮ (309). Если договором не предусмотрено иное, то юридический адрес поставщика считается местом отгрузки. См. также 662, 2218.

1813. **planogram** (амер.) — схема выкладки товаров.
В РОЗНИЧНОЙ ТОРГОВЛЕ (2068): разработанная с помощью ЭВМ схема размещения разл. товаров на ПОЛКЕ (2184) в торговом зале супермаркета или иного торгового пр-тия, где ПОКУПАТЕЛИ (309) имеют свободный доступ к товарам.

1814. **platform** — 1) Платформа — на ЖЕЛЕЗНОДОРОЖНОМ ТРАНСПОРТЕ (1967): возвышенная площадка вдоль ж.-д. пути. 2) Подставка — ПОДДОН (1726) с ножками под каждым из углов, предназначенный для ХРАНЕНИЯ (2400) товаров в один ярус.

1815. **Plimsoll mark** — см. **load line.**

1816. **PM** — см. **preventive maintenance.**

1817. **pneumatic bulkhead** — надувная внутренняя перегородка.
Спец. ПНЕВМАТИЧЕСКАЯ ПЕРЕГОРОДКА (1174), предназначенная для использования в КРЫТЫХ ВАГОНАХ (267) и предупреждающая продольное и поперечное смещение ГРУЗА (340).

1818. **pneumatic suction unloader** — аспирационное разгрузочное устройство.
РАЗГРУЗОЧНЫЙ ЭЛЕВАТОР (1314) вакуумного типа, рабочий орган которого опускается в ТРЮМ (1132) на СТРЕЛЕ (263). Производительность — до 50 т/ч.

1819. **pneumatic unloading system** — пневматическая разгрузочная система.
Устр-во для ВЫГРУЗКИ (2667) НАВАЛОЧНЫХ ГРУЗОВ (295) из ТРЮМА (1132) водного судна. Действует за счет создаваемого спец. насосом вакуума. Энергоемкость пневматической разгрузочной системы выше, чем у РАЗГРУЗОЧНОГО ЭЛЕВАТОРА (1314).

1820. **pneumatic unloading tower** — башенная разгрузочная установка.
Передвижное или самоходное устр-во, предназначенное для ВЫГРУЗКИ (2667) НАВАЛОЧНЫХ ГРУЗОВ (295), напр., зерна, из ТРЮМА (1132) водного судна. Действует за счет создаваемого насосом вакуума. Может быть использована для ОЧИСТКИ (436) трюма. Имеет производительность до 200 т/ч.

1821. **PO** — см. **purchase order.**

1822. **p. o. c.** — см. **port of call.**

1823. **pollutant** — поллютант; загрязнитель.

Любой фактор, вызывающий ухудшение качества окружающей среды или могущий привести к заболеванию людей или животных, напр., ШУМОВОЕ ЗАГРЯЗНЕНИЕ (1589), ФИЛЬТРАЦИОННЫЕ ВОДЫ (1305) и др. См. также 525.

1824. **pool** — пул; общий фонд.

1) Общий парк ГРУЗОВЫХ ВАГОНОВ (1004), КОНТЕЙНЕРОВ (1009) или ПОДДОНОВ (1726), сформированный на основании двухсторонних или многосторонних соглашений и предназначенный для совместного использования его участниками. Напр., ГРУЗООТПРАВИТЕЛЬ (497), отгружающий товары на поддонах, получает от ПЕРЕВОЗЧИКА (366) немедленно или в установленный срок (обычно недельный) равное кол-во поддонов. 2) Об-ние СТРАХОВЩИКОВ (1197), страхующих определенный вид РИСКА (2087).

1825. **pool car** (амер.) — сборный вагон.

1) ВАГОННАЯ ОТПРАВКА (360), состоящая из МЕЛКИХ ОТПРАВОК (2286) разл. ГРУЗООТПРАВИТЕЛЕЙ (497). 2) ГРУЗОВОЙ ВАГОН (1004), в котором перевозятся мелкие отправки. См. также 1510, 1710, 1757, 2344, 2609.

1826. **pool-car service** (амер.) — формирование сборных вагонов.

Формирование несколькими ГРУЗООТПРАВИТЕЛЯМИ (497) ВАГОННОЙ ОТПРАВКИ (360) из МЕЛКИХ ОТПРАВОК (2286). Отправители получают право на ТАРИФ НА УКРУПНЕННУЮ ОТПРАВКУ (2690) при условии, что в их мелких отправках находятся ГРУЗЫ (340) с одинаковыми ТРАНСПОРТНЫМИ ХАРАКТЕРИСТИКАМИ (2592).

1827. **pool distribution** — подсортировка.
Одна из ПРОИЗВОДСТВЕННЫХ УСЛУГ (1168), оказываемых СКЛАДАМИ ОБЩЕГО ПОЛЬЗОВАНИЯ (1915). Заключается в формировании крупного заказа, размещаемого от имени склада, из МЕЛКИХ ЗАКАЗОВ (2285) клиентов. На крупный заказ складу предоставляется ОПТОВАЯ СКИДКА (1946). Подсортировка обычно приводит к задержке выполнения заказов, связанной с НАКОПЛЕНИЕМ ЗАКАЗОВ (1647).

1828. **pooled-order discount** (амер.) — оптовая скидка.
ОПТОВАЯ СКИДКА (1946) за укрупненный ЗАКАЗ (1646) изготовителя, на которую претендуют ЗАКАЗЧИКИ (1652), являющиеся независимыми друг от друга юридическими лицами. В нек-рых случаях изготовитель вправе отказать им в предоставлении такой скидки.

1829. **pool handling charge** — сбор за подсортировку.
Плата, взыскиваемая СКЛАДОМ ОБЩЕГО ПОЛЬЗОВАНИЯ (1915) с клиента за ПОДСОРТИРОВКУ (1827).

1830. **POQ** — см. **period order quantity.**

1831. **port** — 1) Порт — трансп. пр-тие на внутр. или морском водных путях, имеющее один или несколько ПРИЧАЛОВ (214) с прилегающими территорией (прибрежным участком) и акваторией (для рейдовой стоянки судов вне транзитного судового хода). 2) Левый борт — левая боковая часть фюзеляжа самолета или корпуса водного судна. 3) АЭРОПОРТ (72). 4) Контрольно-пропускной пункт — место, где производится проверка документов лиц, пересекающих гос. границу, и ТАМОЖЕННЫЙ ДОСМОТР (595) БАГАЖА (168) и ГРУЗОВ (340). 5) Иллюминатор — герметически закрывающееся окно с прочным стеклом в корпусе самолета или водного судна. 6) Грузовой люк — ЛЮК (1102) в боковой части корпуса судна, предназначенный для ПОГРУЗКИ (1366) или ВЫГРУЗКИ (2667) грузов.

1832. **portable pneumatic unloader** — мобильный пневматический разгрузчик.

Передвижное устр-во для РАЗГРУЗКИ (2667) НАВАЛОЧНЫХ ГРУЗОВ (295) из ТРЮМА (1132) судна. Действует за счет создаваемого насосом вакуума. Имеет производительность до 50 т/ч.

1833. **port of call,** p. o. c. — порт захода.

ПОРТ (1831), в котором производится текущий РЕМОНТ (2039) судна, ПОПОЛНЕНИЕ (2043) СУДОВЫХ ЗАПАСОВ (2231), а в нек-рых случаях — грузовые работы и прием на борт и высадка пассажиров.

1834. **port of discharge**; discharge port — порт разгрузки.

ПОРТ (1831), в котором производится РАЗГРУЗКА (717) судна. Порт разгрузки обязательно указывается в контрактах, заключаемых на условиях СИФ (549) и КАФ (547).

1835. **port of loading**; lading port — порт погрузки.

ПОРТ (1831), в котором производится ПОГРУЗКА (1366) судна. Порт погрузки обязательно указывается в контрактах, заключаемых на условиях ФОБ (991).

1836. **port of refuge** — порт-убежище.

ПОРТ (1831), не являющийся, как правило, ПОРТОМ ЗАХОДА (1833) для данного судна; расположен в естественной бухте и используется судном для укрытия во время шторма. Расходы по пребыванию судна в порту-убежище могут быть отнесены на ОБЩУЮ АВАРИЮ (1044).

1837. **port of registry**; home port — порт приписки.
ПОРТ (1831), в котором данное судно зарегистрировано. Наименование порта приписки наносится на корму или иное видное место.

1838. **postage-stamp rate** — тариф на перевозку почты.
ЦЕНА (1857) ДОСТАВКИ (655) писем, бандеролей, ПОЧТОВЫХ ПОСЫЛОК (1844) и т. п., устанавливаемая соответствующими гос. органами. Может являться общей для всей территории страны или ПОЯСНОЙ ЦЕНОЙ (2814).

1839. **postcode** — почтовый индекс.
Цифровой (напр., в США) или алфавитно-цифровой (напр., в Великобритании) код, включаемый в АДРЕС (32) почтового отправления и в МАРКИРОВКУ (1469) ГРУЗА (340) и используемый при СОРТИРОВАНИИ (2292). Почтовый индекс используется также в составе исходной информации в АВТОМАТИЗИРОВАННЫХ СИСТЕМАХ ДИСПЕТЧИРОВАНИЯ АВТОТРАНСПОРТА (483), при ОТСЛЕЖИВАНИИ ГРУЗОВ (2199) и т. д. См. также 2811.

1840. **postconsumer recycling** (амер.) — утилизация отходов потребления.
Извлечение УТИЛЬНОЙ ФРАКЦИИ (2003) из НЕОТСОРТИРОВАННЫХ ВОЗВРАТНЫХ ОТХОДОВ (465). См. также 1846.

1841. **post-deduct inventory transaction processing** — см. **backflushing.**

1842. **post-harvest losses** — потеря урожая.

Потеря ПРОДУКЦИИ (1885) полеводства и растениеводства из-за ЕСТЕСТВЕННОЙ УБЫЛИ (2245), ХИЩЕНИЙ (1802), нарушения технологии ПЕРЕВОЗОК (2589) и ХРАНЕНИЯ (2400) и др. причин.

1843. **postincineration recycling** (амер.) — сепарация утилизируемой фракции.

Извлечение частиц черных металлов из ЗОЛЫ (113), образовавшейся в устр-ве СЖИГАНИЯ (1152) ТВЕРДЫХ БЫТОВЫХ ОТХОДОВ (1572), путем магнитной сепарации. После этого зола может быть использована, напр., в качестве добавки к СЫРЬЮ (1979) в пром-сти строительных материалов.

1844. **post parcel**; parcel — почтовая посылка.

Вид почтового отправления, упаковываемого в картонную КОРОБКУ (376), фанерный ящик или иную жесткую ТАРУ (513). Почтовая посылка пересылается, как правило, в виде ЗАКАЗНОГО ОТПРАВЛЕНИЯ (1999), с объявленной ценностью или без таковой.

1845. **postponement** (амер.) — уменьшение коммерческого риска.

Концепция, согласно которой нек-рые ЛОГИСТИЧЕСКИЕ ОПЕРАЦИИ (1404), напр., УПАКОВЫВАНИЕ (1721), ФАСОВАНИЕ (2038), и технол. операции, связанные с ИНДИВИДУАЛИЗАЦИЕЙ ПРОДУКЦИИ (589), должны производиться не по результатам ПРОГНОЗИРОВАНИЯ (952) СПРОСА (669), а под конкретный ЗАКАЗ (1646). Эта концепция реализуется, напр., при изготовлении ПРОДУКЦИИ МАССОВОГО ПРОИЗВОДСТВА, СОБИРАЕМОЙ ПО ИНДИВИДУАЛЬНОМУ ЗАКАЗУ (117).

1846. **preconsumer waste** (амер.) — отходы, не связанные с личным потреблением.
ОТХОДЫ (2741), образовавшиеся в сфере произ-ва и в сфере обращения.

1847. **preempted customer** — прерываемое в обслуживании требование.
В СИСТЕМЕ МАССОВОГО ОБСЛУЖИВАНИЯ (1953): низкоприоритетное ТРЕБОВАНИЕ (587), выполнение которого прерывается при поступлении в систему требования, имеющего более высокий ПРИОРИТЕТ (1867).

1848. **preemptive priority**; break-in priority — приоритет, прерывающий обслуживание.
ДИСЦИПЛИНА ОБСЛУЖИВАНИЯ (1951), в соответствии с которой выполнение низкоприоритетного ТРЕБОВАНИЯ (587) прерывается при поступлении требования, имеющего более высокий ПРИОРИТЕТ (1867). См. также 1593.

1849. **preemptive-repeat system** — система с обслуживанием заново.
СИСТЕМА МАССОВОГО ОБСЛУЖИВАНИЯ (1953), в которой выполнение ПРЕРЫВАЕМОГО В ОБСЛУЖИВАНИИ ТРЕБОВАНИЯ (1847), если оно было фактически прервано, начинается с новой реализации времени обслуживания.

1850. **preemptive-resume system** — система с дообслуживанием.
СИСТЕМА МАССОВОГО ОБСЛУЖИВАНИЯ (1953), в которой выполнение ПРЕРЫВАЕМОГО В ОБСЛУЖИВАНИИ ТРЕБОВАНИЯ (1847), если оно было фактически прервано, возобновляется с того места, где произошло прерывание.

1851. **preparation costs**; ordering costs — заготовительные расходы. Часть ЛОГИСТИЧЕСКИХ ИЗДЕРЖЕК (1400), связанных с оформлением НАРЯД-ЗАКАЗОВ (1920), КОНТРОЛЕМ ПОСТАВОК (1919), ЗАТРАТАМИ НА ПЕРЕНАЛАДКУ (2180) и т. п. Заготовительные расходы, как правило, связаны с ЗАТРАТАМИ НА ФОРМИРОВАНИЕ И ХРАНЕНИЕ ЗАПАСОВ (1232) обратной пропорциональной зависимостью.

1852. **preparatory stock** — подготовительный запас. Часть ПРОИЗВОДСТВЕННЫХ ЗАПАСОВ (1461) или ТОВАРНЫХ ЗАПАСОВ (737), наличие которой связано с операциями подготовки товаров к ВЫДАЧЕ (1253) в произ-во или к ОТГРУЗКЕ (2205) ПОТРЕБИТЕЛЯМ (587), приему на ХРАНЕНИЕ (2400) напр., с оформлением ГРУЗОВЫХ ДОКУМЕНТОВ (2213), проверкой КАЧЕСТВА (1941) и др. См. также 2388.

1853. **prescription** — 1) Исковая давность — срок, в течение которого лицо, чьи права нарушены, может обратиться в суд с требованием о защите своих прав. 2) Приобретательная давность — оперативное управление к. -л. имуществом в течение длительного срока, в результате чего может возникнуть право собственности на это имущество. Напр., право собственности на БЕСХОЗНОЕ ИМУЩЕСТВО (2) может возникнуть у лица, в распоряжении которого это имущество находится более 10 лет.

1854. **preshipment inspection** — см. **final inspection.**

1855. **presourcing** — см. **early supplier involvement.**

1856. **preventive maintenance,** PM — предупредительное техническое обслуживание.
Техн. осмотр и профилактический РЕМОНТ (2039) оборудования, проводимые через определенные промежутки времени, с заменой ДЕТАЛЕЙ (1739), СРОК СЛУЖБЫ (92) которых истекает. Позволяет повысить ЭКСПЛУАТАЦИОННУЮ ГОТОВНОСТЬ (136) оборудования и обходится в конечном счете дешевле, чем аварийный ремонт.

1857. **price** — цена.
Стоимость товаров или УСЛУГ (2175), выраженная в ден. форме, или через стоимость др. товаров и услуг [при сделках по БАРТЕРУ (192)]. Зависит от ИЗДЕРЖЕК ПРОИЗВОДСТВА (1459), соотношения СПРОСА (669) и ПРЕДЛОЖЕНИЯ (2454) и др. факторов.

1858. **primage** — примаж.
Надбавка [обычно 10% к ФРАХТУ (998)] в ЛИНЕЙНОМ СУДОХОДСТВЕ (1342) за доп. расходы по обеспечению сохранности ГРУЗА (340).

1859. **primary channel participant** — первичный участник канала.
Член КАНАЛА ТОВАРОДВИЖЕНИЯ (1399), действующий от своего имени и за свой счет, в отличие от вторичного участника, действующего от имени и за счет принципала и не имеющего права собственности на товары.

1860. **primary hazard**; principal danger — основной вид опасности.
Главный вид ОПАСНОСТИ (1107), которым обладает данный ОПАСНЫЙ ГРУЗ (614) при всех обстоятельствах, в отличие от ДОПОЛНИТЕЛЬНОЙ ОПАСНОСТИ (2146), проявляющейся лишь при определенных условиях.

1861. **primary movement** (амер.) — первичное распределение.
ПЕРЕВОЗКА (2589) ГОТОВОЙ ПРОДУКЦИИ (900) пром. пр-тия в РАСПРЕДЕЛИТЕЛЬНЫЙ ЦЕНТР (734). См. также 2148.

1862. **primary packaging** — внутренняя упаковка.
Потребительская УПАКОВКА (1714), удаляемая с товара непосредственно перед его использованием. См. также 2149.

1863. **prime cost** — 1) Цеховая себестоимость — стоимость ОСНОВНЫХ МАТЕРИАЛОВ (712), расходы на оплату труда при изготовлении данной ПРОДУКЦИИ (1885) и др. затраты, кроме НАКЛАДНЫХ РАСХОДОВ (1696), включаемые в ИЗДЕРЖКИ ПРОИЗВОДСТВА (1459) при ее изготовлении. 2) Заводская цена (амер.) — ЦЕНА (1857), по которой ПОСРЕДНИК (1209) покупает товар непосредственно у пр-тия-изготовителя.

1864. **prime vendor** (амер.) — основной поставщик.
ПОСТАВЩИК (2450), который для данного ПОТРЕБИТЕЛЯ (587) является важнейшим или единственным источником СНАБЖЕНИЯ (2454) к. -л. МАТЕРИАЛАМИ (1477), комплектующими изделиями и т. п. в силу высокого КАЧЕСТВА (1941) своих товаров, монопольного положения на рынке или др. причин. См. также 2269.

1865. **principal danger** — см. **primary hazard.**

1866. **principal display panel** (амер.) — место нанесения знака опасности.
Место на ВНУТРЕННЕЙ УПАКОВКЕ (1862) и/или ВНЕШНЕЙ УПАКОВКЕ (2149) ОПАСНОГО ГРУЗА (614), на которое должны быть нанесены ЗНАКИ ОПАСНОСТИ (612).

1867. **priority** — приоритет.

Величина, характеризующая значимость нек-рой РАБОТЫ (1266), ЛОГИСТИЧЕСКОЙ ОПЕРАЦИИ (1404) по отношению к др. работам, операциям и т. п. Различают, в частности, абс. и относительный приоритет. Абс. приоритет означает, что при поступлении в СИСТЕМУ МАССОВОГО ОБСЛУЖИВАНИЯ (1953) ТРЕБОВАНИЯ (587) более высокого класса выполнение требования более низкого класса прерывается. При относительном приоритете выполнение требования более низкого класса доводится до конца, затем требование более высокого класса принимается на обслуживание вне очереди. См. также 1849, 1850.

1868. **priority report** — см. **dispatch list.**

1869. **private car** (амер.) — частный вагон.

ГРУЗОВОЙ ВАГОН (1004), не являющийся собственностью ж. -д. компании, напр., спец. ВАГОН-ЦИСТЕРНА (2476).

1870. **private carrier** — частный перевозчик; предприятие ведомственного транспорта.

ПЕРЕВОЗЧИК (366) использующий находящийся в его собственности или в оперативном управлении ПОДВИЖНОЙ СОСТАВ (2094) только для перевозки своих ГРУЗОВ (340). Такие перевозчики чаще всего встречаются на АВТОМОБИЛЬНОМ ТРАНСПОРТЕ (1546), реже всего — на ЖЕЛЕЗНОДОРОЖНОМ ТРАНСПОРТЕ (1967).

1871. **private warehouse**; captive warehouse — частный склад.

СКЛАД (2718), являющийся собственностью физ. или юридического лица (не являющегося гос. или муниципальным органом) и используемый им для ХРАНЕНИЯ (2400) принадлежащих ему товаров или материальных ценностей.

1872. **processable waste** (амер.) — смешанные горючие отходы.
ТВЕРДЫЕ ОТХОДЫ (2290), пригодные для загрузки в МУСОРОСЖИГАТЕЛЬНУЮ УСТАНОВКУ ДЛЯ СМЕШАННЫХ ОТХОДОВ (1470), т. е. отходы, совместное сжигание которых не приведет к взрыву, выделению ядовитых газов, повреждению мусоросжитаельной установки и т. п.

1873. **process batch** — см. **production batch.**

1874. **processed materials** — обработанные материалы.
ГОТОВАЯ ПРОДУКЦИЯ (900) и/или ПОЛУФАБРИКАТЫ (2163), поставляемые, как правило, в ТАРЕ (513). См. также 1979.

1875. **procurement**; physical supply — снабжение.
Процесс материально-техн. обеспечения произ-ва, включая ЗАКУПКИ (1928) СЫРЬЯ (1979) и МАТЕРИАЛОВ (1477), мобилизацию внутр. резервов, в т. ч. НЕИСПОЛЬЗУЕМЫХ ЗАПАСОВ (1612), и т. д. См. также 1880, 1881.

1876. **procurement clerk**; purchasing clerk; purchase-request editor — работник отдела снабжения.
Сотрудник ОТДЕЛА СНАБЖЕНИЯ (1932) пром. пр-тия, в обязанности которого входит проверка обоснованности ЗАЯВОК НА МАТЕРИАЛЬНЫЕ РЕСУРСЫ (1927), оформление НАРЯДОВ-ЗАКАЗОВ (1920) и т. д. См. также 1491.

1877. **procurement lead time** (амер.) — период размещения заказа.
Интервал времени, необходимого РАБОТНИКУ ОТДЕЛА СНАБЖЕНИЯ (1876) для РАЗМЕЩЕНИЯ ЗАКАЗА (1658). См. также 1933.

1878. **procurement officer** — см. **materials buyer.**

1879. **procurement performance** — эффективность снабжения.
Комплексная экон. категория, отражающая КАЧЕСТВО (1941) СНАБЖЕНИЯ (1875) и УПРАВЛЕНИЯ МАТЕРИАЛЬНЫМИ РЕСУРСАМИ (1495). Характеризуется системой показателей, в т. ч. КОЭФФИЦИЕНТОМ ИСПОЛЬЗОВАНИЯ МАТЕРИАЛА (1487), СКОРОСТЬЮ ТОВАРООБОРОТА (1245), КОЭФФИЦИЕНТОМ ЗАТРАТ НА ФОРМИРОВАНИЕ И ХРАНЕНИЕ ЗАПАСОВ (1233), КОЭФФИЦИЕНТОМ УТИЛИЗАЦИИ ОТХОДОВ (2008) и т. п.

1880. **procurement to inventory** (амер.) — снабжение из запаса.
Стратегия СНАБЖЕНИЯ (1875), имеющая целью формирование ЗАПАСА (1230) и его последующее использование. См. также 1881.

1881. **procurement to order** (амер.) — снабжение без запасов.
Стратегия СНАБЖЕНИЯ (1875), применяемая в системе ТОЧНО ВОВРЕМЯ (1276). МАТЕРИАЛЫ (1477), комплектующие изделия и т. п. приобретаются в строгом соответствии с потребностью и подаются к месту производственного потребления, минуя СКЛАД (2718). См. также 1880.

1882. **producer goods**; capital goods; industrial goods — продукция производственно-технического назначения.
ПРОДУКЦИЯ (1885), напр., СЫРЬЕ (1979), используемая для изготовления др. продукции или для оказания УСЛУГ (2175); продукция используемая в целях, не связанных с личным или коллективным потреблением. См. также 509.

1883. **producer's risk** — риск поставщика.
Вероятность браковки ПАРТИИ (1419) товара, в которой доля дефектных изделий является приемлемой. См. также 511, 2126.

1884. **producibility** — см. **manufacturability.**

1885. **product** — продукция.
Результат целенаправленной деятельности или производственного процесса. Подразделяется на материальную продукцию (товары) и нематериальную продукцию [УСЛУГИ (2175)]. Важнейшими параметрами продукции являются КАЧЕСТВО (1941) и ЦЕНА (1857); такие параметры продукции как безопасность и ЭКОЛОГИЧНОСТЬ (836) подлежат сертификации.

1886. **product explosion** — см. **explosion.**

1887. **production batch**; process batch — производственная партия.
Кол-во штук ПРОДУКЦИИ (1885), изготавливаемое на производственном оборудовании без его ПЕРЕНАЛАДКИ (2179). Определяется на основе информации об ОПТИМАЛЬНОЙ ПРОИЗВОДСТВЕННОЙ ПАРТИИ (811) и НОРМЕ ЗАКАЗА (1525). См. также 2575.

1888. **production cost** — заводская себестоимость.
Сумма ЦЕХОВОЙ СЕБЕСТОИМОСТИ (1863) и НАКЛАДНЫХ РАСХОДОВ (1696). См. также 2536.

1889. **production plan**; production programme — план производства.
Документ, определяющий ОБЪЕМ ПРОИЗВОДСТВА (1684) в разрезе отдельных видов ПРОДУКЦИИ (1885). Период планирования составляет, как правило, 1 месяц. План производства является основой для формирования ГРАФИКА ПРОИЗВОДСТВА (1474).

1890. **production programme** — см. **production plan.**

1891. **production schedule** — рабочий график.
ГРАФИК (2131) произ-ва к.-л. одного вида ПРОДУКЦИИ (1885) в цеху пром. пр-тия; оперативный план. См. также 1474.

1892. **production scheduling** — диспетчирование производства.
КАЛЕНДАРНОЕ ПЛАНИРОВАНИЕ (2133) пром. пр-тием изготовления заданного кол-ва к.-л. ПРОДУКЦИИ (1885). Критериями эффективности диспетчирования производства являются макс. использование РЕСУРСОВ (2056), уменьшение объема НЕЗАВЕРШЕННОГО ПРОИЗВОДСТВА (2788), мин. объем корректировки РАБОЧИХ ГРАФИКОВ (1891) и др. См. также 1640.

1893. **product life cycle**; life cycle — 1) Жизненный цикл товара — промежуток времени от разработки новой ПРОДУКЦИИ (1885) до снятия ее с произ-ва. 2) СРОК СЛУЖБЫ (92).

1894. **product load profile** — см. **resource profile.**

1895. **product structure** (амер.) — схема деления изделия на составные части.

Схема, в которой для каждой ДЕТАЛИ (1739) и каждой СБОРОЧНОЙ ЕДИНИЦЫ (118) показана СТУПЕНЬ ВХОДИМОСТИ (1322).

1896. **profile gauging device** — устройство контроля габаритов.

Фото-электрическое или опто-электронное устр-во, предназначенное для контроля ЛИНЕЙНЫХ РАЗМЕРОВ (705) ГРУЗОВ (340) на ПОДДОНАХ (1726), поступающих на СКЛАД (2718). Грузы, размеры которых не соответствуют принятым на складе ограничениям, подаются СТАЛКИВАТЕЛЯМИ (746) на одно из ответвлений гл. КОНВЕЙЕРА (541). На основе информации, поступающей от устр-ва контроля габаритов, в АВТОМАТИЗИРОВАННОЙ СИСТЕМЕ УПРАВЛЕНИЯ СКЛАДСКИМИ ПРОЦЕССАМИ (2724) принимается решение относительно выбора СКЛАДСКОЙ ЯЧЕЙКИ (2409), в которую данный груз будет направлен.

1897. **progress chaser** — см. **expeditor.**

1898. **prohibited articles** — предметы, запрещенные к перевозке.

Общее наименование БАГАЖА (168) и ГРУЗОВ (340), ПЕРЕВОЗКА (2589) которых действующим законодательством не допускается [ненадлежаще упакованные ОПАСНЫЕ ГРУЗЫ (614), наркотические и психотропные вещества и т. п.], а также любых др. грузов, которые, по мнению ПЕРЕВОЗЧИКА (366) могут повредить ТРАНСПОРТНОЕ СРЕДСТВО (1506), др. грузы или имущество СУБПОДРЯДЧИКОВ (2438). См. также 2063.

1899. **prohibitive rate** — запретительный тариф.
На ЖЕЛЕЗНОДОРОЖНОМ ТРАНСПОРТЕ (1967): повышенный ГРУЗОВОЙ ТАРИФ (1020), делающий КОРОТКОПРОБЕЖНУЮ ПЕРЕВОЗКУ (2242) экономически невыгодной.

1900. **project cargo** (амер.) — строительный груз.
ТЯЖЕЛОВЕСНЫЙ ГРУЗ (1115) и/или НЕГАБАРИТНЫЙ ГРУЗ (153), РАЗБОРКА (715) которого нецелесообразна и который перевозится к месту монтажа на спец. ПОДВИЖНОМ СОСТАВЕ (2094) напр., на ТРАНСПОРТЕРЕ (684).

1901. **projected inventory turnover rate**, PITR — прогнозируемый коэффициент оборачиваемости запасов.
Экон. показатель, рассчитываемый как частное от деления величины прогнозируемого ОБЪЕМА ПРОДАЖ (2117) на один год на величину НАЛИЧНЫХ ЗАПАСОВ (1624). См. также 1245.

1902. **promises kept for deliveries** — выполнение обязательств по поставкам.
Относительная величина, характеризующая степень выполнения ПОСТАВЩИКОМ (2450) своих ОБЯЗАТЕЛЬСТВ ПО ПОСТАВКАМ (1661) в установленные сроки, по КАЧЕСТВУ (1941) номенклатуре и т. п.

1903. **prompt industrial scrap** — отходы металлообработки.
ОТХОДЫ МЕТАЛЛА (2136), образующиеся при обработке черных и цветных металлов резанием и давлением.

1904. **prompt ship** — промптовое судно.

Водное судно, которое готово к ПОГРУЗКЕ (1366) или будет готово к погрузке немедленно после подписания ЧАРТЕРА (416).

1905. **proof of delivery** — расписка грузополучателя.

Бумажный или электронный документ, подписанный ГРУЗОПОЛУЧАТЕЛЕМ (492) и удостоверяющий, что предназначенный ему ГРУЗ (340) доставлен и им принят. См. также 657.

1906. **proof of purchase** — доказательство покупки.

Копия кассового чека, ЯРЛЫК (1282) со штриховым кодом, надлежаще оформленный паспорт товара, на основании которого может быть сделан вывод, что товар приобретен ПОКУПАТЕЛЕМ (309) законным путем. Данное понятие используется гл. о. в претензионно-исковой работе.

1907. **proportional rate** — пропорциональный тариф.

ГРУЗОВОЙ ТАРИФ (1020), являющийся разновидностью КОМБИНИРОВАННОГО ТАРИФА (458). Напр., ПЕРЕВОЗЧИК (366) может установить пропорциональный тариф в сумме 2 долл./т за ПЕРЕВОЗКУ (2589) из пункта В в пункт С ГРУЗОВ (340), погруженных в пункте А, сохранив при этом тариф 2,5 долл./т для грузов, перевозимых из пункта В в пункт С, но погруженных в пункте В.

1908. **pro rata distribution clause** — см. **average clause.**

1909. **protective clothing** — защитная одежда.

Защитные шлемы, спец. перчатки, обувь и т. п., применение которых предусмотрено правилами ТЕХНИКИ БЕЗОПАСНОСТИ

ПОГРУЗОЧНО-РАЗГРУЗОЧНЫХ И ТРАНСПОРТНО-СКЛАДСКИХ РАБОТ (1615).

1910. **protective service** — обслуживание груза в пути.
СОПУТСТВУЮЩИЕ УСЛУГИ (10), включающие вентилирование нек-рых видов СКОРОПОРТЯЩИХСЯ ГРУЗОВ (1767), кормление в пути ЖИВНОСТИ (1350), но не включающее защиту грузов от ХИЩЕНИЯ (1802).

1911. **protective stock** — см. **safety stock.**

1912. **provisional invoice** — предварительная счет-фактура.
СЧЕТ-ФАКТУРА (1248), на основании которой оформляется ЗАКЛЮЧИТЕЛЬНАЯ СЧЕТ-ФАКТУРА (897).

1913. **provisioning** (брит.) — СНАБЖЕНИЕ (1875), ЗАКУПКИ (1928).

1914. **public carrier** — см. **contract carrier.**

1915. **public warehouse** — склад общего пользования.
СКЛАД (2718), осуществляющий в качестве предпринимательской деятельности ХРАНЕНИЕ (2400) и оказывающий связанные с хранением УСЛУГИ (2175). Склад общего пользования обязан принимать товары на хранение от любого ПОКЛАЖЕДАТЕЛЯ (174).

1916. **pull system** — тянущая система.
1) Система орг-ции произ-ва, в которой ДЕТАЛИ (1739) и ПОЛУФАБРИКАТЫ (2163) доставляются с предыдущей технол. операции на последующую только когда в этом имеется реальная потребность. 2) СИСТЕМА УПРАВЛЕНИЯ ЗАПАСАМИ

(1237), в которой процесс принятия решения о ПОПОЛНЕНИИ (2043) запаса на локальных СКЛАДАХ (2718) децентрализован. 3) Стратегия СБЫТА (1777), направленная на опережающее по отношению к ТОВАРНЫМ ЗАПАСАМ (1511) формирование СПРОСА (669). См. также 1936.

1917. **purchased part** — покупное комплектующее изделие.
ДЕТАЛИ (1739) и узлы, приобретаемые пр-тием у сторонних ПОСТАВЩИКОВ (2450) и используемые при сборке ГОТОВОЙ ПРОДУКЦИИ (900). По нек-рым оценкам, до 50% всех дефектов готовой продукции вызвано использованием некачественных покупных комплектующих изделий. См. также 1670.

1918. **purchased parts/product cost ratio** — коэффициент кооперированного снабжения.
Показатель, вычисляемый как отношение стоимости ПОКУПНЫХ КОМПЛЕКТУЮЩИХ ИЗДЕЛИЙ (1917) к ПОЛНОЙ СЕБЕСТОИМОСТИ (2536) ПРОДУКЦИИ (1885). У машиностроительных пр-тий этот показатель составляет, как правило, от 0,3 до 0,6.

1919. **purchase follow-up** — контроль поставок.
Проверка пр-тием выполнения ОБЯЗАТЕЛЬСТВ ПО ПОСТАВКАМ (1661), принятых на себя его ПОСТАВЩИКАМИ (2450). Обычно контроль поставок осуществляется ОТДЕЛОМ СНАБЖЕНИЯ (1932) пр-тия и включает меры по УСКОРЕНИЮ ПРОХОЖДЕНИЯ ЗАКАЗОВ (853), поиску ЗАСЛАННЫХ ГРУЗОВ (1530) и т. п. См. также 2199.

1920. **purchase order,** PO — 1) Наряд-заказ — документ, которым может быть оформлен договор купли-продажи между ПОСТАВЩИКОМ (2450) и ПОКУПАТЕЛЕМ (309). 2) Заказ — сообщение в стандарте ЕАНКОМ (802), представляющее собой предложение покупателя поставщику изготовить (отгрузить) требуемое кол-во ПРОДУКЦИИ (1885) в установленные сроки.

1921. **purchase order change** — изменение к заказу.
Сообщение в стандарте ЕАНКОМ (802), представляющее собой просьбу ПОКУПАТЕЛЯ (309) к ПОСТАВЩИКУ (2450) изменить условия ранее направленного последнему ЗАКАЗА (1920).

1922. **purchase order change notice**; purchase order revision; change order; supplemental order — изменение к заказу.
Оформленная в установленном порядке письменная просьба ПОКУПАТЕЛЯ (309) к ПОСТАВЩИКУ (2450) изменить условия ранее направленного последнему НАРЯД-ЗАКАЗА (1920). См. также 323.

1923. **purchase order response** — подтверждение принятия заказа.
Сообщение в стандарте ЕАНКОМ (802), представляющее собой ответ ПОСТАВЩИКА (2450) на полученный им ЗАКАЗ (1920) или ИЗМЕНЕНИЕ К ЗАКАЗУ (1921). Поставщик либо подтверждает принятие условий ПОКУПАТЕЛЯ (309), либо выдвигает встречные требования.

1924. **purchase order revision** — см. **purchase order change notice.**

1925. **purchase preference** — преференциальный режим сбыта.
Применяемый в ОПТОВОЙ ТОРГОВЛЕ (2773) в США термин, обозначающий преимущество товаров, изготовленных из ВТОРИЧНЫХ МАТЕРИАЛОВ (2147), перед товарами, изготовленными из ПЕРВИЧНЫХ МАТЕРИАЛЬНЫХ РЕСУРСОВ (2704), при условии, что стоимость первых превосходит стоимость последних не более чем на установленную (в%) специально упол-

номоченным органом величину. Напр., при соблюдении этого условия в рамках ЗАКУПОК ДЛЯ ГОСУДАРСТВЕННЫХ НУЖД (1063) предпочтение отдается товарам, изготовленным из вторичных материалов.

1926. **purchase-request editor** — см. **procurement clerk.**

1927. **purchase requisition** (амер.) — заявка на материальные ресурсы.
Внутр. документ, представляемый в ОТДЕЛ СНАБЖЕНИЯ (1932) цехом или к. -л. отделом пром. пр-тия с просьбой приобрести ДЕТАЛИ (1739), комплектующие изделия и т. п. в требуемом кол-ве в заданные сроки. После проверки обоснованности заявки оформляется НАРЯД-ЗАКАЗ (1920). Заявки на ПРОДУКЦИЮ ГРУППЫ «А» (77) обычно поступают от ОТДЕЛА СКЛАДСКОГО ХОЗЯЙСТВА (2419). См. также 2612.

1928. **purchasing** — закупки; снабжение.
В узком смысле — процесс СНАБЖЕНИЯ (1875) пр-тия СЫРЬЕМ (1979), МАТЕРИАЛАМИ (1477) и др. В широком смысле в это понятие включаются и др. ф-ции, напр., ОЦЕНИВАНИЕ ПОСТАВЩИКОВ (2695), ОТСЛЕЖИВАНИЕ ГРУЗОВ (2199), контроль правильности ЦЕН (1857) на поставляемое сырье.

1929. **purchasing agent** (амер.) — агент по снабжению.
Работник, в обязанности которого входит, в частности, проверка обоснованности ЗАЯВОК НА МАТЕРИАЛЬНЫЕ РЕСУРСЫ (1927), оформление НАРЯД-ЗАКАЗОВ (1920), рассылка КОММЕРЧЕСКИХ ПРЕДЛОЖЕНИЙ (1247) и т. п.

1930. **purchasing clerk** — см. **procurement clerk.**

1931. **purchasing cycle** — закупочный цикл.
ЗАКУПКИ (1928), рассматриваемые как процесс, который постоянно или периодически повторяется и состоит из трех фаз: подготовка ЗАКАЗА (1646), РАЗМЕЩЕНИЕ ЗАКАЗА (1658), ОЦЕНИВАНИЕ ПОСТАВЩИКОВ (2695).

1932. **purchasing department** — отдел снабжения.
Структурное подразделение пр-тия, которое отвечает за ЗАКУПКИ (1928) необходимых пр-тию товаров и УСЛУГ (2175). В ф-ции этого отдела входят ОЦЕНИВАНИЕ ПОСТАВЩИКОВ (2695), проверка ЗАЯВОК НА МАТЕРИАЛЬНЫЕ РЕСУРСЫ (1927), оформление НАРЯД-ЗАКАЗОВ (1920), УСКОРЕНИЕ ПРОХОЖДЕНИЯ ЗАКАЗОВ (853). Совместно с др. подразделениями пр-тия отдел снабжения может участвовать в УПРАВЛЕНИИ ЗАПАСАМИ (1236), в решении задач ФУНКЦИОНАЛЬНО-СТОИМОСТНОГО АНАЛИЗА (2682), УТИЛИЗАЦИИ (2007) ОТХОДОВ ПРОИЗВОДСТВА (1170) и др.

1933. **purchasing lead time** — заготовительный период.
Интервал времени между оформлением ЗАЯВКИ НА МАТЕРИАЛЬНЫЕ РЕСУРСЫ (1927) и получением заказанной ПРОДУКЦИИ (1885). Включает, в частности, ВРЕМЯ ВЫПОЛНЕНИЯ ЗАКАЗА (1306), ВРЕМЯ ПЕРЕВОЗКИ (2585), время РАЗМЕЩЕНИЯ (1937) доставленной продукции на СКЛАДЕ (2718).

1934. **purchasing officer** — см. **materials buyer.**

1935. **purposes** — см. **all purposes.**

1936. **push system** — толкающая система.

1) Система орг-ции произ-ва, в которой ДЕТАЛИ (1739) и ПОЛУФАБРИКАТЫ (2163) подаются с предыдущей операции на последующую в соответствии с заранее сформированным жестким ГРАФИКОМ (2131). 2) СИСТЕМА УПРАВЛЕНИЯ ЗАПАСАМИ (1237), в которой решение о ПОПОЛНЕНИИ (2043) запасов на локальных СКЛАДАХ (2718) принимается централизованно. 3) Стратегия СБЫТА (1777), направленная на опережающее формирование ТОВАРНЫХ ЗАПАСОВ (1511) по отношению к СПРОСУ (669). См. также 1916.

1937. **putaway** — размещение.

Укладка поступивших на СКЛАД (2718) товаров в ШТАБЕЛЬ (2330) или в СКЛАДСКУЮ ЯЧЕЙКУ (2409) с внесением соответствующих пометок в ПЛАН-КАРТУ (1389) и записей в КАРТОЧКИ СКЛАДСКОГО УЧЕТА (1240). Товары повышенного СПРОСА (669) должны размещаться как можно ближе к УЧАСТКУ КОМПЛЕКТАЦИИ (1786). См. также 1529, 2070.

1938. **putrescible waste** — отходы, подверженные гниению.

ОРГАНИЧЕСКИЕ ОТХОДЫ (1668), напр., ПИЩЕВЫЕ ОТБРОСЫ (950) и ОТХОДЫ СЕЛЬСКОХОЗЯЙСТВЕННОГО ПРОИЗВОДСТВА (59), интенсивно разлагающиеся с выделением дурнопахнущих газов под воздействием воздуха, света и воды.

1939. **pyramid stack** — пирамидообразный штабель.

ШТАБЕЛЬ (2330) в виде усеченной пирамиды; штабель из уложенных послойно ТАРНО-ШТУЧНЫХ ГРУЗОВ (1711), сужающийся к вершине. Пирамидообразный штабель обладает большей устойчивостью по сравнению со ШТАБЕЛЕМ ПРЯМОЙ КЛАДКИ (2323), но обеспечивает меньший КОЭФФИ-

ЦИЕНТ ИСПОЛЬЗОВАНИЯ РАБОЧЕГО ОБЪЕМА СКЛАДА (2407).

Q

1940. **QCC** — см. **quality circle.**

1941. **quality** — качество.
Совокупность объективно существующих параметров ПРОДУКЦИИ (1885), обусловливающих ее способность удовлетворять действительные или предполагаемые потребности. К числу параметров качества относятся ЭКОЛОГИЧНОСТЬ (836), ТЕХНОЛОГИЧНОСТЬ (1453), УТИЛИЗИРУЕМОСТЬ (2002), НАДЕЖНОСТЬ (2034), РЕМОНТОПРИГОДНОСТЬ (2167), ТРАНСПОРТАБЕЛЬНОСТЬ (2588) и др. Такие параметры качества как экологичность и безопасность подлежат обязательной сертификации.

1942. **quality at the source** — качество в зародыше.
Одна из концепций системы ВСЕСТОРОННЕГО КОНТРОЛЯ КАЧЕСТВА (2538), согласно которой ПОСТАВЩИК (2450) обязан обеспечить такой уровень КАЧЕСТВА (1941) своей ПРОДУКЦИИ (1885), чтобы сделать излишним сплошной или СТАТИСТИЧЕСКИЙ КОНТРОЛЬ КАЧЕСТВА (9) у ПОТРЕБИТЕЛЯ (587).

1943. **quality circle**; quality control circle; QCC — кружок качества.
Форма привлечения рабочих и служащих к решению проблем управления КАЧЕСТВОМ (1941) ПРОДУКЦИИ (1885). Сотрудники пр-тия в рабочее и частично в нерабочее время участ-

вуют в выявлении и устранении причин брака, разрабатывают предложения по совершенствованию орг-ции произ-ва. Кружки качества появились в Японии в начале 1960-х гг.; играют важную роль в системе КАНБАН (1277).

1944. **quality control circle** — см. **quality circle.**

1945. **quantity** — количество.
Категория, характеризующая ПРОДУКЦИЮ (1885) и ГРУЗЫ (340) со стороны массы, числа штук в ПАРТИИ (1419), объема и ЛИНЕЙНЫХ РАЗМЕРОВ (705). См. также 1698, 1941.

1946. **quantity discount** — оптовая скидка.
СКИДКА (719), предоставляемая ПОСТАВЩИКОМ (2450) за большой объем ПАРТИИ ПОСТАВКИ (1421). Оптовая скидка может быть кумулятивной (рассчитывается на основании всех предыдущих сделок с данным клиентом), некумулятивной (разовой или не зависящей от объема предыдущих сделок с данным клиентом), товарной [вместо снижения ЦЕНЫ (1857) клиенту предоставляется соответствующее число штук товара]. С др. стороны, увеличение объема партии приведет к росту ЗАТРАТ НА ФОРМИРОВАНИЕ И ХРАНЕНИЕ ЗАПАСОВ (1232).

1947. **quarantine** — 1) Карантин — изоляция или временное изъятие компетентными органами ТРАНСПОРТНЫХ СРЕДСТВ (1506) или ГРУЗОВ (340), прибывших из неблагополучных в эпидемиологическом смысле р-нов. 2) Карантинный период — время изоляции грузов или трансп. средств в порядке карантина. ОТВЕТСТВЕННОСТЬ ПЕРЕВОЗЧИКА (369) на период карантина не распространяется.

1948. **quarantine store** — склад карантинного хранения.
СКЛАД (2718), на котором хранится поступившая от ПОСТАВЩИКОВ (2450) и не прошедшая приемочный контроль ПРОДУКЦИЯ (1885). См. также 1490.

1949. **Queen's warehouse** — 1) Государственный склад (брит.) — являющийся собственностью гос-ва СКЛАД (2718), на котором хранится имущество, принадлежащее гос-ву, а также имущество юридических лиц, напр., ПРЕДМЕТЫ СУДОВОГО СНАБЖЕНИЯ (2231). 2) Таможенный склад — склад, на котором хранятся ввезенные из-за границы товары, конфискованные органом ТАМОЖНИ (591); от которых владельцы отказались или владельцев которых установить не удалось.

1950. **queue**; waiting line — очередь.
Группа ТРЕБОВАНИЙ (587) произвольной природы, ожидающих начала обслуживания СИСТЕМОЙ МАССОВОГО ОБСЛУЖИВАНИЯ (1953). В нек-рых реальных системах ВРЕМЯ ОЖИДАНИЯ (2716) составляет наибольшую часть ВРЕМЕНИ ВЫПОЛНЕНИЯ ЗАКАЗА (1306). Очередь может быть упорядоченной, неупорядоченной или приоритетной. См. также 1867, 1951.

1951. **queue discipline**; service discipline — дисциплина обслуживания.
Порядок отбора ТРЕБОВАНИЙ (587) в СИСТЕМЕ МАССОВОГО ОБСЛУЖИВАНИЯ (1953). Наиболее распространены дисциплины обслуживания ПЕРВЫМ ПОСТУПИЛ — ПЕРВЫМ ОБСЛУЖЕН (907); известны системы с отбором требований из очереди по случайному закону. См. также 723.

1952. **queueing network** — сеть массового обслуживания.
СИСТЕМА МАССОВОГО ОБСЛУЖИВАНИЯ (1953), в которой имеется не менее двух КАНАЛОВ (409). Все или часть ТРЕБОВАНИЙ (587) обрабатываются по принципу последовательного обслуживания, т. е. проходят через оба канала.

1953. **queueing system** — система массового обслуживания.
Система, включающая КАНАЛЫ (409) и потоки ТРЕБОВАНИЙ (587), образующих ОЧЕРЕДЬ (1950). Осн. параметрами системы массового обслуживания являются ИНТЕНСИВНОСТЬ ВХОДЯЩЕГО ПОТОКА (1502), СРЕДНЕЕ ВРЕМЯ ОЖИДАНИЯ (1504), АБСОЛЮТНАЯ ПРОПУСКНАЯ СПОСОБНОСТЬ (1505), ПЕРИОД МЕЖДУ ПОСТУПЛЕНИЕМ ЗАЯВОК (1201) и др.

1954. **queueing time — см. waiting time.**

1955. **queue length** — длина очереди.
Кол-во ТРЕБОВАНИЙ (587), ожидающих начала обслуживания в ОЧЕРЕДИ (1950). См. также 1503.

1956. **queue ratio** (амер.) — коэффициент очередности.
Показатель, используемый для расчета относительного ПРИОРИТЕТА (1867) к. -л. РАБОТЫ (1266). Вычисляется как частное от деления РЕЗЕРВА ВРЕМЕНИ (2276) на разность между ДИРЕКТИВНЫМ СРОКОМ (789) и датой начала работ. См. также 723.

1957. **queue time** — см. **waiting time.**

1958. **quick ratio**; acid-test ratio (амер.) — коэффициент критической оценки.

Отношение ликвидности фирмы к сумме ее долговых обязательств; частное от деления стоимости ОБОРОТНЫХ СРЕДСТВ (583), исключая ЗАПАСЫ (1230), на сумму текущих долговых обязательств (срок расчета по которым не превышает один год). См. также 584.

1959. **quick response system**; stockflow system — метод быстрого реагирования.

Метод планирования ПОСТАВОК (655) в РОЗНИЧНОЙ ТОРГОВЛЕ (2068), в основе которого лежит ТЯНУЩАЯ СИСТЕМА (1916). Возник в швейной пром-сти США. Торговое пр-тие размещает ЗАКАЗ (1646) на мелкую ПАРТИЮ (1419) товаров высокой моды, к каждому из которых прикреплен отрывной ЯРЛЫК (1282). При реализации товара и необходимости ПОПОЛНЕНИЯ (2043) ЗАПАСА (1230) торговое пр-тие отправляет ПОСТАВЩИКУ (2450) по факсу или электронной почте этот ярлык, который является для поставщика заказом на изготовление и поставку товара такого же размера и сорта. См. также 1277.

R

1960. **rack collapse** — обрушение стеллажей.

Падение СКЛАДСКИХ СТЕЛЛАЖЕЙ (2414) в результате перегрузки, неправильного крепления или сочетания этих и других факторов. Обрушение стеллажей — одна из наиболее опасных аварий на СКЛАДАХ (2718); при обрушении и боковом падении высотных стеллажей могут обрушиться и смежные с ними стеллажи.

1961. **radio frequency tag** — радиочастотная бирка.
Жесткий ЯРЛЫК (1282) со встроенным микропроцессором и антенной. Может содержать значительный объем перезаписываемых данных; РЕСУРС (92) нек-рых моделей радиочастотных бирок составляет до 100 лет. Могут использоваться в составе ЭЛЕКТРОННЫХ СРЕДСТВ ОТСЛЕЖИВАНИЯ ТОВАРОВ (818), в УПРАВЛЕНИИ ЗАПАСАМИ (1236), для ОТСЛЕЖИВАНИЯ ГРУЗОВ (2199), для контроля за движением ВОЗВРАТНОЙ ТАРЫ (2071) и т. п. См. также 2288, 2289.

1962. **rail freight terminal** — см. **railroad freight terminal.**

1963. **railroad** (амер.); railway (во всех англоязычных странах; в США — преимущественно ж.-д. пр-тие III класса, с годовым доходом менее 20 млн. долл.) — железная дорога.
1) Совокупность рельсовых ПУТЕЙ (2752), сооружений, ПОДВИЖНОГО СОСТАВА (2094), предназначенных для ПЕРЕВОЗКИ (2589) ГРУЗОВ (340), пассажиров, БАГАЖА (168) и почты. 2) КОММЕРЧЕСКОЕ ТРАНСПОРТНОЕ ПРЕДПРИЯТИЕ (954), находящееся в гос., частной или в смешанной собственности.

1964. **railroad freight terminal** (амер.); rail freight terminal (брит.) — грузовая железнодорожная станция.
ТЕРМИНАЛ (2492), предназначенный для ПОГРУЗКИ (1366), СОРТИРОВАНИЯ (2291), ХРАНЕНИЯ (2400) и РАЗГРУЗКИ (2667) ГРУЗОВ (340), перевозимых по ЖЕЛЕЗНЫМ ДОРОГАМ (1963), формирования и расформирования ГРУЗОВЫХ

ПОЕЗДОВ (1061), обслуживания ПОДЪЕЗДНЫХ ПУТЕЙ (2258) и т. д.

1965. **railroad siding**- см. **siding.**

1966. **rail tank** — см. **tank car.**

1967. **rail transport** — железнодорожный транспорт.
Трансп. система, характерной особенностью которой является массовость ПЕРЕВОЗОК (2589) по ЖЕЛЕЗНЫМ ДОРОГАМ (1963) на значительные расстояния. В СЕБЕСТОИМОСТИ ПЕРЕВОЗОК (367) на железнодорожном транспорте значительный удельный вес занимают единовременные затраты, связанные со стр-вом ПУТЕЙ (2752), ТЕРМИНАЛОВ (2492) и приобретением ПОДВИЖНОГО СОСТАВА (2094). По сравнению с др. ВИДАМИ ТРАНСПОРТА (1541) доля МАТЕРИАЛЬНЫХ ЗАТРАТ (1480) в себестоимости перевозок одна из самых низких (по данным отдельных исследователей — самая низкая). При КОРОТКОПРОБЕЖНЫХ ПЕРЕВОЗКАХ (2242) себестоимость перевозок на железнодорожном транспорте выше, чем на АВТОМОБИЛЬНОМ ТРАНСПОРТЕ (1546). Железнодорожный транспорт характеризуют высокая НАДЕЖНОСТЬ (674), но малая ГИБКОСТЬ (923); высокий уровень ШУМОВОГО ЗАГРЯЗНЕНИЯ (1589)окружающей среды. Железнодорожный транспорт не обеспечивает ПЕРЕВОЗКУ «ОТ ДВЕРИ ДО ДВЕРИ» (766): ж. -д. перевозка, за исключением частных ПОДЪЕЗДНЫХ ПУТЕЙ (2258), начинается и завершается на автомобильном транспорте.

1968. **rail wagon** — см. **freight car.**

1969. **railway** — см. **railroad.**

1970. **railway advice** — извещение о прибытии груза.
Форма УВЕДОМЛЕНИЯ О ПРИБЫТИИ ГРУЗА (107), используемая на ЖЕЛЕЗНОДОРОЖНОМ ТРАНСПОРТЕ (1967).

1971. **railway marshalling yard** — см. **classification yard.**

1972. **railway shunt** — вагоны, ожидающие разгрузки.
Группа ГРУЗОВЫХ ВАГОНОВ (1004), которая будет подана с магистрали на ПОДЪЕЗДНОЙ ПУТЬ (2258) для РАЗГРУЗКИ (2667).

1973. **ramp** — 1) Пандус — наклонная плоскость, обеспечивающая возможность въезда на ПОГРУЗОЧНО-РАЗГРУЗОЧНУЮ ПЛОЩАДКУ (751), ПЛАТФОРМУ (919) ПОГРУЗЧИКОВ (1331) и др. ТРАНСПОРТНЫХ СРЕДСТВ (1506). 2) Трап — передвижная лестница для посадки в самолет и высадки из него. 3) Заасфальтированный участок — на ВОЗДУШНОМ ТРАНСПОРТЕ (73): участок с твердым покрытием вблизи ангара. 4) Местная дорога (амер.) — АВТОМОБИЛЬНАЯ ДОРОГА (1125), отходящая от магистрали.

1974. **random storage**; nondedicated storage — свободное размещение.
Использование любой свободной СКЛАДСКОЙ ЯЧЕЙКИ (2409) или места под ШТАБЕЛЬ (2330) для РАЗМЕЩЕНИЯ (1937) товаров. Свободное размещение обычно обеспечивает более высокий КОЭФФИЦИЕНТ ИСПОЛЬЗОВАНИЯ РАБОЧЕГО ОБЪЕМА СКЛАДА (2407) по сравнению с ФИКСИРОВАННЫМ РАЗМЕЩЕНИЕМ (640). Однако время КОМПЛЕКТАЦИИ (1785) при свободном размещении по сравнению с фиксированным размещением увеличивается, т. к. подобное размещение не обеспечивает разл. режимы хранения ХОДО-

ВОЙ ПРОДУКЦИИ (884) и НЕХОДОВОЙ ПРОДУКЦИИ (2283). См. также 2812.

1975. **rate chart** — тарифный справочник.
Пособие, содержащее перечень КЛАССНЫХ ТАРИФОВ (433) и ТАРИФОВ НА ПЕРЕВОЗКУ МАССОВЫХ ГРУЗОВ (471) на определенную дату; правил таксировки, используемых при начислении ПРОВОЗНОЙ ПЛАТЫ (2593).

1976. **rated load** — номинальная нагрузка.
Допустимая масса ГРУЗА (1359), который может быть поднят КРАНОМ (563), ЛЕБЕДКОЙ (1131) и т. п. Включает массу СМЕННЫХ ГРУЗОЗАХВАТНЫХ ПРИСПОСОБЛЕНИЙ (1094), СТРОПОВ (2278) и т. д. Рассчитывается для СВОБОДНО ВИСЯЩИХ ГРУЗОВ (986).

1977. **rating** — 1) Класс груза (амер.) — раздел ТАРИФНОЙ НОМЕНКЛАТУРЫ ГРУЗОВ (1007), к которому отнесен данный ГРУЗ (469). Класс груза зависит от его ТРАНСПОРТНЫХ ХАРАКТЕРИСТИК (2592). 2) Рейтинг — субъективная оценка к.-л. явления по заданной шкале.

1978. **rationing** — лимитирование; фондирование; рационирование.
Распределение ПРОДУКЦИИ ПРОИЗВОДСТВЕННО-ТЕХНИЧЕСКОГО НАЗНАЧЕНИЯ (1882) или ТОВАРОВ НАРОДНОГО ПОТРЕБЛЕНИЯ (509) в условиях их дефицита по твердым ЦЕНАМ (1857). Каждому ПОТРЕБИТЕЛЮ (587) спец. гос. органом выделяется ограниченный объем соответствующих товаров или продукции. Распределение производится с учетом приоритета потребителей.

1979. **raw materials** — сырье.

Предмет труда, подлежащий дальнейшей переработке, напр., ПЕРВИЧНЫЕ МАТЕРИАЛЬНЫЕ РЕСУРСЫ (2704), ВТОРИЧНЫЕ РЕСУРСЫ (2147). См. также 134, 712.

1980. **RCCP** — см. **Rough Cut Capacity Planning.**

1981. **r. d.** — см. **running days.**

1982. **RDF** — см. **refuse-derived fuel.**

1983. **recall** — отзыв товара.

Запрет на продажу поступившей на ПРЕДПРИЯТИЕ РОЗНИЧНОЙ ТОРГОВЛИ (2067) ПРОДУКЦИИ (1885), часть которой к моменту запрета могла уже быть продана. Обычно такой запрет вызван наличием в продукции к. -л. вредных для здоровья компонентов, важных конструктивных дефектов, делающих ее эксплуатацию небезопасной. Отзыв товара — дорогостоящее мероприятие, связанное с публикованием в печати соответствующих объявлений и их передачей по радио и телевидению. Кроме того, отзыв товара ухудшает имидж фирмы и ведет к потере клиентуры. В США только в пищевой пром-сти ежегодно проводится свыше 200 кампаний по отзыву товара.

1984. **receipt** — 1) ПРИЕМКА (1986). 2) Расписка — заверенный документ, подтверждающий получение товаров или денег. 3) Доход — деньги или материальные ценности, полученные от к. -л. деятельности. 4) Кассовый чек — документ, вручаемый ПОКУПАТЕЛЮ (309) в РАСЧЕТНОМ УЗЛЕ (418), с обозначением полученной за товар суммы.

1985. **receiver** — см. **consignee.**

1986. **receiving** — приемка.

Определение соответствия КОЛИЧЕСТВА (1945), КАЧЕСТВА (1941) и номенклатуры ПРОДУКЦИИ (1885), поступившей ГРУЗОПОЛУЧАТЕЛЮ (492), кол-ву, качеству и номенклатуре, указанным в ГРУЗОВЫХ ДОКУМЕНТАХ (2213). См. также 9, 1991.

1987. **receiving advice** — извещение о получении груза.

Сообщение в стандарте ЕАНКОМ (802), высылаемое ГРУЗОПОЛУЧАТЕЛЕМ (492) ПОСТАВЩИКУ (2450). В это сообщение рекомендуется включать информацию о предыдущих сообщениях по данной ПОСТАВКЕ (655), напр., ИЗВЕЩЕНИИ ОБ ОТГРУЗКЕ (690), а также данные о результатах ПРИЕМКИ (1986), а при необходимости — и сведения о НЕДОСТАЧЕ (2237), ПОВРЕЖДЕНИИ ГРУЗА (1224) и т. п.

1988. **receiving area**; goods-inward area — зона приема.

Участок СКЛАДА (2718), на котором производится ПРИЕМКА (1986) поступившей ПРОДУКЦИИ (1885) и ее подготовка к РАЗМЕЩЕНИЮ (1937) в ЗОНЕ ХРАНЕНИЯ (2402).

1989. **receiving dock** — приемочно-сортировочная площадка.

Участок СКЛАДА (2718), на котором производится ПРИЕМКА (1986) поступившей продукции и др. операции с ней. На крупных складах называется ЗОНОЙ ПРИЕМА (1988).

1990. **receiving log** — книга учета поступающих грузов.

Первичный документ БУХГАЛТЕРСКОГО УЧЕТА (262) и один из ДОКУМЕНТОВ СКЛАДСКОГО УЧЕТА (2735), в котором ЭКСПЕДИТОР (2207) или иное ответственное лицо фиксирует результаты ПРИЕМКИ (1986), дату прибытия ГРУЗА

(340), наименование ПОСТАВЩИКА (2450) и ПЕРЕВОЗЧИКА (366) и т. д.

1991. **receiving report** — приемо-сдаточный акт.
Документ, которым оформляется ПРИЕМКА (1986) ГРУЗОВ (340). Составляется путем сличения НАРЯД-ЗАКАЗОВ (1920), УПАКОВОЧНЫХ ЛИСТОВ (1724) и ТОВАРОСОПРОВОДИТЕЛЬНЫХ ДОКУМЕНТОВ (2213). В этот документ включаются данные об ИЗЛИШКАХ, НЕДОСТАЧАХ И ПОВРЕЖДЕНИЯХ (1699).

1992. **receiving tally** — акт подсчета мест груза.
ДОКУМЕНТ СКЛАДСКОГО УЧЕТА (2735), которым оформляется количественная ПРИЕМКА (1986) поступившего на СКЛАД (2718) ГРУЗА (340). Используется при оформлении ПРИЕМО-СДАТОЧНОГО АКТА (1991).

1993. **reclaimer** — см. **waste collector.**

1994. **reclamation** — 1) УТИЛИЗАЦИЯ (2000). 2) Выгрузка — в СИСТЕМЕ ХРАНЕНИЯ ЗЕРНА (1069): ВЫДАЧА (1253) зерна из АМБАРА (920), ЭЛЕВАТОРА (820) и т. п.

1995. **reclamation and salvage department** — отдел заготовки вторичного сырья.
Структурное подразделение фирмы, отвечающее за вовлечение в оборот НЕИСПОЛЬЗУЕМЫХ ЗАПАСОВ (1612), УТИЛИЗАЦИЮ (2007) ОТХОДОВ (2741), реализацию ПОДЕРЖАННОГО ОБОРУДОВАНИЯ (2673) и т. п. Функционирует в тесном взаимодействии с ОТДЕЛОМ СНАБЖЕНИЯ (1932). На небольших пр-тиях ф-ции отдела заготовки вторичного сырья может выполнять ОТДЕЛ СКЛАДСКОГО ХОЗЯЙСТВА (2419).

1996. **reconditioning list** (амер.) — перечень деталей, подлежащих восстановлению.
В СИСТЕМЕ СНАБЖЕНИЯ ЗАПАСНЫМИ ЧАСТЯМИ (2304): список ДЕТАЛЕЙ (1739), неполностью выработавших свой РЕСУРС (92) и подлежащих РЕМОНТУ (2039). Эти детали накапливаются ремонтным пр-тием, затем отправляются заводу-изготовителю для восстановления.

1997. **reconsignment** — изменение получателя; реконсигнация.
СОПУТСТВУЮЩАЯ УСЛУГА (10), заключающаяся в передаче права на получение принятого к ПЕРЕВОЗКЕ (2589) или находящегося в процессе перевозки ГРУЗА (340) др. ГРУЗОПОЛУЧАТЕЛЮ (492), отличному от первоначально указанного в ДОГОВОРЕ ПЕРЕВОЗКИ (535). Как правило, такая услуга по данному грузу предоставляется только один раз. См. также 743, 1031.

1998. **recooperage** (амер.) — переупаковывание.
УПАКОВЫВАНИЕ (1721) россыпи, образовавшейся в результате повреждения ТАРЫ (513) при ПЕРЕВОЗКЕ (2589). Правилами перевозок в ряде случаев предусмотрена обязанность ГРУЗООТПРАВИТЕЛЯ (497) предоставить ПЕРЕВОЗЧИКУ (366) установленное кол-во штук порожней тары на случай ее повреждения в пути.

1999. **recorded delivery** (брит.) — заказное отправление.
ПОЧТОВАЯ ПОСЫЛКА (1844), письмо и т. п., принимаемое от отправителя и выдаваемое получателю под расписку.

2000. **recovery** — 1) УТИЛИЗАЦИЯ (2007). 2) Компенсация — сумма, полученная СТРАХОВЩИКОМ (1197) в порядке СУБРОГАЦИИ (2439). 3) Выручка от реализации — доход от продажи

ИМУЩЕСТВА, ПЕРЕШЕДШЕГО В СОБСТВЕННОСТЬ СТРАХОВЩИКА (2120).

2001. **rectifying inspection** — контроль с разбраковыванием.
Сплошной контроль КАЧЕСТВА (1941) ПАРТИИ (1419) ПРОДУКЦИИ (1885), забракованной по результатам выборочного контроля. Предполагает отделение дефектной продукции от годной и замену дефектной продукции годной.

2002. **recyclability** — утилизируемость.
Показатель КАЧЕСТВА (1941) ПРОДУКЦИИ (1885). Планирование этого показателя тесно связано с техникой АНАЛИЗА ЖИЗНЕННОГО ЦИКЛА (1329) и предполагает учет конструкторами и технологами требований МУСОРОПЕРЕРАБАТЫВАЮЩИХ ЗАВОДОВ (1497), в т. ч. преимущественное использование СЫРЬЯ (1979), поддающегося УТИЛИЗАЦИИ (2007), нанесение МАРКИРОВКИ УТИЛИЗИРУЕМЫХ ОТХОДОВ (2009).

2003. **recyclables** — утилизируемые отходы; утильная фракция.
Часть ПОТОКА ОТХОДОВ (2746), пригодная для ПОВТОРНОГО ИСПОЛЬЗОВАНИЯ (2077) или УТИЛИЗАЦИИ (2007).

2004. **recycled-content standard** (амер.) — норма содержания вторичных ресурсов.
Процент содержания ВТОРИЧНЫХ МАТЕРИАЛОВ (2147) в СЫРЬЕ (1979), устанавливаемый гос. органами, напр., норма содержания макулатуры в сырье для произ-ва газетной бумаги. См. также 2005.

2005. **recycled paper** — бумага, изготовленная из макулатуры.
Бумага, в СЫРЬЕ (1979) для произ-ва которой входило не менее 50% макулатуры (по массе). См. также 2004.

2006. **recycler** (амер.) — утильщик; заготовитель вторичного сырья.
Физ. или юридическое лицо, осн. коммерческой деятельностью которого является сбор разл. ОТХОДОВ (2741), их СОРТИРОВАНИЕ (2292) и УПАКОВЫВАНИЕ (1721) с целью продажи.

2007. **recycling** — утилизация; ресайклинг, рециклирование.
Процессы, связанные с отбором УТИЛЬНОЙ ФРАКЦИИ (2003) из ПОТОКА ОТХОДОВ (2746) с целью ее ПОВТОРНОГО ИСПОЛЬЗОВАНИЯ (2077) или использования в качестве ВТОРИЧНЫХ МАТЕРИАЛОВ (2147) или добавок к ПЕРВИЧНЫМ МАТЕРИАЛЬНЫМ РЕСУРСАМ (2704). Различают первичный ресайклинг (переработка утильной фракции в тот же материал, напр., стеклобоя в стекло), вторичный (переработка утильной фракции в рециклируемый материал, напр., макулатуры в тарный картон) и третичный (использование утильной фракции в произ-ве нерециклируемого материала).

2008. **recycling rate** (амер.) — коэффициент утилизации отходов.
Отношение массы ТВЕРДЫХ ОТХОДОВ (2290), подвергнутых УТИЛИЗАЦИИ (2007), к общей массе твердых отходов, образовавшихся на данной территории за определенный период. См. также 745.

2009. **recycling symbol** — маркировка утилизируемых отходов.
Графические изображения и/или алфавитно-цифровая информация относительно УТИЛИЗИРУЕМОСТИ (2002) ПРОДУКЦИИ (1885). Получили широкое распространение знак «Голубой ангел» (ФРГ), Эко-знак (Япония), Знак рециклирования и др. Знак

рециклирования (Recycling logo) представляет собой разделенную на три части и вписывающуюся в равносторонний треугольник фигуру, известную в математике как лист Мебиуса. Этот знак разработан в 1973 г. одной из нидерландских бумажных фабрик и позднее зарегистрирован ИСО. С середины 1970-х гг. Знак рециклирования получил широкое распространение в США, затем и в др. странах. В США Знак рециклирования может дополняться след. цифровыми и/или алфавитными кодами: 1-PETF (полиэтилентерефталат), 2-HDPE (полиэтилен высокой плотности), 3-V (винил), 4-LDPE (полиэтилен низкой плотности), 5-PP (полипропилен), 6-PS (полистирол).

2010. **redundancy** — избыточность.

Встраивание в к. -л. систему или техн. устр-во с целью повышения НАДЕЖНОСТИ (2034), элементов, дублирующих работу жизненно важных узлов или компонентов системы или устр-ва. Принцип избыточности используется в МНОГОКАНАЛЬНЫХ ЛОГИСТИЧЕСКИХ СИСТЕМАХ (1566).

2011. **reefer** — 1) РЕФРИЖЕРАТОРНЫЙ ВАГОН (2014). 2) Изотермический КОНТЕЙНЕР (513).

2012. **reeving** — запасовка.

Схема пропускания стального каната через полиспаст КРАНА (563), позволяющая получить выигрыш в силе или в скорости и пути. Пространственная запасовка стального каната позволяет также уменьшить раскачивание ГРУЗА (1359) под крюковой обоймой или под СМЕННЫМ ГРУЗОЗАХВАТНЫМ ПРИСПОСОБЛЕНИЕМ (1094).

2013. **refrigerated wagon** — см. **refrigerator car.**

2014. **refrigerator car**; reefer (амер.); refrigerated wagon (брит.) — рефрижераторный вагон.

ГРУЗОВОЙ ВАГОН (1004), предназначенный для СКОРОПОРТЯЩИХСЯ ГРУЗОВ (1767). Кузов рефрижераторного вагона имеет теплоизоляцию из пенополиуретана, полистирола или др. материалов. Этот вагон оборудован системой ручного и автоматического регулирования температур. В рефрижераторном вагоне используются, напр., фреоновые и аммиачные компрессионные холодильные установки.

2015. **refusal of cargo** — отказ от груза.

Право ПЕРЕВОЗЧИКА (366) не принять от отправителя неправильно упакованные или промаркированные ГРУЗЫ (340), ПРЕДМЕТЫ, ЗАПРЕЩЕННЫЕ К ПЕРЕВОЗКЕ (1898); товары, ГРУЗОВЫЕ ДОКУМЕНТЫ (2213) на которые содержат неточные или заведомо ложные сведения, и т. д.

2016. **refuse** — 1) ОТБРОСЫ (2105). 2) ОРГАНИЧЕСКИЕ ОТХОДЫ (1040). 3) МУСОР (2610).

2017. **refuse bin** — контейнер для мусора.

Металлическая или иная емкость, установленная на ПЛОЩАДКЕ ДЛЯ МУСОРА (780) в целях сбора ТВЕРДЫХ БЫТОВЫХ ОТХОДОВ (1572), в т. ч. СМЕШАННЫХ ОТХОДОВ (1534). Содержимое контейнера для мусора опорожняется в кузов МУСОРОВОЗА (453). См. также 1348, 2096.

2018. **refuse collection agency** (амер.) — УТИЛЬНАЯ ФИРМА (1105).

2019. **refused cargo** — невостребованный груз.
ГРУЗ (340), от получения которого ГРУЗОПОЛУЧАТЕЛЬ (492) отказался. ПЕРЕВОЗЧИК (366) вправе реализовать в установленном порядке такой груз. См. также 2.

2020. **refuse-derived fuel,** RDF — вторичные энергетические ресурсы.
Горючая фракция ТВЕРДЫХ БЫТОВЫХ ОТХОДОВ (1572) и ТВЕРДЫХ ПРОМЫШЛЕННЫХ ОТХОДОВ (1169), ПРОДУКТЫ РАЗЛОЖЕНИЯ ЗАХОРОНЕННЫХ ОТХОДОВ (1291) и т. д. См. также 828.

2021. **refuse vehicle** — см. **collection vehicle.**

2022. **register ton** — см. **vessel ton.**

2023. **register tonnage** — см. **net register tonnage, gross register tonnage.**

2024. **regular order** — см. **standard order.**

2025. **regular route carrier** (амер.) — перевозчик, обслуживающий закрепленный маршрут.
Пр-тие ТРАНСПОРТА ОБЩЕГО ПОЛЬЗОВАНИЯ (472), имеющее право обслуживать только указанные ему МАРШРУТЫ (2099). См. также 1251.

2026. **rehandling rate** — коэффициент переработки.
Показатель работы СКЛАДА (2718), рассчитываемый как отношение объема ГРУЗОПЕРЕРАБОТКИ (1484) (в тонно-операциях) и грузооборота (в тоннах). Чем ближе коэффициент переработки к единице, тем рациональнее организована работа склада и тем ниже ИЗДЕРЖКИ ХРАНЕНИЯ (2405).

2027. **rejection** — браковка; отказ от товара.
Отказ ГРУЗОПОЛУЧАТЕЛЯ (492) принять ГРУЗ (340) от ПЕРЕВОЗЧИКА (366) в случае ПОВРЕЖДЕНИЯ ГРУЗА (1224). При всех обстоятельствах грузополучатель не вправе отказаться от доставленных ему ОПАСНЫХ ГРУЗОВ (614).

2028. **rejection notice** — акт об отказе от товаров.
Документ, которым оформляется ОТКАЗ ОТ ТОВАРА (2027). Содержит перечень расхождений между условиями НАРЯД-ЗАКАЗА (1920) и количественно-качественными характеристиками фактически полученных товаров. Оформляется в процессе ПРИЕМКИ (1986) товаров и передается в ОТДЕЛ СНАБЖЕНИЯ (1932) пр-тия.

2029. **rejects** — 1) Некондиционный товар — ПРОДУКЦИЯ (1885), не соответствующая требованиям стандартов и техн. условий. Подлежит уценке или списанию, а в исключительных случаях — уничтожению. 2) Неутилизируемая фракция (амер.) — часть ПОТОКА ОТХОДОВ (2746), отделяемая путем СОРТИРОВАНИЯ (2292) и включающая ВРЕДНЫЕ ПРИМЕСИ (525) и ОПАСНЫЕ ОТХОДЫ (1111).

2030. **released rate** — см. **released value rate.**

2031. **released value rate**; released rate — заниженный тариф.
Льготный ГРУЗОВОЙ ТАРИФ (1020), предоставляемый ГРУЗООТПРАВИТЕЛЮ (497) при занижении последним ОБЪЯВЛЕННОЙ ЦЕННОСТИ (637) отправляемого ГРУЗА (340). Иначе говоря, отправитель соглашается на уменьшение объема ОТВЕТСТВЕННОСТИ ПЕРЕВОЗЧИКА (369) в обмен на понижение ПРОВОЗНОЙ ПЛАТЫ (2593).

2032. **release of deposited goods** — выдача товаров со склада.

ВЫДАЧА (1253) ХРАНИТЕЛЕМ (2723) товаров ПОКЛАЖЕДАТЕЛЮ (174) или держателю СКЛАДСКОЙ РАСПИСКИ (2728). Хранитель вправе отказать в В. т. со с. до получения им в полном объеме ПЛАТЫ ЗА ХРАНЕНИЕ (2404). Товары в последнем случае хранятся на риске и за счет поклажедателя.

2033. **release order** (амер.); call-off order (брит.) — заказ на поставку товаров отдельными партиями.

Заявка ПОТРЕБИТЕЛЯ (587) с просьбой к ПОСТАВЩИКУ (2450) отгрузить в соответствующем периоде ПАРТИЮ (1419) товаров в указанном объеме в согласно ОБЩЕМУ ЗАКАЗУ (240) или долгосрочному ДОГОВОРУ ПОСТАВКИ (526).

2034. **reliability** — надежность.

Вероятность безотказной работы заданного элемента к. -л. системы, техн. устр-ва и т. п. в течение определенного интервала времени. Для повышения надежности элементов, жизненно важных для функционирования системы в целом, применяют их резервирование.

2035. **remnant stock** — запас сверх точки заказа.

Объем ЗАПАСА (1230), превышающий предусмотренный для ТОЧКИ ЗАКАЗА (1659) на момент РАЗМЕЩЕНИЯ ЗАКАЗА (1658) уровень.

2036. **removal** — уборка.

Вывоз погруженного или разгруженного ГРУЗОВОГО ВАГОНА (1004) с ПОДЪЕЗДНОГО ПУТИ (2258). Выполняется МАНЕВРОВЫМ ЛОКОМОТИВОМ (2248). См. также 2319.

2037. **reorder point** — см. **order point.**

2038. **repackaging** — переупаковывание; фасование.
УПАКОВЫВАНИЕ (1721) ПРОДУКЦИИ (1885) в ТАРУ (513), в которой она будет продана ПОТРЕБИТЕЛЮ (587).

2039. **repair** — ремонт.
Восстановление работоспособного состояния техн. устр-ва. Различают профилактический или предупредительный ремонт, проводимый через определенные промежутки времени с целью предотвращения будущих отказов устр-ва [планируется с учетом РЕСУРСА (92)], и аварийный ремонт (восстановление отказавшего устр-ва). См. также 1856, 2034, 2167.

2040. **repair parts** — см. **spare parts.**

2041. **reparation** (амер.) — возмещение перебора провозной платы.
Возвращение ПЕРЕВОЗЧИКОМ (366) клиенту суммы ПЕРЕБОРА (1692) ПРОВОЗНОЙ ПЛАТЫ (2593).

2042. **repetitive manufacturing** — мелкосерийное производство.
Форма орг-ции произ-ва, являющаяся переходной от ЕДИНИЧНОГО ПРОИЗВОДСТВА (2264) к МАССОВОМУ ПРОИЗВОДСТВУ (1471); изготовление изделий малыми ПАРТИЯМИ (204).

2043. **replenishment** — пополнение.
Восстановление заданного уровня ЗАПАСОВ (1230). В разл. СИСТЕМАХ УПРАВЛЕНИЯ ЗАПАСАМИ (1237) пополнение может производиться, напр., через фиксированные промежутки времени, на основе фиксированного размера ПАРТИИ ПОСТАВКИ (1421), по случайному закону.

2044. **replenishment lead time** — заготовительный период.

Интервал времени между РАЗМЕЩЕНИЕМ ЗАКАЗА (1658) на ПОПОЛНЕНИЕ (2043) ЗАПАСОВ (1230) и получением заказанной ПРОДУКЦИИ (1885).

2045. **repugnant substances** — антисанитарные грузы.

Разновидность ОПАСНЫХ ГРУЗОВ (614), включающая, напр., фекалии и сточные воды, принимаемые с борта воздушных и водных судов спец. АССЕНИЗАЦИОННЫМИ АВТОЦИСТЕРНАМИ (1298); отходы боен, навоз, пылящие и дурнопахнущие грузы. На ВОДНОМ ТРАНСПОРТЕ (2749) антисанитарные грузы принимаются только на спец. ПРИЧАЛАХ (214), оснащенных средствами для перекачивания опасных стоков. В соответствии с Соглашением о междунар. ж.-д. перевозках опасных грузов антисанитарные грузы отнесены к подклассу 6.2 опасных грузов. ПЕРЕВОЗЧИК (366) вправе по своему усмотрению ограничить перевозку таких грузов спец. ГРУЗОВЫМИ ПОЕЗДАМИ (1061) и установить строго определенное время суток для начально-конечных операций с такими грузами.

2046. **request for quotation** — см. **invitation to bid.**

2047. **requisition** — 1) Требование — заявка на ВЫДАЧУ (1253) ПРОДУКЦИИ (1885) со СКЛАДА (2718). 2) Реквизиция — принудительное отчуждение (за плату) или временное изъятие гос. органами имущества физ. и юридических лиц в условиях чрезвычайных ситуаций.

2048. **rescheduling notice** — изменение к заказу.

В системе МРП (1488): извещение о переносе срока выполнения ЗАКАЗА (1646). Обычно такое изменение связано с переносом

ДИРЕКТИВНОГО СРОКА (789) изготовления ИЗДЕЛИЯ ВЫШЕСТОЯЩЕЙ СТУПЕНИ ВХОДИМОСТИ (1738).

2049. **reseller** — реселлер; реализатор; сбытчик.
ПОСРЕДНИК (1209), реализующий ПРОДУКЦИЮ (1885). Посредник, выполняющий к. -л. операции по ИНДИВИДУАЛИЗАЦИИ ПРОДУКЦИИ (589), называется «реселлер, добавляющий стоимость» (value added reseller, VAR).

2050. **reserve location** — ячейка для товаров ограниченного спроса.
СКЛАДСКАЯ ЯЧЕЙКА (2409) для НЕХОДОВОЙ ПРОДУКЦИИ (2283) или РЕЗЕРВНОГО ЗАПАСА (163). См. также 164.

2051. **reserve stock** — см. **safety stock.**

2052. **reshipment** — см. **transshipment.**

2053. **resident buying** — закупки по предложению постоянного регионального представителя.
Принятая в США процедура ЗАКУПОК (1928) товаров для ПРЕДПРИЯТИЙ РОЗНИЧНОЙ ТОРГОВЛИ (2067). Пр-тие пользуется услугами АГЕНТА (49), который закупает товары у производителей на закрепленной за ним территории. См. также 468.

2054. **residual stock**; final stock — остатки.
Кол-во ПРОДУКЦИИ (1885), имеющейся на момент учета в ЗАПАСЕ (1230).

2055. **residual value** — см. **salvage value.**

2056. **resource** — 1) Источник снабжения — канал, по которому пр-тие получает необходимые ему для производственной деятельности МАТЕРИАЛЫ (1477). 2) Ресурс — фактор произ-ва (рабочая сила, земля и капитал). Различают воспроизводимые (восполняемые) ресурсы, напр., кадры определенной квалификации, и невоспроизводимые (невосполняемые), напр., запасы полезных ископаемых. См. также 1186.

2057. **resource profile**; product load profile (амер., орг. произ-ва) — расчет потребности в ресурсах.
Документ, содержащий перечень РЕСУРСОВ (2056), необходимых для изготовления ед. ПРОДУКЦИИ (1885) и используемый при ОЦЕНКЕ ПРОИЗВОДСТВЕННЫХ МОЩНОСТЕЙ (2098).

2058. **resource profile approach** (амер., орг. произ-ва) — определение потребности в производственных мощностях.
Способ ОЦЕНКИ ПРОИЗВОДСТВЕННЫХ МОЩНОСТЕЙ (2098), в котором в качестве нормативно-справочной информации используются данные о ВРЕМЕНИ ВЫПОЛНЕНИЯ ЗАКАЗА (1306); точность оценки потребности в рабочей силе у данного способа более точная, чем у др.

2059. **resource-providing contract**; tolling agreement — договор на условиях толлинга.
ДОГОВОР ПОДРЯДА (1458), согласно которому ЗАКАЗЧИК (1652), в роли которого может выступать и ПОСРЕДНИК (1209), обеспечивает СНАБЖЕНИЕ (1875) подрядчика осн. РЕСУРСАМИ (2056), оплачивает его работу и приобретает право собственности на ГОТОВУЮ ПРОДУКЦИЮ (900) или обеспечивает ее СБЫТ (1777).

2060. **resource-recovery engineer** (амер.) — инженер по переработке отходов.
Специалист по УТИЛИЗАЦИИ (2000) ТВЕРДЫХ ПРОМЫШЛЕННЫХ ОТХОДОВ (1169) и орг-ции работы МУСОРОПЕРЕРАБАТЫВАЮЩИХ ЗАВОДОВ (1497).

2061. **restocking charge** — сбор за возврат товара.
Ден. сумма, уплачиваемая ПОКУПАТЕЛЕМ (309) ПОСТАВЩИКУ (2450) или ПРЕДПРИЯТИЮ РОЗНИЧНОЙ ТОРГОВЛИ (2067) при ВОЗВРАТЕ ТОВАРА (2075). Обычно составляет до 10% уплаченной покупателем ЦЕНЫ (1857).

2062. **restocking interval** — 1) ИНТЕРВАЛ ПОСТАВКИ (605). 2) Интервал пополнения — период времени между двумя следующими друг за другом актами ПОПОЛНЕНИЯ (2043) товаров в СКЛАДСКОЙ ЯЧЕЙКЕ (2409). См. также 2065.

2063. **restricted articles** — предметы, перевозимые на особых условиях.
ГРУЗЫ (340), ПЕРЕВОЗКА (2589) которых производится при соблюдении ГРУЗООТПРАВИТЕЛЕМ (497) нек-рых доп. требований относительно УПАКОВКИ (1714), МАРКИРОВКИ (1469), СОПРОВОЖДЕНИЯ (347) и т. п. К таким грузам относятся, напр., ЖИВНОСТЬ (1350), ОПАСНЫЕ ГРУЗЫ (614), СКОРОПОРТЯЩИЕСЯ ГРУЗЫ (1767) и др. См. также 1898.

2064. **restriction of shipments** — МАССОВО-ГАБАРИТНЫЕ ОГРАНИЧЕНИЯ (2760).

2065. **resupply cycle time** — цикл пополнения запаса.
Интервал времени между двумя последовательными актами ПОПОЛНЕНИЯ (2043) ЗАПАСА (1230). См. также 2062.

2066. **retail buyer** (амер.) — агент по закупкам торговой фирмы.
АГЕНТ (49), приобретающий у пр-тий-изготовителей и/или у ПОСРЕДНИКОВ (1209) ТОВАРЫ НАРОДНОГО ПОТРЕБЛЕНИЯ (509) от имени или от имени и за счет ПРЕДПРИЯТИЯ РОЗНИЧНОЙ ТОРГОВЛИ (2067).

2067. **retailer** — розничный торговец; предприятие розничной торговли.
Физ. или юридическое лицо, приобретающее ТОВАРЫ НАРОДНОГО ПОТРЕБЛЕНИЯ (509) у ОПТОВИКОВ (2774) или непосредственно у пр-тий-изготовителей в целях перепродажи ПОТРЕБИТЕЛЯМ (508).

2068. **retailing** — розничная торговля.
Обособленная форма хоз. деятельности, включающая совокупность процессов по доведению ТОВАРОВ НАРОДНОГО ПОТРЕБЛЕНИЯ (509) и ПОТРЕБИТЕЛЬСКИХ УСЛУГ (510) до ПОТРЕБИТЕЛЕЙ (508) посредством купли-продажи. Важную роль в розничной торговле играют ЛОГИСТИЧЕСКИЕ ОПЕРАЦИИ (1404) с ДОБАВЛЕННОЙ СТОИМОСТЬЮ (2679) и институт ПОСРЕДНИКОВ (1209). Для нек-рых форм розничной торговли, напр., торговли с использованием компьютерной сети Интернет, не требуется торгового или демонстрационного зала: ПОКУПАТЕЛЬ (309) заказывает товар из дома, и товар доставляется ему на домашний адрес.

2069. **retail inventory** — товарные запасы.
ТОВАРНЫЕ ЗАПАСЫ (1511) ПРЕДПРИЯТИЯ РОЗНИЧНОЙ ТОРГОВЛИ (2067). См. также 2555.

2070. **retrieval** — поиск.
В АВТОМАТИЗИРОВАННОЙ СИСТЕМЕ УПРАВЛЕНИЯ СКЛАДСКИМИ ПРОЦЕССАМИ (2724): операция, обратная РАЗМЕЩЕНИЮ (1937) товаров на ХРАНЕНИЕ (2400). Заключается в идентификации КОДА СКЛАДСКОЙ ЯЧЕЙКИ (1388), в которой хранится заказанный товар, и формировании ОТБОРОЧНОГО ЛИСТА (1790), на основании которого этот товар будет изъят из ячейки.

2071. **returnable container** — возвратная тара.
ОБОРОТНАЯ ТАРА (1571), являющаяся собственностью ПОСТАВЩИКА (2450) или ПЕРЕВОЗЧИКА (366) и подлежащая возврату ему в установленных срок. За несвоевременный возврат возвратной тары виновное лицо уплачивает владельцу этой тары ШТРАФ (1760); за утрату возвратной тары виновная сторона уплачивает владельцу штраф и возмещает стоимость возвратной тары (обычно в кратном размере). См. также 128.

2072. **returned and refused shipment** — возврат груза, от которого отказался получатель.
Оговорка в СТРАХОВОМ ПОЛИСЕ (1195), покрывающая РИСК (2087) отказа ГРУЗОПОЛУЧАТЕЛЯ (492) от доставленного ему ГРУЗА (340). См. также 2019.

2073. **returned materials notice** — уведомление о возврате товаров.
Документ, которым оформляется ОТКАЗ ОТ ТОВАРА (2027) и ВОЗВРАТ ТОВАРА (2075). Содержит, в частности, номер НАРЯД-ЗАКАЗА (1920), на основании которого товары поставлены ПОКУПАТЕЛЯМ (309), и формулировку причин отказа и возврата, напр., ПОСТАВКА НЕЗАКАЗАННОЙ ПРОДУКЦИИ (659), превышение ДОПУСТИМОЙ ВЕЛИЧИНЫ ПЕРЕПОСТАВКИ (1698) и др.

2074. **return load**; back load — обратный груз.
ПОПУТНЫЙ ГРУЗ (1642), доставляемый ТРАНСПОРТНЫМ СРЕДСТВОМ (1506) из МЕСТА НАЗНАЧЕНИЯ (694) в МЕСТО ОТПРАВЛЕНИЯ (1669). См. также 158.

2075. **return of goods** — возврат товара.
Отказ ПОКУПАТЕЛЯ (309) от приобретенной им ПРОДУКЦИИ (1885) с возвращением ее по месту приобретения. ПРЕДПРИЯТИЕ РОЗНИЧНОЙ ТОРГОВЛИ (2067) может потребовать у покупателя предъявления ДОКАЗАТЕЛЬСТВА ПОКУПКИ (1906) и взыскать с него СБОР ЗА ВОЗВРАТ ТОВАРА (2061). Рассмотренный порядок распространяется на ТОВАРЫ, ПОСТАВЛЯЕМЫЕ СО СКЛАДА ГОТОВОЙ ПРОДУКЦИИ (1449), и не распространяется на ПРОДУКЦИЮ ЕДИНИЧНОГО ПРОИЗВОДСТВА (830).

2076. **return shipment rate** — тариф на перевозку возвратной тары.
ГРУЗОВОЙ ТАРИФ (1020) на ПЕРЕВОЗКУ (2589) ВОЗВРАТНОЙ ТАРЫ (2071) от ГРУЗОПОЛУЧАТЕЛЯ (492) ГРУЗООТПРАВИТЕЛЮ (497).

2077. **reuse** — повторное использование.
Многократное применение к. -л. МАТЕРИАЛОВ (1477), ОБОРОТНОЙ ТАРЫ (1571) и т. п. См. также 2295.

2078. **revenue freight** — коммерческий груз.
ГРУЗ (340), приносящий ПЕРЕВОЗЧИКУ (366) доход; груз, за который взыскивается ПРОВОЗНАЯ ПЛАТА (2593). См. также 1754.

2079. **revenue tonne-kilometre** — тарифный тонно-километр.
Ед. грузооборота транспорта, исчисленная по фактическому пути ПЕРЕВОЗКИ (2589) ГРУЗА (340) с учетом кратчайшего РАССТОЯНИЯ ПЕРЕВОЗКИ (1317); оплачиваемый ТОННО-КИЛОМЕТР (2534).

2080. **reverse distribution channels** — см. **reverse logistics.**

2081. **reverse drop sequence** — размещение грузов с учетом последовательности разгрузки; разгрузка без перекладки.
СХЕМА ЗАГРУЗКИ (1371), которая позволяет производить ЧАСТИЧНУЮ РАЗГРУЗКУ (1747) ТРАНСПОРТНОГО СРЕДСТВА (1506) без перекладки остающихся на нем грузов.

2082. **reverse logistics**; reverse distribution channels — обратный материальный поток.
МАТЕРИАЛЬНЫЙ ПОТОК (1482), направление которого противоположно исходному, т. е. материальный поток от ПОТРЕБИТЕЛЯ (587) к ПОСТАВЩИКУ (2450), а также ЛОГИСТИЧЕСКИЕ ОПЕРАЦИИ (1404), связанные с таким потоком. Обратный материальный поток может включать напр., ВОЗВРАТ ТОВАРА (2075), ОТЗЫВ ТОВАРА (1983), УТИЛИЗАЦИЮ (2007) ТВЕРДЫХ БЫТОВЫХ ОТХОДОВ (1572) и т. п.

2083. **reversible**; reversible laydays — учет стояночного времени вкруговую; суммарное исчисление сталии; реверсибл.
Способ учета СТАЛИЙНОГО ВРЕМЕНИ (1301), допускающий взаимный зачет требований по ДИСПАЧУ (689) и ДЕМЕРЕДЖУ (672) в ПОРТАХ ЗАХОДА (1833). См. также 142.

2084. **reversible laydays** — см. **reversible.**

2085. **rigger**; slinger — строповщик; такелажник.

Член бригады ГРУЗЧИКОВ (1364), в обязанности которого входит крепление ГРУЗОВ (1359) с помощью СТРОПОВ (2278); работник, отвечающий за техн. состояние ТАКЕЛАЖА (2086), ЛЕБЕДОК (2777) и др. средств крепления и переработки грузов.

2086. **rigging** — такелаж.

1) Снасти водного судна, служащие для укрепления рангоута (мачт, стеньг и т. п.) и управления парусами. 2) Совокупность приспособлений [стальные канаты, СТРОПЫ (2278), грузовые цепи и т. п.], используемых при ГРУЗОПЕРЕРАБОТКЕ (1484).

2087. **risk** — риск.

1) В СТРАХОВАНИИ (1194): вероятность понесения УБЫТКОВ (1418). 2) Конкретная категория убытков СТРАХОВАТЕЛЯ (1196), напр., потери от ХИЩЕНИЙ (1802), а также СТРАХОВОЙ ПОЛИС (1195), покрывающий такие убытки. 3) Сумма возможного СТРАХОВОГО ВОЗМЕЩЕНИЯ (1156). 4) ОПАСНОСТЬ (1107), которую представляет к.-л. техн. устр-во для ПОТРЕБИТЕЛЯ (587).

2088. **river charges** — см. **river dues.**

2089. **river dues**; river charges — речной сбор.

Плата, взыскиваемая с судовладельца за проход судна по руслу реки.

2090. **robovehicle** — см. **automated guided vehicle.**

2091. **rollaway rack**; mobile shelving — передвижной стеллаж.
СКЛАДСКОЙ СТЕЛЛАЖ (2414), опирающийся на ролики и перемещающийся по спец. направляющим. Каркас передвижного стеллажа — металлический, стенки могут быть изготовлены из фанеры, пластмассы и т. п. Передвижной стеллаж предназначен для ХРАНЕНИЯ (2400) книжно-журнальной продукции, фармацевтических и парфюмерных товаров, архивных папок и т. п. Такой стеллаж обеспечивает более высокий КОЭФФИЦИЕНТ ИСПОЛЬЗОВАНИЯ РАБОЧЕГО ОБЪЕМА СКЛАДА (2407) по сравнению со стационарными стеллажами.

2092. **roll-cage sequencing** — рациональная укладка товаров в транспортную тару.
СХЕМА ЗАГРУЗКИ (1371) товаров, предназначенных для ПОСТАВКИ (655) в ПРЕДПРИЯТИЕ РОЗНИЧНОЙ ТОРГОВЛИ (2067), во ВНЕШНЮЮ УПАКОВКУ (2149). КОМПЛЕКТОВЩИК (1656) укладывает товары в тару по схеме, соответствующей способу их выкладки в торговом зале магазина, что позволяет ускорить процесс РАСПАКОВЫВАНИЯ (2668) и уменьшить соответствующие затраты магазина примерно на 20%. См. также 815.

2093. **rolling delivery schedule** (амер.) — гибкий график поставок.
ГРАФИК ПОСТАВОК (663), применяемый в системе ТОЧНО ВОВРЕМЯ (1276). Обычно составляется на несколько месяцев с понедельной разбивкой; для каждой последующей недели его гибкость (возможность внесения изменений) увеличивается.

2094. **rolling stock** — 1) Подвижной состав — на ЖЕЛЕЗНОДОРОЖНОМ ТРАНСПОРТЕ (1967): ГРУЗОВЫЕ ВАГОНЫ (1004), локомотивы, дрезины и т. п.; подвижной состав подразделяется на самоходный и несамоходный, тяговый и прицепной. 2) Парк транспортных средств — совокупность ТРАНСПОРТ-

НЫХ СРЕДСТВ (1506), находящихся в оперативном управлении юридического лица. См. также 498, 922.

2095. **roll-on/roll-off**; Ro-Ro — 1) Ролкер — ГРУЗОВОЕ СУДНО (358), которое принимает ГРУЗЫ (340) на борт не через ЛЮКИ (1102) ТРЮМОВ (1132), а через кормовые или бортовые ворота накатом, т. е. судно, предназначенное для перевозки грузов, уже погруженных на ГРУЗОВЫЕ АВТОМОБИЛИ (1417), ПРИЦЕПЫ (2565) и т. д. 2) Ролкерные перевозки — ПЕРЕВОЗКИ (2589) грузов в ролкерах.

2096. **roll-out cart** (амер.) — роликовый контейнер для мусора.
Металлическая или пластмассовая емкость на опорных роликах, предназначенная для приема ТВЕРДЫХ БЫТОВЫХ ОТХОДОВ (1572) и устанавливаемая на ПЛОЩАДКЕ ДЛЯ МУСОРА (780). Роликовые контейнеры для мусора обычно предназначены для СМЕШАННЫХ ОТХОДОВ (1534). Такие контейнеры захватываются манипулятором МУСОРОВОЗА (453) и опорожняются в его кузов.

2097. **Ro-Ro** — см. **roll-on/roll-off.**

2098. **Rough Cut Capacity Planning**; RCCP (амер.) — оценка производственных мощностей.
Неформальная проверка выполнимости сформированного ПЛАНА ПРОИЗВОДСТВА (1889) или ГРАФИКА ПРОИЗВОДСТВА (1474); сравнение потребностей и РЕСУРСОВ (2056). См. также 331, 332, 2058.

2099. **route** — 1) Маршрут — последовательность промежуточных пунктов между МЕСТОМ ОТПРАВЛЕНИЯ (1669) и МЕСТОМ НАЗНАЧЕНИЯ (694) ТРАНСПОРТНОГО СРЕДСТВА (1506).

2) Технологический маршрут — последовательность производственных ОПЕРАЦИЙ (1636) при изготовлении ПРОДУКЦИИ (1885).

2100. **route sheet** (амер., орг. произ-ва) — технологическая карта.
Документ, содержащий описание ТЕХНОЛОГИЧЕСКОГО МАРШРУТА (2099). Прилагается к ВНУТРЕННЕМУ НАРЯДУ (2791) или является составной частью такого наряда.

2101. **routing** — 1) ТЕХНОЛОГИЧЕСКИЙ МАРШРУТ (2099). 2) Указанный маршрут (амер.) — МАРШРУТ (2099), предписанный ГРУЗООТПРАВИТЕЛЕМ (497) КОММЕРЧЕСКОМУ ТРАНСПОРТНОМУ ПРЕДПРИЯТИЮ (954); это пр-тие несет ответственность за отступление от указаний отправителя. 3) Маршрут объезда (амер.) — в РОЗНИЧНОЙ ТОРГОВЛЕ (2068): маршрут объезда АГЕНТОМ (49) или КОММИВОЯЖЕРОМ (2613) закрепленной за ним ЗОНЫ ОБСЛУЖИВАНИЯ (389).

2102. **routing order** (амер.) — указания о порядке перевозки.
Указания ПОКУПАТЕЛЯ (309) ПОСТАВЩИКУ (2450) относительно выбора вида транспорта или конкретного КОММЕРЧЕСКОГО ТРАНСПОРТНОГО ПРЕДПРИЯТИЯ (954), которым купленный товар должен быть доставлен в МЕСТО НАЗНАЧЕНИЯ (694). См. также 2215.

2103. **row** — СЕКЦИЯ СТЕЛЛАЖА (209). См. также 2509.

2104. **row stacking** — обратная кладка.
Способ ШТАБЕЛИРОВАНИЯ (2333) ТАРНО-ШТУЧНЫХ ГРУЗОВ (1711) правильной геометрической формы, МЕШКОВ (2112) и др. В каждый ярус ШТАБЕЛЯ (2330) укладывается по определенной схеме заданное кол-во ед. груза; при этом выше-

лежащий ярус сдвинут по отношению к нижележащему на 180° (укладка тройниками) или на 90° (укладка восьмерками) или в нем изменена схема укладки (укладка четверками). При всех вариантах обратной кладки каждый груз в вышележащем ярусе опирается на два груза в нижележащем ярусе, что является фактором повышения устойчивости штабеля.

2105. **rubbish** — 1) Мусор, не подверженный гниению (амер.) — разл. ТВЕРДЫЕ ОТХОДЫ (2290), кроме БИОЛОГИЧЕСКИ РАЗЛОЖИМЫХ ОТХОДОВ (231) и ЗОЛЫ (113). 2) ОТБРОСЫ (2610).

2106. **rummage** — 1) Обыск — осмотр специально уполномоченными работниками ТАМОЖНИ (591) водного или воздушного судна с целью поиска укрытых ПРЕДМЕТОВ, ЗАПРЕЩЕННЫХ К ПЕРЕВОЗКЕ (1898). 2) УКЛАДКА (2422).

2107. **rummage sale** — 1) Реализация невостребованных грузов — продажа в установленном порядке ПЕРЕВОЗЧИКОМ (366) НЕВОСТРЕБОВАННЫХ ГРУЗОВ (2650). 2) Распродажа — реализация подержанных или пожертвованных вещей, обычно с благотворительной целью.

2108. **running days,** r. d. — текущие дни.
Термин, применяемый в ЧАРТЕРАХ (416) при установлении продолжительности СТАЛИЙНОГО ВРЕМЕНИ (1301). Обозначает следующие друг за другом календарные дни, включая воскресенья и праздники. См. также 2189.

2109. **runout time** (амер.) — величина запаса в днях; обеспеченность товарооборота запасами.
Величина НАЛИЧНЫХ ЗАПАСОВ (1624) в днях. Показывает, на сколько дней хватит запасов при определенном товарообороте или при заданном уровне производственного потребления. См. также 979, 2358.

2110. **run time** (орг. произ-ва) — основное технологическое время; время обработки.
Часть ПРОИЗВОДСТВЕННОГО ЦИКЛА (1462); время выполнения ОПЕРАЦИЙ (1636), добавляющих стоимость. См. также 1375, 1548, 2181, 2716.

2111. **rush order** — см. **urgent order.**

S

2112. **sack** — мешок.
Мягкая трансп. ТАРА (513), изготовленная из ткани, бумаги или пластмассы, с корпусом в форме рукава, дном и горловиной. Применяется в осн. для НАВАЛОЧНЫХ ГРУЗОВ (295). МАРКИРОВКА (1469) наносится на мешок в виде типографского трафарета или прикрепляется к нему в виде ЯРЛЫКА (1282). При приеме ГРУЗА (340) в бумажных мешках ПЕРЕВОЗЧИК (366) вправе запросить у ГРУЗООТПРАВИТЕЛЯ (497) установленное кол-во запасных мешков для ПЕРЕУПАКОВЫВАНИЯ (1998) россыпи.

2113. **safety approval plate** — табличка безопасности.

Изготовленная из коррозиеустойчивого материала и закрепленная на стенке КОНТЕЙНЕРА (1009) табличка с текстом, включающим обозначение страны допуска, даты изготовления и серийного номера контейнера, макс. МАССЫ БРУТТО (1083), нагрузки при испытаниях на поперечный перекос и т. п. Применение таблички безопасности предусмотрено Междунар. конвенцией по безопасным контейнерам (1972 г.).

2114. **safety lead time** — РЕЗЕРВ ВРЕМЕНИ (2276).

2115. **safety stock**; buffer stock; protective stock; reserve stock; stabilisation stock — страховой запас.

1) Часть ПРОИЗВОДСТВЕННЫХ ЗАПАСОВ (1461) или ТОВАРНЫХ ЗАПАСОВ (737), формируемая на случай непредвиденных обстоятельств — НЕДОПОСТАВОК (2653), резкого увеличения СПРОСА (669) и т. п. 2) Разновидность товарных запасов, создаваемых с целью сглаживания колебаний ЦЕН (1857). Товары из этого запаса продаются, когда цены приближаются к заранее оговоренному «потолку»; запас пополняется, когда цены приближаются к заранее установленному минимуму.

2116. **said to weigh** — см. **shipper's weight.**

2117. **sales** — реализованная продукция; объем продаж.

Ден. выручка от изготовленной и проданной или приобретенной с целью перепродажи и проданной ПРОДУКЦИИ (1885); один из важнейших экон. показателей пром. и торговых пр-тий; исчисляется за месяц, год и т. п.

2118. **sales order** (амер.) — наряд-заказ.
ДОКУМЕНТ СКЛАДСКОГО УЧЕТА (2735), в котором зафиксированы реквизиты ЗАКАЗА (1646), полученного от ПОТРЕБИТЕЛЯ (587). Используется при выписке ТОВАРНО-ТРАНСПОРТНОЙ НАКЛАДНОЙ (2219).

2119. **sales replacement system** (амер.) — система замещения реализованных запасов.
СИСТЕМА УПРАВЛЕНИЯ ЗАПАСАМИ (1237) на локальных СКЛАДАХ (2718), снабжаемых с центрального склада. Период представления центральному складу отчетности об ОБЪЕМЕ ПРОДАЖ (2117) меньше ПЕРИОДА МЕЖДУ ЗАКАЗАМИ (1655).

2120. **salvage** — 1) Спасание — действия по оказанию помощи терпящему бедствие водному судну. 2) Спасенное имущество — имущество, доставленное на берег в результате действий СПАСАТЕЛЕЙ (2123). 3) Спасательное вознаграждение — ден. сумма, право на получение которой возникает у спасателей, если их действия принесли полезный результат. В спасательном вознаграждении может быть отказано, если спасатели при оказании помощи терпящему бедствие судну совершили противоправные действия. 4) Имущество, перешедшее в собственность страховщика — застрахованное имущество, право собственности на которое возникло у СТРАХОВЩИКА (1197) в результате АБАНДОНА (3). 5) Утилизация — отбор разл. ТВЕРДЫХ ОТХОДОВ (2290) с целью их ПОВТОРНОГО ИСПОЛЬЗОВАНИЯ (2077) или КОМПОСТИРОВАНИЯ (480). 6) Неисправимый дефект — в РОЗНИЧНОЙ ТОРГОВЛЕ (2068): УХУДШЕНИЕ КАЧЕСТВА (698) товара в такой степени, что последний пригоден только для УТИЛИЗАЦИИ (2007).

2121. **salvage tear-down**; cannibalization — разукомплектование.
РАЗБОРКА (715) выработавших свой РЕСУРС (92) техн. устр-в с целью снятия с них годных ДЕТАЛЕЙ (1739) и использования последних в качестве ЗАПАСНЫХ ЧАСТЕЙ (2303).

2122. **salvage value**; residual value — 1) Ликвидационная стоимость — в БУХГАЛТЕРСКОМ УЧЕТЕ (262): стоимость выработавших свой РЕСУРС (92) ОСНОВНЫХ ФОНДОВ (911). 2) Стоимость поврежденного имущества — стоимость застрахованного объекта, пострадавшего в результате СТРАХОВОГО СЛУЧАЯ (843). 3) Стоимость нереализованных товаров — стоимость товаров сезонного спроса, не распроданных на дату окончания сезона.

2123. **salvor** — спасатель.
Физ. лицо, принимающее участие в оказании помощи терпящему бедствие водному судну.

2124. **salvor's lien** — залоговое право спасателя.
Право СПАСАТЕЛЯ (2123) задержать выдачу СПАСЕННОГО ИМУЩЕСТВА (2120) владельцу, пока последний не удовлетворит законные требования первого относительно выплаты СПАСАТЕЛЬНОГО ВОЗНАГРАЖДЕНИЯ (2120).

2125. **sampling inspection** — см. **acceptance sampling.**

2126. **sampling risk** — риск ошибки репрезентативности.
Вероятность расхождения между значениями изучаемого признака в выборочной совокупности и в генеральной совокупности. В ЛОГИСТИКЕ (1397) различают РИСК ПОСТАВЩИКА (1883), иначе называемый риском ошибки первого рода, и

РИСК ПОТРЕБИТЕЛЯ (511), иначе называемый риском ошибки второго рода. См. также 9.

2127. **sanitary certificate** — санитарное свидетельство.
Документ, выданный ГРУЗООТПРАВИТЕЛЮ (497) компетентными органами страны-экспортера и удостоверяющий, что ПРОДУКЦИЯ (1885) животного происхождения пригодна к употреблению в пищу. См. также 1781.

2128. **sanitary landfill** — санитарно-гигиенический полигон.
СВАЛКА (1290), оснащенная дренажной системой для сбора и отвода ФИЛЬТАЦИОННЫХ ВОД (1305). См. также 1628.

2129. **satellite warehouse** (амер.) — сателлитный склад.
СКЛАД (2718), не имеющий прямых связей с предприятиями-изготовителями товаров; склад, снабжаемый РАСПРЕДЕЛИТЕЛЬНЫМ ЦЕНТРОМ (734).

2130. **scavenger** — 1) Дворник; старьевщик — работник коммунальной службы, убирающий МУСОР (2016) с городских улиц. Такая должность существовала уже в Древнем Риме за 200 лет до Р. Х. 2) Старьевщик, не имеющий лицензии (амер.) — частное лицо, самовольно извлекающее УТИЛЬНУЮ ФРАКЦИЮ (2003) из ПОТОКА ОТХОДОВ (2746) с целью ее перепродажи или иного использования. В США в ряде штатов такая деятельность запрещена законодательно. Эта деятельность широко распространена в крупных городах в развивающихся странах. Напр., в Мехико в начале 1980-х гг. число таких лиц по разл. оценкам составляло от 5 до 20 тыс. человек; ср. продолжительность их жизни составляла около 35 лет.

2131. **schedule** — 1) График — перечень ОПЕРАЦИЙ (1636), необходимых для выполнения к. -л. РАБОТЫ (1266) с указанием норм времени. 2) РАСПИСАНИЕ (2518). В данном значении этот термин применяется преимущественно в США.

2132. **scheduled receipt** (амер., орг. произ-ва) — планируемое поступление.
В системе МРП (1488): совокупность ПРИНЯТЫХ ЗАКАЗОВ (1630). Внесение изменений в такие заказы может производиться только в неавтоматическом режиме.

2133. **scheduling** — календарное планирование; диспетчирование.
Обеспечение синхронной работы взаимодействующих участков к. -л. пр-тия. Результатом календарного планирования обычно являются оптим. ГРАФИКИ ПРОИЗВОДСТВА (1474) или иные ГРАФИКИ (2131), содержащие сменные задания на выполнение РАБОТ (1266). Матем. задачи календарного планирования решаются методами теории расписаний, теории ЗАПАСОВ (1230), теории ОЧЕРЕДЕЙ (1950) и др. См. также 166, 960.

2134. **scheduling rule** — алгоритм диспетчирования.
Последовательность правил для решения к. -л. задачи КАЛЕНДАРНОГО ПЛАНИРОВАНИЯ (2133) за конечное число шагов. В качестве ОГРАНИЧЕНИЙ (502) могут использоваться данные о предельной ДЛИНЕ ОЧЕРЕДИ (1955), времени выполнения к. -л. ОПЕРАЦИИ (1636) и т. п.

2135. **SCM** — см. **supply chain management.**

2136. **scrap** — 1) ОТХОДЫ ПРОИЗВОДСТВА (1170). 2) Отходы металла — вторичные металлы, образующиеся в процессе произ-ва. 3) МЕТАЛЛОЛОМ (1611). 4) Макулатура — использованные газеты, бумажный УПАКОВОЧНЫЙ МУСОР (1717) и т. п. 5) ПИЩЕВЫЕ ОТБРОСЫ (950). 6) Неисправимый брак — полный брак; ГОТОВАЯ ПРОДУКЦИЯ (900) с неустранимыми дефектами. См. также 1135, 1903.

2137. **scrap factor** — норма отходов.
Коэффициент увеличения ОБЩЕЙ ПОТРЕБНОСТИ (1078) с учетом ПЛАНИРУЕМЫХ ОТХОДОВ (1316) в процессе изготовления ПРОДУКЦИИ (1885).

2138. **scrap yard** — скрапоразделочная база.
Открытый СКЛАД (2718), на котором производится ХРАНЕНИЕ (2400) и СОРТИРОВАНИЕ (2292) МЕТАЛЛОЛОМА (2136).

2139. **screw-type leg** — винтовой разгрузочный элеватор.
Разновидность РАЗГРУЗОЧНОГО ЭЛЕВАТОРА (1314), в котором перемещение насыпного груза в желобе (трубе) происходит за счет движения вала с лопастями. Производительность винтового разгрузочного элеватора составляет до 800 т/ч.

2140. **seal** — 1) Пломба — пластина из мягкого металла или пластмассы с оттиском печати, используемая для опечатывания ДВЕРЕЙ (765) СКЛАДОВ (2718), ЛЮКОВ (1102) ГРУЗОВЫХ ВАГОНОВ (1004) и т. п. Конструкция пломбы исключает доступ к ГРУЗУ (340) без ее повреждения. Пломбирование ТРАНСПОРТНЫХ СРЕДСТВ (1506) может производиться как ГРУЗООТПРАВИТЕЛЕМ (497), так и ПЕРЕВОЗЧИКОМ (366). 2) Уплотнение — прокладка для герметизации стыков разл. ДЕТАЛЕЙ (1739), конструктивных зазоров в ГРУЗОВЫХ ВАГОНАХ (1004) и т. п.

2141. **sealed minimum system**; three-bin system — система бронирования минимального запаса.

СИСТЕМА УПРАВЛЕНИЯ ЗАПАСАМИ (1237), предусматривающая раздельное ХРАНЕНИЕ (2400) СТРАХОВОГО ЗАПАСА (2115) и ТЕКУЩЕГО ЗАПАСА (607). В такой системе фактически используются две ТОЧКИ ЗАКАЗА (1659): при достижении первой происходит РАЗМЕЩЕНИЕ ЗАКАЗА (1658), при достижении второй — принимаются меры по УСКОРЕНИЮ ПРОХОЖДЕНИЯ ЗАКАЗОВ (853). См. также 771.

2142. **seal log**; seal record — книга пломбировки.

Учетный документ, в который ПРИЕМОСДАТЧИК (345) или ДИСПЕТЧЕР (2563) вносит номера всех опломбированных ГРУЗОВЫХ ВАГОНОВ (1004) и контрольные знаки ПЛОМБ (2140). Дата и время выдачи и возврата пломбировочных тисков также регистрируется в книге пломбировки.

2143. **seal record** — см. **seal log.**

2144. **seasonal inventory** — сезонный запас.

ЗАПАС (1230), пик СПРОСА (669) на который существует в определенное время года. См. также 93.

2145. **seasonal rate** — сезонный тариф.

ГРУЗОВОЙ ТАРИФ (1020) на нек-рые виды СЫРЬЕВЫХ ТОВАРОВ (469), действующий только в определенное время года.

2146. **secondary hazard** — дополнительная опасность.

Вид ОПАСНОСТИ (1107), которой обладает данный ОПАСНЫЙ ГРУЗ (614) и которая проявляется только при определенных условиях, в отличие от ОСНОВНОГО ВИДА ОПАСНО-

СТИ (1860). Информация о дополнительной опасности обычно шифруется во втором или третьем знаке кода опасного груза.

2147. **secondary materials** — вторичные материалы; вторичные ресурсы.
УТИЛЬНАЯ ФРАКЦИЯ (2003) разл. ОТХОДОВ (2741). См. также 2704.

2148. **secondary movement** (амер.) — вторичное распределение.
ПЕРЕВОЗКА (2589) ГОТОВОЙ ПРОДУКЦИИ (900) из РАСПРЕДЕЛИТЕЛЬНОГО ЦЕНТРА (734) к ПОТРЕБИТЕЛЯМ (587) в ЗОНЕ ОБСЛУЖИВАНИЯ (389). См. также 1861.

2149. **secondary packaging** — вторичная упаковка; внешняя упаковка.
Трансп. ТАРА (513) или УПАКОВКА (1714), в которую укладываются товары во ВНУТРЕННЕЙ УПАКОВКЕ (1862). Вероятность ПОВТОРНОГО ИСПОЛЬЗОВАНИЯ (2077) вторичной упаковки выше, чем внутр. упаковки. См. также 1473, 1571.

2150. **second sourcing** — дублирование поставок; страхование поставок.
РАЗМЕЩЕНИЕ ЗАКАЗА (1658) на одноименные ДЕФИЦИТНЫЕ МАТЕРИАЛЫ (568) у нескольких ПОСТАВЩИКОВ (2450) одновременно; ДРОБЛЕНИЕ ЗАКАЗА (1664) на дефицитные материалы. См. также 1566.

2151. **security label**; EAS label — защитная этикетка.
Спец. мягкая ЭТИКЕТКА (1282), используемая в целях предотвращения ВОРОВСТВА ПОКУПАТЕЛЕЙ (2235), несанкционированного выноса книг из библиотек и т. п. Защитная этикетка деактивируется работником РАСЧЕТНОГО УЗЛА (418). При попытке выноса неоплаченного товара из торгового зала сраба-

тывают установленные на выходе магнитно-акустические ворота. См. также 818.

2152. **self-adhesive label** — самоклеющаяся этикетка.
ЭТИКЕТКА (1282), отпечатанная на липкой бумажной или пластмассовой основе (дублированной антиадгезионной бумагой), и предназначенная для нанесения на бумагу, пластмассу, металл и т. п.

2153. **self-discharging ship** — саморазгружающееся судно.
ГРУЗОВОЕ СУДНО (358), ВЫГРУЗКА (2667) НАВАЛОЧНОГО ГРУЗА (295) с которого производится только с использованием бортовых средств механизации грузовых работ — КРАНОВ (563), КОНВЕЙЕРОВ (541) и т. п. Норма разгрузки судов этого типа, напр., балкеров-зерновозов, может составлять до 60 тыс. т в день.

2154. **self-heating** — самосогревание.
Побочный эффект жизнедеятельности нек-рых НАВАЛОЧНЫХ ГРУЗОВ (295), напр., зерновых, заключающийся в поглощении кислорода из воздуха и в выделении углекислого газа и тепла. Зависит от ВЛАЖНОСТИ (1544) самого груза, температуры окружающей среды и др. факторов. См. также 2318.

2155. **self-jacking system** — бортовая система самоподъема.
Домкраты и иные техн. устр-ва, которыми оснащен КРАН (563) на гусеничном ходу, доставляемый к месту выполнения работ на ж. -д. ПЛАТФОРМЕ (919) или ТРЕЙЛЕРЕ (2565). С помощью этих устр-в кран может покинуть платформу или трейлер без посторонней помощи.

2156. **self-service warehousing** — хранение с самообслуживанием.
Одна из УСЛУГ (2175), предоставляемых нек-рыми СКЛАДАМИ ОБЩЕГО ПОЛЬЗОВАНИЯ (1915). ПОКЛАЖЕДАТЕЛЬ (174) имеет право доступа непосредственно в ЗОНУ ХРАНЕНИЯ (2402), откуда он может забирать свои товары в требуемом кол-ве.

2157. **self-storage centre** (брит.) — автоматизированная камера хранения.
Разновидность СКЛАДА ОБЩЕГО ПОЛЬЗОВАНИЯ (1915); ПОКЛАЖЕДАТЕЛИ (174) самостоятельно укладывают свои товары в снабженные кодовым замком СКЛАДСКИЕ ЯЧЕЙКИ (2409).

2158. **selling agent** — торговый агент.
АГЕНТ (49), действующий, как правило, от имени и за счет своего принципала (пр-тия-изготовителя товаров) и реализующий его товары ОПТОВИКАМ (2774) и ПРЕДПРИЯТИЯМ РОЗНИЧНОЙ ТОРГОВЛИ (2067). См. также 1455.

2159. **selling expenses** — расходы на реализацию товара.
Часть ИЗДЕРЖЕК ОБРАЩЕНИЯ (736), включающая расходы на проведение ВЫСТАВОК (850), презентаций, рекламных кампаний, содержание ТОРГОВЫХ АГЕНТОВ (2158) и т. п.

2160. **semiblind check** (амер.) — сплошная проверка поступивших товаров с заполнением трафаретного бланка.
Разновидность метода ПРОВЕРКИ «ВСЛЕПУЮ» (242). ПРИЕМОСДАТЧИКУ (345) выдается бухгалтерией перечень, в котором напечатаны наименования товаров в поступившей ПАРТИИ ГРУЗА (2194), но не указаны их кол-ва. Заполненный

приемосдатчиком бланк подписывается лицом, ответственным за ПРИЕМКУ (1986) товаров, и передается в бухгалтерию.

2161. **semi-enclosed shed** — полузакрытый склад.
Крытый СКЛАД (2718), имеющий ограждения не со всех сторон.

2162. **semifinished inventory** — см. **work-in-process.**

2163. **semifinished product**; intermediate goods — полуфабрикат.
ПРОДУКЦИЯ (1885), прошедшая ПРОИЗВОДСТВЕННЫЙ ЦИКЛ (1462) на данном пр-тии не полностью; продукция, обработка которой в одном из цехов пр-тия закончена и которая передана для обработки в след. по технол. цепочке цех. См. также 900, 2788.

2164. **semilive skid** — платформенная двухколесная тележка.
ГРУЗОВАЯ ТЕЛЕЖКА (2273), имеющая колесо (колеса) или опорные ролики с одной стороны и ножки — с другой.

2165. **sender** — см. **consignor.**

2166. **serial shipping container code,** SSCC — код отправки.
Число, идентифицирующее ТРАНСПОРТНУЮ ОТПРАВКУ (2605). Записывается с помощью кода UCC/EAH 128 и является обязательным элементом УНИФИЦИРОВАННОЙ ЭТИКЕТКИ EAH (803).

2167. **serviceability**; maintainability — ремонтопригодность; эксплуатационная технологичность.
Показатель КАЧЕСТВА (1941) машиностроительной ПРОДУКЦИИ (1885). Определяется продолжительностью и трудо-

емкостью работ по штатному ТЕХНИЧЕСКОМУ ОБСЛУЖИВАНИЮ (1446), замене ДЕТАЛЕЙ (1739) и узлов.

2168. **service area** — район тяготения.
ЗОНА ОБСЛУЖИВАНИЯ (389) данного трансп. ТЕРМИНАЛА (2492).

2169. **service contract** — договор на транспортное обслуживание.
Долгосрочное соглашение между ГРУЗООТПРАВИТЕЛЕМ (497) и ПЕРЕВОЗЧИКОМ (366), в соответствии с которым первый обязуется в установленные сроки предъявлять, а второй — принимать ГРУЗЫ (340) в установленном объеме.

2170. **service discipline** — см. **queue discipline.**

2171. **service level** — см. **fill rate.**

2172. **service life** — см. **anticipated useful life.**

2173. **service parts** — см. **spare parts.**

2174. **service provider** — исполнитель; предприятие сферы услуг.
В ЛОГИСТИКЕ (1397): физ. или юридическое лицо, предоставляющее разл. ПРОИЗВОДСТВЕННЫЕ УСЛУГИ (1168), напр., УПАКОВЫВАНИЕ (1721), ФАСОВАНИЕ (2038), МАРКИРОВАНИЕ (1468) и ХРАНЕНИЕ (2400) товаров.

2175. **services** — услуги.
Особый вид ПРОДУКЦИИ (1885), удовлетворяющей общественные и личные потребности. Различают ПОТРЕБИТЕЛЬСКИЕ УСЛУГИ (510) и ПРОИЗВОДСТВЕННЫЕ УСЛУГИ

(1168), материальные и нематериальные, а также являющиеся сочетанием тех и др. К числу специфических свойств услуг относятся неосязаемость (услуги не имеют вещественной формы до момента их реализации), неотделимость от исполнителя (реализация услуги возможна только в присутствии исполнителя), непостоянство КАЧЕСТВА (1941) услуг, которое зависит от места и времени ее реализации и квалификации конкретного исполнителя; несохраняемость (услуги имеют однократный сиюминутный характер).

2176. **service time**; holding time — время обслуживания заявки.

Интервал времени между поступлением ТРЕБОВАНИЯ (587) в СИСТЕМУ МАССОВОГО ОБСЛУЖИВАНИЯ (1953) и окончанием его обслуживания. См. также 1505.

2177. **servicing** — 1) ТЕХНИЧЕСКОЕ ОБСЛУЖИВАНИЕ (1446). 2) Обслуживание долга — выплаты процентов и текущие выплаты по займу.

2178. **settling** — уплотнение.

Уменьшение объема НАВАЛОЧНОГО ГРУЗА (295) под действием статических и дин. нагрузок за счет заполнения пустот и более компактного расположения частиц груза относительно друг друга.

2179. **setup**; changeover — переналадка.

Часть технол. процесса, которая заключается в выполнении совокупности ОПЕРАЦИЙ (1636) по подготовке, оснастке и регулированию станков и автоматических линий, установке инструментов и приспособлений для обеспечения нормальной работы в течение заданного интервала.

2180. **setup costs**; changeover costs — затраты на переналадку.
Материальные и трудовые затраты по ПЕРЕНАЛАДКЕ (2179) оборудования. См. также 1851.

2181. **setup time** — время переналадки.
Интервал времени между началом и окончанием ПЕРЕНАЛАДКИ (2179) оборудования. Время переналадки сокращается на порядок и более в ГИБКИХ ПРОИЗВОДСТВЕННЫХ СИСТЕМАХ (926). См. также 1548, 2110.

2182. **sewage** — см. **sludge.**

2183. **shed**; storage shed; goods shed; transit shed — 1) Пакгауз — СКЛАД (2718) при трансп. ТЕРМИНАЛЕ (2492). 2) ПОЛУЗАКРЫТЫЙ СКЛАД (2161). 3) АМБАР (920).

2184. **shelf** — полка.
Нижняя часть СКЛАДСКОЙ ЯЧЕЙКИ (2409) или стеллажа в торговом зале; доска или металлический лист, установленный горизонтально или под нек-рым углом наклона.

2185. **shelf life** — срок годности; гарантийный срок хранения.
Допустимый срок ХРАНЕНИЯ (2400), установленный для ПРОДУКЦИИ (1885) в УПАКОВКЕ (1714) ПОСТАВЩИКА (2450). Для продовольственных товаров различают оптим. срок хранения (не менее заданного периода времени) и предельный срок хранения (не более заданного периода).

2186. **shell capacity** — вместимость цистерны.
Объем котла ВАГОНА-ЦИСТЕРНЫ (2476). См. также 2648.

2187. **SHEX,** Sundays and holidays excepted — кроме воскресных и праздничных дней.
Условие ЧАРТЕРА (416), согласно которому воскресные и праздничные дни не входят в СТАЛИЙНОЕ ВРЕМЯ (1301). См. также 2189.

2188. **shifting** — перетяжка.
Перестановка ГРУЗОВОГО СУДНА (358) вдоль ПРИЧАЛА (214) при выполнении грузовых работ. Рядом стандартных форм ЧАРТЕРОВ (416) предусмотрено отнесение всех расходов по П. на ФРАХТОВАТЕЛЯ (414); время перетяжки не включается в СТАЛИЙНОЕ ВРЕМЯ (1301).

2189. **SHINC,** Sundays and holidays included — включая воскресные и праздничные дни.
Условие ЧАРТЕРА (416), согласно которому воскресные и праздничные дни входят в СТАЛИЙНОЕ ВРЕМЯ (1301). См. также 2187.

2190. **ship agent** — морской агент.
АГЕНТ (49) судовладельцев в ПОРТАХ ЗАХОДА (1833), отвечающий за орг-цию грузовых работ и обеспечение ПРЕДМЕТАМИ СУДОВОГО СНАБЖЕНИЯ (2231), проведение текущего РЕМОНТА (2039) судов.

2191. **ship broker** — судовой брокер.
БРОКЕР (288), организующий от имени принципала заключение ЧАРТЕРОВ (416), ведущий для него поиск ГРУЗОВ (340) и т. д. За свои услуги судовой брокер получает комиссионное вознаграждение (в% от суммы заключенных им сделок). См. также 415.

2192. **ship chandler** — шипчандлер.
ПОСТАВЩИК (2450) ПРЕДМЕТОВ СУДОВОГО СНАБЖЕНИЯ (2231); ПОСРЕДНИК (1209), организующий материально-техническое обеспечение судов в ПОРТАХ ЗАХОДА (1833).

2193. **shipload** — судовая отправка.
ПАРТИЯ (1419) ГРУЗА (340) одного наименования или однородного МАССОВОГО ГРУЗА (295), предъявленная к ПЕРЕВОЗКЕ (2589) по одному и более КОНОСАМЕНТУ (225) в одном ПОРТУ ПОГРУЗКИ (1835) и предназначенная в один ПОРТ РАЗГРУЗКИ (1834) в кол-ве, достаточном для полной загрузки ГРУЗОВОГО СУДНА (358).

2194. **shipment,** shipt — 1) ОТПРАВКА (493). 2) Партия груза — ГРУЗ (340) или грузы, перевозимые ТРАНСПОРТНЫМ СРЕДСТВОМ (1506). Такая партия может быть физически и юридически делимой. 3) Поставка — ед. товарооборота в ОПТОВОЙ ТОРГОВЛЕ (2773). 4) ПОГРУЗКА (1366). 5) ОТГРУЗКА (2205). 6) Почтовое отправление — на ВОЗДУШНОМ ТРАНСПОРТЕ (73): письмо, бандероль и т. п., перевозимое по одной АВИАГРУЗОВОЙ НАКЛАДНОЙ (74).

2195. **shipment in installments** (амер.) — поставка продукции отдельными партиями.
ОТГРУЗКА (2205) товаров в рамках ОБЩЕГО ЗАКАЗА (240) или ДОГОВОРА ПОСТАВКИ (526) малыми ПАРТИЯМИ (1419). См. также 2335.

2196. **shipment inspection** — коммерческий осмотр.
Проверка содержимого ГРУЗА (340) ПЕРЕВОЗЧИКОМ (366) или его АГЕНТОМ (49). В исключительных случаях проверка уже принятого к ПЕРЕВОЗКЕ (2589) или находящегося в про-

цессе перевозки груза может производиться экипажем ТРАНСПОРТНОГО СРЕДСТВА (1506).

2197. **shipment period** — см. **shipping period.**

2198. **shipment policy** (брит.) — отгрузочный полис.
СТРАХОВОЙ ПОЛИС (1195), выдаваемый британскому экспортеру от имени гос-ва на случай срыва импортером выполнения своих обязательств по контракту.

2199. **shipment tracking**; cargo tracing — отслеживание грузов.
Контроль за ходом ПЕРЕВОЗКИ (2589) ГРУЗА (340) с момента его получения ПЕРЕВОЗЧИКОМ (366) от ГРУЗООТПРАВИТЕЛЯ (497) до момента выдачи ГРУЗОПОЛУЧАТЕЛЮ (492). Использование компьютерных сетей и спутниковой связи обеспечивает отслеживание грузов в реальном масштабе времени.

2200. **shipped weight** — погруженная масса; масса груза в месте отправления.
Масса ГРУЗА (340), определенная в момент ПОГРУЗКИ (1366). ВЗВЕШИВАНИЕ (2758) груза производится ПЕРЕВОЗЧИКОМ (366). Если погрузка произведена силами ГРУЗООТПРАВИТЕЛЯ (497), то перевозчик в ряде случаев имеет право вставить в КОНОСАМЕНТ (225) оговорку «ВЕС НА ОТВЕТСТВЕННОСТИ ГРУЗООТПРАВИТЕЛЯ» (2203). См. также 653.

2201. **shipper** — 1) Экспортер — юридическое лицо, вывозящее товары в др. страну [преимущественно ВОДНЫМ ТРАНСПОРТОМ (2749)]. 2) ГРУЗООТПРАВИТЕЛЬ (497). 3) Импортер — юридическое лицо, ввозящее товары из-за границы [преимущественно на условиях ФОБ (991)] с целью перепродажи. 4) ГРУЗ (340). 5) ВНЕШНЯЯ УПАКОВКА (2149).

2202. **shippers' association** (амер.) — ассоциация грузоотправителей.
Некоммерческое об-ние ГРУЗООТПРАВИТЕЛЕЙ (497), цель которого — формирование СБОРНЫХ ОТПРАВОК (51) из МЕЛКИХ ОТПРАВОК (2286). Сборные отправки перевозятся по ТАРИФАМ НА УКРУПНЕННУЮ ОТПРАВКУ (2690). См. также 499.

2203. **shipper's weight**; shipper's weight, load and count; said to weigh — вес на ответственности грузоотправителя.
Вносимая в КОНОСАМЕНТ (225) оговорка, которая означает, что ПОГРУЗКА (1366) ГРУЗА (340) в ТРАНСПОРТНОЕ СРЕДСТВО (1506) выполнена ГРУЗООТПРАВИТЕЛЕМ (497) и что ни правильность крепления груза, ни его масса ПЕРЕВОЗЧИКОМ (366) или его АГЕНТОМ (49) не проверены. Перевозчик не несет ответственности за ПОВРЕЖДЕНИЕ ГРУЗА (1224), если оно вызвано нарушением правил погрузки и крепления; в случае НЕДОСТАЧИ (2237) ОТВЕТСТВЕННОСТЬ ПЕРЕВОЗЧИКА (369) носит ограниченный характер. См. также 2200.

2204. **shipper's weight, load and count** — см. **shipper's weight.**

2205. **shipping** — 1) ФЛОТ (922). 2) ПЕРЕВОЗКА (2589). 3) Отгрузка — передача ГРУЗА (340) ПЕРЕВОЗЧИКУ (366) для доставки ГРУЗОПОЛУЧАТЕЛЮ (492). 4) Судоходство — перевозка пассажиров и грузов ВОДНЫМ ТРАНСПОРТОМ (2749).

2206. **shipping agent** — транспортный брокер.
БРОКЕР (288), выполняющий по поручению ГРУЗООТПРАВИТЕЛЯ (497) оформление ГРУЗОВЫХ ДОКУМЕНТОВ (2213), СТРАХОВЫХ ПОЛИСОВ (1195), таможенное оформ-

ление ГРУЗОВ (340). Может также выполнять нек-рые ф-ции ЭКСПЕДИТОРА (1012). См. также 415.

2207. **shipping and receiving clerk** (амер.) — экспедитор.
Работник пр-тия, в обязанности которого входит учет поступающих и отправляемых ГРУЗОВ (340), проверка и оформление ГРУЗОВЫХ ДОКУМЕНТОВ (2213), МАРКИРОВАНИЕ (1468) грузов.

2208. **shipping articles** — см. **ship's articles.**

2209. **shipping checker** (амер.) — экспедитор.
Работник пр-тия, в обязанности которого входит проверка КАЧЕСТВА (1941) и КОЛИЧЕСТВА (1945) отгружаемых товаров, состояния их УПАКОВКИ (1714), а в нек-рых случаях — руководство ПОГРУЗКОЙ (1366) товаров на ТРАНСПОРТНЫЕ СРЕДСТВА (1506).

2210. **shipping conference** — см. **liner conference.**

2211. **shipping cost table** — матрица стоимостей перевозок.
Таблица, строки которой соответствуют МЕСТАМ ОТПРАВЛЕНИЯ (1669) ГРУЗОВ (340), столбцы — МЕСТАМ НАЗНАЧЕНИЯ (694). На пересечении строк и столбцов обозначены соответствующие ТРАНСПОРТНЫЕ РАСХОДЫ (2594). Матрица стоимостей перевозки применяется при решении ТРАНСПОРТНОЙ ЗАДАЧИ (2600) линейного программирования.

2212. **shipping date** — момент поставки.
Минута, час, день, месяц и год сдачи ГРУЗА (340) ПЕРЕВОЗЧИКУ (366) для доставки ГРУЗОПОЛУЧАТЕЛЮ (492). Обозначается штемпелем на ГРУЗОВЫХ ДОКУМЕНТАХ (2213)

или на документе органа связи, если груз высылается ПОЧТОВОЙ ПОСЫЛКОЙ (1844).

2213. **shipping documents** — товаросопроводительные документы; грузовые документы.

Комплект документов, которые ПОСТАВЩИК (2450) или его АГЕНТ (49) должны представить ПОКУПАТЕЛЮ (309) или его агенту. Может включать КОНОСАМЕНТ (225), СВИДЕТЕЛЬСТВО О ПРОИСХОЖДЕНИИ ТОВАРА (397), ГРУЗОВУЮ НАКЛАДНУЮ (2750) и т. п.

2214. **shipping gallery** — надводная погрузочная галерея; конвейерная галерея.

Устр-во для ПОГРУЗКИ (1366) НАВАЛОЧНОГО ГРУЗА (295), напр., зерна, в ГРУЗОВОЕ СУДНО (358). Груз доставляется к судну КОНВЕЙЕРОМ (541) и засыпается в ТРЮМ (1132) через ТЕЛЕСКОПИЧЕСКИЙ РУКАВ (2321).

2215. **shipping instructions** — указания грузоотправителя.

АДРЕС (32) и наименование ГРУЗОПОЛУЧАТЕЛЯ (492), номер телефона, факса или электронной почты ИЗВЕЩАЕМОЙ СТОРОНЫ (1603), УКАЗАННЫЙ МАРШРУТ (2101) и др. информация, внесенная в ТОВАРОСОПРОВОДИТЕЛЬНЫЕ ДОКУМЕНТЫ (2213) ГРУЗООТПРАВИТЕЛЯ (497), которая необходима ПЕРЕВОЗЧИКУ (366) для орг-ции перевозки в соответствии с пожеланиями отправителя.

2216. **shipping pattern** — хозяйственные связи.

Совокупность ХОЗЯЙСТВЕННЫХ СВЯЗЕЙ (311) данного пр-тия, в т. ч. связи с ПОСТАВЩИКАМИ (2450), ПОТРЕБИТЕЛЯМИ (587), ПЕРЕВОЗЧИКАМИ (366), ПРЕДПРИЯТИЯМИ СФЕРЫ УСЛУГ (2174). Хозяйственные связи могут строиться как на основе МНОГОКАНАЛЬНОЙ ЛОГИСТИЧЕСКОЙ СИСТЕМЫ (1566), так и ОДНОКАНАЛЬНОЙ ЛОГИСТИЧЕСКОЙ СИСТЕМЫ (2269). При переходе на систему ТОЧНО ВОВРЕМЯ (1276) объем хозяйственных связей фирмы обычно уменьшается, однако сохранившиеся Х. с. приобретают долгосрочный характер.

2217. **shipping period**; shipment period — период отгрузки; срок поставки.

Дата, на которую или интервал времени, в течение которого ПОСТАВЩИК (2450) обязан произвести ОТГРУЗКУ (2205) продукции в соответствии с ЗАКАЗОМ (1646) или договором. См. также 661, 868, 2778.

2218. **shipping point** — место отгрузки.

Пункт, из которого ПОСТАВЩИК (2450) производит ОТГРУЗКУ (2205) товаров. Место отгрузки не обязательно совпадает с МЕСТОМ ПОСТАВКИ (662). См. также 1812.

2219. **shipping release** (амер.) — товарно-транспортная накладная.

Один из ДОКУМЕНТОВ СКЛАДСКОГО УЧЕТА (2735), которым оформляется ОТГРУЗКА (2205) ПРОДУКЦИИ (1885). Используется при составлении НАКЛАДНОЙ (1248) и КОНОСАМЕНТА (225). Включает такие данные как дату составления, номер НАРЯД-ЗАКАЗА (1920), наименования и АДРЕСА (32) ПОСТАВЩИКА (2450), ПОКУПАТЕЛЯ (309) и ГРУЗОПОЛУЧАТЕЛЯ (492), дату поступления наряд-заказа, дату отгрузки и т. д.

2220. **shipping report** — отчет о поставке.

Внутр. учетный документ пр-тия, в котором даются сводные данные о ПОСТАВКАХ (2194) за определенный период в разл.

разрезах [по видам ПРОДУКЦИИ (1885), по ПОТРЕБИТЕЛЯМ (587) и т. п.].

2221. **shipping ring** — см. **liner conference.**

2222. **shipping stall** (амер.) — приемочно-отпускная площадка.
Участок СКЛАДА (2718), на котором производится ПОГРУЗКА (1366) и РАЗГРУЗКА (2667) ГРУЗОВЫХ АВТОМОБИЛЕЙ (2624). См. также 1368.

2223. **shipping terms** — условия поставки.
Предусмотренные договором или нормативным актом требования к КАЧЕСТВУ (1941) ПРОДУКЦИИ (1885) и ее УПАКОВКЕ (1714), к порядку ПЕРЕДАЧИ ПРОДУКЦИИ ОРГАНУ ТРАНСПОРТА (667) и т. д., учитывающие специфику продукции и/или субъекта ДОГОВОРА ПОСТАВКИ (526). См. также 666.

2224. **shipping time** — продолжительность доставки.
Время, фактически прошедшее с момента ОТГРУЗКИ (2205) товаров ПОСТАВЩИКОМ (2450) до их ПРИЕМКИ (1984) ПОКУПАТЕЛЕМ (309). См. также 2585.

2225. **shipping-to-delivery time** — см. **transit time.**

2226. **shipping ton** — см. **measurement ton.**

2227. **ship's articles**; shipping articles — судовой коллективный договор.
Один из СУДОВЫХ ДОКУМЕНТОВ (2228). Представляет собой соглашение между администрацией судна и командой, устанавливающее взаимные обязательства сторон.

2228. **ship's papers** — судовые документы.

Документы, удостоверящие правовое положение, техн. состояние морского судна, его соответствие нац. и междунар. требованиям. Перечень судовых документов определяется нац. законодательством и междунар. соглашениями. Судовые документы могут включать, напр., СУДОВОЕ САНИТАРНОЕ СВИДЕТЕЛЬСТВО (223), СВИДЕТЕЛЬСТВО О ПРАВЕ ПЛАВАНИЯ (400), СУДОВУЮ РОЛЬ (566), СУДОВОЙ ЖУРНАЛ (1393), свидетельство о ГРУЗОВОЙ МАРКЕ (1377) и т. п.

2229. **ship's protest** — см. **captain's protest.**

2230. **ship's register** — см. **certificate of registry.**

2231. **ship's stores** — предметы судового снабжения; судовые запасы.

Разл. находящиеся на борту водного судна ЗАПАСЫ (1230), не входящие в КОММЕРЧЕСКИЙ ГРУЗ (2078). Табель предметов судового снабжения включает несколько тыс. наименований, в т. ч. питьевая вода и продукты питания, необходимые на данный РЕЙС (2710), БУНКЕРНОЕ ТОПЛИВО (303) и смазочные материалы, СЕПАРАЦИОННЫЕ МАТЕРИАЛЫ (794) и т. п. Орг-цией поставок судну предметов судового снабжения обычно занимаются ШИПЧАНДЛЕРЫ (2192). Рентабельность рейса не в последнюю очередь зависит от оптим. соотношения между массой коммерческого груза и массой предметов судового снабжения.

2232. **shipt** — см. **shipment**.

2233. **ship-to-line program** (амер.) — поставка без приемочного контроля.

ДОСТАВКА (655) ПРОДУКЦИИ (1885) СЕРТИФИЦИРОВАННЫМ ПОСТАВЩИКОМ (102) непосредственно на сборочный КОНВЕЙЕР (541) ПРЕДПРИЯТИЯ-ПОТРЕБИТЕЛЯ (1165); ВХОДНОЙ КОНТРОЛЬ КАЧЕСТВА ПРОДУКЦИИ ПОСТАВЩИКА (1154) не предусмотрен.

2234. **shop congestion** (амер., орг. произ-ва) — перегрузка производства.

Чрезмерная загрузка к. -л. производственной системы или ее части. Перегрузка производства может быть измерена, напр., по показателям ДЛИНЫ ОЧЕРЕДИ (1955) у обрабатывающих центров, по кол-ву требуемых ОПЕРАЦИЙ (1636) в ПРИНЯТЫХ ЗАКАЗАХ (1630) и т. п. См. также 801.

2235. **shoplifting** — воровство покупателей.

Незаконное присвоение ПОКУПАТЕЛЯМИ (309) товаров, находящихся в торговом зале ПРЕДПРИЯТИЯ РОЗНИЧНОЙ ТОРГОВЛИ (2067), путем кражи или мошенничества. В США около 30% всех потерь от ХИЩЕНИЙ (1802) в РОЗНИЧНОЙ ТОРГОВЛЕ (2068) приходится на долю воровства покупателей, что составляет около 7% ОБЪЕМА ПРОДАЖ (2117). Средства борьбы с воровством покупателей включают использование скрытых телекамер, ЗАЩИТНЫХ ЭТИКЕТОК (2151) и т. п. См. также 1049, 2717.

2236. **shop order** — см. **work order.**

2237. **shortage** — 1) ДЕФИЦИТ (2376). 2) Недостача — отрицательная разность между фактически принятым кол-вом ГРУЗА (340) и кол-вом, указанным в ГРУЗОВЫХ ДОКУМЕНТАХ (2213);

между стоимостью НАЛИЧНЫХ ЗАПАСОВ (1624), установленной путем ИНВЕНТАРИЗАЦИИ (2387), и БАЛАНСОВОЙ СТОИМОСТЬЮ ЗАПАСОВ (260). Относится на виновных лиц или в установленном порядке списывается на ИЗДЕРЖКИ ОБРАЩЕНИЯ (736) и/или ИЗДЕРЖКИ ПРОИЗВОДСТВА (1459). См. также 1691.

2238. **shortage list**; hot list (амер.) — перечень дефицитных материалов.

Список ДЕТАЛЕЙ (1739), МАТЕРИАЛОВ (1477) и т. п., необходимых для выполнения данной РАБОТЫ (1266), но на момент учета отсутствующих или имеющихся в недостаточном количестве.

2239. **short certificate** — ведомость недостач.

На ВОДНОМ ТРАНСПОРТЕ (2749): составляемый АГЕНТОМ (49) перечень НЕДОСТАЧ (2237), возникших в процессе ПЕРЕВОЗКИ (2589). См. также 1699.

2240. **short delivery** — см. **underdelivery.**

2241. **shortest path problem** — задача о кратчайшем пути.

Задача поиска ПУТИ (1753) мин. длины между ВЕРШИНАМИ (1588) ГРАФА (1586). К этой задаче может быть сведена задача о КОММИВОЯЖЕРЕ (2613), который должен объехать заданные пункты в ЗОНЕ ОБСЛУЖИВАНИЯ (389) и вернуться назад в кратчайший срок и с наименьшими затратами на проезд.

2242. **short haul** — короткопробежная перевозка.

На ЖЕЛЕЗНОДОРОЖНОМ ТРАНСПОРТЕ (1967): ПЕРЕВОЗКИ (2589) на небольшие, 150-200 км и менее, расстояния, на которые устанавливаются ЗАПРЕТИТЕЛЬНЫЕ ТАРИФЫ (1899).

СЕБЕСТОИМОСТЬ ПЕРЕВОЗОК (367) на такие расстояния выше, чем на АВТОМОБИЛЬНОМ ТРАНСПОРТЕ (1546).

2243. **short shipment** — 1) Досылаемая часть груза — часть ГРУЗА (340), отделенная от осн. ПАРТИИ ГРУЗА (2194), напр., в связи с перегрузом ТРАНСПОРТНОГО СРЕДСТВА (1506): оформляется отдельным перевозочным документом. 2) ОТГРУЗКА ТОВАРОВ ПО ОДНОМУ ЗАКАЗУ НЕСКОЛЬКИМИ ПАРТИЯМИ (2316). См. также 2249, 2314, 2335.

2244. **short ton,** s. t.; American ton; net ton; U. S. ton — короткая тонна; малая тонна; американская тонна.
Применяемая в США ед. массы (2000 фунтов или 907,18 кг). См. также 2528.

2245. **shrinkage** — 1) ЕСТЕСТВЕННАЯ УБЫЛЬ (1575). 2) НОРМА ЕСТЕСТВЕННОЙ УБЫЛИ (2246). 3) Товарные потери — в РОЗНИЧНОЙ ТОРГОВЛЕ (2068): потери из-за НЕДОСТАЧ (2237), ХИЩЕНИЙ (1802), ошибок ИНВЕНТАРИЗАЦИИ (2387) и т. п. 4) Потеря живого веса — потеря ЖИВНОСТЬЮ (1350) веса при ПЕРЕВОЗКЕ (2589).

2246. **shrinkage factor** — 1) Норма потерь — коэфф., на который увеличивается ОБЩАЯ ПОТРЕБНОСТЬ (1078) в СЫРЬЕ (1979), необходимом для изготовления заданного числа ед. ГОТОВОЙ ПРОДУКЦИИ (900) или на который уменьшается ОБЪЕМ ПРОИЗВОДСТВА (1684) с учетом НОРМЫ ОТХОДОВ (2137) и разл. потерь. 2) Норма естественной убыли — предельный объем потерь товаров при ПЕРЕВОЗКЕ (2589) и/или ХРАНЕНИИ (2400) за счет ЕСТЕСТВЕННОЙ УБЫЛИ (1575): зависит от расстояния перевозки, продолжительности хранения, времени года, вида ТАРЫ (513) и др. факторов; устанавливается в%%

к грузообороту (товарообороту). Потери в пределах нормы естественной убыли списываются на ИЗДЕРЖКИ ОБРАЩЕНИЯ (736), а сверх этой нормы относятся на виновных лиц. ОТВЕТСТВЕННОСТЬ ПЕРЕВОЗЧИКА (369) и ОТВЕТСТВЕННОСТЬ ХРАНИТЕЛЯ (2726) за НЕДОСТАЧУ (2237) в пределах нормы естественной убыли законодательством не предусмотрена, за исключением случая, когда заинтересованной стороной будет доказано, что потери в пределах нормы естественной убыли не связаны с естественной убылью.

2247. **shrink-wrapping** — упаковывание в термоусадочную пленку.
УПАКОВЫВАНИЕ (1721) МЕШКОВ (2112), КОРОБОК (376) и т. п. в спец. пленку из полиэтилена, полипропилена и т. д., сжатие которой (на 30 — 80%) происходит при нагревании до 150 — 300 °. В результате этой операции формируется БЕСПОДДОННЫЙ ГРУЗ (1732).

2248. **shunter** — 1) Маневровый локомотив — локомотив, предназначенный для выполнения разл. работ на ГРУЗОВЫХ ЖЕЛЕЗНОДОРОЖНЫХ СТАНЦИЯХ (1964), обслуживания ПОДЪЕЗДНЫХ ПУТЕЙ (2258); работает в осн. в неустановившемся режиме, имеет сравнительно большую силу тяги и невысокую расчетную скорость. 2) Грузовой автомобиль (брит.) — ГРУЗОВОЙ АВТОМОБИЛЬ (1417), используемый на внутригородских ПЕРЕВОЗКАХ (2589) или на перевозках на небольшие расстояния (без обратной загрузки). См. также 2467, 2629.

2249. **shutout,** shut-out — досылка.
ОТГРУЗКА (2205) ДОСЫЛАЕМОЙ ЧАСТИ ГРУЗА (2243).

2250. **shut-out** — см. **shutout.**

2251. **shuttle train** — кольцевой маршрутный поезд.
МАРШРУТНЫЙ ПОЕЗД (2666), обращающийся между одним ПУНКТОМ ОТПРАВЛЕНИЯ (1669) и одним ПУНКТОМ НАЗНАЧЕНИЯ (694), перевозящий однородный ГРУЗ (469) и возвращающийся назад, как правило, без обратной загрузки.

2252. **s. i.** — см. **sum insured.**

2253. **side load** — боковая нагрузка.
Направленное по горизонтали усилие, приложенное к подвешенному на СТРЕЛЕ (263) или НАДСТАВКЕ (1262) ГРУЗУ (1359). Возникает, напр., при волочении груза и может привести к аварии.

2254. **sideloader**; sideloading truck — погрузчик с боковым захватом.
ПОГРУЗЧИК (1331), грузозахватный орган которого расположен не в передней, а в боковой части. Такие погрузчики предназначены для переработки ДЛИННОМЕРНЫХ ГРУЗОВ (1413), листового металла и т. п.; могут работать в узких складских ПРОХОДАХ (75), имеют грузоподъемность, как правило, до 25 т и могут поднимать грузы на высоту до 11 м.

2255. **side loading** (амер.) — боковая перегрузка.
1) Способ ПОГРУЗКИ (1366) КОНТЕЙНЕРОВ (1009) на ж. -д. ПЛАТФОРМУ (919) и их ВЫГРУЗКИ (2667) с платформы поверх бокового борта платформы. 2) Способ погрузки и/или разгрузки ГРУЗОВОГО АВТОМОБИЛЯ (2624) на ПОГРУЗОЧНО-РАЗГРУЗОЧНОЙ ПЛОЩАДКЕ (1368). ГРУЗ (340) поднимается КРАНОМ (563) и переносится через боковой борт грузовика. См. также 425, 1697.

2256. **sideloading truck** — см. **sideloader.**

2257. **sidetrack agreement** — договор на эксплуатацию подъездного пути.
Соглашение между ЖЕЛЕЗНОЙ ДОРОГОЙ (1963) и владельцем ПОДЪЕЗДНОГО ПУТИ (2258) относительно порядка ПОДАЧИ (2319), УБОРКИ (2036) и ОЧИСТКИ (436) ГРУЗОВЫХ ВАГОНОВ (1004), норм простоя вагонов под грузовыми работами, орг-ции МАНЕВРОВОЙ РАБОТЫ (2464) и т. п.

2258. **siding**; railroad siding — подъездной путь.
Ответвление ЖЕЛЕЗНОЙ ДОРОГИ (1963), предназначенное для обслуживания пром. или торгового пр-тия, ТЕРМИНАЛА (2492) и т. п., связанное с общей сетью железных дорог непрерывной колеей. Подъездные пути примыкают к ГРУЗОВЫМ ЖЕЛЕЗНОДОРОЖНЫМ СТАНЦИЯМ (1964). Наибольшее распространение получили тупиковые, сквозные и кольцевые схемы примыкания подъездных путей к грузовым ж. -д. станциям.

2259. **silo** — 1) ЭЛЕВАТОР (820). 2) Силосная башня — сооружение цилиндрической формы, построенное из бетона и/или дерева и предназначенное для ХРАНЕНИЯ (2400) силоса (сочного корма, полученного заквашиванием зеленой массы). См. также 763, 2475.

2260. **simulation** — имитационное моделирование.
Анализ воздействия на к. -л. систему внеш. факторов (ретроспективный или направленный на определение спектра допустимых сценариев будущего развития), позволяющий получать ответы на вопросы «Что будет, если...?». Имитационное моделирование широко используется при проектировании реальных ЛОГИСТИЧЕСКИХ СИСТЕМ (1411), напр., АВТОМАТИЗИРОВАННЫХ ТРАНСПОРТНО-СКЛАДСКИХ СИСТЕМ (130); в системе МРП II (1464) и т. д.

2261. **single-car rate** — тариф вагонной отправки.
ГРУЗОВОЙ ТАРИФ (1020) на ПЕРЕВОЗКУ (2589) ГРУЗОВ (340) ВАГОННОЙ ОТПРАВКОЙ (360). См. также 1560.

2262. **single-decked pallet** — см. **single-faced pallet.**

2263. **single-faced pallet**; single-decked pallet — однонастильный поддон.
ПОДДОН (1726), имеющий только верхний НАСТИЛ (632). См. также 770, 1814.

2264. **single-item production** — единичное производство.
Форма орг-ции произ-ва, при которой разл. виды ПРОДУКЦИИ (1885) изготавливаются в одном или нескольких экземплярах по техн. заданию ЗАКАЗЧИКА (1652). Эта форма распространена в тяжелом машиностроении, судостроении и т. п. См. также 830, 1471.

2265. **single-line wholesaler** (амер.) — специализированное предприятие оптовой торговли.
ОПТОВИК, ПРЕДОСТАВЛЯЮЩИЙ ПОЛНЫЙ ПАКЕТ УСЛУГ (1035) по к. -л. укрупненной группе ПРОДУКЦИИ (1885), напр., фармацевтическим товарам.

2266. **single-package shipment** — одноместная отправка.
ОТПРАВКА (2194), представляющая собой одно физически неделимое ГРУЗОВОЕ МЕСТО (1709). См. также 1564.

2267. **single-period inventory** — разовый запас; невозобновляемый запас.
ЗАПАСЫ (1230), формируемые с целью удовлетворения однократно или эпизодически возникающей потребности, напр., нек-

рые виды ПРОИЗВОДСТВЕННЫХ ЗАПАСОВ (1461) в ЕДИНИЧНОМ ПРОИЗВОДСТВЕ (2264). См. также 1565.

2268. **single shipment charge** (амер.) — сбор за подвоз.
На АВТОМОБИЛЬНОМ ТРАНСПОРТЕ (1546): плата за СОПУТСТВУЮЩУЮ УСЛУГУ (10) заключающуюся в ПОДВОЗЕ (1799) МЕЛКОЙ ОТПРАВКИ (2286) к ГРУЗОВОЙ АВТОСТАНЦИИ (2627) силами АВТОТРАНСПОРТНОГО ПРЕДПРИЯТИЯ (1545). Ставка сбора за подвоз может быть включена в ТАРИФНЫЙ СБОРНИК (2483).

2269. **single-sourcing system** — одноканальная логистическая система.
ЛОГИСТИЧЕСКАЯ СИСТЕМА (1411), в которой по каждому виду ПРОДУКЦИИ (1255) имеется только один ПОСТАВЩИК (2450). Такой системой является, напр., КАНБАН (1277). Теоретически одноканальная логистическая система обеспечивает менее высокую НАДЕЖНОСТЬ (2034) по сравнению с МНОГОКАНАЛЬНОЙ ЛОГИСТИЧЕСКОЙ СИСТЕМОЙ (1566).

2270. **single-wing pallet**; straddle-truck pallet — поддон с выступающим настилом.
Применяемый на ВОДНОМ ТРАНСПОРТЕ (2749) ПОДДОН (1726), состоящий из трех брусков, расположенных так, что между ними могут проходить вилы ПОГРУЗЧИКА (1331). На брусках с обеих сторон проволочными скобами поперечно закреплены доски. Концы досок выступают за бруски и служат для захвата поддона спец. подвеской.

2271. **sink** — см. **demand node.**

2272. **SITC** — см. **Standard International Trade Classification.**

2273. **skid** — 1) Грузовая тележка — подвижная платформа, передвигаемая ручным или механическим способом, напр., ПЛАТФОРМЕННАЯ ТЕЛЕЖКА (1353), ПЛАТФОРМЕННАЯ ДВУХКОЛЕСНАЯ ТЕЛЕЖКА (2164). 2) СКЛАДСКОЙ СТЕЛЛАЖ (2414). См. также 2352.

2274. **SKU** — см. **stock-keeping unit.**

2275. **slack-sort report** (амер., орг. произ-ва) — распечатка резервов времени работ.
Компьютерная распечатка, в которой РАБОТЫ (1266) упорядочены по возрастанию РЕЗЕРВА ВРЕМЕНИ (2276).

2276. **slack time** — резерв времени.
Разность между ДИРЕКТИВНЫМ СРОКОМ (789) исполнения РАБОТЫ (1266) и указанным исполнителю сроком исполнения. Если работа окончена до директивного срока, то она имеет положительный резерв времени, и отрицательный Р. в. — в противном случае. Понятие «резерв времени» используется, напр., в МЕТОДЕ КРИТИЧЕСКОГО ПУТИ (569), в системе МРП (1488).

2277. **sleeper cab operation** (амер.) — турная езда.
На АВТОМОБИЛЬНОМ ТРАНСПОРТЕ (1546): система орг-ции труда водителей, при которой автомобиль в течение ВРЕМЕНИ ОБОРОТА (603) обслуживают два водителя, отдыхающие поочередно в кабине на спец. спальном месте.

2278. **sling** — строп.
Гибкое грузозахватное приспособление, предназначенное, напр., для подвешивания ГРУЗА (1359) к крюку КРАНА (563). Стропы чаще всего изготовляются из растительных и стальных

канатов, цепей и синтетических лент. Величина нагрузки на каждый строп зависит от массы поднимаемого груза, кол-ва стропов и от угла наклона стропа по отношению к вертикали (чем больше этот угол, тем большее усилие возникает в стропе при одной и той же величине массы поднимаемого груза). При подъеме машиностроительных грузов, напр., колесной техники, между стропом и грузом неоходимо подкладывать СЕПАРАЦИОННЫЕ МАТЕРИАЛЫ (794).

2279. **slinger** — см. **rigger.**

2280. **slinging point** — место строповки.
Точка крепления СТРОПА (2278) к ГРУЗУ (1359). Может быть указана спец. МАНИПУЛЯЦИОННЫМ ЗНАКОМ (1095); или, наоборот, с помощью манипуляционного знака могут быть обозначены те точки груза, где использование стропа недопустимо. Ответственность за правильный выбор стропов и их крепление несут СТРОПОВЩИКИ (2085).

2281. **slipsheet** — прокладочный лист; подкладной лист.
Вкладыш, изготовленный из картона или АМОРТИЗАЦИОННЫХ МАТЕРИАЛОВ (1725) и помещаемый между слоями ГРУЗА (1359) на ПОДДОНЕ (1726) или между ярусами при формировании ШТАБЕЛЯ (2330).

2282. **slot** — 1) СКЛАДСКАЯ ЯЧЕЙКА (2409). В данном значении этот термин употребляется преимущественно в США. 2) ОКНО (2778). 3) Вакансия — незанятая должность на пр-тии или в оргции.

2283. **slow-mover** — неходовая продукция; продукция ограниченного спроса.

ПРОДУКЦИЯ (1885), пользующаяся сравнительно небольшим СПРОСОМ (669) и образующая относительно малую часть ОБОРОТА (2636). Для такой продукции высок РИСК (2087) МОРАЛЬНОГО ИЗНОСА (1609). См. также 426, 884, 1509.

2284. **sludge**; sewage — осадок сточных вод.

Разновидность ТВЕРДЫХ ОТХОДОВ (2290), представляющая собой вязкую массу, в состав которой входят органические вещества, тяжелые металлы и т. п. Образуется в отстойниках, в которых обрабатываются пром. и бытовые сточные воды. В США СБРОС В ОКЕАН (1616) осадка сточных вод запрещен с 31 декабря 1991 г. Этот осадок может использоваться, напр., при КОМПОСТИРОВАНИИ (480).

2285. **small order** — мелкий заказ.

Небольшой по стоимости и/или массе ЗАКАЗ (1646). Одна из проблем, связанных с исполнением мелкого заказа, заключается в том, что ЗАГОТОВИТЕЛЬНЫЕ РАСХОДЫ (1851), могут составлять не только значительную часть стоимости заказа, но и превышать ее. Поскольку мелкий заказ обычно ниже ЗАКАЗНОЙ НОРМЫ (1525) и/или ТРАНЗИТНОЙ НОРМЫ (1526), разл. ПОСРЕДНИКИ (1209) производят ПОДСОРТИРОВКУ (1827) мелких заказов, что позволяет более рационально загрузить произ-во, но ведет к увеличению ВРЕМЕНИ ВЫПОЛНЕНИЯ ЗАКАЗА (1306).

2286. **small shipment** — мелкая отправка.

Предъявленная по одному ГРУЗОВОМУ ДОКУМЕНТУ (2213) ОТПРАВКА (2194), не позволяющая полностью использовать ГРУЗОПОДЪЕМНОСТЬ (343) ТРАНСПОРТНОГО СРЕДСТВА (1506); отправка, масса которой меньше ТРАНЗИТНОЙ НОР-

МЫ (1526). Определение «мелкая отправка» различается на разных ВИДАХ ТРАНСПОРТА (1541). На всех видах транспорта ВРЕМЯ ПЕРЕВОЗКИ (2585) мелкой отправки значительно больше, чем др. видов отправок. См. также 1318, 1320, 1321.

2287. **small shipment rate** — см. **less-than-vehicle-load rate.**

2288. **smart card** — смарт-карта.

Бумажный документ со встроенной микросхемой, информация из которой или в которую может считываться или перезаписываться. Применяются в РОЗНИЧНОЙ ТОРГОВЛЕ (2068), для ОТСЛЕЖИВАНИЯ ГРУЗОВ (2199), в системах сбора ПЛАТЫ ЗА ПОЛЬЗОВАНИЕ АВТОМОБИЛЬНОЙ ДОРОГОЙ (2526) и т. п. См. также 1430.

2289. **smart container** — тара со встроенной микросхемой.

ВОЗВРАТНАЯ ТАРА (2071) со встроенной РАДИОЧАСТОТНОЙ БИРКОЙ (1961), в которой записана информация о ГРУЗЕ (340), сроке возврата тары и т. п.

2290. **solid waste** — твердые отходы.

Разл. ОТХОДЫ (2741), не являющиеся жидкими или газообразными, напр., ТВЕРДЫЕ ПРОМЫШЛЕННЫЕ ОТХОДЫ (1169), ТВЕРДЫЕ БЫТОВЫЕ ОТХОДЫ (1572). Кол-во твердых отходов, образующихся в промышленно развитых странах, с начала 1960-х гг. ежегодно увеличивается на 2%. См. также 729, 2007.

2291. **sortation** — сортирование.

Процесс распределения ГРУЗОВ (340) на трансп. ТЕРМИНАЛЕ (2492) по регионам, в которых находятся их МЕСТА НАЗНАЧЕНИЯ (694). Может производиться, напр., с помощью сортировочного КОНВЕЙЕРА (541), оснащенного СТАЛКИВАТЕЛЯМИ (746).

2292. **sorting** — 1) Сортирование — группировка товаров, ГРУЗОВ (340) и т. п. по к. -л. признакам, напр., категориям КАЧЕСТВА (1941), ЛИНЕЙНЫМ РАЗМЕРАМ (705) и т. д. 2) Торговые услуги (амер.) — ПРОИЗВОДСТВЕННЫЕ УСЛУГИ (1168), оказываемые в РОЗНИЧНОЙ ТОРГОВЛЕ (2068), напр., РАЗУКРУПНЕНИЕ (80) ПАРТИЙ (204) товаров, предварительный прием ЗАКАЗОВ (1646) и др. 3) СОРТИРОВАНИЕ (2291).

2293. **source** — 1) ПУНКТ ОТПРАВЛЕНИЯ (1669). 2) Источник снабжения — грузообразующий пункт в ТРАНСПОРТНОЙ ЗАДАЧЕ (2600). 3) Источник возникновения требований — ПОТРЕБИТЕЛИ (587) данной СИСТЕМЫ МАССОВОГО ОБСЛУЖИВАНИЯ (1953). 4) ВХОД ТРАНСПОРТНОЙ СЕТИ (2456). 5) Источник спроса — КАНАЛ ТОВАРОДВИЖЕНИЯ (1399), из которого поступают ЗАКАЗЫ (1646).

2294. **source inspection** — автономный контроль качества продукции. Контроль КАЧЕСТВА (1941) ПОЛУФАБРИКАТА (2163) непосредственно после выполнения соответствующей технол. ОПЕРАЦИИ (1636) и на месте ее выполнения. См. также 2399.

2295. **source reduction** — сокращение отходов.
Приоритетное направление в управлении ТВЕРДЫМИ ОТХОДАМИ (2290), заключающееся в проведении разл. мероприятий, направленных на уменьшение массы отходов, образующихся как в процессе произ-ва, так и потребления ПРОДУКЦИИ (1885), напр., отказ от РАЗОВОЙ ТАРЫ (1622) с целью уменьшения объема УПАКОВОЧНОГО МУСОРА (1717), применение прин-

ципов ЭКОЛОГИЧЕСКИ-ОРИЕНТИРОВАННОГО КОНСТРУИРОВАНИЯ (687). См. также 2002.

2296. **source separation** — раздельная заготовка; селективная заготовка.

Один из основополагающих принципов РЕСАЙКЛИНГА (2007), заключающийся в выделении УТИЛЬНОЙ ФРАКЦИИ (2003) из ТВЕРДЫХ ПРОМЫШЛЕННЫХ ОТХОДОВ (1169) и из ТВЕРДЫХ БЫТОВЫХ ОТХОДОВ (1572) на месте образования отходов, что позволяет исключить работы по СОРТИРОВАНИЮ (2292) отходов на МУСОРОПЕРЕРАБАТЫВАЮЩЕМ ЗАВОДЕ (1497) или уменьшить объем таких работ. В США в нек-рых штатах предусмотрена административная ответственность за нарушение принципа селективной заготовки отходов.

2297. **source tagging** — защитная маркировка товаров заводом-изготовителем.

Нанесение ЗАЩИТНЫХ ЭТИКЕТОК (2151) на ПРОДУКЦИЮ (1885) или ее УПАКОВКУ (1714), на пр-тии, изготовляющем эту продукцию или фасующем ее.

2298. **sourcing** — формирование хозяйственных связей.

Совокупность работ по установлению ХОЗЯЙСТВЕННЫХ СВЯЗЕЙ (311), отбору ПОСТАВЩИКОВ (2450) СЫРЬЯ (1979) и МАТЕРИАЛОВ (1477), орг-ции ЗАКУПОК (1928) и т. п.

2299. **space-available rate** — см. **deferred rate.**

2300. **space charter** — частичный чартер.

ЧАРТЕР (416), в соответствии с которым ФРАХТОВАТЕЛЬ (414) арендует часть грузоподъемности водного судна для РЕЙСА (2710) между указанными ПОРТАМИ (1831). См. также 1740.

2301. **space productivity ratio** (амер.) — удельный товарооборот.

Экон. показатель, вычисляемый как отношение ОБЪЕМА ПРОДАЖ (2117) к площади или объему СКЛАДА (2718) или площади торгового зала ПРЕДПРИЯТИЯ РОЗНИЧНОЙ ТОРГОВЛИ (2067). См. также 2416.

2302. **space-utilization standard** — см. **storage standard.**

2303. **spare parts**; service parts; repair parts — запасные части.

Составные части машиностроительной ПРОДУКЦИИ (1885), предназначенные для замены находившихся в эксплуатации таких же частей с целью поддержания или восстановления исправного или работоспособного состояния продукции.

2304. **spare parts distribution system** — система снабжения запасными частями.

ЛОГИСТИЧЕСКАЯ СИСТЕМА (1411), предназначенная для СНАБЖЕНИЯ (1875) и СБЫТА (1777) ЗАПАСНЫХ ЧАСТЕЙ (2303). СПРОС (669) на запасные части для предупредительных РЕМОНТОВ (2039) может быть определен с достаточно высокой степенью точности методами прямого счета; спрос на запчасти для аварийных ремонтов определяется с меньшей степенью точности методами ПРОГНОЗИРОВАНИЯ (952). Реальные системы снабжения запасными частями являются, как правило, ЭШЕЛОНИРОВАННЫМИ ЛОГИСТИЧЕСКИМИ СИСТЕМАМИ (809), номенклатура запчастей в которых составляет от нескольких десятков до нескольких сот тысяч наименований.

2305. **SPC** — см. **statistical process control.**

2306. **special cargo** — однородный груз.
На ВОДНОМ ТРАНСПОРТЕ (2749): однородный МАССОВЫЙ ГРУЗ (295), перевозимый в ТРЮМЕ (1132). См. также 1046.

2307. **special packaging**; child-resistant pack — специальная упаковка; упаковка, защищенная от вскрытия ребенком.
Трудновскрываемая УПАКОВКА (1714), предназначенная для разл. опасных веществ, применяемых в быту (сильнодействующие лекарства, растворители, кислоты и т. п.). См. также 817.

2308. **specialty wholesaler** (амер.) — узкоспециализированное предприятие оптовой торговли.
ОПТОВИК, ПРЕДОСТАВЛЯЮЩИЙ ПОЛНЫЙ ПАКЕТ УСЛУГ (1035) по одной подгруппе к. -л. большой группы ПРОДУКЦИИ (1885), напр., по пряностям, смазочным маслам и т. п.

2309. **specification buying** (амер.) — закупка товаров, изготовленных по технической документации торгового предприятия.
Способ орг-ции СНАБЖЕНИЯ (2454) ПРЕДПРИЯТИЙ РОЗНИЧНОЙ ТОРГОВЛИ (2067), в соответствии с которым пр-тия-изготовители вносят изменения в конструкции, рецептуру или фасон поставляемой ПРОДУКЦИИ (1885) согласно указаниям торгового пр-тия, разрабатываемым на основе анализа СПРОСА (669). См. также 1448.

2310. **specific duty** — специфическая пошлина.
ТАМОЖЕННАЯ ПОШЛИНА (594), определяемая в виде фиксированной ден. суммы на ед. кол-ва товара, напр., в копейках за килограмм, независимо от стоимости товара. См. также 36.

2311. **specific identification method** (амер.) — метод прямого счета.
В БУХГАЛТЕРСКОМ УЧЕТЕ (262): способ определения стоимости ЗАПАСОВ НА КОНЕЦ ОТЧЕТНОГО ПЕРИОДА (825), предполагающий поштучный учет ЦЕНЫ (1857) каждой ед. проданного за отчетный период товара. См. также 907, 1295, 2764.

2312. **speculative stock** — сезонный запас; резервный запас.
ЗАПАС (1230), формируемый на случай таких непредвиденных обстоятельств как повышение ЦЕН (1857), забастовки, гражданские волнения и т. п. См. также 93, 2144.

2313. **speed** — скорость.
Отношение пройденного ТРАНСПОРТНЫМ СРЕДСТВОМ (1506) расстояния к ед. времени. Составляет от нескольких километров в час для БАРЖ (188) до нескольких сот километров в час для ГРУЗОВЫХ ЛЕТАТЕЛЬНЫХ АППАРАТОВ (69).

2314. **split delivery** — 1) Доставка по развозочному маршруту (амер.) — ДОСТАВКА (655) ГРУЗОВ (340), входящих в ВАГОННУЮ ОТПРАВКУ (360), по РАЗВОЗОЧНОМУ МАРШРУТУ (1557). 2) Доставка продукции по одному заказу несколькими партиями (амер.) — способ ДРОБЛЕНИЯ ЗАКАЗА (1664), в соответствии с которым при невозможности полностью выполнить ЗАКАЗ (1646) по номенклатуре последний частично передается в вышестоящий ЭШЕЛОН ЛОГИСТИЧЕСКОЙ СИСТЕМЫ (2364); при этом доп. ТРАНСПОРТНЫЕ ИЗДЕРЖКИ (2594) принимает на себя торговое пр-тие. См. также 2335.

2315. **split pickup** — сборная отправка.
ОТПРАВКА (2194), сформированная по СБОРНОМУ МАРШРУТУ (1559).

2316. **split shipment** — отгрузка товаров по одному заказу несколькими партиями.
ПОСТАВКА ОТДЕЛЬНЫМИ ПАРТИЯМИ (1752), предполагающая формирование ЗАДОЛЖЕННОСТИ ПО ЗАКАЗАМ (161). См. также 2314.

2317. **split ticket** — ценник с отрывной частью.
ЯРЛЫК (1282), часть которого отделяется в момент отпуска товара ПОКУПАТЕЛЮ (309) ПРЕДПРИЯТИЕМ РОЗНИЧНОЙ ТОРГОВЛИ (2067) и используется последним в целях УПРАВЛЕНИЯ ЗАПАСАМИ (1236). См. также 1959.

2318. **spontaneous combustion** — самовозгорание.
Свойство нек-рых ОПАСНЫХ ГРУЗОВ (614) нагреваться и воспламеняться при обычных условиях ХРАНЕНИЯ (2400) и ПЕРЕВОЗКИ (2589) при отсутствии искры или открытого пламени за счет тепла, образующегося при химических реакциях или биохимических процессах, а также при трении и ударе. См. также 918, 1181, 1544, 2154.

2319. **spotting** — подача.
Предоставление ПЕРЕВОЗЧИКОМ (366) ПОДВИЖНОГО СОСТАВА (2094) ГРУЗОПОЛУЧАТЕЛЮ (492) или ГРУЗООТПРАВИТЕЛЮ (497) для ПОГРУЗКИ (1366) или РАЗГРУЗКИ (2667) в установленные договором место и время. См. также 300, 504, 2036, 2320.

2320. **spotting capacity** — вместимость погрузочно-разгрузочной площадки.
Макс. кол-во ГРУЗОВЫХ ВАГОНОВ (1004) или ГРУЗОВЫХ АВТОМОБИЛЕЙ (2624), которые могут одновременно нахо-

диться под ПОГРУЗКОЙ (1366) или РАЗГРУЗКОЙ (2667) на ПОГРУЗОЧНО-РАЗГРУЗОЧНОЙ ПЛОЩАДКЕ (1368).

2321. **spout** — 1) Телескопический рукав; телескопическая труба — рабочий орган (в виде гибкого пустотелого цилиндра изменяемой длины) устр-ва ПОГРУЗКИ (1366) и/или ВЫГРУЗКИ (2667) НАВАЛОЧНОГО ГРУЗА (295) в ТРЮМ (1132) или из трюма судна. Может являться элементом конструкции КОНВЕЙЕРНОЙ ГАЛЕРЕИ (2214) или подвешиваться на СТРЕЛЕ (263). 2) Сопло — коническая насадка на конце трубки для регулирования выходного потока НАЛИВНОГО ГРУЗА (1346). См. также 2487.

2322. **(s,Q) system** — см. **continuous review system.**

2323. **square block stack**; vertical block stack- штабель прямой кладки. ШТАБЕЛЬ (2330), уложенный способом ПРЯМОЙ КЛАДКИ (2324).

2324. **square block stacking** — прямая кладка.
Способ ШТАБЕЛИРОВАНИЯ (2333), при котором вышележащий ГРУЗ (1359) совпадает в плане с нижележащим. Между слоями грузов могут быть уложены ПРОКЛАДОЧНЫЕ ЛИСТЫ (2281). Прямая кладка обеспечивает более высокий КОЭФФИЦИЕНТ ИСПОЛЬЗОВАНИЯ РАБОЧЕГО ОБЪЕМА СКЛАДА (2407), чем ПИРАМИДООБРАЗНЫЙ ШТАБЕЛЬ (1939), но не обеспечивает ОБНОВЛЕНИЕ ЗАПАСОВ (2384) по принципу ПЕРВЫМ ПОСТУПИЛ — ПЕРВЫМ ПРОДАН (907).

2325. **SSCC** — см. **serial shipping container code.**

2326. **(s, S) system** — см. **optional replenishment system.**

2327. **s. t.** — см. **short ton.**

2328. **stabilization** — стабилизация.

Способ УДАЛЕНИЯ (729) жидких ОПАСНЫХ ОТХОДОВ (1111) путем их отверждения связующими добавками, путем обетонирования и т. п.

2329. **stabilisation stock** — см. **safety stock.**

2330. **stack** — 1) Штабель — уложенные друг на друга ТАРНО-ШТУЧНЫЕ ГРУЗЫ (1711). В зависимости от способа ШТАБЕЛИРОВАНИЯ (2333) различают КОЛОДЦЕОБРАЗНЫЙ ШТАБЕЛЬ (423), СТОПУ (456), УСТУПООБРАЗНЫЙ ШТАБЕЛЬ С ВЕРТИКАЛЬНЫМ ТОРЦОМ (1310), ПИРАМИДООБРАЗНЫЙ ШТАБЕЛЬ (1939), ШТАБЕЛЬ ПРЯМОЙ КЛАДКИ (2323), УСТУПООБРАЗНЫЙ ШТАБЕЛЬ С ВЕРТИКАЛЬНЫМИ ТОРЦАМИ (2617) и т. д. 2) СКЛАДСКОЙ СТЕЛЛАЖ (2414). 3) Воздушные суда, ожидающие посадки — самолеты и вертолеты, находящиеся в воздушном пространстве вблизи АЭРОПОРТА (72) в ожидании очереди на посадку. 4) Стек — ед. объема угля и древесины (108 куб. футов или 3,05 куб. м).

2331. **stacker** — штабелеукладчик; штабелер; стакер.

Складская машина с ручным, механическим или электрическим приводом, предназначенная для укладки ТАРНО-ШТУЧНЫХ ГРУЗОВ (1711) в ШТАБЕЛИ (2330).

2332. **stacker crane** — кран-штабелер.

КРАН (563), преимущественно мостового типа, предназначенный для обслуживания СКЛАДСКИХ СТЕЛЛАЖЕЙ (2414) или для ШТАБЕЛИРОВАНИЯ (2333) ТАРНО-ШТУЧНЫХ ГРУЗОВ (1711). К числу важнейших техн. характеристик К. ш. относятся грузоподъемность, высота подъема, горизонтальная и вертикальная скорость, скорость выдвижения грузозахватного органа, погрешность позиционирования груза и т. п.

2333. **stacking** — 1) Штабелирование — вертикальное группирование ТАРНО-ШТУЧНЫХ ГРУЗОВ (1711) на СКЛАДЕ (2718), в ТРАНСПОРТНОМ СРЕДСТВЕ (1506) и т. п. Производится с тем расчетом, чтобы нижние ярусы грузов не получили деформации за счет статических и дин. нагрузок, и когда грузы не требуют индивидуального подхода при КОМПЛЕКТАЦИИ (1785). 2) Эшелонирование — на ВОЗДУШНОМ ТРАНСПОРТЕ (73): выделение летательным аппаратам ВОЗДУШНЫХ КОРИДОРОВ (66) и высотных эшелонов. См. также 693.

2334. **stacking capability** — см. **stowability.**

2335. **staggered delivery** — поставка отдельными партиями.
ПОСТАВКА ОТДЕЛЬНЫМИ ПАРТИЯМИ (1752) ПРОДУКЦИИ ПРОИЗВОДСТВЕННО-ТЕХНИЧЕСКОГО НАЗНАЧЕНИЯ (1882). См. также 1746, 2314.

2336. **staging area** — сортировочно-отпускная площадка.
Часть ПОГРУЗОЧНО-РАЗГРУЗОЧНОЙ ПЛОЩАДКИ (1368), на которой производится ПРЕДОТГРУЗОЧНАЯ ПРОВЕРКА (896) товаров и их СОРТИРОВАНИЕ (2291).

2337. **stanchion** — см. **trailer hitch.**

2338. **Standard International Trade Classification,** SITC — Международная стандартная торговая классификация.
Официальный документ ООН, являющийся основой систематизации стат. данных о междунар. торговле. Впервые опубликован

в 1950 г. Исправленные издания вышли в 1960, 1975 и в 1986 гг. Ед. классификации, так же как и в ГАРМОНИЗИРОВАННОЙ СИСТЕМЕ ОПИСАНИЯ И КОДИРОВАНИЯ ТОВАРОВ (1099), является конкретная ПРОДУКЦИЯ (1885).

2339. **standard order**; regular order — текущий заказ.
Несрочный ЗАКАЗ (1646); заказ, имеющий низкий ПРИОРИТЕТ (1867). См. также 2671.

2340. **standby stock** (амер., орг. произ-ва) — страховой задел; оборотный задел.
ЗАПАС (1230) ДЕТАЛЕЙ (1739) и ПОЛУФАБРИКАТОВ (2163), создаваемый между рабочими местами или у рабочих мест с целью обеспечения непрерывности работы на случай выхода из строя оборудования. Данный термин используется в осн. применительно к МАССОВОМУ ПРОИЗВОДСТВУ (1471).

2341. **standing order** — 1) ОБЩИЙ ЗАКАЗ (240). 2) Платежное поручение — письменное распоряжение плательщика обслуживающему его банку о списании с его расчетного счета указанной суммы и о зачислении ее на расчетный счет получателя.

2342. **staple stock** — запасы товаров стабильного спроса.
ТОВАРЫ НАРОДНОГО ПОТРЕБЛЕНИЯ (509), пользующиеся устойчивым СПРОСОМ (669) и постоянно находящиеся в составе ТОВАРНЫХ ЗАПАСОВ (2069) ПРЕДПРИЯТИЯ РОЗНИЧНОЙ ТОРГОВЛИ (2067).

2343. **statement of facts** — стейтмент-оф-фэктс.
Документ, представляемый СТИВИДОРОМ (2350) капитану немедленно после завершения грузовых работ на борту судна вместо ТАЙМШИТА (1302) в случае, когда у капитана нет воз-

можности вести точный учет СТАЛИЙНОГО ВРЕМЕНИ (1301). Используется при расчете ДЕМЕРЕДЖА (672) и ДИСПАЧА (689).

2344. **station order car** (амер.) — сборный вагон.
СБОРНЫЙ ВАГОН (1825), сформированный ГРУЗООТПРАВИТЕЛЕМ (497) в адрес нескольких ГРУЗОПОЛУЧАТЕЛЕЙ (492) в разл. остановочных пунктах по МАРШРУТУ (2099) следования ГРУЗОВОГО ПОЕЗДА (1061).

2345. **statistical order point system** — см. **order point system.**

2346. **statistical process control,** SPC — 1) Статистический контроль технологического процесса — метод ВСЕСТОРОННЕГО КОНТРОЛЯ КАЧЕСТВА (2538), предполагающий стат. анализ работы оборудования по разл. параметрам (наработка на отказ, период между отказами и т. п.). 2) СТАТИСТИЧЕСКИЙ КОНТРОЛЬ КАЧЕСТВА (9).

2347. **stemdate** — дата начала грузовых работ.
Указанная в ЧАРТЕРЕ (416) дата, не позднее которой должна начаться ПОГРУЗКА (1366) МАССОВОГО ГРУЗА (295) на борт судна.

2348. **stencilling**; vehicle stencilling — трафаретные надписи.
Алафвитно-цифровая информация и разл. изображения, наносимые на внеш. часть ТРАНСПОРТНЫХ СРЕДСТВ (1506). На разных ВИДАХ ТРАНСПОРТА (1541) используются разл. трафаретные надписи, состав которых определяется междунар. соглашениями и нац. законодательством. На ВОЗДУШНОМ ТРАНСПОРТЕ (73) требования к трафаретным надписям определяются Приложением к Чикагской конвенции о междунар.

гражданской авиации (1944 г.). На ЖЕЛЕЗНОДОРОЖНОМ ТРАНСПОРТЕ (1967) на вагоны и локомотивы могут наноситься трафаретные надписи, касающиеся конструктивной СКОРОСТИ (2313), ПРЕДЕЛЬНОЙ ГРУЗОПОДЪЕМНОСТИ (1376), даты постройки, массы ТАРЫ (2481) и т. п. На водные судна могут наноситься наименование судна, индекс ПОРТА ПРИПИСКИ (1837) и мощности силовой установки, ГРУЗОВАЯ МАРКА (1377) и др.

2349. **stepped stacking** — укладка уступами.
Способ ШТАБЕЛИРОВАНИЯ (2333) ТАРНО-ШТУЧНЫХ ГРУЗОВ (1711), при котором каждый вышестоящий ярус смещен к центру ШТАБЕЛЯ (2330) на половину грузового места по отношению к нижестоящему ярусу.

2350. **stevedore** — 1) Стивидор — юридическое лицо, огранизующее на коммерческой основе ПОГРУЗКУ (1366) и РАЗГРУЗКУ (2667) водных судов. 2) Докер — портовый ГРУЗЧИК (1364).

2351. **stevedore pallet** — см. **double-wing pallet.**

2352. **stillage** — 1) СКЛАДСКОЙ СТЕЛЛАЖ (2414). 2) ПОДСТАВКА (1814). 3) Отходы переработки зерна — ТВЕРДЫЕ ОТХОДЫ (2290), образующиеся в процессе переработки зерна на спирт и используемые в качестве добавок в корма.

2353. **stock** — 1) ЗАПАСЫ (1230). 2) Акция — ценная бумага, выпускаямая акционерным обществом и дающая право ее держателю на получение дохода (дивидендов). 3) Фонды обращения — часть ОБОРОТНЫХ СРЕДСТВ (583) пр-тия, в т. ч. средства в расчетах, нереализованная ГОТОВАЯ ПРОДУКЦИЯ (900).

2354. **stock age report** — справка о продолжительности хранения товаров.
В АВТОМАТИЗИРОВАННОЙ СИСТЕМЕ УПРАВЛЕНИЯ СКЛАДСКИМИ ПРОЦЕССАМИ (2724): компьютерная распечатка или видеограмма, в которой указан фактический (на момент учета) срок ХРАНЕНИЯ (2400) той или иной ПАРТИИ (1419) товаров. См. также 48.

2355. **stock car** — см. **livestock car.**

2356. **stock code** — см. **item number.**

2357. **stock control** — см. **inventory management.**

2358. **stock cover** — обеспеченность запасами.
Кол-во дней, на которое хватит ЗАПАСОВ (1230) СЫРЬЯ (1979) или ГОТОВОЙ ПРОДУКЦИИ (900) при заданном уровне производственного потребления и реализации. См. также 979, 2109.

2359. **stock discrepancy rate** — коэффициент отклонения величины запасов.
Показатель, используемый в УЧЕТЕ ЗАПАСОВ (2391). Вычисляется как отношение БАЛАНСОВОЙ СТОИМОСТИ ЗАПАСОВ (260) и стоимости НАЛИЧНЫХ ЗАПАСОВ (1624), установленной путем сплошной ИНВЕНТАРИЗАЦИИ (2387). Если этот коэффициент меньше 1, то имеются ИЗЛИШКИ (1691) товаров, если больше 1, то имеет место НЕДОСТАЧА (2237).

2360. **stockflow system** — см. **quick response system.**

2361. **stock holding costs** — см. **inventory carrying costs.**

2362. **stock holding point** — место хранения.
Точка в КАНАЛЕ ТОВАРОДВИЖЕНИЯ (1399), в которой производится ХРАНЕНИЕ (2400) ПРОДУКЦИИ (1885), напр., КЛАДОВАЯ (2382), СКЛАД (2718) и т. д.

2363. **stocking agent** — 1) Брокер — ПОСРЕДНИК (1209) при заключении ДОГОВОРА ХРАНЕНИЯ (2401), получающий вознаграждение в %% от суммы договора. 2) ХРАНИТЕЛЬ (2723).

2364. **stocking echelon** — эшелон логистической системы.
ЭШЕЛОН (808) ЭШЕЛОНИРОВАННОЙ ЛОГИСТИЧЕСКОЙ СИСТЕМЫ (809), в котором производится ХРАНЕНИЕ (2400) к. -л. ПРОДУКЦИИ (1885). Обычно на низшем эшелоне системы, занимающем ближайшее к ПОТРЕБИТЕЛЮ (587) положение, хранится ограниченное кол-во наименований ХОДОВОЙ ПРОДУКЦИИ (884), на промежуточном уровне хранится ПРОДУКЦИЯ СТАНДАРТНОГО СПРОСА (1509) более широкой номенклатуры. В верхнем эшелоне хранится НЕХОДОВАЯ ПРОДУКЦИЯ (2283), кол-во наименований которой может составлять несколько сот тысяч, напр., в СИСТЕМЕ СНАБЖЕНИЯ ЗАПАСНЫМИ ЧАСТЯМИ (2304).

2365. **stocking location** — см. **storage location.**

2366. **stock-in-trade** — см. **trading stock.**

2367. **stockkeeping unit** — см. **stock-keeping unit.**

2368. **stock-keeping unit**; stockkeeping unit, SKU — 1) Единица хранения — ПРОДУКЦИЯ (1885), хранящаяся в данной СКЛАДСКОЙ ЯЧЕЙКЕ (2409); ед. номенклатуры продукции СКЛАДА (2718). 2) Единица учета товаров — в РОЗНИЧНОЙ ТОРГОВЛЕ (2068): конкретный типосорторазмер, артикул и т. п., используемый при РАЗМЕЩЕНИИ ЗАКАЗА (1658) ПОСТАВЩИКУ (2450). 3) Отдел контроля запасов — подразделение пр-тия или орг-ции, отвечающее за УПРАВЛЕНИЕ ЗАПАСАМИ (1236).

2369. **stockless production**; zero inventory production — производство без склада.
Одна из концепций системы ТОЧНО ВОВРЕМЯ (1276), включающая СНАБЖЕНИЕ БЕЗ ЗАПАСОВ (1881), уменьшение ВРЕМЕНИ ВЫПОЛНЕНИЯ ЗАКАЗА (1306) и ВРЕМЕНИ ПЕРЕНАЛАДКИ (2181).

2370. **stockless purchasing** — производство с нулевым запасом.
Орг-ция материально-технического обеспечения стр-ва и др. отраслей материального произ-ва по принципу СНАБЖЕНИЯ БЕЗ ЗАПАСОВ (1881). См. также 1098, 1276.

2371. **stock list** — номенклатура продукции склада.
Кол-во наименований определенной ПРОДУКЦИИ (1885), хранящейся на СКЛАДЕ (2718); кол-во ЕДИНИЦ ХРАНЕНИЯ (2368).

2372. **stock locating error rate** — коэффициент ошибок комплектации.
Показатель работы СКЛАДА (2718), который может быть вычислен, напр., как отношение числа строк ЗАКАЗОВ (1646), по которым допущены ошибки КОМПЛЕКТАЦИИ (1785), такие

как ОТБОР (2782) не той ПРОДУКЦИИ (1885), которая требуется, или отбор нужной продукции, но не в том кол-ве, к общему числу строк выполненных заказов. В реальных ЛОГИСТИЧЕСКИХ СИСТЕМАХ (1411) коэффициент ошибок комплектации может составлять 0,003 и менее.

2373. **stock location counting** — последовательное снятие остатков в складских ячейках.

Применяемый в США термин, обозначающий ЕЖЕДНЕВНОЕ СНЯТИЕ ОСТАТКОВ (604) в группе к. -л. СКЛАДСКИХ ЯЧЕЕК (2409), проводимое в порядке возрастания номеров последних и позволяющее находить ПРОДУКЦИЮ (1885), утраченную в результате ЗАСТАНОВКИ (1529).

2374. **stock-locator system** — система поиска и размещения товаров на складе.

Разл. способы орг-ции РАЗМЕЩЕНИЯ (1937) и ПОИСКА (2070) ПРОДУКЦИИ (1885) на СКЛАДЕ (2718), напр., ФИКСИРОВАННОЕ РАЗМЕЩЕНИЕ (640), СВОБОДНОЕ РАЗМЕЩЕНИЕ (1974), ПОЗОННОЕ СВОБОДНОЕ РАЗМЕЩЕНИЕ (2812). В качестве критериев или ОГРАНИЧЕНИЙ (502), учитываемых при поиске продукции, могут быть, напр., СРОК ГОДНОСТИ (2185), расстояние от СКЛАДСКОЙ ЯЧЕЙКИ (2409) до УЧАСТКА КОМПЛЕКТАЦИИ (1786) и т. п.

2375. **stock norm** — норма запаса.

Расчетное кол-во СЫРЬЯ (1979), МАТЕРИАЛОВ (1477), ГОТОВОЙ ПРОДУКЦИИ (900) и т. п., которое должно находиться на пром. пр-тии или в торговой орг-ции для обеспечения непрерывности произ-ва или процесса реализации. Макс. норма запаса равна сумме ТЕКУЩЕГО ЗАПАСА (607), ПОДГОТОВИТЕЛЬНОГО ЗАПАСА (1852) и СТРАХОВОГО ЗАПАСА

(2115); мин. норма запаса равна сумме подготовительного и страхового запаса.

2376. **stockout** — дефицит.

Неспособность ЛОГИСТИЧЕСКОЙ СИСТЕМЫ (1411) выполнить ЗАКАЗ (1646). Возможны два случая — образование ЗАДОЛЖЕННОСТИ ПО ЗАКАЗАМ (161), то есть формирование ОЧЕРЕДИ (1950), и ПОТЕРЯ ТРЕБОВАНИЯ (181), т. е. отказ от РАЗМЕЩЕНИЯ ЗАКАЗА (1658) или ОТМЕНА ЗАЯВКИ (322). При этом могут возникнуть ПОТЕРИ ОТ ДЕФИЦИТА (2377).

2377. **stockout costs** — потери от дефицита.

Прямые и косвенные УБЫТКИ (1418), которые несут ПОСТАВЩИК (2450) и ПОТРЕБИТЕЛЬ (587) из-за ДЕФИЦИТА (2376). Прямые убытки включают, напр., потери из-за ПРОСТОЯ ПРОИЗВОДСТВА (2510), понижения КАЧЕСТВА (1941) ПРОДУКЦИИ (1885) из-за нерациональных замен, суммы ШТРАФОВ (1760), выплаченных потерпевшей стороне, доп. ТРАНСПОРТНЫЕ ИЗДЕРЖКИ (2594), связанные с необходимостью экстренной ДОСТАВКИ (655) недопоставленной продукции, и т. д. Косвенные убытки включают, напр., упущенную выгоду и ухудшение имиджа. См. также 2378.

2378. **stockout rate** (амер.) — нормативно-допустимые потери от дефицита.

Величина прямых ПОТЕРЬ ОТ ДЕФИЦИТА (2377), которая считается в данных условиях приемлемой. Понятие нормативно-допустимых потерь от дефицита основано на предположении, что полное удовлетворение СПРОСА (669) теоретически невозможно и что существует точка, в которой затраты на устранение ДЕФИЦИТА (2376) превзойдут возможные потери от дефицита. Напр., если дефицит по данному виду ПРОДУКЦИИ

(1885) возникает один раз в год, то это значит, что неправильно рассчитан СТРАХОВОЙ ЗАПАС (2115) и что его объем должен быть увеличен. Однако если дефицит возникает один раз в пять лет, то это может быть признаком того, что страховой запас необходимо уменьшить.

2379. **stockpiling** — 1) Формирование резервных запасов — процесс формирования БУФЕРНЫХ ЗАПАСОВ (93), СЕЗОННЫХ ЗАПАСОВ (2144) и т. п. 2) Формирование государственного резерва — процесс формирования ЗАПАСА (1230) ТОВАРОВ НАРОДНОГО ПОТРЕБЛЕНИЯ (509) и ПРОДУКЦИИ ПРОИЗВОДСТВЕННО-ТЕХНИЧЕСКОГО НАЗНАЧЕНИЯ (1882) на случай чрезвычайных обстоятельств (войн, стихийных бедствий и т. п.).

2380. **stock rearrangement** — перекладка продукции.
Допускаемое в складской системе с ФИКСИРОВАННЫМ РАЗМЕЩЕНИЕМ (640) временное использование СКЛАДСКИХ ЯЧЕЕК (2409), закрепленных за одним видом ПРОДУКЦИИ (1885) и на момент учета пустующих, под др. вид продукции, ячейки для которой переполнены. Перекладка продукции позволяет повысить КОЭФФИЦИЕНТ ИСПОЛЬЗОВАНИЯ РАБОЧЕГО ОБЪЕМА СКЛАДА (2407).

2381. **stock record** — см. **inventory record.**

2382. **stockroom** — 1) Кладовая — помещение, используемое для ХРАНЕНИЯ (2400) товаров, инструмента и т. п. 2) Демонстрационный зал — помещение, арендованное КОММИВОЯЖЕРОМ (2613) для показа образцов товаров представителям ПРЕДПРИЯТИЯМ РОЗНИЧНОЙ ТОРГОВЛИ (2067).

2383. **stockroom supervisor** (амер.) — кладовщик.
Работник, в обязанности которого входят, в частности, ПРИЕМКА (1986) товаров, их РАЗМЕЩЕНИЕ (1937) в КЛАДОВОЙ (2382) или на СКЛАДЕ (2718), ПОИСК (2070) и ВЫДАЧА (1253) товаров клиентам.

2384. **stock rotation** — обновление запасов.
Процесс освежения ЗАПАСОВ (1230), т. е. реализации той их части, СРОК ГОДНОСТИ (2185) которой истекает при одновременной закладке на ХРАНЕНИЕ (2400) равного кол-ва тех же товаров. См. также 907.

2385. **stock/sales ratio** — см. **stock-to-sales ratio.**

2386. **stock sizes** — типоразмеры массового спроса.
ПРОДУКЦИЯ (1885) повышенного СПРОСА (669), объем про-из-ва которой определяется методами ПРОГНОЗИРОВАНИЯ (952), в отличие от продукции ограниченного спроса, объем произ-ва которой целесообразно рассчитывать др. методами, напр., прямого счета. См. также 865, 1449.

2387. **stock taking**; inventory; physical inventory — инвентаризация.
Способ проверки соответствия НАЛИЧНЫХ ЗАПАСОВ (1624) данным БУХГАЛТЕРСКОГО УЧЕТА (262) путем сплошного или выборочного подсчета товаров, которые при необходимости взвешиваются и перемериваются. Инвентаризация может быть внезапной и плановой, частичной и полной. Ее результаты оформляются инвентаризационной описью и СЛИЧИТЕЛЬНОЙ ВЕДОМОСТЬЮ (847). См. также 530, 604, 1770.

2388. **stock-to-dock time** — время на подготовку товаров к отгрузке.
Интервал времени между ОТБОРОМ (2782) товаров из СКЛАДСКИХ ЯЧЕЕК (2409) и их ОТГРУЗКОЙ (2205) ПОТРЕБИТЕЛЮ (587). Включает время на УПАКОВЫВАНИЕ (1721) и ПРЕДОТГРУЗОЧНУЮ ПРОВЕРКУ (896) товаров, оформление ТОВАРОСОПРОВОДИТЕЛЬНЫХ ДОКУМЕНТОВ (2213) и т. п. См. также 759, 1852.

2389. **stock-to-sales ratio**; stock/sales ratio — коэффициент «наличные запасы/объем продаж»; запасоемкость.
Показатель, вычисляемый как отношение НАЛИЧНЫХ ЗАПАСОВ (1624) в конце отчетного периода к фактическому ОБЪЕМУ ПРОДАЖ (2117) за этот период или как отношение наличных запасов в начале планируемого периода к прогнозируемому объему продаж за этот период. См. также 1242.

2390. **stock-to-sales ratio method** — метод расчета товарного запаса по показателю запасоемкости.
Метод ПЛАНИРОВАНИЯ ТОВАРНЫХ ЗАПАСОВ (1512), при котором горизонт планирования составляет один месяц. КОЭФФИЦИЕНТ «НАЛИЧНЫЕ ЗАПАСЫ/ОБЪЕМ ПРОДАЖ» (2389) умножается на прогнозируемый ОБЪЕМ ПРОДАЖ (2117) в предстоящий месяц.

2391. **stock tracking** — учет запасов.
Измерение и регистрация ЗАПАСОВ (1230) в натуральных, стоимостных, условно-натуральных ед. с целью выявления отклонений от НОРМ ЗАПАСОВ (2375) и принятия оперативных мер к ликвидации отклонений. Производится на основе данных ЕЖЕДНЕВНОГО СНЯТИЯ ОСТАТКОВ (604), ИНВЕНТАРИЗАЦИЙ (2387) и т. д.

2392. **stock turn** — оборот.

Интервал времени (в днях) между ПРИЕМКОЙ (1986) ПАРТИИ (204) ПРОДУКЦИИ (1885) на СКЛАД (2718), ПРЕДПРИЯТИЕ РОЗНИЧНОЙ ТОРГОВЛИ (2067) и т. п. и ее ВЫДАЧЕЙ (1253) или реализацией. См. также 2638.

2393. **stock utilization ratio** — коэффициент реализации.

Показатель работы СКЛАДА (2718), рассчитываемый как отношение реализованной ПРОДУКЦИИ ПРОИЗВОДСТВЕННО-ТЕХНИЧЕСКОГО НАЗНАЧЕНИЯ (1882) к сумме объема ЗАПАСОВ НА КОНЕЦ ПЕРИОДА, ПРЕДШЕСТВУЮЩЕГО ОТЧЕТНОМУ (212) и объема произ-ва (поступления) за отчетный период. См. также 1245.

2394. **stockyard** — 1) Открытый склад — СКЛАД (2718), представляющий собой площадку без стен и крыши, устроенную на возвышенном месте и огражденную со всех сторон. Открытый склад предназначен для НАВАЛОЧНЫХ ГРУЗОВ (295), не требующих защиты от атмосферных осадков и солнца, и для кратковременного ХРАНЕНИЯ (2400) лесных грузов. 2) Пристанционный загон — участок при трансп. ТЕРМИНАЛЕ (2492), предназначенный для кратковременного содержания ЖИВНОСТИ (1350) перед ОТГРУЗКОЙ (2205) или после ВЫГРУЗКИ (2667). См. также 2806.

2395. **stock wastage** — товарные потери.

Потери ПРОДУКЦИИ (1885) при ПЕРЕВОЗКЕ (2589) и/или ХРАНЕНИИ (2400). Товарные потери подразделяются на нормируемые, связанные с ЕСТЕСТВЕННОЙ УБЫЛЬЮ (1575), и актируемые (ненормируемые), обусловленные ХИЩЕНИЯМИ (1802), совершаемыми работниками торговли и транспорта, нарушением технологии перевозки, хранения, УПАКОВЫВАНИЯ (1721) и т. п. См. также 2411.

2396. **stopover** — приостановка перевозки.

Предоставляемое в рамках ТРАНЗИТНОЙ ЛЬГОТЫ (2582) право сделать остановку в промежуточном пункте в целях ЧАСТИЧНОЙ РАЗГРУЗКИ (1747) ТРАНСПОРТНОГО СРЕДСТВА (1506). См. также 2397.

2397. **stoppage in transitu**; stopping in transit — 1) ПРИОСТАНОВКА ПЕРЕВОЗКИ (2396). 2) Задержание груза по требованию отправителя — СОПУТСТВУЮЩАЯ УСЛУГА (10), предоставляемая на ЖЕЛЕЗНОДОРОЖНОМ ТРАНСПОРТЕ (1967) и АВТОМОБИЛЬНОМ ТРАНСПОРТЕ (1546). ГРУЗООТПРАВИТЕЛЬ (497) вправе потребовать от ПЕРЕВОЗЧИКА (366) задержать передачу ГРУЗА (340) ГРУЗОПОЛУЧАТЕЛЮ (492), напр., в случае неплатежеспособности последнего.

2398. **stopping in transit** — см. **stoppage in transitu.**

2399. **stop production authority**; jidoka — право остановки производственной линии.

Предоставляемое рабочим сборочного КОНВЕЙЕРА (541) на пр-тии, работающем по системе КАНБАН (1277), право отключить конвейер при возникновении к. -л. к. проблем, связанных с КАЧЕСТВОМ (1941), с целью исключения НЕИСПРАВИМОГО БРАКА (2136).

2400. **storage** — 1) Хранение — ЛОГИСТИЧЕСКАЯ ОПЕРАЦИЯ (1404), заключающаяся в содержании ЗАПАСОВ (1230) участниками КАНАЛА ТОВАРОДВИЖЕНИЯ (1399). Правильная орг-ция хранения должна обеспечить сохранность и рациональное размещение запасов, безопасные методы работы, простоту УЧЕТА ЗАПАСОВ (2391) и постоянное ОБНОВЛЕНИЕ ЗАПАСОВ (2384). 2) Передача на хранение — вручение ПОКЛА-

ЖЕДАТЕЛЕМ (174) вещей или товаров, являющихся предметом договора, ХРАНИТЕЛЮ (171). 3) СКЛАДСКАЯ ЯЧЕЙКА (2409). 4) ПЛАТА ЗА ХРАНЕНИЕ (2404). См. также 395, 2734.

2401. **storage agreement**; deposit contract — договор хранения.
Соглашение, в соответствии с которым ХРАНИТЕЛЬ (171) обязуется обеспечить ХРАНЕНИЕ (2400) вещей или товаров ПОКЛАЖЕДАТЕЛЯ (677) и вернуть последнему его вещи и товары в сохранности. Может быть заключено в письменной форме. Поклажедателю может быть выдана ТОВАРНАЯ КВИТАНЦИЯ (2728).

2402. **storage area** — зона хранения.
Участок СКЛАДА (2718), на котором производится ХРАНЕНИЕ (2400) товаров и может производиться их КОМПЛЕКТАЦИЯ (1785). См. также 1452.

2403. **storage capacity** — вместимость склада.
Кол-во ГРУЗОВ (340), которые СКЛАД (2718) может принять одновременно. Выражается в ед. массы или объема или числом грузовых мест. Зависит от формы грузов, их ПЛОТНОСТИ (2763) и ЛИНЕЙНЫХ РАЗМЕРОВ (705), способа ШТАБЕЛИРОВАНИЯ (2333) и др. факторов.

2404. **storage charges** — плата за хранение.
1) Ден. вознаграждение, уплачиваемое ХРАНИТЕЛЮ (2723) ПОКЛАЖЕДАТЕЛЕМ (677) за ХРАНЕНИЕ (2400) товаров или вещей последнего. В соответствии с ОБЫЧАЯМИ ДЕЛОВОГО ОБОРОТА (2672) вознаграждение уплачивается хранителю по окончании хранения. 2) Ден. сумма, которую ГРУЗОПОЛУЧАТЕЛЬ (492) обязан уплатить ПЕРЕВОЗЧИКУ (366), если дос-

тавленный ему ГРУЗ (340) не был им получен в течение установленного СРОКА ХРАНЕНИЯ (2412). См. также 626.

2405. **storage costs** — издержки хранения.

1) Часть (10 — 41%) ЗАТРАТ НА ФОРМИРОВАНИЕ И ХРАНЕНИЕ ЗАПАСОВ (1232). 2) Часть ЗАТРАТ НА НАЧАЛЬНО-КОНЕЧНЫЕ ОПЕРАЦИИ (2493), относящаяся к ХРАНЕНИЮ (2400) ГРУЗА (340) в ПУНКТЕ ОТПРАВЛЕНИЯ (1669) и/или в ПУНКТЕ НАЗНАЧЕНИЯ (694).

2406. **storage density** — плотность укладки.

Отношение объемов ГРУЗОВ (340), уложенных в ШТАБЕЛЬ (2330) или в СКЛАДСКУЮ ЯЧЕЙКУ (2409), к объему штабеля или ячейки. См. также 2407.

2407. **storage factor** — коэффициент использования рабочего объема склада.

Показатель, характеризующий степень использования ВМЕСТИМОСТИ СКЛАДА (2403).

2408. **storage in transit** — промежуточное хранение.

ХРАНЕНИЕ (2400) ПЕРЕВОЗЧИКОМ (366) ГРУЗА (340), связанное с ЗАДЕРЖАНИЕМ ГРУЗА ПО ТРЕБОВАНИЮ ОТПРАВИТЕЛЯ (2397).

2409. **storage location**; inventory location; location; stocking location; stowing location — 1) Складская ячейка — часть СКЛАДСКОГО СТЕЛЛАЖА (2414), ограниченная стенками, стойками, ПОЛКОЙ (2184) или настилом. 2) Место хранения — место для укладки ШТАБЕЛЯ (2330) или размещения ТАРНО-ШТУЧНЫХ ГРУЗОВ (1711).

2410. **storage location code** — см. **location code.**

2411. **storage loss** — потери при хранении.
УХУДШЕНИЕ КАЧЕСТВА (698) и/или МОРАЛЬНЫЙ ИЗНОС (1609) ПРОДУКЦИИ (1885) при ХРАНЕНИИ (2400); ТОВАРНЫЕ ПОТЕРИ (2395) в процессе хранения.

2412. **storage period** — срок хранения.
1) Установленный ДОГОВОРОМ ХРАНЕНИЯ (2401) период, в течение которого ХРАНИТЕЛЬ (2723) обязан обеспечить ХРАНЕНИЕ (2400) товаров или вещей ПОКЛАЖЕДАТЕЛЯ (677). Если срок хранения договором не предусмотрен, то хранитель обязан хранить вещь до ее востребования поклажедателем. 2) Период времени, в течение которого доставленный ГРУЗ (340) должен быть вывезен ГРУЗОПОЛУЧАТЕЛЕМ (492) со СКЛАДА (2718) ТЕРМИНАЛА (2492) в ПУНКТЕ НАЗНАЧЕНИЯ (694). Срок хранения обычно составляет 1-2 дня, по истечении которых за дальнейшее хранение взыскивается ПЛАТА ЗА ХРАНЕНИЕ (2404). По окончании срока хранения груз хранится на риске получателя.

2413. **storage prior to delivery** — хранение проданного товара поставщиком.
ХРАНЕНИЕ (2400) ПОСТАВЩИКОМ (2450) ПРОДУКЦИИ (1885), право собственности на которую уже перешло к ПОКУПАТЕЛЮ (309), напр., продукции, поставляемой на условиях ФРАНКО-ЗАВОД (875) с предварительной оплатой.

2414. **storage rack** — складской стеллаж.
Устр-во для ХРАНЕНИЯ (2400) ГРУЗОВ (340) на СКЛАДЕ (2718), изготовленное из металла, дерева и т. п., насчитывающее не менее двух ярусов. Широко применяются А-ОБРАЗНЫЕ

КОНСОЛЬНЫЕ СТЕЛЛАЖИ (46), ПОЛОЧНЫЕ СТЕЛЛАЖИ (229), КОНСОЛЬНЫЕ СТЕЛЛАЖИ (327), ПРОХОДНЫЕ СТЕЛЛАЖИ (779), ПРОТОЧНЫЕ СТЕЛЛАЖИ (938), ПЕРЕДВИЖНЫЕ СТЕЛЛАЖИ (2091).

2415. **storage shed** — см. **shed.**

2416. **storage standard**; space-utilization standard — техническая норма загрузки склада.

1) Допустимая величина технологической нагрузки на пол СКЛАДА (2718). Измеряется как отношение массы ГРУЗА (340) в ШТАБЕЛЕ (2330), к площади, занимаемой штабелем. 2) КОЭФФИЦИЕНТ ИСПОЛЬЗОВАНИЯ РАБОЧЕГО ОБЪЕМА СКЛАДА (2407). См. также 2301.

2417. **storage ticket** — сохранная расписка.

В СИСТЕМЕ ХРАНЕНИЯ ЗЕРНА (1069): разновидность СКЛАДСКОЙ РАСПИСКИ (2728), выдаваемой администрацией ЭЛЕВАТОРА (820) сдатчику зерна. В сохранной расписке указаны сорт зерна, его ВЛАЖНОСТЬ (1544), содержание ПРИМЕСЕЙ (752) и др. После реализации зерна сохранная расписка обменивается на КВИТАНЦИЮ ЗА СДАННОЕ ЗЕРНО (385), являющуюся оборотным документом, который может быть обналичен в соответствующем банке.

2418. **store** — 1) ПРЕДПРИЯТИЕ РОЗНИЧНОЙ ТОРГОВЛИ (2067). 2) КЛАДОВАЯ (2382). 3) СКЛАД (2718). 4) ЗАПАСЫ (1230).

2419. **stores department** — отдел складского хозяйства.

Структурное подразделение крупного пром. или торгового пр-тия, отвечающее за эксплуатацию СКЛАДОВ (2718) и КЛАДОВЫХ (2382). Функционирует в тесном взаимодействии с

ОТДЕЛОМ СНАБЖЕНИЯ (1932), обеспечивает сохранность ЗАПАСОВ (1230), принимает меры по сокращению ТОВАРНЫХ ПОТЕРЬ (2395) и т. д.

2420. **stores inventory** (амер.) — ПРОИЗВОДСТВЕННЫЕ ЗАПАСЫ (1461).

2421. **stowability**; stacking capability — способность к штабелированию.
Способность ТАРНО-ШТУЧНОГО ГРУЗА (1711), уложенного в основание ШТАБЕЛЯ (2330), выдержать заданное число таких же грузов, уложенных сверху, с учетом дин. и статических нагрузок. Указывается с помощью спец. МАНИПУЛЯЦИОННОГО ЗНАКА (1095) или надписи, напр., «Укладывать не более... ярусов».

2422. **stowage** — 1) Укладка; штивка — размещение ГРУЗОВ (340) в ГРУЗОВЫХ ОТСЕКАХ (346) судна. 2) СКЛАДСКАЯ ЯЧЕЙКА (2409). 3) Сбор за укладку — ден. сумма, взыскиваемая за размещение груза в грузовом отсеке.

2423. **stowage factor** — удельный погрузочный объем.
Объем (в куб. футах), занимаемый 1 ТОННОЙ (2528) ГРУЗА (340) в ТРЮМЕ (1132) или др. грузовом помещении. См. также 2763.

2424. **stowage plan**; cargo plan — грузовой план.
Схема УКЛАДКИ (2422) ГРУЗА (340) на судне. Составляется с учетом обеспечения СОВМЕСТИМОСТИ (475) грузов, рационального использования грузовых помещений, придания судну необходимых остойчивости и дифферента и др. факторов. Различают предварительный грузовой план, составляемый до нача-

ла ПОГРУЗКИ (1366), и окончательный (исполнительный) грузовой план (после ее завершения).

2425. **stowing location** — см. **storage location.**

2426. **straddle-truck pallet** — см. **single-wing pallet.**

2427. **straight bill of lading** — именной коносамент.
КОНОСАМЕНТ (225), оформленный на имя определенного ГРУЗОПОЛУЧАТЕЛЯ (492). См. также 1649.

2428. **straight mileage rate** — пропорциональный грузовой тариф.
Разновидность ГРУЗОВОГО ТАРИФА (1020), применяемая в осн. на АВТОМОБИЛЬНОМ ТРАНСПОРТЕ (1546). ПРОВОЗНАЯ ПЛАТА (2593) и РАССТОЯНИЕ ПЕРЕВОЗКИ (1317) связаны прямой пропорциональной зависимостью. См. также 2480.

2429. **straight stock record system** — система регулирования запасов с учетом частоты спроса.
СИСТЕМА УПРАВЛЕНИЯ ЗАПАСАМИ (1237), в которой УЧЕТ ЗАПАСОВ (2391) ведется раздельно по ХОДОВОЙ ПРОДУКЦИИ (884), ПРОДУКЦИИ СТАНДАРТНОГО СПРОСА (1509) и НЕХОДОВОЙ ПРОДУКЦИИ (2283). См. также 4.

2430. **strapping** — 1) Материалы для изготовления стропов — пенька, синтетические МАТЕРИАЛЫ (1477) и др., используемые в процессе произ-ва СТРОПОВ (2278). 2) Обвязывание — крепление ГРУЗА (340) с помощью стропов.

2431. **strategic stockpile** — материальные резервы.
Создаваемые гос. органами ЗАПАСЫ (1230) ТОВАРОВ НАРОДНОГО ПОТРЕБЛЕНИЯ (509) и ПРОДУКЦИИ ПРОИЗВОДСТВЕННО-ТЕХНИЧЕСКОГО НАЗНАЧЕНИЯ (1882), предназначенные для использования в непредвиденных обстоятелствах. В США формирование материальных резервов регулируется законом о запасах стратегических и критических материалов (Strategic and Critical Materials Stockpiling Act, 1946).

2432. **strategic storage** — хранение стратегического запаса зерна.
СИСТЕМА ХРАНЕНИЯ ЗЕРНА (1069), назначение которой заключается в удовлетворении непредвиденных нужд (неурожаи, стихийные бедствия и т. д.). В этой системе применяются АЭРАЦИЯ (43), фумигация и автомат. средства поддержания заданного температурно-влажностного режима. Зерно хранится навалом. Операции затаривания зерна механизированы.

2433. **stratified sample** — районированная выборка.
Техника СТАТИСТИЧЕСКОГО КОНТРОЛЯ КАЧЕСТВА (9), в которой в объем выборочной совокупности включаются выборки, взятые из соответствующих слоев генеральной совокупности.

2434. **stuffing quantity** — пакетовместимость.
Кол-во штук ПРОДУКЦИИ (1885) данного типа, которое может быть уложено в 20- или 40-футовый КОНТЕЙНЕР (1009). Может быть указано в техн. документации на продукцию. См. также 644.

2435. **stuffing time** — время загрузки.

Интервал времени, необходимого для ПОГРУЗКИ (1366) заданным способом ПРОДУКЦИИ (1885) определенного вида в 20- или 40-футовый КОНТЕЙНЕР (1009).

2436. **subagency** — субагентское соглашение.

Договор, заключаемый АГЕНТОМ (49) с третьим лицом, в соответствии с которым агент передает этому лицу часть работ в рамках агентского соглашения. Агент отвечает за действия данного лица перед принципалом.

2437. **subassembly** — сборочный узел.

СБОРОЧНАЯ ЕДИНИЦА (118), которая входит в состав др. сборочной единицы более высокой СТУПЕНИ ВХОДИМОСТИ (1322).

2438. **subcontractor** — субподрядчик.

Лицо, привлеченное ГЕНЕРАЛЬНЫМ ПОДРЯДЧИКОМ (1047) в целях выполнения части работ, возложенных на последнего по ДОГОВОРУ ПОДРЯДА (1458). Генеральный подрядчик несет перед ЗАКАЗЧИКОМ (1652) ответственность за исполнение субподрядчиком обязательств по договору.

2439. **subrogation** — суброгация.

Взыскание в судебном порядке СТРАХОВЩИКОМ (1197) КОМПЕНСАЦИИ (2000) с третьего лица, ответственного за наступление СТРАХОВОГО СЛУЧАЯ (1418), по которому страховщиком выплачено СТРАХОВОЕ ВОЗМЕЩЕНИЕ (1156).

2440. **subrogation form** — акт о суброгации.

Документ о передаче СТРАХОВАТЕЛЕМ (1196) своих прав на взыскание ущерба с третьего лица, ответственного за наступление СТРАХОВОГО СЛУЧАЯ (1418), СТРАХОВЩИКУ (1197) после того как последний выплатил страхователю СТРАХОВОЕ ВОЗМЕЩЕНИЕ (1156).

2441. **substitute** — заменитель.

МАТЕРИАЛ (1477) или ПРОДУКЦИЯ (1885), используемые вместо др. материала или продукции. Заменитель может быть полноценным, обладающим параметрами исходных материала или продукции в той же и даже более высокой степени, и неполноценным (эрзац, суррогат). Напр., в случае ПРОСТОЯ ПРОИЗВОДСТВА (2510) ОТДЕЛ СНАБЖЕНИЯ (1932) по согласованию с технол. и др. отделами пром. пр-тия может дать санкцию на использование материалов более высокого КАЧЕСТВА (1941), чем предусмотрено техн. документацией (взамен недопоставленных), что приведет к увеличению себестоимости продукции.

2442. **successive carriage** — последовательная перевозка.

ПЕРЕВОЗКА (2589) ГРУЗА (340), выполняемая ПЕРЕВОЗЧИКАМИ (366) одного или нескольких ВИДОВ ТРАНСПОРТА (1541) — ПЕРВЫМ ПЕРЕВОЗЧИКОМ (1672), ПРОМЕЖУТОЧНЫМ ПЕРЕВОЗЧИКОМ (1210) и ПОСЛЕДНИМ ПЕРЕВОЗЧИКОМ (654), несущими солидарную ответственность за ПОВРЕЖДЕНИЕ ГРУЗА (1224) или УТРАТУ ГРУЗА (1227).

2443. **sum insured,** s. i. — страховая сумма.

Объявленная СТРАХОВАТЕЛЕМ (1196) ден. сумма, на которую страхуется объект. Если С. с. превышает фактическую стоимость объекта, то ДОГОВОР СТРАХОВАНИЯ (536) считается недействительным в отношении той части страховой суммы,которая превышает фактическую стоимость.

2444. **Sundays and holidays excepted** — см. **SHEX.**

2445. **Sundays and holidays included** — см. **SHINC.**

2446. **supercargo** — 1) Суперкарго — АГЕНТ (49) 2) ФРАХТОВАТЕЛЯ (414), отвечающий за составление ГРУЗОВОГО ПЛАНА (2424) судна, ведущий наблюдение за его ПОГРУЗКОЙ (1366) и РАЗГРУЗКОЙ (2667), контролирующий целесообразность расходов, оплачиваемых фрахтователем. 2) Проводник — лицо, сопровождающее ГРУЗ (340), требующий спец. наблюдения или обслуживания.

2447. **superflushing** (амер., орг. произ-ва) — расчет потребности в комплектующих по всем ступеням входимости.
Способ определения потребности в ДЕТАЛЯХ (1739), МАТЕРИАЛАХ (1477) и др. по СТУПЕНЯМ ВХОДИМОСТИ (1322) сверху вниз на основании ВЕДОМОСТИ МАТЕРИАЛОВ (226). См. также 155.

2448. **supplemental order** — см. **purchase order change notice.**

2449. **supplementary invoice** — дополнительная счет-фактура.
СЧЕТ-ФАКТУРА (1248), в которой зафиксированы к. -л. расходы, не вошедшие в счет-фактуру, оформленную ранее.

2450. **supplier** — поставщик.
Юридическое лицо, обеспечивающее к. -л. ПРОДУКЦИЕЙ (1885) др. лицо. Поставщик может быть изготовителем продукции, ИСПОЛНИТЕЛЕМ (2174) УСЛУГ (2175), ПОСРЕДНИКОМ (1209). См. также 2694, 2695.

2451. **supplier hopping** — частая смена поставщиков.
Форма ДРОБЛЕНИЯ ЗАКАЗА (1664), при которой головное пр-тие чередует РАЗМЕЩЕНИЕ ЗАКАЗА (1658) на одноименную ПРОДУКЦИЮ (1885) у разл. ПОСТАВЩИКОВ (2450).

2452. **supplier rating** — см. **vendor analysis.**

2453. **supplies** — 1) ЗАПАСЫ (1230). 2) ВСПОМОГАТЕЛЬНЫЕ МАТЕРИАЛЫ (134).

2454. **supply** — 1) Предложение — имеющийся на рынке товар или услуга, характеризуемый определенной ЦЕНОЙ (1857) и являющийся реакцией на СПРОС (669), или, наоборот, создающий спрос (закон Сэя). 2) ЗАПАСЫ (1230). 3) СНАБЖЕНИЕ (1875).

2455. **supply chain management,** SCM — управление логистической цепью.
Концепция, основанная на координации процессов СНАБЖЕНИЯ (1875), произ-ва, СБЫТА (1777) ПРОДУКЦИИ (1885), УДАЛЕНИЯ (729) ОТХОДОВ (2741) и связанных с этими процессами ЛОГИСТИЧЕСКИХ ОПЕРАЦИЙ (1404) ХРАНЕНИЯ (2400) и ПЕРЕВОЗКИ (2589) при долгосрочной форме сотрудничества всех участвующих в этих процессах сторон.

2456. **supply node**; source — вход транспортной сети.
ВЕРШИНА (1588), называемая входом ТРАНСПОРТНОЙ СЕТИ (1586). МАТЕРИАЛЬНЫЙ ПОТОК (1482), исходящий из нее, превышает по объему входящий в нее поток (возможен случай, когда входящий поток вообще отсутствует). См. также 670.

2457. **surface carrier** — наземный транспорт.

Собирательный термин, который может обозначать АВТОМОБИЛЬНЫЙ ТРАНСПОРТ (1546), ТРУБОПРОВОДНЫЙ ТРАНСПОРТ (1806), ЖЕЛЕЗНОДОРОЖНЫЙ ТРАНСПОРТ (1967) или все эти виды транспорта вместе взятые.

2458. **surplus material report** — ведомость неиспользуемых запасов.

Документ, направляемый в ОТДЕЛ СНАБЖЕНИЯ (1932) пр-тия подразделением пр-тия, в котором накопились НЕИСПОЛЬЗУЕМЫЕ ЗАПАСЫ (1612).

2459. **surprise check** — внезапная инвентаризация.

Внеплановая ИНВЕНТАРИЗАЦИЯ (2387), проводимая, напр., по требованию следственных органов.

2460. **surveyor** — сюрвейер.

1) Инспектор классификационного общества, наблюдающий за стр-вом судна. 2) Эксперт, обследующий поврежденные ГРУЗЫ (340) и дающий заключение о размере УБЫТКОВ (1418).

2461. **suspension of transportation** — приостановка перевозки.

Прерывание ПЕРЕВОЗКИ (2589) до ее окончания по инициативе ПЕРЕВОЗЧИКА (366), напр., если будет установлено, что последнему под неправильным наименованием переданы ОПАСНЫЕ ГРУЗЫ (614). Перевозчик вправе потребовать возмещения понесенных им в связи с П. п. расходов от ВЛАДЕЛЬЦА ГРУЗА (352).

2462. **suspension packaging** — «плавающая» упаковка.

УПАКОВКА (1714) для ХРУПКИХ ГРУЗОВ (969). Груз укладывается в спец. прозрачную пленку и помещается в картонную КОРОБКУ (376), поверхностей касания с которой он не имеет.

Такая упаковка обеспечивает защиту от вибрационных и невысоких ударных нагрузок.

2463. **switcher** — см. **switching locomotive.**

2464. **switching** — 1) Свитч — на ТОВАРНОЙ БИРЖЕ (470): покупка фьючерсного контракта с одновременной продажей контракта по такому же товару на след. месяц. 2) Маневровая работа — совокупность операций по перемещению ПОДВИЖНОГО СОСТАВА (2094) в пределах ГРУЗОВОЙ ЖЕЛЕЗНОДОРОЖНОЙ СТАНЦИИ (1964), по ПОДАЧЕ (2319) ГРУЗОВЫХ ВАГОНОВ (1004) на ПОДЪЕЗДНЫЕ ПУТИ (2258) и т. д. М. р. выполняется МАНЕВРОВЫМИ ЛОКОМОТИВАМИ (2467). См. также 432.

2465. **switching charges** — сбор за маневровую работу.
Плата за МАНЕВРОВУЮ РАБОТУ (2464), обычно включаемая в ж. -д. ГРУЗОВОЙ ТАРИФ (1020). При необходимости доп. маневровых операций сбор за маневровую работу распределяется по соглашению между ГРУЗООТПРАВИТЕЛЕМ (497) и ГРУЗОПОЛУЧАТЕЛЕМ (492).

2466. **switching district** — маневровый район.
Часть ГРУЗОВОЙ ЖЕЛЕЗНОДОРОЖНОЙ СТАНЦИИ (1964), обслуживаемая одним МАНЕВРОВЫМ ЛОКОМОТИВОМ (2467) и одной составительской бригадой.

2467. **switching locomotive**; switcher (амер.) — МАНЕВРОВЫЙ ЛОКОМОТИВ (2248). См. также 1120.

T

2468. **tailboard lift**; tail lift — задний бортовой подъемник.
Элемент конструкции ГРУЗОВОГО АВТОМОБИЛЯ (1417), представляющий собой гидравлическую откидную подъемную платформу, смонтированную в его задней части.

2469. **tail lift** — см. **tailboard lift.**

2470. **tallier** — см. **weigher.**

2471. **tally**; cargo list — перечень грузов.
Список ГРУЗОВ (340), составляемый при ПОГРУЗКЕ (1366) или РАЗГРУЗКЕ (2667) ТРАНСПОРТНОГО СРЕДСТВА (1506). См. также 1450.

2472. **tallyclerk** — тальман.
Лицо, производящее подсчет ГРУЗОВ (340) и их проверку согласно ПЕРЕЧНЮ ГРУЗОВ (2471).

2473. **tallyman** — 1) ТАЛЬМАН (2472). 2) Магазин, торгующий в кредит (брит.) — ПРЕДПРИЯТИЕ РОЗНИЧНОЙ ТОРГОВЛИ (2067), отпускающее товары в рассрочку.

2474. **tally sheet** — тальманская расписка.
ГРУЗОВОЙ ДОКУМЕНТ (2213), подписываемый ТАЛЬМАНАМИ (2472), представляющими судно и ПОРТ (1831). Может служить основанием для оформления ШТУРМАНСКОЙ РАСПИСКИ (1499).

2475. **tank** — 1) Зернохранилище — в СИСТЕМЕ ХРАНЕНИЯ ЗЕРНА (1069): сооружение цилиндрической формы с разгрузочным отверстием в плоском дне, под которым находится отводящий КОНВЕЙЕР (541). До 87% зерна может быть выгружено под действием силы тяжести, остальное — с помощью спец. ПОГРУЗЧИКА (1364). 2) Цистерна — резервуар для ХРАНЕНИЯ (2400) или ПЕРЕВОЗКИ (2589) НАЛИВНЫХ ГРУЗОВ (1346), пылевидных и порошкообразных НАВАЛОЧНЫХ ГРУЗОВ (295). Может являться элементом конструкции ТРАНСПОРТНОГО СРЕДСТВА (1506). См. также 763, 2259.

2476. **tank car** (амер.), rail tank (брит.), tank wagon (брит.) — вагон-цистерна.
ГРУЗОВОЙ ВАГОН (1004), элементом конструкции которого является ЦИСТЕРНА (2475). Котел вагона-цистерны имеет устр-ва для ПОГРУЗКИ (1366) и РАЗГРУЗКИ (2667), вид которых зависит от специфики перевозимого ГРУЗА (340); может иметь оборудование для разогрева перевозимого груза.

2477. **tank container** — контейнер-цистерна.
Спец. КОНТЕЙНЕР (1009), включающий ЦИСТЕРНУ (2475) и каркас (рамные элементы). Используются изотермические, рефрижераторные контейнеры-цистерны и с подогревом. Вместимость контейнера-цистерны составляет, как правило, от 0,8 тыс. л до 40 тыс. л.

2478. **tank truck,** t/t (амер.) — автоцистерна.
ГРУЗОВОЙ АВТОМОБИЛЬ (2624), элементом конструкции которого является ЦИСТЕРНА (2475), вместимость которой составляет, как правило, до 30 тыс. л. См. также 1298.

2479. **tank wagon** — см. **tank car.**

2480. **tapering rate** — грузовой тариф со скидкой на дальность.
ГРУЗОВОЙ ТАРИФ (1020), изменяющийся по закону гиперболы. ПРОВОЗНАЯ ПЛАТА (2593) увеличивается медленнее, чем растет РАССТОЯНИЕ ПЕРЕВОЗКИ (1317), в отличие от ПРОПОРЦИОНАЛЬНОГО ГРУЗОВОГО ТАРИФА (2428).

2481. **tare** — ТАРА (627).

2482. **target inventory level**; «order-up-to» level; maximum inventory — максимальный запас.
В СИСТЕМЕ УПРАВЛЕНИЯ ЗАПАСАМИ (1237): сумма ТЕКУЩЕГО ЗАПАСА (607), ПОДГОТОВИТЕЛЬНОГО ЗАПАСА (1852) и СТРАХОВОГО ЗАПАСА (2115), при превышении которой образуются ИЗЛИШНИЕ ЗАПАСЫ (1702). См. также 2375.

2483. **tariff** — 1) Справочник таможенных пошлин — перечень, в котором по к. -л. признаку упорядочены ТАМОЖЕННЫЕ ПОШЛИНЫ (594). 2) ТАМОЖЕННЫЙ ТАРИФ (599). 3) Тарифный сборник — перечень ГРУЗОВЫХ ТАРИФОВ (1020) на к. -л. ГРУЗЫ (340), а также правила применения этих тарифов. См. также 1975.

2484. **TBL** — см. **through bill of lading.**

2485. **TDP** — см. **tradable discharge permit.**

2486. **team track** (амер.) — погрузочно-выгрузочный путь.
Запасной путь коллективного пользования, на который ГРУЗОВЫЕ ВАГОНЫ (1004) подаются для ПОГРУЗКИ (1366) или РАЗГРУЗКИ (2667) частными лицами или фирмами. См. также 121.

2487. **telescoping** — телескопирование.
Процесс выдвижения или втягивания подвижных секций КОНВЕЙЕРА (541) или СТРЕЛЫ (263).

2488. **tel quel** — см. **as is.**

2489. **tender** — 1) Оферта; коммерческое предложение — письменное предложение ПОСТАВЩИКОМ (2450) своей ПРОДУКЦИИ (1885) потенциальному ПОКУПАТЕЛЮ (309). 2) Торги — форма заключения ДОГОВОРА ПОДРЯДА (1458), ДОГОВОРА ПОСТАВКИ (526) и т. п. на основе конкурса поставщиков. Могут проводиться как открытые торги, к участию в которых допускаются все желающие, так и закрытые, в которых участвовать могут только приглашенные. 3) Тендер — вагон, прицепляемый к паровозу и предназначенный для запасов воды, топлива и смазочных материалов. 4) Тендер — плоскодонное судно для внутрипортовых ПЕРЕВОЗОК (2589) ГРУЗОВ (340).

2490. **tenderer** — оферент.
Лицо, вносящее КОММЕРЧЕСКОЕ ПРЕДЛОЖЕНИЕ (2489).

2491. **tender of shipment** (амер.) — заявка на перекачку нефти.
Непереуступаемый документ, используемый на ТРУБОПРОВОДНОМ ТРАНСПОРТЕ (1806). Выполняет ф-ции КОНОСАМЕНТА (225).

2492. **terminal** — терминал.
1) Комплекс устр-в, расположенных в конечном, промежуточном или начальном пункте трансп. сети и обеспечивающих взаимодействие разл. ВИДОВ ТРАНСПОРТА (1541), напр., АВИАГРУЗОВОЙ ТЕРМИНАЛ (64), ГРУЗОВАЯ ЖЕЛЕЗНОДОРОЖНАЯ СТАНЦИЯ (1964), ГРУЗОВАЯ АВТОСТАНЦИЯ (2627), ВНУТРЕННИЙ ВОДНЫЙ ГРУЗОВОЙ ТЕРМИНАЛ (2748). К числу осн. ф-ций, выполняемых терминалом, относится прием и выдача ГРУЗОВ (340), УКРУПНЕНИЕ ГРУЗОВ (500), их РАСКОНСОЛИДАЦИЯ (638) и ХРАНЕНИЕ (2400), обслуживание ТРАНСПОРТНЫХ СРЕДСТВ (1506), в т. ч. текущий РЕМОНТ (2039). 2) Устр-во ввода-вывода данных, подсоединенное к удаленному процессору. Может быть стационарным или мобильным, в т. ч. портативным. Напр., в АВТОМАТИЗИРОВАННЫХ СИСТЕМАХ УПРАВЛЕНИЯ СКЛАДСКИМИ ПРОЦЕССАМИ (2724) используются мобильные терминалы, установленные на вилочных ПОГРУЗЧИКАХ (1331) и портативные терминалы, которыми экипированы КОМПЛЕКТОВЩИКИ (1656).

2493. **terminal costs** — затраты на начально-конечные операции.
Часть СЕБЕСТОИМОСТИ ПЕРЕВОЗОК (367), включающая расходы на стр-во и эксплуатацию ТЕРМИНАЛОВ (2492), ЗАТРАТЫ НА ПОГРУЗОЧНО-РАЗГРУЗОЧНЫЕ РАБОТЫ (1367) и ИЗДЕРЖКИ ХРАНЕНИЯ (2405). В отличие от ЗАТРАТ НА ДВИЖЕНЧЕСКУЮ ОПЕРАЦИЮ (1339), затраты на начально-конечные операции не зависят от РАССТОЯНИЯ ПЕРЕВОЗКИ (1317).

2494. **terminal time** — см. **free time.**

2495. **terminating carrier** — см. **delivering carrier.**

2496. **termination of storage** — окончание хранения.
Прекращение ХРАНЕНИЯ (2400) в связи с истечением СРОКА ХРАНЕНИЯ (2412), либо по инициативе ПОКЛАЖЕДАТЕЛЯ (174) или ХРАНИТЕЛЯ (171). Хранитель обязан выдать поклажедателю его вещи или товары по его первому требованию, даже если срок хранения не истек. Хранитель вправе прекратить хранение, если будет установлено, что ему под неправильным наименованием переданы ОПАСНЫЕ ГРУЗЫ (614); если будет обнаружено, что стоимость товаров или вещей меньше ожидаемой ПЛАТЫ ЗА ХРАНЕНИЕ (2404), и в др. случаях, предусмотренных законодательством.

2497. **TEU** — см. **twenty foot equivalent unit.**

2498. **theft insurance** — страхование от кражи.
Разновидность имущественного СТРАХОВАНИЯ (1194), распространяющаяся на такие РИСКИ (2087) как кража со взломом, грабеж, разбой и т. д. В одних случаях эти риски являются неотъемлемой частью объема ответственности СТРАХОВЩИКА (1197), в др. — страхуются за доп. плату.

2499. **third party insurance** — см. **liability insurance.**

2500. **third party logistics,** TPL — выполнение логистических операций третьим лицом.
Передача пром. или торговой фирмой всех или части работ по ХРАНЕНИЮ (2400), ПЕРЕВОЗКЕ (2589), УПАКОВЫВАНИЮ (1721) товаров и т. п. ИСПОЛНИТЕЛЮ ЛОГИСТИЧЕСКИХ

УСЛУГ (1402), напр., СКЛАДУ ОБЩЕГО ПОЛЬЗОВАНИЯ (1915), ТРАНСПОРТУ ОБЩЕГО ПОЛЬЗОВАНИЯ (472).

2501. **third party warehousing** — хранение товаров третьим лицом.
Выполнение для пром. или торговой фирмы операций ХРАНЕНИЯ (2400) ее товаров третьим лицом, напр., СКЛАДОМ ОБЩЕГО ПОЛЬЗОВАНИЯ (1915) или арендуемым ЧАСТНЫМ СКЛАДОМ (1871). См. также 1402.

2502. **three-bin system** — см. **sealed minimum system.**

2503. **through bill of lading,** TBL — сквозной коносамент.
КОНОСАМЕНТ (225), оформляемый на ПОСЛЕДОВАТЕЛЬНУЮ ПЕРЕВОЗКУ (2442). См. также 1207.

2504. **throughput** — пропускная способность.
Макс. кол-во ГРУЗОВ (340), которое СКЛАД (2718) может переработать в ед. времени (обычно год). Зависит от ВМЕСТИМОСТИ СКЛАДА (2403), степени механизации грузовых работ и от др. факторов.

2505. **through rate** — сквозной тариф.
ГРУЗОВОЙ ТАРИФ (1020), на основании которого ПРОВОЗНАЯ ПЛАТА (2593) взыскивается непосредственно от ПУНКТА ОТПРАВЛЕНИЯ (1669) до ПУНКТА НАЗНАЧЕНИЯ (694), в отличие от КОМБИНИРОВАННОГО ТАРИФА (53).

2506. **tickler method** (амер.) — метод классификации ассортимента по скорости товарооборота.
В РОЗНИЧНОЙ ТОРГОВЛЕ (2068): СИСТЕМА УПРАВЛЕНИЯ ЗАПАСАМИ (1237), основанная на использовании МЕТОДА ABC (4).

2507. **tied outlet** — фирменный магазин.
ПРЕДПРИЯТИЕ РОЗНИЧНОЙ ТОРГОВЛИ (2067), являющееся собственностью пром. фирмы и реализующее только ее товары, или независимое торговое пр-тие, имеющее с пром. фирмой договор на реализацию только ее товаров в обмен на предоставление КОМБИНИРОВАННЫХ СКИДОК (50). Фирменный магазин может продавать товары др. фирм, не являющихся конкурентами данной фирмы, только с разрешения последней.

2508. **tie-down device** — крепежное устройство.
Средство фиксации ГРУЗА (340) на полу ГРУЗОВОГО ВАГОНА (1004), напр., ПОПЕРЕЧНЫЙ БРУСОК (252), СТОЕЧНАЯ СКОБА (899), УПОР ДЛЯ КРЕПЛЕНИЯ КОНТЕЙНЕРОВ (520).

2509. **tier** — ЯРУС (1322). См. также 209, 2103.

2510. **tie-up** — 1) Простой производства — временная приостановка работы пр-тия вследствие поломки оборудования, ДЕФИЦИТА (2376), забастовки и т. п. РИСК (1763) простоя производства может быть уменьшен путем научно обоснованного планирования СТРАХОВОГО ЗАПАСА (2115), перехода на МНОГОКАНАЛЬНУЮ ЛОГИСТИЧЕСКУЮ СИСТЕМУ (1566) и т. п. 2) Приостановка движения — временное прекращение ДВИЖЕНИЯ (2556) по ПУТИ СООБЩЕНИЯ (2752) вследствие аварии, проведения ремонтных работ и т. п. 3) Место швартовки — место на ПРИЧАЛЕ (214), к которому судно крепится тросом или цепью.

2511. **tilting wagon** — см. **dump car.**

2512. **time bucket**; action period; bucket — временной интервал.
В системе МРП (1488): промежуток времени, на которые разбит горизонт планирования (составляет до 7 дней). Чем меньше временной интервал, тем большая точность расчетов требуется при определении ВРЕМЕНИ ВЫПОЛНЕНИЯ ЗАКАЗА (1306).

2513. **time charter** — тайм-чартер.
ЧАРТЕР (412), в соответствии с которым судовладелец, сохраняя контроль над экипажем судна, передает последнее на определенный срок в распоряжение ФРАХТОВАТЕЛЯ (414) для ПЕРЕВОЗКИ (2589) любых законных ГРУЗОВ (340). Судовладелец несет расходы по СТРАХОВАНИЮ (1194) судна, фрахтователь оплачивает стоимость ПРЕДМЕТОВ СУДОВОГО СНАБЖЕНИЯ (2231). Если тайм-чартером не предусмотрено иное, то фрахтователь вправе сдать судно в субаренду. См. также 186, 413.

2514. **time fences** (амер., орг. произ-ва) — границы временного интервала.
Начальная и конечная точки периодов, на которые разбит горизонт планирования. Практически это понятие применяется, напр., при формировании ГРАФИКА ПРОИЗВОДСТВА (1474) и при определении предельных сроков для принятия ИЗМЕНЕНИЙ К ЗАКАЗАМ (1922). См. также 2512.

2515. **time-phased order point system** — система управления запасами с прогнозированием точки заказа.
СИСТЕМА УПРАВЛЕНИЯ ЗАПАСАМИ (1237), в которой величина ТОЧКИ ЗАКАЗА (1659) корректируется методами ПРОГНОЗИРОВАНИЯ (952) с учетом сезонных колебаний СПРОСА (669).

2516. **time policy** — полис на срок.

СТРАХОВОЙ ПОЛИС (1195), по которому СУДНО (1143) страхуется на определенный срок (от месяца до года). См. также 1533, 2712.

2517. **timesheet** — см. **laytime statement.**

2518. **timetable** — расписание.

План орг-ции движения ТРАНСПОРТНЫХ СРЕДСТВ (1506) по направлениям с устойчивыми пассажирскими и ГРУЗОВЫМИ ПОТОКАМИ (1023), составляемый на квартал, полугодие и т. д. Содержит номера РЕЙСОВ (2621), время прибытия и отправления трансп. средств, время в пути, описание МАРШРУТА (2099) и т. п.

2519. **tipping fee**; «gate» fee (амер.) — сбор за захоронение отходов.

Плата, взыскиваемая с водителя МУСОРОВОЗА (453) при ВЫГРУЗКЕ (2667) ТВЕРДЫХ ОТХОДОВ (2290), доставленных на СВАЛКУ (1290) или МУСОРОПЕРЕГРУЗОЧНУЮ СТАНЦИЮ (2579).

2520. **tipping load** — опрокидывающая нагрузка.

Усилие, нарушающее равновесие мобильного КРАНА (563). Возникает, напр., при превышении допустимого ВЫЛЕТА (1635), при малом УГЛЕ НАКЛОНА СТРЕЛЫ (264). Может привести к падению крана. См. также 278, 1361.

2521. **TIR carnet** — книжка МДП; ТИР-карнет.

Документ, применяемый органами ТАМОЖНИ (591) ряда стран и могущий выполнять ф-ции МАНИФЕСТА (1450). Состоит из 14 или 20 страниц, включая обложку, отрывные листы и корешки белого, зеленого и желтого цвета. Дает право на упрощенную ТАМОЖЕННУЮ ОЧИСТКУ (437). Введен в Европе на основании конвенции 1959 г. Конвенция 1975 г. отменила европейский характер применения книжки МДП и распространила ее на весь мир.

2522. **TL** — см. **truckload.**

2523. **T. M.** — см. **ton-mile.**

2524. **TOFC** — см. **trailer on flatcar.**

2525. **TOFC/COFC car** — см. **intermodal car.**

2526. **toll** — 1) Плата за пользование автомобильной дорогой — ден. сумма, взыскиваемая за право проезда по АВТОМОБИЛЬНОЙ ДОРОГЕ (1125). Зависит от расстояния проезда, массы ГРУЗА (340), кол-ва пассажиров и др. факторов. В системах сбора этой платы широко применяются СМАРТ-КАРТЫ (2288). 2) ПРОВОЗНАЯ ПЛАТА (2593). 3) Плата за переработку давальческого сырья — ден. сумма, выплачиваемая за переработку СЫРЬЯ (1979), предоставленного по ДОГОВОРУ НА УСЛОВИЯХ ТОЛЛИНГА (2059).

2527. **tolling agreement** — см. **resource-providing contract.**

2528. **ton** — тонна.

Ед. массы или объема, напр., ТОННА ВОДОИЗМЕЩЕНИЯ (726), ФРАХТОВАЯ ТОННА (1022), ДЛИННАЯ ТОННА (1416), ОБМЕРНАЯ ТОННА (1508), КОРОТКАЯ ТОННА (2244), метрическая ТОННА (2533), РЕГИСТРОВАЯ ТОННА (2702).

2529. **ton-mile**; Т.М. — тонно-миля.
Ед. грузооборота; ПЕРЕВОЗКА (2589) одной ТОННЫ (2528) ГРУЗА (340) на одну МИЛЮ (1519).

2530. **tonnage** — 1) ФЛОТ (922). 2) ГРУЗОПОДЪЕМНОСТЬ (343). 3) НЕТТО-ТОННАЖ (1580). 4) ТОННАЖНЫЙ СБОР (2532).

2531. **tonnage-compilation clerk** (амер.) — 1) ЧЕКЕР (345). 2) ТАЛЬМАН (2472).

2532. **tonnage dues** — тоннажный сбор.
Плата, взыскиваемая в ПОРТУ ЗАХОДА (1833) за ед. НЕТТО-ТОННАЖА (1580) судна.

2533. **tonne**; metric ton — тонна.
Ед. массы, равная 1000 кг или 2204,62 фунта. Широко применяется в СИСТЕМАХ ХРАНЕНИЯ ЗЕРНА (1069), в т. ч. в странах с неметрическими системами мер и весов. См. также 2528.

2534. **tonne-kilometre** — тонно-километр.
Ед. грузооборота; ПЕРЕВОЗКА (2589) одной ТОННЫ (2533) ГРУЗА (340) на один километр (1000 метров). См. также 2529.

2535. **topping up system** — см. **imprest stock control.**

2536. **total cost** — полная себестоимость.
Сумма ЗАВОДСКОЙ СЕБЕСТОИМОСТИ (1888) и РАСХОДОВ НА РЕАЛИЗАЦИЮ ТОВАРА (2159).

2537. **total loss** — см. **actual total loss.**

2538. **Total Quality Control,** TQC — всесторонний контроль качества.
Система управления КАЧЕСТВОМ (1941) ПРОДУКЦИИ (1885), объектом которой является весь ЖИЗНЕННЫЙ ЦИКЛ ТОВАРА (1893) и в основе которой лежит т. н. цикл Деминга (планирование, произ-во, контроль, совершенствование продукции). Термин «всесторонний контроль качества» предложен А.Фейгенбаумом (США) в 1961 г. К числу важнейших идей всестороннего контроля качества относятся КАЧЕСТВО В ЗАРОДЫШЕ (1942), СТАТИСТИЧЕСКИЙ КОНТРОЛЬ ТЕХНОЛОГИЧЕСКОГО ПРОЦЕССА (2346), ПРЕДУПРЕДИТЕЛЬНОЕ ТЕХНИЧЕСКОЕ ОБСЛУЖИВАНИЕ (1856), работа только с СЕРТИФИЦИРОВАННЫМИ ПОСТАВЩИКАМИ (102), ПРАВО ОСТАНОВКИ ПРОИЗВОДСТВЕННОЙ ЛИНИИ (2399). Теоретические основы этого контроля разработаны в США, однако практическую реализацию в наиболее полном объеме эти идеи впервые получили в Японии в конце 1960-х гг. в рамках системы КАНБАН (1277).

2539. **total time used** — фактически затраченное время.
Термин, используемый в ДОГОВОРАХ ПЕРЕВОЗКИ (535). Исчисляется в рабочих днях или часах. При положительной разности между фактически затраченным временем и НОРМОЙ ПРОСТОЯ (997) выплачивается ДЕМЕРЕДЖ (672). При отрицательной разности выплачивается ДИСПАЧ (689). См. также 1374.

2540. **toxic waste** — ядовитые отходы.
ОПАСНЫЕ ОТХОДЫ (1111), которые могут вызвать заболевание, отравление и смерть людей и животных. Опасные свойства ядовитых отходов проявляются при вдыхании, проглатывании, попадании на кожу. Иногда отравляющее действие таких отходов проявляется не сразу и на первой стадии отравление незаметно для пострадавшего. См. также 1173.

2541. **TPL** — см. **third party logistics.**

2542. **TQC** — см. **Total Quality Control.**

2543. **traceability** — идентифицируемость.
Возможность определения принадлежности ед. ПРОДУКЦИИ (1885) к к. -л. ПАРТИИ (204) или ОТПРАВКЕ (2194). Продукция может быть идентифицирована по информации в ее МАРКИРОВКЕ (1469), ЭТИКЕТКЕ (1282), РАДИОЧАСТОТНОЙ БИРКЕ (1961), штриховом коде. Идентифицируемость продукции существенно важна при ОТСЛЕЖИВАНИИ ГРУЗОВ (2199), при проведении кампаний по ОТЗЫВУ ТОВАРА (1983) и т. п.

2544. **tracer** (амер.) — 1) Запрос о местонахождении груза — обращение заинтересованного лица (по телефону, электронной почте и т. п.) к ПЕРЕВОЗЧИКУ (366) с просьбой предоставить информацию о том, где в данный момент находится ГРУЗ (340). Ряд трансп. фирм эксплуатируют автоматизированные системы ОТСЛЕЖИВАНИЯ ГРУЗОВ (2199), которые, в частности, предоставляют оперативную информацию клиентам о всех задержанных и ЗАСЛАННЫХ ГРУЗАХ (1530). 2) Агент по розыску грузов — сотрудник, в обязанности которого входит поиск задержанных, засланных и утраченных грузов.

2545. **trackage** (амер.) — 1) Право на пользование путем — разрешение, предоставленное одной ЖЕЛЕЗНОЙ ДОРОГОЙ (1963) другой на использование принадлежащего первой ж. -д. пути. 2) Плата за пользование путем — ден. сумма, уплачиваемая одной железной дорогой другой за пользование принадлежащим второй ж. -д. путем.

2546. **trackshed** — склад-ангар; навес.
ПОЛУЗАКРЫТЫЙ СКЛАД (2161), внутрь которого введен ПОГРУЗОЧНО-ВЫГРУЗОЧНЫЙ ПУТЬ (2486).

2547. **track storage** (амер.) — сбор за задержку вагона.
Доп. плата, взыскиваемая с ГРУЗООТПРАВИТЕЛЯ (497) или ГРУЗОПОЛУЧАТЕЛЯ (492) за задержку ГРУЗОВОГО ВАГОНА (1004) на пути, являющемся собственностью ЖЕЛЕЗНОЙ ДОРОГИ (1963).

2548. **tradable discharge permit**; TDP (амер.) — обмениваемая квота выброса вредных веществ.
Установленный гос. органами лимит на выброс вредных веществ в окружающую среду данным пром. пр-тием. Оформляется спец. документом, который пр-тие вправе продать др. пр-тию, напр., если первое пр-тие резко сократило выброс вредных веществ за счет внедрения природоохранных мероприятий. Экон. эксперименты по использованию этой квоты начались в США в 1970-е гг. Юридическое оформление эта практика получила в Законе о чистоте воздуха (Clean Air Act, 1990).

2549. **trade channel** — см. **logistics channel.**

2550. **trade discount** — торговая скидка.
СКИДКА (719), предоставляемая производителем ПРОДУКЦИИ (1885) членам КАНАЛА ТОВАРОДВИЖЕНИЯ (1399).

2551. **traded unit** — оптовая партия; групповая упаковка.
ПАРТИЯ (1419) товара, являющаяся объектом купли-продажи в ОПТОВОЙ ТОРГОВЛЕ (2773). Маркируется штриховыми кодами ИТФ-14 и ЕАН-128 (если у товара есть к. -л. переменные характеристики и их необходимо закодировать). Возможен слу-

чай, когда оптовая партия одновременно является РОЗНИЧНОЙ ПАРТИЕЙ (512), напр., мебель, бытовые крупногабаритные электротовары. В последнем случае оптовая партия маркируется штриховым кодом ЕАН-13.

2552. **trade-in** — 1) Встречная торговля — продажа ПОТРЕБИТЕЛЮ (508) нового товара с одновременной покупкой у него одноименного старого товара. 2) Объект встречной продажи — товары, принимаемые в уплату за др. товары при СМЕШАННОЙ ФОРМЕ ОПЛАТЫ (1742); старый товар, сдаваемый ПОКУПАТЕЛЕМ (309) при приобретении нового с доплатой разницы в ЦЕНЕ (1857).

2553. **trade-in value** — остаточная стоимость.
Стоимость ОСНОВНЫХ ФОНДОВ (911) после истечения СРОКА СЛУЖБЫ (92); ден. выражение стоимости осн. фондов, не перенесенной на ГОТОВУЮ ПРОДУКЦИЮ (900); восстановительная стоимость осн. фондов за вычетом их износа.

2554. **trade route** — торговый путь.
МАРШРУТ (2099) водной или наземной ПЕРЕВОЗКИ (2589), на котором существует устойчивый ГРУЗОВОЙ ПОТОК (1023).

2555. **trading stock**; stock-in-trade — товарные запасы.
ТОВАРНЫЕ ЗАПАСЫ (1511), которыми располагает на момент учета ПРЕДПРИЯТИЕ РОЗНИЧНОЙ ТОРГОВЛИ (2067). См. также 737, 2069.

2556. **traffic** — 1) Грузооборот — объем трансп. работы в ТОННОМИЛЯХ (2529) или др. единицах. Определяется по отдельным ПЕРЕВОЗЧИКАМ (366), по ВИДАМ ТРАНСПОРТА (1541), по всей трансп. системе страны в целом. 2) Пассажирооборот —

объем работы по ПЕРЕВОЗКЕ (2589) пассажиров. Измеряется в пассажиро-километрах или в пассажиро-милях. 3) Товарооборот — совокупность актов купли-продажи товаров. 4) Незаконная торговля — сбыт и приобретение товаров, оборот которых ограничен или запрещен (наркотические средства, похищенное имущество и т. п.). 5) Людской поток — кол-во лиц, посетивших за один день ПРЕДПРИЯТИЕ РОЗНИЧНОЙ ТОРГОВЛИ (2067). Важной характеристикой людского потока является коэф. завершенности покупок, т. е. отношение числа лиц, сделавших покупки, к общему числу лиц, посетивших магазин. 6) Движение — перемещение по к. -л. участку или территории напр., акватории ПОРТА (1831), ТРАНСПОРТНЫХ СРЕДСТВ (1506).

2557. **traffic agent**; freight traffic agent (амер.) — транспортный агент.
АГЕНТ (49) ПЕРЕВОЗЧИКА (366), занимающийся поиском ГРУЗОВ (340) для последнего.

2558. **traffic capacity** — пропускная способность пути сообщения.
Макс. кол-во ТРАНСПОРТНЫХ СРЕДСТВ (1506), которое может проследовать через данную ВЕРШИНУ (1588) ТРАНСПОРТНОЙ СЕТИ (1586) в ед. времени. Если величина ТРАНСПОРТНОГО ПОТОКА (2560) превышает пропускную способность пути сообщения, то возможно возникновение ЗАТОРОВ (2562). См. также 105, 330, 1500.

2559. **traffic density** — густота перевозок; грузонапряженность.
Кол-во ГРУЗОВ (340) в ТОННАХ (2528), приходящихся на ед. длины ПУТИ СООБЩЕНИЯ (2752). Вообще говоря, чем выше грузонапряженность, тем меньше СЕБЕСТОИМОСТЬ ПЕРЕВОЗОК (367).

2560. **traffic flow** — транспортный поток.

Совокупность ТРАНСПОРТНЫХ СРЕДСТВ (1506), находящихся на ПУТИ СООБЩЕНИЯ (2752); характеризуется интенсивностью (кол-во трансп. средств, проследовавших в ед. времени через данное сечение пути), составом (соотношение трансп. средств разл. типов), СКОРОСТЬЮ (2313) отдельных трансп. средств и потока в целом и т. п.

2561. **traffic interval** — межпоездной интервал.

Расстояние между двумя следующими друг за другом поездами. Может быть временным (в минутах) и пространственным (в метрах). Мин. межпоездной интервал – показатель, используемый при расчете ПРОПУСКНОЙ СПОСОБНОСТИ ПУТИ СООБЩЕНИЯ (2558). В США начаты эксперименты по использованию ГЛОБАЛЬНОЙ СИСТЕМЫ ОПРЕДЕЛЕНИЯ КООРДИНАТ (1051) для контроля М. и.

2562. **traffic jam** — затор; пробка.

1) Временная приостановка ДВИЖЕНИЯ (2556) по ПУТИ СООБЩЕНИЯ (2752) в результате трансп. происшествия, проведения РЕМОНТА (2039), исчерпания ПРОПУСКНОЙ СПОСОБНОСТИ ПУТИ СООБЩЕНИЯ (2558). Заторы могут привести к значительным потерям для ТРАНСПОРТНОГО ПОТОКА (2560) в целом. 2) Скопление ПОКУПАТЕЛЕЙ (309) у РАСЧЕТНОГО УЗЛА (418) ПРЕДПРИЯТИЯ РОЗНИЧНОЙ ТОРГОВЛИ (2067).

2563. **traffic manager** (амер.) — диспетчер.

Работник ГРУЗОВОЙ АВТОСТАНЦИИ (2627), в обязанности которого входит оперативный контроль за приемом и выдачей ГРУЗОВ (340), проверка правильности начисления ПРОВОЗНОЙ ПЛАТЫ (2593), оформление ГРУЗОВЫХ ДОКУМЕНТОВ (2213), участие в претензионно-исковой работе.

2564. **traffic regularity** — регулярность движения.

Отношение кол-ва РЕЙСОВ (2621) ТРАНСПОРТНЫХ СРЕДСТВ (1506), отправленных или проследовавших и/или прибывших по РАСПИСАНИЮ (2518), к общему кол-ву рейсов.

2565. **trailer** — прицеп; трейлер.

Разновидность прицепного ПОДВИЖНОГО СОСТАВА (2094) на АВТОМОБИЛЬНОМ ТРАНСПОРТЕ (1546), соединяемого с ТЯГАЧОМ (2624) с помощью буксирного приспособления и дышла.

2566. **trailer creep** — самопроизвольное смещение прицепа.

Одна из наиболее распространенных причин несчастных случаев на ПОГРУЗОЧНО-РАЗГРУЗОЧНЫХ ПЛОЩАДКАХ (1368). Под действием нагрузок, возникающих при въезде в находящийся на ПРИЦЕПЕ (2565) КОНТЕЙНЕР (1009) ПОГРУЗЧИКОВ (1331) и выезде их из контейнера, прицеп может отделиться от площадки. В последнем случае возможна авария погрузчика. См. также 1292.

2567. **trailer hitch**; stanchion — трейлерный упор.

КРЕПЕЖНОЕ УСТРОЙСТВО (2508), предназначенное для фиксации ТРЕЙЛЕРОВ (2565) на полу КОНТРЕЙЛЕРНОЙ ПЛАТФОРМЫ (1216).

2568. **trailer on flatcar,** TOFC — контрейлерная перевозка.

Разновидность перевозки ПИГГИБЭК (1800): ПЕРЕВОЗКА (2589) ТРЕЙЛЕРА (2565) на КОНТРЕЙЛЕРНОЙ ПЛАТФОРМЕ (1216).

2569. **trainload** — маршрутная отправка.
ОТПРАВКА (2194), достаточная для формирования МАРШРУТНОГО ПОЕЗДА (2666).

2570. **trainload rate** — тариф маршрутной отправки.
ГРУЗОВОЙ ТАРИФ (1020), установленный для МАРШРУТНОЙ ОТПРАВКИ (2569).

2571. **train run** — среднесменный пробег.
Расстояние, которое проходит ГРУЗОВОЙ ПОЕЗД (1061) за один рабочий день поездной бригады.

2572. **tramp** — см. **tramp ship.**

2573. **tramp service** — трамповое судоходство.
Один из трех осн. режимов междунар. морских грузовых ПЕРЕВОЗОК (2589); перевозка МАССОВЫХ ГРУЗОВ (295) СУДОВЫМИ ОТПРАВКАМИ (2193), не связанная определенными р-нами плавания и производимая без определенного РАСПИСАНИЯ (2518). ПРОВОЗНАЯ ПЛАТА (2593) устанавливается по соглашению сторон. См. также 1163, 1342.

2574. **tramp ship**; tramp — трамповое судно.
ГРУЗОВОЕ СУДНО (358), используемое в ТРАМПОВОМ СУДОХОДСТВЕ (2573). Эксплуатируется, как правило, на условиях ТАЙМ-ЧАРТЕРА (2513) или РЕЙСОВОГО ЧАРТЕРА (2711).

2575. **transfer batch** — транспортный задел.
ПОЛУФАБРИКАТЫ (2163), находящиеся на момент учета в процессе ПЕРЕВОЗКИ (2589) между рабочими местами, цехами и т. п. См. также 1887.

2576. **transfer cargo** — перевалочный груз; трансферный груз.
ГРУЗ (340), перегружаемый в процессе ПЕРЕВОЗКИ (2589) с одного ТРАНСПОРТНОГО СРЕДСТВА (1506) на др.

2577. **transfer center** (амер.) — передаточный пункт.
ПУНКТ ПЕРЕВАЛКИ (2607) ГРУЗОВ (340) с ЖЕЛЕЗНОДОРОЖНОГО ТРАНСПОРТА (1967) на АВТОМОБИЛЬНЫЙ ТРАНСПОРТ (1546) и наоборот. См. также 1202.

2578. **transfer of hazardous wastes** — перемещение опасных отходов.
ПЕРЕВОЗКА (2589) ОПАСНЫХ ОТХОДОВ (1111) к месту УДАЛЕНИЯ (729) или УТИЛИЗАЦИИ (2007). Напр., Россия и Франция являются чистыми импортерами опасных отходов, Германия и Нидерланды — чистыми экспортерами. Междунар. перевозки опасных отходов регулируются Базельской конвенцией (1989 г.), которая была ратифицирована Россией в 1995 г.

2579. **transfer station** — мусороперегрузочная станция.
Пр-тие коммунальной службы, на которое МУСОРОВОЗЫ (453) доставляют ТВЕРДЫЕ БЫТОВЫЕ ОТХОДЫ (1572) с ПЛОЩАДОК ДЛЯ МУСОРА (780). Известен ряд способов орг-ции работы мусороперегрузочной станции: перегрузка отходов из мусоровозов непосредственно в большегрузные ТРЕЙЛЕРЫ (2565), доставляющие отходы к местам УТИЛИЗАЦИИ (2007) или УДАЛЕНИЯ (729); ХРАНЕНИЕ (2400) отходов на этой станции с последующим их вывозом трейлерами; УПЛОТНЕНИЕ (2178) отходов перед их погрузкой в трейлеры. Мусороперегрузочная станция занимает, как правило, площадь 3-8 га, имеет производительность в ср. 1500 т отходов в сутки.

2580. **transient customer**; occasional purchaser — случайный клиент.
КЛИЕНТ (2674), ПОКУПАТЕЛЬ (309) и т. п., не принадлежащий к ЗОНЕ ОБСЛУЖИВАНИЯ (389) данного пр-тия.

2581. **transire** (брит.) — разрешение на провоз.
Таможенный документ, оформляемый на ГРУЗЫ (340) перевозимые КАБОТАЖЕМ (317). Предъявляется капитаном ТАМОЖНЕ (591) в ПОРТУ РАЗГРУЗКИ (1834).

2582. **transit privilege** — транзитная льгота.
СОПУТСТВУЮЩАЯ УСЛУГА (10), предоставляемая на ЖЕЛЕЗНОДОРОЖНОМ ТРАНСПОРТЕ (1967) и на АВТОМОБИЛЬНОМ ТРАНСПОРТЕ (1546). ВЛАДЕЛЬЦУ ГРУЗА (352) предоставляется право ЧАСТИЧНОЙ РАЗГРУЗКИ (1747) ГРУЗА (340) в пути следования в целях его переработки (напр., распиловка древесины, помол зерна) и возможность забрать из промежуточного пункта такое же кол-во переработанного груза. При этом ПЕРЕВОЗКА (2589) оплачивается по СКВОЗНОМУ ТАРИФУ (2505). См. также 1681, 2396, 2397, 2583.

2583. **transit rate** — транзитный тариф.
ГРУЗОВОЙ ТАРИФ (1020), взыскиваемый за прерываемую в промежуточном пункте ПЕРЕВОЗКУ (2589) ГРУЗА (340). Перевозка прерывается в целях переработки груза в промежуточном пункте или его ХРАНЕНИЯ (2400) там. Если груз до промежуточного пункта был доставлен по одному тарифу, а после переработки в промежуточном пункте при доставке в конечный ПУНКТ НАЗНАЧЕНИЯ (694) перевозится по др. тарифу, то ПЕРЕВОЗЧИК (366) вправе взыскать ПРОВОЗНУЮ ПЛАТУ (2593) за всю перевозку (до промежуточного пункта и после него) по более высокому тарифу.

2584. **transit shed** — см. **shed.**

2585. **transit time**; shipping-to-delivery time — время перевозки; срок доставки.
Фактическое или нормативное время ПЕРЕВОЗКИ (2589) ГРУЗА (340) из ПУНКТА ОТПРАВЛЕНИЯ (1669) в ПУНКТ НАЗНАЧЕНИЯ (694). Зависит от СКОРОСТИ (2313) ТРАНСПОРТНОГО СРЕДСТВА (1506), кол-ва ПЕРЕГРУЗОК (2606) в пути, категории ОТПРАВКИ (2194) и др. факторов. За нарушение сроков доставки по вине ПЕРЕВОЗЧИКА (366) последний уплачивает ШТРАФ (1760). См. также 247, 2224.

2586. **transparent package** — прозрачная упаковка.
УПАКОВКА (1714), изготовленная из УПАКОВОЧНЫХ МАТЕРИАЛОВ (1716), пропускающих свет. См. также 243.

2587. **transplant** — трансплант.
Пром. ПРОДУКЦИЯ (1885), изготовленная на пр-тии, владелец которого зарегистрирован в др. стране. Такая продукция предназначена для сбыта в стране местонахождения пр-тия или в третьей стране. Напр., ряд западных фирм построил в развивающихся странах с низким уровнем заработной платы сборочные пр-тия, где из импортируемых ДЕТАЛЕЙ (1739) изготавливаются автомобили, электронная техника и др. Согласно законодательству ряда стран, такие детали облагаются льготными ТАМОЖЕННЫМИ ПОШЛИНАМИ (594).

2588. **transportability** — транспортабельность.
Способность ГРУЗА (340) сохранять количественные и качественные параметры при ПЕРЕВОЗКЕ (2589) в установленных стандартами и др. нормативными актами условиях. Как правило, на ГОТОВУЮ ПРОДУКЦИЮ (900) устанавливаются более

высокие ГРУЗОВЫЕ ТАРИФЫ (1020), чем на СЫРЬЕ (1979), т.к. сырье более транспортабельно и в случае его утраты или повреждения объем ОТВЕТСТВЕННОСТИ ПЕРЕВОЗЧИКА (369) меньше, чем при утрате или повреждении готовой продукции. Это правило не распространяется на СКОРОПОРТЯЩИЕСЯ ГРУЗЫ (1767). См. также 2592.

2589. **transportation** — перевозка; перевозки.
ЛОГИСТИЧЕСКАЯ ОПЕРАЦИЯ (1404), заключающаяся в перемещении ГРУЗА (340) из ПУНКТА ОТПРАВЛЕНИЯ (1669) в ПУНКТ НАЗНАЧЕНИЯ (694). Включает ДВИЖЕНЧЕСКУЮ ОПЕРАЦИЮ (1340) и начально-конечную операцию [ПОГРУЗКА (1366), ХРАНЕНИЕ (2400), РАЗГРУЗКА (2667) груза и др.]. Перевозка создает для ПОТРЕБИТЕЛЯ (587) полезность, связанную с местом и временем (time and place utility). Непосредственно наблюдаемыми и управляемыми параметрами перевозки являются СКОРОСТЬ (2313), РАССТОЯНИЕ ПЕРЕВОЗКИ (1317), ВРЕМЯ ПЕРЕВОЗКИ (2585), ПРОВОЗНАЯ ПЛАТА (2593). Более сложно определить такие параметры перевозки, как НАДЕЖНОСТЬ (674) и ГИБКОСТЬ (923).

2590. **transportation agreement** — см. **contract of carriage.**

2591. **transportation broker** — транспортный брокер.
БРОКЕР (288), оказывающий УСЛУГИ (2175) по установлению деловых связей между ПЕРЕВОЗЧИКАМИ (366) и ГРУЗООТПРАВИТЕЛЯМИ (497).

2592. **transportation characteristics** — транспортная характеристика.
Совокупность свойств ГРУЗА (340), определяющих его ТРАНСПОРТАБЕЛЬНОСТЬ (2588). К осн. транспортным характеристикам относятся масса, ЛИНЕЙНЫЕ РАЗМЕРЫ (705),

ПЛОТНОСТЬ (2763), ВЛАЖНОСТЬ (1544), УДЕЛЬНЫЙ ПОГРУЗОЧНЫЙ ОБЪЕМ (2423), УСРЕДНЕННАЯ СТОИМОСТЬ (2683). Используются также такие транспортные характеристики как УГОЛ ЕСТЕСТВЕННОГО ОТКОСА (91), скважистость, распыляемость, слеживаемость и т. п.

2593. **transportation charges**; carriage charges — провозная плата.
Ден. сумма, взыскиваемая за ПЕРЕВОЗКУ (2589) ГРУЗА (340) из ПУНКТА ОТПРАВЛЕНИЯ (1669) в ПУНКТ НАЗНАЧЕНИЯ (694). Включает плату за ДВИЖЕНЧЕСКУЮ ОПЕРАЦИЮ (1340), СОПУТСТВУЮЩИЕ УСЛУГИ (10), если они были оказаны, и за начально-конечные операции [ПОГРУЗКА (1366), РАЗГРУЗКА (2667) и т. п.]. ПЕРЕВОЗЧИК (366) теряет право на провозную плату, если по его вине произошла УТРАТА ГРУЗА (1227). Если УБЫТКИ (1418) от ВЫБРАСЫВАНИЯ ГРУЗА ЗА БОРТ (1259) подлежат распределению по ОБЩЕЙ АВАРИИ (1044), то право на провозную плату за перевозчиком сохраняется. См. также 1773, 2652.

2594. **transportation costs**; carriage costs; transport costs — транспортные издержки; транспортные расходы.
Осн. часть ЛОГИСТИЧЕСКИХ ИЗДЕРЖЕК (1400) и ДОПОЛНИТЕЛЬНЫХ ИЗДЕРЖЕК ОБРАЩЕНИЯ (2680), связанных с ПЕРЕВОЗКОЙ (2589) ПРОДУКЦИИ (1885) от ПОСТАВЩИКА (2450) ПОТРЕБИТЕЛЮ (587). По нек-рым видам МАССОВЫХ ГРУЗОВ (295) трансп. расходы могут составлять свыше 50% ЦЕНЫ (1857).

2595. **transportation in** — см. **Freight In.**

2596. **transportation insurance** — транспортное страхование.
Собирательный термин, обозначающий СТРАХОВАНИЕ (1194) ГРУЗОВ (340), ТРАНСПОРТНЫХ СРЕДСТВ (1506), экипажа трансп. средств, пассажиров, СТРАХОВАНИЕ ОТВЕТСТ-ВЕННОСТИ (1325) и т. п. от таких РИСКОВ (2087) как столк-новение, угон, ПОВРЕЖДЕНИЕ ГРУЗА (1224) и др.

2597. **transportation inventory** — см. **in-transit inventory.**

2598. **transportation inventory cost,** TRIC (амер.) — затраты на запасы в пути.
Расходы, связанные с возможным УХУДШЕНИЕМ КАЧЕСТ-ВА (698) товаров, находящихся в процессе ПЕРЕВОЗКИ (2589), их СТРАХОВАНИЕМ (1194) на случай утраты, ХИЩЕНИЯ (1802) и т. п.

2599. **transportation pricing**; carrier pricing — тарифообразование.
Способ построения ГРУЗОВОГО ТАРИФА (1020). Различают ТАРИФЫ, РАССЧИТАННЫЕ ПО СЕБЕСТОИМОСТИ ПЕРЕ-ВОЗОК (551) и АДВАЛОРНЫЕ ГРУЗОВЫЕ ТАРИФЫ (2684). См. также 652.

2600. **transportation problem** — транспортная задача.
Задача линейного программирования, связанная с построением оптим. плана ПЕРЕВОЗОК (2589) из заданных ПУНКТОВ ОТ-ПРАВЛЕНИЯ (1669) в заданные ПУНКТЫ НАЗНАЧЕНИЯ (694) при полном удовлетворении потребности в перевозках и мин. ТРАНСПОРТНЫХ ИЗДЕРЖКАХ (2594).

2601. **transport costs** — см. **transportation costs.**

2602. **transport index** — транспортный индекс.

Предельно допустимая мощность эквивалентной дозы излучения на расстоянии 1 м от радиоактивного ГРУЗА (340). Общая сумма транспортного индекса радиоактивных грузов, находящихся в одном СКЛАДЕ (2718) или одном ГРУЗОВОМ ВАГОНЕ (1004) не должна превышать 50. При ПЕРЕВОЗКЕ (2589) радиоактивных грузов водным путем общая сумма транспортного индекса грузов, находящихся на одном судне, не должна превышать 200, при этом транспортный индекс любой отдельно взятой ПАРТИИ (1419) не должен превышать 50. См. также 614.

2603. **transport instruction** — транспортная заявка.

Сообщение в стандарте ЕАНКОМ (802), представляющее собой ЗАКАЗ (1646) ПЕРЕВОЗЧИКУ (366) или ЭКСПЕДИТОРУ (1012) на ДОСТАВКУ (655) товаров. В этой заявке указывается ТРАНСПОРТНАЯ ХАРАКТЕРИСТИКА (2592) товара.

2604. **transport status** — справка о ходе доставки.

Сообщение в стандарте ЕАНКОМ (802), высылаемое ПЕРЕВОЗЧИКОМ (366) или ЭКСПЕДИТОРОМ (1012) в ответ на запрос о местонахождении ГРУЗА (340), на который была принята ТРАНСПОРТНАЯ ЗАЯВКА (2603). Такая справка может высылаться также с установленной периодичностью.

2605. **transport unit** — транспортная отправка; транспортная партия.

ПАРТИЯ (1419), сформированная в целях удобства ПЕРЕВОЗКИ (2589). На трансп. партию в общем случае ГРУЗОВЫЕ ДОКУМЕНТЫ (2213) не оформляются. Трансп. партия может одновременно являться ГРУППОВОЙ УПАКОВКОЙ (2551), если ее стоимость указана в прейскуранте. Трансп. партия маркируется штриховыми кодами ИТФ-14, ЕАН-13 или ЕАН-128.

2606. **transshipment,** T/S; reshipment — перевалка; перегрузка.
ВЫГРУЗКА (2667) ГРУЗА (340) из одного ТРАНСПОРТНОГО СРЕДСТВА (1506) и ПОГРУЗКА (1366) его в др., с промежуточным ХРАНЕНИЕМ (2400) или без такового.

2607. **transshipment point** — промежуточный пункт; пункт перевалки.
ТЕРМИНАЛ (2492), на котором производится ПЕРЕВАЛКА (2606). Взаимодействие разл. ВИДОВ ТРАНСПОРТА (1541) в промежуточном пункте определяется УЗЛОВЫМ СОГЛАШЕНИЕМ (1204) или КОНТАКТНЫМ ГРАФИКОМ (1217). См. также 1275, 2577.

2608. **transshipment problem** — задача о перевозках с промежуточными пунктами.
Обобщенная ТРАНСПОРТНАЯ ЗАДАЧА (2600), в которой между ПУНКТАМИ ОТПРАВЛЕНИЯ (1669) и ПУНКТАМИ НАЗНАЧЕНИЯ (694) имеются ПРОМЕЖУТОЧНЫЕ ПУНКТЫ (2607). Решается, напр., симплекс-методом линейного программирования или методами теории ГРАФОВ (1586).

2609. **trap car**; ferry car (амер.) — сборный вагон.
СБОРНЫЙ ВАГОН (1825), формируемый ГРУЗООТПРАВИТЕЛЕМ (497) на своем ПОДЪЕЗДНОМ ПУТИ (2258) и расформировываемый на ближайшей СОРТИРОВОЧНОЙ СТАНЦИИ (339). МЕЛКИЕ ОТПРАВКИ (2286) из этого вагона перегружаются в др. СБОРНЫЙ ВАГОН (1510), развозящий их по др. сортировочным станциям.

2610. **trash** — отбросы; мусор.
Разл. ОТХОДЫ (2741), за исключением ПИЩЕВЫХ ОТБРОСОВ (950) и ЗОЛЫ (113). См. также 1040, 2016, 2105.

2611. **trash hauling business** (амер.) — утильная фирма.

Коммерческое пр-тие, занимающееся СБОРОМ ОТХОДОВ (452). См. также 1105.

2612. **travelling purchase requisition** (амер., орг. произ-ва) — требование-учетная карточка.

Документ, выполняющий ф-ции ЗАЯВКИ НА МАТЕРИАЛЬНЫЕ РЕСУРСЫ (1927) и КАРТОЧКИ СКЛАДСКОГО УЧЕТА (1240). Составляются, как правило, ОТДЕЛОМ СКЛАДСКОГО ХОЗЯЙСТВА (2419) и хранятся в нем.

2613. **travelling salesman**; commercial traveller — коммивояжер.

АГЕНТ (49) пром. фирмы, ДИСТРИБЬЮТОРА (741) и т. п., объезжающий закрепленную за ним ЗОНУ ОБСЛУЖИВАНИЯ (389) в целях сбора ЗАКАЗОВ (1646) от ПРЕДПРИЯТИЙ РОЗНИЧНОЙ ТОРГОВЛИ (2067), ПРЕДПРИЯТИЙ-ПОТРЕБИТЕЛЕЙ (1165) и частных лиц. Обычно имеет образцы товаров и рекламные материалы. Составление оптим. МАРШРУТА (2099) объезда зоны обслуживания может быть результатом решения ЗАДАЧИ О КРАТЧАЙШЕМ ПУТИ (2241).

2614. **travelling unloader** — передвижная разгрузочная установка.

Самоходное устр-во для РАЗГРУЗКИ (2667) судов-зерновозов. Имеет производительность 200 т/ч и более. Оснащено СТРЕЛОЙ (263), на которой закреплен РАЗГРУЗОЧНЫЙ ЭЛЕВАТОР (1314), опускаемый в ТРЮМ (1132) судна.

2615. **tray** — лоток.

Ящик без крышки с выступающими или не выступающими угловыми планками ограниченной высоты.

2616. **trial order** — заказ на продукцию, принимаемую на испытания.
НАРЯД-ЗАКАЗ (1920) на ПРОДУКЦИЮ (1885), которую ПОКУПАТЕЛЬ (309) до истечения определенного срока может вернуть ПОСТАВЩИКУ (2450), если результаты испытаний его не удовлетворили. В последнем случае покупатель оплачивает ТРАНСПОРТНЫЕ РАСХОДЫ (2594) в оба конца. Однако если до истечения названного срока покупатель не сообщил о своем отказе от продукции, то согласно ОБЫЧАЯМ ДЕЛОВОГО ОБОРОТА (2672) поставщик вправе считать, что продукция принята и покупатель обязан ее оплатить.

2617. **triangular stack** — уступообразный штабель с вертикальными торцами.
ШТАБЕЛЬ (2330) ТАРНО-ШТУЧНЫХ ГРУЗОВ (1711), основание которого имеет форму прямоугольника или квадрата. Штабель послойно сужается к вершине, но не по всему периметру, а с двух противоположных сторон. См. также 2349.

2618. **TRIC** — см. **transportation inventory cost.**

2619. **trigger level** — см. **order point.**

2620. **trimming** — разравнивание.
Разглаживание поверхности НАВАЛОЧНОГО ГРУЗА (295) в ГРУЗОВОМ ОТСЕКЕ (346). Распределение расходов по разравниванию может быть оговорено в ЧАРТЕРЕ (416). См. также 1375.

2621. **trip** — 1) Рейс — время и расстояние, которое ТРАНСПОРТНОЕ СРЕДСТВО (1506) проходит по МАРШРУТУ (2099) следования из ПУНКТА ОТПРАВЛЕНИЯ (1669) в ПУНКТ НАЗНАЧЕНИЯ (694). 2) ВРЕМЯ ОБОРОТА (603).

2622. **trip charter** — см. **voyage charter.**

2623. **trip plan** — маршрут машиниста.

Документ, выдаваемый локомотивной бригаде на РЕЙС (2621), а бригаде. занятой на МАНЕВРОВОЙ РАБОТЕ (2464) — на смену. Содержит сведения о локомотиве, локомотивной бригаде, РАССТОЯНИИ ПЕРЕВОЗКИ (1317), моментах начала и окончания рейса и т. п. На основании маршрута машиниста определяется выполнение нормы СКОРОСТИ (2313), расход электроэнергии или топлива, рабочее время локомотивной бригады и т. п.

2624. **truck** — 1) ГРУЗОВОЙ АВТОМОБИЛЬ (1417). В данном значении термин употребляется в США. 2) ПЛАТФОРМА (919). 3) Вагонная тележка — поворотное устр-во, на которое опирается кузов вагона. Обеспечивает движение по рельсовому пути, передает тяговое усилие и тормозное усилие с площадок контакта колес с рельсами на кузов вагона. Наибольшее распространение получили 2 и 3-осные В. т. 4) Тягач — автомобиль, предназначенный для буксировки ПРИЦЕПОВ (2565), полуприцепов и т. п. в составе автопоезда. Тягачи подразделяются на седельные (не имеют кузова, снабжаются опорно-сцепным устр-вом) и буксирные (выполняются на базе шасси грузового автомобиля и предназначаются для работы с прицепами-тяжеловозами). 5) Обмениваемые товары (брит.) — предмет БАРТЕРА (192). 6) Натуральная оплата — оплата труда товарами вместо денег.

2625. **truck building** (амер.) — формирование отправки, соответствующей транзитной норме.

Процесс НАКОПЛЕНИЯ ЗАКАЗОВ (1647) РАСПРЕДЕЛИТЕЛЬНЫМ ЦЕНТРОМ (734) с тем чтобы масса укрупненного заказа соответствовала МАШИННОЙ ОТПРАВКЕ (2628), за которую взимается более низкий ТАРИФ НА УКРУПНЕННУЮ ОТПРАВКУ (2690).

2626. **trucking company** — см. **motor carrier.**

2627. **trucking terminal**; highway carrier freight terminal — грузовая автостанция; автотранспортный терминал.
ТЕРМИНАЛ (2492), обслуживающий АВТОМОБИЛЬНЫЙ ТРАНСПОРТ (1546). Выполняет ряд ф-ций, в т. ч. ПОДВОЗ (1799) и РАЗВОЗ (655) МЕЛКИХ ОТПРАВОК (1320), мелкий РЕМОНТ (2039) ПОДВИЖНОГО СОСТАВА (2094). Имеет в своем составе СКЛАДЫ (2718), охраняемые площадки для ПРИЦЕПОВ (2565) и полуприцепов, помещения для отдыха и ночлега водителей.

2628. **truckload,** TL — машинная отправка; поездная отправка.
ОТПРАВКА (2194), масса которой соответствует ГРУЗОПОДЪЕМНОСТИ (343) ГРУЗОВОГО АВТОМОБИЛЯ (2624). См. также 1320.

2629. **trunker** (брит.) — грузовой автомобиль.
ГРУЗОВОЙ АВТОМОБИЛЬ (1417), обслуживающий ГРУЗОВЫЕ МЕЖДУГОРОДНИЕ ПЕРЕВОЗКИ (2630). См. также 2248.

2630. **trunking**; (брит.) — грузовые междугородние перевозки.
ПЕРЕВОЗКА (2589) ГРУЗОВ (340) между территориально распределенными РАСПРЕДЕЛИТЕЛЬНЫМИ ЦЕНТРАМИ (734), выполняемая ГРУЗОВЫМИ АВТОМОБИЛЯМИ (1417), осуществляющими также ПОДВОЗ (1799) и РАЗВОЗ (655) грузов.

2631. **T/S** — см. **transshipment.**

2632. **t/t** — см. **tank truck.**

2633. **tug** — см. **tugboat.**

2634. **tugboat**; tug — буксир.
Водное самоходное судно, тянущее за собой на канате др. судно, обычно несамоходное, напр., БАРЖУ (188).

2635. **turnaround** — см. **turnround.**

2636. **turnover** — 1) СКОРОСТЬ ТОВАРООБОРОТА (1245). 2) Оборот — ОБЪЕМ ПРОДАЖ (2117). 3) Текучесть — увольнение с пр-тия или орг-ции одних работников и приход на их место других. Повышенная текучесть ведет к потерям, связанным с увеличением брака, снижением производительности труда, ростом затрат на переобучение и т. д. 4) Оборот — в АВТОМАТИЗИРОВАННОЙ СИСТЕМЕ УПРАВЛЕНИЯ СКЛАДСКИМИ ПРОЦЕССАМИ (2724): кол-во операций ПОИСКА (2070) и РАЗМЕЩЕНИЯ (1937) ПРОДУКЦИИ (1885) в ед. времени.

2637. **turnover tax**; cascade tax — налог с оборота.
Налог, взыскиваемый на разл. стадиях произ-ва и распределения ПРОДУКЦИИ (1885). Данным налогом облагается не ДОБАВЛЕННАЯ СТОИМОСТЬ (2679), а полная стоимость продукции на соответствующей стадии произ-ва и распределения. Налог с оборота взимается в США; не взимается в странах ЕС и в России (с 1992 г.).

2638. **turnround**; turnaround — 1) Оборот — цикл использования ТРАНСПОРТНОГО СРЕДСТВА (1506) или ТАРЫ (513) от одной ПОГРУЗКИ (1366) до след. 2) ОБОРОТ (2392). 3) Подъем — оживление рыночной конъюнктуры.

2639. **twenty foot equivalent unit,** TEU — двадцатифутовый эквивалент.
Условная ед. учета парка КОНТЕЙНЕРОВ (1009), контейнерных ПЕРЕВОЗОК (2589), ГРУЗООБОРОТА (2556) и т. д., за которую принят интермодальный контейнер размерами 20 × 8 × 8 футов.

2640. **twin load** (амер.) — длинномерный груз.
ДЛИННОМЕРНЫЙ ГРУЗ (1413), перевозимый на сцепе [соединенных между собой однотипных ж.-д. ПЛАТФОРМАХ (919) или ПОЛУВАГОНАХ (1632)].

2641. **two-bin system** — двухбункерная система управления запасами.
СИСТЕМА УПРАВЛЕНИЯ ЗАПАСАМИ (1237), в которой ПАРТИЯ ПОСТАВКИ (1421) или размер ЗАКАЗА (1646) является постоянной величиной, а РАЗМЕЩЕНИЕ ЗАКАЗА (1658) производится при уменьшении НАЛИЧНЫХ ЗАПАСОВ (1624) до ТОЧКИ ЗАКАЗА (1659.) Эта система является оптимальной для управления запасами малоценной ПРОДУКЦИИ (1885) с коротким ЗАГОТОВИТЕЛЬНЫМ ПЕРИОДОМ (2044). См. также 2141.

2642. **two-way pallet** — двухзаходный поддон.
ПОДДОН (1726), который может быть поднят вилочным ПОГРУЗЧИКОМ (1331) или др. устр-вом только с двух противоположных сторон; поддон, имеющий отверстия для ввода вил на противолежащих сторонах. См. также 964.

2643. **tying agreement**; tying-in sale (амер.) — продажа с «нагрузкой».
Продажа с принудительным АССОРТИМЕНТОМ (122); продажа ПРОДУКЦИИ (1885) повышенного СПРОСА (669) ОПТОВИКОМ (2774) ПРЕДПРИЯТИЮ РОЗНИЧНОЙ ТОРГОВЛИ

(2067) при условии приобретения последним указанной ему ПАРТИИ (1419) товара, пользующегося ограниченным спросом. В США запрещена антимонопольным законом Клейтона (1914 г.).

2644. **tying-in sale** — см. **tying agreement.**

U

2645. **ubiquities** — см. **ubiquitous materials.**

2646. **ubiquitous materials**; ubiquities — недефицитные товары массового спроса.
В МОДЕЛЯХ РАЗМЕЩЕНИЯ ПРОИЗВОДСТВА (878): СЫРЬЕ (1979), напр., уголь, лес, металл, или ГОТОВАЯ ПРОДУКЦИЯ (900), напр., крепежные изделия, которые можно купить во многих странах или у многих ПОСТАВЩИКОВ (2450) в стране, где предполагается строить новое пром. пр-тие. Чем больший удельный вес в готовой продукции такого пр-тия занимают недефицитные товары массового спроса, тем меньшее влияние на процесс выбора места для его стр-ва оказывают факторы близости к источникам снабжения. См. также 1486.

2647. **U. K. ton** — см. **long ton.**

2648. **ullage** — 1) Недостача — потеря части НАЛИВНОГО ГРУЗА (1346) в результате УТЕЧКИ (1309) или УЛЕТУЧИВАНИЯ (842). 2) Недолив — расстояние от поверхности наливного груза в ЦИСТЕРНЕ (2475) до ЛЮКА (1102) в ее верхней части. См. также 2186.

2649. **unacceptable waste** (амер.) — специальные отходы.
ОТХОДЫ (2741), захоронение которых на обычных СВАЛКАХ (1290) или СЖИГАНИЕ (1152) в МУСОРОСЖИГАТЕЛЬНЫХ УСТАНОВКАХ ДЛЯ СМЕШАННЫХ ОТХОДОВ (1470) не допускается; ИНФИЦИРОВАННЫЕ ОТХОДЫ (1173), ЯДЕРНЫЕ ОТХОДЫ (1606) и т. п., требующие спец. методов УДАЛЕНИЯ (729), напр., СТАБИЛИЗАЦИИ (2328). См. также 2654.

2650. **unclaimed freight** — невостребованный груз.
ГРУЗ (340), доставленный в ПУНКТ НАЗНАЧЕНИЯ (694), но не полученный ГРУЗОПОЛУЧАТЕЛЕМ (492); груз, СРОК ХРАНЕНИЯ (2412) которого истек. ПЕРЕВОЗЧИК (366) вправе в установленном порядке реализовать такой груз. См. также 2.

2651. **undeliverable cargo** — 1) НЕВОСТРЕБОВАННЫЙ ГРУЗ (2650). 2) БЕЗДОКУМЕНТНЫЙ ГРУЗ (124).

2652. **undercharge** — недобор.
Результат неправильного применения ГРУЗОВЫХ ТАРИФОВ (1020) и/или ошибки при расчете ПРОВОЗНОЙ ПЛАТЫ (2593); ден. сумма, не доплаченная за ПЕРЕВОЗКУ (2589). См. также 1692.

2653. **underdelivery**; short delivery — недопоставка.
ПОСТАВКА (2194), масса которой или кол-во штук ПРОДУКЦИИ (1885) в которой меньше предусмотренного ДОГОВОРОМ ПОСТАВКИ (526) или НАРЯД-ЗАКАЗОМ (1920). Недопоставка может быть результатом умышленных действий ПОСТАВЩИКА (2450), отгрузившего продукцию в кол-ве

меньше обусловленного; ЕСТЕСТВЕННОЙ УБЫЛИ (1575), ХИЩЕНИЯ (1802), частичной УТРАТЫ ГРУЗА (1227) по вине ПЕРЕВОЗЧИКА (366). См. также 1693.

2654. **underground waste disposal** — захоронение отходов.
Способ УДАЛЕНИЯ (729) ОПАСНЫХ ОТХОДОВ (1111) путем их закапывания на большой глубине, напр., в заброшенных шахтах. Отходы перед захоронением могут быть подвергнуты СТАБИЛИЗАЦИИ (2328). Сейсмическая активность на участке земли, где производится захоронение отходов, должна быть минимальной.

2655. **underloading** — недогруз.
Неполное использование ГРУЗОПОДЪЕМНОСТИ (343) ТРАНСПОРТНОГО СРЕДСТВА (1506). См. также 621.

2656. **under ship's derrick**; at ship's rail — в пределах досягаемости грузовых механизмов.
Оговорка в КОНОСАМЕНТЕ (225), означающая, что ОТВЕТСТВЕННОСТЬ ПЕРЕВОЗЧИКА (369) за ГРУЗ (340) заканчивается в ПОРТУ РАЗГРУЗКИ (1834) в тот момент, когда груз установлен под судовой КРАН (563), ЛЕБЕДКУ (1131) и т. п.

2657. **undertime** — неполное рабочее время.
Работа на условиях неполного рабочего дня или рабочей недели. Напр., администрация СКЛАДА (2718) может нанять на условиях неполного рабочего времени ГРУЗЧИКОВ (1364), обслуживающих склад в выходные дни. См. также 1703.

2658. **underway replenishment** — снабжение «на ходу».
Разновидность ЛОГИСТИЧЕСКОЙ ПОДДЕРЖКИ (1410); обеспечение ТРАНСПОРТНОГО СРЕДСТВА (1506) топливом,

ЗАПАСНЫМИ ЧАСТЯМИ (2303) без приостановки выполнения последним учебной или боевой задачи, напр., ЗАПРАВКА В ПОЛЕТЕ (1177). Данный термин используется в Американской энциклопедии (Encyclopedia Americana. International Edition. Grolier Inc., Danbury, Con., 1994, vol. 17, p.690).

2659. **underweight** — недовес.
Расхождение между показаниями весоизмерительного устр-ва и фактической массой товара в меньшую сторону в результате неисправности весоизмерительного устр-ва, умышленного искажения результатов ВЗВЕШИВАНИЯ (2758) весовщиком и др. причин. См. также 1704

2660. **UNDG number** — см. **United Nations Dangerous Goods Number.**

2661. **undirected arc**; link — РЕБРО (104).

2662. **unidentified goods** — 1) Бездокументный груз — БЕЗДОКУМЕНТНЫЙ ГРУЗ (124) без МАРКИРОВКИ (1469). 2) Неиндивидуализированный товар — товар, не имеющий видовых признаков.

2663. **uniform livestock contract** (амер.) — договор перевозки живности.
ДОГОВОР ПЕРЕВОЗКИ (535) ЖИВНОСТИ (1350) ЖЕЛЕЗНОДОРОЖНЫМ ТРАНСПОРТОМ (1967). ОТВЕТСТВЕННОСТЬ ПЕРЕВОЗЧИКА (369) по такому договору носит ограниченный характер.

2664. **United Nations Dangerous Goods Number,** UNDG number — номер ООН.
Четырехзначный код, присвоенный ОПАСНЫМ ГРУЗАМ (614) Комитетом экспертов ООН по вопросам перевозки опасных грузов. Указывается в нижней части ЗНАКОВ ОПАСНОСТИ (612), наносимых на КОНТЕЙНЕРЫ (1009), ГРУЗОВЫЕ ВАГОНЫ (1004) и т. п.

2665. **unit load** — грузовая единица; транспортный пакет.
Физически неделимый ГРУЗ (340), напр., КОНТЕЙНЕР (1009), трансп. пакет, сформированный на ПОДДОНЕ (1726), БЕСПОДДОННЫЙ ГРУЗ (1732).

2666. **unit train** — маршрутный поезд.
ГРУЗОВОЙ ПОЕЗД (1061), сформированный ГРУЗООТПРАВИТЕЛЕМ (497) или ЖЕЛЕЗНОЙ ДОРОГОЙ (1963), следующий из ПУНКТА ОТПРАВЛЕНИЯ (1669) в ПУНКТ НАЗНАЧЕНИЯ (694) без промежуточных грузовых операций в пути. М. п. перевозят в осн. МАССОВЫЕ ГРУЗЫ (295) по направлениям с устойчивыми ГРУЗОВЫМИ ПОТОКАМИ (1023); в США маршрутные поезда используются также на перевозках «ПИГГИБЭК» (1800). См. также 2251, 2569.

2667. **unloading** — 1) Разгрузка — ЛОГИСТИЧЕСКАЯ ОПЕРАЦИЯ (1404), связанная с освобождением ТРАНСПОРТНОГО СРЕДСТВА (1506) или ТАРЫ (513) от ГРУЗА (340). Разгрузке предшествуют др. логистические операции, напр., ПЕРЕВОЗКА (2589), ХРАНЕНИЕ (2400). 2) Выгрузка — извлечение груза из трансп. средства, тары, КЛАДОВОЙ (2382) и т. п. 3) Распродажа — продажа [обычно по сниженным ЦЕНАМ (1857) НЕХОДОВОЙ ПРОДУКЦИИ (2283)]. 4) Демпинг — продажа на внеш. рынке товаров по более низким ценам, чем на внутр., иногда даже ниже ИЗДЕРЖЕК ПРОИЗВОДСТВА (1459), с целью разорить конкурентов. См. также 1366.

2668. **unpacking** — распаковывание.
ЛОГИСТИЧЕСКАЯ ОПЕРАЦИЯ (1404), обратная УПАКОВЫВАНИЮ (1721); удаление с ПРОДУКЦИИ (1885) ВНЕШНЕЙ УПАКОВКИ (2149) и/или ВНУТРЕННЕЙ УПАКОВКИ (1862).

2669. **unprocessable waste** (амер.) — негорючие отходы.
ТВЕРДЫЕ ОТХОДЫ (2290), напр., ОТХОДЫ СТРОИТЕЛЬСТВА (503) и СПЕЦИАЛЬНЫЕ ОТХОДЫ (2649), уничтожение которых в МУСОРОСЖИГАТЕЛЬНЫХ УСТАНОВКАХ ДЛЯ СМЕШАННЫХ ОТХОДОВ (1470) не допускается.

2670. **unscheduled departure** — несанкционированный отъезд от рампы.
Отъезд ГРУЗОВОГО АВТОМОБИЛЯ (1417) от ПОГРУЗОЧНО-РАЗГРУЗОЧНОЙ ПЛОЩАДКИ (1368) без предупреждения; одна из осн. причин несчастных случаев на погрузочно-разгрузочных работах. Несанкционированный отъезд может стать причиной аварии ПОГРУЗЧИКА (1331), который в этот момент въезжал в кузов автомобиля или выезжал из него. Для предотвращения такого отъезда могут использоваться, напр., ВЫДВИЖНЫЕ ОГРАНИЧИТЕЛЬНЫЕ УПОРЫ (2691). См. также 1292, 2566.

2671. **urgent order**; emergency order; rush order — срочный заказ.
ЗАКАЗ (1646), имеющий в данной СИСТЕМЕ МАССОВОГО ОБСЛУЖИВАНИЯ (1953) высший ПРИОРИТЕТ (1867), напр., заказ на аварийный РЕМОНТ (2039), поступивший в СИСТЕМУ СНАБЖЕНИЯ ЗАПАСНЫМИ ЧАСТЯМИ (2304).

2672. **usage of trade**; customs of the trade — обычай делового оборота. Сложившийся на практике способ толкования условий коммерческой деятельности. Применяется в силу того, что норма права, подлежащая применению при разрешении спорного вопроса, содержит отсылку к нему. См. также 597.

2673. **used equipment** — подержанное оборудование. ПРОДУКЦИЯ ПРОИЗВОДСТВЕННО-ТЕХНИЧЕСКОГО НАЗНАЧЕНИЯ (1882), напр., бывшие в употреблении станки, неустановленное оборудование и т. п. Такая продукция реализуется на условиях ТЕЛЬ-КЕЛЬ (114), причем ответственность за ее СКРЫТЫЕ НЕДОСТАТКИ (1297), продавец, как правило, не несет. РАЗБОРКА (715), УПАКОВЫВАНИЕ (1721) и ПЕРЕВОЗКА (2589) подержанного оборудования производятся обычно ПОКУПАТЕЛЕМ (309).

2674. **user** — 1) Клиент (амер.) — ГРУЗООТПРАВИТЕЛЬ (497) или ГРУЗОПОЛУЧАТЕЛЬ (492). 2) ПОТРЕБИТЕЛЬ (587). 3) Узус — право пользования чужим имуществом.

2675. **U. S. ton** — см. **short ton.**

2676. **utilization rate** — коэффициент загрузки. 1) Сумма ОСНОВНОГО ТЕХНОЛОГИЧЕСКОГО ВРЕМЕНИ (2110) и ВРЕМЕНИ ПЕРЕНАЛАДКИ (2181), поделенная на продолжительность смены. 2) Частное от деления ИНТЕНСИВНОСТИ ВХОДЯЩЕГО ПОТОКА (1502) на ПРОИЗВОДИТЕЛЬНОСТЬ КАНАЛА (1505).

V

2677. **valuable cargo**; valuable goods — ценный груз; парцельный груз. ОТПРАВКА (493), содержащая изделия из драгоценных металлов, произведения искусства и т. п. ПЕРЕВОЗКА (2589) таких грузов требует особых мер предосторожности, включая СОПРОВОЖДЕНИЕ (347), внесение по случайному закону изменений в РАСПИСАНИЕ (2518) или МАРШРУТ (2099) перевозки с целью избежать возможной засады или заранее спланированного вооруженного ограбления и т. п. Ценные грузы обычно перевозятся по АДВАЛОРНЫМ ГРУЗОВЫМ ТАРИФАМ (2684), однако могут перевозиться и по ЗАНИЖЕННЫМ ТАРИФАМ (2031).

2678. **valuable goods** — см. **valuable cargo.**

2679. **value added**; added value — добавленная стоимость.
Прирост стоимости ПРОДУКЦИИ (1885), образующийся в разл. звеньях ее произ-ва и распределения. В пром-сти представляет собой разность между стоимостью ГОТОВОЙ ПРОДУКЦИИ (900) и стоимостью использованных при ее изготовлении СЫРЬЯ (1979), МАТЕРИАЛОВ (1477), ПРОИЗВОДСТВЕННЫХ УСЛУГ (1168) сторонних орг-ций и т. д. См. также 1579.

2680. **value added distribution costs** — дополнительные издержки обращения.
ИЗДЕРЖКИ ОБРАЩЕНИЯ (736), увеличивающие потребительную стоимость ПРОДУКЦИИ (1885), напр., расходы на КОМПЛЕКТАЦИЮ (1785), УПАКОВЫВАНИЕ (1721), ФАСОВАНИЕ (2038), ТРАНСПОРТНЫЕ РАСХОДЫ (2594). См. также 1595.

2681. **value added efficiency** (амер., орг. произ-ва) — удельный вес операций, добавляющих стоимость; коэффициент непрерывности производственного процесса.

Показатель, рассчитываемый как частное от деления ОСНОВНОГО ТЕХНОЛОГИЧЕСКОГО ВРЕМЕНИ (2110) на продолжительность ПРОИЗВОДСТВЕННОГО ЦИКЛА (1462). Обычно составляет менее 0,1.

2682. **value analysis** — функционально-стоимостный заказ.

Разработка новой или усовершенствование старой ПРОДУКЦИИ (1885) на основе тесного взаимодействия с ЗАКАЗЧИКОМ (1652) при определении оптим. требований к тому или иному параметру КАЧЕСТВА (1941) с учетом лимита ИЗДЕРЖЕК ПРОИЗВОДСТВА (1459). Функционально-стоимостный заказ зародился в США в 1940-е гг.

2683. **value density** — усредненная стоимость.

1) Одна из ТРАНСПОРТНЫХ ХАРАКТЕРИСТИК (2592) ГРУЗА (340). Представляет собой ср. стоимость груза за ед. объема или массы. Самая низкая усредненная стоимость — на ТРУБОПРОВОДНОМ ТРАНСПОРТЕ (1806), самая высокая — на ВОЗДУШНОМ ТРАНСПОРТЕ (73). 2) Один из показателей работы СКЛАДА (2718), рассчитываемый как стоимость РЕАЛИЗОВАННОЙ ПРОДУКЦИИ (2117) за определенный период, поделенная на ее массу. См. также 2763.

2684. **value-of-service rate**; value rate — адвалорный грузовой тариф.

ГРУЗОВОЙ ТАРИФ (1020), в основу которого положена не СЕБЕСТОИМОСТЬ ПЕРЕВОЗОК (367), а стоимость ГРУЗА (340). Адвалорный грузовой тариф может быть убыточным, но может обеспечивать и получение сверхприбыли. См. также 551.

2685. **value rate** — см. **value-of-service rate.**

2686. **vegetative waste** — отходы растительного происхождения.
ОТХОДЫ (2741), образующиеся при предпродажной подготовке ГОТОВОЙ ПРОДУКЦИИ (900) в парниках, цветниках и т. п. См. также 59, 1938.

2687. **vehicle gage** — ГАБАРИТ ПОДВИЖНОГО СОСТАВА (438).

2688. **vehicle load center**; classification center; mixing center (амер.) — пункт сортировки и погрузки легковых автомобилей.
ТЕРМИНАЛ (2492), на котором производится СОРТИРОВАНИЕ (2291) новых легковых автомобилей, поставленных заводами-изготовителями, и их ПОГРУЗКА (1366) на ПЛАТФОРМЫ ДЛЯ ЛЕГКОВЫХ АВТОМОБИЛЕЙ (132), из которых формируются МАРШРУТНЫЕ ПОЕЗДА (2666).

2689. **vehicle-load lot** — укрупненная партия.
ГРУЗОВАЯ ЕДИНИЦА (2665), СБОРНАЯ ОТПРАВКА (51) и т. п., масса которой соответствует ГРУЗОПОДЪЕМНОСТИ (343) ТРАНСПОРТНОГО СРЕДСТВА (1506).

2690. **vehicle-load rate** — тариф на укрупненную отправку.
ГРУЗОВОЙ ТАРИФ (1020), взыскиваемый за УКРУПНЕННУЮ ПАРТИЮ (2689). См. также 360, 2628.

2691. **vehicle restraint** — выдвижной ограничительный упор.
Устр-во, которое блокирует задние колеса ГРУЗОВОГО АВТОМОБИЛЯ (2624) или ПРИЦЕПА (2565), находящегося около ПОГРУЗОЧНО-РАЗГРУЗОЧНОЙ ПЛОЩАДКИ (1368), во избежание самопроизвольного смещения или НЕСАНКЦИОНИРОВАННОГО ОТЪЕЗДА ОТ РАМПЫ (2670).

2692. **vehicle stencilling** — см. **stencilling.**

2693. **vehicle utilization factor** — 1) КОЭФФИЦИЕНТ ИСПОЛЬЗОВАНИЯ ГРУЗОПОДЪЕМНОСТИ (344). 2) Коэффициент использования времени подвижного состава — отношение суммы времени нахождения ПОДВИЖНОГО СОСТАВА (2094) в движении и на промежуточных остановочных пунктах ко времени нахождения его в эксплуатации. 3) Коэффициент использования пробега — отношение ПРОБЕГА (1520) с ГРУЗОМ (340) к общему пробегу.

2694. **vendor** — 1) ПОСТАВЩИК (2450). 2) РОЗНИЧНЫЙ ТОРГОВЕЦ (2067). 3) Торговый автомат — самостоятельно действующее устройство, применяемое в РОЗНИЧНОЙ ТОРГОВЛЕ (2068) и срабатывающее при опускании в него монеты или др. способом. ПОКУПАТЕЛЮ (309) выдается к.-л. мелкий ШТУЧНЫЙ ТОВАР (1713).

2695. **vendor analysis**; supplier rating — оценивание поставщиков.
Критерии и методы, используемые фирмой при отборе потенциальных ПОСТАВЩИКОВ (2450) и при оценивании работы отобранных поставщиков за определенный период (обычно год). Критерии и методы могут быть различными (в отдельных случаях их число превышает 60), но при всех обстоятельствах независимо от специфики отрасли произ-ва важнейшими критериями являются КАЧЕСТВО (1941) ПРОДУКЦИИ (1885), НАДЕЖНОСТЬ (2034) СНАБЖЕНИЯ (1875) и ЦЕНА (1857) продукции. К др. критериям относятся, напр., удаленность от поставщика и ТРАНСПОРТНЫЕ ИЗДЕРЖКИ (2594), ВРЕМЯ ВЫПОЛНЕНИЯ ЗАКАЗА (1306).

2696. **vendor-customer relationships** — см. **buyer-supplier partnerships.**

2697. **vendor schedule** — см. **delivery schedule.**

2698. **vendor scheduling** — диспетчирование поставок.
Выдача ПОСТАВЩИКАМ (2450) ГРАФИКОВ ПОСТАВОК (663), обычно формируемых на ближайшую неделю.

2699. **vendor surveillance** — контроль системы управления качеством, осуществляемый путем инспекции на месте.
Один из способов ВХОДНОГО КОНТРОЛЯ КАЧЕСТВА ПРОДУКЦИИ ПОСТАВЩИКА (1154). В ряде случаев, напр., в отраслях пром-сти, выпускающих наукоемкую ПРОДУКЦИЮ (1885), только ПОСТАВЩИК (2450) имеет возможность проконтролировать по всем важнейшим параметрам КАЧЕСТВА (1941) поставляемые им ДЕТАЛИ (1739) и комплектующие изделия. ПРЕДПРИЯТИЕ-ПОТРЕБИТЕЛЬ (1165) может оставить за собой право на внезапные проверки его представителями системы управления качеством продукции на заводе поставщика.

2700. **vertical block stack** — см. **square block stack.**

2701. **vertical carousel** — ЭЛЕВАТОРНЫЙ СТЕЛЛАЖ (820).

2702. **vessel ton**; volumetric ton; register ton — регистровая тонна.
Ед. объема (100 куб. футов или 2,8317 куб. м), используемая при измерении БРУТТО-ТОННАЖА (1077). См. также 2528.

2703. **victualler** — 1) Интендант — военнослужащий офицерского состава, ведающий вопросами продовольственного СНАБЖЕНИЯ (1875), обеспечения обмундированием и т. п. 2) Судно снабжения — спец. ГРУЗОВОЕ СУДНО (358), обеспечивающее др. суда ПРЕДМЕТАМИ СУДОВОГО СНАБЖЕНИЯ (2231) без захода в ПОРТ (1831), т. е. путем СНАБЖЕНИЯ «НА ХОДУ» (2658).

2704. **virgin materials** — первичные материальные ресурсы.
МАТЕРИАЛЫ (1477), которые еще не были использованы в процессе производственного потребления, в отличие от ВТОРИЧНЫХ МАТЕРИАЛОВ (2147).

2705. **visual control board** — 1) Наглядная схема — графическое изображение хода выполнения к. -л. РАБОТЫ (1266). 2) ПЛАН-КАРТА (1389).

2706. **void-fill materials** — наполнители.
АМОРТИЗАЦИОННЫЕ МАТЕРИАЛЫ (585), используемые для заполнения пустот в ТАРЕ (513), в которую уложены ХРУПКИЕ ГРУЗЫ (969).

2707. **volume minimum rate** (амер.) — льготный тариф.
ПООЩРИТЕЛЬНЫЙ ТАРИФ (1151), взыскиваемый за ПЕРЕВОЗКУ (2589) ГРУЗОВ (340), масса которых превышает МАШИННУЮ ОТПРАВКУ (2628).

2708. **volumetric ton** — см. **vessel ton.**

2709. **volumetric weight** — объемная масса.
Ед. измерения, по которой рассчитывается ПРОВОЗНАЯ ПЛАТА (2593) за ГРУЗЫ (340), имеющие низкую ПЛОТНОСТЬ (2763). См. также 1508.

2710. **voyage** — РЕЙС (2621). Данный термин используется на ВОДНОМ ТРАНСПОРТЕ (2749) и на ВОЗДУШНОМ ТРАНСПОРТЕ (73).

2711. **voyage charter**; trip charter — рейсовый чартер.
Разновидность ЧАРТЕРА (412), оформляемого либо на один РЕЙС (2710), когда за согласованную сумму ФРАХТА (998) перевозится объявленный ГРУЗ (340) из одного или нескольких ПОРТОВ ПОГРУЗКИ (1835) в один или несколько ПОРТОВ РАЗГРУЗКИ (1834), либо на последовательные рейсы, когда судно перевозит однородный МАССОВЫЙ ГРУЗ (295) в одном направлении, либо при фрахтовании по генеральному контракту, когда судовладелец обязуется перевезти в течение определенного периода заданное кол-во груза с правом ПОДАЧИ (2319) любого пригодного для этой цели судна. При фрахтовании судна по любому виду рейсового чартера оплата ПРЕДМЕТОВ СУДОВОГО СНАБЖЕНИЯ (2231) производится, как правило, ФРАХТОВАТЕЛЕМ (414). Понятие «рейсовый чартер» используется также и на ВОЗДУШНОМ ТРАНСПОРТЕ (73). См. также 1438.

2712. **voyage policy** — рейсовый полис.
СТРАХОВОЙ ПОЛИС (1195), обеспечивающий страховую защиту ГРУЗА (340), перевозимого определенным РЕЙСОМ (2710). См. также 2516.

W

2713. **WA** — см. **with average.**

2714. **wagon** — см. **freight car.**

2715. **waiting line** — см. **queue.**

2716. **waiting time**; queueing time; queue time — 1) время ожидания — интервал времени между поступлением ТРЕБОВАНИЯ (587) в СИСТЕМУ МАССОВОГО ОБСЛУЖИВАНИЯ (1953) и началом выполнения этого требования. СРЕДНЕЕ ВРЕМЯ ОЖИДАНИЯ (1504) — один из осн. параметров системы массового обслуживания. 2) Время технологических перерывов — часть ПРОИЗВОДСТВЕННОГО ЦИКЛА (1462); время, в течение которого ДЕТАЛИ (1739), ПОЛУФАБРИКАТЫ (2163) находятся в ОЧЕРЕДИ (1950) перед обрабатывающим центром, станком и т. п.; составляет значительную часть производственного цикла. 3) Время простоя- временный останов в работе из-за нехватки МАТЕРИАЛОВ (1477), поломки оборудования и т. п. Время простоя не по вине работника оплачивается в установленном порядке. 4) Время в очереди — в РОЗНИЧНОЙ ТОРГОВЛЕ (2068): интервал времени, которое ПОКУПАТЕЛЬ (309) проводит в очереди перед РАСЧЕТНЫМ УЗЛОМ (418) магазина. Важнейший имиджеобразующий фактор после КАЧЕСТВА (1941) товаров в магазине и уровня ЦЕН (1857) на них. 5) Непроизводительный простой — интервал времени между прибытием ТРАНСПОРТНОГО СРЕДСТВА (1506) на ТЕРМИНАЛ (2492) и началом его ПОГРУЗКИ (1366) или РАЗГРУЗКИ (2667).

2717. **walkout** — 1) Выход из магазина с неоплаченным товаром — разновидность ВОРОВСТВА ПОКУПАТЕЛЕЙ (2235); мошенник выходит из торгового зала со спрятанным товаром, который он не оплатил. 2) Забастовка — стачка; прекращение начатой работы с целью вынудить работодателя выполнить к. -л. требование.

2718. **warehouse** — 1) Склад — здание, сооружение, устр-во, открытая площадка, предназначенные для РАЗМЕЩЕНИЯ (1937), ХРАНЕНИЯ (2400), ПОИСКА (2070), КОМПЛЕКТАЦИИ (1785) и ОТГРУЗКИ (2205) к. -л. ПРОДУКЦИИ (1885). В состав склада могут входить ЗОНА ПРИЕМА (1988), ЗОНА ХРАНЕНИЯ (2402), ЗОНА КОМПЛЕКТАЦИИ (1786), ЭКСПЕДИЦИЯ ОТПУСКА (691). К числу показателей работы склада относятся ПРОПУСКНАЯ СПОСОБНОСТЬ (2504), ВМЕСТИМОСТЬ СКЛАДА (2403), КОЭФФИЦИЕНТ ИСПОЛЬЗОВАНИЯ РАБОЧЕГО ОБЪЕМА СКЛАДА (2407) и др. 2) Оптовый магазин (брит.) — торговое пр-тие, отпускающее товары РОЗНИЧНЫМ ТОРГОВЦАМ (2067). 3) СКЛАД ОБЩЕГО ПОЛЬЗОВАНИЯ (1915). 4) КЛАДОВАЯ (2382). См. также 683, 734, 1441, 1871.

2719. **warehouse club** — магазин-клуб.
ПРЕДПРИЯТИЕ РОЗНИЧНОЙ ТОРГОВЛИ (2067), предлагающее постоянным ПОКУПАТЕЛЯМ (309), уплатившим годовой членский взнос, товары высокого КАЧЕСТВА (1941), но ограниченного АССОРТИМЕНТА (122), со значительной СКИДКОЙ (719).

2720. **warehouse error** — коммерческий брак в работе склада.
Ошибки, совершаемые работниками склада в процессе выполнения операций РАЗМЕЩЕНИЯ (1937), ПОИСКА (2070), ОТГРУЗКИ (2205) и т. п., напр., ОШИБКИ КОМПЛЕКТАЦИИ

(1788), ЗАСТАНОВКА (1529), ЗАСЫЛКА (1527) товара из-за неправильно указанного СКЛАДОМ (2718) АДРЕСА (32).

2721. **warehouse guard** — работник охраны склада.

Работник, охраняющий находящиеся на СКЛАДЕ (2718) товары от кражи, ХИЩЕНИЯ (1802) и др. видов незаконного присвоения; обязан регулярно совершать обход охраняемой территории, проверять состояние замков, ДВЕРЕЙ (765), исправность охранной сигнализации; не допускать пронос через охраняемую территорию к. -л. предметов, могущих стать причиной пожара. Имеет право в установленном порядке производить досмотр личных вещей лиц, покидающих охраняемую территорию, проверять документы, дающие право на вынос товаров со склада, и т. п.

2722. **warehouse-keeper** — см. **warehouseman.**

2723. **warehouseman**; warehouse-keeper; warehouser — 1) ХРАНИТЕЛЬ (171). 2) ЗАВЕДУЮЩИЙ СКЛАДОМ (2725).

2724. **warehouse management system,** WMS — автоматизированная система управления складскими процессами.

Основанная на использовании вычислительной техники и математ. методов система планирования и контроля процессов ПРИЕМКИ (1986), РАЗМЕЩЕНИЯ (1937), ПОИСКА (2070), КОМПЛЕКТАЦИИ (1785) товаров и т. д. В этой системе могут создаваться разл. бумажные и/или электронные документы, напр., ПЛАН-КАРТЫ (1389), ОТБОРОЧНЫЕ ЛИСТЫ (1790), СЛИЧИТЕЛЬНЫЕ ВЕДОМОСТИ (847) и т. п. Используются также БЕЗБУМАЖНЫЕ ТЕХНОЛОГИИ КОМПЛЕКТАЦИИ (1735), портативные и мобильные ТЕРМИНАЛЫ (2492). См. также 1237.

2725. **warehouse manager** — заведующий складом.

Сотрудник, осуществляющий общее руководство ПРИЕМКОЙ (1986), РАЗМЕЩЕНИЕМ (1937) и ВЫДАЧЕЙ (1253) товаров со СКЛАДА (2718), УЧЕТОМ ЗАПАСОВ (2391), ПОПОЛНЕНИЕМ (2043) запасов и т. д. Заведующий складом утверждает инструкции по выполнению соответствующих складских работ, несет ответственность за выполнение подчиненными требований ТЕХНИКИ БЕЗОПАСНОСТИ (1615), проверяет обоснованность ЗАЯВОК НА МАТЕРИАЛЬНЫЕ РЕСУРСЫ (1927), поступающих из др. подразделений пр-тия, организует реализацию НЕВОСТРЕБОВАННЫХ ГРУЗОВ (2650) и т. д.

2726. **warehouseman's liability** — ответственность хранителя.

Обязательства ХРАНИТЕЛЯ (171), возникающие в случае нарушения им или его служащими условий ДОГОВОРА ХРАНЕНИЯ (2401). Хранитель отвечает за утрату, НЕДОСТАЧУ (2237) и УХУДШЕНИЕ КАЧЕСТВА (698) хранившихся товаров, если не докажет, что они произошли вследствие обстоятельств непреодолимой силы, из-за СКРЫТЫХ НЕДОСТАТКОВ (1297) или ВНУТРЕННИХ ПОРОКОВ (1181) товаров, либо в результате умышленных действий или грубой неосторожности ПОКЛАЖЕДАТЕЛЯ (174). См. также 678.

2727. **warehouser** — см. **warehouseman.**

2728. **warehouse receipt** — складская расписка; товарная квитанция.

ДОКУМЕНТ СКЛАДСКОГО УЧЕТА (2735); РАСПИСКА (1984), выдаваемая ХРАНИТЕЛЕМ (171) ПОКЛАЖЕДАТЕЛЮ (174) в удостоверение наличия ДОГОВОРА ХРАНЕНИЯ (2401). См. также 1577, 1592, 2737.

2729. **warehouse release** — журнал учета отправляемых грузов.
ДОКУМЕНТ СКЛАДСКОГО УЧЕТА (2735), в котором регистрируется ВЫДАЧА (1253) ГРУЗОВ (340) со СКЛАДА (2718).

2730. **warehouse store** — магазин-склад.
ПРЕДПРИЯТИЕ РОЗНИЧНОЙ ТОРГОВЛИ (2067) с пониженным уровнем обслуживания ПОКУПАТЕЛЕЙ (309) и соответственно с более низким уровнем ЦЕН (1857); торговый зал и складская ЗОНА ХРАНЕНИЯ (2402) представляют собой одно целое.

2731. **warehouse supervisor** — см. **material-handling supervisor.**

2732. **warehouse-to-warehouse clause** — ответственность «от склада до склада».
Оговорка в СТРАХОВОМ ПОЛИСЕ (1195), обеспечивающая страховую защиту ГРУЗА (340) начиная с момента ОТГРУЗКИ (2205) со СКЛАДА (2718) ГРУЗООТПРАВИТЕЛЯ (497) и кончая моментом ПРИЕМКИ (1984) груза на складе ГРУЗОПОЛУЧАТЕЛЯ (492).

2733. **warehouse warrant** — см. **dock warrant.**

2734. **warehousing** — 1) ХРАНЕНИЕ (2400). 2) ПЛАТА ЗА ХРАНЕНИЕ (2404). См. также 395.

2735. **warehousing documents** — документы складского учета.
Совокупность бумажных и/или электронных документов, дающих возможность регулировать МАТЕРИАЛЬНЫЙ ПОТОК (1482) на СКЛАДЕ (2718), расстановку рабочей силы, ведение стат. учета и т. п. Включают, в частности, КАРТОЧКИ СКЛАДСКОГО УЧЕТА (1240), УПАКОВОЧНЫЕ ЛИСТЫ

(1724), ПРИЕМО-СДАТОЧНЫЕ АКТЫ (1991), АКТЫ ПОДСЧЕТА МЕСТ ГРУЗА (1992), ТОВАРНО-ТРАНСПОРТНЫЕ НАКЛАДНЫЕ (2219), СКЛАДСКИЕ РАСПИСКИ (2728), ЖУРНАЛЫ УЧЕТА ОТПРАВЛЯЕМЫХ ГРУЗОВ (2729), ВАРРАНТЫ (2737).

2736. **warehousing entry** — декларация о грузе, подлежащем хранению на таможенном складе.
Документ, подписываемый импортером и передаваемый администрации ТАМОЖНИ (591). На основании этого документа взыскание ТАМОЖЕННОЙ ПОШЛИНЫ (594) откладывается до момента ВЫДАЧИ (1253) товаров с ТАМОЖЕННОГО СКЛАДА (256).

2737. **warrant** — варрант; двойное складское свидетельство.
ДОКУМЕНТ СКЛАДСКОГО УЧЕТА (2735); СКЛАДСКАЯ РАСПИСКА (2728),выдаваемая администрацией СКЛАДА ОБЩЕГО ПОЛЬЗОВАНИЯ (1915) ПОКЛАЖЕДАТЕЛЮ (174). Является ТОВАРОРАСПОРЯДИТЕЛЬНЫМ ДОКУМЕНТОМ (761) и может выполнять нек-рые ф-ции ГРУЗОВЫХ ДОКУМЕНТОВ (2213). Состоит из складского свидетельства и залогового свидетельства; обе части являются ценными бумагами.

2738. **warranty** — 1) Гарантия — обязательства ПОСТАВЩИКА (2450) относительно КАЧЕСТВА (1941) ПРОДУКЦИИ (1885), действующее в течение определенного срока. В течение этого срока поставщик производит безвозмездный РЕМОНТ (2039) продукции, при условии, что ее поломка произошла не по вине владельца. 2) Ручательство — принятие ответственности СТРАХОВАТЕЛЕМ (1196) за полноту и точность сообщаемых им сведений. Если эти сведения окажутся неточными, неполными или заведомо ложными, то ДОГОВОР СТРАХОВАНИЯ (536) теряет силу.

2739. **warranty costs** — затраты на гарантийное обслуживание.
Расходы, которые несет ПОСТАВЩИК (2450) на РЕМОНТ (2039) проданной им ПРОДУКЦИИ (1885) в период действия ГАРАНТИИ (2738). Между КАЧЕСТВОМ (1941) продукции и затратами на гарантийное обслуживание существует обратная пропорциональная зависимость.

2740. **war risks** — военные риски.
РИСКИ (2087), связанные с ДЕЙСТВИЯМИ ВРАГОВ ОБЩЕСТВА (24). Страховая защита от таких рисков обеспечивается отдельным СТРАХОВЫМ ПОЛИСОМ (1195). См. также 988.

2741. **waste** — 1) Отходы — твердые, жидкие или газообразные вещества, являющиеся побочным продуктом к. -л. технол. процесса; нек-рые из этих веществ пригодны для ПОВТОРНОГО ИСПОЛЬЗОВАНИЯ (2077) и УТИЛИЗАЦИИ (2007), др. подлежат УДАЛЕНИЮ (729). 2) Пустая порода — часть извлеченного на поверхность минерального пласта, не имеющая полезного содержимого. 3) Непроизводительные расходы — затраты, которые не увеличивают потребительную стоимость ПРОДУКЦИИ (1885), напр., ИЗДЕРЖКИ ХРАНЕНИЯ (2405) ИЗЛИШНИХ ЗАПАСОВ (1702).

2742. **waste collector**; reclaimer (амер.) — заготовитель вторичного сырья.
Работник пр-тия, в обязанности которого входит СОРТИРОВАНИЕ (2292) ТВЕРДЫХ ОТХОДОВ (2290), их ВЗВЕШИВАНИЕ (2758), выделение УТИЛЬНОЙ ФРАКЦИИ (2003) и т. п.

2743. **waste exchange** — система перераспределения отходов.
Автоматизированная система учета ТВЕРДЫХ ОТХОДОВ (2290), образующихся на данной территории. В эту систему

вводятся данные об имеющихся отходах, реквизиты продавцов и потенциальных ПОКУПАТЕЛЕЙ (309). С помощью этой системы продавцы и покупатели устанавливают ХОЗЯЙСТВЕННЫЕ СВЯЗИ (311).

2744. **waste factor**; waste load — количество твердых бытовых отходов на душу населения в год; норма накопления.
Показатель, используемый, напр., в стат. публикациях ОЭСР. Вариантом этого показателя является кол-во ТВЕРДЫХ БЫТОВЫХ ОТХОДОВ (1572), образующихся на душу населения в сутки (измеряется в фунтах или кг). По этому показателю в середине 1990-х гг. одно из первых мест занимали США и Австралия (свыше 1,7 кг ТБО на душу населения в сутки). Этот показатель используется, напр., при расчете ставки ПЛАТЫ ЗА ВЫВОЗ МУСОРА (2747), планировании работы СВАЛОК (1290) и МУСОРОПЕРЕРАБАТЫВАЮЩИХ ЗАВОДОВ (1497).

2745. **waste load** — см. **waste factor.**

2746. **waste stream** — поток отходов.
Кол-во разл. ОТХОДОВ (2741), образующихся на к. -л. территории за определенный период. Характеристиками потока отходов могут быть состав (в %%), НОРМА НАКОПЛЕНИЯ (2744), кол-во отходов в фунтах (кг) в расчете на 1 кв. фут (м) занимаемой торговой или производственной площади и др.

2747. **waste tax** — плата за вывоз мусора.
Местный налог, который идет на покрытие расходов на СБОР ОТХОДОВ (452). См. также 730.

2748. **water freight terminal** — внутренний водный грузовой терминал.
На ВОДНОМ ТРАНСПОРТЕ (2749):ТЕРМИНАЛ (2492), предназначенный для обслуживания ГРУЗОВЫХ СУДОВ (358) речного и озерного плавания.

2749. **water transport** — водный транспорт.
ВИД ТРАНСПОРТА (1541), включающий морской, речной и озерный флот. Для СЕБЕСТОИМОСТИ ПЕРЕВОЗОК (367) на водном транспорте характерна высокая доля единовременных затрат, связанных с приобретением судов и со стр-вом ТЕРМИНАЛОВ (2492). Затраты, связанные с прокладкой ПУТЕЙ (2752), отсутствуют или имеют ограниченный характер (дноуглубительные работы, стр-во шлюзов и т. п.). Себестоимость перевозки НАВАЛОЧНЫХ ГРУЗОВ (295) на водном транспорте ниже, чем на любом др. виде транспорта. Водный транспорт имеет невысокую ГИБКОСТЬ (923) и НАДЕЖНОСТЬ (674), практически не создает ШУМОВОГО ЗАГРЯЗНЕНИЯ (1589) окружающей среды, но представляет значительную опасность с точки зрения аварийных сбросов и РАЗЛИВОВ НЕФТИ (1619).

2750. **waybill,** WB — 1) Грузовая накладная — ГРУЗОВОЙ ДОКУМЕНТ (2213), содержащий сведения о ГРУЗЕ (340), наименования и АДРЕСА (32) ГРУЗООТПРАВИТЕЛЯ (497) и ГРУЗОПОЛУЧАТЕЛЯ (492), УКАЗАННЫЙ МАРШРУТ (2101) и др. В отличие от КОНОСАМЕНТА (225) не является ТОВАРОРАСПОРЯДИТЕЛЬНЫМ ДОКУМЕНТОМ (761) и используется ПЕРЕВОЗЧИКОМ (366) в осн. в целях учета и ст-ки. 2) Список пассажиров — перечень лиц, находящихся на борту ТРАНСПОРТНОГО СРЕДСТВА (1506). См. также 496.

2751. **way car** — см. **caboose.**

2752. **ways** — пути сообщения, пути.
Среда, по которой (в которой) проходит МАРШРУТ (2099) ТРАНСПОРТНОГО СРЕДСТВА (1506). Различают естественные (воздушный и водный бассейн), естественные улучшенные (напр., реки, в которых выполнены дноуглубительные работы) и искусственные пути сообщения [напр., ЖЕЛЕЗНЫЕ ДОРОГИ (1963)].

2753. **WB** — см. **waybill.**

2754. **weather working days** — см. **WWD.**

2755. **weeks' supply** — см. **period order quantity.**

2756. **week's supply method** (амер.) — метод планирования товарного запаса на основе объема реализации за неделю.
В РОЗНИЧНОЙ ТОРГОВЛЕ (2068): способ ПЛАНИРОВАНИЯ ТОВАРНЫХ ЗАПАСОВ (1512), применяемый в осн. для регулирования ЗАПАСОВ ТОВАРОВ СТАБИЛЬНОГО СПРОСА (2342). Осн. исходные данные — СКОРОСТЬ ТОВАРООБОРОТА (1245) и ОБЪЕМ ПРОДАЖ (2117) за последнюю неделю. Горизонт планирования — несколько недель. См. также 198.

2757. **weigher**; tallier — весовщик.
Работник пр-тия, в обязанности которого входит ВЗВЕШИВАНИЕ (2758) и подсчет ГОТОВОЙ ПРОДУКЦИИ (900), сдаваемой цехами, или товаров, поступивших от ПОСТАВЩИКОВ (2450).

2758. **weighing** — взвешивание.
ЛОГИСТИЧЕСКАЯ ОПЕРАЦИЯ (1404), заключающаяся в определении МАССЫ БРУТТО (1083), МАССЫ НЕТТО (1585) товаров и ГРУЗОВ (340), массы ТАРЫ (2481) и т. п.; одна из

СОПУТСТВУЮЩИХ УСЛУГ (10), предоставляемых ПЕРЕВОЗЧИКАМИ (366). Если взвешивание груза произведено перевозчиком, но ГРУЗООТПРАВИТЕЛЬ (497) сомневается в правильности результатов, то он вправе потребовать повторного взвешивания. Если результат оказался правильным, то согласно ОБЫЧАЯМ ДЕЛОВОГО ОБОРОТА (2672) отправитель оплачивает расходы на взвешивание, если ПЕРЕВЕС (1704) или НЕДОВЕС (2659) превышает установленную погрешность измерений, то эти расходы оплачивает перевозчик.

2759. **weighing note** — см. **weight note.**

2760. **weight and size restrictions** — массово-габаритные ограничения.
Предельные величины ПОГРУЖЕННОЙ МАССЫ (2200) и ЛИНЕЙНЫХ РАЗМЕРОВ (705) ГРУЗОВ (340); различаются на разных ВИДАХ ТРАНСПОРТА (1541).

2761. **weight break** — точка понижения весового тарифа; интервал пропорционального понижения весового тарифа.
Граница интервала, при переходе через которую ГРУЗОВОЙ ТАРИФ (1020) в расчете на ед. массы ГРУЗА (340) уменьшается, напр., 100 кг, 500 кг, 1 т, 5 т и т. д. См. также 1172.

2762. **weight-carrying capacity** — см. **cargo-carrying capacity.**

2763. **weight density** — плотность.
Одна из ТРАНСПОРТНЫХ ХАРАКТЕРИСТИК (2592) ГРУЗА (340), имеющая размерность кг/куб.м, или фунты/куб. фут. См. также 1115, 1507.

2764. **weighted-average cost method** (амер.) — метод учета запасов по средней взвешенной стоимости.
В БУХГАЛТЕРСКОМ УЧЕТЕ (262): способ расчета стоимости ЗАПАСОВ НА КОНЕЦ ОТЧЕТНОГО ПЕРИОДА (825), позволяющий учитывать значимость (вес) каждой закупленной в отчетном периоде ПАРТИИ (1419) товара в совокупном (общем) итоге с учетом стоимости партии и кол-ва ед. товара в ней. См. также 2311.

2765. **weight note**; weighing note — весовой сертификат.
Документ, выдаваемый специально уполномоченным органом сразу же после окончания РАЗГРУЗКИ (2667) ГРУЗА (340). В него включены сведения о МАССЕ БРУТТО (1083), МАССЕ НЕТТО (1585), массе ТАРЫ (2481), и др. См. также 401.

2766. **weight ton** — см. **long ton.**

2767. **well car** — см. **depressed center flatcar.**

2768. **well wagon** — см. **depressed center flatcar.**

2769. **wharf** — пристань; товарная пристань; причал.
Участок береговой линии, предназначенный для швартовки судов и выполнения грузовых работ. На нем могут быть ПАКГАУЗЫ (2183), ПОДЪЕЗДНОЙ ПУТЬ (2258), ПОДЪЕЗДНАЯ ДОРОГА (11) и др.

2770. **wharfage** — 1) Причальный сбор — плата, взыскиваемая администрацией ПОРТА (1831) с ед. условного объема судна за каждые сутки стоянки у ПРИЧАЛА (2769). 2) Хранение грузов — ХРАНЕНИЕ (2400) ГРУЗОВ (340) на причале или в ПАКГАУ-

ЗЕ (2183) на причале. 3) Плата за хранение — ПЛАТА ЗА ХРАНЕНИЕ (2404) грузов на причале.

2771. **wharfinger's receipt** — см. **dock receipt.**

2772. **whole charter**; full charter — полный чартер.
ЧАРТЕР (416), по которому сдается в аренду все воздушное или водное судно, в отличие от ЧАСТИЧНОГО ЧАРТЕРА (1740).

2773. **wholesale** — оптовая торговля.
Продажа и покупка ТОВАРОВ НАРОДНОГО ПОТРЕБЛЕНИЯ (509) и ПРОДУКЦИИ ПРОИЗВОДСТВЕННО-ТЕХНИЧЕСКОГО НАЗНАЧЕНИЯ (1882) юридическими лицами в больших кол-вах и в целях, не связанных с личным потреблением. См. также 2068.

2774. **wholesaler** — оптовик; предприятие оптовой торговли.
ПОСРЕДНИК (1209), приобретающий товары у изготовителя или у др. посредника в больших кол-вах с целью перепродажи др. посреднику или иному юридическому лицу. Оптовики могут оказывать ряд ПРОИЗВОДСТВЕННЫХ УСЛУГ (1168), в т. ч. по ИНДИВИДУАЛИЗАЦИИ ПРОДУКЦИИ (589). См. также 1035, 1338.

2775. **wholesaler-sponsored voluntary chain** (амер.) — канал товародвижения, возглавляемый оптовиком.
ЛОГИСТИЧЕСКАЯ ЦЕПЬ (1398), организованная и контролируемая ОПТОВИКОМ (2774). Членами этой цепи могут быть РОЗНИЧНЫЕ ТОРГОВЦЫ (2067) данного р-на, которым оптовик предоставляет разл. СКИДКИ (719), помощь в УПРАВЛЕНИИ ЗАПАСАМИ (1236) и др.

2776. **will call shipment** — груз, вывозимый покупателем.
ГРУЗ (340), вывозимый путем ВЫБОРКИ (452) или самовывоза.

2777. **winch** — ЛЕБЕДКА (1131).

2778. **window** — окно
1) Принятое в системе ТОЧНО ВОВРЕМЯ (1276) обозначение интервала времени, в течение которого должна быть выполнена к. -л. РАБОТА (1266) или ОПЕРАЦИЯ (1636), произведена ОТГРУЗКА (2205) или ДОСТАВКА (655) товара и т. п. В нек-рых реальных системах величина окна составляет менее ±30 мин. 2) Время, в течение которого прекращается движение поездов по участку пути, через станцию ЖЕЛЕЗНОЙ ДОРОГИ (1963), отдельным путям перегона и т. п. в связи с РЕМОНТОМ (2039) контактной сети, станционных сооружений и т. п.

2779. **WIP** — см. **work-in-process.**

2780. **with all convenient speed** — со всей возможной скоростью.
Включенное в ЧАРТЕР (416) условие о том, что судно после окончания ПОГРУЗКИ (1366) должно незамедлительно следовать в ПОРТ РАЗГРУЗКИ (1834) без необоснованных изменений курса.

2781. **with average**; with particular average; WA; WPA — с ответственностью за частную аварию.
Оговорка в СТРАХОВОМ ПОЛИСЕ (1195), обеспечивающая более широкую страховую защиту по сравнению с условием СВОБОДНО ОТ ЧАСТНОЙ АВАРИИ (989).

2782. **withdrawal** — 1) Отбор — изъятие ПРОДУКЦИИ (1885) из СКЛАДСКОЙ ЯЧЕЙКИ (2409) при КОМПЛЕКТАЦИИ (1785). 2) Изъятие — снятие товара с продажи. См. также 1983.

2783. **with particular average** — см. **with average.**

2784. **WMS** — см. **warehouse management system.**

2785. **working area** — рабочая зона.
Площадь круга, образованного вращением СТРЕЛЫ (263) КРАНА (563) вокруг собственной оси вращения; подстреловое пространство. См. также 1361.

2786. **working radius** — см. **operating radius.**

2787. **working stock** — см. **cycle stock.**

2788. **work-in-process**; buffer stock; semifinished inventory; WIP; work-in-progress; in-process inventory; goods-in-process — незавершенное производство.
Незаконченная изготовлением ПРОДУКЦИЯ (1885), находящаяся на разл. стадиях производственного процесса; является частью ОБОРОТНЫХ СРЕДСТВ (583) пром. пр-тия и включает СЫРЬЕ (1979), ПОЛУФАБРИКАТЫ (2163) и т. п., к которым на данном пр-тии уже приложен живой труд с целью их превращения в ГОТОВУЮ ПРОДУКЦИЮ (900). Размеры незавершенного производства зависят от продолжительности ПРОИЗВОДСТВЕННОГО ЦИКЛА (1462) и величины ИЗДЕРЖЕК ПРОИЗВОДСТВА (1459). Учет незавершенного производства ведется в трудовых, натуральных, стоимостных и временных (днях запаса) показателях.

2789. **work-in-progress** — см. **work-in-process.**

2790. **work-in-progress store** — 1) Межцеховой склад — внутризаводской СКЛАД (2718), на котором хранятся ПОЛУФАБРИКАТЫ (2163), прошедшие обработку в предыдущем по технол. цепочке цехе перед их передачей в след. цех. 2) Внутрицеховая кладовая — КЛАДОВАЯ (2382), в которой хранятся полуфабрикаты, еще не прошедшие обработку в данном цехе или уже прошедшие обработку, но еще не переданные в след. цех.

2791. **work order**; shop order (амер., орг. произ-ва) — внутренний наряд. Документ, на основании которого цех пром. пр-тия изготовляет к. -л. ДЕТАЛИ (1739). В качестве приложения к этому документу может использоваться ТЕХНОЛОГИЧЕСКИЙ МАРШРУТ (2101). В отдельных случаях составной частью внутреннего наряда может быть ВЕДОМОСТЬ МАТЕРИАЛОВ (226); в последнем случае он выполняет также ф-цию ОТБОРОЧНОГО ЛИСТА (1790). См. также 1463.

2792. **WPA** — см. **with average.**

2793. **wrapper** — 1) Обертка — УПАКОВКА (1714) из мягкого МАТЕРИАЛА (1477), напр., бумаги, фольги. 2) УПАКОВЩИК (1718).

2794. **wrapping** — 1) Оберточные материалы — мягкие УПАКОВОЧНЫЕ МАТЕРИАЛЫ (1716), напр., ткань, упаковочная бумага, целлофан. 2) ОБЕРТКА (2793).

2795. **wrecker** — см. **wrecking crane.**

2796. **wrecking crane**; wrecker; breakdown crane — аварийный кран.
Мобильный грузовой КРАН (563) на ж. -д. ПЛАТФОРМЕ (919), используемый при ликвидации последствий крушений, схода с рельсов ПОДВИЖНОГО СОСТАВА (2094), при стр-ве и РЕМОНТЕ (2039) пути и путевых сооружений и т. д. Аварийный кран транспортируется собственным ходом, одиночным локомотивом или в составе поезда. Обычно снабжается решетчатой СТРЕЛОЙ (263) с ГУСЬКОМ (1262) или без него; может оснащаться СМЕННЫМИ ГРУЗОЗАХВАТНЫМИ ПРИСПОСОБЛЕНИЯМИ (1094). Привод механизмов аварийного крана может быть паровым, дизельным или электрическим.

2797. **WWD, Weather working days** — погожие рабочие дни.
Условие ЧАРТЕРА (416), согласно которому как СТАЛИЙНОЕ ВРЕМЯ (1301) учитываются календарные дни, КРОМЕ ВОСКРЕСНЫХ И ПРАЗДНИЧНЫХ ДНЕЙ (2187), в которые погода не могла рассматриваться в качестве препятствия к выполнению грузовых работ.

X

2798. **X sh** — см. **ex ship.**

2799. **X ship** — см. **ex ship.**

2800. **X shp** — см. **ex ship.**

2801. **X stk** — см. **ex stock.**

2802. **X store** — см. **ex store.**

2803. **X stre** — см. **ex store.**

2804. **X whse** — см. **ex warehouse.**

2805. **X wks** — см. **ex works.**

Y

2806. **yardage** — 1) Перегрузка живности на пристанционном загоне — временное содержание ЖИВНОСТИ (1350) на ПРИСТАНЦИОННОМ ЗАГОНЕ (2394). 2) Сбор за перегрузку живности — ден. сумма, взыскиваемая за содержание живности на пристанционном загоне.

2807. **yard waste** — коммунальные отходы растительного происхождения.

ОРГАНИЧЕСКИЕ ОТХОДЫ (1668), напр., опавшая листва, сучья, корни деревьев [в США составляют около 18% всех ТВЕРДЫХ БЫТОВЫХ ОТХОДОВ (1572) по массе]. Осн. формами УТИЛИЗАЦИИ (2007) являются КОМПОСТИРОВАНИЕ (480) и мульчирование (сплошное или междурядное покрытие почвы измельченными отходами с целью ослабления испарения влаги с поверхности). См. также 2686.

2808. **yield**; yield factor — 1) Коэффициент использования материала — отношение массы готовой ДЕТАЛИ (1739) к норме расхода МАТЕРИАЛА (1477) на ее изготовление; отношение массы поковки (штамповки) к массе ЗАГОТОВКИ (238). 2) Коэффициент эффективности инвестиций — отношение прироста годовой прибыли к сумме капитальных затрат.

2809. **yield factor** — см. **yield.**

Z

2810. **zero inventory production** — см. **stockless production.**

2811. **ZIP code** (амер.) — почтовый индекс.

Применяемый в США пятизначный цифровой ПОЧТОВЫЙ ИНДЕКС (1839), который в нек-рых случаях может дополняться через дефис четырехзначным числом.

2812. **zoned location**; zoned random storage — позонное свободное размещение; смешанное закрепление мест хранения.
Способ орг-ции ХРАНЕНИЯ (2400) товаров на СКЛАДЕ (2718), основанный на сочетании принципов ФИКСИРОВАННОГО РАЗМЕЩЕНИЯ (640) и СВОБОДНОГО РАЗМЕЩЕНИЯ (1974). За укрупненной группой ПРОДУКЦИИ (1885) закрепляется определенная ЗОНА ХРАНЕНИЯ (2402), однако внутри зоны для РАЗМЕЩЕНИЯ (1937) продукции может использоваться любая свободная СКЛАДСКАЯ ЯЧЕЙКА (2409).

2813. **zoned random storage** — см. **zoned location.**

2814. **zoning price** — поясная цена.
ЦЕНА (1857) к.-л. ПРОДУКЦИИ (1885), дифференцированная по р-нам (поясам) страны. Дифференциация обусловлена существенными различиями в ТРАНСПОРТНЫХ РАСХОДАХ (2594), зависящих от РАССТОЯНИЯ ПЕРЕВОЗКИ (1317) продукции от места произ-ва или добычи к месту продажи или производственного потребления. См. также 652.

УКАЗАТЕЛЬ ТЕРМИНОВ НА РУССКОМ ЯЗЫКЕ
INDEX OF RUSSIAN TERMS

ОСНОВНАЯ ИСПОЛЬЗОВАННАЯ ЛИТЕРАТУРА

1. Авиация. Энциклопедия. М.: БРЭ — ЦАГИ им. Н.Е. Жуковского, 1994.

2. Англо-русский экономический словарь. Издание второе, переработанное и дополненное. М.: Русский язык, 1981.

3. Белов В.В. и др. Теория графов. М.: Высшая школа, 1976.

4. Большой англо-русский политехнический словарь (в двух томах). М.: Русский язык, 1991.

5. Губенко В.К., Парунакян В.Э. Общий курс промышленного транспорта. М.: Транспорт, 1994.

6. Железнодорожный транспорт. Энциклопедия. М.: БРЭ, 1994.

7. Родников А.Н. Логистика: терминологический словарь. М.: Экономика, 1995.

8. Сводный словарь современной русской лексики (в двух томах). М.: Русский язык, 1991.

9. Academic Press Dictionary of Science and Technology. Academic Press, San Diego, CA, 1992.

10. A Concise Dictionary of Business. Oxford University Press, Oxford, 1990.

11. Allen, Mary Kay and Helferich, Omar Keith. Putting expert systems to work in logistics. Council of Logistics Management. Oakbrook, IL, 1990.

12. Ammer, Chr., Ammer, Dean S. Dictionary of Business and Economics. Revised and Expanded Edition. The Free Press, New York, NY, 1986.

13. Baily, Peter. Successful Stock Control by Manual Methods. Cower Press, London, 1971.

14. Burstiner, Irving. Basic Retailing. Second Edition. Irwin, Homewood, IL, 1991.

15. Compton, H.K. Glossary of Purchasing & Supply Management Terms. Purchasing Officers Association, London, 1965.

16. Compton, H.K. Storehouse and Stockyard Management. Business Books Ltd., London, 1970.

17. Dictionary of Occupational Titles (produced by the U.S. Department of Labor). Fourth edition. JIST Works Inc, Indianapolis, IN, 1991.

18. Dilworth, James B. Production and Operations Management. Fourth edition, Randomhouse, New York, NY, 1989.

19. Encyclopedia of Business / Maurer, John G., et al. (in two volumes). Gale Research, New York, NY, 1995.

20. Encyclopedia of International Commerce. Connell Maritime Press, Centreville, Md, 1985.

21. Encyclopedia of the American Military. Charles Scribner's Sons, New York, NY, 1994.

22. Environmental Policy in the 1990s. Second Edition. Edited by Norman J. Vig and Michael E.Kraft. CQ Press, Washington, DC, 1994.

23. Environmental TQM. Second Edition. Edited by John T. Willig. Executive Enterprises Publication Co., Inc., New York, NY, 1994.

24. Fogarty, D.W., Blackstone, J.F., Jr., Hoffman, T.R. Production and Inventory Management. Second Edition. South-Western Publishing Co., Cincinatti, 1991.

25. Grains & Oilseeds. Handling, Marketing, Processing (in two volumes). Fourth Edition. Canadian International Grain Institute. Manitoba, 1993.

26. Heskett, James L., Glaskowsky, Nicholas A., Ivie, Robert M. Business Logistics. Physical Distribution and Materials Management. Second Edition. The Ronald Press, New York, NY, 1973.

27. Hillier, Frederick S. and Lieberman, Gerald J. Introduction to Operations Research. Fifth Edition. McGraw-Hill Publishing Co., New York, NY, 1990.

28. International Regulations concerning the carriage of dangerous goods by rail (RID). Her Majesty's Stationery Office, London, 1978.

29. Jenkins, Creed H. Modern Warehouse Management. McGraw-Hill Book Co., New York, NY, 1968.

30. Jones G. et al. The Harper Collins Dictionary of Environmental Science. Harper Collins Publishers, New York, NY, 1992.

31. Juran J.M. and Frank M. Gryna, Jr. Quality Planning and Analysis. Second Edition.. McGraw-Hill, Inc., New York, NY, 1980.

32. La Londe, Bernard J. and Martha M. Cooper. Partnerships in Providing Customer Service: a Third Party Perspective. Council of Logistics Management. Oakbrook, IL, 1989.

33. Longman Dictionary of Business English by J. H. Adam. Published by arrangement with Longman Group U. K. Limited, London. Moscow, Relod, 1993.

34. Lubben, Richard T. Just-in-time Manufacturing. McGraw-Hill Books Co., New York, NY, 1988.

35. McGraw-Hill Dictionary of Scientific and Technical Terms. Fourth Edition.. McGraw-Hill, Inc., New York, NY, 1989.

36. McGraw-Hill Concise Encyclopedia of Science & Technology. Third Edition. McGraw-Hill, Inc., New York, NY, 1994.

37. McQuaig, Douglas J. College Accounting. Fourth Edition. Houghton Mifflin Company, Boston, 1989.

38. Miller, E. Willard and Miller, Ruby M. Environmental hazards: toxic waste and hazardous material. ABC-CLIO, Inc., Santa Barbara, CA, 1991.

39. Miller, Roger LeRoy and Jentz, Gaylord A. Fundamentals of Business Law. Third Edition. West Publishing Company, St. Paul, MN, 1996.

40. Osmańczyk, Edmund Jan. The Encyclopedia of the United Nations and International Relations. Second Edition. Taylor & Francis, Inc, Bristol, PA, 1990.

41. Production and Inventory Control Handbook. Edited by James H. Greene. Second Edition. McGraw-Hill Inc., New York, NY, 1987.

42. Purchasing Handbook. Edited by George W. Aljian. Second Edition. McGraw-Hill Inc., New York, NY, 1966.

43. Random House Unabridged Dictionary. Second Edition. Random House, Inc., New York, NY, 1993.

44. Rubin, Harvey W. Dictionary of Insurance Terms. Third Edition. Barron's Educational Series, Inc., Hauppage, NY, 1995.

45. Sampson, Roy J., Farris, Martin T. and Schrock, David L. Domestic Transportation: Practice, Theory and Policy. Sixth Edition. Houghton Mifflin Co., Boston, 1990.

46. Schonberger, Richard J. and Knod, Edward M., Operations Management. Improving Customer Service. Fourth Edition. Irwin, Homewood, IL, 1991.

47. The McGraw-Hill Recycling Handbook. Edited by Herbert F. Lund. McGraw-Hill Inc., New York, NY, 1993.

48. The Railroad Dictionary of Car and Locomotive Terms. Simmons-Boardman Publishing Corp. Omaha, Nebraska, 1980.

49. Warman, John. Warehouse Management. Heinemann, London, 1971.

50. Webster's Third New International Dictionary of the English Language. Merriam-Webster Inc, Springfield, Ma(ssachusetts), 1986.

51. Zenz, Gary J. Purchasing and the Management of Materials. Sixth Edition. John Wiley and Sons, New York, NY, 1987.

Кроме того, при формулировке определений некоторых новейших терминов существенно использованы материалы, опубликованные в 1990 — 1997 гг. в журналах Automatic I.D. News Europe (Великобритания), ID Systems (США), International Journal of Physical Distribution & Logistics Management (Великобритания), Storage Handling Distribution (Великобритания). При формулировке определений ряда понятий, относящихся к механизации грузовых работ, широко использовалась документация фирмы Grove Worldwide (США).

Родников Андрей Николаевич

АНГЛО-РУССКИЙ СЛОВАРЬ ПО ЭКОНОМИКЕ ТОВАРОДВИЖЕНИЯ

Научный редактор В.И. Осипов
Компьютерная верстка И. Юлин

Подписано в печать с готовых диапозитивов 22.12.2000.
Формат 60х90/16. Гарнитура «Таймс».
Бумага типографская. Печать офсетная. Уч.-изд. л. 19,40.
Усл. печ. л. 38. Тираж 2000 экз. Заказ 2397.

Налоговая льгота — общероссийский
классификатор продукции
ОК 005-93, том 2; 953000 — книги, брошюры

Гигиенический сертификат
№ 77.99.6.953.П.440.2.99 от 04.02.1999

Издательство ***«ЭКЗАМЕН»***
ЛР № 065970 от 24.04.98
г. Москва, ул. Александра Лукьянова, д. 4, стр. 1.
E-mail: examen@cityline.ru

Издание осуществлено при участии
ООО «Издательство АСТ»

При участии ООО «Харвест». Лицензия ЛВ №32 от 10.01.01.
220040, Минск, ул. М. Богдановича, 155-1204.

Налоговая льгота-Общегосударственный классификатор
Республики Беларусь ОКРБ 007-98, ч. 1;22.11.31.000.

УП «Минская фабрика цветной печати».
220024, Минск, ул. Корженевского, 20.

По вопросам реализации обращаться по тел.: 263-96-60.

1552

GÉZA GÁRDONYI

Sterne von Eger

GÉZA GÁRDONYI

Sterne von Eger

CORVINA

Titel der ungarischen Originalausgabe:
„Egri Csillagok"
Ins Deutsche übersetzt
von MIRZA VON SCHÜCHING
Deutsche Textbearbeitung
von GEORG HARMAT

11. vollständige und überarbeitete Auflage

ISBN 963 13 3381 7

Hauptvertrieb:
KULTÚRA Budapest

Vertrieb in der Bundesrepublik Deutschland:
Erich Röth Verlag, Regensburg

Vertrieb in Österreich:
Herder Verlag, Wien

ERSTER TEIL

Unruhige Zeit, unruhiges Land

1

Zwei Kinder badeten im Bach, ein Junge und ein Mädchen. Es schickte sich wohl nicht, daß sie zusammen im Wasser herumplätscherten, aber das wußten sie nicht: Der Junge war gerade sieben Jahre alt, das Mädchen gut zwei Jahre jünger.

Sie waren im Walde umhergestreift und fanden dort einen Bach. Die Sonne schien heiß. In einer Mulde bildete das Rinnsal einen kleinen Teich, nicht größer als der Platz, den ein Wagen zum Umdrehen braucht. Hier gefiel es ihnen.

Zuerst hatten sie nur die Füße ins Wasser getaucht, dann waren sie bis an die Knie hineingewatet. Gergős Höschen war naß geworden, und so warf er es ab. Schließlich zog er auch das Hemd aus, und auf einmal panschten sie dort beide nackt.

Sie konnten getrost baden, es sah sie ja niemand. Die Pécser Landstraße verlief weiter hinten, jenseits der Bäume. Kein Mensch kam durch den Wald. Freilich, wären die beiden doch von jemandem überrascht worden, dann hätte das Vergnügen gewiß ein jähes Ende genommen. Bei dem Jungen mochte es noch angehen, der war kein Herrensproß, aber das Mädchen war ein Fräulein, die Tochter des Edlen Péter von Cecey; sie hatte sich überdies heimlich vom Hause weggestohlen.

Auch dem splitternackten Mädchen sah man leicht an, daß es ein vornehmes Täubchen sein mußte: Weiß wie Milch schimmerte sein Körper, und wie es so im Wasser herumsprang, flogen ihm die beiden flachsblonden Zöpfchen um den Hals.

„Derdő", rief sie dem Jungen lachend zu, „schwimmen wir!"

Der magere braune Junge, der Gergő hieß, kehrte ihr den Rücken zu; sie klammerte sich an seinen Hals, und Gergő watete drauflos, dem Ufer zu. Die Kleine schwebte und strampelte oben auf dem Wasser.

Doch als sie ans Ufer kamen, hielt Gergő sich am grünen Schopf des Binsenbüschels fest und blickte besorgt umher.

„O weh, der Schimmel!"

Er trat aus dem Wasser und lief hierhin und dorthin, spähte

zwischen den Bäumen hindurch und betrachtete prüfend die Erde, wo wohl Spuren des Tieres zu sehen wären.

„Warte, Évi“, rief er dem Mädchen zu, „warte, ich komm’ gleich wieder!“

Und nackt, wie er war, rannte er los, immer der Spur nach, auf die Pécser Landstraße zu.

Nach einigen Minuten kehrte er auf einem alten Schimmel zurück. Das Pferd trug eine ärmliche Halfter aus Hanfkordel um den Kopf. Die Schnur war wohl an sein Bein gebunden gewesen, aber der Knoten hatte sich gelöst.

Wortlos trieb der Knabe sein Pferd mit einem Kornellenzweig an. Sein Gesicht war bleich vor Schreck. Immer wieder blickte er zurück. Als er an die Badestelle kam, umklammerte er den Hals des Pferdes, halb rutschte er, halb sprang er herab.

„Verstecken wir uns“, flüsterte er zitternd. „Verstecken wir uns! Es kommen Türken!“

Mit flinken Griffen band er das Pferd an einen Baum und raffte schnell seine Kleider von der Erde auf; dann liefen die beiden nackten Kinder zu einem Weißdornbusch hin, hinter dem Strauch versteckten sie sich und duckten sich im dürren Laub.

Zu dieser Zeit waren Türken auf den Straßen keine Seltenheit. Und du, lieber Leser, der du vielleicht denkst, die beiden Kinder hätten jetzt diesen Sommer im Bach gebadet, du irrst dich gewaltig. Wohin sind die beiden Kinder, wohin? Und die Türken und all die Menschen, die dir in diesem Buch begegnen, die hier auftreten, handeln, sprechen, lachen oder klagen? Zu Staub sind sie alle längst geworden.

Leg also den diesjährigen Kalender beiseite, verehrter Leser, und nimm in Gedanken den Kalender des Jahres 1533 vor. Du lebst nämlich jetzt im Mai 1533, und dein Herrscher ist entweder König János oder der Türke oder Ferdinand I.

Das Dörfchen, in dem die beiden Kinder wohnen, liegt in einem Tal des Mecsekgebirges verborgen. Es besteht aus etwa dreißig Lehmziegelhäusern und einem großen steinernen Haus. Alle Häuser haben winzige Fenster aus geölter Leinwand, auch das Herrenhaus. Im übrigen aber sind sie strohgedeckt, genau wie heute noch. Wald umgibt den kleinen Ort, dessen Bewohner meinen, zu ihnen fänden die Türken nie hin. Wie denn auch?

Der Weg führt steil bergan, und weder Wagenspuren noch ein Turm zeigen die Richtung an. In dem versteckten Dörfchen leben und sterben die Menschen wie die Käfer im Walde.

Gergős Vater, der in Pécs das Schmiedehandwerk betrieben hatte, lebte nicht mehr. Seine Frau war mit ihrem Vater, einem grauhaarigen alten Bauern, der schon in György Dózsas Aufstand mitgekämpft hatte, nach Keresztesfalva gezogen. Und eben des alten Kämpfers wegen fand sie Zuflucht bei Cecey, dem Herrn des Dorfes.

Der Alte ging manchmal durch den Wald hinunter nach Pécs, um dort zu betteln. Von dem, was er sich erbettelte, lebten sie den ganzen Winter. Dann und wann fiel auch ein Krümchen aus dem Herrschaftshause auf ihren Tisch.

Auch an jenem Tage war der Alte wieder einmal aus der Stadt heimgekehrt und hatte zu seinem Enkel gesagt:

„Laß den Schimmel weiden, der arme Gaul hat seit heut früh nichts gefressen. Und tränke ihn am Bach."

So war Gergő mit dem Pferd zum Waldrand gezogen. Unterwegs, als er am Herrschaftshaus vorbeiritt, kam die kleine Éva durch die Gartentür herausgeschlüpft:

„Derdő, Derdő, nimm mich mit!"

Dem kleinen Fräulein wagte der Bub nicht zu sagen, es solle zu Hause bleiben. Er stieg vom Pferd und führte Éva, wohin sie zu gehen wünschte. Und sie wünschte dorthin zu gehen, wohin die Schmetterlinge flogen. Die Schmetterlinge flogen in den Wald, also liefen auch die Kinder in den Wald. Schließlich erblickten sie den Bach, und Gergő ließ das Pferd im Grase weiden. So waren die beiden in den Waldbach und vom Waldbach dann hinter den Weißdornstrauch gelangt.

Dort kauerten sie nun und zitterten in Angst vor den Türken.

Und sie hatten allen Anlaß dazu. Nach wenigen Minuten krachte es im trockenen Laubwerk, und gleich darauf tauchten unter den Bäumen ein weißer Türkenkalpak* mit einer Straußenfeder und ein brauner Pferdkopf auf.

Der Türke sah sich nach allen Seiten um, wandte den Kopf hin und her, da blieb sein Blick auf dem Schimmel haften. Sein eigenes dunkelbraunes Pferdchen führte er am Zaum.

* Anmerkungen am Ende des Buches.

Jetzt erkannte man schon, daß der Türke ein brauner Mann mit knochigem Gesicht war. Er hatte einen nußbraunen Mantel über die Schulter geworfen, und auf dem Kopf trug er einen turmhohen weißen Kalpak. Ein Auge war mit einem weißen Tuch zugebunden, das andere musterte den Schimmel am Baum. Er verzog das Gesicht: Der Gaul gefiel ihm nicht. Aber trotzdem band er ihn los.

Der Knabe, den er zuvor auf dem Tier gesehen hatte, hätte ihm besser gefallen, denn Knaben waren mehr wert als Pferde. Auf dem Sklavenmarkt in Konstantinopel zahlte man für einen Knaben dreimal soviel. Aber der Bursche war nirgends zu sehen.

Der Türke guckte hinter ein paar Bäume und spähte auch ins Laubwerk hinauf.

Dann rief er auf ungarisch:

„Wo steckst du, Bübchen? Komm hervor, kleiner Kerl! Ich schenk dir Feigen! Komm nur her!“

Der Knabe meldete sich nicht.

„Komm nur hervor, du! Hab keine Angst, ich tu dir nichts! Kommst du nicht? Wenn du nicht kommst, nehme ich dein Pferd mit!“

Und wirklich nahm er die Zügel beider Pferde in eine Hand und führte sie zwischen den Bäumen davon.

Die Kinder hatten stumm und bleich dem Türken zugehört. Daß er ihnen Feigen schenken wollte, konnte die Starrheit des Entsetzens nicht von ihnen lösen. Sie hatten viel zu oft zu Hause die Schimpfrede *Daß dich der Türke hole!* und haarsträubende Erzählungen über die Türken gehört, als daß sie sich durch Süßigkeiten hätten hervorlocken lassen. Als aber der Türke drohte, er werde den Schimmel mitnehmen, da rührte sich Gergő. Er sah Éva an, als erwartete er einen Rat von ihr; mit einem Gesicht sah er sie an, als stächen ihn Dornen in die Fußsohlen.

Den Schimmel wollte er mitnehmen? Was würden sie zu Hause sagen, wenn er ohne das Pferd heimkehrte?

Die kleine Éva konnte ihm freilich auf diese Überlegungen keine Antwort geben. Leichenblaß kauerte sie neben ihm. Ihre großen Katzenaugen wurden feucht vor Angst und Schrecken.

Indessen verschwand der Schimmel. Gergő hörte seine großen, trägen Schritte. Das trockene Laub raschelte gleichmäßig unter seinen Hufen. Der Türke nahm ihn also mit, er nahm ihn wirklich mit.

„Der Schimmel...", stammelte Gergő, sein Mund verzog sich zum Weinen.

Und er hob den Kopf.

Der Schimmel geht, geht. Wie das Waldlaub unter seinen Hufen raschelt. Oh, der Dumme!

Mit einemmal vergaß Gergő seine Angst, sprang auf und rannte unbekleidet, wie er war, hinter dem Schimmel her.

„Onkel!" rief er zitternd, „Onkel Türke!"

Der Türke blieb stehen und grinste.

Oh, was war das für ein häßlicher Mann. Er grinste, als ob er gleich beißen wollte.

„Onkel, der Schimmel", stammelte Gergő weinend, „der gehört uns..."

Etwa zwanzig Schritt vor dem Mann blieb er stehen.

„Na, so komm doch, wenn er euch gehört", antwortete der Türke, „da, nimm ihn dir."

Dabei ließ er die Halfter fahren.

Der Junge sah nur noch seinen Schimmel. Als der sich langsam, träge in Bewegung setzte, sprang Gergő auf ihn zu und ergriff die Halfterschnur.

In diesem Augenblick wurde er selber gepackt. Die großen, kräftigen Finger des Türken umklammerten sein schwaches nacktes Ärmchen, und schon flog Gergő in den Sattel des anderen, des braunen Pferdes.

Gergő kreischte aus Leibeskräften.

„Still!" fuhr ihn der Türke an und zückte seinen Dolch.

Doch der Junge schrie weiter:

„Vicuska! Vicuska!"

Der Türke drehte den Kopf in dieselbe Richtung wie der Knabe. Den Dolch behielt er in der Hand.

Als sich das andere nackte Kind aus dem Gras erhob, steckte er freilich den Dolch wieder weg und lächelte.

„Komm nur, komm", sagte er, „ich tu dir nichts." Und beide Pferde am Zügel, schritt er auf das Mädchen zu.

Gergő versuchte, sich vom Pferd herunterzulassen. Da klatschte des Türken Hand laut auf seinem Rücken. So blieb Gergő sitzen und heulte weiter. Der Türke ließ indessen die Pferde stehen und lief hinter dem kleinen Mädchen her.

Das arme Évchen wollte entfliehen, aber ihre Beine waren

kurz, und das Gras stand hoch. Da fiel sie hin. Gleich darauf strampelte und schrie sie schon auf dem Arm des Türken.

„Still!“ zischte der Türke und gab ihr einen Klaps auf den Hintern. „Still! Wenn du nicht gleich ruhig bist, fress’ ich dich auf! Ham-ham!“

Die Kleine verstummte, nur ihr Herzchen klopfte wie das Herz eines Sperlings, den man in der Hand gefangenhält.

Aber als sie wieder bei den Pferden anlangten, begann sie von neuem zu schreien:

„Papi, Papa!“

Die Verzweiflung meint nämlich, ihren Schrei höre man in der weitesten Ferne.

Auch Gergő heulte. Er rieb sich mit den Fäusten die Augen und jammerte:

„Nach Hause! Ich will nach Hause!“

„Schweig, du elender Balg!“ herrschte ihn der Türke an. „Oder ich hau’ dich mittendurch!“

Und er drohte mit der Faust.

Die beiden Kinder verstummten. Das Mädchen verlor vor Entsetzen fast die Besinnung. Gergő hockte still schluchzend auf dem Braunen.

So gingen sie.

Als sie den Wald verließen, erblickte Gergő auf der Bergstraße zum Mecsek eine Menge buntes Türkenvolk mit Wagen. Berittene Akindschis, Assaber zu Fuß und in grellen Farben gekleidete freie Soldaten. Auf flinken kleinen Pferden trabten sie in Richtung Pécs.

Der Trupp, der vor ihnen herzog, führte an die zehn vollbeladene Fuhrwerke und Wagen mit sich, auf denen in wüstem Durcheinander weißes Bettzeug, Schränke, Bettstellen, Stühle, Felle und Getreidesäcke gehäuft lagen. Neben den Wagen trotteten, mit gefesselten Füßen und auf dem Rücken zusammengebundenen Händen, traurig die Gefangenen.

Unser Janitschar hatte drei Wagen und sieben Gefangene. Außer ihm waren dort noch fünf Janitscharen in blauen Pluderhosen, roten Schnürschuhen und weißen Kalpaks, die vorn mit einem beinernen Löffel verziert waren. Nur einer von ihnen hatte einen Löffel aus Holz. Auch drei Assaber mit Pelzmützen und großen Lanzen waren zu sehen. Dem Einäugigen hing eine staubige weiße Straußenfeder von vorn nach hinten über den Kalpak, sie reichte ihm fast bis zur Mitte des Rückens.

Während er im Walde verweilte, hatten seine Leute die drei Wagen seitlich an den Straßenrand gefahren, um die übrigen Heimkehrenden vorbeizulassen.

Lachend empfingen die Janitscharen die beiden Kinder und den Schimmel.

Was schwatzen sie da auf türkisch? Gergő konnte es nicht verstehen. Sicher sprachen sie von ihnen und dem Pferd, das merkte man ihnen an. Wenn sie ihn und Évi ansahen, lächelten sie, wenn sie aber das Pferd betrachteten, machten sie eine Handbewegung, als wollten sie eine Fliege verscheuchen.

Der Türke warf die beiden Kinder auf den Wagen, oben auf das Bettzeug. Dort saß eine pausbäckige Jungfer, eine Gefangene mit Ketten an den Füßen, der vertraute er seine neue Beute an. Dann band einer der Janitscharen einen schmutzigen Sack auf und zog allerlei Kleidungsstücke heraus, lauter Kinderkleider: Röckchen, kleine Mäntel, Westen mit Metallknöpfen, Mützen, Hüte und Stiefelchen. Der Türke wählte zwei kleine Hemden und ein Mäntelchen aus und schleuderte sie auf den Wagen.

„Zieh sie ihnen an", befahl der Einäugige dem pausbäckigen Mädchen.

Dieses mochte ein ungefähr siebzehnjähriges Bauernmädel sein. Während es die Kinder ankleidete, umarmte und küßte es die beiden mit tränennassen Augen.

„Wie heißt du, mein Engelchen?"

„Vicuska."

„Und du, Herzchen?"

„Gergő."

„Weint nicht, Kinder. Ihr bleibt bei mir."

„Ich will aber nach Hause", sagte Gergő schluchzend.

„Ich auch", heulte die Kleine, „nach Hause..."

Das gefangene Mädchen drückte die Kinder an sich:

„Gott wird euch schon nach Hause bringen, ihr müßt nicht weinen."

2

Mit wütendem Gekläff umsprangen die Dorfhunde einen Pilger mit weißem Vollbart und dichtem, langem Haar. Sie würden ihm wohl die Kutte vom Leibe gerissen haben, wenn er sich nicht fortwährend mit seinem Wanderstab, dessen oberes Ende ein Kreuz darstellte, nach rechts und links verteidigt hätte.

Anfangs war er in der Mitte des Weges gegangen, als aber die großen zottigen Hunde immer mehr wurden, stellte er sich mit dem Rücken an eine Zaunecke zurück und wartete dort, immer den Stab schwingend, daß jemand käme, ihn von dem Ansturm zu befreien.

Doch die wenigen Leute, die durch das wütende Gebell herbeigerufen wurden, hatten nur Augen für die fünf ungarischen Krieger, die soeben ins Dorf galoppierten. Voran ritt ein blonder Mann in rotem Mantel, eine Kranichfeder am Hut. Vor ihm lag quer auf dem Sattel ein Gewehr. Unter seiner leichten kirschfarbenen Jacke glitzerte ein Panzerhemd. Vier weitere Krieger folgten ihm. Im Dorf angelangt, wandten sie die Köpfe hin und her, als hielten sie jedes Haus dieses Dorfes für ein reines Wunder. Alle fünfe hatten von der Hitze Schweiß im Gesicht.

Vor Ceceys Tor schlummerte auf der Steinschwelle ein alter Bauer mit einer Lanze. Das Hufgetrappel ließ ihn auffahren. Eilig öffnete er auch den zweiten Torflügel, und die Reiter sprengten über die Brücke in den Hof.

Cecey hockte wie ein alter Adler im Schatten der Scheune. Einige seiner Leibeigenen schoren dort Schafe. In der Hand hielten sie Scheren, an der Seite trugen sie Schwerter. Leinenhemd und Leinenhose, Bundschuhe und das Schwert an der Seite: So ging es damals in Ungarn zu.

Cecey erblickte die Reiter. Er erhob sich und hinkte auf sie zu. Einen sonderbaren Gang hatte der alte Herr: Ein Bein bog sich nicht im Knie, das andere nicht im Knöchel. Wie hätten sich seine Beine auch biegen können, da sie doch beide aus Holz waren. Und obendrein fehlte ihm die rechte Hand, der Ärmel seiner Leinenjacke schlotterte leer am Handgelenk. Ceceys Gesicht war fast nur Bart, sein schulterlanges Haar war schon weiß, sein Bart grau.

Der blonde Mann mit der Kranichfeder sprang vom Pferd, warf einem der Soldaten die Zügel zu und eilte Cecey entgegen.

„Mein Name ist István Dobó", sagte er und schlug die Hakken zusammen.

Er war ein großer, knochiger junger Mensch. Sein Mund bildete eine ungewöhnlich lange Linie – ein eigenwilliger, schmallippiger Mund war es, der an einer unsichtbaren Kandare zu beißen schien. Jede seiner Bewegungen war die blanke Kraft, er war so eine Art stahlharter Bursche mit scharf blickenden grauen Augen.

Cecey versteckte seine Hand hinter dem Rücken.

„In wessen Heer dienst du?" fragte er, und seine Augen brannten, als wäre innen Glut dahinter.

„Zur Zeit in Bálint Töröks Heer."

„Dann hältst du also zu Ferdinand... Sei willkommen, Junge."

Er gab ihm die Hand. Mit einem Blick maß er Dobós Roß, mit einem zweiten seinen Säbel.

„Aus welcher Familie Dobó?"

„Aus der von Ruszka."

„Also mit den Pálóczys verwandt..."

„Jawohl."

„Demnach bist du aus Oberungarn. Wie kommst du hierher? Welcher Wind hat euch hierher geweht, mein Sohn?"

„Wir kommen von Palota."

„Aus Mórés Burg?"

„Sie gehört nicht mehr Móré."

„Wem dann?"

„Augenblicklich niemandem. Sie ist ja auch nicht mal mehr eine Burg, sondern nur noch ein Steinhaufen."

Der Alte mit den Holzbeinen sah erstaunt drein.

„Habt ihr sie zerstört?"

„Ganz und gar."

„Gott sei Dank. Na, komm herein in die Kühle, hier in den Bogengang. He, Mutter! Ein Gast ist gekommen!"

Und wieder sah er Dobó groß an.

„Zerstört habt ihr sie?"

Die kleine dicke Frau des Hauses regte sich schon geschäftig auf dem Gang; mit einer Magd schob sie einen Tisch in den Schatten. Eine andere Magd öffnete bereits die Kellertür.

„István Dobó, ein Verwandter der Pálóczys", stellte Cecey seiner Frau den Jüngling vor. „Laß den Soldaten Wein und etwas zu essen geben."

Dobó zog aus seiner Jacke ein rotes Taschentuch hervor und wischte sich das Gesicht ab.

„Bevor ich mich setze", sagte er und blickte dem Hausherrn forschend in die Augen, „muß ich Sie fragen, Vater Cecey, ob Móré etwa hier ist. Ihn suche ich nämlich."

„Hier? Móré? Den will ich erst am Galgen sehen!"

Dobó trocknete sich weiter das Gesicht und auch den Hals.

„Dann sind wir auf der falschen Spur. Ich bitte um einen Schluck Wasser."

„Warte doch, es wird gleich Wein gebracht."

„Ich trinke Wasser, wenn ich Durst habe."

Er ergriff den großen Krug und setzte das Mundstück an.

„Darf ich bis heut abend hier rasten?" fragte er, als er nach einem tiefen Zug sich verschnaufte.

„Oh, ich laß dich ein paar Tage nicht weg! Wo denkst du hin?!"

„Vielen Dank, aber das ist hier kein Faschingsfest. Ich hab' die vergangene Nacht nicht geschlafen. Heute abend ziehen wir weiter. Aber mein Panzerhemd möcht' ich doch ein wenig ablegen. Es ist zu warm bei solchem Wetter, wenn's auch aus lauter Löchern gemacht ist."

Während Dobó sich im Zimmer umzog, langte auch der Pilger am Tor an und trat ein.

„Du kommst vom Frater!" rief Cecey und starrte ihn an. Wieder brannten seine Augen, als ob Glut dahinter wäre.

„Jawohl", gab der Pilger lächelnd zurück, „woher wißt Ihr das?"

„Ich seh's an deinem Bart: der ist weiß vom Dachsfett."

„Stimmt."

„Daran sehe ich, daß du von weit her kommst."

„Auch das stimmt."

„Und mir schickt aus der Ferne kein andrer Botschaft als nur der Guardian von Sajólád, der mein Gevatter ist. Da schlag doch das Donnerwetter drein!"

„Der ist doch schon lange kein Guardian mehr, wohledler Herr, sondern ein Freund des Königs.“

„Auch das weiß ich, das Höllenfeuer möge ihn verschlingen samt seinem Herrn. Wie heißt du?“

„Imre Varsányi.“

„Wie alt bist du?“

„Dreißig.“

„Na, laß hören, was für Kundschaft bringst du?“

Der Pilger setzte sich auf die Erde und trennte gemächlich das Futter seiner Kutte auf.

„Eine unmenschliche Hitze herrscht hier in der Gegend“, brummte er gutgelaunt, „und Türken gibt's wie Fliegen.“

„Das haben wir dem Frater zu verdanken und deinem König. Na, wo in Teufels Namen hast du den Brief bloß eingenäht?“

Endlich zog Varsányi das Schriftstück mit dem kleinen roten Siegel hervor und reichte es dem alten Herrn hin.

„Gebt dem Mann Speise und Trank und auch ein Nachtlager“, sagte Cecey zu seiner Frau.

Er brach das Siegel auf und entfaltete das Schreiben.

„Ja“, bemerkte er, in den Brief blickend, „das ist des Fraters Schrift. Sauber wie gedruckt, aber sehr kleine Buchstaben. Ich kann das nicht lesen. Laßt den Priester holen.“

Der Pilger setzte sich mehr in den Schatten des Nußbaumes.

„Er hat gewiß etwas Gutes geschrieben“, meinte er zufrieden, „denn er hat mich nicht zur Eile angehalten. Wenn er Briefe mit dem großen Siegel schickt, muß ich mich immer sputen. Dieser hier ist ja bloß einer mit kleinem Siegel, also keine Landessache.“

Und der Bote, der seinen Auftrag erfüllt hatte, tat in stiller Freude einen großen Zug aus dem Weinkrug, den man ihm hingestellt hatte.

Auch Ceceys Frau nahm den Brief in die Hand. Sie prüfte ihn von allen Seiten und betrachtete das erbrochene Siegel. Dann wandte sie sich an den Pilger:

„Ist Onkel Jörg gesund?“

Eine Magd brachte inzwischen Käse und Brot, und der Pilger suchte sogleich nach seinem Messer.

„Krank ist der nie, wohledle Frau.“

Da kam auch schon der Pfarrer, ein breitschultriger, weißbärtiger Mann mit einem Stierkopf. Der Pilger stand auf und wollte ihm die Hand küssen, doch der Geistliche wich zurück.

„Bist du Papist – oder vom neuen Glauben?“

Und er griff sich an den weißen Kinnbart, der ihm bis zur Brustmitte reichte.

„Ich bin Papist“, antwortete der Pilger.

Da streckte ihm der Pfarrer die Hand hin.

Sie gingen ins Zimmer. Der Geistliche trat ans Fenster und übersetzte den lateinisch geschriebenen Brief ins Ungarische:

„Lieber Schwager...“

Er hatte eine sonderbar dumpfe Stimme, sie klang, als käme sie tief aus dem Magen. Die Konsonanten konnte man nur ahnen. Doch wer an sein Sprechen gewöhnt war, verstand ihn. Er fuhr fort:

„...und liebe Julia, ich erflehe von Gott für euch alle Gesundheit und ein ruhiges Leben. Ich habe erfahren, daß bei euch in der Gegend Tag für Tag bald Móré, bald die Türken rauben und plündern und daß nur die an die Scholle gebundenen Leibeigenen an Ort und Stelle geblieben sind: Wer kann, läuft davon, der eine nach dem Oberland, der andere hinüber zu den Deutschen. Daher, meine Lieben, wenn ihr noch am Leben seid und wenn ihr noch in Keresztes wohnt, rettet auch ihr euch. Ich habe mit Seiner Majestät gesprochen, daß er euch den Schaden ersetze...“

„Lies nicht weiter!“ fuhr Cecey auf. „Ein Hund, wer eines Hundes Gnade sucht!“

„Sachte, sachte, mein lieber Gemahl“, beschwichtigte ihn die Frau. „Der Frater ist gescheit, er weiß, daß wir von Szapolyai nichts annehmen. Hört Euch den ganzen Brief doch mal an!“

Der Pfarrer zog die struppigen Augenbrauen zusammen und las weiter:

„...Der König kann dir allerdings Sásod nicht zurückgeben, aber in der Nähe von Nagyvárad ist ein Dorf...“

„Hör auf, hör auf, Bálint!“ rief Cecey und schlug um sich, rot vor Wut.

„Jetzt kommt schon etwas anderes“, erwiderte der Pfarrer.

Und er las weiter:

„...Wenn sich aber der Haß gegen ihn schon so sehr in dir festgesetzt haben sollte...“

„Das hat er, das hat er!“ schrie Cecey und schlug auf den

Tisch. „Nein, weder in dieser noch in jener Welt! Oder wenn dort, dann auch dort nur bewaffnet!“

Der Geistliche las weiter:

„*. . . Mein kleines Haus hier in Buda wird frei, denn wir ziehen bald nach Nagyvárad. Nur ein Bogner wohnt darin, im Unterstock. Die drei Zimmer im Oberstock sind leer.*“

Cecey stand auf.

„Ich brauch’ dein Haus nicht! Von Szapolyais Geld hast du’s gekauft, Frater! Einstürzen soll’s, wenn ich es jemals betrete!“

Der Pfarrer zuckte die Achseln.

„Du weißt doch nicht, ob er’s von dessen Geld gekauft hat! Er kann es ja geerbt haben.“

Aber Cecey hörte auf niemanden mehr. Wütend polterte er aus dem Zimmer und ging mit klappernden Schritten den Bogengang entlang.

An dessen Ende schmauste im Schatten des Nußbaumes der Pilger. Zornig und gespreizt blieb Cecey vor ihm stehen:

„Sage dem Frater, ich lasse ihn grüßen: Was er mir geschrieben hat, ist gerade so viel, als hätte er überhaupt nichts geschrieben.“

„Soll ich denn keine Antwort mitnehmen?“

„Nein.“

Und er stapfte weiter, hinaus auf die Tenne. Auf und ab holperte er in der Sonne. Manchmal schlug er mit seinem Stock nach rechts und nach links, als schlage er unsichtbare Hunde, und murmelte zornerfüllt:

„Mein Kopf ist noch nicht aus Holz!“

Die Bauern schoren die Schafe eifriger, auch die Hunde zogen sich zurück. Sogar das Haus schien am Ufer ein Stück weiter hinabzurutschen.

Die Frau stand mit dem Pfarrer im Bogengang. Er zuckte wiederholt die Achseln.

„Und auch wenn er’s nicht geerbt hat“, sagte er, „ist’s durch eigene Arbeit erworben, und er kann es geben, wem er will. Er will es Péter überlassen, dann ist’s ein Ceceysches Haus, und nicht einmal der König hat darin zu befehlen.“

Da kam Dobó aus dem Zimmer. Die Frau stellte ihn dem Pfarrer vor und rief sogleich nach Éva.

„Évchen! Wo bist du, Évi?“

„Sie spielt im Garten", antwortete eine Magd.
Nun kam auch Cecey zurück und fauchte den Priester an:
„Du hast das Mäntelchen gedreht, Pfaffe! Am Ende gehst du noch als Fahnenträger zu János über!"
„Und du legst noch auf deine alten Tage den ungarischen Namen ab", gab der Geistliche barsch zurück.
„Du verdingst dich als Henker!" kreischte Cecey.
„Und du dich den Deutschen!" schrie grimmig der Pfaffe.
„Henker!"
„Deutscher!"
„Schinder!"
„Landesverräter!"
Die beiden greisen Männer waren fast blau vor Wut, wie sie einander anbrüllten. Dobó wartete nur auf den Augenblick, da er sie voneinander losreißen müßte.
„Streitet doch um Gottes willen nicht, ihr Herren", sagte er unruhig, „oder zankt euch lieber mit den Türken."
Cecey winkte verächtlich ab. Dann ließ er sich auf einen Stuhl fallen, daß es krachte.
„Was verstehst du davon, junger Freund. Dem Pfaffen da hat Szapolyai die Zunge abschneiden lassen und mir die rechte Hand. Ist er nicht ein Narr, daß er mit dem Rest seiner Zunge Szapolyai in Schutz nimmt?"
„Wenn er nur mein Feind wäre", erwiderte darauf der Geistliche, nun auch mit ruhiger Stimme, „hätte ich ihm längst vergeben. Doch auch so sag' ich, lieber soll er über die Ungarn herrschen als der Deutsche."
„Aber doch wahrlich lieber der Deutsche als die Türken!" schrie Cecey.
Da griff Dobó ein, damit die beiden Männer nicht wieder aneinandergerieten.
„Gut ist keiner von ihnen, das stimmt. Wir Oberländer sagen uns: Wir müssen ein bißchen warten, abwarten, ob die deutschen Streitkräfte gegen die Türken aufbieten, und auch, ob János wirklich das Land an die Türken verrät."
„Er hat's ihnen sogar schon längst verkauft, lieber Freund", sagte Cecey mit einer verächtlichen Bewegung.
„Das glaube ich nicht", entgegnete Dobó, „er wollte nur die Krone haben, aber nicht die Freundschaft der Türken."

Unterdessen war im Bogengang eine Schüssel mit Backhühnchen auf den Tisch gestellt worden. Die Gesichter der beiden Alten wurden sanfter.

Sie setzten sich an den Tisch.

„Ha, als ich so jung war wie du, mein Freund“, begann Cecey und schüttelte den Kopf. „Wie alt bist du?“

„Einunddreißig“, antwortete Dobó, „ja, bald wird man mich auch nicht mehr jung nennen.“

„Solange du nicht heiratest, bist du immer jung. Aber es wäre eigentlich schon an der Zeit.“

„Ich bin bisher nicht dazu gekommen.“ Dobó lächelte. „Von Kindheit an tummele ich mich immerfort im Krieg.“

„Na, so ist's recht. Von jeher ist das Leben der Ungarn so gewesen. Meinst du vielleicht, ich wäre vom Tanzen auf beiden Beinen lahm geworden? Nein, Freundchen, ich hab' mit Kinizsi angefangen. König Mátyás hat mich beim Namen genannt. Dann hab' ich mit Dózsa aufgehört. Der war der Held aller Helden, das kannst du mir glauben.“

Er hob den bis zum Rande gefüllten Zinnbecher und trank Dobó zu.

„Gott liebe die Ungarn und dich, junger Freund, ganz besonders. Er verleihe deinem Schwerte Sieg und schenke dir ein schönes Mädchen zum Weibe. Kannst du Schach spielen?“

„Nein“, antwortete Dobó, über den Gedankensprung lächelnd.

Dabei leerte er seinen Becher. Es war ein guter starker Rotwein. Dobó dachte bei sich: Nun verstehe ich schon, wovon die beiden Alten so hitzig sind.

„Na, dann wird kein guter Feldherr aus dir werden“, meinte Cecey.

„Allerdings nicht, wenn wir auf orientalische Art kämpfen: Heer gegen Heer. Wir kämpfen aber auf ungarische Art: Mann gegen Mann. Und das lehrt einen das Schachbrett nicht.“

„Du kannst es also doch.“

„Nein, ich kenne das Spiel nur eben.“

„Wenn du es erst richtig spielen kannst, wirst du dein Urteil ändern. In einer Stunde Schachspiel, junger Freund, stecken alle Kniffe einer richtigen Schlacht.“

„Die Herren spielen wohl zu Hause immer Schach?“

„Wir? Nie. Wir zanken uns auch ohne Schach. Sobald von Politik die Rede ist, zanken wir uns gleich. Und wir sind doch zusammen aufgewachsen, haben zusammen gelebt, zusammen gekämpft..."

„Und wir sterben auch zusammen", beendete der Priester kopfnickend den Satz.

Und die beiden Alten tauschten freundliche Blicke und stießen mit ihren Bechern an.

„Aber das wirst du doch zugeben, Bálint, daß der, der den Móré, diesen Fuchs, aus seiner Burg sprengte, ein wackeres Werk vollbracht hat. Und das war doch Ferdinand, nicht wahr?"

Er wischte sich über den Schnurrbart.

„Nicht Ferdinand allein", sagte Dobó, „beide Könige zusammen, beider Heer war es. Mórés Schurkerei war ihnen zuviel. Zuletzt wühlte er ja sogar schon die Gräber auf."

„Aber Ferdinand hat doch mehr gegen ihn aufgeboten."

„Nein, eher König János. Ferdinand hat nur Bálint Török sagen lassen, er solle János helfen, und er hat fünfzig Bergleute geschickt."

„Zum Mauerbrechen?"

„Ja. Auch ein paar türkische Truppen haben mit uns gekämpft."

„Natürlich unter János' Fahne."

„Allerdings, aber der Teufel hole solche Hilfe! Die kehren stets raubend und plündernd heim."

„Die Akindschis, die Schweinehunde."

„Ja, die."

„Nun, seid ihr denn leicht mit der Burg fertig geworden?"

„Das kann ich nicht behaupten, Vater Cecey. Sie hatte mächtig starke Mauern. Und keine von den angreifenden Gruppen hatte Mörser mitgebracht. Die Feldschlangen taugen doch nicht zum Mauerbrechen."

„Ich bin einmal dort gewesen", bemerkte der Pfarrer, „eine Felsenburg ist das und kein Pfahlbau. Hat man sie nicht freiwillig übergeben?"

„Nein. Wir mußten die fünfzig Bergleute am Felsen einsetzen. Schwere, harte Arbeit hatten sie, das kann ich wohl sagen. Die Hämmer schlugen Funken aus dem Stein, und die Eisenstangen drangen bei jedem Stoß kaum einen Finger tief in den Felsen ein. Doch vielen Händen gibt schließlich selbst der Stein nach."

„Habt ihr die Burg gesprengt?"

„Zuerst haben wir Móré drinnen sagen lassen, daß die Mine schon voll Pulver sei. Darauf ersuchte er uns, bis zum Morgen zu warten. Und wir warteten. Was aber hatte der listige Fuchs unterdessen gemacht? Das Burgvolk zusammengerufen und den Leuten zugeredet, sie sollten die Burg eisern halten, er werde sich hinausschleichen und Hilfe holen. ‚Gut', haben die geantwortet, ‚aber wer bürgt uns dafür, daß du auch zurückkommst?' ‚Meine beiden Kinder bleiben hier', war des Schurken Antwort, ‚und all mein Gold, mein Silber, all mein Gut. Was wollt ihr mehr?' Dann ließ er sich an einem Strick von der Mauer herunter und machte sich aus dem Staube. Wir haben ihn freilich in der Finsternis nicht gesehen. Als die Sonne aufging und keine weiße Fahne gehißt wurde, kein Unterhändler erschien, kein Tor sich öffnete, nichts, da haben wir die Minen gesprengt. Hat man das nicht bis hierher gehört? Es war ein Donnern zum Berge-Erschüttern. Die Mauern stürzten ein. Und wir, rein in die Burg. Unsere Krieger waren so in Wut, daß sie alle Leute Mórés niedermachten."

„Auch seine Kinder?"

„Nein, die nicht. Wir fanden sie in einem Steinkeller. Zwei schöne braune Knaben. Seitdem sind sie bei König János."

„Und ihr sucht jetzt also Móré?"

„Ich bin bloß mit diesen vier Männern hierher abgeschwenkt. Unterwegs haben wir nämlich mit einem Feldhüter gesprochen, in dessen Keller Móré genächtigt hat. Er sei hierher, nach Pécs zu, gegangen, sagte uns der Feldhüter."

Frau Cecey wandte sich um.

„Magda", sagte sie zu einer Magd, die auf dem Hof scheuerte, „wo ist denn Vicuska?"

„Ich habe sie nicht gesehen", antwortete die Magd. „Nach Tisch hat sie im Garten gespielt."

„Lauf schnell und suche sie."

„Mein kleines Mädel", sagte Cecey und lächelte. „Auf meine alten Tage hat Gott mir noch das Töchterchen geschenkt. Wirst sehen, welch kleine Fee sie ist."

„Einen Sohn habt Ihr nicht?"

Cecey schüttelte mit ernster Miene den Kopf.

„Wenn ich einen Sohn hätte, Freund, würde mir die Hand wieder nachwachsen, wie beim Krebs."

Allein, das Kind war nicht zu finden. Über dem Gespräch und dem Lesen des Briefes hatten sie die Kleine vergessen. Und was sorgten sich die Mägde schon um das Kind. Sie fanden genug auf dem Hof zu tun. Da zwirbelten die Krieger ihre Schnurrbärte. Die Mädchen wiegten sich in den Hüften. Sie vergnügten sich, als wären die Krieger sämtlich auf Brautschau zu Cecey gekommen.

Jetzt aber wird rings ums Haus alles durchforscht.

„Vicuska! Vicuska!"

Jeder Strauch wird abgesucht, jeder Spielplatz im Dorf. Wo ist die alte Kató? Sie hat auf das Mädel aufgepaßt. Möglich, daß sie eingeschlafen ist. Wer hat Vicuska gesehen? Niemand. Ein kleiner Bub sprach am Nachmittag hinter dem Garten mit ihr. Wer ging zu jener Zeit am Nachmittag hinten am Garten vorbei? Niemand, nur der Knabe Gergő, der das Pferd seines Großvaters auf die Weide führte. Aber wo ist denn dieser Gergő? Auch er ist nirgends zu finden. Sicherlich ist er mit dem Pferd in den Wald gegangen. Oh, kindliche Unbedachtsamkeit! Wie oft ist ihm gesagt worden, er solle mit dem Pferd nicht weiter als bis an die Brombeersträucher gehen!

Rings um das Dorf herum durchstöberten sie den Wald.

„Vicuska! Vicuska!"

Schon halfen auch Dobó und seine Leute. Jeden Baum und jeden Strauch, alle Gräber und Täler durchforschten sie. Sie könnte ja irgendwo eingeschlafen sein.

„Vicuska! Vicuska!"

Auch Gergős Mutter suchte jammernd und klagend. Im Walde trafen sie die alte Kató. Auch sie sucht schon lange und hat sich schon die Kehle heiser geschrien.

Gegen Abend endlich jauchzt eine der Mägde auf:

„Sie sind da!"

„Na, Gott sei Dank!"

„Hier sind ihre Kleider!"

Ihre Kleider, ja; aber nur ihre Kleider: das linnene Hemdchen, die karminroten Schühchen, das gelbe Taftröckchen und auch Gergős Hemd, Hose und Hut. Man sieht, daß sie gebadet haben müssen, denn am Ufer des Baches sind ihre Spuren im weichen Sand noch sichtbar. Die größere Fußstapfe, mit den auseinandergespreizten Zehen ist die von Gergő, die kleinere von Vicuska.

Wahrscheinlich sind sie irgendwo im Wasser ertrunken.

3

„Ich heiße Margit. Nennt mich einfach Tante Margit", sagte die Gefangene, die auf dem Wagen saß. „Ich werde euch Märchen erzählen, ich kenne viele Märchen. Woher seid ihr, Kinder?"

„Aus dem Dorf", antwortete mit bitterer Miene Gergő.

„Aus'm Dorp", sagte weinerlich auch die Kleine.

„Aus welchem Dorf?"

„Aus dem da."

„Ja, aber wie heißt das Dorf?"

„Wie es heißt?"

„Ja, es hat doch einen Namen."

„Einen Namen? Den weiß ich nicht."

Ein breites Gesicht hatte sie, die sich Margit nannte, und einen kleinen, wie zum Küssen zugespitzten Mund. Im Gesicht, um die Nase herum waren ein paar Sommersprossen. Um den Hals trug sie eine Kette aus blauen Glasperlen. Margit war von den Türken auf einem Gutshof im Komitat Somogy geraubt worden.

Über die Antworten der Kinder konnte sie nur den Kopf schütteln. Heimlich riß sie vom Bettzeug auf dem Wagen einen Fetzen ab und zog damit einen Holzlöffel als Puppe an.

„Das wird Vicuskas Puppe. Seht, sie bekommt ein gelbes Tuch und einen roten Rock. Wir ziehen sie an, lassen sie tanzen und wiegen sie in den Schlaf."

Still fuhr der Wagen mit den Gefangenen weiter.

Nebenher trotteten ein breitschultriger Bauernbursche und ein blatternarbiger junger Zigeuner. Beide waren barfuß. Der Zigeuner hatte eine über und über geflickte blaue Hose an. Auch sein Wams war blau. Aus der Innentasche sah der schmierige Trichter einer Flöte hervor. An der anderen Seite des Wagens schleppten sich zwei Männer vorwärts, ein Geistlicher in schwarzem Umhang und ein Bauersmann mit zerzaustem Haar und breitem Gesicht. Der Bauer mochte wohl schon vierzig Jahre alt sein, der Geistliche, ein hochgewachsener Mann mit einem mageren Gesicht, war jünger. Er hatte keinen Bart, ja nicht einmal Augenbrauen. Und rot war er wie eine Beere. Nur seine Augen waren schwarz. Die Türken hatten ihm nämlich vor ein paar Tagen kochendes Wasser über den Kopf gegossen, weil sie die Schätze seiner Kirche haben wollten.

Was hatte diese Kirche schon für Schätze!

Ja, sie alle waren nun Gefangene, die Ärmsten. Sie trugen Ketten an den Füßen. Auch ihre Hände waren in Eisen gelegt, dem einen vorn, dem anderen auf dem Rücken. Der Bursche war sogar mit dem Zigeuner und der Geistliche mit dem Bauern zusammengekettet. Der Bursche hatte seine Fessel über dem Knöchel mit Lappen umwickelt.

Die Lappen waren schon blutig!

„Bleiben wir stehen“, bat er von Zeit zu Zeit, sich umwendend, „ich möchte meine Fesseln neu umwickeln“.

Die Janitscharen aber achteten gar nicht darauf. Sie schwatzten auf türkisch miteinander und antworteten höchstens mit einem ärgerlichen Blick.

Gergős Blick blieb an dem jungen Burschen haften. Was für große Hände er hatte! Und wie viele Knöpfe waren an seinem Wams! Angst hatte der nicht. Wären ihm nicht beide Hände auf dem Rücken gefesselt, würden vielleicht die Türken sämtlich vor ihm davonlaufen.

Der Bursche fürchtete sich tatsächlich nicht. Er hob den Kopf und brüllte den neben ihm daherreitenden buckligen Türken an:

„Das Höllenfeuer soll euch verschlingen, ihr heidnische Wölfe!“

„Gáspár, Gáspár“, beschwichtigte ihn das Mädchen vom Wagen herab, „tragt Euer Los so friedlich, wie es nur geht. Ihr seht, die Sonne geht schon unter; um diese Zeit halten sie bald an“.

Und als sie sich dabei die Augen wischte, fingen auch die beiden Kinder wieder an zu weinen.

„Ich will nach Hause!“ heulte Gergő.

„Zu Vater!“ weinte die kleine Éva.

Die Türken hielten wirklich an. Sie stiegen von den Pferden, holten Krüge hervor und wuschen sich die Hände, die Füße, das

Gesicht. Dann knieten sie in einer geraden Reihe, nach Osten gewandt, nieder. Sie küßten den Erdboden und beteten.

Die Gefangenen sahen ihnen schweigend zu.

Das Mädchen kletterte vom Wagen und riß vom Saum ihres Hemdes ein Stück ab. Das wickelte sie dem Burschen um den Fuß und schob dann gütig-behutsam die Fessel darüber.

„Gott segne Euch Margit“, seufzte der Bursche.

„Für die Nacht tun wir, wenn's geht, Wegerich drauf, Gáspár.“

Ihr Gesicht verzog sich zum Weinen. Sie weinte stündlich ein paar Minuten lang, doch gleich darauf sang sie den Kindern etwas vor. Denn wenn sie weinte, weinten auch die Kinder.

„Hu, wie ischt mein Magen hungrig!“, ließ sich der Zigeuner vernehmen, der neben ihnen im Staube saß, „so schtrenge Faschten hab ich mein Lebtag noch nie gehalten.“

Der Kutscher – ebenfalls ein Gefangener mit einer Kette am Fuß – mußte über den Seufzer des Zigeuners lächeln.

„Ich habe auch Hunger“, sagte er und warf einen verächtlichen Blick auf die Türken, „ich koche aber zum Nachtessen ein solches Paprikafleisch, daß alles für uns übrigbleibt.“

„Bischt du denn der Koch?“

Bei dem Du zuckten des Kutschers Augenbrauen. Aber dann erwiderte er:

„Nur abends. Tagsüber stehlen die sich ihr Mittagessen.“

„Der Teufel soll sie holen! Dasch der Krampf ihnen in die Beine fahre zur Faschtnacht! Sag, seit wann dienscht du bei denen?“

„Seit drei Tagen.“

„Könnt man sich nich irgendwie davonmachen?“

„Nein, von denen kommt man nicht mehr weg. Sieh, was für Stiefel ich an den Füßen habe.“

Er hob im Sitzen die Füße hoch. Die schweren, dicken Ketten klirrten.

„Aber wenn du heut nich kochscht?“ sagte der Zigeuner nachdenklich und besorgt.

„Ich koche ganz bestimmt. Gestern hab' ich ihnen etwas gekocht, daß sie sich hinterher die Schnauzen geleckt haben wie die Hunde.“

„Ach, könnte ich mir doch auch endlich die Schnauze lecken.

Ich tät überhaupt nicht mehr wissen, dasch ich einen Mund habe, wenn ich nicht manchmal redete."

„Auch Wein haben sie heute mittag geraubt. Da ist er noch, auf dem Leiterwagen."

„Die Türken trinken nicht, du!"

„Glaub mir, da ist keiner mehr Türke, wenn er Wein sieht."

„Na, dann hab ich ein Feschttag", rief der Zigeuner mit einemmal fröhlich, „ich werd ihnen ein Liedchen spielen, dasche noch Luscht kriegen zu tanzen."

Als das Gebet beendet war, ließ der einäugige Janitschar die Wagen nicht weiterfahren. Vom Berge sah man schon im Tal die von der Abenddämmerung verschleierte Stadt liegen. Ein ungarisches Nest, von Wespen bewohnt.

Die Türken beratschlagten. Dann rief der einäugige Janitschar dem Kutscher zu:

„Mir nach! In den Wald!"

Und die Wagen und Karren fuhren ein gutes Stück in den Wald hinein, fast eine Viertelstunde.

Die Sonne war unterdessen hinter den Bäumen verschwunden. Düsternis hüllte den Wald ein. Am klaren Himmel blinkte der erste Stern.

An einer geeigneten Lichtung banden die Türken die Pferde an Pflöcke. Der Janitschar löste die Fesseln von den Händen des Geistlichen und fuhr ihn an:

„Du machst Feuer!"

„Ich kann dasch bescher!" sagte bereitwillig der Zigeuner, „Euer Gnaden, wohlgeborener Herr Türke, ich küsch Euch die Händ und die Füsch, lascht mich Feuer machen, auf diesch Handwerk verschteh ich mich."

„Schweig!" schnauzte der Türke.

Auch drei gefangene Frauen ließ man vom Wagen steigen, sie sollten beim Feuermachen helfen. Gemeinsam mit dem Priester lasen sie trockenes Laub und Reisig unter den Bäumen auf, und bald darauf hatten sie mit Stahl und Zunder ein Feuer angezündet.

Auch den Kutscher befreite man vom Sitz.

„So etwas wie gestern", befahl ihm der einäugige Türke.

Der Kutscher stellte einen großen Eisenkessel mit Wasser aufs Feuer, und nachdem der Priester mit des Zigueners Hilfe rasch einen Hammel abgezogen hatte, schnitt der Kutscher mit geübter Hand kleine Fleischstücke in den Kessel. Auch Zwiebeln schnitzelte er hinein und streute reichlich Paprika darauf. Bestimmt hätte er auch Kartoffelstücke in die Brühe geworfen, wenn nicht die Kartoffel zu jener Zeit eine noch seltenere Pflanze gewesen wäre als die Ananas. Die Kartoffel wurde selbst an Herrschaftstischen nur als etwas ganz Besonderes hie und da gekostet, und sie hatte noch gar keinen rechten Namen. Amerikanischen Apfel oder Erdapfel nannte man sie.

Um das Feuer lagerten sich an die zwanzig unterschiedliche Türken. Gleich als sie haltmachten, hatten sie die Fuhrwerke als Umzäunung im Kreise aufgestellt. Die angepflockten Pferde blieben außerhalb des Wagenkreises.

Die Gefangenen wurden in der Umzäunung zusammengetrieben. Es waren insgesamt vierzehn: neun Männer und fünf Frauen, dazu die beiden Kinder. Die Ärmsten fielen nur so auf den Rasen. Einige von ihnen schliefen sofort ein.

Auch die kleine Éva war schon eingeschlafen, oben auf dem Bettzeug. Sie hatte ihr Köpfchen auf Margits Schoß gelegt und träumte; mit der rechten Hand hielt sie ihre armselige Puppe an die Brust gedrückt. Gergő lag neben ihnen auf dem Bauch. Er versenkte das Gesicht in die Hände und sah schläfrig nach den Türken hin. Es kam ihm sonderbar vor, daß die Janitscharen auf ihrer weißen Kopfbedeckung einen Löffel trugen und daß der Hut so weich war, daß er hinten überhing. Die Assaber hatten helleres Haar, sie waren schmuddelige Leute mit groben Gesichtern. Zwei von ihnen trugen ungarische Stiefel, abgetragene, rote Stiefel.

Der einäugige Janitschar warf von Zeit zu Zeit einen Blick auf die Kinder. Er ließ sie bei dem Mädchen, hoch oben auf dem Wagen.

Das Feuer brannte lichterloh. Die Türken schlachteten Lämmer, Hühner und Gänse. Die Gefangenen waren eifrig dabei, das Mahl zu bereiten, und nach einer kleinen Weile prasselte das Fleisch in Kesseln und Pfannen, bräunten sich die Keulen an den Spießen. Ein Türke band ein Säckchen mit Graupen auf.

In die Waldluft mischte sich appetitanregender Speisegeruch.

4

Es war noch keine Stunde vergangen, als der Kutscher András eine solche Ohrfeige bekam, daß ihm der Hut vom Kopf zwei Klafter weit wegflog.

„Daß dich der Höllengrund verschlinge!“ brüllte der einäugige Janitschar ihn an. „Wieviel Paprika hast du ins Essen getan?“

Er rieb sich das Auge und streckte die Zunge heraus, um sie zu kühlen.

Das Paprikafleisch bekamen die Gefangenen und – zu seiner Freude – auch der Zigeuner.

„Hei, dasch isch wohl auch noch eine zweite Ohrfeige wert.“

Die Türken teilten unter sich die am Spieß gebratenen Keulen.

Die Fässer hatten sie schon früher angezapft, und sie tranken aus Bechern und Hörnern den ungarischen Wein.

Der Zigeuner stand auf. Er wischte sich den Mund mit der Hand und die Hand an der Hose ab, dann sagte er schmeichelnd:

„Gnädiger wohlgeborener Herr Dudelschak, küsch die Hände und Füsche, ich möcht Euch gern zu Ehren des Gaschtmahls was vorschpielen.“

Der Dudelsack genannte Einäugige, der in Wirklichkeit Jumurdschak hieß, drehte sich um und grinste höhnisch:

„Willst wohl die Ungarn herbeikrähen, was?“

Der Zigeuner verdrückte sich still, ging zu den Schmausenden zurück und tauchte den Holzlöffel wieder in den Kessel.

„Aufhängen solln sie dich, wennsch dir grad am allerbeschten geht!“

Die Türken aßen und tranken gierig. Nebenher teilten sie sich in die Beute und tauschten hin und her. Ein düsterer Akindschi mit herabhängendem Schnurrbart holte eine kleine Eisentruhe vom Wagen. Sie brachen die Truhe auf. Goldmünzen, Ringe, Ohrgehänge fielen in Mengen heraus.

Am Feuer sitzend, teilten sie das untereinander und ergötzten sich an den Steinen des einen oder anderen Schmuckstückes.

Gergő war schläfrig, konnte aber den Blick nicht von seinem Türken wenden. Ein unheimliches, sonderbares Gesicht hatte der, völlig unbehaarte Haut, auch auf dem Kopf. Als er nämlich den Kalpak abnahm, ging die Kahlheit des Gesichts in die des

Kopfes über. Und er lachte so seltsam. Das ganze Zahnfleisch war dabei zu sehen.

Als sie sich das Geld geteilt hatten, zog er unter seinem Dolman einen dicken Hirschledergurt hervor, der schon voller Münzen steckte. Der Türke stand auf und ging hinter die Wagen, wo die Pferde weideten.

Gergő ließ ihn nicht aus den Augen. Er sah, wie der Türke aus dem Sattelknopf einen hölzernen Stöpsel herauszog und sein Geld in die kleine Öffnung fallen ließ.

Die Gefangenen aßen noch. Ihnen war Paprika nichts Ungewohntes. Der Kutscher András schmauste das Fleisch geradezu vergnügt.

„Und du, warum ißt du nicht?“ sagte der Geistliche zu Gáspár.

Der Bursche saß am Rande der Gruppe und starrte düster vor sich hin.

„Ich mag nicht“, antwortete er über die Schulter hinweg.

Nach einem Weilchen sah er den Pfarrer an:

„Sobald Ihr fertig seid, Hochwürden, möchte ich mit Euch sprechen, falls Ihr mich anhören wollt.“

Der Pfarrer legte den Holzlöffel hin und schleppte sich mit klirrendem Fußeisen zu Gáspár.

„Na, was hast du, mein Junge?“

Der Bursche blinzelte vor sich hin.

„Ja, also, daß Ihr mir die Beichte abnehmet, darum wollt ich Euch bitten.“

„Wozu?“

„Damit ich rein ins Jenseits komme.“

„Vom Jenseits bist du noch weit, Gáspár.“

„Nicht so weit, wie Ihr denkt.“

Er blickte finster zu den Türken hin und fuhr fort:

„Wenn die Gefangenen fertig gegessen haben, kommt der Türke, der mich gefangengenommen hat, hierher, um uns die Handschellen wieder anzulegen. Den bringe ich um.“

„Tu das nicht, mein Sohn.“

„Doch, ich bringe ihn um, Hochwürden. Wenn er herkommt, nehm’ ich ihm eins von seinen Messern weg und ersteche ihn! In den Bauch drück’ ich dem Hund das Messer! Also laßt mich beichten!“

Der Pfarrer sah ihn schweigend an.

„Mein Sohn“, sagte er dann ruhig, „ich nehme dir keine Beichte ab, denn ich bin Lutheraner.“

„Vom neuen Glauben?“

„Man nennt ihn den neuen Glauben, aber in Wirklichkeit ist es der wahre, alte Glauben, den uns Jesus von Nazareth hinterlassen hat. Wir nehmen keine Beichte ab, wir beichten nur. Wir glauben, daß Gott unsere Seele sieht. Aber wozu willst du dich ins Verderben stürzen? Sieh, hier sind wir noch auf ungarischem Boden, hier unten liegt Pécs. Es ist schon oft vorgekommen, daß der Herrgott die ungarischen Gefangenen der Feindeshand entrissen hat.“

„Und wenn er sie nicht entreißt?“

„Gottes Güte wird uns auf unseren Wegen begleiten. Es gibt sogar manch einen, den dort auf türkischem Boden das Glück seines Lebens erreichte. In Ketten kam er hin und wurde dort ein Herr. Und später gelangte er sogar wieder nach Hause. Komm, mein Sohn, iß etwas.“

Der Jüngling sah finster zu den Türken hin.

„Aber diesen Hundskerl da...“, murmelte er zwischen den Zähnen.

Der Pfarrer schüttelte den Kopf.

„Wozu hast du mich gerufen, wenn du nicht auf mich hörst?“

Schließlich stand der Bursche auf. Langsam schleppte er sich zu den übrigen.

Die Gefangenen waren größtenteils junge und kräftige Leute. Unter den Frauen war auch eine Zigeunerin mit funkelnden Augen. Ihre Hände und Füße, ja sogar ihre Haare waren nach Zigeunerbrauch mit Sandelholz rot gefärbt.

Von Zeit zu Zeit warf sie den Kopf nach hinten, weil ihr das Haar in die Augen hing. Oft unterhielt sie sich in der Zigeunersprache mit Sárközi, dem blatternarbigen Zigeuner.

„Ist das vielleicht deine Frau?“ fragte der Kutscher.

„Nein“, antwortete der Zigeuner, „bisch jetzt war siesch noch kein einzig Mal.“

„Was sprecht ihr denn da auf zigeunerisch?“

„Die Frau sagt, wenn wir sie ans Feuer lassen, weissagt sie uns die Zukunft.“

„Die Zukunft ist in Gottes Hand“, erwiderte der Pfarrer streng. „Treibet nicht Unfug in seinem Namen!“

Unter den Männern waren auch zwei ältere. Der eine war schweigsam und sah wie ein Herr aus, ziemlich betagt, hatte einen grauen Bart und einen herabhängenden Schnurrbart. Nach der braunen Haut zu urteilen, hätte er sowohl ein Herr als auch ein Zigeuner sein können. Auf keine Frage gab er Antwort. Eine lange rote Narbe zog sich vom linken Ohr über seine Wange. Ein sonderbarer Geruch ging von ihm aus, ein Geruch wie abgebranntes Schießpulver. Der andere war der Bauersmann mit dem breiten Gesicht, den man mit dem Pfarrer zusammengekettet hatte; er blickte ständig mit weit geöffneten Augen drein, so, als ob er sich über etwas wunderte, und ließ den Kopf hängen, als wäre der viel schwerer als die Köpfe anderer Menschenkinder. Groß genug war er allerdings.

Während die Gefangenen das paprikascharfe Hammelfleisch aßen, sprachen sie leise miteinander. Wie könnte man von den Türken fliehen?

„Überhaupt nicht“, ließ sich da mit einemmal der Bauer mit dem großen Kopf vernehmen.

Er legte den Löffel hin und wischte sich mit dem Hemdsärmel den Mund.

„Das weiß ich wahrlich genau. Ich habe die Gefangenschaft schon einmal durchgemacht. Zehn Jahre sind mir dadurch verlorengegangen.“

„Und dann hat man Euch nach Hause gelassen?“

„Ach was.“

„Wie seid Ihr denn freigekommen?“

„Wie? Umsonst, sozusagen; unter Jesu schützendem Gewand. Einmal haben sie mich nach Belgrad gebracht. Da bin ich entflohen, bin durch die Donau geschwommen.“

„Wie ist denn die Gefangenschaft?“ erkundigte sich ein sechzehnjähriger Bursche mit fahlen Augen.

„Ich sag’ dir, Bruder, um meinetwillen sind nicht viel Hühner geschlachtet worden.“

„Wart Ihr bei einem Reichen?“ fragte eine Stimme unter dem Wagen hervor.

„Beim Kaiser selbst!“

„Beim Kaiser? Was wart Ihr denn beim Kaiser?“

„Oberputzer."

„Was für ein Oberputzer? Was habt Ihr geputzt?"

„Seinen Stall."

Sie lachten ein wenig. Dann wurden sie wieder traurig.

„Und wie geht man mit den Weibsleuten um?" fragte eine schwarzhaarige junge Frau.

Der Bauer zuckte die Achseln:

„Wenn eine jung ist, ist sie auch dort nur ein Weib, bloß eben ein türkisches; aber meistens ist sie nur Dienstmagd."

„Wie wird sie behandelt?"

„Das hängt davon ab."

„Sind sie grausam?"

„Das kommt darauf an."

„Sie schlagen die Frauen, nicht wahr, sie schlagen sie sehr?"

Der Pfarrer stand auf.

„Ihr kennt also den Weg?"

„Ich wollte, ich kennte ihn nicht."

Der Pfarrer stellte einen Fuß auf die Radnabe und betrachtete mit zugekniffenen Augen beim Feuerschein das breite glatte Eisen an seinem Bein. Er erkannte kleine Einritzungen daran, die Aufzeichnungen irgendeines Gefangenen, die Leiden einer langen Reise in zwanzig Worten.

Der Pfarrer las die Worte:

„Von *Belgrad* nach *Hissarlik* ein Tag. Dann *Baratina.*"

„Nein", bemerkte der Bauer, „bis dahin sind es gut fünf Tagereisen".

„Aha, dann bedeuten die fünf Kreuze hier fünf Stationen. Fünf Stationen also. Dann folgt *Alopmiza.*"

Der Bauer nickte.

„Dann *Nisch.*"

„Das ist schon Serbien", seufzte der Mann und umschlang seine Knie. „Dort pflanzen sie schon Kupfergrütze."

„Kupfergrütze?" fragte eine Frau erstaunt.

Der Bauer gab keine Antwort.

Der Pfarrer las weiter, was in die Fessel eingeritzt war:

„Dann folgt *Kuri-Kesme.*"

„Dort gibt's viele giftige Skorpione."

„Sárkövi."

„Dort sind drei Mühlen. Daß ihnen das Wasser versiege!"

„Zaribrod."

„Da haben sie mich geschlagen – sehr geschlagen. Das Blut floß mir aus Nase und Mund, und am Kopf hatte ich einen Riß."

„Weshalb?" fragten sechs Stimmen zugleich.

„Weil ich das Fußeisen zerbrochen hatte."

„*Dragoman*", las der Pfarrer weiter.

„Das ist schon das Land der Bulgaren", sagte der Bauer, „von dort kommt man nach Sofia. Das ist eine große Stadt. Da gibt's viele Türme. Zu Schutt und Asche sollen sie werden."

Der Pfarrer befeuchtete einen Finger mit Speichel und rieb an dem Eisen.

„*Ichtiman.*"

„Dort ist ein Mädchen gestorben, die Arme."

„*Kapiderwen.*"

„Das liegt schon im Hochgebirge. Auch im Sommer sind dort die Berge vom Schnee bedeckt."

„*Posarki,* oder so ähnlich."

„Ja, ja, Posarki, die Erde soll's verschlingen! Dort haben wir in einem Schafstall geschlafen. Ratten sind über unsere Leiber gelaufen."

„*Filippe.*"

„Auch eine Stadt. Einstürzen soll sie! Bei Nacht, wenn jeder unter seinem Dach ist."

„*Kaladan.*"

„Dort haben sie einen von meinen Gefährten verkauft. Die Pest möge sie vertilgen."

„*Usonkowa.*"

„Viele Obstgärten. Ein guter Ort. Eine Frau hat uns zwei Körbe Äpfel geschenkt."

„*Charmanli.*"

„Dort hat ein türkischer Herr Antal Dávidka gekauft. Eigentlich wollte er mich haben."

„*Mustafa-Pascha-Köpri.*"

„Dort ist eine große, steinerne Brücke. Einstürzen soll sie!"

„*Adrianopel.*"

„Eine große, stinkige Stadt. Dort habe ich einen Elefanten gesehen."

Die Gefangenen staunten alle.

„Was ist das?"

„Das ist ein riesengroßes Vieh", antwortete der Bauer, „so groß wie dieser hochbeladene Wagen da und noch größer. Kahl wie ein Büffel. Und eine Nase hat es, so groß und lang, daß es damit umgehen kann wie andere Tiere mit dem Schwanz; wenn es die Fliegen quälen, schwingt es die lange Nase nach hinten, über den ganzen Körper hinweg."

„Corli."

„Von dort aus erblickt man das Meer."

Die Gefangenen seufzten. Einige verbargen das Gesicht in den Händen; andere starrten mit Tränen in den Augen vor sich hin.

Nun begann der Mann mit der Narbe im Gesicht, der nach Schießpulver roch, zu sprechen:

„Meine lieben Landsleute", sagte er mit leiser, rauher Stimme, „wenn ihr mir zur Freiheit verhelfen könntet, würde ich euch bald alle den Händen der Türken entreißen."

Die Gefangenen sahen ihn an.

Der Mann blickte nach hinten zu den Türken und fuhr noch leiser fort:

„Ich bin ein Herr. Ich habe Burgen, zwei Burgen habe ich. Ich habe Soldaten und auch Geld. Ihr brauchtet weiter nichts zu tun, als hier zum Schein einen Streit anzufangen; Lärm machen müßt ihr, müßt euch laut zanken, währenddessen ich schon dort am fünften Wagen hocke."

Der Bauer, der schon eine Gefangenschaft durchgemacht hatte, zuckte die Achseln:

„Sie würden uns und Euch verprügeln."

„Wie heißt Ihr?" fragte der Pfarrer.

„Mein Name ist Unfrei", sagte der mit der Narbe verdrießlich.

Er stand auf und humpelte ein paar Schritte auf die Türken zu.

Dann setzte er sich und betrachtete mit zwinkernden Augen forschend die vom Feuerschein beleuchteten Gesichter.

„Der ist gar kein Herr", sagte einer der Gefangenen mit verächtlicher Handbewegung. „Ein Zigeuner vielleicht; oder vielleicht gar ein Henker."

Bei dem Wort „Henker" fuhr Gergő gruselnd zusammen. Sein Blick haftete auf dem Narbigen. Mit seinem Kinderverstand dachte er, der sei wirklich ein Zigeunerhenker.

„Wenn es doch hier Eisenkraut gäbe", seufzte neben dem Rad Gáspár mit dem wunden Bein.

In stiller, trauriger Versunkenheit saßen die Gefangenen da. Gáspár fuhr fort:

„Eisenkraut ist ein so gutes Kraut, daß davon die Ketten abfallen."

Auf einmal wurden die Janitscharen lebhaft; mit lautem Freudengeschrei drängten sie sich um ein Faß. Sie hatten darin Süßwein entdeckt. Nun rollten sie das Faß in die Nähe des Feuers und soffen schlürfend und schmatzend den Wein, kippten ihn in ihre Kehlen.

„Ungarn lebe hoch!" schrie Jumurdschak.

Und er hob seinen Becher gegen die Gefangenen hin.

„Ungarn soll leben, damit der Türke trinken kann, solange er lebt!"

„Woher kannst du Ungarisch?" fragte ihn der Mann mit der Narbe, der sich vorhin Unfrei genannt hatte.

„Was geht dich das an?" sagte Jumurdschak von oben herab und lachte.

Der Himmel war nun schon von Mond und Sternen erhellt. Maikäfer summten um das taufeuchte Laub der Bäume.

Die Gefangenen hatten sich inzwischen zu allen Seiten ins Gras gelegt und suchten nun in ihren Träumen weiter nach Wegen zu ihrer Befreiung. Auch der Pfarrer schlief. Er hatte den Arm unter den Kopf gelegt. Wahrscheinlich war er gewohnt, auf einem Kissen zu schlafen. Der Zigeuner lag auf dem Rücken und schlief; er hatte die Hände auf der Brust gefaltet und die Beine wie ein Y gespreizt. Alle schliefen sie fest. Nur Gáspár seufzte im Einschlafen noch einmal klagend:

„Nie mehr werde ich das schöne Eger sehen!"

Auch Gergő schlummerte schon. So wie er die Hände vor sein sonnenverbranntes, zartes Gesicht gestützt hatte, so war er eingeschlafen, nur daß der Kopf jetzt etwas tiefer auf den heraushängenden Zipfel des Federbettes herabgesunken war.

Und er wäre auch fest eingeschlafen, wenn sich auf den Namen Cecey hin nicht ganz von selbst die kleinen Türen seiner Ohren aufgetan hätten.

Es war die heisere Stimme des Zigeunerhenkers, die diesen Namen aussprach, und Gergős Türke wiederholte ihn.

Die beiden unterhielten sich neben dem Wagen.
„Bei Cecey, ich weiß es bestimmt, sie sind bei Cecey“, sagte der Zigeunerhenker.
„Dózsas Schätze?“
„Ja, Dózsas ganzer Reichtum. Das heißt, alles, was er damals bei sich hatte.“
„Und was für Schätze sind das?“
„Goldene Kelche, goldene Pokale, auch eine große goldene Schüssel, so groß wie der aufgehende Mond. Armreifen, Halsketten, Anhänger mit Diamanten und Perlen besetzt. Nun, eben alles, was Herrschaften an Schätzen zu besitzen pflegen. Wenn nur nicht ein Teil schon zu Stangen eingeschmolzen ist! Aber dann finden wir ja die Stangen bei ihm.“
„Hier unterhalb des Waldes?“
„Ja. Deswegen hat er sich ja auch ganz von der Welt zurückgezogen.“
„Hat er auch Waffen?“
„Herrliche Säbel mit Silberarbeit. Von denen habe ich allerdings nur fünf gesehen. Und Prunkharnische. Einer davon, ein schöner leichter, hat König Lajos gehört. Der ganze Dachboden ist voll. Und ich weiß, daß er im Zimmer mindestens sechs Truhen mit Eisenbeschlägen stehen hat. In diesen werden die wertvollsten Sachen sein.“
„Cecey... Noch nie habe ich diesen Namen gehört.“
„Weil er nicht mehr kämpft. Er war der Schatzmeister von Dózsa.“
Der Türke schüttelte den Kopf:
„Wir sind zu wenige“, grübelte er nachdenklich. „Bis morgen abend müssen wir hierbleiben. Müssen warten, bis wir einen ansehnlichen Haufen beisammen haben.“
„Wozu denn so viele Leute? Wenn ihr viele seid, geht die Beute in viele Teile. Cecey ist schon ein alter Mann, mit Holzbeinen und einem Holzarm.“
„Aber er hat doch auch bewaffnete Leute.“
„Ach was. Nur Fronbauern für die Feldarbeit.“
„Wann warst du zuletzt dort?“
„Das mag ein Jahr her sein.“
„Ein Jahr, das ist eine lange Zeit. Wir gehen doch besser zu

mehreren. Wenn das, was du sagst, wahr ist, laß ich dich laufen und belohne dich sogar. Ist es aber nicht wahr, dann laß ich dich hängen, und zwar an Ceceys Tor."

Der Türke ging an das Feuer zurück und erzählte dort wahrscheinlich, was der Gefangene ihm gesagt hatte, denn die Soldaten hörten ihm sehr aufmerksam zu.

Gergő wurde der Kopf schwer. Er schlief ein. Aber er hatte schreckliche Träume. Schließlich träumte er, daß die Türken mit gezückten Säbeln durch sein Heimatdorf liefen, seine Mutter gefangennahmen und ihr ein Messer in die Brust stießen.

Er ächzte und wachte auf.

Nächtliches Dunkel und Nachtigallengesang ringsumher. Hundert Nachtigallen! Tausend Nachtigallen! Als wären alle Nachtigallen der Welt in diesen Wald geflogen, um den Gefangenen mit ihren Liedern wonnige Träume zu bringen.

Gergő blickte zum Himmel hinauf und sah zerrissene Wolken, hier und da leuchtete ein Stern hindurch. An einer Stelle blinkte die weiße Mondsichel durch die Wolken.

Das Feuer unter dem Baum war fast erloschen, nur in der Mitte schimmerte noch etwa faustgroß die Glut. Die Janitscharen lagen rings um den Feuerplatz im Gras.

Auch Jumurdschak lag dort. Unter seinem Kopf hatte er einen Ranzen und neben sich einen Pokal oder einen Becher – oder vielleicht war es sein Kalpak, man konnte es in der Dunkelheit nicht genau erkennen.

‚Ich möchte nach Hause gehen', war Gergős erster Gedanke.

‚Ich darf nicht', war sein zweiter.

Er blickte umher. Lauter Schlafende. Wenn er zwischen ihnen hindurchkäme. Doch er müßte hindurchschlüpfen, nur so konnten sie ins Dorf zurückgelangen.

Die kleine Éva schlief neben ihm. Er flüsterte ihr ins Ohr:

„Évi!"

Er rüttelte sie sanft und flüsterte ihr ins Ohr:

„Évi! Évi!"

Sie öffnete die Augen.

„Komm, nach Hause!" flüsterte Gergő.

Évis Mund verzog sich zum Weinen, aber nur für einen Augenblick. Sie setzte sich gleich auf und sah Gergő groß an, wie ein Kätzchen, das plötzlich einen Fremden sieht. Dann fiel ihr

Blick auf die Puppe auf ihrem Schoß; sie nahm sie in die Hand und sah sie mit ihrem Kätzchenblick an.

„Los, komm“, drängte Gergő, „aber leise“.

Er kletterte an der äußeren Seite des Wagens hinunter, dann hob er auch die Kleine vom Wagen.

Gerade neben dem Fuhrwerk saß ein Assaber. Die Lanze lag auf seinem Schoß. Er hatte den Kopf an die Radnabe gelehnt. Neben ihm lag die Feldflasche.

Der Assaber schlief so fest, daß der ganze Wald hätte davonlaufen können, ohne daß er es gemerkt hätte, nur dieser einzige Wagen nicht, an dessen Rad er sich gelehnt hatte.

Gergő nahm die kleine Éva an die Hand und zog sie hinter sich her. Als er jedoch die Pferde erblickte, blieb er stehen.

„Der Schimmel...“, hauchte er, „wir müssen auch den Schimmel mit nach Hause nehmen“.

Der Schimmel war aber mit dem kleinen türkischen Pferd zusammengebunden. Die Fußleine konnte Gergő noch irgendwie aufmachen, aber die beiden Halfter loszuknüpfen, so weit reichte seine Geschicklichkeit nicht.

„Verteufelt, hat man je so etwas gesehen!“ murrte er über den Knoten.

Vor Ärger weinend krazte er sich am Kopf.

Von neuem probierte er es, auch mit den Zähnen. Aber er schaffte es eben nicht. Schließlich faßte er einfach den Schimmel an und führte so beide Tiere davon.

Ein Wachtsoldat saß auch bei den Pferden; doch auch der schlief, den Rücken an einen krummen Baum gelehnt, und schnarchte mit offenem Munde. Gergő hatte fast die beiden Pferde auf den Mann zugeführt.

Im Grase verlor sich das Geräusch der Pferdetritte. Sie gingen lautlos wie ein Schatten. Weder innerhalb noch außerhalb des Wagenkreises wachte jemand auf.

An einem geeigneten Baumstumpf hielt Gergő den Schimmel an und kletterte auf seinen Rücken.

„Klettert auch herauf“, redete er dem Mädchen leise zu.

Aber die kleine Éva konnte es nicht: Der Baumstumpf war ihr zu hoch. Gergő mußte wieder absteigen und Évi erst auf den Stumpf und dann auf das Pferd hinaufhelfen.

Da saßen sie nun auf dem Schimmel, vorn Gergő, hinter ihm

Éva. Die Kleine hielt noch immer die Holzpuppe mit dem roten Rock in der Hand. Sie kamen gar nicht auf den Gedanken, daß das Mädchen hätte im Sattel des anderen Pferdes sitzen können. Dabei hätte sie dort einen sicheren Platz gehabt: Es war ein Sattel mit einem hohen Knauf. Aber das Pferd gehörte ja nicht ihnen. Évi hielt sich an Gergős Schultern fest. Der Knabe zog am Zügel, der Schimmel lief los, hinaus aus dem Wald und zog auch das Türkenpferd mit.

Gar bald waren sie auf der Landstraße. Dieser Weg war dem Schimmel schon bekannt. Er trottete träge und schläfrig dahin.

Es war ziemlich dunkel, denn der Mond erhellte die Straße nur schwach. Die Bäume an den Seiten standen da wie schwarze Riesen, Gergő fürchtete sich nicht vor ihnen. Es waren ja alles ungarische Bäume.

5

In Ceceys Haus tat in dieser Nacht niemand ein Auge zu. Bis zum Anbruch der Dunkelheit hatte man die Kinder gesucht. Den Bach zu durchforschen verschoben sie bis zum Morgengrauen. Nur die fremden Krieger legten sich zur Ruhe.

Der Priester Bálint blieb bei den Ceceys und versuchte dem untröstlichen Ehepaar Trost zuzusprechen.

Die Frau war fast wahnsinnig. Sie jammerte und fiel von einer Ohnmacht in die andere.

„O mein Liebling, mein Alles, mein einziges Vögelchen. . ."

Der Mann mit den Holzbeinen schüttelte fortwährend den Kopf, und auf des Priesters Trostworte hin rief er erbittert aus:

„Es gibt keinen Gott!"

„Doch!" gab der Priester zurück.

„Nein!" schrie Cecey und schlug auf den Tisch.

„Es gibt ihn!"

„Nein, es gibt keinen!"

„Was Gott gibt, kann er uns wieder nehmen; und was er genommen hat, kann er auch wieder zurückgeben."

Aus den Augen des greisen Krüppels quollen Tränen.

„Wenn er uns etwas gegeben hat, so soll er's nicht wieder nehmen!"

Der Priester ließ die Ceceys erst gegen Morgen allein.

Als er zur Tür hinaustrat, erhob sich der Pilger von dem Rohrmattenbett, das man ihm im Bogengang zurechtgemacht hatte.

„Hochwürden", sagte er leise.

„Was willst du, Freund?"

„Die Kinder sind nicht im Wasser ertrunken."

„Sondern?"

„Ein Türke hat sie verschleppt."

Der Priester taumelte vor Schreck beinahe an die Wand.

„Woher weißt du das?"

„Als ich mit den Leuten am Bach suchte, habe ich auf einem Maulwurfshaufen die Fußspur eines Türken gesehen."

„Die Fußspur eines Türken?"

„Einen Fußtritt ohne Absatz; der stammt von keinem Ungarn."

„Das kann auch der Abdruck eines Bundschuhs gewesen sein."

„Daran sind keine Sporen. Es war die Spur eines Türken. Auch von dem Türkenpferd war ein Fußtritt da. Und wie die türkischen Hufe sind, das wißt Ihr doch wohl, Hochwürden."

„Warum hast du denn nichts gesagt?"

„Ich habe mir überlegt, daß es so besser ist. Wer weiß, wohin der Türke sie verschleppt hat? Das ganze Dorf wäre auseinandergelaufen. Und was hätte das genützt? Der Türken sind viele, und sie haben Waffen."

Starren Blicks ging der Priester auf und ab. Einmal näherte er sich der Tür, blieb aber stehen, ohne die Hand auf die Klinke zu legen. Er ging wieder zu dem Pilger zurück.

„Was könnten wir tun?"

Der Pilger zuckte die Achseln.

„Tut dasselbe wie ich: schweigt!"

„Entsetzlich! Entsetzlich!"

„Alle Straßen und Wege sind jetzt voller Türken. Wohin hätte man gehen sollen? Nach Osten? Nach Westen? Nur Mord und Totschlag wären daraus entstanden."

„Wären sie lieber gestorben!" sagte der Priester und schüttelte vor Schmerz das Haupt.

„Gott weiß, wo die Ärmsten schon waren, als wir nach ihnen suchten."

Bekümmert stand der Priester im Hausgang. Im Osten färbte sich der Himmel rosa. Der Tag brach an.

Vom Dorfende her ertönte plötzlich lautes Geschrei.

„Leute! Leute! Sie sind da!"

Der Priester horchte auf. Was war das?

Der Nachtwächter hatte gerufen, das begriff er sofort. Und er hörte schon seine dröhnenden Schritte.

„Sie sind da? Wer ist da?"

Die Schritte kamen näher. Nun wurde am großen Tor gepocht:

„Laßt mich ein! Macht auf! Die Kinder sind gekommen!"

Der Priester stürmte ins Haus:

„Es gibt einen Gott, Péter! Steh auf, denn es gibt ihn!"

„Die beiden Kinder warteten vor dem Tor. Schläfrig und bleich saßen sie auf dem Schimmel.

6

Das ganze Dorf strömte herbei und drängte sich in den Hof. Einige Frauen hatten nur rasch den Rock angezogen; auch die Männer waren ohne Kopfbedeckung losgelaufen, als sie das Rufen hörten. Der Knabe Gergő wurde von einem Arm in den anderen gegeben und die kleine Éva mit Küssen überhäuft.

„Woher habt ihr denn das schöne türkische Pferd?"

„Ich hab's mitgebracht", sagte Gergő mit einem Schulterzukken.

„Gergő ist von heute an mein Sohn", sprach Cecey feierlich.

Und er legte dem Knaben die Hand auf den Kopf.

Die Mutter des Knaben, barfuß und nur im Unterrock, warf sich Cecey zu Füßen.

Dobó betrachtete voll Staunen den kleinen Bauernjungen, der von den Türken ein Pferd mitgebracht hatte.

„Vater Cecey", sagte er zu dem Herrn des Dorfes, „gebt mir diesen Knaben. Laßt mich ihn ins Oberland mitnehmen. Ich will ihn zu einem wackeren Krieger erziehen."

Und er hob Gergő in die Höhe.

„Möchtest du ein Krieger werden?"

„Ja!" antwortete der Knabe lächelnd, und seine Augen strahlten.

„Ein Pferd hast du schon, wir werden dir auch einen Säbel von den Türken verschaffen."
„Gehört denn das Pferd mir?"
Dobós Mannen ließen das kleine Türkenpferd auf dem Hof laufen und lobten und priesen es.
„Natürlich gehört es dir. Du hast es im Kampf erworben."
„Es gehört dir", versicherte auch Cecey, „samt Sattel und Zaumzeug."
„Dann gehört uns auch das Geld", sagte der Knabe stolz.
„Welches Geld?"
„Das im Sattel."
Sie banden den Sattel mit dem schönen Samtknauf ab und schüttelten ihn. Es klimperte. Sie fanden am Knauf die Klappe, und wirklich, ein Goldregen fiel heraus.
„Potz Blitz!" rief Cecey staunend. „Jetzt nehme nicht ich dich als Sohn an, sondern du kannst mich als Vater annehmen. Raff alles zusammen, Frau!", rief er der Mutter des Knaben zu.
Der Frau flimmerte es vor den Augen, als sie die Goldstücke auf die Erde rollen sah. Sie glaubte zu träumen.
„Das ist alles mein?", stammelte sie, während sie abwechselnd Cecey, Dobó und den Priester anstarrte. „Alles mein?"
„Es gehört dir", nickte ihr der Priester zu, „Gott hat es deinem Sohn gegeben".
Die Frau wollte nach ihrer Schürze greifen, aber sie hatte keine um. Ein Mann gab ihr seinen Hut. Mit zitternden Händen las die Frau die Goldmünzen auf.
Ihr Sohn sah ihr dabei zu. Plötzlich sagte er:
„Versteckt das gut, Mutter, denn morgen kommen sie her."
„Wer kommt her?"
„Die Türken."
„Die Türken?"
Der Knabe nickte.
„Ich habe gehört, wie ein Türke es dem Henker sagte."
„Dem Henker?"
„Ja, dem Zigeunerhenker."
„Daß sie hierherkommen?"
„Ja, und daß sie dem edlen Herrn die Schätze wegnehmen wollen."
Und er zeigte auf Cecey.

„Meine Schätze?“ stutzte Cecey.

Der Knabe nickte kurz.

„Auch die Eisentruhen, haben sie gesagt, sechs Stück.“

„Das muß man ernst nehmen“, meinte Dobó, „laßt uns in die Stube gehen“.

Er nahm den Knaben bei der Hand und führte ihn hinein.

Sie nahmen Gergő ins Verhör und holten alles aus ihm heraus, was er in seinem Kinderkopf behalten hatte.

„Mit einer Narbe im Gesicht? Ein brauner Mann? Wie ist die Narbe?“

„Vom Mund bis ans Ohr, eine rote Furche.“

Dobó sprang vom Stuhl auf.

„Móré!“

„Er und kein anderer! Er will flüchten, der Elende, deshalb hetzt er die Türken auf mich.“

„Weiß er denn hier Bescheid?“

„Vor etwa sechs Jahren war er hier. Da haben sie bei mir alles auf den Kopf gestellt. Vierundfünfzig Gulden haben sie mitgenommen und von meiner Frau das kleine goldene Kreuz und sieben meiner Kühe.“

Dobó schritt zornig im Zimmer auf und ab.

„Wie viele Leute habt Ihr, Vater Cecey, waffenfähige?“

„Vierzig werden wir vielleicht sein, wenn ich alle zusammenzähle.“

„Zuwenig. Was ist hier am nächsten? Pécs, nicht wahr? Aber dort führt Szerecsén das Regiment, der ist auf János' Seite, ist also unser Feind.“

„Davonlaufen müssen wir, flüchten!“ Cecey schüttelte den Kopf. „In den Wald verstreut, jeder, wohin er kann!“

„Das ganze Dorf kann doch nicht davonlaufen! Und wie könnten wir das Dorf im Stich lassen wegen eines Rudels Türken? Na, zum Teufel! Wenn es darum geht, uns gegen die Türken zu verteidigen, ist der Ungar doch Ungar, ganz gleich, auf wessen Seite er steht!“

Und er ging hinaus.

„Aufsitzen!“

Erst als er selbst schon im Sattel saß, sagte er noch:

„Ich reite zu Szerecsén. Unterdessen geht Ihr an die Arbeit, Vater Cecey: Alle Hausdächer begießen, daß es nur so rinnt!

Das Dorfvolk soll seine Habe zusammenraffen und sich hier auf dem Hof versammeln. Neben dem Tor Steine aufhäufen zum Verschanzen, auch Fässer. Sensen, Spitzhacken, Mistgabeln her, auch die Weiber damit bewaffnen! In zwei Stunden bin ich zurück."

Er blickte zum Morgenhimmel hinauf und stürmte mit seinen Männern davon.

7

Ceceys Haus stand inmitten eines von einer Steinmauer umfriedeten, zwei Joch großen Geländes. Die Mauer war kaum mannshoch und schon ziemlich verfallen.

Die Dorfbewohner zogen bereits am Vormittag in den Hof ein. Zwischen den Bündeln und Möbelhaufen liefen Ziegen und Schweine umher, schnatterten Gänse, watschelten Enten und pickten Hühner. Neben der Scheune schliff ein Mann Säbel, Messer und Sensen. Der Priester band sich einen breiten verrosteten Säbel um und zog ihn mitten auf dem Hof aus der Scheide, drehte und wendete ihn und steckte ihn dann befriedigt wieder hinein.

Vor der Küche kochten ein paar Frauen in Kesseln und Pfannen das Essen.

Cecey hatte etwa sechs von Mäusen angeknabberte Armbrüste auf dem Boden. Diese verteilte er an die Alten, die in Dózsas Bauernkrieg mit ihm gekämpft hatten.

Um die Mittagszeit kehrte Dobó zurück und wurde vom Dorfvolk jubelnd empfangen, obwohl er nur etwa 30 Söldner mitbrachte.

Er hielt Umschau auf dem Hof. An mehreren Stellen ließ er Steigen und Gerüste aufbauen und Steine aufhäufen. Das halbe Tor ließ er verrammeln. Dann rief er die Bewaffneten des Dorfes zu sich, einundfünfzig an der Zahl, und teilte sie längs der Umfriedungsmauer in Gruppen ein. Für sich selbst und zehn gute Schützen bestimmte er den Platz auf dem Gerüst, das er neben dem Tor aus Fässern hatte errichten lassen.

An die beiden Zugänge zum Dorf schickte er zwei Hornbläser. Sie hatten die Ankunft des Feindes zu melden.

Damit brauchten sie nicht bis zum Abend zu warten.

Gegen drei Uhr nachmittag erschallte das Horn am östlichen Dorfzugang, und wenige Minuten später hörte man, wie die Wächter im Galopp zurückkehrten.

Cecey blickte um sich.

„Sind alle hier?“

Nur Gergős Mutter fehlte noch. Die arme Frau war durch das Gold ganz wirr geworden. Immer wieder vergrub oder versteckte sie es. Es bei Cecey zu lassen, wagte sie nicht, denn sie fürchtete, dort würden es die Türken rauben. Es konnte sein, daß sie in den Wald gegangen war, um dort ihre Goldmünzen zu verstecken.

„Das Tor zu!“, ordnete Dobó an, „und noch Säcke, Balken und Steine herbei! Laßt nur eine Lücke, groß genug, einen Reiter hereinzulassen.“

Die beiden Wachtsoldaten sprengten herbei.

„Sie kommen!“ rief einer schon von weitem.

„Viele?“ fragte Dobó.

„Wir konnten nur die Vorderen sehen.“

„Dann reite zurück“, fuhr Dobó ihn an, „sieh nach, wie viele es sind. Davonrennen kannst du auch noch, wenn sie hinter dir her sind.“

Errötend machte der Söldner aus Pécs kehrt und galoppierte zurück.

„Solche Soldaten seid ihr?“ wandte sich Dobó an die Pécser Söldner.

„Aber nein“, antwortete einer beschämt. „Der da ist erst vor ein paar Tagen zu uns gekommen. Er war Schneidergeselle und hat noch kein Pulver gerochen.“

Einige Minuten darauf kam der Schneider wieder angerasselt, und aus dem Staub, den er aufgewirbelt hatte, tauchten ungefähr fünfzehn rotbemützte Akindschis auf.

Jetzt waren sie nun wirklich hinter ihm her.

„Laßt ihn ein“, sagte Dobó.

Und er winkte seinen Schützen.

„Schießt!“

Die zehn Schützen zielten. Laut knallten die Schüsse. Bei den Türken stürzte ein Janitschar vom Pferd und fiel in den Graben. Die übrigen wichen verblüfft zurück. Sie wendeten die Rosse und trabten davon.

Der Schneider ritt zum offenen Tor herein.
„Nun, wie viele sind es?“ fragte Dobó und lächelte ihn an.
„Tausend“, keuchte der Schneider, „vielleicht sogar noch mehr.“
Dobó winkte verächtlich ab.
„Wenn es bloß hundert sind, tanzen wir heute noch.“
„Tausend habe ich gesagt, Herr.“
„Ich habe richtig verstanden. Aber wenn du tausend gesehen hast, sind es nur hundert oder nicht einmal soviel.“
Am Ende des Dorfes stiegen Rauchwolken auf.
Die Akindschis legten schon Brände an.
Dobó schüttelte den Kopf.
„Sind denn die Dächer nicht mit Wasser begossen worden?“
„Was da brennt, ist Heu und Stroh“, erwiderte Cecey mit einer geringschätzigen Bewegung und schlug seine Säbelklinge an das Dach des Tores.
Da tauchte auf der Straße der einäugige Janitschar auf. Sein Oberkörper steckte in einem Panzer. Im Gürtel hatte er Dolche und Pistolen. Links von ihm, ebenfalls zu Pferde, näherte sich der Ungar, den Gergő Zigeunerhenker genannt hatte. Hinter ihnen ein Trupp Akindschis und längs der Häuser ein paar Assaber zu Fuß, die lodernde Brandfackeln in den Händen hielten.
„László Móré!“ schrie Dobó und stampfte mit dem Fuß auf. „Du Schande unseres Landes! Du Höllenfutter!“
Der Janitschar warf einen verdutzten Blick auf den Mann neben sich.
„Glaube ihm nicht“, rief Móré erbleichend, „er will dich nur zum Narren halten.“
Der Janitschar hielt sein Pferd an, um mit denen, die ihm folgten, eine Gruppe zu bilden.
„Auch dich kenne ich, Jumurdschak“, rief Dobó. „Das also ist türkische Ehre! Heute diejenigen zu berauben, mit denen du gestern zusammen gekämpft hast! Ein Räuber bist du! Ein Schurke, genau wie dein Spießgeselle!“
Der Janitschar sah zu ihm hinauf, gab aber keine Antwort.*

* Gewehr und Pistole waren zur damaligen Zeit noch so unzuverlässige Waffen, daß sich die Gegner bis zu fünfzig Schritt einander nähern konnten.

„Komm nur, komm“, rief Dobó, „du Hofnarr Mórés! Da hast du meinen Gruß!“

Er zielte auf ihn und ließ sein Handrohr knallen.

Jumurdschak bog sich auf dem Pferd nach hinten. Er fiel rücklings herunter und plumpste in den Staub. Fast zugleich krachten auch die übrigen Büchsen. Die türkischen Pistolen erwiderten den Gruß.

Móré hatte nach dem fallenden Janitscharen gegriffen, ihm aber nur den Dolch aus dem Gurt gerissen. Im nächsten Augenblick hieb er seinem Roß mit dem flachen Dolch in die Weiche. Das Tier schnellte in die Höhe und jagte mit großen Sprüngen davon. Móré schlug auf das Pferd ein, soviel er nur konnte.

„Da rennt das Gold!“, schrie Dobó den Türken zu.

Diese waren einen Augenblick verdutzt, aber dann stürmten sie mit Lärm und wütendem Gebrüll hinter Móré her.

Und wie sie am Hause vorübersausten, zählte sie Dobó: „Zehn... zwanzig... vierzig... fünfzig...“

Er wartete noch einen Augenblick, dann sprang er von dem Gerüst herunter.

„Aufsitzen, Burschen! Das sind nicht einmal sechzig!“

Sie schwangen sich in die Sättel. Am Tor rief Dobó Cecey zu:

„Den Türken mit dem Panzer sperren wir ein, wenn er noch lebt! Und die Dorfleute sollen die Brandstifter totschlagen!“

Sie galoppierten zum Tor hinaus.

Im Dorf stieg schon an fünf Stellen der Rauch gen Himmel. Sensen und Äxte schwingend, rannten alle Bewohner zum Tor hinaus.

Cecey eilte mit dem Pfarrer und mit zwei Leibeigenen auf die Straße. Jumurdschak hatte sich schon aufgerichtet. Er war nur ohnmächtig gewesen. Dobós Kugel hatte ihm gerade über dem Herzen den Panzer eingedrückt.

„Fesselt ihn“, sagte Cecey, „und führt ihn auf den Hof.“

Wortlos ließ der Türke sich die Hände binden.

„Kannst du Schach spielen?“, herrschte ihn Cecey an.

Der Janitschar nickte und sprach dabei:

„Nein.“

Während sie ihm die Hände banden, steckte auch der andere Türke den Kopf aus dem Graben.

„Feßle du den weiter", sagte der eine Bursche, „unterdessen schlage ich den anderen tot."

„Warte", sagte Cecey.

Er stapfte zu dem blutüberströmten Türken hin, hielt ihm den Säbel vor die Brust und fragte:

„Kannst du Schach spielen?"

„Kaplaman", antwortete der Türke erschöpft.

„Schach?"

„Schach, Schach matt?" fragte der Türke ächzend.

„Ja, ja, daß Mohammed dir einen Tritt gebe! Tragt den auch auf den Hof. Er ist mein Gefangener!"

8

Dobó und seine Leute kehrten erst in der Abenddämmerung zurück. Sie brachten viele Mäntel, Panzerhemden und allerlei Waffen mit; und auch einen Gefangenen: László Móré.

„Eine gute Höhle für diesen Wolf hier!" rief Dobó, während er vom Pferd sprang.

Cecey machte beinahe einen Freudensprung:

„Wie habt ihr den erwischt?"

„Die Akindschis haben ihn für uns gefangen. Sie waren so gescheit, ihm kein junges Pferd zu geben; so konnten sie ihn leicht einholen. Als sie dann eifrig damit beschäftigt waren, ihn zu fesseln, haben wir ihnen den Garaus gemacht."

„Habt ihr sie alle niedergemetzelt?"

„So viele wir konnten."

„Schnell meinen schönsten Farren her!" schmetterte Cecey fröhlich seinen Dienern zu. „An den Spieß! Aber erst bringt Wein! Das allerhinterste Faß rollt aus dem Keller herauf!"

„Noch nicht" sagte Dobó und sah nach Móré, der in die Kammer agbeführt wurde. „Wo ist dieser Knabe Gergő?"

„Was hast du mit ihm vor? Er spielt auf dem Gang mit meinem Töchterchen. Eben erzählte man, sie hätten seine Mutter ermordet."

„Ist das wahr?"

„Ja, es ist wahr. Einer der Halunken ist beim Brandanlegen auf sie gestoßen und hat sie erstochen. Das Kind weiß es noch nicht."

„Und die Goldstücke?“
„Die Frau liegt in ihrer Stube in der Ecke, mit dem Gesicht zur Erde. Gewiß hat sie dort ihr Gold vergraben.“
Dobó machte ärgerlich: „Hm-hm“. Er drehte sich nach dem Knaben um:
„Gergő! Gergő Bornemissza! Komm her, mein kleiner Held! Setz dich schnell auf dein gutes kleines Roß.“
„Wohin reitet Ihr noch?“
„Die Gefangenen holen, von denen der Knabe gesprochen hat.“
„So trinkt doch erst wenigstens einen Schluck. Rasch Wein her!“rief er dem Gesinde zu. „Du, dein Türke lebt noch! Er ist drin in der Kammer.“
„Jumurdschak?“
„Weiß der Teufel, wie er heißt. Der, den du angeschossen hast.“
„Der ist nicht tot?“
„Nein, er war bloß ohnmächtig. Auch den andern haben wir hereingebracht, den aus dem Graben meine ich. Ich fürchte, der bleibt nicht am Leben.“
„Ihr fürchtet? Laßt ihn aufknüpfen, den Hund!“
„Hoho! Der ist mein Gefangener.“
„Tut mit ihm, was Euch beliebt. Aber den Jumurdschak laßt vorführen und gebt ihm ein Pferd.“
Die Krieger tranken in großen Zügen aus den Kannen. Jumurdschak wurde vorgeführt.
„Nun, Jumurdschak“, sagte Dobó, „hast du das nötig gehabt?“
„Heute mir, morgen dir“, antwortete der Türke mürrisch.
Und als er sein Pferd und auf diesem den Knaben Gergő erblickte, riß er verwundert den Mund auf.
Dobó winkte den Knaben an seine Seite, und sie sprengten zum Tor hinaus. Die Krieger nahmen hinter ihnen den Türken in die Mitte.
„Weißt du, wohin wir reiten, Gergő?“ fragte Dobó.
„Nein“, antwortete das Kind.
„Jetzt gehen wir den Säbel holen.“
„Zu den Türken?“
„Jawohl.“

„Für mich?“

„Ja, für dich. Hast du Angst?“

„Nein.“

„Das ist die Hauptsache. Das erste Gebot ist, keine Angst zu haben, mein Junge. Das übrige kommt dann schon von selbst.“

Sie sprachen nichts mehr.

Die Pferde hinterließen auf der Fahrstraße des Mecsekgebirges weiße Staubwolken; und ihre Hufe schlugen hart auf den steinigen Bergabhang.

Gergő klang es wie dumpfes, verhallendes Glockengeläute im Ohr:

„Die Hauptsache ist, keine Angst zu haben!“

9

Sie fanden oben im Wald, von nur sechs Assabern bewacht, die Gefangenen.

Als die ungarischen Reiter zwischen den Bäumen erschienen, sprangen die Gefangenen auf, rissen und zerrten unter Freudengeschrei an ihren Fesseln.

„He, Hundeschurken!“ brüllte der Zigeuner.

Die sechs Assaber aber rannten in sechs verschiedene Richtungen davon.

Die Ungarn verfolgten sie nicht, sie hatten nur die Gefangenen im Sinn. Sie befreiten diese von ihren Ketten.

Zuerst reichte Dobó dem Pfarrer die Hand.

„Ich bin István Dobó.“

„Mein Name ist Gábor Somogyi“, entgegnete der Pfarrer mit Tränen in den Augen. „Gott segne Euch, István Dobó.“

Die Gefangenen weinten vor Freude. Die Frauen küßten ihrem Befreier die Hand, die Füße, das Gewand. Der Zigeuner schlug Purzelbäume und stieß Freudenrufe aus.

„Nicht bei mir müßt ihr euch bedanken“, wehrte Dobó ab, „der Bub hier hat euch gerettet.“

Und er zeigte auf Gergő.

Da ergriffen sie das Kind und hätten es vor Freude auffressen können; sie überhäuften es mit Küssen und Segenswünschen. Doch lange würde das nicht währen, nein, lange gewiß nicht.

Fünfzehn beladene Furhwerke und eine Menge Waffen aller Art: Das war die Beute.

Bevor es ans Verteilen ging, fragte Dobó die Gefangenen, wer von ihnen zuerst in Gefangenschaft geraten sei.

Der junge Bursche, ein Leibeigener, trat vor ihn und nahm den Hut ab:

„Das wäre ich, Herr."

„Wie heißt du?"

„Gáspár Kocsis, zu Euren Diensten, Herr."

„Woher bist du?"

„Aus Eger, Herr."

„Wo haben sie dich gefangengenommen?"

„Unterhalb von Fejérvár, Herr, wir sind als Fuhrleute dorthin gefahren..."

„Weißt du, wessen Sachen auf diesen Wagen sind?"

„Ich wüßte es, wenn wir dort wären, wo sie es gestohlen haben. Aber die haben das überall zusammengestohlen, Herr, diese Räuber."

Dobó wandte sich an den Türken:

„Jumurdschak, sprich!"

„Wir haben genommen, wo Allah es erlaubt hat. Was den Ungläubigen gehört, ist unser. Wo wir etwas finden, nehmen wir es."

„Dann ladet nur alles ab, breitet es aus. Ich werde es unter euch verteilen."

Auf einem der Fuhrwerke war ein Haufen verschiedener Waffen. Auch das war zusammengeworfene Beute, der größte Teil stammte aus Mórés Burg. Da kam auch ein leichter kleiner Säbel in kirschfarbener Samtscheide zum Vorschien – er mochte dem Sohn eines Adeligen gehört haben.

Dobó hob ihn auf.

„Gergő Bornemissza, komm her. Nimm diesen Säbel, er gehört dir. Sei deinem Vaterland ein treuer Kämpfer und dem Herrgott ein frommer Diener. Er verleihe deiner Waffe Glück und Segen."

Dobó band dem Knaben den Säbel um und küßte den kleinen Recken auf die Stirn.

Der Bub nahm ergriffen die Ehrung entgegen und erblaßte fast darüber. Vielleicht ging für einen Augenblick ein Hauch der kommenden Zeiten durch seine Seele: Er fühlte, daß nicht nur der Säbel an ihn, sondern daß auch er an den Säbel gebunden wurde.

Dobó überließ den Gefangenen die Sachen, die die Soldaten nicht haben wollten. Jeder bekam einen Wagen, ein Pferd und Waffen. Dobós Krieger rissen sich nämlich nicht um die mageren Bauernpferde, die dort eingespannt waren.

Der Zigeuner stieß noch immer Freudenrufe aus. Er hüpfte um das Pferd und den Wagen herum, was ihm zugeteilt worden war.

Bald aber lief er zu dem Waffenhaufen zurück. Was die Soldaten an schlechtem, verrostetem Waffenzeug liegengelassen hatten, nahm er eilends an sich. Auf türkische Art band er sich ein Tuch um die Hüften und steckte ringsum so viele Messer und Dolche, daß er wie ein Igel aussah.

Auch ein schäbiger türkischer Schild, aus Schilf geflochten, lag dort herum. Den zog er über den Arm. An seine beiden nackten Füße band er zwei von Rost angefressene große Sporen, und auf den Kopf stülpte er sich einen Helm. Er war aber gescheit genug, seinen Hut darunter zu lassen. Dann nahm er eine lange Lanze von der Erde auf, und mit feierlichen, behutsamen Schritten, als ginge er auf Eiern, tänzelte er zu dem Türken hin.

„Na, Dudelschak“, sagte er und hielt ihm die Lanzenspitze unter die Nase, „wie geht'sch dir, Türken-Tölpel?“

Als daraufhin alle in Gelächter ausbrachen, ermahnte Dobó den Zigeuner.

„Sei nicht so keck, du! Woher bist du?“

Sogleich knickte der Zigeuner untertänig zusammen:

„Von überall – küsch die Hände und Füsche – wo man sich von mir aufschpielen läscht.“

„Kannst du Handrohre ausbessern?“

„Gewisch doch, Euer Gnaden. Die schlechteschte Büchse reparier ich Euch so, dasche besser isch als eine neue.“

„Gut, dann sprich in diesen Tagen in Szigetvár vor, auf Herrn Bálint Töröks Hof. Da wirst du es gut haben.“

Die magere kleine Zigeunerin bettelte Dobó, er solle sich von ihr wahrsagen lassen.

„Meine Frau prophetscheit die Zukunft“, sagte der Zigeuner,

„dasch kein Wort falsch dran ische. Hat auch heute morgen vorhergesagt, dasch wir freikommen."

Die Frauen bestätigten es, sie habe das tatsächlich geweissagt.

„Ja, sie hat es gesagt", versicherte auch Gáspár, „nur haben wir ihr schon nicht mehr geglaubt."

„Dasch isch dasch Dumme, dasch man ihr nie glaubt", sagte gestikulierend der Zigeuner. „Nicht wahr, Tölpel, jetsch glaubscht du ihr schon?"

Die Zigeunerin hatte sich schon ans Feuer gesetzt. Sie scharrte die Glut zusammen und streute kleine schwarze Samenkörner darauf.

„Datura stramonium", sagte geringschätzig der Pfarrer.

Von der Glut stieg eine blaue Rauchwolke auf. Die Zigeunerin saß auf einem Stein und hielt ihr Gesicht in den Qualm.

Die Krieger und die befreiten Gefangenen standen in gespannter Erwartung im Kreise.

„Eure Hand...", sagte die Zigeunerin nach einigen Minuten zu Dobó.

Er streckte die Hand hin.

„Na, laß sehen, was du kannst."

Die Zigeunerfrau hob das Gesicht gen Himmel, und von ihren Augen sah man nur das Weiße, dann sprach sie mit bebenden Lippen:

„Ich sehe rote und schwarze Vögel... Sie schweben hintereinander... Zehn... fünfzehn... siebzehn... achtzehn..."

„Das sind meine Lebensjahre", sagte Dobó lächelnd.

„Ei, freilich", rief der Zigeuner erfreut.

„Neben dem achtzehnten Vogel fliegt ein Engel. Er schwebt zu dir hernieder und bleibt bei dir. Er legt dir ein Tuch auf die Stirn. Sein Name ist Sára."

„Demnach wird meine Frau Sára heißen. Na, ich werde schon ein alter Hagestolz sein, wenn ich diese Sára finde!"

„Vielleicht doch schon früher, gnädiger, hochwürdiger, verehrter Herr Ritter", tröstete ihn der Zigeuner.

Die Frau fuhr fort:

„Der neunzehnte Vogel ist rot. Er bringt eine dunkle Gewitterwolke mit. Auf der Erde sind drei Säulen eingestürzt."

„Buda? Temesvár? Fehérvár?" fragte Dobó nachdenklich.

„Ja, ja, gnädiger, hochwürdiger..."

„Auch die vierte steht schon in Flammen, du hältst sie aufrecht, wenn das Feuer auch auf deine Hände und auf deinen Kopf niederprasselt.“

„Szolnok? Eger?“

„Eger, Eger, gnädiger, hochwürdiger Herr Ritter.“

„Der zwanzigste Vogel ist golden, denn er ist in die Strahlen der Sonne gekleidet. Er trägt eine Krone auf dem Kopf, aus der Krone fällt dir ein Diamant in den Schoß.“

„Das bedeutet etwas Gutes.“

„Schehr Gutsch, gnädiger, hochwürdiger...“

„Dann fliegen wieder rote und schwarze Vögel hintereinander... Doch Finsternis folgt ihnen... Ich sehe nun nichts mehr... Kettengeklirr höre ich nur... Und dein Stöhnen...“

Sie zuckte zusammen und ließ Dobós Hand los.

„Demnach sterbe ich im Kerker“, sagte Dobó schaudernd.

„Was für dummesch Zeug prophetscheischt du da!“ fuhr der Zigeuner die Frau an. „Kein Wort davon isch war, gnädiger, hochwürdiger Herr Ritter.“

„Barer Unsinn“, sagte der Pfarrer und machte eine verächtliche Handbewegung.

Die Zigeunerin hatte inzwischen schon Gergős Hand genommen. Wieder hielt sie das Gesicht in den Rauch, schwieg und blickte wieder zum Himmel.

„Eine Taube begleitet dich durchs Leben... Eine weiße Taube, nur ihre Flügel schimmern rosa. Doch Feuer umgibt dich, immer Feuer, auch von deinen Händen gehen feurige Räder aus... Die Taube bleibt dann allein und sucht betrübt nach dir bis an ihr Lebensende...“

Für einen Augenblick verstummte sie. Über ihr Gesicht zuckten Schlangen des Grauens. Sie ließ die Hand des Knaben fallen, hielt dann auch ihre Handflächen gen Himmel und sagte mit zitternder Stimme:

„Zwei Sterne steigen zum Himmel empor. Der eine kommt aus einem Kerker. Der andere schwebt am Strand eines Meeres... Sie strahlen in Ewigkeit...“

Und von Grauen gepackt bedeckte sie die Augen mit den Händen.

„Unsinn“, sagte Dobó. „Gießt der Frau Wasser über den Kopf!“

„Wasser über die Wahnwitschige!“ schrie der Zigeuner. „So blödes Zeug deinem Wohltäter zu prophetscheien!“

Und er selbst ergriff den Eimer und schüttete ihn über den Kopf der Zigeunerin aus. Die Gefangenen lachten. Dobó nahm Gergő an die Hand und nickte den Gefangenen einen Gruß zu.

„Gnädiger, hochwürdiger Herr Richter! Was sollen wir denn mit diesem Räuber, diesem Raubmörder hier machen?“ rief der Zigeuner Dobó nach und zeigte dabei auf den Türken.

„Häng ihn auf!“ antwortete Dobó über die Schulter.

Er setzte Gergő in den Sattel und bestieg dann selbst sein Roß.

10

„Na, du türkischer Hund“ donnerte Gáspár Kocsis los, „jetzt bist du mal dran!“

„Einen Strick her“, schrie András, der Kutscher, „da ist eine Halfterleine!“

„Du sollst verrecken!“ brüllte auch der Zigeuner in heller Wut.

„Hast mir mit dem Eisen mein Bein zerschunden!“ geiferte Gáspár.

„Hast meinen Vater ermordet!“ kreischte eine Frau.

„Hast unsere Kuh weggetrieben, unser Haus zerstört!“

Der Türke war von zornigen Gesichtern und drohenden Fäusten umringt.

Und mit grimmiger Geschäftigkeit stießen sie ihn unter eine alte Eiche.

Der Bauer mit dem großen Kopf, der schon einmal in Gefangenschaft gewesen war, stellte sich mit erhobenem Säbel vor sie:

„Was euch nicht einfällt! So schnell soll es mit dem nicht zu Ende gehen! Erst Feuer unter seine Sohlen!“

„Feuer unter ihn“, riefen alle, „wir wollen den verfluchten Kerl bei lebendigem Leibe verbrennen!“

Gleich waren die Frauen eifrig dabei, Reisig zu brechen und unter dem Baum ein Feuer anzuzünden.

„Leute!“ sprach da der Pfarrer. „Wenn ihr euch jetzt hier mit der Hinrichtung die Zeit vertreibt, kann ein herumschweifender Trupp Türken kommen und uns alle wieder gefangennehmen.“

Die Wutentbrannten blickten ernüchtert um sich.

Der Pfarrer stützte sich auf eine türkische Lanze mit beinernem Griff und fuhr fort:

„Ihr wißt, was mir der da angetan hat. Wer von euch hat mehr Anspruch darauf, über diese Bestie zu verfügen?“

Keiner beantwortete seine Frage. Sie waren fast alle dabeigewesen, als man den Pfarrer auf einer Bank festgebunden hatte und ihn mit kochendem Wasser folterte, um zu erfahren, wo er die Schätze seiner Kirche versteckt hatte.

„Gesellt euch zu den Kriegern“, fuhr der Pfarrer fort, „bleibt unter ihrem Schutz, solange es geht, und verstreut euch dann möglichst auf entlegenen Wegen. Gott schütze euch und führe euch allesamt heim.“

Und er erhob die Hand um Segen.

Es wurde kein Feuer angelegt. Nacheinander kletterten die Leute auf die Wagen, die sie bekommen hatten.

„Hü, los, in Gottes Namen denn!“

Auch der Zigeuner bestieg seinen Pferdewagen und rief nach hinten zu der Frau:

„Mir nach, Böschke!“

Gáspár band sein Fuhrwerk mit Margits Gefährt zusammen. Die beiden setzten sich nebeneinander.

„Peinigt ihn tüchtig!“ rief Gáspár dem Pfarrer noch zu.

„Spart nicht mit dem Feuer!“ kreischte auch eine Frau zurück.

Und einer nach dem anderen fuhr ab.

Der Kutscher blieb als letzter zurück, jener Kutscher, den die Türken als Koch bestimmt hatten.

„Diese aufgedunsene Kalbsfratze von Mohammed!“ fluchte er, „ich gehe hier nicht eher weg, bevor ich dem die Ohrfeige zurückgegeben habe!“

Und er tat es.

Der Pfarrer blieb mit dem Türken allein.

11

Gergő vermeinte zu träumen. Während er da auf dem flinken, kleinen Türkenpferd neben Dobó einhertrabte, dachte er darüber nach, wie er eigentlich zu so viel Ruhm und Ehre gekommen sei.

Er sah bald das Pferd an, bald den schönen Säbel. Er streichelte das Pferd und zog den Säbel immer wieder aus der Scheide. Wenn sie jetzt zufällig einem Türken begegneten und Dobó sagte: Schlag zu, Gergő! könnte es jetzt Gergő sogar mit einem ganzen Heer aufnehmen.

Sie ritten auf der Mecseker Landstraße nach Norden.

Es dunkelte schon. Der Himmel war mit Schäfchenwolken bedeckt, und als die Abendsonne den Himmel zu vergolden begann, sah es aus, als bestünde das Himmelsgewölbe aus lauter goldenen Schäfchen.

Als sie bergab trabten, blieb Dobós Pferd plötzlich stehen, als wären seine Vorderfüße an der Erde festgewachsen. Dann hob es den Kopf, spitzte die Ohren, schnaubte und scharrte unruhig.

Dobó blickte zurück. Er schüttelte den Kopf.

„Mein Pferd wittert Türken. Machen wir halt."

Als sie aufgebrochen waren, hatte er zwei Soldaten vorausreiten lassen. Auf diese warteten sie jetzt. Nach wenigen Minuten kamen beide im Galopp zurück.

„Drunten im Tal kommt eine türkische Truppe auf der Landstraße", meldete der eine.

Sie kommen in geschlossener Formation", fügte der andere hinzu.

„Sind sie noch weit?" fragte Dobó.

„Ziemlich weit. Es kann wohl zwei Stunden dauern, bis sie hierherkommen."

„Wie viele mögen es sein?"

„So an die zweihundert."

„Auf der Landstraße kommen sie?"

„Ja, auf der Landstraße."

„Auch mit Gefangenen?"

„Mit Gefangenen und vielen Wagen."

„Oh, diese Hundeschurken! Sicher Kászons Nachhut. Hundsegal: wir greifen sie an."

Die Landstraße schlängelte sich breit zum Mecsek hinauf. Dobó suchte für seine Truppe eine Stelle, wo ein Felsen nahe an die Straßenbiegung heranreichte. Dort konnte man sich gut verstecken und die Türken überrumpeln.

„Sind wir denn genug?“ fragte ein blonder junger Soldat mit Sommersprossen, dem man auf den ersten Blick ansah, daß er in Samt und Seide aufgewachsen war.

„Ja, Gyurka, wir sind genug“, antwortete Dobó mit einem leicht spöttischen Lächeln. „Wenn unser Segen so plötzlich auf sie herniederkommt, haben sie keine Zeit zu zählen, wie viele wir sind. Bis dahin wird es auch dunkel. Und im übrigen, wenn wir sie auch nicht alle niedermachen können, wird es auch ausreichen, wenn sie auseinandergetrieben werden. In den Dörfern macht man ihnen dann einzeln den Garaus.“

An einer Biegung der Straße tauchten in langer Wagenreihe die befreiten Gefangenen auf.

Dobó ärgerte sich.

„Umsonst habe ich ihnen erklärt, daß sie nicht auf der Landstraße fahren sollen.“

Er schickte einen Soldaten hin und ließ ihnen sagen, sie sollten umkehren, nach Pécs zu; von dort sollten sie nach Osten oder nach Westen ziehen, nur nach Norden und Süden nicht.

Man konnte sehen, wie sie der Soldat erreichte, wie die Wagenreihe stehenblieb, wie die Wagen einzeln umdrehten und wie dann die ganze Kolonne zurückfuhr.

Dobó sah Gergő an.

„Zum Teufel auch“, murmelte er verdrießlich, „was soll ich jetzt mit dem Knaben anfangen?“

12

Der Pfarrer blieb mit dem Türken allein.

Der Türke lehnte an der Eiche und starrte ins Gras. Der Pfarrer stand, auf die Lanze gestützt, zehn Schritte vor ihm. Eine Weile war noch das Knarren der Fuhrwerke zu hören, dann umfing sie die Stille des Waldes.

Nun sah der Türke auf.

„Bevor du mich tötest, hör mich an, auf ein Wort nur“,

flüsterte er bleich. „Mein Gurt ist voll Gold. Für solch große Beute kannst du mich auch noch beerdigen.“

Der Geistliche gab keine Antwort. Er sah den Türken gleichmütig an.

„Wenn du mich aufgehängt hast“, fuhr Jumurdschak fort, „schaufle mir ein Grab hier unter dem Baum und begrabe mich in sitzender Stellung. Wende mein Gesicht nach Mekka, dorthin, nach Osten. Für mein Geld kannst du das wohl tun.“

Dann sagte er nichts mehr. Er wartete auf den Geistlichen und auf den Strick.

„Jumurdschak“, begann nun der Pfarrer, „ich habe gestern gehört, wie du sagtest, deine Mutter sei eine Ungarin gewesen.“

„Ja“, erwiderte der Türke, und sein Blick belebte sich.

„Dann bist du also halbwegs ein Ungar?“

„Ja.“

„Haben dich die Türken geraubt, als du noch ein Kind warst?“

„Du hast es erraten, Herr.“

„Wo?“

Der Türke zog die Schultern hoch. Er sah vor sich hin.

„Das weiß ich nicht mehr.“

„Wie alt warst du?“

„Sehr klein.“

„An deinen Vater erinnerst du dich nicht?“

„Nein.“

„Auch nicht daran, wie du hießest?“

„Auch daran nicht.“

„Fällt dir gar kein Name aus deiner Kindheit ein?“

„Nein.“

„Sonderbar, daß du die ungarische Sprache nicht verlernt hast.“

„In der Janitscharen-Schule waren viele ungarische Jungen.“

„Hast du nicht einen Knaben aus Lak gekannt, Imre mit Namen, Imre Somogyi?“

„Laß mich überlegen...“

„War ein strammer Junge, mit rundem Kopf und schwarzen Augen; noch keine fünf Jahre war er alt, als er geraubt wurde. An der linken Brustseite hatte er ein kleeblattförmiges Muttermal, geradeso wie ich.“

Der Pfarrer zog das Hemd auf der Brust auseinander: Da waren zwischen Schulter und Brustwarze dicht nebeneinander drei linsengroße Fleckchen, die wie ein Kleeblatt aussahen.

„Doch, den Knaben kenne ich“, sagte der Türke, „dieses Muttermal habe ich oft gesehen, wenn wir uns wuschen. Nur heißt er jetzt anders; Achmed oder Kubat, irgend so einen türkischen Namen hat er bekommen.“

„Bist du nicht mit ihm zusammen?“

„Manchmal, manchmal auch nicht. Er kämpft jetzt in Persien.“

Der Pfarrer sah den Türken durchdringend an:

„Du lügst!“

Der Türke betrachtete seine Schuhe, seine mit Lederriemen zugeschnürten roten Schuhe; er starrte auf sie, als ob er darüber nachdächte, wann und wie der linke Schuh gerade an der Spitze geplatzt sein konnte.

„Elender!“ sagte der Pfarrer voll Verachtung. „Du verdientest wirklich, daß ich dich tötete.“

Der Türke fiel auf die Knie.

„O Herr! Habe Erbarmen, habe Gnade mit mir! Nimm alles, was ich habe, und mach’ mich zu deinem Sklaven. Kein Hund kann so treu sein, wie ich dir sein werde!“

„Es fragt sich nur, ob du ein Mensch oder eine Bestie bist. Wer bürgt mir dafür, daß du nicht von neuem meine armen Landsleute mordest und ausplünderst, wenn ich dich freilasse?“

„Allah soll mich mit allen seinen Peitschen schlagen, wenn ich je wieder eine Waffe in die Hand nehme!“

Der Pfarrer schüttelte den Kopf, aber der Türke fuhr fort:

„Ich schwöre es dir mit dem fürchterlichsten Schwur, den ein Türke schwören kann.“

Der Pfarrer verschränkte die Arme und sah ihm in die Augen:

„Jumurdschak, auf der Schwelle des Todes sprichst du hier mit mir und hältst mich zum Narren. Meinst du denn, ich wüßte nicht, was der Koran über den Eid sagt, den ein Türke einem Ungläubigen, einem Giaur, schwört?“

Jumurdschak trat der Schweiß auf die Stirn.

„So sage du etwas, Herr. Verlange, was du willst, und es ist so gut wie getan.“

Der Pfarrer stützte das Kinn in die Hand und dachte nach.

„Jeder Türke hat ein Amulett bei sich“, sagte er schließlich, „ein Amulett, das ihn in den Kämpfen schützt und ihm Glück bringt“.

Der Türke ließ den Kopf hängen.

„Dein Geld will ich nicht“, fuhr der Pfarrer fort. „Gib mir dein Amulett.“

„Greif mir unter den Brustpanzer“, stammelte der Türke, „ich habe es um den Hals hängen“.

Er hob den Kopf. Tatsächlich fand der Pfarrer das in ein blaues Seidensäckchen eingenähte Amulett. Er riß das Säckchen von der Goldkette und steckte es in die Tasche.

Dann trat er hinter den Türken und schnitt den Strick durch, der ihm um Füße, Hände und Arme gebunden war.

Der Türke schüttelte den Strick von den Händen und drehte sich mit einem Ruck um. Mit dem gelbglühenden Blick eines Tigers blitzten seine Augen Pfarrer Gábor an.

Dieser aber hatte schon die Lanzenspitze gegen den Türken gehoben und lächelte.

„Na, na, gib acht, daß du dich nicht in die Nase stichst!“

Jumurdschak wich, vor Wut förmlich Feuer speiend, zurück. Als er etwa zwanzig Schritte von dem Pfarrer entfernt war, schrie er höhnisch:

„Wisse, wen du in deiner Gewalt gehabt hast, törichter Giaur! Ich bin der Sohn des berühmten Mohammed Jahja-Pascha-Oglu! Einen Sack voll Gold hättest du für mich bekommen können!“

Der Pfarrer gab keine Antwort. Mit verächtlicher Miene warf er die Lanze auf seinen Wagen.

13

Die Sonne versank eben am Horizont, als Gábor, der Pfarrer sich auf seinen Wagen setzte. Auch er fuhr auf die Landstraße.

Er sah noch das Ende der Wagenreihe seiner früheren Mitgefangenen, sah, wie sie nach Pécs hinunterfuhren, meinte aber, das wäre nur ein Teil von ihnen, die anderen wären nach Norden gefahren.

Den Weg nach Hause kannte er. Es gab gar keine andere

Landstraße in dieser Gegend, nur diese eine: von Pécs über Kaposvár nach Székesfehérvár und von dort nach Buda. Doch würde er nur bis Lak diese Straße benutzen, bis zum Hof des Pál Bakics. Dort würde er sich nach Westen wenden, eine kleine, schmale Straße entlangfahren, in Richtung Balaton. Dort lag, unterhalb eines Birkenhaines, sein Dorf. Wie wird sich seine Gemeinde freuen und wird sie staunen, wenn sie sieht, daß er entkommen ist.

Er stieg ab und band ein Rad fest. Gutgelaunt klopfte er beiden Pferden auf den Hals, dann setzte er sich wieder auf den Wagen und fuhr bergab.

Allein die Landstraße war von Dobós Truppe versperrt.

„Wozu bist du umgedreht?" fragte ihn ein Soldat, als er sah, daß er einer der befreiten Gefangenen war.

Der Pfarrer verstand die Frage nicht.

„Die Türken kommen", erklärte der Soldat, „wir liegen hier auf der Lauer. Kehre nur wieder um und fahre schnell auf Pécs zu, wie die übrigen."

„Halt! Wartet, lieber Herr Pfarrer!", rief Dobó.

Und er sprengte zu ihm hin.

„Welches ist Euer Dorf?"

„Kishida", antwortete der Geistliche.

„Am Balaton?"

„Ja."

„Ich bitte Euch, nehmt diesen Knaben mit und schickt ihn mir, sobald es geht, auf Burg Sziget zu Bálint Török."

„Gern", erwiderte der Geistliche.

„Ich fürchte, es könnte ihm hier etwas zustoßen", fügte Dobó als Erklärung hinzu. „Wir wollen hier eine ziemlich große Schar Türken auseinanderjagen, und da könnte ihn leicht einer verwunden."

Gergő sah Dobó zögernd an:

„Meine Mutter wird mich suchen..."

„Nein, sie sucht dich nicht, mein Sohn. Sie weiß bereits, wohin du gehst."

Der Pfarrer wendete den Wagen.

„Setzt du dich zu mir?" fragte er Gergő, „oder bleibst du auf dem Pferd?"

„Lieber auf meinem Pferd", antwortete der Knabe und sah noch immer Dobó an.

Denn wenn auch ein blutiger Kampf zu erwarten war, so fühlte er sich doch bei Dobó in Sicherheit. Das Gemetzel? Die Türken waren ja keine Menschen, sondern Bestien, die das Land verwüsteten. In seinem kindlichen Herzen haßte er sie schon.

„Nun denn, behüt dich Gott, mein kleiner Held“, sagte Dobó zum Abschied. „Ich weiß, daß du im Kampf bei uns bleiben möchtest, aber du hast noch nicht einmal Stiefel. Geh nur mit dem hochwürdigen Herrn, in ein paar Tagen treffen wir uns.“

Der Pfarrer löste die Sperrkette am Rad und hieb mit der Peitsche auf die Pferde ein.

Gergő trabte betrübt hinter dem Fuhrwerk her.

14

Es war schon dunkler Abend, als der Wagen an der Pécser Burg vorüberfuhr.

Sie unterbrachen auch nachts ihre Fahrt nicht, denn der Pfarrer wollte am nächsten Vormittag zu Hause sein.

Sie mußten um das große Mecsek-Gebirge herum.

Gegen Mitternacht kam hell leuchtend der Mond hervor. Da konnten sie auf dem schmalen, lehmigen Fahrweg in munterem Trab vorankommen.

Gergő ritt nun schon immer voraus, und wenn sie an eine schlechte Brücke kamen, rief er es dem Pfarrer zu.

Um Mitternacht schimmerte vor ihnen am Wege ein weißes Gebäude, eine Art Csárda.

„Schau hinein, mein Sohn“, sagte der Pfarrer, „sieh nach, ob es eine Schenke oder ein anderes Haus ist. Wir werden hier die Pferde füttern.“

Gergő ritt in den Hof und kam nach wenigen Minuten zurück.

„Ein leeres Haus“, meldete er, „die Tür ist nicht einmal verschlossen“.

„Dennoch werden wir die Pferde hier füttern.“

Ein kleiner zottiger weißer Hund kam kläffend hervor. Sonst regte sich nichts.

Der Pfarrer sprang vom Wagen und ging durch das ganze Haus.

„Gott zum Gruß! Wer ist daheim?“ rief er durch Tür und Fenster.

Im Hause war es dunkel. Niemand antwortete. Auf der Schwelle stand ein zerbrochenes Schränkchen. Hier hatten wohl Türken gehaust.

Der Pfarrer schüttelte den Kopf.

„Zuerst wollen wir den Brunnen suchen, Gergő, denn mir brennt die Haut noch immer.“

Er ließ den Eimer in den Brunnen gleiten und zog Wasser herauf. Nun fing er an, auf seinem Wagen zu stöbern.

Da gab es allerlei: Bettzeug, Getreide, eine Kiste, einen geschnitzten Stuhl, ein Faß Wein, volle Säcke. Ein Sack war weich, er öffnete ihn und fand, was er suchte: Wäsche.

Ein weißes Tuch besprengte er mit Wasser aus dem Eimer, zog sich bis zum Gurt aus und wickelte sich ganz in den nassen Umschlag.

Auch Gergő stieg ab. Er führte sein Pferd zur Tränke.

Der Pfarrer zog unter dem Sitz einen Armvoll Heu hervor und streute es den Pferden hin.

Ein Tornister lag auch dort. Er tastete ihn ab und fühlte Brot darin.

„Hast du Hunger, mein Sohn?“

„O ja...“, antwortete Gergő und lächelte verschämt.

Der Pfarrer zog seinen Säbel heraus, doch bevor er das Brot zerschnitt, hob er sein Gesicht zum Himmel.

„Geheiligt werde dein Name, Herr“, rief er mit warmherziger, dankbarer Stimme, „du hast uns von den Ketten befreit und uns unser heutiges Brot gegeben“.

Der Himmel war klar und voller Sterne. Der leuchtende Halbmond in der Mitte des Firmaments spendete genügend Licht zum Nachtmahl.

Sie setzten sich auf den Brunnenrand und aßen. Zuweilen warf der Pfarrer dem Hund einen Bissen hin. Gergő dagegen brach für sein Pferd Stücke ab und gab ihm nach und nach so die Hälfte seines Brotes.

Auf einmal klang aus der Ferne leises Getrappel. Die beiden horchten auf. Mitten im Kauen stand ihnen der Mund regungslos still.

„Da kommt ein Reiter“, meinte der Pfarrer.

„Ja, nur einer“, erwiderte Gergő.

Und sie aßen weiter.

Das Getrappel wurde lauter und schallte auf dem trockenen Fahrweg immer härter. Nach wenigen Minuten war der Reiter auch schon da.

Vor der Csárda ließ er sein Pferd im Schritt gehen und ritt auf den Hof. Man sah, daß er ein Ungar war, denn er trug keinen Kalpak, hatte aber Haare, demnach ein Ungar.

Er hielt an und sah sich um.

„*Mubarek olssun!*“ rief er dem Pfarrer mit heiserer Stimme zu.

Er hielt ihn für einen Türken, weil sein Kopf mit dem nassen weißen Tuch umwickelt war.

„Ich bin Ungar“, erwiderte der Pfarrer und stand auf.

Er erkannte Móré.

Auch Gergő erkannte ihn. Er fuhr zusammen.

„Wer ist hier?“ fragte Móré, als er von dem dampfenden Roß sprang. „Wo ist der Wirt?“

„Hier ist sonst niemand, nur ich und dieser kleine Junge“, gab der Geistliche zur Antwort. „Das Haus ist herrenlos.“

„Ich brauche ein Pferd! Ein ausgeruhtes Pferd!“

Der Pfarrer zuckte die Achseln:

„Wird es hier schwerlich geben.“

„Ich bin in Eile. Geld habe ich nicht. Wir sind Christen. Her mit deinem Pferd!“

Er musterte die beiden Pferde. Das dritte, Gergős, weidete im Schatten. Es war klein, schien nicht viel zu taugen. Móré wartete gar keine Antwort ab, sondern machte einfach das Deichselpferd vom Wagen los.

„Hoho“, rief der Pfarrer, „sage wenigstens, weswegen du eilst.“

„Dobó hat die Türken geschlagen und uns befreit.“

„Wo ist er?“

„Auf der Landstraße habe ich mich von ihm getrennt.“

Móré sagte nichts mehr. Er schwang sich auf das Bauernpferd und sauste weiter.

„Na“, brummte der Geistliche, „der macht kurzen Prozeß mit dem Pferdehandel.“

Als er sich bewegte, bemerkte er, daß ihm etwas aus der Tasche fiel. Er hob es auf und sah es erstaunt an. Dann betastete er es, und nun fiel ihm ein, daß dies der Talisman des Türken war.

In dem grünen Seidensäckchen fühlte er etwas Hartes. Er schnitt das Säckchen mit dem Säbel auf, und ein Ring fiel heraus.

Dieser hatte einen ungewöhnlich großen, viereckigen schwarzen Stein, entweder war es ein dunkler Granat oder ein Obsidian, beim Mondlicht konnte man es nicht genau erkennen. Deutlich aber war zu sehen, daß auf der Oberfläche aus irgendeinem hellgelben Stein ein Halbmond und um diesen ein Kreis von fünf kleinen Diamanten-Sternen eingearbeitet war.

Auch im Innern des Säckchens funkelte etwas: eine mit Silberfäden gestickte türkische Schrift.

Der Pfarrer verstand zwar Türkisch, doch die türkischen Schriftzeichen kannte er nicht.

Er steckte das Säckchen wieder in die Tasche und sah zu Gergő hin um ihn zum Aufbruch zu mahnen. Der Kleine lag auf dem Wäschesack in süßem Schlaf.

15

Wie heiter und prächtig strahlte die Sonne vom Himmel hernieder! Und sie konnte doch rings um den Balaton nichts anderes sehen als verkohlte Dächer, verstreut liegende Leichen, zertrampelte Saaten.

Oh, wäre die Sonne das Antlitz Gottes, fielen nicht Strahlen, sondern Tränen auf die Erde.

Der Pfarrer hatte ja gewußt, daß auch sein Dorf verwüstet war. Dennoch, als sie den Hügel erreicht hatten und hinter dem Laub der Obstbäume der Turm auftauchte, schwarz von Ruß und ohne Dach, traten ihm Tränen in die Augen.

Er trieb die Pferde nicht an, sondern ließ sie langsam weitertrotten. Und mit jedem Schritt nahm er mehr von der Zerstörung des Dorfes wahr. Nirgends ein unversehrtes Dach, nirgends ein unbeschädigtes Tor. Auf den Höfen Bruchstücke von Möbeln, Faßdauben, ausgestreutes Mehl, tote Menschen und leblose Pferde, Schweine und Hunde.

Und nirgends ein lebender Mensch. Nur ein paar Köter, die

sich in der Gefahr davongemacht hatten und später wieder zurückgekehrt waren, und einiges Federvieh, das vor den Griffen der Räuber hatte wegflattern können.

Der Pfarrer stieg vom Wagen und nahm seinen Hut ab.

„Nimm auch du den Hut ab, mein Sohn", sagte er zu Gergő. „Dies ist ein Dorf der Toten, nicht der Lebendigen."

Die Pferde am Zügel führend gingen sie weiter.

Ein greiser Bauer mit langem Haar lag quer über dem Weg, das Gesicht zum Himmel gewandt. In der toten Hand hielt er noch die Mistgabel.

Der Seelsorger schüttelte den Kopf.

„Armer Onkel András!"

Er faßte den Toten bei den Armen und schleifte ihn an den Straßenrand, damit die Pferde an ihm vorbeikonnten.

Ein anderer, junger Bauer ließ, in den Hüften eingeknickt, den Kopf über den Zaun auf die Straße herabhängen, als ob er sein eigenes Blut betrachtete, das aus seinem Kopf auf die Erde geflossen und dort schwarz geworden war.

Sein Schwein wühlte hinter ihm auf dem mit Bettfedern übersäten Hof. Schweine rührten die Türken nicht an.

Auch ein nacktes Kind, ein Säugling noch, lag neben dem Hoftor. Es hatte an der kleinen Brust eine klaffende Wunde.

Überall roch es nach Rauch, überall stank es nach Aas. Und das ganze wüste Morden war nur geschehen, weil ein junger Bauer, um seine Frau zu schützen, einen Lieblingspfeifer der Türken mit einer Mistgabel erstochen hatte.

„Kein Mensch soll hier am Leben bleiben!" hatten die wutentbrannten Türken geschrien.

Der Pfarrer nahm sein Pferd am Zaum und führte es weiter. Er sah nicht mehr nach rechts und nicht mehr nach links, starrte nur noch auf die Straße, deren Staub im Sonnenlicht gelblich leuchtete.

Endlich kamen sie ans Pfarrhaus.

Auch dieses hatte kein Dach mehr. Die verkohlten schwarzen Sparren ragten wie große A-Buchstaben aus der spannendicken Asche. Über dem Fenster, das nach der Straße wies, war die Mauer vom Brande geschwärzt.

Ja, die Türken hatten das Haus in Brand gesteckt, als sie ihn mit kochendem Wasser begossen, damit er ihnen die Schätze der Kirche herausgäbe.

Die Bank stand noch mitten auf dem Hof. Überall lagen die Bretter der großen Nußbaumkiste, Bücher, verstreutes Korn, zertrampelte Zimmerpflanzen, Stuhlbeine und Geschirrscherben umher. Und neben einem Tisch mit zerbrochenen Beinen lag eine alte Frau in schwarzem Kleid auf dem Rücken und hielt beide Arme ausgestreckt. Sie lag in einer schwarzen Blutlache.

Das war die Mutter des Pfarrers.

„Wir sind zu Hause“, sagte er und wandte das von Tränen überströmte Gesicht zu Gergő, „wir sind zu Hause.“

16

Fast ohne Pause begruben sie zwei Tage lang die Toten. Der Pfarrer hatte die Seitenwände des Wagens herausgenommen und fuhr jedesmal drei bis vier Tote auf den Friedhof.

Gergő ging immer vor dem Wagen her, an der Seite den Säbel, den er von Dobó bekommen hatte, in der Hand das Begräbniskreuz. Der Geistliche führte, bald singend, bald betend, die Pferde.

Auf dem Friedhof deckte er die Toten mit Matten zu, damit die Raben und Krähen nicht an sie herankonnten, dann fuhr er zurück und brachte er neue und aber neue Tote.

Am Morgen des dritten Tages erschien im Dorf endlich eine Bäuerin mit einem Kind. Sie hatten sich im Röhricht am See versteckt gehalten. Und am Abend kehrten zwei Männer heim – sie kamen vorsichtig geschlichen und horchten ängstlich.

Diese schaufelten dann die Gräber, der Pfarrer half ihnen dabei.

Erst als die Toten alle weggeschafft waren, machte er sich daran, sein Haus, so gut es ging, wieder instand zu setzen.

Das Pfarrhaus hatte drei Zimmer, doch die waren beim Brande alle eingestürzt.

Zuerst deckte der Pfarrer das Zimmer nach der Straße hin mit einem Bretterdach, damit es nicht hineinregnete. Dann brachte er einen Schrank in Ordnung und ließ von Gergő die auf dem Hof herumliegenden Bücher hereinholen.

Nach der vielen traurigen Arbeit gefiel Gergő das Bücherschleppen. Das eine oder andere Buch schlug er auf und blätterte darin, ob vielleicht Bilder darin wären. Dabei fand er fünf Bücher mit Bildern. In einem waren allerlei Käfer, ein anderes war voll Blumenzeichnungen. Alles in allem bestand des Pfarrers Bibliothek aus ungefähr dreißig in Pergament gebundenen Büchern.

Die Frau brachte die Küche in Ordnung und kochte. Sie kochte Erbsen ohne Fleisch und eine Einbrennsuppe mit Ei.

Zwei Schüsseln für das ganze Dorf!

Nach dem Mittagsmahl warf der Pfarrer einen Blick auf seinen Garten:

„Ob sie meine Bienen in Ruh gelassen haben? Komm, Gergő."

Er führte den Knaben in den Garten, wo ein kleines Bienenhaus stand. Auch dessen Tür hatten die Türken aufgebrochen, weil sie aber nichts anderes als eine Bank, einen kleinen Herd, einen Bocktisch und einige längliche Flaschen darin fanden, hatten sie nichts zerstört.

Die Gläser dienten zu chemischen Versuchen. Der Pfarrer blickte beinahe erstaunt, weil gar nichts beschädigt war.

Da trat eine Frau durch die Gartenpforte. In ihrer Schürze trug sie ein totes Kind – es mochte ein Jahr alt sein. Die Frau hatte ein rotes, verweintes Gesicht.

„Mein kleiner János...", schluchzte sie und begann wieder zu weinen.

„Wir werden ihn beerdigen", sprach der Pfarrer. Er setzte seinen Hut auf, und Gergő nahm sogleich das Kreuz, um damit voranzugehen.

„Ich hatte ihn versteckt", sprach die Frau weinend, „in meiner Angst hatte ich ihn im Getreidespeicher, zwischen dem Bettzeug versteckt. Denn sie hatten gerade den kleinen Jancsi vom Nachbarn umgebracht. Ich dachte: Ich kann mich nicht verstecken, wenn er weint. Ich verkroch mich hinter dem Hühnerstall. Doch sie fanden mich, kamen hinter mir her, ich floh. In der Nacht wollte ich zurückkommen, doch da stießen wir mit einer anderen heidnischen Truppe zusammen. Im Schilf haben sie alles zusammengedroschen. Gott weiß, wen sie fortgenommen, wen erschlagen haben. Als ich zurückkommen konnte, habe ich meinen kleinen János so hier vorgefunden. Oh Herrgott, warum hast du ihn mir genommen?"

„Frag nicht den Herrgott“, murmelte der Pfarrer, „Gott weiß, was er tut, aber du weißt es nicht.“

„Warum aber wurde er geboren, wenn er diesen Tod erleiden mußte!“

„Wir wissen nicht, warum wir geboren wurden; und wir wissen nicht, warum wir sterben. Sprich nicht weiter über den Herrgott!“

Er schaufelte das kleine Grab. Gergő half mit seiner Hacke. Die Mutter band ihre Schürze ab und legte das Kind samt der Schürze in die Erde.

„Noch nicht!“ weinte sie nach Atem ringend, „noch nicht.“ Sie pflückte Gräser und Blumen. Diese streute sie auf das Kind, weinte und jammerte dabei:

„Oh, daß ich dich der Erde geben muß! Nie mehr wirst du mich mit deinen kleinen Händen umarmen! Nie mehr wirst du dieses Wort zu mir sagen: Mama! Oh, daß diese roten Rosen auf deinem zarten kleinen Backen vertrocknen! Oh, daß ich dein feines blondes Haar nie wieder streicheln kann!“

Und sie wandte sich an den Pfarrer:

„Was für schöne Augen er hatte! Nicht wahr, was für schöne braune Augen er hatte! Und sein Blick, so lieb! Oh, du teure Seele, nie mehr wirst du mich ansehen, nie wieder!“

Der Pfarrer schaufelte unterdessen Erde in das Grab, formte einen Hügel und beklopfte ihn ringsherum mit dem Spaten. Dann brach er einen kräftigen Ast von einem Holunderbaum am Rande des Friedhofs, einen kreuzförmigen Ast. Er steckte ihn in das Kopfende des Hügelchens.

„Oh, daß dich Gott genommen hat, mein Süßes!“, weinte die Frau, „warum braucht er dich mehr als wir?“

Und sie warf sich auf den kleinen Hügel.

„Weil er besser auf ihn aufpassen kann, als du“, sagte ein bißchen verärgert der Pfarrer.

In milderem Ton setzte er fort:

„Einige gehen vor uns und warten auf die, die noch auf der Erde zu tun haben. Manchmal gehen die Kinder zuerst, manchmal die Eltern. Aber der Schöpfer hat es so eingerichtet, daß wenn einer in den Himmel kommt, schon jemand droben ist und auf ihn wartet. Komm!“

Die Frau jedoch blieb noch dort.

17

Am folgenden Tage bestiegen sie ihre Pferde und machten sich auf den Weg, südwärts, nach Burg Sziget.

Es war ein wolkenloser, warmer Tag. In den zerstörten Dörfern wurden überall Tote begraben und Häuser neu mit Stroh gedeckt. In einigen Dörfern sahen sie, genau wie bei ihnen, nur ein paar alte Männer und Frauen sich abmühen. Die Türken hatten die Bevölkerung dieser Dörfer verschleppt.

Als sie das Röhricht vor Burg Sziget erreicht hatten, blickte der Pfarrer hinauf.

„Er ist zu Hause, Gott sei's gedankt."

Gergő verstand, daß von Bálint Török die Rede war. Er fragte verwundert:

„Woher wißt Ihr das?"

„Siehst du nicht die Fahne?"

„Dort am Turm?"

„Ja."

„Rot und blau."

„Die Farben des Burgherrn. Das bedeutet, daß der Herr zu Hause ist."

Sie gelangten in das Rohrdickicht und ritten nebeneinander weiter. Vor ihnen schimmerte das Wasser des Almás-Baches, der hier so breit wie ein großer Teich war. In der Mitte des Wassers spiegelte sich stolz die vorspringende Bastei der braunen Burgschanze. Allenthalben sah man weiße Flecke auf dem Wasser, es waren Gänseschwärme.

Der Pfarrer fragte wieder:

„Du, Knabe, meinst du nicht, daß Dobó sich mit einem zu geringen Häuflein in den Kampf gewagt hat? Es wäre möglich, daß er auf der Strecke blieb."

„Im Kampf?"

„Ja."

Gergő meinte das nicht. Seiner Ansicht nach war Dobó unbesiegbar, selbst wenn er es ganz allein mit den Türken aufnähme; und Gergő hätte sich auch darüber nicht gewundert.

„Wenn er tot sein sollte, nehme ich dich an Sohnes Statt an", sprach der Pfarrer und sprengte auf die erste Holzbrücke, die auf hohen Pfählen über dem Wasser lag und in die Vorburg führte.

Auch dort unter der Brücke plätscherten Schwärme von Gänsen und Enten im Wasser. Die beiden trabten durch die Neustadt, dann kamen sie wieder an eine kurze Holzbrücke. Diese führte zur Altstadt hinüber. Vor der Kirche mit den zwei Türmen saßen drei Obsthändlerinnen, und alle drei boten Kirschen feil. Eine wog gerade einem barfüßigen kleinen Mädel Kirschen ab und schüttete sie ihm in die Schürze. Die Kirchentür wurde soeben mit Eisenbändern beschlagen.

Nun folgte wieder eine Brücke, eine neue, aus Balken; sie war sehr lang und breit und spiegelte sich in dem Wasser, das tief unter ihr dahinfloß.

„Jetzt kommen wir in die innere Burg", sagte der Pfarrer, „ist auch höchste Zeit."

Und er wischte sich sorgfältig mit seinem Taschentuch das Gesicht ab.

Das Burgtor stand weit offen, und man hörte von innen starkes Stampfen und Dröhnen. Auf dem geräumigen Hof erblickten die Ankömmlinge in einer Staubwolke einen dahinjagenden Reiter in voller Rüstung, dann einen zweiten, der auf ihn zugaloppierte. Zwei Metallstatuen schienen auf zwei lebendigen Pferden zu sitzen. Die eine war aus Silber und noch neu, die andere glänzte nicht mehr, stellenweise war sie sogar verrostet, als hätte sie lange in einer Rüstkammer herumgelegen. Im übrigen unterschieden sich nur die beiden Helme voneinander: Der eine war glatt und rund, an dem anderen blinkte oben, ebenfalls aus Silber, ein Bärenkopf. Die Brust der Pferde war ebenfalls mit Plattenpanzern bedeckt.

„Der mit dem Bärenkopf am Helm ist der Herr", sagte der Pfarrer ehrerbietig.

Die beiden Reiter stürmten mit Lanzen aufeinander los; als sie zusammenprallten, bäumten sich die Pferde auf. Aber die beiden Lanzen glitten an den Panzern ab.

„Streitkolben her!" brüllte der mit dem Bärenkopf, als die Pferde sich wieder voneinander entfernt hatten.

Die Gesichter der beiden Reiter konnte man nicht sehen, denn sie kämpften mit geschlossenem Visier.

Auf den Ruf hin kam ein blau und rot gekleideter Knappe zur Tür herausgelaufen und brachte zwei gleichartige Streitkolben mit Kupferknauf sowie zwei Eisenschilde und reichte beides den Kämpfern hinauf.

Diese wichen wieder ein Stück voneinander. Dem Pferd des Reiters mit dem glatten Helm flog Schaum aus dem Maul. In der Mitte des Hofes stürmten sie aufeinander los.

Den ersten Hieb gab der mit dem glatten Helm.

Der mit dem Bärenkopf am Helm schwang den Schild über seinem Haupt. Der Schild dröhnte wie eine geborstene Glocke. Aber unter ihm hervor schlug die Hand mit dem Streitkolben: Sie versetzte dem Gegner einen gewaltigen Hieb auf den Kopf, so daß sein Helm eingedrückt wurde.

Da riß der mit dem eingedrückten Helm sein Pferd zurück und warf die Waffen hin.

Der mit dem Bärenkopf nahm den Helm ab und lachte.

Er war ein brauner Mann mit vollem Gesicht. Sein dichter schwarzer Schnurrbart war vom Druck des Helmes an den Wangen wie festgeklebt, die eine Seite reichte hinauf bis an die Augenbraue, die andere hing bis an den Hals herab.

„Das ist Herr Bálint", sagte der Pfarrer wieder voller Ehrerbietung zu dem Knaben, „nimm den Hut ab, wenn er herschaut."

Bálint Török jedoch schaute nicht zu ihnen.

Er betrachtete seinen Gegner, von dessen Kopf die Diener den Helm herunterzerrten.

Als ihnen das unter großer Anstrengung gelungen war, spie der Reiter erstmal drei Zähne auf den steinigen Kampfplatz, dann fluchte er auf türkisch.

Im Torweg kamen etwa acht türkische Gefangene zum Vorschein und halfen ihm aus dem Panzer heraus.

Und siehe da, auch er war bloß ein türkischer Gefangener wie sie.

„Nun, wer von euch verspürt noch Lust, sich mit mir zu messen?" rief Bálint Török, während er sein Pferd tänzeln ließ. „Freiheit ist der Lohn für den, der mich totschlägt!"

Ein Türke in rotem Wams, ein Mann mit kräftigen Muskeln und lichtem Bart, trat vor:

„Heute habe ich vielleicht mehr Glück."

Er legte das schwere Eisengewand an. Seine Gefährten schnürten es ihm hinten mit Riemen zusammen. Sie drückten ihm einen Helm auf den Kopf und holten ein Paar andere Eisenschuhe, denn der Türke hatte große Füße.

Dann halfen sie ihm mit Hebestangen aufs Pferd. In die Hand gaben sie ihm das Schwert.

„Du bist verrückt, Achmed!" rief Bálint Török lustig. „Das Schwert ist keine Waffe für den Panzer!"

„Das ist nun einmal meine Gewohnheit", entgegnete der Gefangene. „Wenn du es so *nicht wagst,* Herr, anders versuche ich es gar nicht erst."

Sie sprachen türkisch. Der Pfarrer übersetzte Gergő ihre Worte.

Herr Bálint schnallte sich den Helm wieder fest. Er schwang nur die leichte Lanze im Kreise, während er im Hof umhertrabte.

„Los!" rief er und sprengte in die Mitte.

Gergő zitterte.

Der Türke beugte sich im Sattel nach vorn. Das Schwert mit beiden Händen packend, stürmte er auf Herrn Bálint los.

„Allah!"

Als sie zusammentrafen, richtete sich der Türke auf und reckte sich, um zu einem fürchterlichen Hiebe auszuholen.

Herr Bálint richtete seine Lanze auf die Hüfte des Türken. Die Lanze glitt ab und fiel Herrn Bálint aus der Hand. Doch er fing den gewaltigen Hieb des Türken mit dem Schilde auf. Im selben Augenblick packte er einen Arm des Türken und riß seinen Gegner so vom Pferde.

Der Türke plumpste nach der Seite auf den Kampfplatz, um ihn herum wirbelte Staub auf.

„Genug!" rief lachend Bálint Török und klappte das Visier hoch. „Morgen könnt ihr, wenn ich zu Hause bin, wieder mit mir kämpfen."

Und er lachte, daß es ihn nur so schüttelte.

„Ungerecht!" brüllte der Türke, während er sich mit der verstauchten Hand mühsam erhob.

„Warum sollte das ungerecht sein?" fragte Herr Bálint.

„Es geziemt einem Ritter nicht, den Gegner mit der Hand vom Pferde zu reißen!"

„Du bist ja kein Ritter, heidnischer Hund. Wahrlich, von dir werde ich lernen, was einem Ritter zukommt! Gemeiner Räuber!"

Der Türke schwieg schmollend.

„Ihr seht das doch nicht etwa als ritterliches Turnier an, wenn ich mit euch kämpfe“, fuhr Bálint Török schreiend fort, „daß der Teufel euch Lumpenkerle mit der Mistgabel aufspieße!“

Und er zog den rechten Fuß aus dem Steigbügel, um abzusitzen.

„Herr!“ rief da mit klagender, weinerlicher Stimme ein dürrer, graubärtiger Gefangener. „Heute möchte ich mich wieder mit dir im Kampfe messen!“

Alle, die auf dem Hof standen, brachen in ein Gelächter aus.

„Ei, freilich, du glaubst, jetzt bin ich ermüdet, aber du sollst deine Freude haben!“

Und er drückte sich den Helm, den er soeben schon hatte auf den Schoß sinken lassen, wieder auf den Kopf.

„Zum wievielten Mal schlägst du dich mit mir, Papagei?“

„Zum siebzehnten Mal“, antwortete der türkische Gefangene mit der Papageiennase kläglich.

Bálint Török nahm den Helm ab und warf ihn weg.

„Nun denn, soviel von meiner Kraft zu deinen Gunsten. Laß sehen!“

Der Kraftunterschied zwischen den beiden war auffallend: Herr Bálint war ein stattlicher Mann in den besten Jahren, mit starken Muskeln, voller Beweglichkeit. Der Türke zählte ungefähr fünfzig Jahre, hatte einen krummen Rücken und war ein rechter Schwächling.

Sie gingen mit den Lanzen aufeinander los. Gleich beim ersten Zusammenprall hob Herr Bálint den Türken derart aus dem Sattel, daß der in der Luft einen Purzelbaum schlug, und – bums – schon lag er im Staub!

Diener, Knappen, Gefangene lachten gleichermaßen laut.

Herr Bálint warf den Schild und die Eisenhandschuhe von sich und sprang vom Pferd, damit die Knappen ihn auch von all den anderen Eisen befreiten. Der „Papagei“ erhob sich mühsam.

„Herr!“ jammerte er und drehte Bálint Török die blutige Backe zu, „laßt mich nach Hause! Meine Witwe und meine Waisen warten daheim seit zwei Jahren auf mich.“

„Warum bist du denn nicht auch daheimgeblieben, du Heide“, entgegnete Bálint Török verärgert.

Er wurde immer wütend, wenn die Gefangenen um Gnade flehten.

„Herr“, wehklagte der Gefangene weiter und rang die Hände, „habt Erbarmen mit mir! Ich habe ein Söhnchen mit kohlschwarzen Augen! Seit zwei Jahren habe ich mein Kind nicht gesehen!“

Er rutschte auf den Knien vor Herrn Bálint hin und warf sich in den Staub zu seinen Füßen.

„Habt Mitleid, Herr!“

Herr Bálint wischte sich mit einem Tuch das Gesicht. Der Schweiß tropfte von seinen Wangen.

„Wären nur die Türkenschufte alle hier in Ketten, samt eurem Kaiser“, keuchte er. „Elende Raubmörder seid ihr! Keine Menschen: Bestien!“

Und er ging weg.

Der Türke nahm eine Handvoll Staub von der Erde auf und warf diesen Herrn Bálint nach.

„So strafe dich Allah, du herzloser Giaur! In Ketten sollst du ergrauen! Dein Weib soll verwitwen, deine Kinder verwaisen, noch ehe du stirbst! Allah soll dich lehren, dreimal soviel zu weinen als ich, bevor er deine Seele in die Hölle schickt!“

Und wie er so fluchte, quollen ihm Tränen aus den Augen, wurden zu Blut und flossen über seine zerquetschten Wangen.

Die Diener schleppten den vor Wut schäumenden Heiden hinweg, führten ihn an den Brunnen und gossen mehrere Eimer Wasser über ihn.

Bálint Török war solche Auftritte schon gewöhnt. Er ärgerte sich darüber, doch weder gute Worte noch Flüche vermochten in seiner Burg Fesseln zu lösen.

Schließlich flehen alle Gefangenen überall und zu allen Zeiten um Freiheit, nur der eine stumm, der andere laut. Seit seiner Kindheit lebte Bálint Török mit diesem Flehen der Gefangenen, und damals stellten die Gefangenen einen wirtschaftlichen Wert dar. Mal wurden sie gegen Geld, mal im Tausch gegen ungarische Gefangene eingelöst. Wie konnte man nur glauben, daß ein gegnerischer Gefangener nur so, in Gottes Namen entlassen werden könnte.

Er hielt seinen Knappen Rücken und Arme hin und ließ sich von ihnen abbürsten. Dann zwirbelte er, rot vor Wut, seinen Schnurrbart und ging auf den Priester zu.

„Grüß dich Gott, lieber Seelenhirt, sei willkommen!“ Und er reichte ihm die Hand. „Ich höre, sie haben dich gekocht wie einen Krebs, nun wächst dir wenigstens neue Haut.“

„Gnädigster Herr“, erwiderte der Pfarrer, den Hut in der Hand haltend, „meine Haut ist jetzt das kleinste Übel. Ein viel größeres Übel ist, daß sie meine Gemeinde hingemordet haben. Auch meine arme Mutter haben sie getötet.“

„Verdammte Brut, elende Türkenhunde!“ wütete Herr Bálint und wandte den Kopf nach hinten. „Der eine verflucht mich, weil ich ihn nicht freilasse, der andere will mich lehren, was einem Ritter geziemt! Ich stelle mich ihm zum Kampf mit der Lanze, und er kommt wie ein Henker mit dem Schwert. Das nennt er ritterliches Spiel. Und wie ich ihn herunterreiße, nimmt er gar noch den Mund voll. Den Hunden und Raben sollte man sie zum Fraß vorwerfen.“

Erbost zog er an seinem Hosengurt, er war so rot wie der Bär, der sich als Wappen über dem Tor reckte.

Dann blickte er auf den Knaben.

„Also der ist es?“ lächelte er verwundert. „Sitz ab, schnell“, sagte der Pfarrer zu Gergő. „Nimm den Hut ab!“

Das barfüßige Bürschlein mit dem Säbel legte sich sogleich auf dem Sattel auf den Bauch und rutschte vom Pferd herab. Aufrecht stand er vor Bálint Török.

„Dieses Pferd hast du dir erworben?“ fragte Herr Bálint.

„Jawohl“, antwortete der Knabe stolz.

Bálint Török nahm ihn bei der Hand und führte ihn so eilig zu seiner Frau, daß Pfarrer Gábor ihnen kaum folgen konnte.

Die Frau war blond, hatte eine zarte weiße Haut und ein Doppelkinn. Sie saß im Garten der inneren Burg an einem Tisch, dessen Platte ein Mühlstein war. Sie band dort Töpfe und Krüge mit eingelegtem Obst zu. Ein Priester in der Soutane, der Burgkaplan, half ihr mit seinen weißen Händen dabei. In der Nähe spielten ein fünfjähriger und ein dreijähriger Knabe.

„Da schau, Kata!“ rief Bálint Török. „Dobós Knappe! Das ist der kleine Kerl!“

Gergő küßte ihr die Hand.

Die blauäugige kleine Frau aus deutschem Geschlecht sah ihn mit verwundertem Lächeln an. Dann beugte sie sich zu ihm hinab und küßte ihn auf die Wange.

„Das ist er?“ staunte auch der Burgkaplan. „Der trinkt ja noch Ammenmilch.“

„Der? Türkenblut trinkt er“, gab der Burgherr zur Antwort.

„Bist du hungrig, kleiner Krieger?“ fragte Frau Kata.

„Ja, ich bin hungrig“, antwortete Gergő, „aber erst möchte ich zu Herrn Dobó gehen.“

„Tja, mein Sohn, das geht nicht“, sagte Herr Bálint mit plötzlichem Ernst. „Dein Herr liegt. . .“

Und er wandte sich Pfarrer Gábor zu:

„Weißt du es noch nicht? Mit fünfzig Mann hat er zweihundert Türken angegriffen. Einer von diesen hat ihm den Speer in den Schenkel gejagt, daß die Spitze im Sattelholz steckenblieb.“

Mit weit geöffneten Augen hörte Gergő zu. Es tat ihm leid, daß er nicht dabeigewesen war. Er hätte wahrlich jenem Türken einen Hieb versetzt.

„Geh“, sagte der Burgkaplan, „spiel mit den jungen Herren.“

Die beiden schwarzhaarigen Knäblein hatten sich unterdessen schon neben Frau Kata gestellt und betrachteten Gergő neugierig.

„Nun, was fürchtet ihr euch?“ rügte sie die Mutter. „Ist ja ein ungarischer Knabe, und er hat euch lieb.“

Dann sagte sie zu Gergő:

„Das ist der größere: Jancsi. Und hier der kleinere: Feri.“

„Kommt her“, sagte Gergő freundlich, „ich zeige euch meinen Säbel.“

Die drei Jungen schlossen bald Freundschaft.

„Und du, lieber Pfarrer“, sagte Bálint Török, während er sich auf die Bank setzte, „was machst du nun ohne Gemeinde?“

Pastor Gábor zuckte die Achseln.

„Tja. . . durchbringen werde ich mich schon, wenn auch vielleicht nur auf Einsiedlerart.“

Bálint Török zwirbelte nachdenklich seinen Schnurrbart.

„Verstehst du Türkisch?“

„Ja.“

„Auch Deutsch?“

„Ich war zwei Jahre als Student in deutschen Landen.“

„Dann will ich dir etwas sagen, Freund: Brich daheim deine Zelte ab und komm nach Sziget; vielmehr nicht nach Sziget, sondern nach Somogyvár, denn dorthin ziehen wir in einigen

Tagen. Gehe also gleich dorthin. Mein Weib hat einen papistischen Priester, warum soll ich nicht einen vom neuen Glauben haben? Nun, und dann noch ein, zwei Jährchen, die Kinder wachsen heran; ich werde sie dir anvertrauen, du sollst sie unterrichten."

Der Burgkaplan riß die Augen auf.

„Gnädigster Herr, und ich?"

„Auch du unterrichtest sie. Du in Latein, der andere im Türkischen. Glaub mir, guter Hirte, die türkische Sprache ist für das Seelenheil ebenso notwendig wie die lateinische."

Er sah zu seinen Söhnen hin, die sich mit Gergő um den Apfelbaum jagten. Alle drei hatten rote Wangen und lachten.

„Den Knaben da nehme ich Dobó weg", sagte er lächelnd, „kann sein, daß er sich als dritter Erzieher bewährt. Und vielleicht wird er ein besserer Erzieher sein als ihr beide zusammen."

ZWEITER TEIL

Die Festung Buda fällt

König János lebt nicht mehr, sein Sohn ist noch ein Säugling. Das Land hat nun kein Oberhaupt. Ungarn gleicht jetzt einem Wappen, auf dem sich Greife grimmig recken und nach der zwischen ihnen schwebenden Krone langen.

Die Nation ist völlig verwirrt. Niemand weiß, was mehr zu fürchten ist: die Herrschaft der heidnischen Türken oder die der christlichen Deutschen.

Der deutsche König Ferdinand hat seinen greisen, schwerfälligen General Roggendorf die Festung Buda belagern lassen. Der türkische Kaiser ist höchstselbst aufgebrochen, um auf der ungarischen Königsburg die Fahne mit dem Halbmond zu hissen.

Man schrieb das Jahr 1541.

1

Auf der Landstraße, die durch das Mecsekgebirge führt, trabten in einer mondhellen Augustnacht zwei Reiter bergauf. Der eine war ein glattrasierter magerer Mann in schwarzem Mantel, sicherlich ein Priester, der andere ein knapp sechzehnjähriger junger Herr mit langem Haar.

Ein berittener Knecht, hoch aufgereckt, zuckelte hinter ihnen her. Vielleicht erschien er nur deshalb so groß, weil er statt auf einem Sattel auf zwei vollgestopften Säcken saß. Auf dem Rükken trug er einen großen ledernen Sack, oder wie wir heute sagen: einen Tornister. Daraus sahen drei stangenartige Gegenstände hervor. Einer davon blinkte manchmal: Es war eine Handbüchse mit langem Rohr.

Seitlich am Wege schimmerte dunkel ein dicker Birnbaum – er war wohl schon so alt wie die Landstraße. Dort setzten die Reiter über den Straßengraben.

Der Priester nahm den Baum in Augenschein.

„Also das ist er?“

„Ja", antwortete der Jüngling. „In meiner Kindheit nistete eine Eule darin. Seither ist das Loch gewiß noch größer geworden: Ein Mann hat darin Platz, vielleicht sogar zwei."

Er stellte sich auf den Sattel und kletterte auf den Birnbaum. Mit einem Schwung war er auch schon oben.

Nun stocherte er mit seinem Säbel im morschen Innern des Baumstamms herum.

Es kam nichts herausgeflogen.

Dann glitt er in die Höhlung.

„Wir haben beide darin Platz!" rief er fröhlich. „Wir können sogar sitzen."

Er kroch heraus und sprang auf den Rasen.

Der Geistliche warf seinen Mantel ab.

„Nun denn, an die Arbeit!"

Es war Pfarrer Gábor. Und der Jüngling war Gergő Bornemissza.

Seit wir sie das letzte Mal sahen, sind acht Jahre verstrichen. Der Pfarrer hatte sich nicht sehr verändert. Nur neue Augenbrauen sind ihm gewachsen. Bart und Schnurrbart trug er rasiert, und ein wenig abgemagert war er.

Um so mehr aber hatte sich der Jüngling verändert. In den acht Jahren war er beinahe schon zum Manne herangereift. Jedoch nur in der Statur. Sein Gesicht war noch unbestimmt: weder schön noch häßlich, so wie es bei fünfzehnjährigen Burschen zu sein pflegt. Das bis zur Schulter reichende wellige Haar entsprach der damaligen Haartracht der Männer.

Der Knecht nahm nun aus seinem Tornister zwei Spaten und eine Hacke. Den einen Spaten ergriff Pfarrer Gábor, den anderen der Jüngling.

Sie begannen in der Mitte der Landstraße zu graben.

Der Knecht stellte die beiden Säcke auf die Erde und ging zu den Pferden zurück. Er nahm ihnen das Zaumzeug ab und legte ihnen Fußfesseln an. Mochten sie in dem guten taufrischen Gras des Waldes weiden.

Nun ging auch er an die Arbeit. Aus dem vollgestopften ledernen Tornister brachte er allerlei hervor: Brot, eine Feldflasche und Waffen. In den leeren Sack scharrte er dann die Erde, die die beiden mit den Spaten aufgeschaufelt hatten, ging damit an den Straßenrand und schüttete die Erde in den Graben. Auf dem Rückweg schleppte er große, schwere Steine und legte sie neben die Grube.

Nach einer knappen Stunde war das Loch schon so tief, daß der große Mann bis zu den Hüften darin stehen konnte.

„Genug“, sagte da der Pfarrer, „hole jetzt die vollen Säcke her, János“.

Der Knecht schleppte die beiden Säcke herbei.

„Leg die Büchse nicht in das feuchte Gras!“ rief Pastor Gábor ihm zu.

Und dann erteilte er weitere Befehle:

„Nimm die Hacke hier! Zieh einen Graben von der Grube bis zu dem Birnbaum dort! Hier auf der Straße eine Elle tief, wo der Rasen anfängt, nur halb so tief. Hacke den Rasen in Stücken heraus, so daß wir ihn wieder auflegen können. Von unserem Werk darf nichts zu sehen sein.“

Während der Knecht den Graben aushob, senkten die beiden anderen die Säcke in die Grube.

In den Säcken war in Leder eingenähtes Schießpulver.

Sie drückten die Säcke hinein, legten, ja bauten große Steine darauf. Die Zwischenräume füllten sie mit kleinen Steinen und Erde und stampften alles fest.

Unterdessen hatte János einen Graben bis an den Baum gestochen und mit Steinen ausgemauert. In diesem Graben zog sich die Zündschnur entlag, die sie mit geölter Leinwand und flachen Steinen völlig zudeckten, damit sie bei Regen nicht naß werden konnte.

„Oh, jetzt weiß ich schon, was hier vorbereitet wird“, sagte der Knecht fröhlich.

„Was denn, János?“

„Jemand soll in die Luft fliegen.“

„Und was meinst du, wer?“

„Wer? Ja, wer? Nicht schwer zu erraten. Morgen kommt hier der türkische Kaiser vorbei.“

„Heute“, entgegnete der Pfarrer und blickte nach dem sich langsam rötenden Himmel.

Mit seinem Tuch wischte er sich den Schweiß vom Gesicht.

Als die aufgehende Sonne die Landstraße beleuchtete, war weder von der Grube noch von dem Graben auch nur eine Spur zu sehen.

Der Pfarrer warf den Spaten hin.

„Und nun, János, rasch aufs Pferd! Reite auf den Mecsek hinauf, reite so lange, bis du an eine Stelle kommst, von wo aus du die ganze Landstraße überblicken kannst."

„Jawohl, Herr."

„Gergő und ich legen uns hier zwanzig bis dreißig Schritt hinter den Baum. Und du paßt auf, wann die Türken kommen. Sobald du den ersten Reiter erblickst, trabst du zurück und weckst uns."

Die beiden suchten sich im Wald einen guten, grasbewachsenen Platz, breiteten ihre Mäntel aus und schliefen auf der Stelle ein.

2

Gegen Mittag kam János in gestrecktem Galopp vom Berggipfel zurück.

„Sie kommen!" rief er schon von weitem. „Eine schrecklich große Heerschar! Ein ganzes Meer! Tausend und aber tausend Kamele und Fuhrwerke. Eine Vorhut von einigen Reitern ist schon ganz nahe."

Der Pastor wandte sich dem Scholaren zu:

„Nun, dann können wir zum Mittagsmahl zu deinem zweiten Vater gehen."

„Zu Herrn Cecey?"

„Jawohl."

Der Jüngling sah den Pfarrer fragend an. Der Knecht tat das gleiche.

Der Pfarrer lächelte:

„Wir sind einen Tag zu früh gekommen. Verstehst du denn nicht? Das sind erst die, die das Feldlager aufschlagen. Sie ziehen voran, rammen die Pfähle ein, spannen die Zeltbahnen auf, damit das Heer, wenn es von Mohács ankommt, Nachtlager und Nachtmahl bereit findet."

„Auf denn zu Vater Cecey!" rief der Jüngling lustig.

Am Bach stiegen sie von den Pferden und wuschen sich gründlich. Der Jüngling pflückte einen Strauß Feldblumen.

„Für wen sind die, Gergő?"

„Für meine Gemahlin", antwortete der Jüngling lächelnd.

„Deine Gemahlin?"
„Wir sagen das nur so unter uns. Die kleine Éva Cecey wird meine Gemahlin. Wir haben als Kinder zusammen gespielt, und dann, als ihr Vater mich an Sohnes Statt angenommen hatte, mußte ich Évi jedesmal küssen, wenn ich zu ihnen kam."
„Das hast du hoffentlich gern getan!"
„Freilich. Sie hat ja Wangen wie weiße Nelken."
„Daraus folgt aber noch nicht, daß du sie als deine Gemahlin betrachten kannst."
„Der alte Priester bei ihnen hat gesagt, sie hätten mir das Mädchen zugedacht. Ceceys Testament zufolge soll ich die Tochter und auch das Dorf bekommen."
„Da hat also der Alte ein Geheimnis verraten."
„Nein. Er hat mich nur ermahnt, des Glückes würdig zu sein, wenn es soweit ist."
„Sag, wirst du mit diesem Mädchen glücklich werden?"
Der Jüngling lächelte.
„Seht sie Euch an, Magister. Wenn Ihr sie gesehen habt, werdet Ihr nicht mehr fragen, ob ich mit ihr glücklich werde."
Das Pferd des Scholaren tat einen Sprung und trabte ein Stück voraus. Als er es zum Stehen gebracht hatte, sagte er:
„Das Mädel ist wie ein weißes Kätzchen."
Der Pfarrer zuckte lächelnd die Achseln.
Sie kamen in ein Dickicht und mußten absteigen. Gergő ging voran. Er wußte, daß hinter diesem Dickicht das Dorf lag.
Als sie dann ins Tal hinabritten, kamen die Frauen aus den Häusern gelaufen.
„Gergő? Das ist er: Gergő!" riefen sie voll Freude.
Gergő schwenkte den Hut nach rechts und nach links:
„Grüß Gott, Tante Juci! Guten Tag, Frau Panni!"
„Die Herrschaften sind nicht daheim!" rief eine der Frauen.
Das verstimmte Gergő. Er hielt sein Pferd an.
„Was sagt Ihr da, gute Frau?"
„Sie sind fort. Weggezogen."
„Wohin?"
„Nach Buda."
Gergő war höchst erstaunt.
„Alle?"
Törichte kindliche Hoffnung, die ihn die Antwort erwarten

ließ: Nein, das Fräulein ist daheimgeblieben! Es was doch vorauszusehen, daß sie antworten würden:

„Freilich, alle. Sogar unser Priester ist mit ihnen gegangen."

„Wann?"

„Gleich nach dem Sankt-Georgs-Tag."

„Aber irgend jemand wird doch im Hause sein?"

„Der Türke."

Mißgestimmt wandte sich Gergő dem Pfarrer zu:

„Sie sind nach Buda. Frater Georgius hat ihnen dort vor langer Zeit ein Haus geschenkt. Aber ich verstehe nicht, warum sie mir davon nichts gesagt haben, ich war doch erst zu Fastnacht hier."

„Aber wo essen wir nun?"

„Der Türke ist daheim."

„Welcher Türke?"

„Vater Ceceys Türke: Tulipan. Der ist bei ihnen so ein Diener für alles. Doch . . . wir sind hier gerade am Friedhof. Laßt mich einen Augenblick hineingehen."

Hinter dem Hause war ein von Fliederbüschen umfriedeter Kirchhof zu sehen, nicht größer als der Raum, den ein Haus einnimmt. Überall Holzkreuze, und auch die nur aus ungehobeltem Holz! Auf keinem stand ein Name.

Gergő vertraute sein Pferd dem Knecht an und eilte auf den Friedhof. An einem schon tief eingesunkenen braunen Holzkreuz blieb er stehen. Er legte seine Feldblumen auf das Grab und kniete nieder.

Der Pfarrer war ihm gefolgt und kniete neben ihm. Er erhob das Gesicht zum Himmel und betete laut: „Herr aller Lebenden und Toten, Gott im Himmel, gib der hier ruhenden Mutter ewigen Frieden, gib dem hier knienden, verwaisten Sohn glückliches Leben. Amen."

Dann umarmte er den Jüngling und küßte ihn.

Dem Friedhof fast genau gegenüber stand das Herrenhaus. Das Tor war schon geöffnet. Eine untersetzte Frau mit rotem Gesicht sah die Ankömmlinge mit freundlichem Lächeln an.

„Schönen guten Tag, Frau Tulipan", begrüßte sie der Scholar, „wo ist denn Euer Gemahl?"

Es war nämlich Tulipans Aufgabe, das Tor zu öffnen.

„Der ist betrunken", antwortete die Frau verlegen und ärgerlich.

„Betrunken?“

„Immer ist er betrunken. Ich kann den Kellerschlüssel verstecken, wohin ich will, er findet ihn doch. Heute hatte ich ihn unter die Wäschemangel gelegt, auch da hat er ihn entdeckt.“

„Wißt Ihr was, Frau Tulipan: versteckt den Schlüssel nicht. Wenn Ihr den Mann trinken läßt, trinkt er weniger.“

„Aber nein! Der säuft wie ein Loch. Nichts anderes tut er, er säuft bloß und singt. Arbeiten will er nicht, der Vermaledeite!“

Tatsächlich saß dort im kühlen Schatten des Maulbeerbaumes ein braungebrannter Bauer auf einer Matte; vor ihm stand ein grünglasierter Krug. Er war noch nicht so betrunken, daß man ihm den Krug hätte wegnehmen können. Er trank mit seinem Sohn, einem barfüßigen sechsjährigen Knaben, der genau so schwarze Augen hatte wie sein Vater; der einzige Unterschied war, daß die Augen des Vaters immer aussahen, als ob sie über einen verheimlichten Schelmenstreich lächelten.

Der Bauer war jener Türke, mit dem Cecey damals so gnädig verfahren war, weil er gesagt hatte, er könne Schach spielen. Später stellte sich dann heraus, daß es mit seinem Schachspiel nicht weit her war, daß man ihn aber für allerlei Hausarbeit gebrauchen konnte. Besonders gut verstand er sich aufs Kochen. Sein Vater war bei irgendeinem Pascha Koch gewesen. Bei den Frauen machte er sich dadurch beliebt, daß er ihnen zeigte, wie man Pilau, Börek, Malebi und Sorbett zubereitet, und daß sie immer mit ihm Scherz treiben konnten. Cecey wiederum mochte ihn, weil er ihm eine Holzhand schnitzte, die sogar Finger hatte. Wenn Cecey einen Handschuh darüberzöge, würde kein Mensch sagen, daß es eine hölzerne Hand sei. Der alte Herr begann bald darauf das Schießen mit dem Pfeil zu probieren. Er ließ sich vom Dachboden einen Bogen herunterholen, der so groß war wie er selbst. Er konnte mit der Holzhand den Bogen spannen. Daraufhin machte Cecey den Türken zu seinem Faktotum.

Eine junge Ungarin, deren Mann damals im Kampfe gefallen war, freundete sich mit dem Türken an, und er nahm sie zur Frau. Vorher ließ er sich freilich taufen. Er wurde ein so guter Ungar, als ob er in diesem Lande geboren wäre.

Als er jetzt den Scholaren und den Pfaffen erblickte, stand er auf, kreuzte auf türkische Art die Arme auf der Brust und versuchte sogar, sich zu verneigen; da er aber fühlte, daß das mit einem Sturz auf die Nase enden würde, brachte er seine Ehrerbietung nur dadurch zum Ausdruck, daß er ein wenig nach vorn taumelte.

„Ei, ei, Tulipan“, sagte Gergő kopfschüttelnd, „sauft Ihr denn dauernd?“

„Trinken muß man“, entgegnete Tulipan ernst, aber mit mutwillig blinzelndem Blick, „fünfundzwanzig Jahre Türke sein, ohne zu trinken, da muß man viel nachholen.“

„Aber wie wollt Ihr uns ein Essen kochen, wenn Ihr betrunken seid?“

„Mein Weib wird kochen“, sagte Tulipan und wies mit dem Daumen nach der Frau, „Quarknudeln, schmecken fein!“

„Wir möchten aber Pilau essen.“

„Kocht sie auch. Kann alles.“

„Sagt, wo ist der Herr?“

„In Buda. Brief gekommen. Herrschaft abgereist. Hat Haus bekommen. Schönes Fräulein sitzt im Haus, schön wie Rose im Garten.“

Der Jüngling wandte sich dem Geistlichen zu:

„Was wird aus ihnen, wenn die Türken die Festung einnehmen?“

„Hoho!“ rief Pastor Gábor und warf den Kopf hoch. „Eher geht das Land verloren als die Feste Buda. Buda hat noch nie ein Feind erobert!“

Und da ihn Gergő noch immer sorgenvoll ansah, setzte er fort:

„Das Land schützt das Volk, die Feste Buda Gott selbst.“

Tulipan öffnete die Türen. Aus den Zimmern drang muffiger Lavendelgeruch. Er öffnete auch die Fenster.

Der Pfarrer trat ein. Sein Blick blieb auf den Bildern an der Wand haften.

„Ist das hier Cecey?“ fragte er, wobei er auf das Bildnis eines Mannes mit einem Helm zeigte.

„Ja“, sagte Gergő. „Nur ist sein Haar jetzt nicht mehr so braun. Es ist weiß geworden.“

„Und die schielende Frau da?“

„Das ist seine Gemahlin. Ich weiß nicht, ob sie geschielt hat, als sie gemalt wurde, jetzt schielt sie nicht.“

„Muß eine bittere Frau sein.“

„Nein. Eher süß. Ich nenne sie nur noch Mutter.“

Der Jüngling fühlte sich wie zu Hause, deshalb rückte er dem Pfarrer einen Stuhl hin und zeigte ihm mit einem glücklichen Lächeln im Gesicht die schäbigen Möbel:

„Seht, Magister: Hier pflegt Évi zu sitzen, wenn sie näht. Die Füße stellt sie auf den Schemel dort. Durch dieses Fenster betrachtet sie den Sonnenuntergang, ihr Kopf wirft dann einen Schatten an die Wand. Dieses Bild hier hat sie gezeichnet. Eine Trauerweide und ein Grab. Die Schmetterlinge habe ich hineingemalt. Und seht, so sitzt sie hier auf dem Stuhl, so pflegt sie zu sitzen, stützt die Ellbogen auf, dreht den Kopf halb zur Seite und lächelt schelmisch, aber so lieb schelmisch, daß man das gar nicht beschreiben kann!“

„Schön, schön“, entgegnete der Pfarrer müde.

„Geh, mein Sohn, frage, ob das Essen noch nicht fertig ist.“

3

Am Abend gingen sie spät zur Ruhe.

Der Pfarrer sagte, er habe noch einige Briefe zu schreiben, deshalb wolle er nicht mit Gergő in einem Zimmer schlafen. Auch dieser nahm Papier hervor und stellte sich ein Tintenfaß neben sein Talglicht. Zuerst zeichnete er ein schönes Vergißmeinnicht auf das Papier, dann schrieb er seinem Kätzchen, wie sehr es ihn überrascht habe, das Haus leer vorzufinden, und er fragte, warum er von der Übersiedlung nicht benachrichtigt worden sei. Wenn sie ihm Botschaft gesandt habe, müsse der Brief wohl verlorengegangen sein.

Zu jener Zeit gab es in Ungarn noch keine Post. Nur wohlhabende Herrschaften konnten miteinander Briefe wechseln. Wer von Buda einen Brief nach Öreglak schicken wollte, mußte einen Boten haben, der ihn hinbrachte.

Dann überkam Gergő der Schlaf; er legte sich auf die mit einem Wolfsfell bedeckte Bank und schlief ein.

Er würde vielleicht bis in den hellichten Tag hinein geschlafen haben, wenn nicht im Morgengrauen eine Kuh vor seinem Fenster gebrüllt hätte.

Das war er nicht mehr gewöhnt. Weder auf Burg Somogy

noch auf Burg Sziget noch auf Bálint Töröks anderen Burgen hatten vor seinem Fenster Kühe gebrüllt. Er war immer von Dienern mit Herrn Bálints Kindern zusammen geweckt worden; und wenn sie gefrühstückt hatten, erwartete sie schon der Pfarrer im Garten mit den Büchern.

Gergő setzte sich auf und rieb sich die Augen. Es fiel ihm ein, daß er für heute eine seltsame Aufgabe hatte: Er sollte den türkischen Kaiser ins Paradies fliegen lassen.

Da stand er auf und klopfte an die Tür zum Nebenzimmer.

„Magister! Es wird schon hell! Wir können aufbrechen!"

Keine Antwort. Dunkelheit im Zimmer.

Gergő machte einen der inneren Fensterläden auf und öffnete auch das Fenster mit der Scheibe aus geölter Leinwand.

Des Pfarrers Bett war leer.

Auf dem Tisch sah Gergő hell einige Briefe schimmern.

Verwundert murmelte er:

„Was bedeutet das? Das Bett ist unberührt, so, wie es am Abend aufgeschlagen wurde!"

Eilends lief er hinaus. Auf dem Hof fand er Frau Tulipan; noch im Unterrock, barfuß trieb sie das Schwein auf das Tor zu.

„Frau Tulipan! Wo ist der hochwürdige Herr?"

„Der ist noch um Mitternacht weggegangen, beim Mondschein."

„Ist János mit ihm gegangen?"

„Nein, der ist hier. Der Herr Pfarrer ist zu Fuß gegangen, ganz allein."

Verwirrt lief er ins Zimmer zurück. Er ahnte schon, was der Priester unternommen hatte. Schnell trat er an den Tisch. Einer der Briefe lag offen da. Mit kräftigen, dicken Lettern war die Anrede geschrieben:

„Mein lieber Sohn Gergely!"

Das galt ihm. Er ging mit dem Brief ans Fenster. Auf dem Papier war die Tinte noch fast feucht.

„Es ist dein Einfall und dein Verdienst, wenn jenes gekrönte Raubtier heute zur Hölle fährt. Doch hat dein Gedanke auch seine Gefahren. Und diese überlasse du mir, mein Sohn.

Du lebst von Liebe umgeben und bist noch jung. Deine Findig-

keit, dein Wissen und dein Mut können unserem Vaterland zu großen Nutzen gereichen.

Neben meinem Brief findest du ein Säckchen und darin einen türkischen Ring. Das ist der einzige Schatz, den ich besitze. Ich habe ihn demjenigen zugedacht, den ich am meisten liebe. Er soll dir gehören, mein Sohn.

Und dir sollen auch meine Bücher gehören. Lies sie, wenn sich dereinst am Himmel unserer Heimat die Wolken verziehen. Jetzt muß jeder Ungar ein Schwert in der Hand haben und keine Bücher.

Übergib Bálint Török meine Waffen, Jancsi gib meine Steinsammlung und Feri meine Blumensammlung. Von den Büchern soll sich jeder der beiden eines als Andenken auswählen, und sage ihnen, sie sollen so tapfere Patrioten werden, wie ihr Vater einer ist; nie sollen sie es mit den Heiden halten, sondern mit dir gemeinsam danach streben, das ungarische Königtum wiederherzustellen. Im übrigen schreibe ich auch ihnen. Möge das, was ich schreibe, Euch dreien als ein Teil meiner dreigeteilten Seele erhalten bleiben.

Als ich wegging, schliefst du, mein Sohn. Ich habe dich geküßt.

Pfarrer Gábor

Wie versteinert starrte Gergő auf den Brief.

Der Tod? Ein fünfzehnjähriger Junge begreift dieses Wort noch nicht. Er denkt nur an das merkwürdige Schauspiel, bei dem ein türkischer Kaiser, in Stücke gerissen, von Rauch und Flammen umhüllt, in die Luft fliegt.

Gergő steckte das Säckchen mit dem Ring und den Brief in die Tasche und verließ das Zimmer. Er eilte über den Hof zum Ehepaar Tulipan.

„Tulipan!" rief er dem Mann zu, der sich unter dem Vordach reckte und streckte, und fuhr dann auf türkisch fort: „Habt Ihr noch Euer türkisches Gewand?"

„Nein", antwortete Tulipan, „mein Weib hat sich eine Weste darauf genäht und für die Kinder auch".

„Auch den Turban habt Ihr nicht mehr?"

„Daraus hat sie ein Hemdchen genäht. War feines Linnen."

Ärgerlich ging Gergely unter dem Vordach auf und ab.

„Was soll ich nun tun? Gebt mir einen Rat. Das türkische Heer zieht heute hier die Landstraße entlang. Auch der Kaiser kommt mit. Den möchte ich sehen."

„Den Kaiser?“
„Ja.“
„Den könnt Ihr sehen, Junker.“
Gergős Augen begannen zu leuchten.
„Wirklich? Aber wie?“
„An der Landstraße ist ein Felsen. Nicht nur einer, sondern sogar zwei, auf jeder Seite einer. Dort klettert Ihr hinauf. Den Kopf könnt Ihr mit Laub bedecken und so das ganze Heer an Euch vorüberziehen sehen.“
„Gut. Dann zieht Euch schnell an, Tulipan, und kommt mit. Eure Frau soll rasch einen Ranzen voll Proviant packen. Auch zu trinken kann sie uns mitgeben.“
Das Wort trinken belebte Tulipan. Eilends fuhr er in die Kleider und rief fröhlich nach der Scheune hin:“
„Juliska, Täubchen, komm schnell, mein Mondenschein!“
Die Frau fütterte eben das Geflügel. Sie warf die Körner hin und drehte sich um.
„Was ist?“
„Bring zu trinken, mein Sternchen“, rief Tulipan lachend und ließ seine Augen blitzen, „zu trinken, mein Smaragd!“
„Eins um die Ohren könnt Ihr kriegen! Bis jetzt habt Ihr Euch nur nachmittags betrunken, und nun wollt Ihr schon am frühen Morgen anfangen?“
„Na, na, mein Lämmchen, mein Stambuler Zuckerbrötchen, nicht für mich, für den Junker.“
„Der Junker trinkt keinen Wein.“
„Ihr habt recht, ich trinke nicht“, sagte Gergő und schüttelte lächelnd den Kopf. „Aber wir wollen fortgehen und werden wohl bis zum Abend ausbleiben. Tulipan soll keinen Durst leiden.“
„Fortgehen? Wohin, junger Herr?“
„Wir sehen uns die türkische Heerschar an, Tante Juli. Sie kommt heute über den Mecsek.“
Die Frau war betroffen.
„Die türkische Heerschar? Geht nicht hin, lieber junger Herr.“
„O doch, wir gehen hin. Ich muß das sehen.“
„Lieber junger Herr, das ist sehr gefährlich. Bedenkt das wohl!“

„Laßt das Reden“, sagte Gergely ungeduldig, „wir brauchen keinen Rat, sondern Wein!“

Und da er sogar mit dem Fuß stampfte, lief die Frau ins Haus. Sie kam aber bald mit mürrischem Gesicht zurück.

„Der Junker kann ja meinetwegen gehen, wohin er will, dem Junker habe ich nicht zu befehlen. Aber Tulipan geht nicht mit, dem befehle ich.“

„Kommt nicht in Frage!“ erwiderte Tulipan.

„Ihr bleibt zu Hause, verstanden?“

„Tulipan hat mitzukommen“, sagte Gergő unwirsch.

„Den Proviantsack trägt dem jungen Herrn auch der Diener. Wozu ist er denn sonst da?“

Der Diener János dachte ebenso. Er hatte sich schon mit einem Ranzen bepackt und tränkte die Pferde.

Tulipan, die Besorgnis der Frau gewahr werdend, warf sich in die Brust.

„Und ich gehe doch, mein Schatz. Ich will erblinden, wenn ich nicht gehe. Gibst mir ohnehin nur hie und da Wein, und ich muß immer darum bitten und betteln. Bist keine gute Frau.“

Die Frau wurde bleich im Gesicht.

„Die Türken schleppen Euch weg, wenn sie Euch sehen.“

„Na, und?“

„Die zwei schönen Kinder wollt Ihr denn verlassen? Und mich auch? O Gott, o Gott!“

„Gibst mir ja doch keinen Wein. Und geschlagen hast du mich auch, vorigen Donnerstag!“

„Ich gebe Euch, ich gebe Euch, mein lieber Gemahl. Soviel Ihr wollt, nur verlaßt mich nicht! Laßt mich nicht allein, meine Seel’!“

Und da fing sie auch schon an zu weinen.

„Nun gut, vergiß nicht, was du jetzt hier in des Junkers Gegenwart versprochen hast. Ich begleite den Junker bloß und komme gleich zurück. Aber zu trinken will ich dann immer haben!“

„Ja, ja, Ihr sollt alles haben.“

„Wenn du mich in Ruhe trinken läßt, besaufe ich mich auch nicht mehr. Das mache ich bloß, weil ich immer denke, morgen gibst du mir nichts.“

Die Frau beruhigte sich einigermaßen. Sie holte den Proviant.

Dennoch begleitete sie ihren Mann weinend bis ans Tor und sah den beiden mit so besorgter Miene nach, daß Tulipan sich vor Stolz blähte.

*

János begleitete die beiden bis zum Dickicht. Dort stiegen sie von den Pferden. János führte die drei Pferde ins Dorf zurück, und Gergő und Tulipan gingen zu Fuß weiter.

Die Felsen neben der Landstraße sind noch heute zu sehen. Sie sind ungefähr fünfmal so groß als ein Mensch. Von ihrer Spitze aus kann man die Landstraße bis zu dem Birnbaum überblicken, in dem der Pfarrer sich bereits versteckt hatte.

Der Türke brach einen Armvoll belaubter Zweige von den Bäumen und baute daraus oben auf dem Felsen ein Versteck, von dem aus die beiden alles sehen konnten. Von unten jedoch konnte niemand auf den Verdacht kommen, daß sich hinter dem Laub Menschen verbargen.

„Auch dorthin, nach Norden zu, wollen wir Laub legen", sagte Gergő.

„Wozu?"

„Wenn der Sultan hier vorübergezogen ist, drehen wir uns und sehen ihm nach."

Die Sonne ging auf. Der Wald war taufrisch. Amseln sangen. Turteltauben gurrten. Aus der Ferne, von Pécs her, trabten plötzlich die ersten Reiter heran.

Die Landstraße glich einer großen Staubwolke, die bis zur Stadt hinabreichte. Endlich tauchte aus der Staubwolke eine paprikarote Fahne auf. Dann zwei Fahnen, dann noch fünf, immer mehr. Unter den Fahnen und hinter ihnen ritten auf arabischen Pferden Soldaten mit turmhohen Turbanen. Die Pferde waren so klein, daß manche Soldaten mit den Füßen beinahe die Erde berührten.

„Das sind die *Gurebas"*, erklärte Tulipan, „die kommen immer zuerst. Sind keine richtigen Türken."

„Sondern?"

„Araber, Perser, Ägypter, ein buntes Gemisch."

Das sah man auch. Sie waren nicht einmal alle gleich gekleidet. Einem glänzte ein riesiger kupferner Federbusch auf der

Kopfbedeckung, er hatte keine Nase mehr. Der war schon in Ungarn gewesen.

Das andere Regiment, das gleich dahinter ritt, erschien mit einer grün-weiß gestreiften Fahne. Es waren sonnengebräunte Männer in blauen Pluderhosen. An ihren Gesichtern sah man, daß sie in der vergangenen Nacht tüchtig gezecht hatten.

„Das sind die *Ulufedschis*", sagte Tulipan. „Söldner, Lagerwachen. Die bewachen auch die Kriegskasse. Seht Ihr den Kerl mit dem dicken Bauch und der zerhauenen Stirn? Große Kupferknöpfe an der Brust..."

„Ja, ich sehe ihn."

„Der heißt Turna. Auf ungarisch: Kranich. Aber er müßte eher Schwein genannt werden."

„Warum?"

„Ich habe einmal gesehen, wie er einen Igel gegessen hat."

Und Tulipan spie aus.

Es folgte ein Regiment mit gelben Fahnen. Sein Rüstzeug war glänzender. Ein Aga ritt sogar ein Pferd, an dessen Brust Silberschuppen prangten.

„Das sind die *Silidaren*", sagte Tulipan, „auch Söldner. O ihr Räuber! Aufhängen sollte man euch! Bei euch habe ich zwei Jahre gedient!"

Und er lachte.

Nun kamen unter roten Fahnen *Spahis* mit Bogen und Köcher, die Offiziere geharnischt, breite, krumme Säbel an der Seite. Dann die *Tataren* mit hohen, spitzen Kalpaks. Alle hatten fettige Gesichter, trugen Lederdolmane und saßen auf Holzsätteln.

„Tausend...zweitausend...fünftausend...zehntausend...", zählte Gergő.

„Müht Euch nicht mit dem Zählen ab", riet Tulipan, „es sind wohl an die zwanzigtausend."

„Puh, was für häßliche Kerle mit knochigen Backen."

„Auch die Türken verabscheuen sie. Die essen Pferdeköpfe."

„Pferdeköpfe?!"

„Ja, wenn auch nicht jeder einen ganzen, so stellen sie doch gewiß einen mitten auf den Tisch."

„Gekocht oder gebraten?"

„Ja, wenn er wenigstens gekocht oder gebraten wäre, dann

ginge es noch an, aber sie essen ihn roh. Und außerdem verschonen diese Hundsfötter nicht einmal neugeborene Kinder. Sie schneiden dem Menschen die Galle aus dem Leib."

„Erzählt nicht solche abscheulichen Sachen!"

„Wo es doch so ist. Ihr müßt wissen, sie glauben, wenn man den Pferden den Gaumen mit Menschengalle einreibt, werden sie wieder frisch und kräftig, so müde sie auch vorher waren."

Gergő zog schaudernd den Kopf von seinem Ausguck zurück.

„Die sehe ich mir nicht an", sagte er, „das sind ja keine Menschen."

Tulipan dagegen sah weiter hin.

„Jetzt kommt schon der *Nischandschi Beg"*, sagte er nach einer Viertelstunde. „Der zeichnet den Namen des Padischah auf die Papiere mit den Siegeln."

Gergő blickte wieder hinunter. Und da sah er einen würdevollen Türken mit einem Kopf wie ein Hecht und mit langem Schnurrbart. Selbstgefällig auf einem kurzbeinigen Roß sitzend, ritt er zwischen den Soldaten daher.

Nun folgte der *Defterdar,* ein grauhaariger Araber in gebeugter Haltung, der Finanzminister der Türken. Nach ihm kam in einem anderen Soldatentrupp der *Kasi Asker* in einem langen gelben Umhang und mit einem hohen weißen Kalpak. Das war der oberste Kriegsrichter. Die nächsten waren die *Tschasnegiren,* die Truchsesse nämlich und obersten Küchenmeister, und ihnen folgte die Leibgarde des Sultan-Hofes. Dieser Trupp glänzte von lauter Gold.

Und jetzt hörte man schon die türkische Marschmusik. Unter schmetterndem Trompetenklang und lautem Dröhnen der Tschinellen tauchten die buntgekleideten Heeresteile auf und zogen weiter: die kaiserlichen Jäger auf Pferden mit rotgefärbten Mähnen; ein jeder hielt einen Falken auf der Hand.

Hinter den Jägern her trabte das kaiserliche Gestüt. Tänzelnde, feurige Rosse; einige waren gesattelt. *Solaken* und *Janitscharen* führten die Pferde.

Nun folgten hoch flatternde Fahnen mit Roßschweifen: dreihundert *Kapudschis,* alle in den gleichen goldgestickten weißen Mützen. In der Heimat waren sie die Palastwächter des Sultans.

Weiß schimmerte nun durch die Staubwolke hindurch die lange Reihe der *Janitscharen*. Ihre nach hinten hängenden weißen Kalpaks verschwammen gar bald in der Ferne mit den roten Kalpaks der Offiziere und mit den blauen Filzmänteln, die sie alle trugen. Jeden Kalpak schmückte vorn der beinerne Löffel.

„Ist der Sultan noch weit?“ fragte Gergő.

„Noch sehr weit“, meinte Tulipan. „Es sind mindestens zehntausend Janitscharen. Dann kommen noch die *Tschaussen* und allerlei Würdenträger das Hofes.“

„Na, dann wollen wir uns zurückziehen, um etwas zu essen.“

Von Süden her, von wo die Truppen heraufgezogen kamen, gewährte der Felsen Gergő und Tulipan Deckung. Nach Norden zu konnten sie beobachten, wie die Unmenge von Soldaten die Landstraße talwärts zog.

„Wir hätten sogar Zeit zum Schlafen“, meinte Tulipan und schnürte den Ranzen auf.

Eine Kette fiel klirrend heraus.

„Was ist denn das?“ fragte Gergő erstaunt.

Tulipan lachte und zog dabei die Augenbrauen hoch.

„Das ist mein treuer Begleiter. Ohne den verlasse ich nie das Dorf.“

Weil der Scholar ihn verständnislos anstarrte, fuhr er fort:

„Es ist meine Fessel. Sooft ich aus dem Dorf hinausgehe, lege ich mir das eine Ende um den Fuß. Dann brauche ich mich nicht vor den Türken zu fürchten. Denn wenn ein Türke kommt und meine Fessel sieht, befreit er mich, anstatt mich gefangenzunehmen. Und bei Nacht befreie ich mich dann von ihm. Es wird gut sein, das Ding jetzt schon anzulegen. Hier ist der Schlüssel. Steckt ihn in Eure Tasche. Wenn uns was zustößt, sagen wir, wir sind von Bálint Töröks Hof: ich Gefangener, Ihr Scholar. Herr Bálint hält zu den Türken, also wird man nicht so streng mit uns sein. In der Nacht hole ich Euch dann heraus, und wir fliehen beide nach Hause.“

„Ihr habt wahrhaftig Verstand.“

„Das will ich meinen! Mehr Verstand sogar als meine Frau, wenn ich nüchtern bin. Und die ist wirklich gescheit. Wenn sie nur nicht so ein Mundwerk hätte.“

Ein Laib frisches Roggenbrot, Schinken und Speck kamen aus dem Ranzen zum Vorschein, ebenso ein paar grüne Paprikaschoten. Gergely machte sich über den Schinken her, Tulipan nahm den Speck in die Hand und bestreute ihn mit Salz und dick mit rotem, gemahlenem Paprika.

„Wenn die Türken das sähen“, sagte er und deutete mit dem Kopf auf den Speck.

„Was wäre dann?“

„Den Wein trinkt der Türke noch, aber Speck, den verabscheut er wie wir Ungarn das Rattenfleisch.“

Gergő lachte.

„Wenn die nur wüßten, wie himmlisch das schmeckt, Speck mit Paprika“, fuhr Tulipan mit hochgezogenen Brauen fort. „Ich glaube, Mohammed hat Paprikaspeck nie gekostet.“

„Ihr findet es also besser, Ungar zu sein statt Türke?“

„Ein Narr, wer kein Ungar sein will!“

Er strich seinen weichen schwarzen Schnurrbart nach beiden Seiten glatt, trank aus der Feldflasche und reichte diese dann dem Scholaren hin.

Der aber schüttelte den Kopf:

„Später vielleicht.“

Er griff in die Tasche und nahm das Säckchen heraus.

„Kennt Ihr diesen Ring, Tulipan?“

„Nein. Aber soviel weiß ich, daß er einen Marmorpalast wert ist. Was sind die kleinen Steine hier? Diamanten?“

„Ja.“

„Es ist gut, so etwas anzuschauen. Ich habe oft sagen hören, Diamanten anzusehen macht die Augen klar.“

„Und sagt einmal, könnt Ihr diese Schrift lesen?“

„Gewiß doch. Ich war ja auch Janitschar. Sie haben mich weggejagt, weil ich in Nisch einmal Speck gegessen habe. In der Janitscharenschule haben wir lesen gelernt. Aber nur den Koran.“

Und er las: Ila massallah la hakk vela kuvret il a billah el áli el ázim. Das heißt: „Was Gott will: Es gibt keine Wahrheit und keine Kraft außer Gott, dem Erhabenen und Gepriesenen.“

Darauf nickte er:

„So ist es. Wenn es Gott nicht gewollt hätte, wäre ich nicht Ungar geworden.“

Nachdenklich schwiegen sie beide. Nach einer Weile begann Tulipan wieder zu sprechen.

„Jetzt werdet Ihr den Sultan sehen. Ist ein wackerer Mensch!

Sein Volk ist aufgeputzt, aber er selbst kleidet sich nur prunkvoll, wenn ein Fest ist oder wenn er Gäste empfängt. Ihm folgt ein großer, goldglänzender Wald von Fahnen, die meisten mit Roßschweifen. Auch die Würdenträger des Hofes ziehen hinter dem Sultan her: der *Tschohodar,* das ist der Oberkammerdiener; der *Dülbendar,* der die Obergewänder bringt; der *Rikiabdar,* der hält den Steigbügel. Dann die zwölf Baschis vom inneren Dienst: *Tschamaschir-Baschi,* der verwaltet die Wäsche; *Berber-Baschi:* der Barbier; *Ibrikdar-Baschi,* der hält die Waschschüssel; *Peschkirdschi-Baschi:* hält das Handtuch; *Scherbedschi-Baschi:* ist Obermundschenk; *Safradschi-Baschi:* deckt den Tisch..."

„Genug, Tulipan, hört auf!"

„Bloß den *Timukdschi-Baschi* laßt mich noch nennen, der schneidet dem Sultan die allergnädigsten Nägel."

„Na, der macht seine Sache nicht gut. Kommt danach noch ein Haufe?"

„Hundert Trompeter. Die tragen ihre Trompeten an goldenen Ketten über der Schulter. Und dann kommen noch zweihundert Paukenschläger, zweihundert Glockenspieler, hundert Tschinellenschläger und Pfeifer."

„Gute Ohren muß der Sultan haben, wenn er diesen Heidenlärm den ganzen Tag anhören kann."

„Ist schon ein höllisches Geschmetter. Und das hört erst auf, wenn Rast gemacht wird. Aber die Türken brauchen den Lärm, besonders in der Schlacht. Ohne Musik kämpft der Türke nicht."

„Und stimmt es, daß die Janitscharen aus Christensöhnen gen werden?"

„Ach was. Obwohl, ich weiß es nicht. Soviel ist sicher, daß die besten Janitscharen aus geraubten Knaben werden. Diese haben weder Vater noch Mutter. Es ist für sie eine Ehrensache, im Kampf zu fallen."

„Was kommt dann noch hinter den Spielleuten?"

„Ein Haufe Lumpenvolk. Dann die Seiltänzer, Gaukler, Quacksalber und die Kaufleute, die auf Kriegsbeute lauern und allerlei Kleinkram verkaufen. Auch Wasserträger werdet Ihr sehen. Mindestens fünfhundert Kamele kommen zum Schluß, mit Ledersäcken beladen. Aber das Wasser darin ist meist lauwarm."

„Ist dann endlich Schluß?"

„Nein, nein. Wohl hundert Karawanen zerlumpter Zigeuner und auch Hunde folgen noch. Die leben alle von Abfällen. Aber die kommen erst morgen oder übermorgen hierher."

„Und dann?"

Tulipan zuckte die Achseln.

„Geier."

„Was für Geier?"

„Allerlei: Adler, Raben, Krähen. Hinter jeder Truppe fliegt am Himmel ein schwarzer Schwarm her. Manchmal kommen mehr Vögel als Soldaten."

Die Mittagssonne schien warm. Gergő zog die Jacke aus. Die beiden stützten sich jetzt wieder mit den Ellbogen auf den Felsrand und sahen durch das Laub hindurch auf die unten vorüberziehenden Janitscharen mit den weißen Kalpaks.

Tulipan nannte viele von ihnen mit Namen.

„Der Braune da ist mit mir zusammen in die Schule gegangen. Er hat eine Stichnarbe an der Brust: ein Loch, so groß, daß eine Kinderfaust hineinpaßt. Und der Schwitzende da, der eben den Turban abgenommen hat, tötete im persischen Feldzug mindestens hundert Mann. Er selbst trug keine Wunde davon, höchstens später einmal. Der Magere dort, der Schmächtige, ist ein berühmter Dolchwerfer. Auf fünfundzwanzig Schritt Entfernung schleudert er dem Feinde den Dolch in die Brust. Tjapken heißt er. Solche gibt es übrigens mehrere. In der Janitscharenschule ist ein Rasenhügel, dort lernen die Schüler das Dolchwerfen. Manche üben den Wurf zweitausendmal am Tage."

„Wer ist denn der Mohr dort?"

„Siehe da, du bist auch noch dabei, alter Keschkin?! Der ist ein verteufelter Schwimmer. Nimmt den Säbel in den Mund und schwimmt so quer durch den breitesten Fluß."

„Das können die Ungarn auch."

„Möglich. Der wird aber dabei nicht müde. Der holt auch ein Geldstück vom Grunde eines Gewässers herauf. Sogar der Sultan hat einmal am Donauufer seinen Spaß daran gehabt. Er hat Goldmünzen ins Wasser geworfen, viele Schwimmer sind hinterhergesprungen, aber Keschkin hat die meisten Münzen heraufgeholt. Ah, der alte Kalen! Der dort, der plumpe Kerl mit der großen, krummen Nase! Seht Ihr das breite braune Schwert, das er an der Seite trägt? Fünfundzwanzig Pfund wiegt der! In der Schlacht bei Belgrad hat der alte Kalen einem Ungarn damit einen solchen Hieb versetzt, daß nicht nur der Kopf des Reiters, sondern auch der des Pferdes glatt abgeschnitten wurde, obwohl beide in Panzern steckten."

„Der Ungar ist dann gewiß vom Pferd gestiegen, um seinen Kopf aufzuheben."

„Na, gesehen habe ich es auch nicht, bloß davon gehört", sagte Tulipan etwas kleinlaut.

Auf einmal fuhr er zurück:

„Träume ich? Jumurdschak..."

Tatsächlich ritt den beiden gerade gegenüber der einäugige arabische Janitschar auf einem niedrigen, starkbrüstigen braunen Roß. Er war prächtiger gekleidet als die übrigen. An seinem hohen weißen Kalpak wehte eine riesige Straußenfeder.

„Bei Gott, er ist es", staunte auch Gergő.

„Es ging doch die Rede, daß ihn der Pfarrer gehenkt habe!"

„Ich habe es auch so gehört."

„Hat er denn nie darüber gesprochen?"

„Nein."

„Unbegreiflich", meinte Tulipan verblüfft und starrte hinter dem Janitscharen her.

Dann sahen die beiden erstaunt einander an, als erwarte einer vom anderen eine Erklärung. Aber sie schwiegen.

Nach etwa fünf Minuten sagte der Scholar:

„Gesteht offen und ehrlich, Tulipan, möchtet Ihr nicht doch zu ihnen zurück?"

Tulipan schüttelte den Kopf:

„Sitzen ist besser als gehen."

„Wenn schon..."

„Mein Weib ist eine gute Frau; und meine zwei Kinder gäbe ich für alle Schätze Stambuls nicht hin. Der Kleine ist ein so hübscher Knabe, und der Große ist gescheiter als der Obermufti. Erst neulich hat er mich gefragt, warum Pferde keine Hörner haben."

„Das mag der Teufel wissen", sagte der Scholar und lachte.

Dann schwiegen sie wieder. Gergő betrachtete mit immer ernsterer Miene die endlose Flut von Janitscharen, die zu seinen Füßen die Bergstraße hinabströmte.

Die Luft war schon wie ein Staubmeer. Das unaufhörliche Waffengerassel und Pferdegetrappel wurde zu einem betäubenden Brausen, sooft ein Trupp Spielleute in der Talsenke verschwand.

Plötzlich schaute der Scholar auf:

„Tulipan. Diese vielen Menschen kommen nicht einfach so!"

„Freilich nicht, einfach so marschieren die niemals."

„Die wollen Buda haben!"

„Kann sein", erwiderte Tulipan gleichmütig.

Mit farblosem Gesicht starrte ihn Gergő an.

„Und wenn der Sultan zufällig unterwegs stirbt?"

„Der stirbt nicht."

„Aber wenn er vielleicht doch stirbt..."

Tulipan zuckte die Achseln:

„Er hat immer seine Söhne bei sich."

„Ist also ein siebenköpfiger Drache."

„Was sagt Ihr?"

„Wie lange brauchen die bis nach Buda, was meint Ihr?"

Tulipan zog die Schultern hoch.

Geradezu ängstlich sah ihn der Scholar an.

„Sagt doch, was meint Ihr?"

„Wenn es Regen gibt, rasten sie zwei ode drei Tage, vielleicht auch eine Woche."

„Und wenn kein Regen kommt?"

„Dann rasten sie wegen der Hitze."

Gergő kratzte sich unruhig hinter den Ohren.

„Ich könnte ihnen also zuvorkommen."

„Wie? Was habt Ihr gesagt?"

„Ich sage, wenn die nach Buda ziehen, muß ich gehen und Ceceys zurückholen oder dort bei ihnen bleiben."

Das Geschmetter einer neuen Gruppe von Spielleuten übertönte ihr Gespräch. Der lange Zug der Janitscharen nahm allmählich ein Ende, und es folgte eine prächtige Truppe mit gelben Fahnen und mit Straußenfedern. Ein würdiger, grauhaariger Riese ragte aus der Schar heraus. Sein Gesicht war von der Hitze gerötet. Zwei lange rote Roßschweife wurden vor ihm hergetragen, die mit Roßschweifen geschmückten Fahnenstangen glänzten golden.

Gergő zuckte zusammen, als hätte man ihm Eis in den Kragen gesteckt.

„Das ist der Sultan!“

„Aber nein“, sagte Tulipan mit einer geringschätzigen Handbewegung. „Das ist bloß der Janitschar-Aga. Und die vielen aufgeputzten Reiter um ihn herum sind Jahja-Baschis.“

„Was zum Teufel ist das nun wieder, Jahja-Baschi?“

„Janitscharenoffiziere.“

Ein prunkvoller Trupp mit vergoldeten Hellebarden folgte.

Unter ihnen ritten zwei junge Männer mit sorglosen Gesichtern, beide saßen auf Schimmeln.

„Die Söhne des Sultans“, erklärte Tulipan ehrfurchtsvoll, „Mohammed und Selim.“

Aber gleich darauf sagte er achselzuckend:

„Ach, die Dschinns mögen sie holen.“

Die Sultanssöhne waren braune junge Männer. Sie hatten keine Ähnlichkeit miteinander, dennoch sah man ihnen an, daß sie zusammengehörten.

„Ah, da ist auch Jahija-Oglu Mohammed!“

„Der berühmte Pascha?“

„Ja.“

Ein Pascha mit grauem Bart und würdevollem Blick trabte hinter den Sultanssöhnen her. Sieben Fahnen mit Roßschweifen wurden vorangetragen. Er hatte einen riesigen weißen Turban auf dem Kopf.

„Das ist Jumurdschaks Vater“, sagte Tulipan.

„Nicht möglich!“

„Doch, doch. Eben ist auch sein anderer Sohn vorbeigeritten, Arslan Beg.“

„Was ist das für ein Name: Jumurdschak?“

„Ein Spitzname“, antwortete Tulipan lächelnd.

Er riß einen Grashalm ab und begann aus Langeweile daran zu kauen.

Nun folgte eine Truppe mit silbernen und goldenen Streitkolben, eine Truppe mit erschreckend hohen Turbanen. Der Scholar begann zu zittern, er fühlte, daß nun der Sultan kommen mußte.

„Allmächtiger Gott der Ungarn!“ flehte er, „sei mit uns!“

Die vielen silbernen und goldenen Waffen, die glitzernden Gewänder verschwammen ihm vor den Augen. Schnell bedeckte er beide Augen mit den Händen, hielt sie eine Weile zu, um dann besser sehen zu können.

Tulipan gab ihm einen Stoß in die Seite.

„So seht doch hin!“ sagte er mit zitternder Stimme. „Da kommt er...“

„Welcher ist es?“

„Der, vor dem der Derwisch tanzt.“

Ein allein dahinziehender Reiter in schlichtem grauem Gewand. Vor ihm drehte sich unablässig mit gleichmäßiger Geschwindigkeit ein Derwisch im Kreise. Der Derwisch trug auf dem Kopf einen anderthalb Ellen hohen Kalpak aus Kamelhaar. Die Arme hielt er ausgebreitet, eine Handfläche zum Himmel, die andere zur Erde gewandt. Durch das ständige Drehen stand sein Rock glockenförmig.

„Der tanzende Derwisch“, sagte Tulipan noch einmal erläuternd.

„Daß ihm davon nicht schwindlig wird, ihm oder dem Pferd!“ rief Gergő.

„Sie sind es beide gewohnt.“

Tatsächlich bewegte sich das Pferd ganz ohne Zwang. Sechs weitere Derwische in weißen Röcken ritten zu beiden Seiten, sie warteten darauf, den tanzenden abzulösen.

„Die sieben Derwische drehen sich so im Kreise vor dem Sultan her von Konstantinopel bis Buda“, schrie Tulipan dem Jüngling ins Ohr.

Er mußte schreien, denn der Lärm von Trompeten, Pfeifen, Trommeln und Kupferbecken war jetzt so gewaltig, daß Gergő ihn sonst gar nicht verstanden hätte.

Der Sultan saß auf einem prachtvollen kleinen braunen Araber. Zwei halbnackte Mohren hielten klafterlange Schirme aus Pfauenfedern über den erhabenen Herrn, um ihn vor der stechenden Sonne zu schützen. In der Talsenke war die Luft besonders heiß und schwül, und Seine Majestät atmete genau so viel Staub ein wie sein lumpigster Soldat, und er war auch ebenso rot im Gesicht.

Als er unterhalb des Felsens vorbeikam, konnte man sehen, daß sein Dolman aus rotem Atlas war und daß er eine ebensolche Pluderhose anhatte. Sein Turban war grün. Er hatte ein mageres, eingefallenes Gesicht. Unter seiner langen, dünnen, fast herabhängenden Nase wuchs ein schmaler grauer Schnurrbart und an seinem Kinn ein kurz geschnittener grauer Krausbart. Seine Augen standen wie zwei Kugeln aus dem Gesicht hervor.

Als Gergő ihn eben noch genauer betrachten wollte, – bum! – dröhnte plötzlich ein mächtiges Krachen, und Himmel und Erde erschütterten... Der Felsen erbebte unter ihnen...

Die Pferde scheuten... Der Sultan flog mit einem Ruck auf den Hals seines zurückspringenden Pferdes... Die Musik reißt ab... Wildes Gewühl... Staub und Steinstücke... zerrissene Körperteile... fliegende Waffen... Blutstropfen rieseln wie Regen vom Himmel... Verwirrung und Geschrei der Truppe im Tal...

„Jetzt sind wir verloren!" rief der Scholar und schlug die Hände zusammen.

Voll Entsetzen starrte er ins Tal hinab.

Eine dunkle Rauchwolke stieg aus dem Tal zum Himmel.

Die Luft war erfüllt vom Gestank des Schießpulvers.

„Was ist hier los?" fragte Tulipan entsetzt.

Gergő sank der Kopf herab.

„Daß der Janitschar-Aga doch nicht der Sultan ist!"

4

Auf Krachen und Geschrei folgte Totenstille. Einen Augenblick lang waren Menschen und Pferde wie versteinert. Musik, Trompetenschmettern, Lärm, Pferdegetrappel und Waffenrasseln, alles war plötzlich verstummt – das ganze Weltall schien in diesem Augenblick leblos und starr.

Aber im nächsten Augenblick brach orkanartig das Schreien und Fluchen von tausend und aber tausend Stimmen los. Im Heer war ein Durcheinander wie in einem aufgestörten Ameisenhaufen. Aber alle drängten dorthin, wo die Feuersäule aufgestiegen war.

Diese Stelle war rings von Toten und Verwundeten bedeckt.

Auch bei den Soldaten, die weiter entfernt waren, entstand Verwirrung. Sie wußten nicht, ob eine Feldschlange von einer irgendwo verborgenen Truppe gekracht hatte oder ob vielleicht ein Wagen mit Schießpulver auf der Straße explodiert war.

Die Janitscharen jedoch hatten schon erkannt, daß eine Minensprengung gegen sie verübt worden war. Sie stoben wie ein aufgescheuchter Wespenschwarm auseinander. Sie rannten in den Wald und suchten den Feind.

Doch sie fanden im Walde niemanden als den Geistlichen, den Scholaren und Tulipan.

Den Pfarrer hielten zwei Janitscharen an den Armen, als wollten sie einen Toten auf die Füße stellen. Er hatte die Augen geschlossen. Blutiger Schaum hing an seinen Lippen. Sein Gewand war von dem Holzmehl des morschen Baumes wie mit Kleie bestreut. Von der Sprengung war der Baum umgestürzt und der Pfarrer aus der Höhle geschleudert worden.

Der Sultan ließ sich die drei, die man ergriffen hatte, vorführen.

Er stieg vom Pferd. Die Soldaten stellten eine große Trommel als Stuhl auf die Erde. Einer der Hauptleute breitete seinen blauen Seidenkaftan als Teppich darüber aus.

Der Sultan setzte sich aber nicht.

Er sah Tulipan an.

„Wer seid ihr?“

An Tulipans Gesicht und an der Eisenkette erkannte er, daß dieser ein türkischer Gefangener war.

„Ich bin ein Gefangener“, antwortete Tulipan auf den Knien. „Du siehst ja die Kette an meinem Fuß, Vater aller Rechtgläubigen. Sonst wäre ich Janitschar. Mein Name ist Tulipan, Staub bin ich vor deinen erhabenen Füßen.“

„Und dieser Lausbub?“

Der Scholar stand dabei, völlig verwirrt durch alles, was geschah, und starrte den braunäugigen Mann mit der Schafsnase und dem bemalten Gesicht an, den Herrscher über viele Millionen Menschen, der soeben ins türkische Paradies hatte fliegen sollen.

„Das ist der Adoptivsohn von Bálint Török“, antwortete Tulipan untertänig.

„Des Hundes von Enying?“

„Jawohl, Majestät.“

Der Sultan blickte nun auf den Geistlichen.

„Und dieser Mann?“

Zwei Janitscharen hatten den Pfarrer unter die Achseln gefaßt und hielten ihn so aufrecht. Der Kopf hing ihm herab. Blut floß aus seinem Mund auf die Brust. Man konnte nicht feststellen, ob er nur bewußtlos oder gar tot war.

Tulipan betrachtete den Geistlichen.

Ein Hauptmann griff diesem von hinten ins Haar und zog ihm den Kopf hoch, damit Tulipan ihn besser sehen könnte.

Das Blut tropfte dem Halbtoten vom Kinn. Er atmete keuchend.

„Ist mir unbekannt, der Verfluchte", sagte Tulipan.

„Auch der Jüngling kennt ihn nicht?"

Dieser schüttelte den Kopf.

Der Sultan warf einen Blick auf ihn, dann wandte er sich wieder Tulipan zu:

„Was hatte diese Sprengung zu bedeuten?"

„Erhabener Herr", antwortete Tulipan, „ich bin mit dem Scholaren hier Pilze suchen gewesen. Da haben wir die Musik gehört und sind hergeeilt. Ich, ein unwürdiges Staubkorn zu deinen Füßen, habe nur darauf gewartet, daß du vorüberzögest, dann wollte ich rufen, daß man mich befreie."

„Du weißt also nichts?"

„Ich schwöre es bei meiner Seligkeit im Himmel der Gerechten."

„Bindet ihn los", befahl der Sultan, „und legt die Füße dieses Buben in die Kette."

Da sah er zu dem Geistlichen hin:

„Diesen Hund sollen die Ärzte in Pflege nehmen. Ich will ein Geständnis von ihm hören."

Der Sultan bestieg sein Pferd. Seine Söhne begaben sich neben ihn. Von ihnen sowie von Bostandschis und Paschas begleitet, ritt er zu der Sprengstelle.

Der Scholar sah, während ihm die Kette angelegt wurde, daß man den Pfarrer rücklings auf die Erde legte und ihm aus einem Ledersack Wasser über das Gesicht und die Brust rinnen ließ.

Sie wuschen das Blut ab.

Ein ernst dreinschauender Türke in aschgrauem Kaftan zog dem Pfarrer von Zeit zu Zeit die Augenlider hoch und betrachtete ihn aufmerksam.

Nachdem die Kette an Gergős Füßen befestigt war, wurde er zu den Gefangenen geführt.

Er war bleich und starrte nur ins Leere wie eine Wachspuppe.

Eine Viertelstunde später gesellte sich Tulipan zu ihm. Er war blau gekleidet wie die Janitscharen und trug wie diese einen nach hinten hängenden weißen Kalpak auf dem Kopf und rote Schuhe an den Füßen.

Er schüttelte vor Gergő drohend die Faust und schrie ihm wütend ins Gesicht:

„Jetzt habe ich dich in der Hand, *Ibn-el-haram!*" (Sohn der Sünde).

Und er stieß den Janitscharen weg, der neben Gergő stand.

„Das ist mein Gefangener! Bisher war ich sein Gefangener, jetzt ist er der meine. Allah ist gerecht und mächtig."

Der Janitschar nickte und überließ Tulipan den Platz neben Gergő.

Bleich starrte der Jüngling Tulipan an. Sollte Tulipan wirklich ein anderer geworden sein?

5

Gergő kam dann nach hinten zu einer Gruppe von müden und staubbedeckten gefangenen Kindern. Sie wurden von einigen Janitscharen, die neben ihnen ritten, begleitet. Hinter ihnen ratterten die Wagen mit Geschützen. Eine der Kanonen war riesengroß, sie wurde von fünfzig Paar Ochsen gezogen. Ihre Begleitmannschaft bestand aus rotgekleideten Toptschis in kurzen Röcken. Ihnen folgte eine Unmenge mit Gepäck beladener Kamele.

Die Sonnenglut quälte Soldaten und Gefangene gleichermaßen. Auch der weiße Staub der Straße war heiß. Ein achtjähriger Knabe wimmerte alle zehn Schritte:

„Gebt mir Wasser! Wasser..."

Gergő sagte traurig zu Tulipan:

„Gebt ihm doch Wasser!"

„Ist keins da", erwiderte Tulipan auf ungarisch, und zwar in einem Ton, als unterhielte er sich mit dem Jüngling auf Ceceys Hof. „Und die Flasche ist liegengeblieben!"

„Hörst du, Bub, es ist kein Wasser da", rief Gergő dem Knaben zu. „Wir würden dir gern zu trinken geben, wenn wir etwas hätten. Mußt schon irgendwie bis zum Abend aushalten."

Er zog bald mit der einen, bald mit der anderen Hand an seiner Kette, um besser gehen zu können, aber die Kette wurde immer schwerer. Als der Abend hereindämmerte, meinte er ein Zentnergewicht an den Füßen zu schleppen.

Die Kinder saßen bereits auf den Kanonen und Kamelen. Sie waren vor Müdigkeit fortwährend gestolpert und hingefallen, und die Toptschis hatten sie aufgehoben.

„Sind wir noch weit vom Rastplatz?" fragte Gergő den Soldaten rechts neben sich.

Der machte große Augen, als er Gergő Türkisch sprechen hörte.

„Jok" (nein), sagte er.

Dieser Türke war ein junger Riese mit rundem Gesicht. Er hatte ein zerrissenes Lederwams an, aus dem seine nackten Arme herausragten. Und was für Arme! Manch einer hätte sich solche Glieder als Schenkel gewünscht. Er war mit zwei langen Handscharen bewaffnet, die in einem schmutzigen roten Tuch steckten, das er als Gurt um seine Lenden gewickelt hatte. Der Griff des eines Dolches war aus Hirschhorn, der andere hatte den Knochen einer Ochsenhaxe zum Griff, die Gelenkknöchel waren noch daran, so, wie die Natur sie geschaffen hatte. Seine Hauptwaffe aber war eine lange Lanze mit verrosteter Spitze, die er über der Schulter trug. Er gehörte zu den freien Soldaten, die nur um der Beute willen mitzogen. Ihnen befahl zwar ein jeder, doch gehorchten sie nur solange, bis sie ihren Ranzen vollgefüllt hatten. Der Tornister von diesem hier war recht groß, aber noch flach. Er baumelte ihm auf dem Rücken und sah aus wie selbstgenäht. Die Haare des Ochsen waren noch daran, sogar der Stempel war noch zu erkennen: Er stellte einen viergeteilten Kreis dar, der so groß wie eine Handfläche war. Der Mann strömte den widerlichen Geruch von Rohleder und Schweiß aus.

„Bist du ein Türke?" fragte er Gergő.

„Nein", antwortete der Scholar stolz, „ich gehöre nicht zu einem Volk, das auf Raub auszieht."

Der Riese verstand entweder die beleidigende Bemerkung nicht, oder er war nicht empfindlich. Er schritt mit ruhigen, langen Schritten weiter.

Als der Scholar ihn nun von oben bis unten betrachtete, blieb sein Blick an den geschnürten Schuhen des Riesen haften. Die

Schuhe waren vorn aufgeplatzt, so abgenutzt und schäbig, daß bei jedem Schritt der Straßenstaub hinten herausschoß, der vorn hineingedrungen war.

„Kannst du Geschriebenes lesen?" fragte nach ungefähr einer Viertelstunde der Türke wieder.

„Ja", antwortete Gergő.

„Und kannst du auch schreiben?"

„Das kann ich auch."

„Und willst kein Türke sein?!"

„Nein."

Der Riese schüttelte den Kopf.

„Schade", sagte er.

„Warum?"

„Soliman Pascha war auch Ungar. Konnte schreiben und lesen. Jetzt ist er Pascha."

„Und kämpft gegen sein Vaterland."

„Für den wahren Glauben kämpft er."

„Wenn er das für den wahren Glauben hält, was euer Prophet verkündet hat, dann soll er anderswo kämpfen."

„Er kämpft, wo Allah es will."

Dann sprachen sie nichts mehr.

Der Riese schritt in Gedanken versunken weiter durch den Staub.

6

Es wurde Abend. Am Himmel leuchteten die Sterne auf. Wo die Straße sich auf den Hügel hinauf schlängelte, erschienen die dunklen Wiesen wie Stücke vom Himmel, wie mit roten Sternen übersäter Himmel, an dessen östlichem Rande zwischen den kleineren Sternen dicht beieinander fünf große rote Sterne Strahlten, die beinahe einander berührten.

„Wir sind angelangt", sagte der Riese und rieb sich befriedigt die Seite.

Sie mußten indessen noch eine Viertelstunde lang über Ackerland, Wiesen, Hügel und Stoppelfelder stolpern.

Dann fand jede Truppe, ohne zu suchen, ihren Platz und jeder Mann sein Zelt. Die roten Sterne waren Lagerfeuer. Und dort dampfte nach Zwiebeln riechendes Hammelfleisch. Von den fünf großen roten Sternen waren vier riesige Wachsfackeln, die vor dem turmartigen Zelt des Sultans brannten, und der fünfte war die große Goldkugel auf der Spitze des Zeltes, die im Licht der Fackeln funkelte.

Am Ende eines Sonnenblumenfeldes pfiff der Toptschi-Baschi zweimal mit seiner Pfeife.

Der Trupp machte halt.

Die Zelte wurden hier in einem hufeisenförmigen Bogen aufgestellt. In die Mitte dieses U-Bogens führte man die Gefangenen. Der Riese wandte die Nase nach den Sonnenblumen hin und schnupperte, dann ging er, sich Kerne zu holen. Der Scholar fiel todmüde ins Gras.

Die Soldaten gingen auf und ab, hin und her und machten großen Lärm. Die Kamele brüllten im Chor. Einige von den Türken schnürten ihr Gepäck auf, andere drängten sich um den Kessel. Im Lager herrschten Gewühl und Gewimmel.

Gergő suchte Tulipan, konnte ihn aber nur einen Augenblick sehen; ein Janitschar sprach gerade mit ihm, und Tulipan zog die Schultern hoch, dann ging er mit dem anderen zusammen an einem dunkelroten Zelt entlang fort. Gewiß wurde ihm dort bei den Janitscharen in einem der Zelte ein Platz zugewiesen.

Was aber sollte geschehen, wenn Tulipan nur deshalb weggeholt worden war, weil er nicht bei den Gefangenen Wache halten sollte? Dann würden sie beide Gefangene bleiben und in ständiger Angst und Ungewißheit leben müssen.

Dieser Gedanke drückte den Jüngling mit bleierner Schwere.

Sämtliche Wachen wurden abgelöst. Die Soldaten, die das Lager aufgeschlagen hatten, traten an ihre Stelle. Alles unbekannte Leute, die sich nicht um Gergő kümmerten.

Nun waren auch die Kamele mit den Wassersäcken im Lager eingetroffen.

„*Ssudschi! Ssudschi!*" erklang von allen Seiten das Rufen der Wasserträger.

Und die Soldaten tranken aus irdenen Gefäßen, aus Hörnern, Mützen und Zinnbechern das Donauwasser.

Auch Gergő war durstig. Er drückte seinen Hut ein und hielt ihn unter den Schlauch des ihm am nächsten stehenden Kameltreibers.

Das Wasser war lauwarm, und es war auch nicht sauber,

dennoch trank es Gergő gierig. Dann dachte er an den Knaben, der unterwegs so sehr nach Wasser gejammert hatte. Er blickte umher. Im Halbdunkel nahm er einige Kanonen wahr. Auch die in der Nähe weidenden Ochsen sah er. Neben den Kanonen saßen und lagen Toptschis. Den Knaben sah Gergő nicht.

Da trank er den Rest des Wassers selbst und schüttelte seinen Hut aus. Danach setzte er ihn wieder auf.

„Zu Hause trinken wir etwas Besseres, nicht wahr?" sagte er zu dem neuen Wächter, einem Assaber, mit langem Hals und kahlem Gesicht.

Wahrscheinlich wollte er den Wächter freundlich stimmen.

Doch der schrie ihn an:

„Ssuss ol! Ibn-el-kelb!" (Schweig! Hundebrut!), und schwang drohend seine Lanze. Gergő begann sich in den Ketten elendig zu fühlen.

Fast freute er sich, als er Jumurdschak erblickte, der herbeikam, um die Ablösung der Wache zu beaufsichtigen. Er hielt den blanken Säbel in der Hand.

„Jumurdschak!" rief Gergő ihm zu, in einem Ton, wie man einen alten Bekannten begrüßt. Denn er wollte das qualvolle Gefühl der Verlassenheit loswerden.

Der Türke blickte umher und suchte, wer ihn beim Namen gerufen hatte. Aus der Gruppe der Gefangenen! Erstaunt sah sein eines Auge Gergő an.

„Wer bist du?"

Der Jüngling stand auf.

„Ein Gefangener", antwortete er, nun schon kleinlaut. „Ich wollte nur fragen, wie . . . wie es kommt, daß Ihr noch lebt."

„Warum sollte ich nicht mehr leben?" entgegnete der Türke achselzuckend. „Warum?"

Als er den Säbel in die Scheide steckte, bemerkte Gergő, daß seine linke Hand verkrüppelt war. Die Finger waren gekrümmt, als ob sie eine Prise Salz gegriffen hätten und dann nicht mehr gerade zu biegen gewesen wären. Auch Jumurdschak strömte einen so widerlichen Schweißgeruch wie der Riese aus.

„Ich hatte gehört, daß man Euch gehenkt habe."

„Mich gehenkt?"

„Jawohl. Vor neun Jahren. Da hat ein Pfarrer Euch im Mecseker Wald aufgeknüpft."

Bei dem Wort *Pfarrer* riß der Türke sein eines Auge noch weiter auf.

„Wo ist der Pfarrer? Was weißt du von ihm? Wo wohnt er?" Jumurdschak packte Gergő an der Brust.

„Wollt Ihr ihm etwas Böses antun?" stammelte dieser.

„Keineswegs", antwortete der Türke sanfter. „Sondern ich will ihm danken, daß er mir damals nichts getan hat."

Und er legte dem Scholaren die Hand auf die Schulter.

„Wo ist der Pfarrer?"

„Habt Ihr ihm damals nicht dafür gedankt?" fragte Gergő.

„Es ging alles so schnell", sagte Jumurdschak mit einer Handbewegung. „Ich dachte gar nicht daran, mich zu bedanken. Ich glaubte, er treibe nur Scherz."

„Anstatt Euch aufzuhängen, hat er Euch also laufen lassen?"

„Ja. Er handelte als Christ. Ich habe das damals nicht verstanden. Später hörte ich jedoch, daß der christliche Glaube Vergebung gebietet."

„Was würdet Ihr heute mit ihm machen?"

„Ihm Gutes erweisen. Ich mag niemandem etwas schuldig bleiben, weder Geld noch Güte."

„Wie, wenn der Pfarrer auch hier wäre?" sagte der Scholar vertrauensselig.

„Hier? Im Lager?"

„Ja, hier im Lager. Als Gefangener des Sultans. Er wird bezichtigt, die Sprengung auf dem Mecsek verübt zu haben."

Jumurdschak taumelte zurück. Sein Blick wurde stechend wie der einer Schlange, die sich auf ihre Beute stürzt.

„Woher kennst du ihn?"

„Wir haben nahe beieinander gewohnt", antwortete der Scholar vorsichtig.

„Hat er dir nicht einen Ring gezeigt?"

„Möglich."

„Einen türkischen Ring. Mit einem Mond und mit Sternen."

Gergő schüttelte den Kopf.

„Vielleicht hat er einem anderen so etwas gezeigt. Mir nicht."

Dabei schob er die Hand in die Tasche.

Jumurdschak kratzte sich an der Schulter. Die große Straußenfeder an seinem Kalpak kam ins Schaukeln. Er drehte sich um und ging weg.

Die Wachtleute grüßten ihn alle. Schließlich war nur noch an den Bewegungen ihrer Lanzen zu sehen, wo er entlangging.

Gergő blieb allein. Er setzte sich wieder auf den Rasen. Die Gefangenen bekamen Suppe und große, plumpe Holzlöffel dazu. Der Türke, der sie brachte, stand dabei und kratzte sich, während die Gefangenen aßen. Wenn einer dem anderen etwas zuflüsterte, versetzte der Türke dem Flüsternden einen Fußtritt und schrie:

„Hajde! Ibn-el-kelb!" (Weg mit dir! Hundebrut!)

Auch Gergő kostete die Suppe. Es war eine Mehlsuppe, ungesalzen und fettlos. Das war morgens und abends die Speise der Gefangenen.

Gergő legte den Löffel weg, wandte sich von den Essenden ab und ließ sich ins Gras fallen. Auch die anderen Gefangenen hörten nach und nach auf zu essen, legten sich hin und schliefen ein.

Nur Gergő schlief nicht. Seine Augen füllten sich immer wieder mit Tränen, die ihm dann über die Wangen liefen.

Der Mond stand schon anderthalb Lanzen hoch über dem Himmelsrande. Er beleuchtete die wie Gold glänzenden und mit Roßschweifen geschmückten Knöpfe oben auf den Zelten, beleuchtete die Lanzenspitzen und die Kanonen.

Der Wachtsoldat mit dem langen Hals sah Gergő an, sooft er an ihm vorbeikam.

Gergő beunruhigten seine Blicke. Er atmete geradezu erleichtert auf, als er sah, daß die große, breitschultrige Gestalt des anderen Türken, des Riesen, sich näherte.

Er kaute wie ein Schwein an einem Sonnenblumenteller. Er war weder Wächter noch Soldat, konnte also herumlungern, wie es ihm beliebte.

„Die Zeltaufschlager haben sie vor uns alle abgebrochen", klagte er dem Langhalsigen. „Bloß die eine Scheibe habe ich noch gefunden."

„Oder die Ungläubigen sind uns zuvorgekommen", entgegnete der Langhalsige mürrisch, „denn das ist so ein Volk, wenn die Türken wittern, ernten sie alles ab, auch was noch nicht reif ist."

Und er stapfte weiter, um die Gefangenen herum. Zuweilen blieb er stehen und kratzte sich am Schenkel oder an der Seite.

Der Riese hatte die Sonnenblumenkerne alle abgeknabbert und biß nun in den Stengel. Aber er spuckte aus.

„Hast du kein Essen bekommen?“ fragte Gergő.

„Noch nicht“, antwortete der Türke, „zuerst werden die Janitscharen versorgt. Ich bin zum erstenmal bei der Truppe“.

„Was warst du vorher?“

„Elefantenhirt. In Teheran.“

„Wie heißt du?“

„Hassan.“

Ein Janitschar saß neben ihnen im Grase. Er hielt ein gekochtes Rückenstück in der Hand. Mit seinem Messer schabte er das Fleisch davon ab.

Nun mischte er sich ins Gespräch:

„Wir nennen ihn aber Hajwan. Er ist nämlich ein Rindvieh.“

„Wieso ein Rindvieh?“ fragte der Student.

„Weil er“ – der Janitschar warf den Knochen hinter sich – „weil er immer träumt, daß er ein Janitscharenpascha sei.“

7

Auch der Student streckte sich im Grase aus und legte den Arm unter den Kopf.

Er war müde, aber nur seine Augen schliefen; seine Gedanken waren wach, sie beschäftigten sich mit der Befreiung.

Es verdroß ihn, daß Hajwan schon wieder kam, sich neben ihn hockte und anfing zu schmatzen. Aus einem der Kessel hatte er eine Keule bekommen.

„Du, Ungläubiger“, sagte er zu dem Studenten und stieß ihn ans Knie, „wenn du Hunger hast, hole ich dir etwas.“

„Danke“, erwiderte Gergő, „ich habe keinen Hunger“.

„Hast aber noch nichts gegessen, seit wir dich gefangengenommen haben.“

„Aber ich sage dir doch, ich habe keinen Hunger.“

Zu hören, daß jemand nicht hungrig sei, war dem Riesen gewiß ungewohnt. Er schüttelte den Kopf:

„Ich bin immer hungrig.“

Und er schmatzte weiter.

Der Student legte den Kopf wieder auf den Arm, um Hajwans

Geruch auszuweichen. Er blickte in den Mond, der orangefarben leuchtend im Osten über den Zelten höher stieg. Der Kopf eines Wachtsoldaten, etwa dreißig Schritt von Gergő entfernt, verdeckte den Mond zur Hälfte. Der Mann sah aus wie der Schatten eines Bischofs mit hohem Hut, und die Lanze, die er senkrecht in der Hand hielt, schien der Stiel des Mondes zu sein.

„Schlaf nicht", sagte Hajwan leise, „ich will dir etwas sagen."

„Das hat auch bis morgen Zeit."

„Nein. Ich möchte es noch heute sagen."

„Also dann schnell."

„Wir wollen ein wenig warten, bis der Mond heller scheint."

Auf dem Platz, auf dem die Gefangenen von den Zelten eingeschlossen waren, wurde es an einer Seite unruhig, und außer den Schatten der bewaffneten Wächter hoben sich nun sechs weitere Schatten vom Hintergrunde ab.

Das waren neue Gefangene. Fünf Männer und eine Frau. Die Männer sahen wie Standespersonen aus. Die Frau hatte ein großes schwarzes Tuch umgelegt, das Kopf und Körper verhüllte. Ihr Gesicht konnte man nicht sehen, denn sie ließ den Kopf hängen und weinte.

„Gott, oh Gott,. . ."

„Laßt mich zum Sultan gehen!" rief einer der Männer mit einer Bärenstimme auf ungarisch. „Ich bin kein Deutscher! Ein Hund, wer ein Deutscher ist! Mich soll man in Frieden lassen! Die Türken sind jetzt nicht mit den Ungarn verfeindet! Wie könnt ihr wagen, Hand an mich zu legen?"

Die Soldaten indessen verstanden nicht, was er sagte. Sooft er stehenblieb, stießen sie ihn weiter.

Dicht neben Gergő war eine kleine Lichtung, nicht größer als der Raum, den ein Wagen zum Umdrehen braucht. Dort wurden die Ankömmlinge untergebracht.

Als der Ungar merkte, daß niemand auf ihn hörte, fluchte er nur vor sich hin:

„Diese Sauheiden sind ja ganz von Gott verlassen, diese wollen Freunde der Ungarn sein! Das mag ihnen der Teufel glauben! Ein Narr, wer ihnen als erster geglaubt hat! Und vor allem, wer sie ins Land gerufen hat! Der Erdboden soll sie verschlingen mitsamt ihrem schurkischen Kaiser!"

Die Frau wurde zu den Ochsen und Büffeln gebracht, die die

Geschütze gezogen hatten. Vergebens schrie und zeterte sie, man schleppte sie dennoch weg. Die vier anderen Männer saßen schweigend auf dem Rasen. Es waren deutsche Soldaten. Einer trug einen Brustpanzer, der im Mondlicht schimmerte. Auf dem Kopf hatte er nichts als sein langes zerzaustes Haar.

Gergő wandte sich zu dem Ungarn hin.

„Nicht wahr", fragte er, „diese Deutschen sind von Buda geflohen?"

„Sicherlich", antwortete der Ungar verdrießlich. „Ich bin erst hier im Weingarten mit ihnen zusammengekommen. Bekommt man hier Wasser? Ich bin durstig."

Da erst sah Gergő, daß der Ungar mit der Bärenstimme ein magerer Mann mit einem Vollbart war und, daß er in Hemdsärmeln zwischen den anderen saß.

„Jetzt wohl nicht mehr", antwortete Gergő. Und dann fragte er: „Wie seid Ihr hier in Gefangenschaft geraten?"

„Ich hatte mich vor ihnen in einem Keller versteckt, Diebsgesindel, die Pest soll sie holen. Vielleicht halten sie mich für einen Spion, die Dummköpfe. Ein Spion! Welch ein Unsinn. Ein rechtschaffener Schuhmacher bin ich. Bin froh, wenn ich keinen Türken sehe! Werde denen doch nicht nachschleichen. Der verfluchten Höllenbrut!"

„Seid Ihr vielleicht von Buda gekommen?"

„Gewiß. Wäre ich nur lieber zu Hause geblieben."

„Kennt Ihr dort den alten Cecey?"

„Den mit dem Holzbein? Wie sollte ich den nicht kennen. Hat auch eine hölzerne Hand."

„Was macht der Alte?"

„Was er macht? Schlägt sich, kämpft."

„Kämpft?"

„Jawohl. Hat sich aufs Pferd binden lassen, dann ist er mit Herrn Bálint auf die Deutschen losgestürmt."

„Mit einer Hand?"

„Mit einer Hand. Hat sich auf die Deutschen geworfen wie ein junger Bursche. Ich habe sie gesehen, als sie zurückkamen. Herr Bálint wollte ihn nicht mehr von seiner Seite lassen, hat ihn zur Königin geführt."

„Bálint Török?"

„Ja, der. Oha, der ist auch so ein Draufgänger, mit Drachenmilch gesäugt, jeden Tag kehrte er blutig bis an die Schultern aus der Schlacht heim. Wenn er nur auch dieses Heidengesindel schlüge."

„Ist Vater Cecey dabei nichts zugestoßen?"

„Doch", lachte der Schuster, „Die Holzhand haben sie ihm in der Schlacht abgehauen."

„Kennt Ihr seine Tochter?" fragte der Student vorsichtig.

„Wie sollte ich sie nicht kennen! Habe ihr gerade vor zwei Wochen ein Paar Schühchen gemacht. Ein Paar aus gelbem Karmesinleder, mit goldverzierten schönen niedrigen Schäften. So tragen sie die vornehmen Fräulein jetzt, die sich das leisten können."

„Nicht wahr, sie ist ein schönes Mädchen?"

Der Schuster zuckte die Achseln.

„Hübsch ist sie."

Er schwieg einen Augenblick und strich seinen Schnurrbart.

„Dieses verfluchte Heidengesindel", sagte er dann in ganz anderem Ton, „die werden mir doch hoffentlich meinen Rock wiedergeben! Ums Hemd war es nicht schade, das haben sie mir auch ausgezogen; na, macht nichts. Aber meinen Rock..."

„Wann seid Ihr von Buda aufgebrochen?" forschte der Student weiter.

„Vor drei Tagen bin ich geflohen. Hätte ich es bloß nicht getan! Schlechter wäre es mir dort auch nicht ergangen. Allerdings, die Türken sind Heuchler und Lügner! Haben auch bei Belgrad geschworen, daß niemandem ein Leids geschehen soll, und haben dennoch das ganze Burgvolk niedergemacht; ist es nicht so?"

„Ihr glaubt doch nicht etwa, daß Buda in die Hände der Türken gerät?"

„Aber gewiß."

„Wieso gewiß?"

„In der Kirche halten die türkischen Seelen jede Nacht Messe ab, schon länger als eine Woche."

„Was heißt das? Was sprecht Ihr da?"

„Täglich um Mitternacht wird es hell in der Marienkirche, und dann hört man das viele *Illallah,* wie die Türken ihren Gott heulend preisen."

„Das kann nicht sein, Gevatter!"

„Aber bei Gott, es ist wahr. Ist es denn nicht in Belgrad ebenso gewesen? Da hat man auch jede Nacht den Türkengesang aus der Kirche gehört, und eine Woche später gehörte die Festung den Türken."

Gergő erschauerte.

„Aberglaube, weiter nichts."

„Ganz gleich, was es ist, ich habe es selbst gesehen und gehört. Sonst wäre ich doch nicht aus der Festung Buda geflohen."

„Also deshalb seid Ihr geflohen?"

„Freilich, nur deshalb. Meine Familie habe ich noch vor der Schlägerei mit den Deutschen nach Sopron zur Großmutter geschickt. Ich wollte nicht mitgehen, weil ich daheim gut verdiente. Bei Edelleuten, das ist Euch gewiß bekannt, ist es stets das erste, daß sie sich neue Schuhe machen lassen, wenn sie nach Buda kommen. Auch für Herrn Bálint Török habe ich welche genäht, dann für den gnädigen Herrn Werbőczy. Schweige denn der gnädige Herr Perényi..."

Der Schuster konnte seine Erzählung nicht beenden, denn Hajwan kam, packte ihn beim Kragen seines Wamses und hob ihn wie eine Katze in die Höhe. An die zehn Schritte von Gergő entfernt warf er ihn hin.

Dem Schuster krachten die Rippen, als er auf den Rasen fiel. Auf seinem Platz ließ sich Hajwan nieder.

„Du hast gesagt, du kannst schreiben und lesen, nun will ich dir etwas zeigen."

Er wischte sich alle zehn Finger an der Pluderhose ab und zog den weißen Ochsenfellsack von seinem Rücken nach vorn.

Wieder wischte er die Finger ab, jetzt an dem Ochsenfell, dann griff er in den Sack und zog einen Packen zusammengefalteter Pergamentblätter heraus.

„Sieh", sagte er, „das habe ich unter der Kutte eines toten Derwisches gefunden. Der Derwisch ist an einer Wunde gestorben, die er an der Hüfte hatte. Er ist entweder erstochen oder erschossen worden. Aber das ist Nebensache. Er hat auch Geld bei sich gehabt: sechsunddreißig Dukaten. Die habe ich auch hier im Ranzen. Also wenn du mir sagst, was für Schriften das sind, sollst du ein Goldstück haben. Wenn du es mir nicht sagst, schlag' ich dir auf den Schädel, daß du verreckst."

Der Mond leuchtete jetzt hell. Rings um sie schliefen alle. Der

Schuster hatte sich im Grase zusammengekauert, vielleicht schlief er auch.

Der Student entfaltete die Pergamenblätter. Es waren handgroße Bogen, allerlei vier-, fünf- und sechseckige Zeichnungen waren darauf.

„Ich kann es nicht erkennen, die Schrift ist sehr klein", sagte der Student.

Der Türke stand auf, holte vom Feuer einen armdicken brennenden Ast und leuchtete damit.

Der Student sah sich die Schrift und die Zeichnungen aufmerksam und ernsthaft an. Von der Flamme strömte ihm Hitze ins Gesicht, aber er spürte es kaum.

Nach einer Weile hob er plötzlich den Kopf:

„Hast du diese Schriften schon jemandem gezeigt?"

„Gezeigt habe ich sie wohl, aber niemand konnte sie lesen."

Die Flamme erlosch. Der Türke legte den Ast hin.

„Ich brauche dein Geld nicht", fuhr der Student fort, „und vor deiner Faust fürchte ich mich nicht. Denn ich bin der Gefangene des Sultans: Wenn du mich schlägst, hast du dem Sultan Rechenschaft abzulegen. Aber wenn du wünschst, daß ich dir diese Schriften entziffere, dann kann ich mir auch von dir etwas wünschen!"

„Was?"

„Diese Schriftstücke sind für dich von großem Wert, denn sie sind von einem heiligen Derwisch. Es ist dein Glück, daß du sie mir gezeigt hast, jeder Türke, der lesen kann, hätte sie dir weggenommen. Um einen Preis deute ich sie dir: Gehe zu dem Pfarrer hin, der heute mittag die Sprengung vornahm oder jedenfalls dort gefunden wurde, wenn er auch nicht der Täter war."

„Er war es gewiß."

„Das ist jetzt ganz gleich. Gehe hin und sieh nach, ob er noch lebt oder ob er gestorben ist."

Der Türke stützte das Kinn in die Hand und sah Gergő nachdenklich an.

„Während du nach dem Pfarrer siehst, lese ich deine Papiere durch", redete der Student dem Türken weiter zu. Die Flamme ist jetzt nicht mehr nötig, der Mond leuchtet hell genug."

Und er vertiefte sich wieder in die Betrachtung der Zeichnungen.

Sie stellten Festungen des Ungarlandes dar, sie waren mit Blei gezeichnet. An einigen Stellen war etwas weggekratzt. Auf einer Zeichnung fielen ein X-förmiges und ein O-förmiges Zeichen besonders auf. Unten auf dem Blatt stand in lateinischer Sprache: X ist der schwächste Teil der Burg, O ist eine zum Unterminieren geeignete Stelle. Einige O-Zeichen waren mi einem Pfeil versehen, bei anderen fehlte er.

Der Student schüttelte unwillig den Kopf. Was er da in der Hand hatte, waren Zeichnungen eines Spions. Die Grundrisse von mehr als dreißig ungarischen Burgen.

Was sollte er tun?

Sie stehlen?

Das war nicht möglich.

Sie verbrennen?

Dann würde der Türke ihn erdrosseln.

Bleich vor Aufregung hielt er die Papiere in der Hand. Dann griff er in seine Westentasche und nahm ein Stücken Blei heraus. Damit strich er auf allen Blättern die X- und O-Zeichen aus und zeichnete an anderen Stellen solche ein.

Das war alles, was er tun konnte.

Da der Türke noch nicht zurückkam, sah Gergő sich die letzte Zeichnung sehr genau an. Sie stellte die Festung Eger dar, in der Form eines Frosches mit verstümmelten Beinen. Dieses Blatt fesselte seine Aufmerksamkeit besonders, weil vier unterirdische Gänge und zwischen den Gängen Säle und ein viereckiges Wasserbecken darauf zu sehen waren. Welch seltsamer Bau! Die ihn geschaffen hatten, schienen vorausgesehen zu haben, daß der Kampf im Notfall unter der Erde fortgesetzt würde und daß, wenn Not am Mann war, die Burginsassen auf vier Wegen in vier Richtungen entkommen könnten, während die Verfolger durch das Wasserbecken aufgehalten würden und dort ertrinken müßten.

Gergő schaute aus, ob etwa der Türke schon käme.

Er kam. Ein riesiger Schatten näherte sich von den Geschützen her. Mit der linken Hand kratzte er sich unter der rechten Achsel.

Gergő zerknüllte rasch diese eine Zeichnung, formte eine

Kugel daraus und steckte sie in die Westentasche. In der Tasche bohrte er mit dem Finger ein Loch und drückte die Kugel hindurch. Dann beugte er sich wieder über die Zeichnungen, die auf seinen Knien ausgebreitet waren.

„Der Pfarrer lebt noch", berichtete der Türke, während er sich hinhockte, „aber man sagt, den Morgen erlebe er nicht mehr."

„Hast du ihn gesehen?"

„Ja. Alle Ärzte sitzen dort um das Zelt herum. Er liegt ausgestreckt auf einem weichen Bett und schnaubt und röchelt wie ein verreckendes Pferd."

Gergő bedeckte die Augen mit der Hand.

Der Türke starrte ihn an wie ein Tiger, der eine Beute erblickt.

„Bist sein Spießgeselle!"

„Ob ich es bin oder nicht? dein Glück ist hier in meiner Hand."

Der Türke blinzelte. Er wurde plötzlich ganz zahm.

„Die Papiere bringen Glück?"

„Nicht die Papiere, sondern das Geheimnis. Aber nur für einen Türken bedeutet das Glück."

Und Gergő gab dem Riesen die Blätter zurück.

„So sprich doch!" flüsterte der mit verlangendem Blick. „Ich habe dir deinen Wunsch erfüllt."

„Aber du mußt mich auch freilassen."

„Hoho!"

„Dieses Geheimnis hier ist dir mehr wert."

„Ich erfahre es auch von jemand anderem."

„Ein Türke würde es dir wegnehmen, und ein Christ? Wann wird dir schon wieder ein Christ begegnen, der sowohl lateinisch als auch türkisch versteht und dem du einen solchen Dienst erweisen kannst, daß er dir dafür das Tor zu deinem Glück öffnet."

Der Türke packte ihn an der Kehle.

„Ich erwürge dich, wenn du es mir nicht sagst!"

„Und ich rufe laut, daß du das Vermächtnis eines Heiligen besitzt."

Er konnte aber nicht weitersprechen: Die Finger des Türken preßten ihm wie Eisenklammern den Hals zusammen. Der Atem ging ihm aus.

Der Türke wollte ihn jedoch nicht erdrosseln. Was hätte ihm das genützt? Mit ihm würde er vielleicht gleichzeitig sein Glück erdrosseln! Und Hajwan war nicht in den Krieg gezogen, um sich den Schädel einhauen zu lassen. Er wollte, wie jeder gemeine Soldat, ein Herr werden.

Er lockerte den Griff am Hals des Studenten.

„Also gut“, sagte er düster, „erschlagen kann ich dich auch noch, wenn du mich in Gefahr bringst. Wie stellst du dir aber vor, wie ich dich befreien soll?“

Gergő konnte nicht sofort antworten, er mußte erst Luft schöpfen.

„Zuerst sägst du mir die Kette vom Fuß ab“, sagte er keuchend.

Der Riese lächelte verächtlich. Er sah sich um, dann langte er mit seinen großen, roten Händen nach der einen Fußfessel. Zwei feste Griffe, und die Fessel fiel leise klirrend ins Gras.

„Und dann?“ fragte er mit feuerigem Blick.

„Dann verschaffst du mir eine Spahimütze und einen Spahimantel.“

„Das ist schon schwieriger.“

„Du nimmst eben beides von einem Schlafenden.“

Der Türke kratzte sich hinter den Ohren.

„Das ist noch nicht alles“, fuhr der Student fort. Auch ein Pferd mußt du mir verschaffen und eine Waffe. Irgendeine, ganz gleich, was es für eine ist.“

„Wenn ich keine finde, gebe ich dir einen von meinen Handscharen, den kürzeren da.“

„Gut.“

Der Türke blickte umher. Ringsum lagen Schlafende. Nur die Wächter gingen lautlos wie Schatten hin und her.

Ungefähr zwanzig Schritt entfernt stand der Langhalsige. Seine Lanze hatte er neben sich in die Erde gesteckt und stützte sich darauf.

„Warte“, sagte der Riese zu Gergő.

Er stand auf und trottete davon. Seine gewaltige Gestalt verschwand zwischen den Zelten.

8

Gergő streckte sich im Grase aus, stellte sich schlafend, ließ sich aber nicht vom Schlaf übermannen, so müde er auch war. Zuweilen blinzelte er mit einem Auge zum Himmel auf, um nachzusehen, ob der Mond die lange graue, wie ein Floß geformte Wolke berühre, die schwer und träge am Himmel hing. (Wenn der Mond hinter der Wolke verschwände, würde das Lager vorteilhaft von Dunkelheit eingehüllt werden.) Mit dem anderen Auge sah Gergő forschend zu dem derben Janitscharen mit dem dünnen Hals, der, wie er so dastand, einem kahlhalsigen Adler im Käfig ähnelte. Der Janitschar schien eingeschlafen zu sein. Müde Soldaten können auch stehend schlafen.

Es war eine milde, laue Nacht; die Luft vibrierte vom leisen Schnarchen unzähliger Menschen. Und es war, als gäbe die Erde selbst tiefe, eintönige Laute von sich, wie eine Katze, wenn sie schnurrt. Dann und wann erklang der Ruf eines Wächters oder das leise mahlende Geräusch weidender Pferde.

Gergő wurde allmählich schläfrig. Müdigkeit und Besorgnis hatten ihn erschöpft. (Auch die zum Tode Verurteilten schlafen immer in der Nacht vor der Urteilsvollstreckung.) Er aber wollte nicht einschlafen. Darum freute er sich geradezu, daß eine Mükke kam und ihm um die Nase schwirrte. Diese kleine Geigerin der Nacht ließ eine hohe Saite klingen. Schließlich verscheuchte er sie doch und rang weiter mit der Schlaftrunkenheit, die sich schwer und drückend über dem Lager ausbreitete. Er kämpfte gegen sie an. Am Ende aber fielen ihm die Augen doch zu.

Und da sah er sich dort, von wo er ausgegangen war: im Studierzimmer der alten Burg Somogyvár bei Bálint Töröks beiden Söhnen.

Sie sitzen am Tisch, an dem großen Tisch aus ungestrichenem Eichenholz. Ihnen gegenüber sitzt Pfarrer Gábor über ein dikkes, in Pergament gebundenes Buch gebeugt. Links ist das Fenster, durch dessen Butzenscheiben die Sonne ins Zimmer scheint und ihre Strahlen auf die Tischecke wirft. An der Wand hängen zwei große Landkarten. Eine stellt Ungarn dar, die andere die drei Erdteile. (In jener Zeit hatten die Gelehrten noch keine Zeichnungen von dem Land des Kolumbus angefertigt; es ging eben erst die Kunde, daß die Portugiesen einen neuen Weltteil entdeckt hätten. Was daran wahr sei, wußte niemand zu sagen. Und von Australien träumte noch nicht einmal Kolumbus.)

Auf der Karte von Ungarn waren die Festungen eingezeichnet, jede einzelne als kleines Zelt. Wälder waren durch kleine Bäume dargestellt. Das waren gute Karten. Auch wer nicht lesen konnte, fand sich darauf leicht zurecht. Und in jener Zeit gab es selbst unter den hohen Herren aus angesehenem Geschlecht viele, die weder schreiben noch lesen konnten. Wozu denn auch? Dazu waren die Schreiber da, damit sie es besorgten, wenn es etwas zu schreiben gab; und kam ein Brief, so hatte der Schreiber ihn seinem Herrn vorzulesen.

Der Pfarrer hebt den Kopf und spricht:

„Von heute an lernen wir keine Syntax und keine Geographie mehr, auch keine Geschichte und keine Botanik, sondern wir lernen nur noch die türkische und die deutsche Sprache. Und von der Chemie nur noch das eine: wie Schießpulver hergestellt wird."

Jancsi Török stößt seine Gänsefeder ins Tintenfaß:

„Sogar das zu lernen ist noch Zeitverschwendung, Magister. Wir können ja schon mit all den türkischen Gefangenen sprechen. Und den Deutschen hat mein Herr Vater längst den Rücken gekehrt."

Der zehnjährige Feri wirft mit einem leichten Ruck des Kopfes sein haselnußbraunes Haar, das bis an die Schulter reicht, nach hinten und sagt:

„Was soll uns die Chemie? Mein Vater hat Schießpulver genug, das reicht bis ans Ende der Welt!"

„Hoho, Junker", erwidert Pfarrer Gábor lächelnd. „Du kannst noch nicht einmal richtig lesen. Erst gestern hast du Kikero statt Cicero gelesen."

Auf der Türschwelle erscheint die stattliche Gestalt Bálint Töröks. Er hat den blauen Samtdolman an, den König János ihm vererbte, als er starb. Und den krummen, leichten Säbel hat er umgeschnallt, den er nur bei festlichen Gelegenheiten trägt.

„Es ist ein Gast gekommen", ruft er ins Zimmer. „Zieht eure Festgewänder an, Knaben, und kommt auf den Hof!"

Auf dem Hof steht ein großer, mit Eisen beschlagener Wagen aus Wien und daneben ein Deutscher mit seinem Diener. Aus dem Fuhrwerk werden blinkende Harnische hervorgeholt und den türkischen Gefangenen hinuntergereicht, die sie an Pfähle auf dem Hof hängen müssen.

Neben dem Wagen stehen vier vornehme Herren bei Herrn Bálint. Die Knaben werden ihnen vorgestellt. Einer ist ein ziemlich kleiner brauner Junker mit kurzer Nase und feurigen Augen. Er hebt den kleinen Feri Török hoch und küßt ihn.

„Weißt du noch, wer ich bin?"

„Onkel Miklós", antwortet der Knabe.

„Und meinen anderen Namen?"

Feri sieht nachdenklich auf Onkel Miklós' weichen schwarzen Bart.

Statt seiner ruft Jancsi:

„Zirinyi!"

„Nicht Zirinyi! berichtigt der Vater, „sondern Zrínyi."

All das hat sich einmal zugetragen. Manchmal bringt uns der Traum zurück, was vergangen ist, und verändert an den Begebenheiten nichts.

So träumte auch Gergő jeden Tag weiter, genau so, wie es einst verlaufen war.

Als die sechs Brustpanzer auf die Pfähle gesteckt waren, nahmen die Herren ihre Büchsen und schossen nach den Panzern. Durch einen ging die Kugel hindurch. Den gaben sie dem Wiener Kaufmann zurück. Die übrigen, die vom Schuß nur eingedrückt waren, kauften sie ihm ab und verteilten sie unter sich.

Unterdessen war es Abend geworden. Sie gingen zu Tisch. An der oberen Stirnseite der Tafel nahm Frau Török Platz, an der unteren Herr Bálint. Während des Essens fragten die Gäste die Kinder aus und prüften ihr Wissen. Besonders aus der Bibel und dem Katechismus fragten sie viel.

Bálint Török hörte sich eine Zeitlang mit stillem Lächeln die frommen Fragen an, dann schüttelte er den Kopf.

„Glaubt Ihr denn, daß meine Söhne nur den Katechismus lernen? Laß hören, Jancsi, wie gießt man eine Kanone?"

„Wie schwer soll sie sein, Vater?"

„Eine hundert Zentner schwere, zum Donnerwetter!"

„Zu einer Hundertzentner-Kanone", begann der Knabe stehend, „braucht man neunzig Zentner Kupfer und zehn Zentner

Blei, aber in Zeiten der Not kann man auch aus Glocken Kanonen gießen, und dann ist kein Blei dazu nötig. Wenn das Gußmaterial zubereitet ist, schaufelt man eine Grube, die so tief ist, wie die Kanone groß sein soll. Zuallererst lassen wir aus gutem, feuchtem Lehm, dem wir Werg beigemischt haben, eine Stange kneten, in deren Mitte ein Eisenstab gesteckt wird."

„Wozu dient der Eisenstab?" fragte Herr Bálint.

„Der Eisenstab dient als Halt für den Lehm. Sonst würde die Stange zerfallen oder krumm werden."

Die klugen Augen auf den Vater gerichtet, fuhr der Knabe fort:

„Den Lehm kneten wir, bis er hart ist, und mischen dabei das Werg hinein. Manchmal muß man ihn zwei Tage lang ununterbrochen kneten. Wenn wir damit fertig sind, stellen wir die Stange in die Mitte der Grube und achten darauf, daß sie ganz gerade steht. Dann macht der Kanonengießer aus ebenfalls gereinigtem und geknetetem Lehm eine äußere Hülle und baut sie sorgfältig um die Lehmstange herum auf. Eine fünf Finger breite Lücke muß er ringsherum freilassen, wenn wir aber reichlich Kupfer haben, kann das Kanonenrohr auch stärker sein. Ist auch das geschehen, schichtet man Steine und Eisenstützen um den Lehm herum. Daneben werden zwei Öfen mit zehn Klaftern Holz angefüllt, darauf kommt das Kupfer. Dann. . ."

„Etwas hast du vergessen."

„Das Blei!" rief der kleine Feri, der mit zusammengekniffenen Augen genau zugehört hat.

„Aber das will ich ja gerade sagen", gab Jancsi schlagfertig zurück. „Das Blei wird in Stücken hineingetan. Dann wird Tag und Nacht geheizt, bis das Kupfer zu schmelzen beginnt."

„Du hast nicht gesagt, wie groß der Ofen sein muß", warf das Brüderchen ein.

„Also groß und dick. Das weiß doch jeder, der Verstand hat."

Die Gäste lachten. Und Jancsi setzte sich errötend auf seinen Platz.

„Warte nur, du", brummte er und warf seinem Bruder einen drohenden Blick zu, „mit dir werde ich abrechnen."

„Also gut", sagte nun der Vater, „wenn du es nicht weißt, wird es dein Bruder sagen. Zähle auf, was noch fehlt, Feri!"

„Was fehlt?" erwiderte der Knabe mit einem Achselzucken.

„Wenn die Kanone ausgekühlt ist, wird sie aus der Erde genommen.“

„Ja, freilich!“ sagte Jancsi triumphierend. „Und das Feilen? Und das Glätten? Und die drei Probeschüsse?“

Feri wurde rot bis über die Ohren.

Und es hätte gleich dort am Tisch eine Keilerei gegeben, wenn die Gäste nicht beide Knaben gepackt hätten, um sie zu küssen.

„Das Lustigste ist“, sagte Bálint Török lachend, „daß keinem von beiden das Zündloch eingefallen ist.“

Später war bei Tisch von allerlei Kriegsangelegenheiten, von Türken und von Deutschen die Rede. Einmal wurde auch Gergő angesprochen.

Und da sagte Bálint Török stolz, als prahle er mit einem seiner Rosse:

„Aus dem wird einmal ein trefflicher Mann. Verstand hat er, scharf wie ein Messer. Bloß seine Arme sind noch schwach.“

„Ach“, winkte Zrínyi ab, „nicht die Kraft des Armes ist die Hauptsache, sondern die Kraft des Herzens: die Tapferkeit. Ein Hetzhund kann hundert Hasen jagen.“

Das Nachtessen war beendet. Nur die Silberbecher blieben auf dem Tisch stehen.

„Nun, Kinder, verabschiedet euch von den Gästen und begebt euch unter die Obhut eurer Mutter“, sagte Bálint Török.

„Singt Onkel Sebők heute nicht?“ fragte der kleine Feri.

Da bewegte sich am Tisch ein ruhiger kleiner Mann mit bärtigem Gesicht. Er blickte zu Herrn Bálint hin.

„Ja, wirklich, guter Tinódi“, sagte Zrínyi mit freundlichem Blick, „sing uns etwas Schönes vor.“

Sebestyén Tinódi stand auf und ging langsam in die Ecke des Saals. Dort nahm er die Laute vom Haken.

„Nun gut“, sagte der Vater, „sein Lied dürft ihr euch anhören, aber dann wird Zapfenstreich geblasen.“

Tinódi rückte seinen Stuhl ein wenig nach hinten und ließ dann die Finger über die fünf Saiten der Laute gleiten.“

„Wovon soll ich singen?“

„Sing uns dein neuestes Lied, das du erst vorige Woche gedichtet hast.“

„Das von Mohács?“

„Ja, das, falls meine Gäste nicht ein anderes wünschen.“

„Nein, nein“, sagten die Gäste, „laßt uns das neueste hören.“

Im Saal wurde es still. Die Diener kamen mit Lichtputzscheren, stutzten die Dochte der auf dem Tisch stehenden Kerzen, dann zogen sie sich in die Türnische zurück. Tinódi strich noch einmal leise über die Saiten, trank einen Schluck aus dem Silberbecher, der vor ihm stand, und begann mit tiefer, warmer Stimme sein Lied.

„Singen will ich heute von der Ungarn Not:
Als die Walstatt Mohács ward von Blut ganz rot:
Vieltausend der Besten, die das Land aufbot
– Auch der junge König – fanden hier den Tod.“

Sein Gesang hatte etwas ganz Eigentümliches, es war eher ein Sprechgesang als Singen. Zuweilen sang er eine Verszeile, und die nächste sprach er nur und überließ die Melodie der Laute. Manchmal erhob er erst am Ende der letzten Zeile einer Strophe die Stimme zum Gesang.

Während er sang, blickte er versonnen vor sich hin, und sein Vortrag erweckte dadurch den Eindruck, als wähne der Sänger sich im Saal allein und sänge nur für sich.

Seine einfachen Verse sind gelesen – wie Pfarrer Gábor einmal bemerkte – schwerfällig und gar nicht kunstvoll, auf seinen Lippen aber klangen sie schön und sprachen die Herzen an. Die Worte bekamen auf seinen Lippen einen anderen Sinn. Wenn er sagte: ‚Trauer‘, dann wurde es vor den Augen aller Zuhörer dunkel. Wenn er sagte: ‚Kampf‘, dann sah man das verwüstende Getümmel. Wenn er sagte: ‚Gott‘, dann spürte jeder Gottes Leuchten auf seinem Haupt.

Die Gäste, die, auf die Ellbogen gestützt, um den Tisch saßen, hatten schon bei der ersten Strophe die Augen mit den Händen bedeckt, auch Bálint Török traten Tränen in die Augen. Er hatte bei Mohács an der Seite des Königs als königlicher Leibgardist gekämpft. Viertausend tapfere Streiter, Augenzeugen der Schlacht, waren damals noch am Leben, und das Gefühl der Kraftlosigkeit, des Verlorenseins ließ ganz Ungarn verzagen. Es war, als wehte ein Trauerschleier über dem ganzen Lande.

Tinódi erzählte den Verlauf der Schlacht, und die Anwesenden lauschten kummervoll. Bei den Heldenszenen strahlten alle Augen. Bei bekannten Namen vergossen sie Tränen.

Tinódi war bei der Schlußstrophe angekommen, und sein Gesang war eher Seufzen als Singen.

„Bei der Ortschaft Mohács liegt ein kahles Feld,
Dieses ist der größte Friedhof auf der Welt,
Eine ganze Nation mußte hier vergehn,
Wohl läßt der Schöpfer sie nie mehr auferstehn.“

Zrínyi schlug an seinen Säbel:

„Er wird sie auferstehen lassen!“

Er sprang auf und erhob die rechte Hand:

„Wir wollen heilig schwören, Ihr Herren, keinen anderen Gedanken zu haben als diesen: Unser Vaterland muß wieder auferstehen! Schwören wollen wir, nicht auf weichen Kissen zu schlafen, es nenne denn der Türke keinen Fußbreit vom Boden unserer Heimat mehr sein eigen!“

„Und der Deutsche?“ rief Bálint Török bitter und lehnte sich auf seinem Stuhl nach hinten. „Sollen wiederum vierundzwanzigtausend Ungarn verbluten, damit der Deutsche über uns herrschen kann? Schmach und Schande! Nein, tausendmal lieber der ehrliche Heide als der verlogene Deutsche!“

„Dein Schwäher ist ja auch ein Deutscher!“ rief Zrínyi, sich ereifernd. „Letztlich ist auch der Deutsche Christ.“

Ein alter Herr hob beschwichtigend die Hand.

„Erstens bin ich kein Deutscher. Auch die Donau ist nicht mehr deutsch, sobald sie durch Ungarn fließt. Das Beste wäre es, wenn wir Ungarn mindestens fünfzig Jahre lang keine Kriege führten. Wir müssen uns erst vermehren, bevor wir wieder kämpfen können.“

„Na, ich danke“, erwiderte Zrínyi und schlug auf den Tisch, „ich will nicht fünfzig Jahre lang müßig gehen.“

Und sein Säbel klirrte, als er sich bei diesen Worten heftig erhob.

Auf das Klirren hin schlug Gergő die Augen auf, und da sah er voll Staunen, daß er nicht an Bálint Töröks Tisch saß, sondern unter dem Sternenhimmel lag und daß vor ihm nicht Zrínyi, sondern ein breitschultriger Türke stand.

Es war Hajwan. Der hatte Gergős Bein berührt, damit er aufwache.

„Hier sind die Kleider“, sagte er und warf ihm einen Mantel und einen Turban hin. „Ein Pferd verschaffen wir unterwegs.“

Der Student zog hastig den Spahimantel an und setzte den hohen Turban auf. Beide waren ihm etwas zu groß, doch freute er sich mehr darüber, als wenn man ihm ein ungarisches Gewand aus Samt und Seide geschenkt hätte.

Der Riese bückte sich und knack-knack, zerbrach er die Fessel an Gergelys anderem Fuß. Dann ging er ihm in nördlicher Richtung voraus.

Dem Studenten war der Mantel zu lang. Er mußte ihn hochziehen und um die Taille festbinden. Mit schnellen Schritten folgte er nun dem Riesen.

In den Zelten und auch davor – überall Schlafende. Da und dort standen vor den mit Kupferkugel und Roßschweif geschmückten Zelten Wachtposten, aber auch die schliefen.

Das Lager schien endlos lang zu sein. Es war, als ob die ganze Welt nur noch aus Zelten bestünde.

An einer Stelle gerieten sie dann zwischen die vielen Kamele. Dort standen die Zelte nicht mehr so dicht nebeneinander. Überall lag schlafendes Kriegsvolk im Grase.

Vor einem Zelt, das mit einem Stück blauer Leinwand ausgebessert war, blieb Hajwan stehen.

„Alter!“ rief er hinein. „Steh auf!“

Ein kleiner Mann kam hervor. Sein Kopf war kahl, sein Bart lang und weiß. In einem Hemd, das ihm bis an die Knie reichte, trat das Männlein barfuß aus dem Zelt.

„Nun, was gibt's?“ fragte es und riß die Augen auf. „Ach, du bist es, Hajwan?“

„Ja, ich bin es. Vor einer Woche habe ich mit dir um den Schimmel da gehandelt.“ Er zeigte auf ein großes, plumpes Pferd, das zwischen den Kamelen weidete. „Gibst du es zu dem Preise, den ich dir bot?“

„Deswegen hast du mich geweckt? Zwanzig Gurusch, wie ich gesagt habe.“

Der Türke holte die Silbermünzen aus seinem Gurt hervor. Zuerst zählte er sie in der einen Hand, dann in der anderen, schließlich legte er sie einzeln in die offene Hand des alten Händlers.

„Ich brauche auch Sporen“, sagte der Student auf türkisch, während der Kaufmann das Pferd losband.

„Als Zugabe gibst du ein Paar Sporen“, sagte Hajwan.

„Morgen.“

„Nein, jetzt sofort.“

Der Kaufmann ging ins Zelt. Dort kramte er klirrend im Dunkeln. Dann kam er mit einem Paar verrosteter Sporen zurück.

9

Um die gleiche Stunde streifte Jumurdschak zwischen den Zelten, in denen die Kranken lagen, umher.

„Wo liegt der Gefangene, der heute den erhabenen Padischah ins Paradies fliegen lassen wollte?“ fragte er einen Wachtposten.

Der zeigte auf ein viereckiges weißes Zelt.

Vor diesem kauerten um eine in die Erde gesteckte Pechfackel herum fünf alte Männer in weißen Turbanen und schwarzen Kaftanen. Das waren die Ärzte des Sultans. Alle waren ernst, ja kummervoll.

Jumurdschak blieb vor der Zeltwache stehen.

„Kann ich mit dem Gefangenen sprechen?“

„Frage die Ärzte“, antwortete der Wachthabende ehrerbietig.

Jumurdschak verneigte sich vor den Ärzten. Auch diese verbeugten sich.

„Efendis, wenn ich mit dem Kranken sprechen darf, könnte ich für den Padischah etwas tun, was ihm bestimmt gefiele.“

Einer zuckte die Achseln und machte eine Handbewegung, die ebensogut *Es geht nicht* wie *Gehe hinein* bedeuten konnte.

Jumurdschak legte sie im letzteren Sinne aus.

Der Vorhang des Zeltes war halb zur Seite gezogen. Im Zelt hing ein brennendes Lämpchen. Der Pfarrer lag mit halbgeöffneten Augen auf dem Bett.

„Giaur“, redete Jumurdschak ihn an, während er vor ihn hintrat, „erkennst du mich?“

Und seine Stimme zitterte.

Der Pfarrer gab keine Antwort. Er lag reglos auf dem Rücken. Das Nachtlicht beleuchtete nur seine Nasenspitze ein wenig.

„Ich bin Jumurdschak, den du einmal hättest aufhängen sollen. Du hast mir die Freiheit geschenkt und als Preis dafür mein Amulett verlangt.“

Der Geistliche erwiderte nichts. Er zuckte nicht einmal mit der Wimper.

„Jetzt bis du der Gefangene, und es ist ganz sicher, daß du geköpft wirst.“

Auch darauf erwiderte der Pfarrer nichts.

„Ich bin gekommen, mein Amulett zu holen“, fuhr Jumurdschak kleinlaut fort. „Für dich hat es keinen Wert. Mir aber ist es sehr wertvoll: Meine ganze Kraft liegt darin. Seit ich es nicht mehr bei mir trage, verfolgt mich das Unglück. Ich besaß ein Haus am Ufer des Bosporus, einen herrlichen kleinen Palast. Ich hatte ihn gekauft, weil ich mich im Alter dort niederlassen wollte. Das Haus ist niedergebrannt. Die Schätze, die darin waren, sind gestohlen worden. In einer Schlacht bekam ich einen Stich durch den Arm. Sieh meine linke Hand an: Sie wird wohl für immer verkrüppelt bleiben.“

Und er zeigte die rote Narbe, die vor ungefähr drei Monaten entstanden sein mochte.

Der Pfarrer regte sich nicht. Er schwieg wie die Finsternis rings um ihn.

„Giaur“, fuhr Jumurdschak mit weinerlicher, weicher Stimme fort, „du bist ein guter Mensch. Ich habe viel über dich nachgedacht, und immer kam ich zu dem Ergebnis, daß die Güte deines Herzens beispiellos ist. Gibt mir mein Amulett zurück!“

Der Pfarrer antwortete nicht. Nur das Nachtlicht knisterte; eine Fliege mochte die Flamme berührt haben.

„Ich tue alles, was du willst“, fuhr Jumurdschak nach einer kleinen Pause fort. „Ich will sogar versuchen, dich vor der Hand des Henkers zu retten. Mein Vater ist ein mächtiger Pascha. Mein Bruder ist Arslan Beg. Solange der Mensch lebt, lebt auch die Hoffnung in ihm. Sage mir, wo ist mein Amulett?“

Der Pfarrer schwieg.

„Mein Amulett!“ forderte Jumurdschak und knirschte mit den Zähnen.

Er packte den Pfarrer an den Schultern.

„Mein Amulett!“

Und er riß den Pfarrer, dem der Kopf herabhing, vom Kissen hoch und brachte ihn in sitzende Stellung.

Da fiel Pfarrer Gábor die Kinnlade herab. Mit glasigen Augen und offenem Mund starrte er ins Leere.

10

Als sie an dem letzten Wachtposten vorbei waren, blieb Hajwan stehen.

„Du siehst, ich habe deine Wünsche erfüllt“, sagte er. „Rede nun endlich, sage mir, welcher Art das geheimnisvolle Glück ist, das ich bei mir trage.“

„Kabbala“, erwiderte geheimnisvoll der Scholar.

„Kabbala?“ wiederholte der Türke murmelnd.

Er zog die Augenbrauen zusammen, als strenge er sich mächtig an, den Sinn des ihm unbekannten Wortes zu ergründen.

„Wenn du die Blätter genauer ansiehst“, sprach der Student und lehnte sich mit einer Schulter an der Sattel, „so siehst du, daß auf jedes ein Stern gezeichnet ist. Der heilige Derwisch hat um jeden Stern herum Gebete geschrieben... Einen Jatagan hast du mir auch versprochen.“

Der Türke reichte ihm seine beiden Jatagane hin:

„Wähle!“

Gergely nahm den kleineren und steckte ihn in den Gurt.

„Diese Bilder“, fuhr er dann fort, „sind dazu da, daß du sie am Körper trägst. Schneide jedes in sieben Stücke und nähe diese ins Futter deiner Jacke ein. Auch in den Turban mußt du welche nähen. Wo das heilige Pergament dich bedeckt, trifft dich keine Kugel.“

Die Augen des Türken leuchteten auf.

„Ist das sicher?“

„Der heilige Derwisch sagt, daß es sicher sei. Du hast auch gewiß schon von Helden gehört, an denen jede Kugel abprallte.“

„O ja!“

„Also gib keinem Menschen davon etwas ab, weder für Geld noch für gute Worte. Zeige sie auch niemandem, denn sonst nimmt man sie dir weg, stiehlt sie dir, schwatzt sie dir ab.“

„Hoho! Ich bin doch nicht dumm!"

„Aber das ist nocht nicht alles. Auf einem der Papiere steht geschrieben, du sollst kein Kind und keine Frau anrühren, weder mit der Hand nocht mit der Waffe, ehe du nicht ein großer Herr geworden bist. Du sollst nur nach Tapferkeit streben."

„Das will ich tun."

„Denn eine hohe Würde wartet deiner: Du wirst einmal der Beglerbeg Ungarns werden."

Dem Türken stand vor Staunen der Mund offen.

„Beglerbeg?"

„Freilich nicht von einem Tag auf den anderen, sondern mit der Zeit. Wenn deine Tapferkeit überall bekannt ist. Und dann steht da noch geschrieben, daß du nach den Worten des Korans leben sollst. Sei eifrig im Gebet und bei den heiligen Waschungen. Und tue dem nichts Böses, der dir Gutes erweist."

Der große dumme Kerl sah voll Ehrfurcht auf den Studenten:

„Ich habe oft geträumt, daß ich ein großer Herr werde", stammelte er. „Ein Herr in einem Marmorpalast und in seidenem Kaftan, von vielen Frauen umgeben. So habe ich es geträumt. Also in sieben Stücke?"

„Ja, in sieben. Wenn sie nicht gleich groß sind, schadet es nichts. Zerschneide sie einfach und nähe sie vor allem an die Stellen, die du am meisten schützen willst."

Der Türke blickte glücklich und versonnen vor sich hin.

„Na", sagte er, den Kopf hebend, „wenn ich ein Herr geworden bin, kommst du zu mir als Schreiber."

Gergő biß sich in die Lippen, um nicht lachen zu müssen.

„Steige nun aufs Pferd, Freund", sagte Hajwan warm.

Und er hielt den Gaul, bis der Student im Sattel saß.

Gergő griff in die Tasche:

„Sieh, Hajwan, hier ist ein Ring. Den will ich dir geben. Du weißt, wir Ungarn haben die Gewohnheit, nichts umsonst anzunehmen."

Hajwan nahm den Ring und betrachtete ihn staunend.

Der Student sprach weiter:

„Du hast mir die Freiheit und ein Pferd gegeben, dafür bezahle ich mit dem Ring. Allah schütze dich, Kahlkopf!"

Und er gab dem Pferd einen Schlag.

Hajwan griff in die Zügel:

„Halt, warte einmal! Das ist ein türkischer Ring, nicht wahr?"
„Ja."
„Wo hast du ihn her?"
„Was geht dich das an? Wenn du es genau wissen willst, er hat einem Janitscharen gehört."
Hajwan sah einen Augenblick verdutzt vor sich hin, dann reichte er Gergely den Ring zurück.
„Den brauch' ich nicht. Du hast mir für das Pferd und die Freiheit genug bezahlt."
Und er steckte dem Studenten den Ring wieder in die Tasche.

*

Gergő wandte sich zunächst nach Süden: Falls er verfolgt würde, sollte man ihm dort, nicht aber auf der Budaer Landstraße nachjagen.

Der Mond stand schon tief im Westen zwischen den Wolken. Im Osten dämmerte der Morgen.

In einiger Entfernung kreuzte ein schmaler Weg die breite Landstraße. Auf diesem Wege erblickte Gergő einen Reiter in eiligem Trab.

Wenn er und der Reiter mit gleicher Geschwindigkeit weiterritten, mußten sie gerade an der Straßenkreuzung zusammentreffen.

Gergő zog im ersten Augenblick die Zügel leicht an und ließ sein Pferd langsamer laufen, als er aber bemerkte, daß der andere Reiter sich ebenso verhielt, ritt er wieder schneller. So würde er ihm hundert Schritt zuvorkommen.

Er wandte den Blick nicht von dem fremden Reiter. Bei der zunehmenden Morgenhelle sah er betroffen, daß es ein Janitschar mit hohem Kalpak war, der auf ihn zueilte.

Er zog die Zügel stramm und hielt sein Pferd an.

Auch der andere blieb stehen.

„Zum Luzifer!" brummte er. „Der Türke wird mich am Ende noch fangen!"

Vor Schreck blieb ihm der Atem aus.

Da aber hörte er wie Glockenklang in seinem Herzen die Worte Dobós: Die Hauptsache ist, keine Angst zu haben!

Seit seiner Kindheit hatte er István Dobó nicht mehr gesehen. Als Bálint Török sich von Ferdinand abgewandt hatte und zu

König János übergegangen war, hatte Dobó sich nie mehr blikken lassen, weder auf Burg Sziget noch auf Burg Somogy oder in Ozora. Gergely aber erinnerte sich seiner in Dankbarkeit und hatte jenen Ausspruch Dobós: Die Hauptsache ist, keine Angst zu haben, mein Junge! nicht vergessen.

Das kleine, kurzbeinige Pferd des Türken begann wieder zu traben. Da gab auch Gergely seinem Schimmel die Sporen. So sei es denn: An der Kreuzung würden sie sich treffen. Möglich, daß der Türke es gar nicht auf ihn abgesehen hatte. Er würde ihm einen Morgengruß zurufen und im Galopp weiterreiten.

Zu dumm, der Weg, auf dem der Türke kommt, wäre gerade geeignet, nach Norden abzubiegen. Die beiden werden sich also treffen.

Wenn aber der Türke zur Waffe greift?

Gergely hatte nie gekämpft. Auf Bálint Töröks Hof war er von Pfarrer Gábor und von Herrn Bálint selbst im Fechten unterrichtet worden und hatte sich täglich mit den türkischen Gefangenen geschlagen. Aber das war alles nur Spiel gewesen. Von Kopf bis Fuß in Eisen gepanzert, konnten sie einander nicht einmal mit Streitkolben etwas antun.

Wenn er nur eine Lanze oder einen richtigen Säbel wie der Janitschar hätte! Aber mit seinem ärmlichen Jatagan...

Hauptsache ist, keine Angst zu haben!... klang es wieder in seinem Innern.

Weiter also im Galopp, weiter in der eingeschlagenen Richtung.

Der Türke indessen galoppierte nicht mehr. Er war stehengeblieben.

Gergely bog mutig in den Weg ein, auf dem der türkische Reiter stand, und jubelte fast vor Freude, als er sah, daß der Türke wendete und Reißaus nahm.

Das konnte kein anderer sein als Tulipan.

„Tulipan", rief der Student.

Da schlug der Türke nur noch mehr auf sein Pferd ein und sauste auf dem schmalen Fahrweg dahin.

Der kleine Gaul war ein guter Läufer, doch auf dem Wege waren Pfützen, der Boden war lehmig. Der Türke sprengte über einen Graben, um aufs freie Feld auszuweichen. Das Pferd rutschte aus, und der Türke lag der Länge nach auf der Erde.

Als der Student ihn erreichte, stand der Türke wieder auf den Beinen und hielt die Lanze in der Hand.

„Tulipan“, rief Gergely lachend, „macht keine Dummheiten!“

„Oh, verflucht, na, so etwas!“ sagte Tulipan verlegen. „Ihr seid das, junger Herr?“

„Ihr seid mir ja ein schöner Held!“ rief der Student und sprang lachend vom Pferd.

„Ich habe gemeint, ich werde verfolgt“, entschuldigte sich Tulipan. „Wie seid Ihr denn entkommen?“

„Mit Verstand, Tulipan. Eine Weile habe ich darauf gewartet, daß Ihr mich befreit.“

„Es war unmöglich“, entschuldigte sich Tulipan. „Die haben ja die Gefangenen in der Mitte des Lagers eingepfercht gehalten, und überall standen so viele Wachen, daß ich selber kaum durchschlüpfen konnte.“

Er riß sein Pferd von der Erde hoch und kratzte sich.

„Die Geier mögen diesen Gaul fressen! Wie soll ich auf dem nach Hause kommen? Na, und dieses Gewand... ich werde unterwegs totgeschlagen...“

„Zieht es aus. Hose und Hemd könnt Ihr doch anbehalten.“

„Ja, das mache ich. Kommt Ihr mit mir, junger Herr?“

„Nein.“

„Wohin dann?“

„Ich gehe nach Buda.“

„Da geratet Ihr ja wieder den Türken in die Hände.“

„Ich werde früher dort sein als sie. Und falls es mir übel ergehen sollte: In Buda ist ja mein Herr. Der ist ein mächtiger Mann. Könnte König werden, wenn er wollte.“

Tulipan saß wieder auf. Gergely reichte ihm die Hand:

„Ich lasse daheim alle grüßen.“

„Schönen Dank. Grüßt Ihr auch meinen Herrn. Sagt ihm nicht, daß Ihr mich betrunken gesehen habt. Ich trinke nur den Gesindewein.“

„Schon gut, Tulipan. Behüte Euch Gott.“

Gergely stieg ebenfalls aufs Pferd.

Tulipan drehte sich noch einmal um:

„Und der Herr Pfarrer?“

Dem Studenten traten Tränen in die Augen.

„Der Ärmste ist krank. Ich konnte nicht mit ihm sprechen."

Er wollte noch etwas sagen, konnte es aber nicht herausbringen, vielleicht hinderten ihn die Tränen daran, oder er hatte es sich anders überlegt. Er zog die Zügel an und ritt gen Osten.

Den ganzen Tag verbrachte der Student im Walde, dort schlief er. Erst am Abend wagte er aufzubrechen und ritt auf einem großen Umweg etwa in der Richtung, wo seinem Gefühl nach Buda liegen mußte.

Als er auf der großen Ebene vor dem Gellértberg ankam, ging die Sonne auf. Da warf er den Turban weg, den Mantel hängte er hinten an den Sattelknopf.

Das ganze Feld erglänzte im Morgentau. Gergely sprang vom Pferd, zog sich bis zum Gurt aus, benetzte seinen Körper mit Tau und versuchte so den Staub der vergangenen zwei Tage abzuwaschen.

Das erfrischte ihn, und das Pferd konnte unterdessen weiden. Dann eilten Roß und Reiter, von den ersten Sonnenstrahlen erwärmt, auf der Landstraße weiter.

In dieser Gegend gewahrte er bereits die Spuren der Budaer Schlacht: zerbrochene Lanzen, zertrümmerte Geschützwagen, eingedrückte Brustpanzer, verendete Pferde, Harnische, Säbel, schwarzgestrichene, kesselförmige, ärmliche deutsche Helme.

Und unbeerdigt gebliebene Leichen.

An einem Schlehdornbusch lagen fünf Deutsche, zwei auf dem Rücken, einer zusammengekauert, zwei mit zerhauenem Kopf. Drei waren wohl hier von Kugeln getötet worden, die beiden anderen hatten sich vielleicht, tödlich verwundet, bis hierher geschleppt und hier ihre Seele ausgehaucht.

Widerlicher Gestank erfüllte die Luft.

Beim Nahen des Reiters flogen Raben von den Leichen auf, ein paar Klafter hoch kreisten sie über der Wiese. Etwas weiter weg setzten sie sich wieder, um ihr schauriges Mahl fortzusetzen.

Ein Horn erscholl. Da hob Gergely die Augen von dem traurigen Bild. Von Buda her kam eine rotgekleidete Reitertruppe langsam bergab. Vor ihnen her marschierte ein langer Zug Fußsoldaten in dunklem Blau.

Unter den Reitern fiel einer in weißer Kutte auf.

‚Das ist gewiß der berühmte Frater Georgius', dachte Gergely, ‚es kann kein anderer sein.'

Und sein Herz klopfte heftig. Wieviel hatte er von Kindheit an von diesem Mönch reden hören! Er war ihm stets noch größer als der König erschienen.

Neben dem Mönch ritt ein Mann in rotem Samtdolman; weithin funkelten daran die Edelsteine.

Gergely erkannte in diesem Mann Bálint Török.

Sollte er Reißaus nehmen?

Das würde Verdacht erwecken. Bálint Török würde einen Reiter hinter ihm herschicken, und dann brächte man ihn als Schuldigen vor seinen geliebten Herrn.

Sollte er ihm sagen, was er mit Pfarrer Gábor zusammen getan hatte?

Dann würde Bálint Török ihn glatt davonjagen. Er war es ja, der die Türken gegen die Deutschen zu Hilfe gerufen hatte. Und nun sollte er hören, daß Leute seines Hauses den Türkenkaiser hatten umbringen wollen?

Gergely war es ganz wirr im Kopf. Lügen mochte er nicht. Er hielt es für ehrlos, gerade den Mann zu belügen, der ihn aufgezogen hatte.

Und so hockte er auf seinem Pferd neben der Landstraße, barhäuptig und rot im Gesicht. Dann stieg er ab und hielt das Pferd am Zaum.

Komme, was da wolle!

Das Pferd hatte Hunger. Als er merkte, daß man es ausruhen ließ, fing es an zu grasen.

Welch willkommene Arbeit war es jetzt, das Pferd bald nach rechts, bald nach links zu zerren, sich mit ihm zu drehen und zu wenden, als ob es bockte! Welch ein Glück, daß man dabei den in ein hitziges Gespräch vertieften Herren den Rücken zuwenden konnte!

Sie sind schon nahe, man hört sie schon sprechen. Der alte Gaul muß sich bald nach rechts, bald nach links wenden, und bald läuft der Gaul um seinen Reiter herum, bald dieser um den Gaul.

Und dann, wer hätte das gedacht, daß auch der Wind zu etwas gut ist! Ein plötzlicher Ostwind hob eine Wolke von gelbem Straßenstaub in die Höhe, und durch diese konnte man nichts weiter sehen, als daß sich ein junger Bursche auf der Wiese mit einem schwerfälligen Schimmel abmüht, den vielleicht die Deutschen herrenlos zurückgelassen hatten. Mochte der Bursche seine Freude daran haben!

Gergely atmete erleichtert auf, als er sich umdrehte und von den Herren nur noch die Rücken sah. Keiner hatte gerufen: Gergely, mein Sohn!

Er schwang sich auf den Sattel, zuerst nur bäuchlings, dann warf er das Bein hinüber und wandte dem vorbeimarschierenden Zug das Gesicht zu.

Da sah er, daß die dunkelblau gekleideten Fußsoldaten alle gefesselt waren. Ihre Kleider waren zerlumpt, Straßenschmutz klebte in ihren Haaren, und sie hatten bleiche Gesichter. Keinen einzigen alten Mann gab es unter ihnen, aber viele Verwundete. Das Gesicht eines großen, zerlumpten Gefangenen war wie eine einzige verschwollene Wunde, nur eines der beiden Augen sah aus diesem zerschlagenen Gesicht hervor.

Ob nicht gerade Bálint Török diesem Mann den Hieb versetzt hatte?

11

Gergely sah Buda zum erstenmal.

Die vielen Türme, die hohen Mauern, den parkähnlichen königlichen Garten auf dem nach der Pester Seite abfallenden Hang – er stand da und staunte.

Hier also hatte König Matthias gewohnt? Hier hatte König Lajos gewohnt? Und hier wohnte jetzt seine kleine Éva und sah das alles täglich?

Am Festungstor stand ein Wachtposten mit der Hellebarde, würdigte aber Gergely keines Blickes.

Den Studenten berührte es sonderbar, daß er nicht gegrüßt wurde, aber es mußte wohl so in Ordnung sein. Er schaute in den Hof hinein, auf das große runde Wasserbecken aus rotem Marmor. Dann blieb er auf dem Sankt-Georgs-Platz stehen. Dort fesselte eine Gruppe großer Kanonen mit Rädern seine Aufmerksamkeit. Rauchgeschwärzte plumpe Kanonen. Die Räder waren voll Straßenschmutz; gewiß hatte man sie den Deutschen weggenommen, vielleicht gestern erst.

„Grüß Gott, tapferer Krieger“, sprach Gergely einen danebenstehenden Wachtsoldaten an, „nicht wahr, das ist von den Deutschen erbeutet?“

„Jawohl“, erwiderte der Soldat stolz.

Er war ein brauner Mann mit gezwirbeltem Schnurrbart und dicken Backen, sein Gesicht sah aus, als bliese er fortwährend heißen Brei.

Gergő staunte wieder die Geschütze an. Drei davon waren so groß, daß zwanzig Ochsen sie nicht hätten von der Stelle bewegen können.

Die vielen Kanonen stanken noch nach Schießpulver.

„Sagt“, fragte Gergő wieder, „kennt Ihr den alten Cecey, den mit der hölzernen Hand?“

„Wie sollte ich den nicht kennen!“

„Wo wohnt er?“

„Da unten, in der Sankt-Johannes-Gasse“, sagte der Soldat und wies mit dem Kopf nach Norden.

„Ich kenne hier die Straßen nicht.“

„Dann gehe nur geradeaus, Brüderchen, und frage dort noch einmal. Er wohnt in einem kleinen grünen Haus. Über dem Tor hängt ein Bogen; denn dort wohnt auch ein Bogenmacher.“

„Sagittarius?“

„Richtig.“

Gergely ließ den Blick noch einmal über die Kanonen schweifen, dann trabte er auf seinem Schimmel davon.

Nach langem Herumfragen fand er endlich die Sankt-Johannes-Gasse und in dieser das grüngestrichene einstöckige Häuschen.

Es hatte nur fünf kleine Fenster, drei im Stockwerk und zwei im Erdgeschoß. Der Eingang in der Mitte war nicht größer als eine Zimmertür. Darüber hing ein großer Bogen aus rotem Blech.

Ceceys wohnten im Obergeschoß. Als Gergely eintrat, traf er den alten Herrn im Morgengewand und in Pantoffeln an. Er war gerade damit beschäftigt, eine langstielige Fliegenklappe auf eine Seitenwand der Anrichte niederknallen zu lassen.

„Da hast, du Vieh“, sagte er und schlug zu, daß es wie ein Schuß krachte.

Da er Schritte hörte, sprach er weiter:

„Die Fliegen sind die mutigsten Tiere von der Welt. Hier schlage ich welche tot, sie sehen mich auf sie losschlagen, aber anstatt zu flüchten, setzen sie sich gar noch auf meinen Bart. Da hast, du Vieh!"

Und er ließ die Fliegenklappe durch die Luft sausen.

„Mein lieber Herr Vater", sagte Gergely lächelnd, „guten Morgen!"

Cecey drehte sich überrascht um. Auch Gergely war erstaunt: Wie zum Teufel kam es, daß dem alten Herrn der Bart eine kleine Spanne tiefer gerutscht war?! Daheim hatte er ihm bis an die Augen gereicht. Doch dann sah Gergely gleich, daß der Alte jetzt das Gesicht oben rasiert trug. Geradezu verjüngt sah er aus.

„Na, so was! Gergely, mein Sohn! Bist du es wirklich?"

Und starr vor Staunen sah er den Studenten an.

Auch diesem kam es sonderbar vor, daß er nun hier war, doch erwartete er, umarmt und geküßt zu werden wie zu Hause in Keresztes.

Frau Cecey, die das Sprechen gehört hatte, kam aus dem Nebenzimmer.

Sie war ebenso überrascht und verwundert.

„Wie bist du hierhergekommen?" fragte sie. „Was führt dich her, mein Junge?"

Es war ihm, als hätte sie ihn sonst wärmer geküßt. Nur wie ein Schatten huschte Gergely dieser Gedanke durch den Kopf. Es war nicht einmal ein Gedanke, eigentlich nur ein Gefühl.

„Nichts anderes hat mich hergebracht", antwortete Gergely, „als der Wunsch, daß Ihr nach Keresztes zurückkehren möchtet."

„Oho!" rief der Alte.

Und das klang, als meinte er: Das wäre eine schöne Dummheit!

Auch die Frau sah den Jüngling mit so mitleidigem Gesicht an, wie man Einfältige betrachtet, die sich mit ihrem geringen Verstand etwas Närrisches ausdenken.

„Bist du nicht hungrig, Kind?" fragte sie, indem sie Gergely die Hand auf die Schulter legte. „Vielleicht hast du auch lange nicht geschlafen?"

Gergely nickte, so daß man es ja und nein deuten konnte.

Mit einem Auge blickte er immer wieder nach der offenen Tür, und dann sah er wieder auf das Schachbrett, das auf dem Tisch lag.

„Du wartest wohl auf Éva?“ sagte Frau Cecey lächelnd und warf dabei einen Blick auf ihren Gemahl. „Sie ist nicht zu Hause. Sie kommt auch nicht oft nach Haus. Sie ist im Schloß bei der Königin. Nur selten kann sie sich dort wegstehlen. Und dann kommt sie in einer Kutsche gefahren, mit einem Vorreiter vom königlichen Hof. Ja, ja!“

Als man etwas zischen hörte, schlug sie die Hände zusammen:

„Jesus Maria! Die Milch kocht über!“

Gergely erwartete, daß Cecey das Gespräch über Éva fortsetze, doch der Alte saß da, zwinkerte mit den Augen und schwieg.

„Wo ist der hochwürdige Herr?“ fragte Gergely beklommen.

„Der beerdigt“, antwortete Cecey gelangweilt. „Hat sich mit einigen Mönchen zusammengetan, nun beerdigen sie Soldaten.“

„Deutsche?“

„Freilich Deutsche. Seit Krieg ist, geht er Tag für Tag, die Toten zu bestatten. Als ob es der Mühe wert wäre, Deutsche zu begraben.“

„Hat man nicht auf ihn geschossen?“

„Sie sind in weißen Gewändern. Deshalb läßt man sie in Frieden.“

„Ich habe noch viele Tote umherliegen sehen.“

„Das glaube ich dir gern, Bruder. Wir haben eine Menge niedergemacht.“

Auch das Wort *Bruder* berührte Gergely unangenehm. Doch nun konnte er sich nicht mehr bezähmen: Er lenkte das Gespräch auf Éva.

„Ist sie auch jetzt bei der Königin?“

„Ja“, antwortete der Alte.

Und er stand auf, schlurfte durchs Zimmer. Sein Gesicht bekam einen ernsten und würdevollen Ausdruck. Dann entschloß er sich endlich und begann eine lange Erzählung davon, wie Frater Georgius die kleine Éva unlängst zur Königin mitgenommen und sie ihr im Burggarten vorgestellt habe. Auf einmal habe der kleine Prinz im Wickelkissen Éva angelächelt und ihr die Händchen entgegengestreckt. Éva, nicht verlegen, habe ihn auf den Arm genommen und ihn ohne allen Respekt geschaukelt, wie sie es daheim mit den Bauernkindern zu tun pfelgte. Sie habe sogar *„Du kleiner Tolpatsch“* zu ihm gesagt. Von dem Tage an sei sie der Liebling der Königin, die sie jetzt nicht einmal mehr zum Schlafen nach Hause gehen lasse.

Gergely hörte dem Alten zuerst nur mit lebhaftem Interesse, dann aber mit strahlenden Augen zu. Ein wenig sonderbar fand er es, daß Cecey eine so würdevolle Miene aufsetzte und ihn so kühl ansah. Am Ende wurde Gergelys Gesicht wieder ernst.

„Nun, was hast du?“ blaffte ihn der Alte an. „Was stierst du so blöde drein?“

„Ich bin schläfrig“, antwortete Gergely und konnte die Tränen kaum zurückhalten.

Denn er hatte begriffen, daß die kleine Éva nimmer seine Gemahlin werden könnte.

12

Was war eigentlich in Buda geschehen?

Dies: Die Deutschen hätten sich gern dort festgesetzt. Der Königin wäre es auch recht gewesen, aber den ungarischen Adligen war nicht wohl bei dem Gedanken, daß in König Matthias’ Palast Deutsche hausen würden. Der König der Ungarn sollte endlich wieder ein Ungar sein!

Sie riefen die Türken zu Hilfe und verteidigten inzwischen die Burg. Als die Vorhut der türkischen Truppen ankam, war die Zahl der Deutschen schon geringer geworden. Und als auch der Sultan mit seinem ungeheuren Heer die Festung erreichte, war Roggendorfs Heer geschlagen und auseinandergetrieben.

Der Mönch oder Frater Georgius (so wurde der berühmte Georg Martinuzzi genannt) führte dem Sultan zur Begrüßung vierhundert deutsche Gefangene entgegen.

Dem Frater schlossen sich auch Bálint Török und der greise Péter Petrovich an.

Der Sultan stand mit seinem Heer in Cserepes, einen Tagemarsch vor Buda. Er empfing die Herren gnädig in einem seidenen Zelt mit Turm und Vorhalle. Dem Namen nach kannte er bereits alle drei. Er wußte, daß der Frater für die ungarische

Nation dachte. Bálint Török kannte er noch von der Zeit her, da er in Wien die Flagge mit dem Halbmond hissen wollte. Damals erschlug Herr Bálint Kasson Pascha und vernichtete dessen ganzes Heer. Die Türken sprachen von ihm nur als vom feurigen Teufel.

Über den alten Petrovich hatte der Dolmetscher ihm zuvor berichtet, daß er ein Verwandter des königlichen Kindes sei und daß kein anderer als er im Jahre 1514 György Dózsa, den großen Bauernführer, vom Pferd gestoßen und gefangengenommen habe.

Die drei Herren wurden ins Zelt geführt. Alle drei verbeugten sich. Dann, als der Sultan vor sie hintrat und die Hand ausstreckte, trat der Mönch einen Schritt vor und küßte dem Sultan die Hand. Der greise Petrovich tat das gleiche.

Bálint Török küßte des Sultans Hand nicht, er verbeugte sich nur noch einmal und sah, bleich und dennoch stolz, den Sultan an.

Welch eine Dreistigkeit! Dem Mönch erstarrte vor Schreck das Mark in den Knochen. Wenn er das geahnt hätte, würde er Herrn Bálint mit keiner Silbe genötigt haben, mitzukommen.

Der Sultan zuckte mit keiner Wimper. Er hob die zum Kuß dargebotene Hand ein wenig höher und legte sie Bálint Török auf die Schulter. Er umarmte ihn.

All das geschah so familiär, so nach ungarischer Art, als hätte es sich gar nicht anders ereignen können.

Hinter dem Sultan standen seine beiden jungen Söhne. Freundlich drückten sie den ungarischen Herren die Hand. Ihnen war sicherlich vorher gesagt worden, wie sie sich zu benehmen hätten. Nach dem Händedruck stellten sie sich wieder hinter ihren Vater und hefteten den Blick auf Bálint Török.

Den konnte man auch mit Recht anschauen. Welch ein würdevoller, schöner ungarischer Mann! Wie er so dastand in seinem rotseidenen Atlasgewand mit den geschlitzten Ärmeln! Jeder andere Mann von Rang müßte klein und gering neben ihm wirken.

So wandten sich denn auch des Sultans alte Glotzaugen öfter Bálint Török als dem sich eifrig vor ihm verneigenden Frater Georgius zu, der in einer gedrechselten lateinischen Oratio vermeldete, daß die deutsche Gefahr abgewendet sei und daß sich die ungarische Nation glücklich schätze, die Flügel eines so gewaltigen Beschützers über sich zu fühlen.

Süleiman Pascha, ein kränklicher dürrer alter Herr, dolmetschte; denn er war als junger Bursche aus Ungarn in die Türkei gekommen und sprach beide Sprachen fehlerlos.

Satz für Satz übertrug er die Rede des Mönchs.

Der Sultan nickte dazu. Und als der Frater mit einer tiefen Verbeugung seine Ansprache beendet hatte, sagte der Sultan lächelnd:

„Du hast gut gesprochen. Ja, ich bin gekommen, weil König János mein Freund war. Das Schicksal seines Volkes ist für mich nicht eines fremden Volkes Schicksal. Frieden muß wieder in dieses Land einkehren. Das ungarische Volk wird von jetzt an wieder ruhig schlafen können; mein Schwert wacht über ihm von nun an alle Zeit.“

Mit glücklichem Gesicht verbeugte sich der Frater. Der alte Petrovich wischte Tränen aus seinen Augen. Nur Bálint Török sah mit umwölkter Stirn vor sich hin.

„Laßt uns nun sehen, was Ihr für Leute bezwungen habt“, sagte der Sultan.

Er stieg aufs Pferd und ritt, von den ungarischen Herren begleitet, in langsamem Schritt die Reihe der Gefangenen ab. Diese standen oder knieten in langer Doppelreihe im Sand nahe der Donau.

Zur Rechten des Sultans ritt der Frater, auf der linken Seite Süleiman Pascha. Doch der Sultan wandte sich zuweilen nach hinten und sprach bald Petrovich, bald Bálint Török, bald seine Söhne an.

Die lange Reihe der Gefangenen warf sich vor dem Sultan nieder. Der eine und andere hob flehend die gefesselten Hände.

„Lumpiges Söldnergesindel“, bemerkte der Sultan auf türkisch, „doch ein kräftiges Volk“.

„Es waren sogar noch stärkere dabei“, entgegnete Bálint Török, als der Sultan sich ihm zuwandte. „Einige hundert. Aber die sind nicht hier.“

Und da der Sultan ihn fragend ansah, gab Herr Bálint seelenruhig zur Antwort:

„Die habe ich erschlagen.“

Sie kehrten zum Zelt zurück. Da der Sultan nicht hineinging, wurde ihm ein Sessel gebracht. Für die drei Ungarn brachte man keine Stühle, auch für die Sultanssöhne nicht.

„Was soll mit den Gefangenen geschehen, Majestät?“ fragte Amhat Pascha.

„Schlagt ihnen die Köpfe ab“, antwortete der Sultan so gleichmütig, als hätte er gesagt: Bürstet mir den Kaftan ab.

Er setzte sich in den vor dem Zelt stehenden Sessel auf ein Kissen mit Goldstickerei. Hinter ihn stellten sich zwei Diener mit Fächern aus Pfauenfedern, nicht nur um des Pompes willen, sondern wirklich wegen der Fliegen. Denn es war Ende August, und mit dem Heer waren Myriaden von Fliegen gezogen.

Neben dem Sultan standen seine beiden Söhne, vor ihm, unbedeckten Hauptes, die ungarischen Herren.

Der Sultan blickte eine Weile versonnen vor sich hin. Dann wandte er sich an Bálint Török:

„Unterwegs ist ein Pfarrer aus deinem Komitat in Gefangenschaft geraten. Vielleicht kennst du ihn?“

Bálint Török verstand, was der Sultan sagte, hörte aber auch den Dolmetscher an.

Und dann antwortete er auf ungarisch:

„Ich kenne nicht alle Pfarrer aus meinen Komitaten. Auf meinen Besitztümern sind einige hundert, verschiedenen Glaubens. Aber es kann ja sein, daß ich diesen Gefangenen kenne.“

„Bringt ihn her“, befahl der Sultan und sah mit hochgezogenen Augenbrauen gelangweilt vor sich hin.

Vom Donauufer her klang das Geräusch des Köpfens. Schreie, flehendes Bitten. Und all das vermischte sich mit dem Lärm des Lagers.

Zwei Männer brachten dann eilends einen in ein Laken gehüllten Menschen.

Sie legten ihn vor dem Sultan auf die Erde und entfernten das Laken von seinem Kopf.

„Kennst du ihn?“ fragte der Sultan mit einem Seitenblick auf Bálint Török.

„Freilich kenne ich ihn“, antwortete Bálint Török erschüttert, „das ist ja mein Pfarrer“.

Und er blickte sich um, sah die Anwesenden an, als erwarte er eine Erklärung.

Doch die türkischen Würdenträger verzogen keine Miene, er begegnete nur eisigen Blicken aus ihren schwarzen Augen.

Nach einer Weile sagte der Sultan:

„Es ist ihm ein Unglück zugestoßen. Er war schon leidend, als er zu mir ins Lager gebracht wurde." Den Dienern befahl der Sultan: „Bestattet ihn in Ehren, nach dem Brauch des christlichen Glaubens."

Dann wurden auf einem silbernen Tablett erfrischende Getränke in Silberbechern herumgereicht; irgendein eisgekühltes und duftendes Gemisch von Orangensaft und Rosenwasser.

Freundlich lächelnd bot der Sultan Bálint Török als erstem die Erfrischung an.

13

In einem kleinen Zimmer auf der Hofseite machte Frau Cecey für Gergely ein Bett zurecht.

Mehr noch als das Ausruhen tat ihm wohl, daß er mit seinem Kummer allein sein konnte.

Daß die Königin seine kleine Éva liebgewonnen hatte, wunderte ihn nicht. Seiner Meinung nach gab es auf der ganzen Welt kein liebenswerteres Geschöpf als sie. Aber es tat ihm dennoch im Herzen weh, daß die Ceceys so stolz darauf waren. Éva gehörte also nun zum königlichen Hof, wo nur Fürsten und die Großen des Landes aus und ein gingen. Wie konnte da ein so kleiner, so unbedeutender Mensch wie er, der kein Haus, kein Wappen, ja nicht einmal einen Hund besaß, noch vor sie hintreten!

Er warf sich auf die Bank mit dem schäbigen Bärenfell und legte sein tränennasses Gesicht auf den Arm.

Die Traurigkeit hat die gute Eigenschaft, einzuschläfern und den Betrübten mit angenehmen Träumen zu trösten.

Gergely schlief auf dem Bärenfell länger als einen halben Tag und wachte lächelnd auf.

Erstaunt blickte er auf die Wand der kleinen Stube, auf das Bild mit dem krummbeinigen Sankt Emmerich, das dort hing. Dann wurde er ernst. Die Ellbogen auf die Knie gestützt und das Gesicht in die Hände vergraben, saß er da. In wüstem Durcheinander wirbelten in seinem Kopf die Erlebnisse der letzten beiden Tage. Das riesige Türkerheer, die Gefangennahme, der Tod des Pfarrers Gábor, die Flucht, die königliche Burg, das Entschwinden seiner kleinen „Gemahlin", die Sinnesänderung seiner Zieheltern – all das ging ihm wirr und bunt durch den Sinn. Dann dachte er an das Pferd, an den alten Schimmel: Ob ihn wohl jemand gefüttert und getränkt hatte? Wie würde er auf dem nach Somogyvár zurücktrotten? Was sollte er antworten, wenn man ihn fragte, wo der Magister sei? Wer würde sie nun unterrichten? Sicher Sebestyén Tinódi, der gute Lautenspieler mit der lahmen Hand.

Er stand auf und schüttelte sich wie jemand, der sich von der Qual eines bösen Traumes befreien will. Er ging zu den Ceceys hinüber.

„Liebe Mutter", sagte er, „ich bin nur gekommen, um Euch die Kunde von der Türkengefahr zu bringen. Jetzt kann ich schon wieder zurückreiten."

Frau Cecey saß am Fenster und säumte mit Goldfäden ein Stück Leinwand. Die Frauen trugen damals goldgestickte Hemdkragen. Solch einen nähte sie für ihre Tochter.

„Wohin willst du denn so eilig?" fragte sie verwundert. „Wir haben ja noch kaum miteinander gesprochen. Mein Gemahl ist nicht zu Hause. Vielleicht möchte auch er mit dir reden. Warst du denn schon bei Herrn Bálint?"

Gergely sah vor sich hin.

„Nein. Ich gehe auch nicht zu ihm. Ich bin daheim so eilig aufgebrochen, habe nicht einmal gesagt, wo ich hingehe."

„Auch mit unserem Geistlichen willst du nicht sprechen?"

„Wo wohnt er denn?"

„Hier bei uns. Wo sollte er sonst wohnen? Aber jetzt ist er nicht da. Er bestattet die toten Krieger."

„Zanken sich die beiden noch immer?"

„Jetzt mehr denn je. Jetzt hält er zu Ferdinand und mein Gemahl zu János."

„Sagt ihm, bitte, daß ich ihn grüßen lasse."

Die Anrede „Mutter" vermied er jetzt absichtlich.

Frau Cecey wendete ihre Handarbeit um und sprach erst nach einigem Schweigen:

„Ja, dann will ich dich nicht aufhalten, mein Junge. Nimm

einen Happen, bevor du gehst. Ich habe dein Mittagessen für dich aufgehoben, ich wollte dich nicht wecken."

Gergely senkte den Kopf. Gewiß dachte er darüber nach, ob er das Essen annehmen sollte. Schließlich überlegte er sich, es könnte die Ceceys kränken, wenn er es nicht täte, und so willigte er ein.

Die Frau breitete eine gelbe Decke über den Tisch, setzte kalten Braten hin und stellte auch Wein dazu.

Unterdessen kehrte der alte Pfarrer Bálint heim. Sonst unterbrach er sein Werk der Barmherzigkeit immer erst am Abend, an diesem Tage kam er früher nach Hause, weil die Hitze und die schwere Arbeit ihn ermüdet hatten.

Gleich nach ihm holperte Cecey ins Zimmer.

Gergely küßte dem Geistlichen die Hand. Als dieser ihn wieder an den Tisch genötigt hatte, beantwortete Gergely ihm seine Fragen, während er aß.

„Wie du gewachsen bist!" rief der Pfarrer staunend. „Bist ein richtiger Mann geworden. Und mir ist doch, als wärst du erst gestern von uns fortgegangen."

Und er sah sich um:

„Wo ist Éva?"

„Im Palast", antwortete Cecey.

Der Pfarrer blickte ihn fragend an. Und Cecey sagte, wie wenn er seinerseits um Entschuldigung bäte:

„Die Königin hat sie sehr liebgewonnen und läßt sie nicht von ihrer Seite."

„Seit wann?"

„Seit einigen Tagen."

„Sie ist doch nicht etwa bei dem Kinde?" fuhr der Gesitliche auf.

„Doch", erwiderte Cecey. „Glaube aber nicht, daß sie dort Kindermagd ist. Deren gibt es im Schloß genug. Éva ist nur eben so dabei."

„Deine Tochter bei Szapolyais Sohn?" Der Pfarrer sprang auf, ihm wich die Farbe aus dem Gesicht.

Cecey stapfte unruhig durch das Zimmer.

„Was ist schon dabei?" brummte er und drehte sich um. „Hast du nicht gesagt, lieber der Ungar, wenn er auch ein Hund ist, als der Deutsche, selbst wenn er ein Engel ist?"

„Aber daß *deine* Tochter Szapolyais Sohn wiegt!"

Und mit unbändiger Wut schrie Pfarrer Bálint Cecey an:

„So schwindet dem Menschen der Verstand, wenn er alt wird! Hast du vergessen, daß der Vater dieses Kindes ein Henker war?! Und hast du vergessen, daß du mit mir zusammen von György Dózsas Fleisch essen mußtest?!"

Und er stieß den Stuhl so hart auf den Boden, daß er krachend in Stücke brach.

Gergely fiel der Bissen aus dem Mund. Er lief die Treppe hinunter und holte sein Pferd. Ohne sich zu verabschieden, jagte er davon.

14

Vor dem königlichen Schloß sprang er ab und hielt sein Pferd am Zaum.

An der Schloßmauer erblickte er eine Sonnenuhr von der Größe eines Wagenrades. Die Sonne war gerade von einer Wolke verdeckt, und der vergoldete Stab der Uhr zeigte nur mit einem blassen Schatten auf die römische Ziffer IV.

Gergely sah forschend zu den Fenstern hinauf. Er betrachtete sie alle der Reihe nach, die im Erdgeschoß, die im oberen Stockwerk, dann auch die Turmfenster.

Durch das Schloßtor gingen Soldaten ein und aus. Auch ein greiser Ungar mit weißem Bart und gebeugtem Rücken trippelte hinein. Zwei Schreiber folgten ihm.

„Geht aus dem Weg!" sagte der Wachtposten zu zwei kleinen Knaben. „Was gafft ihr hier!"

Der Greis ging weiter. Er mußte wohl ein großer Herr sein, denn alle grüßten ihn, er aber erwiderte niemandem den Gruß. Seine Schreiber trugen zusammengerollte Papiere. An ihre Tuchmützen hatten sie seitlich Gänsefedern gesteckt, und an ihren Gürteln hingen kupferne Tintenfässer. Als nun die Sonne wieder hervorkam, bewegten sich sogar ihre Schatten an der Schloßmauer würdevoll vorwärts.

Dann erblickte Gergely einen großen, schlanken blonden Soldaten. Er sah nur dessen dünne Beine, die in roten Schaftstiefeln und roten Hosen steckten, doch schon allein daran erkannte er den Mann: Er gehörte zur Wache von Burg Sziget und hieß Bálint Nagy.

Gergely wendete sein Pferd und ritt schnell nach dem Sankt-Georgs-Platz, denn er wollte von keinem der Leute Bálint Töröks gesehen werden.

Dort aber traf er wieder einen Bekannten, einen geschäftigen kleinen Mann mit rundem Kinnbart. Das war Imre Martonfalvay, Herrn Bálints Schreiber, Verwalter und Leutnant, kurz, er war für allerlei geeignet.

Gergely sprang vom Pferd und versteckte sich hinter diesem, damit Martonfalvay sein Gesicht nicht sähe. Der Schreiber Imre hatte ihn jedoch schon erkannt.

„Sieh da!" rief er. „Gergely, mein Junge!"

Bis über die Ohren rot hob Gergely den Kopf.

„Wie kommst du hierher? Hast du unseren Herrn besucht? Sag, wo hast du denn diesen pferdeköpfigen Ochsen aufgelesen? Von unseren Pferden ist der Gaul doch nicht!"

Gergely wäre am liebsten samt seinem als Ochse bezeichneten braven Gaul unter das Pflaster versunken.

Aber er faßte sich schnell.

„Ich will zu Herrn Bálint, wo ist er?" fragte er und blinzelte verlegen.

„Ich weiß nicht, ob er schon zurück ist. Er hat dem Sultan die deutschen Gefangenen vorgeführt. Ha, unser Herr ist ein tapferer Mann! Wenn du gesehen hättest, wie der die Deutschen zusammengehauen hat! Erst heute vor einer Woche noch kam er vom Gefecht heim, ich sage dir, sein ganzer rechter Arm tropfte von Blut. Die Königin saß gerade am Fenster. Als er an ihr vorbeitritt, zeigte er ihr den rechten Arm mitsamt dem Säbel. – Ist daheim keine Viehseuche?"

„Nein", antwortete Gergely.

„Und sag mal, haben die Gefangenen den alten Brunnen gesäubert?"

„Ja."

„Stehlen die Drescher auch nicht?"

„Nein."

„Sind die jungen Herren gesund?"

„Ja."

„Und unsere Herrin?"

„Ist auch gesund."

„Warst du gar nicht in Remeteudvar?"

„Nein."
„Weißt du, ob die Wiesen schon zum zweitenmal gemäht werden?"
„Nein."
„Na" – der Schreiber fächelte sich mit dem Hut – „wo willst du übernachten? Hast du schon ein Unterkommen?"
„Noch nicht."
„Dann komm doch zu mir. Bringst du eine wichtige Botschaft? Oder einen Brief für den Herrn?"
„Nein. Ich bin bloß..."
„Also warte hier. Ich gehe schnell ins Schloß. Oder komm mit, hier auf den Reiterhof. Dann gehen wir nach Hause, und du kleidest dich um. Oder hast du kein Festgewand hier? Macht nichts, bekommst schon eines. Dann kannst du mit dem Herrn sprechen."
Martonfalvay führte Gergely in den Hof an eine schattige Stelle.
Gergely schaute dem redseligen, lebhaften Mann nach. Er sah, wie er die breite rote Marmortreppe hinaufeilte. Dann überlegte er, ob er sich nicht davonmachen sollte, um Herrn Bálints Schelte zu entgehen.
Ach, dem konnte man nicht entgehen! Mit seinem mächtigen Blick zog ja Herr Bálint schon von weitem die Menschen zu sich heran. Dann aber mußte man die Wahrheit sagen. Ja, Gergely würde zugeben müssen, daß... O je, wie sollte er das gestehen?...
Er kratzte sich hinterm Ohr. Er dachte so angestrengt nach, daß ihm gleichsam der Kopf rauchte, dann starrte er wieder die Fenster an.
Und wie er so schaute, sah er, daß durch eine Öffnung in der Hofmauer das grüne Laub des Gartens schimmerte. Wie, wenn er dort hindurchschlüpfte, um seine kleine Éva wenigstens von Ferne zu sehen? Von weitem nur, denn in die Nähe der Königin konnte sich ja so ein gemeiner Sterblicher wie er nicht wagen.
Wo mochten sie jetzt sein? Sicherlich irgendwo auf der anderen Seite, wo es schattig war, entweder im Garten oder an einem der Fenster. Er würde Éva von weitem erkennen, ihr zartes, weißes Gesicht, ihre so lieb lächelnden Kätzchenaugen. Er würde ihr mit dem Hut winken. Éva mochte dann tagelang grübeln

und sinnen, ob Gergely hiergewesen war oder jemand, der ihm ähnelte, oder vielleicht nur Gergelys Geist.

Auf dem Hof lagen Heureste herum. In die Mauer waren in gleichen Abständen große schwere Eisenringe eingelassen. Hier konnten Leute, die bei Hofe zu tun hatten, ihre Pferde anbinden.

Gergely band seinen Schimmel an einen Ring, dann schlenderte er an den Soldaten vorbei und schlich sich in den schmalen Gang, aus dem das Laub der Bäume hervorlugte.

Gergely hatte dort den Eingang zum Garten vermutet. Nun, da irrte er sich: Die Eingänge zu so großen Gärten macht man nicht in solch engen Gäßchen! Hier war weder Tür noch Tor zu sehen. Die eine Seite der Durchgangs bestand aus einem hohen Eisengitter, die andere Seite aus einer Mauer, der Wand eines Gebäudes. In diesem Teil des Palastes hatten einst Gelehrte und Künstler des Königs Matthias gewohnt, dann, zur zeit Wladislaws, polnische Priester und Diener und später weibliches Gesinde.

Gergely wußte aber von alledem nichts. Er sah nur das Gitter an. Es war weiß, die Spitzen der Eisenstangen waren vergoldet. Da und dort hing das Laub über das Gitter.

Gergely spähte hindurch. Er sah Kieswege und kleinere Gartengebäude mit Dächern aus grünglasierten Ziegeln. Auf dem Gitter saßen hier und da eiserne Raben, von manchen waren aber nur noch die Füße vorhanden. Durch das Laub hindurch sah Gergely ein paar rosa Flecke: Frauenkleider! Das Herz schlug in ihm wie ein Mühlstein.

Er schlich behutsam weiter und weiter am Gitter entlang und spähte immer wieder hindurch. Endlich erblickte er unter einer alten Linde eine Gruppe Frauen.

Sie saßen um eine Wiege herum. Alle trugen hellrosa Kleider. Nur eine war schwarz gekleidet; sie hatte ein schmales Gesicht, eine ziemlich lange Nase und schlanke Hände. Ihre Wangen waren bleich, ihre Augen schwarz und traurig. Nur wenn sie sich über die Wiege beugte, lächelte sie, aber auch ihr Lächeln war wehmütig.

Gergely konnte nicht in die Wiege sehen, der Rücken einer dicken, weißgekleideten Frau verdeckte sie. Die dicke Frau wedelte mit einem Lindenzweig über der Wiege.

Gergely lief am Gitter auf und ab, suchte eine Stelle, wo er besser in den Garten sehen könnte. Er konnte erkennen, daß vier Frauen um die Wiege saßen und daß eine fünfte sich neben einer großen kelchförmigen Marmorvase bückte.

Rasch lief er am Gitter entlang näher zu dieser hin. Tatsächlich, das war seine kleine Éva. Aber wie sie gewachsen war! Sie sammelte Kastanien von der Erde auf und warf sie in einen Korb.

„Évi! Kätzchen!“ rief Gergely leise durchs Gitter.

Das Mädchen stand etwa zwanzig Schritt entfernt. Es summte ein Lied vor sich hin, deshalb hörte es Gergelys Stimme nicht.

„Évi! Kätzchen!“

Sie hob den Kopf. Ernst und verwundert blickte sie nach dem Gitter.

„Évi! Kätzchen!“ wiederholte Gergely und fast hätte er laut aufgejubelt. „Kätzchen! Évi! Komm doch her!“

Sie konnte ihn nicht sehen, weil ein Tamariskenstrauch zwischen ihnen war, aber sie erkannte Gergelys Stimme.

Und sie kam heran. Sprang wie ein Rehlein, bald stehenbleibend, bald flink huschend; ihre Augen waren vor Verwunderung weit geöffnet.

„Ich bin es, Évi“, sagte Gergely.

Da war sie plötzlich bei ihm. Sie schlug die Hände zusammen.

„Gergely! Wie kommst du hierher?“

Sie strahlte vor Freude und hielt das Gesicht zwischen die Gitterstäbe, damit Gergely sie küssen könne. Er nahm dabei einen angenehmen Duft an ihr wahr, so ähnlich wie der Duft der Geißblattblüte im April.

Dann umfaßten sie beide, die Hände dicht nebeneinander, das Gitter. Die Eisenstangen waren kalt, aber ihre Hände warm. Und beide hatten hochrote Gesichter.

Der Jüngling erzählte kurz, wie er dorthingekommen war, und schaute dabei immerzu Évas Gesicht, ihre Hände und ihr Kleid an.

Wie war sie gewachsen! Und wie schön war sie geworden! Nur die offenen, unschuldigen, schönen Katzenaugen waren dieselben geblieben.

Ein anderer hätte das Mädchen vielleicht nicht hübsch gefunden. Sie war ja gerade in dem Alter, wo sich nur die Hände und

Füße entwickeln, und das Gesicht noch unreif, die Brust knabenhaft und das Haar noch kurz ist. Aber Gergely fand das alles prächtig. Ihm gefielen Évas große Hände, für ihn waren sie weiß und samtweich; und da zierliche Schuhe ihre Füße umschlossen, ließ er auch auf ihnen entzückt seinen Blick ruhen.

„Ich habe einen Ring mitgebracht“, sagte er und zog den großen türkischen Ring aus der Tasche. „Mein guter Lehrer hat ihn mir vererbt. Ich schenke ihn dir, Évi.“

Sie nahm den Ring in die Hand und betrachtete mit Wohlgefallen den Halbmond aus Topas und die diamantenen Sterne. Dann steckte sie ihn an den Finger und lächelte.

„Was für ein großer Ring! Aber schön ist er.“

Der Ring hing lose an ihrem Finger, da steckte sie noch einen zweiten Finger hinein.

„Wenn ich erwachsen bin, wird er mir passen“, sagte sie, „bewahre du ihn bis dahin“.

Und mit kindlicher Offenherzigkeit fügte sie hinzu:

„Weißt du, bis ich deine Frau werde.“

Da trübte sich Gergelys Blick, und die Augen wurden ihm feucht.

„Du wirst nicht meine Frau, Évi.“

„Warum nicht?“ fragte sie betroffen.

„Du lebst unter lauter Königen und Fürsten. Einem so niedrigen Mann wie mir gibt man dich nicht zur Frau.“

„Oh, sprich nicht so“, sagte Éva und warf den Kopf in den Nacken. „Meinst du denn, ich hielte die für wer weiß wie groß? Ja, die Königin hat auch einmal gesagt, ich soll nur den kleinen König recht liebhaben, und wenn ich erwachsen bin, wird sie mir einen feinen Bräutigam verschaffen. Ich habe schon einen, habe ich ihr geantwortet und ihr auch deinen Namen gesagt und daß Bálint Török dein Ziehvater ist.“

„Das hast du ihr gesagt? Und was hat sie darauf erwidert?“

„Sie hat so gelacht, daß sie fast vom Stuhl gefallen wäre.“

„Ist sie auch hier im Garten?“

„Ja. Die im schwarzen Kleid.“

„Die?“

„Ja, die. Nicht wahr, sie ist schön?“

„Nun ja, aber ich hatte sie mir noch schöner vorgestellt.“

„Schöner? Ist sie nicht schön genug?“

„Ich habe keine Krone auf ihrem Kopf gesehen."
„Wenn du willst, kannst du mit ihr sprechen. Sie ist eine gute Frau. Ungarisch versteht sie aber nicht."
„Was dann?"
„Polnisch, Deutsch, Lateinisch, Italienisch, Französisch, also eine Menge Sprachen, bloß Ungarisch nicht. Deinen Namen spricht sie Kerkő aus."
„Was sollte ich mit ihr reden?" warf Gergely zögernd ein. „Zwar, ein paar Worte Deutsch kann ich auch. Aber sage lieber, Évi, wie kann ich mit dir sprechen, wenn ich ein andermal nach Buda komme?"
„Wie? Ich sage der Königin dann, sie möchte dich vorlassen."
„Und wird sie das tun?"
„Ganz gewiß. Sie hat mich so lieb, sie erlaubt mir alles. Sie gibt mir auch von ihrem Duftwasser. Riech mal hier an meinem Ärmel. Nicht wahr, das riecht gut. Die Königinnen duften alle so gut. Und ihr Gebetbuch hat sie mir auch gezeigt. Oh, was sind darin für schöne Bilder! Da ist eine Maria im blauen Seidenkleid von Rosen umgeben. Das müßtest du sehen!"
Von der Linde her ertönte ein klägliches Wimmern, es hörte sich an, als hätte jemand einer Katze auf den Schwanz getreten.
Éva zuckte zusammen.
„O je, der kleine König ist aufgewacht. Warte hier, Gergő."
„Évi, ich kann nicht auf dich warten, aber ich komm' morgen wieder."
„Gut", sagte sie. „Sei jeden Tag um diese Zeit hier."
Und sie eilte zu dem kleinen König.

15

Nichts geschieht so, wie wir es uns vorher dachten.
Als Bálint Török nach Hause zurückgekehrt war, war er stundenlang nicht zu sprechen. Er hatte sich in seinem Zimmer eingeschlossen und schritt dort auf und ab. In den unteren Zimmern hörte man seine schweren, gleichmäßigen Schritte.
„Der Herr ist böse", meinte Martonfalvay besorgt, „doch wohl nicht auf mich?"

„Und wenn er nun noch mich hier sieht!“ sagte Gergely fröstelnd und kratzte sich am Kopf.

Martonfalvay stieg dreimal die Treppen hinauf, bis er endlich einzutreten wagte.

Bálint Török stand am Fenster nach der Donau hin. Er war noch so gekleidet, wie er beim türkischen Kaiser gewesen war. Nicht einmal den Ehrensäbel in der Samtscheide hatte er abgelegt.

„Was gibt's?“ fuhr er ihn an, während er sich umdrehte. „Was willst du, Imre? Ich bin jetzt zu gar keinem Gespräch aufgelegt.“

Mit einer ehrerbietigen Verbeugung zog Martonfalvay sich zurück.

In der Vorhalle blieb er stehen und kratzte sich verlegen hinterm Ohr. Denn: wenn er jetzt seinem Herrn etwas sagte, wird dieser ungehalten. Wenn Herr Bálint sich ärgerte, war er ja wie eine Gewitterwolke; jeden Augenblick konnte das Donnerwetter losgehen. Vielleicht war es aber doch falsch, wenn er nichts sagte. Der Herr freute sich doch immer, wenn jemand von daheim kam.

Bálint Töröks Haus stand dicht am Fejérvárer Tor. Auf der einen Seite wiesen die Fenster nach Pest, auf der anderen nach dem Gellértberg. Als Martonfalvay durchs Fenster hinunterschaute, sah er Werbőczy soeben zur Haustür hineingehen. Das half ihm eigentlich aus der Verlegenheit.

Er eilte zurück und trat doch wieder bei seinem Herrn ein.

„Euer Gnaden, Herr Werbőczy kommt.“

„Ich bin zu Hause“, erwiderte Bálint Török.

„Auch Gergely ist hier“, fuhr der Schreiber fort und holte tief Atem, „der kleine Bornemissza“.

„Gergely? Allein?“

„Ja, allein.“

„Wie kommt denn der hierher? Er soll hereinkommen!“

Gergely traf an der Tür mit dem weißbärtigen, gebeugtgehenden Werbőczy zusammen.

Da Martonfalvay sich tief verneigte, machte es Gergely ihm nach.

Diesem alten Herrn war er soeben am königlichen Schloß begegnet. Ihm hatten die Schreiber mit den Gänsefedern die

Papierrollen nachgetragen. (Wahrlich ein berühmter Mann! Als Bursche sah er noch König Matthias!)

„Grüß Gott, Vater Werbőczy“, erklang aus dem Zimmer Bálint Töröks tiefe, männliche Stimme.

Er erblickte Gergely.

„Erlaube, daß ich zuerst mit meinem Adoptivsohn spreche. Komm herein, Gergely!“

Gergely wußte nicht, wie ihm geschah: Wie angenagelt stand er vor den beiden Herren.

Mit gerunzelter Stirn sah Herr Bálint ihn an:

„Ist daheim ein Unglück geschehen?“

„Nein“, antwortete der Student.

„Du bist mit dem Pfarrer zusammen gewesen!!!“

„Ja.“

Und Gergely erbleichte.

„Wie seid ihr in Gefangenschaft geraten? Der Pfarrer ist ja dort gestorben. Waren auch meine Söhne mit?“

„Nein.“

„Wie seid ihr zu den Türken gekommen?“

Da griff der greise Werbőczy ein:

„Na, na, Bruder Bálint“, sagte er mit gütiger tiefer Stimme, „schrei doch den armen Buben nicht so an, er kann ja vor Schreck kein Wort hervorbringen.“

Er ließ sich in der Mitte des Zimmers auf einem schwarzen Ledersessel nieder.

Die Worte *„vor Schreck“* wirkten auf Gergely, als hätte man ihm kaltes Wasser ins Gesicht gespritzt: Er kam zur Besinnung.

„Das kam so“, antwortete er auf einmal mutig, „wir wollten den türkischen Kaiser in die Luft sprengen“.

„Per amorem Dei!“ stieß Werbőczy entsetzt hervor.

Auch Bálint Török war betroffen.

Und – komme, was da wolle – der Jüngling erzählte, wie sie das Schießpulver auf der Landstraße eingegraben hatten und daß Pfarrer Gábor den Kaiser wohl mit dem Pascha verwechselt haben mußte.

Werbőczy schlug die Hände zusammen:

„Welch eine Unbedachtsamkeit! Was für eine Torheit hattet ihr euch da ausgedacht!“

„Nicht das war die Torheit“, entgegnete Bálint Török und

stieß den Säbel auf den Fußboden, „die Torheit war, daß der Pfarrer den Pascha für den Sultan gehalten hat."

Die beiden Herren wandten sich einander zu.

„Der Sultan ist unser Freund!" sagte Werbőczy.

„Unser Verderb!" entgegnete Bálint Török.

„Er ist ein Herr von edler Gesinnung!"

„Ein gekrönter Schurke!"

„Ich kenne ihn, du kennst ihn nicht! Ich war bei ihm in Konstantinopel..."

„Die Worte eines Heiden sind keine heilige Schrift. Selbst wenn sie heilig wären, so ist doch ihre heilige Schrift, nicht unsere und unsere nicht die ihre. Ihre heilige Schrift kennt nur das eine: die Christen zertreten!"

„Du irrst dich."

„Wollte Gott, ich irrte mich, Vater! Mir schwant aber Böses bei diesem türkischen Besuch. Ich gehe weg von hier, nach Hause."

Und zu Gergely sagte er:

„Mein Sohn, ihr hättet Ungarn retten können!"

Es klang schmerzlich, wie er das sagte.

Am nächsten Morgen weckte Martonfalvay Gergely und legte einen Pagenanzug aus roter und blauer Seide auf den Tisch.

„Du sollst dich anziehen, befiehlt der Herr. Halte dich um zehn Uhr auf dem Hof bereit. Du gehst mit ihm ins königliche Schloß."

Und wie eine fürsorgliche Mutter kümmerte er sich um Gergely, wusch ihn, zog ihn an, scheitelte ihm das Haar in der Mitte. Mit einem Hirschlederlappen putzte er ihm die Goldknöpfe. Sogar die dunkelroten Lersen wollte er ihm anziehen.

„Das lasse ich aber nun wirklich nicht zu!" wehrte Gergely lachend ab. „Ein so unbeholfener Tölpel bin ich denn doch nicht."

„Ja, fürchtest du dich nicht?"

„Wovor sollte ich mich fürchten, Herr Schreiber? Vor die Königin hinzutreten? Meine Frau Ziehmutter ist eine größere Frau als sie, wenngleich sie keine Krone trägt!"

„Da sprichst du die Wahrheit", gab der Schreiber zu und

betrachtete den Jüngling wohlgefällig von oben bis unten. „Aber weißt du, schließlich ist sie ja doch Königin."

Als Gergely dann mit Bálint Török zusammen ins Schloß ging, eilte ihnen ein Diener vom Hof entgegen.

„Gnädiger Herr", keuchte er, „Ihre Majestät die Königin hat mich geschickt, Ihr möchtet sofort zu ihr kommen. Ein Pascha ist auf dem Wege hierher. Schätze bringt man herbei, entsetzlich viel!"

Bálint Török wandte sich seinen Soldaten zu, die ihn begleiteten:

„Für diese Geschenke werden wir zahlen müssen, Ihr werdet es sehen!"

Die Gefolgsleute warteten auf dem Hof. Herr Bálint ging mit Gergely die breite Marmortreppe hinauf.

Der Leibgardist hob salutierend die Hellebarde und zeigte nach rechts:

„Ihre Majestät hat die Herren in den Thronsaal befohlen."

„Dann kannst du mit mir kommen", wandte sich Herr Bálint nach hinten zu Gergely, der ihm folgte. „Bleibe immer vier bis fünf Schritt hinter mir. Und steh stramm! Sprich mit niemandem! Räuspere dich nicht, spucke nicht, gähne nicht, bohr nicht in der Nase!"

Hochgewöltbe Hallen; farbige, geschnitzte Wände; allenthalben Wappen, von Gold funkelnd und mit Kronen; breite Türen, die Zimmerdecke mit silbernen Sternen verziert; dicke rote Teppiche, die das Geräusch der Schritte verschlangen. Gergely war wie betäubt von dem Prunk.

Ihm schien es, als stünde in jeder Ecke ein Geist mit einer Krone und flüsterte: Hier schreitet ihr auf den Spuren von Königen! Diese Luft hier haben Könige geatmet!

Im Thronsaal standen schon fünf prächtig gekleidete Herren, hinter ihnen Pagen und Offiziere, neben dem Thron einige Leibgardisten mit Hellebarden. Aber auf dem Thron saß noch niemand.

Der Thronsaal hatte, wie die anderen Säle, eine gewölbte Decke, und das blaue Seidengewölbe stellte den Stand der Gestirne dar, wie er in der Stunde gewesen war, in der Matthias zum König gewählt wurde.

Hinter dem Thron hing ein großer purpurroter Teppich, das Landeswappen war in Gold hineingewebt. Im Innern dieses Wappens wiederum ein kleines Wappen: auf einem von Engeln gehaltenen Schild zwei weiße Einhorntiere und zwei Wölfe; darüber der polnische Adler. Das war das Wappen der Familie Szapolyai – der polnische Adler galt freilich der Königin.

Ein Palastoffizier trat zu Bálint Török:

„Ihre Majestät läßt Euer Gnaden bitten."

Gergely blieb bei den Pagen und Schreibern.

Er wandte sich zwei Jünglingen zu, die neben ihm miteinander sprachen:

„Mein Name ist Gergely Bornemissza. Ich bin der Page von Bálint Török."

Der eine Jüngling – blond und sonnengebräunt, mit heiterem Blick – streckte ihm die Hand hin:

„Ich bin István Zoltay, von Herrn Batthyánys Truppe."

Der andere, ein untersetzter Bursche mit kurzem Hals, blieb mit verschränkten Armen stehen und sah über Gergely hinweg.

Dieser starrte ihn betroffen an. (Der stierköpfige Junker verachtete ihn wohl gar!)

„Ich bin Gergely Bornemissza", wiederholte er und warf den Kopf in den Nacken.

Der Stierköpfige schaute ihn von der Seite an:

„Was habe ich mit dir zu schaffen, Knabe? Des Pagen Name ist: *Schweigstill.*"

Gergely wurde rot. Seine Augen blitzten den hochmütigen Jüngling an.

„Ich bin nicht *dein* Page. Der aber, dessen Page ich bin, nennt mich nicht *Schweigstill,* sondern: *Dulde-keine-Kränkung!*"

Der junge Herr mit dem Stierkopf musterte ihn von oben bis unten.

„Warte nur, wenn wir draußen sind, nenne ich dir meinen Namen", entgegnete er mit einer unmißverständlichen Handbewegung.

Zoltay trat zwischen die beiden.

„Na na, Mekcsey, du wirst doch dem Knaben nichts tun."

„Ich bin kein Knabe, wenn man mich kränkt", knirschte Gergely. „Als ich sieben Jahre alt war, hat mich István Dobó schon mit einem Säbel umgürtet und mich einen Recken genannt."

Bei dem Namen Dobó drehte sich Zoltay um und legte Gergely die Hand auf die Schulter.

„Ei, sag, bist du etwa gar der Junge, der einem Janitscharen sein Pferd weggenommen hat?"

„Jawohl, der bin ich!" antwortete Gergely voll stolzer Freude.

„Irgendwo bei Pécs?"

„Ja, auf dem Mecsek."

„Na, mein Freund, dann gib mir noch einmal deine Hand."

Und Zoltay schüttelte Gergelys Hand und drückte sie fest, dann umarmte er ihn.

Mekcsey hatte ihnen den Rücken zugewendet.

„Wer ist dieser grobe Kumpan?" fragte Gergely.

„Ein guter Junge", lächelte Zoltay, „nur manchmal ein wenig stachlig."

„Aber ich finde mich damit nicht ab!" fuhr Gergely auf.

Und er schlug Mekcsey auf die Schulter:

„Hört, Herr..."

Mekcsey drehte sich um.

„Um Mitternacht auf dem Sankt-Georgs-Platz, da können wir uns kennenlernen."

Und er schlug an seinen Säbel.

„Einverstanden!" erwiderte Mekcsey kurz.

Zoltay schüttelte den Kopf.

Unterdessen waren immer mehr und mehr Herren in den Saal gekommen. Es roch angenehm nach Schnurrbartwichse. Dann kam auf einmal alles in Bewegung, als führe ein Windstoß durch den Saal. Zwei Leibgardisten mit Hellebarden traten ein, und ihnen folgten einige Würdenträger des Hofes: Hofmeister, Kammerherren, ein Pfarrer in schwarzem Gewand – gewiß der Hofkaplan; dann vier kleine Pagen, dann die Königin; hinter ihr Frater Georgius, Bálint Török, Werbőczy, Orbán Batthyány und der alte Petrovich.

Gergely blickte errötend auf die Tür. Er wartete, daß noch jemand käme. Sicherlich glaubte er, wie die Männer Knaben als Pagen haben, so müsse solch eine hohe Frau von weiblichen Pagen umgeben sein. Allein, es kam kein einziges Pagenmädchen.

Die Königin trug ein Trauerkleid und einen Schleier. Nur auf ihrem Haupte strahlte, schmal wie die Mondsichel, eine diamantenbesetzte Krone. Die Königin ließ sich auf dem Thron nieder. Zwei Leibgardisten nahmen hinter ihr Aufstellung, die Magnaten neben ihr.

Die Königin blickte im Saal umher. Leise richtete sie an den Mönch noch eine Frage und nahm dann wieder Platz. Der Mönch winkte den Türhütern.

Der Gesandte des Sultans trat ein: ein stattlicher Mann in weißem Seidengewand mit Goldquasten. Schon an der Tür verneigte er sich bis zur Erde. Dann eilte er mit flinken Schritten an den Rand des Thronteppichs. Dort streckte er beide Arme nach vorn und warf sich zu Boden.

Mit ihm waren zehn braune Tscherkessenknaben in zitronengelben Pagenkleidern erschienen. Sie kamen ebenso im Laufschritt wie ihr Aga. Je zwei trugen eine mit violettem Samt bedeckte Truhe. Diese stellten sie zu beiden Seiten des Agas hin. Dann warfen sie sich hinter den Truhen ebenfalls auf den Teppich.

„Sei willkommen, Ali Aga“, sprach nun die Königin auf lateinisch.

Ihre Stimme war nur wie ein leiser Hauch. Man wußte nicht recht, ob die Königin vor Schwäche so leise sprach, oder ob sie von solch einer weiblich-ängstlichen Natur war.

Der Türke erhob sich. Erst jetzt erkannte man, welch schönes Arabergesicht er hatte. Er mochte vierzig Jahre alt sein.

„Erhabene Königin“, begann er lateinisch mit belegter Stimme, „ich bringe die Grüße des mächtigen Padischahs vor deinen Thron. Er bittet dich, sie so freundlich entgegenzunehmen, wie er sie gesandt hat.“

Auf seinen Wink klappten die Pagen die Deckel der Truhen auf. Der Aga selbst nahm die Geschenke einzeln heraus: die blinkenden Goldketten und Armreifen, die Samt- und Seidenstoffe, ein prunkvoll mit Edelsteinen besetztes Schwert und einen Streitkolben.

Das alles legte er der Königin zu Füßen auf den Teppich. Auf den bleichen Wangen der Königin erschien ein zartes, freudiges Erröten.

Der Aga öffnete noch eine Kristalldose mit gezacktem Silberrand und überreichte sie ihr. Darin funkelten Ringe, Kleinodien, die schönsten Schätze des märchenhaften Orients. Mit weiblichem Entzücken betrachtete die Königin die Ringe.

„Das Schwert und den Streitkolben, erhabene Königin, schickt mein Herr für die kleine königliche Hoheit", fuhr Ali Aga fort. „Ferner stehen unten auf dem Hof drei arabische Vollblutpferde. Zwei davon sind Geschenke der beiden Söhne des Sultans. Auch sie sind nach Buda gekommen und senden Seiner Hoheit, dem kleinen János Zsigmond, ihren brüderlichen Kuß. Geruhst du, erhabene Königin, die Pferde vielleicht zu besichtigen? Ich habe sie dahin führen lassen, wo sie vom Fenster aus zu sehen sind."

Die Königin stand auf und begab sich mit den Magnaten ans Fenster. Als sie an Gergely vorüberging, spürte er den feinen Geißblattduft, den er auch an Évi wahregenommen hatte. Ein Leibgardist zog den dicken Vorhang zur Seite. Sonnenlicht flutete in den Saal. Die Königin beschattete die Augen mit der Hand und schaute auf den Hof hinunter.

Dort standen drei herrliche kleine Rosse mit kostbaren goldbeschlagenen orientalischen Geschirren. Und um sie herum stand das Burgvolk und staunte.

Die Königin wechselte einige Worte mit dem Mönch.

Der wandte sich darauf an den Gesandten:

„Ihre Majestät dankt voll Rührung für die Geschenke des gnädigsten Sultans sowie für die Geschenke der beiden Prinzen. Sag deinem Herrn, dem gnädigen Sultan, er möge eine Stunde bestimmen für den Empfang der Gesandten des Königs und der Königin, welche deren Dank dem gnädigen Padischah übermitteln werden."

Die Königin nickte und legte die Hände auf die Armlehnen des Thronsessels, um aufzustehen. Jedoch der Aga hatte noch nicht geendet.

„Alle diese Geschenke", fuhr er mit starrem Eulenblick fort, „schickt der mächtige Padischah nur zum Zeichen dessen, daß er die kleine Hoheit, König János Zsigmond, als seinen Sohn und dich, erhabene Königin, als seine Tochter betrachtet. Es wäre für ihn die größte Freude, wenn er den Sohn seines Freundes, des verstorbenen Königs, Seine Hoheit, den kleinen König, sehen und ihm den väterlichen Kuß geben könnte."

Die Königin erbleichte.

„Aus diesem Grunde“, sprach der Gesandte mit dem Eulenblick weiter, „läßt der mächtige Padischah dich, erhabene Königin, bitten, du mögest den kleinen König mit seiner Amme in einem Wagen und mit würdiger Begleitung zu ihm fahren lassen.

Die Worte *„mit würdiger Begleitung“* waren mit Betonung gesprochen. Niemand verstand das sogleich. Am nächsten Tage verstanden es alle.

Die Königin war kreidebleich. Sie lehnte sich auf dem Thron zurück, um nicht in Ohnmacht zu fallen. Ein leises Gemurmel der Entrüstung ging durch den Saal. Gergely fröstelte es.

„Was hat er gesagt?“ flüsterte Mekcsey.

„Ich habe es nicht genau verstanden“, antwortete Zoltay.

Und er wandte sich an Gergely.

„Und du? Du verstehst doch sicher besser lateinisch als wir.“

„Ich habe es verstanden“, prahlte Gergely, „und *dir* sage ich es auch.“

Doch ehe er beginnen konnte, erklang wieder die Stimme des Türken:

„Es liegt kein Grund zur Besorgnis vor. Der mächtige Padischah ist furchterregend nur für seine Feinde, den guten Freunden ist er ein ebenso guter Freund. Im übrigen wäre er persönlich gekommen, um seiner Hochschätzung und seiner Gunst Ausdruck zu verleihen, wenn es nicht die Gebote unserer Religion verböten, erhabene Königin.“

Er hielt inne und wartete, daß entweder der Frater oder die Königin etwas erwidere. Aber niemand sprach ein Wort.

„Ferner“, fuhr daher der Türke fort, wieder mit seinem Eulenblick, „ferner wünscht mein Herr und Kaiser, daß Seine Hoheit János Zsigmond von allen den Herren begleitet werde, die sich bei der Verteidigung Budas ausgezeichnet haben. Er wünscht diese ungarischen Helden persönlich kennenzulernen; er betrachtet sie alle als seine Helden.“

Da er auch hierauf keine Antwort erhielt, verneigte er sich:

„Somit habe ich den Auftrag des mächtigen Padischahs ausgeführt und erwarte huldvollen Bescheid.“

„Am Nachmittag um drei Uhr geben wir dir die Antwort“, sagte Frater Georgius an Stelle der Königin. „Seine Majestät der Kaiser wird mit unserer Entscheidung zufrieden sein.“

Die Königin stand auf. Sie gab Bálint Török einen Wink, und als dieser an den Thron trat, stützte sie sich auf Herrn Bálints Arm. Man sah ihr an, daß sie sich kaum aufrecht halten konnte.

16

Ali Aga suchte nacheinander die Häuser der ungarischen Magnaten auf. Er sprach vor bei Frater Georgius, bei Bálint Török, bei Péter Petrovich, der nicht nur mit dem kleinen König verwandt, sondern auch dessen Vormund war. Weiterhin suchte er Werbőczy, Orbán Batthyány und János Podmaniczky auf.

Wertvolle Kaftane brachte er den Herren als Geschenk, nicht ohne honigsüße Worte.

Bálint Török bekam den prächtigsten Kaftan. Er war aus schwerer gelber Seide und reichte bis auf die Füße herab. Die anderen Kaftane waren alle gleich: viollett und mit orangenfarbener Seide gefüttert. Nur der eine war gelb wie eine Sonnenblume und mit weicher, schneeweißer Seide gefüttert. Der aus Goldfäden gewebte Gürtel war feine, zierliche Handarbeit – wer den angefertigt hatte, mußte darüber alt geworden sein. Die Knöpfe am Kaftan vom Hals bis zum Gürtel waren von Gold und am Rande mit Diamanten besetzt.

Als das Hausgesinde zusammenlief und das märchenhafte Geschenk anstaunte und bewunderte, schüttelte Bálint Török lächelnd den Kopf:

„Gerade gut als Bettdecke."

Dann wurde er ernst:

„Packt eure Sachen! Heute nachmittag brechen wir auf, es geht nach Hause!"

Um drei Uhr begab er sich wieder ins Schloß. Dort erwarteten ihn die Herren schon im Bibliotheksaal.

„Die Königin gibt nicht nach", sagte Frater Georgius besorgt, „ich bitte dich, sprich mit ihr."

Bálint Török zuckte die Achseln:

„Ich komme, mich zu verabschieden."

Die Herren waren verblüfft.

„Was fällt dir ein?"

„Ich fühle den nahenden Wind und möchte in meinem Bau sein, wenn es zu stürmen anfängt."

„Du spielst mit dem Schicksal des Landes!" brummte Werbőczy ihn an.

„Das sollte von mir abhängen?"

Der Frater runzelte die Stirn.

„Wir dürfen den Sultan nicht verstimmen."

„Soll ich mit meinem Kopf seine Gunst erkaufen?"

„Der redet irre", sagte Werbőczy und zuckte ärgerlich die Achseln. „Hat er nicht dir den schönsten Kaftan geschickt? Hat er nicht dich am wärmsten umarmt?"

Bálint Török stützte den Ellbogen auf den Ring des großen blauen Globus und sah nachdenklich vor sich hin:

„Ein schlauer Vogelfänger pfeift dem Vogel am schönsten, den er sich am meisten in seinen Käfig wünscht."

Der Türsteher öffnete die Tür weit, zum Zeichen, daß die Königin die Herren erwarte.

Drinnen gab es nun eine lange peinliche Auseinandersetzung. Die Königin fürchtete um ihr Kind. Die Herren sahen das Schicksal des Landes und der Nation gefährdet, wenn der Wunsch des Sultans nicht erfüllt würde.

„Und Ihr sagt gar nichts?" wandte sich die Königin an Bálint Török, der stumm und düster an der Wand lehnte.

Er zuckte zusammen, als erwache er aus einem Traum.

„Ich bin nur gekommen, um mich zu verabschieden, Majestät."

„Zu verabschieden?" wiederholte die Königin, schmerzlich überrascht.

„Ich muß noch heute nach Hause. Daheim sind Dinge vorgefallen, die meine sofortige Heimkehr erfordern."

Die Königin sank zusammen. Erregt rang sie die Hände.

„Wartet", bat sie. „Setzt Euch, wenn Ihr nicht wohl seid. Sagt, was wir tun sollen."

Bálint Török zuckte die Achseln.

„Ich traue dem Türken nicht. Er betrachtet die Christen als Hunde. Wir dürfen den kleinen König nicht in seine Gewalt geben. Sagt, das Kind sei krank."

Werbőczy warf unwillig ein:

„Er wird erwidern: Ich warte, bis es wieder gesund ist. Und

so wird er uns noch wochenlang bedrängen. Wir müssen seine Truppen und seine Pferde durchfüttern.“

Der Frater stampfte ärgerlich mit dem Fuß:

„Denkt auch an das Land! Der Sultan steht mit seinem großen Heer vor Buda. Wir selbst haben ihn gerufen. Er war der Freund des verstorbenen Königs, sein Wunsch muß erfüllt werden! Wenn er sieht, daß wir Mißtrauen gegen ihn hegen, wer bürgt dann dafür, daß er nicht in Wut gegen uns entbrennt? Und dann wird er den kleinen König nicht seinen Sohn, sondern seinen Gefangenen nennen.“

Die Königin preßte die Hände an die Schläfen und sank auf den Stuhl zurück.

„Oh, ich arme, elende Frau! Man nennt mich Königin; eine Bettlerin, die sich im Staube windet, hat mehr Kraft als ich!... Dem Baum tut es nicht weh, wenn man ihm die Blüten abbricht, aber das Mutterherz, oh, das formte der Schöpfer aus Schmerz!“

17

Während diese Unterredung im Saale stattfand, wartete Gergely in der Vorhalle.

Und während er so neben dem großen weißen Kachelofen stand, hatte er plötzlich das Gefühl, als liefe ihm eine Spinne übers Gesicht. Er langte hastig danach und erfaßte zu seinem Erstaunen eine Pfauenfeder.

Der Ofen stand zwischen zwei Sälen, und so konnte man an diesem vorbei in den anderen Saal hinüberschauen.

„Gergely!“ erklang es leise.

Von einem Glücksgefühl durchzuckt, lugte er durch die Spalte.

Da sah er Évis Gesicht, sah ihre lebhaften Augen, die aus dem Nebensaal zu ihm herüberlachten.

„Komm auf den Flur“, flüsterte sie.

Er lief hinaus. Évi erwartete ihn dort schon in der Fensternische. Sie ergriff seine Hand.

„Komm mit in den Garten!“

Und sie führte ihn.

Durch vier oder fünf Säle eilten sie. Überall lagen dicke

Teppiche, und an der Sonnenseite waren an allen Fenstern die Vorhänge zugezogen. An den Wänden hingen Bilder von Königen und Heiligen. An einer Wand sah man ein großes Bild, das eine Reiterschlacht darstellte. Und wieviel Goldverzierungen an Möbeln und Wänden! Ein Saal war in Krebsrot, ein anderer in Weiß, ein dritter in Lavendelblau gehalten. Nur die Öfen waren in allen Sälen weiß und vom Flur her zu heizen. Möbel gab es überall nur wenig.

Nun ging es eine breite Treppe hinab – Évi lief voran –, endlich waren sie im Garten.

Gergely fühlte sich erleichtert.

„Hier sind wir allein", sagte Évi.

Sie hatte ein weißes Kleid aus leichtem Sommerstoff an, das am Halse ausgeschnitten war. Das Haar hing ihr, zu einem Zopf geflochten, auf den Rücken. An den Füßen trug sie gelbe Saffianschuhe. Sie stand auf einem schattigen Sandweg neben einer Gruppe von Sträuchern. Sie lächelte, und Gergely betrachtete sie bewundernd.

„Bin ich schön?"

„Sehr schön", antwortete er. „Du bist immer schön. Bist eine weiße Taube."

„Die Königin hat mir dieses Kleid nähen lassen."

Sie hängte sich an Gergelys Arm:

„Komm, wir wollen uns dort unter die Linden setzen. Ich habe dir viel zu erzählen, und du mir sicher auch. Deine Stimme habe ich gleich erkannt, als du durch das Gitter riefst, aber ich konnte nicht glauben, daß du es wirklich bist. Ich habe oft an dich gedacht. Diese Nacht habe ich von dir geträumt. Du, ich habe der Königin gesagt, daß du hier bist. Sobald die Türken fort sind, will sie dich sehen, hat sie versprochen."

Sie setzten sich auf eine Marmorbank unter der Linde, deren beide Armlehnen sitzende Löwen waren. Von dort konnte man auf die Donau hinuntersehen und nach Pest hinüber zum anderen Ufer. Eine kleine graue Stadt war dieses Pest, von einer hohen Steinmauer umgeben. Innerhalb der Mauer nur kleine, niedrige Häuser, zwei kleine Kirchen und an der Südseite ein hoher hölzerner Turm, offenbar der Wachtturm. Außerhalb dieser Mauer ein gelbes Sandfeld. Da und dort ein alter Baum. Aber Gergely betrachtete weder die Donau noch Pest, er sah nur

Évi an, ihre Wangen, die rein wie weiße Malvenblüten schimmerten, ihre schönen Zähne, ihr rundes Kinn, ihren geschmeidigen Hals, ihre heiteren unschuldigen Augen.

„Nun, jetzt erzähl du auch einmal“, sagte sie und lächelte ihn an. „Was treibst du bei Töröks? Lernst du noch viel? Weißt du, daß ich jetzt auch malen lerne? Na, was guckst du denn so? Hast noch gar nichts gesagt!“

„Ich schaue dich an, staune, wie groß und wie schön du bist!“

„Das meint auch die Königin. Sie hat gesagt, ich entwickle mich jetzt schon zu einem erwachsenen Mädchen. Meine Hände und Füße seien schon ausgewachsen, die würden nicht mehr größer. Denn die wachsen bei Mädchen nur bis zum 13. Lebensjahr. Du bist auch schön, Gergő.“

Über ihre Wangen huschte eine leichte Röte, und schnell bedeckte sie das Gesicht mit den Händen:

„Was für Dummheiten rede ich da! Sieh mich nicht an, ich schäme mich.“

Auch der Jüngling war verlegen und errötete bis über die Ohren.

Sie schwiegen eine Weile. Auf einem trockenen Zweig der Linde saß eine Schwalbe und zwitscherte. Vielleicht lauschten die beiden dem Zwitschern. O nein, das fiel ihnen gar nicht ein. Sie hörten viel schönere Musik. Die Musik, die in ihren Herzen klang.

„Reich mir deine Hand“, sagte der Jüngling.

Bereitwillig streckte sie ihm die Hand hin, und Gergely umfaßte sie. Das Mädchen wartete, was er nun sagen würde. Aber er schwieg nur und sah sie an. Auf einmal hob er langsam ihre Hand und küßte sie.

Éva errötete.

„Schön ist der Garten“, bemerkte da Gergely, nur um etwas zu sagen.

Wieder schwiegen sie. Ein Lindenblatt fiel vor ihnen auf die Erde. Das sahen sie beide an. Dann endlich sprach der Jüngling wieder:

„Es ist alles aus.“

Das sagte er so traurig, daß das Mädchen ihn ganz erschrokken ansah.

Gergely stand auf.

„Wir müssen gehen, Évi, denn vielleicht kommt mein Herr Vater jetzt."

Auch das Mädchen verhob sich.

Sie hängte sich wieder an Gergelys Arm und schmiegte sich sogar an ihn. So gingen sie schweigend zehn Schritte. Dann fragte Évi:

„Warum hast du gesagt, alles sei aus?"

„Weil es aus ist", antwortete er und schüttelte den Kopf.

Schweigend gingen sie weiter. Gergely seufzte:

„Ich fühle, daß du nicht meine Gemahlin wirst."

Évi sah ihn betroffen an:

„Und ich fühle, daß ich es doch werde."

Gergely blieb stehen. Er sah Évi in die Augen:

„Versprichst du mir das?"

„Ja, ich verspreche es."

„Bei deiner Seele?"

„Bei meiner Seele."

„Und wenn deine Eltern es anders wollen? Und wenn die Königin es anders will?"

„Dann sage ich ihnen, daß wir uns schon versprochen haben."

Gergely schüttelte ungläubig den Kopf.

Und sie stiegen die Treppe hinauf.

Wieder gingen sie durch all die Säle. An der Tür zum Flur drückte Évi Gergelys Arm fest an sich:

„Solange die Türken hier sind, können wir uns nicht sehen, höchstens wenn du mit Herrn Bálint kommst. Stell dich dann hier an den Ofen. Ich komme und hole dich ab."

Gergely nahm ihre Hand, und Évi fühlte, daß die seinige zitterte.

„Darf ich dich küssen?" fragte Gergely.

Früher hatten sie sich immer geküßt, ohne erst zu fragen. Aber Gergely fühlte, daß dieses Mädchen nicht mehr die Kleine war, die er zu Hause in Keresztes wie seine Schwester geliebt hatte. Jetzt war sie mehr. Auch das Mädchen fühlte wohl so etwas, denn sie errötete über Gergelys Frage.

„Also, küsse mich", sagte sie ernst, aber glücklich.

Und sie hielt ihm nicht wie früher die Wange hin, sondern die Lippen.

18

Am Nachmittag um vier Uhr war der kleine Königssohn für den Besuch angekleidet. Auf dem Hof stand eine vergoldete Kutsche bereit, die ihn in das Tal von Alt-Buda fahren sollte, wo das türkische Heerlager die Zelte aufgeschlagen hatte.

Die Königin indessen wollte ihr Kind auch in den letzten Minuten noch nicht fortlassen. Sie hielt den Kopf in beiden Händen und weinte.

„Ihr habt keine Kinder!“ jammerte sie. „Ihr habt kein Kind, Frater Georgius, Podmaniczky hat keins, auch Petrovich nicht. Ihr wißt nicht, was es heißt, ein Kind in die Höhle des Tigers zu schicken. Wer weiß, ob es von dort je zurückkehrt! Bálint Török! Ihr dürft mich nicht verlassen! Euch vertraue ich mein Kind an! Ihr seid Vater, Ihr wißt, wie es ist, wenn ein Elternherz um sein Kind zittert. Behütet Ihr mein Kind, als ob es das Eure wäre!“

Und als sie sagte *„Ihr dürft mich nicht verlassen“*, vergaß sie all ihre Würde und fiel vor Bálint Török auf die Knie. Flehend streckte sie ihre Arme aus.

Dieses Bild war für alle erschütternd.

„Um Gottes willen, Majestät!“ rief Frater Georgius, stützte die Königin und richtete sie wieder auf.

Mit tiefbewegter Stimme sprach Bálint Török:

„Ich begleite das Kindchen, Majestät. Und ich schwöre: Wenn ihm auch nur ein Härchen gekrümmt wird, so badet mein Schwert in des Sultans Blut.“

*

Der Sultan lagerte unterhalb von Alt-Buda. Sein prächtiges, dreiteiliges Zelt war an der Stelle aufgeschlagen, wo jetzt das Kaiserbad steht. Ein Zelt war es nur dem Namen nach, in Wirklichkeit war es ein palastartiger Prachtbau aus Holz, Stoffen und Teppichen. Es war in Säle und Kabinette eingeteilt, außen glänzte es von Gold.

Gegen fünf Uhr nachmittags brach mit dem üblichen Hornsignal im königlichen Schloß die Huldigungsdeputation auf.

Voran ritt eine Schar Husaren, ihr folgten die Krieger der

Magnaten, danach die rot und weiß gekleideten Pagen, die die Schätze trugen. (Als Geschenk für den Sultan brachte man die Schätze von Tamás Bornemissza, der mit den Deutschen paktiert hatte.) Dann kamen wieder ein Trupp königliche Soldaten, Palastbeamte, sonstiges Hofpersonal, dann die auserlesenen Recken der Magnaten. Schließlich die Magnaten selbst und in ihrer Mitte auf einem großen Schimmel Frater Georgius mit seiner weißen Kapuze. Schön und würdevoll nahm sich diese aus, wie sie dort neben Bálint Töröks geblümtem blauem Atlasgewand weiß leuchtete. Auch die übrigen Magnaten waren bunt und farbenprächtig gekleidet, aber alle trugen sie einen flachen Kalpak, gelbe Lersen und breite Säbel. Solche Säbel mit breiten Enden waren damals Mode. Sie waren gekrümmt und nach dem Ende zu verbreitert, so, als ob der Schwertfeger die Klingen versehentlich doppelt so lang bemessen und sie dann, zur Eile gedrängt, in der Mitte durchgeschnitten hätte. Solche Säbel also trug man damals, die am Ende fast wie ein Lineal aussahen. Am Kalpak trugen die Magnaten Straußenfedern wie die Türken, manche nur eine, manche drei; die Federn waren so lang, daß sie hinten fast bis auf den Sattel hinunterhingen. Zwischen den Magnaten fuhr die sechsspännige vergoldete Kutsche des kleinen Prinzen. Zwei Hofdamen und die Amme saßen in der Kutsche. Die Amme hielt den rotbäckigen kleinen König auf dem Schoß und ließ ihn in seinem weißen Seidenkleidchen auf ihren Knien tanzen.

Je ein Page mit langem Haar und seidenem Kalpak schritt nebenher und führte die Pferde am Zügel. Hinter der Kutsche marschierte die Leibgarde mit silbernen Helmen. Und ihr folgte die lange Reihe der Offiziere, die sich bei der Verteidigung Budas ausgezeichnet hatten.

„Ihr werdet sehen, wir bekommen sogar etwas zu trinken", sagte eine helle, lustige Stimme.

„Ja, Wasser", antwortete darauf ein Baß. „Weißt du denn nicht, daß Wasser das Nationalgetränk der Türken ist?"

Sie lachten.

Gergely ritt auf einem kleinen Rotschimmel hinter Bálint Török. Da sein Herr nicht gut gestimmt war, saß auch er mit ernster Miene im Sattel. Aber als er den alten Cecey erblickte, heiterte sich sein Gesicht auf. Wie sonderbar saß doch der Alte auf dem Pferd! Das eine Bein, das hölzerne, hielt er steif ausgestreckt und das andere, das nur bis zum Knie von Holz war, zog er an. Die Zügel faßte er mit der rechten Hand, auch den Säbel hatte er an die rechte Seite geschnallt.

Gergely hatte ihn noch nie zu Pferde und auch nie bewaffnet gesehen; er mußte lachen.

Wirklich, der Alte war eine komische Figur, wie er sich da herausgeputzt hatte. Sein altmodischer Tuchhut mit der Adlerfeder saß ihm schief auf dem Kopf, und sein Schnurrbart – ein kleiner weißer Schnurrbart – war so spitz gezwirbelt und gewichst, wie ihn die jungen Burschen trugen. Und da der Alte vorn keine Zähne mehr hatte und seine Augen schon tief in den Höhlen lagen, sah er eher wie eine aufgeputzte Vogelscheuche als ein Ungar in Gala aus.

Gergely mußte also lachen über ihn. Aber gleich darauf schämte er sich dessen, und um sein Vergehen wiedergutzumachen, wartete er, bis Cecey herangeritten war.

„Guten Tag, Herr Vater!" grüßte er ihn. „Wieso habe ich Euch nicht schon eher gesehen?"

„Ich habe mich erst hier dem Zug angeschlossen."

Er warf einen erstaunten Blick auf Gergely: „Was hast du da für ein Engelsgewand an?"

Das war in bezug auf Gergelys herrlichen Pagenanzug aus rotem und blauem Atlas und auf seinen kostbaren, mit Perlmutter verzierten Säbelgriff gesagt.

„Ich bin jetzt bei meinem Herrn Knappe", rühmte sich Gergely. „Ich begleite ihn überall, wohin er auch geht. Auch ins königliche Schloß. Und jetzt reite ich mit ihm zum Zelt des Sultans."

Er tat sich wichtig und brüstete sich damit, daß er nicht der unbedeutende kleine Junge sei, für den man ihn hielt, daß er im gleichen Kreise verkehrte wie Évi.

Auf dem Sankt-Georgs-Platz drängte sich eine Menschenmenge. In den Gassen standen Türen und Fenster offen. Auf den Dächern und Bäumen saßen fröhliche Kinder und schauten herab. Aber alle sahen nur den kleinen König an. So klein noch und schon zum König gewählt!

„Er hat genau dieselbe Kopfhaltung wie sein Vater", sagte

eine Frau in einem grasgrünen seidenen Schultertuch, das ihr fast bis zu den Schuhen reichte.

„Ach, ein süßes Kindchen, zum Auffressen!“ rief entzückt eine junge Frau mit feurigen schwarzen Augen. „Wenn ich es doch küssen könnte!“

Unter dem Tor leuchtete rot die dichtgedrängte Schar Bálint Töröks, wohl dreihundert Mann. Alles Somogyer Burschen, der Kopf des einen ragte aus der Truppe hervor wie ein verirrter Roggenhalm aus einem Weizenfeld.

Bei ihnen angelangt, wendete Bálint Török sein Pferd. Sein Säbel fuhr blitzend in die Höhe: Er gebot dem Zug Halt.

„Meine tapferen Krieger! Meine Söhne!“ sprach er mit tiefer, klingender Stimme zu seinen Soldaten. „Erinnert ihr euch, daß vor knapp einem Monat hier an diesem Tor alle Magnaten und alle Soldaten mir geschworen haben, die Feste Buda weder den Deutschen noch den Türken zu übergeben?“

„Wir erinnern uns“, brauste es durch die Truppe.

Herr Bálint fuhr fort:

„Die Deutschen haben wir geschlagen. Jetzt gehen wir ins Türkenlager zum Sultan. Gott ist mein Zeuge, und bezeuget auch ihr, daß ich im Rat diesen Auszug mißbilligt habe.“

Dann wurde seine Stimme klanglos:

„Ich fühle, meine lieben Söhne, daß ich euch nicht mehr wiedersehe. Gott ist mein Zeuge, daß ich nur dem Vaterland zuliebe nachgegeben habe. Gott segne euch, meine lieben Söhne!“

Er konnte nicht weitersprechen, die Stimme versagte ihm. Als er die Hand ausstreckte, drückten sie ihm seine Soldaten, einer nach dem anderen. Die Augen aller füllten sich mit Tränen.

Herr Bálint gab seinem Pferd die Sporen und sprengte zum Burgtor hinaus.

„Aber, aber, mein Sohn Bálint“, brummte der greise Werbőczy, „wie kann man so weich werden, wozu das?“

Bálint Török zuckte die Achseln. Fast ärgerlich erwiderte er:

„Ich habe oft genug gezeigt, daß ich nicht aus Butter bin.“

„Nun, wen es nicht friert, der braucht nicht zu zittern.“

„Wir werden ja sehen, Vater Werbőczy, wer von uns die bessere Witterung hat.“

Frater Georgius ritt zwischen die beiden.

„Auch wenn es der Kaiser nicht verlangt hätte“, sprach er besänftigend, „wären wir hingezogen, ihm unsere Aufwartung zu machen. Mit dem Unterschied nur, daß die Königin mitgekommen wäre.“

Bálint Török sah ihn düster an:

„Frater Georgius, du bist ein kluger Mann, aber ein Gott bist auch du nicht. Wenn dem Menschen das Herz draußen auf dem Gewande klopfte, der Sultan würde sein Herz vor uns auch dann verbergen.“

Der Frater schüttelte den Kopf:

„Bedrängten uns die Deutschen noch, so würdest du anders sprechen.“

Die Janitscharen bildeten vom Tor bis zum Lager Spalier. Sie begrüßten die ungarischen Magnaten und den kleinen König mit so stürmischen Tschokjascha-Rufen, daß es nicht möglich war, das Gespräch fortzusetzen.

Der Zug ritt weiter durch die Farbenpracht von Soldaten und Zelten. Pferdegestank, Menschengeruch, Staub. Nach wenigen Minuten wurde die prunkvolle Gruppe der Begs und Paschas sichtbar, die zum Empfang des Königssohnes dem Zug entgegenwogte.

Hätte jemand den Aufmarsch von oben betrachtet, so wäre ihm das Ganze erschienen, als ob auf einem großen Blumenfeld zwei Reihen Tulpen in den verschiedensten Farben einander entgegenzögen. Als sie zusammentrafen, blieben sie stehen und verneigten sich, dann vermischten sie sich und zogen gemeinsam weiter, am Ufer der Donau entlang nach Norden, wo aus der Menge der Zelte ein palastartiges, dreiteiliges Zelt grün hervorleuchtete.

19

Der Sultan stand vor seinem Zelt. Sein Gesicht war wie immer rot gefärbt. Lächelnd nickte er, als Frater Georgius das dicke blauäugige Kindchen aus der Kutsche hob.

Sie gingen in das Zelt hinein.

Auch Gergely trat hinter seinem Herrn ein. Angenehm kühl war es dort drinnen, die Luft war erfüllt von Rosenduft. Der Lagergeruch, der bei der Hitze fast unerträglich war, drang dort nicht hinein. Der Türsteher hielt die übrigen Mitglieder der Begleitung zurück.

Der Sultan hatte einen kirschroten, bis auf die Schuhe reichenden Seidenkaftan an, der über den Hüften von einer weißen Schnur zusammengehalten wurde; der Kaftan war von so leichter, dünner Seide, daß die Form der Arme sich darunter abzeichnete. Und vor diesen dünnen Armen zitterte damals ganz Europa!

Der Sultan nahm das Kind in die Arme und betrachtete es mit Wohlgefallen. Das Kind lachte und griff ihm in den Bart. Der Sultan küßte es lächelnd.

Die Magnaten atmeten erleichtert auf. Das war ja nicht der blutrünstige Soliman! Ein gutmütiger Familienvater war das! Sein Blick war offen und sein Lächeln freundlich. Und siehe, das Kind streckte die Händchen nach dem diamantenen Stern aus, der an des Sultans Turban funkelte, und der Sultan gab ihm den Stern:

„Da, spiel damit! Du bist zum König geboren, das merkt man."

Herr Bálint und auch Gergely verstanden, was er sagte.

Der Sultan wendete den Kopf und sah seine Söhne an:

„Küßt den kleinen ungarischen König!"

Die beiden Sultanssöhne küßten das Kind, beide lächelten. Und das Kind lachte sie an.

„Nehmt ihr das Knäblein als Bruder an?" fragte der Sultan.

„Gern", antwortete Selim, „es ist ja so lieb, als wäre es in Stambul geboren."

Gergely sah sich im Zelt um. Welch ein Pomp von blauer Seide! Auch auf der Erde lagen blaugeblümte dicke Teppiche. An der Zeltwand waren runde Fenster ohne Scheiben. Durch eines der Fenster konnte der Sultan auf die Margareteninsel sehen. Unten lagen längs der Wand dicke Kissen zum Sitzen.

Ins Zelt war niemand anderer eingelassen worden als die drei Magnaten: Frater Georgius, Werbőczy und Bálint Török. Freilich auch die Amme und außer ihr noch Gergely, den der Türsteher wegen seiner prächtigen Kleidung wohl für den Pagen des kleinen Königs gehalten hatte. Und es waren noch die beiden Sultanssöhne, zwei Paschas und der Dolmetscher dabei.

Der Sultan übergab das Königskind wieder der Amme und

betrachtete es weiterhin entzückt, klopfte ihm auf die Bäckchen und streichelte ihm das flachsblonde Haar.

„Wie schön das Kind ist, und wie gesund!" sagte er mehrmals.

Worauf sich der Dolmetscher in lateinischer Sprache vernehmen ließ:

„Der erhabene Sultan hat geruht, sich dahin zu äußern, daß das Kind liebreizend wie ein Engel sei und so gesund wie eine eben erst erblühte Rose des Ostens."

„Ich freue mich, das Knäblein gesehen zu haben", sprach nun wieder der Sultan, „bringt es der Königin zurück und sagt ihr, daß ich ihm an Vaters Statt ein Vater sein und daß mein Schwert über ihm und über seinem Lande allezeit wachen werde."

„Seine Majestät der Sultan ist so glücklich" übersetzte der Dolmetscher, „als sähe er sein eigenes Kind vor sich. Er nimmt es als Sohn an und breitet die Flügel seiner weltbeherrschenden Macht über ihm aus. Sagt dies der Königin und überbringt ihr den huldvollen Gruß des erhabenen Sultans."

Der Sultan zog eine kirschfarbene Seidenbörse aus der Tasche und ließ sie mit einer gnädigen Bewegung in die Hand der Amme gleiten.

Dann küßte er das Kind noch einmal und winkte ihm freundlich.

Das war das Zeichen, daß er seinen Wunsch als erfüllt betrachte und daß die Amme mit dem Kind gehen könne.

Alle waren froh und erleichtert. Die Amme rannte förmlich mit dem Kind hinaus.

Auch die übrigen verließen das Zelt.

Draußen umringten die Paschas die Magnaten überaus freundlich.

„Heute abend seid ihr die Gäste des erhabenen Sultans: Ihr werdet mit uns speisen. Auch diejenigen, die den Königssohn ins Schloß zurückführen, sollen dann umkehren und wieder hierherkommen. Die Tafel ist schon bereitet."

„Unsere Zypernweine erwarten euch", sagte freundlich ein junger Pascha mit dichtem schwarzem Bart.

„Und heute dürfen auch wir trinken", fügte ein ebenfalls noch junger, rothaariger Pascha fröhlich hinzu. Sein Gesicht war so voller Sommersprossen, daß man hätte meinen können, sämtliche Fliegen aus dem Lager pflegten auf seinem Gesicht zu nächtigen. Selbst die kunstvolle goldene Federspange an seinem Turban, fein gearbeitet in der Form einer Seemuschel, vermochte dieses Gesicht nicht zu verschönern.

„Begleite den Prinzen nach Hause!“ rief Bálint Török Gergely zu, dann verschwand er am Arm eines Paschas im Zelt.

Die Sonne war schon hinter den Budaer Bergen untergegangen, und vom Himmel leuchteten feuerrote Wolken.

Der kleine Königssohn wurde wieder in die Kutsche gesetzt. Mit dem rechten Händchen winkte er den Paschas und Magnaten zum Abschied, dann fuhr die vergoldete Kutsche zwischen den beiden Reihen Soldaten, die wieder stürmisch ihr „Tschokjascha“ riefen, zurück nach dem Budaer Schloß.

Gergely ritt hinter der Kutsche.

Cecey mit seiner hölzernen Hand war vorn bei den Alten, die Jungen ritten hinterher.

„Na, diese Türken sind ja gar nicht so schrecklich, sie achten die Ungarn, das muß man ihnen zugeben. Die Deutschen sind gemeiner.“

Man unterhielt sich gutgelaunt.

Gergely ritt hinter Zoltay und Mekcsey mit einem ziemlich dicken rötlichblonden Jüngling zusammen, dem er sich noch beim Aufbruch vorgestellt hatte.

„Bruder Fürjes“, sagte er zu dem blonden Jüngling und sah ihn achtungsvoll an, „ich bin erst jetzt nach Buda gekommen, kenne hier also noch kaum jemanden.“

„Was brauchst du, Freund? Ich helfe dir gern, wenn ich kann.“

Er dachte, der Junge brauche Geld.

„Ich habe heute nacht um zwölf eine kleine Affäre auf dem Sankt-Georgs-Platz...“

Fürjes lächelte.

„Was für eine?“

Er glaubte, der Junge hätte ein Stelldichein mit einem Liebchen auf dem Sankt-Georgs-Platz. Deshalb sah er ihn belustigt an und schüttelte seine dichte rotblonde Mähne:

„Nun sieh mal einer an!“

„Die Sache ist nicht gerade zum Lachen, aber auch nicht sonderlich ernst“, sagte Gergely.

„Eine Herzenssache also!“

„Nein: eine mit dem Säbel."
Fürjes riß die Augen auf.
„Du willst dich doch nicht etwa schlagen?"
„Doch, das will ich."
„Mit wem?"
Gergely zeigte auf den in grünem Atlasgewand vor ihm reitenden Mekcsey.
Fürjes blickte erstaunt drein und wurde ernst.
„Mit Mekcsey?"
„Ja."
„Na, hör mal, der ist ein Teufelskerl!"
„Ich bin ja wohl auch kein Lamm."
„Der hat schon Deutsche zusammengehauen!"
„Und jetzt werde ich ihn zusammenhauen!"
„Führst du den Säbel gut?"
„Ich habe schon mit sieben Jahren angefangen."
„Das läßt sich hören."
Er tastete an Gergelys Arm die Muskeln ab. Dann schüttelte er den Kopf:
„Besser, du versöhnst dich mit ihm."
„Ich mit ihm?"
Wieder schüttelte Fürjes besorgt den Kopf:
„Er schlägt dich."
„Mich?"
Gergely warf sich in die Brust und sah nach Mekcsey, der vor ihm ritt. Dann wandte er sich wieder zu Fürjes:
„Also, nicht wahr, Ihr kommt als mein Zeuge?"
Fürjes zuckte die Achseln:
„Wenn es nur das wäre, gern. Aber wenn etwas passiert..."
„Was kann schon passieren? Höchstens bekomme ich einen Hieb. Aber dazu gehören zwei!"
„Nun, meinetwegen. Aber ich schlage mich dann nicht für dich."
Vorn im Zug entstand plötzlich Bewegung und Murren. Unverständliche Rufe erklangen, die Pferde wurden unruhig. Alle Hälse schienen auf einmal erstarrt zu sein: Jedermann reckte den Kopf und blickte zur Burg hinauf.
Da sah auch Gergely auf.
Am Budaer Tor flatterten drei große Fahnen mit Roßschwei-

fen. Auch an den Kirchen, an allen Türmen. Und am Tor die Turbane türkischer Wachtposten mit Hellebarden; die ungarische Wache war nicht mehr da.

„Buda ist verloren!“ schrie eine gespensterhafte Stimme.

Und wie der Wald bei einem plötzlichen Windstoß, so erschauerte beim Klang dieser Stimme die ganze ungarische Menschenmenge.

Cecey mit der hölzernen Hand war es, der gebrüllt hatte.

Niemand erwiderte ein Wort. Alle Gesichter waren bleich. Und das Schweigen wurde noch schauriger durch den Gesang eines Muezzins, der vom Turm der Marienkirche mit weithin schallender Stimme begann:

„Allahu akbar... Assadu anna la ilaha ill Allah...“

Gergely stürmte mit einem Teil der Schar im Galopp zurück ins türkische Lager.

„Wo sind die Herren? He, ungarische Herren! Eine himmelschreiende Gemeinheit ist geschehen!“

Vor des Sultans Zelt verstellten ihnen jedoch rotbemützte Bostandschis den Weg.

„Halt! Zurück! Hier dürft ihr nicht hinein!“

„Wir müssen hinein!“ brüllte Mekcsey gleichsam feuerspeiend. „Oder schickt die Herren heraus!“

Die Bostandschis gaben keine Antwort. Sie hielten ihnen nur die Lanzen vor die Brust. Im türkischen Lager ging es lustig zu. Überall klang Pfeifen- und Tschinellenmusik.

Gergely schrie auf türkisch:

„Schickt Herrn Bálint Török auf ein Wort heraus!“

„Das geht nicht!“ Und die Bostandschis lachten.

Ratlos standen die Ungarn da.

„Herren!“ schrie ein dickhalsiger Ungar. „Kommt hervor! Große Not!“

Keine Antwort.

Gergely ritt in einem Bogen um das Lager und sprengte auf den Hügel mitten zwischen die Spahis: Von dort aus würde er vielleicht an die tafelnden ungarischen Herren herankommen können.

Vor einem Zelt rief ihn jemand auf ungarisch an:

„Bist du es, Gergely?"
Und er erkannte Martonfalvay.
Der saß mit zwei Türken vor einem Spahi-Zelt und ließ sich eine gelbe Melone schmecken.
„Was suchst du denn hier?" rief Martonfalvay.
„Ich will zu meinem Herrn."
„An den kannst du jetzt nicht herankommen! Setz dich zu uns und iß!"
Der Schreiber schnitt eine dicke Scheibe von seiner Melone ab und hielt sie Gergely hin.
Der aber schüttelte den Kopf.
„Na, komm doch", redete Martonfalvay ihm zu. „Mit den beiden Türken hier bin ich gut Freund. Nachher, wenn die Fackeln angezündet werden, gehen wir auch hinunter, dann schließen wir uns unserem Herrn an."
„Kommen, ungarische Bruder", sagte einer von den beiden Spahis, ein stämmiger, breitschultriger brauner Mann, und winkte Gergely fröhlich zu.
„Ich kann jetzt nicht", erwiderte dieser mürrisch und ritt weiter.
In der Zeltgasse geriet er zwischen die Kanoniere, Jäger und Janitscharen. Schließlich gelangte er aber doch wieder an das Zelt des Sultans.
Auch an dieser Seite standen Bostandschis. Gergely konnte also auch hier nicht zu Bálint Török hinein.
Die übrigen ungarischen Jünglinge riefen und schrien noch immer wie zuvor. Aus dem großen Zelt klang türkische Musik; es klirrten die metallenen Saiten der Kanuns, es dröhnten die vielen Lauten, und es schrillten die Pfeifen.
„Schurken!" rief Mekcsey und knirschte mit den Zähnen.
Fürjes weinte fast vor Wut.
„Wäre mein Herr in der Burg geblieben, hätte das nicht geschehen können."
Er war der Page des Fraters und hielt diesen für allmächtig.
Als die Musik verstummte, riefen sie wieder alle:
„Ihr Herren dort drinnen! Kommt heraus! Die Türken haben die Burg besetzt."
Aber niemand kam heraus. Der Himmel war bewölkt. Auf einmal fing es an zu regnen, und es regnete ungefähr eine halbe

Stunde lang. Dann hörte der Regen auf. Die schwarzen Wolken am Himmel eilten nach Osten wie Truppen auf der Flucht.

Gegen Mitternacht endlich kamen die Herren zum Vorschein. Die Kalpaks schief auf dem Kopf, drängten sie sich fröhlich zum Zelttor heraus. Im Lager war eine lange Reihe von Fackeln aufgestellt, die ihnen leuchteten. In einer doppelten Schlangenlinie zogen sie sich bis ans Budaer Tor hinauf. Der Regen hatte die Luft gereinigt, und der Rauch der orientalischen Fackeln verbreitete angenehmen Duft.

Jetzt stand auch Martonfalvay bei den ungarischen Jünglingen, und die Bostandschis ließen nun die Herren von draußen mit denen, die aus dem Zelt kamen, zusammentreffen.

Martonfalvay rief die Reitknechte einzeln beim Namen, und die Herren bestiegen einer nach dem anderen ihre Pferde.

Beim Fackellicht konnte man sehen, wie sich ihre geröteten Gesichter der Reihe nach verdüsterten und blaß wurden.

Frater Georgius wirkte mit seiner weißen Kapuze wie ein Gespenst.

„Heule nicht!“ fuhr er den neben ihm reitenden Fürjes an. „Die sollen uns wohl auch noch weinen sehen?!“

Einzeln, paarweise oder zu dritt trabten die Herren durch die Gasse der Fackeln zur Festung Buda hinauf.

Gergely sah Herrn Bálint noch immer nicht.

Martonfalvay stand neben ihm und beobachtete ebenfalls besorgt den Zelteingang, aus dem rötliches Licht schimmerte.

Der letzte Herr, der herauskam, war Podmaniczky. Er kam herausgetaumelt, von zwei türkischen Offizieren am Arm geführt. Sie mußten ihn aufs Pferd heben.

Dann kamen aus dem Zelt noch ein paar buntgekleidete Mohren, die Diener.

Und dann folgte niemand mehr.

Am Zelteingang fiel der Vorhang. Er verdeckte auch das rötliche Licht.

„Worauf wartet ihr beiden denn noch?“ fragte freundlich ein dickbäuchiger Türke mit langer Straußenfeder.

„Auf unseren Herrn warten wir. Auf Herrn Bálint Török.“

„Ist der denn noch nicht fort?“

„Nein.“

„Dann ist das der, mit dem der erhabene Padischah spricht.“

„Wir warten, bis er kommt", sagte Martonfalvay.
Der Türke zuckte die Achseln und ging weg.
„Ich kann nicht mehr warten", sagte Gergely unruhig, „ich muß um Mitternacht oben sein."
„Dann geh nur, Brüderchen", erwiderte Martonfalvay, „und wenn du in meinem Bett einen Türken findest, wirf ihn hinaus."
Das sollte ein Scherz sein, aber Gergely lachte nicht. Er verabschiedete sich von Martonfalvay und ritt im Galopp den Hügel hinauf.

Der Mond war schon zwischen den Wolken hervorgekommen und erhellte die Budaer Straße.
Die Türken, die mit ihren Lanzen am Burgtor standen, warfen keinen Blick auf Gergely. Jetzt konnten Einzelpersonen noch frei aus- und eingehen. Doch wer wußte, wie es am nächsten Tage sein würde? Ob denn dann noch Ungarn die Burg werden betreten dürfen?
Toreinwärts hallten die Pferdehufe auf dem Pflaster. Auch vor den Häusern sah Gergely mit Lanzen bewaffnete Janitscharen. Vor jedem Haus stand ein Janitschar. Und auf allen Türmen flatterte der Roßschweif mit dem Halbmond. Nur auf der Liebfrauenkirche stand noch das goldene Kreuz.
Gergely erreichte den Sankt-Georgs-Platz. Zu seinem Erstaunen fand er dort niemanden.
Er ritt um das Brunnenbecken und um die Kanonen herum. Niemand. Niemand. Nur ein Türke mit einer Lanze, offenbar stand er bei den Geschützen Wache.
Gergely saß ab und band sein Pferd an ein Kanonenrad.
„Was machst du da?" schrie der Türke ihn an.
„Ich warte auf jemanden", antwortete Gergely auf türkisch. „Fürchtest du etwa, ich stecke deine Kanone in die Tasche?"
„Na, na", entgegnete der Wachtsoldat freundlich. „Bist du Türke?"
„Nein, ich habe nicht das Glück."
„Dann scher dich nach Hause!"
„Aber ich habe hier heute etwas auszutragen. Es geht um meine Ehre; habe also bitte Geduld."
Da setzte ihm der Türke die Lanze auf die Brust:

„Jekel!“ (Pack dich!)

Gergely band sein Pferd los und saß auf.

Vom Fejérvárer Tor her kam jemand gelaufen.

Gergely erkannte Fürjes, dessen blonder Kopf in der dunklen Nacht geradezu leuchtete.

Er ritt ihm entgegen.

„Mekcsey erwartet dich in Herrn Bálints Haus“, keuchte Fürjes, „komm, denn auf der Straße lassen die Janitscharen uns nicht miteinander sprechen.“

Gergely stieg vom Pferd.

„Wie haben sie bloß diesen gemeinen Überfall fertiggebracht?“ fragte er.

Fürjes zuckte die Achseln:

„Mit Falschheit. Mit heidnischer List. Während wir mit dem kleinen König unten im Lager waren, sind die Janitscharen nach und nach zum Tor hereingekommen, als ob sie sich die Gebäude ansehen wollten. Haben bloß herumgestanden und gegafft. Aber es kamen immer mehr und mehr. Als schon alle Gassen voll Janitscharen waren, erscholl ein Hornsignal, worauf sie alle die Waffen hervorzogen und die Ungarn in die Häuser trieben.“

„Teufelspack!“

„So ist es nicht schwer, eine Burg einzunehmen.“

„Mein Herr hat das vorausgesagt...“

Die Fenster des Palastes standen offen, und von innen leuchtete Kerzenschein. Aus einem Fenster im Obergeschoß beugten sich zwei Gestalten heraus.

Vor dem Tor wurde gerade die Wache abgelöst. Ein großer, stämmiger Janitschar verstellte den beiden den Torweg.

„Was wollt ihr?“ fragte er auf ungarisch über die Schulter hinweg.

„Wir wohnen hier“, antwortete Gergely barsch.

„Eben jetzt ist der Befehl gekommen“, sagte der Türke, „hinaus kann, wer will, herein niemand!“

„Ich wohne hier in diesem Haus, gehöre zum Gefolge Bálint Töröks!“

„Dann geh heim nach Burg Sziget, mein Sohn“, erwiderte der Türke höhnisch.

Gergely rollte mit den Augen:

„Laß mich hinein!“

Und er schlug an seinen Säbel.
Der Türke zog blank.
„Hund! Packst du dich gleich?!"
Gergely ließ den Zügel seines Pferdes los und zog gleichfalls den Säbel. Vielleicht vertraute er darauf, daß er nicht allein war.
Der Säbel des Türken blitzte und fuhr auf Gergelys Kopf zu.
Gergely fing den Hieb auf, und sein Säbel sprühte in der Finsternis Funken. Im selben Augenblick warf er sich nach vorn und stach zu.
„Allah!" brüllte der Riese.
Alles weitere erstickte im Röcheln. Er taumelte an die Mauer. Hinter seinem Rücken fiel krachend der Mörtel ab.
Vom Obergeschoß rief jemand herunter:
„Stoß noch einmal zu!"
Und Gergely stieß dem Türken den Säbel bis an den Knauf in die Brust.
Verwundert starrte er auf den riesigen Mann, als er sah, daß dieser den Säbel fallen ließ und wie ein Sack an der Mauer niedersank.
Gergely blickte sich um. Er suchte Fürjes. Der aber rannte, wie er konnte, auf das königliche Schloß zu.
Statt seiner kamen drei Janitscharen mit hohen Kalpaks von der anderen Straßenseite gelaufen, um dem an der Mauer liegenden Janitscharen zu helfen.
„Waj baschina ibn-el-kelb!" (Jetzt wehe dir, Hundebrut!)
Gergely erkannte, daß er keine Zeit zu verlieren hatte. Er sprang auf die Schwelle und riß die Haustür auf. Geschwind verriegelte er sie von innen.
Erregt vom Kampf machte er mit zitternden Beinen noch ein paar Schritte; als er hörte, daß im Hause jemand mit Gepolter die Holztreppe heruntersprang, setzte er sich unter dem Torbogen auf die Bank. Er keuchte.
Es war Zoltay, der die Stiege herunterkam. Er hatte den Säbel in der Hand. Auf dem Fuße folgte ihm Mekcsey, ebenfalls mit dem Säbel. Die Laterne, die im Torweg brannte, beleuchtete die Gesichter der beiden; sie waren verwundert, als sie Gergely erblickten.
„Du bist schon hier?" fragte Zoltay voll Staunen. „Bist du nicht verletzt?"

Gergely schüttelte den Kopf.
„Hast du den Türken erstochen?“
Gergely nickte.
„Komm an mein Herz, du kleiner Held!“ rief Zoltay begeistert. „Wunderbar hast du den Hieb aufgefangen.“ Er umarmte ihn immer wieder.
Draußen wurde an die Haustür gedonnert.
„Macht auf ihr Hunde, oder wir verbrennen euch zu Asche!“
„Wir müssen flüchten“, sagte Mekcsey. „Viele Janitscharen haben sich draußen angesammelt. Aber erst gib mir deine Hand, Junge. Sei mir nicht böse, daß ich dich gekränkt habe.“
Gergely streckte ihm die Hand hin. Er war wie betäubt, wußte nicht wie ihm geschah. Ohne ein Wort zu sagen, ließ er sich wegschleifen, über den Hof, eine Treppe hinauf, in ein stockfinsteres Zimmer. Er kam erst zu sich, als die beiden anderen aus Laken und Gurten einen Strick gedreht hatten. Mekcsey redete auf ihm ein, er solle als erster durch das Fenster und dann an dem Strick hinunterklettern.
Gergely blickte hinab.
Tief unten sah er den mondhellen königlichen Gemüsegarten.

21

Am nächsten Vormittag erschien Ali Aga wieder bei der Königin. Und er sprach:
„Der erhabene Padischah hält es für gut, so lange, bis dein Sohn erwachsen ist, die Festung Buda unter den Schutz türkischen Militärs zu stellen. Das Kind kann Buda nicht gegen die Deutschen verteidigen. Und der Padischah kann nicht immerzu die weite Reise hierher machen, die zwei bis drei Monate dauert. Zieh dich also nach Siebenbürgen zurück, bis dein Sohn groß ist, gnädigste Königin. Die Einkünfte der dortigen Silber- und Goldminen sowie der Salzbergwerke gehören ohnehin dir.“
Die Königin war um diese Zeit bereits auf alles erdenklich Schlechte gefaßt.
Mit stiller Verachtung hörte sie dem Gesandten zu.
Und er fuhr fort:
„Der erhabene Padischah nimmt also die Burg Buda und das

Ungarland unter seinen Schutz; in wenigen Tagen übersendet er dir schriftlich sein kaiserliches Versprechen, dich und deinen Sohn gegen jeglichen Feind zu schützen. Sobald das Kind mündig wird, gibt er Buda und das Ungarland in seine Hände zurück.“

Sämtliche Magnaten waren zugegen, nur Bálint Török und Podmaniczky fehlten. Frater Georgius war noch bleicher als gewöhnlich. Sein Gesicht unterschied sich kaum noch von der weißen Kapuze.

Der Gesandte fuhr fort:

„Die Burg Buda sowie das Gebiet zwischen Donau und Theiß kommen also unter Schutz des erhabenen Padischahs. Ihr, Majestät, übersiedelt nach Lippa und regiert von dort aus Siebenbürgen und den Landesteil jenseits der Theiß. In Buda werden zwei Statthalter eingesetzt: ein türkischer und ein ungarischer. Für die Würde des letzteren hat der erhabene Padischah Herrn István Werbőczy ausersehen, der Richter und Regent über die ungarische Bevölkerung der Provinz sein soll.“

Verzagt und traurig blickten die Herren drein, als stünden sie nicht vor dem Königsthron, sondern an einem Sarg.

Als der Gesandte gegangen war, blieb die Stille der Trauer im Saal zurück.

Die Königin hob den Kopf und sah die Herren an.

Werbőczy brach in Tränen aus.

Auch über die Wangen der Königin flossen Tränen. Sie trocknete sie ab.

„Wo ist Podmaniczky?“ fragte sie matt.

„Er ist fort“, antwortete Petrovich wie im Traum.

„Ohne Abschied?“

„Er ist geflüchtet, als Bauer verkleidet, mit einer Hacke, Majestät. So hat er sich beim Morgengrauen davongemacht.“

„Ist Bálint Török noch immer nicht zurückgekommen?“

„Nein.“

*

Am folgenden Tage holten die Türken die Glocken der Marienkirche herunter. Das Altarbild rissen sie ab, und das Standbild des heiligen Königs Stephan wurde umgestürzt. Die vergoldeten und mit Bildern geschmückten Altäre schleppten sie vor die

Kirche und zerschlugen sie, auch die marmornen oder aus Holz geschnitzten Engel und die Meßbücher schmissen sie hinaus. Auch die Orgel wurde zerstört. Zwei Wagen holten die Zinnpfeifen und fuhren damit ins Lager zum Kugelgießer. Auf drei weitere Wagen wurden die silbernen Orgelpfeifen, die kunstvollen goldenen und silbernen Leuchter sowie die Altarteppiche, Altardecken und Meßgewänder geladen: Dies alles wanderte zum Schatzmeister des Sultans. Die mit herrlichen Fresken bemalten Wände wurden weiß gekalkt. Vom Turm schlugen die Türken das Kreuz ab und brachten an dessen Stelle einen großen vergoldeten Halbmond aus Kupfer an.

Am zweiten September ritt der Sultan, von seinen Paschas begleitet, hinauf in die Festung. Seine beiden Söhne folgten ihm.

Vor dem Szombati-Tor erwarteten ihn die Agas in Festgewändern. Sie geleiteten ihn unter Trompetenschall in die Kirche.

Der Sultan warf sich in der Mitte der Kirche auf das Gesicht nieder:

„Dank sei dir, Allah, der du deine allmächtige Hand über das Land der Ungläubigen ausgestreckt hast."

22

Am vierten September fuhren vierzig Ochsenwagen von der königlichen Burg hinunter zur Donau, auf die Schiffsbrücke.

Die Königin zog um.

Auf dem Schloßhof standen schon die Kutschen bereit, um die sich die Magnaten geschart hatten. Alle waren reisefertig. Nur Werbőczy blieb in Buda, und mit ihm blieb einer seiner Lieblingsoffiziere: Mekcsey.

Gergely erblickte Fürjes hinter den Herren.

„Na, Gergely", sagte dieser und lächelte herablassend, „gehst du denn nicht mit uns?"

Gergely maß ihn geringschätzig von oben bis unten:

„Wir sind nicht auf du! Dem Hasen bin ich kein Bruder."

Der blonde Jüngling zuckte zusammen. Da er aber Mekcseys stechendem Blick begegnete, hob er nur die Schultern.

Hinter den Herren war auch der alte Cecey, zusammengekauert saß er im Sattel.

Gergely legte die Hand auf den Sattelknopf:
„Herr Vater."
„Guten Tag, mein Sohn."
„Ihr geht auch weg?"
„Nur bis Hatvan."
„Auch Éva?"
„Die Königin nimmt sie mit. Geh heute zum Mittagessen zu meiner Frau und tröste sie."
„Warum laßt Ihr Éva weg?"
„Werbőczy hat uns zugeredet. Übers Jahr kommen wir zurück, vieltausend Mann..."
Sie sprachen nichts weiter. Das Erscheinen der Leibgarde kündigte an, daß die Königin komme.
Sie erschien im Trauergewand. Unter ihren Hofdamen war auch Éva.
Sie hatte einen leichten, nußbraunen Reisemantel mit Kapuze über die Schultern gehängt, aber die Kapuze noch nicht hochgezogen. Sie blickte umher, als ob sie jemanden suche.
Gergely drängte sich zwischen den Herren hindurch und stand plötzlich neben ihr.
„Éva..."
„Du kommst nicht mit?"
„Ich möchte wohl. Aber mein Herr ist noch nicht zurückgekehrt."
„Kommt ihr nach?"
„Ich weiß nicht."
„Wenn ihr nicht nachkommt, wann sehe ich dich dann wieder?"
„Ich weiß nicht."
Dem Jüngling wurden die Augen feucht.
Die Königin hatte schon im Wagen Platz genommen, es war eine breite geschlossene Lederkutsche mit Fenstern. Auch die Amme mit dem Kind saß schon darin. Sie warteten nur noch auf einen kleinen viereckigen Korb; eine Dienstmagd brachte ihn und verstaute ihn unter dem Wagensitz.
Éva gab Gergely die Hand:
„Nicht wahr, du vergißt mich nicht?"

Gergely wollte sagen: Nein, Éva, nein, nicht einmal im Jenseits.

Weil er aber kein Wort hervorbringen konnte, schüttelte er nur den Kopf.

23

Zehn Tage darauf reiste auch der Sultan ab.

Bálint Török nahm er mit. In Ketten.

DRITTER TEIL

Der gefangene Löwe

1

Ein Reiter stand am morastigen Ufer des Berettyó, ein Königssoldat in blauem Mantel und mit roter Kopfbedeckung.

Er winkte mit seiner Mütze und rief über das Weidengestrüpp hinweg:

„Holla! Hier ist das Wasser!"

Und er ließ sein Pferd die von der Sonne erwärmte, weiche Böschung hinabsteigen, mitten in die gelbblühenden Butterblumen hinein.

Das Pferd stand bis an die Knie im hohen Gras – vom Wasser war fast nichts zu sehen – und streckte den Hals hinab, um zu trinken.

Es trank aber nicht.

Als es den Kopf hob, floß ihm das Wasser aus Nase und Maul. Es prustete und schüttelte sich.

„Was hat das Pferd?" brummte der Krieger vor sich hin. „Warum trinkst du nicht, du Biest?"

Das Tier reckte den Hals noch einmal hinab, und wieder schüttelte es das Wasser aus Nase und Maul.

Noch etwa achtzehn andere ungarische Reiter in verschiedener Gewandung trabten über das Feld herbei, darunter ein hochgewachsener, hagerer Mann, dem eine Adlerfeder am Hut steckte und der statt eines Mantels einen kirschfarbenen Tuchdolman über der Schulter trug.

„Herr Leutnant", rief der Krieger, dessen Pferd schon im Wasser stand, „im Wasser ist Ungeziefer oder sonst etwas, mein Pferd trinkt nicht".

Der Mann mit der Adlerfeder sprengte ins Wasser und betrachtete es.

„Es ist blutig", sagte er verwundert.

Das Ufer war mit Weidenbüschen bewachsen. Gelblich blühende Kätzchen schimmerten an den Zweigen. Die Erde war blau von Veilchen, und Bienen summten um die Frühlingsblumen.

Der Leutnant zog seinem Pferd eins mit der Gerte über und

ließ es einige Schritte stromaufwärts waten. Im Weidengebüsch sah er einen jungen Mann im Hemd. Bis an die Knie im Wasser stehend, wusch er sich den Kopf. Er hatte einen großen, eckigen Kopf wie ein Stier, die Augen schwarz und stechend. Sein kleiner Schnurrbart war wie Dornen so spitz gezwirbelt. Sein Dolman, die gelben Stiefel, der kirschfarbene samtene Hut und sein Säbel in schwarzem Lederfutteral lagen in der Nähe im Gras.

Von dieser Kopfwäsche war also das Wasser des Berettyó blutig geworden.

„Wer bist du, Freund?" fragte der Leutnant erstaunt.

Der Jüngling sagte über die Schulter:

„István Mekcsey heiße ich."

„Und ich István Dobó. Was ist dir zugestoßen?"

„So ein verdammter Türke hat mich verwundet!"

Und er hielt die flache Hand auf den Kopf gepreßt.

Dobó sah sich um. Doch er erblickte nur Weiden, Pappeln und Sträucher auf dem Feld.

„Ein Türke? Verfluchter heidnischer Hund! Gewiß ist er noch nicht weit. Wie viele sind es denn? He, Leute!"

Und er sprengte ans Ufer.

„Bemüht Euch nicht", sagte Mekcsey mit einem Kopfschütteln. „Ich habe ihn schon erschlagen. Hier, hinter mir liegt er."

„Wo?"

„Da irgendwo in der Nähe."

Dobó ließ seinen Burschen absitzen.

„Leinwand und Binden her!"

„Dort weiter oben sind noch welche", sagte Mekcsey und drückte seine Hand wieder auf den Kopf.

„Türken?"

„Nein. Ein alter Edelmann mit seiner Frau."

Das Blut rann ihm vom Kopf und zeichnete einen roten Streifen über Stirn und Nase.

Wieder beugte er sich zum Wasser hinab.

„Dort, im Weidengebüsch", meldete einer der Reiter.

Dobó nahm sein Pferd zwischen die Schenkel und gewahrte ein paar Schritte weiter einen alten Herrn.

Auch dieser saß in Hemdsärmeln am Bach.

Eine rundliche Frau hockte weinend neben ihm und wusch dem alten Mann das Blut vom Kopf.

„Oh, daß Ihr auf Eure alten Tage in solche Gefahr kommen mußtet... Ein Krüppel wie Ihr."

„Jammere nicht!" schnauzte der Alte sie an.

„Grüß Euch Gott!" rief Dobó. „Ist die Wunde schlimm?"

Der Alte blickte auf und zuckte dann die Achseln.

„Ein Türkenhieb..."

Da erst bemerkte Dobó, daß der Alte nur einen Arm hatte.

„Merkwürdig bekannt kommt mir der Mann vor", murmelte er vor sich hin und stieg vom Pferd.

„Ich bin István Dobó."

Der alte Herr warf einen Blick auf ihn.

„Dobó? Sieh mal an, du bist es, István, mein Sohn? Wir kennen uns ja wohl. Du bist einmal bei mir gewesen, beim alten Cecey."

„Cecey?"

„Ja, ja, Cecey! Entsinnst du dich nicht mehr? Als du hinter Móré her warst."

„Doch, jetzt erinnere ich mich. Was hat es denn hier gegeben, Vater Cecey? Wie kommt Ihr aus dem Mecsektal hierher?"

„Ach, diese gemeinen Heiden..." Der Alte neigte den Kopf wieder nach seiner Frau hin, damit sie ihn weiter waschen könne. Dann redete er weiter. „Die heidnischen Hunde haben meinen Wagen angefallen. Es war unser Glück, daß der Jüngling da uns gerade einholte, als die Heidenhunde über uns herfielen. Ein tüchtiger Junge, das muß man schon sagen. Der hat auf die Türkenköpfe losgeschlagen wie auf Kürbisköpfe. Aber auch ich habe ihnen vom Wagen aus manchen Hieb versetzt. Und unser Kutscher hielt sich ebenfalls wacker."

„Wie viele waren es?"

„Zehn..., elendes Gesindel! Die Hölle soll sie verschlingen! Ein Glück, daß sie am Ende doch den kürzeren zogen. Ich trage an die vierhundert Goldstücke bei mir, wenn nicht noch mehr."

Und er klopfte auf die Ledertasche an seiner Hüfte.

Die Frau wrang das blutige Wasser aus dem Tuch.

„Ist der Jüngling nicht gestorben?" fragte sie mit einem Augenaufschlag.

„Nein, durchaus nicht", antwortete Dobó. „Er wäscht sich, da weiter unten."

Er sah nach dem im Gras rot schimmernden toten Türken hinüber.

„Ich sehe mir einmal an“, sagte er, „mit was für Volk Ihr es zu tun hattet.“

Und er ritt die Wiese und die Straße in der Umgebung des Baches ab.

Im Weidendickicht fand er sieben Leichen, zwei Ungarn und fünf Türken, und an der Straße einen dreispännigen Wagen, der im Graben lag. Ein junger Bursche, wohl der Kutscher, mühte sich mit den Kisten ab.

„Plage dich nicht, mein Sohn“, sagte Dobó, „es kommt gleich Hilfe.“

Damit kehrte er zu Mekcsey zurück.

„Nicht ein toter Türke, sondern fünf sind da, Freund. Da hast du tüchtige Hiebe ausgeteilt, sie gereichen dir zur Ehre.“

„Es muß noch einer da sein“, sagte Mekcsey. „Vielleicht im Wasser. Habt Ihr meine Soldaten gefunden?“

„Ja, die armen Kerle. Einem haben sie den Schädel gespalten.“

„Wir waren nur zu dritt.“

„Und die Türken?“

„Zu zehnt, die Hunde!“

„Dann sind also vier durchgebrannt.“

„Ja... ob sie wohl zurückkommen?“

„Laß sie nur kommen, jetzt bin ich auch da.“

Er war vom Pferd gestiegen und sah sich die Wunde an.

„Ein langer Schnitt, aber nicht tief“, sagte er und drückte die Wunde zusammen.

Er legte selbst das Linnen auf und verband die Wunde fest.

„Wohin führt dich dein Weg?“

„Nach Debrecen.“

„Doch nicht etwa zu Töröks?“

„Ja, gerade zu ihnen.“

„Ach, mein Freund, da wohnt ein Jüngling, der mir teuer ist. Gergely Bornemissza, fast noch ein Kind. Kennst du ihn?“

„Den will ich ja gerade abholen. Er schrieb mir einen Brief, daß er zu mir in meine Truppe kommen möchte.“

„So groß ist der Junge schon?“

„Achtzehn Jahre.“

„Herrn Bálints Leute haben sich natürlich zerstreut.“

„Ja, in alle Winde, seit der Herr gefangensitzt.“

„Auch Tinódi ist fort?“

„Ja, der treibt sich im Lande herum. Übrigens ist es möglich, daß auch er jetzt in Debrecen haust."

„Also grüß und küß mir auch ihn und die beiden Söhne Töröks."

Während sie sich so unterhielten, streifte Dobó den Ärmel seines Wamses hoch, nahm ein Tuch in die Hand und wusch Mekcsey das Gesicht. Unterdessen säuberte einer von Dobós Soldaten Mekcseys Kleider von den Blutflecken.

„Ist der Alte da?" fragte Mekcsey mit einem Wink zu Ceceys hin.

„Ja. Ihm ist nicht viel passiert. Hat auch einen Hieb auf den Schädel abgekriegt. – Bist du nicht hungrig?"

„Nein, aber Durst habe ich."

Dobó winkte, man solle ihm die Feldflasche bringen. Die anderen Soldaten schickte er zum Kutscher, damit sie ihm behilflich wären.

Dann gingen die beiden zu dem Ehepaar Cecey. Die Alten saßen bereits neben dem Wagen im Grase. Cecey hielt eine Truthahnkeule in der Hand und schlang wie ein Wolf.

„Kommt und greift zu", rief er fröhlich. „Gott sei Dank, daß du nicht schwerer verletzt bist, mein Sohn."

Mekcsey winkte verächtlich ab.

„Kleinigkeit."

Die Soldaten sammelten die Beute: fünf Türkenpferde, ebenso viele Mäntel und allerlei türkische Waffen.

Mekcsey besah sich die Tiere und dann die Waffen, die in einem Haufen auf dem Boden lagen.

„Wählt, Herr", sagte er zu Cecey. „Es ist gemeinsame Beute."

„Laß mich damit in Frieden", wehrte der Alte geringschätzig ab. „Ich habe Pferde und Waffen genug."

„Dann biete ich Herrn Dobó eine Waffe an."

„Danke", sagte Dobó mit einem Kopfschütteln. „Wie sollte ich etwas nehmen, wo ich doch nicht gekämpft habe."

„Wählt aber doch!"

Dobó winkte ab.

„Die Beute gehört samt und sonders dir allein. Und wie sollte ich ein Geschenk von dir annehmen?"

„Ich gebe es ja nicht umsonst."

„Das will sich schon hören lassen."

Und er betrachtete aufmerksam einen prächtig gearbeiteten Türkensäbel. „Was würde der kosten?"

„Der Preis ist, daß Ihr mich zu Euch ruft, wenn Ihr Burghauptmann werdet und es einmal brenzlig wird."

Dobó schüttelte lächend den Kopf.

„Auf unsicher wird nicht gekauft."

„Dann bestimme ich einen anderen Preis. Kommt mit mir nach Debrecen."

„Auch das kann jetzt nicht sein, mein Freund. Ich bin königlicher Kommissar und ziehe auf herrenlosen Gütern den Zehnten ein. Vielleicht finde ich später Zeit dazu."

„Dann wählt Euch ein Stück aus und schenkt mir dafür Eure Freundschaft."

„Die ist dir schon jetzt sicher. Aber damit wir in Freundschaft einander gedenken, nehme ich ein Stück an. Das waren, nach den Waffen zu urteilen, vornehme Türken. Der eine ein Beg. Woher sie wohl waren?"

„Aus Fejérvár, vermute ich."

Dobó hob die Säbel auf; einer steckte in einer samtenen, mit Türkisen besetzten Scheide. Der Griff war ein vergoldeter Schlangenkopf. Die beiden Augen der Schlange waren aus Diamanten.

„Na, diesen nehme ich nicht, den behalte selbst, der ist ja ein Vermögen wert."

Zwei bescheidener gearbeitete Säbel aus türkischem Eisen lagen noch da. Dobó hob einen auf und bog ihn zu einem Kreis.

„Das nenne ich Stahl", sagte er gutgelaunt. „Wenn du mir den schenken willst, danke ich dir dafür."

„Gern", erwiderte Mekcsey.

„Aber wenn du ihn mir schenkst, dann tu noch ein übriges. Nimm ihn mit nach Debrecen, und wenn du Tinódi dort triffst, sag ihm, er solle mir einen Spruch darauf schreiben. Was er will. Dort gibt es ja einen Goldschmied, der ihn ins Eisen einbrennen kann."

„Auch das tue ich gern", sagte Mekcsey. „Ich lasse mir auch einen Spruch auf diesen Schlangensäbel schreiben."

Er ließ den krummen Säbel durch die Luft sausen und band ihn sich dann um, neben den anderen.

„Habt Ihr Geld bei dem türkischen Offizier gefunden?" fragte er Dobós Soldaten.

„Wir haben ihn noch nicht durchsucht.“

„Also tut das!“

Der Bursche schleppte den toten Türken herbei. Er packte ihn einfach an den Füßen und schleifte ihn so über das Gras.

Dann durchsuchte er ihn.

Die rote Pluderhose hatte keine Tasche. Aber im Gürtel fand sich ein Säckchen mit allerlei Gold- und Silbermünzen.

„Das reicht gerade für die Unkosten“, rief Mekcsey freudig. „Uns Soldaten kommt so etwas immer gelegen.“

Eine Turbanspange mit Rubinen kam noch zum Vorschein und ebenso eine goldene Kette. Die hatte der Beg unter dem Hemd getragen, ein Talisman aus Pergament, auf einen Kokosspan gewickelt, hing daran.

Mekcsey legte die Juwelen auf die flache Hand und bot sie Cecey an.

„Davon müßt Ihr Euch aber etwas aussuchen.“

„Steck sie weg, mein Junge“, sagte der Alte ablehnend. „Auf ein altes Roß paßt kein Goldgeschirr.“

Die Augen der Dame aber leuchteten auf.

„Die Kette kannst du für unsere Tochter annehmen“, sagte sie. „Wir haben eine schöne Tochter, ein kleines Fräulein am Hof der Königin.“

„Ihr seid zur Hochzeit geladen“, rief Cecey fröhlich. „Einmal will ich noch tanzen nach Herzenslust, bevor ich sterbe.“

Mekcsey ließ die Kette in die Hand der Dame gleiten.

„Wer ist der Bräutigam?“

„Ádám Fürjes, Leutnant der Königin. Kennt Ihr ihn vielleicht?“

Mekcsey schüttelte, ernst geworden, den Kopf.

„Ein rechtschaffener junger Mann“, sagte die Frau stolz. „Die Königin verheiratet meine Tochter.“

„Gott gebe ihnen Glück“, sagte Dobó ernst.

Mekcsey schenkte die türkischen Kleider und die einfachen Waffen Dobós Soldaten. Man bereitete sich zum Aufbruch vor.

Mekcsey wollte seine Mütze aufsetzen, drehte sie aber ärgerlich in der Hand herum. Sie war zerschnitten, so daß sie fast auseinanderfiel.

„Mach dir nichts daraus“, tröstete ihn Cecey. „Wäre sie nicht gespalten, paßte sie dir jetzt nicht. Und im übrigen haben sie dir ja den Schaden ersetzt."

Die Kleidung der Männer war noch naß. Aber Sonne und Wind würden sie schon bis zum Abend trocknen.

„Wähle dir zwei von meinen Soldaten aus", sagte Dobó, „damit sie dich begleiten. Vater Cecey gebe ich auch zwei."

„Haben wir nicht den gleichen Weg?" fragte Mekcsey den alten Cecey. „Ich glaube, ja."

„Wohin willst du?" fragte der Alte.

„Nach Debrecen."

„Dann allerdings."

„So genügen drei Soldaten, denke ich."

„So viele du haben willst", erklärte Dobó gefällig.

Während das alte Ehepaar seine Habe im Wagen verstaute, gingen die beiden Männer, nach den Toten zu sehen. Der eine, ein schwerfälliger großer Türke von etwa dreißig Jahren, lag mit gespreizten Armen und Beinen auf dem Rücken. Er hatte blaue Pluderhosen an. Der Hieb hatte ihn ins Auge getroffen.

„Der kommt mir bekannt vor", sagte Dobó. „Mir scheint, ich habe mich einmal mit ihm geschlagen."

„Er hat gebrüllt wie ein Schakal", bemerkte Mekcsey lächelnd. „Jetzt bist du wohl still, Schakal!"

Die beiden ungarischen Toten waren arg zugerichtet. Einem deckten sie den Kopf mit einem Tuch zu.

Die Türken bekamen einen Stich in den Magen und wurden in den Berettyó geworfen. Für die Ungarn scharrten sie in die weiche Erde am Ufer unter einer alten Weide ein Grab und legten sie in den Kleidern hinein, deckten sie mit ihren Mänteln zu und schaufelten einen Hügel. Statt eines Kreuzes steckten sie ihre Säbel in die Erde.

2

Am südlichen Ende von Konstantinopel steht ein altes festes Burgschloß. Es wurde noch von den Griechen erbaut. Dort war das Südtor der berühmten Burgmauer von Byzanz, das prachtvolle „Goldene Tor" aus weißem Marmor, das Maler und Bildhauer einst Kaiser Theodosius zu Ehren errichtet hatten. Die weißen Steine des Tores sind auch heute noch unversehrt. Die

Mauern ragen hoch hinauf. Innerhalb derselben stehen sieben gedrungene Türme wie sieben hoch aufgeschossene Riesenwindmühlen, etwa so angeordnet:

Im Osten wird die Burgmauer von den Wellen des Marmarameeres umspült, an den anderen Seiten ist sie von Holzhäusern umgeben. Das ist die berühmte *Jedi-Kule,* zu deutsch: *Burg der Sieben Türme.*

Die sieben Türme sind mit all den Schätzen des Sultans angefüllt, für die in seinem Palast kein Platz mehr ist.

In den beiden mittleren sind die Gold- und Perlenkostbarkeiten geborgen, die an die Küste grenzenden enthalten die Belagerungsgeräte, Handwaffen und den Silberschatz. In den beiden restlichen Türmen befinden sich alte Waffen, Dokumente und Bücher.

Dort, im Bereich der sieben Türme, werden auch die fürstlichen Gefangenen gehalten. Jeder auf eine besondere Art. Manche in dunklen Steinhöhlen, in Ketten gelegt, andere so frei und bequem, als wären sie hier zu Hause. Sie können sich im Burggarten, im Wirschaftsgarten ergehen oder sich auf den Erkern der Türme und im Bad ergötzen, sich sogar bis zu drei Diener halten und dürfen Briefe schreiben, Besuche empfangen, musizieren, essen und trinken, nur eben ausgehen dürfen sie nicht.

Zwei grauhaarige Männer saßen auf einer Bank im Garten der Jedi-Kule und ließen sich von der Frühlingssonne bescheinen. Beide hatten leichte Stahlfesseln an den Füßen, nur um sie nicht vergessen zu lassen, daß sie Gafangene waren.

Einer hatte die Ellbogen auf die Knie gestützt. Der andere ließ die ausgebreiteten Arme auf der Rückenlehne der Bank ruhen und schaute in die Wolken.

Der mit dem nach oben gewandten Blick war mehr ergraut als der andere. Sein Bart reichte ihm bis zur Mitte der Brust, das Haupthaar war schon ganz weiß.

Beide trugen ungarische Gewänder. Oh, wie viele ungarische Gewänder waren schon von den Gefangenen in der Burg der sieben Türme zerschlissen worden.

Die beiden Männer schwiegen.

Im Frühlingssonnenschein stieg im Garten Dunst von der feuchten Erde auf.

Unter den Zedern, Thujen und Lorbeerbäumen blühten schon die Tulpen und die Pfingstrosen. Über ihnen saugten die mächtigen Blätter eines alten Pisangs gierig die Sonnenstrahlen auf.

Der Mann, der die Wolken betrachtete, nahm seine kräftigen Arme von der Lehne und verschränkte sie über der Brust. Er blickte seinen Gefährten an.

„Woran denkst du, Freund Majlád?"

„An meinen Nußbaum", antwortete der andere. „Ich habe in Fogaras einen alten Nußbaum vor dem Fenster."

Die beiden Männer schwiegen wieder. Dann fuhr Majlád fort:

„Auf einer Seite ist ein Ast erfroren. Ob der Baum wohl ausgeschlagen hat? Darüber denke ich nach."

„Gewiß hat er ausgeschlagen. Ein Ast stirbt ab, aber der Baum treibt wieder. Auch der Weinstock treibt vom Stamm aus. Nur der Mensch bringt keine neuen Triebe."

Abermals schwiegen sie eine Weile.

„Und du, Bálint, woran denkst du?"

„Daß der Kapi-Aga ein ebensolcher Halunke ist wie die übrigen."

„Das wird schon stimmen."

„So ein Schlaukopf, so ein durchtriebener! hieß es von ihm. Dreißigtausend Goldstücke hat ihm meine Frau geschickt, damit er durch seine Schlauheit meinen Fuß von dieser Kette befreie. Das ist nun schon drei Monate her."

Wieder schwiegen sie. Majlád griff nach einem Löwenzahn, der gelb aus dem Gras lugte. Er riß ihn ab, zerdrückte ihn in der Hand und ließ ihn dann zu Boden fallen.

„In der vergangenen Nacht ging es mir durch den Kopf, daß ich eigentlich immer noch nicht weiß, warum du hier sitzt, Bálint. Du hast mir oft erzählt, wie sie dich aufs Schiff gebracht haben, auch von der Fahrt auf der Donau, wie du einen Wachtmann an die Schiffswand geschleudert hast und wie sie dich schließlich hierhergebracht haben. Aber den Anfang, den eigentlichen Grund...“

„Ich sagte dir schon, daß ich ihn selbst nicht weißt.“

„Du hattest dich doch mit deinem eigenen Besitz zufriedengegeben. Dich konnten sie doch nicht verdächtigen, daß es dich nach dem Königtum oder einem Fürstentum gelüste. Du warst gut Freund mit den Türken, du hast sie ins Land gerufen zum Kampf gegen Ferdinand.“

„Nicht ich allein.“

„Aber du sitzt hier gefangen, die anderen nicht. Ich weiß ja, du hast die Türken nicht deshalb gerufen...“

„Ich grüble selbst oft darüber nach und wünschte, daß es mir jemand sagen könnte.“

Eine Truppe Kapudschis schritt mit Trommelschlag über den Hof. Dann blieben sie wieder allein.

Bálint zuckte die Achseln.

„Ich denke doch, das nächtliche Gespräch war der Grund. Der Sultan fragte mich, warum ich den Deutschen sein Kommen gemeldet hätte, und war ärgerlich dabei.

‚Den Deutschen?‘ fragte ich ihn ganz erstaunt, ‚ich habe es nicht den Deutschen, sondern Perényi mitgeteilt.‘

‚Einerlei‘, antwortete der Sultan. ‚Perényi hat zu den Deutschen gehalten.‘

Und der Sultan blickte mich mit weit aufgerissenen Augen wütend an und sagte:

‚Hättest du sie nicht verständigt, dann hätten wir das deutsche Lager hier überrumpelt. Wir hätten alle Anführer gefangengenommen, und Ferdinands Macht wäre gebrochen gewesen. Ich hätte auch Wien erobern können!‘

Als mich der widerwärtige Türke so anschnauzte, stieg mir das Blut zu Kopf. Ich war, das weißt du wohl, mein ganzes Leben ein Herr gewesen. Es war nicht meine Gewohnheit anders zu reden, als zu denken.“

„Hast du ihn zu schroff angeredet?“

„Grob war ich eben nicht, ich habe ihm nur gesagt, daß ich Perényi vom Kommen des Sultans benachrichtigte, weil ich die Ungarn im deutschen Lager schonen wollte.“

„Das war aber ein Fehler!“

„Damals war ich noch frei."
„Und was sagte er darauf?"
„Nichts. Er ging nachdenklich vor mir auf und ab. Plötzlich wandte er sich zu seinem Pascha und befahl ihm, mich in ein gutes Zelt zu führen, wo ich nächtigen sollte. Morgen würden wir uns weiter unterhalten."
„Und was habt ihr am nächsten Tag besprochen?"
„Nichts. Ich habe ihn nicht wieder gesehen. Man quartierte mich in einem geräumigen Zelt ein, aber hinaus ließ man mich nicht mehr. Sooft ich aus dem Zelt trat, streckten sich mir zehn Lanzen entgegen."
„Und wann haben sie dir die Kette angelegt?"
„Erst als der Sultan die Heimreise antrat."
„Mir wurden die Füße gleich gefesselt, als sie mich gefangennahmen. Ich habe vor Wut geheult wie ein Kind."
„Ich kann nicht weinen. Habe keine Tränen. Ich habe nicht einmal geweint, als mein Vater starb."
„Auch um deine Kinder hast du keine Tränen vergossen?"
Bálint Török erbleichte.
„Nein. Aber sooft ich an sie denke, ist es, als bohre man mir einen Dolch in die Brust."
Er seufzte und ließ die Stirn auf die Hände sinken.
„Ich erinnere mich oft eines Gefangenen", sagte er kopfschüttelnd, „eines elenden, schmächtigen Türken, den ich an der Donau gefangengenommen hatte. Jahrelang hielt ich ihn auf meiner Burg. Der hat mich einmal ins Gesicht verflucht."
Aus der Ferne erklang Trompetenschall. Die beiden horchten auf, dann hingen sie wieder ihren Gedanken nach.
Als die untergehende Sonne die Wolken rötete, ging der Burgvogt den Garten entlang. Und als er in ihre Nähe kam, sagte er über die Schulter zu ihnen:
„Das Tor wird geschlossen, Ihr Herren."
Eine halbe Stunde vor Sonnenuntergang pflegte man das Tor zu schließen, da hatte jeder Gefangene in seinem eigenen Zimmer zu sein.
„Efendi Kapudschi", rief Bálint Török ihm nach, „was ist heute für ein besonderer Tag? Warum wird musiziert?"
„Es ist Tulpenfest", antwortete der Burgvogt kurz, „im Serail wird diese Nach nicht geschlafen."
Dann ging er weiter.

Die Gefangenen wußten schon, was das bedeutet. Im vergangenen Frühling wurde das Fest auch schon gefeiert. Da vergnügten sich alle Frauen des Sultans im Garten des Serails.

Der Sultan ließ Verkaufsbuden und Zelte zwischen den Tulpenbeeten aufstellen, die Haremsfrauen niederen Standes waren die Verkäuferinnen. Sie verkauften allerlei Flitterkram, Perlen, Seidenstoffe, Handschuhe, Strümpfe, Schuhe, Schleier und dergleichen mehr.

Die vielen hundert Frauen des Sultans dürfen niemals hinaus in die Basare gehen, da erfreuen sie sich eben einmal im Jahr daran, Geld ausgeben zu können.

Der Garten ist dann von Lachen und Frohsinn erfüllt. Die Papageien, Drosseln, Nachtigallen und Kanarienvögel aus dem Palast werden mit ihren Käfigen an Büsche und Bäume gehängt und übertönen mit ihrem Singen die Musik.

Am Abend werden dann auf dem Bosporus auf einem Schiff duftende Fackeln und bunte Lampions angezündet, und die Haremsfrauen unternehmen mit Musikbegleitung eine Lustfahrt bis zum Marmarameer.

Die beiden Gefangenen gaben sich am Blutturm die Hand.

„Gute Nacht, István."

„Gute Nacht, Bálint."

*

Denn eine andere Freude als eine gute Nacht gab es dort nicht. Der Gefangene war im Schlaf jede Nacht zu Hause. Er führte seine Geschäfte fort, als wäre es Tag und die Gefangenschaft wäre der Traum.

Bálint Török indes empfand keine Müdigkeit. Er hatte sich nach dem Mittagessen entgegen seiner Gewohnheit hingelegt und war eingenickt, so war er also am Abend nicht schläfrig. Er öffnete sein Fenster und setzte sich dorthin.

Er sah nach dem Sternenhimmel hinauf.

Auf dem Marmarameer unterhalb der Jedi-Kule schwamm das Schiff. Der Himmel war mit Sternen besät, aber der Mond schien nicht. Die Sterne glänzten und flimmerten, und das spiegelglatte Meer war gleichsam ein zweites leuchtendes Firmament. Die mit Lampions beleuchtete Barke fuhr zwischen den Sternen der Höhe und der Tiefe dahin.

Eine Steinmauer verbarg das Schiff vor den Augen des Gefangenen, doch die Musik klang bis zu ihm. Die türkischen Zimbeln, Kanun genannt, tönten, die Tschinellen klirrten. In der Langeweile der Gefangenschaft war ihm die Musik willkommen, doch seine Gedanken schwärmten anderswo.

Gegen Mitternacht verstummte die lärmende Musik, jetzt sangen die Frauen, und abwechselnd klangen verschiedene Stimmen und Instrumente zu ihm herüber.

Aber Bálint Török hörte auch das nur mit halbem Ohr. Er blickte zum Himmel hinauf, der sich mit langsam dahinziehenden dunklen Wolken bedeckte. Ab und zu blinkten Sterne durch die zerrissenen Wolken.

‚Wie anders ist hier sogar der Himmel', dachte er, ‚türkischer Himmel, türkische Wolken.'

Dann, als auf der Barke eine längere Pause im Gesang eintrat, spann er seine Gedanken weiter.

‚Selbst die Stille ist hier anders – türkische Stille.'

Er dachte daran, sich hinzulegen, aber er rührte sich dennoch nicht.

Da erklang in der nächtlichen Stille eine Harfe, und auf einmal tönten ungarische Akkorde durch das Laub in der finsteren türkischen Nacht.

Bálint Török lief ein schmerzlich-süßer Schauer vom Herzen bis in die Fersen.

Die Harfe schwieg für einen Augenblick, dann klangen wieder die schwebenden Akkorde, und wie ein leises Schluchzen tönte es in der nächtlichen Finsternis.

Bálint Török hob den Kopf. So erhebt manchmal der gefangene Löwe im Käfig das Haupt, wenn der Südwind säuselt, und blickt mit versonnenen Augen durch das Gitter in die Weite.

Die Harfenakkorde verloren sich in der Stille der Nacht – sanft wie ein Seufzer. Dann ertönten wieder die Saiten, und eine dünne, traurige Frauenstimme sang auf ungarisch:

„Wer von der Theiß das Wasser trank...
Sehnt sich zurück sein Leben lang...
Ach, auch ich trank einst davon...“

Bálint Török stockte der Atem. Mit erhobenem Haupt und starren Augen blickte er in die Richtung, aus der die Stimme herüberklang. Seine grauen Locken standen ihm fast zu Berge, sein Gesicht wurde starr wie Marmor.

Und während der alte Löwe versteinert dem Lied lauschte, traten ihm zwei dicke Tränen in die Augen und perlten ihm über Wangen und Bart hinab.

3

In der Nacht gegen zwölf Uhr pochte der Diener im Hause Török an die Tür des Zimmers, in dem die Junker schliefen.

„Junker Gergely!“

„Was ist? Kannst hereinkommen!“

Gergely hatte noch nicht geschlafen. Er las bei Kerzenlicht im Horaz.

In den beiden anderen Betten wachten die Török-Söhne auf.

„Der Nachtwächter schickt mich“, meldete der Diener. „Ein Herr wartet vor dem Tor.“

„Wie heißt er?“

„Meksch oder so ähnlich.“

„Meksch? Wer zum Teufel kann das sein?“

„Er kommt aus Győr und möchte hier übernachten.“

Als Gergely „Győr“ hörte, sprang er mit einem Satz aus dem Bett.

Jancsi Török sah ihn fragend an:

„Wer ist denn das, Gergely?“

„Mekcsey“, rief Gergely erfreut. „Laßt den Ritter schnellstens herein!“

Der Diener eilte davon.

Rasch schlüpfte Gergely in die Schuhe und warf sich einen Mantel über die Schultern. Auch die beiden Jungen stiegen aus den Betten. (Jancsi war inzwischen sechzehn und Feri schon vierzehn Jahre alt.) Sie waren neugierig auf den Gast, den sie nur dem Namen nach kannten.

„Bestellt in der Küche Wein und etwas zu essen!“ rief Gergely ihnen von der Tür aus zu.

Und er rannte hinunter.

Als er unten ankam, stand Mekcsey schon auf dem Hof, neben ihm der Burgvogt und der Nachtwächter mit seiner Laterne.

Auch vom Obergeschoß leuchtete das Licht einer Laterne herab, er schweifte eine Weile kreuz und quer über den Hof und blieb dann auf dem Ankömmling haften, der soeben Dobós Soldaten mit je einem Taler verabschiedete.

„Gottlob, daß ich nun hier bin“, sagte Mekcsey erleichtert, während er Gergely umarmte. „Ich war schon im Sattel eingeschlafen. Ich bin sehr müde.“

„Was hast du denn auf dem Kopf, Bruder István?“

„Einen Turban, verdammt nochmal. Siehst du denn nicht, daß ich eine Türke geworden bin?“

„Mach keine Scherze! Das Tuch ist ja blutig.“

„Also gib mir ein Zimmer, Freund, und eine Waschschüssel, dann erzähle ich dir, was sich auf so einer Reise von Győr nach Debrecen ereignet.“

Auf der Treppe erschien eine Magd und warf einen fragenden Blick auf den Ankömmling.

Gergely schüttelte verneinend den Kopf. Darauf verschwand sie.

Gergely sagte erklärend zu Mekcsey:

„Die Frau unseres Hauses schläft fast gar nicht. Auch bei Nacht wartet sie immer auf ihren Gemahl oder auf einen Brief von ihm."

Drei Tage lag Mekcsey im Herrenhaus mit Wundfieber danieder. Die beiden Török-Söhne und Gergely saßen ständig an seinem Bett. Sie gaben dem Recken Rotwein zu trinken und hörten gespannt seinen Geschichten zu.

Auch Frau Török besuchte ihn manches Mal. Und obwohl er noch krank war, berichtete Mekcsey sogleich, daß er gekommen sei, um Gergely zu holen, da er ihn zur königlichen Truppe mitnehmen wolle.

Die Jungen sahen Gergely betroffen an, und Frau Török sagte vorwurfsvoll und traurig:

„Bringst du es übers Herz, uns zu verlassen? War ich denn nicht wie eine Mutter zu dir? Und waren dir meine Söhne nicht Brüder?"

Mit gesenktem Kopf antwortete Gergely:

„Ich bin achtzehn Jahre alt. Soll ich weiter hier schmarotzen und die Zeit nutzlos verbringen, während das Land Soldaten braucht?"

Er sah wirklich schon wie ein reifer Jüngling aus. Auf seinem mädchenhaft feinen, braunen Gesicht zeigte sich schon ein flaumiger Bartwuchs. Seine schwarz glänzenden Augen verrieten Verstand und Ernst.

„Gerade dich braucht man?" meinte Frau Török mit einem Kopfschütteln. „Kannst du nicht warten, bis auch meine Söhne groß sind? Jeder wendet sich von uns ab!" Sie nickte kummervoll mit dem Kopf und trocknete die hervorbrechenden Tränen, „wo sich Gott abwendet, dort wenden sich auch die Menschen ab".

Gergely kniete vor ihr nieder und küßte ihre Hände:

„Liebe, gute Frau Mutter, wenn Ihr mein Weggehen so deutet, bleibe ich hier."

Auch Tinódy saß dabei. Er war an diesem Tage von Érsekújvár gekommen und hätte gern etwas über seinen Herrn gehört, doch blieb ihm gleich jede Frage in der Kehle stecken, als er das Schloß ohne Fahne und die Frau des Hauses im Trauerkleid erblickte.

Er saß am Fenster auf einer mit Bärenfell bedeckten Truhe und zeichnete etwas auf eine Säbelklinge.

Bei Gergelys Worten unterbrach er die Arbeit:

„Gnädigste Frau, erlaubt mir, in dieses Gespräch einzugreifen."

„Bitte, sprecht nur, Sebők."

„Der Vogel kehrt immer wieder ins Nest zurück, wohin er auch fliegt. Gergely ist flügge und möchte auch ein bißchen umherflattern. Und ich meine, es wäre gut, wenn er etwas in der Welt herumkäme. Denn seht, Junker Jancsi ist bald erwachsen, und da ist es dann auch für ihn besser, einen erfahrenen Krieger neben sich zu haben."

In diesen Worten lag nichts, worüber man hätte lächeln müssen. Dennoch lächelten alle. Denn Schreiber Sebők war immer witzig, wenn er nicht sang, und sprach er ernst, so vermutete man, daß hinter seinen Worten etwas Scherzhaftes verborgen sei.

Die edle Frau warf einen Blick auf die Arbeit des Spielmanns und fragte:

„Habt Ihr den Spruch fertig?"

„Jawohl. Aber ich weiß nicht, ob er Euer Gnaden gefallen wird." Er nahm den Säbel mit dem Schlangenknauf in die Hand und las vor, was er darauf geschrieben hatte:

„Tapferkeit gibt Kraft,
Kraft oft Sieg verschafft,
Sieg sei dein Gebot,
Dann flieht dich der Tod."

„Das schreibt auch auf meinen Säbel", sagte Jancsi Török begeistert.

„Nein", entgegnete Tinódy und schüttelte den Kopf, „dafür dichte ich einen anderen Spruch."

Mekcsey beteiligte sich vom Bett aus an der Unterhaltung:

„Auf Dobós Säbel solltet Ihr den Namen des Königs irgendwie anbringen, Bruder Sebők. Ich dachte es mir ungefähr so: *Für Gott, für König und Vaterland.*"

„Das ist schon veraltet", meinte Tinódi. „Und es ist auch kaum noch üblich, seit ein Deutscher die Königskrone trägt. Wenn Herr Dobó das gewünscht hätte, so hätte er den Säbel mitgenommen und es sich selbst daraufschreiben lassen."

„Mir geht etwas durch den Kopf", sagte Gergely und tippte sich mit dem Finger an die Sitrn. „Als ich noch ein Kind war, hörte ich von Dobó einen Ausspruch. Den müßte man draufschreiben."

„Wie lautet er?"

„Die Hauptsache ist, keine Angst zu haben."

Tinódi schüttelte den Kopf:

„Der Gedanke ist gut, doch fehlt ihm so die Kraft. Wartet, ich werde es gleich haben..."

Er stützte das Kinn auf die Hand und sah vor sich hin. Die anderen schwiegen. Plötzlich leuchteten Tinódis Augen:

„Angst und Beben
Ist kein Leben."

„Ja! So ist es gut!" rief Gergely.

Tinódi tauchte rasch den Gänsekiel in das hölzerne Tintenfaß und zeichnete den Säbelspruch auf.

Noch ein Säbel lag dort unbeschrieben. Den hatte Gergely von Mekcsey geschenkt bekommen, er glich dem Dobós.

„Also, was schreiben wir auf den?" fragte Tinódi. „Vielleicht dies:

Gergely, nimm das Schwert,
Schwinge dich aufs Pferd."

Alle lachten, Gergely schüttelte den Kopf und sagte:

„Nein, ich möchte keinen Vers, sondern nur zwei Worte, die alle Gedichte und alle Gedanken umfassen. Schreibt auf meinen Säbel: *Fürs Vaterland!*"

*

Fünf Tage darauf traf Dobó plötzlich ein. Er wurde freudig begrüßt. Seit der Herr des Hauses in Gefangenschaft war, geschah es an diesem Tag zum erstenmal, daß die goldenen und silbernen Teller und Schüsseln auf den Tisch gestellt wurden. Ungewohnte Heiterkeit herrschte im Hause.

Frau Török indessen erschien an der Tafel trotzdem in ihrem gewohnten Trauerkleid ohne Schmuck. Sie setzte sich auf ihren Platz der Tür gegenüber. Auch am anderen Ende der Tafel waren ein Gedeck aufgelegt und ein Lehnstuhl hingestellt worden. Dobó meinte anfangs, das sei der Platz des Pfarrers, der sich verspätet haben mochte, dann erst wurde ihm klar, daß es Bálint Töröks Platz war. Stets wurde auch für den Herrn des Hauses gedeckt, jeden Tag, morgens, mittags und abends.

Frau Török hörte sich aufmerksam an, was Dobó von Wien erzählte und was er von den Adligen im Lande berichtete.

Es gab damals noch keine Zeitungen, man konnte nur durch Briefe oder zuweilen von einem Gast erfahren, was sich in der Welt ereignete, und Kunde davon erhalten, ob am Lebensbaum der einzelnen Familien von Rang dieser oder jener Zweig abgebrochen war, ein anderer neue Blüten getrieben hatte.

Nur eines Mannes Name wurde in dem Gespräch lange nicht erwähnt: der Name des Hausherrn. Gergely hatte Dobó den Rat gegeben, nicht von ihm zu sprechen, nicht nach ihm zu fragen.

Doch als die Dienerschaft das Speisezimmer verlassen hatte, begann Frau Török selbst zu fragen:

„Habt Ihr von meinem geliebten Gemahl etwas gehört, verehrter Freund?"

Und Tränen liefen ihr über die Wangen.

Dobó schüttelte den Kopf:

„Solange dieser Sultan am Leben ist..."

Frau Török sank zusammen.

Da schlug Dobó auf den Tisch:

„Wie lange will der denn noch leben? Solche Tyrannen erreichen meist kein ehrwürdiges Alter. Das lehrt uns die Geschichte. Allerdings... ich möchte meinen: Wenn wir einen großmächtigen Pascha in unsere Macht bekämen, so könnten wir ihn gegen Herrn Bálint austauschen..."

Frau Török wiegte traurig den Kopf:

„Das glaube ich nicht, Dobó. Mein Gemahl wird dort nicht als Besitz der Staatskasse in Ketten gehalten, sondern aus demselben Grunde, aus dem man einen Löwen in den Käfig sperrt: weil man sich vor ihm fürchtet. Ich habe schon alles als Entgelt für seine Freilassung versprochen, habe gesagt, sie sollen uns all unser Hab und Gut wegnehmen, all unser Gold und Silber und was wir sonst besitzen. Die Paschas stecken ein, was ich an Geld schicke, und der Sultan gibt nicht einmal Antwort."

„Vielleicht wagen sie es gar nicht, ihn deswegen anzusprechen."

Mekcsey stützte die Ellbogen auf den Tisch:

„Könnte man ihn nicht auf andere Art und Weise von dort..."

„Aus der Burg der Sieben Türme?" rief Dobó. „Hast du noch nie von den Sieben Türmen gehört, Freund?"

„Gewiß habe ich davon gehört. Aber ich habe auch gehört, daß nichts unmöglich ist, wenn man es stark will."

„Mein lieber Mekcsey", sagte Frau Török mit schmerzlichem Lächeln, „könnt Ihr Euch vorstellen, daß mein Gemahl und seine verwaist zurückgebliebene Familie nicht sehr stark wollen? Bin ich nicht zur Königin gegangen, zu Frater Georgius und zum Pascha von Buda? Habe ich nicht sogar vor König Ferdinand auf den Knien gelegen? Meinem armen Gemahl habe ich das nicht einmal zu schreiben gewagt."

Tränen erstickten ihre Stimme. In kummervollem Schweigen sahen sie alle an.

Aber sie tupfte sich die Tränen ab und wandte sich an Tinódi:

„Schreiber Sebők", sagte sie, sich zu einem Lächeln zwingend, „sollen wir die Freunde unseres Hauses nur mit Traurigkeit bewirten? Nehmt Eure Laute und singt uns die Lieder, die mein Gemahl so gern hörte, nur diese, Schreiber Sebők. Wir schließen die Augen, während Ihr singt, und denken, er sitze hier bei uns."

Seit drei Jahren war Schreiber Sebőks Laute nicht in diesem Hause erklungen. Die Knaben wurden gleich munter, als ihre Mutter den Gesang gestattete.

Schreiber Sebők ging in sein Zimmer und holte sein gitarrenähnliches Instrument.

Die *Geschichte der Judith* trug er mit leiser, erzählender Stimme vor, während er die Melodie dazu auf der Laute spielte.

Das war ein rechter Trost, in Holofernes sah ein jeder den Sultan. Wo aber war die Judith, die das Land von ihm befreien würde?!

Doch als Tinódi in der Mitte des Liedes war, änderte sich mit einemmal unter seinen Fingern die Melodie, und mit sonorer, weicher Stimme sang er ein anderes Lied:

„Tiefe Trauer schwebt jetzt über Ungarland,
Freudevolle Klänge sind von hier verbannt,
Burgen, reiche Städte – wüst und ausgebrannt,
Viele edle Herren sind in Feindeshand."

Alle, die am Tisch saßen, überkam ein schmerzlicher Schauer. Auch Dobó konnte die Tränen nicht zurückhalten.

„Darf ich fortfahren?" fragte Tinódi in bittendem Ton.

Frau Török nickte.

Und Tinódi sang nun davon, wie der Türke Herrn Bálint ins Netz gelockt und wie er ihn in Ketten mitgenommen hatte, zuerst nach Belgrad, dann nach Konstantinopel.

Des Sängers Stimme wurde zu schmerzlichem Flüstern, als er den Schluß des Liedes sang:

„Oh, wie bitter weinen allzeit deine schöne
Treue Gattin, deine hübschen, wackern Söhne!
Tag und Nacht nicht enden Tränen und Gestöhne,
Seit in Ketten ferne liegt ihr starker Löwe.

Öde sind die Burgen, stille sind die Zimmer,
Deine treuen Knechte klagen immer schlimmer.
Mancher irrt im Lande, findt die Ruhe nimmer:
Herr, wann kommst du endlich? – Dies nur fragt er immer."

Hier konnte auch der Lautenspieler nur noch weinen, denn er selbst war ja der rastlos im Lande Umherirrende, der seinen Herrn am meisten beklagte.

Die beiden Knaben warfen sich schluchzend an die Brust ihrer Mutter, die ihre Arme um die beiden Kinder legte und sie an sich drückte. Tinódi glitt die Laute aus der Hand, und er sank vornüber auf den Tisch.

So vergingen einige Minuten in dem leiderfüllten Hause, dann begann Dobó zu sprechen; dumpf und bitter klang es:

„Warum bin ich kein freier Mann?! Wenn es mich auch ein volles Jahr kostete, ich würde nach dieser Stadt wandern und wenigstens prüfen, ob denn der Kerker dort wirklich so starke Mauern hat!"

Da sprang Mekcsey auf:

„Ich bin ein freier Mann! Und ich schwöre beim Allmächtigen, ich reise hin! Ja, das tue ich! Und wenn es irgendeine Möglichkeit gibt, befreie ich Bálint Török, koste es auch mein Leben!"

Auch Gergely sprang auf:

„Ich gehe mit! Mit dir zusammen biete ich auch den größten Gefahren die Stirn, nur damit mein Herr, mein Vater, seine Heimat wiedersehe."

„Mutter!" rief der junge Jancsi Török sich besinnend. „Soll ich etwa zu Hause bleiben, wenn andere um die Freiheit meines Vaters kämpfen?"

„Wahnsinn...", stammelte die Frau.

„Und wenn es auch Wahnsinn ist, ich führe aus, was ich geschworen habe", rief Mekcsey voll edler Begeisterung.

Tinódi stand auf:

„Auch ich komme mit! Wohl habe ich einen lahmen Arm, aber vielleicht kann euch mein Verstand nützen."

Frau Török schüttelte den Kopf:

„Was wollt ihr beginnen? Meint ihr, was zwei Könige und königlicher Reichtum nicht vermocht hatten, das werde euch gelingen?"

„Unsere edle Frau hat recht", pflichtete ihr Dobó bei, der seine Ruhe wiedergewonnen hatte, „da helfen weder Geld noch List, einzig des Sultans guter Wille kann die Fesseln lösen."

„Aber wenn wir doch auf diesen guten Willen vergebens warten!" gab Mekcsey erregt zurück.

Am nächsten Morgen verabschiedete sich Dobó. Man hielt ihn nicht zurück, da man wußte, daß seine Zeit stets kurz bemessen war. Mekcsey blieb noch.

Er rief Gergely zu sich ins Zimmer:

„Ich wollte, daß wir nach unserem gestrigen Gespräch erst einmal über die Sache schlafen. Nicht um meinetwillen. Denn ich kann darüber nachdenken, soviel ich will, ich bleibe bei dem, was ich mir vorgenommen habe, und, Tod und Teufel, ich wage die Reise nach dem Türkenland!"

„Und ich ebenfalls!" erwiderte Gergely.

„Schließlich ist hier in der Heimat doch jetzt kein Krieg. Und wer kann es wissen, vielleicht finden wir irgendein Mauseloch."

„Selbst wenn es uns nicht gelingt, brauchen wir uns nicht zu schämen. Wir müssen auf jeden Fall etwas unternehmen. Wer wagt, gewinnt. Wer aber nichts wagt..."

„Ja, man muß auch das Unmögliche versuchen. Denn vielleicht ist es gar nicht so unmöglich. Nur eines sag mir: Sollen wir Tinódi mitnehmen?"

„Wie du meinst."

„Und Jancsi?"

„Den läßt seine Mutter nicht weg."

„Also dann gehen wir beide allein. Tinódi lassen wir zu Hause."

„Wie du meinst."

„Wir setzen unser Leben aufs Spiel. Um den alten Sebők wäre es schade. Er gehört zu den Menschen, die heute für das Land von größtem Wert sind. Es ist auch Gottes Wille, daß er umherziehe und die erlöschenden Feuer der Herzen neu entfache. Sebestyén Tinódi ist die klagende Stimme der Nation."

Jancsi Török stürmte zur Tür herein, in gelber Hirschlederhose und mit einer Reitpeitsche in der Hand. Er hatte sich einen breitkrempigen Hut aus Debrecener Tuch aufgesetzt, und an den Füßen trug er gelbe Lersen.

Mekcsey tat, als führe er in seiner Erzählung fort, warf nur einen raschen Blick auf Jancsi und sagte lächelnd mit einer verächtlichen Handbewegung:

„Der rote Hasenfuß. Und obendrein heiratet er auch noch."

Nun wandte er sich zu Jancsi und erklärte ihm:

„Du kennst den nicht, von dem wir sprechen, aber vielleicht hat ihn Gergely schon einmal erwähnt."

„Wen?" fragte Jancsi ohne viel Anteilnahme.

„Ádám Fürjes."

„Wen heiratet er denn?"

Gergely lächelte, als er das fragte.

„Die Tochter eines alten Mannes mit einer hölzernen Hand."

Da wurde Gergely plötzlich so weiß wie die Wand.
„Éva Cecey?"
„Ja, die. Kennst du sie vielleicht?"
Wie versteinert starrte Gergely Mekcsey an.
„Hört doch mit diesen Possen auf!" rief Jancsi ärgerlich und schlug sich mit der Reitgerte ans Bein. „Ihr hattet jetzt doch nicht darüber gesprochen. Denkt ihr, ich bin ein Kind? Ich bin keins mehr! Die ganze Nacht habe ich nicht geschlafen. Es gibt Früchte, die über Nacht reif werden. Ich bin seit gestern abend zum Manne gereift."
Mekcsey sah ihn wohlgefällig an.
„Läßt dich deine Mutter fort?"
„Ich habe ihr nichts gesagt. Und ich werde ihr auch nichts davon sagen. In Hunyad ist in der Burg Verschiedenes zu erledigen. Ich werde sie bitten, mich damit zu beauftragen."
Mekcsey zuckte die Achseln:
„Dann können wir ja aufbrechen."
„Meinetwegen heute noch. Ich habe mich schon entsprechend angezogen."
„Wartet doch", stammelte Gergely, noch immer bleich. „Du hast da eben etwas gesagt, István. Ist das wahr? Oder hast du das nur so hingeredet?"
„Was ich von Fürjes gesagt habe?"
„Ja."
„Das ist wahr. Die Mutter des Mädchens hat selbst damit geprahlt, daß die Königin ihre Tochter einem Leutnant zur Frau gibt."
„Was hast du denn?" fragte Jancsi und sah Gergely verwundert an. „Kennst du sie vielleicht?"
Gergely, ganz außer sich, sprang auf.
„Ob ich sie kenne? Das ist doch meine Éva!"
„Jemand heiratet deine Éva?"
„Wenn es wahr ist. Ich glaube das aber nicht."
Und gleichsam schäumend vor Wut schrie er:
„Ich bringe den Schurken um!"
Mekcsey sagte achselzuckend:
„Bringst ihn um! Wenn ihn aber das Mädchen liebt?"
„Sie liebt ihn nicht!"
„Vermutest du, daß man sie zwingt?"

„Ganz gewiß. Nichts ist sicherer als das!"
„Hat sie sich dir versprochen?"
„Schon als wir noch Kinder waren!"
„Ja dann. . ." Mekcsey stützte die Ellbogen auf und fuhr fort: „Selbst wenn wir etwas dagegen unternähmen, kannst du sie nicht heiraten. Und vielleicht haben die beiden sich doch angefreundet."
„Wie kannst du so etwas auch nur denken?"
Mekcsey zuckte wieder die Achseln:
„Sie ist weit weg."
„Mir ist sie immer nahe. Sie ist in meinem Herzen."
„Habt ihr euch Briefe geschrieben?"
„Wie hätten wir uns Briefe schreiben können?! Ich habe keinen Boten. Und wenn ich einen hätte, so wäre der ständig mit unseren Briefen zu Pferd unterwegs gewesen."
Mekcsey machte eine ungewisse Bewegung, ohne etwas zu erwidern.
Vom Gang her hörte man rasche Schritte.
Jancsi Török sprang an die Tür und drehte leise den Schlüssel herum.
Gleich darauf knarrte die Klinke.
Jancsi winkte, die beiden sollten still sein.
Draußen vor der Tür war nämlich sein Bruder, und Jancsi wollte nicht, daß der kleine Feri etwas von der Unternehmung erführe.

4

Königin Isabella verbrachte den Winter in Gyalu und war auch noch dort, als es Frühling wurde.
Gergely und Mekcsey kamen am dritten Tag ihrer Reise in Gyalu an. Jancsi Török hatte sie nicht begleitet; seine Mutter sollte von der Verabredung nichts ahnen.
Frau Török wußte nur, daß Gergely mit Mekcsey zu König Ferdinands Heer gezogen sei, den Sommer bei den Soldaten verbringen und im Herbst zurückkehren werde.
Die Jünglinge indessen hatten sich schon genau überlegt, wie sie alles machen würden. Gergely wollte vor allem herausbekommen, ob das Mädchen Fürjes liebte oder nicht. Wenn es ihn

liebte, blieb Gergely nichts anderes übrig, als von seinen Träumen Abschied zu nehmen. Liebte es ihn aber nicht, so sollte Gergely verschwinden, als ob er überhaupt nicht dort gewesen wäre, und Mekcsey würde Fürjes derart zum Gespött machen, daß in ganz Siebenbürgen kein Mädchen mehr Lust bekäme, ihn zu heiraten.

Wenn die beiden in Gyalu ihr Vorhaben ausgeführt hatten, wollten sie in Hunyad mit Jancsi Török zusammentreffen, um von dort zu dritt nach Konstantinopel aufzubrechen.

Bis an die Grenze wollten sie reiten. Jancsi würde das Geld mitnehmen, das für die Renovierung von Burg Hunyad vorgesehen war, und sich noch soviel wie möglich dazu verschaffen, damit sie zur Befreiung Bálint Töröks auch Geld einzusetzen hätten. Von der Grenze an wollten sie entweder als Derwische oder als Kaufleute oder auch als Bettler verkleidet die Reise zu Fuß fortsetzen, um so der Aufmerksamkeit der Räuberbanden und der umherstreifenden türkischen Soldatentrupps zu entgehen. Ob dann ihr Befreiungsversuch gelang oder nicht, in jedem Falle könnten sie binnen zwei Monaten oder vielleicht sogar noch früher zurück sein, und Frau Török brauchte sich wegen ihres Sohnes nicht zu beunruhigen.

*

Die beiden Reiter kamen am Abend in Gyalu an. Sie hatten nur einen einzigen Knecht bei sich, den Mekcsey noch in Debrecen gedungen hatte. Matyi hieß er. Vorher war er Pferdehirt auf der Pußta Hortobágy gewesen. Er ritt den kleinen Schimmel, den Mekcsey von den fünf Türkenpferden behalten hatte.

Gleich am ersten Hause fragten sie einen Walachen, ob er ihnen Quartier geben könne.

Der Mann verstand Ungarisch. Erstaunt schüttelte er den Kopf samt dem großen schwarzen Hut, den er trug.

„Seid Ihr denn nicht zur Hochzeit gekommen?"

„Doch, doch, zur Hochzeit."

„Warum steigt Ihr dann nicht im Schloß ab?"

Die beiden Jünglinge warfen sich Blicke zu.

„Ich gehe nicht ins Schloß, weil ich unterwegs krank geworden bin", sagte Gergely.

Er war wirklich so bleich wie ein Kranker.

„Nur mein Gefährte reitet zum Schloß", fuhr er fort. „Und wenn dein Vorderzimmer leer ist, bezahle ich es dir gern."

Bei dem Wort „bezahlen" hörte der Walache gleich auf, sich zu wundern: Dienstfertig setzte er sich in Bewegung, um den Reitern das geflochtene Tor weit zu öffnen.

„Sind wir etwa zu spät gekommen zum Hochzeitsmahl?" erkundigte sich Mekcsey.

„Wie solltet Ihr denn, edle Junker! Ihr wißt wohl nicht, daß die Hochzeit erst übermorgen ist?"

„Öffne die Tür, Freund: In deiner Stube sind überflüssige Gerüche, laß uns allein."

Gergely ließ den Kopf hängen.

„Wir sind zu spät gekommen."

Mekcsey überlegte.

Schließlich sagte er mit einem Achselzucken:

„Am besten, wir kehren gleich um, Gergely. Um einen Traum ärmer und um eine Erfahrung reicher."

Gergely stand auf. Er schüttelte den Kopf.

„Nein. So leicht sage ich meinem Glück nicht Lebewohl. Ein Tag ist viel Zeit. Ich dachte mir, ich bleibe hier, und du gehst ins Schloß, mischst dich unter die Gäste."

„Und wenn man mich fragt, was ich hier wolle?"

„Hat dich denn nicht Cecey eingeladen? Du mußt vor allem das Mädchen treffen und erfahren, ob es Fürjes aus Liebe gewählt hat. Aber das ist unmöglich! Unmöglich! Ganz und gar unmöglich!"

„Also gut. Ich gehe ins Schloß und quartiere mich mit Matyi dort ein, wenn man mich aufnimmt."

„Du sagst einfach, daß Cecey dich geladen habe. Du hast schließlich dem Alten das Leben gerettet."

„Allerdings, das habe ich. Und ich denke, ganz gleich, was für ein Gesicht er macht, wenn ich plötzlich erscheine, am Ende werde ich doch im Schloß wohnen und kann mit dem Mädchen sprechen. Wenn es geht, noch heute; wenn es heute nicht mehr möglich ist, dann eben morgen. Aber könntest du nicht auch mitkommen? Vielleicht als mein Diener."

„Nein. Wenn Éva sagt, man habe sie gezwungen, dann bleibt es besser geheim, daß ich hier bin. Ich werde dann. . ."

„Dann werde ich Fürjes ohrfeigen!"

„Unternimm nichts, bevor du mit dem Mädchen gesprochen hast. Danach kommst du sofort zurück, und dann werden wir sehen...“

Die Frau des Walachen machte Gergely ein weiches Bett zurecht und brachte ihm Arzneien und nasse Tücher. Allein, der Kranke legte sich weder schlafen noch trank er das Kräutergebräu noch band er ein nasses Tuch um den Kopf. Er schritt nur auf und ab auf dem Lehmboden der muffigen kleinen Stube und schlug mit der Faust in die Luft.

Mekcsey kam am Morgen zurück. Er fand Gergely am Tisch sitzend. Vor ihm brannte eine Öllampe; er hatte den Kopf auf beide Arme gelegt und schlief.

„Warum hast du dich nicht ins Bett gelegt?“

„Ich dachte nicht, daß ich einschlafen würde.“

„Also, ich habe mit dem Mädchen gesprochen. Du hast richtig vermutet, es heiratet Fürjes nicht aus Liebe.“

Gergely schüttelte sich, als hätte man ihn mit Wasser begossen. Seine Augen leuchteten wieder.

„Hast du ihr gesagt, daß ich hier bin?“

„Ja. Sie wäre am liebsten gleich zu dir gelaufen. Ich habe sie zurückgehalten.“

„Warum hast du das getan?“ rief Gergely, vom Stuhl aufspringend.

„Na, na. Willst mich wohl zum Dank noch verprügeln?“

„Sei mir nicht böse. Mir brennt es unter den Sohlen!“

„Ich wollte sie nicht zu dir lassen, weil der ganze Hof hinter ihr hergelaufen wäre. Eine Schande für sie, eine Schwierigkeit für uns.“

„Was hast du ihr gesagt?“

„Daß ich Fürjes verspotten werde und daß sie ihm den Ring zurückgeben soll.“

Gergely hörte mit glühenden Augen zu.

„Was hat sie geantwortet?“

„Daß die Königin sie zu der Verlobung überredet habe. Auch ihre Eltern haben sie gedrängt. Ist ja zu verstehen: Der alten Königin war es hier im Winter langweilig, da hat sie sich aufs Ehestiften verlegt. Fürjes greift natürlich mit beiden Händen zu. Und das Mädchen, um der Königin einen Gefallen zu tun, legt sein Herz auf einen Teller und reicht es untertänig dar.“

„Aber warum reicht sie es dar?! Oh, sie hat mich doch vergessen! Vergessen hat sie mich!“

„Nein, nein, das stimmt nicht. Ich habe mich nicht richtig ausgedrückt. Weiß ich denn, wie es gewesen ist?“

„Also was hat sie gesagt? Hat sie rundheraus zugegeben, daß sie Fürjes nicht liebt?“

„Ja.“

„Und will sie mit mir sprechen?“

„Unbedingt. Ich habe ihr versichert, daß ich dich heute abend hinführe.“

Gergely ging in der Stube umher wie ein Betrunkener. Dann sank er wieder verzagt auf den alten Rohrstuhl.

„Was nützt es, wenn wir Fürjes aus dem Sattel heben? Mir lassen sie Éva ja doch nicht, selbst wenn ich sie jetzt heiraten könnte. Wer bin ich denn? Ein Habenichts. Ich habe weder Vater noch Mutter, ja nicht einmal ein eigenes Dach über dem Kopf. Töröks, ja, sie haben mich erzogen wie ihren eigenen Sohn, aber so ganz war ich es doch nicht, daß ich es hätte wagen können, mit einer so großen Bitte an sie heranzutreten. Und gerade jetzt, da doch auch ihr Heim öde und leer ist!“

Mekcsey stand mit verschränkten Armen da, mit dem Rücken ans Fenster gelehnt.

„Ich weiß nicht, was du da redest, aber ich sehe, daß du ganz verwirrt bist. Wenn du das Mädchen heiraten willst, wozu brauchst du dann Vater und Mutter? Bloß eine Unterkunft brauchst du. Wenn es dir recht ist: Ich habe ein Häuschen in Zemplén. Es steht leer. Du kannst darin wohnen, meinetwegen zehn Jahre lang.“

„Der Mensch lebt nicht vom Wort allein. . .“

„Hast du nicht gelernt und studiert? Bist gelehrter als jeder Priester. Heutzutage sind gute Schreiber sehr gesucht.“

Gergely lebte wieder auf.

„Dank dir, István.“

„Das Wichtigste ist jetzt, daß Éva nicht heiratet. Du kommst mit mir ins Heer; kein Jahr wird es dauern, und du erhältst einen Sold, daß du Éva ernähren kannst. Bis dahin kann sie bei meiner Schwester bleiben.“

Gergely griff hastig nach Mantel, Hut und Säbel.

„Der Himmel segne dich, István! Du bist mein rettender

Engel. Ich gehe jetzt zu Évas Eltern! Und sage ihnen, daß es unmenschlich ist, was sie tun! Daß..."

Mekcsey drückte ihn auf den Stuhl zurück, so heftig, daß dieser krachte.

„In die heißeste Hölle kannst du gehen, aber nicht zu denen! Die würden dich in einen Hühnerstall einsperren, bis die Hochzeit vorüber ist. Ich sage dir, laß die nicht einmal deine Nasenspitze sehen!"

Vor dem Haus trabten drei Reiter vorbei. Es kamen schon Gäste aus Kolozsvár.

Als die Abenddämmerung über dem Tale lag, schwang Gergely sich in den Sattel. Er ritt mit Mekcsey zum Schloß hinauf.

Niemand fragte sie, wer sie seien. Im Schloß wimmelte es von Gästen. Die Fenster waren hell. Auf dem Hof leuchteten Fakkeln, in den Korridoren Wachskerzen. Selbstbewußte Herren und Damen, Diener und Zofen kamen und gingen, liefen umher und drängten sich. Gergely ward beklommen ums Herz: Wie würde er in dieser Menschenmenge mit der Braut sprechen können? Sie war ja keine Minute allein! Und er war hier ein ungeladener Gast. Ihn kannte außer dem Bräutigam niemand.

„Komm auf den Küchenhof", sagte Mekcsey.

Sie gelangten in den hinteren Teil des Schlosses. Dort war es noch heller: Küchenjungen in Lederschürzen drehten an einem langen eisernen Spieß einen Ochsen, und in der Küche war viel weißgekleidetes Küchengesinde eifrig beschäftigt.

„Warte hier", sagte Mekcsey, „ich taste mich irgendwie durch nach dem Flur, der zu den Räumen der Hofleute führt. Ich frage Éva, wo ihr euch treffen könnt."

Gergely mischte sich in die Gruppe, die zusah, wie der Ochse am Spieß gebraten wurde. Das war zwar größtenteils Kutschervolk, doch schlenderten auch ein paar Pagen dort herum.

Die Neugier hatte sie hingetrieben. Das Volk träumte ja immer von der königlichen Küche, doch hörten auch die Herren aus der Provinz gern, was und wie in der größten Küche des Landes zubereitet wird.

In Gyalu stand das Küchengebäude zwischen dem Schloß und dem Garten; und nach den Anordnungen des grauhaarigen

Küchenmeisters arbeiteten elf Köche mit weißen Mützen und weißen Schürzen und zwanzig Eleven in weißen Kitteln in dem Gebäude. Keine einzige Frau war dort zu sehen.

Auf dem Küchenhof wurde ein riesiger Mastochse am Spieß gedreht, man roch den feinen Bratenduft auf dem ganzen Hof.

Nur durch einen Wink mit seinem Stab gab der Bratenmeister an, wo das Feuer anzufachen war. Die Wärme mußte gleichmäßig sein.

Hinter der höllischen Hitze tönten klingende Mörser, hackende Messer, hämmernde Fleischklopfer, dazwischen das Brodeln von Brei, das Zischen von Bratenfett; und Rauch, Dampf und Speisendüfte stiegen auf.

Ein schlanker, hoch aufgeschossener Page, den roten Tuchkalpak schief auf dem Kopf, erklärte mit lauter Stimme den Umherstehenden:

„Ich bin schon von Anfang an hier. Und ich sage euch, nicht einmal das Mastvieh wird hier so gebraten wie anderswo."

Der heiße Feuerdunst, der über dem ganzen kleinen Hof lag, hatte die Gesichter gerötet. Auch Gergely stand bald mit rotem Kopf zwischen den Zuschauern; zerstreut hörte er, was der Page erzählte, der, zwischendurch den Rauch von sich wegblasend, fortfuhr:

„Hier haben sie ein ganzes Kalb in den Mastochsen eingenäht. In das Kalb haben sie erst einen Truthahn hineingesteckt. Und in den Truthahn ein Rebhuhn."

„Und in das Rebhuhn?" fragte ein dummer kleiner Page mit leuchtenden Augen und roten Ohren.

„Ins Rebhuhn, Brüderchen", antwortete der mit dem schief aufgestülpten Kalpak, „das Ei von einem Gänserich. Das bekommt der jüngste Knappe."

Lautes Gelächter. Auch der kleine Page mit den roten Ohren lachte. Aber er errötete dabei und ging weg.

Nach einer halben Stunde machte sich der Bratenmeister daran, den Ochsen zu öffnen, und tatsächlich zog er einen halbgebratenen Truthahn heraus.

In den Bratengeruch mischte sich auf einmal der angenehme Duft von Majoran und regte sogar bei den Nichthungrigen wieder den Appetit an.

Das Fleisch war noch nicht durchgebraten. Also wurden die

silbernen Haken wieder zugeklammert und die Glut noch einmal unter dem Ochsen zurechtgeschoben. Die Küchengesellen drehten weiter den Spieß.

Das Mörsergeklirr, das Geklapper und Gerassel, das Reiben und Fleischklopfen in der Küche machte jetzt einen solchen Lärm, daß der Page mit dem roten Kalpak nicht weitererklären konnte. Für Gergely gab es da nichts Neues. Sein Herr hatte größere Küchen als diese hier, sechs sogar, und daß ein Ochse am Spieß gebraten wurde, das kam auf Herrn Bálints Burgen häufiger vor als bei der Königin in Siebenbürgen.

Ein Heiduck brachte zwei frische Brote aus der Küche. Die Pagen rissen sie ihm aus der Hand und brachen sich Stücke von dem noch warmen Brot ab. Der schlanke Jüngling mit dem roten Kalpak, der vorhin geredet hatte, bot auch Gergely ein Stück an. Gergely nahm es. Er hatte Hunger.

Als der Bratenmeister sah, wie die Knappen über das Brot herfielen, winkte er, den Spieß stillzuhalten. Dann schliff er sein Messer an dem Stahl, der an einer Kette an seinem Gurt hing, und schnitt für die Pagen die beiden Ochsenohren ab.

Die Pagen bedankten sich mit fröhlichen Hochrufen.

Gergely ließ es sich schmecken. Bei dem Walachen hatte er zu Mittag bloß saure Milch und Schwarzbrot bekommen. Die Knappen trieben auch einen Becher Wein auf. Auch Gergely trank davon. Dann wischte er sich das Schnurrbärtchen ab und gab dem Pagen, der ihn, den Unbekannten, bewirtet hatte, die Hand.

„Ich heiße Gergely Bornemissza", sagte er.

Auch der andere nannte einen Namen, aber keiner von beiden verstand den des anderen. Der Weinbecher war inzwischen wieder angelangt. Gergely hatte Durst und tat einen tüchtigen Zug.

Als er eben den Becher vom Mund absetzte, erblickte er Mekcsey, der kurz vor ihm stand und ihm winkte.

Die beiden gingen in den Garten. Zwischen den Bäumen und Sträuchern war es dunkel. Auch der Lärm vom Hof drang dorthin nicht so laut.

Mekcsey blieb unter einer Ulme stehen.

„Ich habe mit dem Mädchen gesprochen. Évas Augen sahen verweint aus. Sie hatte ihre Mutter und ihren Vater angefleht, sie nicht diesem Mann, sondern später dir zur Frau zu geben. Aber die sind geblendet von all dem Glanz, von der Güte der Königin und von der Freigebigkeit des Fraters. Und sie haben ihre Tochter damit trösten wollen, daß sie selbst auch nicht aus Liebe geheiratet haben, trotzdem hätten sie sich aneinander gewöhnt."

Mit stockendem Atem hörte Gergely zu und schien Mekcseys Worte gleichsam zu verschlingen.

„Geweint hat Éva darum", fuhr dieser fort, „weil sie dich liebt. Das ist sicher."

„Und läßt sie sich nun mit Fürjes trauen?"

„Wohl nicht. Sie sagt, sie will unbedingt mit dir reden, und dann spricht sie auch mit der Königin."

„Warum hat sie das nicht schon früher getan?"

„Man hat sie nicht viel gefragt. Solche Königinnen sind es gewöhnt, daß auch andere gut finden, was sie selber für richtig halten, und daß niemand dazu nein sagt. Na, und du hast dich ja gar nicht um Éva gekümmert. Sie hat nicht einmal gewußt, ob du noch lebst oder etwa schon gestorben bist."

„Und wenn die Königin nun doch wieder Fürjes den Vorzug gibt?"

„Dann sagt Éva morgen am Altar nein."

„Unmöglich!"

„Auf alles sagt sie nein. Das wird eine schöne Verwirrung geben. Aber dann ärgert sich wenigstens die Königin über sie und schickt sie heim nach Buda. Und nach einiger Zeit kannst du sie dann heiraten."

„Dann werden sie sie mir erst recht nicht zur Frau geben."

„Sie werden schon. Aber wir wollen jetzt nicht davon sprechen, was vielleicht in vier Jahren sein wird. Éva kommt spätestens um Mitternacht hierher. Hier ist irgendein Haus, ein Treibhaus. Da drinnen sollst du sie erwarten, hat sie gesagt. Sie geht nicht schlafen, bevor sie mit dir gesprochen hat."

Das Treibhaus im Garten fanden sie bald. Eine Fackel brannte darin. Drei Gärtner waren damit beschäftigt, Salat und Porree zu ernten. Der eine oder der andere blickte auch einmal auf, aber keiner von ihnen sagte ein Wort; sie hielten die Jünglinge für fremde Besucher.

Mekcsey hielt nach allen Seiten Umschau.

„Also Gergely, ich lasse dich jetzt hier allein. Stelle dich krank oder betrunken. Lege dich hier irgendwo hin und erwarte deine Braut. Vielleicht komme ich mit ihr zusammen.“

Und er ging.

Gergely fühlte sich wirklich wie betrunken. War ihm der Wein in den Kopf gestiegen? Oder die Erregung? Es brannte ihm im Herzen und im Kopf eine wütende Hitze, die ihn die Faust ballen ließ.

Er ging kreuz und quer durch das Gewächshaus, zwischen Zitronenbäumen, Kakteen und Feigenbäumen hindurch. Unruhig und immer heftiger schritt er hin und her. Plötzlich eilte er hinaus. Er zog den Hut in die Stirn bis an die Augen, die Hand preßte er auf den Säbel und ging, ja rannte zum Schloß hinauf.

„Welches ist das Zimmer der Brauteltern?“ fragte er in den Korridoren.

Ein Diener, der offensichtlich auf einen hohen Befehl hin mit einem grünen Wasserkrug an der Wand entlanghastete, gab ihm Bescheid:

„Das da, bitte schön.“

Es war ein Zimmer mit weißer Tür. Wie an allen Türen befand sich auch an dieser ein schwarzes Täfelchen, und darauf stand mit Kreide der Name des Gastes.

Der Alte mit der Holzhand saß in Hemdsärmeln am Tisch, auf dem vier Wachskerzen brannten. Eine Backe war voll Seifenschaum. Seine Frau rasierte ihn. Die hölzerne Hand lag vor ihm auf dem Tisch.

Gergely unterließ den Handkuß, sondern machte nur eben eine knappe Verbeugung. Er hielt den eisigen Blicken der beiden Alten stand.

„Herr Vater“, begann er.

Da er aber die Bezeichnung Vater für unangebracht hielt, begann er von neuem:

„Geehrter Herr. Ärgert Euch nicht, daß ich hier bin. Nicht zum Hochzeitsfest bin ich gekommen. Und ich werde niemandem hier im Wege sein. Nicht einmal deshalb suche ich Euch auf, um Euer Gnaden an ein altes Versprechen zu erinnern, das Versprechen von damals, als ich die kleine Éva aus den Händen der Türken...“

„Was willst du?“ schrie der alte Cecey ihn an.

„Ich will nur ganz ergeben fragen, ob Ihr wißt, daß Éva nicht aus Liebe diesen..."

„Was geht dich das an?!" schnauzte der Alte. „Was redest du hier! Pack dich fort!"

Und seine Augen brannten, als hätte er statt Hirn Glut im Kopf.

Gergely legte die Hände zusammen.

„Wollt ihr Eure eigene Tochter unglücklich machen?"

„Wie kannst du wagen, uns zur Rechenschaft zu ziehen! Bube! Du elender Fronbauernsproß!" brüllte der Alte.

Der Seifenschaum spritzte ihm vom Mund, als wäre es Schaum der Wut.

„Pack dich fort!"

Er griff nach seiner hölzernen Hand auf dem Tisch und wollte sie Gergely ins Gesicht schleudern.

Frau Cecey aber hielt ihn zurück und sagte zu Gergely:

„Geh weg, Kind, geh! Zerstöre nicht das Glück unserer Tochter! In eurem Kinderverstand vermeint ihr euch zu lieben, aber sieh, dieser junge Mann ist schon Leutnant..."

„Ich werde auch Leutnant!"

„Dieser aber *wird* es nicht, sondern *ist* es schon. Die Königin wünscht diese Ehe. Geh fort, um Gottes willen, geh, ich bitte dich! Verdirb nicht das Fest!"

„Schere dich hinaus!" brüllte Cecey.

Gergely sah Frau Cecey flehend an.

„Fürjes ist ein feiger Speichellecker! Éva liebt mich. Éva kann nur mit mir glücklich werden! Brecht ihr nicht das Herz! Wartet auf mich, wartet, bis ich sie heiraten kann. Ich schwöre, daß ich ihrer würdig sein werde!"

In seinen Augen glänzten Tränen. Er kniete vor den Eltern nieder.

Der Alte sprang vom Stuhl auf:

„Mach, daß du fortkommst, oder ich werfe dich hinaus!"

Gergely stand auf. Er schüttelte heftig den Kopf, als hätte ihn eine Wespe in die Nase gestochen.

„Herr Cecey", sagte er hart und düster, „von diesem Augenblick an kenne ich Euch nicht mehr. Ich werde aber nicht vergessen, daß die Goldstücke, an denen das Blut meiner Mutter klebt, bei Euch sind."

„Dreihundertundfünfzehn", schrie der Alte aufgebracht. „Zahle sie ihm aus, Frau! Auch wenn nichts übrigbleibt, zahle sie ihm aus!"

Während er das sagte, griff er sich an die Hüfte, zerrte einen schmalen Ledergurt hervor und schüttete Gergely die Goldstükke vor die Füße.

Die Frau zählte ihm seine Erbschaft, besser gesagt, seine Kriegsbeute, auf den Tisch, mit einer Miene, als zählte sie Rattenohren. Gergely steckte die Münzen in seine Taschen.

Einige Augenblicke blieb er noch stehen, ganz bleich. Vielleicht dachte er darüber nach, ob er für etwas zu danken hätte. Dafür, daß sie ihm sein Geld aufbewahrt hatten? Nicht für ihn hatten sie es aufgehoben, sondern für ihre Tochter. Schweigend verbeugte er sich und verließ das Zimmer.

*

Wie ein Schlafwandler ging er über den Flur. An der Ecke stieß er mit einem beleibten Herrn zusammen.

„Verzeihung", sagte er und trat beiseite, um einem selbstbewußt daherschreitenden Herrn, der von einem anderen Herrn begleitet wurde, Platz zu machen.

Dabei las er zufällig an der gegenüberliegenden Tür den Namen Mekcsey.

Er öffnete die Tür und trat ein. Es war niemand im Zimmer. Auf dem Tisch brannte eine Kerze.

Gergely warf sich aufs Bett, und Tränen stürzten aus seinen Augen. Warum weinte er? Er wußte es selbst nicht, er hatte die Taschen voll Geld und war in dieser Stunde ein reicher und unabhängiger Mann geworden. Dennoch fühlte er sich verwaist und verlassen. Wie viele Kränkungen, wie viele Erniedrigungen hatte er erdulden müssen!

„Du gottloser Alter, auch dein Herz ist von Holz!"

Ein heiteres Hornsignal erscholl durch das ganze Schloß. Es war das Zeichen für die Gäste, sich zum Abendessen zu versammeln.

Auf dem Flur öffneten sich überall die Türen, einige wurden auch wieder zugeschlagen. Über die Marmorfliesen klapperten die Absätze von Frauenschuhen und klirrten Sporen. Auch Begrüßungen waren zu hören.

„Ach, du bist auch hier?“

„Grüß Gott! Ich bin erfreut, dich zu sehen!“

Eine kreischende dünne Stimme rief: *„Amalia!“* Man hätte meinen können, ein Papagei habe gerufen.

Dann trat eine Pause ein; da öffnete sich die Zimmertür.

„Mekcsey“, sagte von der Tür her leise eine weibliche Stimme.

Gergely sprang auf.

Vor ihm stand Éva in einem rosa Seidenkleid.

Ein kleiner Schreck, ein leiser Aufschrei – und im nächsten Augenblick lagen sie sich in den Armen.

„Éva! Mein Évchen!“

„Gergely!“

„Kommst du mit mir, Éva?“

„Bis ans Ende der Welt, Gergely!“

Wohl siebzig Personen saßen an der prunkvoll gedeckten Abendtafel, radgroße Kronleuchter mit hundert Kerzen spendeten helles Licht. Die Hälfte der Gäste bildeten die Leute des Hofes, die übrigen waren Verwandte des Bräutigams.

Die Königin saß mit ihrem Söhnchen am Kopf der Tafel. Beide waren in grünen Samt gekleidet. Hinter ihnen hingen Blumengirlanden, die eine Krone darstellten. Neben der Königin saß der Frater, neben dem kleinen König die Braut und neben dieser die Brautmutter.

Der Bräutigam saß der Braut gegenüber.

Das Nachtmahl begann still. Die Gäste unterhielten sich nur flüsternd. Nach dem dritten Gang erhob sich Frater Georgius und hielt eine Tischrede. In dieser nannte er die Königin einen Glücksstern, die Braut eine Lilie, den Bräutigam einen Günstling des Glücks. Einem jeden warf er ein Wort wie eine Blume oder ein Stückchen Zucker zu, und selbst wer ihm sonst nicht gut gesinnt war, lauschte ihm gern.

Als dann die edlen Weine auf den Tisch kamen, begann die Unterhaltung. Man sprach freilich nur leise, und jeder nur mit seinem Tischnachbarn.

„Warum nennt man das Klage-Abend?“ fragte eine junge Frau mit schalkhaften Augen lächelnd.

„Weil die Braut den Abschied von ihrem Mädchentum beweint.“

„Aber sie weint ja nicht. Sie ist so gut gelaunt, als wäre sie froh, daß ihre Mädchenzeit zu Ende ist."

„Ich wundere mich, daß die Königin sich von ihr trennen kann."

„Sie läßt sie ja nicht fort. Nur war sie bisher Palastfräulein, von nun an wird sie Palastdame sein."

Es war vorgesehen, daß an diesem Abend keine Musik spielen sollte; doch hatte man für die Hochzeit irgendwo einen italienischen Sänger aufgetrieben, und die Königin gestattete, daß er eine Probe seiner Kunst gebe.

Der Italiener erschien: ein vierschrötiger, schwarzhaariger Bursche mit kurzem Hals in gelbblauer italienischer Tracht. Er trug eine Gitarre im Arm.

Er hatte eine gute Stimme, nur sang er etwas zu laut: *„Sono orfanella e vendo i fiori."*

Während seines Gesanges sagte die Braut mit verträumtem Gesichtsausdruck zu ihrer Mutter:

„Mutter, was wäre, wenn ich heute stürbe?"

Frau Cecey sah ihre Tochter erschrocken an. Da aber das Mädchen lächelte, antwortete sie nur tadelnd:

„Wie kannst du so etwas sagen, Kind!"

„Doch, Mutter, was wäre..."

„Laß den Unsinn!"

„Würdet Ihr um mich trauern?"

„Ich würde dir mit deinem Vater zusammen in den Tod folgen."

„Aber wenn ich nach einem Monat wieder auferstünde oder vielleicht nach zwei Monaten und plötzlich in Buda in unserem Haus erschiene..."

Frau Cecey sah ihre Tochter verwundert an.

„Seht Ihr, dann würdet Ihr unter der Erde es bereuen, daß Ihr Euch so beeilt habt, mir in den Tod zu folgen."

Und sie stand auf und trat hinter den Stuhl der Königin, beugte sich dicht an ihr Ohr und flüsterte ihr etwas zu.

Die Königin lächelte. Dann nickte sie.

Éva eilte zum Saal hinaus.

Die Gäste lauschten dem Italiener. Seine schöne Baritonstimme war jetzt rein und klar, wunderbar klang sie in den mittleren Lagen. Er fand Beifall. Die Gäste klatschten.

„Noch ein Lied, noch ein anderes“, sagte die Königin.

Und der Sänger unterhielt so die Gästeschar noch etwa eine halbe Stunde.

Évas Verschwinden hatte nur ihre Mutter bemerkt, und mit wachsender Unruhe dachte sie über die Worte ihrer Tochter nach.

*

Als der Italiener geendet hatte, rief der Türsteher in den Saal:

„Ein neuer Sänger! Seinen Namen hat er nicht genannt.“

Aller Augen richteten sich auf die Tür, doch dort war nur ein schlanker, etwa fünfzehnjähriger Knabe zu sehen. Er trug ein kirschfarbenes Atlasgewand, dessen Rock ihm bis an die Schenkel reichte. Am Gurt hing ihm ein kleiner Säbel mit vergoldetem Knauf. Gesenkten Hauptes trat der Knabe ein. Das lange Haar bedeckte sein Gesicht. Vor der Königin ließ er sich auf ein Knie nieder.

Dann erhob er sich und schüttelte das Haar aus dem Gesicht.

Die Gäste waren höchst überrascht, denn dieser Sänger war die Braut!

Ein Page der Königin brachte eine Harfe mit vergoldetem Hals und überreichte sie ihr in der Mitte des Saales. Mit geübter Hand ließ die Braut die Saiten ertönen und sang dazu.

Der Königin zuliebe begann sie mit einem polnischen Lied, das sie von ihr selbst gelernt hatte. Silberhell klang die Stimme des Mädchens. Die Zuhörer hielten den Atem an.

Diesem Lied ließ sie abwechselnd ungarische Weisen, walachische Klagegesänge, italienische, französische, kroatische und serbische Lieder folgen.

Jedesmal klatschten die Gäste begeistert Beifall. Auch der italienische Sänger klatschte.

„Ein Wunderkind ist das“, sagte Mekcseys Tischnachbar, ein Würdenträger des Hofes mit ergrautem Schnurrbart, „wirst sehen, Brüderchen, die tanzt uns gar noch etwas vor“.

„Ist sie immer so fröhlich?“ fragte Mekcsey.

„Immer. Die Königin wäre schon vor Gram gestorben, wenn sie dieses Mädchen nicht um sich hätte.“

„Dann hat er ja Glück, dieser Fürjes.“

Der ältere Herr zuckte die Achseln:

„Der ist ein Weichling. Wirst sehen, die kleine Frau zieht noch an seiner Stelle in den Krieg. Denn sie kann auch sehr geschickt mit Waffen umgehen."

„Nicht möglich!"

„Diesen Sommer hat sie sogar Italiener im Fechten besiegt. Na, und wie sie schießt, wie sie reitet! Sieben Männer könnte man aus der machen, und sie bliebe dennoch der feurige Teufel."

Die so gepriesene Braut sang nun wieder eine ungarische Weise, deren Strophen stets mit dem Kehrreim endeten:

Schwing dich, Bursch, aufs Pferd geschwind,
Eile wie der Wirbelwind
Zur Geliebten!

Die Gäste kannten das Lied, doch vernahmen sie den erwarteten Kehrreim aus dem Munde der Braut so:

Schwing dich, Bursch, aufs Pferd geschwind,
Eile wie der Wirbelwind
Zum Geliebten!

Und während die Braut dies sang, glitt ihr Blick über die Reihe der Gäste hin und blieb auf Mekcsey haften.

Die Gäste lachten. Sie meinten, *zum* Geliebten sei eine scherzhafte Wortänderung.

Mekcsey dagegen fuhr zusammen. Als die Braut ihn auch am Ende der zweiten Strophe ansah, trank er rasch seinen Wein aus und schlich sich davon.

Er lief die Treppe hinunter und zum Stall; dort rief er:

„Matyi! Matyi Balogh!"

Keine Menschenseele antwortete. Mekcsey mußte also seinen Knecht unter dem Gesinde auf dem Küchenhof suchen. Aber die soffen dort beim Licht zweier Pechfackeln aus Holzbechern, aus irdenen Krügen, aus Hüten, Stiefeln und Hörnern.

Es glückte ihm, seinen Matyi bald herauszufinden. Aber, oh weh, in welch einem Zustand! Solange er am Tisch saß, war der Bursche noch halbwegs ein Mensch, doch sowie er sich erheben wollte, war es mit ihm vorbei.

Etwa zehn Burschen lagen schon unter dem Tisch und an der Mauer. Die unter dem Tisch hatte man einfach liegen lassen, die aber von der Bank rückwärts heruntergefallen waren, die hatte man alle zusammen an die Mauer gezerrt.

Matyi stand auf, vielmehr er wollte aufstehen, als er seinen Herrn erkannte, setzte sich aber rasch wieder hin, weil er fühlte, daß sonst auch er über die Bank fallen und dann an die Mauer geschleift werden würde.

„Matyi!“ brüllte ihn Mekcsey an. „Donner und Doria! Wo ist mein Pferd?“

Matyi versuchte wieder aufzustehen, kam aber nur so weit, die Hände aufzustützen.

„Es ist da, Herr... an seinem Platz...“

„Aber wo?“

„Bei den Pferden.“

Und mit den Augen blinzelnd, setzte er hinzu:

„Des Pferdes Platz ist bei den Pferden.“

Mekcsey packte ihn an der Brust:

„Rede vernünftig, sonst schüttle ich dir die Seele aus dem Leibe!“

Da half kein Rütteln, der war vollständig besoffen.

Mekcsey stieß ihn zu den anderen und eilte in den Stall, um selbst sein Pferd zu suchen.

Auch der Stallmeister war betrunken. Mekcsey hätte sich so viele Pferde nehmen können, wie er nur wollte.

So schritt er denn durch den stockfinsteren Stall und rief laut:

„Mußta!“

Aus einer Ecke antwortete Wiehern. Dort stand der Fuchs und fraß Hafer, und neben ihm war auch Matyis Pferd angebunden. Mit Unterstützung eines nur halb betrunkenen Stallknechtes sattelte Mekcsey beide Pferde. Dann zog er von dannen, ohne daß ihn jemand gefragt hätte, warum er denn so früh, noch vor dem Ende des Festmahls das Schloß verlasse.

Gergely erwartete ihn schon auf dem Hof bei des Walachen Haus. Auch sein Roß war fertig gesattelt, er scharrte ungeduldig neben dem Zaum.

Die Nacht war kühl. Die Wolken schienen sich nicht zu bewegen. Aber der Mond, eine flache halbe Silberschale, stieg von Wolke zu Wolke und übergoß die Landschaft mit blassem Licht.

„Bist du es, Gergely? So, ich bin da. Wenn ich richtig verstanden habe, hat deine Braut mich hierherbestellt."

„Ja, du hast es richtig gedeutet", erwiderte Gergely fröhlich. „Wir werden heute Nacht fliehen."

Nach einer knappen halben Stunde erschien vor dem Haus ein flink huschender Schatten: Eine zierliche Gestalt, in einen Mantel gehüllt, öffnete behende die Zauntür und schlüpfte hinein.

Es war Éva.

In dem kirschfarbenen Atlasgewand, in dem sie gesungen hatte, war sie entflohen.

5

Die Landstraße nach Ardianopel ist genau so staubig und voller Radspuren wie etwa die Gyöngyöser oder die Debrecener. Wenn jedoch die vielen Tränen, die auf jene Straße gefallen sind, sich in Perlen verwandelten, oh, welche Menge Perlen gäbe es dann auf der Welt! Und vielleicht würde man sie ungarische Perlen nennen.

Die Herbergen am Rande der Städte sind jede für sich ein kleines Babel. Alle Sprachen der Welt hört man von den Gästen, die dort absteigen. Aber ob die Menschen einander verstehen, ist eine andere Frage. Eines vor allem verstehen sie nicht, nämlich: wenn ein an die Lebensweise der Vornehmen gewöhnter Reisender ein Zimmer, ein Bett und andere derartige Besonderheiten wünscht.

Die Herberge – oder, wie man dort sagt, die Karawanserei – hat in allen Ortschaften des Ostens das gleiche Aussehen: ein großes, plumpes Gebäude mit einem Bleidach, dazu ein geräumiger Hof, den eine mannshohe Steinmauer umgibt. Im Grunde genommen sind es sogar zwei Mauern, von denen die innere niedriger und breiter ist. Man könnte sie als Bett bezeichnen, doch ist sie eigentlich auch kein Ruhelager, sondern nur eine breite, flache Mauer. Nennt man sie aber Mauer, so ist auch das nicht ganz richtig; treffender ist doch die Bezeichnung Bett, denn die Reisenden bereiten sich dort ihre Nachtlager, damit ihnen keine Kröten in die Taschen kriechen.

Und solch ein Rastplatz entspricht der Lebensweise der Türken. Dort kochen sie sich ihr Abendessen, dort binden sie ihre Pferde an, und dort schlafen sie auch. Wenn sie Frauen und Kinder bei sich haben oder wenn es regnet, breiten sie eine Matte oder eine Zeltbahn aus, werfen sie über die obere Mauer, binden sie unten an den Pfählen an, und das Verdeck ist fertig. Das Wichtigste für sie ist, daß sie mit ihren Pferden zusammenbleiben können. Stößt das Pferd nachts mit dem Kopf an den seines Herrn, so versetzt dieser ihm einen Schlag, zugleich aber ist er beruhigt, weil er dann weiß, daß das Pferd noch da ist. Er dreht sich auf die andere Seite und schläft weiter. Das also ist die Karawanserei. Allerlei Gerüche von Heu, Dung, Zwiebeln, verfaultem Obst – für den müden Reisenden dennoch angenehm.

An einem Maiabend kamen zwei junge Türken zu Pferde in die Karawanserei bei Adrianopel. Sie waren auf ungarische Art gekleidet: Hell leuchteten die engen blauen Hosen, die blauen, verschnürten Röcke, die gelben Gürteltücher; im Gurt trugen sie Handschare, und über den Schultern hingen ihnen weite, rostfarbene Kamelhaarmäntel, deren Kapuzen sie über den Kopf gehoben hatten. Gleich auf den ersten Blick sah man, daß sie *Delis* waren, die nur im Kriege der Fahne des wahren Glaubens dienten, sonst aber von Raub lebten. Ihre Tracht wäre übrigens nur den Ungarn ungarisch erschienen, in den Augen der Türken war sie türkisch. Beide sind ja östliche Völker. Aber alle Delis sind Türken.

In der Karawanserei kümmerte sich niemand um sie, höchstens ihren Wagen anzuschauen hielt man für der Mühe wert, denn darin saßen zwei schöne Jünglinge, Gefangene, und zwei prächtige Pferde waren an den Wagen gebunden.

Auch der Kutscher war ein Gefangener, und auch er war noch jung. Die beiden im Wagen mochten wohl Ungarn oder Kroaten sein. Daß sie vornehmen Geschlechts waren, sah man an ihren Händen und an ihren Gesichtern. Nun, wo auch immer jene beiden Delis sie geraubt haben mochten, diese Beute würde ihnen sicher ein schönes Stück Geld einbringen.

Auf dem Hof der Karawanserei drängte sich allerlei Volk. Türken, Bulgaren, Serben, Albaner, Griechen und Walachen; Frauen, Kinder, Kaufleute und Soldaten liefen lärmend durcheinander. Diese Landstraße war wie die Donau: alles ergoß sich in sie. Es konnte also niemanden wundernehmen, daß in den

Karawansereien jeden Abend und jeden Morgen ein Durcheinander von Sprachen und Völkern wie zur Zeit des Turmbaus zu Babel herrschte.

Die Sonne war schon im Untergehen. Die Männer tränkten ihre Tiere, der eine sein Pferd, der andere sein Kamel. Und eilig sicherte sich ein jeder einen Platz auf der Steinmauer. Sie breiteten Matten oder Teppiche darauf aus. Wer weder das eine noch das andere besaß, warf einen Armvoll Heu oder Stroh hinauf, um sich auf dem harten Stein nicht die Hüften wundzuliegen.

Als die beiden Delis auf dem Hof angehalten hatten, rief der eine – ein knapp achtzehnjähriger, kühn dreinblickender Jüngling – nach dem Wirt:

„Mejhanedschi!“

Ein vierschrötiger Mann mit einer roten Kopfbedeckung trat auf diesen Ruf hin aus dem Vorraum heraus und fragte gelangweilt nach dem Begehr des Jünglings.

„Hast du ein Zimmer, Mejhanedschi? Ich bezahle es.“

Der mit der roten Mütze schüttelte den Kopf:

„Vor einer Stunde ist es besetzt worden.“

„Von wem? Auch dem zahle ich, wenn er es mir überläßt.“

„Dem wirst du es schwerlich bezahlen können. Der große Altin Aga ist hier abgestiegen.“

Und er deutete respektvoll zum Gang hin, auf dessen Steinboden auf einem kleinen Teppich ein Türke mit einem schwarzen, rabenähnlichen Gesicht saß. Er hatte die Beine zum Türkensitz verschränkt.

An seiner Kleidung sah man, daß er wirklich ein Herr war. Am Turban trug er zwei weiße Straußenfedern. Neben ihm stand ein Diener, der ihm Kühlung fächelte, und ein zweiter rührte ein Getränk für ihn. Auf dem Hof gingen noch etwa zwanzig solche halb rot, halb blau gekleidete Männer umher, die wie Soldaten aussahen; das waren Spahis, zur berittenen Truppe gehörende Kämpfer des rechten Glaubens, mit breiten Säbeln, mit Armbrüsten und Köchern. Sie kochten und tranken dabei. Einer von ihnen wusch am Brunnen die Wäsche des Agas, ein anderer schnallte vom Rücken des Kamels den Teppich ab, der seinem Herrn als Bett dienen sollte. Es war ein dicker und kostbarer Wollteppich.

Na, diesem Aga kann man wirklich das Zimmer nicht abverlangen.

Mißmutig trotteten die beiden Delis zu dem Wagen zurück. Der Kutscher hatte bald abgeschirrt. Er löste den Gefangenen die Handschellen und tränkte die Pferde. Dann machte auch er oben auf der Steinmauer ein Feuer und stellte einen Kessel hin, um das Abendessen zu kochen.

Die beiden jungen Gefangenen sahen nicht im geringsten traurig aus. Allerdings wurden sie von den beiden Türken auch gut behandelt. Sie aßen gemeinsam aus einem Kessel und tranken aus einer Flasche. Die werden wohl Gefangene aus adligem Hause sein.

Nun speiste auch der Aga zu Abend. Sein Koch stellte ihm Hammelfleisch mit Reis in einer silbernen Schüssel auf den Teppich. Der Aga aß mit den Fingern, denn Messer und Gabel zu gebrauchen war überflüssig und ziemte sich auch nicht. Mit Besteck und am Tisch zu essen, das gab es nur bei den unreinen Giaurs.

Rechts neben der Gruppe der Delis saß eine griechische Familie beim Abendbrot, zwei Männer, eine alte Frau und zwei Kinder. Wahrscheinlich handelten sie mit Safran, denn die beiden Männer hatten gelbe Finger. An der anderen Seite hatte sich ein einäugiger, barfüßiger Derwisch auf der Mauer niedergelassen. Er hatte nichts weiter an als einen bis an die Knöchel reichenden rostbraunen, härenen Mantel, über den Hüften von einem Strick zusammengehalten; an diesem hing eine Gebetschnur. Der Derwisch trug keine Kopfbedeckung. Sein langes, struppiges Haar war zu einem Knoten gebunden, das ersetzte ihm die Mütze. Er hielt einen langen Stock mit kupfernem Halbmond in der Hand. Sein Mantel war vom Staub der Straße grau.

Der Derwisch kauerte sich hin. Aus einem Napf, der aus der Schale einer Kokosnuß zurechtgeschnitzt war, verzehrte er bedächtig irgendein nach Talg riechendes Fleisch, das er sich wahrscheinlich von den Reisenden erbettelt hatte. Auch dieser Napf war mit einer Schnur an seinen Gürtel gebunden.

Während er aß, beobachtete er mit verstohlenem Blinzeln die neben ihm sitzende Gesellschaft.

„Seid ihr keine Anhänger des Propheten?“ fragte er düster.

Die Delis sahen ihn ärgerlich an.

„Vielleicht bessere als du“, antwortete der eine, ein Jüngling mit brauner Gesichtsfarbe und leuchtenden schwarzen Augen, „es gibt nämlich viele herumstrolchende Derwische, die den Propheten nur mit dem Magen verehren.“

Der Derwisch zuckte die Achseln:

„Ich frage bloß, weil ihr gemeinsam mit den Ungläubigen eßt.“

„Die sind schon rechtgläubig, Janitschar“, entgegnete der Deli über die Achsel.

Der Derwisch starrte ihn an, ließ seinen Eßnapf aus der Hand gleiten und wischte sich die fettigen Finger an seinem langen schütteren Bart ab:

„Woher kennst du mich?“

Der Deli lächelte.

„Woher ich dich kenne? Aus deiner Heldenzeit, als du noch die Waffe des Padischahs trugst.“

„Bist du denn schon so lange beim Heer?“

„Seit fünf Jahren.“

„Ich kann mich nicht an dich erinnern.“

„Sag, warum hast du die Flagge des Ruhmes verlassen?“

Bevor noch der Derwisch antworten konnte, erscholl vom Hausgang her ein fürchterliches Geschrei, so laut und schrecklich, daß die Pferde scheuten.

Es war der Aga, der so schrie. Die Jünglinge sahen bestürzt hin, ob man ihn etwa ermorden wollte oder was sonst mit ihm geschehe. Sie stellten aber nichts weiter fest, als daß das Gesicht des Agas dunkelrot geworden war und daß er trank.

„Was ist denn in den gefahren?“

Der Derwisch winkte verächtlich mit der Hand:

„Siehst du nicht, daß er Wein trinkt?“

„Das kann ich nicht erkennen; er trinkt doch aus einem Holzgefäß.“

„Du bist wohl kein geborener Muselman?“

„Richtig, Freund. Ich bin gebürtiger Dalmatiner. Erst vor fünf Jahren wurde ich mit dem wahren Glauben bekannt.“

„*Jasa* (richtig), nun verstehe ich es“, sagte nickend der Derwisch. „Also höre: Der Aga schreit so, damit seine Seele sich vom Kopf in die Füße verkriechen soll, solange er trinkt. Denn die Seele wohnt im Kopf, und sie schwebt, wenn wir sterben, ins

Jenseits. Und dort, das weißt du wohl, werden die Rechtgläubigen für das Weintrinken bestraft."

„Wenn aber die Seele nicht sündig ist?"

„Ja, der Aga denkt auch, seine Seele bleibe von der Sünde unberührt, wenn er sie für eine Weile aus dem Kopf vertreibt. Ich glaube aber, derlei Machenschaften sind fehl am Platz. *Stagfir Allah!* (Gott bewahre dich davor.)"

Er seufzte.

„Du hast mich vorhin gefragt, warum ich die heilige Fahne verlassen habe."

„Ja, das wollte ich wissen. Du warst doch ein tapferer Soldat, auch bist du noch jung, wohl kaum fünfunddreißig."

Der Derwisch blickte ihn zufrieden an. Doch dann wurde sein Gesicht wieder traurig. Mit einer abwehrenden Handbewegung sagte er:

„Das Soldatentum ohne Glück... Ich war ein tapferer Streiter, solange ich mein Amulett hatte. Von einem sterbenden alten Beg hatte ich es auf dem Schlachtfeld bekommen. Die schützende Kraft eines Helden steckt in dem Amulett, eines Helden, der an der Seite des Propheten gekämpft hat. Die Seele dieses Mannes kämpft jetzt aber mit dem, in dessen Besitz der Ring ist. Ich geriet in Gefangenschaft, und ein Priester nahm ihn mir weg. Solange ich das Amulett bei mir trug, konnten mir Kugel und Schwert nichts anhaben. Von dem Augenblick an, da ich es nicht mehr hatte, wurde ich eins ums andere Mal verwundet. Meine Offiziere begannen mich zu hassen. Mein Vater, der große Jahja-Oglu Mohammed, der Pascha von Buda, jagte mich davon. Mein Bruder, der berühmte Arslan Beg, ward mein Feind. Meine Gefährten bestahlen mich. Mehrmals geriet ich in Gefangenschaft. Das Glück hat mich verlassen."

Und der Kopf sank ihm herab.

Der Deli blickte auf die rechte Hand des Derwischs, auf der eine rote Narbe der Länge nach über den Handrücken verlief, als ob ihm der Zeigefinger bis ans Handgelenk abgeschnitten und dann wieder angesetzt worden wäre.

„Auch an der Hand hast du eine Narbe."

„*Inschallah.* (Wie es Gott will.) Ein ganzes Jahr konnte ich die Hand nicht bewegen. Da gab mir ein heiliger Derwisch den Rat, dreimal nach Mekka zu pilgern. Und siehst du, schon beim ersten Mal ist die Hand geheilt."

„Demnach bleibst du nun Derwisch."

„*Inschallah.* Ich hoffe, daß das Glück doch noch einmal zu mir zurückkehrt. Wenn ich noch zweimal den heiligen Weg pilgere, kann ich vielleicht wieder ins Heer eintreten. Aber alles bleibt ungewiß, solange ich mein Amulett nicht wiederfinde."

„Hast du denn Hoffnung, es wiederzubekommen?"

„Wenn ich tausendundeinen Tag gebüßt habe, ist alles möglich."

„Tausendundeinen Tag lang tust du Buße?"

„Ja, tausendundeinen Tag."

„Und gehst von Moschee zu Moschee?"

„Nein, nur den Weg von Pécs nach Mekka. Und jeden Tag bete ich die Gebetschnur ab und spreche tausendundeinmal den heiligen Namen Allahs."

„Erstaunlich, daß ein so gescheiter Mensch wie du..."

„Vor Allah ist niemand gescheit. Würmer sind wir."

Als der Derwisch das sagte, hatte er schon die lange, aus neunundneunzig Perlen bestehende Gebetschnur in der Hand und begann zu beten.

Der Kutscher räumte die Reste des Abendessens weg und packte die Reiseteppiche aus. Zwei davon breitete er auf der Mauer aus, den dritten legte er auf das Wagenverdeck. Der Wagen diente dem jüngsten Gefangenen als Nachtlager. Die Deichsel zogen sie auf die Mauer hinauf, und der eine Deli legte sich daneben und schob sich einen Sattel als Kissen unter den Kopf.

So hielt er Wache, während die anderen schliefen.

Der Mond erleuchtete die Karawanserei nahezu taghell. Man konnte sehen, wie sich die Reisenden nacheinander auf der Mauer niederließen und sich für die Nachtruhe bereitmachten. Aber der Gestank, das Gemisch von Pferde- und Zwiebelgeruch, verzog sich nicht; und eine Fledermaus konnte keine Ruhe finden, sie flatterte voller Jagdlust über dem Hof hin und her.

Ein Diener mit roten Rockaufschlägen lief über den Hof und blieb vor dem Deli, der sich eben zur Ruhe legen wollte, stehen:

„*Akschaminis khajr deli* (Guten Abend Deli). Der Aga verlangt nach dir."

Der andere Deli erhob sich beunruhigt von seinem Lager, und da er sah, daß sein Gefährte stillschweigend dem Ruf des Agas folgte, blickte er ihm nach; dann band er sich den Säbel um, den er neben sich gelegt hatte.

Der Aga saß noch immer auf dem Steinfußboden des Hausganges. Aber er schrie nicht mehr. Mit rotem Gesicht starrte er in das Mondlicht.

Der Deli verneigte sich vor ihm.

„*Es-salam, alek aga effendi* (Friede sei mit dir Aga, mein Herr.)

„*U alekum es-salam warahmet allah wabarakatu* (Und auch mit euch sei Friede und Gottes Gnade und Segen.) Woher kommst du, mein Sohn?"

„Von Buda, Herr. Der Pascha braucht uns jetzt nicht."

„Du führst so prachtvolle Pferde mit. . . Verkaufst du sie?"

„Nein, Herr."

Der Aga verzog das Gesicht, als hätte er in eine Zitrone gebissen.

„Hast du meine Pferde gesehen?"

„Ich habe sie mir nicht angeschaut, Herr."

„Also sieh sie dir morgen an. Wenn dir eines von ihnen gefällt, können wir vielleicht einen Tausch machen."

„Möglich, Herr. Sonst noch ein Befehl?"

„Du kannst gehen."

Und mit zusammengezogenen Augenbrauen sah der Aga dem Deli nach.

*

Alle schliefen. Auch der Aga war in sein Zimmer gegangen und hatte sich hinter den weißverschleierten Fenstern zur Ruhe gelegt. Auf dem Hof der Herberge war nichts zu hören als das Schnarchen der Menschen, das mahlende Geräusch der Hafer fressenden Pferde und hin und wieder der Aufschlag eines Hufes. Aber all das störte die Schlafenden nicht. Reisende sind eben müde und schlafen so fest, als lägen sie bei tiefer Stille in seidenen Betten.

Der Mond, der wie die Hälfte eines entzweigebrochenen goldenen Tellers aussah, stieg langsam am Himmel höher. Zuweilen flatterte die Fledermaus an ihm vorbei.

Der ältere Deli hob den Kopf und blickte um sich. Auch der junge Gefangene setzte sich auf, und alle drei steckten die Köpfe zusammen.

„Was wollte der Aga?“ fragte der ältere Deli auf ungarisch.

„Unsere Pferde haben ihm gefallen.“

„Was hast du ihm geantwortet?“

„Daß sie nicht zu verkaufen sind.“

„Aber du hast es doch nicht etwa so gesagt? Die Türken sprechen einem Herrn gegenüber nie das Wort *nein* aus.“

„Was geht mich das an. Ich habe es ausgesprochen.“

„Nun, und wie seid ihr verblieben?“

„Daß wir morgen tauschen. Gegen eines von seinen Pferden tauschen wir eines von unseren ein.“

Der Teppich des Wagens wurde beiseite geschoben, und das weiße Gesicht des jüngsten Gefangenen schaute heraus:

„Gergely. . .“

„Pst“, mahnte der zweite Deli. „Was möchtest du, Éva? Es ist alles in Ordnung. Schlaf nur.“

„Was wollte der Aga?“

„Er hat nur nach unseren Pferden gefragt. Schlaf, Liebste.“

Und die beiden Gesichter, die nun einander ganz nahe waren, berührten sich in einem sanften Kuß.

Dann wechselten die drei Jünglinge noch ein paar Worte.

„Wir haben nichts zu befürchten“, meinte Gergely zuversichtlich. „Sobald der Morgen graut, reisen wir weiter und kümmern uns nicht um den Aga und seine Pferde.“

„Aber morgen bin ich nicht mehr Gefangener“, sagte Jancsi Török, „morgen soll Mekcsey Gefangener sein. Ich habe die Kette satt. Und das viele Gold ist so schwer. Wir täten doch besser daran, es im Wagen zu verstecken.“

„Gut, gut“, sagte Gergely lächelnd, „morgen werde ich Gefangener sein, aber wann tauschen wir die Kleider? In der Nacht geht es nicht, denn es könnte ja sein, daß der Aga doch früher aufwacht.“

„Dann morgen unterwegs, Gergely. So etwas Dummes, daß dieser Aga uns hier in die Quere kommen mußte!“

Mekcsey schüttelte den Kopf:

„Auch mir will das nicht gefallen. Solche Herren dulden nicht, daß ein lumpiger Deli ihnen etwas verweigert.“

Gergely legte den Finger an die Lippen.
„Der Derwisch da versteht Ungarisch."
Der Derwisch lag neben ihnen, zusammengerollt wie ein Igel.

*

Gegen Morgen, als die Sonne ihre ersten goldenen Pfeile zum Himmel hinaufschoß, trat der Aga zur Tür heraus und verjagte mit einem mächtigen Gähnen den Rest des Schlafes.

„Bandschal", sagte er zu dem Diener, der sich vor ihm verneigte, „wo sind die beiden Delis? Ruf sie her!"

In der Nähe der Tür kauerte der Derwisch. Als der Aga den Diener rief, erhob sich der Derwisch:

„Sie sind schon weg, Herr."

„Schon weg?" schrie der Aga. „Fort?"

„Ja, Herr."

„Wie konnten sie es wagen?"

„Deswegen warte ich hier auf Euch, Herr. Diese beiden Delis sind keine redlichen Menschen."

„Woher weißt du das?"

„Ich habe sie in der Nacht belauscht."

„Wovon haben sie gesprochen?"

„Von allem möglichen durcheinander. Hauptsächlich aber davon, daß es nicht gut sei, einem Mann wie dir zu begegnen."

Des Agas Blick wurde starr.

„Dann nehmen wir ihnen die Pferde weg und die Gefangenen! Den Wagen! Alles!"

Und als er das sagte, wurde seine Stimme bei jedem Wort lauter. Das letzte Wort schrie er heraus.

„Auch Geld haben sie", fuhr der Derwisch fort. „Der eine Gefangene hat gesagt, er könne das Gold nicht mehr schleppen. Ich vermute, daß sie gar keine Rechtgläubigen sind."

„Gold? He Spahis! Allesamt aufsitzen! Hinter den beiden Delis her! Bringt sie hierher, tot oder lebendig! Vor allem aber ihren Wagen!"

Wenige Minuten darauf sprengten zweiundzwanzig Spahis zum Tor der Herberge hinaus.

Der Aga sah ihnen nach. Dann wandte er sich dem Derwisch zu.

„Was haben sie noch gesprochen?"

„Ich konnte nicht alles verstehen. Sie redeten leise. Ungarisch. Das ist sicher. Und der eine Gefangene ist eine Frau."

„Eine Frau? Die habe ich gar nicht gesehen."

„Sie war als Mann verkleidet."

„Ist sie schön?"

„Schön und jung. Nach Stambul zu sind sie gefahren."

Die Augen des Agas wurden doppelt so groß als vorher.

„Du bekommst deinen Teil von der Beute."

Und er schritt ins Haus hinein.

„Aga Efendi!" rief ihm der Derwisch nach. „Ich bin Janitschar gewesen, würdet Ihr mir erlauben, sie zu Pferd zu verfolgen?"

„Ja, und ich reite mit! Laß auch für mich satteln."

Auf zwei feurigen Rossen hatten sie in einer Viertelstunde die zweiundzwanzig Spahis schon fast eingeholt. Der Aga winkte ihnen von weitem, sie sollten nur weitereilen.

Die Hufe der Pferde wirbelten auf der Landstraße eine weiße Staubwolke auf.

Keine zwei Stunden waren vergangen, als das Jubelgeschrei der Spahis dem Aga verkündete, daß der Wagen schon in Sicht sei.

Die Spahis ritten bereits oben auf dem Hügel, und da die Landstraße sich dort talwärts senkte, entschwanden sie den Blicken des Agas.

Dieser konnte es kaum erwarten, auf den höchsten Punkt der Straße zu gelangen.

Er gab seinem Pferd die Sporen, und in Erwartung der reichen Beute sauste er dahin. Der Derwisch hinter ihm hockte wie ein behaarter Teufel auf dem Pferd. Er drückte es in die Weichen und schlug es. Nicht etwa, weil es ein schlechtes Pferd war, sondern weil er barfuß darauf saß, und das Pferd an Sporen gewöhnt war. Der Derwisch hätte fliegen mögen: Wenn er jetzt diese verdächtige Gesellschaft in die Hände bekam, dann war ja das Glück schon zu ihm zurückgekehrt.

„Ja hu! Dah-dah!" trieb er sein Pferd an.

Des Derwischs Haarknoten hatte sich gelöst, und sein Kopf sah nun wie ein großer, zottiger Wedel aus. Den Säbel, den er in aller Hast vom Aga bekommen hatte, hielt er in der Hand, denn es war keine Zeit gewesen, ihn umzugürten; und nun hieb er mit dem Säbel auf das Roß ein, bald vorn, bald hinten.

„Dah-dah!“

Von dem Hügel aus sah der Aga, daß die Verfolgten noch einen großen Vorsprung hatten, aber die Gefahr schon wahrnahmen.

Sogar die beiden Gefangenen schwangen sich in den Sattel und bewaffneten sich eilends. Der Kutscher nahm schnell einige Gegenstände aus dem Wagen und verteilte sie an die Reiter. Diese packten sie vor und in den Sattelknopf. Dann kroch der Kutscher unter das Fuhrwerk, und schon stieg dort weißer Rauch auf. Nun sprang auch der Kutscher aufs Pferd und galoppierte den vier Reitern nach.

Der Aga staunte.

„Was für Gefangene sind das?“ rief er nach hinten dem Derwisch zu, „die wollen ja gar nicht fliehen!“

„Ich habe doch gesagt: Das sind Hunde!“ brüllte der Derwisch.

Der Wagen ging schon in Flammen auf. Ratlos standen die Spahis ringsherum.

Der Wagen sei das Wichtigste, hatte der Aga zu ihnen gesagt. Und nun standen, vielmehr saßen sie davor auf den erschrockenen Pferden.

„Löscht das Feuer!“ befahl der Aga. „Haut das Fahrzeug in Stücke!“

Und dann schrie er:

„Nur drei sollen dort bleiben. Die anderen: los, hinter den Hunden her!“

Ja, aber welche drei? Und warum brannte der Wagen? So etwas war noch nicht dagewesen, seit es Menschen und Wagen auf der Welt gab.

„Noch immer haltet ihr Maulaffen feil?!“ brauste der Aga auf. „He! Faules Gesindel!“

Und da – ein mächtiges Aufflammen, ein furchtbares Krachen, das Himmel und Erde erschütterte. Vor des Türken Augen schien die Welt in Stücke zu gehen.

Kein Wagen und kein Mensch blieb auf dem Schauplatz übrig. Nur der zottige Derwisch, vom Luftdruck ganz taub geworden, stand dort wie der Kater auf dem Schornstein des Hexenhauses.

„Was war das?" brüllte der Aga aus dem Staub der Landstraße, in den ihn sein Pferd abgeworfen hatte.

Der Derwisch wäre ihm gern zu Hilfe geeilt, aber auch sein Pferd war verstört. Es tänzelte rückwärts und wandte, sich aufbäumend, die erschrockenen Augen zum Himmel. Dann rannte es plötzlich in wildem Lauf über das freie Feld. Es sprang über Stock und Stein und warf bei jedem Sprung den Derwisch hoch, weißer Schaum spritzte ihm aus dem Maul, aber abwerfen konnte es den Derwisch nicht.

Der Aga erhob sich mit großer Mühe, spuckte den Staub aus und stieß wütend heidnische Flüche aus.

Er schaute sich um. Die Landstraße glich einem Schlachtfeld: Pferde in Todeszuckungen und umherliegende Spahis. Wo der Wagen gestanden hatte, war nichts mehr. Über der Straße schwebte eine breite, nußbraune Wolke – das war das Letzte, was man davon sehen konnte.

Auch des Agas Pferd war weggelaufen. Der Herr mit dem Rabengesicht wußte nicht, was er nun beginnen sollte.

Endlich machte er sich humpelnd auf den Weg zu seinen Soldaten.

Die aber hatte die Explosion nach allen Seiten gerissen. Wie Säcke lagen sie im Staub. Aus Nase, Mund und Ohren floß ihnen das Blut.

Als der Aga sah, daß sich keiner von ihnen rührte, setzte er sich auf den Grabenrand und starrte dumm vor sich hin. Vielleicht grübelte er, wo und warum mit solcher Wucht Glocken geläutet wurden. Das geschah gewiß nirgends, sondern es sauste ihm nur das Blut so in den Ohren.

In diesem Zustand der Betäubung fand ihn noch nach einer halben Stunde der Derwisch, der sein wildes Roß gehetzt hatte, daß es schäumte, und nun zurückkehrte.

Er band das zitternde Pferd an einer Buche am Straßenrand an und eilte zum Aga.

„Was fehlt Euch, Herr?"

Der Aga schüttelte den Kopf:

„Nichts."

„Aber Ihr habt Euch doch gewiß verletzt."

„An der Hüfte."

„Gesegnet sei Allah, der Euch aus dieser Gefahr errettet hat!"
„Sei gesegnet!" wiederholte der Aga mechanisch.
Der Derwisch nahm die auf und neben der Straße liegenden Pferde nacheinander in Augenschein; vielleicht war eines davon noch auf die Beine zu bringen. Aber nein. Wenn auch das eine oder andere noch lebte, war es doch so verstümmelt, daß es nur noch zum Rabenfraß taugte.
Er ging zum Aga zurück.
„Könnt Ihr aufstehen, Herr? Oder soll ich Euch auf dieses Roß hier heben?"
Der Aga rieb sich die Schenkel und die Knie.
„Dafür werde ich Rache nehmen! Blutige Rache! Wie aber verschaffe ich mir jetzt Pferde und Soldaten?"
Er sah den Derwisch ratlos an.
„Die verfluchten Kerle sind gewiß nach Stambul geritten. Dort können wir sie finden", meinte der Derwisch.
Mühsam richtete sich der Aga auf. Er stöhnte und betastete seine Hüfte.
„Komm! Hilf mir aufs Pferd und führe mich in den Gasthof zurück. Bleibe bei mir als Diener. Du bist ein guter Reiter."
Der Derwisch sah den Aga betroffen an.
„Als Diener?"
Dann aber neigte er unterwürfig den Kopf:
„Wie Ihr befehlt."
„Wie heißt du?"
„Jumurdschak."

6

Die fünf ungarischen Reiter sausten daweil auf der Stambuler Landstraße.
Die Explosion hatte auch ihre Pferde erschreckt, aber um so rascher flogen sie dahin. Fortwährend überholte eines das andere in diesem tollen Rennen, und wer auf der Landstraße ging, wich ihnen beizeiten aus. Man vermochte nicht zu erkennen, ob sie um die Wette ritten oder verfolgt wurden.
Wie aber war Éva Cecey zu den Reitern gekommen?
An jenem festlichen Abend, als sie sich mit Gergely getroffen hatte, war ihr das alte Gefühl, daß sie und Gergely zusammenge-

hörten, zur unumstößlichen Gewißheit geworden. Sie hatte nie aufgehört, sich eins mit ihm zu fühlen, da sie aber von allen Seiten gedrängt und genötigt wurde, konnte sie sich schließlich nicht mehr wehren. Gergely besaß weder Haus noch Land, nicht einmal einen eigenen Tisch, ein junger Bursche war er, der unter Vormundschaft stand. Und sie konnten sich auch keine Briefe schreiben. So ergab sie sich denn in ihr Schicksal.

Gergelys Erscheinen aber brach jede andere Kraft.

„Die Stimme meines Herzens ist Gottes Wille!“, sagte sie zu Gergely. „Und wenn du mir nur eine kleine Hütte geben kannst, wo wir vor Regen geschützt sind, will ich lieber bei dir sein als bei einem anderen in einem noch so schönen Palast.“

Sie flüchteten über die Gyaluer Schneeberge, und die Morgensonne fand sie schon am Strande des Aranyos.

Der Wald prangte im hellen Grün des jungen Laubes. Allenthalben blühten die Veilchen, und gelb leuchteten im Tal Hahnenfuß, Löwenzahn und Schlüsselblumen. Die Luft war erfüllt vom balsamischen Duft der Fichtenwälder.

„Jetzt verstehe ich, warum dieser Bach Aranyos heißt“, sagte Gergely. „Sieh, Éva, ist es nicht, als ob das Ufer mit Gold bestreut wäre? Aber du bist nachdenklich. Was betrübt dich, mein Engel?“

Éva lächelte mit einem traurigen Zug um den Mund:

„Daß ich doch ein Mädchen bin. Was ich tue, ist unsittlich.“

Gergely sah sie verwundert an.

„Aber Éva...“

„Heute freust du dich, daß ich der Stimme meines Herzens gefolgt bin, aber nach Jahren, vielleicht wenn wir schon alt sind, könnte es dir einmal einfallen, daß du mich nicht aus einer Kirche, sondern aus einem Speisesaal heimgeführt hast.“

Mekcsey war mit dem walachischen Bauern, der ihnen den Weg durchs Gebirge zeigte, vorangeritten. Éva und Gergely ritten allein nebeneinander.

„Du bist noch sehr jung“, fuhr Éva fort, „und kein Pfarrer der Welt würde uns trauen“.

Gergely schüttelte, ernst geworden, den Kopf.

„Hast du nicht immer gefühlt, daß ich zu dir wie ein Bruder bin? Und empfindest du das nicht auch jetzt? Du grämst dich, weil uns der Pfarrer fehlt; traust du mir denn nicht zu, daß ich dich beschütze, so gut wie dein Schutzengel mit den Taubenflügeln? Wenn du willst, fasse ich deine Hand nicht an, küsse deine Wangen nicht, bis ein Priester uns den heiligen Segen gegeben hat."

Éva lächelte:

„Nimm meine Hand, sie gehört dir! Küsse mir die Wange, sie gehört ja dir!"

Und wie sie dort nebeneinander ritten, hielt sie ihm Hand und Wange hin.

Gergely atmete erleichtert auf:

„Hast du mich aber jetzt erschreckt, soeben sprach der Katechismus aus dir. Du weißt, auch ich bin Papist, aber mein Lehrmeister hat mich nicht aus dem Katechismus gelehrt, Gott zu erkennen, sondern aus den Sternen des Himmels."

„Pfarrer Gábor?"

„Ja. Er war Lutheraner, aber niemals wollte er jemanden zum lutherischen Glauben zwingen. Er hat zu mir gesagt: Nicht das ist der wahre Gott, von dem die Bilder und Schriften sprechen, nicht jener graubärtige, greise Rabbi, jener hysterische, alte Jude, der aus den Wolken drohend auf uns herabblickt. Über die Person des wahren Gottes können wir uns keine Vorstellung machen. Nur seine Vernunft und seine Liebe können wir sehen. Der wahre Gott ist mit uns, Éva. Der wahre Gott grollt nicht. Die Weisheit kennt keinen Zorn. Wenn du deinen Kopf zum Himmel erhebst und sagst: Mein Gott, mein Vater, ich erwähle mir diesen Gergely zu meinem Gemahl; und wenn auch ich das mit deinem Namen sage, dann, liebste Éva, sind wir vor Gott schon Eheleute."

Éva schaute glücklich zu Gergely, während der den Kopf schüttelte und leise weitersprach. O, wie früh reift die Seele zur Ernsthaftigkeit, wenn sie das harte Brot des Waisenkindes verzehren mußte.

Der Junge fuhr fort:

„Die kirchliche Trauung, Éva, das ist dann nur noch die Bekräftigung der Kirche. Das gehört sich so. Damit wird vor aller Welt deutlich, daß wir uns nach dem Willen unserer Seele und unseres Herzens vereint haben und nicht nur aus einer Idee heraus für bestimmte Zeit oder Gelegenheit, wie die Tiere. Die Ehe, Herzallerliebste, haben wir schon als Kinder geschlossen."

Mekcsey war auf einen grasbewachsenen Hügel gelangt. Er blieb stehen, dann drehte er sich um und wartete auf die beiden.

„Eine kleine Rast würde nicht schaden", sagte er.

„Gut", erwiderte Gergely, „wir wollen absteigen. Dort unten sehe ich sogar Wasser. Da kann der Walache die Pferde tränken."

Er sprang aus dem Sattel und half Éva vom Pferd.

Dann breitete er seinen Mantel im Grase aus, und sie setzten sich darauf.

Mekcsey öffnete den Quersack und nahm Brot und Salz heraus. Gergely kniete hin und schnitt erst die obere vertrocknete Schicht des Brotes ab. Dann reichte er Éva ein Stück, ließ es aber sinken und sah sie an.

„Bevor wir zwei ein Brot essen, Évi, sollten wir denn nicht vor Gottes Angesicht den Bund unserer Liebe schließen?"

Auch Éva kniete sich hin. Sie wußte nicht, was Gergely vorhatte, doch fühlte sie am Zittern seiner Stimme, daß sein Gedanke heilig und feierlich war. Sie streckte ihm die Hand hin.

„Soll ich denn euch vermählen", schaute Mekcsey verwundert drein.

„Nein Pista, das besorgt der Schöpfer unserer Herzen." Er nahm seinen Kalpak ab und blickte zum Himmel empor:

„Gott, unser Vater. In deiner Kirche sind wir. Sie ist nicht von Menschenhand geschaffen und hat keine Türme, sondern steht unter dem Gewölbe deines Himmels und zwischen den prachtvollen Säulen deiner Bäume! Aus dem Walde strömt dein Atem auf uns hernieder. Und aus der Höhe schaut dein Auge auf uns. Dieses Mädchen ist seit meiner Kindheit mit mir verbunden, sie ist von allen Mädchen dieser Erde meinem Herzen das allerliebste. Nur sie liebe ich. Nur sie für alle Zeit bis zum Grabe und über das Grab hinaus. Der Wille der Menschen hat es nicht erlaubt, uns in der gewohnten Form zu vereinen, erlaube uns, daß sie meine Frau wird und gib uns deinen Segen dazu. Mädchen, damit erkläre ich dich vor Gottes Angesicht zu meiner Frau!"

Mit Tränen in den Augen und bebender Stimme sagte Éva: „Und ich dich zu meinem Mann..."

Und sie senkte ihren Kopf auf Gergelys Schulter.

Gergely hob die Hand zum Schwur:

„Ich schwöre, dich niemals zu verlassen. In keinem Unglück, in keiner Not. Bis daß der Tod uns scheidet. So wahr mir Gott helfe!"

„Amen!" sprach darauf Mekcsey feierlich.

Nun hob auch Éva die Hand:

„Ich schwöre, was du geschworen hast: Bis daß der Tod uns scheidet! So wahr mir Gott helfe!"

„Amen!" sprach Mekcsey wieder.

Und das junge Paar umarmte sich. Sie küßten einander mit solch einer Inbrunst, als spürten sie Gottes segnende Hand auf ihren Häuptern.

Mekcsey setzte sich neben das Brot und schüttelte den Kopf:

„Na, ich habe schon viele Hochzeiten erlebt, aber so eine noch nicht. Die Raben sollen mich bei lebendigem Leibe fressen, wenn die nicht heiliger und bindender ist, als die Eheschließung der *gnädigen Frau* in Gyalu vor neun Priestern gewesen wäre."

Darüber mußten sie lächeln. Sie setzten sich und begannen zu essen.

Am Abend kamen sie in Burg Hunyad an. Jancsi erwartete sie mit einem Abendessen. (Er erwartete sie schon seit Tagen mit Mittag- oder Abendessen, je nach dem.)

Beim Abendbrot saß auch der Burgpfarrer dabei, ein kränklicher alter Herr mit einem herabhängenden Schnurrbart; er mochte wohl, so wie die Linden, dort in der Stille der Burg alt geworden sein. Schweigsam und lächelnd hörte er sich die Geschichte von der Flucht des jungen Paares an.

„Ich habe Hochwürden hergebeten", sagte nachher Jancsi Török, „damit er euch traut."

„Das haben wir schon getan", sagte Gergely mit einem fröhlichen Abwehren.

„Wieso denn?"

„Wir haben das Sakrament der Ehe vor Gottes Angesicht empfangen."

„Wo? Wann?"

„Im Wald."

„Im Wald?"

„Ja. So wie Adam und Eva. War das vielleicht keine rechtmäßige Ehe?"

Der alte Burgpfarrer sah die jungen Leute entsetzt an:

„Per amorem...“

„Was denn?“ fuhr Mekcsey auf, „wenn Gott segnen will, kann er das auch ohne Priester!“

Der Pfarrer schüttelte den Kopf:

„Mag sein. Aber einen Trauschein gibt er nicht.“

Gergely zuckte die Achseln:

„Wir wissen auch ohne Trauschein, daß wir vermählt sind.“

„Auch das ist wahr“, sagte der Pfarrer und nickte, „aber eure *Enkel* werden es nicht wissen.“

Éva errötete.

Gergely kratzte sich hinterm Ohr.

Der Geistliche lachte.

„Seht ihr, es ist doch ganz gut, einen Pfarrer mit an der Tafel sitzen zu haben, nicht wahr?“

„Wollt Ihr uns trauen, Hochwürden?“

„Freilich.“

„Ohne die Einwilligung der Eltern?“

„Ja. Es steht ja nicht in der Bibel, daß zur Eheschließung die Einwilligung der Eltern nötig ist. Nur – ihr seid doch nicht miteinander verwandt?“

„Bloß seelisch sind wir verwandt, nicht wahr, Évi? Also gut, machen wir es, des *Trauscheins* wegen, Schatz.“

„Aber gleich“, drängte Jancsi. „Wir müssen sowieso auf den Kapaun warten.“

„Es kann auch gleich sein“, sagte der Seelenhirt.

Sie gingen in die Kapelle hinüber, und in wenigen Minuten war die Trauung vollzogen. Der Pfarrer trug ihre Namen und die der Zeugen, János Török und István Mekcsey, ins Kirchenbuch ein.

„Das Schriftstück werde ich den Eltern schicken“, sagte der Pfarrer, als sie sich wieder zu Tisch setzten, „söhnt euch mit ihnen aus.“

„So bald wie möglich“, erwiderte darauf Éva, „gleich geht es nicht, erst in einem oder zwei Monaten. Wo verbringen wir diese zwei Monate, mein lieber Herr Gemahl?“

„Du hier in Hunyad, meine liebe Gemahlin. Und ich...“

„Wir können es ihr sagen“, meinte Jancsi Török mit einem Achselzucken. „Ihr seid doch Mann und Frau, Geheimnisse gibt es zwischen euch nicht mehr. Und es ist auch gut, wenn unser

Pfarrer es weiß. Dann kann er wenigstens, falls uns etwas zustößt, in zwei Monaten meine Mutter benachrichtigen."

„Ja. So wisse denn, mein liebes junges Weib", sagte Gergely, „wir waren eben im Begriff, nach Konstantinopel aufzubrechen, als ich erfuhr, daß du verlobt seist. Wir drei haben nämlich heilig gelobt, unseren hochwohlgeborenen Vater, Herrn Bálint, zu befreien."

„Wenn es möglich ist", fügte Jancsi Török hinzu.

Die junge Frau hörte ihrem Mann ernst und aufmerksam zu. Dann neigte sie den Kopf zur Seite:

„Mit Eurem Vorschlag kommt Ihr aber schlecht bei mir an, mein lieber Herr Gemahl. (Seit sie getraut waren, redete sie Gergely manchmal mit ‚Ihr' an, dann duzte sie ihn wieder.) Ich würde mich zwar gern zwei Monate lang hier in der schönen Burg vergnügen, aber habe ich nicht heute, sogar zweimal, geschworen, Euch niemals zu verlassen?"

„Du willst doch nicht..."

„Kann ich nicht gerade so gut reiten wie ihr alle?"

„Aber es geht ja nicht nur ums Reiten, mein Herz. Diese Reise ist äußerst gefahrenreich."

„Ich kann auch fechten. Bei einem italienischen Meister habe ich es gelernt. Mit dem Pfeil schieße ich sogar Hasen. Auch mit der Flinte kann ich umgehen."

„Eine prachtvolle Frau!" rief Mekcsey begeistert und hob sein Glas. „Ich beneide dich, Gergely!"

„Nun ja", versetzte Gergely düster, „aber Frauen sind doch gewöhnt, in feinem Bettzeug zu schlafen".

„Ich werde auf der Reise keine Frau sein", entgegnete Éva. „Hierher bin ich ja auch in Männerkleidern gekommen, ich gehe eben in Männerkleidern mit. O mein Gemahl, Ihr bereut es gar schnell, daß Ihr mich geheiratet habt! Hochwürdiger Vater, scheidet uns nur auf der Stelle wieder, denn dieser Mann hier ist imstande, mich gleich am ersten Tage schmählich zu verlassen!"

Der Pfarrer indessen zog es vor, die Kapaunenbrust vom Knochen zu scheiden.

„Die Kirche löst keinen Ehebund."

„Aber du kannst ja nicht Türkisch", wandte Gergely, noch immer unruhig, ein.

„Das werde ich unterwegs lernen."
„Wir können es ihr ja beibringen", sagte Jancsi, „es ist gar nicht so schwer, wie viele meinen. Auf türkisch heißt zum Beispiel *alma* (Apfel) – *elma; enyim* (mein) – *benim; papa* (Papa) – *baba; papucs* (Pantoffel) – *pabutsch*. Noch viele Wörter sind im Türkischen und Ungarischen ganz ähnlich so *daduk* –"
„Duda!" (Dudelsack) rief Éva rasch. „Ich wußte gar nicht, daß ich sogar Türkisch kann!"
Der Diener, der die Speisen auftrug, beugte sich zu Mekcsey herab:
„Ein Mann ist draußen und will unbedingt gemeldet werden. Er meint, ich solle nur sagen, daß er hier sei, ich solle also sagen: Mátyás ist hier."
„Mátyás? Was für ein Mátyás?"
„Er hat keinen anderen Namen genannt."
„Herr oder Bauer?"
„Eine Art Diener."
Mekcsey brach in Lachen aus:
„Ach, Matyi, freilich, daß der Teufel ihn an den Haaren zause! Na, laß ihn nur herein. Was will er?"
Der zum Mátyás gereifte Matyi trat mit krebsrotem Gesicht ein und blinzelte zu Mekcsey hin:
„Da bin ich, Herr Leutnant, und melde mich zu Euren Diensten."
„Daß du da bist, sehe ich. Aber wo warst du gestern abend?"
„Gestern abend war ich dann auch gleich auf den Beinen. Aber Ihr seid so schnell weggeeilt, Herr Leutnant, daß ich Euch nicht einholen konnte."
„Du warst doch voll wie eine Haubitze!"
„Nicht so sehr, Herr Leutnant."
„Wie kamst du denn hierher? Ich hatte doch dein Pferd mitgenommen."
Matyi hob die Schultern und zog die Augenbrauen hoch:
„Es gab dort Pferde genug."
„Hast eins gestohlen, du Galgenstrick!"
„Das nicht. Aber als Ihr fort wart, Herr Junker, habe ich mich auf ein Pferd setzen lassen. Die anderen Stallknechte haben mich draufgesetzt, denn allein schaffte ich es nicht. Ist es nun meine Schuld, daß sie mich nicht auf mein Pferd gesetzt haben?"

Da dies die ganze Gesellschaft belustigte, wurde Matyi alles verziehen. Gergely gefiel ganz besonders, daß er betrunken durchgegangen war.

„Woher bist du, Matyi?“ fragte er ihn lachend.

„Aus Keresztes“, antwortete der Bursche.

„Wo, zum Teufel, ist dieses Keresztes?“

Wie sonderbar wäre es, wenn auf diese Frage jetzt der Kutscher so antwortete: Ei, armer Junker Gergely, Ihr werdet einmal erfahren, wo dieses Keresztes liegt. Dereinst, wenn Ihr einen schönen langen Bart habt, wenn Ihr gnädiger Herr geworden seid, werden Euch dort die bösen Türken in die Falle locken, dort werden sie Euch Hände und Füße in Eisen schließen! Und erst der Tod wird diese Ketten lösen...

Drei Tage später brachen sie auf. Matyi war der Kutscher. Sie, zu viert, waren abwechselnd Gefangene und Delis. Der Wagen war des Nachts Évas Schlafstelle.

7

Was raucht denn dort unten im felsigen Tal? Ein Lager oder ein Dorf? Ein Räubernest oder eine Siedlung von Aussätzigen? Wird da beerdigt oder wird Hochzeit gefeiert?

Es ist weder ein Lager noch ein Dorf, weder ein Räubernest noch eine Siedlung von Aussätzigen, sondern eine große Zigeunerkarawane.

Im Schatten der Felsen, zwischen Zypressen und Ölbäumen stehen zerlumpte, rauchschwarze Zelte. Und auf der Lichtung singt die Geige und wirbelt die Trommel: die Mädchen tanzen.

Es ist kein Feiertag, und es wird auch nicht Hochzeit gehalten. Sie sind es so gewöhnt, auch daheim, solange sie ledig sind, tanzen sie. Später, wenn sie verheiratet sind, wahrsagen sie.

Ein Teil der Zigeuner sitzt rings um die Tanzenden. Die Kinder ahmen, nackt, wie sie sind, die rhythmischen Bewegungen nach. Sogar Zwei- und Dreijährige, rauchschwarze kleine Engel, biegen und drehen sich tänzelnd und hüpfend auf dem

Rasen. Als Tamburin schlagen sie Kokosnußschalen, und als Schleier lassen sie Spinnweben an ihren Ärmchen wehen.

Auf einmal fliegen alle Kinder wie ein Sperlingsschwarm, der aus einem Gebüsch aufflattert, los und rennen auf eine Schneise am Waldrand zu.

Unsere fünf Reiter waren dort angekommen, müde, die Pferde am Zügel führend. Die Kinderschar umschwärmte sie mit lautem Gezwitscher. Alle streckten ihnen bettelnd die Händchen entgegen.

„Wo ist der Häuptling?“ fragte Gergely auf türkisch. „Ihr bekommt alle euren Bakschisch, aber ich gebe ihn nur dem Häuptling in die Hand.“

Die Kinder dachten gar nicht daran, den Häuptling zu holen, sie drängten sich weiter plärrend um die Ankömmlinge.

Éva hatte schon die Hand in der Tasche, um ihnen ein paar Kupfermünzen hinzuwerfen, doch Gergely gab ihr einen Wink, sie solle es nicht tun.

„Hajde!“ schrie er die Kinder an.

Er zog sogar den Säbel; da stoben sie wie Sperlinge erschrokken auseinander.

Auch die älteren Zigeuner bekamen Angst. Die einen liefen ins Zelt, die anderen ins Gebüsch. Nur die Frauen blieben stehen, erwartungsvoll starrten sie die Fremden an.

„Fürchtet euch nicht“, beruhigte sie Gergely auf türkisch, „wir tun euch nichts zuleide. Ich habe nur die Kinder verscheucht, sie sollen nicht solchen Lärm machen. Wo ist der Häuptling?“

Er kam schon angeschlendert. Er trug einen türkischen Kaftan und einen hohen persischen Hut. An seinem Dolman waren große Silberknöpfe, eine goldene Kette hing ihm um den Hals. Er hielt den Häuptlingsstab in der Hand. Stiefel anzuziehen hatte er vergessen oder vielleicht gar nicht beabsichtigt: Er stand barfuß da. Besorgt, abwartend blickte er sie an und bewegte nur die weißen Augenbrauen. Spuren von einer Bohnensuppe auf seiner mit Silberknöpfen besetzten Weste verrieten, daß er wohl kein Freund von flüssigem Frühstück war.

„Welche Sprache sprichst du?“ fragte Gergely auf türkisch.

Der Häuptling hob die Schultern:

„Die Sprache, in der ich gefragt werde, Euer Gnaden, junger Herr Ritter."

„Was hat deine Leute so in Angst und Schrecken versetzt?"

„Eine griechische Räuberbande treibt sich hier in der Gegend herum, wohl fünfzig Kerle, so erzählt man. Vorige Woche haben sie in diesem Wald hier einen Kaufmann ermordet. Ein Glück, daß es jemand gesehen hat, sonst würde man uns des Mordes bezichtigen."

„Wir sind keine Räuber, sondern verirrte Reisende. Wir kommen aus Albanien. Von den Vorfällen haben auch wir gehört, und gerade deswegen sind wir von der Landstraße abgewichen. Gib uns einen Führer, der uns nach Stambul begleitet und ein paar Tage bei uns bleibt. Wir bezahlen ihn."

„Zehn Führer können die wohlgeborenen jungen Herren bekommen. Es ist ja nicht weit."

„Wir brauchen nur einen. Gib uns einen Mann, der in der Hauptstadt Bescheid weiß, der auch, wenn es nötig ist, mit Pferden umgehen kann und Waffen repariert. Er soll Hammer und Feile mitbringen. Wir bezahlen alles."

Der Zigeunerhäuptling sah nachdenklich vor sich hin, dann wandte er sich nach einem rauchgeschwärzten Zelt und rief:

„Sárközi!"

Die fünf Reiter bekamen geradezu einen Schreck, als sie den ungarischen Namen hörten.

Aus dem Zelt kam ein etwa fünfundvierzigjähriger, schmieriger Zigeuner hervor. Er trug eine Hose aus Kuhfell und ein blaues Hemd. Die walachische Hose war am Knie mit rotem Tuch geflickt. Unter dem Arm hatte er einen ungarischen Dolman, den er im Gehen anzog. Als er bei dem Häuptling angelangt war, hatte er ihn schon zugeknöpft, von seiner Hose den Staub abgeklopft und sich sogar mit allen zehn Fingern gekämmt. Sein blatternarbiges Gesicht wandte sich fragend und ängstlich besorgt dem Häuptling zu.

„Du begleitest die Herren in die Stadt und dienst ihnen dort. Steck Hammer, Zange und Feile in deinen Ranzen."

Gergely zog einen Silbertaler hervor.

„Verteile das an die Kinder, Häuptling. Ich danke dir für deine Gefälligkeit."

„Denen werde ich gleich was austeilen..." Und er steckte den Taler in die Tasche.

Die Zigeunerkinder liefen davon.

„Was soll ich mitbringen?" fragte Sárközi unterwürfig auf türkisch.

„Was der Häuptling gesagt hat. Für den Fall, daß sich ein Hufeisen oder der Feuersteinhalter an einer Faustbüchse lokkert. Und wenn du irgendeine gute Heilsalbe hättest, die könnte im Notfalle Mensch und Tier schnelle Hilfe bringen."

„Ich hole alles, meine Herren."

Und er lief ins Zelt zurück.

„Seid Ihr nicht müde, gnädige junge Herren?" erkundigte sich der Häuptling freundlich. „Kommt herein und ruht Euch aus. Habt Ihr heute schon etwas gegessen?"

Er ging den Fremden voran, auf sein Zelt zu, das unterhalb des höchsten Felsen rot von den anderen abstach.

Die Häuptlingsfrau breitete im Grase drei kleine bunte Teppiche aus. Die Tochter, noch mit dem Schleier, so wie sie vorher getanzt hatte, half ihrer Mutter.

„Wir haben Weißkäse, Eier, Reis, Butter und Brot", sagte die Frau unter tiefen Verbeugungen. „Aber ich kann auch ein Hühnchen braten, wenn Ihr so lange warten wollt, schöne Rittersherren."

„Wir warten", antwortete Gergely, „denn wir haben tüchtigen Hunger. Unsere Reise ist nicht sehr eilig."

Sie waren jetzt nur noch von Frauen umringt, die sich alle zum Wahrsagen anboten. Eine Vollbusige hockte sich gleich hin und schüttelte die bunten Bohnen im Sieb.

Gergely griff in die Tasche:

„Gib ihnen, bitte, den Taler hier", sagte er zu dem Häuptling. „Wir haben keine Lust, uns wahrsagen zu lassen."

Der Häuptling steckte den Taler ein.

„Denen werde ich gleich etwas austeilen..."

Und er hob seinen Stock.

„Schert euch weg!" schrie er sie an.

Die fünf Reisenden konnten sich nun ruhig auf dem Rasen niederlassen und sich all dem guten Essen widmen, das die Häuptlingsfrau ihnen hinstellte.

„Ihr lebt ja hier ganz lustig", begann Gergely ein freundliches

Gespräch mit dem Häuptling, während er große Schlucke aus dem Wasserkrug trank. „Ist heute Feiertag, oder tanzen bei euch die Mädchen immer?"

„Morgen ist Freitag", antwortete der Häuptling, „da werden sie bei den Süßen Quellen ein bißchen verdienen."

Gergely suchte sich jedes Wort zunutze zu machen.

„Wir sind noch nie in Konstantinopel gewesen", sagte er. „Jetzt reiten wir hin, weil wir ins Heer eintreten wollen. Was sind die Süßen Quellen?"

„Der Vergnügungsort der Türken, am Ende des Goldenen Hornes. Freitags fahren alle türkischen Familien in Booten dorthin. Da fallen dann auch für die Zigeuner ein paar Piaster ab. Die Mädchen tanzen. Die alten Weiber prophezeien Glück. Wir haben solche Wahrsagerinnen..."

„Ist euch denn nicht bange um eure Töchter?"

„Weswegen?"

„Nun, weshalb man um Mädchen besorgt zu sein pflegt."

Der Häuptling zuckte die Achseln.

„Was könnte ihnen schon widerfahren?"

„Gefangenschaft..."

„Gefangenschaft? Das wäre ja gut für uns. Davon hätten auch wir einen Nutzen." Er machte eine wegwerfende Handbewegung. „Die Türken wollen weiße Frauen haben, keine Zigeunerinnen. Unsere Mädchen gehen manchmal sogar in die Haremshöfe. Auch jetzt tanzen sie zusammen, weil sie morgen um Einlaß ins Serail bitten wollen."

Éva fragte Gergely:

„Wie heißt *Wasser* auf türkisch?"

„*Ssu,* mein Herz."

Éva ging ins Zelt und sagte zur Tochter des Häuptlings:

„*Ssu, ssu,* meine Liebe."

Das Zigeunermädchen zog die hintere Zeltwand zur Seite. Man sah in das Dunkel einer geräumigen und kühlen kleinen Höhle. Aus dem Felsen sickerte Wasser und fiel in Tropfen herab. Die Wassertropfen hatten im Stein ein Becken ausgehöhlt.

„Bade, wenn du magst", sagte das Zigeunermädchen mit Worten und Handbewegungen.

Und sie reichte Éva ein viereckiges Stück Lehm als Seife.

Éva sah sie an. Das Zigeunermädchen erwiderte den Blick mit halbgeschlossenen Augen. Ihr Blick sagte: Du Knabe, wie schön bist du!

Éva lächelte und streichelte dem Mädchen die Wange, die glatt und heiß war. Das Zigeunermädchen ergriff Évas Hand und küßte sie. Dann lief es fort.

*

Als sie schon ein ganzes Stück im Walde geritten waren, sprach Gergely zu dem Zigeuner-Schmied:

„Freund Sárközi! Hast du jemals zehn Dukaten besessen?"

Der Zigeuner blickte überrascht auf, als er ungarisch angeredet wurde.

„Isch hab schogar schon mehr gehabt. Aber nur im Traum, mit Reschpekt und ergebenscht."

„Und in der Wirklichkeit?"

„In der Wirklichkeit hatte isch einmal zwei. Einen hab isch zwei Jahre lang aufbewahrt. Den wollt isch einem kleinen Jungen geben. Dann hab isch ein Pferd dafür gekauft. Dasch Pferd verreckte aber. Jetzt habe isch weder Pferd noch Dukaten."

„Also wenn du uns ein paar Tage treu dienst, bekommst du zehn Dukaten als Lohn."

Des Zigeuners Gesicht strahlte.

Gergely fragte weiter:

„Wie bist du in die Türkei gekommen?"

„Bin von den Türken verschleppt worden. Die haben mir immer vorgeredet, ein starker Kerl wie isch gehöre in die Truppe."

„Du warst doch nie stark."

„Isch mein ja nischt stark von Wuchsch, Euer Gnaden, aber im Flöten war isch schtark. Isch war nämlisch Flötenschpieler und Schlosser, küsch die Hände und Füsche, dann haben misch immerfort die Türken gefangen. Haben misch hergebracht und in die Werkstatt geschtellt. Isch bin aber weggelaufen."

„Hast du eine Frau?"

„Manschmal hab ich eine, manschmal keine. Heute hab isch grad keine."

„Dann kannst du ja, wenn du willst, mit uns nach Hause kommen."

„Wozu soll isch nach Hausche gehen, Euer Gnaden? Meinen guten Herrn find isch ja doch nisch mehr. Und da nehmen misch blosch wieder die Türken gefangen.“

„Warst du denn bei jemandem in Diensten?“

„Freilisch war isch. Bei einem grooschen Herrn, beim gröschten Ungarn. Alle Tage hab isch da Braten bekommen, und immer hat er freundlich zu mir gesprochen; hat gesagt: ‚Bring diesche Flinte in Ordnung, Brauner‘.“

„Wer war dieser Herr?“

„Der gnädische Herr Bálint und kein anderer!“

„Welcher Bálint?“ fragte Jancsi Török.

„Welcher Bálint? Der gnädische Herr Bálint Török.“

Gergely beeilte sich, Jancsi mit seiner Frage zuvorzukommen:

„Was weißt du von ihm?“

Und er gab Jancsi einen Wink, vorsichtig zu sein.

Der Zigeuner zuckte die Achseln.

„Korrespondiere mit niemandem.“

„Du wirst doch aber etwas von ihm wissen?“

„Nur, dasch er in Gefangenschaft ischt. Ob er noch lebt, weisch isch nisch. Er wird wohl schon geschtorben sein, sonscht hätt isch von ihm gehört.“

„Wo, in welchem seiner Häuser hast du gearbeitet?“

„Auf Burg Schiget.“

Die beiden Jungen sahen einander an. Keiner von ihnen entsann sich des Zigeuners. Allerdings hatten sie sich nicht viel auf Burg Sziget, diesem Mückennest, aufgehalten. Und Herr Bálint hatte so viel Gesinde, so unzählig viele Leute arbeiteten auf seinen Gütern, daß sie nicht jeden kennen konnten.

Gergely sah dem Zigeuner aufmerksam ins Gesicht, dann lächelte er:

„Ich erinnere mich deiner, jetzt entsinne ich mich wieder. Du warst einmal Jumurdschaks Gefangener, und Dobó hat dich befreit.“

Der Zigeuner starrte Gergely an. Dann schüttelte er den Kopf.

„Nisch Dobó. Ein kleiner schiebenjähriger Knabe. Ihr mögt mir glauben oder nisch, ein kleiner schiebenjähriger Knabe. Oder viellicht war er noch jünger. Esch war ein waresch Wunderkind. Gergely hiesch er, auch daran erinner isch misch noch.

Der Devla schegne dieschen Knaben alleweil. Er hat mir auch Pferd und Wagen verschafft. Für ihn hatt isch meinen Dukaten aufbewahrt. Aber dann dacht isch mir, dasch war wohl ein Engel."

„Wie, wenn ich dieser Engel wäre?"

Der Zigeuner schielte Gergely ungläubig an.

„Isch hab noch keinen bärtigen Engel geschehen."

„Dennoch bin ich's", sagte Gergely lächelnd. „Ich erinnere mich sogar noch, daß du an dem Tag geheiratet hast. Böske hieß deine Frau. Es war im Walde oberhalb von Pécs. Du hast auch von den erbeuteten Waffen welche bekommen."

Dem Zigeuner fielen fast die Augen heraus, so weit riß er sie vor Staunen auf.

„Oh, der Devla im Paradiesch schegne Euch, junger gnädiger Herr! Und er vermehre alle Eure goldigen Nachkommen wie die Hirse! Oh, welsch ein glücklischer Tag!..."

Und er kniete nieder, umfaßte Gergelys Füße und küßte sie.

„Na, nun glaube ich schon, daß wir nicht vergebens hierhergereist sind", sagte Gergely fröhlich.

„Ein gutes Zeichen!" meinte auch Mekcsey.

„Ein guter Engel begleitet uns", stimmte Jancsi Török freudig ein.

Sie legten sich ins Gras. Gergely erzählte dem Zigeuner, weshalb sie hier wären, und fragte ihn, wie sie seiner Meinung nach zu Herrn Bálint gelangen könnten.

Der Zigeuner hörte bald strahlend, bald verzagt zu. Jancsi küßte er die Hand. Dann nickte er nachdenklich:

„Nach Schtambul, in die Stadt hinein, kann man wohl kommen, vielleicht auch in die Burg der Sieben Türme. Aber der gnädische Herr Bálint wird nisch mit einem Holzschwert bewacht..."

Er wiegte den Kopf in den Händen und jammerte:

„Oh, der arme gnädische Herr Bálint! Oh, dasch sie ihn dorthin gebracht haben! Wenn isch dasch gewuscht hätte, zum Fenschter hätt isch reingerufen: ‚Guten Tag, küsch die Hände und Füsche, isch lasch noch heut die Karten legen, wann mein gnädischer Herr frei wird!' "

Gergely und seine Gefährten warteten, bis Sárközis Phantasie ihre Purzelbäume geschlagen hatte, dann nötigten sie ihn zu ernstem Nachdenken.

„Ja, in die Schtadt kommen wir schon rein“, meinte er, „besondersch heute. Denn heute ischt perschisches Trauerfescht, da gibtsch hier scho viele Pilger wie bei unsch zu Mariä Himmelfahrt. Aber in die Jedi-Kule wagt nisch einmal ein Vogel reinzufliegen.“

„Na, wir werden uns diese sieben Türme ansehen“, versetzte Jancsi eifrig, „laßt uns nur erst einmal in der Stadt sein. Wo ein Vogel nicht hineinfliegen kann, kann eine Maus hineinkriechen!“

*

Das Goldene Horn ist ein Gewässer von der Breite der Donau. Es ist eine Meeresbucht und erstreckt sich in der Form eines Hornes mitten durch Konstantinopel, ja noch über die Stadt hinaus bis an die Wälder.

Über diese Bucht fuhren unsere Reisenden in einem breiten Fischerboot von den Wäldern zur Stadt. Am Bug des Bootes saß Gergely, der am türkischsten gekleidet war, in der Mitte Mekcsey, der ebenfalls auf türkische Weise in Rot leuchtete, die übrigen hatten sich ins Innere des Bootes zurückgezogen.

Wie goldene Säulen ragten im Licht der untergehenden Sonne die Minarette in die Höhe, und die vergoldeten Kuppeln der Moscheen erglänzten. All das spiegelte sich im Meer.

„Eine Traumwelt!“ staunte Éva, die zu Gergelys Füßen saß.

„Noch schöner als ein Traum“, erwiderte Gergely. „Weißt du, mein Herz, das ist wie ein Märchenschloß: außen prächtig, aber innen von Ungeheuern und Verwunschenen bewohnt.“

„Eine Feenstadt!“ meinte auch Mekcsey.

Nur Jancsi saß still sinnend im Boot. Seinen Augen tat es geradezu wohl, daß zwischen der überwältigenden Pracht der Gebäude auch etwas Schwarzes zu sehen war.

„Was für ein Wald ist das dort zwischen den Häusern am Hügel?“ fragte er den Zigeuner. „Mir scheint, das sind lauter Pappeln. Aber wie schwarz hier die Pappeln sind! Und mächtig hoch.“

„Dasch schind keine Pappeln, wohlgeborener junger Herr, schondern Zypreschen. Und dasch isch auch kein Wald, schondern ein Friedhof. Dort liegen die Türken von Pera. Wenn schie nur schon alle dort lägen!"

Jancsi schloß die Augen. Ihm war der Gedanke gekommen, daß vielleicht auch sein Vater schon dort unter einer der Zypressen läge.

Gergely schüttelte den Kopf:

„Eine Stadt ist das wie Buda am Ufer der Donau; nur daß es hier zwei oder gar drei solche Städte gibt."

„Ich hatte auch nicht gedacht, daß das eine so hügelige Stadt ist", sagte Mekcsey darauf. „Ich befürchtete eher, sie könnte so flach wie Szeged oder Debrecen sein."

„Die hatten es leicht, eine so schöne Stadt zu bauen", meinte Éva. „Eine Räuberstadt. Aus allen Teilen der Welt haben sie sich diese Stadt zusammengeräubert. In welchem Haus mögen wohl die Möbel unserer Königin stehen?"

„Die Möbel von König Matthias, wolltest du wohl sagen, mein Herz", berichtigte Gergely.

Er mochte nämlich Königin Isabella nicht. Und er hatte auch insofern Recht, als die Möbel des Budaer Schlosses nicht aus Polen stammten.

Die Sonne war schon untergegangen, als das Boot die Brücke erreichte. Auf dieser war großes Gedränge, es wimmelte von Menschen.

„Heute werden viele bei der Trauerfeier sein", sagte der Bootsmann.

„Wir sind auch zur Feier gekommen", entgegnete Gergely.

Jancsi erschauerte. Mit farblosem Gesicht starrte er in das Gewühl der Menge, die über die Brücke nach Stambul drängte.

*

Durch das Gedränge war es den Ankömmlingen ein leichtes, in die Stadt zu kommen. Die Wachtposten auf der Brücke kümmerten sich um niemanden. Der Menschenstrom riß den kleinen Trupp mit in die Straßen Stambuls.

Wohin sie gingen, wußten sie nicht. Der Strom wälzte sich durch etwa drei Straßen aufwärts. Dann hielt er an, wie wenn bei Treibeis auf der Theiß ein Eisblock sich festrammt, so daß auch die folgenden Schollen nicht weitertreiben, sondern sich stauen. Soldaten drängten die Menge an die Straßenränder, denn sie bahnten einen Weg für die persischen Wallfahrer.

Gergely zog Éva an sich. Die anderen wurden an die Mauer eines Gebäudes gedrückt. Aber sie ließen einander nicht aus den Augen.

Plötzlich wurde es am Ende der Straße so hell, als hätte man die Sonne vom Himmel als Laterne heruntergeholt; eine riesengroße, flammende und Funken sprühende Fackel wurde sichtbar, es war ein Korb aus Eisenreifen, groß wie ein Eimer. Ein kräftiger Perser hielt den Korb an einer hohen Stange; in diesem brannten Holzscheite, so lang wie Menschenarme und vermutlich mit Naphta getränkt. In der großen Helligkeit schritten etwa zehn braune Männer in Trauergewändern würdevoll daher. Der kurzgeschnittene krause Bart und das kleine Kinn verrieten, daß sie Perser waren.

Hinter ihnen führte ein Knabe einen Schimmel. Diesem war ein weißes Laken über den Rücken gebreitet, und darauf war der Sattel befestigt. Auf dem Sattel sah man zwei gekreuzte Säbel und zwei lebende weiße Tauben.

Die Füße der Tiere waren angebunden.

Pferd, Tauben, Säbel und Laken waren mit Blut bespritzt.

Dem Pferd folgte wieder ein Trupp Männer in Trauergewändern. Sie sangen eine schmerzliche Litanei, bei der jede Zeile nur aus den beiden Worten *Hussein! Hassan!* und dem Ruf *„Hu“* bestand, der sich mit einem sonderbar dröhnenden Knallen vermischte.

Während der Zug weiterschritt, wurde es offenbar, wo das Knallen herrührte: In zwei Reihen schritten persische Männer mit nackter Brust. Sie trugen schwarze Hemden, die bis an die Fersen reichten. Den Kopf hatten sie mit schwarzen Tüchern umwickelt, deren Zipfel ihnen im Nacken wehten. Nur ihre Brust war nackt.

Und während diese Männer zu beiden Seiten der Straße langsam herankamen, schwangen sie bei den Worten *Hussein-Hassan* den rechten Arm, und bei dem Ruf *„Hu!“* schlugen sie sich mit der Faust in der Herzgegend an die Brust.

Das dröhnende Geräusch kam also von den Schlägen auf die Brust. Blaurote Flecke bezeugten, daß diese Wallfahrer nicht nach der Art der Papisten die Brust bloß berührten.

Es waren ungefähr 300 Perser. Sie standen seitlich und gingen nur nach jedem Schlag auf die Brust zwei oder drei Schritte weiter.

Zwischen ihnen wehten dreieckige Fahnen von verschiedenen Farben, die meisten waren grün, doch waren es auch schwarze, gelbe und rote darunter.

An den Fahnenstangen und auch an den Mützen der Perserknaben war eine silberne Hand zu sehen. Sie stellte die Hand des türkischen Märtyrers *Abbasch* dar. Diesem war die Hand abgehackt worden, weil er Hussein etwas zu trinken gereicht hatte, als dieser nach der Schlacht bei Kerbela gefangengenommen worden war.

Mit wachsender Kraft brauste der Gesang auf:

Hass-ssan! Huss-ssein! Hass-ssan! Hu!

Die Fackeln beleuchteten nun eine andere schwarze Gruppe, die ein mit einem grünen Laken behängtes Kamel umgab. Dieses trug auf dem Rücken ein kleines Laubzelt, in dem ein kleiner Knabe saß, von dem man nur das Gesicht und manchmal die Hand sah, die durch die Zeltöffnung etwas Sägemehlartiges auf die Männer in den Trauergewändern streute.

Zuweilen hörte man hinter ihnen ein seltsames Klappern und Klirren.

Und bald darauf langte die zweite Trauergruppe an. Auch diese Männer schritten seitlich und trugen ebenfalls Trauerhemden. Diese aber waren am Rücken geöffnet. Ein jeder hatte eine aus fingerdicken Ketten gefertigte Peitsche, die so schwer war, daß sie mit beiden Händen geschwungen werden mußte. Nach jeder Gesangszeile schlugen sich diese Männer mit der Peitsche auf den nackten Rücken, immer abwechselnd über die rechte und über die linke Schulter.

Als Éva sah, daß ihre Rücken blutig und voller Blasen waren, klammerte sie sich fest an Gergelys Arm:

„Ich werde ohnmächtig, Gergely."

„Es folgt aber noch etwas viel Entsetzlicheres", entgegnete er.

„Ein türkischer Gefangener hat mir von diesem Trauerfest erzählt. Ich hielt es damals für ein Märchen."

„Sie töten doch nicht gar den Knaben?"

„Nein, das tun sie nicht. Die beiden Tauben und der Knabe sind nur Sinnbilder. Um Mitternacht wird den Tauben die Schnur an den Füßen abgeschnitten. Die beiden Tauben verkörpern die Seelen Hassans und Husseins. Ihre Himmelfahrt wird von andächtigem Geheul begleitet."

„Und der Knabe?"

„Der stellt das verwaist zurückgebliebene persische Volk dar."

„Und was kommt jetzt?"

„Männer, die sich mit Säbeln auf die eigenen Köpfe schlagen."

Und tatsächlich folgte noch ein blutiger Zug: bis an die Fersen in weißes Linnen gehüllte Männer, die Köpfe sämtlich rasiert, in der Rechten Handschare. Mit der linken Hand hielt sich ein jeder am Gurt des anderen fest, um nicht infolge des großen Blutverlustes umzusinken oder um seinen Gefährten zu halten, wenn dieser zusammenzubrechen drohte.

Sie schritten ebenfalls seitlich, der eine oder andere schwankend. Alle hatten fahle Gesichter. Es war auch ein kaum fünfzehnjähriger Junge dabei. Der litaneiartige Gesang wurde auf den Lippen dieses Trupps zum Schrei.

„Hassan! Hussein!..."

Am Ende jeder Gesangszeile blinkten alle Handschare im Licht der Fackeln, und ein jeder berührte seinen eigenen kahlen Kopf damit.

Die Männer waren wie in Blut gebadet. Einigen floß an Nase und Ohren das Blut in Bächen herab und färbte ihre Linnengewänder rot. Im Wehen des leichten Windes knisterten die Fakkeln, und manchmal fiel ein Funkenregen auf die blutigen Köpfe.

„Hassan! Hussein!..."

Die Luft war schwer vom Dunst des Blutes...

Éva schloß die Augen.

„Mir graut vor ihnen."

„Siehst du, ich habe doch gesagt, du sollst zu Hause bleiben. So eine Reise ist nichts für eine Frau. Mach die Augen zu, mein Lämmchen."

Éva schüttelte den Kopf und öffnete wieder die Augen:

„Und schon aus Trotz will ich zusehen!“

Bleich, doch entschlossen hat sie der blutigen Wallfahrt zugesehen.

*

Gergely war ruhiger. Er war schon seit seiner Kindheit gewöhnt, Blut zu sehen. ‚Weh tut das ja nicht so sehr. Erstaunlich ist nur, daß diese Männer freiwillig ihr Blut vergießen‘, dachte er. ‚Und gegen solche Männer kämpfen die Ungarn nun schon seit mehr als hundert Jahren fast ununterbrochen.‘

Er blickte über die blutige Menge hinweg auf die andere Seite der Straße.

Wie merkwürdig ist es doch, daß wir fühlen, wenn uns jemand scharf ansieht.

Gergely blickte fast schnurgerade durch das Menschengewimmel hinüber. Die Augen zweier Männer starrten ihn an.

Der eine, mit einem armenischen Gesicht, war der Aga aus Adrianopel, dessen Soldaten er in die Luft gesprengt hatte.

Der andere war Jumurdschak.

8

In Sommer des vergangenen Jahres geschah es, daß eines Morgens Majlád vor der Tür auf Bálint Török wartete.

„Eine große Neuigkeit! Diese Nacht sind neue Gefangene angekommen!“

„Ungarn?“ fragte Herr Bálint betroffen.

„Ich weiß noch nicht. Ich habe nur heute früh, als das Tor geöffnet wurde, die Ketten über den ganzen Hof klirren hören. Ich kenne den Klang der Ketten aller Gefangenen. Auch wenn ich im Bett liege, weiß ich genau, wer an meiner Tür vorbeigeht.“

„Ich auch.“

„Heute früh habe ich neues Kettenklirren vernommen. Und nicht nur einer ist gekommen, sondern zwei oder drei, vielleicht sogar vier. Über den ganzen Hof sind sie geklirrt. Man wird sie doch nicht etwa in den *Taschtschukuru* geführt haben!“

Der Taschtschukuru war ein höhlenartiger Kerker in der Burg der Sieben Türme, die Armesünderzelle unterhalb des Blutturmes. Wer dahineinkam, wurde bald mit den höheren Geheimnissen des Sternenhimmels bekannt.

Die beiden begaben sich in den Garten, wo sie oft zu sitzen pflegten. Aber an diesem Tage prüften sie weder das Wachstum der Sträucher noch die gen Ungarn ziehenden Wolken. Unruhig warteten sie darauf, die neuen Gefangenen sehen zu können.

Sie hatten keine Fessel mehr an den Füßen. Die Unmenge Gold, die Frau Török dem Sultan und den Paschas geschickt hatte, öffnete den Gefangenen zwar nicht das Tor, hatte aber wenigstens die Ketten gelöst.

Die beiden Männer waren ja auch schon alt, und die Burg wurde von zweihundertfünfzig Soldaten, die alle verheiratet waren, bewacht. Aus dieser Burg war noch nie jemand geflohen.

Die innere Wache wurde abgelöst. Ein dickbäuchiger junger Beg erschien auf dem Hof, um den abziehenden Soldaten Befehle zu erteilen.

„Drei gehen in die Mühle", keuchte er wie eine fette Ente, „drei gehen in die Mühle Steine klopfen."

Und er bestimmte, welche drei das sein sollten.

Dann wandte er sich an zwei Männer von kleinem Wuchs:

„Ihr kommt in einer Stunde zurück und macht im Arsenal sauber. Und ihr..."

Bálint Török konnte kaum abwarten, bis der Beg geendet hatte. Er ging ihm entgegen.

„Sabahingis khair olssun effendi?" (Guten Morgen, Weli Beg! Wie hast du geschlafen?)

„Ssükür (danke), schlecht. Ich bin heute sehr früh gestört worden. Drei neue Gefangene sind aus Ungarn angekommen."

„Man hat doch nicht gar den *Frater* hergebracht?"

„Nein, den nicht. Irgendeinen draufgängerischen Herrn. Oder vielleicht ist es gar kein Herr. Er hat nicht einmal ein anständiges Hemd an. Wie man schreibt, hat er dem Pascha von Buda aufgelauert und ihn ausgeraubt."

„Den Pascha von Buda?

„Ja. Jetzt ist er mit seinen beiden Söhnen hergebracht worden."

„Wie heißt er?"

„Ich habe zwar seinen Namen eingetragen, aber ich weiß ihn

nicht mehr. Ihr habt alle so sonderbare Namen, wer kann die im Kopf behalten?"

Und er nickte kurz, machte kehrt und ging vielleicht wieder in sein Bett.

Bestürzt setzte Herr Bálint sich neben Majlád auf die Bank.

„Den Pascha von Buda ausgeraubt? Wer kann das getan haben?"

„Ein Bettler?" fragte auch Majlád grübelnd. „Wenn es ein Bettler wäre, hätten sie ihn nicht hierher gebracht."

„Wer es auch sein mag, ich werde ihm jedenfalls gleich etwas zum Anziehen geben."

Den ganzen Vormittag sannen und grübelten sie, zählten wohl tausend ungarische und siebenbürgische Namen auf, aber bei keinem hatten sie das Gefühl, daß ein Mann dieses Namens gewagt haben könnte, so mit dem Pascha von Buda zu verfahren; der Pascha reiste ja mit großer Begleitung.

„Wer mag das wohl sein?"

Am Mittag endlich erschien der neue Gefangene an dem gemeinsamen Tisch, der auf der schattigen Seite des inneren Hofes gedeckt war.

Die beiden sahen ihn so angestrengt an, daß ihnen die Augen förmlich aus den Höhlen traten. Sie kannten ihn nicht. Es war ein kleiner, aber kräftiger, ergrauter brauner Mann. Sein Schädel war kahl. Er trug ein zerrissenes ungarisches Leinengewand. Neben ihm saßen zwei besser gekleidete ungarische Jünglinge, etwa zwanzig bis fünfundzwanzig Jahre alt. An den Gesichtszügen sah man, daß sie Brüder und die Söhne des Alten waren, obwohl dieser einen Kopf kleiner war als sie.

Dem Vater hatte man die Füße soeben mit den leichten Stahlketten gefesselt, die Bálint Török an die zwei Jahre lang getragen hatte. Vom Tragen waren diese Ketten blank wie Silber geworden.

Majlád eilte auf den Gefangenen zu. Er wußte nicht, wer es war, er sah nur, daß er ein Ungar war. Auch Bálint Török stand tiefbewegt am Tisch und sah den Alten unverwandt an.

Majlád war nicht imstande zu sprechen, er umarmte den Alten nur.

„Bruder..."

Bálint stand noch immer reglos da. Dann rief er zitternd vor Erregung:

„Wer bist du?“

Der Mann senkte den Kopf und flüsterte kaum hörbar:

„László Móré.“

Das traf Bálint wie ein Schlag. Er wandte sich ab und setzte sich.

Majláds Arme ließen den Alten los.

Die beiden jungen Männer standen betrübt hinter ihrem Vater.

„Hier eßt Ihr, Herren,“ ordnete Weli Beg an, indem er auf die Ecke des Tisches zeigte, die Bálint Töröks Platz gerade gegenüber war.

Herr Bálint stand auf.

„Also wenn die hier essen, dann esse ich nicht hier!“

Und zu dem hinter ihm stehenden Diener sagte er:

„Trag mir meinen Teller auf mein Zimmer.“

Majlád stand eine Weile unschlüssig da, dann sagte auch er zu seinem Diener:

„Bring auch meinen Teller hinauf.“

Und er ging Herrn Bálint nach.

Weli Beg zuckte die Achseln, konnte aber doch nicht schweigend über den Vorfall hinweggehen. Er sah Móré an:

„Warum verabscheuen die dich?“

Düster blickte Móré hinter den beiden Herren her.

„Weil sie Ungarn sind.“

„Bist du denn nicht auch Ungar?“

Móré zuckte die Achseln.

„Doch. Das ist es ja eben. Zwei Ungarn kommen miteinander noch aus, zu dritt zanken sie sich schon.“

*

Bálint Török rührte sich zwei Wochen lang nicht aus seinem Zimmer. Er ging nicht auf den Hof, auch Majlád erschien nicht. Er lauschte Herrn Bálints Betrachtungen zum neuen Glauben, welcher von jenem Johannes Calvinus verbreitet wurde, und von Martin Luther.

„Dieses Christentum ist der von Jesus verkündete wahre Glauben, nicht der latinisierte römische Glauben, der immer mehr Auswüchse treibt“, sagte Bálint Török.

Schließlich trat auch Majlád zu diesem Glauben über. Er

schrieb es sogar seinem Sohn Gábor und ermunterte ihn, sich die Sache daheim ebenfalls zu überlegen.

Die beiden Herren wurden es allmählich überdrüssig, immer in ihren vier Wänden zu bleiben. Eines Tages schlug Herr Bálint vor:

„Gehen wir wieder einmal in den Garten!"

„Dort hält sich ja der Räuber auf."

„Vielleicht ist er gar nicht dort."

„Vielleicht aber doch."

„Nun, wenn er da ist, ist er eben da. Wir brauchen ja nicht mit ihm zu sprechen. Das Recht, im Garten spazierenzugehen, haben wir ebensogut wie er."

Majlád lächelte:

„Das *Recht*. Also haben wir doch noch irgendein *Recht*."

Ein Anflug von Heiterkeit huschte über Bálints Gesicht.

„Das will ich meinen, potztausend! Wie lange sind wir schon Gefangene?! Und der ist erst vor zwei Wochen gekommen."

Sie gingen in den Garten.

Unter einer Platane saßen ein persischer Fürst – auch er war schon lange in der Jedi-Kule – und noch ein anderer asiatischer Herrscher, der ebenfalls hier schon vor Trübsinn und Langweile fast verkümmerte. Die beiden spielten Schach. Sie spielten seit Jahren von morgens bis abends, und nie sprachen sie ein Wort miteinander.

Bálint und Majlád kannten die beiden Schachspieler bereits ebenso gut wie das weiße Marmortor zwischen dem Blutturm und dem Goldturm oder wie den alten kurdischen Würdenträger mit der Hünengestalt, der wegen einer Beschimpfung des Kaisers in jenen Tagen die zentnerschweren Ketten trug und, vom Gewicht des Eisens ermattet, von früh bis spät hinter dem Kerkergitter des Blutturmes saß oder lag. Nur seine Augen wandten sich in die Richtung, in der die Gefangenen zwischen dem Gesträuch auf und ab gingen.

Nun, zu den Schachspielern hätten die beiden wohl gar nicht hingesehen, doch es fiel ihnen auf, daß hinter diesen jetzt eine neue Gestalt saß und dem Spiel zusah.

„Wer mag der kleine alte Türke in dem gelben Kaftan sein? Und wieso ist er barhäuptig?" – Noch nie hatten sie einen Türken ohne Turban gesehen; es sei denn, daß sich einer gerade wusch oder rasierte.

Als der Mann im gelben Kaftan ihre Schritte hörte, drehte er sich um.

Es war Móré.

Er stand auf und ließ die Schachspieler allein. Der müde, schlaffe Zug im Gesicht, wodurch er am ersten Tag wie ein Kranker gewirkt hatte, war verschwunden. Seine kleinen schwarzen Augen blickten jetzt lebhaft, auch sein Gang war wieder fest und kraftvoll, beinahe jugendlich.

Er trat vor die beiden Magnaten hin und verschränkte die Arme:

„Warum haßt ihr mich?" brach es aus ihm hervor, und seine Augen funkelten. „Worin seid ihr mir überlegen? Seid ihr reicher als ich? Hier ist keiner reich. Seid ihr adliger? Ich bin von so altem Adel wie ihr."

„Ein Räuber warst du!" schrie Bálint Török ihn an.

„Wart ihr etwa keine? Habt ihr euch nicht euer Hab und Gut überall dort zusammengerafft, wohin nur eure Hände reichten? Habt ihr nicht sogar gegeneinander gekämpft? Habt ihr euch nicht wie Wetterhähne bald János, bald Ferdinand zugewandt und immer dessen Lied gesungen, der euch mehr gegeben hat?"

Majlád faßte Bálint am Arm:

„Komm, verlassen wir diesen Menschen!"

„Nein, ich gehe nicht", fuhr Bálint Török auf, „vor keinem Hund und vor keinem Menschen weiche ich zurück."

Er setzte sich auf die Bank und unterdrückte seine Wut. Er zwang sich, ruhig zu sein, weil er vom Tor her Weli Beg kommen sah, der von einem türkischen Priester und den beiden Söhnen Mórés begleitet wurde. Auch die beiden jungen Männer waren schon türkisch gekleidet, trugen nur noch keinen Turban. Sie gingen barhäuptig wie ihr Vater.

Majlád setzte sich neben Bálint Török.

Móré stand mit gespreizten Beinen vor ihnen, eine Hand in die Hüfte gestemmt, und zeterte weiter:

„Ich habe schon in der Schlacht mitgestritten, in der György Dózsa geschlagen wurde. Ich habe in der Schlacht bei Mohács mitgekämpft, in der vierundzwanzigtausend Ungarn fürs Vaterland ihr Blut vergossen."

„Ich war auch bei diesen Kämpfen", sagte Majlád barsch, „aber nicht, um damit zu prahlen."

„Wenn du an jenem Blutbad teilgenommen hast, müßtest du wissen, daß alle, die mit dem Leben davongekommen sind, einander als Brüder achten.“

„Mich soll aber solch ein Bandit nicht seinen Bruder nennen!“ brüllte Majlád, rot vor Zorn. „Ich weiß sehr wohl, weshalb Burg Palota zerstört wurde.“

„Möglich, daß du es weißt. Aber weshalb Nána genommen wurde, das ist dir nicht bekannt. Und du weißt auch nicht, daß die ganze ungarische Nation dem Pascha von Buda zu Füßen liegt und daß ich, László Móré, der einzige war, der ihm ins Gesicht geschrien hat: *Verfluchter Hund!* Jahrelang habe ich mit meiner kleinen Schar den Türken Widerstand geleistet. Nicht Ferdinand war es, der gekämpft hat, auch nicht die achtbare ungarische Nation, sondern ich, László Móré! Ich habe auch voriges Jahr das türkische Heer auf seinem Marsch nach Belgrad auseinandergesprengt, ich, László Móré, den ihr als Räuber und Banditen bezeichnet.“

Er schnaufte. Dann fuhr er fort, mit der Faust fuchtelnd:

„Hätte ich so viel Geld gehabt, wie István Majlád einst besaß! Hätte ich so viel Güter, Burgen und Gesinde mein eigen genannt wie Bálint Török oder so viele Soldaten wie der, der die Krone nur als Kopfschmuck trägt, dann würde László Móré heute als Befreier des Volkes gefeiert. Da ich aber weder genügend Geld noch genügend Soldaten hatte, überwältigten mich die Heiden in Nána und machten meine Burg dem Erdboden gleich, die Verfluchten!“

Weli Beg war zu ihnen getreten:

„Ich weiß nicht, worum ihr euch streitet, aber wahr ist, was Selim sagt; denn er ist der Quelle der Wahrheit näher als ihr Ungläubigen.“

„Welcher Selim?“ fragte Bálint Török verblüfft.

„Selim“, antwortete Weli Beg, „der vor einigen Tagen noch in der Sprache der Ungläubigen László Móré hieß.“

Bálint Török lehnte sich zurück und lachte bitter:

„Selim! Und der predigt uns von Vaterlandsliebe! Pack dich, du Heide, Himmelkreuzdonnerwetter!“

Er hätte ihn geschlagen, wenn Weli Beg nicht dazwischengesprungen wäre.

„Ungläubiges Schwein!“ brüllte der Beg Herrn Bálint an. „Ich lasse dich gleich in Ketten legen!“

Herr Bálint riß den Kopf hoch wie ein Roß, das einen Schlag auf die Nase bekommen hat. Seine Augen flammten. Weiß der Himmel, was geschehen wäre, wenn Majlád ihn nicht weggezerrt hätte.

Der Beg sah den beiden voll Verachtung nach. Er mußte wohl in diesem Augenblick an seine Tasche gedacht haben, da er das Grobsein aufgab. Er wandte sich Móré zu und sagte absichtlich laut, damit es auch die beiden hörten:

„Der erhabene Sultan hat mit Freuden vernommen, daß du der Schar der Rechtgläubigen beitrittst. Er schickt dir diesen ehrwürdigen Priester, auf daß du das Licht des Propheten kennenlernst, dessen Name gepriesen sei immerdar.“

„Wir wollen wieder ins Zimmer gehen“, ächzte Bálint Török. „Schnell zurück ins Zimmer, mein guter Freund Majlád.“

*

Einige Tage darauf wurden die beiden Söhne Mórés freigelassen. Beide erhielten Amt und Würde in Konstantinopel.

Nur der alte Móré blieb innerhalb der Mauern.

Herr Bálint und Majlád wechselten kein Wort mehr mit ihm, doch hörten sie des öfteren, daß auch er sich um seine Freilassung bemühte.

Einmal gab ihm Weli Beg zur Antwort:

„Ich war in deiner Angelegenheit wieder bei der Hohen Pforte. Der Brief aus Ungarn ist schon angekommen. Der Pascha von Buda hat dich fein angeschwärzt, das kann man wohl sagen. Er schreibt unter anderem, als Nána belagert wurde, habest du Geld hinter dich unter die Türken geworfen, um deine Haut zu retten.“

Und lachend schüttelte er den Kopf:

„Ein schlauer Fuchs bist du, Alter!“

*

Damals waren auch Székesfehérvár und Esztergom schon im Besitz der Türken. Der Sultan selbst hatte seine Heerschar angeführt, um diese beiden Bollwerke in der westlichen Landeshälfte zu stürzen.

Es wurde Winter, ehe er heimkehrte.

Die Insassen der Burg der Sieben Türme erhielten von Woche zu Woche über den Feldzug und auch über des Sultans Heimreise Kunde. Sie harrten der neuen Gefangenen. Und – Gott rechne ihnen das nicht als Sünde an! – sie freuten sich sogar, daß vielleicht neue Bekannte, womöglich gute Freunde, im Kerker der Jedi-Kule erscheinen würden. Wieviel Neues würden sie da hören! Vielleicht auch etwas von ihren Familien.

Eines Vormittags sprachen sie gerade darüber, als die Zimmertür geöffnet wurde und Weli Beg eilig eintrat. Sein Gesicht war vom schnellen Laufen gerötet. Er kreuzte beide Arme auf der Brust und verneigte sich tief und ehrerbietig vor Herrn Bálint:

„Der erhabene Padischah läßt Euch rufen, gnädiger Herr. Geruht Euch sofort anzukleiden. Dann gehen wir."

Herr Bálint zuckte zusammen. Sein Blick starrte ins Weite.

„Du bist frei!" hauchte Majlád.

Hastig nahmen sie das Gewand aus dem Schrank. Weli Beg lief fort, um sich ebenfalls umzuziehen.

„Gedenke meiner", flehte Majlád. „Lege ein gutes Wort für mich ein, Bálint. Du wirst ihm ja nun Auge in Auge gegenüberstehen und wirst mit ihm sprechen. Da kannst du mich erwähnen, kannst ihn bitten, mich mit dir zusammen zu entlassen. O mein Gott, mein Gott!... Vergiß nicht, meinen Namen zu nennen, Bálint."

„Nein, ich vergesse es nicht", stammelte Bálint.

Und mit zitternden Händen knöpfte er das geblümte blaue Atlasgewand zu, in dem er gefangengenommen worden war. Seine guten Winterkleider hatte er schon abgetragen. Dieses blaue Atlasgewand benutzte er nie. Er bewahrte es auf, denn er hoffte, darin in die Heimat zurückkehren zu können.

Nur den Säbel durfte er sich nicht umgürten.

„Wenn du zurückkomst, wirst du ihn umgeschnallt haben", tröstete ihn Majlád und begleitete ihn die Treppe hinunter.

„Vergiß mich nicht!"

Mit freudigen Blicken sah er zu, wie Bálint und Weli Beg in die Kutsche stiegen und sich dann in weite türkische Pelzmäntel hüllten, der Beg aufmerksam den Pelz zurechtzog, damit Herrn

Bálint die Füße nicht kalt würden, und wie er sich dann ehrerbietig links neben ihn hinsetzte.

„Die Engel des Himmels seien deine Begleiter, Bálint!"

Die Kutsche setzte sich in Bewegung. Zwei Wächter mit Lanzen ritten hinter ihr her.

„Mein Gott, mein Gott!" flehte Herr Bálint unterwegs.

Hundert Jahre schien ihm die Fahrt zu dauern, bis der Wagen endlich ins Tor des Serails einbog.

Über den Janitscharen-Hof gingen sie zu Fuß zum Palast.

Viele Treppen, alle aus weißem Marmor; viele stattliche Leibwachen, aber alles Knechte; prächtige Marmorsäulen, weiche Teppiche, auf Schritt und Tritt Vergoldungen, alles Meisterwerke orientalischer Filigranarbeit. Aber Bálint Török sieht nichts anderes als den Rücken des vor ihm hereilenden Dieners in weißem Kaftan und von Zeit zu Zeit eine mit dicker Seide verhängte Tür, von der er jedesmal meint, es sei die Tür zum Gemach des Sultans.

Er wurde in einen kleinen Saal geführt, in dem sich nichts weiter befand als ein Teppich und – darauf ein Kissen und ein großes kupfernes Becken, dem kupfernen Taufbecken der Budaer Kirche ähnlich, nur daß dieses hier nicht von Steinfüßen, sondern von einem Marmorwürfel getragen wurde und nicht Wasser, sondern Feuer darin war, eine rote Glut.

Bálint Török kannte dieses Gefäß schon; es hieß *Mangal*. Im Türkenlande diente es zur Winterszeit als Ofen.

Im Zimmer war niemand außer den Türstehern an den drei Türen, drei Mohren. Wie Standbilder mit großen silbernen Hellebarden sahen sie aus. Auch Weli Beg blieb, stumm, beinahe zitternd an der Tür stehen.

Bálint sah zum Fenster. Da erblickte er das grün wogende Meer und Skutari jenseits des Meeres; als schaute er vom Fenster seines Palastes in Buda auf die Stadt Pest.

Etwa so lange, wie man ein Ei kocht, mochte er dort gestanden haben, als endlich der Türvorhang von einer Negerhand zur Seite gezogen wurde. Im nächsten Augenblick trat der Sultan ohne Begleitung ein.

Nur ein sechzehnjähriger magerer Mohrenknabe folgte ihm durch die Tür und blieb dort neben der Wache stehen.

Der Beg warf sich nieder, mit dem Gesicht auf den Teppich.

Bálint schlug die Hacken zusammen und verbeugte sich. Als er den Kopf hob, stand der Sultan am *Mangal* und hielt seine beiden mageren Hände darüber. Er hatte einen mit Hermelin verbrämten, nußbraunen Seidenkaftan an, der so lang war, daß nur die beiden roten Pantoffelspitzen darunter hervorsahen. Auf dem Kopf trug er einen leichten, schneeweißen Turban aus dünnem Gewebe. Sein Gesicht war rasiert, der dünne graue Schnurrbart hing bis über das Kinn herab. Eine Minute lang standen beide schweigend da. Dann sah der Sultan den Beg an:

„Ssawul." (Geh.)

Der Beg stand auf, verneigte sich und schritt rückwärts bis zur Tür. Dort verbeugte er sich noch einmal und verschwand geräuschlos wie ein Schatten.

„Ich habe dich lange nicht gesehen", begann der Sultan mit ruhiger Stimmte, „du hast dich gar nicht verändert. Bist nur ergraut."

Bálint dachte bei sich: ‚Du bist ja auch nicht jünger geworden, Soliman.' Denn seit er ihn zuletzt gesehen hatte, war der Sultan abgemagert, und um seine großen Glotzaugen hatten sich Falten gebildet. Auch schien seine Nase länger geworden zu sein; seine Wangen waren übermäßig rot geschminkt.

Bálint sagte jedoch nichts, er wartete nur beklommenen Herzens darauf, was nun folgen würde.

Der Sultan verschränkte die Arme.

„Du weißt vielleicht schon, daß Ungarn nicht mehr besteht."

Herrn Bálints bleiches Gesichts wurde noch fahler. Wenn das Land nicht mehr bestand, was wollte der Sultan dann von ihm?

„Die wenigen Gemäuer, die noch übrig sind", fuhr der Sultan fort, „können sich nicht mehr lange halten. Sie werden sich noch in diesem Jahr ergeben." – „Ich brauche einen tüchtigen Pascha für Buda. Einen Pascha, der weder den Ungarn noch mir fremd ist. Du bist ein vortrefflicher Mann. Ich gebe dir deine Güter zurück. Alle deine Güter!"

Bálint blickte starr vor sich hin. Seine Lippen zuckten. Da er aber doch nichts sagte, begann der Sultan wieder:

„Verstehst du, was ich sage? Du kannst doch Türkisch."

Bálint nickte:

„Ewet."

„Also, ich setze dich als meinen Pascha in Buda ein."

Für einen Augenblick ging ein Beben durch Bálints Körper, aber sein Gesicht blieb ernst und bekümmert. Sein Blick glitt vom Sultan auf den *Mangal,* durch dessen Arabesken die rote Glut hindurchleuchtete.

Der Sultan schwieg eine Weile. Vielleicht erwartete er, daß Bálint sich ihm nach Art der Türken zu Füßen werfe, oder vielleicht, daß er ihm nach ungarischer Sitte die Hand küsse, oder zumindest, daß er Worte des Dankes stammle. Bálint aber blieb stumm. Und als wäre es gar nicht der Sultan, vor dem er stand, verschränkte auch er die Arme.

Des Sultans Miene verfinsterte sich. Er ging wohl zweimal im Zimmer auf und ab. Dann blieb er wieder stehen und sah Bálint an:

„Es ist dir wohl nicht einmal recht?"

Bálint kam wieder zu sich.

Denn wo war er mit seinen Gedanken während dieser Pause von wenigen Minuten gewesen! Über alle seine schönen Burgen, seine Felder und Wälder war er hinweggeflogen, hatte seine Frau umarmt, seine Kinder geküßt, sich an seinen Gestüten, seinen Rinder- und Schafherden und seinem Tausende von Köpfen zählenden Gesinde erfreut, hatte auf seinen Lieblingspferden gesessen, hatte die Luft des ungarischen Landes geatmet...

Bei den Worten des Sultans schien er aus einem Traum zu erwachen.

„Erhabener Kaiser", sprach er tiefbewegt, „wenn ich Euch richtig verstanden habe, geruht Ihr, mir die Stelle Werbőczys übertragen zu wollen."

Der Sultan schüttelte den Kopf:

„Nein. Werbőczy ist gestorben, noch im selben Jahr, in dem du hierherkamst. Seine Stelle haben wir nicht mehr besetzt. Du sollst richtiger Pascha sein. Ich gebe dir das größte Paschalik meines Reiches und völlige Freiheit."

Herr Bálint sah den Kaiser voll Verwunderung an.

„Wie denn, erhabener Herr", sprach er endlich, „als ungarischem Pascha...?"

„Nein. Als türkischem Pascha."

„Als türkischem Pascha?"

„Ja. Ich sagte doch, Ungarn besteht nicht mehr, folglich gibt es auch keine Ungarn mehr. Ich nahm an, du habest verstanden."

„Was? Daß ich Türke werden soll?“

„Ein Pascha.“

Bálint Török ließ den Kopf herabsinken. Er seufzte so tief, als stieße er damit seine Seele aus der Brust. Schmerzvoll und düster sah er dem Sultan ins Gesicht:

„Anders geht es nicht?“

„Nein.“

Bálint Török schloß die Augen. Vom schweren Atem hob und senkte sich seine Brust.

„Erhabener Herr“, sprach er dann, „ich weiß, Ihr seid es nicht gewöhnt, daß man unverhüllt zu Euch spricht. Ich aber bin nun einmal mit meiner Offenherzigkeit alt geworden... ich kann nur sagen, was ich denke.“

„Und was denkst du?“ fragte der Sultan in eisigem Ton.

Bleich, aber aufrecht und würdevoll antwortete Herr Bálint:

„Erhabener Kaiser, wenn auch das ganze Ungarland Euer ist und wenn auch alle Ungarn Türken werden, ich nicht... ich nicht... ich nicht!“

9

Voll Entsetzen vernahm Weli Beg auf der Rückfahrt, wie das geheime Gespräch verlaufen war.

„Welch ein närrischer Mensch bist du!“ rief er erstaunt und schüttelte den Kopf. „Ich wette um meinen eigenen Kragen, daß du heute nacht schon im Blutturm schläfst.“

Und er stand bis Mitternacht auf dem Hof herum, weil er einen Auftrag des Sultans erwartete.

Doch es kam weder in dieser Nacht noch in den folgenden Tagen ein Befehl. Kein Brief, keine Botschaft, nichts!

Als eine Woche vergangen war, geruhte der alte Scheich-ül-Islam, der Fürstprimas der Türken, die Jedi-Kule mit seinem Besuch zu beehren; er kam nicht mit einer prunkvollen Begleitung, sondern allein, wie ein ganz gewöhnlicher Priester – so daß Weli Beg vor Staunen fast zu Boden sank.

„Ein berühmter Giaur ist hier“, sagte der oberste Priester, „Bálint Török mit Namen.“

„Ewet“, antwortete der Beg unter Verneigungen.

„Der Padischah (Allah gebe ihm ein langes Leben) hegt den

erhabenen Gedanken, diesen Ungarn zum Statthalter unserer ungarischen Provinz zu machen, und der will sich nicht bekehren lassen, der ungläubige Hund."

„Der Hund!"

„Deshalb bat ich den Padischah (Allah gebe ihm ein langes Leben) mir zu erlauben, daß ich mir den Gefangenen ansehe; vielleicht vermag ich etwas über ihn. Denn, weißt du, mein Sohn, ich bin ein alter und erfahrener Mann."

„Ihr seid der weiseste aller Weisen, hochwürdiger Scheich, seid der Salomon unserer Zeit."

„Ich denke auch, jeder Knoten hat einen Faden, an dem er zu lösen ist, allein man braucht dazu Ruhe und Klugheit. Vielleicht ist der Mann dadurch zu beindrucken, daß ich selbst ihm das Licht des Propheten bringe. Zuerst wird er mir nur zuhören, und später merkt er gar nicht, wie ihm das erste Samenkörnchen des wahren Glaubens ins Herz dringt."

„Er ist ein ziemlich verständiger Mensch."

„Ja, siehst du, mein Sohn, wenn wir diesen hartnäckigen Ungläubigen bekehren, bereiten wir dem Padischah eine Freude."

Darauf verneigten sich beide zugleich: „Allah gebe ihm ein langes Leben!"

In der achten Stunde des Tages – nach unserer Zeitrechnung um zwei Uhr nachmittag – lag Herr Bálint in seinem Zimmer und schlief, als der Beg die Tür öffnete und den Obermufti hineinkomplimentierte.

Herr Bálint stützte sich mit dem Ellbogen auf den Diwan und rieb sich verwirrt die Augen.

Verwundert blickte er auf die biblische Gestalt mit langem Bart, die er noch nie gesehen hatte, die er aber an dem schwarzen Kaftan und dem weißen Turban sogleich als Priester erkannte.

„Wach auf, Herr Bálint", rief der Beg ihm zu. „Eine große Ehre wird dir zuteil! Eure Hochwürden, der Scheich-ül-Islam selbst ist gekommen, um dich zu unterweisen. Höre ihm aufmerksam zu."

Geschwind riß er hinter dem Bett den Teppich von der Wand und breitete ihn in der Mitte des Zimmers aus. Dann streifte er seinen Kaftan ab, um ihn noch auf den Teppich zu legen, doch das wehrte der Obermufti ab. Er setzte sich nieder und zog die

Beine über Kreuz ein. Der Bart reichte ihm bis zum Gürtel. Seine klugen alten Augen musterten Herrn Bálint vom Scheitel bis zur Sohle. Dann blätterte er im Koran, einem in Pergament gebundenen, nur handgroßen dicken Buch.

„Was wollt ihr?“ brummte Herr Bálint. „Ich habe doch dem Kaiser deutlich genug gesagt, daß ich aus mir keinen Türken machen lasse.“

Der Beg gab keine Antwort, er sah den Obermufti an. Dieser hob als Antwort das Buch ans Herz, an die Stirn und an die Lippen. Dann sprach er:

„Im Namen Allahs, des Erbarmers, des Barmherzigen. Abdul Kasem Mohammed, Sohn des Abdallah, welcher ist der Sohn des Abd el Motalleb, welcher ist der Sohn des Hasem, welcher ist der Sohn des Abd Menaf, welcher ist der Sohn des Kassi, welcher ist der Sohn des Kaleb, welcher ist der Sohn des Morra, welcher ist der Sohn des Lova, welcher ist der Sohn des Galeb...“

Herr Bálint war höchst erstaunt. Er zog seinen Dolman an, setzte sich dem Alten gegenüber auf den Stuhl und wartete, was wohl daraus werden würde.

Ruhig fuhr der Alte fort:

„Welcher ist der Sohn des Fer, welcher ist der Sohn des Malek, welcher ist der Sohn des Madar, welcher ist der Sohn des Kenana, welcher ist der Sohn des Kamisa.“

Herr Bálint gähnte.

Der Alte fuhr fort:

„Welcher ist der Sohn des Modreka, welcher ist der Sohn des Elias, welcher ist der Sohn des Modar, welcher ist der Sohn des Nasar, welcher ist der Sohn des Moad...“

Er zählte noch ein Heer von Namen auf, bis er endlich zu Mohammed und dessen Geburt zurückkehrte.

Der Beg war nicht mehr im Zimmer. Geräuschlos hatte er sich hinausgeschlichen, um seiner Arbeit nachzugehen. Auf dem Korridor traf er Majlád, der ebenfalls vom Schlaf erwacht war. Er wollte zu Herrn Bálint gehen, um ihn zu wecken.

Der Beg verstellte ihm den Weg.

„Stör ihn nicht“, sagte er und hob den Finger, „ein Priester ist bei ihm, der lehrt ihn den wahren Glauben.“

„Den türkischen?“

„Ja."
Und hastig eilte der Beg die Treppen hinunter.
Majlád starrte ihm verblüfft nach.

10

Der persische Trauerzug war noch nicht ganz vorüber, als Gergely Éva bei der Hand nahm und sich mit ihr durch die Menschenmenge schob. Unterwegs sagte er zu dem Zigeuner und zu Mekcsey:

„Kommt! Uns droht Unheil!"

Daraufhin schritt Mekcsey voran. Mit seinen breiten Schultern bahnte er in dem dichten Gewühl einen Weg. Jumurdschak und der Aga waren auf der anderen Seite eingezwängt: Durch die heilige Prozession konnten sie sich nicht hindurchdrängen. Das hätten ihnen auch die für Ordnung sorgenden Soldaten verwehrt, und die zahllosen Handschare, die in den Händen der fanatischen Männer blitzten, hätten sich sämtlich gegen sie gewendet.

Die Mohammedaner und die Schiiten hassen einander. Die Schiiten behaupten, Mohammeds jetzige Priester bekleideten ihr Amt zu Unrecht. Und die Türken halten die Perser für Ketzer.

Unseren Reisenden gelang es schließlich, irgendwie aus dem Gedränge herauszukommen; in einer schmalen, dunklen Gasse vereinigten sie sich wieder.

Nun erst konnte Gergely reden:

„Wir müssen fliehen! Ich habe den Aga und Jumurdschak gesehen! Sie sind mit Soldaten gekommen!"

Sie eilten im Dunkeln vorwärts. Sie rannten sogar, allen voran der Zigeuner, der gar nicht wußte, warum und vor wem er flüchten mußte.

Er stolperte denn auch mitten in eine Gruppe schlafender Hunde hinein. Einer heulte auf, die übrigen stoben erschrocken auseinander.

Konstantinopel ist nämlich das Paradies der Hunde. Dort gibt es keine Höfe, höchstens oben auf den Dächern der Häuser; für Hunde ist nirgends Platz. Die rothaarigen, fuchsähnlichen

Köter laufen in manchen Gegenden zu Hunderten auf den Straßen herum. Die Türken tun ihnen nichts zuleide, im Gegenteil, wenn eine Hündin Junge wirft, legen sie ihr einen Lappen oder ein Stück Matte neben die Haustür, um ihr zu helfen. Die Hunde reinigen die Straßen Konstantinopels. Jeden Morgen schütten die Türken ihre viereckigen blechernen Mülleimer neben der Haustür aus. Den Abfall fressen die Hunde. Sie fressen alles auf, soweit es nicht aus Glas oder Eisen ist. Diese Hunde sind durchaus nicht häßlich, auch nicht wild. Man kann jeden beliebigen locken, sofort wird er freudig mit dem Schwanz wedeln. Es gibt keinen unter ihnen, der nicht glücklich wäre, wenn ihn jemand streichelt.

Als der Zigeuner hinfiel, blieben auch die anderen stehen. Sie waren außer Atem, Gergely lachte:

„Tod und Teufel, Sárközi! Was rennst du so närrisch?"

„Wenn man unsch verfolgt!" keuchte der Zigeuner, während er mühsam aufstand.

„Hierher kommt uns keiner nach. Horchen wir!"

Die Straße war still. Nur aus der Ferne hörte man noch den andächtigen Gesang der Perser.

Sie lauschten.

„Ich renne nicht weiter!" brummte Mekcsey ärgerlich. „Wenn mich einer angreift, stoße ich ihm meinen Dolch in den Leib."

Aber es zeigte sich niemand.

„Sie haben unsere Spur verloren", meinte Gergely. „Also, Freund Sárközi, wo übernachten wir?"

Der Zigeuner sah nach dem Himmel:

„Der Mond geht gleisch auf. Isch hätt hier einen Bekannten, bei dem wir näschtigen können. Aber das ischt noch hübsch weit: hinter der Jedi-Kule."

Das ließ Jancsi aufmerken:

„Gehen wir an der Jedi-Kule vorbei?

„Ja", antwortete der Zigeuner, „dasch Wirtschhausch ischt nur einen Pfeilschusch von dort entfernt."

„Und du sagst, der Mond wird scheinen."

„Beschtimmt. Scheht Ihr nischt, junger Herr, wie der Himmel da unten hell wird? Wir müschen unsch schputen. Der Wirt ischt ein Griesche. Wir machen oft miteinander Geschäfte. Für gut Geld gibt er Eusch auch Kleider."

„Könnten wir uns nicht bei der Jedi-Kule etwas umsehen?" fragte Jancsi, und seine Stimme zitterte. „Vielleicht..."

„Jetzt bei Nacht?"

„Ja. Oh, ich möchte so gern..."

„Man kann schon. Wennsch gar scho eilig ischt", sagte der Zigeuner achselzuckend. „Wenn wir nur nischt erwischt werden."

Und er schritt vor den anderen her. Vorsichtig stieg er über die herumliegenden Hunde, und da der Mond schon hell leuchtete, ging er immer auf der Seite, die im Schatten lag.

Schlafende Häuser und stille Gassen. Nur von Zeit zu Zeit bellten Hunde. Nirgends eine Menschenseele.

Das Mondlicht fiel auf kleine Holzhäuser. Alle waren sehr klein und nur einstöckig; jedes hatte im Obergeschoß zwei vergitterte Fenster, doch die Gitter waren nur aus Holz. Das sind die Haremsfenster. Hin und wieder sah man ein Steinhaus, und dann wieder Holzhäuser in endloser Reihe.

Vor einem Haus blieb der Zigeuner stehen und winkte, sie sollten sich ruhig verhalten. Drinnen weinte ein Kind, man hörte auch einen Mann sprechen und dann eine ärgerliche Frauenstimme. In den Fenstern war freilich nirgends Glas. Und so vernahm man draußen, wie die Frau schrie:

„Ssessini kess! Hunyadi gelijor!" (Schweig still! Hunyadi kommt.)

Das Kind weinte nicht mehr. Unsere Reisenden gingen schnellen Schrittes weiter.

Es war noch nicht Mitternacht, als sie um eine Straßenecke kamen, und das mondhelle Meer, in dem sich die Sterne spiegelten, vor ihren Augen aufleuchtete.

Der Zigeuner horchte wieder, dann riet er leise:

„Wir müschen unsch in ein Boot schetzen – hoffentlich finden wir einsch – und müschen um die Jedi-Kule herumfahren, denn hinter ihr liegt dasch Wirtschhausch."

„Also auch hier trinken die Türken?" fragte Gergely lächelnd.

„In dem Wirtschhausch trinken auch Türken", sagte der Zigeuner mit einer wegwerfenden Handbewegung. „Da gibt esch eine beschondere Schtube, in der nur Türken trinken."

Suchend ging er am sandigen Ufer entlang; schließlich fand er neben einem Pfahl ein Boot. Der Bug war auf das Ufer heraufgezogen, irgendwie hatte es die Ebbe dort oben zurückgelassen.

Da huschte eine Frauengestalt in braunem Kleid wie eine Fledermaus aus der Gasse. Sie rannte am Ufer entlang zu dem Zigeuner.

Der sah sie überrascht an:

„Du bischtsch, Tscherhan?"

Es war die Tochter des Zigeunerhäuptlings.

„Wo sind die Delis?" fragte sie besorgt mit schnellem Atem.

Der Zigeuner wies nach dem Schatten der Häuserreihe, wo Gergely und die anderen standen und horchten.

Das Mädchen drehte sich um und ergriff Évas Arm:

„Euch droht Gefahr! Ein rabengesichtiger Aga ist euch mit zwanzig Spahis auf der Spur."

Éva sah Gergely an. Sie verstand nicht, was das Mädchen sagte.

„Als ihr eben aufgebrochen wart, kam der Aga zu uns", fuhr das Mädchen fort. „Alle unsere Zelte haben sie durchsucht und durchstöbert. Meinen Vater haben sie mit dem Säbel geschlagen, er sollte sagen, wo ihr seid. Auch in der Höhle haben sie nach euch gesucht."

„Und ihr habt sie auf unsere Spur geführt?"

„Aber nein. Schon aus Rücksicht auf Sárközi nicht; aber selbst wenn er nicht mit euch gegangen wäre, hätten wir das nicht getan."

Gergely lächelte:

„Du bist aufrichtig. Nun, wir sind ihnen schon begegnet."

„Aber sie nahen! Sie sind euch auf der Spur! Ihr müßt flüchten! Kommt schnell!"

Sárközi machte schon das Boot los.

„Rasch hinein!"

„Auf dem Meer ist es beim Mondschein zu hell", sagte das Mädchen besorgt.

„Das macht nichts", entgegnete Gergely. „Hier sind weiter keine Boote. Wenn sie uns auch sehen, so brauchen sie doch Zeit, um eins aufzutreiben."

Und er lief auf das Boot zu:

„Kommt!"

Der Mond beleuchtete das Meer und die hohe Mauer der

Bastei, in deren Mitte die vier nach dem Meer gelegenen Türme wie vier Riesen mit spitzen Hüten finster in die nächtliche Helle ragten.

Als sie das Boot erreicht hatten, hörten sie von der Straße her Getöse und Waffengeklirr.

„Sie kommen!" rief das Mädchen angsterfüllt.

Frösche können nicht schneller ins Wasser hüpfen, als die beiden Zigeuner ins Boot sprangen. Aber auch die unseren beeilten sich.

„Das Boot ist zu eng", meinte Gergely besorgt.

Doch wurden seine Worte von dem Gebrüll, das aus dem Dunkel der Straße erscholl, übertönt.

Mekcsey nahm dem Zigeuner die Ruder aus der Hand und riß mit einem einzigen Ruck die Riemen ab.

„Setzt auch!"

„Stoß das Boot ab!" rief Gergely.

Mekcsey jedoch blieb mit gespreizten Beinen stehen und erwartete mit erhobenem Ruder den Türken, der mit gut hundert Schritt Vorsprung vor seinen Gefährten angerannt kam.

„Komm nur, Derwisch!" schrie er wütend. „Komm!"

Jumurdschak stutzte. Der Handschar blinkte in der gesenkten Faust.

„Na, komm doch!" redete Mekcsey ihm zu.

Und anstatt das Boot abzustoßen, sprang er heraus und rannte mit dem Ruder auf Jumurdschak los.

Der Derwisch drehte sich um und lief eilig zurück.

„Komm, István!" drängte Jancsi Török ungeduldig, „die fallen ja gleich über uns her!"

Mekcsey stapfte seelenruhig zum Boot zurück und löste es mit einem einzigen Stoß vom Ufer.

Doch nun langten auch die Verfolger dort an, und ihr Wutgeheul begleitete das schaukelnde Fahrzeug.

Die Last war indessen tatsächlich zu groß. Der Rand des Bootes lag kaum eine Spanne breit über dem Wasser. Die Insassen mußten reglos sitzen, damit das Boot nicht schwankte.

Die Spahis liefen am Ufer hin und her, um einen Nachen aufzutreiben.

„Kaiktschi! Kaiktschi!" riefen sie, *„Brebre kaiktschi!"* (Bootsmann! He, Bootsmann!)

Mekcsey fragte den Zigeuner:
„Wohin?"

Der Zigeuner kauerte ganz hinten im Boot, und die Zähne klapperten ihm dermaßen, daß er kaum antworten konnte:

„U-u-um die Burg herum, Eu-eu-euer Gnaden, Herr Ritter."

„Was ist hinter der Burg?"

„Ni-nichts."

„Wald, Wiese?"

„Gä-gä-gärten, Bü-bü-büsche."

Gergely senkte mit kräftigen, weitausholenden Schlägen die Ruder ins Wasser.

Das Zigeunermädchen rief wehklagend:

„Sie haben ein Boot gefunden."

Und wirklich stieß eins vom Ufer ab. Sechs Türken saßen darin, aber auch sie hatten nur zwei Ruderer.

Die übrigen Verfolger waren wohl nach allen Richtungen gelaufen, um noch ein Fahrzeug aufzutreiben.

„Laß mich an deinen Platz", sagte Mekcsey zu Gergely, „ich bin stärker. Wie viele sind wir?"

„Oweh-oweh-oweh", jammerte zähneklappernd der Zigeuner.

Schweigend ruderten sie in östlicher Richtung weiter.

Das Türkenboot folgte ihnen.

„Wenn nicht mehr kommen", meinte Mekcsey, „werde ich sie mit den Rudern bearbeiten, und ihr helft, so gut ihr könnt."

„Hier werden wir schwerlich kämpfen können", sagte Gergely. „Wenn sie uns einholen, kippen beide Boote um. Das Beste ist, du ruderst auf Skutari zu."

„Wer kann denn nicht schwimmen?"

„Ich, Euer Gnaden", sagte der Zigeuner zitternd.

„Dann halte dich am Steven des Bootes fest, wenn es eben umkippen sollte."

„So geht das nicht, István", sagte Gergely kopfschüttelnd. „Rudere nur auf das gegenüberliegende Ufer zu, damit wir dort, wo uns das Wasser nur bis an die Hüften reicht, festen Stand bekommen. Miß mit dem Ruder, wie tief es ist."

„Na, und dann?"

„Ich habe hier zwei Pfund Schießpulver in einem Bündel. Das mache ich naß und zünde es an. Sobald die Kerle uns einholen, werfe ich es zwischen sie. Dann springst du rasch aus dem Boot, ich folge dir, dann Jancsi, dann Matyi. Dadurch werden die Türken verwirrt, und wir können ihnen einzeln den Garaus machen."

Er reichte dem Zigeuner den Zunder und den Stahl hin:

„Schlag Feuer, Sárközi!"

Mekcsey steuerte wortlos auf das asiatische Ufer zu. Aber sie waren noch davon entfernt; mehr als eine Stunde hatten sie noch zu rudern. Schweigend saßen sie im Boot. Mekcsey ruderte abwechselnd mit Matyi. Von Zeit zu Zeit drückte er seine Ruder tief ins Wasser. Bis zum Ellbogen langte er hinein, konnte aber noch keinen Grund finden.

Laut schreiend kamen die Türken hinter ihnen her.

„Persevenk dinini sikeim!" brüllte einer dröhnend wie aus einem Kanonenrohr.

„Persevenk batakdschi!" schemetterte ein anderer mit schwächerer Lunge, aber noch wütender.

Einmal schrie auch Jancsi:

„Persevenk kenef oglu! Hersis aga! Batakdschi aga!"

Sie lachten auch noch darüber.

Gergely tauchte die Hand ins Meer und knetete dann auf Sárközis Rücken das Schießpulver zu einem fingerdicken schwarzen Teig.

„So, Éva, jetzt gib ein wenig Trockenes in die Mitte."

Éva schraubte das Pulverhorn auf und schüttete trockenes Schießpulver in die Mitte des Fladens.

Gergely faltete ihn und formte ein Kugel daraus, die er in sein Tuch einwickelte, so daß nur eine kleine Öffnung zum Anzünden blieb.

„Grund!" rief Mekcsey plötzlich; und sie waren doch erst knapp über die Mitte der Meerenge hinweg.

Er hatte sich tüchtig angestrengt. Die Entfernung, die zwischen den beiden Booten gewesen war, als die Türken losruderten, hatte sich kaum verringert. Das Türkenboot mochte jetzt etwa so weit von ihnen entfernt sein, wie ein Junge mit kräftigem Arm flache Steine über das Wasser flitzen lassen kann.

„Brennt der Zunder, Sárközi?"

„Ja."

„Halte ihn bereit. Und du, Mekcsey, rudere jetzt etwas langsamer. Dreh das Boot so, daß wir sie seitlich von uns haben. Aber gib acht, daß sie uns nicht rammen. Wenn sie sehr schnell auf uns zujagen, lassen wir sie lieber an uns vorbeisausen."

„Hab keine Angst, ich werde schon zur rechten Zeit drehen."

„Wenn sie bis auf zehn Schritt heran sind, sollen Sárközi und auch das Zigeunermädchen vom Steven ins Wasser rutschen. Du vielleicht auch, Éva, aber erst in dem Augenblick, wenn ich das Feuer hinübergeworfen habe! Sie dürfen nicht ahnen, daß hier das Wasser bloß bis an die Hüften reicht. Sie mögen nur schwimmen!"

Er band das Tuch noch fester, zog auch noch mit den Zähnen daran, dann fuhr er fort:

„Wenn das Feuer sie ins Wasser treibt, Mekcsey, dann bleibe du doch lieber mit dem Ruder hier im Boot. Jancsi und ich springen hinaus, wir beide rasieren die schwimmenden Türken. Wenn bei ihnen große Verwirrung entsteht, versuchst du, Matyi, ihnen das Boot wegzunehmen. Du schlägst auf jeden Türken ein, der sich daran anklammert."

„Und ich?" fragte der Zigeuner.

„Ihr drei haltet unser Boot fest, damit Mekcsey nicht umkippt."

Er bückte sich und flüsterte Éva ins Ohr:

„Laß du dich von der anderen Seite des Bootes ins Wasser und tauche unter, damit dir das Schießpulver nicht ins Gesicht fliegt. Dann nimm das andere Ruder und hau damit auf jeden Türken ein, der dir in die Nähe kommt. So ein Ruder ist ja doch länger als ein Säbel."

Die Türken sahen, daß der Abstand zwischen den beiden Booten kleiner wurde. Ihr Triumphgeheul verkündete, daß sie sich schon als Sieger fühlten.

Als der Abstand nur noch etwa dreißig Schritt betrug, steckte Mekcsey das Ruder senkrecht ins Wasser.

„Es reicht bis an die Hüften!" rief er.

„Also dann halten wir an", sagte Gergely und stand von der Bank auf:

„Gib den Zündschwamm her, Sárközi."

Zu den Türken rief er hinüber:

„Was wollt ihr?"

„Das wirst du gleich erfahren!" antworteten sie unter wildem Gelächter.

Gergely gab Éva den Zündschwamm und das Tuch, dann hob er das Sitzbrett hoch.

Die Türken hatten Säbel in der Hand und Dolche zwischen den Zähnen. Sie schwiegen. Nur das laute Aufklatschen ihrer Ruder war zu hören.

Jetzt kamen sie dicht heran. Gergely warf das Sitzbrett vor ihr Boot. Es klatschte, und dem Mann am Ruder spritzte das Wasser in den Nacken, so daß er seine Aufgabe vergaß und sich erschrocken umsah.

Das Boot schwamm von selbst näher.

Als der Zwischenraum nur noch knapp fünfzehn Schritt betrug, hielt Gergely den Zündschwamm an das Schießpulver, es knisterte und glühte rot auf.

Er wartete nur ein wenig, dann schleuderte er das Pulver mit gut gezieltem Wurf zwischen die Türken.

Als der feuerspeiende Drache hinüberflog, fuhr die Schar entsetzt auseinander. Im nächsten Augenblick glich das Boot einer feuersprühenden Fontäne; kurz darauf loderte, begleitet von einem mächtigen Knall, eine drei Klafter hohe Flamme auf.

„Ej wah!“ (O weh!)

Das Türkenboot kippte um.

Die sechs Türken purzelten an sechs verschiedenen Stellen ins Meer.

„Los!“ rief Gergely, der bereits im Wasser war.

Allein, der schnelle Wechsel von grellem Licht und darauffolgendem Dunkel bewirkte, daß es ihnen vor den Augen flimmerte.

Sie sahen nichts. Es dauerte eine Weile, bis Gergely den ersten Türken erblickte. Der hieb gerade auf ihr Boot ein. Ein heftiger Ruck schleuderte Mekcsey heraus.

Gergely schlug auf den Türken ein und fühlte, daß sein Säbel auf Knochen traf.

„Haut zu!“ rief er.

Aber seine Gefährten waren auch halb geblendet.

Als sie wieder sehen konnten, erblickten sie Mekcsey, der erbittert mit einem breitschultrigen Türken im Wasser rang. Gergely holte aus und schlug wuchtig auf den Kopf des Türken. Doch der hatte einen harten Schädel. Er drehte sich um und versetzte Gergely einen solchen Hieb auf die Schulter, daß dieser fast hinfiel. Da aber klammerte sich Mekcsey an den Türken, packte ihn im Genick und drückte ihn ins Wasser.

Er hielt ihn, bis keine Blasen mehr aufstiegen.

11

An einem Nachmittag im Mai erschienen drei in gelben Samt gekleidete junge Italiener und zwei italienische Mädchen in kurzen Röcken vor dem Eingangstor der Jedi Kule. Einer von den Jünglingen und eines der beiden Mädchen hatten Lauten bei sich, das andere trug ein Tamburin unter dem Arm.

Der Wächter stand im Schatten des Tores und döste vor sich hin, nur wenn er in der Nähe Schritte hörte, hob er die Augenlider. So erblickte er denn auch die Fremden; er streckte ihnen die Lanze entgegen:

„Halt!"

„Wir sind italienische Sänger und möchten zum Herrn Burgvogt."

„Das geht nicht."

„Wir müssen aber zu ihm."

„Es geht nicht."

„Warum nicht?"

„Er zieht um."

Etwa sechs Soldaten standen oder hockten im Schatten der Mauer. Eine alte Zigeunerin wahrsagte ihnen dort aus bunten Bohnen, die sie auf einem Sieb schüttelte.

Das eine Mädchen, das kleinere, trat mutig zu ihnen und sprach die Zigeunerin an:

„Lalaka. Der Wächter läßt uns nicht hinein. Schick du jemanden zu Weli Beg, laß sagen, wir bringen ein Geschenk."

Die Zigeunerin war gerade dabei, etwas Interessantes zu weissagen. Sie teilte die Bohnen in fünf Gruppen und schwatzte einem Soldaten vor:

„Jetzt zeigt sich eben das Bild deines Glücks. Ich deute es dir aber nicht, wenn du nicht zuvor zum Beg gehst und ihm sagst, daß Italiener hier sind und ihm ein Geschenk bringen."

Das Gesicht des Angeredeten war schon von Neugier gerötet. Er kratzte sich im Nacken, dann stand er auf und eilte in die Burg.

Es dauerte keine zehn Minuten, bis er zurückkam. Er winkte den Italienern:

„Folgt mir."

Und er ging vor ihnen her. Er führte sie über einen kalten Flur, dann durch einen warmen Garten an einer Mühle mit einem großen Rad vorbei, dann wieder durch einen Garten, in dem grüner Salat buschartig wuchs.

Der Soldat brach einen Kopf Salat ab und begann von den rohen Blättern zu essen. Er bot auch den Mädchen davon an:

„Eßt *Maruja.*"

Das Zigeunermädchen nahm ein Blatt an und hielt es ihrer Gefährtin hin.

„Ich mag nicht, danke, Tscherhan."

„Iß doch! Schmeckt gut!"

„Ja, ich weiß, aber wir essen das nicht so."

„Wie denn? Mit Salz?"

„Mit Salz und mit gebratenen Hühnchen."

Einer der Italiener verdolmetsche immer, was sie sprachen, und da die beiden Mädchen fortwährend plauderten und der Dolmetscher sich manchmal abwandte, sagte das Mädchen dann immer zu ihm:

„Was hat Tscherhan gesagt, Gergely?"

Der Garten lag zwischen zwei hohen Ziegelmauern. Die Burg war nämlich von doppelten Mauern umgeben. Die beiden Türme in der Mitte waren auch noch durch eine besondere Mauer miteinander verbunden.

„Sie haben ebenfalls doppelte Wände", erklärte das Zigeunermädchen Gergely. „Ein Wächter hat einmal im Wirtshaus erzählt, daß diese Türme mit Gold und Silber vollgestopft sind. Er hat einmal dort gekehrt und durchs Schlüsselloch hineingeguckt."

„Deshalb werden sie von so vielen Soldaten bewacht", entgegnete Jancsi bekümmert.

Der Junge war ganz besonders aufgeregt. Er wurde bald rot, bald bleich und spähte und horchte in alle Richtungen.

Sie langten bei der Behausung des Begs an. Andere Häuser gab es hier drinnen gar nicht, nur viele dicke Kanonen standen längs der Mauer, alle fünfzig Schritte eine. Und neben ihnen lagen haufenweise die verrosteten Geschosse, die einen Durchmesser von mittelgroßen Wassermelonen hatten.

Auf des Begs Hof standen überall Kisten mit Eisenbeschlägen herum. Da lagen Teile eines Zeltes aus roter Leinwand. Waffen, Feldmöbel, Teppiche, das alles stand und lag auf dem Kies und den gepflegten Blumenbeeten. Wer hier auszog, begegnete sicherlich nicht dem, der nach ihm das Haus bewohnen sollte.

Zehn bis fünfzehn Soldaten packten Sachen in Kisten.

Der Beg stand dabei, auch er aß Salat, so wie die Ziegen, ohne gebratenes Hühnchen.

Er winkte den Italienern und setzte sich auf das Rad einer nach außen gerichteten dicken Kanone. Dort kaute er weiter an seinem Salat.

„Nun, was wollt ihr?“ fragte er gutgelaunt.

Gergely trat vor. Die Mütze in der Hand haltend, sagte er auf türkisch:

„Wir sind italienische Sänger, Herr Beg. Diese Nacht haben wir hier unterhalb der Burg gefischt. Wir sind nämlich arm, Herr, und müssen abends fischen gehen. Diese Nacht aber haben wir nicht nur Fische gefangen. Als wir das Netz ans Ufer zogen, blinkte etwas darin. Wir sahen genauer hin, was es wohl sei: Es war ein herrlicher goldener Teller.“

„Ei, der Teufel!“

„Geruht, ihn Euch anzusehen. Habt Ihr je etwas so Schönes gesehen?“

Gergely griff in die Brusttasche und zog einen kleinen goldenen Teller heraus, in dessen Mitte sich meisterhaft getriebene weibliche Figuren wölbten – sich im Wasser neckende Najaden.

„Maschallah!“ stammelte der Beg.

Und seine Augen wurden starr vor Entzücken.

„Auch wir haben so etwas noch nicht gesehen“, fuhr Gergely fort, „wir haben hin und her überlegt, was wir damit machen sollen. Wenn wir den Teller verkaufen, wird man uns nachsagen, wir hätten ihn gestohlen, und weiß Gott, was für Ungemach uns dann droht! Wenn wir ihn nicht verkaufen, ja, was nützt dann der Teller, wenn man nichts hat, was man daraus essen könnte?“

Der Beg drehte und wendete das Prachtstück und wog es in der Hand.

„Gold ist das nicht, nur vergoldetes Silber.“

„Aber ein Meisterwerk. Solche Dinge werden immer aus Silber gearbeitet."

„Nun, und warum habt ihr das gerade mir gebracht?"

„Eben das wollte ich vortragen, Herr Beg. Als wir so überlegten, fiel uns ein, daß hier in der Burg der Sieben Türme ein Wohltäter von uns gefangensitzt, ein ungarischer Herr. In unserer Kindheit waren mein Bruder und ich Gefangene bei diesem Herrn."

Der Beg betrachtete wohlgefällig den Teller.

„Und er hat euch gut behandelt?"

„Ja, er hat uns sogar unterrichten lassen, hat uns geliebt wie seine eigenen Söhne. Wir beschlossen also, Euch zu bitten, daß Ihr uns erlauben möget, ihm etwas vorzusingen."

„Und deshalb habt ihr mir den Teller gebracht?"

„Ja."

Der Beg liebäugelte wieder mit dem Teller, dann barg er ihn am Busen.

„Singt ihr gut? Laßt hören, wie es klingt."

Die fünf Italiener stellten sich sogleich im Kreise auf. Zwei schlugen die Laute, und sie sangen zu fünft:

„Mamma, mamma,
Ora muoio, ora muoio!
Desio tal cosa,
Che all'orto ci stà,"

Die Stimmen der beiden Mädchen klangen wie Geigen, Gergelys und Jancsis wie Flöten, die Stimme Mekcseys tönte wie ein Cello.

Der Beg hörte auf, Salat zu essen. Seine Ohren schienen zu wachsen.

„Ihr seid Engel! Oder Dschinnen!"

Als Antwort darauf stimmten die Sänger ein lustiges Tanzlied an. Das Zigeunermädchen sprang mit einem Satz in die Mitte, rasselte mit dem Tamburin und drehte und wiegte sich vor dem Beg.

Dieser erhob sich.

„Ich könnte euch drei Tage und drei Nächte lang zusehen, aber ich muß morgen früh nach Ungarn aufbrechen. Schließt euch mir an! Ganz gleich, ob hier oder unterwegs, solange ihr bei mir seid, werdet ihr es gut haben. Ich gebe euch auch Geld. Ihr sollt euer Lebtag keine Sorgen mehr haben."

Die fünf Italiener wechselten untereinander fragende Blicke.

„Mein Herr", sprach dann Gergely, „darüber müssen wir beraten. Zuvor aber möchten wir, daß Ihr erlaubt, worum wir gebeten haben."

„Gern. Aber zu wem wollt ihr eigentlich?"

„Zu Herrn Bálint Török."

Der Beg hob verdrießlich die Hände.

„Zu Török? Wird schwer gehen. Der ist jetzt in den *Zentnern.*"

„In was für Zentnern?"

Der Beg machte eine ärgerlich abwehrende Bewegung.

„Er war grob zum Obermufti..."

*

Dennoch erfüllte er den Italienern ihren Wunsch.

Er vertraute sie einem seiner Soldaten an:

„Setzt Herrn Bálint auf den Hof. Die Italiener da werden ihm vorsingen. Einerlei, ob er Lust hat, ihnen zuzuhören, oder nicht, ihr setzt ihn auf den Hof."

Nun tat sich auch das Tor zur inneren Burg auf. Der zweite Burghof war kaum größer als der Elisabethplatz in Pest. Die beiden Schachspieler saßen auch jetzt unter der Platane, auch jetzt langweilte sich Móré hinter den Spielenden. Auch einige kroatische und albanische Herren standen gähnend dabei. Sie blickten gar nicht auf das Schachbrett; aber der Mensch ist eben ein geselliges Wesen, ähnlich wie die Ameise oder die Gans oder das Schaf.

Majlád saß auf einem Feldstuhl vor dem vergitterten Kerker, um antworten zu können, falls Herr Bálint etwas sagte. Sie hatten sich aber nichts mehr zu erzählen. Es fragte nur einmal der eine, dann der andere:

„Worüber denkst du nach?"

Die fünf Italiener mußten im Torweg warten, bis man Herrn Bálint herausgeschleppt hatte. Er wurde hinter dem Gitter hervorgeholt, zwei Soldaten trugen die Ketten, damit er gehen könne. Sie stellten einen harten Holzstuhl in die Mitte des Hofes und setzten den Alten darauf. Mochte er da sitzen bleiben, in den armdicken Eisenketten hätte er sich gar nicht fortbewegen können.

So saß er denn da und wußte nicht, weshalb man ihn dorthinge bracht hatte. Er war mit seinem leinenen Sommergewand bekleidet. Eine Kopfbedeckung trug er nicht, sein dichtes weißes Haar war ihm wie eine Mähne gewachsen. Die Ketten zogen ihm die Hände zu beiden Seiten des Stuhles herunter. Fünfzig Pfund wogen diese beiden Fesseln. Seine kraftlosen alten Arme konnten sie nicht heben. Im Gesicht war er fahl wie ein Gehenkter, den man vom Galgen knüpft.

„Ihr könnt kommen!" rief der Soldat und winkte den Sängern.

Sie näherten sich vom Torweg her. Knapp fünf Schritt vor Herrn Bálint blieben sie nebeneinander in einer Reihe stehen.

Der gefangene Herr blickte matt und gleichgültig zu ihnen hin: Wie kommen diese Fremden hierher?

Die Schachspieler hörten auf zu spielen. Was geht denn da vor? Das ist ja eine großartige Abwechslung: italienische Sänger in der Burg der Sieben Türme! Alle stellten sich hinter Herrn Bálint und warteten auf den Gesang und besonders auf den Tanz der beiden Mädchen.

„Die jüngere ist keine Italienerin", meinte der Fürst.

„Unter Hunderten würde man in der die Zigeunerin erkennen", erwiderte Majlád.

„Aber die anderen sind Italiener."

Zufällig waren sie alle braun. Mekcsey war der stämmigste, Gergely der größte und schlankste, Jancsi hatte die schwärzesten Augen, Éva war mit Nußöl gebräunt. Ihr Haar steckte unter einer phrygischen Mütze, wie sie auch die anderen vier trugen.

Die fünf Italiener standen noch immer still da.

„So singt doch", redete ihnen der Soldat zu.

Aber sie schwiegen weiter, erschüttert und bleich.

Dem jüngsten Italiener liefen Tränen über die Wangen, und auch dem zweiten.

„Singt endlich, ihr verdammten Komödianten!" rief der Türke ungeduldig.

Da wankte der jüngste vor, sank vor dem in Ketten geschmiedeten Gefangenen hin und umschlang seine Füße:

„Vater! Mein Vater...!"

12

Einen Pfeilschuß weit von der Jedi Kule stand hinter dem armenischen Hospital einsam ein kleines Tagelöhner-Wirtshaus.

Es mochte einst, in alten Zeiten, als Konstantinopel noch Byzanz hieß, ein Sommersitz gewesen sein, ein schönes Gartenhaus aus Marmor. Aber Zeit und Erdbeben lockern selbst Marmorsteine, lassen die Alabaster-Balustraden der Terrassen und die Steinblumen an den Fenstern abbröckeln, rücken die Treppen schief und pflanzen Unkraut in die Spalten der Säulen.

Aus dem Sommerhaus war eine Schenke geworden.

Alle möglichen Menschen löschten dort ihren Durst. Und der Wirt, der mit dem Vornamen Miltiades hieß, mehrte seine Einkünfte auch noch durch Hehlerei.

Miltiades hatte unseren jungen Leuten die italienischen Kostüme, den goldenen Teller und auch Unterkunft gegeben, freilich gegen ein gutes Stück Geld.

Daß der Vortrag in der Burg der Sieben Türme mißlungen war, brachte sie alle fast ins Unglück.

Der Soldat meldete sofort dem Beg, die Italiener müßten wohl Verwandte des Gefangenen sein, da sie sehr um ihn weinten. Der Beg indessen kümmerte sich nicht mehr viel um die Jedi-Kule. Jetzt drehte sich bei ihm nur noch alles um den ungarischen Distrikt (auf türkisch: *vilajet*). In der Burg war letzten Endes auch er ein Gefangener. Er mußte innerhalb der Mauern wohnen und durfte jährlich nur einmal hinaus, um in der Hagia Sophia zu beten.

„Eschek!" (Esel!) schnauzte er den Soldaten an. „Diese Italiener sind Gefangene des alten Herrn gewesen, und jetzt sind sie meine Gefangenen."

Er wollte gerade seine Tintenflasche gut in der Kiste verstauen, ein schönes Tintenfaß aus Porphyr. Nun zog er seitlich am Tintenbehälter einen Rohrstift heraus und drückte ihn in den Tintenschwamm. Auf ein Stück Pergament, nicht größer als eine

Handfläche, schrieb er einige Zeilen und reichte das Blatt dem verdutzten Soldaten hin:

„Nimm das! Gib es den Italienern und geleite sie zum Tor hinaus. Niemand darf ihnen etwas antun!"

Gergely las natürlich das Schriftstück gleich, als er es in die Hand gedrückt bekam.

Folgendes stand darin:

> *Diese fünf italienischen Sänger gehören zu meinem Gefolge. Ich habe ihnen diesen Geleitbrief gegeben, damit sie, wenn sie nicht bei mir sind, von niemandem behelligt werden. Weli Beg.*

Erfreut steckte Gergely das Schreiben ein.

Er sah den Soldaten an. Wo hatte er dieses Eulengesicht schon mal gesehen? Wo?

Endlich fiel ihm ein, daß der liebe Mann am Abend zuvor bei dem Griechen zusammen mit all den Tagelöhnern und Schiffern getrunken hatte. Die Röte seiner Nase zeigte an, daß er auf die Bank der Angeklagten kommen würde, wenn er dereinst vor Mohammed, den Propheten, treten mußte.

„Nimmt dich der Beg auch mit?" fragte Gergely, während sie durch das Tor hinausgingen.

Und er drückte ihm einen Silbertaler in die Hand.

„Nein", antwortete der Soldat, den der Taler in gute Laune versetzt hatte, „der Beg nimmt nur Mineure und Delis mit. Mein Herr ist von morgen an Ismail Beg."

„Aber der ist wohl noch nicht hier?"

„Nein; dort wohnt er, in dem Haus mit den wilden Trauben."

Und er zeigte auf ein dichtbewachsenes Haus, das mit der Rückwand an die Burgmauer des alten Byzanz angebaut war. Vielleicht hatte man sogar Steine davon verwendet.

Schon am Abend vertrank der mit dem Eulengesicht seinen Silbertaler bei dem Griechen.

Unsere jungen Leute aßen an diesem Tag in einem hübschen kleinen Marmorzimmer zu Abend. Hammelfleisch mit Reis gab es; und beim Essen beratschlagten sie, ob sie mit dem Beg oder lieber allein in die Heimat zurückkehren sollten.

Denn daß die Gefahr ihnen auf den Fersen folgte, war unheimliche Gewißheit. Und daß sie Herrn Bálint nicht befreien konnten, war noch sicherer.

„Wir müssen mit dem Beg reisen“, meinte Gergely, „das ist das Gescheiteste, was wir tun können.“

„Ich singe ihm aber nichts vor“, brummte Mekcsey. „Mag ihm der Donner etwas vorsingen!“

„Kannst ja Heiserkeit vortäuschen“, sagte Gergely achselzukkend. „Was mich angeht, warum wollte ich ihm nicht etwas vorsingen? Sagt nicht das Sprichwort: ‚Wes’ Brot ich ess’, des’ Lied ich sing‘?“

„Wenn sie das zu Hause erfahren, daß wir zum Vergnügen eines Türken singen...“

„Warum nicht? Hier singen wir ihm etwas vor, zu Hause lassen wir ihn dann tanzen.“

Jancsi mischte sich nicht ins Gespräch. Er starrte vor sich hin, und von Zeit zu Zeit liefen Tränen über seine Wangen.

Gergely legte ihm die Hand auf die Schulter:

„Weine nicht, mein Jancsi. Die schwere Kette ist ja nicht für die Ewigkeit. Vielleicht wird sie ihm schon morgen abgenommen.“

„Ich konnte ja nicht einmal mit Vater sprechen. Er hat nur eben nach Feri gefragt, und darauf habe ich nur geantwortet, er sei zu Hause geblieben, damit Mutter, falls ich auf der Reise umkomme, noch ein Kind behält.“

Sie schwiegen und sahen ihn voll Mitleid an.

Er fuhr auf:

„Was bin ich doch für ein Narr! Mich in dieser Maskerade zu ihm hineinzuschleichen, wo ich ihn doch auf geradem Wege hätte besuchen können. Kann ich das jetzt noch? Dann merken sie doch gleich, daß wir keine italienischen Sänger sind. Da hilft der Schutzbrief vom Beg nichts. Hätte ich ihm doch wenigstens das Geld gegeben.“

Das Zigeunermädchen nahm die Schüssel und trug sie hinaus. Der Mond schien ins Zimmer und schwächte das Licht der Öllampe ab.

„Etwas könnten wir noch versuchen“, begann nun Gergely. „Wir haben noch fast das ganze Geld. Du, Jancsi, hast tausend

Dukaten bei dir, ich habe dreihundert. Mekcsey und Éva haben noch so viel, daß es für uns alle bis nach Hause reicht."

Das Zigeunermädchen kam zurück.

„Wollt ihr euch nicht den Eulen-Türken ansehen? Der ist schon so betrunken, daß er vom Stuhl gefallen ist. Sárközi trinkt auf Kosten des Türken, aber bei dem ist es noch nicht so schlimm. Er würfelt mit Matyi."

Als außer ihr niemand darüber lachte, schwieg sie auch.

Sie setzte sich zu den übrigen auf die Matte, stützte das Kinn in die Hand und schaute Éva an.

„Der neue Beg", fuhr Gergely fort, „ist wahrscheinlich – ebenso wie alle anderen – auf Geld versessen. Vielleicht kann der helfen. Geld war noch immer der Schlüssel zu jedem Schloß."

„Ich gebe alles, was ich bei mir habe", stimmte Jancsi bereitwillig zu. „Ich würde auch mein Leben hingeben!"

„Also dann wollen wir einen letzten Versuch wagen."

„Wie könntest du in der Nacht zum Beg hineingelangen?"

„Er läßt dich festnehmen", warf Mekcsey ein. „Anhören wird er dich, auch das Geld wir er annehmen, aber du kommst nachher nicht mehr heraus."

Gergely lächelte:

„Nun, solch ein Tropf bin ich nicht. Ich gehe zu ihm nicht so, wie ich jetzt aussehe."

„Sondern?"

„Als türkischer Soldat verkleidet."

Jancsi ergriff Gergelys Hand:

„Würdes du das tun, Gergely? Würdest du?"

„Ich bin sofort bereit", antwortete Gergely.

Er stand auf und rief Miltiades herbei.

„Höre, Wirt", sagte er, „ich brauche eine türkische Soldatenuniform. So eine, wie sie die Soldaten in der Burg der Sieben Türme tragen."

Der Grieche strich sich über den buschigen schwarzen Bart. Er war schon gewöhnt, daß seine Gäste sich verkleideten, aber er war auch gewöhnt, daß sie täglich zwei oder drei Dukaten springen ließen. Zum Teufel auch, mochten sie Räuber oder Diebe sein, die Hauptsache war, daß sie gut zahlten. Er hatte ihnen daher schon empfohlen, in dem Kellersaal seines Hauses zu wohnen.

„Tja, solch ein Gewand habe ich gerade nicht", sagte er und lächelte verschmitzt, „aber hier nebenan ist ein betrunkener Türke, dem nehmen wir den Turban und den Mantel weg."

„Meinetwegen. Aber ich benötige auch einen Bart."

„Bärte habe ich in Menge."

„Ich brauche aber genau so einen, wie ihn jener Türke hat."

„Auch so einer wird sich finden."

Und er eilte hinaus. Nach knapp fünf Minuten kam er mit allerlei fertigen Bärten, mit schwarzen Haaren und Klebstoff zurück.

„Soll ich ihn ankleben?"

„Ja, kleb ihn an. Richte mein Gesicht so her, daß es dem des betrunkenen Soldaten ähnelt."

Er setzte sich. Miltiades machte sich an die Arbeit. Dabei unterhielten sie sich.

„Kennst du den neuen Beg, der in die Burg kommt?"

„Wie sollte ich nicht?" sagte der Grieche wegwerfend. „Der war Toptschi."

„Was weißt du von ihm?"

„Ein Tölpel ist er. Trinkt Wasser, hat auch einen wäßrigen Verstand, kann nicht einmal schreiben."

„Das können auch die anderen Offiziere nicht, sie verstehen höchstens zu lesen."

„Aber der ist so stolz wie des Sultans Pferd, dabei ist das noch klüger als er. Aber freilich, wenn er einen Baum erblickt, der höher gewachsen ist als er, dann biegt er sich gleich wie der Hanf im Wind."

„War er schon mit im Krieg?"

„Voriges Jahr, mit dem Kaiser. Vor Esztergom hat er Schläge bezogen."

„Demnach ein Feigling?"

„Deshalb haben sie ihn hierher versetzt. Feige und dumm ist er. Kann denn einer, der bloß Wasser säuft, anders sein?"

Gergely schnitt wegen des Klebstoffs Grimassen, verzog das Gesich bald nach rechts, bald nach links.

Das war nun schon so hergerichtet, daß sich Mekcsey vor Lachen krümmen mußte.

Der Grieche schaffte den Turban, den Handschar und den Mantel herbei.

„Allah emanet olun“, sagte Gergely, während er sich scherzhaft verneigte.

Sie wollten ihn alle begleiten, er gestattete es aber nur Jancsi und Mekcsey. Jancsi gab ihm unterwegs seine Goldstücke. Nach gründlicher Überlegung schickte er auch Jancsi zurück. Nur Mekcsey blieb bei ihm.

„Folge du auch lieber nur von weitem“, sagte Gergely zu ihm. „Sie dürfen nicht merken, daß wir zusammengehören.“

Keine halbe Stunde war vergangen, als er vor dem Hause des Begs stand.

Er klopfte an den Kupferteller bei der Haustür.

Am Guckloch der Tür erschien ein altes Kapaunengesicht.

„Was willst du?“

„Schick sofort den Beg in die Jedi Kule. Es ist ein Unglück geschehen.“

Der Alte verschwand. Gergely zog sich zurück. Er wußte, daß die Kapaunenfratze noch einmal erscheinen würde. Und ihm war auch klar, daß sie, wenn sie niemanden vor der Tür fand, die Fragen des Begs an niemanden richten konnte. Dann würde sie sich umsehen, würde brummen und schließlich herauskommen. Sie würde gezwungen sein, zum Beg zurückzugehen und ihm zu sagen, der Soldat sei schon fort. Dann würde der Beg sich selbst aufmachen und in die Burg gehen.

Gergely schritt auf die Burg zu. Am Adrianopelschen Tor – so nannte man das nördliche Tor der Jedi Kule – blieb er stehen.

Es war geschlossen. Der Wächter kauerte auf dem Eckstein und schlief. Über seinem Kopf brannte eine Öllampe, die an einer aus der Mauer hervorragenden Eisenstange hing.

Stille ringsumher. Weizengeruch. Es war wohl Weizen in die Mühle gebracht worden, und dabei war ein Sack geplatzt.

Mekcsey war Gergely in einer Entfernung von dreißig bis vierzig Schritt gefolgt, und als Gergely nicht weiterging, blieb auch er stehen. Vielleicht hatte sich Gergely auch deshalb ins Licht der Laterne gestellt, damit ihn Mekcsey sehen könne.

Die Minuten verstrichen nur langsam. Gergely schimpfte im stillen auf die türkische Zeit, weil sie so träge dahinging.

Und da die Menschen wie die Käfer in der Dunkelheit immer dorthin sehen, wo ein Licht strahlt, hob auch Gergely den Blick zu der Öllaterne.

„Na, da kann ich alt und grau werden, bis der Beg herauskriecht!“ murmelte er ungeduldig.

Armer guter Recke, du lieber schöner Stern des Ruhmes von Ungarn. Du wirst nicht auf dieser Erde ergrauen! Was wäre, wenn jetzt eine himmlische Hand dir den Spiegel deiner Zukunft zeigte, und du sähest dich in Ketten, hier an dieser Stelle, und sähest den türkischen Henker, wie er dir an diesem verrosteten Laternenpfahl die Schlinge um den Hals legte!. . .

*

Dröhnend hallte das Knarren einer Tür durch die Stille der Straße.

Gergely zuckte zusammen. Er eilte in die Richtung, aus der er das Knarren gehört hatte.

Der Beg kam, ganz allein.

Er war in einem Mantel gehüllt, und auf seinem Kopf schimmerte weiß ein hoch aufgebauter Turban.

Gergely blieb einen Augenblick stehen. Er horchte, ob außer dem Beg noch jemand käme.

Aber es näherte sich sonst niemand.

Da ging er auf den Beg zu:

„Akschaminis khair olsun bej effendi“ (Guten Abend, mein Herr Beg), grüßte er und salutierte wie ein türkischer Soldat. Nicht Weli Beg hat nach dir verlangt, ich habe dich wegen einer sehr wichtigen Angelegenheit herausgelockt.“

Der Beg stutzte und griff nach dem Säbel.

„Wer bist du?“

Auch Gergely griff nach dem seinen. Er zog ihn aus der Scheide und reichte ihn, den Griff dem Beg zugekehrt, diesem hin:

„Nimm ihn, wenn du glaubst, mich fürchten zu müssen.“

Der Beg steckte seinen Säbel wieder in die Scheide.

Auch Gergely verwahrte seinen wieder.

„Ich bringe dir mehr Gutes, als du denkst“, sagte Gergely.

Er zog ein Säckchen Geld aus der Innentasche seines Mantels und ließ die Goldstücke klingen.

„Nimm das als Einleitung.“

Der Beg hielt das schwere Säckchen in der hohlen Hand, gab es jedoch wieder zurück.

„Erst muß ich wissen, wer du bist und was du willst."

Auch er trat jetzt in den Schatten des Hauses. Dort schimmerte eine weiße Steinbank; er setzte sich darauf und sah Gergely aufmerksam ins Gesicht.

Gergely ließ sich ebenfalls auf der Bank nieder, verschränkte die Arme und sprach leise und vorsichtig, sich von Zeit zu Zeit am Kinn kratzend, weil ihm der falsche Bart lästig war:

„Mein Name ist *Hunderttausend Dukaten,* ein gutklingender Name, möchte ich meinen."

Der Beg lächelte:

„Aber ist das auch kein falscher Name?"

„Das kannst du gleich ausprobieren. Dein Name ist *Armer Mann,* wiewohl du zweifellos ein trefflicher Held bist. Jedermann weiß, daß du bei dem siegreichen Feldzug in Ungarn dabei warst."

„Mir scheint, du kennst mich."

„Also, um die Sache kurz zu machen: Du bist von morgen früh an Burgvogt in der Jedi Kule. Mit anderen Worten: Auch du wirst ein Gefangener sein, nur mit dem Unterschied, daß du dafür bezahlt wirst. Einmal im Jahr darfst du in die Stadt gehen. Wenn Allah dir ein langes Leben gibt, kannst du also im ganzen noch zwanzig- bis dreißigmal Konstantinopel sehen. Wirst so dick werden wie Weli Beg."

„Weiter."

„Du hast es in der Hand, dir ein freieres und glücklicheres Leben zu verschaffen."

„Ich höre zu!"

„In der Jedi Kule ist ein Gefangener, ein steinreicher ungarischer Herr: Bálint Török."

„Den willst du befreien?"

„Du sagtest es; ich gestehe, daß das meine Absicht ist."

„Ich höre zu."

„Es ziehen auch einige neue Soldaten mit dir hier ein, zumindest aber deine Diener. Wie, wenn du zum Beispiel morgen abend Herrn Bálint herausführtest, als ob der Sultan ihn rufen ließe?"

„Nach Sonnenuntergang darf auch der Burgvogt nicht mehr heraus."

„Auf Befehl des Sultans schon. Oder sagen wir: Herr Bálint

wird am Tage von dir und zwei Soldaten herausbegleitet. Die Straßen sind in dieser Gegend menschenleer. Du schickst die beiden Soldaten zurück und gehst mit Herrn Bálint ein Stück weiter. Aber anstatt ins Serail führst du den Gefangenen auf ein Schiff, das am Ufer steht und an dem eine orangenfarbene Flagge weht. Es kann ein Getreidelastkahn sein oder auch nur eine Barke oder ein Boot. Es gibt ja nicht viele Fahrzeuge hier im Goldenen Horn. Also: Ihr braucht nur das Gewand, nur den Mantel zu wechseln, biegt von der Straße ab und geht auf das Schiff."

„So einfach?"

„Nicht ganz. Dort werden dir, sobald die Fahrt beginnt, dreihundert Golddukaten in die Hand gezählt, zu türkisch: dreitausend Gurusch oder Piaster. Dann gehen wir entweder zu Wasser oder zu Lande nach Tekirdag. Dort erwartet dich jemand mit guten Pferden und fünfhundert Dukaten. Das sind also noch fünftausend Gurusch. Wir reisen weiter, erst nach Athen, dann nach Italien. Sobald wir die italienische Küste betreten, rollen dort wieder fünfhundert Dukaten in deine Hand."

„Tausenddreihundert."

„Bisher; ich schätze, das entspricht schon deinem Gehalt von zehn Jahren. Und nun überlege dir: Dieser Mann, der Debrecen, Szigetvár, und Burg Vajdahunyad sein eigen nennt und der außerdem noch Herr eines königlichen Besitztums, nämlich fast ganz Transdanubiens, ist, dem wird es ein leichtes sein, dir noch die restlichen neuenundneunzigtausend Dukaten auszuzahlen, selbst wenn es ihn die Hälfte seines Vermögens kosten würde."

„Und wenn ich nicht einmal die ersten tausend zu sehen bekomme?"

„Die kann ich dir, wenn du willst, jetzt gleich geben."

Der Beg sah nachdenklich vor sich hin.

Gergely sagte achselzuckend:

„Wenn du merken solltest, daß wir dich betrügen – es gibt aber keinen Ungarn, der betrügt –, dann könntest du dir noch immer helfen, indem du sagtest, Bálint Török sei geflohen, du habest ihn verfolgt und auf dem Schiff erwischt. Einerlei, woher du mit ihm kommst, vom Schiff oder vom Festland, man wird dir auf jeden Fall glauben, weil du ihn ja zurückgebracht hast."

Der Beg überlegte.

„Also gut", sagte er schließlich. „Morgen, eine Stunde vor Sonnenuntergang, soll das Schiff mit der orangenfarbenen Flagge einen Pfeilschuß weit von der Jedi Kule sein. Erwarte du mich aber am Ufer; was ist das Erkennungszeichen?"

„Wenn du mich am Gesicht nicht erkennen solltest – sieh es dir nur genau an, der Mond scheint ja hell –, ich werde einen gelben Turban tragen, schwefelgelb. Der mag als Zeichen dienen."

„Eine Stunde vor Sonnenuntergang."

„Schlag elf Uhr", erwiderte Gergely.

Nach der türkischen Zeitrechnung ist es nämlich bei Sonnenuntergang zwölf Uhr.

*

Es war Mitternacht, als Gergely mit Mekcsey ins Wirtshaus zurückkehrte.

„Ist der Türke mit dem Eulengesicht noch da?"

„Er schläft", antwortete Miltiades.

„Kannst du dafür sorgen, daß er bis morgen um elf schläft?"

„Aber natürlich", antwortete der Wirt.

Und er nahm ein Glas, goß es voll Wasser, schüttete ein Pulver hinein und rührte es um. Es löste sich wie Salz auf.

Dann rüttelte er den Türken wach.

„He, Bajguk! Vergiß nicht, nach Hause zu gehen."

Der Türke hob den Kopf, sah mit trüben Augen vor sich hin und gähnte.

„Hier, trink das Glas Wasser, dann scher dich heim."

Der Türke streckte die Hand nach dem Glas aus, ohne hinzusehen. In einem Zuge trank er es aus. Dann sah er wieder vor sich hin, versuchte aufzustehen, sank aber wieder zurück.

Gergely drückte dem Wirt fünf Dukaten in die Hand.

Miltiades zwinkerte ihm zu:

„Kannst beruhigt sein. Der rührt sich bis morgen abend nicht vom Fleck."

*

Ein Schiff zu mieten, war nicht schwer. Im Goldenen Horn suchten sie ein griechisches Viererboot aus und mieteten es bis Tekirdag: eine Tagereise von Konstantinopel. Sie gaben dem Schiffer eine orangenfarbene Flagge und als Angeld zwei Dukaten. Schon am frühen Nachmittag stand das Schiff dort bereit, wohin Gergely es gelenkt hatte. Zwei Stunden vor Sonnenuntergang hißte er die Fahne.

Danach eilte Gergely ins Wirtshaus. Sie weckten den Türken und sagten ihm, der Aga habe ihn vor das Schiff mit der orangenfarbenen Flagge befohlen. Er solle dort am Ufer warten.

Der Türke war noch immer betäubt. Arglos ließ er sich, den gelben Turban auf dem Kopf, von Sárközi zum Hafen führen. Er wußte nicht einmal, ob es Morgen oder Abend war. Nur das hatte er sich gemerkt: daß der Beg ihn zum Ufer an ein Schiff beordert hatte.

Gergely und die übrigen folgten einzeln in kleinen Abständen.

Wenn der Beg auf das Angebot einging, wollten sie, sobald er das Schiff betrat, ebenfalls an Bord gehen. Wagte jedoch der Beg nicht zu handeln oder war es ihm nicht möglich, dann mochte er eben zusehen, wie er sich mit dem Landsmann im gelben Turban einigte.

Die erste Frage war, ob der Beg Bálint Török bringen würde.

Dies festzustellen, überließen sie Tscherhan. Ihr hatten sie nicht mitgeteilt, daß sich Herr Bálint auf die Flucht begäbe, sondern hatten ihr nur gesagt, daß er zum Sultan geführt würde und sie ihn noch einmal sehen wollten. Das verabredete Zeichen war: Wenn sie den Beg, die beiden Soldaten und Herrn Bálint erblickte, sollte sie an der Straßenecke mit den wilden Trauben hinauflangen, als ob sie ein Blatt abpflücken wollte. Das konnte Mekcsey aus einer Entfernung von etwa tausend Schritt sehen, und er sollte dann seinen Freunden winken.

Die Gefährten gingen, wiederum in einem Abstand von tausend Schritt, auf die Küste zu. Gergely war als Derwisch verkleidet, Éva als Zigeunermädchen, Jancsi als persischer Kaufmann, Matyi als kurdischer Brezelverkäufer und Mekcsey als Fischhändler.

Éva hockte neben Matyi und aß eine Brezel.

Pünktlich zur verabredeten Zeit hob Mekcsey die Holzschüssel mit den Fischen auf den Kopf und schritt auf das Ufer zu.

Das war das Zeichen.

Jancsi erbleichte. Seine Augen füllten sich mit Freudentränen. Gergely wurde rot, ihm war, als schlüge sein Herz zum Hals heraus.

Und sie gingen, hundert bis zweihundert Schritt voneinander entfernt, in Richtung Ufer.

Das Schiff stand an der vereinbarten Stelle. Lustig ließ der Wind die orangenfarbene Flagge wehen. Der Schiffseigentümer, ein junger griechischer Zwiebelhändler, zählte am Steuer seine Tageseinnahme.

Dumm stand der Türke mit dem Eulengesicht vor dem Schiff. Auf dem Kopf trug er den gelben Turban. Neben ihm saß Sárközi am Ufer und wusch sich im grünen Meerwasser die Füße.

„Er kommt!" flüsterte Jancsi Gergely zu, während er an ihm vorbeieilen wollte. „Gott, steh uns bei!"

Er zitterte am ganzen Körper.

Gergely sah sich um.

Er erblickte den Beg, der mit dem weißhaarigen ungarischen Herrn näher kam. Ihnen folgten zwei mit Lanzen bewaffnete Soldaten mit weißen Turbanen.

Der Beg drehte sich um und sagte etwas zu den Soldaten. Diese machten kehrt und gingen in die Burg zurück.

Jancsi schritt rasch auf das Schiff zu, aber als er an Gergely vorbeieilen wollte, hielt ihn dieser am Mantel fest:

„Warte!"

Der Beg spazierte gelassen mit Herrn Bálint zum Ufer hinunter.

Sie gingen an dem kurdischen Brezelverkäufer vorbei, ohne auf ihn und das neben ihm sitzende Zigeunermädchen einen Blick zu werfen.

Herrn Bálint sah man an, daß ihm das Ganze unerklärlich war. Der Beg hatte gute Laune und schwatzte fortwährend.

Die beiden Männer wichen einem Hund aus, der ihnen im Wege lag. Dann ließen sie sich am Ufer nieder.

Der Türke mit dem gelben Turban stand stramm.

In diesem Augenblick drehte sich der Beg um. Sein Säbel blinkte. Er gab damit ein Zeichen nach hinten. Dann stieß er ihn wieder in die Scheide und stürzte sich wie ein Adler auf den Soldaten im gelben Turban.

Er warf ihn zu Boden. Unterdessen stürmten aus Gebüsch und Häusern etwa fünfzig Soldaten hervor.

Zuerst banden sie den mit dem gelben Turban, dann den

Zigeuner. Danach sprangen sie auf das Schiff und legten auch Hand an den jungen Griechen.

Alle, die auf dem Schiff waren, wurden gefesselt.

Mitten in dem Geschrei und Gepolter erschien plötzlich Tscherhan und bat laut heulend um Gnade für Sárközi. Auch sie nahm man fest, und mit einem Strick wurden ihre Hände gebunden.

*

Die Sonne sank eben hinter dem Christenviertel, als Gergely sich an der Konstantinsäule umdrehte. Seine Gefährten keuchten hinter ihm her. Alle waren sie staubbedeckt und bleich, sie wankten förmlich vor Erschöpfung.

Gergely wischte sich die Stirn. Er sah Jancsi an:

„Na siehst du: Eile mit Weile, nicht wahr?“

Und sie mischten sich unter das Volk auf der Straße.

13

Mitte Juli langte Weli Beg mit seinen Silidaren und den fünfzig Mineuren in Mohács an.

Sooft ein Trupp Türken nach Buda oder über die Donau nach dem Westen zog, war das Feld bei Mohács der Hauptrastplatz. Die Türken liebten diese Stätte. Sie nannten sie: Feld des Glücks. Auch Süleiman rastete stets dort am längsten. Er ließ sein Zelt auf dem Hügel aufschlagen, auf dem es an jenem denkwürdigen Tage gestanden hatte.

Als der Trupp gegen Abend sehr ermüdet dort ankam, stand das Zelt des Begs schon bereit.

Nachdem er in der Donau gebadet hatte, ließ der Beg einen Kapaun schlachten, und als die Sonne sank, setzte er sich vor sein Zelt. Seit er die Jedi Kule verlassen hatte, war er bei weitem nicht mehr so dick und beleibt.

Auf dem Feld schimmerten noch zahllose gebleichte Pferdeskelette. Die Soldaten stellten zum Essen ihre Holznäpfe auf Pferdeschädel. Sie waren lustig.

Etwa fünfzehn Agas standen um den Beg herum und erstatteten ihre Tagesberichte. Wer seine Meldung beendet hatte, setzte sich vor dem Beg auf die Matte. In Mohács aßen die Offiziere stets gemeinsam, und sogar Entzweite versöhnten sich dort.

An diesem Abend kam ein berittener Bote zum Beg. Er war auf dem Wege zum Sultan, mit der Kunde, daß Visegrád in den Händen der Türken sei. Sie hatten es nicht einmal im Kampfe erobert, sondern nur die Wasserleitung der Burg zerstört. Der Durst also hatte die Verteidiger bezwungen. Die Visegráder hatten von König Ferdinand Hilfe erwartet, aber der überließ seine Burgen in Ungarn dem lieben Herrgott. Amade übergab also die Schlüssel. Nur eines bat er sich aus: daß sie in Frieden abziehen könnten. Der Pascha von Buda schwor, ihm kein Leid anzutun. Doch seinem Volk wurde freilich kein Schwur abgenommen. Solbald die Ungarn die Waffen in der Mitte der Burg niedergelegt hatten und abmarschieren wollten, fielen die Türken über sie her und metzelten sie nieder.

„Na, dann können wir zwei Tage hier rasten", sagte Weli Beg erfreut. „Heute schlafen wir, morgen vergnügen wir uns und übermorgen brechen wir nach Nógrád auf."

Es war nämlich vorgesehen, daß nach Visegrád als nächste Festung Nógrád zu belagern sei.

Der türkische Kurier setzte seinen Weg gen Konstantinopel fort. Weli Begs Schar legte sich schlafen.

Am folgenden Tage gab der Beg seinen Offizieren gegen Mittag nur einen einzigen Befehl:

„Heute abend speist ihr alle bei mir. Es gibt auch Wein, guten Wein! Und die Italiener singen."

Der Beg war ein lustiger Mann. Er aß und trank gern. Und sooft ein Türke ungarischen Boden betrat, vergaß er sofort das Weinverbot des Propheten Mohammed.

„Einer von der Mannschaft möchte dir geheim etwas mitteilen; hörst du ihn an?" fragte ein Aga.

„Er kann kommen", antwortete der Beg gutgelaunt.

Ein kleiner, fuchsäugiger Silidar trat vor. Sein Gewand war so zerrissen wie das der anderen. Sein Turban war kaum größer als ein Taschentuch. Er verneigte sich mehrere Male.

„Dein Diener hat dir etwas von den Italienern zu melden, Herr."

„Sprich", entgegnete der Beg.

„Lange schon sind diese fünf Menschen deinem Diener, dem

Staub zu deinen Füßen, verdächtig. Zum erstenmal stieg Argwohn in mir auf, als ich bemerkte, daß einer der Italiener die Säbel der anderen mit Papierstücken reinigte."

„Du bist ein Esel", sagte der Beg wegwerfend, „du könntest wissen, daß sie Giaurs sind. Wir heben jedes Stück Papier von der Erde auf, weil es sein könnte, daß der Name Allahs darauf geschrieben ist; aber diese Hunde leben ohne Allah, ihr Verstand ist finster, sie stehen niedriger als die Tiere."

Der Silidar rührte sich nicht von der Stelle.

„Zum zweitenmal schöpfte ich Verdacht in der Nähe von Sofia. Du entsinnst dich wohl, gnädiger Beg, daß wir dort Wagen voll Beute begegneten und daß einer davon umgekippt am Rande der Landstraße lag."

„Ich erinnere mich dessen."

Der Hühnerkäfig war zerbrochen und die Hühnerschar auseinandergelaufen. Eine alte Frau lockte sie, *polatji, polatji,* rief sie. Weder die Küken noch die Hennen hörten darauf, weil die Frau griechisch sprach. Ein Türke wollte helfen und rief: *Gak-gak-gak!* Auch darauf lief das Federvieh nicht zusammen. Da nahm der eine junge Italiener, der mit dem Mädchengesicht, dem Türken den Futterkorb ab und rief: *Pi-pi-pi! pitje-pitje-pitje-pitje-pitjikém!* Darauf lief das ganze Geflügel zu ihm hin. Und er fing sogar ein Huhn und küßte es."

„Was ist denn dabei?"

„Das, mein Herr, daß die Hennen und Hühnchen Ungarisch verstanden. Aber auch der, der sie gelockt hat."

Der Beg machte: „Hm-hm".

„Wer weiß, vielleicht heißt Hühnchen auch italienisch *pipi?* Kannst du Italienisch?"

„Italienisch? Nein."

„Also was redest du dann, du Kamel!"

Der Silidar nahm mit unterwürfigen Verneigungen den Titel Kamel in Empfang.

Unbeirrt fuhr er fort:

„Und als bei Belgrad der eine Silidar sein Fohlen tauschte? Kereledsche heißt er. Ein Bauer hatte es ihm verkauft, und dein Soldat zahlte noch zehn Asper zu. Das junge Pferd war aber so wild, daß es keiner reiten konnte. Da sprang der stämmigste Italiener wie ein Panther auf das Tier und galoppierte los. Das

Fohlen brach fast zusammen. Aber wieso kann ein italienischer Sänger reiten?"

Der Beg hob die Schultern:

„Vielleicht war er als Knabe Reitknecht."

„Erlaube mir, fortzufahren, Herr."

„Sprich weiter."

„Gestern abend ist ein Aga zu uns gekommen; einen von so großem Wuchs habe ich mein Lebtag noch nicht gesehen."

„Manda Aga."

„Ja, der. Als er an den Italienern vorbeigehen wollte, blieb er vor dem Schlanken stehen und sagte: ‚Eh, du bist Bornemissza!' Der zuckte zusammen und antwortete: ‚Der bin ich nicht.' ‚Gott verdamm' mich, doch, du bist es' – sagte der Aga – ‚Gergely Bornemissza.' Und er redete weiter. ‚Erkennst du mich denn nicht? Hast du den schönen Ring noch? Der Rat, den du mir gegeben hast, hat genützt. Siehst du, ich bin schon Aga. Nur heiße ich nicht mehr Hajwan, sondern Manda. Keine Kugel trifft mich.' "

„Und was hat der Italiener geantwortet?"

„Der hat gesagt: ‚Ich weiß nicht, was du da redest. Aber ich weiß, daß es jemanden gibt, der mir ähnlich sieht. Woher kennst du den Namen dieses Ungarn?' ‚Den habe ich in Buda erfahren', antwortete der Aga, ‚als Bálint Török gefangengenommen wurde. Dieser Bornemissza gehörte zu dessen Gefolge. Schade, daß du es nicht bist! Siehst ihm aber sehr ähnlich. Hast zehn Dukaten verloren, weil du es nicht bist.' "

„Na, siehst du, er ist also kein Ungar, du Elefant!"

„Und er ist *doch* ein Ungar!" entgegnete der Silidar triumphierend. „Und nicht nur er. Ich habe mich noch am Abend davon überzeugt, daß sie alle Ungarn sind. Als sie fürs Abendessen einen Kessel aufstellten, griff der eine in den Holunderbusch und riß ihn mit den Wurzeln aus, um für das Feuer Platz zu schaffen. Dabei kam ein Schädel aus der Erde. Den besahen sie alle und rieten hin und her, ob das ein türkischer oder ein ungarischer Schädel sei. Dein Diener, Herr, lag neben ihnen und stellte sich schlafend. Dein Diener versteht Ungarisch."

Da schnaubte der Beg wie ein Pferd:

„Ungarisch haben sie sich unterhalten? Worüber haben sie gesprochen, die Hunde?"

„Der junge Schlanke hat gesagt: ‚Sicherlich war das ein Ungar, denn die Türken haben ihre Toten beerdigt'. Da nahm der andere den Schädel in die Hand und sagte: ‚Wer du auch im Leben gewesen sein magst, du bist fürs Vaterland gestorben, darum bist du mir heilig!' Und dann hat er den Schädel geküßt. Später haben sie ihn wieder in der Erde vergraben."

Der Beg schlug an seinen Säbel:

„Jaramas, giaurische Hunde! Warum hast du mir das nicht sofort gemeldet, du Nilpferd!"

„Du hast schon geschlafen, Herr."

„Legt sie in Eisen, die hinterlistigen Spione! Bringt sie hierher!"

„Mit freudestrahlendem Gesicht rannte der Silidar los. Voll düsterer Erwartung schaute der Beg vom Hügel aus zu, wie die Silidaren zwischen den Zelten in allen Richtungen hin und her liefen. Es dauerte zwei Stunden, bis jener Silidar zurückkam.

Der Schweiß triefte ihm von der Stirn.

„Herr, die Italiener..."

„Wo sind sie denn?"

„Entflohen sind sie, die Hunde, entflohen!"

VIERTER TEIL

Burg Eger in Not

1

Gibt es im Himmel ein Buch, in das die Geschichte der Ungarn eingeschrieben wird, dann sind die folgenden acht Jahre so verzeichnet:

1545. Buda, Esztergom, Fehérvár, Szeged, Nógrád, Hatvan, Veszprém und Pécs, also fast das ganze Land, sind in den Händen der Türken.

1546. Die Türken haben Ungarn in fünfzehn Sandschaks aufgeteilt. Den Ungarn sind nur Oberungarn und ein oder zwei Komitate, die an Österreich grenzen, verblieben.

1547. Nicht nur die Türken, sondern auch die Österreicher schinden und schröpfen Ungarn.

1548. Luthers und Calvins Lehre verbreitet sich im ganzen Land. Nicht nur die Türken und die Österreicher sind den Ungarn feind, sie selbst befeinden sich einander.

1549. Die Türken nehmen den Ungarn unter dem Titel „Steuern" alles, sogar Kinder.

1550. Eine walachische und eine türkische Heerschar ziehen gen Siebenbürgen. Frater Georgius stellt in wenigen Tagen fünfzigtausend Kämpfer auf die Beine. Sie schlagen die Walachen, die Türken nehmen Reißaus.

1551. Königin Isabella verläßt Siebenbürgen. Frater Georgius wird von Meuchelmördern umgebracht.

*

Es folgt das Jahr 1552.

*

Die Soproner Pflaumen wurden schon blau, und die Sonnenblumen blühten, als an einem sonnigen, windigen Nachmittag Frau Éva unter dem Altan ihres Hauses stand. Sie wählte aus dem Kleidervorrat ihres Mannes einige Stücke aus für einen Jüngling, der ins Ausland reisen wollte.

Seitdem wir sie nicht gesehen haben, ist ihre Statur voller und fraulicher geworden. Ihr zartes, helles Antlitz ist noch mädchenhaft, aber aus den lieblichen Kätzchenaugen lacht nicht mehr die frühere Schelmerei. Das Gesicht drückt sanfte und ruhige Klugheit aus.

„Da habt Ihr Gewänder, Miklós, gleich zwei", sagte sie zu dem Scholaren.

Sie breitete ein getragenes kirschfarbenes Damastgewand und ein hanfleinenes für den Alltag auf dem Tisch aus.

„Dieses damastene ist Euch noch zu weit. Aber vielleicht werdet Ihr schon in ein paar Monaten hineinwachsen."

„Danke, gnädige Frau, ich danke Euch von Herzen", stammelte der Scholar.

Sein Gesicht rötete sich vor Freude.

„Hier ist die Naht ein wenig aufgetrennt", sagte die Frau, das Stück hin und her wendend. „Nun, Ihr bleibt doch bis zum Abend, ich werde es nähen."

Dann nahm sie das Leinengewand in die Hand.

„Das wird gerade passen. Mein Mann trug es, als er in Buda war. Damals besetzten die Türken Buda, und ich zog mit der Königin nach Lippa."

„Nochmals vielen Dank", sagte der Scholar freudig. „In diesem werde ich weiterreisen, es nimmt den Staub nicht so an."

Frau Éva griff mit der Hand in alle Taschen. Sie waren leer. Aber in einem Zipfel der Weste fühlte sie etwas Hartes.

Die Tasche hatte ein Loch. Éva steckte den Finger hindurch und fand im Futter ein vielfach zusammengelegtes Stück Pergament.

Sie betrachtete und entfaltete es, dann breitete sie das Blatt auf dem Tisch aus. Eine fünfeckige Zeichnung mit allerlei Strichen und Punkten war darauf zu sehen.

„Was mag das sein, Miklós? Es sieht wie eine Schildkröte aus."

Der Scholar nahm die Zeichnung in die Hand, wendete sie sodann und betrachtete sie lange.

„Das ist keine Schildkröte, obgleich es fast so aussieht", sagte er und schüttelte den Kopf.

In diesem Augenblick stürmte ein sechsjähriger, schwarzäugiger Knabe aus dem Zimmer. An der Seite trug er einen prächtigen kleinen Säbel mit vergoldetem Knauf. Die Scheide war aus rotem Samt, der schon ein wenig abgewetzt war.

„Mütterchen“, rief das Kind, „du hast mir versprochen, daß du mir eine Trompete kaufst, eine goldene Trompete.“

„Stör mich jetzt nicht, Jani“, sagte die Mutter abwehrend, „geh jetzt in den Garten zu Luca.“

„Aber du kaufst mir die goldene Trompete?“

„Ja, ja.“

Der Junge nahm den Säbel zwischen die Beine und trabte hinunter auf den Hof, von dort in den Garten.

„Das ist“, begann der Scholar wieder, immer noch das Pergament betrachtend, „der Grundriß einer Festung, und zwar der Burg Eger.“

„Der Burg Eger?“

„Jawohl. Seht Euch das hier an. Die Schildkröte ist von einer doppelten Linie umrahmt, diese deutet eine Mauer an. Der Kopf und die vier Füße der Schildkröte sind fünf vorspringende Basteien. Die dünn umränderten Vierecke darin sind die Gebäude.“

„Und dieses Sichelförmige hier daneben?“

„Das ist die Vorburg. Gebäude sind nicht darin, wie sonst in Vorburgen, sondern nur zwei Basteien mit Türmen.“

„Und diese beiden schwarzen Spangen, die die Mitte der Sichel mit der Kröte verbinden?“

„Das ist das Finstertor.“

„Warum finster?“

„Weil es unterirdisch ist.“

„Und das hier neben dem Tor?“

„Der Stall.“

„Ein so großer Stall?“

„Da braucht man einen großen, edle Frau. Gewiß dient er gleichzeitig als Wagenscheune und als Unterkunft für die Reitknechte. Hier wohnt gewöhnlich auch der Beschließer.“

„Und dieses Punktierte hier neben dem Tor?“

„Das war eine Kirche. König Stephan der Heilige hatte sie bauen lassen. Die Hälfte ist leider vor gar nicht langer Zeit abgerissen worden. Genauer gesagt: vor zehn Jahren.“

„Wie schade.“

„Ja, es ist wirklich zu bedauern. Aber mitten durch das Kirchenschiff wurde der neue große Graben gezogen und daran die

Vorburg gebaut. Es mußte sein, denn die Ostseite war die schwächste Stelle der Burg."
„Woher wißt Ihr das alles so genau, Miklós?"
„Wie sollte ich das nicht wissen?! Ich bin zwei Jahre lang dort zur Schule gegangen. Alle sprachen damals davon. Und in dieser Zeit wurde auch das Finstertor gebaut."
„Aber hier ist noch ein Tor, auf der Westseite, neben dem Bach."
„Und hier auf der Südseite noch eins. Die Burg hat drei Tore."
„Und diese verschiedenartigen roten Striche?"
Der Scholar versuchte die Zeichen zu deuten. Er schüttelte den Kopf:
„Das sind unterirdische Wege."
„So viele unterirdische Wege?"
„Ja, aber sie sind nicht mehr alle gangbar."
„Und was sind diese Vierecke, die fast wie Kammern aussehen?"
„Unterirdische Säle. Das hier ist ein Wasserbecken. Und dies ist der Friedhof."
„Ein Friedhof? Zwischen den unterirdischen Gängen?"
„Ja, so muß es wohl sein. Denn seht, hier über diesem unterirdischen Gang steht: *Straße der Toten.*"
Die Frau erschauerte.
„Sonderbar, daß man dort die Toten begräbt."
„Nur wenn die Cholera herrscht", erwiderte der Scholar. „Jetzt fällt mir ein, daß ich davon gehört habe."
„Ach, wie schade, daß Ihr nicht zwei Wochen früher gekommen seid, Miklós."
„Warum, gnädige Frau?"
„Wähert Ihr eher gekommen, hätte ich Euch die Kleider früher gegeben. Wenn ich diese aber früher herausgesucht hätte, wäre die Zeichnung eher zum Vorschein gekommen. Mein geliebter Mann ist doch eben nach Eger gegangen."
„Ich hörte, die Türken marschieren gegen Eger."
„Deshalb ging ja auch mein Mann dorthin. Wenn bloß mein armer Vater daheim geblieben wäre. Bedenkt doch, ein Siebzigjähriger, mit hölzernen Beinen und einer hölzernen Hand. Und er ist mitgezogen."

„Um zu kämpfen?“

„Deshalb – und auch, weil er einen guten Freund dort hat, den Pfarrer Bálint. Vor einem Jahr entzweiten sich die beiden wegen irgendeiner Kleinigkeit. Da lebte meine selige Mutter noch. Der Pfarrer zog damals nach Eger zu Dobó. Mein Vater ist also dorthingegangen, um sich mit ihm zu versöhnen. Sie haben sich eben gern.“

Unterdessen hatte Éva eine mit Blumen bemalte grüne Truhe geöffnet, aus der sie ein Büchlein herausnahm. Es war ihr Gebetsbuch. Da legte sie den Plan von der Burg hinein. Sie schaute in den Garten nach ihrem Sohn, der dort herumsprang, wo die Magd die Blumen begoß.

„Es wird schon jemand aus Eger kommen“, sagte sie nachdenklich. „Der Bruder von Gáspár Pető wohnt hier in Sopron. Er ist ein Mann des Königs und hat eine Wagenladung Schießpulver und Kugeln nach der Burg geschickt, sein jüngerer Bruder Gáspár ist nämlich dort. Wenn ein Kurier aus Eger kommt, schicke ich meinem Mann durch ihn die Zeichnung.“

Sie holte Nadel und Zwirn und nahm das damastene Gewand auf den Schoß. Während sie sich weiter unterhielten, trat ein Mann in dunkelblauem, kurzem Mantel durch die Pforte, und als er sie hinter sich schloß, rief er jemandem, der draußen stand, zu:

„Bemüht Euch nicht weiter, ich werde mich schon zurechtfinden.“

Éva erhob sich. Die Stimme war ihr unbekannt. Der Mann auch.

Zu der Terrasse unter dem Altan führten drei Stufen hinauf. Der Fremde blieb davor stehen und hob den Kopf. Er war ein einäugiger, dunkelhäutiger, kräftiger Mensch mit einem Husarenschnurrbart; in der Hand hielt er einen Stab, wie ihn die Dorfschulzen tragen.

„Wünsche einen guten Tag“, sagte er, die Dame begrüßend. „Man sagte mir, der wohledle Herr Leutnant Gergely Bornemissza wohne hier.“

„Allerdings“, entgegnete Éva, „er ist aber nicht zu Hause.“

„Wäre er wirklich schon fort?“

„Ja. Nach Eger.“

„Hm, hm“, machte der Mann und wiegte den Kopf. „Das tut

mir leid. Ich hätte etwas mit ihm zu besprechen gehabt... Doch, dürfte ich vielleicht mit seiner Gemahlin..."

„Die bin ich. Tretet näher."

Der Fremde stieg nun die Stufen hinauf, nahm den Hut ab und verneigte sich ehrerbietig.

„Mein Name ist Tamás Balogh, ich bin ein Edelmann aus Révfalu."

An seinem Kompliment merkte man, daß er kein Bauer war.

Die Hausfrau bot ihm freundlich einen Stuhl an und stellte ihm den Scholaren vor:

„Scholar Miklós Réz. Er ist im Begriff, sich auf eine Schule im Ausland zu begeben. Sein Bruder dient im königlichen Heer und kennt meinen Gemahl; deshalb hat sich der Scholar von Marktleuten in die Stadt fahren lassen und ist bei mir eingekehrt, um hier zu rasten."

„Viel Glück, junger Mann", sagte der Einäugige über die Schulter hinweg zu dem Scholaren.

Er setzte sich und machte wieder „Hm, hm".

„Ich bin zum Pferdemarkt gekommen", sagte er dann und schlug sich auf die Knie, „und hätte so manches mit dem Herrn zu erledigen gehabt. Unter anderem wollte ich ihm Geld bringen."

„Geld?" fragte Éva erstaunt.

„Man sagte mir, er brauche Geld, da er nach Eger reisen wolle, und verkaufe deshalb einiges Gold- und Silbergerät."

„So etwas besitzen wir ja kaum."

„Ich bin ein Liebhaber von Ringen." Und er zeigte die linke Hand. Daran prangten wohl zehn Ringe, einer prächtiger als der andere. Es mochten auch an seiner Rechten welche sein, die steckte aber in einem grauen Lederhandschuh.

„Und er soll unter anderem einen sehr schönen Ring haben", fuhr er fort.

„Ja, den hat er", sagte die Frau lächelnd.

„Einen mit einem Mond."

„Und mit Sternen."

„Der Mond ist ein Topas."

„Die Sterne sind Diamanten. Aber woher wißt Ihr das, mein Herr?"

„Dürfte ich den Ring sehen?"

Seine Stimme bebte.

„Nein“, antwortete die junge Frau, „er trägt ihn immer in der Tasche. Es ist eine Art Glücksring, der einst einem Türken gehört hat.“

Klein-Jani lief wieder über den Hof. Mit einem Satz sprang er auf die Treppe, und als er den Fremden erblickte, starrte er ihn nach Kinderart erstaunt an.

„Sag dem Onkel guten Tag”, forderte ihn die Mutter freundlich auf.

„Das ist wohl der Sohn des Herrn Leutnant?“ fragte der Fremde. „Aber was frage ich, er ist ihm ja wie aus dem Gesicht geschnitten.“

Er zog den Knaben an sich und küßte ihn.

Frau Éva durchzuckte ein unangenehmes Gefühl, doch nur für einen Augenblick, gleich darauf hatte sie es schon vergessen.

„Wann kaufen wir die Trompete?“ begann der Knabe zu drängeln.

„Ich kaufe sie ihm“, sagte nun der Scholar diensteifrig. „Ich muß sowieso auf den Markt, da nehme ich Jani mit zu meinem Fuhrmann und zeige ihm das kleine Füllen.“

„Ist recht“, stimmte die Hausfrau zu. „Hier habt Ihr einen Denar, kauft ihm eine Trompete, aber gebt auf ihn acht. Und du sei artig, Jani. Du weißt doch, was Vater gesagt hat.“

Und sich Herrn Balogh zuwendend, fuhr sie mit einem traurigen Lächeln fort:

„Er hat uns aufs strengste aufgetragen, auf das Kind aufzupassen.“

Klein-Jani hüpfte vor Freude und ging mit dem Scholaren fort.

Die Mutter rief ihnen noch nach:

„Haltet Euch in der Nähe der Kirche auf, Miklós. Wir kommen bald nach.“

Sie hatte schon vorher die Absicht gehabt, auszugehen, um bei den Wiener Krämern, die zum Markt gekommen waren, einige Kleinigkeiten zu kaufen.

Herr Tamás Balogh drehte zerstreut den Hut hin und her und blickte verdrießlich vor sich hin.

„Was wißt Ihr von Szolnok?“ fragte die junge Frau besorgten Blickes. „Die Türken werden doch die Stadt nicht erobern, wie denkt Ihr darüber?“

„Das ist auch meine Meinung“, erwiderte Tamás Balogh zerstreut.

„Beim Abschied sagte mein Mann, die Türken würden dieses Jahr wohl kaum bis nach Eger kommen. Szolnok ist doch vor nicht langer Zeit neu befestigt worden. Es ist jetzt stärker als Eger.“

„Viel stärker.“

„Und wenn Szolnok dennoch fällt, wird Eger von ganz Oberungarn verteidigt werden.“

Herr Tamás Balogh lächelte mißvergnügt.

„Besitzt Ihr ein Konterfei vom Herrn Leutnant, gnädige Frau?“

„Gewiß. Voriges Jahr hat ihn ein Deutscher gemalt.“

„Würdet Ihr es mir zeigen? Ich habe viel Gutes von dem Herrn Leutnant gehört, ich möchte ihn kennen.“

„Kennt Ihr ihn denn nicht?“ fragte Éva verwundert.

„Doch, doch, es ist nur schon lange her, seit ich mit ihm gesprochen habe.“

Die junge Frau geleitete den Gast in die Stube. Hier war es dunkel, und es duftete nach Lavendel. Éva öffnete die Fensterläden. Man sah, daß dies das Besuchszimmer war. Auf dem Fußboden lagen türkische Teppiche, an der Wand stand ein mit einem Bärenfell bedeckter Diwan, am Fenster ein Schreibpult und ein Bücherschrank, der wohl an die hundert in Pergament gebundene Bücher enthielt. An den Wänden hingen Gemälde. Auf dem einen sah man den alten Cecey mit einem Helm, im besten Mannesalter, auf einem anderen, in golddurchwirkter Haube, Frau Cecey mit dem leicht schielenden Blick. Dann gab es da ein vergilbtes Christusbild in einem Nußbaumrahmen, ein schelmisches Mädchengesicht, das Frau Bornemissza glich, und daneben das Bild ihres Mannes: ein junger Mann, beinahe zigeunerhaft braun, mit schmalem Gesicht und braunem Haar. Aus seinen munteren Augen strahlte Klugheit, der Schnurrbart war nach oben gebürstet und das Kinn von einem kleinen weichen Rundbart bedeckt. Das Haar reichte ihm bis auf die Schultern.

Herr Balogh betrachtete das Bild aufmerksam. Er nickte:

„Ein stattlicher, schöner Mann. Wie alt ist er wohl?“

„Sechsundzwanzig.“

„Und Ihr habt schon einen so großen Sohn?"
„Wir sind seit acht Jahren verheiratet", sagte die junge Frau lächelnd. „Wir waren damals noch Kinder."
Herr Balogh blickte wieder auf das Bildnis.
„Und ist es wahr, daß der Herr Leutnant in Konstantinopel war?"
„Ja. Ich war mit ihm dort."
„Ich habe einen türkischen Bekannten, Manda Beg heißt er und ist ein Riese. Der erzählte mir von Eurem Mann: Er soll ihm einmal einen besonderen Dienst erwiesen haben."
„Manda Beg? Den Namen habe ich nie gehört."
„Vielleicht hat der Herr Leutnant ihn Hajwan genannt, das war nämlich sein früherer Name."
Éva lächelte:
„Hajwan, gewiß, den kennen wir, den habe ich auch gesehen."
Herr Balogh blickte noch einmal auf das Bild, betrachtete es lange und schweigend mit zusammengezogenen Brauen. Er nickte dem Bild zu, wie wenn er jemanden grüßte; dann machte er eine Verbeugung und ging rückwärts zur Tür hinaus.
Éva überkam von neuem das unangenehme Gefühl, das sie empfand, als Herr Balogh ihren Sohn berührt hatte. Doch sie ließ sich nichts anmerken und gab dem Gast bis zur Treppe das Geleit.
Der Mann ging immer an ihrer rechten Seite: Das war bäurisch. Er grüßte mit einer Verneigung. Das war Herrenart. Er ging rückwärts zur Tür hinaus: Das war türkischer Brauch.
Éva beschlich eine Unruhe, aber sie schalt sich selbst deswegen.
„Es gehört sich nicht, von Unglücklichen übel zu denken. Er ist einäugig, daher kommt wohl das Schlangenhafte in seinem Blick."
Sie setzte sich an ihre Näharbeit, und um die Unruhe zu überwinden, begann sie zu singen. Die Magd sang im Garten, und Éva stimmte in das gleiche Lied ein, während sie flink und geschickt die lockeren Knöpfe an dem kirschfarbenen Damastgewand festnähte. An einer Stelle war die Naht getrennt, dafür suchte sie einen roten Seidenfaden.
Doch der Besuch ging und ging ihr nicht aus dem Kopf.

„Wer mag der Mann wohl sein?“ grübelte sie und ließ den Rock auf den Schoß fallen.

Der Ring... Das Betrachten des Bildes... Die Erwähnung Hajwans... Der Abschied nach Türkenart...

„Wer mag der Mann wohl sein?“

Mit fahlem Gesicht starrte sie nach der geschlossenen Pforte und bemühte sich, ihr Gedächtnis zu erhellen. Schon glaubte sie, sich an Gesicht und Stimme zu erinnern. Aber wo war er ihr begegnet? Da fiel ihr der Ring ein. Gergely hatte gesagt, er nehme ihn mit, aber wohl nur zum Scherz, dann hatte er ihn in die Werktagsweste gesteckt. Hatte er die Weste mitgenommen?

Éva eilte an den Kleiderschrank und wühlte in den Sachen. Die Weste war da. Ein Griff: ein harter Gegenstand! Der Ring! Der Ring! Er war nicht einmal in Papier gewickelt.

Und in diesem Augenblick zuckte – wie ein Blitz in den Wolken – in ihrem Gedächtnis der Name auf. Sie griff sich an die Stirn:

„Jumurdschak!“

*

Die Magd kam eben aus dem Garten. Sie sah, wie ihre Herrin zwischen den verstreuten Kleidern vor der Truhe niedersank, ihr Gesicht war bleich, unter den Augen tiefe Ränder.

„Gnädige Frau!“

Keine Antwort.

Die Magd sah sich um. Sie lief ins andere Zimmer.

Waren Räuber hier gewesen? Am vorigen Samstag hatte man den Lebzelter Bóta am hellichten Tag ausgeraubt. Und bis heute keine Spur von ihnen.

Sie holte schnell die Essigflasche, feuchtete der jungen Frau die Stirn an und hielt ihr das essiggetränkte Tuch unter die Nase.

„Mein Mann ist in Gefahr“, hauchte Éva, als sie wieder zu sich kam. „Wo ist das Kind? – Ach ja, ich habe es ja fortgeschickt. Schnell meinen Mantel, Luca. Wir gehen Jani holen!“

„So krank, gnädige Frau, wie Ihr jetzt seid?...“

„Ich bin nicht krank, komm!“

Dabei war sie totenblaß.

Sie stand auf und eilte so, wie sie war, zur Pforte hinaus.

Sie ahnte, daß Gefahr drohte, das gab ihr Kraft.

Sie ging, sie rannte geradewegs zur Kirche.

Auf den Straßen wimmelte es von kommenden und gehenden Marklern. Wagen, Kühe, an Seilen humpelnde Schweine und dazwischen mit Kufen und Fässern beladene Dörfler versperrten ihr den Weg: ein richtiges Marktgewimmel. Es roch nach Staub und Zwiebeln.

Die Magd konnte sie erst an der Kirche einholen und ihr den Mantel umlegen.

Plötzlich tauchte aus dem Gewühl der Scholar auf.

Rennend, die Menschen beiseite stoßend, bahnte er sich einen Weg zu ihnen und rief:

„Die Heiden haben Szolnok genommen! Es ist vor der Kirche verkündet worden. Wie kann ich da noch..."

„Mein Junge!" schrie Éva. „Wo habt Ihr ihn gelassen?"

„Herr Balogh hat ihn in die Kirche mitgenommen. Er sagte, ich solle Euch die Nachricht bringen, während er bete. O Gott, o Gott, das Land ist verloren! Wenn die Türken Szolnok genommen haben, kann auch Eger sich nicht halten!"

„Mein Kind!... Mein Kind...", keuchte Éva, rannte die Stufen zum Hauptportal hinauf und drängte sich durch die Menge in die Kirche.

„Mein Kind!" schrie sie außer Atem. „Mein Kind!"

Drinnen sangen die deutschen Bauern aus der Umgebung die Litanei:

„Christus, höre uns! Christus, erhöre uns! Herr, erbarme dich unser!"

Éva rannte wehklagend durch die Reihen.

„Jani! Jani! Mein Sohn!"

Doch Jani antwortete aus keiner der Kirchenbänke.

2

Am fünften Tage des Monats September grüßte Gergely unterhalb der Burg Sirok die aufgehende Sonne. Die glühende Kugel strahlte ihm und seinen zweihundertfünfzig munteren Fußsoldaten in die Augen. Nein, er grüßte die Sonne nicht, er hob den Hut nur vor die Stirn, um besser zu sehen, denn von der Höhe aus wurde er einer anderen auf der Landstraße marschierenden Schar ansichtig.

Die aber kam ihm entgegen.

Gergely allein saß zu Pferde, daher erblickte er, vor seinen Soldaten herreitend, die mit Säbeln und Lanzen bewaffnete, unordentlich schlendernde Schar zuerst.

„Was für Volk mag das sein?“ brummte er vor sich hin. „Türken sicher nicht. Ungarn wiederum können doch jetzt nicht von Eger kommen.“

Da durchzuckte ihn der Gedanke, Dobó könnte Eger im Stich gelassen haben...

Ach, dieser König Ferdinand! Der hilft ja immer nur mit Worten! Deshalb waren Lippa und Temesvár in diesem Jahr verlorengegangen.

Wer weiß, wie lange Szolnok sich halten konnte. Dobó, der kluge, berechnende Kopf, hatte gewiß schnell erkannt, daß ein Ungar sich nicht gegen hundert Türken behaupten könne.

Bisher hatten sie nur mit Pfarrern beladene Wagen gesehen, alle von Eger kommend. Und alle führten Berge von Kisten, Schreinen und Säcken mit sich. Anfangs hatte Gergely sie gegrüßt, aber später, als so viele kamen, gab er ihnen, durch ihren Anblick verstimmt, nicht einmal den Weg frei.

So wurde er also einen Atemzug lang von dem Schreck erfaßt, Dobó könnte Burg Eger verlassen haben. Doch nur für einen kurzen Augenblick, im nächsten schon verscheuchte er diesen Gedanken. Nein, so ist es nicht. Mag da von Eger her kommen, wer will, Dobó kann es nicht sein. Und selbst wenn es seine Schar wäre, dann wäre er bestimmt nicht dabei. Dann wäre er allein zurückgeblieben und würde allein sterben; eines wird die Geschichte niemals von ihm berichten müssen: daß er die ihm anvertraute Burg verlassen hat. Eger ist ja das Tor zu Oberungarn!

Eine Fahne trug die nahende Schar nicht. Es waren etwa zweihundert Mann. In kleinen Gruppen kamen sie eilends heran.

Gergely winkte Cecey. Der Alte ritt hinter der Truppe her und unterhielt sich mit einem Soldaten; der Greis konnte nicht schweigen. Auf den Wink seines Eidams trieb er sein Pferd an dessen Seite.

„Ich reite voraus, will mich umsehen“, sagte Gergely. „Führt Ihr inzwischen die Schar, Vater.“

Er gab seinem Roß die Sporen und trabte dem unbekannten Trupp entgegen.

Gergely suchte den Befehlshaber. Da er aber niemanden mit einem Federhut erblickte, hielt er sein Pferd an und hob den Arm, um den Soldaten Halt zu gebieten.

„Seid ihr aus Kassa?"

Keiner antwortete. Verlegen sahen sie zu ihm auf, mancher errötete sogar.

„Woher kommt ihr?"

Auch darauf erhielt er keine Antwort.

„Was ist mit euch?" rief Gergely ärgelich. „Seid ihr vielleicht Söldner der stummen Mönche?"

Schließlich hob ein baumlanger Soldat mit vorstehendem Kinn den Kopf und sagte niedergeschlagen:

„Ja, wir sind aus Kassa, Herr Leutnant, und kommen von dort, wo Ihr hinwollt."

„Von Eger?"

„Jawohl. Aber es ist besser, wenn auch Ihr Euch nicht erst dorthin bemüht. Es lohnt nicht. Ihr müßt ja zuletzt doch umkehren."

„Warum denn? Woran fehlt es denn?"

„Woran? Na, nur ein närrischer Bock springt gegen das Messer!"

„Gegen was für ein Messer?"

„Wißt Ihr, Herr Leutnant, was in Temesvár geschehen ist?"

„Ja, das weiß ich."

„Wißt Ihr, daß sie Losonczi erschlagen und seine Leute niedergemetzelt haben?"

„Ich sage doch, daß ich es weiß."

„Und auch, daß die Türken zweihunderttausend Mann stark sind?"

„Auch das ist mir bekannt."

„Und daß Herr Dobó nicht einmal tausend Soldaten hat?"

„Es können ihrer noch mehr werden."

„Und wißt Ihr auch, daß Szolnok seit vorgestern in der Hand der Türken ist?"

Gergely sah den Soldaten an und wurde bleich.

„Nun – jetzt weiß ich auch das. Und noch eins ist mir klar: Wenn ihr dabei gewesen wäret, wäre die Stadt noch schneller gefallen. Also geht nur, verkriecht euch hinter Mutters Schürze. Und damit ihr nicht leer ausgeht, nehmt das mit auf den Weg – es gilt euch allen, ihr Ratten!"

Und er versetzte dem Mann mit dem vorstehenden Kinn eine Maulschelle, daß der gegen einen anderen taumelte.

Im nächsten Augenblick zückte er den Säbel und hätte auch damit zugeschlagen, wenn die Soldaten nicht nach rechts und links auseinandergestoben wären.

„Grüßt György Serédy!" fauchte er sie an. „Ich wünsche ihm bessere Soldaten, als ihr seid, ihr Feiglinge!"

Und er spie aus.

Die Soldaten aus Kassa gaben murrend den Weg frei und verstreuten sich auf dem Feld. Gergely sah sich nicht mehr nach ihnen um. Er ritt davon, und sein Roß merkte am Druck der Schenkel, daß sein Herr sehr erregt war.

Glücklicherweise traf er auf der Straße auf eine Zigeunerkarawane. Die Leute waren damit beschäftigt, einen Wagen aus dem Straßengraben zu heben. Hatten die Soldaten aus Kassa den Wagen umgeworfen, oder war er von selbst in den Graben gefahren?

Gergely sah sich um, ob seine Truppe sehr weit zurückgeblieben sei. Um auf sie zu warten, hielt er bei den Zigeunern an. Er sah ihnen zu, denn er wollte darüber seinen Ärger vergessen.

„Sieh da!" rief er plötzlich freudig. „Freund Sárközi!"

Einer der zottigen Zigeuner zuckte zusammen und beantwortete die freundliche Anrede mit einem Grinsen. Er nahm den Hut ab und näherte sich unter Bücklingen, während er mit seinen schlauen Augen Gergelys Gesicht zu erforschen suchte.

„Erkennst du mich nicht?"

„Wie schollte isch gnädigen Herr nischt kennen, küsche Hände und Füsche! Hab auf erschten Blick erkannt. Nur fällt mir nischt ein, wie werter Name."

„Na, der wird dir schon einfallen. Was treibst du da? Du bist ja zerlumpt wie eine Vogelscheuche!"

Der Zigeuner sah erschrocken an sich herab. Seine Sachen waren tatsächlich sehr zerrissen. Er hatte nur ein Hemd an und eine mit Stoffstücken geflickte Lederhose, es konnte aber auch eine mit Lederstücken besetzte Stoffhose gewesen sein. Die Beine schimmerten rötlich hindurch, die Füße waren nackt.

„Hast du schon ein Pferd?"
„Ah, wie schollte isch haben, küsche ergebenschten Schtiefelschaft, Herr Leutnant, wie schollte isch wohl? Niemalen werde wieder ein Pferd haben."
„Komm mit mir nach Eger, alter Freund. Ich lasse dir einen Sold aussetzen wie jedem anderen Waffenschmied. Auch ein Pferd bekommst du, wenn du einen Monat gedient hast. Überdies sollst du von mir eine rote Hose haben, eine Hose, sage ich dir, daß alle Zigeuner gelb werden vor Neid."
Sárközi grinste. Er besah sich seine lumpige Kleidung, blickte dann wieder dem jungen Krieger ins Gesicht und kratzte sich den Kopf.
„Nach Eger? Da isch dicke Luft."
„Hab du nur keine Angst. Du wirst unter der festesten Bastei arbeiten, wirst meine Waffen instand halten."
Und er fügte auf türkisch hinzu:
„Allah ischini rast getirsün!" (Gott helfe dir.)
Der Zigeuner machte einen Luftsprung.
„Gergely Bornemischscha, mein tapferer Herr Leutnant!" jauchzte er, und seine Stimme klang freudig. „Küsche Füsche, auch von Pferd die Füsche – hab isch doch die Nacht von Goldammer geträumt..."
„Na, siehst du, nun hast du mich also erkannt."
„Gewisch, gewisch, wie schollt isch Eusch nischt erkannt haben, küsche ehrenwerte Füsche. Gleich, schofort hab isch erkannt, nur nischt gewuscht, wie werter Name."
„Also kommst du mit?"
Sárközi stutzte und kraulte sich wieder den Kopf.
„Möscht schon gehn, bei Gott, möscht schon."
„So komm denn!"
„Nur der verfluchte Türk..." Und jetzt kratzte er sich mit beiden Händen auf dem Kopf. „Dasch ihn Gott mit Lahmheit schlage auf beide Füsche."
„Die Türken sind ja noch nicht da."
„Schie kommen aber, die Hunde! Wo Scholdaten kommen und gehen, da isch ungeschunde Luft."
„Ich werde auch da sein, Sárközi. Hab keine Angst, solange du in meiner Nähe bist", beruhigte ihn Gergely. „Und wenn alle Stricke reißen, hat die Burg einen unterirdischen Gang bis Miskolc."

Dies sagte Gergely aufs Geratewohl. Jede Burg hat ja einen geheimen Ausgang, doch sucht der Feind den natürlich auch zuallererst. Von Burg Eger wußte Gergely nicht mehr, als daß Dobó der Hauptmann der Festung und Mekcsey der zweite Hauptmann war – zwei Menschen, für die er bis ans Ende der Welt gegangen wäre.

Ob die Erwähnung des unterirdischen Ganges Eindruck auf den Zigeuner gemacht hatte? Oder das Pferd? Oder die roten Hosen? Oder aber war es, weil er Gergely mochte? Ein Weilchen kratzte er sich noch, dann sagte er zu.

„Alscho, isch verding misch, Herr Leutnant, verding misch auch umschonscht. Aber wenn isch auch noch ein paar gelbe Schtiefel mit Schporen bekomm, schag isch rescht schönen Dank. Tut nischt, wenn Schohle dursch ischt, nur Schporen schollen dran schein, Herr Leutnant."

Inzwischen war Gergelys Truppe herangekommen und hörte lachend dem Gespräch zu. Noch heller erscholl das Gelächter, als Gergely dem Zigeuner die Hand bot und dieser einschlug.

„Na", sagte Gergely mit einem Griff in die Tasche, „hier hast du einen Denar Angeld. Bis Eger kannst du auf meinem Handpferd reiten. Dort wird das erste Roß, das wir erbeuten, dir gehören. Auch die Stiefel bekommst du, aber erst nach der Belagerung."

Der Zigeuner sprang hurtig aufs Roß und schlug mit seinen nackten Fersen dem Pferd in die Weichen.

Das Zigeunervolk rief ihm „Viel Glück!" nach, und er schrie etwas auf zigeunerisch zurück. Dann drückte er sich den Hut keck aufs Ohr und ritt, sich ordentlich in die Brust werfend, neben Gergely her.

„Da seht einmal, was aus mir geworden ist!"

*

Einige Stunden später, als Gergely und seine Soldaten die Anhöhe bei Bakta erklommen hatten, schimmerten ihnen, von Hügeln und Bäumen umringt, die gewaltigen, mit grün glasierten Ziegeln gedeckten Türme der Festung Eger entgegen. Auf den Türmen wehten die Fahnen in den Nationalfarben und die rot-blauen Fahnen der Stadt. Mächtig ragten die weißen Burgmauern empor.

Eine herrliche Burg! Rundum rot und gelb leuchtende Weinberge und Wälder. Dahinter, in der Ferne, ein blauer Berg, sechsmal so hoch als der Sankt-Gellért-Berg.

Gergely schwenkte den Hut und wandte sich seiner Truppe zu:

„Seht euch das an, Burschen! Denn auch der liebe Gott schaut jetzt voll Staunen herab auf diese Burg."

Er gab dem Roß die Sporen und sprengte voraus.

Der Zigeuner überlegte kurz, ob er seinem Leutnant nachjagen oder an der Spitze der Truppe bleiben sollte. Er empfand auf einmal, wie lächerlich er sich an dieser Stelle ausnehmen würde, daher klopfte er dem Roß mit der flachen Hand auf die Hüfte und schlug ihm mit den Fersen in die Flanken:

„Heischa! Fuschs! Vorwärtsch!"

Das Pferd vollführte einige Sprünge und warf den Zigeuner in die Höhe. Doch der hatte nicht umsonst neben seinem Handwerk den Roßtausch betrieben, er landete immer wieder genau auf dem Rücken des Tieres.

Von dem Staub, den eine neue Flüchtlingsschar aufwirbelte, war die Straße wie in eine Wolke gehüllt. Frauen, Greise und Kinder saßen auf den Wagen oder schritten, Kühe vor sich hertreibend, neben den mit Hausgerät und Geflügel beladenen Fuhrwerken einher. Aus dem einen oder anderen Gefährt hörte man das Grunzen der Schweine.

Der Türke ißt zwar kein Schweinefleisch, aber wer wußte, wann man zurückkommen würde... Ein kleines Mädchen mit roten Stiefeln trug in einem Käfig ihren Zeisig, und eine Frau hatte einen blühenden Rosenstock in einer Bütte auf dem Rükken. Eine allgemeine Flucht aus der Stadt hatte begonnen. Viele würden wohl nie mehr zurückkehren, besonders die, die den Talweg durch das „Schmucke Tor" nach Felnémet einschlugen; die Kätner und die Witwen würden in Oberungarn bleiben, wo noch kein türkisches Pferd eine Hufspur hinterlassen hatte. Vor allem Putnok und Kassa waren Ziele der Flüchtenden.

Gergely beachtete sie nicht mehr. Es währte keine Viertelstunde, da sprengte er durch das Baktaer Tor, den westlichen Eingang der Stadtmauer. Dann ritt er, immer wieder aufblickend, an dem Turm der Bischofskirche vorbei, über den Markt und bog in die Straße ein, die zum Burgtor führte.

Dort war die Mauer so weiß und neu, daß man den Kalkgeruch noch zu verspüren glaubte.

Die Brücke war heruntergelassen. Gergely flitzte wie ein Pfeil in die Burg, seine Augen suchten den Hauptmann.

Der große, hagere Mann stand hochaufgereckt vor einigen hundert Soldaten auf dem Burgplatz. Er trug einen veilchenblauen, losen Samtrock, sein Säbel mit breitem Ende hing ihm an der Seite, die Füße steckten in hohen roten Schaftstiefeln, und in der Hand hielt er das rote Samtbarett mit den Adlerfedern. Ein sonngebräunter blonder Page hielt neben ihm zwei Fahnen, eine in den Nationalfarben und eine blau-rote. An Dobós anderer Seite stand der alte Pfarrer Bálint. Das Chorhemd lag straff über seinen breiten Schultern. Er hielt ein silbernes Kruzifix in den Händen. Mit seinem langen weißen Bart sah er wie ein biblischer Prophet aus.

Die Vereidigung der Soldaten war soeben vollzogen worden. Dobó beendete seine Rede und setzte dann das Barett auf. Er wandte sich nach dem Pferdegetrappel um.

Gergely sprang von seinem Roß und salutierte leuchtenden Auges mit dem Säbel.

„Herr Hauptmann, melde gehorsamst, ich bin da."

Dobó schaute ihn an, strich sich über den runden grauen Bart, dann über den langen weichen Schnurrbart und sah Gergely noch immer unverwandt an.

„Ihr erkennt mich wohl nicht, Herr Hauptmann? Seit acht Jahren haben wir uns nicht gesehen. Ich bin Gergely Bornemissza, Euer treuester Soldat."

„Gergely, mein Sohn!" rief Dobó und breitete die Arme aus. „Ich wußte, daß du mich nicht im Stich lassen würdest."

Freudestrahlend umarmte und küßte er Gergely.

„Kommst du ganz allein?"

In diesem Augenblick tänzelte Sárközi auf seinem Roß heran. Das Pferd warf den zerlumpten, barfüßigen Zigeuner immer wieder fast eine halbe Elle hoch in die Luft.

Die Soldaten erheiterten sich darüber. Auch Dobó lächelte.

„Das ist doch nicht etwa deine Truppe?"

„Keineswegs", sagte Gergely heiter. „Das ist nur mein Waffenschmied. Ich denke, es war richtig, ihn mitzubringen."

„Hier ist jeder Mann Gold wert, mein Sohn."

Und um dem Handkuß des Zigeuners zu entgehen, zog er schnell die Hand zurück.

Dem Zigeuner aber war nicht beizukommen: Er küßte den Stiefelschaft des Hauptmanns.

„Nun sag doch, wie viele ihr seid“, forschte Dobó unruhig.

„Nicht sehr viele“, antwortete Gergely bedauernd. „Insgesamt zweihundertfünfzig Mann hat man mir gegeben.“

Dobós Augen leuchteten auf.

„Zweihundertfünfzig! Mein lieber Junge, wenn ich von überallher so viele Soldaten bekommen hätte, würde ich die Türken auf dem Maklárer Feld empfangen!“

„Kommt denn keine Hilfe?“

Statt zu antworten, machte Dobó eine mißmutige Handbewegung. Dann wandte er sich zu den Offizieren und stellte ihnen Gergely vor. Aus dem königlichen Heer waren bereits einige gekommen: Zoltay, den Gergely vor elf Jahren in Buda kennengelernt hatte; er war noch ebenso blond, schlank und lustig wie damals und noch immer bartlos, also unverheiratet. Auch Gáspár Pető war da, ein kleiner Mann mit flach anliegendem und spitz gezwirbeltem Schnurrbart. Neben ihm stand ein blauäugiger junger Mann mit einer wahren Wolfsmähne, auch der drückte Gergely herzlich die Hand:

„Ich bin János Fügedy, Leutnant des Domkapitels.“

Gergely sah ihn an:

„Ich glaube, ich kenne dich, mein lieber Freund.“

Der zuckte die Achseln und lächelte:

„Ich erinnere mich nicht...“

„Hast du mir nicht in Siebenbürgen ein Ochsenohr gegeben?“

„Ein Ochsenohr?“

„Ja, als die Hochzeit von Fürjes vorbereitet wurde, hinten auf dem Küchenhof.“

„Mag sein. Dort habe ich Verschiedenes an die Pagen verteilt.“

„Ich hoffe es dir jetzt vergelten zu können.“

„Wie denn?“

„Ich gebe dir ein Paschaohr dafür.“

Dann wandte sich Gergely an Pető:

„Warum läßt du den Kopf so hängen?“

Pető brummte unwillig:

„Zwanzig von meinen Reitern haben mich unterwegs im Stich gelassen. Die sollen mir nur noch einmal unter die Augen kommen!"

„Mach dir nichts daraus", warf Dobó ein. „Das Tor steht offen, wer um sein Leben bangt, mag gehen. Eidechsen kann ich auf diesen Mauern nicht gebrauchen."

Jetzt erst wandte sich Gergely Pfarrer Bálint zu. Seit einem Jahr hatte er ihn nicht gesehen. Er umarmte und küßte den Alten.

„Ihr seid also nicht mit den Pfarrern geflohen, Hochwürden?"

„Jemand muß doch auch hierbleiben, denke ich", knurrte der Alte. „Was macht Cecey?"

„Er ist bei meiner Truppe!" antwortete Gergely fast schreiend. „Die Jungen reißen aus, die Alten aber kommen und bringen ihr Schwert mit. Ihr werdet staunen, wie mein Vater mit seiner hölzernen Hand den Säbel schwingt."

Ein untersetzter Mann mit kurzem Hals trat aus dem Schatten der Kirche. Er trug einen dunkelblauen Dolman und kirschfarbene Hosen. Ein handbreiter Säbel schlug ihm an die Beine, die in hohen braunen Schaftstiefeln steckten. Er kam mit einem hurtig ausschreitenden alten Herrn mit Zwicker und winkte und lachte Gergely schon von weitem zu.

Es war Mekcsey.

Seit Gergely ihn nicht gesehen hatte, war ihm ein Bart gewachsen, und er glich mehr denn je einem Stier. Die Erde dröhnte förmlich unter seinen Schritten.

„Du hast also geheiratet?" rief Gergely freudig, nachdem er ihn mindestens dreimal an sich gedrückt hatte.

„Nicht bloß das – ich habe auch schon eine kleine Sárika."

„Wen hast du geheiratet?"

„Den blauäugigen Engel des Himmels."

„Nun sag mir doch endlich, wer es ist!"

„Eszter Szunyogh."

„Sie lebe hoch! Und den schönen Säbel mit dem Schlangenknauf, hast du ihn noch?"

„Gewiß, aber werktags schone ich ihn."

„Und wo sind deine Lieben?"

„Ich habe sie auf Burg Budetin gebracht. Dort sollen sie bleiben, bis wir den Türken den Garaus gemacht haben."

Und mit einem Blick auf Dobó fuhr er fort:

„Ich habe zwar dem Alten gesagt, wir sollten unsere Frauen nicht fortschicken; er ist aber so besorgt um seine Sára... Er hat erst vor knapp einem Jahr geheiratet."

Der alte Herr mit dem Zwicker und dem breiten Spatenbart, der mit Mekcsey gekommen war, entfaltete vor Dobó einen Bogen grauen Papiers, den er in der Hand hielt, und – ihn weit von sich haltend – las er:

„Es sind an Schafen achttausendundfünfzig, an Ochsen, Kühen, Kälbern, mit einem Wort an Schlachtvieh: vierhundertsechsundachtzig Stück da. Weizen, Roggen und Mehl haben wir insgesamt elftausendsechshunderteinundsiebzig Scheffel; Gerste und Hafer tausendfünfhundertvierzig Scheffel."

Dobó schüttelte den Kopf:

„Das wird zuwenig sein, Onkel Sukán."

„Das glaube ich auch, Herr Hauptmann."

„Womit wollen wir die Pferde füttern, wenn uns die Türken den Winter über hier einschließen?"

Der Alte zuckte die Achseln:

„Es könnte geschehen, Herr Hauptmann, daß wir ihnen Brot geben müssen, wie den Soldaten."

„Wieviel Wein ist da?"

„Zweitausendzweihundertfünfzehn Butten."*

„Auch zuwenig."

„Aber es ist wenigstens alter Wein. Die diesjährige Lese ist ohnehin schon zum Teufel gegangen. Auch einige Fässer Bier sind da."

„Schweine?"

„Hundertneununddreißig lebende und zweihundertfünfzehn Speckseiten."

Bornemissza kam erst jetzt dazu, sich umzusehen. Auf der Nordseite erblickte er eine Reihe Herrenhäuser, im Osten ein großes klosterähnliches Gebäude – jetzt sicher eine Kaserne. Das daneben sah wie eine Kirche aus, aber der viereckige, gedrungene Turm hatte ein flaches Dach, an dessen Rand braune Kanonenschutzkörbe aufgestellt waren. Überall ein emsiges Kommen und Gehen: Maurer, Zimmerleute, Kärrner und aller-

* Eine Butte sind 16 Pints = 22,5 Liter.

lei Tagelöhner waren beschäftigt; Klopfen und Hämmern erklang aus allen Richtungen.

Gergely hätte gern den Bericht des alten Rechnungsführers weiter angehört, doch ihm fielen seine Leute ein. Er setzte sich wieder aufs Pferd und sprengte zum Tor hinaus, um sie hereinzuführen.

Auf dem Burgplatz ließ er sie antreten. Dobó reichte dem Fahnenträger die Hand. Er überließ es Mekcsey, ihnen den Eid abzunehmen, für ihr Quartier zu sorgen und ihnen ein Frühstück geben zu lassen.

„Geh in mein Haus, das dort ist es, das gelbe, einstöckige. Iß etwas."

Gergely aber interessierte die Burg mehr als alles andere; als die Vereidigung beendet war, machte er sich auf und ritt das ganze Gelände ab.

„Eine herrliche Burg", sagte er begeistert zu Dobó, als er zurückkam. „Sollte ich je ein Festungsoffizier werden, so gebe Gott, daß ich es hier sein kann."

Dobó lächelte zufrieden.

„Du hast ja noch gar nichts gesehen. Komm, ich will dir alles zeigen."

Bornemissza stieg vom Pferd, und Dobó winkte dem blonden Knappen:

„Bring uns die Pferde nach, Kristóf."

Er faßte Gergely am Arm und führte ihn zum Südtor. Eine starke Palisade zog sich rechts und links vom Tor hin. Sie bildete mit dem unteren Teil der Mauer einen sicheren Hohlweg. Offensichtlich wollte Dobó damit die Leute, die an der Mauer entlanggingen, gegen Einschüsse aus dem Norden schützen.

„Und nun hör zu", sagte der Hauptmann und blieb stehen, „damit du dich rasch zurechtfindest, stell dir eine große Schildkröte vor, die nach Süden blickt, nach Füzesabony hin. Die Stelle, an der wir jetzt sind, ist der Kopf. Die vier Füße und der Schwanz sind die Basteien. Die beiden Seiten sind mit Schlüpfpforten versehen."

Dobó hielt inne und rief zum Turm hinauf:

„Heda! Ihr da oben, paßt ihr auch auf?!"

Einer der Wächter lehnte sich zum Turmfenster hinaus und schob das Horn zurück, das ihm über der Schulter hing:

„Ja, gewiß, Herr Hauptmann, wir geben acht."
„Gehen wir hinauf", lud Dobó Gergely ein. „Von dieser Seite müssen heute oder morgen die Türken kommen. Auch das mußt du dir ansehen."
Mit einer Handbewegung bot er Gergely den Vortritt, doch dieser trat zurück:
„Ich habe den Eid schon geleistet, Herr Hauptmann."
Das sollte heißen: Ich bin kein Gast mehr.
Dobó ging also voran.
Im Turm saßen vier Wächter. Sie grüßten.
„Das ist Herr Oberleutnant Gergely Bornemissza", sprach Dobó.
Die Wachtsoldaten führten daraufhin noch einmal die Ehrenbezeigung aus. Und auch Gergely hob die Hand an den Hut.
Vom Söller des Turmes waren in südlicher Richtung eine Mühle und zwei Dörfer zu sehen. Das eine war gut einen Pfeilschuß entfernt und das andere ebensoweit von dem ersten. Hinter den beiden Dörfern sah man zwischen zwei Hügelketten eine rötlich-grüne Ebene.
„Dort beginnt die Tiefebene", erklärte Dobó.
„Und die beiden kleinen Dörfer hier unter uns?"
„Das näher gelegene, nämlich die fünf Häuser da, heißt Almagyar, und das dahinter, dreißig bis fünfunddreißig Häuser, ist Tihamér."
„Und der Bach?"
„Die Eger."
„Da, etwas weiter, ist ein kleiner See?"
„Der wird einfach Warmwasser genannt."
„Rechts davon ist ein Tor und eine Steinmauer, dahinter sind viele Bäume...?"
„Das ist ein Wildpark, er gehört dem Bischof."
„Die Mauern um dieses Tor hier sind wohl neu?"
„Ja, die habe ich bauen lassen."
„Die sind aber hoch. Hier werden die Türken kaum etwas unternehmen."
„Darum habe ich sie ja errichten lassen. Wie du siehst, schützen von links eine Kanone und von oben Schießscharten das Tor."

„In allen Burgen ist der Schutz auf der linken Seite angebracht; der Angreifer hat den Schild nicht am rechten Arm.“

„Hier hätte man das Geschütz auch gar nicht rechts anbringen können, denn hier fließt der Bach an der Westseite der Burg entlang. Ich habe die Schleusen dort unten an der Mühle schließen lassen, damit wir Wasser haben. Und das Bett des Baches haben wir dort durch Erdschanzen erhöht!“

Sie gingen auf die Westseite hinüber, die der Stadt zugekehrt war.

„Schwindelerregend hoch ist die Mauer“, sagte Gergely staunend. „Das müssen an die zehn Klafter sein.“

„Vielleicht sogar noch mehr. Auf dieser Seite können die Türken wirklich nichts erreichen. Außen Stein, innen Erde... Aber jetzt aufs Pferd!... Ja, hier also werden uns die Türken nicht viel zu schaffen machen.“

Sie saßen auf und setzten den Weg zu Pferde fort.

Die Stadt unterhalb der Burg war still und menschenleer. Zwischen den Häusern ragte neben dem Palast des Bischofs der Dom hoch empor. Gegenüber an der Berglehne stand westwärts gerichtet die Sankt-Nikolaus-Kirche. Sie gehörte den Augustinermönchen.* Die Stadt war im Westen von einem breiten, langgestreckten Berg begrenzt, hinter dem die Gipfel des Mátragebirges bläulich schimmerten.

Auch an der Westseite waren zwei Bastionen und in der Mitte ein kleines starkes Tor. Soldaten führten hier gerade Pferde an den Bach.

An seinem gegenüberliegenden Ufer, auf dem Marktplatz, standen mehrere Leute um ein Rudel Schweine herum.

„Hier wohnen noch Leute?“ fragte Gergely verwundert.

„Ja“, erwiderte Dobó, „obgleich ich ihnen jeden Tag sagen lasse, sie sollten sich in Sicherheit bringen. Jeder will noch sein Schwein oder Geflügel verkaufen.“

Vor dem Tor innerhalb der Burg unterwies ein Leutnant, der ein knochiges Gesicht und stechende Augen hatte, etwa fünfzig im Kreis stehende Soldaten.

Sie waren mit Säbeln bewaffnet und trugen rostige Helme mit

* Heute: Serbenkirche.

herabgelassenem Visier; ihre Schultern waren gepanzert. Zwei Soldaten standen in der Mitte. Der Leutnant brüllte:

„Zurück! Zurück! Zurück! Ich sag dir doch, du Esel, du sollst den Säbel sofort nach dem Hieb zurückziehen!"

Dem Rekruten sah man an, daß er vom Kriegshandwerk nichts verstand. Er war ein stämmiger kleiner Bauernbursche, und Dobó hatte ihn der Kassaer Truppe zugeteilt, weil man die jungen Kräfte eher anderswo brauchte als bei den Geschützen.

Gergely fragte, wer der Leutnant sei.

„Hegedűs von den Kassaern", antwortete Dobó. „Ein braver, kluger Mann."

Und den Soldaten rief er zu:

„Wenn ihr etwas nicht versteht, fragt den Herrn Leutnant."

Der Bursche ließ daraufhin seinen Säbel sinken und blickte zu Dobó hinauf:

„Das eine verstehe ich nicht, Herr Hauptmann, warum ich den Säbel zurückziehen muß."

„Der Herr Leutnant wird es dir sagen."

„Du Stiesel", fuhr ihn der Leutnant wütend an, „damit du dich zunächst verteidigst, dann aber auch gleich wieder zu einem zweiten Hieb bereit bist."

„Aber Herr Leutnant", sagte der Bursche und spuckte seitwärts aus, „wenn ich einmal auf einen eingeschlagen habe, so schlägt der nicht mehr zurück."

Dobó gab seinem Pferd einen leichten Klaps und sagte lachend:

„Einer aus Eger! Der spricht die rechte Sprache."

Sie ritten an der Mauer entlang nach Norden. Dort standen zwei Herrenhäuser, deren Dächer mit grüngestrichenen Holzschindeln gedeckt waren. Das kleinere war das hübschere, seine Fenster hatten in Blei gefaßte Butzenscheiben. Das größere sah etwa wie ein Kornspeicher auf einem Herrschaftshof aus und führte die Bezeichnung „Kloster". Früher hatte das Gebäude einmal zum Domkapitel der Burg gehört, jetzt wohnten die Offiziere darin; die Fenster waren mit Rinderpansen bespannt. Hinter dem kleineren Haus befand sich ein Blumengarten mit Bänken und einer weinumrankten Laube, der von einem grünen Zaun umgeben war. Ein verspäteter Zitronenfalter gaukelte über den Astern.

Gergelys Blick blieb auf den Blumen haften, und auch Dobó betrachtete sie.

„Meine arme Frau kann sich nun nicht daran erfreuen, dabei hat sie doch mit soviel Liebe gepflanzt und gepflegt."

„Wo ist die gnädige Frau?"

„Ich habe sie nach Hause zu meinen Geschwistern geschickt. Frauenaugen schwächen die Entschlußkraft des Mannes."

Sie durchquerten den Garten und kamen an das Ende der westlichen Mauer.

Sie war auch dort riesig hoch. Der vorspringende, steinige Hügel darunter war bis zur Ebene der Stadt steil abgetragen worden.

„Sieh her", sagte Dobó, „dies hier ist die Erdschanze. Sie dient dazu, diese Ecke vor Einschüssen zu bewahren, und schützt auch noch dort die Bastei. Das ist die Zwingerbastei."

Er wies auf die hohe Bastion hinter der Burg, den Schwanz der Schildkröte.

Von dort bot sich wieder ein schöner Rundblick auf die offene Stadt und die mit Pappeln bestandenen Ufer des Baches. Wo das Tal endete, lag inmitten von Bäumen eine große Ortschaft, das schöne Felnémet. Weiter hinten wurde das Tal ringsum von bewaldeten Bergen eingeschlossen.

Gergely ergötzte sich nicht lange an der abwechslungsreichen Landschaft. Seine Aufmerksamkeit galt jetzt dem rückwärtigen Teil der Burg. Hinter der Festung ragten mehrere Hügel empor, die nur durch einen tiefen künstlichen Graben von der Burg getrennt waren.

„Von dort ist der Angriff zu erwarten", sagte Gergely, die Hügel betrachtend.

„Ja, von dieser Seite – und auch von Osten", erwiderte Dobó. „Aber hier ist die Mauer am stärksten, und vier von den größten Geschützen sind auf diese Stelle gerichtet."

Am Zwinger stieg der Hauptmann vom Pferd und warf dem Knappen Kristóf die Zügel zu.

„Führe es in den Stall."

Sie bestiegen die Bastion, auf der, die Mündungen drohend auf die Hügel gerichtet, eine große Kanone, vier Mörser und etwa zwanzig Wallbüchsen standen.

Dort unterwies ein blondgelockter deutscher Büchsenmeister die Bauern.

„Wenn ich sage *bor,* dann gib mir *bor!*"

Die Bauern hörten mit ernsten Gesichtern zu.

Dobó lachte:

„Kuntag, Majster Fayrich! Wenn Sie's sagen *bor,* dann bekommen's keine Pulver, weil *bor* keine Pulver ist, sondern Wein. Pulver heißt *por.*"

Er sprach genau so schlecht Deutsch als der Angeredete Ungarisch. Aber sie verstanden einander.

Der Büchsenmeister begann erneut:

„Wenn ich sage *par,* dann bringt mir nicht *bar,* sondern Pulver! Kruzifix, Donnerwetter!"

Man mußte den Bauern schließlich ungarisch erklären, daß sie, wenn Meister Fayrich *bor* (Wein) riefe, ihm einen Sack Schießpulver öffnen, und wenn er *por* (Pulver) verlange, ihm Wein bringen sollten.

Fünf solche Büchsenmeister waren in der Burg; Dobó hatte sie aus Wien kommen lassen.

„Sieh dir noch einmal diese herrliche Bombarde an", sagte Dobó und streichelte sie. „Heißt Frosch. Wenn der quakt, spüren die Türken den Regen."

Die Donnerbüchse war aus Bronze und blank poliert. Mit ihrem eisenbeschlagenen Eichenholzgestell sah sie tatsächlich wie ein hockender Frosch aus.

Sie gingen ostwärts weiter bis zur Ecke, an der wieder ein vorspringendes, starkes Bollwerk in die Höhe ragte. Das war das linke Hinterbein der Schildkröte.

„Das ist die Sándor-Bastei", erklärte Dobó.

Gergely blieb erstaunt stehn.

Eine starke, hohe Mauer, die von der Bastion ausging, umgab, zwei Winkel bildend, wie eine eckige Sichel die Ostflanke der Burg von drei Seiten. So:

Außen und innen liefen etwa zehn bis zwölf Klafter tiefe Gräben an der Mauer entlang; nur in der Mitte führte ein schmaler Damm hinüber, offenbar als Weg für die Soldaten bestimmt.

„Das ist die Vorburg", erklärte Dobó. „Siehst du östlich davon den Hügel, der so hoch ist, daß man ihn fast einen Berg nennen könnte? Das ist der Königsstuhl. Er heißt so, weil König Stephan der Heilige, vor seinem Zelt sitzend, von dort aus dem Bau der Kirche zugesehen hat.* Der Hügel mußte hier unten durchschnitten werden."

„Ach so", sagte Gergely und nickte verständnisvoll. „Der das tat, war ein kluger Mann."

„Perényi vollbrachte es vor zehn Jahren. Am anderen Ende steht die Bebek-Bastei. Der Turm in der Biegung dient dazu, daß man von dort bis zum Tor und auch bis hierher, wo wir stehen, den Feind beobachten und natürlich auch beschießen kann."

Die Mauer war dort, wie rundherum, durch einen klafterhohen Zaun erhöht. An manchen Stellen war der Lehm noch feucht. Durch diesen Schutz war es den Verteidigern möglich, auf den Mauern hin und her zu gehen, ohne von außen gesehen zu werden.

„Und jetzt wollen wir zur Kirchbastei", sagte Dobó und nahm Gergely wieder beim Arm.

Ein paar Schritte von der Sándor-Bastei entfernt sah sich Gergely zwei gewaltigen Gebäuden gegenüber: Es waren eine Art Kloster und daran angebaut eine riesige Kirche, von der aber nur die Hälfte stand. Auch ein Turm stand noch – ursprünglich hatte sie vier gehabt. Über der geschnitzten Kirchentür waren noch in Stein gehauene riesengroße Blumen und

* Als Königsstuhl bezeichnen die Geschichtsschreiber das heutige Rasenstück, wo das Gebäude für die Abgabe der Bauern steht. Der Grund dafür ist Tinódy, der erst nach der Belagerung in Eger weilte, und zwar erstmals in seinem Leben. Seine Orientierung stimmte nicht; denn sein Lied begann so:

Stadt und Burg sind an wunderbarem Orte
In einem Tale an des Berges Pforte.
Nördlich kann man den Königsstuhl sehen,
Südlich Stadt Eger von des Berges Höhen.

Die Stadt lag niemals südlich, sondern westlich. Im Süden war das Dorf Almagyar. Das bezeugen sämtliche alten Landkarten. Die Stadtmauer war an den Burgberg angebaut. Vom Anger aus konnte man den Bau der Kirche nicht beobachten (das ist für jedermann mit einem Blick nachprüfbar). Der König mußte in der Nähe der heutigen Schule am Wall gesessen haben. Wenn Tinódy demnach die Stadt als südlich gelegen beschreibt, dann entspricht seiner Nordrichtung und seinem Königsstuhl das Gebiet der heutigen Schule am Wall.

steinerne Heilige mit beschädigten Gesichtern zu sehen. Aber was für eine Kirche war das, die anstatt von Andächtigen mit Erde gefüllt war, statt Glocken Geschütze in ihrem Turm barg und aus der statt der Orgelklänge Geschützdonner, die Musik des Todes, dröhnte!

Gegen die Seitenmauer der Kirche war ein Hügel aufgeschüttet, auf dem eine Ziege weidete. An der Seite war ein gewölbter Eingang, dessen Steine von Ruß geschwärzt waren.

„Da wird wohl das Schießpulver aufbewahrt?" fragte Gergely.

„Ja. Komm und sieh dir an, wieviel Kraft hier gespeichert ist."

„War das die Sakristei?"

„Ja. Ein guter trockener Platz für das Pulver."

„Es war eine Sünde, die Kirche so..."

„Mir tut es auch leid. aber vielleicht können wir gerade dadurch die Burg retten. Lieber soll sie so dastehen, als daß Allah darin gepriesen wird."

Sie traten ein. In dem Raum lagerten schwarze Fässer, er glich eher einem Weinkeller als einer Sakristei.

„So viel!" staunte Gergely.

„Eine ganze Menge", sagte Dobó lächelnd. „Mehr als zweihundert Fässer. Hier bewahre ich all mein Schießpulver auf."

„Alles an einem Platz? Und wenn es explodiert?"

„Das kann nicht geschehen. Nur ich allein habe einen Schlüssel dazu, und vor der Tür steht eine Wache. Außer Mekcsey oder Sukán darf niemand hinein. Von Sonnenuntergang bis Sonnenaufgang aber gebe ich den Schlüssel nicht aus der Hand."

Gergely blickte zum Fenster hinauf. Es war aus Glas, aus bleigefaßten kleinen Butzenscheiben, durch dreifaches Eisengitter geschützt.

Der Tür gegenüber stand im schräg einfallenden Licht ein großer runder Bottich, der bis an den Rand mit Pulver gefüllt war.

Gergely griff hinein und ließ etwas davon durch seine Finger rieseln.

„Es ist ganz trocken, gut für die Bombarde."

„Das für die Handbüchsen habe ich in kleinen Tonnen."

„Wo ist das Pulver hergestellt worden, hier oder in Wien?"

„Zum Teil hier, zum Teil in Wien."

„Wie ist das hier hergestellte zusammengesetzt?“
„Drei Viertel Salpeter und ein Viertel Schwefel und Kohle.“
„Weiche Holzkohle oder harte?“
„Weiche.“
„Das ist die beste. Ich mische sogar ein bis zwei Löffel Kohle mehr bei als üblich.“
An der verrußten Wand hing über dem Bottich ein Gemälde. Nur zwei Köpfe waren zu erkennen, ein bärtiger Männerkopf mit traurigem Blick und der eines Jünglings, der sich wohl an die Brust des Mannes schmiegte.
Beide waren von einem gelben Heiligenschein umgeben. Unterhalb des Halses war die Leinwand eingerissen, und die Wand schimmerte hell hindurch.
„Wahrscheinlich das Altarbild der Kirche“, sagte Dobó. „Vielleicht hat es noch König Stephan malen lassen.“
Vor der Sakristei drehten sich zwei von Pferden getriebene Trockenmühlen.
Unter einem Bogen der Kirchenmauer fertigten Soldaten Handbomben an. Zwei Feuerwerker überwachten die Arbeit.
Gergely blieb stehen, prüfte das Pulver und die Lunte. Er schüttelte den Kopf.
„Nicht gut?“ fragte Dobó.
„Schlecht ist es gerade nicht“, sagte Gergely mit einem Achselzucken, „aber ich bitte um die Erlaubnis, für die Bastei, auf der ich eingesetzt werde, die Bomben selbst machen zu dürfen.“
„Sag es, wenn du es besser verstehst. Du bist ein gelehrter Mann, und hier geht es um die Verteidigung der Burg, nicht um irgendwelche Rücksichten.“
„Nun ja, ich weiß etwas Besseres. Diese alten Bomben zischen, hüpfen, gehen auseinander, und damit ist es aus. Ich lege einen Kern hinein.“
„Was für einen Kern?“
„Eine kleine Bombe: in Kupferstaub getauchtes öliges Werg, Eisenpulver und ein Stück Schwefel. Ihre eigentliche Wirkung beginnt erst, wenn sie schon explodiert ist.“
Dobó rief den Bombenmachern zu:
„Hört mit der Arbeit auf! Herr Oberleutnant Bornemissza kommt wieder hierher, dann handelt nach seinem Befehl!“
Sie stiegen auf das Dach der in ein Bollwerk verwandelten Kirche.

Die Fläche war mit Weidenkörben umstellt, die man bis an den Rand mit Erde gefüllt hatte. Zwischen ihnen standen unter Steingewölben Geschütze; in der Mitte befanden sich eine Pulvergrube und ein Haufen von Kugeln.

Von hier aus konnte man die ganze Vorburg übersehen, die in einem riesigen Bogen die Ostseite der Festung umfaßte. Die Vorburg hatte zwei Bastionen, auf jeder waren zwei runde Türme.

Doch auch den Hügel gegenüber der Mauer konnte man sehen, der halb so hoch wie die Burg selbst war.

„Ich denke, hier auf der Ostseite wird der Ansturm heftig werden", meinte Gergely. „Und die Morgensonne scheint uns hier in die Augen. Hier braucht man einen vollwertigen Mann."

„Ich habe an dich gedacht."

„Danke. Ich werde schon meinen Mann stehen."

Die beiden Männer drückten sich die Hand.

Zwischen den Kanonen lugte eine große, dicke aus Bronze hervor. In ihr bauchiges Rohr paßte eine Kugel so groß wie ein Menschenkopf. Die Buchstaben und Verzierungen leuchteten wie Gold auf ihr.

„Das ist unsere Baba", sagte Dobó. „Lies mal die Aufschrift!"

In der Mitte des Kanonenrohres schillerte zwischen zwei sich zum Kranz neigenden Palmenzweigen der Satz:

Eine feste Burg ist unser Gott!

3

Am neunten September schien die Sonne nicht, graue Wolken bedeckten den Himmel. Die Berggipfel der Mátra waren verschwunden. Das Wetter benahm sich wie ein verwöhntes Kind, das weinen möchte und nicht weiß, warum.

In der Burg herrschte lebhaftes Treiben, und es erscholl lautes Hämmern. Auf dem unteren Markt schlugen Zimmerleute die Enden von ellenlangen Pfählen flach, Soldaten bohrten Löcher in die flachen Enden und formten Kreuze daraus. Eine dritte Gruppe band in Öl und Pech getauchtes Werg auf diese Kreuze. Es lag schon ein ganzer Berg davon fertig da, sie wurden *Knüppel* genannt.

Neben der Sakristei maß der alte Sukán Schießpulver mit dem Scheffel. Bauersleute schütteten es in kleine Ledersäcke und trugen es zu den Büchsenmeistern.

Dort ließ auch der Büchsenmeister János Tonkugeln mit Schießpulver füllen. Das waren die *Bälle*. Aus jedem Ball hing eine spannenlange Zündschnur heraus. Wenn man sie anzünden wollte, legte man die Kugel in ein Gestell aus Drahtgeflecht, ähnlich den englischen Ballschlägern. Diese Kugeln oder Bälle wurden aber auch mit der Hand geworfen oder – wenn sie eine Schlaufe hatten – mit der Lanze. Auch davon waren schon etwa tausend Stück fertig.

Am Alten Tor, wo die langen Häuserreihen zu beiden Seiten des unteren Marktes als Kasernen benutzt wurden, hörte man die Räder der Schleifer kreischen und die Hämmer der Schlosser klopfen. Sie mußten jedem, der zu ihnen kam, die Waffe richten.

Am Finstertor stand das Vieh in großen unterirdischen Ställen und fraß Heu. Dort an der Mauer übten die Metzger ihr Handwerk aus, das Blut lief durch ein Loch in den Graben. Jeden Tag wurden vier bis fünf Stück Vieh für das Burgvolk geschlachtet.

Gergely stand auf der Sándor-Bastion. Hier wurden aus Balken und Brettern Podeste gezimmert, damit die Verteidiger im Notfalle in größerer Anzahl die Mauern gleichzeitig bestiegen konnten; denn die Steintreppen der Bastionen waren nicht geeignet, vielen auf einmal Raum zu geben.

An allen Bollwerken gab es schon solche Gerüste, doch das der Sándor-Bastion mußte erneuert werden, weil die Pfähle nicht fest genug in den Boden gerammt waren und es daher schwankte.

Dobó stieg mit seinen Offizieren auf das Podest und rüttelte an den Pfählen.

„Die müssen so fest stehen, daß sie hundert Leute tragen können, auch wenn sämtliche Pfähle einen Treffer bekommen haben. Nagelt noch an jeden eine Stütze. Und dann soll das Ganze dick gekalkt werden."

Er wandte sich an den Knappen:

„Geh zu den Frauen: Sie sollen Kalk und Weißpinsel bringen."

Vom Kirchturm ertönte ein langer, kräftiger Hornruf.

„Was soll das“, schrie Mekcsey hinauf. „Wir sind doch hier!“
„Sie kommen!“
Ein schwerwiegendes Wort für die Offiziere.
„Der Vortrab kommt!“
Schon seit Tagen war eine lange Kette von Wachtposten bis nach Maklár hinunter aufgestellt. Ein lebendes Fernrohr, das bis zur Abonyer Ebene hinausreichte und Tag und Nacht Ausschau hielt, ob die Türken nahten. Kundschafter in ziviler Kleidung gingen sogar bis nach Vámosgyörk und Hatvan. Diese hatten Dobó bereits die Nachricht vom Aufbruch der Türken gebracht. Und Leutnant Lukács Nagy wiederum hatte mit vierundzwanzig wackeren Reitern einen Ausfall machen wollen, um den türkischen Vortrab zu beunruhigen. Die Ankunft der Vorhut bei Abony wurde aber erst jetzt allgemein bekannt. Nun war es schon sicher, daß sie hierher kamen und kein anderes Ziel hatten.
Dies bedeutete der Ruf: Sie kommen!
Mekcsey sprang auf die Mauer und lief schnell ans Südtor. Das gleiche tat Dobó. Die Offiziere folgten ihm. Auf der Südbastion blieben sie stehen, beschatteten die Augen mit den Händen und spähten nach dem Weg hin, der aus der weiten Ebene über die kleinen Dörfer Almagyar und Tihamér in gerader Linie zum Burgtor führte.
Auf der Straße von Almagyar nahte ein Reiter in gestrecktem Galopp, sein Pferd hinterließ eine Staubwolke. Er war ohne Kopfbedeckung, sein roter Dolman, an einem Riemen befestigt, flatterte hinter ihm her.
„Das ist mein Soldat!“ meinte Gergely. „Bakocsai!“
Dieser Bakocsai war ein vortrefflicher Reiter, und doch hatte ihn das Schicksal zum Fußsoldaten bestimmt. Ständig bat er darum, einmal auf dem Pferde sitzen zu dürfen. So war er denn heute zum Wachtposten bestimmt worden.
Als er unterhalb der Burg ankam, sah man, daß sein Gesicht blutüberströmt war und daß am Sattelzeug ein melonenartiges rundes Ding bäumelte.
„Mein Soldat!“ rief Gergely freudig und stampfte kräftig mit dem Fuß auf. „Ja, das ist er, Bakocsai!“
„Der ist schon mit dem Feind zusammengeraten“, stellte Dobó sachlich fest.

„Ein Bursche aus Eger“, sagte Mekcsey lobend.
„Aber mein Soldat“, bestand Gergely begeistert auf seinem Recht, „mein Schüler“!
Dem ersten Boten folgten dann in dichtem Staubwirbel noch drei. Die übrigen waren wohl auf der Strecke geblieben.
Die Türken waren da!
Was mochte Dobó bei dieser Nachricht empfunden haben? Es nahte das Türkenheer, das im Sommer die beiden stärksten Burgen des Landes, Temesvár und Szolnok, bezwungen und dazu Drégely, Hollókő, Salgó, Buják, Ság und Balassa-Gyarmat genommen hatte – alles, was es nur wollte. Denn dieses Heer war aufgebrochen, um alles, was von Ungarn noch übrig war, dem Sultan untertan zu machen.
Sie waren also schon da. Sie kamen wie ein dröhnendes Gottesgericht, wie ein weltvernichtender Sturm aus Feuer und Blut. An die hundertfünfzigtausend Tiger mit Menschengesichtern, raubgierige Bestien. Vielleicht waren es sogar zweihunderttausend. Die meisten waren von frühester Kindheit an zum Schießen mit Pfeilen und Büchsen, zum Erklettern von Mauern und zum Lagerleben erzogen worden. Ihre Säbel wurden in Damaskus geschmiedet, ihre Harnische waren von Derbender Stahl, ihre Lanzen waren von hindostanischen Waffenschmiedemeistern, und die besten Gießer Europas hatten ihre Geschütze hergestellt. Sie besaßen Schießpulver, Kugeln, Bombarden, Waffen aller Art ohne Maß und Zahl. Dazu kam noch ihr teuflischer Blutdurst.
Und was stand all dem entgegen?
Diese kleine Burg mit sage und schreibe sechs alten, schlechten schweren Geschützen und ein paar hohlen Eisenstangen: Kanonen genannten Wallbüchsen.
Was mochte Dobó empfunden haben?
István Bakocsai, der Kundschafter, sprengte in die Burg und glitt vom Pferd. Blutig, verschwitzt, staubig, die linke Wange schwarz von geronnenem Blut, blieb er vor Dobó stehen. An seinem Sattelknopf hing an einem Riemen ein brauner Türkenkopf mit einem Ringelschnurrbart.
„Herr Hauptmann“, rief er und schlug die Hacken zusammen, „ich melde gehorsamst, die Türken sind da, verdammt mal!“

„Nur die Vorhut", sagte Dobó ruhig.
„Jawohl, Herr Hauptmann, die Vorhut. Die Haupttruppe konnten wir wegen des Abonyer Waldes nicht sehen. Aber daß sie fest im Anrücken ist, ist gewiß, potztausend! Als sie uns bemerkten, haben sie gleich zwei erwischt, und auch mich haben einige ein gutes Stück gejagt, am längsten aber diese Zigeunerfratze, potztausend!"
„Wo sind deine Kameraden?"
Der Soldat blickte zum Tor:
„Sie waschen sich im Bach. Potztausend!"
„Na, von heute an bist du Gefreiter", sagte Dobó. „Geh und trink einen Krug Wein!" Und lächelnd fügte er hinzu: „Potztausend!"
Auf dem Burghof drängte alles zusammen, um den abgehauenen Kopf zu sehen. An dem rasierten Schädel war in der Mitte eine lange Haarsträhne, an der hielt Bakocsai den Türkenkopf und zeigte ihn stolz herum.

*

Die Türken kommen! Auf diese Nachricht hin wurde die Burg zu einem riesigen, summenden Bienenstock.
Alles scharte sich um Bakocsai, um zu hören, was er berichtete, und um den Türkenkopf zu sehen. Sogar die Frauen kamen aus den Backstuben und Küchen herbeigerannt. Auf den Fußspitzen standen sie hinter den Soldaten, lauschten der Erzählung und entsetzten sich über den Heidenschädel, aus dem noch das Blut tropfte.
Dies geschah allerdings erst, als Dobó den Markt verlassen und mit den Offizieren nach dem Palas aufgebrochen war. Sie blieben unterwegs stehen und beratschlagten.
Der Held hängte den Türkenkopf an eine Linde. Er selbst setzte sich auf einen Stuhl und überließ seinen Kopf dem Bader.
Es gab dreizehn Vertreter dieses Berufs in der Burg, vier Meister und neun Gesellen. Selbstverständlich waren sie nicht allein zum Haarschneiden und Bartscheren da; sie sollten Wunden waschen, sie mit Alaunstein bestreichen und nähen. Ein Arzt? Wo hätte man ihn ja auch hernehmen sollen, es gab damals im ganzen Land nicht so viele Ärzte wie heutzutage in einer einzigen kleinen Komitatsstadt. So hatte man denn aller-

orts anstelle eines Arztes den Bader, und dann noch den lieben Gott.

Alle dreizehn Bader fielen über Bakocsai her, nur um ihn erzählen zu hören. Zuallererst zogen sie ihm den Dolman und das Hemd aus.

Meister Péter war der älteste und begann als erster, ihn zu waschen. Man hielt ein großes Tongefäß vor ihn hin und übergoß ihn mit einem Krug Wasser.

Wie man halt damals jemanden zu waschen pflegte.

Das ließ sich der Krieger noch gefallen, auch das Bestreichen mit Alaun ließ er über sich ergehen. Als sie aber die lange Kopfwunde zu nähen begannen, stieß er mit einem Fußtritt Stuhl, Schüssel, Bader und Gesellen beiseite und stapfte unter fürchterlichen „Potztausenden“ in die Kaserne.

„Ich bin doch keine Hose, potztausend!“

Er wischte mit der Hand ein großes Spinngewebe vom Fensterrand, das legte er sich auf den Kopf und verband ihn sich selbst. Dann setzte er sich, führte sich ein gehöriges Stück Speck zu Gemüte, begoß es tüchtig mit Wein, streckte sich auf einem Strohsack aus und schlief sofort ein.

*

Fast gleichzeitig mit dem Helden kam auch ein Bauersmann zu Pferde in der Burg an. Er hatte einen Mantel an und trug einen hochgeschlagenen schwarzen Hut. In der Hand hielt er einen grünen Knüppel, der so lang war wie er selbst.

Als Dobó den Soldaten abgefertigt hatte, fragte der Bauer vom Pferd herab eine Frau:

„Welcher ist der Herr Hauptmann?“

„Der da“, antwortete die Frau, „der Große, Breitschultrige, der oben an den Badern vorbeigeht. An der Feder auf seinem Hut könnt Ihr ihn erkennen.“

Der Mann sah in die Richtung, die man ihm wies. Sofort erblickte er die Bader. Alle dreizehn waren beim Haarscheren. Die Offiziere ließen sich das Haar fast bis auf die Kopfhaut abschneiden – das ging schnell mit dem fünfzinkigen Kamm und ein paar hurtigen Scherenschnitten. Die bis auf die Schultern herabwallenden Haare konnten leicht Feuer fangen, auch würde während der Belagerung zum Kämmen keine Zeit sein.

Der Bauer stieg vom Pferd, band es an einen Baum, griff in seinen Quersack und brachte einen Brief mit großem Siegel zum Vorschein.

Er lief damit hinter Dobó her.

„Ich habe einen Brief gebracht, Herr Hauptmann!"

„Von wem?"

„Von den Türken."

Dobós Gesicht verfinsterte sich.

„Wie hat Er sich hierhergewagt?!" fuhr er den Bauern an. „Ist Er ein Türke?"

Der Mann knickte zusammen:

„Ich ein Türke? Ich bin doch aus Kál, gehorsamst."

„Weiß Er nicht, daß ein Ungar Sünde begeht, wenn er einen Brief des Feindes überbringt?"

Und er rief den Soldaten zu:

„Nehmt den da fest!"

Zwei mit Lanzen bewaffnete Soldaten traten neben den Bauern.

„Herr", jammerte dieser, „sie haben mich gezwungen!"

„Zwingen konnten sie dich nur, den Brief anzunehmen, nicht aber, ihn herzubringen."

Und er gab den Soldaten einen Wink:

„Bleibt hier stehen!"

Er ließ das Burgvolk zusammentrommeln und wartete mit verschränkten Armen unter der Linde, an der der Türkenkopf hing.

Es vergingen keine drei Minuten, und das ganze Burgvolk war versammelt. Die Offiziere umringten Dobó. Die Soldaten standen in Reihen, hinter ihnen die Bauern und die Frauen.

Da begann Dobó:

„Ich habe euch alle rufen lassen, weil die Türken einen Brief geschickt haben. Ich korrespondiere nicht mit dem Feind. Wenn er einen Brief schreibt, werfe ich ihn weg oder stopfe ihn dem Kerl ins Maul, der es wagt, ihn mir zu bringen. Nur diesen ersten Brief lasse ich verlesen und übersende ihn sofort dem König. Möge er sich mit eigenen Augen überzeugen, daß die Türken hier sind und Hilfe nötig ist. Was in dem Brief steht, weiß ich ohnehin: Drohung und Feilschen. Vor den Drohungen erschrecken wir nicht, auf einen Handel lassen wir uns nicht ein.

Das Vaterland ist nicht zu verkaufen, um keinen Preis. Damit ihr aber mit eigenen Ohren hört, wie der Feind zu reden pflegt, lasse ich diesen Brief vorlesen."

Er reichte ihn Gergely hin, der, wie Dobó wußte, jegliche Schrift auf den ersten Blick lesen konnte. Er war der Gelehrteste der ganzen Besatzung.

„Lies laut!"

„Von Achmed Pascha aus Kál.
Dem Hauptmann von Eger, István Dobó, meinen Gruß.

Ich, der anatolische Achmed Pascha, Oberratgeber des mächtigen und unbesiegbaren Kaisers und Oberhauptmanns eines zahllosen, jegliche Macht zertretenden Heeres, schreibe Euch und lasse Euch wissen, daß der mächtige Kaiser in diesem Frühjahr zwei Heere nach Ungarn geschickt hat. Das eine Heer nahm Lippa, Temesvár, Csanád, Szolnok und alle Burgen und Kastelle ein, die zwischen Körös, Maros, Theiß und Donau stehen. Das andere Heer eroberte Veszprém, Drégely, Szécsén und die ganze Ipolygegend und schlug dabei zwei ungarische Heere. Es gibt keine Macht, die sich gegen uns behaupten könnte!

Und jetzt vereinigen sich die beiden siegreichen Heere vor der Burg Eger.

Nach dem Willen des mächtigen, unbesiegbaren Kaisers warne ich Euch, auf daß Ihr es nicht waget, Euch Majestät zu widersetzen, sondern Euch in Gehorsam Ihm beuget und den Pascha, den ich entsende, einlasset und Ihm Burg und Stadt Eger übergebet."

„Was nicht gar!" tönte es von allen Seiten.

„Nicht weiterlesen!"

„Ein Hundsfott, wer sich das anhört!"

Dobó aber gebot Ruhe.

„Hört euch die Türkenmusik nur an. Sie klingt recht schön, wenn sie stolze Töne anschlägt. Lies nur weiter!"

„Wenn Ihr gehorsam seid, versichere ich Euch bei meiner Ehre, daß Ihr weder an Eurer Person noch an Eurer Habe Schaden erleiden sollt. Ihr werdet vom Kaiser alles Gute erfahren, und ich will Euch in Freiheit halten, wie Ihr sie unter Euren alten Königen genossen habt."

„Wir brauchen keine türkische Freiheit“, schrie Cecey dazwischen, „die ungarische genügt uns!“

Alle lächelten, und Gergely fuhr fort:

„Und ich beschütze Euch vor allem Übel...“

„Sie kommen ja nur, um uns zu beschützen!“ rief Gáspár Pető.

Alles lachte, selbst der Briefleser.

Es war ja schon allgemein bekannt, wie es die Türken trieben, wenn eine Burg sich ihnen ergab.

Nur Dobó stand in düsterem Schweigen.

Gergely las weiter:

„Darauf gebe ich Euch mein Siegel. Wenn Ihr aber nicht gehorchet, ziehet Ihr den Zorn des mächtigen Kaisers auf Euer Haupt, und Ihr selbst wie auch Eure Kinder werden des grausamsten Todes sterben. Darum sollet Ihr mir sofort antworten!“

Ein zorniges Murren war die Antwort.

„Daß der Geier ihn hole, den mächtigen Kaiser! Mag er nur kommen!...“

Die Gesichter röteten sich. Auch den Zahmsten glühte Feuer in den Augen.

Gergely gab dem Hauptmann den Brief zurück. Der Lärm verebbte.

Dobó brauchte nicht auf einen Stein zu steigen, um aus der Gruppe herauszuragen; er sah über die Köpfe aller hinweg.

„Nun“, sagte er stahlhart, aber bitter, „das ist der erste und letzte Brief, der von den Türken in diese Burg kam und *gelesen* wurde. Ihr habt nun verstanden, was den Feind hierhergeführt hat. Mit Kanonen und Schwertern bringt er uns die Freiheit! Im Christenblut badend bringt uns der heidnische Kaiser diese Freiheit. Brauchen wir sie? Brauchen wir diese Freiheit nicht, dann schlägt er uns den Kopf ab. Darauf haben wir zu antworten. Das ist die Antwort.“

Er zerknüllte den Brief und schleuderte ihn dem Bauern ins Gesicht.

„Wie konntest du es wagen, das herzubringen, Niederträchtiger?“

Und den Soldaten rief er zu:

„Legt ihn in Eisen! In den Kerker mit dem Schurken!“

4

Nachdem die Aufregung über den Türkenbrief sich gelegt hatte, bat Dobó seine Offiziere in den Palas.

„In einer halben Stunde seid alle da!“

Schon vor Ablauf der gesetzten Frist füllte sich der Saal. Die noch fehlten, kamen später, weil sie erst in ihre Quartiere geeilt waren, um ihre Festgewänder anzulegen. Alle spürten, daß dieser Brief der erste Anschlag der Sturmglocke war.

Dobó wartete gespannt auf die Rückkehr der Gefährten Bakocsais und auf Lukács Nagy mit seinen vierundzwanzig Reitern. Die Türken würden sie doch nicht etwa umzingelt und gefangengenommen haben? Denn das wäre eine verdammt böse Geschichte...

Mit verschränkten Armen stand er am Fenster und ließ seinen Blick über die unten gelegene Stadt schweifen. Wie schön die Gebäude, wie weiß die Häuser waren! Und alles leer. Nur unterhalb des Palas, am Bach, wimmelte es von Burgvolk. Soldaten tränkten ihre Pferde, Männer trugen Wasser. Weiter unten in der Stadt trat jetzt eine Frau mit gelbem Tuch aus einer Haustür. Mit zwei kleinen Kindern, die neben ihr hertrippelten, eilte sie auf die Burg zu.

„Auch die kommt in die Burg“, brummte Dobó unlustig vor sich hin.

Der Knappe stand neben dem Hauptmann. Er hatte ein samtenes, leinblütenfarbenes Wams an. Mit seinem langen Haar und dem weichen Gesicht sah er wie ein verkleidetes Mädchen aus. Betrachtete man aber seine Hände, so sah man, daß Kraft in ihnen steckte. Tag für Tag übte er sich im Speerwerfen.

Dobó wandte sich ihm zu und streichelte ihm das auf die Schultern herabwallende Haar.

„Was hast du geträumt, Kristóf? Warst du nicht im Traum daheim?“

Der Jüngling schlug die Augen nieder:

„Ich würde mich schämen, wenn ich so etwas träumte, Herr Hauptmann.“

„Laß dir die Haare abschneiden, mein Junge, es wird nötig sein.“

Kristóf war der einzige Page, der in der Burg geblieben war, und auch er nur, weil sein Vater dem Hauptmann geschrieben hatte, er solle den Jungen nicht nach Hause schicken. Er hatte eine Stiefmutter, die ihn scheel ansah. Dobó behandelte ihn indes wie seinen eigenen Sohn.

Die anderen Knappen hatte er alle nach Hause geschickt. Es waren Knaben zwischen vierzehn und sechzehn Jahren. Dobós Hof war für sie eine soldatische Schule. Zur Prüfung ließ er sie noch nicht antreten.

Er hatte noch einen ihm sehr lieben Knappen gehabt, Balázs Balogh, den Sohn eines Leutnants von dem vor einem Jahr ermordeten Frater Georgius. Er war sogar noch ein Jahr jünger als Kristóf und ein vorzüglicher Reiter. Weinend hatte er im August Burg Eger verlassen; es tat ihm weh, daß Kristóf bleiben durfte, er aber heimgeschickt wurde.

„Da jagen sie mich fort wie einen Schusterjungen“, hatte er bitter geklagt und dann Kristóf angefahren: „Taugst du denn mehr als ich, daß du bleiben darfst? Na, warte, wenn ich zurückkomme, will ich mit dir eine Lanze brechen.“

„Du denkst doch nicht etwa, daß ich dich fortschicken lasse?“ hatte Kristóf verärgert gefragt und dann Dobó angefleht: „Laßt doch den Balázs hier, Herr Hauptmann.“

Dobó aber war nicht umzustimmen gewesen.

„Er darf nicht bleiben. Die Mutter ist Witwe, er ist ihr einziges Kind. Zu Hause darf der nicht einmal auf den Nußbaum klettern. Laß mich in Ruhe!“ hatte er gesagt.

Lukács Nagy hatte Balázs mitgenommen, um ihn unterwegs der Mutter zu übergeben.

„Wie lange Lukács fortbleibt!“ sagte Dobó zu Mekcsey. „Ich fürchte, es ist ihm etwas zugestoßen.“

Und er schüttelte den Kopf.

„Das glaube ich nicht“, sagte Mekcsey mit einem Lächeln. „Kleinen Leuten passiert nichts. Das ist so ein Aberglaube von mir, daß sie im Kriege Glück haben.“

„Gerade umgekehrt“, widersprach Gergely gutgelaunt, „ein Kleiner sitzt nie so sicher auf dem Roß wie ein Langer. Der Kleine wird vom Pferd getragen, der Lange unterwirft es seinem Willen.“

„Das sagst du, weil du auch groß bist!“

Der Türsteher verkündete, die Wachen seien angekommen.

Dobó wurde ernst.

„Laß sie eintreten.“

Sieben junge Männer in gelben Schaftstiefeln mit Sporen traten in die Mitte des Saales und schlugen die Hacken zusammen. Zwei von ihnen hatten feuchtes Haar. Sie hatten sich also tatsächlich gewaschen.

Einer der beiden trat vor:

„Herr Hauptmann, ich melde gehorsamst, der Feind ist da, unterhalb von Abony.“

„Ich weiß es“, gab Dobó zurück. „Auch der erste Türke ist schon da. Bakocsai hat ihn mitgebracht.“

Das war in tadelndem Ton gesagt. Der Soldat trug die blauroten Farben der Stadt. Er räusperte sich, reckte sich auf und sagte:

„Herr Hauptmann, das hätte ich auch gekonnt, sogar gleich drei auf einmal.“

„Warum hast du es nicht getan?“

„Weil ich allen dreien den Kopf gespalten habe.“

Im Saal brach Heiterkeit aus. Vier von den sieben Soldaten waren verbunden. Auch Dobó mußte lächeln.

„Also, Komlósi, mein Sohn“, sagte er, „das mit den Türkenköpfen mag stimmen, aber in euren Köpfen ist etwas nicht in Ordnung. Eure Pflicht war es nicht, zu kämpfen, sondern uns Nachricht zu bringen. Der Soldat von Herrn Oberleutnant Bornemissza tat das. Euch aber erschien es wichtiger, euch zu waschen, zu kämmen, das Hemd zu wechseln und den Schnurrbart zu zwirbeln. Was bist du für ein Soldat, Antal Komlósi?“

Komlósi sah betrübt vor sich hin, er fühlte, daß Dobó recht hatte. Dann warf er aber den Kopf hoch.

„Ihr werdet schon sehen, was für ein Soldat ich bin, Herr Hauptmann.“

Noch zwei Wachen hätten kommen müssen, sie blieben aber

aus. Sie waren wohl von den Türken erwischt worden und konnten nur noch im Jenseits Meldung machen.

Dobó bestimmte neue Wachen und befahl ihnen, sich nicht mit den türkischen Vortrupps in Plänkeleien einzulassen, sondern nur dem diensthabenden Offizier stündlich vom Vormarsch der Türken Bericht zu geben. Dann entließ er sie und setzte sich an den Tisch.

Inzwischen hatten sich alle Leutnante und alle Burgbeamteten und auch die fünf deutschen Büchsenmeister im Saal eingefunden. Auch der Pfarrer und der alte Cecey waren anwesend. Man unterhielt sich leise; einige sahen sich die Bilder an: das Porträt des Bischofs Miklós Oláh, wie er, die Stirn gerunzelt, mit seinen großen Eulenaugen nach der Seite blickte; in der Hand hielt er ein Büchlein, und im Hintergrund war Burg Eger zu sehen, die damals nur einen Turm hatte. An der im Schatten gelegenen Wand hing das Bild von König János, aber nur sein gelber Bart schimmerte aus dem Dunkel. Auf einem anderen mit der Zeit stark nachgedunkelten Bild waren nur noch Nase und Wange erkennbar und der Name: Perényi.

„Freunde“, begann nun Dobó in der feierlichen Stille, „ihr habt gehört, daß sich jetzt ereignet, was wir seit Jahren erwartet haben.“

Seine Stimme klang wie dunkler Glockenton. Einen Augenblick hielt er inne; vielleicht verschwieg er einen Gedanken. Dann fuhr er – wie einer, der sich kurz fassen will – in alltäglichem Ton fort:

„Mein Stellvertreter, Hauptmann Mekcsey, hat mir soeben das Verzeichnis der gesamten Besatzung übergeben. Im großen und ganzen kennt ihr sie. Ich halte es dennoch für geboten, es hier verlesen zu lassen. Ihr sollt unsere Lage genau kennen. Bitte, Gergely, mein Sohn...“

Er überreichte Gergely das Schriftstück, der mit solchen Dingen leichter und schneller fertig wurde als der alte Sukán. Bereitwillig begann er zu lesen:

„Die Besatzung von Burg Eger am neunten September fünfzehnhundertzweiundfünfzig.“

„Also heute“, sagte Dobó.

„In der Burg sind heute ständige Reiter zweihundert, ständige Fußsoldaten ebensoviel, einberufene Musketiere aus Eger und

Umgebung achthundertfünfundsiebzig. Seine Gnaden Herr Ferenc Perényi hat fünfundzwanzig Mann geschickt, Herr György Serédy an die zweihundert.“

Mekcsey schüttelte den Kopf:

„Von denen sind höchstens etwa fünfzig da.“

Und er blickte dabei einen aufgeregt mit den Augen zwinkernden Leutnant mit breitem Gesicht an.

„Ich kann nichts dafür!“ fuhr dieser auf. „Ich bin da!“

Und er rasselte mit dem Säbel.

Dobó besänftigte ihn:

„Es ist ja nicht von dir die Rede, Freund Hegedűs. Auch Hunyadi hatte Taugenichtse unter seinen Soldaten. Freilich, das waren Walachen.“

Gergely las weiter:

„Ebenfalls aus Kassa kamen zweihundertzehn Aufständische. Da haben wir es also“, sagte er mit einem Blick zu Hegedűs, „auch in Kassa gibt es tapfere Männer.“

Und er fuhr fort zu lesen:

„Die stummen Mönche haben vier Trabanten geschickt. Das Egerer Domkapitel neun.“

„Neun?“ fuhr Tamás Bolyky auf, der Leutnant der Borsoder Musketiere. „Die haben doch mehr als hundert Soldaten.“

„Nicht einmal gegen Bezahlung wollten sie sie hergeben“, sagte Dobó kurz.

Fügedi, der Leutnant des Domkapitels erhob sich. Dobó gab ihm einen Wink:

„Ein andermal, Freund. Niemand will das Kapitel schelten. Die Stadt Eger gehört zum Komitat Heves, die Burg zu Borsod. Jenseits des Baches ist Heves, diesseits Borsod. Fahre fort, Gergely, mach es kurz und rasch.“

Gergely las also schnell und leiernd wie die Mönche weiter. Die Liste war ziemlich lang. Die Komitate Sáros, Gömör, Szepes, Ung und die freien Städte hatten alle ein Fähnlein Trabanten geschickt. Der Propst von Jászó allein vierzig Mann; dafür ließ man ihn auch hochleben.

Zum Schluß hob Gergely wieder die Stimme:

„So sind wir denn insgesamt hundert weniger als zweitausend.“

Dobó ließ seinen Blick über die am Tisch Sitzenden schweifen und dann auf Hegedüs ruhen. Den Kassaer Leutnant ins Auge fassend, sagte er:

„Hierzu können noch die Leute gerechnet werden, die ich für die Burg in Dienst gestellt habe: dreizehn Bader, acht Metzger, drei Schlosser, vier Schmiede, fünf Zimmerleute, neun Müller, ferner vierunddreißig Bauern, die an den Geschützen helfen werden. Im Notfall können sie alle bewaffnet werden. Außerdem rechnen wir noch Lukács Nagy dazu, den ich am Johannistag mit vierundzwanzig Reitern nach Szolnok geschickt habe; ich rechne jede Minute mit seinem Kommen."

Die letzten Worte sprach Dobó mit einem Blick auf Mekcsey.

Und er fuhr fort:

„So sind wir denn eine ganz ansehnliche Besatzung, aber die größte Hilfe erwarte ich von Seiner Majestät dem König."

Der alte Cecey stieß mit seinem Arm in die Luft und brummte etwas dazu.

„Na, na, Vater Cecey", sagte Dobó, „jetzt ist es nicht mehr so, wie es einst war. Der König weiß sehr wohl, daß er, wenn Eger fällt, die Heilige Krone in die Schatzkammer sperren kann."

„Und dann gibt es kein Ungarn mehr", fügte Mekcsey, der neben Dobó stand, düster hinzu.

„Aber noch ein Deutschland!" polterte der Alte.

„Das Heer des Königs rückt in zwei großen Scharen an", begann Dobó wieder. „Fünfzig- oder sechzigtausend, möglicherweise sogar hunderttausend wohlgenährte und gutbezahlte Söldner. Die eine Heerschar wird von Moritz von Sachsen, die andere von Erzherzog Maximilian angeführt. Gewiß sendet ihnen der König den Befehl, keine Zeit zu verlieren, sondern sich zu beeilen. Und für alle gilt heute der Schlachtruf: Eger!"

„Das glaubt nicht einmal meine Großmutter", knurrte Cecey.

„Nun, ich glaube es!" erwiderte Dobó scharf. „Und hiermit ersuche ich Euch, mir nicht ins Wort zu fallen. Mein Sendbote, Miklós Vas, bricht heute abermals nach Wien auf, und wenn er nicht schon unterwegs des Königs Heer begegnet, bringt er die Nachricht von der Ankunft des türkischen Heeres nach Wien."

Er wandte sich an Gergely:

„Wenn wir hier die Unterredung beendet haben, setzt du sofort eine Bittschrift für Seine Majestät auf und fügst den Türkenbrief bei. Du mußt so eindringlich schreiben, daß selbst die Felsen sich in Bewegung setzen und sich nach Eger aufmachen."

„Das will ich tun", sagte Gergely.

„Wir haben keinen Grund, die Türken mit Bangen zu erwarten. Die Mauern sind stark. Pulver und Nahrung sind reichlich vorhanden. Von den als Zehnten gelieferten Schafen sind viertausend in der Burg, der größere Teil ist schon geräuchert. Schlachtvieh haben wir vierhundertsechsundfünfzig Stück, auch das hängt zum großen Teil schon im Rauch. An Getreide lagern achthundertfünfunddreißig Scheffel, ein großer Teil davon ist schon gemahlen. Von allem ist ein reichlicher Vorrat da. Wenn es sein muß, können wir ein Jahr durchhalten. Und wenn der König auch nur das siebenbürgische Heer schickt, befördern wir alle Türken aus Egers Umgebung in Mohammeds Reich. – Nun lies aber auch die zweite Liste vor", sagte er zu Gergely.

Und dieser begann:

„Eine große Bombarde namens Frosch, eine zweite Bombarde namens Baba, das sind zwei Stücke. Drei Kartaunen vom König, vier Stück von Gábor Perényi, ein Stück von Benedek Serédy."

„Das Pulver haben wir nicht gemessen, denn das ist ja kaum möglich", warf Dobó ein. „Vom vorigen Jahr ist noch etwas übrig, und der König hat auch welches geschickt. Die Sakristei ist bis zur Decke mit Pulver angefüllt. Außerdem haben wir noch Salpeter und eine Mühle und können, wenn es nötig ist, selbst welches machen. Fahre fort."

Gergely las:

„Fünf alte Kupferhaubitzen, Mauerbrecher. Fünf Eisenhaubitzen. Vier kupferne Mauerbrecher von Seiner Majestät. Fünfundzwanzig Kugelgießer für die Mauerbrecher und Wallbüchsen, zwei Prager Doppelwallbüchsen, fünf Stück schwere Wallbüchsen."

„Die Türken werden schon ihre Antwort bekommen. Das ist aber noch gar nichts. Lies weiter."

„Dreihundert Prager und Csetneker Kupfer- und Eisenbüchsen, dreiundneunzig Handbüchsen, hundertvierundneuenzig deutsche Handbüchsen."

„Taugt alles nichts", krähte Cecey dazwischen. „Eine gute Armbrust ist mehr wert als alle Flinten."

Darüber entstand ein kleines Wortgefecht. Die Alten stimmten Cecey zu, die Jungen traten für die Büchsen ein.

Schließlich beendete Dobó das Geplänkel mit der Feststellung, daß Büchsen und Armbrüste gleich gut, am besten aber die Geschütze seien.

Der Page Kristóf stellte einen kunstvoll gearbeiteten goldenen Helm und ein kleines silbernes Kruzifix auf den Tisch. Über dem Arm hing ihm ein Mantel, der einem Meßgewand glich.

Er stellte sich hinter Dobó und hielt schweigend den Mantel.

Gergely las noch ein ganzes Register vor. Allerlei Waffen wurden genannt: Lanzen, Spieße, Schilde; zahlreiche Arten von Geschossen, außerdem Enterhaken, Spitzhaken, Streitkolben, Speere, Lunten und verschiedenes sonstiges Kriegsgerät, das bereits seit langem in der Burg gelagert hatte und nicht erst von den Hilfstruppen mitgebracht worden war.

Dann erhob sich Dobó.

Er setzte sich den vergoldeten Helm auf und legte den Hauptmannsmantel aus rotem Samt um die Schultern. Die linke Hand am Säbel, begann er in ruhigem Ton:

„Liebe Freunde und Mitverteidiger! Ihr habt die Mauern gesehen und kennt nun auch die Kräfte, die sie bergen. In dieser Burg wird das Schicksal des uns noch verbliebenen Teils unserer Heimat entschieden."

Im Saal war es still. Die Augen aller waren auf Dobó geheftet.

„Fällt Eger, dann können auch Miskolc und Kassa nicht mehr widerstehen. Die kleinen Burgen schüttelt der Türke vom alten Stamm ab wie Nüsse vom Baum. Dann gibt es nirgends Widerstand mehr, und die Geschichte kann Ungarn in das Buch der Toten eintragen."

Er sah mit düsterem Blick im Kreise umher und setzte seine Ansprache fort:

„Burg Eger ist stark. Aber wir haben das Beispiel von Szolnok. Die Stärke der Mauern liegt nicht im Stein, sondern im Herzen der Verteidiger. In Szolnok sollten gedungene, fremde Söldner die Festung halten. Aber nicht diese, sondern der Sold, den sie zu bekommen hatten, lag ihnen am Herzen. Hier gibt es nur fünf deutsche Büchsenmeister, die aber sind tüchtige Männer. Hier verteidigt jeder das Vaterland und setzt, wenn es sein muß, Blut und Leben dafür ein. Und niemals sollen die kommenden Geschlechter sagen können, daß ihre Vorfahren, die im Jahre fünfzehnhundertzweiundfünfzig hier gelebt haben, den Namen Ungar nicht verdienten."

Durch das Fenster fielen jetzt Sonnenstrahlen in den Saal. Sie beschienen die Waffen an der Wand und die auf Stangen ruhenden Harnische. Auch der goldene Helm des Hauptmanns funkelte. Gergely stand neben Dobó. Er blickte zum Fenster, dann schirmte er das Licht von den Augen ab, um seinen Hauptmann ansehen zu können.

„Ich ließ euch rufen", sagte Dobó noch, „damit ihr alle in euch geht. Wem die eigene Haut teurer ist als die Zukunft der Nation – die Tore stehen noch offen. Ich brauche ganze Männer. Lieber wenige Löwen als viele Hasen. Wem das Herz vor dem kommenden Sturm erzittert, der verlasse den Saal, bevor ich weiterspreche; denn nun müssen wir auf die Verteidigung der Burg einen solchen Schwur ablegen, daß, wer diesen bricht, auch nach seinem Tode nicht vor Gott zu treten wagt."

Dobó blickte seitwärts und wartete, ob sich jemand rührte.

Im Saal war Stille.

Keiner bewegte sich.

Neben dem Kruzifix standen zwei Wachskerzen. Der Page zündete sie an. Dobó sprach weiter:

„Wir müssen beim heiligen Namen Gottes – ihr mir und ich euch – schwören, uns an folgende Punkte zu halten."

Er nahm einen Bogen Papier vom Tisch und las:

„Erstens: Was immer für eine Botschaft von den Türken kommen möge, wir nehmen sie nicht an, sondern verbrennen das Schreiben ungelesen vor den Augen des Burgvolkes."

„So sei es!" klang es im Saal.

„Zweitens: Sobald die Türken die Burg umzingeln, rufe niemand etwas hinaus; was sie auch immer hereinschreien mögen, sie sollen keine Antwort darauf erhalten, weder eine gute, noch eine schlechte."

„So sei es!"

„Drittens: Nach Beginn der Belagerung soll es keinerlei Ansammlungen geben, weder drinnen noch draußen. Nicht zu zweit und nicht zu dritt darf geflüstert werden."

„So sei es!"

„Viertens: Die Unterbefehlshaber dürfen nicht ohne Wissen

der Leutnante und die Leutnante nicht ohne Wissen der beiden Hauptleute über die Truppen verfügen."

„So sei es!"

Eine rauhe Stimme neben Fügedy sprach dazwischen:

„Hier möchte ich etwas hinzugefügt wissen."

Der Sprecher war Hegedűs, Serédys Leutnant. Er war rot im Gesicht.

„Laßt hören!" rief man ihm vom Tisch aus zu.

„Ich schlage vor, daß die beiden Hauptleute ihre Verfügungen jeweils im Einvernehmen mit den Leutnanten treffen, sooft von den Leutnanten oder auch von einem in Sachen der Verteidigung oder bei einer anderen wichtigen Verfügung eine Beratung beantragt wird."

„Für die Zeit der Kampfpausen während der Belagerung nehme ich das an", sagte Dobó.

„Einverstanden!" erscholl es im Chor.

Dobó las weiter:

„Der letzte Punkt: Wer von der Übergabe der Burg spricht, danach fragt, darauf antwortet oder in irgendeiner Weise die Preisgabe der Burg fordert, sei des Todes!"

„Er sterbe!" riefen die Offiziere mit leuchtenden Augen. „Wir ergeben uns nicht! Wir sind keine Söldner! Wir sind keine Szolnoker!" tönte es von allen Seiten.

Dobó nahm den goldenen Helm ab, strich sich über das graue Haar, dann winkte er den Geistlichen heran.

Pfarrer Bálint stand auf. Er nahm das kleine silberne Kruzifix vom Tisch.

„Schwört mit mir!" sprach Dobó.

Alle im Saal Anwesenden streckten die zum Schwur erhobene Hand zum Kruzifix hin.

„Ich schwöre bei dem lebendigen Gott..."

„Ich schwöre bei dem lebendigen Gott", erklang es in feierlichem Gemurmel.

„...daß ich Blut und Leben dem Vaterland und dem König, der Verteidigung von Burg Eger weihe. Weder Kraft noch List sollen mich einschüchtern, weder Geld noch Versprechungen mich irremachen. Von der Preisgabe der Festung werde ich mit keinem Wort sprechen und kein Wort darüber anhören. Ich werde mich weder innerhalb noch außerhalb der Burg ergeben.

Vom Beginn bis zum Ende der Belagerung unterwerfe ich mich dem Befehl meiner Vorgesetzten. So wahr mir Gott helfe!"

„So wahr mir Gott helfe!", erschallte es einstimmig.

„Und jetzt schwöre ich selbst", verkündete Dobó mit aufleuchtenden Augen. „Ich schwöre, daß ich all meine Kraft der Verteidigung der Burg und des Landes widme, all meine Gedanken und jeden Tropfen meines Blutes. Ich werde alle Gefahren mit euch teilen. Ich schwöre, daß ich die Burg nicht den Heiden überlasse, daß ich weder diese noch lebend mich selbst dem Feinde überantworte. So empfange die Erde meinen Leib und der Himmel meine Seele! Gott, der Ewige verstoße mich, wenn ich diesen Eid breche!"

Alle Säbel blinkten. Wie aus einem Munde erscholl der Ruf:

„Wir schwören! Wir schwören! Wir schwören wie unser Hauptmann!"

Dobó bedeckte seinen Kopf wieder mit dem Helm und setzte sich.

„Nun denn, Brüder", sagte er und nahm einen Bogen Papier zur Hand, „jetzt wollen wir noch beraten, wie wir die Wachen auf den Mauern einteilen. Eine gleichmäßige Verteilung wird nicht von Nutzen sein, weil das Gelände einerseits nach der Stadt und der neuen Bastei flach und abschüssig ist und andererseits an der östlichen und der nördlichen Bastei Hügel und Berge sind. Es ist gewiß, daß der Feind dort die Geschütze aufstellen, von dort die Mauern zu brechen und einzudringen versuchen wird."

„Niemals wird er die durchbrechen", erklärte Cecey verächtlich.

„Na, na", erwiderte Dobó und fuhr fort. „Ich habe Zimmerleute und Maurer in genügender Anzahl in die Burg befohlen, damit sie, was die Türken tagsüber einreißen, in der Nacht wieder ausbessern. Dort wird also die schwerste Arbeit sein. Wenn wir auch jetzt die Wachen verteilen, wird man sie ja nach dem Stand der Belagerung umgruppieren müssen."

„Bestimmt Ihr, Herr Hauptmann, wie alles sein soll, wir nehmen es an", rief man von mehreren Seiten.

„Nun denn, ich denke, wir teilen die Verteidiger in vier Scharen ein. Eine hat ihren Platz am Haupttor, die zweite bewacht die Mauer bis zum Eckturm, die dritte bezieht die Vorburg, und die vierte nimmt im Norden um den Zwinger herum Stellung. Den vier Gruppen entsprechend wird auch drinnen das stehende Heer, das Hauptmann Mekcsey befehligt, in vier Teile geteilt. Während der Belagerung werden die Ablösung der Soldaten und die Verteidigung der inneren Burg seinen Anordnungen gemäß durchgeführt."

„Und die Seite nach der Stadt zu?" fragte Hegedűs.

„Dort stellen wir nur einzelne Posten auf. Am Tor genügen zwanzig Mann, es ist ja ohnehin nur ein Schlupftor. Da können die Türken keinen Angriff versuchen."

Er nahm einen anderen Bogen Papier in die Hand:

„Die Soldaten habe ich ungefähr so eingeteilt: Am Alten Tor, das heißt vom Haupttor bis zur Neuen Bastei, sollen jederzeit hundert Kämpfer stehen, auf der Zwingerbastei hundertvierzig, mit dem Offizier hunderteinundvierzig. Auf der Sándor-Bastei – aber ohne das Tor – hundertzwanzig. Von dort zurück bis zum Tor hundertfünf."

„Das macht vierhundertsechsundsechzig", rechnete Gergely.

„Auf beiden Türmen der Kirche je zehn Schützen. Das ist die Verteidigung der inneren Burg."

„Vierhundertsechsundachtzig", rechnete Gergely laut.

Dobó erklärte weiter:

„Nehmen wir jetzt die Vorburg. Auf der Csaber-Bastei und bis zur Bebek-Bastei sollen neunzig Mann stehen, von dort bis zum Eckturm hundertdreißig, vom Alten Tor bis zur Ecke achtundfünfzig. Dort ist schon eine schmale Steinmauer, die die Vorburg mit der inneren verbindet; dort muß man mehr die Augen als die Waffen gebrauchen, daher genügen dort achtunddreißig Trabanten."

Mit einem Blick auf Mekcsey sagte er:

„Dort werden wir die Schwachen hinstellen und an Angriffstagen auch die Leichtverwundeten."

„Das sind ein Mann weniger als achthundert", bemerkte Gergely.

„Wie teilen wir nun die Offiziere ein? Um bei mir zu beginnen, ich will überall dabeisein."

Begeisterte Zurufe.

„Die Aufgabe meines Kameraden Mekcsey ist uns schon bekannt. Von den vier Herren Oberleutnanten wird einer am

Alten Tor sein. Dort sind Kraft und ein unerschütterlicher Mut nötig; denn daß die Türken durch dieses Tor einzubrechen versuchen werden, ist vorauszusehen. Dort heißt es dem Tod ins Angesicht blicken."

Gáspár Pető stand auf und schlug sich auf die Brust:

„Ich bitte um diesen Platz!"

Wegen der lauten Hochrufe konnte man nur das zustimmende Nicken Dobós sehen. Der alte Cecey reichte Pető seine linke Hand hinüber.

„Außer dieser", sagte Dobó, „ist die Vorburg die gefährlichste Stelle. Dort werden sich die Türken mit dem Auffüllen der Gräber abmühen. Auch dort wird es auf den Mut, die Vaterlandsliebe und auf Todesverachtung der Befehlshaber ankommen."

Außer Pető gab es noch drei Oberleutnante. Alle drei sprangen auf.

„Ich bin bereit!" rief Bornemissza.

„Ich bin bereit!" rief Fügedy.

„Ich bin bereit!" rief Zoltay.

„Na, damit ihr euch nicht streitet", sagte Dobó mit einem Lächeln, „werdet ihr alle drei dort sein."

Die Büchsenmeister waren schon vorher eingeteilt worden. Dobó wollte aber noch einen Obergeschützmeister haben. Wer sollte das sein?

Außer Dobó verstand niemand etwas von diesen Waffen; also übernahm er das Amt selbst.

Erneute Hochrufe machten die Wände des Saales schier erbeben, alles sah sich nach den Büchsenmeistern um, so daß diese beunruhigt fragten:

„Was ist los? Was sagt er?"

Bornemissza wandte sich den fünf Deutschen zu und gab ihnen folgende Erklärung:

„Meine Herren! Kapitän Dobó wird sein der Haupt-bumbum! Verstanden?"

Nun ließ Dobó die Besatzung zusammentrommeln. Auf dem Burgplatz trug er auch ihnen die fünf Punkte vor, auf die die Offiziere im Saal den Eid geleistet hatten. Er sagte ihnen, wer Furcht verspüre, solle lieber gleich die Waffen niederlegen, damit er den Mut der anderen nicht schwäche; denn die Angst sei eine ebenso ansteckende Seuche wie die Pest, ja sogar noch gefährlicher, weil sie blitzschnell auf den anderen übergehe. Sie aber brauchten hier in den schweren Tagen, die ihnen bevorstünden, unerschütterliche Männer.

Dann entfaltete er die blau-rote Fahne der Burg und vereinigte sie mit der Nationalfahne.

„Schwört!"

Bei diesem Wort ertönte ein Glockenschlag des Burgdomes. Es war ein einziger Glockenschlag, dem kein zweiter folgte.

Alles blickte nach der Stadt. Dieser einzige Glockenschlag war wie ein Wehruf. Ein einziger! Als er verklungen war; legte sich eine gespannte Stille auf die Burg, auf die Stadt und auf die Gegend.

5

An diesem Abend lud Dobó alle, die am Vormittag mit ihm im Saal den Eid geleistet hatten, in sein Haus ein.

An dem einen Ende der Tafel saß Dobó, am anderen *Mekcsey,* links von Dobó *Cecey,* rechts von ihm Pfarrer *Bálint,* neben diesem *Pető,* der Mann mit dem fast flach gewichsten „Ich-spieß-dich-auf"-Schnurrbart, ein Draufgänger. Übrigens hätte man Pető auf jeden Fall diesen Ehrenplatz geben müssen, denn sein älterer Bruder, János Pető, war ein Würdenträger des Hofes: des Königs Mundschenk. Der hatte ihn in die Burg gesandt; und auch die fünf Büchsenmeister und das Schießpulver aus Wien hatte er geschickt. Erst nach Pető begann die durch Alter oder Rang bestimmte Reihenfolge, teils von Mekcsey, teils von Dobó ausgehend: *Zoltay,* ein schlanker blonder Mann mit zusammengekniffenen Augen, die immer zu zielen schienen, jedoch mit lächelndem Mund; *Bornemissza;* der untersetzte *Fügedy* mit der Wolfsmähne; dann *Farkas Koron,* der Leutnant der Abaújer Fußsoldaten, ein junger, brauner Mann mit einem energischen Kinn; *Bálint Kendy* und *István Hegedűs,* Leutnante des Herrn György Serédy, die fünfzig Kämpfer mitgebracht hatten; *Lőrinc Fekete,* der mit vierzehn Mann aus Regéc gekommen war, ein hübscher Mann mit rotem Gesicht, dem der Barbier das früh ergrauende Haar abscheulich kurz geschoren hatte; *Mihály Lőkös,* den die freien Städte mit hundert Fußsoldaten geschickt hatten, ein großer Mann mit kräftigen Gliedern und kindlichem Blick; *Pál Nagy,* Leutnant der dreißig Trabanten von Herrn György Báthory, ein kühner Mann, stark wie ein Stier; *Márton Jászay,* Leutnant der vierzig Krieger des Propstes von Jászó, mit seinem gescheitelten Haar eher wie ein stiller Schreiber aussehend; *Márton Szencsy,* ein Leutnant aus der Zips, der mit vierzig Mann gekommen war, ein etwas beleibter Herr mit kriegerischem Blick in blauem Dolman; *Mihály Bor,* ein vorzüglicher Schütze, den das Komitat Sáros mit sechsundsiebzig Fußsoldaten entsandt hatte und dessen verträumtes Gesicht mit dem spärlichen blonden Schnurrbart den Eindruck machte, als trüge er den Mond und eine Spieluhr im Wappen; aus Ugocsa waren zwei da, *György Szalacsky,* der auf kräftigen Beinen stand, ein Doppelkinn hatte und streng dreinblickte, und *Imre Nagy,* ein liebenswürdiger, höflicher junger Mann, der jedem mit Hochachtung begegnete und den Frau Homonnay mit achtzehn Mann geschickt hatte; aus Eperjes war *Antal Blaskó* gekommen, ein starker Mann mit stechenden Augen und lockigem Bart in blauem Dolman und mit einem großen, schweren Säbel an der Seite.

Die Genannten waren sämtlich Leutnante. Ihnen folgten in der Tischordnung *Jób Paksy,* ein baumlanger Offizier aus dem königlichen Heer mit freundlichen, warmen Augen und hart gezwirbeltem, langem Schnurrbart; *Tamás Bolyky,* Leutnant der fünfzig Jäger aus Borsod, ein jugendlich lebhafter Mann, dessen Haupthaar und Bart jedoch schon ergraut waren. Diese beiden waren später gekommen, deshalb wurden sie zu den Burgbeamten gesetzt, als da waren: *János Sukán,* der alte Rechnungsführer; *Schreiber Imre,* der Beschließer und Wächter des Weinkellers; *Schreiber Mihály,* der Verpflegungsoffizier oder, wie man damals sagte, der Brotverteiler; *Schreiber Mátyás Gyöngyössy,* der Schreiber des Bischofs (die Burg lag auf bischöflichem Besitz); *Schreiber Boldizsár,* ein Kanzlist, und noch einige andere. Dobó hatte nämlich nicht nur die Offiziere zu Gast gebeten, sondern, um dem ganzen Burgvolk Ehre zu erweisen, auch einen Gefreiten und einen Gemeinen, auch einen Edelmann und einen Bauern aus Eger eingeladen.

Die Speisen wurden von den vier oder fünf Dienern Dobós

aufgetragen. Um diese zu unterstützen, stellten die Offiziere auch ihre Diener dazu an.

Hinter Dobó stand der Knappe Kristóf Tarjáni. Er bediente ihn, reichte ihm die Speisen und füllte ihm das Glas, sooft es leer war.

Da es Freitag war, begannen sie das Abendessen mit Hecht in Meerrettich, setzten es mit gebratenem Barsch, Wels und Stör fort und beendeten es mit Quarknudeln mit Zimt und Backobst. Außerdem standen noch Kuhkäse, Trauben, Äpfel, Birnen und Melonen in großen Mengen auf dem Tisch.

Warum gab der sparsame Dobó dieses Essen? Als würdiges Ende der Eideszeremonie? Oder damit die Offiziere, die sich noch fremd waren, einander kennenlernten? Oder wollte er etwa einen Blick in die vom Wein aufgeschlossenen Herzen tun? Anfangs war die Stimmung feierlich, der heilige Ernst des Eides hielt die Gemüter noch im Bann. Das schneeweiße Tischtuch, die mit Dobós Wappen verzierten silbernen Bestecke, das über dem Tisch an einer Kette hängende geschnitzte Faß und die herbstlichen Blumensträuße erhöhten die feierliche Stimmung.

Auch als nach dem Hecht granatfarbener Wein aus dem schönen Faß eingegossen wurde, blieben die Männer noch kühl. Dobós erhabene Rede klang noch in ihnen nach, so wie dem Glockenläuten lange ein summender, zur Besinnung anregender Ton nachschwingt.

Nach dem gebratenen Fisch wechselten die Diener die Teller. Alle erwarteten, Dobó würde nun zu Ehren der Gäste einen Trinkspruch ausbringen.

Er aber saß müden Antlitzes in seinem braunen Ledersessel. Vielleicht dachte er, daß dies ja kein Namenstag und keine Hochzeit sei und er, als Oberhaupt von allen, nach der Eidesleistung schlicht mit seinen Offizieren zu Tisch sitze.

Dennoch erwarteten alle, daß er sprechen werde.

In die ernste Stille drang plötzlich der fröhliche Gesang der Frauen aus der Küche:

„Ja, darum wohne ich gar so gern am Fluß,
Weil mein Schatz zur Tränke dahin kommen muß.
Du bist mein Geliebter, du bist mein Genuß,
Gibst dem Roß zu trinken, gibst mir einen Kuß.“

Auf einmal waren die Wolken verschwunden. Der Himmel klärte sich auf. Durften die Männer Trübsal blasen, wenn die Frauen die nahende Gefahr singend erwarteten?

Mekcsey ergriff den silbernen Pokal und erhob sich.

„Verehrte Freunde", begann er, „große Tage stehen uns bevor. Selbst der Herrgott wird am Himmelsfenster sitzen und zuschauen, wie zweitausend Mann gegen zweihunderttausend kämpfen. Aber ich verzage dennoch nicht. Es gibt keinen feigen Mann unter uns. Singen doch selbst die Frauen fröhlich da unten, wie wir soeben gehört haben. Aber auch wenn es nicht so wäre, sind doch zwei Männer unter uns, an deren Seite nicht einmal Blinde oder Lahme den Mut verlieren würden. Ich kenne beide seit meiner frühesten Jugend. Den einen hat Gott erschaffen, um der ungarischen Kühnheit ein Exempel zu geben. Ihm wohnt die Kraft des Eisens inne. Er ist wie ein aus Gold gegossenes Schwert; lauterer Adel und größte Festigkeit vereinigen sich in ihm. Und der andere, mir ebenfalls von Kindheit an bekannt, ist ein Meister des Scharfsinns und der Tapferkeit, der Geistesgegenwart und der Findigkeit. Wo diese beiden Männer zugegen sind, fühle ich mich im Schutze der Kraft und der Klugheit. Wo sie sind, da herrschen ungarischer Mut, ungarischer Verstand und ungarischer Ruhm. Da braucht man keine Gefahr zu fürchten. Ich wünschte, ihr würdet unseren Hauptmann István Dobó und unseren Oberleutnant Gergely Bornemissza ebenso gut kennen wie ich."

Dobó stieß stehend mit den Offizieren an und erwiderte:

„Liebe Brüder! Selbst wenn ich so furchtsam wie ein Hirsch wäre, den das Kläffen einer Hundemeute erschreckt, bliebe ich dennoch stehen und leistete Widerstand, wenn es um das Schicksal der Nation geht. Das Beispiel von Jurisics beweist, welche Kraft in der unbedeutendsten Burg steckt, wenn unerschrockene Männer darin wohnen. Unsere Feste ist stärker, als Kőszeg war, und wir müssen dieser gleich sein. Ich kenne das Türkenheer. Mir sproß kaum der Bart, als ich schon bei Mohács dabei war und Süleimans wilde Horde sah. Glaubt mir, die achtundzwanzigtausend Ungarn hätten die hunderttausend Türken geschlagen, wenn nur ein Mann dagewesen wäre, der die Schlacht zu lenken verstanden hätte. Dort aber führte und kommandierte niemand. Die Truppen bewegten sich nicht dem Stand des Feindes gemäß, sondern wie es ihnen gerade einfiel. Tomory, seligen Angedenkens, war ein großer Held, aber zum Führer taugte er nicht. Er meinte, er brauche nur ein Wort zu kennen, und zwar: Mir nach! So sprach er denn ein Gebet, schickte einen Fluch hinterher und rief: Mir nach! Und unser Heer brach wie der Sturm los, mitten hinein in die Menge der Türken. Die stoben wie eine Schar Gänse auseinander. Und wir jagten auf unseren feurigen Rossen blindlings drauflos und warfen uns mit der alten Begeisterung der Ungarn auf die Reihe der Geschütze. Die Kettenkugeln taten dann freilich, was Menschenkraft nicht vermocht hätte. Nur viertausend sind von den achtundzwanzigtausend übriggeblieben. Doch diese furchtbare Katastrophe brachte uns zwei wichtige Erkenntnisse ein. Die eine ist, daß das Türkenheer keine Ansammlung von Helden, sondern von allerlei hergelaufenem Volk ist. Sie raffen Menschen und Tiere zusammen, nur um mit ihrer Masse die Hasenfüße einzuschüchtern. Die zweite Lehre ist, daß die Ungarn, so wenige sie auch sein mögen, die Türken verscheuchen und besiegen können, wenn sie sich außer mit Tapferkeit auch mit Verstand wappnen."

Die um den Tisch Sitzenden hörten dem Burghauptmann angespannt zu.

Dieser fuhr fort:

„In unserem heutigen Zustand", sagte er weiter, „befiehlt uns die Klugheit, eisern standzuhalten, bis das Heer des Königs ankommt. Die Türken werden die Burg beschießen und beschädigen, möglicherweise werden sie sogar die Mauern, die uns eine Zeitlang Schutz bieten, niederreißen. Dann aber wird die Reihe an uns sein, und so, wie die Mauern uns geschützt haben, müssen wir die Mauern schützen. Wenn der Feind die Festung erklimmt, wird er in jeder Bresche auf uns stoßen. Die Schicksalsfäden der ungarischen Nation, die wir jetzt in unseren Händen halten, lassen wir uns nicht entreißen. Niemals!"

„Niemals! Nein! Nein! Wir lassen es nicht zu!" riefen alle, von ihren Plätzen aufspringend.

„Ich danke euch, daß ihr gekommen seid", sagte Dobó, „und daß ihr euer Herz und euer Schwert zur Rettung des Vaterlandes darbringt. Ich habe so eine Ahnung, die zu einem erstarkenden Gefühl wird, als ob Gott seine Hand über die Burg Eger streckte und dem heidnischen Meer sagte: *‚Bis hierher und nicht weiter!‘* Möge auch euch diese Ahnung bestärken, und dann glaube ich mit Sicherheit, daß wir an dieser Stelle auch das Fest des Sieges feiern werden."

„So sei es!" bekräftigten die Gäste, und die Silberpokale und Zinkbecher klirrten.

Nach Dobó erhob sich Pető, der rührige kleine Leutnant.

Ruckartig wandte er seinen Kopf bald nach rechts, bald nach links, drehte an seinem Schnurrbart, lächelte in seinen Becher, wurde wieder ernst und sagte schließlich:

„Herr Mekcsey setzt sein Vertrauen auf Dobó und Bornemissza. Diese wiederum auf uns und auf die Mauern. Nun, ich will sagen, worauf ich vertraue."

„Laß hören!"

„Zwei starke Burgen, Temesvár und Szolnok, sind unter anderen dieses Jahr gefallen."

„Und Veszprém?"

„Veszprém hatte keine Besatzung. Warum sind diese beiden starken Burgen vom Feind genommen worden? Man wird in späteren Zeiten sagen, sie seien erobert worden, weil die Türken stärker waren. So war das aber nicht. Sie fielen, weil Temesvár von spanischen Söldnern und Szolnok von Spaniern, Böhmen und Deutschen verteidigt wurde. Nun, und jetzt erkläre ich euch, worauf ich baue: Eger wird weder von Spaniern noch von Deutschen und auch nicht von Böhmen verteidigt, sondern hier sind, die fünf Büchsenmeister abgerechnet, nur Ungarn und hauptsächlich Egerer. Löwen, die ihre eigene Höhle verteidigen! Ich vertraue auf das ungarische Blut!"

Hierauf erstrahlten die Gesichter, man erhob die Becher. Pető hätte eigentlich seine Rede beenden können, doch er fuhr, weitschweifig wie ein Volksredner, fort:

„Der Ungar aber ist wie ein Zündstein. Je mehr man auf ihn schlägt, um so mehr Funken sprüht er. Wie sollten da zweitausend von ungarischen Müttern geborene, auf dem Pferderücken aufgewachsene, mit ungarischem Weizenbrot genährte, Egerer Stierblut trinkende Helden nicht fertig werden mit diesem gottverfluchten, roßgeschweiften, von Mohammeds Misthaufen aufgelesenen, vom Feigenbaum geklaubten lumpigen Wassersäufergesindel!"

Hochrufe, Säbelgerassel und Gelächter übertönten seine Stimme; er aber zwirbelte wieder an seinem Schnurrbart, tat einen Blick seitwärts und beendete seine Rede folgendermaßen:

„Eger war bisher nur eine tüchtige Stadt, von Heveser und Borsoder Ungarn bewohnt. Gebe Gott, daß es von nun an die Stadt des ungarischen Ruhmes sei! Mit heidnischem Blut schreiben wir es an die Wand: *‚Tut den Ungarn nichts Böses!‘* Und wenn dereinst nach Jahrhunderten das Moos des ewigen irdischen Friedens die Überreste dieser Burg grün überwachsen wird, sollen unsere Nachkommen hier mit entblößtem Haupt stehenbleiben und mit stolzem Gefühl sagen können: An dieser Stätte haben unsere Väter gekämpft, gesegnet sei ihr Name!“

Nun brach aber ein solcher Tumult aus und der Redner wurde so heftig umarmt und geküßt, daß er nicht weitersprechen konnte.

Das wollte er aber auch nicht mehr.

Er setzte sich und reichte Tamás Bolyky, dem Leutnant der Borsoder Jäger, die Hand.

„Tamás“, sagte er, „wo wir beide sind, wird es Türkenschädel regnen!“

„Du hast so schön gesprochen“, sagte Tamás mit Überzeugung, „daß ich am liebsten gleich jetzt auf den Feind losginge.“

Nach Pető fühlte keiner mehr die Kraft, einen Trinkspruch auszubringen. Wohl nötigte man Gergely dazu, doch er, der gelehrte Mann, war nicht gewöhnt, Reden zu halten. So unterhielt sich denn jeder mit seinem Tischnachbarn, und eine lebhafte Unterhaltung füllte den Raum.

Auch Dobó schob seine ernsten Gedanken beiseite und stieß bald mit dem einen, bald mit dem anderen an.

Einmal hob er den Becher auch gegen Gergely, und als der Pfarrer sich dann zu Pető hinübersetzte, um sich mit ihm zu unterhalten, winkte Dobó Gergely an seine Seite:

„Komm doch her zu mir, mein Sohn.“

Als Gergely neben ihm Platz genommen hatte, sagte Dobó zu ihm:

„Ich möchte mit dir von den jungen Töröks sprechen. Ich habe ihnen geschrieben, aber wohl vergebens.“

„Das denke ich auch“, erwiderte Gergely und stellte seinen Becher vor sich hin. „Ich glaube kaum, daß wir sie hier sehen werden. Jancsi zieht es vor, sich auf freiem Feld mit dem Türken zu schlagen, und Feri geht nicht so weit von Hause weg. Er verläßt Transdanubien nicht."

„Ist es wahr, daß Herr Bálint gestorben ist?"

„Ja, schon vor ein paar Monaten. Erst der Tod hat ihm die Ketten von den Füßen gelöst."

„Wie lange hat er seine Frau überlebt?"

„Einige Jahre. Frau Török starb, wie Ihr wohl wißt, als wir aus Konstantinopel zurückkehrten. Sie wurde gerade zu Grabe getragen, als wir in Debrecen ankamen."

„Sie war eine gute Frau", sagte Dobó und nickte versonnen. Er griff nach seinem Becher, als wollte er auf ihr Andenken trinken.

„Ja, ihresgleichen gibt es wenige auf Erden", bestätigte Gergely mit einem Seufzer.

Auch er langte nach seinem Becher. Sie stießen schweigend an. Ihre Gedanken gingen wohl dahin, daß die gute Frau da droben den auf sie erhobenen Becher sehen könne.

„Na, und Zrínyi?" begann Dobó wieder. „Auch dem habe ich geschrieben, er möge nach Eger kommen."

„Er wäre auch gekommen, aber seit Monaten heißt es, der bosnische Pascha rüste gegen ihn. Ich habe im Februar mit Onkel Miklós in Csáktornya gesprochen. Er wußte schon damals, daß die Türken mit einem großen Heer gegen Temesvár, Szolnok und Eger ziehen würden. Er bat mich, einen Brief an den König zu schreiben."

„Hm. Und Lukács' Fernbleiben ist mir unbegreiflich. Er müßte schon hier sein." Dobós Gesicht verfinsterte sich. „Und Varsányi, mein Kundschafter... der hätte schon eine Meldung bringen müssen..."

Vor der Tür erklang Pfeifen- und Trompetenmusik.

„Miska, stolzer Knabe, sag, wohin so schnell?
Panni, deine Schöne, wartet wohl am Quell."

Es war, als strömte frisches Blut in alle Herzen. Auf einen Wink Dobós ließ der Page die Spielleute eintreten. Es waren drei Pfeifer und zwei Trompeter, darunter auch der Zigeuner, auf dem Kopf einen großen rostigen Helm mit drei Hahnenfedern.

An der Seite hing ihm an einer Schnur ein Säbel ohne Scheide. An den nackten Füßen trug er zwei riesige Sporen. Mit dick aufgeblasenen Backen bearbeitete er sein Instrument.

Alles lauschte wohlgefällig der Musik. Als sie das Lied wiederholten, setzte in der Reihe der Leutnante ein tiefer Bariton ein:

„Mach, o Himmel, endlich wieder grün die Heide,
Roß und Reiter möchten ziehen in die Weite.
Viel zu lange ruht der Säbel in der Scheide,
Spüren soll der Türke wieder seine Schneide."

Der Leutnant war ein hochgewachsener junger Mann mit einem gezwirbelten Schnurrbart, der an beiden Seiten so weit herausragte, daß man seinen Besitzer daran auch von hinten erkennen konnte.

„Wer ist dieser Leutnant?" fragte Gergely, sich zu Dobó vorbeugend.

„Der Bruder des Hauptmanns von Komárom, Jób Paksy heißt er."

„Ein guter Sänger."

„Und gewiß auch ein tapferer Krieger. Die Sangeslustigen sind immer gute Kämpfer."

„Und wer ist der junge Mann mit dem rundgedrehten Schnurrbart und den feurigen Augen?"

„István Budaházy, Führer von sechs Reitern."

„Sieht aus wie zum Kampf geboren. Und der mit dem Vollbart, weiter unten, der jetzt nach dem Becher langt?"

„Ferenc Bay. Hat fünf Reiter gebracht. Ebenfalls ein Mann von gutem Schlag."

„Und der schmucke Jüngling mit dem Seidentuch neben dem Egerer Bürger?"

„István Fekete. Führt sechs Reiter."

„Ach ja, mit dem habe ich ja schon gesprochen."

Leutnant Paksy wollte noch eine Strophe anstimmen, doch der Text fiel ihm nicht ein.

Die Pfeifer schwiegen, auf seinen Einsatz wartend.

In diesem Augenblick der Stille rief einer laut:

„Unser Seelsorger lebe hoch!"

Und Zoltay schrie:

„Unser greiser Kämpfer lebe hoch!“

„Wer ist hier ein Greis?“ rief Cecey lachend.

„Der jüngste Verteidiger der Burg lebe hoch!“ rief Pető.

Daraufhin griff Kristóf Tarjáni nach seinem Becher und stieß errötend mit den Gästen an.

„Der erste Türke, dem wir die Zähne ausschlagen werden, lebe hoch!“ Der Ruf kam von Gergely.

Darauf konnte man nun mit keinem anstoßen. Alle lachten und tranken ihrem Nachbarn zu.

Der rotwangige Egerer Edelmann erhob sich von seinem Platz. Er schlug den blauen Umhang auf der rechten Schulter zurück, strich sich den Schnurrbart nach beiden Seiten, dann fuhr er sich über die Mähne und sprach:

„Es lebe der Mann, der als erster für Eger sterben wird!“

Stolz und ernst schaute er sich um, und ohne mit jemandem anzustoßen, leerte er seinen Becher bis auf den Grund.

Er wußte wohl kaum, daß er es selbst sein werde.

*

Die große Standuhr zeigte die elfte Stunde an, als eine Wache eintrat und, in der Tür stehenbleibend, meldete:

„Herr Hauptmann, die Türken sind schon in Maklár.“

„Nur die Vorhut, mein Sohn.“

„Mehr als die Vorhut, Herr Hauptmann. Sie kommen beim Mondlicht wie das Hochwasser. Man sieht viele Zelte und Lagerfeuer.“

„Dann werden sie morgen schon hier sein.“ Dobó nickte und entließ die Wache mit der Weisung, man brauche bis zum Morgen keine Meldung mehr zu bringen.

Er erhob sich und gab damit das Zeichen zum allgemeinen Aufbruch.

Mekcsey rief Gergely, Fügedy, Pető und Zoltay in eine Ecke des Saales. Er wechselte ein paar Worte mit ihnen, dann eilte er zu Dobó und schlug die Hacken zusammen, daß die Sporen klirrten.

„Herr Hauptmann, wir möchten in der Nacht hinaus, so etwa zweihundert Mann.“

„Wohin in aller Welt?“

„Nach Maklár.“

„Nach Maklár?"
„Den Türken einen guten Abend sagen."
Dobó strich sich gutgelaunt über den Bart und trat dann in eine Fensternische. Mekcsey mußte ihm folgen.
„Meinetwegen, István. So ein kleiner Ausflug ist aufmunternd für das Burgvolk."
„So dachte ich auch."
„Bei gehobener Kampflust fliegt das Schwert. Aber dich lasse ich nicht gehen."
Mekcsey machte ein betrübtes Gesicht.
Dobó sah ihn ruhig an:
„Du bist wie ein Stier. Du stößt in jeden Baum, und einmal wirst du deine Hörner nicht wieder herausziehen können. Du mußt aber deinen Kopf hüten, damit er da ist, wenn meiner fällt. Das sage ich nur dir. Bornemissza dagegen und die anderen können gehen. Gergely ist von Natur aus vorsichtiger. Lassen wir ihn den türkischen Vortrab aufscheuchen. Ruf ihn her."
Gergely war sogleich zur Stelle.
„Du kannst gehen, Gergely", sagte Dobó. „Aber nicht mit zweihundert, sondern nur mit achtzig, neunzig Mann. Das genügt. Ihr überrennt sie, stört sie auf und kehrt dann um. Menschenleben darf es nicht kosten."
Da standen auch die anderen Offiziere schon dabei.
„Laßt mich auch mitgehen, Herr Hauptmann."
„Ihr könnt doch nicht alle fort. Ich habe die Sache Bornemissza anvertraut, mag er drei von euch auswählen. Wen die Wahl nicht trifft, der denke an seinen Eid. Unbedingter Gehorsam!"
„Pető, Zoltay, Fügedy!" rief Gergely im Kommandoton.
István Fekete mit dem seidenen Halstuch sah Gergely so flehentlich an, daß er auch ihn mitnahm.
„István Fekete habe ich schon vorher Bescheid gesagt."
„Herr Hauptmann", bettelte der kleine Tarjáni, „ich möchte so gern mit."
Wieder strich sich Dobó über den Bart.
„Meinetwegen... Aber du hast dich immer hinter Herrn Oberleutnant Gergely zu halten. Und wenn du erschlagen wirst, komme mir nicht wieder unter die Augen, das sage ich dir!"

6

Gergely eilte fast rennend ins Kloster, in dem die Reiter ihr Quartier hatten. Statt ein Trompetensignal geben zu lassen, schoß er auf dem breiten Flur seine Pistole in die Luft ab.

Mit einem Satz sprangen die Burschen aus den Betten.

„Her zu mir!“ rief Gergely.

Er wählte die Flinksten für seine Hundertschaft aus.

„Rasch in die Kleider, eins, zwei! Bei drei müßt ihr schon mit dem Säbel auf dem Pferd unten am Tor sein. Du läufst zum Herrn Unterhauptmann und läßt dir einen ‚Menschenfänger‘ geben. Den bringst du mit. Jeder von euch soll ein Faustrohr am Sattelknopf haben.“

Damals nannte man die Pistole noch so.

Gergely lief die Treppen hinunter und weiter zum Stall. Aus einem Gewölbe drang rötliches Lampenlicht und beleuchtete einen behelmten Mann in gelbem Dolman, der auf einem umgedrehten Schaff saß und gerade eine Melone auslöffelte, die er auf den Knien hielt.

Der Mann war barfuß.

Gergely rief ihn an:

„Sárközi!“

„Befehlen Euer Gnaden“, rief der Zigeuner diensteifrig.

„Wenn du mitkommst, kannst du dir heute einen Gaul ergattern, einen prächtigen.“

Der Zigeuner legte die Melone auf den Boden.

„Isch komm mit! Wohin?“

„Zu den Türken“, erwiderte Gergely fröhlich. „Die schlafen jetzt, wir überraschen sie.“

Die Zigeuner kratzte sich den Kopf und schielte nach der Melone. Er setzte sich wieder.

„Ich kann doch nischt mitkommen.“

„Warum denn nicht?“

„Habe heute mit den anderen geschworen, dasch isch Burg nischt verlasche.“

„So ist doch der Eid nicht gemeint. Wir haben geschworen, daß wir die Burg verteidigen werden.“

„Kann schon schein, dasch andere darauf geschworen haben“, erwiderte der Zigeuner und zog die Schultern fast bis an die Ohren hoch. „Isch aber hab geschworen, isch scholl krepieren, wenn isch die Burg verlasche. Scho wahr mir Gott helfe."

Und er nahm die Melone wieder aufs Knie und aß unter Kopfschütteln weiter.

*

Wenig später war Gergely schon mit Pető, Fügedy und Zoltay in der mond- und sternklaren Nacht auf der Maklárer Straße.

Etwa fünfzig Schritt vor ihnen ritten der Unteroffizier István Fekete und Péter Bódogfalvi, ein einheimischer Soldat, der die Gegend gut kannte. Sie ließen den „Warmwasser-Teich" hinter sich und schwenkten dann auf die Wiese ein. Dort dämpfte der weiche Boden das Pferdegetrappel. Die hundert Reiter bewegten sich wie schwankende Schatten vorwärts.

Im Weidenhain vor Andornak erblickten sie das erste Wachtfeuer.

Péter hielt an, die anderen ebenfalls.

Die Mondsichel zwischen den Wolken spendete gerade soviel Licht, daß sich nur die Umrisse der Bäume und Menschen abzeichneten.

Gergely sprengte zu Bódogfalvi.

„Steig ab! Schleiche, krieche wie eine Schlange bis zum ersten Wachtposten. Hat der einen Hund bei sich und der bellt dich an, so komm zurück, und zwar ebenso leise, wie du hingegangen bist. Hat der Soldat aber keinen Hund bei sich, so schleiche dich hinter ihn und erstich ihn. Dann sieh dir das Feuer an. Wenn keine zweite Wache dabei ist, wirf einige in ein Baum- oder Wegerichblatt gewickelte Körnchen Schießpulver hinein. Leg dich aber im selben Augenblick auch hin, damit dich keiner sieht."

„Und mein Pferd?"

„Das binde an diesen Baum. Hier findest du es, wenn wir zurückkommen."

„Und wenn mehrere Leute am Feuer sind?"

„Dann siehst du dir genau an, wo und wie sie liegen, an welcher Stelle die meisten sind, und kommst schnell zurück."

Eine gute halbe Stunde stand der Haufe am Bach neben dem Weidengebüsch. Gergely erteilte Ratschläge.

„Solange ihr sie rennen seht, schlagt und haut auf sie ein.

Niemand soll sich weiter als hundert Schritt von den anderen entfernen, damit er nicht abgeschnitten wird. Wenn ihr das Hornsignal hört, kehrt ihr sofort alle um, und wir galoppieren nach Hause. Bis dahin könnt ihr euch nach Herzenslust vergnügen."

Die Burschen hatten Gergely umringt und prägten sich jedes Wort gut ein.

Er fuhr fort:

„Die werden erschrecken und gar nicht an Widerstand denken. Falls es so kommt, haut mit dem Säbel mitten in die Menge, bis alle auseinanderstieben. Merkt euch ein für allemal: Wer vom Pferd aus kämpft, muß so schnell um sich schlagen, daß dem Gegner keine Zeit bleibt zum Parieren. Wie Hagel müssen die Hiebe prasseln."

„Wie Donnerkeil und Blitzstrahl!" fügte Pető hinzu.

Gergely schwieg. Er horchte nach den Türken hin.

Dann wandte er sich wieder den Reitern zu:

„Wo ist der Fänger?"

„Hier, Herr Oberleutnant", antwortete eine muntere Stimme, und ein langer Kerl trat vor.

„Hast du das Werkzeug?"

„Jawohl, Herr Oberleutnant."

Und er hob ein gabelförmiges, langes Gerät in die Höhe.

„Kannst du damit umgehen?"

„Der Herr Hauptmann hat es mir beigebracht."

„Also erwisch einen beim Hals und tritt ihn nieder, den Hund. Es wäre ein Glücksfall, Burschen, wenn wir einen hohen Offizier fingen. So einer wohnt gewöhnlich im schönsten Zelt und schläft gewiß nur im Hemd. Den fangen wir, wenn es möglich ist.

Wieder horchte er und sprach dann weiter:

„Der Gefangene muß gefesselt werden, und zwar mit den Händen auf dem Rücken. Wenn wir auch ein Pferd erbeuten, setzen wir ihn darauf. Dann nehmt ihr, du Kristóf, und du, anderer kleiner Mann, ihn zwischen euch, bindet die Zügel seines Pferdes an euer eigenes und bringt ihn auf diese Weise mit. Wenn er flüchten will, wenn er spricht oder schreit oder sich nach hinten herabfallen lassen will, dann schlagt sofort auf ihn ein."

„Und wenn wir kein Pferd fangen?" fragte Kristóf.

„Dann muß er eben zwischen euch herlaufen. Ihr eilt gleich mit ihm nach Hause und wartet gar nicht erst auf uns.“

Sie schwiegen. Die Nacht war still. Nur das Klagelied der Grillen hörte man von den Weinbergen herüber und hin und wieder das leise Stampfen der Pferde.

„Das Feuer hat geflackert“, sagte endlich eine Stimme.

Alle hatten die Flamme gesehen.

„Er kommt“, flüsterten mehrere Stimmen auf einmal.

Und alle Hände griffen nach den Zügeln.

Aus dem Dunkel der Büsche löste sich Péters Gestalt. Er kam gerannt.

„Ich habe die Wache niedergestochen“, keuchte er. „Der Kerl ist, ohne einen Laut von sich zu geben, hingesunken wie ein Sack. Das Feuer brennt zwischen den Zelten. Ein Türke, eine Art Diener, sitzt dabei, hat einen gelben Pantoffel in der Hand und gelbe Farbe auf dem Knie.“

„Ein Offiziersbursche“, sagte Gergely lächelnd. „Weiter.“

„Die anderen liegen zu Hunderten auf Decken im Gras, links vom Feuer.“

„Schlafen sie?“

„Wie die Murmeltiere.“

Gergely zog das Sturmband unterm Kinn fester.

„Nun also, Burschen, jetzt vorwärts, einer vom anderen mindestens zehn Schritt entfernt. Wir machen eine Schwenkung, und wenn ich das Faustrohr abdrücke, dann schießt ihr alle auf einmal mitten in sie hinein und fallt sie an wie die Wölfe. Schreit, brüllt drauflos, soviel ihr nur könnt.“

„Schlagt Lärm, als wären wir tausend!“ fügte Pető hinzu.

Inzwischen war auch Bódogfalvi aufgesessen, und der Haufe lockerte sich nach Osten auf.

Am äußersten Flügel ritt Pető. An den drei Adlerfedern auf seinem Helm war er von weitem zu erkennen. Er ließ die Reiterkette halbmondförmig einbiegen und ließ sein Pferd im gleichen Schritt wie Gergely das seine traben.

Jetzt führte aber schon Gergely.

Eine Weile ritt er noch langsam an den Büschen entlang, plötzlich ging er in scharfen Galopp über.

Der erste wilde Aufschrei eines Türken schallt durch die Nacht. Der Türke feuert sein Faustrohr auf Gergely ab. Auch

Gergely schießt zurück. Im nächsten Augenblick krachen alle Pistolen, und hundert Reiter brechen wie ein Höllensturm über das schlafende Türkenlager *zum Teufel mit den heidnischen Hunden* brüllend herein.

Im gleichen Augenblick erwacht in dem Wald der Zelte krachend und brausend das Leben. Türkische und ungarische Schreie vermischen sich zu einem ohrenbetäubenden Lärm. Die im Freien geschlafen haben, fahren wie von Taranteln gestochen auf, eine Unmenge von Türken rennt, springt und hastet durcheinander.

„Drauf und dran!" schmettert Gergely.

„Allah! Allah akbar!" brüllen die Türken.

„Himmelherrgottsdonnerkeil!" kreischt einer.

„Haut sie nieder!" erschallt Gáspár Petős Stimme irgendwo zwischen den Zelten.

Türkisches Geheul und ungarisches Fluchen. Schatten ballen sich, fahren auseinander, wirbeln im Kreis. Säbel schwirren, Streitäxte sausen nieder, Pferdehufe dröhnen, Zelte krachen, Hunde bellen. Die Erde bebt unter den hundert wütenden Reitern.

Gergely sprengt mitten in einen Türkenhaufen hinein, der zwischen zwei Zelten eingepfercht ist, haut nach rechts und nach links und merkt, daß jeder Hieb sitzt. Um ihn herum fallen die Heiden wie der Weizen im Juni, wenn ein Windhund über das Feld rast.

„Allah! Allah!"

„In die Hölle mit dir, heidnischer Hund!"

Sämtliche Pferde der Türken haben Spannstricke an den Vorderbeinen und grasen in einer Gruppe. Die Flüchtenden zerschneiden mit Handscharen die Fesseln und schwingen sich auf die Tiere.

„Mir nach, Burschen!" ruft Gergely.

Sie stürzen sich auf die Reiter, hauen und stechen wahllos Menschen und Pferde. Säbel klirren, Lanzen krachen.

„Allah! Allah!"

„Christus steh uns bei, da hast du, Hund!"

Streithämmer sausen durch die Luft. Die Türken springen wie irrsinnig auf die Pferde, auf manches gleich zwei. Wer irgend kann, rettet sich so. Wem das nicht gelingt, der sucht zu Fuß in der Dunkelheit zu entkommen.

Gergely verfolgt sie nicht. Er hält an und läßt zum Sammeln blasen.

Von allen Seiten sprengen seine Leute heran.

„Die Türken fliehen!“ ruft Gergely. „Packt schnell alles zusammen, was sich nur irgend wegschleppen läßt! Jeder halte sein Pferd fest! Stoßt die Lagerfeuer in die Zelte!“

Die Soldaten verstreuen sich wieder. Gergely schüttelt das Blut von seinem Säbel und sticht wohl dreimal in die Leinwand eines Zeltes, um den Stahl zu säubern.

„Pfui, was für ein ekelhaftes Werk!“ sagt er keuchend zu Zoltay, der ebenfalls seinen Säbel reinigt.

Da sich in der Nähe kein Türke mehr bewegt, ruft er Fügedy zu sich:

„Sehen wir uns die Zelte an.“

...Beim schwachen Licht des Mondes war nicht zu erkennen, welches dem obersten Offizier gehörte. Die Zelte waren nicht gleich. Eines war rund, das andere viereckig. Und wenn auch eines prächtiger war als alle anderen, so war es doch nur das für einen Vorgesetzten bereits aufgestellte Zelt, in dem jetzt gemeine Soldaten schliefen.

Gergely riß von einem Zelt eine Roßschweiffahne herunter. Da erblickte er Kristóf und rief ihm zu:

„Na, junger Mann, hast du einen ins Jenseits befördert?“

„Zwei!“ erwiderte der Knappe atemlos.

„Nur zwei?“

„Die anderen sind mir davongerannt!“

Die Soldaten schafften auch einige Wagen und Karren herbei und warfen alles darauf, was auf den Pferden keinen Platz fand. Teppiche, Roßschweife auf vergoldeten Stöcken, mit Edelsteinen besetztes Pferdegeschirr und Pferdehalsschmuck, Truhen, Helme, Waffen, Kochgeschirr und was ihnen sonst noch in die Hände geriet. Sogar einige Zelte nahmen sie auseinander und warfen sie auf die Wagen.

Der Morgen graute, als sie in die Burg zurückkehrten.

Dobó erwartete sie schon ungeduldig auf der Bastion. Ein Mißlingen des Ausfalls würde entmutigend auf das Burgvolk wirken. Besonders beunruhigte ihn, daß Gergely drei der höheren Offiziere mitgenommen hatte.

Als er aber den vorausgaloppierenden Pagen und bald darauf die beladenen Pferde und Fuhrwerke und bei ihnen Gergely erblickte, der schon von weitem die türkische Roßschweiffahne schwenkte, rötete sich sein Gesicht vor Freude.

Als die Krieger mit Getöse zum Tor hereinritten, empfing sie das Burgvolk mit freudigen Zurufen.

Kein einziger fehlte, es waren sogar mehr geworden. Der lange Bursche brachte einen Türken mit, der einen Knebel im Mund hatte. Er trug ein kurzes, blaues Wams, gelbe Hosen und Riemenschuhe. Einen Turban hatte er nicht, so daß man seinen rasierten Schädel sehen konnte. Ein zottiger, grauer Schnurrbart verdeckte den Mund. Wütend rollte er auch jetzt noch die blutunterlaufenen Augen. Der lange Ungar schleppte seinen Gefangenen geradewegs zu Dobó. Dort riß er ihm den Turban, den er als Knebel verwendet hatte, aus dem Mund.

„Herr Hauptmann, melde gehorsamst, wir haben auch eine ‚Zunge' mitgebracht."

„Rindvieh!" brüllte der Türke wütend den tapferen Krieger auf ungarisch an.

Dobó lachte selten, aber diesmal lachte er so herzlich und so laut, daß ihm Tränen in die Augen traten.

„Varsányi!" sagte er zu dem Gefangenen. „Na, du hast den Türken gut gespielt."

Und dem Soldaten rief er zu:

„Bind ihn doch los! Es ist doch unser Kundschafter."

„Ich wollte dem Dummkopf ja sagen, daß ich ein Ungar bin", klagte Varsányi, „aber der schlug mich gleich auf den Kopf, wenn ich einen Ton von mir gab. Und dann stopfte er mir den Mund zu."

Varsányi hob drohend die Faust.

Der Soldat zog sich beschämt zurück.

*

Dobó winkte Gergely und Mekcsey zu sich und forderte auch den Kundschafter auf mitzukommen.

Er ging in das über dem inneren Tor errichtete hohe Gebäude mit dem Turm und betrat das Zimmer des Pförtners.

Dort setzte er sich auf einen aus Wurzeln geflochtenen Lehnstuhl und bedeutete Varsányi, zu berichten.

„Herr Hauptmann", begann dieser, sich die Handgelenke reibend, „das ganze Heer rückt heran. An der Spitze marschiert Achmed Pascha. In der vorigen Nacht hat die Hauptmacht in Abony gelagert. Die Vorhut mit Manda Beg ist bis Maklár vorausgeschickt worden. Kreuzhageldonnerwetter!" fügte er in verändertem Ton hinzu.

Dieses „Kreuzhageldonnerwetter" galt dem Krieger, der ihn nach Eger geschleppt hatte. Das Seil hatte an Varsányis Händen tiefe Furchen hinterlassen, und der Schädel schmerzte ihm von den Schlägen.

„Ein Beg war bei euch im Lager?" fuhr Gergely auf. „Den hatten wir doch fangen können!"

„Den wohl kaum", erwiderte der Kundschafter. „Der ist so dick wie eine Sau von den Mönchen und wiegt bestimmt drei Zentner, wenn nicht noch mehr."

„Wie sagtest du? Wie heißt der Beg?"

„Manda. Ihn trifft keine Kugel. Er ist noch nicht lange Beg. Erst diesen Sommer, nach der Schlacht bei Temesvár, wurde er zum Beg ernannt. Die Soldaten nennen ihn übrigens auch Hajwan."

Gergely lächelte und wiegte den Kopf:

„Das ist der", sagte er zu den beiden Hauptleuten, „von dem ich neulich am Abend gesprochen habe. Nun, er wird nicht mehr lange gegen Kugeln gefeit sein."

„Sprich weiter", sagte Dobó zu Varsányi.

„Dann kommt auch der Beglerbeg Sokolowitsch Mehmed, ein guter Schütze. Er wird die Kanonen in Stellung bringen und zum erstenmal abfeuern lassen. Man sagt, er habe Augen, mit denen er durch die Mauern sehen könne. Ich glaube das zwar nicht..."

„Wie viele Kanonen haben sie?"

„Sechzehn große Mauerbrecher, fünfundachtzig andere große Kanonen. Von den kleineren Stücken, die mit Kugeln schießen, sind hundertfünfzig da. Dann haben sie noch sehr viele Mörser. Hundertvierzig Fuhrwerke sind mit Kugeln beladen. Kamele mit Schießpulver habe ich an die zweihundert gezählt. Vier

Ochsen ziehen einen Wagen voll Marmorkugeln, die so groß sind wie die größten Wassermelonen."

„Wie steht es mit der Verpflegung?"

„Reis haben sie nicht viel, nur die Offiziere bekommen noch welchen. Aber Mehl, Schafe und Rinder rauben sie überall, wo sie vorbeikommen."

„Herrscht Krankheit im Lager?"

„Nein. Nur Kasson Beg ist in Hatvan erkrankt, weil er zuviel Gurken gegessen hat."

„Wer ist noch dabei?"

„Arslan Beg."

„Der Sohn des früheren Paschas von Buda?"

„Ja."

„Und wer noch?"

„Mustafa Beg, Kamber Beg, dann die Begs von Belgrad und Szendrő, der Derwisch Beg und Weli Beg..."

„Der verfluchte Weli Beg!" fuhr Mekcsey auf. „Dem werde ich eins aufspielen."

„Den werden wir tanzen lassen", pflichtete ihm Gergely bei.

„Derwisch Beg sagtest du?" forschte Dobó weiter. „Was ist denn das für einer?"

Varsányi schüttelte den Kopf:

„Ein ganz sonderbarer Mann. Er ist ein Beg wie die anderen, doch wenn es zum Kampf geht, legt er das Beggewand ab und zieht eine härene Kutte an; darum nennt man ihn Derwisch Beg."

Und Varsányi schaute Dobó mißmutig an, denn nach dieser Frage vermutete er, daß ihm ein anderer Kundschafter zuvorgekommen sein muß.

„Was ist das für ein Mensch? Welche Truppe befehligt er?" drang Dobó weiter in ihn.

„Ich habe ihn bei den Reitern gesehen. Er ist einäugig. Früher war er Janitscharen-Aga. Sein richtiger Name ist Jumurdschak."

Beim Klang dieses Namens griff Gergely unwillkürlich nach dem Säbel.

„Jumurdschak", sagte er. „Erinnert Ihr Euch nicht an ihn, Herr Hauptmann? Dem bin ich ja als Kind weggelaufen."

Dobó schüttelte den Kopf:

„Ich habe in meinem Leben schon mit so vielen Türken zu tun

gehabt, daß es kein Wunder ist, wenn ich den einen oder anderen vergessen habe."

Plötzlich schlug er sich mit der Hand an die Stirn:

„Ja, doch, natürlich kenne ich ihn. Er ist der jüngere Bruder von Arslan Beg. Ein verflucht grausamer Mann."

Und er wandte sich wieder dem Kundschafter zu:

„Was warst du im Lager?"

„Zuletzt war ich schon Diener bei Manda Beg. Der Teufel soll den Hornochsen holen, der mich gefangennahm! Ich hätte alle ihre Pläne erfahren und hier darüber berichten können."

„Und wie bist du zu dem Beg gekommen?"

„Ich habe mich mit seinem Diener angefreundet und mich immer in der Nähe seines Zeltes aufgehalten. Bei Hatvan war der Beg wütend auf den Burschen und jagte ihn davon. Und da er mich schon oft gesehen hatte, rief er mich; ich konnte nämlich auch schon Tinte kochen."

„Was?"

„Tinte. Der trinkt Tinte so wie wir Wein, Herr Hauptmann, morgens, mittags und abends Tinte."

„Das wird keine Tinte sein, mein Freund."

„Aber gewiß, Herr Hauptmann, richtige, gute, schwarze Tinte. Sie wird aus irgendwelchen Bohnen gekocht und ist so bitter, daß ich noch einen ganzen Tag spucken mußte, als ich sie einmal gekostet hatte. Diese Bohnen nennt man auf türkisch *Kaffee*."

Die Hauptleute sahen einander an. Keiner von ihnen hatte je etwas von Kaffee gehört.

„Nun, es war jedenfalls richtig, daß du dich an den Beg herangemacht hast", sagte Dobó nachdenklich. „Was sagt man im Lager über Eger? Halten sie die Burg für stark? Oder meinen sie, daß sie leichte Arbeit haben werden?"

Der Kundschafter zuckte die Achseln:

„Seit Szolnok gefallen ist, glauben sie, die ganze Welt gehöre ihnen, Herr Hauptmann. Man erzählt, Ali Pascha habe an Achmed geschrieben, Eger sei nur ein baufälliger Stall."

„Haben die sich denn noch nicht vereinigt?"

„Nein."

Dobó sah Mekcsey an. Mekcsey zuckte lächelnd die Achseln:

„Nun, sie werden ja sehen, was für bissige Tiere in diesem baufälligen Stall auf sie warten."

Varsányi fuhr fort:

„Im Lager treibt sich viel Gesindel herum. Allerlei griechische Händler, Seiltänzer, Roßtäuscher, Armenier und Zigeuner begleiten das Heer. Außerdem sind wohl einige hundert Gefangene dabei, größtenteils Frauen aus Temesvár; die sind unter die Offiziere verteilt."

„Diese Schurken!" brummte Mekcsey.

Der Kundschafter berichtete weiter:

„Was ich an männlichen Gefangenen gesehen habe, waren nur Knaben und die Fuhrleute, die die Kanonenkugeln bringen. Arslan Beg sagte wohl zehnmal am Tag, die Besatzung von Eger würde beim bloßen Anblick des riesigen Heeres ebenso Reißaus nehmen wie die von Szolnok."

„Woraus besteht die Hauptmacht des Heeres?"

„Aus Janitscharen und einer noch größeren Anzahl Müssellem-Reiter. Es kommen auch Mineure, Lagumdschis gennant, und die Kumbaradschis, die mit Speer und Schleuder Tonbomben in die Burg werfen werden."

Dobó erhob sich.

„Nun, geh jetzt und ruh dich aus. Zeig dich dem Burgvolk, besonders aber den Turmwächtern, damit dich alle kennenlernen. Heute nacht kehrst du ins Lager zurück. Wenn du etwas zu melden hast, pfeife unterhalb der Mauer an der Stadtseite. Die Torwache kennt ja schon dein Signal."

7

Auf dem Markt, wo die fünf hochbeladenen Wagen und acht kleine türkische Pferde standen, begann sogleich ein eifriger Handel.

Der Schreiber, der das Amt des Brotverteilers innehatte, wurde aus dem Bett geholt; er mußte sich an einen Tisch setzen, neben ihn stellte sich der Trommler, Bódogfalvi betätigte sich als Ausrufer.

„Beginnen wir mit den Pferden", schlug Pető vor.

„Ein herrlicher Araber!" begann Bódogfalvi.

„Nimm den anderen auch gleich dazu", riet Mekcsey.

Es waren nämlich zwei ganz gleiche Braune erbeutet worden.

Niemand machte ein Angebot, dennoch fand sich ein Abnehmer. Mekcsey war von Dobó beauftragt worden, die beiden schönen Pferde für die Knappen zu kaufen. So wartete er nur, ob jemand darauf bieten würde.

Aber alle sparten ihr Geld für Waffen und Kleidungsstücke. So kaufte denn Mekcsey alle acht Pferde für vier Forint und führte sie in den Stall.*

Nun kamen die Wagen an die Reihe, von denen viele schöne Waffen abgeladen wurden. Für ein bis zwei Denare konnte man einen Säbel, dessen Griff mit bunten Steinen verziert war, oder eine Büchse mit Elfenbeinkolben kaufen. Die Frauen bewarben sich um die Kleidungsstücke. Fügedy erstand eine Zwanzigpfundkeule, Jób Paksy eine Samtschabracke, Zoltay einen Silberhelm mit Nasenschutz. Vor dem Schreiber Mihály, der eifrig notierte, was die einzelnen gekauft und wieviel sie dafür gezahlt hatten, häufte sich das Geld.

Als der erste Wagen leer war, rief Bódogfalvi lustig:

„Jetzt aber folgt die Schatztruhe jenes hochberühmten Königs Darius!"

Mit Hilfe eines kräftigen Soldaten hob er eine mit Kalbfell bezogene Kiste an den Wagenrand.

Sie war verschlossen, doch man sah weder ein Schloß noch einen Riegel daran. Sie mußte mit einem Beil aufgebrochen werden.

Das Burgvolk drängte sich neugierig zusammen. Wenn auch nicht der Schatz des Darius, so war doch gewiß irgend etwas Kostbares darin.

Sogar die beiden Schankwirte, Laci Nagy und Gyuri Debrői, beide in blauem Fürtuch, kamen herbei.

„Ich möchte ein paar silberne Humpen kaufen", sagte Debrői, „damit die Herren, die bei mir einkehren, mit Lust trinken."

„Ich möchte ein schönes seidenes Tuch haben", rief eine junge Frau mit prallem Gesicht. Sie hatte rote Stiefel an und warf

* Das war nicht gerade der übliche Preis, denn damals kostete ein guter Ochse zum Pflügen knapp 5 Forint, auch Gulden genannt, ein Schwein 2 Forint. Für einen Forint konnte man vier Lämmer kaufen, und einen Wagen Heu aus Sarud brachte man für insgesamt 5 Forint nach Eger.

einem jungen braunhaarigen Krieger einen Blick zu. Der Bursche langte sofort in die Tasche.

Eine Menge Frauengewänder und einige Blumentöpfe hatte man schon vom Wagen heruntergeworfen. Diese Sachen deuteten darauf hin, daß mancher türkische Offizier seine Frau im Lager bei sich hatte.

„Ich möchte nur ein Paar Pantoffeln haben“, bat eine ältere Frau. „Man sagt doch immer, die Türken könnten so gute Pantoffeln nähen.“

Der Deckel der Kiste sprang auf. Zur nicht geringen Überraschung der Zuschauer richtete sich ein sechs- oder siebenjähriges Kind in der Kiste auf, ein weißhäutiger, kleiner türkischer Knabe mit erschrockenen Rehaugen. Sein Haar war kurz geschoren, er hatte nur ein Hemdchen an, und an seinem Hals hing eine kleine goldene Münze.

Bódogfalvi schimpfte los:

„Ei, du häßlicher Frosch! Du abscheulicher Türkensproß! Du vom Feigenbaum gefallener Bastard!“

Und er verzog das Gesicht in gespieltem Ekel.

Alle lachten.

„Schlag den Balg tot!“ schrie ein Soldat von einem anderen Wagen herüber.

„Man muß sie alle im Keim ersticken!“ pflichtete ihm ein anderer bei.

„Zum Teufel, so kriech doch schon heraus!“ brüllte Bódogfalvi.

Und er packte den Knaben bei den Schultern und warf ihn auf den Rasen.

Das Kind schrie.

Alle betrachteten es, als wäre es eine abscheuliche Kröte.

„Hu, wie häßlich!“ sagte eine Frau.

„Das finde ich gar nicht“, widersprach eine andere.

Da stand das Kind nun mit geröteten, erschrockenen Augen und vom Weinen verzogenem Mund, wischte sich immer wieder die Tränen ab und blickte verschüchtert bald nach der einen, bald nach der anderen Frau. Laut zu weinen wagte es nicht, es wimmerte nur.

„Schlag es doch endlich tot!“ schrie der Soldat, der auf einem Wagen die Zelte auseinandernahm.

Das Kind erschrak über den barschen Ton, flüchtete zu einer der Frauen und barg sein Gesicht in deren Rock. Zufällig war es die, die das Kind häßlich genannt hatte, eine von den Bäckerinnen, eine dürre Alte mit einer Adlernase; sie hatte die Ärmel noch hochgekrempelt; um den Kopf trug sie ein im Nacken geknotetes blaues Tuch.

„Das fehlte noch“, sagte sie und legte dem Knaben die Hände auf den Kopf. „Vielleicht ist er gar kein Türke. Nicht wahr, du bist keiner?“

Das Kind hob das Gesicht, antwortete aber nicht.

„Was sollte er denn sein?“ rief Bódogfalvi. „Hier sind ja seine Kleider: die Mütze rot, der Dolman rot! Und wer hat je so eine Hose gesehen? Mit Schnüren unten, man kann die Hosenbeine wie Säckchen zuziehen.“

Er warf die Kinderkleider vom Wagen.

„Annem! Nerede?“ fragte jetzt der Knabe.

„Na, glaubt ihr endlich, daß er doch ein Ungar ist!“ rief die Frau triumphierend. „Er sagt: *Anyám, gyeride!“* (Mutter, komm her!)

„Von wegen, Frau Vas“, entgegnete Pető lächelnd, „Das hat er nicht gesagt, sondern: *nerede*. Er fragt, wo seine Mutter ist.“

Und sich dem Kind zuwendend, erklärte Pető:

„Jok burda annen.“ (Deine Mutter ist nicht hier.)

Da begann der Kleine wieder zu weinen.

„Meded! Meded!“ (O weh! O weh!)

Frau Vas kniete nieder und zog, ohne ein Wort zu sagen, den Knaben an. Rote Pluderhosen, rote Mütze, rote Schuhe und ein Dolman aus violettem Samt. Der kleine Dolman war fleckig, und die Schühchen waren abgewetzt. Die Frau rieb dem Kind mit ihrer Schürze das Gesicht ab.

„Wir sollten ihn zurückschicken“, schlug sie vor.

Pető wußte nicht, was er tun sollte.

„Ach was“, brüllte Bódogfalvi und zog den Säbel. „Schlachten denn diese Hunde nicht auch unsere Kinder? Nicht einmal die Säuglinge verschonen sie!“

„Stich ihn nieder!“ schrie der mit den Zelten beschäftigte Soldat.

Frau Vas riß den Knaben an sich und streckte schützend die Arme aus:

„Rühr ihn nicht an!“

Und nun hielten schon drei Frauen das Kind.

Während der Soldat seinen Säbel wieder in der Scheide verwahrte, verschwand das Kind unter Röcken und Schürzen; selbst ein Spürhund hätte es kaum finden können.

*

Nach dem nächtlichen Kampf sprengte Gergely zum *Warmwasser* hinab.

Er badete und kehrte dann rasch zurück.

Vor dem Palast begegnete er einem stämmigen Jüngling in blauem Wams.

Auf der Schulter trug der Bursche eine Eisenstange zum Stopfen der Kanonen, deren Ende mit schwärzlichem Werg umwikkelt war.

Er grüßte Gergely, und wie er ihm dabei das Gesicht zuwandte, blieb Gergely verblüfft stehen: dieser blonde Bursche im blauen Wams, diese kindliche Stupsnase zwischen den kühnen Augen...

Es gibt Gesichter, die in unserem Gedächtnis haften bleiben wie ein Ölgemälde an der Wand. Sie verändern sich nicht. In Gergelys Gedächtnis lebten dieses Antlitz und diese Gestalt. Als er mit etwa sieben Jahren in Gefangenschaft gewesen war und auf dem Wagen das Bauernmädchen ihn auf den Schoß genommen hatte – da hatte er sich dieses Gesicht eingeprägt; der Bursche war damals gefesselt und hatte auf die Türken geschimpft.

Gergely rief ihn an:

„Gáspár!“

„So heiße ich“, sagte der Bursche verwundert. „Woher kennt Ihr mich, Herr Oberleutnant?“ Er zog den Hut.

Gergely betrachtete ihn staunend:

„Nein... das darf nicht wahr sein“, sagte er grübelnd vor sich hin. „Er kann nicht derselbe sein. Es ist doch zwanzig Jahre her, daß ich ihn gesehen habe... Wie heißt dein Vater?“

„So wie ich, Herr Oberleutnant, Gáspár Kocsis.“

„Und deine Mutter heißt wohl Margit? Stimmt's?“

„Ja.“

„Haben sich deine Eltern nicht in Baranya kennengelernt?"
„Doch, ja."
„Sie waren in türkischer Gefangenschaft, nicht wahr?"
„Ja, sie wurden gefangengenommen."
„Aber sie sind befreit worden."
„So war es."
„Dobó hat sie befreit."
„Und ein kleiner Knabe."
Gergely stieg die Röte ins Gesicht.
„Ist deine Mutter hier?"
„Ja, sie ist mit uns gekommen. Mein Vater ist nämlich auch hier, Herr Oberleutnant, wir bedienen zusammen eine Kanone."
„Wo ist deine Mutter?"
„Da kommt sie gerade."
Vom Tor näherte sich eine rundliche Frau mit vollem Gesicht. Sie trug in jeder Hand eine Milchkanne und auf dem Rücken eine Butte. Die Schürze hatte sie voll Mohrrüben.
Gergely eilte auf sie zu:
„Liebe, liebe Frau Margit! Laßt mich Euch umarmen und küssen!"
Und ehe sie sich's versah, küßte er ihr herzhaft beide Wangen.
Sie wußte nicht, wie ihr geschah.
„Ich bin jener kleine Junge", strömte es aus Gergely hervor, „den Ihr auf der Pécser Landstraße auf den Schoß genommen habt."
„Na, so etwas", wunderte sich die Frau, „Ihr wäret das, Herr Offizier"?
Ihre Stimme klang tief und voll wie ein Bombardon.
„Ja, ich bin es, liebe Frau", bekräftigte Gergely freudig. „Wie oft ist mir Euer gütiges Gesicht aus Eurer Mädchenzeit seither wieder in den Sinn gekommen! Wie Ihr uns beide dort im Wagen bemuttert habt, wie eine Amme..."
Frau Margit stiegen vor Freude die Tränen in die Augen.
„Nimm mal die Kanne", sagte sie zu ihrem Sohn, „sonst fällt sie mir aus der Hand... Und das kleine Mädchen, lebt es noch"?
„Aber gewiß. Es ist jetzt meine Frau. Sie ist zu Hause, in

Sopron. Wir haben auch einen kleinen Jungen, Jancsi heißt er. Ich werde ihr schreiben, daß ich die gute Tante Margit getroffen habe. Ja, das will ich tun."

*

Ach, Gergely, wo ist dein kleiner Sohn? Und wo deine schöne Frau Gemahlin?

8

An diesem Tage schlief sich Gergely tüchtig aus. Als er erwachte, war die ganze Welt von einem ungeheuren Gepolter und Getöse erfüllt. Es hörte sich an, als würden in der Burg tausend Türen zugleich eingerannt.

Er reckte und streckte sich, stand auf und öffnete die hölzernen Fensterläden. Da stand die Stadt in Flammen. Der herrliche große Dom, der Bischofspalast, die Nikolauskirche, das Haus der Domherren mit dem Ziegeldach, die Schmucke Mühle, die beiden Türme des Schmucken Tores und viele andere Häuser brannten lichterloh, der Qualm stieg wirbelnd zum Himmel. Das Gepolter kam von oben und von allen Teilen der Burg. Es war, als wäre die Hölle los.

Gergely öffnete das Fenster zum Innenhof: Da sausten die Schindeln nur so an ihm vorbei. Das Klosterdach und auch das schöne neue Dach der Kirche wurden herabgerissen. Viele grüne Ziegel, Holzschindeln, Latten und Balken flogen durch die Luft.

Gergely öffnete das dritte Fenster, und wieder nahm er nichts anderes als herunterfallende Dächer wahr. Auf dem Hof und zwischen den Häusern war keine Menschenseele zu sehen, aber die Mauern waren dicht bevölkert.

Gergely sah nach dem Stand der Sonne: Mittag war schon vorbei. Er rief nach dem Diener. Der kam nicht. Schnell lief er zur Wasserschüssel, wusch sich eilig, in der nächsten Minute hatte er schon die Kleider an, den Säbel umgeschnallt, den Hut mit der Adlerfeder auf dem Kopf und rannte die Treppen hinunter. Im Lauf griff er noch nach einem Schild und lief, sich den Kopf damit schützend, durch den Schindelregen auf die Bastion.

Wie eine bunte Flut, die sich anschickt, die Welt zu verschlingen, strömten die Türken aus dem Tal. Sie kamen mit Geklirr und Gepolter, mit Trommelwirbel und Trompetengeschmetter und wälzten sich wie rote, weiße und blaue Wellen unter ihren riesigen Feldzeichen heran.

Almagyar und Tihamér, die beiden schönen kleinen Dörfer am *Warmwasser* brannten. All ihre Häuser brannten.

Auf der Maklárer Straße schleppte eine endlose Karawane von Ochsen und Büffeln Kanonen heran.

Am Bergabhang sah man die Dschebedschis in blinkenden Harnischen, unten, in Richtung auf den Wildpark, große Mengen von berittenen Akindschis mit roten Mützen. Was da noch alles folgte!

„Wo ist der Herr Burghauptmann?"

„Auf dem Kirchturm."

Gergely blickte dorthin. Der Turm war oben flach. Dort stand Dobó in seinem taubengrauen Alltagshut, neben ihm der stiernackige Mekcsey, der blonde Zoltay, Pető, der Pfarrer, Cecey und der alte Sukán.

Gergely eilte zu ihnen.

Eine Holztreppe führte hinauf. Er nahm drei Stufen auf einmal. An einer Wendung stieß er auf Fügedy.

„Warum brennt die Stadt?" fragte er keuchend.

„Der Herr Hauptmann hat sie anzünden lassen."

„Und warum werden hier die Dächer abgerissen?"

„Damit die Türken nichts zum Anzünden haben und die Dächer sie nicht verdecken."

„Wohin gehst du?"

„Ich lasse noch Wasser ins Becken füllen. Geh nur hinauf, Dobó hat schon nach dir gefragt."

Vom Turm aus konnte man das Türkenheer noch besser überblicken. Bunt schillerte der bewegliche Wald bis nach Abony hin.

„Na, Gergely", rief ihm Mekcsey auf dem Turm entgegen. „Ich habe eben Kristóf gefragt, ob ihr heute nacht wirklich die Türken erschlagen habt."

„Sie sind auferstanden, die Hunde", führte Gergely den Scherz fort. „Auch der kommt wieder, dessen Schädel Bakocsai mitgebracht hat."

Dobó schüttelte betrübt den Kopf:

„Lukács Nagy ist verloren und mit ihm meine fünfundzwanzig besten Reiter", sagte er zu Cecey, „das tut mir sehr leid".

Gergely grüßte Dobó mit einem Griff nach dem Federhut.

„Wollen wir nicht einen guten, kernigen Gruß in die Brüder hineinfeuern?"

„Nein", sagte der Hauptmann.

Und als Gergely ihn fragend ansah, deutete er mit dem Kopf nach den Türken hin:

„Wer kommt, hat zuerst guten Tag zu sagen."

An der Ringmauer der Stadt breitete sich das Heer aus, wie die Flut einen Stein umfließt, der ihr im Wege liegt.

9

In dieser Nacht verschwanden wieder einige aus Oberungarn. Andere nahmen ihre Stelle ein. Aus Felnémet kamen etwa dreißig Bauersleute. Sie hatten sich mit geradegebogenen Sensen bewaffnet. Einer brachte einen Dreschflegel mit, dessen Ende mit Nägeln beschlagen war. Ein breitschultriger Mann mit einer Lederschürze war ihr Anführer. Er trug einen Possekel auf der Schulter.

Als sie vor Dobó standen, setzte er den Possekel ab und lüftete den Hut.

„Wir sind von Felnémet und eben hereingekommen. Mein Name ist Gergely, ich bin Schmied. Ich schlage das Eisen und, wenn nötig, auch die Türken."

Dobó reichte ihm die Hand.

Am selben Tage kamen noch Leute aus Almagyar, Tihamér und Abony, größtenteils Bauern mit ihren Frauen. Die Männer mit vollen Ranzen, die Frauen mit Bündeln beladen. Viele kamen geritten oder im Wagen gefahren.

Auch ein Ochsengespann bog zum Burgtor herein. Auf dem Fuhrwerk lag eine Glocke, die so groß war, daß die Wagenräder an beiden Seiten daran schleiften.

Vor dem Wagen her schritt ein älterer Mann, der wie ein Edler aussah, ihm zur Seite zwei Junker in blauen Tuchdolmanen und roten Stiefeln. Der eine, etwa zwanzigjährig, mit nach oben gezwirbeltem Schnurrbart, der andere ein Sechzehnjähriger – fast noch ein Kind.

Alle drei hatten sehr ähnliche, runde, bräunliche Gesichter und kurze Hälse, nur war das Gesicht des Alten von Sorgenfalten durchpflügt. Ein breiter Säbel in schwarzer, samtüberzogener Scheide hing ihm an der Seite. Die beiden Junker hatten dünne Säbel in rotsamtener Scheide. Alle drei Gesichter waren von Sonne und Hitze gerötet.

Der Alte war schwarz gekleidet. Auch seine Stiefel waren schwarz.

Dobó fiel das Trauergewand schon von weitem auf; da er aber mit den Leuten aus Felnémet beschäftigt war, beachtete er den Mann erst wieder, als er vor ihm stand.

Es war der Schultheiß* von Eger.

„Sieh da! Unser hochgelahrter Herr András!" begrüßte ihn Dobó und reichte ihm die Hand.

„Der bin ich", erwiderte der Schultheiß von Eger. „Hier bringe ich die große Glocke. Die übrigen habe ich vergraben lassen.

„Und diese beiden wackeren Junker?"

„Sind meine Söhne."

Dobó reichte auch ihnen die Hand. Und zum Ochsenkutscher gewandt, sagte er:

„Ladet die Glocke neben der Kirchbastei ab. Kristóf", rief er seinem Knappen zu, „sage Herrn Mekcsey, er solle die Glocke vergraben lassen, damit sie von keiner Kugel getroffen wird."

Sein Blick blieb an den schwarzen Stiefeln des Schultheißen haften:

„Wen betrauert Ihr?"

Der Schultheiß von Eger sah zu Boden:

„Meine Stadt."

Und als er den Kopf wieder erhob, standen ihm Tränen in den Augen.

Dann kam ein Mann in aschgrauem Tuchgewand mit zwei Frauen. Jede von ihnen führte ein Kind an der Hand.

Dobó sah den Mann freundlich an und sprach zu ihm:

„Ihr seid Müller, nicht wahr?"

„Jawohl, der Müller von Maklár", erwiderte dieser mit

* Damals nannte man das Stadtoberhaupt noch nicht Bürgermeister, sondern einfach nur Schultheiß, was so viel heißt wie Richter.

leuchtenden Augen auf die freundliche Anrede. „Euch zu Diensten, Herr Hauptmann, János Bódy heiße ich. Ich habe in der Schmucken Mühle übernachtet."

„Und die beiden Frauen?"

„Die eine ist meine Frau, die andere meine Tochter. Die Kleinen sind meine Söhne. Sie wollten mich nicht verlassen. Da dachte ich mir, es wird noch ein wenig Platz für sie in der Burg sein."

„Raum hätten wir ja genug... aber wir haben schon zu viel Frauenvolk hier."

Er wandte sich an Sukán:

„Wie viele Frauen haben wir in der Burg?"

„Bisher fünfundvierzig", gab Sukán Auskunft.

Dobó schüttelte den Kopf.

Dann kamen wieder drei Männer und mit ihnen ein Geistlicher, ein hagerer Mann mit abgezehrtem Gesicht. Einen Säbel hatte er nicht, nur einen Stock, und über der Schulter trug er einen Ranzen aus Fuchsfell.

Über den freute sich aber Dobó. Pfarrer würden auf jeden Fall in der Burg gebraucht werden, mehr als nur einer. Es war wichtig, daß die Kämpfenden die Gegenwart Gottes ständig spürten und daß die Pfarrer predigten. Sie würden aber auch Sterbenden den letzten Segen zu erteilen haben, ja, und beerdigen müssen.

„Grüß Euch Gott", sprach Dobó und gab ihm die Hand. „Ich frage nicht nach Eurem Namen, denn Ihr kommt von Gott, Gott hat Euch zu uns gesandt."

„Ist in Burg Geistlicher?" fragte der Seelsorger. „Wieviel ist Geistlicher?"

„Nur einer", sagte Dobó bekümmert.

Er erkannte, daß der Geistliche mit solch einer Aussprache den Soldaten nicht predigen werde.

*

Während die Türken von Süden heranströmten und hufeisenförmig die Stadt umschlossen, zog sich die restliche Bevölkerung der Stadt in die Burg zurück. Zum größten Teil waren es Bauern und Handwerker mit ihren Frauen und Kindern.

In jeder gefährdeten Stadt bleiben Zweifler zurück, die da

sagen: „Es ist ja gar nicht wahr, daß die Türken kommen. Jedes Jahr erschreckt man die Welt damit, und wir werden darüber alt, sterben sogar und haben mit den Türken nicht einmal so viele Umstände gehabt wie mit den Maikäfern."

Solche Menschen sind es, die vom Hochwasser überrascht werden und am meisten unter dem Krieg zu leiden haben. Sie sind die niemals aussterbenden Nachkommen der Sippe *Abwarten*.

Dobó war es recht, daß die Stadtbewohner kamen – je mehr Menschen, desto besser. Frauen und Kinder waren zwar in der Burg nicht sehr gern gesehene Gäste, aber davonjagen konnte man sie jetzt nicht mehr. Und bei so vielen Soldaten brauchte man ja auch Frauenhände.

Also sollten sie nur kommen.

Die Frauen wurden in die Küchen und an die Backöfen geschickt. Der alte Sukán wies jeder Familie ihren Platz an. In manchen Zimmern mußten sich zehn, ja sogar zwanzig einrichten. Sie brauchten ja schließlich nur ein Nachtlager und eine Stelle für ihre Habe.

Die Männer hingegen ließ Mekcsey in eine Ecke der Torbastion führen, sie durften erst weitergehen, nachdem sie den Soldateneid geleistet hatten.

„Ei was", sagte ein Weinbauer aus Eger nach der Vereidigung, „deswegen sind wir ja gekommen, um die Burg zu verteidigen".

Ein anderer übertrumpfte ihn:

„Freilich. Unsere Geburtsstadt überlassen wir den Türken nicht."

Mekcsey ließ sofort jedem Waffen zuteilen. Es lagen da Säbel, Speere, Schilde und Helme zu Haufen unter den Gewölben der Bastion. Allerdings keine Damaszener Klingen, keine hindostanischen oder Derbender Meisterstücke; was da aufgestapelt lag, war verrostetes Alltagsgerät, das sich seit Jahrhunderten in der Burg angesammelt hatte. Mochte sich jeder auswählen, was ihm beliebte.

Ein Schuster mit starkem Bart und dichten Augenbrauen, die sogar als Schnurrbart recht stattlich ausgesehen hätten, sagte voll Selbstvertrauen:

„Die vielen Waffen sind gewiß nützlich, Herr Hauptmann, ich habe aber auch meinen Schusterkneif mitgebracht."

Damit zog er aus dem Brustlatz seines Schurzes einen blanken Kneif hervor.

„Wenn ein Türke auf mich zukommt, schlitze ich ihm damit den Bauch auf.“

Einige versuchten auch, die Helme aufzusetzen; da aber ein Eisenhut ein schweres Ding ist und mehr einem Topf als einem schönen, glänzenden Ritterhelm gleicht, ließen sie davon ab.

„Wozu das?“

Ihr werdet gar bald erfahren, wozu sie nötig sind!

Gegen Abend meldeten die Turmwächter, von Felnémet her nähere sich in raschem Trab eine mit vier Pferden bespannte Herrschaftskutsche, eine große Staubwolke hinter sich aufwirbelnd.

Wer mochte das sein? Niemand wußte das zu sagen. Im Vierspänner pflegte nur der Bischof zu fahren. Ein Edelmann setzte sich nur wenn er krank war in einen Wagen. Ein Kranker aber kam nicht nach Eger!

Auch die Hauptleute stellten sich auf die Bastion und hielten Ausschau nach dem heransausenden Vierspänner.

„Ihr werdet sehen, der Bischof kommt“, jubelte Fügedy, der Leutnant vom Domkapitel. Und weil ihm das keiner glauben wollte, führte er Beispiele aus der Geschichte an: „Waren sie denn nicht bisher in jeder Schlacht dabei? Waren sie etwa nicht mit bei Mohács, nahezu allesamt? Bischof zu sein ist doch keine rein kirchliche Würde, sondern auch eine militärische. Jeder Bischof hat doch auch seine Krieger. Jeder Bischof ist doch zugleich auch ein Hauptmann.“

„Ach wäre doch jeder Hauptmann auch gleichzeitig Bischof“, erwiderte Dobó.

Vielleicht dachte er dabei daran, daß er dann mehr Soldaten gegen die Türken hätte aufstellen können.

„Vielleicht kommt ein Schnelläufer vom König und ist unterwegs krank geworden“, meinte Mekcsey.

Dobós Gesicht leuchtete auf:

„Der König kann uns nicht im Stich lassen!“

Vor Ungeduld ging er die Treppe hinunter und über den Markt auf das Alte Tor, die Wageneinfahrt der Burg, zu.

Die gelb gestrichene Herrschaftskutsche mit Lederverdeck bog ins Südtor ein und fuhr durch den Torweg auf den Burgplatz.

Eine große, schwarz gekleidete Frauengestalt stieg aus dem Wagen.

„Wo ist der Herr Burghauptmann?“ waren ihre ersten Worte.

Als sie Dobó erblickte, lüftete sie den Schleier. Es war eine Frau von etwa vierzig Jahren, der Kleidung nach Witwe.

„Frau Balogh!“ rief Dobó erstaunt.

Er nahm den Hut ab und verbeugte sich.

Sie war die Mutter jenes Knappen, den Dobó mit Lukács Nagy nach Hause geschickt hatte.

„Mein Sohn...“, sagte die Frau mit bebenden Lippen, „wo ist mein Balázs“?

„Ich habe ihn nach Hause geschickt“, erwiderte Dobó verwundert. „Schon vor mehr als einem Monat habe ich ihn heimgeschickt.“

„Ich weiß. Doch er ist hierher zurückgekehrt.“

„Bei uns ist er nicht angekommen.“

„Er hat in einem Brief hinterlassen, daß er nach Eger ginge.“

„Hier ist er nicht.“

„Er ist weggelaufen, und wollte mit Lukács Nagy zurück.“

„Auch den haben wir nicht wiedergesehen.“

Die Witwe preßte die Hand auf die Stirn.

„Oh! Mein einziger Sohn... Nun ist auch der verloren.“

„Das ist noch nicht sicher.“

„Ich habe meinem Mann am Totenbett geschworen, unseren Sohn, bis er heiratet, vor jeglicher Gefahr zu bewahren. Er ist der letzte Sproß unserer Familie.“

Dobó zog die Schultern hoch:

„Das ist mir bekannt, gnädige Frau. Deshalb habe ich ihn ja auch nach Hause geschickt. Jetzt aber kehrt schnell um, bevor die Türken den Ring um die Burg schließen.“

Dobó ließ die Dame von einer Reiterschwadron begleiten.

Sie sah ihn mit gefalteten Händen flehentlich an:

„Vielleicht kommt er zurück...“

„Das ist nicht mehr möglich. Schon heute nacht wird die Stadt umzingelt sein. Hier kann nur noch das Heer des Königs durchbrechen.“

„Und wenn er mit diesem Heer zurückkommt...“

„Dann sperre ich den Schlingel in mein Haus ein.“

Die Dame setzte sich in ihren Wagen.

Fünfzig Reiter ritten voraus und ebensoviele schlossen sich dem Wagen an. Die vier Pferde rissen den leichten Wagen schnell auf das Schmucke Tor zu.

Von den vier Toren war nur noch dieses eine offen. Von hier aus war der Weg nach Szarvaskő oder Tárkány noch frei.

Eine Viertelstunde später meldeten die Turmwächter, die Spitze des türkischen Heeres habe das Schmucke Tor erreicht.

Ein Reiter aus dem Geleitzug der Dame kam in rasendem Galopp in die Burg zurück:

„Herr Leutnant Fekete läßt fragen, ob er der Dame gewaltsam einen Weg durch die feindlichen Truppen bahnen soll."

Dobó bestieg die Bastion. Er sah die Schar der türkischen Kürassiere an dem Tor und die heranrückenden Assaber.

„Nein!"

Er blieb auf der Bastion, beschirmte die Augen mit der Hand und blickte nordwärts.

„Burschen", sagte er zu den Soldaten, „wer von euch hat gute Augen? Seht doch einmal nach Felnémet hinüber."

„Da kommen Reiter", sagte einer der Kämpfer.

„Etwa zwanzig", meinte ein anderer.

„Eher fünfundzwanzig", sagte wieder der erste.

„Lukács Nagy kommt!" rief Mekcsey von der Kirchbastion.

Es war wirklich Lukács Nagy, der sich im Rücken der Türken herumgetrieben hatte. Wo, zum Kuckuck, war er nur so lange geblieben? Und wie würde er jetzt hereinkommen?

Sie sausten wie vom Sturmwind getrieben heran. Zu spät, Lukács Nagy! Die Türken stehen vor dem Tor!

Lukács Nagy aber wußte das noch nicht! Er ritt in Richtung auf das Schmucke Tor vom Hügel herab. Da erblickte er die türkische Reiterei. Er riß sein Pferd herum, und die kleine Schar schwenkte rasch auf das Baktaer Tor zu.

Dort waren noch mehr Türken.

„Na, jetzt kannst du dich kratzen, Lukács, auch wo es dich nicht juckt", sagte Zoltay lachend.

„Wenn doch nur keine Reiter am Tor stünden!" sagte Dobó mit funkelnden Augen. „Durch das Fußvolk würde sich Lukács durchschlagen."

Lukács blickte zur Burg hinauf. Er kratzte sich den Kopf.

Die Krieger auf der Mauer winkten ihm eifrig mit den Hüten zu.

„Komm, Lukács, wenn du es wagst."

Die türkischen Pferde in der Ferne wurden plötzlich zu einem bunten Gewimmel. Etwa hundert Akindschis schwangen sich auf die Pferde und jagten Lukács Nagy nach.

Der säumte nicht und machte sich mit seinen vierundzwanzig Reitern davon. Das Wettrennen begann. Anfangs konnte man noch die Pferde sehen, später nur noch zwei Staubwolken, die bis zu den Wipfeln der Pappeln emporstiegen und sich schnell auf Felnémet zu ausbreiteten.

10

Der nächste Tag war ein Sonntag, die Glocken von Eger aber blieben stumm.

Burg und Stadt waren von Türken umzingelt.

Auf Bergen und Hügeln leuchteten unzählige rote, weiße, stellenweise auch grüne, blaue und gelbe Zelte. Diese Zelte der Gemeinen sahen wie schräg aneinandergestellte Spielkarten aus, die der Offiziere waren achteckige, hohe, prunkvolle kleine Paläste, auf deren höchstem Punkt goldene Knöpfe in der Sonne funkelten und Halbmondfahnen im Winde wehten. Auf der Wiese von Felnémet, auf dem Feld von Kistálya und überall, wo Gras wuchs, weideten die Reitpferde zu Tausenden. Längs des Baches badeten Büffel und Menschen. Aus dem brausenden, wogenden Gewimmel reckte zuweilen ein Kamel den Kopf empor, blinkte hier und dort der Turban eines berittenen Offiziers auf.

Wie Inseln ragten aus diesem wogenden Farbenmeer Burg Eger und die von Zäunen und Palisaden umringte kleine Stadt Eger heraus sowie der Hügel im Osten, Königsstuhl genannt, gegenüber dem die höchste Mauer der Burg errichtet worden war.

Dobó hielt sich mit seinen Offizieren wieder auf dem dachlosen Turm auf. Wie gut, daß König Stephan diese beiden Türme hatte bauen lassen: Jetzt konnte man von hier aus beobachten, wie die Türken ihre Geschütze aufstellten.

Hinter der Burg war eine große, fast runde Rasenfläche, etwa halb so groß wie die Generalwiese in Buda. Dahinter erhob sich ein kleiner rötlicher Weinberg; auf diesen brachten die Türken nun drei große Kanonen hinauf.

Sie stellten nicht einmal Schutzkörbe auf und trieben die dreißig Büffel nicht weiter als bis an den Fuß des Hügels, dort ließen sie sie grasen. Neben den Kanonen sah man jetzt nur noch die mit schwarzen Säcken beladenen Kamele.

„Das sind Ledersäcke", erklärte Dobó, „darin haben sie das Schießpulver".

Die Toptschis, klein von Wuchs, mit roten Turbanen, machten sich vor den Augen des Burgvolkes eifrig zu schaffen. Noch gähnten die schwarzen Kanonenschlünde lautlos die Burg an. Der Toptschi-Pascha hockte sich wieder und wieder auf die Erde und blickte an den Kanonenrohren entlang. Er stellte sie mehr nach rechts oder nach links ein, richtete sie höher oder niedriger.

Eine der Kanonen zielte auf den Turm, die andere auf die mittlere Nordbastion, die die Paläste verdeckte.

„Seht ihr, wie er einstellt?" fragte Dobó. „Nicht mit dem vorderen Teil des Geschützes, sondern mit dem hinteren."

Ein Stückknecht steckte den Kopf zur Turmtür herein und rief:

„Herr Hauptmann!"

„Komm her!" antwortete Dobó.

Der Bursche kletterte herauf, blickte bekümmert auf die türkischen Kanonen und blieb stramm stehen.

„Herr Hauptmann", meldete er, „Meister Balázs läßt fragen, ob er nicht zurückschießen solle".

„Sag ihm, er soll erst schießen, wenn ich es befehle. Du komm dann wieder hierher zurück."

Die Toptschis stopften die drei Sarbusane. Mit kolbenartigen Stangen stampften sie das Pulver fest.

„Ich hätte große Lust dazwischenzuknallen", sagte Mekcsey voll Eifer, „sie in die Luft fliegen zu lassen, bevor sie fertig sind."

„Laß ihnen ihren Spaß", erwiderte Dobó gelassen.

„Wenn wir ihnen doch wenigstens ein paar draufhauen könnten!" sagte Jób Paksy, der Bruder des Hauptmanns von Komárom, vor Ungeduld aufstampfend.

„Auch mir zuckt es in allen Gliedern", murmelte Bornemisza.

Dobó lächelte:

„Laßt uns erst einmal sehen, wie sie schießen."

Die Toptschis stopften schon die Dichtung in die Sarbusanenschlünde. Vier Mann hielten die Ladestange und schlugen sie auf Kommando ins Rohr.

„Verdammte Heiden!" wetterte jetzt Cecey. „Bruder Hauptmann, wozu haben wir denn Kanonen?"

„Auch Ihr brummt mich an, Alter? Wartet nur, morgen werdet Ihr wissen, warum ich noch nicht schieße."

Die Toptschis holten nun aus einem anderen Sack Lederstükke hervor. Diese wurden von zwei Mann gehalten und von einem dritten mit Talg beschmiert. Dann drehten sie das Leder um und wickelten die Kugel in die unbeschmierte Seite.

„Die schießen wohl mit Eiern", höhnte Zoltay.

Da kam der Stückknecht zurück.

„Stell dich vor mich", sagte Dobó zu ihm. „Vorhin bemerkte ich, daß du dich fürchtest. Nun sieh mal: Die schießen jetzt hierher auf mich. Und du stellst dich vor mich."

Der Bursche pflanzte sich errötend vor Dobó auf.

Dobó sah vom Turm hinunter, und als er Pető erblickte, rief er ihm zu:

„Gáspár, mein Junge, du hast eine kräftige Stimme, ruf doch aus, daß die Türken gleich schießen werden. Niemand soll erschrecken. Wenn die Frauen Angst haben, sollen sie sich nach der Sonnenseite verziehen."

Die Toptschis waren nun mit dem Laden der drei Kanonen fertig. Jeder Geschützmeister hatte eine brennende Lunte in der Hand. Ein Toptschi spuckte sich in die Hand und blickte dann zur Burg herüber, wobei er sich von unten nach oben über den Hinterkopf strich.

Das Schießpulver flammte auf, aus den Kanonen drangen Rauch und Feuer, und es knallte neunmal hintereinander.

Die Burg erzitterte von dem Getöse. Dann trat Stille ein.

„Das war gar nichts", sagte Dobó lächelnd.

Nun schickte er den Burschen fort.

Träge stieg der Rauch aus den Bombarden auf.

Doch wie, zum Kuckuck, konnten drei Kanonen neunmal krachen?

Sehr einfach: Von den Bergen um Eger hallte jeder Knall zweimal wider, man hörte also jeden Schuß dreimal.

Eine feine Musik würde das geben, wenn erst einmal dreihundert oder vierhundert türkische Geschütze zugleich losdonnerten!

Eine Viertelstunde später kam Pető auf den Turm gerannt. Hinter ihm her stapfte ein Schlächtergeselle, der in seinen beiden kräftigen Armen eine stinkig dampfende Kugel schleppte; die setzte er vor Dobó hin.

„Melde gehorsamst, hier ist die Kugel", sagte Pető. „Sie fiel in den Bach. Die Wasserträger haben sie in der Butte heraufgebracht."

„Sag ihnen, sie sollen weiter Wasser holen. Das Burgtor wird nicht geschlossen."

„Wir schießen nicht?" fragte nun auch Pető.

„Es ist doch Sonntag! Wie können wir da schießen?" sagte Dobó lächelnd.

Und er sah weiter zu, wie die Toptschis die Kanonen abkühlten und von neuem luden.

11

Am nächsten Morgen hockten die drei Mauerbrecher nur noch in halber Entfernung, bereits in der Mitte des Rasens. Und sie hatten sich auch noch um drei vermehrt.

Die neun Schüsse vom Vortage waren unnütz vertan worden. Aus der Burg war nicht einmal eine Antwort gekommen. Nun hatte man die Kanonen näher gebracht, so nahe, daß schon ein guter Pfeilschuß aus der Burg sie erreicht hätte.

Dobó hatte wohl geahnt, daß es so kommen würde. Wozu hätte er sie verscheuchen sollen? Wozu das Vertrauen des Burgvolks durch sinnloses Zurückknallen erschüttern?

Er war schon beim Morgengrauen auf den Beinen und bereitete sämtliche in diese Richtung eingestellten Geschütze auf die Antwort vor. Er wickelte die Kanonenkugeln freilich nicht in Leder, sondern rieb sie nur mit Talg ein. Auch das Schießpulver wog er selbst sorgfältig mit dem Meßlöffel ab.

„Jetzt die Dichtung her! Stampf sie mit der Ladestange fest, Bursche! Und jetzt die Kugel hinein!"

Dobó zielte lange und sorgfältig.

Er wartete, bis auch die Türken hinter den Körben fertig waren. Als dann die erste türkische Bombarde losging, rief er:

„In Gottes Namen: Feuer!"

Im gleichen Augenblick wurde an zwölf ungarische Kanonen die Lunte gelegt, und es donnerte aus zwölf Schlünden zugleich.

Die türkischen Körbe und Lafetten flogen hoch und barsten. Zwei Kanonen stürzten um, eine brach in Stücke. Das wütende Geschrei und die Verwirrung bei den Toptschis hinter den Körben reizten das Burgvolk zum Lachen.

„Nun, Vater Cecey", sagte Dobó heiter zu dem alten Mann, „versteht Ihr nun, warum wir gestern nicht geschossen haben?"

Mit gespreizten Beinen stand Dobó auf der Mauer und zwirbelte mit beiden Händen seinen langen Schnurrbart.

*

Das Burgvolk war gar nicht so erschrocken, wie Dobó befürchtet hatte. Eger war, seit das Schießpulver erfunden wurde, die Stadt, in der am meisten geschossen wurde. Noch heute kann man sich hier ein Maifest, einen Feuerwehrball, einen Wahltag oder die Feier eines Gesangsvereins, ein Gartenfest oder die Vorstellung eines Liebhabertheaters ohne Böllerschüsse gar nicht denken. Die Kanonen ersetzten die Plakate. Manchmal gab es allerdings auch Plakate, doch durften auch dann die Kanonen nicht fehlen. In der Burg lagen stets einige Mörser im Gras – mochte damit schießen, wer Lust hatte. Wie hätten also die Egerer erschrecken sollen?

Einen einzigen Mann gab es in der Burg, der beim ersten Kanonenschuß vom Stuhl fiel und jammerte.

Wer es war, ist nicht schwer zu erraten, auch wenn ich es verschweige.

Die Soldaten ließen ihn wahrlich nicht ungeschoren. Sie zogen Hern Hasenherz aus seinem Winkel hervor und schleppten ihn so, wie er war, in gelbem Dolman und roter Hose, mit dem Helm auf dem Kopf, unbeschuht auf die Bastion.

Dort hielten ihn zwei an den ausgebreiteten Händen und zwei an den Füßen fest, und einer stemmte sich gegen seinen Rücken. Und sie riefen den Türken zu:

„Schießt hierher!"

Der Zigeuner beherrschte sich, solange geladen wurde, als

aber die Kanone losging, befreite er sich mit einem Ruck aus dem Griff der Soldaten und wagte einen gefährlichen, zwei Klafter tiefen Sprung hinab hinter das schützende Gerüst. Dort tastete er sich zunächst einmal ab, ob ihm die Kanonenkugel nicht etwa ein Glied weggerissen habe, dann raste er wie ein Windhund nach dem alten Tor.

„Weh! Weh! Weh!" brüllte er und hielt sich mit beiden Händen den Kopf. „Wär mir doch ein Krampf insch Bein gefahren, alsch isch herkommen wollte! Weh! Weh! Weh! Wär doch dasch schtinkige Pferd erblindet, dasch misch hierhergebracht hat!"

*

An diesem Tage zerschoß Dobó sämtliche Kanonen auf dem Königsstuhl.

Die Toptschis stoben brüllend und wütend auseinander. Zwei Toptschi-Agas starben, den dritten Offizier trug man in einer Blahe fort. Nichts blieb dort zurück außer umgefallenen und zerrissenen Körben, drei toten Kamelen, zu Schrott geschossenen Kanonen, Kisten und zerbrochenen Rädern.

Und als ob das noch nicht genug gewesen wäre, wagte Gergely um Mitternacht noch einen Ausfall und entriß dem Feind zwanzig Reitpferde und ein Maultier.

Doch die Türken hatten so viele Pferde, so viele Soldaten und Geschütze, daß bei Anbruch des nächsten Tages die aus Weidenruten geflochtenen und mit Erde vollgestopften Körbe wieder dastanden. Freilich hatten die Türken diesmal etwas weiter hinten Stellung bezogen und vor den Kanonen eine ziemlich große Schanze ausgehoben. Aus den Spalten zwischen den Körben lugten wieder zwölf Kanonen hervor, neue Toptschis und neue Agas waren an den Bombarden beschäftigt.

Kaum war die Sonne aufgegangen, da erbebte die Burg schon vom Donner der Geschütze, und dumpfe Schläge kündeten von dem Zerstörungswerk der Kugeln an den Mauern.

Dobó feuerte seine Kanonen abermals ab und warf die feindlichen Körbe und Geschütze erneut durcheinander. Doch hinter den eingestürzten Körben erhoben sich neue, und daneben erstanden neue Mauerbrecher. Die Toptschis liefen nicht mehr davon, denn hinter ihnen stand jetzt eine Schar gepanzerter

Dschebedschis mit Stachelpeitschen. Da hieß es also nur: Schießen und sterben!

„Laßt sie nur schießen", sagte Dobó mit einem Achselzucken. „Wir müssen mit unserem Pulver sparen."

Nur aus den Wallbüchsen schickte er ihnen ab und zu einen Gruß, um sie bei der Arbeit zu stören.

An diesem Tage besetzten die Türken die Stadt noch nicht. Ungarische Fußsoldaten bewachten die Burgtore, die Stadttore wurden von Reitern gedeckt.

Noch ließen sich die Türken auf keinen Kampf ein. Die Stadt war ihnen nicht so wichtig. In leeren Häusern gab es ja nichts zu plündern, und das Wetter war noch so sommerlich, daß alle lieber in Zelten oder gar unter freiem Himmel schliefen.

Die türkischen Hauptleute ritten schon seit zwei Tagen auf die Hügel und Berge, um das Innere der Burg auszukundschaften. Das aber war allein den Vögeln möglich; denn nur die Türme ragten über die Festung hinaus. Auf den Mauern und Bastionen waren aus Ruten geflochtene und mit Erde ausgefüllte Zäune angelegt, die das Burginnere vor den spähenden Blicken verdeckten.

Wohin sollten die Türken also zielen?

Erst einmal auf die Mauern und Zäune.

Innen aber standen noch einige schöne Gebäude. Die gewaltige Hauptkirche war, wenn auch zur Hälfte abgerissen, immer noch ein herrliches Bauwerk, das alte Kloster daneben: ebenfalls ein Bau aus behauenen Steinen. (Kein ungarischer Soldat hatte seitdem eine schönere Kaserne als diese.) Den Palas des Burgvogtes hatte Dobó, als er heiratete, selbst verschönern lassen. Ein italienischer Baumeister hatte die Steine bearbeitet und zusammengefügt. Die Fenster hatten Glasscheiben, während es unten in der Stadt, sogar beim Bischof, nur Fenster mit geölter Innenhaut gab. Da stand auch noch der Bischofspalast aus jener Zeit, in der die Kirche in der Burg den Rang eines Domes einnahm. Nicht weit davon befand sich das Haus Mekcseys, des zweiten Hauptmanns. Damals wurde auch dieses Palas genannt. Und an der Nordmauer verlief die Häuserzeile der Burgbeamten.

Die Türken schossen also aufs Geratewohl. Die Kanonen dröhnten von früh bis spät, beschädigten die Mauern und zerrissen die geflochtenen Zäune. Als dann die Sonne hinter dem Baktaer Berg unterging, feuerten sie alle Geschütze auf einmal ab, und bald darauf ertönte allenthalben im Lager der andächtige Gesang der Feldprediger: *Allahu akbar*...

Das ganze Türkenlager warf sich zum Gebet nieder, auch die Toptschis.

Dobós Maurer aber nahmen die Kellen und machten sich noch bei Tageslicht an die Arbeit. Sie füllten die Breschen mit Steinen aus.

12

Die beiden Paschas schüttelten den Kopf. Beide waren im Kriegshandwerk ergraut. Wo sie gewesen waren, hinterließen sie Trümmer, und das Herrschaftsgebiet des Sultans breitete sich aus.

„Wir wollen in die Stadt eindringen und die Mauern auch von dort aus beschießen."

Am vierten Tage drangen sie also in die Stadt ein. Diesem Heer war das ein Kinderspiel. Tausend Leitern und tausend jungen Kämpfern standen nur mit Lehm verputzte Holzzäune entgegen.

Den ungarischen Wächtern der Stadttore hatte man befohlen, sich sofort zurückzuziehen, wenn die Türken auf den Mauern erschienen. Das geschah denn auch. In geordneten Reihen kehrten sie unter Trommelwirbel in die Burg zurück.

Arslan Beg ließ nun neben dem Liebfrauenkloster vier große Mauerbrecher aufstellen und auf die Bastionen richten, wo die noch stummen Geschütze der Ungarn standen.

Arslan war im Schießen erfahrener.

Seine Kugeln brachen die auf die Stadt zu gelegenen Mauern und Palisaden. Hauptsächlich wurde die Erdbastion beschossen. Manchmal fiel auch eine Kugel in die Burg und rief dort einige Verwirrung hervor, bis die Belagerten schließlich herausgefunden hatten, an welchen Mauern sie entlanggehen mußten, um die Schußrichtung der Kanonen zu meiden.

Am selben Tage holten die Türken die Kreuze von den Türmen der beiden Kirchen herunter und befestigten Halbmonde an deren Stelle. Sie warfen die Altäre hinaus und verbrannten die Heiligenbilder. Mittags klang aus den Turmfenstern bereits das langgezogene Heulen der Muezzins:

„Allahu akbar! Aschhadu anna la ilaha ill Allah! Aschhadu anna Mohammed arassulu Allah! Heija alaschalah! Heija alalfalah! Allahu akbar. La ilaha ill Allah!“ (Gott ist der Erhabenste! Wahrlich, es gibt keinen Gott außer unserem Gott! Wahrlich, Mohammed ist sein Prophet! Laßt uns beten! Laßt uns Gott lobpreisen! Gott ist der Erhabenste! Es gibt keinen Gott außer unserem Gott!)

Während des gemeinsamen Mittagmahles war Dobó ernst und schweigsam.

Es war noch keine Botschaft vom König gekommen. Der zum Bischof entsandte Kundschafter war in der Nacht zurückgekehrt. Der Bischof ließ sagen, er habe weder Geld noch Soldaten, doch bete er ständig für die Verteidiger der Burg.

Nichts in seinem Gesicht verriet Dobós Erregung. Als er diese Botschaft vernahm, zog er nur die Brauen zusammen.

Auch Lukács Nagy machte ihm Sorge. Er war einer seiner tapfersten Offiziere. Mit Vorliebe schlich er sich an die Türken heran, fiel plötzlich das große Heer an und verschwand wieder. Wie aber könnte er jetzt zurückkehren, da die Burg umzingelt war und die bunten Zelte bis nach Felnémet standen? Oder hatte man ihn gar gefangengenommen?

Während des Essens wurde gemeldet, daß eine Kanonenkugel Antal Nagy getroffen habe.

Bornemissza sprang auf:

„Herr Hauptmann, laßt mich einen Ausfall wagen. Mir liegt es schwer auf der Seele, daß wir die Stadttore ohne einen Säbelhieb verlassen haben.“

Budaházy, der Offizier mit dem rundgezwirbelten Schnurrbart sagte:

„Mögen die Türken sehen, daß wir nicht nur nachts, sondern auch am Tage den Mut haben, sie anzufallen.“

Auch Pető warf sich in die Brust:

„Was macht’s, wenn wir nur wenige sind? Hundert von uns nehmen es mit hunderttausend Türken auf.“

Dobós Augen bekamen einen fröhlichen Schein:

„Ich habe nichts dagegen. Das Essen braucht ihr aber deswegen nicht stehenzulassen.“

Nun wurde nicht mehr über die Türken gesprochen, erst nach Beendigung der Mahlzeit sagte Dobó:

„Ihr unternehmt also einen Handstreich auf das Fußvolk an der großen Kirche, stürmt mit einer Schwenkung durch die Menge und reitet unverzüglich im Galopp zurück. Auf einen Kampf laßt euch nur soweit ein, wie es sich halt ergibt. Keine Parole, kein Warten auf einen Befehl des führenden Offiziers während des Ausfalles, sonst müßt ihr Haare lassen. Also, einmal reingepfeffert und dann zurück! Hundert Mann können gehen."

Geschwind griffen die Offiziere nach ihren Panzerhemden und Waffen. Schnell aufs Pferd! Die ganze Mannschaft wollte mit, aber Gergely wehrte ab:

„Diesmal dürfen nur die mit, die ich auswähle."

Assaber, Lagumdschis und Piaden aßen vor der Kirche auf dem Rasen sitzend ihr Mittagmahl. Es hatte heute nur Suppe gegeben, und sie steckten die Löffel schon wieder in den Gurt oder in das Gürteltuch, denn nun wurden Brot mit Zwiebeln, Melonen, Gurken oder sonstiges Grünzeug als Zuspeise verzehrt. Das alles konnte man von der Burg aus gut beobachten. Nur der Bach und der Marktplatz der Stadt lagen dazwischen. Neben den Häusern am Markt hatte sich auch eine Menge Janitscharen niedergelassen. Sie vertrieben sich die Zeit mit einem fröhlichen Spiel. Ein flinker Bursche warf einen Handschar und eine Melone in die Luft. Zuerst fing er die Waffe auf und dann mit deren Spitze die Melone.

Sie hatten vermutlich gewettet, denn jetzt brachte ihm ein Janitschar eine große Wassermelone. Sie besprachen etwas, dann warf der eine Janitschar die Wassermelone und der andere den Säbel in die Luft.

Ein dritter stieß den Zauberkünstler von hinten an, die Melone fiel zu Boden und zerplatzte zur Erheiterung der Soldaten. Sie lachten laut, kratzten sich und aßen Melonen.

Noch stand das Burgtor offen, und die Bauern von der Besatzung trugen eifrig Wasser in die Burg. Gestern haben sie noch Rinder und Schafe hinausgetrieben, heute nur noch die Pferde. Was gewönnen die Türken schon, wenn sie eine Brücke schlügen und das Tor bestürmten? Nur einige Kugeln in den Leib!

Das wissen sie selbst. Das offene Tor ist wie das offene Maul des Löwen, es hat scharfe Zähne. Und wenn sie die Bauern beschössen? Unbewaffnete beschießt man nicht; täten sie es dennoch, so würden die Burginsassen auch auf die Türken und ihr Vieh, das sie an den Bach führten, auf ihre Pferde und Kamele schießen.

Plötzlich hört die Betriebsamkeit am Bach auf, die Janitscharen bemerken es gar nicht.

Die Pause währte nur zwei oder drei Minuten, daran ist nichts Auffälliges. Sie beachteten nicht einmal, daß sich auf den Mauern plötzlich mehr Menschen zeigten, daß die meisten mit Pfeil und Bogen oder mit Büchsen bewaffnet waren. Erst ein starkes Dröhnen lenkte ihre Blicke wie auf Befehl nach der Burg, da krachten aber auch schon von den Mauern die Haubitzen und spien ihnen Nägel, Kugeln und allerlei Eisenkörner ins Gesicht. Zum Burgtor sprengte ein langer Reiterzug heraus. Bornemissza, ganz leicht, nur mit einer Lederweste bekleidet; Zoltay, schon von weitem mit der Faust drohend; Pető, seinem Roß die Sporen gebend; Budaházy, den Hut auf ein Ohr gedrückt. Auch Fügedy mit der Wolfsmähne jagte dahin, und all die Verwegenen waren dabei.

Wie Wirbelwind setzen sie über den Bach, und bevor die Türken noch ein Kommandowort vernehmen können, werden sie auch schon in Handumdrehen niedergemetzelt.

„Allah! Allah!“

Die Reiter preschen über sie hinweg, schon sind sie auf dem Rasenplatz, auf den nachmittags der Schatten der Bischofskirche fällt.

Die türkischen Fußsoldaten springen erschrocken auf und sehen nach dem Marktplatz hinüber. Manche fliehen, andere bleiben stehen und ziehen die Säbel.

Schon ist die rasende Reiterei heran. Unter dem Sporendruck werden die Rosse zu feurigen Drachen. Viele tausend Türken rennen wie eine von Wölfen aufgescheuchte Herde, und die Ungarn jagen hinter ihnen her.

„Hei! Ihr Mißgeburten, ihr Scheußlichen!“

Doch aus den Straßen strömt Hilfe herbei: Akindschis zu Pferd und Gönöllüs, Janitscharen mit Büchsen und Lanzen.

Da streckt schon ein Janitschar mit weißem Kalpak die Lanze gegen Gergely aus. Er will ihn vom Pferd stechen.

Gergelys Säbel blinkt zweimal auf, beim ersten splittert die Lanze, beim zweiten fällt der Türke bereits auf den Rücken.

„Jesus, Jesus", ruft man nun auch von der Bastei, „Jesus, steh ihnen bei!"

„Allah, Allah!" brüllen auch die Türken.

Die Ungarn sprengen im Kampf mehr und mehr auseinander. Die Schwerter funkeln. Ein Janitschar stößt Mihály Horváths Pferd die Lanze in die Brust. Es stürzt, Horváth springt ab, schlägt erst diesen Janitscharen nieder und dann noch einen. Da zerbricht sein Säbel. Dem dritten Janitscharen versetzt er nur einen Faustschlag, dann rennt er über den leeren Platz, der sich hinter den Reitern gebildet hat, auf die Burg zu.

Die übrigen stürmen noch immer vorwärts. Auch über Menschen jagen die Pferdehufe hinweg. Budaházy holt gerade zu einem mächtigen Hieb aus, als die bis an die Mauer zurückgedrängten Janitscharen ihre Büchsen abfeuern. Ihm fällt der Säbel aus der Hand. Vier Janitscharen stürzen sich mit Lanzen und Säbeln auf ihn. Ein Krieger in blauer Attila sprengt zu seinem Schutze herbei. Er wird niedergestochen.

„Wer ist es?" fragen die auf der Burgmauer Stehenden einander.

„Gábor Oroszy", sagt Mekcsey wehmütig.

Budaházy indessen gelingt es zu entkommen. Er wendet mit seinem Pferd und jagt, sich an dessen Hals schmiegend, heimwärts.

Da drehen auch die anderen um.

Durch die Hauptstraße strömen tausend Akindschis zur Verstärkung herbei.

„Allah! Allah! Jasik ssana!"

Gergely weicht ihnen noch rechtzeitig aus. In einem großen S-Bogen schwenkt er nach der Domkapitelgasse um. Auch dort wimmelt es von Türken, aber die meisten sind nur zu Fuß und behindern durch ihre Flucht die türkische Reiterei, die nun auch noch darauf achten muß, nicht etwa die eigenen Soldaten zu treffen. Trotzdem strömen die persischen Gurebas in unheimlicher Übermacht herbei. Doch was können sie gegen unsere wie der Wind dahinbrausenden Hundert ausrichten, die sich eine blutige Gasse bahnen; rechts und links fallen Türken wie die Halme unter der Sense des Schnitters.

Jetzt erst sieht man, wie wenig die kleinen orientalischen Pferde gegen die großen, starken ungarischen vermögen. Zehn ungarische Reiter drängen, gegen sie anrennend, hundert türkische zurück. Und ein Türke, auf den ein Ungar loszieht, wird gewiß niemals gnädiger Herr in der Burg Eger.

Die Reiter galoppieren nach der Festung zurück.

„Weg vom Tor!"

Das Freudengeschrei auf der Burgmauer vermischt sich mit dem Kampfgetöse des Rückzugs.

Dobó sieht mit Besorgnis, wie aus den kleinen Gassen immer noch Akindschis und Dschebedschis den übrigen Türken zu Hilfe kommen.

„Feuer!" ruft er.

Von den Mauern fliegen die Kugeln und schwirren die Pfeile. Die Vordersten der Türkenschar schrecken zurück, die Menge staut sich.

In diesem Augenblick ertönt ein widerwärtiges, tierisches Geschrei auf der Burgmauer, abscheulich wie von einem Esel. Alle Köpfe wenden sich dorthin. Da steht der Zigeuner und brüllt. Er macht wütende Sprünge und droht den Türken mit seinem Säbel:

„Weh eusch, verdammte Türkenhunde!"

Die augenblickliche Verwirrung der Feinde nutzend, traben die ungarischen Reiter auf den schaumbedeckten, blutenden Rossen unter dem Triumphgeschrei des Burgvolkes zum Tor hinein.

Das Gefecht hatte keine Viertelstunde gedauert. Dennoch waren der Kirchplatz, der Markt und die Domkapitelgasse mit Toten, Verwundeten und hinkenden Pferden wie besät. Die überrumpelten Türken machten sich wutschnaubend davon, blieben in der Ferne stehen und zeigten drohend die Fäuste.

*

Dobó ließ das Tor nach dem Bach auch an diesem Tage noch offen. Mochte das Burgvolk von morgens bis abends ein und aus gehen. Die Türken sollten sehen, wie ruhig Eger der Belagerung entgegensah.

Das Tor ist also weit geöffnet. Nicht einmal ein bewaffneter Posten ist in der Nähe zu sehen. Weiter zurück stehen allerdings hundertzwanzig Krieger, und der Turmwächter sitzt am Fenster. Er braucht nur eine einzige Bewegung zu machen, und die *Orgel* saust herunter, die Eisenstangen nämlich, die die Toröffnung wie Orgelpfeifen ausfüllen. Nicht weit entfernt steht ein Mörser bereit. Und die Brücke kann hochgezogen werden, auch wenn sie voll Menschen ist.

Soldaten und Wasserträger kamen und gingen. Die Reiter tränkten ihre Pferde, die Wasserträger hatten die Zisterne in der Burg aufzufüllen. Es gab zwar in der Burg einen Brunnen, doch konnte dieser den Bedarf von zweitausend Menschen, unzähligen Rindern, Pferden und Schafen nicht befriedigen. Deshalb sollte Wasser hereingeschleppt werden, soviel nur irgend möglich war.

Am anderen Ufer des Baches tränkten die Türken ihre Tiere. Es kamen auch türkische Fußsoldaten dorthin, um ihren Durst zu stillen.

Der Bach war wasserreich; seitdem ihn Dobó hatte eindämmen lassen, reichte das Wasser in der Mitte einem Menschen bis an die Hüfte. Die Türken rissen den Damm nicht ein, denn sie brauchten ja für die Unmenge von Tieren und für die vielen Menschen täglich noch mehr Wasser als die Burginsassen, und in der Stadt gab es keine Brunnen, nur zwei Quellen am Bergabhang.

Die Wasserträger, Bauern von Eger, hatten sich daher schon an die Türken gewöhnt, und nun hatten sie auch am hellichten Tage gesehen, wie die Soldaten aus der Burg die Türken gejagt und niedergeritten hatten; so konnten sie sich – während sie Wasser schöpften und ihre Fässer füllten – nicht enthalten, den Türken zuzurufen:

„Komm herüber, Freundchen, wenn du dich traust!"

Die Türken verstanden die Worte zwar nicht, sahen aber die Kopfbewegung, und so winkte auch einer von ihnen:

„Komm du herüber!"

Ein anderer Türke lächelte und rief ebenfalls. Im nächsten Augenblick luden sich schon fünf oder sechs Türken und ebensoviele Ungarn gegenseitig ein.

Ein riesengroßer Kurde mit schmierigem Turban wusch seinen wunden Fuß im Bach. Er hatte die Hose bis über die Knie aufgekrempelt, schritt nun ins Wasser und schob sein grobes Gesicht mit blondem Schnurrbart an die Ungarn heran:

„Na, da bin ich, was wollt ihr?“

Unsere Bauern sprangen nicht zurück. Auch sie standen, die weiten Hosenbeine in den Gurt gesteckt, im Wasser. Einer ergriff den Kurden blitzschnell am Arm und zerrte ihn herüber.

Bevor noch den anderen Türken recht bewußt wurde, was geschah, stießen und zerrten vier Bauern den Kurden schon zwischen die Wasserkarren. Die übrigen hielten den ins Wasser springenden Heiden Lanzen vor die Nase.

Der Kurde brüllte und zappelte, aber starke Arme hielten ihn fest. Knöpfe und Schnüre wurden ihm von der Kleidung gerissen und der Dolman zerfetzt, der Turban fiel ihm vom Kopf, aus seiner Nase floß Blut. *„Jetischin!“* rief er und warf sich zu Boden. Es kam aber keine Hilfe. Die Bauern zerrten ihn so schnell an den Füßen fort, daß er nicht aufstehen konnte, bevor sie ihn durch das Tor geschleift hatten.

Vor Dobó richteten sie ihn auf.

Der Kurde war nun nicht mehr so stolz. Er klopfte sich den Staub vom Gewand und kreuzte die Arme über der Brust. Mit zitternden Beinen verneigte er sich tief.

Dobó ließ ihn in den Burgvogtsaal bringen und rief Bornemissza als Dolmetscher hinzu. Dann setzte er sich neben einen Panzer, der an einer Stange hing. In Ketten legen ließ er den Türken nicht.

„Wie heißt du?“

„Dschekidisch“, keuchte der Türke mit blutunterlaufenen Augen.

„In wessen Truppe dienst du?“

„Bei Achmed Pascha.“

„Was bist du?“

„Piade.“

„Also Fußsoldat?“

„Jawohl, Herr.“

„Warst du bei der Belagerung von Temesvár dabei?“

Der Türke zeigte auf sein Bein. An der Wade war eine vier Finger breite, rote Wunde.

„Jawohl, Herr.“

„Wie kam es, daß ihr diese Burg nehmen konntet?“

„Allah wollte es so.“

„Sei auf der Hut. Wenn ich dich bei einer Lüge ertappe, ist es aus mit dir.“

Und er hob die Pistole.

Der Türke verneigte sich. Sein Blick drückte aus, daß er die Worte begriffen hatte.

Dobó war über die Belagerung von Temesvár nicht genügend unterrichtet. Er wußte nur, daß Temesvár besser befestigt gewesen war als Eger und daß ein halb so großes Heer als das, das jetzt vor Eger stand, Temesvár umzingelt und erobert hatte.

Bei dem Verhör waren auch einige Offiziere im Saal, die zu dieser Stunde ihre Ruhepause hatten: Pető, Zoltay, Hegedűs, Tamás Bolyky, der Page Kristóf, ferner András, der Schultheiß von Eger.

Sie saßen im Kreise um Dobó. Nur der Knappe stand, die Ellbogen auf die Rückenlehne von Dobós Sessel gestützt. Der Gefangene stand barfuß und kahlköpfig vier Schritte vor Dobó.

Hinter dem Gefangenen waren zwei Soldaten mit Lanzen postiert.

„Wann seid ihr vor Temesvár angekommen?“

„Am fünften Tage des Monats Redscheb.“ (27. Juni.)

„Wie viele Mauerbrecher hattet ihr?“

„Zwölf Sarbusane hatte der großmächtige Pascha mitgebracht.“

Bolyky fuhr auf:

„Er lügt!“

„Er lügt nicht“, erklärte Dobó, „Ali war ja zu dieser Zeit mit den übrigen im Oberland.“

Dobó fragte weiter:

„Mit wieviel Sarbusanen hat sich Ali Pascha euch angeschlossen?“

„Mit vier.“

„Sechzehn Mauerbrecher hat mir auch mein Kundschafter gemeldet.“

Und er wandte sich wieder an den Türken:

„Berichte mir, in welcher Reihenfolge die Belagerung vor sich ging. Ich mache kein Geheimnis daraus, daß ich es um unserer Verteidigung willen erfahren will. Wenn du mich auch nur mit einem einzigen Wort irrezuführen versuchst, bist du des Todes.

Wenn du aber die Wahrheit sagst, sollst du nach der Belagerung frei sein."

Das war so fest und unumstößlich gesagt, daß man jedes einzelne Wort in Eisen hätte gießen können.

„Gnädiger Herr", sagte der Türke, und in seiner Stimme klang dankbare Freude. „Mein Seelenheil liege auf meiner Zunge."

Und nun sprach er mutig und fließend weiter:

„Der großmächtige Pascha hat dort, ebenso wie hier, die schwächsten Mauern und Teile der Burg erspäht und sie so lange beschießen und beschädigen lassen, bis sie zum Erstürmen reif waren."

„Was war dort der schwächste Teil?"

„Der Wasserturm. Wir konnten ihn nur nach schwerem Kampf nehmen. Die Menschen fielen wie Grashalme unter der Sichel. Auch mich hat dort ein Pfeil in die Wade getroffen. Nachdem der Wasserturm besetzt war, ließen die Deutschen und Spanier in der Burg sagen, sie wollten sich ergeben, wenn man ihnen freien Abzug gewährte. Der Pascha gab sein Ehrenwort, sie unbehelligt abziehen zu lassen."

Während der Kurde sprach, dröhnten draußen die Geschütze ohne Unterlaß, und als er in seiner Erzählung so weit gekommen war, brach mit fürchterlichem Krach die Decke des Palas durch. Eine menschenkopfgroße Kanonenkugel fiel samt Kalk und Mörtelstücken zwischen Dobó und den Türken.

Sie drehte sich.

Der Türke zuckte zurück. Dobó aber warf nur einen Blick auf die Pulvergestank verbreitende Kugel, und als wäre nichts geschehen, bedeutete er dem Türken:

„Fahre fort!"

„Das Volk in der Stadt", begann der Türke von neuem, „das Volk in der Stadt..."

Der Atem stockte ihm, er konnte nicht weitersprechen.

Der Page Kristóf nahm ein besticktes Tuch aus der Tasche und beseitigte damit den Kalkstaub von Gesicht, Hut und Kleidern des Hauptmanns. Unterdessen konnte der Türke sich verschnaufen.

„Nun, weiter", sagte Dobó.

„Das Volk wollte seine ganze Habe mitnehmen. Das war der

Fehler. Losonczy bat um einen Tag zum Packen. Die Soldaten merkten, daß man ihnen die Beute vorenthalten wollte, und sahen am nächsten Tag dem Auszug der Giaurs ärgerlich zu. ‚Haben wir deswegen hier fünfundzwanzig Tage gekämpft, daß die jetzt alles fortschleppen?‘ fragten sie und griffen in die vorbeifahrenden Wagen. Die Giaurs wehrten sich nicht, so wurde das Zupacken, besonders nach Kindern und jungen Frauen, immer gieriger. Nicht einmal auf dem Markt in Stambul findet man schönere Mädchen als die, die dort waren.“

„Hatte denn der Pascha keine Bewachung gestellt?“

„Doch, das hatte er. Aber umsonst. Als die ungarischen Soldaten folgten, packten sie auch von denen einen, einen schönen jungen Pagen von Losonczy. Der Page schrie. Losonczy wurde rasend. Auch die anderen Ungarn gerieten in Wut. Sie zogen die Säbel und stürzten sich auf uns. Ein Glück, daß gerade die gepanzerten Dschebedschis dort standen, sonst hätten sich die Ungarn durch das ganze Heer durchgeschlagen.“

Dobó zuckte die Achseln.

„Die Dschebedschis? Glaubst du denn, wer ein Stück Blech am Leibe hat, ist gleich unbesiegbar? Nicht an den Panzern lag es, sondern daran, daß es zuwenig Ungarn waren.“

Eine zweite Kanonenkugel stürzte in den Saal. Sie zerriß die alten, zerschlissenen Fahnen, die die Wand schmückten, und wühlte den Fußboden auf.

Alle, die bisher gesessen hatten, erhoben sich. Hegedűs ging fort. Als die übrigen aber sahen, daß Dobó sitzen blieb, warteten sie.

„Wo hat Achmed Pascha sein Zelt aufgeschlagen?“ fragte Dobó den Türken weiter.

„Am Warmwasser im Wildpark.“

„Dachte ich es mir doch“, sagte Dobó und nickte seinen Offizieren zu. Dann wandte er sich wieder an den Türken:

„Sag mir, worin liegt die größte Stärke dieses Heeres?“

Er sah ihm bei dieser Frage scharf in die Augen.

„In den Janitscharen, den Geschützen und der großen Zahl der Soldaten. Der großmächtige Ali Pascha ist ein erprobter Feldherr. In der einen Hand hält er reichen Lohn, in der anderen die Stachelpeitsche. Denn wer nicht vorwärtsgeht, wenn er es befiehlt, den schlagen hinten die Jassaulen mit der Stachelpeitsche.“

„Und was ist eure Schwäche?"

Der Kurde überlegte und zuckte die Achseln.

Wie zwei Dolche waren Dobós Augen auf ihn gerichtet.

„Was soll ich darauf sagen?" begann der Gefangene. „Und wenn ich auch meine Seele wie ein offenes Buch vor dir ausbreite, gnädiger Herr, kann ich nur sagen: Stark war dieses Heer auch schon, als es noch nicht vereinigt war. Hat es denn nicht an die dreißig Festungen geschleift, und ist es jemals besiegt worden? Was soll ich da als Schwäche angeben, gnädiger Herr?"

Dobó gab den beiden Soldaten hinter dem Gefangenen einen Wink:

„Fesselt ihn und werft ihn in den Kerker."

Nun erhob auch er sich.

Die dritte Kugel fiel auf den Platz, den Dobó soeben verlassen hatte. Sie zertrümmerte den schön geschnitzten Lehnstuhl und drehte sich dann noch eine Weile neben der Säule.

Dobó wandte sich nicht einmal um. Er nahm von Kristóf seinen gewöhnlichen Eisenhelm entgegen und setzte ihn auf.

Er ging hinaus auf die Zwingerbastion und hielt von dort aus nach der Kanone, die den Palas beschoß, Ausschau. Bald hatte er sie gefunden. Er ließ drei von seinen Geschützen auf sie einstellen und auf einmal abfeuern.

Die Körbe flogen um. Die Toptschis rannten verstört auseinander. Die Kanone verstummte. Dobó vergeudete sein Pulver nicht.

„Ein glorreicher Schuß", frohlockte Gergely.

Als sie von der Bastion herunterstiegen, lächelte er Dobó an und zog ihn in eine Ecke:

„Den Türken habt Ihr vereidigt, Herr Hauptmann, den Dolmetscher zu vereidigen habt Ihr aber vergessen."

„Du hast doch nicht etwa seine Aussage verfälscht?"

„Doch, das tat ich. Als Ihr fragtet, worin die größte Stärke der Türken läge, habe ich von der Antwort etwas unterschlagen. Der Kunde sagte, Ali könne mit seinen vier Kanonen mehr Schaden anrichten als Achmed mit seinen zwölf. Es ist also vorauszusehen, daß Ali die Burg so lange wird beschießen lassen, bis alle Mauern einstürzen."

Dobó zuckte die Achseln:

„Mag er tun, was ihm beliebt."

„Dies also hatte ich verschwiegen“ schloß Bornemissza. „Wenn Ihr es für richtig haltet, sagt es auch den anderen Offizieren, Herr Hauptmann.“

Dobó reichte ihm die Hand:

„Du hast recht getan. Wir dürfen das Burgvolk nicht durch Befürchtung belasten. Und jetzt will ich dir etwas sagen, was auch der kurdische Piade nicht wußte: nämlich etwas über die Schwäche des Heeres.“

Er lehnte sich mit dem Rücken an die Mauer der Bastion und verschränkte die Arme:

„Die sechzehn Sarbusane werden vielleicht schon morgen alle auf einmal arbeiten. Die Türken werden mit hundert bis zweihundert Geschützen zugleich schießen. Lücken in die Mauern brechen und die Türme zum Einsturz bringen. Das nimmt viel Zeit in Anspruch, vielleicht Wochen. Und während der ganzen Zeit muß ihr riesiges Heer ernährt werden. Glaubst du, daß sie so viel Verpflegung mitbringen konnten, wie dieses Heer für diese Wochen braucht? Glaubst du, daß sie immer herbeischaffen können, was sie nötig haben? Und wenn sie der Oktober mit seinen kalten Nächten überfällt, meinst du, daß dieses Volk, das in einem warmen Lande aufgewachsen ist, mit hungrigem Magen und frierender Haut die Mauern hier erklimmen wird?“

Eine Kanonenkugel schlug neben ihnen ein und bohrte ein Loch in die Erde. Dobó blickte nur rasch zu den Stückknechten hinauf und fuhr fort:

„Das Volk ist immer tapfer, solange es uns tapfer sieht. Die Hauptsache ist, die Burg zu halten, bis drüben die Verpflegung ausgeht, so lange auszuhalten, bis sich der Winter einstellt, bis die Entsatztruppe vom König kommt.“

„Und wenn sie zu essen haben und es im Oktober noch keinen Reif gibt oder die Truppe des Königs bei Győr verweilt?“

Wären diese Fragen mit Nachdruck gesprochen worden, so daß man in Gedanken noch eine vierte hätte hinzufügen können, hätte Dobó ihn vielleicht dafür sofort in Ketten legen lassen. Gergely aber hatte offenherzig, fast lächelnd gesprochen. Vielleicht erwartete er gar keine Antwort, sondern war nach dem vertraulichen Gespräch der Meinung, Dobó habe außer dem, was er gesagt hatte, noch irgendeine stille Zuversicht.

Dobó zuckte die Achseln:

„Hat uns denn der Bischof von Eger nicht sagen lassen, daß er für uns die Messe liest?"

*

Gegen Abend eilte eine in einen türkischen Feredsche gehüllte Frau über den Marktplatz. Sie wurde nur von einem etwa fünfzehnjährigen Mohrenknaben und einem großen, scheckigen Lagerhund begleitet.

Der Hund lief in den Bach, die Frau ging händeringend am Ufer auf und ab. Sie blickte immerfort nach dem Tor. Das Tor wurde jeden Abend hochgezogen, von innen verriegelt und mit armdicken Eisenstangen verrammt. Darauf mochte die Frau wohl gewartet haben. Denn als nun das Tor hochgezogen wurde, watete sie durch den Bach, ohne das Kleid zu schürzen, und rief dann jammernd:

„Mein Sohn! Mein Sohn!"

Dobó wurde gemeldet, daß die Mutter des kleinen türkischen Knaben vor dem Tor sei.

„Laßt sie herein, wenn es sie danach verlangt", sagte er.

An der Zugbrücke, die zugleich auch ein Tor war, gab es eine schmale eiserne Tür, sie wurde für die Frau geöffnet.

Diese aber trat erschrocken zurück.

Der Hund bellte.

„Mein Sohn!" jammerte die Frau wieder.

Sie hielt etwas wie eine Geldbörse in die Höhe, schüttete daraus Goldstücke in die andere Hand und ließ sie klingen.

Die Pforte wurde wieder geschlossen.

Und die Mutter lief von neuem verzweifelt vor dem Gitter hin und her. Sie hob den Schleier und wischte sich mit einem weißen Tuch die Tränen aus den Augen.

Dabei klagte sie immerzu:

„Selim, mein Sohn!"

Schließlich klopfte sie an die Eisentür.

Die Tür ging wieder auf, aber wieder wich die Frau zurück.

Da erschien Gergely auf der Bastion über dem Tor und hielt mit beiden Händen das Kind hoch.

„Selim!" rief die Türkin, als stieße sie mit diesem Ruf ihre Seele aus. Sie streckte die Arme dem Kinde entgegen.

„Selim! Selim!"

„Annem!" rief der Knabe weinend.

Der Hund winselte, sprang hoch und bellte.

Gergely durfte nicht mit der Türkin sprechen, wohl aber das Kind. Und dieses rief seiner Mutter zu:

„Du kannst mich gegen einen ungarischen Gefangenen austauschen, wenn die Belagerung vorbei ist!"

Die Frau kniete nieder und hob beide Arme empor, als wollte sie ihren Sohn durch die Luft umarmen. Als er dann verschwunden war, warf sie ihm Kußhände nach.

*

In dieser Nacht hüllte tiefe Finsternis die Burg, die Stadt, die Berge, den Himmel, die ganze Welt ein.

Dobó ging spät zur Ruhe, und um Mitternacht wandelte er schon wieder am Befestigungswerk entlang. Er trug einen langen Mantel aus dickem Tuch und einen schwarzen Samtkalpak. In der Hand hielt er das Verzeichnis der Wachen.

Der diensthabende Oberleutnant war zu dieser Stunde Zoltay. Auch er hatte einen Mantel an, denn die Nacht war kühl. Als er Dobó auf der Sándor-Bastei erblickte, grüßte er wortlos mit dem Säbel.

„Hast du etwas zu berichten?" fragte Dobó.

„Ich habe eben die Runde gemacht", erwiderte Zoltay, „alle Leute sind auf ihren Posten."

„Die Maurer?"

„Sind an der Arbeit."

„Komm mit. Natürlich vertraue ich dir, die Wachen sollen aber sehen, daß auch ich aufpasse. Nimm dieses Verzeichnis."

Sie schritten die Bastionen ab. Zoltay las überall die Namen vor. Auf allen Basteien waren die Geschütze in Dunkelheit gehüllt und die Wächter nur als schwarze Schatten erkennbar. Bei jeder Wache brannte in einer Mauerwölbung ein Feuer, an dem sich die auf die Ablösung wartenden Wachtsoldaten wärmten...

In der Burg herrschte Stille. Nur das leise Klopfen und Klatschen der Maurer war zu hören.

Dobó stellte sich an den Rand der Bastei. Alle fünf Minuten

leuchtete eine Laterne, die an einer Lanze befestigt war, in den Schießscharten auf und warf einen zwanzig Klafter langen Lichtkegel auf die Mauern und über den Graben hinweg.

Dann wurde hier die leuchtende Lanze eingezogen, und von einer anderen Stelle drang ein gleicher Lichtkegel durch das Dunkel der Nacht.

Am Westtor blieb Dobó stehen. Die Wache grüßte. Dobó nahm dem Mann die Lanze aus der Hand und schickte ihn, den Torwächter zu holen.

Der Wächter rannte mit dröhnenden Schritten die Treppe hinauf. Unten hörte man, wie er den Torwächter weckte.

„Onkel Mihály!"

„Was ist?"

„Kommt, aber geschwind!"

„Wozu?"

„Der Herr Burghauptmann ist da."

Bums: schon ist er aus dem Bett gesprungen. Bums-bums: er hat die Stiefel angezogen. Es klirrt: er hat nach dem Säbel gelangt. Ein Stampfen, ein Knarren: er hastet die Holztreppe herunter.

Und dann stand der Mann, in einen dicken Bauernmantel gehüllt, vor Dobó. Die eine Hälfte seines großen Schnurrbarts wies gen Himmel, die andere Hälfte hing nach unten.

„Also, vor allem", sagte Dobó zu dem Wachtsoldaten, während er ihm die Lanze zurückgab, „als Soldat hast du den Gefreiten nicht Onkel Mihály anzureden und ihn auch nicht zu ermahnen: Kommt, aber geschwind. Du hast zu sagen: Herr Gefreiter, der Herr Hauptmann läßt Euch rufen. Das ist die Regel. Allerdings wird sie bei einer Belagerung nicht so streng genommen. Schlimmer ist, daß du mit deiner Art zu reden das Richtige getroffen hast. Denn wer sich bis auf Hemd und Unterhose auszieht, der ist kein Herr Gefreiter, sondern eben nur ein Onkel Mihály. Da soll doch gleich das heilige Kanonenrohr mit einer siebenundsiebzigpfündigen Kugel losgehen bei so einem Faulpelz von Gefreitem! Darf man sich in einer belagerten Burg zum Schlafen ausziehen?"

Auf diese zornig gestellte Frage hin kippte auch die bisher aufrechtstehende Hälfte von Mihálys Schnurrbart nach unten.

Dobó fuhr fort:

„Von heute an wird Er jede Nacht hier unter dem Tor auf der Erde schlafen! Verstanden?"

„Jawohl, Herr Hauptmann!"

„Das zweite, was ich Ihm zu sagen habe: Von nun an lassen wir am Morgen das Tor nicht mehr herab. Dafür aber dir *Orgel* mit Ausnahme einer Stange. Geht jedoch der Sturm los, hat Er auch diese letzte ohne besonderen Befehl herabzulassen."

„Jawohl, Herr Hauptmann!"

Keine fünf Minuten waren vergangen, als die armdicken spitzen Eisenstangen einzeln an der inneren Hälfte des Torbogens herabsausten und wie Orgelpfeifen den Durchgang verschlossen. Nur eine Stange blieb oben hängen, dadurch entstand eine Lücke, durch die gerade ein Mann ein und aus gehen konnte.

Dobó bestieg die Kirchbastion. Auch dort besichtigte er die Geschütze sowie die schlafenden und die wachenden Stückknechte. Dann blieb er mit verschränkten Armen stehen und blickte in die dunkle Ferne.

Der Himmel war finster, doch auf der Erde leuchteten, soweit das Auge reichte, Tausende von roten Sternen – die Lagerfeuer der Türken.

Dobó stand und schaute.

Da erklang durch die Stille der Nacht von Osten her in der Nähe der Burg aus der Finsternis eine durchdringende, gellende Männerstimme:

„Gergely Bornemissza! Königsleutnant! Hörst du mich?"

Stille. Lange Stille.

Und dann wieder diese schreckliche Stimme:

„Du hast einen türkischen Ring! Bei mir ist ein ungarischer Knabe! Der Ring gehört mir, der Knabe dir!"

Stille.

Und wieder ertönte der Ruf:

„Willst du dein Kind wiederhaben, so komm an das Tor am Markt. Gib mir meinen Ring, dann gebe ich dir dein Kind. Antworte mir, Gergely Bornemissza!"

Dobó sah, daß sich alle Wachen nach der Richtung wandten, aus der der Ruf kam, obgleich niemand in der Finsternis etwas sehen konnte.

„Mund halten, ihr Leute!" brummte er und ließ seinen Säbel rasseln.

Keiner sagte etwas.

Die Stimme aber fuhr fort zu rufen:

„Wenn du meinen Worten nicht glauben willst, wirst du mir aber wohl glauben müssen, sowie ich den Kopf deines Kindes zu dir hinaufwerfen lasse."

Dobó blickte nach rechts und nach links, und noch einmal klirrte sein Säbel:

„Keiner von euch wage es, Herrn Bornemissza hiervon zu berichten. Wer ihm oder sonst jemandem auch nur ein Wort davon sagt: der bekommt seine fünfundzwanzig Stockhiebe, das sage ich Euch bei Gott."

„Danke, Herr Hauptmann", sagte eine heisere Stimme hinter Dobós Rücken.

Es war Bormenissza.

Er wickelte schwarzes Werg um einen Pfeil, und während er es mit Pech beschmierte, erzählte er:

„Jede Nacht schreien sie solchen Unsinn. Erst gestern haben sie Mekcsey zugerufen, seine Frau lasse ihn aus Arslan Begs Zelt grüßen."

Er tauchte den Pfeil in eine Ölkanne und fuhr fort:

„Meine Frau und mein Kind sind in Sopron und rühren sich von dort weder im Sommer noch im Winter weg."

Der Rufer ließ sich wieder vernehmen:

„Bornemissza, hörst du mich? Dein Sohn ist hier bei mir. Komm in einer Stunde an das Tor, dann kannst du ihn sehen."

Gergely spannte den Pfeil in den Bogen, hielt ihn ans Feuer, erhob ihn und schoß ihn dann in der Richtung der Stimme ab.

Der Feuerpfeil flog wie ein Komet durch die Finsternis und beleuchtete für einen Augenblick den Hügel, der nach Sonnenaufgang hin lag.

Auf dem Hügel standen zwei Türken in Kaftanen. Einer hielt ein Sprachrohr in der Hand, dem anderen war ein Auge mit einem weißen Tuch verbunden.

Ein Kind hatten sie nicht bei sich.

*

In derselben Nacht geschah es, daß Varsányi am Tor um Einlaß bat. Die Wächter hatten den Befehl, Dobó zu wecken, wenn sich einer der Kundschafter melden sollte.

Dobó stand noch auf der Kirchbastion am Feuer und wärmte sich die Hände.

„Nun, was gibt es?"

„Ich melde untertänigst, sämtliche Sarbusane sind aufgestellt. Auch in den Héceyschen Hof haben sie drei gebracht. Alle Geschütze und Haubitzen sind abschußbereit. Von der Stadtseite werden sie von zwei Stellen, von den Hügeln von drei Stellen mit den Sarbusanen die Mauern brechen. Andere Kanonen werden wohl aus fünfzig Richtungen Kugeln streuen. Beim Mittagsgebet werden die Kumbaradschis herausstürmen und mit Schleudern und Wurfspießen zu Tausenden Feuerbomben werfen. O weh, o weh!" stöhnte Varsányi beinahe weinend.

„Das heißt also", sagte Dobó gelassen, „daß sie die Zwingerbastei, die Vorburg und das Alte Tor beschießen werden. Und was noch?"

„Alles, Herr Hauptmann."

„Hast du noch etwas zu melden?"

„Nein, Herr. Nur... ob es nicht vielleicht besser wäre... Da wir doch so wenige sind und die Gefahr so groß ist..."

Er konnte den Satz nicht beenden, denn Zoltay versetzte ihm einen Schlag ins Gesicht, daß ihm das Blut aus der Nase bis an die Mauer spritzte.

Dobó streckte schützend die Hand aus:

„Laß ihn."

Während Varsányi sich die Nase abwischte und Zoltay mißmutig ansah, sprach Dobó besänftigend:

„Weißt du denn nicht, daß jeder des Todes ist, der von der Übergabe der Burg auch nur zu sprechen wagt?"

„Ich bin Kundschafter", polterte Varsányi, „und werde dafür bezahlt, daß ich alles sage."

„Genug", sagte Dobó. „Noch heute nacht wirst du den Eid leisten, und ich werde dafür sorgen, daß du deine Nase in Gold kühlen kannst. Komm mit."

Sie gingen am Brunnen vorbei, wo Gergely mit dem Zigeuner und vier Bauern Bomben füllte. Tag und Nacht stellten fünf Mann Bomben her. Gergely hatte sie es gelehrt, und sie mußten auch nachts arbeiten, damit bei einem unerwarteten Angriff nicht etwa Hast und Verwirrung entstünden.

Dobó rief Gergely zu sich, und sie gingen zu dritt in den Palas.

In seinem Zimmer zog der Hauptmann den Schreibtischschub und wandte sich zu Gergely:

„Schreib einen Brief an Szalkay. Teile ihm mit, daß weder vom König noch vom Bischof Verstärkung gekommen ist. Er soll die Komitate und Städte dringend um Hilfe angehen."

Während Gergely schrieb, vereidigte Dobó nun auch Varsányi.

„Herr", sagte dieser, nachdem die Eidesleistung vollzogen war, „ich weiß ja, wem ich diene. Wenn diese Burg erhalten bleibt, werde ich dieses Maskengewand nicht mehr anziehen müssen."

„Das ist richtig", erwiderte Dobó. „Aber auch wenn du keinerlei Lohn zu erwarten hättest, müßtest du dem Vaterland ebenso treu dienen."

Auf dem Tisch stand ein Krug Wein. Dobó setzte ihn vor den Kundschafter hin:

„Trink, Imre."

Der hatte Durst. Er trank den Krug auf einen Zug aus.

Als er sich den Schnurrbart abwischte, war am Aufschlag seiner Augen zu erkennen, daß er nach Worten des Dankes suchte. Dobó kam ihm jedoch zuvor:

„Zu den Türken brauchst du jetzt nicht zurückzukehren. Den Brief bringst du noch diese Nacht nach Szarvaskő. Dort wirst du warten, bis Miklós Vas vom König und vom Bischof zurückkommt. Wenn es möglich ist, bringst du Vas mit in die Burg, wenn nicht, kommst du allein. Gibt es im Türkenlager eine Losung?

„Nein, Herr. Wer ein türkisches Gewand trägt und ein paar Worte Türkisch spricht, kann bei ihnen herumgehen, als wäre er mit ihnen zusammen in den Krieg gezogen. Warum ich bloß diesen Schlag ins Gesicht bekommen mußte!..."

Im Nebenzimmer klirrten Gergelys Sporen. Dobó stand auf, um sich den Brief vorlesen zu lassen.

13

Am folgenden Tage – es war der sechzehnte September – dröhnten und brüllten die Kanonen, als die Sonne hinter den Bergen aufging.

Die Erde bebte. Von den Geschützständen stieg der Rauch in braunen Schwaden zu den Wolken empor und verdeckte schon in den ersten Morgenstunden die Sonne und den blauen Himmel.

Bastionen und Mauern ächzten und krachten, in die innere Burg schlugen abwechselnd schwere und leichte Kugeln ein. Brennende Pfeile und brennende „Bälle“ prasselten nieder. Überallhin sausten Kanonenkugeln, und überall lagen Geschosse herum. Das Leben von Mensch und Tier war gefährdet.

Doch die Verteidiger waren auf die Gefahr vorbereitet. Dobó hatte schon in der Nacht zum Wecken blasen lassen. Ein Teil der Soldaten hatte die Palisaden dort erhöhen müssen, wo für den nächsten Tag der Kugelregen zu erwarten war, vor allem nach dem Hause des Propstes Hécey hin. Ein anderer Teil der Soldaten hatte die Häute der zuletzt geschlachteten Tiere und die, die noch aus der Zeit vor der Belagerung liegengeblieben waren, in Wasserbottiche zu legen.

Wieder andere hatten Balken, Fässer und mit Erde gefüllte Säcke in die Vorburg, auf die Zwingerbastei und an die Tore gebracht, damit bei einem Mauerbruch das notwendige Zeug zum Ausfüllen der Lücken bei der Hand sei.

Alle leeren Eimer und Töpfe, die man in der Burg fand, mußten mit Wasser gefüllt werden. Aus den Räumen im Erdgeschoß und unter der Erde war jegliches überflüssige Gerät herausgeschafft und statt dessen waren Betten aufgestellt worden. Rüben, Kraut und Kürbisse, alles, was durch die Kugeln nicht so leicht vernichtet werden konnte, lagerte man weiter oben, den leergewordenen Platz nahmen die ruhebedürftigen Menschen ein.

Pferde und Kühe waren in die vom Eingang weiter weg gelegenen großen unterirdischen Säle gebracht und dort angebunden worden.

An den Nord- und Ostseiten der Häuser war Erde aufgeschüttet. Wo die Kugeln auf dem Marktplatz einschlugen, wurden Gräben ausgehoben und Schanzen davor errichtet. Nun fielen die Kugeln in die aufgeschüttete Erde.

Es gab in der Burg außer dem Dach des Rinderstalles – noch aus der Friedenszeit – und einem Heuschober vor dem Stall, einer kleinen Weizenfeime und einem Strohschober nichts Brennbares.

Dobó ließ das Dach des Stalles abtragen und die drei Schober mit nassen Kuhhäuten zudecken.

An allen anderen Stellen, die ebenfalls leicht brennbar waren, wie Hausböden und Belagerungsgerüste, wurden nasse Häute zum Löschen bereitgelegt.

Als die Beschießung begann, war das Burgvolk noch mit diesen Arbeiten beschäftigt. Die erste zentnerschwere Kugel schlug in der Küche ein und zerschmetterte eine Menge Geschirr.

Die Frauen hatten gerade Feuer machen und Mehl, Fett und Speck zum Mahl für die Soldaten vorbereiten wollen.

Vor der großen Kugel, die da einschlug, erschraken sie und rannten Hals über Kopf aus der Küche. („Jesus Maria! Weh uns, weh uns!“) Und wer nicht durch die Türe entschlüpfen konnte, kletterte durch das Fenster hinaus.

Die Kugel indessen tanzte in einem Haufen Tonscherben und Bruchstücken von Holzschüsseln weiter.

Mekcsey hatte sie vom Stall aus einschlagen sehen und kam herbeigerannt.

„Was soll das heißen?“ schnauzte er die Frauen an und breitete die Arme aus, um sie zurückzuhalten.

„Eine Kugel hat eingeschlagen!“

„Zurück! Zurück! Kommt mit mir!“

Er eilte in die Küche, packte ein Schaff an beiden Henkeln und goß daraus Wasser auf die Kugel.

„So“, sagte er und beförderte sie mit einem Fußtritt in die Ecke, „nun kocht weiter. Die Kugel kam von links, haltet euch also an der rechten Seite der Küche auf. Holt schnell alles von der anderen Seite herüber, denn dort darf sich niemand mehr aufhalten. Hier, auf dieser Seite, ist keine Gefahr.“

„Weh uns, Herr Hauptmann“, jammerte eine Frau mit runzliger Strin. „Meine Henne hat diese Nacht gekräht. Unser Ende ist da.“

„Das war ein Hahn“, erklärte Mekcsey entschieden.

„Es war ganz gewiß kein Hahn, sodern eine Henne, Herr Hauptmann!“

„Wenn es eine Henne war, kocht es mir zum Mittagessen, dann wird sie nicht mehr krähen."

Eine Weile bekreuzigten sich die Frauen noch angstvoll, als aber die zweite Kugel die Küche traf, begossen sie sie schon selbst mit Wasser und rollten sie neben die andere.

„Hu, wie die stinkt!"

Und sie arbeiteten weiter.

Aber der Kugelregen verwirrte das Burgvolk schließlich doch. Bisher war das Geschützfeuer nur von einer Seite her gekommen, und wenn auch manchmal Kugeln einschlugen, wußte doch schon jeder, welche Mauern er zu meiden hatte: die, auf die Sonne nur morgens schien, und die, die sie niemals traf. Seitdem aber von allen Seiten Kugeln – von der Größe einer Nuß bis zu der einer Wassermelone, – rasselten und prasselten, pfiffen und sausten, sprangen und rollten, wußten die Leute nicht mehr, wo sie Schutz suchen sollten.

Jetzt war die Zeit gekommen, in der jeder schlechte Helm und jeder Panzer einen Abnehmer fanden. Bisher hatte nur der Zigeuner, wenn er auch barfuß herumlief, einen Helm und einen Brustpanzer getragen, jetzt aber, da Schüsse von allen Seiten krachten und die Bader gleich in der ersten Stunde zehn Verletzten die Wunden zu nähen und mit Alaun zu behandeln hatten, rannte jeder zu den Waffenhaufen, um ein möglichst dickes eisernes Gewand zu finden.

Die beiden Hauptleute und die sechs Oberleutnante sahen in der ersten Viertelstunde in allen Teilen der Burg nach dem Rechten.

„Habt keine Angst!" rief Dobó.

Und wie ein Echo klang es von den Leutnanten:

„Habt keine Angst! Die Kugeln fallen immer auf dieselbe Stelle. Meidet den Platz, den eine einmal getroffen hat."

Sie selbst aber gingen überallhin.

Und wirklich, kaum war eine Stunde vergangen, da hatten die Kugeln ihnen gezeigt, an welchen Gebäuden und welchen Mauern der Aufenthalt gefährlich war. Die Geschosse schlugen den Mörtel ab, sehr viele Kugeln blieben in den Sandsteinmauern stecken, so daß diese fast schwarz aussahen.

Es gab aber auch Teile der Festung, die unversehrt und weiß blieben und nur von den Kugeln getroffen wurden, die irgendwo abgeprallt waren.

Solche Mauern boten Schutz, die Handwerker konnten dahinter arbeiten und die Soldaten ruhen.

Allerdings gab es nur wenige derart geschützte Stellen in der Burg.

*

Trotz der Gefahren und des überall lauernden Todes erschien Dobó bald auf der einen, bald auf der anderen Bastion.

Auf dem Kopf trug er nun einen blanken Eisenhelm, die Brust war von einem Panzer bedeckt, Arme und Beine steckten in Schutzeisen, die Hände in eisernen Handschuhen.

Auf seinen Kontrollgängen fand er hier etwas an den Schutzkörben, dort etwas an den Geschützen zu richten.

„Wir schießen nur auf sichere Ziele!“ rief er. „Spart mit dem Pulver, ihr Leute!“

Diese Ermahnung aber verstand man in der Burg nicht.

„Zum Teufel mit dem Schießpulver!“ murrten die Bauern. „Wozu soll es denn taugen, wenn nicht zum Schießen?“

Es gab in der Burg Eger keinen, der nicht am liebsten losgefeuert hätte. Die Türken waren ja dicht vor der Festung. Warum sollte man diese Räuber nicht ausrotten oder zumindest abschrecken?

Aber niemand wagte Dobó zu widersprechen. Je stürmischer die Belagerung wurde, desto mehr riß Dobó das Verfügungsrecht an sich.

Die Türken hatten inzwischen auch den Königsstuhl überflutet. Zelte und Fahnen und dazwischen das bunte Kriegsvolk standen und wimmelten überall um die Burg herum.

Die türkische Lagermusik erklang einmal hier, einmal dort, und der ununterbrochene Geschützdonner wurde von der Musik der Pfeifen, Trompeten und Tschinellen begleitet.

Auf die noch unversehrten Mauern warfen die Kumbaradschis ihre Bomben, und die mit Armbrüsten bewaffneten Janitscharen schossen ihre Feuerpfeile.

Kugelhagel und Feuerregen gingen auf die Burg hernieder.

Mehr noch als die Kugel verwirrten das Volk freilich die Sprengbomben und die brennenden Pfeile.

Doch die geübten Leutnante wußten auch hier Rat.

Als die ersten Bomben in die Burg fielen und prasselnd und hüpfend Funken und Feuer spien, ergriff Dobó selbst eine nasse

Haut und warf sich damit auf eine Bombe. Das Volk sah erstaunt, daß die Bombe den Burghauptmann keineswegs zerriß, sondern nur noch eine Weile hin und her sprang, dann aber unter der Haut erlosch.

Die nächsten Bomben wurden schon von den Soldaten unschädlich gemacht. Sie waren aus Ton und Glas.

„Wir werden ihnen andere Dinger hinüberschicken!“ rief Gergely.

Und er brachte seine eigenen Bomben, an denen er eine Woche lang gearbeitet hatte.

Dobó legte ihm die Hand auf die Schulter:

„Noch nicht!“

*

Von früh bis spät donnerten die Kanonen, fiel der tödliche Regen.

Die zentnerschweren Kugeln der Sarbusane schlugen Breschen in die Mauern, so groß wie Tore. Die schweren kleinen Kugeln der Wallbüchsen und Haubitzen zertrümmerten die schönen Steinbilder an der Kirche und durchlöcherten die hintere Mauer der Burgvogtei. Die Paläste waren von Norden her durch eine gerade Mauer geschützt. In diese hatten die Kanonen die meisten Löcher gerissen.

„Schafft Erde dorthin!“ befahl Dobó. „Vor die Gebäude und auch in die hinteren Zimmer.“

Mekcsey ließ schon auf großen Umwegen Erde in Schubkarren heranfahren. Die gefährlichen Stellen und Biegungen der Wege wurden durch Fässer und mit Erde gefüllte Körbe gesichert.

„Ein großes Faß hierher!“ rief Leutnant Balázs Nagy.

Und als hätte man ihn an einem Seil gezogen, stürzte er von dem Erdhaufen herab. Eine Kanonenkugel hatte ihn zu Fall gebracht.

Die Leutnante ließen dann auch in anderen Teilen der Burg Gräben ausheben und Dämme aufschütten, Körbe und Fässer zum Schutz gegen den Kugelregen anbringen. Besonders an der großen Bastion des Alten Tores mußten viele Körbe voll Erde aufgestellt werden.

Als die Wache beim Morgengrauen auf der Sándor-Bastei

ihren Platz hinter der Planke einnahm, fielen die Kugeln der türkischen Wallbüchsen wie Hagel von hinten auf sie herab.

„Legt euch auf den Bauch!“ schrie Gergely.

Hundertfünfzig Soldaten warfen sich auf die Erde.

Gergely drückte sich an die Mauer.

Die Kugeln pfiffen hoch über sie hinweg und schlugen in die Burgmauer ein.

Die Planken sahen wie ein Sieb aus.

Nun trat an diesem Geschützstand eine Pause ein. Die Türken hatten sämtliche Kanonen abgefeuert, jetzt luden sie wieder.

„Auf!“ befahl Gergely.

Fünf Mann blieben liegen.

„Diese bringt vor die Kirche!“ sagte Gergely kopfschüttelnd.

„Ist jemand von euch verwundet?“

Fünfzehn blutende Menschen traten schweigend aus der Reihe.

„Ihr geht zu den Badern.“

Gergely ballte die Faust und fluchte zwischen den Zähnen.

„Burschen“, sagte er dann, „wir können hier nicht bis zum Abend auf dem Bauch liegen. Schafft Spaten herbei, wir heben einen Graben aus.“

Etwa zehn Soldaten liefen nach den Geräten. Bald gruben sie alle.

Nach kaum einer Stunde hatten sie einen Graben ausgehoben, der sie bis zur Brust verdeckte.

Gergely wartete, bis die Türken wieder ihre Schüsse abfeuerten, dann sprang er heraus und eilte in die innere Burg, um Dobó von ihrem Werk Bericht zu erstatten.

Am Kloster fand er den kleinen türkischen Knaben, der dort unter dem Vordach spielte. Mit einem Löffel kratzte er eine rauchende Kanonkugel aus der Mauer heraus. Sicher war er aus der Küche fortgelaufen und trieb sich nun hier herum, wo dauernd Kugeln fielen.

„Hajde!“ (Scher dich weg!) schrie Gergely ihn an.

Das Kind erschrak und drehte sich nach Gergely um. Bleich drückte es sich an die Mauer, sah Gergely furchtsam an und tastete mit den Händen nach hinten, als suchte es den Rock seiner Mutter.

Wieder schlugen Kugeln in die Mauer ein und entblößten sie

vom Mörtel. Ein faustgroßes schwarzes Geschoß bohrte sich dicht über der Schulter des Knaben in die Wand und hinterließ einen schmutzigen Ring.

Gergely sprang hinzu, riß das Kind an sich und trug es auf seinen Armen in den Palas.

*

An diesem Abend ging die Sonne hinter grauen Wolken in der Richtung von Bakta unter. Nur eine Minute lang sandte sie einen goldenen Streifen bis zur Mitte des Himmels, dann verschwand sie hinter den blutroten Wolken, um den Menschen eines glücklicheren Erdteiles zu leuchten, die an diesem Abend beim friedlichen Zirpen der Grillen zur Ruhe gingen.

In Burg Eger begann jetzt erst die Arbeit.

Sobald der letzte Schuß der Toptschis verhallt war, ergriffen die Maurer die Kellen, schleppten die Bauern Steine, Erde, Balken, Wasser und Sand herbei, und das Ausfüllen der Risse begann. Allenthalben war auch das Klopfen der Spitzhacken zu vernehmen. Dobó ließ die steinernen Zinnen und die Ränder an den Türmen abbrechen, denn viele von den hervorstehenden Steinen waren von Kugeln getroffen worden, die Splitter hatten manchen Soldaten verwundet, auch wenn er sich in Deckung befand.

So wurde denn auch nachts eifrig gearbeitet. Auf den Mauerrändern lagen die Schützen, an den Breschen arbeiteten Handwerker...

Von Zeit zu Zeit krachte bald auf der einen, bald auf der anderen Bastion ein Mörserschuß. Die Kugel stieg hoch in die Luft, zerplatzte und bestrahlte für einen Augenblick das Gelände vor der Burg mit rotem Licht.

Es waren Leuchtkugeln. Sie wurden jetzt dringend gebraucht, denn sie deckten die List der Türken auf.

„Heran, ihr Leute, heran an die Arbeit!" So hört man bald hier, bald dort die Offiziere rufen.

Ein Maurer läßt sich an einem Seil an der Außenmauer herab, um den in die Bresche gelegten Balken mit Eisenhaken zu befestigen.

Unten flammt Musketenfeuer auf. Ein Kugelregen prasselt auf die Arbeiter nieder. Noch lange danach flackert und knallt das Feuer der vielen Musketen und wirft Licht auf zwei Hundertschaften von auf dem Bauch liegenden Janitscharen.

Sie bekommen von der Festung her eine Salve als Antwort.

Der an der Außenmauer Beschäftigte stürzt getroffen in die Tiefe.

„Nur noch innen arbeiten!“ hört man Pető rufen.

Und die Arbeiter setzen ihr Werk beim immer wieder aufflammenden Feuer der Tüfenktschis fort...

Um Mitternacht ertönte das Horn des Torwächters.

Dobó saß auf einer Pulverkiste. Er warf den Kopf hoch.

„Der Brief vom König ist da!“ mutmaßte Pető.

Und wirklich, nach knapp fünf Minuten standen zwei keuchende, blutige Männer vor Dobó.

Beide trugen türkische Gewänder. Die blutigen Säbel in ihren Händen zeugten davon, daß es nicht leicht gewesen war, in die Burg Eger zu gelangen.

„Nun, so sprecht doch!“ forderte Dobó die beiden auf.

Der eine war Varsányi, der erst in der vorigen Nacht Eger verlassen hatte, der andere Miklós Vas, der Achmed Paschas Brief zum König gebracht hatte.

Varsányi keuchte.

„Die hätten mich beinahe umgebracht.“

Miklós Vas stieß den blutigen Säbel in die Scheide und setzte sich auf die Erde, mitten in den Steinschutt. Er hatte gelbe Stiefel an. Den einen zog er aus, nahm ein Messer aus der Tasche und trennte die Sohle auf. Darin war ein Brief. Er überreichte ihn Dobó.

Und erst jetzt begann er zu sprechen:

„Dem Herrn Bischof habe ich Auge in Auge gegenübergestanden. Er sendet Euch seine Grüße, Herr Hauptmann. Er hat den Brief selbst zum König gebracht. Hier ist die Antwort.“

„Den dritten haben sie getötet“, sagte Varsányi.

„Welchen dritten?“ fragte ihn Pető erstaunt.

„István Szürszabó, unseren Soldaten. Er war draußen geblieben, konnte nicht in die Burg zurück. Jetzt hatte er sich uns angeschlossen. Hier vor dem Tor hat ihn einer mit der Lanze erstochen.“

Er holte tief Atem und fuhr fort:

„Wir hatten ja nicht gedacht, daß auch hier am Tor Türken

sein würden. Als wir ankamen, gab ich mit meiner Pfeife das verabredete Zeichen, da fielen uns zehn Türken an. Nun aber drauflos! Ein Glück, daß es dunkel war und daß das Tor gleich geöffnet wurde. István haben sie dicht vor mir niedergestochen, wir konnten gerade noch hereinschlüpfen."

Dobó hatte inzwischen das Siegel erbrochen, das übrigens in der Stiefelsohle schon fast zu Staub geworden war. An eine Laterne gelehnt, las er den Brief.

Sein Gesicht verfinsterte sich mehr und mehr und erhielt einen strengen Zug. Als er den Brief zu Ende gelesen hatte, hob er mit einem Ruck den Kopf, und stopfte den Brief in die Tasche.

Pető hätte gern gefragt, was der König geschrieben habe. Aber Dobó blickte düster umher und wandte sich dann Varsányi zu:

„Hast du Herrn Szalkay den Brief gegeben?"

„Ja, Herr. Er sendet Euch seine Grüße. Den ganzen Vormittag schrieb er ununterbrochen und ließ noch am Vormittag so viele Kuriere losreiten, als er Briefe fertig hatte."

„Habt ihr noch etwas zu melden?"

„Ich nicht", sagte Miklós Vas. „Der Herr Bischof hat mich sehr gnädig empfangen. Auch bei Seiner Königlichen Majestät bin ich von allen sehr freundlich aufgenommen worden. Aber ich habe einen Hieb auf den Kopf bekommen und möchte jetzt, wenn es möglich ist, zum Bader."

„Pető, mein Sohn", mahnte Dobó, „vergiß nicht, Sukán morgen zu sagen, daß er die Namen dieser beiden in die Liste derer eintragen soll, für die wir den König nach der Belagerung um eine Belohnung bitten werden."

„Herr", sagte Varsányi, sich den Hinterkopf kratzend, „ich hätte noch etwas auszurichten."

Dobó sah ihn erstaunt an.

„Es ist nur soviel", fuhr Varsányi fort, „daß Lukács Nagy Euch bitten läßt, Herr Hauptmann, am Haupttor einige Fackelträger aufzustellen. Er möchte heute nacht heimkommen."

„So? Er möchte?" fuhr Dobó ärgerlich auf. „Nun, ich werde ihm beibringen, was Ordnung ist!"

Ein Mann mit einer Bütte voll Mörtel eilte an ihnen vorüber. Dobó trat zur Seite und rief zu den Maurern hinauf:

„Quer den Sparren, nicht der Länge nach!" *Sparren* sagte man damals für *Balken*.

Dann wandte er sich wieder Varsányi zu:
„Glaubt denn Lukács etwa... Na, der soll mir nur unter die Augen kommen!"
Und er schnaubte wutentbrannt wie ein Stier, der zum Stoß ausholt.
Varsányi rieb sich das Kinn und sah Dobó flehend an:
„Mein Herr grämt sich ja so sehr, weil er nicht mehr zurückkonnte. Er vergeht fast vor Kummer."
Dobó schritt unter der Laterne auf und ab.
„Das wäre ja Unsinn! Was denkt sich dieser Mann nur? Sagen lassen kann er mir, was er will, seine Strafe ist ihm aber gewiß. Ihr beide müßt heute nacht noch fort. Ihr nehmt wieder Briefe an den Bischof und an den König mit. Fühlst du dich dazu kräftig genug Miklós?"
Miklós Vas drückte sich ein Tuch auf den Kopf. Über seine linke Wange lief Blut, das Tuch war schon gerötet.
„Gewiß", sagte er bereitwillig. „Dann werde ich mir in Szarvaskő die Wunde nähen lassen."

14

Die Breschen in den Mauern wurden von Tag zu Tag zahlreicher. Mehr und mehr Leute waren mit dem Ausbessern beschäftigt. Auch die Wachen wurden verstärkt. Als die türkischen Geschütze am nächsten Tage ihr Zerstörungswerk fortsetzten, sprizte der Mörtel zehn Klafter weit aus den Mauern, und die Kanonenkugeln blieben im Befestigungswerk stecken.
„Schießt nur!" schrie der alte Cecey. „Verstärkt nur unsere Mauern mit eurem Eisen!"
Am zehnten Tage aber gewahrten die Türken am Morgen noch unausgefüllte Breschen. Das Burgvolk hatte in der Nacht nicht mehr alle Schäden beseitigen können.
Am Ende der zweiten Woche schwiegen plötzlich alle türkischen Geschütze. Das Burgvolk staunte: Was war geschehen? Nichts.
„Da kommt ein Landmann! Wie sonderbar!" sagten die Leute am Markttor.
Und wirklich nahte gemächlich ein alter Bauer in grobem

Mantel, nicht von der Art, wie man sie hierzulande trug. Dennoch wurde der Mann eingelassen.

Dobó empfing ihn auf dem Marktplatz. Er ahnte, daß die Türken wieder einen Brief schickten.

„Woher ist Er?" fuhr er den Bauern unwirsch an.

„Ich wohne in Csábrág, Herr."

„Was hat ein Csábráger in Eger zu suchen?"

„Hm, ich. . . ich hatte den Türken Mehl gebracht, Herr."

„Wieviel?"

„Hm. . . sechzehn Wagenladungen."

„Wer hat Ihn geschickt?"

„Der Herr Verwalter."

„So einer ist kein Verwalter, sondern ein niederträchtiger Henkersknecht!"

„Ja, Herr, aber wir mußten uns unterwerfen, sonst wäre es uns wie unserem Nachbarn ergangen."

„Welchem Nachbarn?"

„Burg Drégely, Herr."

„Er hat einen Brief gebracht, was?"

„Ja. Herr."

„Von den Türken?"

„Ja."

„Hat Ihm sein Gewissen nicht gesagt, daß Er eine Sünde begeht, wenn Er den Brief überbringt?"

„Weiß ich denn, was in dem Brief steht?"

„Kann darin etwas Rechtes stehen, wenn er von den Türken kommt?"

Der Mann schwieg.

„Kann Er lesen?"

„Nein."

Dobó rief den Frauen zu:

„Bringt mir einen Topf voll Glut!"

Sie brachten brennendes Holz und schütteten es vor ihm auf die Erde.

Dobó warf den Brief hinein.

„Packt diesen Vaterlandsverräter und haltet ihn über den Rauch! Rieche den Brief, elender Kerl, wenn du ihn nicht lesen kannst!"

Dann ließ Dobó den Mann auf dem Marktplatz an den Pranger stellen. Das Burgvolk sollte sehen, wie es denen ergeht, die von den Türken Briefe bringen.

*

Dem Strafvollzug wohnten auch die Leutnante bei. Viel Volk hatte sich eingefunden. Sie gafften und lachten den Mann sogar aus, als Rauch und Verbitterung ihm Tränen aus den Augen preßten.

„Schiehscht du, Schaftschkopf", sagte der Zigeuner zu ihm, „warum hascht du disch zum Poschtboten machen laschen?"

Der Brief zerfiel in der Glut zuerst in rote Blättchen, auf denen die Zeilen wie eine schwarze Verzierung erschienen. Als das Papier dann verkohlte, krümmten sich die Schriftzeichen für einen Augenblick wie rote Schlangen.

Gergely stand auch dabei.

Als der Bauer die Festung betreten hatte, waren alle Kanonen verstummt.

Die Türken warteten auf Antwort.

„Herr Hauptmann", sagte Gergely zu Dobó, als sie beide die Grupppe verließen, „ich habe unwillkürlich eine Zeile von dem Brief gelesen.

Dobó zuckte die Achseln:

„Warum hast du das getan? Ich habe nichts gelesen und weiß auch so, was darin stand."

„Es lohnt sich ja nicht, darüber zu reden; aber diese eine Zeile war so verteufelt heidnisch, daß ich nicht widerstehen kann, Euch davon zu berichten."

Dobó gebot ihm weder zu reden noch zu schweigen.

„Die Zeile lautete: *Oder ist dein Sarg schon fertig, István Dobó?"*

Dobó brummte „hm". Dann sagte er: „Jawohl, er ist fertig. Wenn sie damit fragen wollten, ob ich zum Sterben bereit sei, so will ich ihnen diese eine Frage beantworten."

Eine Viertelstunde später erschien ein schwarzer Sarg auf der Burgmauer. Er hing, mit Ketten befestigt, an zwei Lanzen, die die Soldaten in die Mauerspalten gesteckt hatten.

Da donnerten die türkischen Kanonen von neuem.

15

Zum Sankt-Michaels-Tag klafften bereits fünfzehn große Breschen in den Mauern.

Die meisten Einschüsse hatten die Mauern der Vorburg abbekommen. Auch im Südosten beim Eckturm war ein großer Riß. Zwei Löcher gähnten in der Südmauer, wo auch das Tor eingestürzt war. Der hohe Bergfried war so zerschossen, in der Mitte so ausgehölt, daß es schier unbegreiflich war, wodurch er noch Halt hatte und warum er nicht einstürzte.

Das Burgvolk konnte mit dem Ausbessern und Zumauern nicht mehr nachkommen. Selbst wenn sich die ganze Mannschaft damit beschäftigt hätte, wäre die Hälfte der Schäden unausgebessert geblieben.

„Aber arbeiten wir nur weiter, Leute, trotz allem!"

Um Mitternacht rief Dobó seine Offiziere auf die Kirchbastion und ließ Leuchtkugeln in östlicher Richtung abschießen.

„Seht euch die Erdhügel hier an, die sich bis an die Burg heranziehen", sagte er. „Wie Maulwürfe wühlen sich die Kerle durch die Erde. Und die Gräben dort sind alle voll Türken."

Tatsächlich waren die Türken in dieser Nacht von den Bergen herab in die Nähe der Mauern gezogen. Beim Aufblinken der Leuchtkugeln konnte man ganz in der Nähe eine Unmenge Zelte sehen. Allenthalben flatterten dicht an den Burgmauern die gelb-roten Fahnen der Janitscharen. Man sah auch ihre sackleinenen Zelte, in denen bis zu zwanzig Mann nächtigen konnten. Zwischen den Zelten lagen Sturmleitern. Der Belagerungsring um die Festung war enger zusammengezogen worden.

„Freunde" sagte Dobó, „morgen unternehmen sie einen Sturmangriff. Schlaft alle hier draußen."

In die Breschen ließ er Haubitzen und Handrohrschützen stellen. Auch die Kanonen wurden auf die offenen Stellen gerichtet. Ringsum waren Spieße, Lanzen, Bomben, Knüppel, Hellebarden, was es nur an Waffen in der Burg gab, an die Mauer gelehnt.

Dobó reichte allen Offizieren die Hand.

„Freunde, jeder von euch kennt seine Aufgabe. Schlaft jetzt, soviel ihr könnt; den Angriff müssen wir zurückschlagen."

Er hatte noch nicht zu Ende gesprochen, als er plötzlich nach der Stadt blickte. Ein sonderbares Dröhnen klang von unten herauf, ein Gepolter, das immer stärker wurde.

Aller Augen wandten sich in die Richtung, aus der das Geräusch kam.

Von dem Tor am Bach her tönte schrill die Pfeife Varsányis.

„Öffnet das Tor!“ schrie Dobó.

Der Lärm in der Stadt wurde immer größer: Pferdegetrappel, Waffengeklirr, Knallen, zur Eile anfeuerndes Geschrei auf den Mauern.

„Macht das Tor auf! Lukács kommt!“

Leutnant János Vajda von der Torwache ließ sofort eine Fackel anzünden und sie weit hinaushalten. In langgestrecktem Zug sprengte die Reiterschar Lukács Nagys durch die auf dem Markt lagernden Dschebedschis auf die Burg zu.

„Herunter die Fackel!“ rief Vajda. „Unter das Tor!“

Denn er sah sofort, daß es für die Reiterschar besser war, in Finsternis gehüllt zu bleiben.

Sofort wurde die Brücke herabgelassen und die *Orgel* heraufgezogen.

„Alle Schützen aufs Tor hinauf! Lanzenträger ans Tor!“

Die Reiter sprengten einer nach dem anderen zum Tor herein. Die Türken folgten ihnen mit Geschrei dicht auf den Fersen.

„Allah! Ssara jesik! Waj ssana! Allah! Allah!“

Vor dem Tor begann eine blutige Schlägerei.

Ein barfüßiger Piade kletterte wie eine Katze an der Brückenkette herauf. Seinen Handschar trug er quer im Mund. Der Wächter, der die Fackel hielt, erblickte ihn. Einen Augenblick sahen die beiden einander starr in die Augen, dann schlug der Wächter dem Türken das brennende Ende der Fackel so kraftvoll ins Gesicht, daß dieser hintenüber in die Finsternis stürzte.

Die anderen Türken drängten sich, ununterbrochen *Allah akbar* und *Ssara jesik* rufend, einander stoßend und schiebend durch den Torweg.

„Die Brücke hoch!“ rief Dobó.

Die Büchsenschüsse übertönten seine Stimme.

„Sie läßt sich nicht ziehen!“ brüllte der Torwart.

Natürlich nicht, sie war ja voll Türken.

Jetzt kam Gergely herbei. Er entriß dem Wächter die Fackel und drang damit zum Mörser vor. Im nächsten Augenblick spie dieser Feuer und bahnte unter furchtbarem Dröhnen einen Weg durch das Türkengewimmel am Tor.

Knarrend und ächzend ging die Brücke auf Rollen, die so groß wie Karrenräder waren, in die Höhe. Auch die Türken wurden mit hochgehoben.

Auf der Innenseite fielen die Eisenstangen der *Orgel* herab. Draußen schlug die Brücke erst kreischend und schließlich mit einem dumpfen Knall an.

Etwa fünfzig Türken waren unter dem Torbogen wie in einem Käfig gefangen. Sie drehten sich wütend im Kreise und teilten Hiebe nach allen Richtungen aus, bis sie endlich, von Schüssen oder Lanzenstichen getroffen, niedersanken.

Nach wenigen Minuten lag unter dem dunklen Torweg nur noch ein Haufen röchelnder, zuckender Menschenleiber.

Dobó stand schon auf dem Marktplatz.

Beim Licht der Fackeln saßen zweiundzwanzig Reiter ohne Kopfbedeckung ab und stellten sich, die Pferde an den Zügeln haltend, vor Dobó auf. Die Tiere waren mit rotem und weißem Schaum bespritzt. Die Reiter keuchten, manchen rann Blut über das Gesicht. Einem leuchtete an der Schulter das weiße Hemd aus dem aufgeschlitzten Dolman hervor.

Ein kleiner, breitschultriger Mann trat vor und blieb vor Dobó stehen:

„Melde gehorsamst“, keuchte er, „da bin ich.“

„Lukács, mein Sohn“, sagte Dobó ergriffen. „Ketten an die Füße hättest du verdient, du nichtsnutziger Herumtreiber! Und eine goldene Kette um den Hals, mein braver Recke.“

Und er schloß seine Soldaten in die Arme.

„Wie seid ihr hereingekommen?“

„Wir mußten warten, bis wir genug Türken erschlagen hatten, Herr Hauptmann, damit jeder von uns zu einem Turban und einem Mantel kam. Abend für Abend fielen wir von Szarvaskő aus, um uns das Nötige zu holen, und heute abend fehlten uns nur noch zwei Turbane. Varsányi hat uns seine Pfeife gegeben. Wir hätten mit Leichtigkeit die Burg erreichen können, wenn auf dem Marktplatz in der Stadt außer Fußvolk auch Reiter gewesen wären. So aber witterten die Fußsoldaten, daß wir nicht zu ihnen gehörten, und fielen uns an.“

„Wer fehlt?“

Die Soldaten sahen einander an. Das nächtliche Licht erhellte die Gesichter nur schwach. Alle waren verletzt. An den Kleidern, an den Pferden, überall schimmerte das rote Blut.

„Gábor“, sagte eine Stimme leise.

„Bicskei”, klang es von der anderen Seite.

„Balkányi...“

„Gyuri Soós...“

Dobós Blick blieb an einem Jüngling mit mädchenhaft langem Haar haften, der sich etwas zurückgezogen hatte und das Gesicht hinter dem Hals seines Pferdes versteckte.

„Balázs!“ rief Dobó tief bewegt, „bist du es?“

Der Knabe trat vor, beugte das Knie, legte seinen blutigen Säbel Dobó zu Füßen und senkte wortlos den Kopf.

Es war Balázs Balogh, Dobós jüngster Knappe.

16

In dieser Nacht durften mit Ausnahme von achtzig Schützen alle Soldaten schlafen. Freilich nur im Freien, neben den Mauern und in den Gräben. So, wie sie waren, im Mantel und mit umgeschnalltem Säbel, die Lanzen neben sich, schliefen sie. Oben an den Palisaden hatten die Schützen ihre Büchsen, die mit Pulver geladen und schußbereit waren, auf die Mauer gelegt und, um sie gegen den Tau zu schützen, mit Lumpen und Werg zugedeckt.

In Abständen von zehn bis zwanzig Schritt standen Posten bei den schlafenden Soldaten. Auch bei den Geschützen und in den Türmen wachten die Späher. Die Mauer nach der Stadt zu war am wenigsten gesichert.

Wer nicht Soldat war, mußte aufbleiben und arbeiten.

Dobó schickte alle Bauern, die sich in der Burg aufhielten, sowie die Metzger und Müller, die Schlosser und Zimmerleute, die vier Schmiede und die zwei Abdecker, ja sogar den Zigeuner zu der Arbeit an den Mauern.

Er ließ die längsten Baumstämme in die Breschen einfügen. Erde, Bretter, Mörtel und Steine, soviel nur vorhanden war, wurden bei der eiligen Arbeit wahllos in die Löcher und Risse gestopft. Das zerschossene Tor mußte mit Fässern voll Erde,

Steinen und Sand ausgefüllt werden. Dann kam ein Mörser davor, einer obendrauf, seitlich Haubitzen und so viele Wallbüchsen, wie nur verfügbar waren.

Unten im Graben standen Tüfenktschis und schossen jedesmal hinauf, wenn sie einen Arbeiter in der Bresche erblickten. Und das geschah ziemlich oft, wie sehr man auch versuchte, die Sicht durch Korbgeflechte zu verdecken.

Am Eckturn ließ Tamás Bolyky die Lücken ausfüllen. Dort war ein drei Klafter breites Loch, deshalb ließ der Leutnant aus Borsod die Balken mit Seilen und Ketten aneinanderbinden. Eine beschwerliche Arbeit! Man mußte sich dabei manchmal hinauslehnen, und dann schossen die Janitschare sofort.

Umsonst wurde das Feuer erwidert, umsonst Bomben geworfen, die Kerle verstanden es, ihren Standort durch Erdhügel und Korbgeflechte so gut zu tarnen, daß von ihren Musketen nur die Mündungen hervorlugten.

Obendrein leuchteten ihnen noch die beweglichen Lampen der Maurer und zeigten ihnen, wo jemand stand.

„Die Sparren hinauf!“ rief Tamás Bolyky.

Die Bauern standen mit den Balken da, doch auch von ihnen waren in dieser Nach drei verwundet worden.

„Die Sparren hinauf!“ wiederholte Tamás Bolyky.

Die Bauern zögerten.

Leutnant Bolyky stieg zur Einsturzstelle hinauf, und er rief den Bauern von neuem zu:

„Rührt euch doch endlich! Hierher, Leute!“

Die Balken wurden nun schnell hinaufbefördert. Von unten erscholl das Knattern der türkischen Feuerwaffen, oben klopften die Hämmer, klirrten die Ketten an den spannenlangen Nägeln, mit denen sie an den Balken zusammengehalten wurden.

„Habt keine Angst!“ spornte Tamás Bolyky die Arbeitenden an.

Und niemand wagte seine Furcht zu zeigen.

Eine Kugel streifte den Helm des Leutnants und schlug die silberne Spange ab, die den Federschmuck hielt.

„Schneller! Schneller!“

Er packte einen Baumstamm und kettete ihn selbst an den nächsten Balken.

„Tamás", rief Mekcsey hinauf, „komm herunter!"

Wie Hagelkörner prasselten die Kugeln auf den Turm, und unten schossen ununterbrochen die türkischen Musketen.

„Gleich", erwiderte Tamás Bolyky.

Er bückte sich nach einem zweiten Balken, um beim Hochziehen zu helfen.

„Das Seil her!"

Da verharrte er in der gebückten Stellung, als wäre er plötzlich versteinert.

„Tamás!" rief Mekcsey entsetzt.

Tamás Bolyky blieb reglos, auf einem Bein kniend. Der Helm fiel ihm vom Kopf, und das lange graue Haar hing vorn über sein Gesicht.

Mekcsey rannte hinauf, hob ihn aus der Bresche und legte ihn hinter die Mauer der Bastion.

„Gebt mir eine Lampe."

Bolykys Gesicht war kreidebleich. Über seinen grauen Bart lief Blut und tropfte in den weißen Kalkstaub auf der Erde.

„Tamás", stammelte Mekcsey, „kannst du sprechen?"

„Ja", hauchte Tamás. „Kämpft... für das Vaterland..."

*

In der Burg brannten überall Laternen und an Nägel gehängte Pechfackeln. Dobó ritt von einer Bruchstelle zur anderen.

Der Turm über dem Alten Tor bereitete ihm die größte Sorge. Die türkischen Kanonen hatten das Tor eingedrückt und auch den Turm beschädigt. An der Südseite sah dunkel die Wendeltreppe hervor, vier Stufen waren zerbrochen.

Das Tor konnte man noch verrammen, aber zum Wiederaufbau des Turmes reichte die Zeit nicht. Was sollte geschehen, wenn der Feind ihn auch am anderen Tage wieder beschoß? Von da aus konnte man in südlicher Richtung Ausschau halten und auch schießen; wenn er einstürzte, verlöre die Burg eine starke Wehr.

Dobó beorderte vierzig gute Handrohrschützen an den Turm. Sie sollten dort kampfbereit mit schußfertiger Waffe nächtigen.

„Schlaft", rief er zu ihnen hinauf, „es genügt, wenn zwei von euch an den äußeren Fenstern wachen."

Er wandte sein Pferd und ritt schnell zum Eckturm.

„Was ist hier los? Warum arbeitet ihr nicht?"

„Herr", sagte ein Arbeiter mit bebender Stimme, „soeben haben sie unseren Herrn Leutnant Bolyky erschossen."

Da brachte man ihn auch schon auf einer Trage, die sonst zum Herbeischaffen der Steine diente. Die Beine hingen herab, die bloßen Hände waren über dem Brustpanzer gefaltet. Mekcsey brachte den Helm.

Gespenstisch schwankte der riesige Schatten der Gruppe an der Mauer entlang.

Der Anblick ergriff Dobó bis ins Innerste.

„Ist er tot?"

„Ja", sagte Mekcsey traurig.

„Arbeitet weiter!" rief Dobó auf die Bastion hinauf.

Dann stieg er vom Pferd, nahm den Helm ab, trat zu dem Toten hin und sah ihn wortlos, schmerzerfüllt an.

„Wackerer Tamás Bolyky. Trete vor Gott hin: Zeige auf deine blutende Wunde und zeige auch auf unsere Burg."

Mit entblößtem Haupte sah er dem Zug betrübt nach, bis die Laterne um die Ecke bei den Ställen verschwand. Dann bestieg er sein Pferd wieder und eilte an die andere Bruchstelle hinter dem Palas.

Dort mühte sich Zoltay mit einer dicken Seilrolle ab, um die Bresche mit aneinander befestigten Balken auszufüllen. Er zog selbst mit an dem Strick und rief dabei seinen Leuten zu:

„Nicht so zaghaft mit dem Seil, es ist doch keine Wurst! Packt fest zu, zum Donnerwetter! Zieht, als hättet ihr den türkischen Kaiser auf den Galgen zu befördern!"

Die Balken rieben sich knarrend aneinander. Die Zimmerleute und Schmiede schlugen Eisenklammern hinein; dann rasch Erde, Steine und Mörtel in die Ritzen, und die von den türkischen Kanonen gerissene Bresche war ausgefüllt.

Dobó rief zu Zoltay hinauf:

„Komm herunter!"

Zoltay ließ das Seil los und rief den Leuten noch zu:

„Eisenklammern hinein, soviel ihr habt!"

Dobó legte ihm die Hand auf die Schulter.

„Geh schlafen, mein Sohn, spare deine Kräfte für morgen."

„Nur noch ein paar Fässer!"

„Du gehst sofort!" herrschte ihn Dobó an. „Keine Widerrede!"

Zoltay hob die Hand an den Helm und enfernte sich, ohne noch ein Wort zu sagen.

Widerspruch duldete Dobó nicht.

Nun schickte er Fügedy und Pető zur Ruhe. Dann stieg er vor dem Palas vom Pferd, übergab es dem Türsteher und ging in sein Zimmer.

Eine grüne irdene Hängelampe beleuchtete den kleinen, zu ebener Erde gelegenen Raum, den Dobó zu Beginn der Beschießung bezogen hatte. Auf dem Tisch standen kaltes Fleisch, Wein und Brot. Dobó langte stehend nach dem Brot und brach ein Stück davon ab.

Eine grauhaarige Frau in Trauerkleidern öffnete die Tür des Nebenzimmers. Sie hielt eine Kerze in der Hand.

Als sie Dobó erblickte, trat sie ein.

Es war Frau Balogh, die Mutter des Knappen Balázs.

Die kleine wackere Frau hatte sich, als sie aus der Burg nicht wieder hinauskonnte, sogleich in ihre neue Lage gefunden. Sie hatte das Amt der Beschließerin übernommen, kochte für Dobó und sorgte für alles.

„Wie geht es Eurem Sohn?" fragte Dobó.

„Er schläft", sagte sie, „er hat sechs Wunden, an der Brust, am Kopf und am Arm... Ja, aber was soll denn aus Euch werden, Herr Hauptmann? Ihr eßt den ganzen Tag nichts, und nachts schlaft Ihr nicht. So kann es nicht weitergehen. Wenn Ihr auch morgen nicht zu Tisch kommt, trage ich Euch das Essen so lange nach, bis Ihr es annehmt."

„Ich fand keine Zeit", sagte Dobó und trank den Becher aus. „Ist mein Bett aufgeschlagen?"

„Seit drei Tagen steht es Tag und Nacht bereit."

„Nun, dann will ich mich heute einmal hineinlegen." Und er setzte sich wirklich sogleich hin. „Es sind doch wohl keine schweren Wunden?"

„Der Schnitt am Kopf ist recht lang. Die Gewalt der übrigen Hiebe hat sein Lederwams abgeschwächt. Gottlob, er kann alle Glieder richtig bewegen."

„Wie geht es Budaházy?"

„Der Bader hat ihm den Schulterknochen in fünf Stücken herausgenommen."

„Wird er mit dem Leben davonkommen?"

„Der Bader hofft es."

„Geht nun auch zur Ruhe, gnädige Frau. Ich tue es auch, denn ich habe es nötig. Gute Nacht."

Er starrte vor sich hin und verließ das Zimmer.

Im Vorraum hing sein langer Nachtpelz, Dobó ergriff ihn und zog ihn an. Während er noch seinen Mantel zuknöpfte, eilte er nach der Sándor-Bastion. Dort begegnete er Gergely, der gerade einem Burschen einen großen Ledersack zum Hinauftragen gab.

„Was soll das heißen?" rief Dobó ärgerlich, „du bist wach? Habe ich dir nicht befohlen, schlafenzugehen?"

„Ich habe den Befehl bereits ausgeführt, Herr Hauptmann", erwiderte Gergely, „ich habe mich ausgeruht. Da fiel mir aber ein, daß es über Nacht viel Tau geben könnte; ich lasse also trockenes Pulver zu den Geschützen bringen."

Dobó rief zum Leuchtmörser hinunter:

„Feuer!"

Der Mörser zischte und entlud sich. In hundert Klafter Höhe zerplatzte die Kugel und beleuchtete mit ihrem Feuerschein die Umgebung der Burg.

Das türkische Lager war reglos, nur die Wachen saßen, die Mantelkragen bis an die Ohren gezogen, vor den Truppen.

Dobó folgte Bornemissza auf die Kirchbastion und sah zu, wie er das feuchte Pulver aus den Zündlöchern blies und sorgfältig überall trockenes hineinstreute, wie er prüfte, ob Lunte, Ladestange, Pulverlöffel und Kugeln an ihrem Platz lagen. Die Stückknechte schliefen, in ihre Mäntel gehüllt, neben den Kanonen.

„Geh jetzt schlafen", sagte Dobó.

Er selbst blieb zurück. Mit verschränkten Armen stand er auf dem Vorsprung der Bastion neben der Bombarde *Baba*. Ringsumher war es still. Dobó blickte zum Himmel empor.

Der Himmel war bewölkt, der Mond schien nicht, nur an einer Stelle glänzten zwischen den zerrissenen Wolken einige Sterne am kalten Firmament.

Dobó nahm den Helm ab, sank auf die Knie und schaute wieder zum Himmel empor.

„Mein Gott", murmelte er und faltete die Hände zum Gebet. „Du siehst dieses riesige Heer von Räubern und Mördern und auch unsere kleine verfallende Burg und die wenigen kühnen

Leute darin... In Deinem großen All ist diese irdische Welt ein Nichts. Für uns aber ist sie alles. Willst Du, daß wir unser Leben hingeben, nimm es, o Herr! Laß uns hinsinken wie Grashalme unter der Sense, nur das Land soll bestehen bleiben... unser kleines Ungarland..."

Sein Gesicht war bleich. Tränen quollen ihm aus den Augen. Und mit tränenüberströmtem Gesicht fuhr er fort:

„Maria, Mutter Jesu, Schutzpatronin Ungarns! Dein Bild tragen wir auf unseren Fahnen! Deinen Namen singen Millionen Zungen auf ungarisch! Bete für uns!"

Und er sprach weiter:

„Heiliger König Stephan! Schau herab vom Himmel! Schau auf dein Land und deine Nation, denen die Gefahr der Vernichtung droht! Schau auf Eger, wo die Mauern deiner Kirche noch stehen und wo das Volk noch in deiner Sprache und deiner Religion den Allmächtigen preist. Rege dich in deinem himmlischen Zelt. Heiliger König Stephan, oh wirf dich Gott zu Füßen! Herrgott! Schenke uns dein Herz!"

Die kleine Lichtung am Himmel war wie ein Himmelsfenster, und die Sterne darin wie weiße Kerzenlichter...

Dobó trocknete sich die Tränen und setzte sich auf die Lafette der Kanone.

Von schweren Sorgen bedrängt, blickte er reglos in die Finsternis unterhalb der Burg.

Das Türkenlager schlief, man hörte ein leises Rauschen. Vom Atmen der hunderttausend Menschen zitterte die Luft.

Dobó lehnte sich zurück und stützte den Ellbogen auf das Kanonenrohr. Sein Haupt sank herab. Er legte es auf den Arm und schlief ein.

17

Von den Ställen her ertönte ein dünnes, schüchternes „Kikeriki" und gleich darauf das kräftige Krähen eines ausgewachsenen Hahnes. Im Osten schied ein zartgrauer Streifen den schwarzen Himmel von den Hügeln.

Es tagte.

Unten schienen sich die Erdschollen zu bewegen. Aus weiter Ferne war leises Klirren zu vernehmen. In dunklen Wellen bewegte sich die Erdoberfläche, das Rasseln und Brausen wurde stärker. Schon klang ab und zu ein Glockenzeichen in den Lärm hinein, und Pfeifensignale ertönten. Das graue Band am Horizont wurde breiter, das nächtliche Dunkel am Himmelszelt löste sich zu einem durchsichtigen Schleier auf.

Schon konnte man sehen, wie sich unten die Fahnen bewegten. Die weißen Turbangruppen und die zum Himmel ragenden dünnen Leitern, die sich schwankend der Burg näherten, wurden sichtbar.

Im Osten hellte sich der Himmel nun schnell auf. Rosa mischte sich in das Grau, und aus der schwindenden kalten Finsternis traten die ungedeckten Türme und die rissigen Mauern der Burg hervor.

„Herr Hauptmann!“ sagte Bornemissza.

Er legte Dobó die Hand auf die Schulter.

Der schreckte auf.

„Du bist es, Gergely?“

Er blickte hinunter auf die wogende Menge der Türken.

„Laß zum Wecken blasen!“

Auf der Bastion schmetterte das Horn. Sogleich erwiderten acht Hörner den Ruf. Waffengeklirr und Stapfen von Stiefeln ertönten, Stimmen wurden plötzlich laut. Auch in den Gräben der Vorburg erwachte das Leben. Auf den Bastionen und Wehrgängen stellten sich die Soldaten auf.

Dobó schwang sich aufs Pferd und nahm im Morgengrauen die türkischen Truppen in Augenschein, um ihre Aufstellung zu erkunden.

Hinten auf der Palasseite standen sie am dichtesten.

„Sobald sie die Mauern bestürmen, werft ihr die *Bälle* hinab!“ befahl Dobó allen.

Der Page Kristóf begegnete seinem Hauptmann auf dem Marktplatz.

Er ritt einen kleinen türkischen Schimmel und hatte eine dunkelblaue, warme Pelzjacke an.

„Guten Morgen, Herr Hauptmann. Soll ich den Harnisch bringen?“

„Nein, ich gehe gleich hinein.“

Er tat es aber nicht, sondern eilte von Bastion zu Bastion, um zu sehen, ob alles und alle in Bereitschaft wären.

„Schießt nur dorthin, wo ihr dichte Gruppen seht“, sagte er zu den Stückknechten. „Das Wichtigste sind jetzt die Feuerbälle.“

Dann wieder rief er:

„Steigt erst auf die Mauern, wenn die Türken ihre Kanonen schon abgefeuert haben!“

Die *Bälle* lagen, zu großen Pyramiden aufgeschichtet, in der Nähe der Breschen. In wochenlanger Arbeit waren sie hergestellt worden. Gergely Bornemissza hatte auch noch eine kleine innere Ladung einbauen lassen, wodurch ihre Wirkungskraft verdoppelt wurde. Sie gingen los, wenn man sie warf; war der Kern herausgefallen, gab es eine zweite Explosion, und dann sprühten sie minutenlang brennende große weiße Funken – wahrscheinlich war zu Pulver zerriebenes Porzellan darin –, und wem ein solcher Funken ins Gesicht oder auf die Kleider sprang, der begann zu tanzen.

Die Türken konnten so etwas nicht erzeugen.

Der Page Kristóf wartete eine Weile vor der Tür des Palas auf seinen Herrn, als er aber bemerkte, daß dieser immer schneller von einer Bastion zur anderen raste, ging er in den Saal, nahm den Harnisch, die Armschienen und den Beinschutz, lud alles auf das Pferd, klemmte den Helm unter den Arm und ging damit Dobó zum Eckturm entgegen.

Ohne aus dem Sattel zu steigen, legte der Hauptmann die Rüstung an. Kristóf reichte ihm vom Pferd aus den Harnisch, die Armschienen und die eisernen Handschuhe; dann sprang er ab und schnallte seinem Herrn das Beinzeug an. Zum Schluß reichte er ihm den vergoldeten Helm.

„Bring mir den anderen“, sagte Dobó, „den eisernen“.

Es war nun schon so hell, daß man die türkischen Truppen unten genau erkennen konnte. Im Norden und im Osten leuchteten in den Gräben vor den Burgmauern Tausende von Turbanen und blinkten silbern einzelne Helme. Alles stand noch still, harrte auf das Zeichen zum Beginn des Sturmes.

Sie brauchten nicht lange zu warten. Sobald es hell genug war, Löcher, herausragende Steine und Balken in den Breschen unterscheiden zu können, erklang im türkischen Lager der andächtige *Esan*-Gesang des Muezzins an wohl hundert Stellen zugleich rings um die Burg. Die riesige Menge warf sich unter weithin vernehmbarem Geräusch auf die Erde und erhob sich dann auf die Knie.

Wie das Brausen eines nahenden Gewitters klang das Gebet aus dem großen Lager der Heiden:

„...Allah... Mohammed, unser Prophet... stärke unsere Herzen... breite deine unbesiegbaren Arme aus... verstopfe die Schlünde ihrer feuerspeienden Rohre... verwandle die verblendeten Ungläubigen in Hunde, auf daß sie einander totbeißen... Sende einen Sturmwind auf ihre Gelände, damit sich ihre Augen mit Sand füllen und sie zu Boden geschlagen werden... Zerbrich die Knochen ihrer Beine, so daß sie uns nicht standhalten können... Beschäme sie, glorreicher Prophet, damit wir in Herrlichkeit über sie triumphieren und Dein Reich ewig blühe!"

Dann sprangen sie mit lautem Getöse auf die Füße.

„Bismillah!" (In Gottes Namen!)...

Die türkischen Kanonen und Handfeuerwaffen erdröhnen alle zugleich. Die Burgmauern beben, die ausgebesserten Stellen stürzen im Kugelregen erneut ein. Auf die Wehrgänge der Bastionen prasseln Pfeile und Gewehrkugeln wie Hagel herab. Der Himmel und Erde erschütternde Donner der Geschütze, Trommelwirbel, Horn- und Trompetenschall und das Allah-Geschrei von mehr als hunderttausend Türken werden zu einem Höllenlärm.

Wie eine Heuschreckenschar springen die zahllosen Assaber, Janitscharen, Delis, Dschebedschis und allerlei Fußvolk im wirbelnden Pulverdampf aus den Gräben. Ein Wald von Sturmleitern nähert sich den beschädigten Mauern und Bastionen, und über die Leitern hinweg sausen Wolken von Pfeilen in steilem Bogen auf die Burg.

Und von allen Seiten erschallt schmetternde Musik der türkischen Spielleute.

Doch von oben bleibt die Antwort ja auch nicht aus. Die abwärtsgerichteten Kanonen speien Feuer, Eisen, Blei und Glasscherben in die Reihen der Türken, wo sie am dichtesten sind. Hunderte wanken blutüberströmt und sinken in den Staub. Aber sofort füllen andere Hunderte die Lücken.

Schwefelgestank und Rauchschwaden erfüllen die Luft.

Die Eisenhaken der türkischen Sturmleitern greifen knallend und klirrend in Stein, Eisen und Balken, und gleichsam im

Laufschritt erklettert die türkische Rotte die Mauern, die Schilde über die Köpfe haltend, die Lanze in der Hand, quer im Mund den Dolch.

Siebenundzwanzig rote türkische Fahnen flattern; sie führen die Schar die Leitern hinauf an die Breschen hinter den Palästen.

„Allah akbar! La illa Allah! Ja kerim! Ja rachim! Ja fettah!" braust unaufhörlich das Geschrei.

„Auf die Mauern! Auf die Mauern!" ertönt es oben.

Und die Mauern bevölkern sich. Nun fliegen die Bomben. Mit der bloßen Hand werden die zischenden, dann aufflammenden und schließlich knallenden Bomben geworfen. Tausende von fliegenden, sausenden und knallenden Blitzen. Rufe, Schreie, Rauch, Dröhnen, Schwefelgestank – die Hölle ist los! Auf die Eisenhaken der Leitern wird mit Beilen, Äxten und Spitzhacken geschlagen. Manchmal klettern auf einer Leiter gut zwanzig Mann in dem Augenblick, da sie niederbricht.

„Allah! Ja kerim!"

Im Fallen reißt einer den anderen mit, und die Stürzenden werfen die Herandrängenden um.

„Ja rachim! Allah!"

Doch eine Minute später schiebt sich eine neue Welle heran, und neue Leitern klammern sich neben den alten fest.

„Allah! Allah akbar! Allah!"

Auf der Eckbastion, die seit gestern Bolyky-Bastion genannt wird, führen der kluge Gergely und Zoltay das Kommando. Gergely überwacht alles, Zoltay steht auf der Mauer.

Von allen Breschen ist diese dem heftigsten Ansturm ausgesetzt. Die Lücke ist hier größer als bei den drei anderen. Deshalb versucht der Feind hier in Massen einzudringen.

„Allah akbar!" brüllt, alle anderen übertönend, eine eherne Stimme, die so klingt, als ob sie aus einem riesigen Kupferkessel käme.

Die Kletternden werden mit Handbomben zurückgeworfen und von der Seite aus beschossen. Doch Menschenleben sind den Türken nicht teuer, sie haben ja genug Menschen. Wenn nur zehn auf einmal einbrechen könnten, so ergösse sich – ihnen auf den Fersen folgend – bald das ganze Türkenheer wie ein ungeheurer Strom in die Burg.

Da gilt es für jeden, seinen Mann zu stehen!

Seit einer Stunde schon werfen die Bomben die unaufhörlich Vorwärtsstrebenden zurück. Die zweimal explodierenden Bomben sind den Türken etwas Neues. Wo eine solche Bombe platzt, entsteht zwar ein Wehgeschrei, aber nach wenigen Minuten ist die Lücke schon von Nachdrängenden ausgefüllt. Neue Leitern, neue Kämpfer bedrohen die Mauern. So viele auch vom Feuer hinabgefegt werden, es bleiben noch immer Leitern und auf diesen Menschen, und sobald eine große Leiter im Stein festsitzt, reichen die Türken von unten kleinere hinauf, die oben stehen, nehmen sie und haken sie in die Breschen oder in das Sims des Wehrgangs ein.

„Reißt ihnen die Leiter weg!" schreit Gergely den Soldaten zu.

Und zum größten Erstaunen der Türken werden ihre Leitern nicht zerbrochen, sondern so, wie sie sie in die Höhe strecken, von den Ungarn gepackt und heraufgezogen.

Etwa fünf Stück hat man den Türken schon entrissen, als ein türkischer Offizier in einem Messingpanzer seine Leiter festhakt und sie sogleich durch sein Körpergewicht beschwert.

„Zieht! Zieht!" ruft Gergely.

Er stößt das Ende seines Speeres zwischen die Sprossen und stemmt sich dagegen.

„Helft!"

Die Leiter ragt wie eine Brücke aus der Mauer in die Luft. An ihrem Ende hängt der Türke in seiner blinkenden Rüstung. Er hält eine lange Lanze mit einer Quaste daran in der Hand. Als er fühlt, daß er schwebt, läßt er Schild und Lanze fallen und klammert sich mit beiden Händen an die unterste Sprosse.

So hängt er in der Luft.

Unten brüllt die Menge:

„Allah! Allah!"

Gergely möchte den Türken hereinzerren. Die Zeit ist zu knapp. Er muß zunächst einen Assaber mit Pelzmütze, der auf einer anderen Leiter heraufkommt, kampfunfähig machen!

„Schüttelt ihn ab!" ruft er den vier Soldaten zu, die an der Leiter ziehen. Sein Gesicht ist schweißüberströmt.

Einer von den vier Soldaten bricht zusammen. Es ist Gyuri Gyulai. Gergely springt über ihn hinweg und stößt dem Assaber die Lanze in die Schulter. Der schwankt einen Augenblick, über seinen Arm läuft Blut, dann stürzt er Hals über Kopf in die Tiefe und reißt etwa zehn heraufkletternde Türken mit.

Nun tun die Burschen, wie Gergely sie geheißen hat: Sie drehen die Leiter, an der der Türke im Messingpanzer hängt, um. Der Türke hat die Wahl zwischen einer Armverrenkung oder einem Flug durch die Luft wohl zwanzig Klafter tief.

Er wählt das letztere.

Einem türkischen Trommler, der ungefähr zehn Klafter weit von der Mauer seine Trommel rührt – sie ist wie ein Laib Brot geformt –, fällt der Messingmann auf den Kopf; beide sinken tot zu Boden.

Nur zwei von Tausenden – was macht das aus?

Ein krokoldillederner Schild kommt in Windeseile die Leiter heraufgeflogen. Der Türke darunter ist nicht zu sehen. An dem glatten Schild gleiten die Lanzenspitzen ab; der schlaue Angreifer muß wohl seinen Schild an der Helmspitze befestigt haben. Ganz gleich, aus welcher Richtung man auf ihn lossticht, der Schild schwankt nur, und der Speer sticht in die Luft.

Mit einem Satz ist Gergely zur Stelle:

„So macht man das!"

Und er dreht die Lanze um und haut mit dem dicken Ende auf den Schild. Der Türke fällt kopfüber in die Tiefe.

Unterdessen tönt ununterbrochen das Geschrei:

„Allah akbar! Ja kerim! Ja fettah!"

Dazwischen auch Rufe auf ungarisch:

„Übergebt die Burg!"

„Da, nimm!" ruft Zoltay und spaltet mit einem fürchterlichen Axthieb einen Schild, einen Helm und einen Schädel.

Zoltay kämpft an seinem Ende der Bresche nur mit der Streitaxt. Die Mauer verdeckt seinen Körper bis an die Hüften. Die Arbeit mit der Lanze überläßt er seinen Leuten. Er selbst hat hinter einer Balkenmauer Stellung genommen, wo sich die Leitern leicht festhaken lassen – sie stehen auch da, eine neben der anderen – und wo die bewaffnete Menge in dichten Schwärmen heraufstrebt.

Eine oder zwei Leitern hat er zerbrechen lassen, dann aber gerufen:

„Schlagt ihnen immer auf die Köpfe, Burschen!"

Und er selbst steht in der ersten Reihe, um die Ankömmlinge

zu empfangen. Sein Panzer ist aus Stahl und der Stiel seiner Axt sehr lang. Der Schweiß rinnt ihm übers Gesicht, dennoch ist er munter wie ein Fohlen. Ab und zu spuckt er sich in die hohle Hand und ruft dann:

„Komm nur, du Rabenaas, damit ich dein herrliches Kalbsgesicht streicheln kann!“

So redet er einem Mohren zu, der mit einem leichten, aus Rohr geflochtenen Schild, hinter dem nur das Weiße seiner Augen hervorblinkt, in den Rauchschwaden der Bomben heraufklettert.

Als er nur noch eine Klafter weit entfernt ist, rollt er sich zu einer Kugel zusammen. Er beabsichtigt, auf der obersten Sprosse plötzlich hochzuschnellen, seine Lanze Zoltay in den Leib zu stoßen und sich dann mit einem Satz auf den Mauervorsprung zu schwingen.

Die Paschawürde von Eger ist dem zugesagt, der als erster die Siegesfahne hißt. Das wissen auch die Verteidiger.

So springt denn der schwarze Panther hinauf. Dicht hinter ihm brüllt ein langbärtiger Dschebedschi schäumenden Mundes sein *„Allah akbar“*. Eine Roßschweiffahne mit kurzer Stange hat er hinten im Gurt stecken. Das breite blanke Schwert trägt er jetzt quer im Mund.

„Allah akbar! Ja kerim! Ja rachim!“

Zoltay zieht das Helmvisier herunter. Gerade zu rechten Zeit. Der Mohr – emporschnellend – stößt mit der Lanze zu, die Spitze bricht am Kinnreff von Zoltays Helm ab.

Im selben Augenblick saust Zoltays Axt nieder, der Mohr läßt die Leiter los und fällt rücklings hinunter.

Da steht der Bärtige, der ihm gefolgt war. Er hat keine Lanze, sondern einen Morgenstern, der an einer Kette hängt. Keuchend wie ein Blasebalg holt der Mann zum Schlag aus.

Zoltay reißt den Kopf zurück und entgeht so dem Hieb. Seine Axt trifft die Hand des bärtigen Türken und zerschlägt sie.

Die unverletzte Hand an der Leiter, brüllt der sein *„Allah“*, bis ihn ein zweiter Schlag verstummen läßt. Der massige Leichnam rollt, Lebendige mitreißend, die Leiter hinab.

„Grüß mir deinen Propheten!“ schreit Zoltay ihm nach.

Er wagt einen Seitenblick.

„Hau zu, mein Sohn János!“ ruft er einem Krieger zu, „schlag drein, als wärst du der feurige Blitz! Puff! Auch aus dem wird kein Pascha von Eger!“

„Worauf wartest du?“ ruft er einem anderen zu. „Du willst wohl einen Kuß von ihm? Hei, das hat gesessen!“

Jetzt dringt ein Gureba in Panzerhemd und Turban in großer Eile auf ihn ein. Zoltay ruft den Nächststehenden zu:

„So müßt ihr das machen, so zart!“

Er trifft den Hals, das Blut spritzt auf die Mauer, und der Gureba fällt seitwärts hinunter.

Zoltay lacht hinter ihm her:

„Ab, in den Höllengrund mit dir!“

Dann aber blickt er verblüfft auf die eigenen Beine. Ein zwei Spannen langer Riß klafft in seiner Hose, so daß der Schenkel rötlich hervorsieht. Es bleibt ihm aber keine Zeit, sich zu wundern, denn schon steht wieder ein Heide vor ihm.

„Komm nur, Gevatter!“...

Die Sonne war schon aufgegangen, das konnte man im Rauch der Kanonen und Bomben gerade noch erkennen. Manchmal, wenn der Wind ein Loch in den Qualm riß, sah man den Feind heranströmen, war man geblendet von dem Glitzern der vielen Helme und goldenen Fahnenköpfe. Pausenlos dröhnte, knallte, krachte und bebte es, fortwährend erklang das Jesus- und das Allah-Geschrei.

Dobó trieb sein Pferd von einem Kampfplatz zum anderen. Hier stellte er Geschütze ein, dort ließ er die Verwundeten in Sicherheit bringen, Breschen verstopfen, das Feuern beschleunigen, Lanzen und Speere heranbringen, wo die Waffen knapp zu werden drohten. Er spornte an, lobte, tadelte, fluchte, er hetzte seine beiden Knappen immer wieder zu dem stehenden Heer, das in der inneren Burg unter Mekcseys Führung bereitstand.

„Hundert Mann zu den Palästen! Fünfzig Mann auf die Bolyky-Bastion! Fünfzig Mann zum Alten Tor!“...

Nach halbstündigem Kampf werden die Truppen abgelöst. Verschwitzt, schmutzig, nach Pulverrauch stinkend, doch in gehobener Stimmung gehen sie in die Burgschenken; hier können sie sich ausruhen und können denen, die noch nicht gekämpft haben, prahlend von ihren Heldentaten erzählen.

Die Zuhörer aber warten ungeduldig auf ihren Einsatz. Auch Mekcsey grollt im stillen, weil er nicht kämpfen darf, weil er auf dem Burghof herumstehen und sich damit begnügen muß, auf Dobós Befehl hin eine Anzahl Leute in Bewegung zu setzen und ihnen Mut zuzusprechen.

„Tapfer, Burschen! Geht! Eure Waffen verteidigen das Vaterland!“

Und mit geröteten Gesichtern eilen die Soldaten in den tobenden Kampf.

Die Sturmleitern sind schon blutverschmiert, und rot von Blut sind auch die Mauern in ihrem Umkreis. Tote und Sterbende bilden unterhalb der Festung blutige Hügel. Doch weitere Tausende steigen herauf, springen über die Toten hinweg. Die Hörner schmettern, die Trommeln wirbeln, die Feldkapelle spielt, und das unablässige Allah-Geschrei vermischt sich mit dem Kampflärm oben und den Kommandorufen der unten zu Pferde herumjagenden Jassaulen, dem oben wie unten dröhnenden Kanonendonner und Musketengeknatter, dem Platzen von Bomben, dem Wiehern der Rosse, dem Röcheln der Sterbenden und den Knacken und Brechen der Leitern.

„Komm, Pascha! Komm! Da hast du es!“

„Sag deinem Propheten, das sei ein Hieb von Zoltay gewesen!“ erklingt ein anderer Ruf aus den Rauchwolken auf der Bastion.

Mörsergetöse und tierisches Grölen übertönen die Rufe der Kämpfer. Doch die im Umkreis wimmelnden Gestalten und das rasche Schwingen der Waffen lassen erkennen, wie emsig die Mannschaft dort am Werk ist.

Der Rauch liegt in dichten Schwaden vor der Sonne. Auch die Gegend um die Burg ist in Pulverdampf gehüllt, aus dem manchmal Fahnen und Wimpel aufleuchten, eine behelmte türkische Schar hervorblinkt oder eine Karawane pulvertragender Kamele auftaucht.

Auf der Bastion am Alten Tor wird am häufigsten Ablösung verlangt. Gáspár Pető ist der Befehlshaber. Hier zertrümmern die Türken, sobald sich der Leiterwald lichtet, mit zentnerschweren Steinkugeln die Mauern und Palisaden.

Das verschüttete Tor haben die Türken mit Spaten und Schaufeln ausgraben lassen. Von den Orgelpfeifen sind schon drei abgebrochen.

„Fünfhundert!“ ruft Dobó Kristóf zu.

Und Kristóf wendet sein Pferd und jagt davon, die fünfhundert Mann zu holen.

Damit ist fast die ganze Reserve erschöpft.

Mekcsey schnallt den Helm fest und rennt mit zehn Soldaten zum Alten Tor. Wenn die Türken dort einbrechen, beginnt auch seine Arbeit: die Verteidigung der inneren Burg.

Wie Fliegen fallen die Türken unter dem Tor und auf der Vorbastion. Die Schützen strecken sie vom Turm aus haufenweise nieder. Ununterbrochen hört man die donnernde Stimme Gáspár Petős:

„Mir nach, Burschen! Nicht zurückweichen! Schlagt mit beiden Händen zu, Kreuzdonnerwetter!"

Er selbst, blutbespritzt bis zum Gurt, schwingt weit ausholend bald die Streitaxt, bald den Speer.

„Jesus hilf!"

„Allah! Allah!"

Wenn irgendwo die Leitern einmal weniger bevölkert sind, ertönt der Ruf:

„Wasser! Wasser!"

Die Frauen bringen es in Krügen und Holznäpfen an die Bastion.

Pető ergreift ein Holzgefäß, stößt sein Visier hinauf und trinkt und trinkt so gierig, daß das Wasser ihm zu beiden Seiten in kleinen Bächen über den Panzer fließt; an den Ellbogen, Knien und Fersen läuft es heraus. Das kümmert ihn nicht im geringsten, denn er ist wütend und hat Durst.

Als er keuchend den Krug von den Lippen absetzt, sieht er einen Türken auf die Mauer springen, der in einer Hand eine Fahne hält und mit der anderen wie besessen dreinhaut. Hinter ihm tauchen ein zweiter, ein dritter Türkenkopf auf.

„Oh, ihr vermaledeite Teufelsbrut!"

Pető packt den Türken am Bein und wirft ihn um. Er rollt mit ihm zusammen die Treppe hinab. Als sie unten ankommen, hält Pető den Hals des Mannes umklammert, dann schlägt er ihm die gepanzerte Faust ins Gesicht.

„So, du Biest!"

Dann springt er auf. Den halberwürgten Türken überläßt er dem dort beschäftigten Bauernvolk. Er rennt auf die Bastion zurück. Und haut, sticht, schlägt mit rascher Hand nach allen Seiten.

„Allah akbar!“

Auf den Mauern wimmelt es von Türken. Schon fallen auch die Ungarn, sinken blutüberströmt nieder. Ein Akindschi klettert wie eine Katze auf den Turm hinauf. Schon ist er oben und steckt die Fahne heraus. Das Türkenheer unten begrüßt sie mit stürmischem Siegesgeschrei.

„Jesus, steh uns bei!“

Keine zwei Minuten flattert die türkische Fahne dort oben. Die Verteidiger stürzen herbei, verstellen den nachdrängenden Türken den Weg. Ein Ungar in rostigem Helm klettert dem Akindschi nach. Er stemmt den Fuß auf einen Stein und schlägt zu. Der Arm des Türken und mit ihm die Fahne fallen aus der Höhe herab.

„Wer bist du?“ schreit Pető erfreut hinauf.

Der Held dreht sich um und ruft stolz zurück:

„Antal Komlósi!“

Vom Palas her kommt der kleine Page Balázs geritten. Sein Kopf ist zur Hälfte mit einem weißen Tuch verbunden. Aber er sprengt heran, als fehlte ihm nichts.

„Die Füllung beim Palas ist eingerissen!“

„Hundert Mann!“ befiehlt Dobó.

Und während der Knabe zu Mekcsey jagt, rast Dobó selbst, den Kopf am Hals des Pferdes, zum Palas.

Die Türken haben die Füllung herausgerissen! Wie Fischgräten ragen die Balken aus der Mauer. Und dicht wie ein Ameisenschwarm klettern die Türken herauf. Dobó springt auf die Mauer, spaltet einem Türken den Schädel, stößt einen anderen mit dem Fuß hinunter und ruft:

„Stoßt die Balken hinaus!“

Bisher haben die Leute die Balken mit Haken nach innen gezogen. Nun folgen sie Dobós Befehl.

Die Balken werfen die heulenden Heiden samt ihren Leitern hinab. Den Lärm durchdringt der schrille Schrei des alten Cecey:

„Daß sich Christus ihrer nicht erbarme!“

Ein großes Loch klafft dort in der Mauer, wo eben die Türken hinabgefegt wurden. Ganz gleich, ob eine oder zwei Klafter höher oder tiefer: Die Eindringlinge müssen zurückgeschlagen werden.

Eine Kugel reißt die ungarische Fahne von der Mauer. Sie fällt hinaus unter die Türken. Doch seht!

Die große Mauerbresche hat auch ihren Vorteil! Ein ungarischer Kämpfer springt hindurch, schlägt einem Türken ins Gesicht, und ehe ihn einer treffen kann, ist er mit der Fahne schon wieder zurück.

„Ich habe es gesehen, László Török, mein Sohn!“ ruft Dobó erfreut.

Eine Kanonenkugel schlägt in die Mauer ein. Der Mörtel fliegt den Soldaten in die Augen. Ein kräftiger grauhaariger Mann sinkt an der Mauer nieder. Der Helm fällt ihm vom Kopf und rollt vor Dobós Füße.

Dobó wischt sich die Augen aus, da sieht er: der dort liegt, ist András, der Schultheiß von Eger, mit seiner von Sorgen zerfurchten Stirn. Seine Hand hält krampfhaft den Säbel umklammert und wie eine lose Halsbinde so läuft ihm das Blut als langer Streifen aus dem Hals.

In diesem Augenblick kommen in vollem Galopp vom Alten Tor her die beiden Knappen heran. Ein Blick nach dem Turm: Dort weht hoch oben die türkische Roßschweiffahne – eine, zwei, fünf, zehn, immer mehr.

Aus den Spalten der Turmmauer krachen die Musketen nach innen auf die Verteidiger. Die Janitscharen erklettern den Turm von außen. Einer trägt eine große wehende rote Fahne zwischen den Zähnen, er will sie an der Turmspitze hissen.

Ein halberstickter Schrei des Entsetzens durchläuft das Innere der Burg. Draußen erzittert die Luft von dem Siegesgeheul aus hunderttausen Kehlen:

„Allah! Ja kerim!“

Die Gesichter der Ungarn erblassen. Die Säbel sinken herab, als wären alle Arme erlahmt.

Dobó springt aufs Pferd und jagt auf die Kirchbastion. Er richtet die Geschütze auf die Mitte des Turmes. Und während die Janitscharen – gut dreihundert an der Zahl – siegestrunken in den Turm drängen, läßt er drei Geschütze auf einmal abfeuern.

Der Turm schwankt erst wie ein betrunkener Riese, dann fällt er. Mit Getöse stürzt er ein. Eine Wolke von Kalkstaub steigt aus den Trümmern auf, und zwischen den Steinen hervor sickert Türkenblut wie Traubensaft aus der Kelter.

Die übrigen, die durch das Tor und über die Mauern hereingekommen sind, kehren diesem fürchterlichen Geschehen den Rücken: Keine fünf Minuten sind vergangen, und die Sturmleitern stehen leer da.

Nur ein blutiger Haufen Toter und Sterbender bedeckt von außen und von innen das Alte Tor und seine Umgebung.

Gegen Mittag läßt der Kampf auch an den anderen Stellen nach. Der Rauch verliert sich, die Sonne dringt durch. Rußige, blutige Leichen und verwundete Türken liegen zu Tausenden unterhalb der Mauern. Die Luft ist von den *Ejwa!*- und *Meded!*-Rufen der verwundeten Türken erfüllt. Es klingt wie das Blöken von Schafen.

Die Jassaulen haben ihre Macht über die Soldaten verloren, sie bringen an diesem Tage keine Erneuerung des Sturmes zuwege.

Aber auch auf dem Marktplatz der Burg stehen, sitzen oder liegen die Verwundeten.

Die Bader und die Frauen haben alle Hände voll zu tun, sie hantieren mit Wasserschüsseln, Lappen, Binden, Alaun und Arnika. Manche Verwundete ächzen, andere schütteln sich und knirschen mit den Zähnen.

Und immer noch werden Verwundete gebracht, auf Schubkarren oder in Laken. Man hat sie unter den Trümmern des Turmes hervorgeholt.

Jedesmal, wenn der Karren naht, wenden sich ihm aller Augen zu: Wen bringt man wohl? Die Namen werden von Mund zu Mund weitergegeben.

Péter György... Jancsi Pozsgay... Jakab Zirkó... Gyuri Urbán...

„Lebt er?“

„Ja. Er hat einen Schulterschuß.“

Die Bader behandeln erst diejenigen, denen eine Hand oder ein Fuß abgeschossen ist, und verbinden sie, so gut sie es verstehen. Die anderen müssen sich fürs erste mit der Hilfe der Frauen begnügen, die ihnen die Wunden auswaschen. Die meisten ertragen die Schmerzen schweigend und warten geduldig, bis sie an die Reihe kommen. Manche aber klagen und stöhnen jämmerlich.

„Mein Gott, mein Gott“, weint ein junger Soldat, Mihály Arany, Schütze aus Eger, „sie haben mir ein Auge ausgeschossen.“

Und er preßt den Ärmel seines versengten Hemdes auf das blutige Gesicht.

Unter den Verwundeten befindet sich auch Pető. Er sitzt auf einem Stuhl mit Strohgeflecht, über den ein Bauernmantel gelegt ist. Pető hat eine große Wunde an der Wade; unter seinem Stuhl ist schon eine Blutlache. Es war keine Waffe, die diese Wunde geschlagen hat, sondern ein Steinsplitter.

„Jammere nicht, Miska“, ruft er über die Achsel dem jungen Soldaten zu. „Besser, mit einem Auge in der Burg zu leben als im Besitz beider Augen von den Türken gehenkt zu werden.“

Und mit zusammengebissenen Zähnen läßt er sich von dem Bader die riesige Wunde mit Arnikasud auswaschen.

Diejenigen, die nur leichte Verletzungen davongetragen haben, kommen den Badern nicht einmal in die Nähe. Sie waschen sich selbst. Viele wechseln das Hemd gleich auf dem Marktplatz, denn das verschwitzte Hemd ist ihnen lästiger als die Verwundung. Und fröhlich wird erzählt:

„Und wie es mir erging...“

„Na, und mir erst...“

Die Toten liegen schon in Reihen an der Kirchentür; blutig, zerlumpt, verrußt, versengt, reglos. Auch einer ohne Kopf ist dabei. Ein Arm liegt einsam da, steckt noch im Wamsärmel, denn er ist aus der Schulter herausgerissen.

Eine Frau geht wehklagend vom Marktplatz zur Kirche.

Dobó steigt vom Pferd, nimmt den Helm ab und geht müde und ernst die Reihen der Toten entlang.

Da liegt auch der Schultheiß von Eger. Die grauen Haare sind rot von Blut. Auch an seinen staubigen Stiefeln zeichnet sich eine Schußwunde blutig an. Die beiden Söhne knien neben dem toten Vater.

Dobó ruft dem Knappen Balázs zu:

„Bringt die Fahne der Stadt Eger herbei!“

Er reißt die blau-rote Fahne von der Stange ab und deckt sie als Leichentuch über den Schultheißen.

FÜNFTER TEIL

Mondfinsternis

1

Der Hauptmann von Szarvaskő stand von früh bis spät auf dem Turm seiner Burg und vernahm den dröhnenden Geschützdonner von Eger.

Auf Burg Szarvaskő schien hell die Herbstsonne. Der Wald hatte erst von wenigen Tagen begonnen, sich gelb zu färben. Da es bisher jeden Tag geregnet hatte, die Nächte aber klar gewesen waren, sproß unter den Bäumen und längs des Baches wieder frisches Grün. Man hätte meinen können, es wäre jetzt nicht Herbst, sondern Frühling.

Szarvaskő ist von Eger so weit entfernt wie Isaszeg von Gödöllő oder wie Siófok – quer über den Plattensee – von Füred. Allerdings steht Burg Szarvaskő inmitten von Bergen: Von Felnémet an erhebt sich einer neben dem anderen, sie stehen immer dichter, als hätte eine riesige Hand sie zusammengeschoben. Es sind Berge etwa von der Größe des Sankt-Gellért-Berges bei Buda. Nur ein einziger, sich schmal hinaufschlängelnder Hohlweg führt nach Burg Szarvaskő.

Morgen für Morgen, wenn die Geschütze erdröhnten, vermehrten sich die Wolken, der Himmel verdunkelte sich und nach einer knappen Stunde begann es zu regnen. Manchmal war der Regen auch rußig. Der Wind trug den Rauch, der sich mit den Wolken vermischt hatte, herüber, und so, als gössen die himmlischen Kaminfeger ihr Waschwasser aus, beschmutzte der Regen manches Mal die Mauern, den Hof, die Felsen von Szarvaskő und die Astern des Burghauptmanns.

Szarvaskő war eine kleine Burg – ähnlich wie Drégely. Man hatte sie auf einem hohen Schieferfelsen erbaut. Wer sie zum erstenmal sah, dem schien es, als wäre sie aus dem Gipfel der aufgetürmten Felsen herausgemeißelt worden. So klein war also die Burg. Nur drei Gebäude hatten dort Platz, und der Burghof bot nur soviel Raum, wie ein Wagen zum Umdrehen braucht. Es war eigentlich eher ein Jagdschloß. Schutz hatte man in Szarvaskő nur damals finden können, als es noch keine Kanonen gab. Zur Zeit dieser Ereignisse aber war die Burg höchstens als Rastplatz für die nach Eger ziehenden Truppen zu gebrauchen; auch als Poststation konnte sie dienen, falls Eger vom Feind besetzt würde.

Wenn Eger fällt, mag Herr Balázs Szalkay mit seinen neunundvierzig Soldaten zu seinen Verwandten in den nördlichen Komitaten reiten – sofern er es nicht so machen wollte wie der grimmige Szondy oder wie der Burghauptmann von Szolnok, Lőrinc Nyáry, der am vierten dieses Monats ganz allein im Burgtor vor einem Türkenheer von hunderttausend Mann erschienen war und gerufen hatte: „Kommt nur! Ich habe nicht Reißaus genommen!"

Der brave Balázs Szalkay stand also auf dem Bergfried. Er hatte einen bis auf die Füße reichenden, steinpilzfarbenen Herbstpelz mit Kragen an und eine Fuchspelzmütze auf dem Kopf. Besorgt starrten seine feuchten blauen Augen nach dem hohen Berg, der die Aussicht nach Eger nahm. Da er die belagerte Festung nicht sehen konnte, starrte er diesen Berg an. Hätte er in eine andere Richtung geblickt, wären ja auch nur Berge zu sehen gewesen, denn diese waren so nah, daß er mit einem guten Gewehr jedes dort auf den Abhängen grasende Reh hätte schießen können.

Unterhalb der Burg waren ein paar kleine Häuser und der Bach Eger, an dem eine steinige Fahrstraße entlangführte.*

So stand denn Herr Szalkay auf dem Turm und sah sich das Nichts an.

Stille umgab ihn. Daher war es nicht verwunderlich, daß er vor Schreck beinahe umgefallen wäre, als plötzlich der hinter ihm stehende Wächter ins Horn stieß.

„Sie kommen", sagte er, sich entschuldigend, als er bemerkte, daß sein Herr durch den unerwarteten Hornruf erschrocken war und zu einer Ohrfeige ausholte.

„Rindvieh!" schrie Herr Balázs den Wächter an. „Warum bläst du mir ins Ohr, wenn du siehst, daß ich hier stehe?! Ochse!"

Er blickte auf den sich über die Felsen heraufschlängelnden Pfad hinunter, und dort sah er zwei Reiter, die wie Herren

* Heute befindet sich an der Stelle dieser Fronbauernhäuser ein kleines Dorf, das dafür bekannt ist, daß von dort aus den ganzen Winter über die Sonne kein einziges Mal zu sehen ist.

aussahen. Der kleinere war vielleicht ein Page. Sie mochten von weither kommen, denn sie hatten hinten auf den Sätteln viel Gepäck. Beide trugen kurze Flinten über der Schulter und bis an die Steigbügel reichende nußbraune Pelzumhänge.

„Die kommen nicht von Eger", sagte Szalkay halblaut.

„Vielleicht ist es Miklós Vas", meinte der Turmwächter.

Er griff die Worte seines Herrn auf, damit dieser die Dummheit von vorhin vergessen sollte. Doch er hatte einen Unglückstag. Herr Balázs fuhr wieder ärgerlich auf:

„Wie sollte das Miklós Vas sein, du Schaf! Du Büffelkalb! Meinst du, Wien sei so nahe wie Apátfalva? Blöder Kerl!"

Seit die Türken Eger belagerten, war der brave Mann ständig gereizt. Und da er sich jetzt noch obendrein wegen des Schrekkens schämte, den ihm das Horn eingejagt hatte, hätte er seinen Untergebenen am liebsten mit Haut und Haaren verschlungen.

Der Wächter wurde rot vor Scham, so peinlich war ihm die Sache. Er wagte nichts mehr zu sagen. Herr Szalkay nahm den Säbel, faßte ihn in der Mitte und stieg die Wendeltreppe hinunter, um nachzusehen, was für Fremdlinge da gekommen waren. Seit zwei Tagen waren immer nur Leute von hier weggegangen, gekommen war jedoch niemand.

Auf dem Burghof stand ein blasser Jüngling mit kühnem blick. Er war bartlos. Die beiden Pferde hielt der wie ein Knappe aussehende Junge hinter ihm am Zaumzeug. Als der Jüngling den Herrn der Burg erblickte, trat er sogleich vor ihn hin. Er zog mit einem schwungvollen Bogen den Hut und verbeugte sich: „Ich bin der Bruder von Oberleutnant Bornemissza, der drüben in Eger ist. Mein Name ist János. Und dieser Jüngling ist Miklós Réz, Scholar. Auch er hat einen Bruder in der Burg."

Szalkay gab János Bornemissza die Hand, dem anderen aber nicht. Sein geübtes Auge erkannte sofort, daß dieser kein Herr sei.

„Grüß Gott!" sagte er gleichmütig. „Ich kenne deinen Bruder nicht. Aber wenn ich ihm begegnen sollte, werde ich ihn umarmen. Du bist mir ein lieber Gast."

Als sein Blick die Hände des Ankömmlings streifte, wunderte er sich, daß dieser Handschuhe trug. Welch ein weibischer junger Mann!' dachte er und deutete mit einer freundlichen Handbewegung auf die Tür.

„Vielen Dank", sagte der Jüngling mit einer Verbeugung, „aber ich bin nicht als Gast gekommen, sondern nur, um einiges zu fragen. Ich möchte wissen, wie es um Eger steht."

Szalkay zuckte die Achseln und deutete in die Richtung nach Eger:

„Du kannst es ja hören!"

„Ich höre Kanonendonner."

„Schon den neunzehnten Tag geht das so."

„Ist die Burg stark?"

Szalkay zuckte wieder die Achseln:

„Auch die Türken sind stark."

„Sind genug Soldaten da?"

„Am Zehnten waren es tausendneunhundertfünfunddreißig Mann. Seitdem werden sie fortwährend beschossen."

„Hat denn der König keine Hilfe geschickt?"

„Bis jetzt nicht."

„Doch der Bischof?"

„Auch nicht."

„Aber sie kann doch noch kommen?"

„Das wohl. Doch laß uns nicht so viel reden, junger Freund. Komm und ruh dich aus, bist gewiß müde. Deinem Pferd sehe ich an, daß du in aller Herrgottsfrühe aufgebrochen bist."

Herrn Balázs war anzumerken, daß das viele Fragen des Ankömmlings, auf dem Burghof stehend, ihm nicht angenehm war. Auch verlangte es ihn schon längst danach, sich zu Tisch zu setzen, nur der Lärm der Belagerung hatte ihn draußen festgehalten. Es ging schon auf Mittag zu, und er hatte noch nicht einmal gefrühstückt.

„Mein Herr", sagte in der Tür der Ankömmling bittend, „der Jüngling, der mit mir gekommen ist, ist Studiosus der Theologie".

„Studiosus? Ja, dann... He, Scholar!" rief er über die Schulter.

Er gab den Gästen ein Zimmer und duftendes Waschwasser. (Varsányi hatte ihm aus dem türkischen Lager etwas Rosenöl mitgebracht; damit wollte er jetzt prahlen.)

Als die Gäste ins Speisezimmer kamen, war schon gedeckt, und es stand sogar ein gebratener Hase auf dem Tisch.

„Schon wieder Hasenbraten?" fuhr Herr Balázs die Köchin an.

Da aber die beiden Jünglinge eben eintraten, entschuldigte er sich:

„Wir leben jetzt bloß von Hasen, denn sie flüchten alle vor dem Lärm von Eger hierher."

Bornemissza erschien, nachdem er den Pelzumhang abgelegt hatte, in einem enganliegenden kirschfarbenen Damastanzug im Speisezimmer. Der Scholar hatte nur ein hanfleinenes Gewand an. Beide trugen gleiche Ledergurte, an denen krumme ungarische Säbel hingen.

Auf dem Tisch lagen nur Löffel, keine anderen Eßgeräte. Damals benutzte jeder sein eigenes Messer. Gabeln gebrauchte man nur in der Küche.

Die beiden Gäste griffen nach ihren an den Hüften hängenden Messern. Das des älteren hatte einen mit Perlmutter ausgelegten vergoldeten Griff. Das des Scholaren war nur ein einfaches Fejérvárer Messer mit Holzgriff.

„Ich esse Hasenbraten sehr gern", sagte János Bornemissza mit einem Lächeln. „Und der hier ist vorzüglich zubereitet. Anders als bei uns. Wißt Ihr vielleicht etwas von meinem Bruder, Herr Hauptmann?"

„Anders?" fragte Szalkay. „Anders?"

„Ja", antwortete János Bornemissza. „Bei uns wird der Hase in Wein gewaschen und dann mit wenig Wasser aufs Feuer gestellt. Man kann auch Brotstücke hineingeben und mitkochen. Aber man muß darauf achten, daß die Brühe nicht verdampft. Wenn sie kocht, wird der Topf vom Feuer genommen, dann nimmt man das Fleisch heraus, gießt die Brühe durch ein Sieb und würzt sie mit Nelken, Pfeffer, Safran und Ingwer. Ich möchte aber doch gerne wissen, ob wir heute noch erfahren können wie es in der Burg steht. Ob mein armer Bruder nicht etwa tot ist?"

Und seine Augen füllten sich mit Tränen.

„Fügt ihr denn der Brühe keinen Essig bei?" fragte Szalkay verwundert.

Und er sah auf die Hände des Jünglings.

„Doch, gewiß", antwortete János Bornemissza bereitwillig, „aber erst zum Schluß, wenn der Hase wieder in die Brühe kommt. Wir müssen noch heute nach Eger hinein."

Szalkay nagte den Knochen der Hasenkeule von oben bis unten ab, dann wollte er mit seinen Gästen anstoßen.
Die tranken aber keinen Wein.
„Hm“, machte Szalkay.
Er wischte sich mit der Serviette den Schnurrbart ab, sah die Gäste an und machte noch einmal:
„Hm.“
Eine Weile schwieg er. Dann stützte er plötzlich die Ellbogen auf den Tisch und fragte:
„In die Burg Eger hinein?“
„Ja, ja“, erwiderte unruhig und mit bleichem Gesicht János Bornemissza, „noch heute Abend.“
„Hm. Ich möchte bloß wissen, wie. Vielleicht wie ein Vogel? Oder wie die Gespenster: durchs Schlüsselloch?“
„Wie die Maulwürfe, lieber Herr Szalkay.“
„Die Maulwürfe?“
„Die Burg hat nämlich unterirdische Gänge.“
„Unterirdische Gänge?“
János Bornemissza griff in sein Gewand und zog ein Pergamentblatt hervor. Das legte er vor Szalkay hin:
„Hier: diese roten Linien.“
„Ich weiß“, sagte der Burgherr nickend, während er auf den Plan zeigte. „Die sind wohl *hier,* aber *dort* in Eger sind sie nicht. Noch zu Perényis Zeit sind sie alle zerschossen worden.“
„Zerschossen?“
„Allerdings. Als Perényi die Sankt-Stephans-Kirche zur Hälfte niederriß, stieß man auf die unterirdischen Gänge. Sie wurden unter Geschützfeuer genommen und stürzten alle ein. Ungarn hatten sie nicht gegraben, denn ein Ungar denkt nicht an Flucht, wenn er eine Festung baut.“
„Ist das sicher?“
„So sicher, wie wir hier sitzen.“
„Wirklich? Ganz bestimmt? Woher wissen Euer Gnaden, daß das sicher ist?“
Szalkay zuckte die Achseln:
„Dobós Kundschafter pflegen bei mir einzukehren. Sie kommen und gehen durch das türkische Lager, selbstverständlich als Türken verkleidet. Gerade in diesen Tagen ist einer erstochen

worden. Meinst du nicht, daß sie einen anderen Weg benutzen würden, wenn es einen gäbe?"

Der junge Bornemissza schwieg nachdenklich. Dann hob er den Kopf:

„Und wann kommt oder geht wieder ein Sendbote der Burg?"

„Jetzt sind zwei unterwegs. Der eine ist Miklós Vas, der andere Imre Szabó. Dobó hat sie nach Wien zum König geschickt."

„Und wann kommen sie zurück? Wann gehen sie in die Burg?"

„Miklós Vas wird vielleicht in einer Woche wieder hier sein. Szabó vielleicht in vierzehn Tagen. Wöchentlich trifft ein Sendbote hier ein."

Die Augen des Fragenden füllten sich mit Tränen. Feuchten Blickes und bleich sah er vor sich hin.

Szalkay leerte sein Glas in einem Zuge. Wieder machte er „Hm". Dann lehnte er sich in seinen Sessel zurück und sagte, seinen Gast von der Seite ansehend, leise:

„Hör mal, János Bornemissza! Du bist ebenso János wie ich Abraham. Und du bist auch nicht Bornemisszas Bruder, genau wie ich nicht der Bruder des Bischofs von Eger bin. Du bist eine Frau, meine Liebe, wenn du gleich einen Dolman trägst; mich kannst du nicht irreführen."

Der Ankömmling stand auf:

„Entschuldigt, Herr Szalkay: Nicht um Euch zu täuschen oder weil ich Euch nicht vertraue wie meinem eigenen Vater, habe ich es Euer Gnaden verheimlicht, sondern damit Ihr mich an meinem Vorhaben nicht hindert. Ich bin Gergely Bornemisszas Frau."

Szalkay erhob sich und machte eine Verbeugung:

„Ich stehe Euch zu Diensten, gnädige Frau."

„Habt Dank dafür. So will ich Euch denn sagen, weshalb ich gekommen bin. Mein lieber Gemahl besitzt einen türkischen Talisman. Dessen ehemaliger Besitzer hat unseren kleinen Sohn geraubt und hierher in das Zeltlager von Eger gebracht. Er glaubt, mein Mann habe den Talisman bei sich. Seht, das ist er."

Damit griff sie am Hals unter ihr Gewand und zog den an einer Schnur hängenden kostbaren türkischen Ring heraus.

Szalkay betrachtete ihn staunend.

Die Frau fuhr fort:
„Eine Zeitlang habe ich den Türken von den Soproner Soldaten suchen lassen. Da sie ihn aber nicht fanden, bin ich selber nachgegangen. Der Türke ist abergläubisch. Der Talisman bedeutet ihm alles. Wenn er kann, wird er meinen Mann töten. Wenn ihm das nicht möglich ist, tötet er meinen Sohn. Hätte mein Gemahl den Ring bei sich, dann könnten sie sich vielleicht einigen. Er würde dem Türken das Amulett zurückgeben, und dieser gäbe dafür das Kind wieder her."
Szalkay schüttelte den Kopf:
„Liebe junge Frau! Alle, die in Burg Eger sind, haben geschworen, mit keinem Türken ein Wort zu wechseln und keine Botschaft entgegenzunehmen. Wer dennoch mit einem Türken spricht oder ihnen eine Botschaft zukommen läßt, ist des Todes, mag er Offizier oder nur gemeiner Soldat sein."
Er kratzte sich den Kopf und fuhr fort:
„Schade, daß Ihr nicht schon gestern hier angelangt seid. Doch wer weiß, ob es ihm gelungen ist hineinzukommen."
Der Hauptmann dachte an Lukács Nagy.
„Ich muß aber unbedingt hinein, und zwar noch heute", entgegnete die Frau. „Ich habe nicht geschworen, kein Wort mit den Türken zu wechseln."
„Wie denkt Ihr Euch das? Ihr könnt Euch doch nicht zu zweit durch das Türkenlager wagen!"
„Verkleidet kommen wir durch."
„Dann werdet Ihr aber von der Burg aus erschossen."
„Wir rufen hinauf."
„Dann fallt Ihr vor der Festung den Türken in die Hände. Die Tore sind verschlossen, vielleicht sind sie sogar schon zugemauert."
„Wie kommt denn dann in fünf Tagen Dobós Sendbote hinein?"
„Nur unter Lebensgefahr. Aber er weiß wenigstens, durch welches Tor er hineingelassen wird. Er hat eine Pfeife, damit gibt er ein verabredetes Signal. Und er kann Türkisch. Ihr müßt wenigstens auf ihn warten, wenn Ihr Euch unbedingt in diese Gefahr stürzen wollt."
„Und wenn ich mit einem weißen Tuch gehe? Wenn ich sage, daß ich einen Offizier namens Jumurdschak suche?"

„Ihr seid schön und jung, gnädige Frau. Selbst wenn Ihr für einen Jüngling gehalten werdet, seid Ihr denen nicht weniger wertvoll, als wenn sie erkennen, daß Ihr eine Frau seid. Der erste beste Soldat, dem Ihr in den Weg lauft, schleppt Euch in sein Zelt."

„Aber wenn ich mich doch auf einen Offizier von hohem Rang berufe?"

„Da sind an die zweihunderttausend Mann. Die kennen nicht sämtliche Offiziere dem Namen nach. Und sie sprechen nicht alle die gleiche Sprache. Da sind Perser, Araber, Ägypter, Kurden, Tataren, Serben, Albanier, Kroaten, Griechen, Armenier – hunderterlei Volk durcheinander. Nur innerhalb der eigenen Truppe wissen die Soldaten die Namen ihrer Offiziere. Oft aber sind auch das nicht ihre richtigen, sondern von den Soldaten erfundene Namen. Wenn zum Beispiel ein Vorgesetzter eine große Nase hat – mag er nun Achmed oder Hassan oder sonstwie heißen –, nennen sie ihn unter sich bloß Großnase oder Elefanten. Hat einer rotes Haar, dann geben sie ihm den Namen Eichhörnchen oder Kupfer. Einen hageren Mann mit langen Beinen nennen sie Storch und so weiter. Jeder Offizier bekommt einen Beinamen, der ihn treffend charakterisiert. Einer heißt z. B. Blubberer, weil seine Aussprache so eigentümlich klingt."

Die junge Frau ließ den Kopf hängen.

„Also, gebt mir einen Rat, Vater Szalkay."

„Ich empfehle Euch, zu warten, bis jemand kommt, der nach Eger will. Mag das nun Miklós Vas sein oder irgendein anderer, Ihr gebt ihm dem Ring, und er nimmt ihn mit. Herr Bornemissza wird dann schon überlegen, auf welche Art und Weise er mit dem Türken sprechen kann."

Das war wirklich ein kluger Rat. Allein, ein gequältes Mutterherz kennt das Wort „warten" nicht. Es sieht nur den Dolch, der unheildrohend über seinen Leib schwebt. Es muß schützend seinen Schild dazwischenhalten – schnell, sofort!

Éva breitete den Grundriß der Burg aus und vertiefte sich lange in seine Betrachtung.

„Wenn die Burg, noch bevor die Ungarn ins Land kamen, erbaut worden ist", sagte sie, den Kopf hebend, „dann kann ja heute niemand wissen, was sich darunter befindet. Hier ist die Kirche, und von hier gehen drei unterirdische Gänge aus. Die können tatsächlich zerstört worden sein. Aber hier ist noch ein vierter, er führt unter den jetzigen Palas und ist von den anderen weit entfernt. Vielleicht hat man diesen Gang beim Bau der Sándor-Bastei nicht gefunden. Es ist zwar denkbar, daß man Kenntnis davon hatte, aber ebensogut ist auch das Gegenteil möglich. Wo ist der Eingang dazu, Miklós?"

Und sie schob dem Scholaren das Papier hin.

„Bei den Ziegelöfen", antwortete der Jüngling, nachdem er sich die Zeichnung eine Weile angesehen hatte.

„Gibt es dort so etwas?" fragte Éva Herrn Szalkay.

„Jawohl", antwortete dieser. „Nordöstlich von der Burg."

Miklós las die winzig kleine Schrift:

„Ziegelofen im Nordosten. Flacher runder Stein; vom Nußbaum zehn Schritt südlich. Das ist der Eingang."

„Steht dort ein Nußbaum?" fragte Éva.

„Ich kann mich nicht daran erinnern", antwortete Szalkay. „Ich war nur ein einziges Mal in meinem Leben dort, noch zu Perényis Zeit."

„Und ist die Zigelbrennerei weit von der Burg entfernt?"

„Nein, höchstens eine Viertelstunde."

„Dann sind dort auch Türken."

„Gewiß. Wenn auch keine Soldaten, dann aber sicher Begleitvolk der Truppe: Hirten und dergleichen."

„Könnt Ihr uns irgendwelche türkische Gewänder geben?"

„Ja, ich habe welche."

„Auch einen Deli-Mantel?"

„Ist auch da, aber bloß einer. Und der ist von oben bis unten zerrissen."

„Ich nähe ihn zusammen", erwiderte Éva. „Einmal bin ich schon als Deli verkleidet gewesen. Ich hätte nicht geglaubt, daß mir das jemals von Nutzen würde sein können."

Die Stirn in die Hand gestützt, dachte sie nach.

„Es ist nicht sicher, daß dieser Kundschafter in fünf Tagen hier ist. Er kann sich verspäten. Oder er kann umgebracht werden."

„Allerdings – Kundschaftern ist immer der Tod auf den Fersen."

Die Frau sprang auf.

„Nein, ich bleibe nicht einmal so lange, bis ich den Mantel

ausgebessert habe. Zerrissen ist er noch besser. Habt Dank für die freundliche Bewirtung."

Und sie reichte dem Hauptmann die Hand.

„Ihr wollt doch nicht..."

„Wir brechen sofort auf."

Der Hauptmann stand auf und verstellte ihr die Tür.

„Das kann ich nicht zulassen! Nur Fliegen stürzen sich so blindlings in die Gefahr... Mein Leben lang würde ich mir Vorwürfe machen."

Éva sank auf den Stuhl zurück.

„Ihr habt recht", seufzte sie. „Wir müssen es anders machen, müssen uns etwas ausdenken, damit wir nicht gefangengenommen werden."

„Das ist es ja eben", entgegnete Herr Balázs und setzte sich ebenfalls. „Wenn sich nur die geringste Aussicht auf ein Gelingen des Planes zeigt, lasse ich Euch gehen, gnädige Frau."

2

Nordöstlich von Burg Eger befindet sich ein hoher Berg, der Eged. Eigentlich müßte er Sankt Ägid oder (ungarisch) Szent Egyed heißen; da aber dieser Name den Ungarn nicht zusagte, heißt der Berg – auch heute noch – einfach Eged. Er ist von Eger so weit entfernt wie der Gellértberg von Kőbánya, aber er ist viel höher und größer als dieser.

Wenn ein Mann mit starker Hand von Eger aus in Richtung auf diesen Berg einen mit Gänsefedern geflügelten Pfeil abschösse, würde dieser gerade über den Hügel hinwegfliegen, auf dem eine Gruppe türkischer Geschütze dröhnt, und genau in das Tal fallen, wo sich das hergelaufene Lagergesindel aufhält. Kaufleute, Roßtäuscher, Bader, Derwische, Quacksalber, Messerschleifer, Sorbett- und Halvaverkäufer, Seiltänzer, Sklavenhändler, Trödler, Zigeuner und anderes derartiges Volk haben dieses Tal jetzt inne. Bei Tag verlassen sie es und gehen ins Lager, um zu verkaufen, zu tauschen, Abfälle zu erhaschen, Leute zu belustigen, zu quacksalbern, zu stehlen, zu betrügen, mit einem Wort: um von den Soldaten zu leben.

Am zweiten Oktober, drei Tage nach dem Angriff am Michaelistag, erreichte ein junger Deli, vom Tárkányer Wald her kommend, dieses Tal. Er kam zu Pferde. Seine Kleidung bestand aus einer Attila, einer engen Hose, gelben Schuhen und einem Kamelhaarmantel. Statt eines Turbans bedeckte – nach dem Brauch der Delis – die Kapuze des Mantels seinen Kopf. Rings um den Gürtel hingen Handschare, über seiner Schulter Armbrust und Köcher. Er trieb einen ungarischen Jüngling, dessen Füße gefesselt waren, vor sich her, und der Gefangene einen Ochsen. Der Jüngling und der Ochse waren offensichtlich die Beute des Delis.

In dieser Gegend wurde Wein angebaut. Aber in diesem Jahr konnten die Ungarn keine Lese halten, denn es wimmelte in den Weingärten von Türken. Wohin das Auge blickte, überall sah es Turbane oder türkische Pelzmützen zwischen den Rebstöcken sich auf und nieder bewegen.

Der eine oder andere Türke rief dem jungen Deli zu:

„Wo hast du so reiche Beute gemacht?"

Doch die beiden Jünglinge trieben dann jedesmal gerade wütend den Ochsen an. Sie gaben keine Antwort.

Der Deli war Éva, der Gefangene Miklós.

Wachen gab es hier in der Gegend nicht. Oder wenn es welche gab, so hielten auch sie Nachlese in den Weingärten. Wozu brauchte man Wächter, wenn doch kein Feind kam? Frau Bornemissza gelangte, ohne aufgehalten zu werden, in das Tal der Ziegelbrennerei, wo sie und Miklós in dem Durcheinander schmutziger und prächtiger Zelte von einer Menge Zigeunerkindern und Hunden lärmend umringt wurden. Dann drängten sich die Händler durch das Volk hindurch:

„Was verlangst du für den Jungen?"

„Ich zahle fünfzig Piaster für ihn."

„Ich sechzig Gurusch."

„Ich siebzig."

„Für den Ochsen zahle ich zwanzig Piaster!"

„Ich dreißig."

„Vierzig."

Der Deli ließ sich nicht mit ihnen ein.

Mit seiner Lanze wachte er bald über den Ochsen, bald über den Gefangenen, der die Peitsche knallen ließ.

Von dem Weinberg gingen sie zu dem Ziegelofen hinab. Dort

bot sich ihnen ein noch bunteres Bild. Das Zigeunervolk hatte sich aus den Ziegeln Hütten gebaut. Die Dächer bestanden aus Zweigen oder Zeltplanen. Einige Zigeunerfamilien hatten sich in den Öfen häuslich eingerichtet. Sie buken, kochten und faulenzten im herbstlichen Sonnenschein.

Der alte Nußbaum stand noch und trug noch sein Laub. Unter ihm hatte sich ein Roßhändler niedergelassen. Éva hielt nur Ausschau nach dem Platz zehn Schritt südlich von Baum. Dort war der Pferdestand, daneben das Zelt des Händlers; es ruhte auf vier Stangen und trug eine türkische Inschrift, einen Spruch aus dem Koran:

Fakri, fakhiri. (Meine Armut ist mein Stolz.)

Türkische Kaufleute schreiben nämlich nie ihren Namen über den Laden, sondern immer einige Worte aus dem Koran.

Éva erblickte den Stein. Es war ein alter Mühlstein. Lange Zeit schon mochte er hier gelegen haben; er war zur Hälfte in die Erde eingesunken, nur die halbe Rundung ragte noch heraus. Aus der Mitte des Steines sproß hohes Gras, und seine Oberfläche war mit Moos und Steinrosen bewachsen.

Éva trieb ihren Ochsen und ihren Gefangenen zwischen die Pferde. Dann stach sie mit der Lanze in die Mitte des Mühlsteines.

Sich verneigend kam der Roßhändler heran:

„Wieviel verlangst du für den Gefangenen?" fragte er und strich sich den Bart.

Éva stellte sich stumm. Sie zeigte auf ihre Lippen und schüttelte verneinend den Kopf.

Stumme Soldaten waren keine Seltenheit. Wenn jemand gar keinen Bart hatte und obendrein noch stumm war, wußte jeder Türke sofort, daß ein Gottesgeschöpf vor ihm stand, das in den Zeiten, da es nicht Deli war, sich mit seinem Gebrechen sein Brot verdiente.

Der Händler, ein Grieche, sprach:

„Otes gurusch" (Dreißig Piaster.)

Éva gab durch Zeichen zu verstehen, daß nur der Ochse zu verkaufen sei.

Der Grieche betrachtete diesen von vorn und von hinten, hob taxierend den Brustkern des Tieres und machte ein neues Angebot.

„Jirmi gurusch.“ (Zwanzig Piaster.)

Éva schüttelte den Kopf.

Der Händler bot dreißig, dann fünfunddreißig Piaster.

Éva hatte sich unterdessen auf den Stein gesetzt und betastete nun mit schmerzverzogenem Gesicht die Wade. Sie hatte sich rohes Fleisch darum gebunden. Am blauen Tuch ihrer Hose waren feuchte Flecken davon.

Nachdem der Händler fünfunddreißig Piaster geboten hatte, bedeutete ihm Éva mit den Händen und mit der Lanzenspitze, daß sie ein Zelt haben wolle, und zwar an dieser Stelle.

Der Händler bemerkte, daß der Deli verwundet war und bleich und todmüde aussah. Er konnte verstehen, daß er nur den Wunsch hatte, zu rasten, bis seine Wunde geheilt sein würde, und wohl deshalb ein Zelt haben wollte. Der Händler ließ durch seinen Gehilfen drei oder vier Zelte herbeiholen, eines zerrissener als das andere.

„Bitte, wähle.“

Éva nahm das größte, das zugleich das schlechteste war, und zeigte auf den Ochsen, das hieß, der Mann könne ihn nehmen. Dem Roßhändler war das aber zu wenig, und so gab Éva ihm auch noch ihr Pferd, dafür aber sollte der Händler ihr erst noch das Zelt dort über dem Stein aufbauen.

Der Mann willigte ein. Von seinen beiden Dienern, zwei Mohrenknaben, ließ er das Zelt über Éva aufschlagen.

Das war also geglückt.

„Gott hilft uns“, flüsterte Éva, als sie mit Miklós unter dem Zelt allein war.

Jetzt war nur noch die Frage, wie und wann sie den Stein wegheben sollten.

Dazu mußten sie sich eine Stange verschaffen. Die wollten sie in das Loch des Mühlsteines stecken und den Stein damit hochkippen.

Es war gar nicht so schwer, eine Stange zu bekommen. Sie brauchten nur von den Sperrschranken am Pferdestand eine wegzunehmen. Also gut, in der Nacht wollten sie das tun.

Unaufhörlich donnerten jenseits des Hügels die Geschütze, und dazwischen knallten dicht hintereinander die schmächtigen Wallbüchsen der Burg. Zuweilen wurde der Rauchgestank ins

Tal gedrückt. Durch das Laub war von hier aus ein Turm der Burg zu sehen. Er war schon beschädigt und glich einer von Mäusen angenagten Kerze. Éva und Miklós schauten dennoch voll Freude hinüber, denn der Turm stand ja dort, wo sie noch in dieser Nacht hingelangen wollten.

Rings um sie tummelte sich all das Volk. Bisweilen erschienen auch Soldaten. Meist kauften sie Pferde oder suchten einen Quacksalber. Auch die Zigeunertalismane waren sehr gefragt. Man glaubte zwar nicht recht an sie, kaufte sie aber dennoch. Einem Assaber hing ein ganzer Kranz von kleinen Talismanen auf der behaarten Brust.

Éva streckte sich auf ihrem Mantel aus.

„Was meint Ihr, Miklós, sollte ich nicht meinen Sohn suchen gehen? So, wie ich bis hierher gelangt bin, kann ich doch auch weiter ins Lager vordringen."

„Schon wieder grübelt Ihr darüber, gnädige Frau?"

„In dieser Verkleidung wird mich niemand aufhalten. So kann ich ihn sogar bei der Truppe suchen und dort vielleicht auch finden. Ich gehe einfach zu Jumurdschak und sage ihm: Hier ist der Ring, gib mir meinen Sohn wieder!"

„Dann wird er den Ring nehmen und den Knaben nicht herausgeben."

„Oh, diese unmenschliche Bestie!"

„Ja, wenn er das nicht wäre... Und dennoch, was würdet Ihr tun, wenn ein Offizier im Lager Euch einen Befehl zuriefe? Es kann ja Truppen geben, unter die sich die Delis nicht mischen dürfen. Auch ist es gewiß verboten, in die Nähe der Geschütze zu gehen. Die Türken würden gleich merken, daß Ihr im Lager fremd seid, gnädige Frau."

„Und würden mich gefangennehmen..."

„Wenn auch das vielleicht nicht, so würde doch Jumurdschak Euch nicht mehr aus seinen Krallen lassen."

Éva seufzte. Sie öffnete ihren Ranzen, nahm Brot und kaltes Huhn heraus und legte alles auf den Mühlstein.

„Wir wollen essen, Miklós."

Endlich begann es zu dunkeln. Die Kanonade hörte auf. Als es finster war, gingen sehr bald alle schlafen.

Éva nahm ein Bündel Kerzen aus dem Ranzen und brannte eine mit dem Zündschwamm an.

Gegen Mitternacht stahl sich Miklós aus dem Zelt und kehrte nach wenigen Minuten mit einer armdicken Stange zurück.

Sie steckten diese nun in den Mühlstein.

„Gott steh uns bei!“ Der Stein rührte sich.

Nichts als feuchte, dunkle Erde und ein paar schwarze Käfer kamen zum Vorschein.

Éva stampfte mit dem Fuß auf diese Stelle.

Das Aufstampfen war die an die Erde gerichtete Frage: Bist du hohl?

Die Erde dröhnte dumpf: Ich bin hohl.

Éva nahm einen Spaten aus dem Sack, preßte ihn auf den Lanzenstiel und begann zu graben. Miklós scharrte die Erde mit den Händen weg.

Als das Loch zwei Spannen tief war, stieß der Spaten auf ein Brett.

Es war aus Eichenholz, zwar eine Spanne dick, aber schon morsch. Sie legten es frei und hoben es heraus. Darunter gähnte ein finsteres, in Stein gehauenes Loch, etwa so breit wie der Hüftumfang eines Menschen.

Sie mußten ungefähr zehn kleine Stufen hinuntergehen. Dort verbreiterte sich das Loch zu einem Raum, gewölbt wie ein Keller. Sie konnten aufrecht darin gehen.

Die Luft war schwer. An manchen Stellen waren die Wände weiß von Salpeter. Die Steine strömten einen feucht-kalten Hauch aus.

Miklós ging voran. Er trug die Kerze. Manchmal wateten sie bis an die Knöchel im Wasser, manchmal stießen sie an einen Stein, der sich vom Gewölbe losgelöst hatte.

Miklós rief dann Éva jedesmal zu:

„Gebt acht, da liegt ein Stein!“

Zuweilen hallte die Erde dumpf unter ihren Schritten. Dort war gewiß noch ein zweiter unterirdischer Gang. Welches Volk mochte ihn gebaut haben? Damals, als die Burg errichtet wurde, schrieb man noch keine Chroniken. Wer weiß, welche Volksstämme dieses Stück Erde vor uns schon bewohnt haben?“

Miklós sagte:

„Achtung! Hier müssen wir uns bücken!“

Der Weg ging noch ein gutes Stück bergab, das Gewölbe

wurde immer niedriger, dann stieg der Weg an, das Gewölbe jedoch nicht.

Miklós bewegte sich schon auf allen vieren vorwärts. Éva blieb stehen.

„Geht nur weiter, Miklós“, sagte sie. „Wenn der Gang verstopft ist, müssen wir umkehren und den Spaten holen.“

Miklós kroch weiter. Der Lichtschein der Kerze wurde immer schmaler, schließlich verschwand er. Éva war in der Finsternis allein.

Sie kniete nieder und betete:

„Oh, mein Gott... Vater meiner umherirrenden Seele! Siehst du mich auch hier in dieser schwarzen Finsternis?... Nur ein paar Schritte trennen mich von meinem Gergely... Hast du uns zusammengefügt, damit wir auf so unglückliche Weise voneinander getrennt bleiben?... Dir wende ich mich mit zitterndem Herzen zu... Herrgott, hier unter dem Fuße des Feindes, in der finsteren Tiefe der Erde flehe ich dich an: Laß mich zu ihm gelangen!“

Da leuchtete rötlich das Licht wieder auf. Gleich darauf erschien auch Miklós. Er kroch auf dem Bauch, dann kam er gebückt aus der Finsternis hervor:

„Noch zwanzig Schritt lang verengert sich der Gang, dann ist er zehn Schritt lang wieder breiter und höher. Dort gabelt er sich in zwei Richtungen. Aber beide Gänge sind verschüttet.“

„Geht zurück, Miklós, und holt den Spaten. Wir müssen bis morgen früh graben. Aber jede Stunde müßt Ihr Euch vor dem Zelt sehen lassen, damit wir keinen Verdacht erregen.“

Der Jüngling gehorchte, ohne ein Wort zu sagen.

„Wenn ich zu meinem Mann gelange, Miklós“, sagte Éva, „werden wir Euch für Eure treue Hilfe danken. Dobó liebt meinen Mann wie seinen eigenen Bruder. Mein Mann wird Euch einen Schreiberposten bei Dobó verschaffen.“

„Das kann ich nicht annehmen“, erwiderte Miklós. „Das Kind ist durch mein Verschulden geraubt worden, es muß deshalb auch mit meiner Hilfe wiedergefunden werden. Sobald es in Euren Händen ist, ergreife ich den Wanderstab, um auf eine Schule zu gehen.“

Armer, guter Miklós. Nie mehr wirst du an eine Schule gelangen!

3

Am Michaelistage wütete der Belagerungssturm bis zum Mittag. Am Nachmittag schwiegen die Geschütze auf beiden Seiten. In der Burg erklang Trauergesang, der Psalm *Circumdederunt*. Unten rings um die Burg luden die Feldderwische und Priester die Toten und diejenigen Verwundeten, die keine Kraft mehr hatten, sich selbst fortzubewegen, auf Wagen.

Die Festung war innen und außen schwarz von Blut. Auf den Bastionen und an den vier bestürmten Stellen streuten die Frauen Asche und Sand auf die Blutlachen. Die mit dem Eckturm gestürzten Janitscharen warf der Henker der Burg hinunter. Ihre Fahnen wurden in den Rittersaal getragen, ihre Waffen den Soldaten überlassen: Ein jeder konnte sich davon aussuchen, was ihm gefiel.

Die Kämpfer griffen denn auch mit beiden Händen zu.

Aber die meistgeschätzte Waffe war die Streitaxt geworden. Zu Hunderten standen die Soldaten vor der Schmiede:

„Eine Axt! Mir auch eine!"

Mekcsey ordnete sofort an, daß Äxte hergestellt würden. Daraufhin schnitten die Schmiede aus den Eisenstangen Stücke, etwa eine Spanne lang, warfen sie ins Feuer und hämmerten sie an einem Ende spitz, am anderen Ende flach, in der Mitte machten sie ein Loch. Verlieh ein Soldat seinem Wunsch noch durch einen oder zwei Denare Nachdruck, so wurde seine Axt auch geschliffen; der Schmied feilte ihm sogar in das spitze Ende „Blutrinnen" genannte Vertiefungen. Die Stiele schnitzten sich die Soldaten selbst.

„Na, jetzt kommt nur, ihr Turbanköpfe!"

Die Soldaten, die die kürzeste Zeit gekämpft hatten, schickte Dobó gleich nach dem Mittagessen zur Ausbesserung der Mauern. Zuerst schafften sie die Steine des eingestürzten Turmes an die Breschen. Bis zum Abend zogen sie zwischen den Steinen eingeklemmte türkische Tote heraus. Auch Ungarn fand man, und gar nicht wenige.

Arbeiten, hieß es, arbeiten! Auch für die Kinder gab es zu tun:

„Lest die Kanonenkugeln zusammen, die überall herumliegen, Kinder! Die großen tragt zu den großen Geschützen hin, die kleinen zu den kleinen unterhalb der Basteien!"

In dieser Nacht schlief Leutnant Hegedűs bei Gergely draußen auf der Sándor-Bastion.

Die Nacht war kühl. Die breite Sichel des Mondes glänzte weiß zwischen den Sternen. Überall lag das müde Burgvolk, drinnen auf dem Marktplatz und um den Markt herum. Auch die Wächter machten schläfrig die Runde. Blieb einer stehen, so schlief er gleich ein.

Gergely ließ für sich und die beiden anderen Leutnante Strohsäcke unter ein Gewölbe legen, vor dem ein Feuer brannte.

Und als sie dort, von der milden Wärme angehaucht, dalagen, begann Hegedűs ein Gespräch:

„Du bist ein gelehrter Mann, Gergely. Ich habe auch angefangen zu studieren, Pfarrer wollte ich werden, bin aber geschaßt worden. Heute habe ich mit eigener Hand vierzig Türken erschlagen. Einer war darunter, der zweimal auf mich eingehauen hatte. Du kannst also nicht sagen, ich hätte keinen Mut."

Gergely war müde, dem Einschlafen nahe. Doch Hegedűs' Stimme zitterte so seltsam. Darum sah er ihn an.

Der Leutnant saß auf dem Strohsack. Das Feuer beleuchtete sein Gesicht und seinen langen blauen Mantel.

Er fuhr fort:

„Dennoch sinne ich oft darüber nach, daß doch ein Mensch wie der andere ist, einerlei, ob er den Kopf rasiert hat oder nicht. Nun, und wir... ja, wir töten."

„Allerdings...", brummte Gergely müde.

„Und die anderen töten uns."

„Freilich tun sie das. Wenn sie mit Weinkrügen in der Hand auf die Mauer geklettert kämen, würden wir sie auch mit Weinkrügen empfangen. Dann würde Wein fließen statt Blut. Aber jetzt wollen wir schlafen."

Hegedűs blickte zum Feuer hinüber; er schien unschlüssig, ob er reden sollte oder nicht. Schließlich sagte er:

„Was ist Mut, Tapferkeit?"

„Eben hast du erzählt, daß du allein vierzig Türken erschlagen hast, und da fragst du, was Tapferkeit ist? Leg dich hin und schlafe! Du bist doch auch müde."

Hegedűs zuckte die Achseln:

„Wenn einer unter uns wäre, der so viel Verstand hätte wie wir alle zusammen, oder sagen wir: der so viel Verstand hätte wie die ganze Menschheit insgesamt, ich glaube, der wäre nicht tapfer."

Er sah Gergely an. Den blendete der Feuerschein und ließ ihn nur die Umrisse von Hegedűs' Gesicht erkennen.

Gergely schloß die Augen und antwortete schläfrig:

„Im Gegenteil, der würde der Tapferste sein."

„Aber nein, Gergely, der wüßte den Wert des Lebens besser zu schätzen. Denn sieh einmal, daß wir hier sind auf dieser Erde, das ist sicher, aber wenn der Türke uns den Kopf abschlägt, ist es nicht so sicher, ob wir weiterleben. Ein Mensch mit so viel Klugheit wirft das, was er besitzt, nicht so leicht von sich, nur damit man nachher von ihm sagt: Er war ein tapferer Mann.

Gergely gähnte.

„Darüber habe ich auch schon nachgedacht", erwiderte er, „und ich finde, Menschen mit geringem Verstand sind tapfer, weil sie den Tod nicht verstehen; Menschen mit starkem Verstand sind gerade darum tapfer, weil sie ihn verstehen."

„Den Tod?"

Gergely legte sich auf die Seite. Er hatte die Augen schon geschlossen und antwortete brummig:

„Ja, den Tod. Menschen mit wenig Verstand leben ähnlich wie Tiere. Das Tier kennt den Tod nicht. Sieh dir eine Henne an: wie sie ihre Küken verteidigt. Sowie aber ein Küklein tot hinfällt, läßt sie es ohne Bedauern liegen. Würde sie den Tod nur wie ein mittelmäßig begabter Mensch begreifen, bedauerte und beweinte sie es, nicht wahr? Denn dann wüßte sie, daß ihr Kind das Leben verloren hat. Wer sich aber vom Tod keine Vorstellung machen kann, der hat auch keine Ahnung vom Leben. Nimm nun einen Menschen mit klarem Verstand. Der ist eben deshalb tapfer, weil er fühlt, daß der Körper nicht sein einziger Besitz ist. Er fühlt, daß er mehr Seele als Körper ist. Je geistiger der Mensch veranlagt ist, desto weniger schätzt er den Leib. Die großen Helden der Weltgeschichte waren alle geistige Menschen – ohne Ausnahme. Aber jetzt laß uns endlich schlafen!"

Dann fügte er, um Hegedűs zu beruhigen, noch nachdenklich hinzu:

„Wo wir waren, bevor wir lebten, und wohin wir nach unserem Tode kommen, das wissen wir in unserer irdischen Hülle nicht. Was sollte aus uns werden, wenn wir das wüßten? Dann würden wir ja nicht über die gegenwärtigen Dinge nachdenken, sondern darüber, was dieser und jener von unseren Bekannten im Jenseits macht und wie die Angelegenheiten, aus deren Verlauf uns der Tod herausreißt, im Jenseits weitergeführt werden."

„Ja, ja", sagte Hegedűs, „so ähnlich habe ich Priester oft reden hören. Aber unser irdisches Leben muß doch einen Wert haben, es kann nicht nur dazu da sein, daß jeder hergelaufene Heide jemanden findet, den er erschlagen kann."

Das Feuer brannte knisternd und verwandelte die Harnische und Säbel, die neben dem Strohsack lagen, in Gold. Ein lederner Schild diente Gergely als Kissen. Er schob ihn unter dem Kopf zurecht und sagte müde:

„Du redest närrisches Zeug, mein guter Hegedűs. Der tierische Mensch tut blind manchmal das Gute, der vernünftige jedoch tut es immer bewußt. Du weißt doch sehr gut, daß es etwas Hohes und Heiliges ist, das Vaterland zu verteidigen; es ist das gleiche, wie wenn ein Kind seine Mutter beschützt."

Und er zog sich den Mantel übers Ohr:

„Wo, in welchem Gesetz steht es geschrieben, daß man seine Mutter verteidigen soll, wenn es sein muß, auch um den Preis des eigenen Lebens? Das Tier tut das nicht. Wohl aber der Mensch, der dümmste wie der gescheiteste; er stürzt sich auf jeden, der seine Mutter angreift; selbst wenn er dabei sterben muß, fühlt er, daß er nicht anders handeln könne."

Mit schläfriger Stimme fuhr er fort:

„Manchmal regt ein göttliches Gesetz den Willen an. Die Liebe ist ein göttliches Gebot. Liebe zur Mutter und Vaterlandsliebe sind das gleiche. Die Seele können die Türken nicht töten. Aber, Kreuzdonnerwetter, laß mich nun endlich mal schlafen! Gerade jetzt mußt du philosophieren. Ich werfe dir gleich diesen erbärmlichen Schild hier an den Kopf."

Hegedűs sagte nichts mehr. Auch er streckte sich nun auf dem Strohsack aus. In der Burg war nichts zu hören als das gleichmäßige Aufundabgehen der wachthabenden Soldaten, ein fernes Klopfen – jemand schlug mit Eisen auf Eisen –, das leise Gemurmel einer der Mühlen und das Stampfen der Pferdehufe vor der Mühle.

*

Am nächsten Morgen blieben die Kanonen stumm. Hinter den türkischen Erdschanzen indessen lärmte das Lager.

„Die Türken schreiben wieder einen Brief", sagte Dobó.

Er ließ zum Appell blasen. Die Soldaten hatten noch geruht, doch nach zwei Minuten stand jeder an seinem Platz. Viele mit verbundenem Kopf, andere mit einem verbundenen Auge oder mit verbundener Hand. Aber sie waren ganz vergnügt.

Dobó, der ein weißes Blatt Papier in der Hand hielt, sprach zu ihnen:

„Tapfere Streiter! Ich habe euch rufen lassen, um euch zu loben. Ihr habt den ersten Sturm auf die Burg so hart zurückgeschlagen, wie es sich für ungarische Soldaten ziemt. Ich habe nicht einen einzigen Feigling unter euch gesehen. Ihr verdient es, Helden genannt zu werden! Nach dem Abzug der Türken werde ich selbst zu Seiner Majestät dem König gehen und eine Belohnung für euch erbitten. Doch bis ich das kann, beweisen wir unsere Anerkennung vier Kriegern, die, die Lebensgefahr nicht achtend, sich bei der Abwehr des Belagerungssturmes besonders ausgezeichnet haben. István Bakocsai, László Török, Antal Komlósi, Szaniszló Soncy – tretet vor!"

„Die vier Streiter traten aus der Reihe und stellten sich vor Dobó auf. Alle vier hatten den Kopf verbunden.

Dobó fuhr fort:

„Der Feind hatte die Mauer der Vorburg erstiegen und hißte die erste Fahne. Soldat István Bakocsai rannte ganz allein mitten in die Janitscharengruppe hinein, riß dem Türken die Fahne aus der Hand und warf sie in die Tiefe. Vorläufig, bis ich Seiner Majestät den Namen des Helden vorlegen kann, befördere ich István Bakocsai zum Gefreiten, ferner erhält er fünfzig Silberdenare und vollständig neue Kleidung."

Unter den Hochrufen des Burgvolkes zählte der Rechnungsführer Sukán dem tapferen Krieger die fünfzig Silbermünzen in die Hand.

Dobó begann wieder:

„Kanonenkugeln hatten die Mauer und die Burgflagge niedergerissen. Sie fiel zwischen die Türken. László Török sprang allein durch die Bresche hinaus und holte die Fahne unter tausendfältiger Todesgefahr zurück. Zunächst, bis die Auszeichnung durch den König erfolgt, erhält László Török aus der

Burgkasse einen Forint, ferner ein vollständiges Tuchgewand."
Der Held blickte stolz im Kreise der Hochrufenden umher. Sukán gab ihm die Belohnung in die Hand.

Dobó fuhr fort:

„Auch am Alten Tor pflanzte der Feind eine Fahne auf. Antal Komlósi rannte auf die Mauer und hieb dem Türken die rechte Hand samt der Fahne ab. Bis ich dem König den Helden empfehlen und zur Belohnung vorschlagen kann, erhält er zwei Forint und ein Gewand."

Dann kam der vierte Kämpfer an die Reihe.

„Szaniszló Soncy", sprach Dobó, „du bist, als die Füllung zerbrast und der Feind zu Hunderten hätte eindringen können, ganz allein hinzugesprungen und hast, ohne dich erst umzusehen, wie viele es waren, auf die Eindringlinge eingehauen, bis Hilfe anrückte. Du erhältst – außer der vom König zu erwartenden Auszeichnung – jetzt zwei Ellen Tuch und einen Forint."*

Und Dobó sagte noch:

„Die Höhe der Belohnungen habe ich nicht nach eurer Tapferkeit bemessen, sondern nach dem Inhalt der Burgkasse. Außer euch sind noch viele unter uns, deren Verdienst kaum geringer ist. Ich habe mit eigenen Augen gesehen, wie mancher allein an die fünfzig Türken erschlug. Erwähnen will ich noch Lukács Nagy und seine Schar. Was er vollbracht hat, wißt ihr! So versteht es denn recht: Ich wollte nur die Allerhervorragendsten belobigen, die, dem sicheren Tode ins Auge blickend, ihr Leben fürs Vaterland gewagt haben."

Vom Tor her erscholl ein Horn, und gleich darauf trottete ein fremder Bauer über den Marktplatz auf Dobó zu.

Er trug einen Brief in der Hand, den Hut hatte er schon vorher abgenommen.

„Geht an eure Arbeit", sagte Dobó zu den Soldaten.

Dann richtete er noch ein paar Worte an Mekcsey, und als der

* Tuch gab es damals nur in Wien zu kaufen, und es war sehr teuer. Die Soldaten trugen keine Uniformen, und ein Tuchkleid hatte schon ein Menschenleben lang zu dienen. Was das Geld betrifft, so erfahren wir, daß Hauptmann Dobó einen Jahresverdienst von 600 Forint hatte, János Sukán bekam 50 Forint; der Schreiber Boldizsár nur 20 Forint, Dobós Koch 10 Forint und der Gärtner nur 6 Forint für ein ganzes Jahr. Was Dobó als Burgkasse erwähnt, das kam damals mit Sicherheit aus seiner eigenen Tasche.

Bauersmann bei ihnen angekommen war, maß ihn Dobó verächtlich von oben bis unten, schwang sich aufs Pferd und galoppierte davon.

Der Bauer wurde von den Offizieren empfangen.

Er hatte aber kein Glück. Sie öffneten den Brief gar nicht erst, sondern rissen ihn, wie er war, in zwei Stücke. Eine Hälfte warfen sie ins Feuer, die andere stopften sie dem Mann in den Mund:

„Da, friß, was du gebracht hast, du Hund!"

Dann wurde der Bauer in den Kerker geworfen. Dort mochte er nun darüber nachdenken, daß es keineswegs gut sei, den Türken Dienste zu leisten.

András Sári hieß dieser Mann. Die Türken hatten ihn von Fejérvár mitgeschleppt.

Eine Stunde lang wartete das heidnische Heerlager, ob der Bauer wieder zum Tor herauskäme.

Als die Türken erkannten, daß die Leute von Eger sich auf keinen Briefwechsel einließen, ging der Geschützdonner rings um die Mauern wieder los. Die Gräben unterhalb der Burg füllten sich mit türkischen Soldaten.

Während aber bisher nur Allah-Rufe und höhnische Bemerkungen aus dem türkischen Heer zu hören gewesen waren, erklangen jetzt von allen Seiten ungarische Rufe:

„Ergebt euch! Es wird euch übel bekommen, wenn ihr euch versteift!"

Eine andere Stimme:

„Denkt ihr, ihr könnt jeden Sturmangriff zurückschlagen? Der gestrige war bloß eine Kostprobe! Nicht einmal die Säuglinge werden wir verschonen!"

Wieder eine andere Stimme:

„Laßt Dobó im Stich! Dobó ist ein Narr! Wenn er sterben will, soll er allein sterben! Wer zum Burgtor herauskommt, hat freien Abzug und kann sein Geld und seine Waffen mitnehmen!"

„Wer die Burg verlassen will, braucht nur ein weißes Tuch an seine Lanze zu binden!" schrie aus dem Graben ein Spahi mit spitzem Helm hinauf.

„Wer uns das Tor öffnet, bekommt tausend Goldstücke!" brüllte ein Janitscharen-Aga mit hängender Straußenfeder.

Wohl drei Mann schossen zugleich auf ihn, aber er duckte sich noch rechtzeitig.

„Dobó ist verrückt geworden“, tönte wieder von der anderen Seite ein Ruf. „Seid nicht auch ihr verrückt! Der erste, der aus der Burg herauskommt, erhält hundert Goldstücke als Belohnung, und von den nächsten zwanzig Mann, die ihm folgen, bekommt jeder zehn Goldstücke, und ihr könnt in Frieden abziehen!“

„Die anderen spießen wir auf!“ schrie einer hinterher.

Die so aus dem feindlichen Lager riefen, waren türkische Soldaten, die ungarisch konnten. Doch es wurde auch slowakisch, deutsch, spanisch und italienisch gerufen.

Von der Burg antwortete niemand, weder ungarisch noch slowakisch, deutsch, spanisch oder italienisch.

Das Rufen hörte nicht auf. Die Versprechungen wurden immer verlockender, die Drohungen immer schauerlicher. Schließlich ließ Gergely auf seiner Mauer die Trommler, Trompeter und Hornbläser antreten, und sobald ein Türke erneut etwas hinaufschrie, wurde er vom Wirbel der Trommeln, vom höhnischen Schall der Hörner und vom Schmettern der Trompeten übertönt.

Darüber belustigte sich das Burgvolk. Auch an den anderen Seiten wurden Trommler und Hornisten aufgestellt, sogar die drei Pfeifer der Burg fanden Beschäftigung. Und wer von den Kriegern einen eisernen Schild hatte, schlug und hämmerte an diesen. Alle weiteren Rufe von unten wurden von dem höllischen Lärm verschlungen.

Reiterleutnant Jób Paksy bat Dobó um die Erlaubnis, einen Ausfall gegen die Rufenden machen zu dürfen.

Das war der Leutnant, der so gut singen konnte, der Bruder des Burghauptmanns von Komárom. Er war ein schöner, stämmiger Bursche, stark wie Herkules. Sein Schnurrbart reichte ihm, wenn er morgens glattgezogen war, bis an beide Ohren. Beim Sturmangriff hatte Paksy mit einem Pallasch gearbeitet. Mit einem Schlag hatte er einem behelmten Türken den Kopf zerspalten, so daß auch der feste Helm in zwei Hälften rechts und links herabfiel.

Er bat nur um hundert Mann.

„Mach keine Dummheiten, mein Sohn Jób“, sagte Dobó und wiegte den Kopf, „und wenn dir etwas zustößt?!“

Aber Jób Paksy zuckte es in allen Gliedern, als hätte er eine Schüssel Glut gefrühstückt. Er lizitierte nach unten wie Abraham auf dem Wege nach Sodom.

„Nur fünfzig. Nur zwanzig.“

Zum Schluß bat er nur noch um zehn Mann, mit denen er den Ausfall machen wollte.

Dobó überlegte, wenn er sich weiter widersetzte, würde man zugesagt haben, wenn sich nicht schon ganze Gruppen von Soldaten, denen es in der Faust kribbelte, um Paksy geschart hätten. Mit geröteten Gesichtern riefen sie:

„Gnädiger Herr Hauptmann!...“

Dobó überlegte, wenn er sich weiter widersetze, würde man das nicht als vernünftige Vorsicht deuten, sondern meinen, er hielte die Burgbesatzung nicht mehr für stark genug. Daher entgegnete er mit einer entsagenden Handbewegung:

„Wenn ihr eben Lust habt, euch den Schädel einhauen zu lassen, so geht nur.“

„Wie viele?“ jauchzte Paksy.

„Zweihundert“, antwortete Dobó.

Das Tor auf den Bach zu war noch unversehrt. Paksy wählte zweihundert Mann und sprengte mit ihnen dort hinaus.

Das geschah um die Mittagsstunde.

Den ganzen Bach entlang wimmelte es von Türken, die ihre Pferde und Kamele tränkten. Rechts vor dem Tor waren hauptsächlich Akindschis.

Einem Unwetter gleich stürmte die zweihundertköpfige Schar auf sie los. Wie Gräser unter der Sense sanken die Akindschis. Paksy, an der Spitze, schlug eine Gasse durch die Menge, sein Panzer und sein Pferd waren an der rechten Seite rot von Blut.

Die Soldaten folgten seinem Beispiel, und unter Schreckensrufen nahmen die Akindschis, einer den anderen niedertretend, Reißaus, bis von zwei Seiten Tausende von Janitscharen herangesprengt kamen.

Dobó ließ zum Rückzug blasen.

Aber die Kämpfenden hörten es nicht. In die Schlägerei verbissen, mordeten sie grimmig die Janitscharen.

Mit einmal scheute Paksys Pferd vor einem Kamel und sprang

zur Seite. Paksy, der in diesem Augenblick gerade zu einem mächtigen Hieb auf einen Spahi im Panzerhemd ausgeholt hatte, stürzte vom Pferd. Dieses bekam einen Stich in die Brust und brach zusammen. Auch Paksy blieb liegen.

Als seine Soldaten das sahen, scharten sie sich rings um ihn und kämpften hart, damit ihr Leutnant Zeit gewinne, aufzustehen.

Paksy aber war dazu nicht in der Lage. Er hatte sich den Fuß verstaucht oder gebrochen. Sitzend schwang er wutentbrannt das Schwert weiter, schlug und stach um sich. Der Helm fiel ihm vom Kopf. Ein Janitschar traf ihn auf den Schädel.

Auf den Burgmauern schmetterten laut die Hörner: Zurück! Zurück! Die Soldaten machten kehrt und schlugen sich durch die Türkenmenge durch. Nur zehn waren bei Paksy geblieben. Und diese sahen sich plötzlich von einem Lanzenwald umringt.

„Ergebt eucht!“ riefen die Türken ihnen zu.

Die zehn Burschen ließen einer nach dem anderen den Säbel sinken.

„Feiglinge!“ tönte es zornig brausend von der Burg.

Mekcsey war kaum zurückzuhalten, er wollte hinausjagen.

*

Eine Stunde später wurde auf dem Königsstuhl ein tellerförmiges Gerüst errichtet.

Dort auf dem Hügel, vor den Augen der Burgbesatzung, räderte der türkische Henker die verwundeten Helden von Eger – alle, bis auf Paksy.

4

Bis dahin hatten die Verteidiger von Eger die Türken nur gehaßt, jetzt aber verabscheuten sie sie. Die Frauen weinten. Die Soldaten waren nahe daran, ohne Erlaubnis aus der Burg zu stürmen. Dobó ließ das Tor schließen.

Nach der niederträchtigen Grausamkeit schrie ein Türke die Botschaft Ali Paschas zur Burg hinüber:

„Wisset, daß wir die Entsatztruppe, die der König euch geschickt hat, zerschlagen haben! Wir kennen kein Erbarmen mehr! Wenn ihr die Waffen nicht streckt, ergeht es euch allen so wie denen hier!“

Bleich hörte das Volk diese Drohung an. Die Schandtat der Türken hatte auch die Trommler erstarren lassen, so daß sie vergaßen, in das Rufen hineinzutrommeln.

„Das ist nichts als gemeine Lüge!“ sagte Gergely verächtlich zu den Soldaten, die rings um ihn standen. „Das ist ebenso gelogen wie das, was sie jede Nacht zu uns heraufrufen: unsere Frau, unsere Braut, unser Kind sei gefangen. Der Entsatz vom König kommt! Jede Minute ist er zu erwarten.“

„Wenn es aber doch nicht gelogen ist?“ sagte hinter ihm eine rohe Stimme.

Gergely, der ohnehin schon bleich war, wurde jetzt so weiß im Gesicht, daß man seine Bart- und Schnurrbarthaare gleichsam einzeln hätte zählen können.

Der da gesprochen hatte, war Hegedűs. Gergely sah ihn durchdringend an, mit einem Blick, der ihn wie ein Spieß durchbohrte. Mit der Hand krampfhaft den Säbelgriff umspannend, sagte er:

„Potztausend, Herr Leutnant! Ihr müßtet wahrlich die Kriegsbräuche kennen und also wissen, daß der Feind, wenn er eine Truppe geschlagen hat, ihr die Fahnen wegzunehmen pflegt. Der Türke hätte uns jetzt bestimmt die Fahnen gezeigt, wenn das wahr wäre, was er gerufen hat!“

Und er maß ihn von oben bis unten.

Dies geschah auf der Kirchbastion. Etwas weiter weg stand auch Dobó auf der Bastei. Neben ihm Cecey, auf den Stock gestützt. Und dort waren auch Zoltay, Fügedy und Pfarrer Márton. Der Priester in Chorhemd und Stola. (Er hatte gerade die Beerdigung der an den schweren Wunden verstorbenen vollzogen.)

Dobó merkte auf, als er Gergelys Worte hörte. Bestürzt sah er zu Hegedűs hin.

Auch Cecey drehte sich um:

„Was soll dieses dumme Geschwätz!“ schrie er Hegedűs an. „Willst du der Mannschaft Angst einjagen?“

Hegedűs erwiderte wütend Gergelys Blick:

„Ich bin länger Soldat als du, Grünschnabel! Wie kommst du dazu, mich zu schulmeistern und mich so herausfordernd anzusehen?!“

Und schon flog sein Säbel aus der Scheide.

Auch Gergely zückte seine Waffe.

Dobó trat zwischen die beiden:

„Das könnt ihr nach der Belagerung erledigen. Wagt nicht, gegeneinander blankzuziehen, solange die Burg vom Feind bedroht ist."

Die beiden erregten Leutnante steckten die Säbel in die Scheide. Dobó ordnete kühl an, daß Hegedűs am Alten Tor bei Mekcsey Dienst tun und Gergely ohne triftigen Grund die Vorburg nicht verlassen solle.

„Nach der Belagerung!..." rief Hegedűs und warf Gergely einen drohenden Blick zu.

„Ich werde mich nicht verstecken", erwiderte Gergely verächtlich.

*

Dobó war durch diesen Streit verstimmt.

Sobald die beiden Offiziere sich in verschiedene Richtungen entfernt hatten, sagte er zu Cecey:

„Was soll denn aus uns werden, wenn die Offiziere sich feind sind? Wie können sie denn dann zusammen kämpfen? Wir müssen sie miteinander versöhnen."

„Der Teufel soll die Kassaer holen!" schnauzte Cecey. „Was mein Sohn gesagt hat, ist richtig."

Er begleitete Dobó zu Fuß über den Marktplatz. Aus der Schenke scholl Gesang, und gerade als die beiden vorbeikamen, taumelten drei Soldaten zur Tür heraus. Sie hielten sich umschlungen und torkelten, eine wandelnde Laokoongruppe, gröhlend auf die Kasernen zu.

Der mittlere war Bakocsai. Am Ende des Liedes juchzte er laut:

„Immer lustig, Kinder!"

Als die stark Angeheiterten Dobó erblickten, ließen sie einander los und standen da wie drei Türme von Pisa. Sie schwiegen und blinzelten.

Ohne ein Wort zu sagen, ging Dobó an ihnen vorbei und blieb vor der Schenkentür stehen.

Auch drinnen wurde gesungen. László Török ließ den Verband seiner Hand flattern. Komlósi schlug mit dem blechernen Trinkbecher auf den Tisch. Szaniszló Soncy rief übermütig nach den Pfeifern. Noch drei Krieger saßen dabei und halfen ihnen, den Tapferkeitslohn zu vertrinken.

Dobó wandte sich seinem Knappen zu:

„Ruf die beiden Schankwirte her."

Eine Minute später waren die beiden zur Stelle: György Debrőy mit aufgekrempelten Handsärmeln, László Nagy in einer blauen Latzschürze. Verlegen standen sie vor dem zornig dreinblickenden Burghauptmann.

„Schankwirte!" fuhr Dobó sie mit schallender Stimme an. „Wenn ich noch einmal einen betrunkenen Soldaten in der Burg sehe, wird der Wirt, bei dem er sich betrunken hat, gehenkt!"

Er drehte sich um und ging weiter.

*

In der Nacht wurden wieder die am Tage beschossenen Mauern verstopft und aufgebaut. Dobó schlief nur knapp zwei Stunden. Tag und Nacht war er zu sehen, bald hier, bald dort, und immer war seine ruhige, stählerne Stimme zu hören: Er traf Anordnungen und erteilte Befehle.

In der dritten Nacht nach der Beschießung ertönte vom östlichen Hügel wieder der scharfe Ruf:

„Höre, István Dobó! Dich grüßt dein alter Gegner Arslan Beg. Meine Ehre ist unbefleckt wie mein Schwert. Schlimmes kannst du von mir nie gehört haben."

Und nach einer Minute Pause:

„Der Tod des tapferen Losonczy soll euch nicht irreführen! Er selbst hat ihn verschuldet! Doch wenn ihr uns nicht glaubt, biete ich mich als Geisel an! Ich scheue mich nicht, ganz allein in die Burg zu gehen, wenn ihr die weiße Fahne heraussteckt. Haltet mich gefangen, bis ihr abgezogen seid, und tötet mich auf der Stelle, wenn auch nur einem einzigen Abmarschierenden ein Haar gekrümmt wird. Dies erkläre ich, Arslan Beg, der Sohn des berühmten Jahija-Pascha-oglu Mohammed."

Darauf folgte Stille; der Rufer schien auf Antwort zu warten.

Dobó aber hatte sich schon bei den ersten Worten aufs Pferd geschwungen und war nach der anderen Bastion geritten. So wollte er zeigen, wie taub er sei, wenn ein Türke ihn ansprach.

Die Fortsetzung der Rede des Türken hörten nur die Soldaten:

„Ich weiß, daß meine Person dir Gewähr genug ist. Ist sie es aber deinen Leuten nicht, sind wir sogar bereit, unsere Truppen bis zum letzten Mann drei Meilen zurückzuziehen. Kein Türke wird sich zeigen, bis auch ihr drei Meilen weit in der entgegengesetzten Richtung marschiert seid. Antworte, tapferer István Dobó!"

In der Burg blieb es still.

5

Um Mitternacht bemerkte Dobó vor der Tür des Schießpulverkellers einen Burschen, der einen Stapel größerer Schüsseln auf dem Kopf trug, es waren etwa zehn Bauernschüsseln.

„Was soll das?"

„Oberleutnant Gergely hat mir befohlen, ihm Schüsseln aus der Küche zu holen."

„Wo ist der Herr Oberleutnant?"

„Auf der Bolyky-Bastei."

Dobó ritt dorthin. Dann sprang er vom Pferd und eilte bei dem schwachen Lichtschein der Laterne hinauf. Er fand Gergely an der Mauer; mit einer Laterne leuchtend, saß er reglos, fahl, düsterernst über eine große Schüssel voll Wasser gebeugt.

„Gergely!"

Gergely stand auf.

„Ich wußte nicht, daß Ihr noch wach seid, Herr Hauptmann. Übrigens habe ich Mekcsey gemeldet, daß ich Schüsseln mit Wasser zur Beobachtung aufstellen lasse."

„Graben sie Minen?"

„Ich nehme es nur an. Da wir den Angriff zurückgeschlagen haben, halte ich es für sicher, daß sie nun dazu übergehen."

„Gut", erwiderte Dobó. „Die Trommler sollen auch die Trommeln auf die Erde legen und Erbsen daraufstreuen."

„Und feines Schrot."

Dobó rief von der Bastion dem Knappen Kristóf zu:

„Geh zu allen Wachtposten und sage ihnen, sie sollen bei jeder Runde die Trommeln und Schüsseln beobachten. Sobald sich das Wasser bewegt oder die Erbsen und das Schrot auf den Trommeln zittern, sollen sie es sofort melden."

Dann nahm er Gergely beim Arm und zog ihn ins Innere der Burg.

„Mein lieber Sohn", sagte er in väterlichem Ton zu ihm, wie er sonst nur zu seinen Knappen sprach, „schon seit einer Woche beobachte ich dich. Sag, was fehlt dir? Du bist so anders jetzt."

„Herr Hauptmann", erwiderte Gergely, und seine Stimme zitterte, „ich wollte Euch damit nicht belasten, aber da Ihr nun fragt, muß ich es sagen. Seitdem sie die Burg belagern, rufen sie jede Nacht, mein kleiner Sohn sei bei ihnen."

„Eine ihrer Lügen!"

„Das dachte ich auch. Zuerst habe ich mich auch darum gar nicht gekümmert. Aber heute vor einer Woche haben sie einen kleinen Säbel hereingeworfen. Es ist der Säbel meines Sohnes."

Während er das sagte, zog er unter seinem Dolman einen kleinen Säbel in einem Samtfutteral hervor.

„Hier ist er, Herr Hauptmann. Ich weiß, Ihr erinnert Euch nicht mehr daran, aber Ihr habt mir diesen Säbel gegeben, als wir uns zum erstenmal begegneten. Ich habe ihn meinem Sohn geschenkt, als ich von ihm Abschied nahm. Wie kommt der Säbel in die Hände der Türken?"

Dobó starrte auf die kleine Waffe.

Gergely fuhr fort:

„Ich habe meine Frau und meinen Sohn in Sopron gelassen. In diese Gegend kommen keine Türken. Wenn sich einer dort blicken ließe, würde er totgeschlagen werden. Und meine Frau rührt sich von dort nicht weg, sie hat doch niemanden, zu dem sie reisen könnte."

Dobó schüttelte den Kopf:

„Unverständlich. Vielleicht ist der Säbel gestohlen worden? Zu Trödlern, zu Soldaten gekommen?"

„Woher weiß man dann aber, daß er meinem Sohn gehört? Und es gibt da einen Zusammenhang in der Sache, der mich martert. Jener Jumurdschak – alias Derwisch Beg – hat einen Talisman gehabt. Den hat ihm mein seliger Magister, Pfarrer Gábor, weggenommen. Und mir hat er ihn vererbt. Der verrückte Türke sucht seitdem fort und fort seinen Talisman. Wie kann er nun erfahren haben, daß ich den habe? Es ist mir unbegreiflich. Aber wissen muß er es, das ist sicher, denn er verlangt den Ring von mir."

„Und du meinst, dein Sohn sei wirklich bei ihm? Dann zum Teufel mit dem Ring, wirf ihn ihm hinunter."

„Ja, das Schlimme ist aber", sagte Gergely, während er den Helm abnahm, „daß ich den Ring nicht bei mir habe, ich habe ihn zu Hause gelassen."

„Hm", machte Dobó. „Da steht einem doch der Verstand still. Wenn ich bedenke, daß sich vielleich auch in Sopron Türken herumtreiben... hm... Der Beg würde doch dort den Ring geraubt haben und nicht das Kind."

„Das ist ja auch für mich ein Rätsel", entgegnete Gergely.

„Und meinst du, daß dein Kind wirklich hier ist?"

„Ich muß es doch annehmen: Ebenso wie sein Säbelchen hierhergelangt ist, kann auch das Kind hergekommen sein."

Sie hatten den Palas erreicht. Dobó setzte sich vor dem Gebäude auf die Marmorbank unter der Laterne.

„Setz dich zu mir", sagte er.

Die Ellbogen auf die Knie gestützt, blickte er vor sich hin.

Sie schwiegen.

Schließlich schlug sich Dobó aufs Knie und sagte:

„Noch diese Nacht können wir erfahren, ob der Türke die Wahrheit gesprochen hat."

Er rief dem vor dem Palas auf und ab gehenden Wachtsoldaten zu:

„Miska! Geh in den Kerker und hol den Kurden her, den die Leute im Bach gefangengenommen haben."

Da erklang aus dem Fenster Frau Baloghs Stimme:

„Herr Hauptmann, Euren langen Mantel..."

Dobó trug nämlich nur den grauen Dolman aus Hirschleder, und die Nachtluft war recht kühl.

„Danke", erwiderte Dobó, „ich gehe gleich zu Bett. Wie geht es Pető?"

„Er redet verworren und ächzt."

„Wer wacht bei ihm?"

„Ich habe Gáspár Kocsis' Frau rufen lassen. Aber solange er so unruhig ist, wache ich mit ihr zusammen."

„Das ist nicht nötig", sagte Dobó, „ich habe die Wunde gesehen. Sie heilt schon. Begebt Euch zur Ruhe, gnädige Frau."

Der Wachtsoldat kam mit dem Kurden angestapft.

„Nimm ihm die Fesseln ab", sagte Dobó.

Der Kurde verharrte, die Hände über der Brust gekreuzt, in tiefer Verneigung.

„Hör zu, Heide“, begann Dobó, „kennst du den Derwisch Beg?“

„Ja.“

„Wie sieht der Mann aus?“

„Er ist einäugig, geht im Derwischgewand, trägt aber ein Panzerhemd darunter.“

„Ja, das ist er. Wo bist du zu Hause?“

„In Bitlis, Herr.“

„Lebt deine Mutter noch?“

„Ja, Herr.“

„Hast du Familie?“

„Zwei Kinder habe ich.“

Und seine Augen wurden feucht.

Dobó fuhr fort:

„Ich entlasse dich aus der Burg, aber du mußt einen Auftrag treu ausführen.“

„Ich bin dein Sklave, Herr, bis in den Tod.“

„Du gehst zum Derwisch Beg. Er hält einen kleinen Knaben gefangen. Du sagst dem Beg, er solle das Kind morgen früh vor das Tor am Bach bringen, wo du gefangengenommen wurdest; dann bekommt er für den Knaben das Geforderte. Kommt mit weißen Tüchern.“

„Jawohl, Herr.“

„Einer von unserer Mannschaft geht, um den Knaben in Empfang zu nehmen, zum Tor hinaus und nimmt den Talisman des Begs mit. Du führst den Knaben vom Beg zu unserem Mann und übergibst ihm das Kind. Sorgt dafür, daß unserem Beauftragten kein Leid geschieht.“

„Ich bürge dafür mit meinem Leben, Herr.“

„Das genügt nicht. Du mußt schwören. Jetzt gleich mußt du beim Herzen deiner Mutter und beim Glück deiner Kinder schwören, daß du tust, was wir wünschen.“

„Ich schwöre, Herr“, erwiderte der Kurde.

Kristóf stand neben ihnen. Dobó sagte zu ihm:

„Geh in den Rittersaal, Kristóf. Dort liegen in der Ecke türkische Sachen auf einem Haufen, auch ein kleines türkisches Buch ist dabei. Bring es her!“

Das Buch war der Koran. Die türkischen Krieger, die lesen konnten, trugen alle den Koran bei sich. Dieses Buch war in Pergament gebunden, und an einer Ecke war ein Stahlring befestigt. An der durch den Ring gezogenen Schnur pflegten die Türken den Koran auf der Brust zu tragen. Der Kurde legte den Finger auf den Koran und leistete den Eid. Dann warf er sich Dobó zu Füßen. Er küßte den Erdboden und entfernte sich freudig bewegt.

„Aber, Herr Hauptmann", sagte Gergely mit bebender Stimme, „wenn der Türke merkt, daß wir ihn betrügen. . ."

Ruhig antwortete Dobó:

„Wenn das Kind bei ihm wäre, hätte er es schon gezeigt. Alle Türken sind Lügner. Ich will dich nur beruhigen."

Klopfenden Herzens eilte Gergely zur Bastion hinauf, um bis zum Morgengrauen noch ein wenig zu ruhen.

Als er an den Mühlen entlangschritt, hörte er aus dem Dunkel ein leises „Pst", richtiger gesagt, es klang wie „pscht".

Er sah hin und erblickte den Zigeuner, der auf Stroh kniete und ihm winkte.

„Na, was willst du?" fragte Gergely unlustig.

Der Zigeuner stand auf und flüsterte:

„Esch ischt nischt allesch, wiesch schein schollte, gnädiger Herr Gergely."

„Nanu?!"

„Geschtern abend hab isch einem von den Kaschschaern die Kinnkette repariert. Da redete Herr Leutnant Hegedűsch schowasch, dasch bei Belagerung doppelte Löhnung üblisch wär. Die Scholdaten murren über den gnädigen Herrn Dobó. Die Türken verschpreschen viel Gutesch und er nischtsch, schagen schie."

Gergely stockte der Atem.

„Und vor dir haben sie solche Reden geführt?"

„Vor allen Scholdaten. Isch hättsch ja gar nischt geschagt. Aber wenn isch misch schon fürschten musch, fürscht isch misch doch noch mehr vor den Türken alsch vor dem Herrn Leutnant ausch Kaschscha."

„Komm mit", sagte Gergely.

Er suchte Mekcsey auf. Bei den Mauern fand er ihn.

„István", sagte er, „hör dir Sárközi an."

Und er ließ die beiden allein.

6

Als Dobó am folgenden Morgen aus dem Palas trat, wartete vor der Tür schon Hegedűs auf ihn.

„Herr Hauptmann“, sagte er, die Hand an den Helm hebend, „ich habe etwas zu melden.“

„Ist es wichtig?“

„Nicht sehr.“

„Komm mit mir! Oben am Tor kannst du es mir dann sagen.“

Über dem Tor standen schon Gergely, Mekcsey und Fügedy. Der geflochtene Zaun deckte sie gegen den Bach hin, wo es von Türken wimmelte.

Dobó spähte durch das Geflecht hinunter, dann fragte er Gergely:

„Noch niemand?“

„Nein“, antwortete Gergely und sah zu Hegedűs hin.

Dieser hob kurz den Finger an den Helm. Gergely tat das gleiche. Kalt begegneten sich ihre Blicke.

Dobó sah Hegedűs an. Er erwartete dessen Meldung.

„Herr Hauptmann“, begann Hegedűs, „ich muß Euch sagen, daß ich bei den Soldaten eine gewisse Unzufriedenheit bemerke.“

Dobó riß die Augen weit auf.

„Leider“, fuhr Hegedűs fort, zuckte mit den Achseln und blickte zur Seite, „leider sind alte Soldaten dabei, die noch den... äh... den Belagerungssold kennen. Gestern haben sie alle erwartet, daß sie ihn, wie es sonst üblich war, bekommen würden. Am Abend haben sie schon gemurrt. Ich dachte mir, die Unzufriedenheit verschlimmert sich nur, wenn ich sie schelte. Also habe ich sie reden lassen; sie haben mich gebeten, Euch, Herr Hauptmann, ihr Begehren mitzuteilen.“

Dobós Gesicht wurde streng.

„Erstens hättet Ihr nicht vergessen dürfen, Herr Leutnant, daß in der Burg keinerlei Geflüster und Getuschel am Platze ist. Zweitens, was den Belagerungssold angeht: Wer hier nicht fürs Vaterland kämpft, sondern für Belagerungssold, der mag sich nur melden – er wird ihn bekommen.“

Er ließ den Leutnant stehen und beugte sich über den Zaun.

„Er kommt“, sagte Gergely und fühlte sein Herz im Halse klopfen.

Von der Gruppe der Türken trennte sich vorn der Kurde ab. Er war inzwischen bewaffnet und führte zwei ungarische Knaben an der Hand. Beide waren barfüßige Bauernjungen in Wämsern und weiten leinenen Hosen. Da der Kurde kräftig ausschritt, mußten die beiden Kinder neben ihm rennen.

Etwa hundert Schritt von ihnen entfernt war der einäugige Derwisch zu sehen. Er folgte dem Kurden zu Pferde, blieb aber in Schußweite stehen und spähte, sich in den Steigbügeln aufrichtend, nach der Burg.

„Keiner von den beiden ist mein Sohn", sagte Gergely erfreut.

Und tatsächlich waren diese Knaben älter als sein kleiner Jani. Der eine mochte zehn, der andere zwölf Jahre alt sein.

Der Kurde blieb vor dem Tor stehen und rief hinauf:

„Der Beg hat nicht einen, sondern zwei Knaben geschickt. Gebt den Ring her, dann schickt er auch den dritten."

Dobó rief zum Turmwächter hinauf.

„Beuge Er sich heraus und winke Er dem Kurden da unten, daß er gehen kann."

*

Auch an diesem Tage zerschossen und zertrümmerten die Türken die Mauern wie bisher. Die Sarbusane mit den Riesenrachen arbeiten langsam, aber mit gewaltiger Kraft. Bei jedem Geschützdonner krachte zur gleichen Zeit die Mauer, und manchmal war auch das Gepolter eines Einsturzes zu hören.

Dennoch ging an diesem Tage eine Veränderung vor sich. Die Wachen erstatteten davon schon am frühen Morgen Meldung.

Die türkische Reiterei hatte sich von der Burg zurückgezogen. Nirgends waren die rotbemützten Akindschis, die Spahis mit den glänzenden Harnischen, die buntgekleideten Beschlis, die Delis mit den Kapuzen, die Gönöllüs, Gurebas, Müssellems und Silidare auf ihren kleinen Pferden zu sehen. Sogar die neunhundert Kamele waren verschwunden.

Was war geschehen?

In der Burg gingen die Leute mit heiterer Miene umher. Bei den Bauern, die die Waffen schärften, erschien sogar der Zigeuner und ließ sich einen langen verrosteten Säbel blank schleifen. Die Frauen an den Backöfen sangen. Daneben vergnügten sich die Kinder auf dem Rasenhügel; die Jungen spielten Krieg, die Mädchen tanzten Ringelreihen:

Újváris Kätchen, die schöne Maid,
hat ein goldverbrämtes Kleid.
Für das Pferd ist Heu bereit,
für die Mutter Goldgeschmeid:
Brautkranz ist der Tochter Freud!

Frau Baloghs Magd brachte auch den kleinen Türkenjungen zu den Kindern.

Staunend sah er dem Spiel zu.

„Laßt ihn mitspielen“, bat die Magd die Knaben.

„Nein“, war ihre Antwort.

Die Mädchen aber nahmen ihn in ihren Kreis auf.

Er verstand nicht, was sie sangen, doch machte er so andächtig die Drehungen mit, als nähme er an Gott weiß was für einer heiligen Handlung teil.

Was aber war der Grund dieser Heiterkeit und Freude?

Die türkische Reiterei war verschwunden. Sicherlich war die Ersatztruppe im Anmarsch, das Heer des Königs. Wohin konnte die türkische Reiterei sonst gezogen sein? Doch nur ihr entgegen!

Und die Trommler erstickten noch lustiger die heraufschallenden Stimmen im Trommelwirbel. Von Zeit zu Zeit sprang der mit der großen Trommel dort, wo heraufgebrüllt wurde, auf die Mauer und übertönte die Rufe mit mächtigem Bumbum.

Aber es flogen auch Zettel in die Burg. An Pfeilen befestigt wurden sie hereingeschossen. Kein Mensch las sie. Wer einen erwischte, warf ihn ins Feuer. Die Pfeile bekam Cecey.

Der Alte saß den lieben langen Tag auf der Zwingerbastion, und sobald in der Nähe ein Türke auftauchte, schoß er einen Pfeil auf ihn ab.

Nur Dobós Gesicht blieb unverändert ernst.

Er stieg bald auf den einen, bald auf den anderen Turm und schaute nach den Bewegungen des Feindes aus. Zuweilen sah er lange nach dem Egedberg hinüber und schüttelte häufig den Kopf.

Einmal rief er Mekcsey in den Palas.

„Weißt du, István“, sagte er, während er sich in seinen Sessel fallen ließ, „der Hegedűs gefällt mir nicht. Laß ihn beobachten.“

„Das tue ich bereits.“

„Stündlich muß ich erfahren, mit wem er spricht, wohin er schaut und wohin er geht."

„Wir werden es wissen."

„Aber er darf das nicht ahnen, sonst erleben wir eine Überraschung."

„Er wird es nicht merken."

„Wenn es in der Burg zu einem Aufstand käme, wären wir verloren. Ich könnte ihn ja einsperren lassen, aber erst müssen wir wissen, wie viele da mitmachen und welche es sind. Den angefaulten Teil müssen wir herausschneiden, so daß nichts davon übrigbleibt. Durch wen läßt du ihn beobachten?"

„Durch den Zigeuner."

„Ist der zuverlässig?"

„Seit wir den Sturm zurückgeschlagen haben, fühlt er sich hier bei uns viel sicherer, das ist ihm mehr wert als alle Versprechungen der Türken. Gestern hat er bei den Kassaern gearbeitet, dort wird er heute wieder zu tun haben. Ich habe ihm gesagt, daß er ein gesundes, angeschirrtes Pferd bekommt, wenn er uns in dieser Sache gute Dienste leistet. Am besten, er tut so, als ob er mit denen mitmachte."

„Hast du keinen anderen zuverlässigen Mann?"

„Ich hätte wohl einen, aber dem würden die Kassaer nicht trauen. Den Zigeuner halten sie für viel zu unbedeutend, als daß sie vor dem auf der Hut wären."

„Er braucht nur herauszubekommen, wer die Rädelsführer sind."

„Genau dasselbe habe ich ihm gesagt."

„Dann ist's gut. Wir können gehen."

„Herr Hauptmann", sprach Mekcsey nun in warmem Ton, „die Zeichen deuten darauf hin, daß das Heer des Königs kommt."

Dobó zuckte die Achseln:

„Möglich, daß es kommt", entgegnete er bekümmert. „Aber die Vorgänge, die euch das zu beweisen scheinen, zeigen mir nicht die Truppen des Königs an."

Mekcsey blieb erschrocken stehen.

Dobó hob die Hand:

„Die Jassaulen (die die Einteilung der Krieger regeln) sind alle hier. Die beiden Heerführer habe ich zusammen auf dem Hügel bei Almagyar zu Pferde gesehen. Keines von den Geschützen haben sie weggeschafft. Auch die beiden Trupps Spielleute sind hiergeblieben."

„Was kann das also zu bedeuten haben?" fragte Mekcsey etwas beschämt.

Dobó zuckte wieder die Achseln:

„Nichts anderes, junger Freund, als daß sie in den Wald gegangen sind."

„In den Wald?"

„Ja, und in die Weingärten, um Reisig und Erde herbeizuschaffen. Damit füllen sie unseren Graben und werfen Hügel an den Einsturzstellen auf. Aber das sage ich nur dir, lieber István. Laß die anderen sich darauf freuen, daß die Ersatztruppe kommt."

Er reichte dem Kameraden die Hand und sah ihn voll Vertrauen an.

Dann ging er in das Zimmer, in dem Pető und Budaházy lagen.

*

Als es dunkel geworden war, kam die türkische Reiterei herangerasselt.

Beim Lichtschein einer Leuchtkugel konnte man erkennen, daß jeder sein Roß am Zaum führte und daß alle Pferde mit Reisig- und Weinrebenbündeln beladen waren.

Die lange Reihe der Kamele schleppte vollgestopfte Säcke. Sie kamen vom Bajuszberg herab, man konnte sie einzeln hinter einer Biegung hervortrotten sehen.

Dobó ließ die Rohre der Wallbüchsen und Mörser nach unten richten und in den Zug hineinschießen.

Doch die Nacht wurde immer schwärzer, und der Zug der Reiter nahm kein Ende. Dobó gab die Beschießung mit den Geschützen auf und ließ nur dann und wann die Musketiere feuern.

Unten war ein Gewimmel von arbeitenden Türken. Reisig und Reben, aufeinandergetürmt, knackten. Dazwischen erklangen die Befehle der Jassaulen.

Dobó ließ die Laternen der Burg größtenteils in die Spalten und ausgebrochenen Löcher der Mauern stellen, und zwar so, daß sie nach außen leuchteten, aber von unten weder mit Pfeilen noch mit Kugeln getroffen werden konnten.

In der Burg war es dunkel. Nur hier und da brannte eine Lampe. Den Umkreis des Alten Tores erhellte der Lichtschein, der aus den Backöfen fiel. Die Frauen sangen auch jetzt noch bei der Arbeit.

„Laßt sie nur singen“, sagte Dobó, „wo man singt, da weicht das Glück nicht.“

Gegen Mitternacht beobachtete Mekcsey vom Turm der Bolyky-Bastion aus die Türken, ob sie etwa irgendwo in Bewegung wären und ob sie plötzlich zu einem Nachtangriff antraten.

Die meisten der Offiziere wachten an den verschiedenen Stellen der Burg.

Mekcsey hielt beide Hände wie Trichter an die Ohren, beugte sich hinunter und suchte mit den Blicken die Finsternis zu durchdringen.

Da zog ihn jemand von hinten am Dolman.

Es war der Zigeuner.

In Janitscharenschuhen war er heraufgekommen. Auf dem Kopf trug er einen rundherum mit Hahnenfedern besteckten Helm. An der einen Seite hing ihm ein Säbel, an der anderen ein türkischer Jatagan mit weißem Knauf.

„Pscht. . .!“ machte er geheimnisvoll. „Pscht!“

„Was willst du?“

„Herr Hauptmann, gnädiger Herr Ritter, isch schpüre schon den Zaumzügel vom feinen Pferd in der Hand.“

„Weißt du etwas?“

„Viel!“

„Und hast du auch Beweise?“

„Ja, man musch schie nur faschen.“

„Also faß sie, verflucht noch mal.“

„Isch scholl faschen? Bitte, kommt mit mir, dann habt Ihr schie. Aber schnell.“

„Wohin?“

„Ansch Wascherbecken. Da ischt Hegedüsch runtergeschtiegen.“

„Allein?“

„Drei Scholdaten halten an Tür von Wascherbecken Wache.“

Mekcsey stürzte förmlich die Treppe hinab.

Unten am Turm rief er sechs Soldaten zu sich.

„Kommt unbewaffnet! Zieht die Stiefel aus! Bringt Riemen oder Stricke mit!"

Die Soldaten gehorchten wortlos.

Als sie von der Bastion herabgestiegen waren, hielt Mekcsey sie an und sagte zu ihnen:

„Wir gehen jetzt ans Wasserbecken. Da sitzen, stehen oder liegen drei Soldaten. Ihr fallt von hinten über sie her und bindet sie. Dann bringt ihr sie ins Verlies und übergebt sie dem Kerkermeister, er soll sie einsperren. Keinen Ruf! Keinen Ton!"

Die Gegend um das Wasserbecken war dunkel, nur ein schadhafter Pfahl wurde oben vom Licht gestreift. Die Soldaten krochen von dort aus auf allen vieren weiter. Der Zigeuner bekreuzigte sich.

Nach wenigen Minuten ertönten in der Nähe des Wasserbekkens Geklirr, dumpfes Geräusch, Flüche.

Mit einem Satz war Mekcsey dort.

Die drei Soldaten waren bezwungen.

Beide Türen des Wasserbeckens standen weit offen, Mekcsey beugte sich hinunter. Es war still und dunkel.

Er drehte sich um.

„Ist er unten?" fragte er leise den Zigeuner.

„Isch hab mit meine eigene Augen geschehen, wie er runtergegangen ischt."

„Leutnant Hegedűs? Hast du dich nicht geirrt?"

„Nein, der warsch."

„Lauf schnell zum Herrn Burghauptmann. Such ihn auf der Neuen Bastei. Ich lasse ihn bitten herzukommen. Unterwegs sage Herrn Oberleutnant Gergely, er soll sofort fünf Mann schicken."

Der Zigeuner rannte los.

Mekcsey zog den Säbel aus der Scheide und setzte sich an die Treppe, die vom Wasserbecken nach oben führte.

Ihm war, als hörte er nun unten Stimmen.

Er stand auf und ließ den Flügel der Falltür, der die Treppe deckte, herunter.

Es war zu hören, daß oben die fünf Mann ankamen, und fast zu gleicher Zeit kamen auch Dobó und Kristóf.

Der Knappe hatte eine Hängelaterne in der Hand und leuchtete damit Dobó.

Mekcsey winkte ihnen, sie sollten sich beeilen. Die Stimmen unten im Wasserbecken waren schon lauter geworden.

„Hierher! Hierher!“ erklang eine dumpfe Stimme in der Tiefe.

Dobó befahl den Soldaten, ihre Büchsen schußbereit zu machen. Sie mußten sie über den Rand des Wasserbeckens halten, die Läufe nach unten gerichtet.

„Kristóf“, sagte er dann, „hole noch zwanzig Mann von Herrn Gergely.“

Er nahm ihm die Laterne ab und stellte sie neben den Pfahl, achtete aber darauf, daß sie nicht ins Wasserbecken leuchtete.

In der Tiefe Waffengerassel und das Hallen von Schritten.

„Hierher! Hierher!“ tönte es jetzt stärker.

Ein lautes Plantschen... Gleich darauf noch eins... Und Rufe: *Ei wa! Meded!*... Dann wieder Plantschen...

Die Falltür über der Treppe kracht. Nun taucht einer auf. Dobó ergreift die Laterne und leuchtet ihm ins Gesicht.

Es ist Leutnant Hegedűs, grau wie Blei im Gesicht.

Mekcsey packt ihn am Kragen.

„Faßt ihn!“ ruft Dobó.

Kräftige Hände ergreifen den Leutnant und ziehen ihn aus der Tiefe.

„Nehmt ihm die Waffe ab!“

Unten hört man weiterhin Plantschen und wirres Rufen:

„Jetischin! Jetischin!“ (Hilfe!)

Dobó blickt, mit der Laterne leuchtend, hinunter. Da trampelt und fuchtelt eine Menge bewaffneter Türken in dem großen schwarzen Wasserbecken, und durch ein Loch an der Seite strömen, einander drückend und drängend, immer noch mehr herein.

„Feuer!“ ruft Dobó.

Die fünf Schützen feuern auf das Loch.

Das Gewölbe des Bassins dröhnt wie ein Riesengeschütz. Ergrimmtes Gebrüll ist die Antwort...

„Bleib hier!“ sagte Dobó zu Mekcsey. „Hier ist ein unterirdischer Gang, das wußte ich gar nicht. Laß nachsehen, wie weit er noch erhalten ist. Untersuche ihn auch selbst. Geht, so weit ihr könnt. Wenn er aus der Burg hinausführt, sprengen wir ihn, lassen ihn zumauern oder zuschütten. Unten an der Mauer soll ständig eine Wache stehen.“

Nun wandte er sich den Soldaten zu und wies auf Hegedűs und dessen Spießgesellen:

„Legt sie in Eisen! Sperrt jeden einzeln ein!"

Dann ging er auf die Bastion zurück.

Mekcsey hörte eine ungarische Stimme aus der Tiefe:

„Hilfe, ihr Leute!"

Er leuchtete mit der Laterne in das Loch. Inmitten der Ertrunkenen zappelte ein Türke mit einer Ledermütze; der hatte um Hilfe gerufen.

„Werft einen Strick hinunter!" sagte Mekcsey. „Vielleicht ist das auch noch einer aus der Burg."

Das Seil der Brunneneimers lag in der Nähe. Sie ließen den Eimer damit hinab. Der Ertrinkende klammerte sich daran fest, und drei Soldaten zogen ihn herauf.

Als er oben war, schnappte er nach Luft wie ein ans Ufer gezogener Wels.

Mekcsey leuchtete ihm mit der Laterne ins Gesicht. Es war ein Akindschi mit großem Schnurrbart. Das Wasser triefte ihm von Schnurrbart und Gewand herab.

„Bist du ein Ungar?" fragte Mekcsey.

Der Mann fiel auf die Knie und flehte:

„Gnade, Herr! Hab Erbarmen!"

Schon daraus, daß er Mekcsey duzte, ging hervor, daß er ein Türke war.

Mekcsey hätte ihn am liebsten wieder ins Wasser gestoßen. Er überlegte sich aber, daß man den Kerl als Zeugen gebrauchen könnte.

„Nehmt ihm die Waffen weg", befahl er den Soldaten, „und werft ihn in den Kerker zu den Bauern, die Briefe von den Türken gebracht haben."

7

Am folgenden Tage, dem vierten Oktober, beleuchtete die aufgehende Sonne an der Burg einen frisch aufgeworfenen Wall.

Der tiefe Graben, der den nördlichen Teil der Festung umgab, war stellenweise zugeschüttet.

Die neu aufgeworfenen Hügel erhoben sich gegenüber den

Einsturzstellen. Unten Reisig, trockenes Laub, gebündelte Weinreben – obenauf Erde. Diese Arbeit würden die Türken vermutlich noch fortsetzen und an einigen Stellen die Hügel noch um so viel erhöhen, daß sie gerade noch mit den Kanonen darüber hinwegschießen, aber auch schon ohne Leitern in die Burg eindringen könnten.

Dobó sah sich ihr Werk an und betrachtete es von allen Seiten, schweigend und mit ruhigem Gesicht. Dann wandte er sich dem Quartiermeister Guthay zu, der Bericht erstatten sollte. Er hatte ihn damit beauftragt, Hegedűs und seine Spießgesellen zu verhören, denn er selbst hatte ja kaum Zeit für Verhandlungen.

„Wir sind fertig, Herr Hauptmann. Die Burschen haben gestanden, daß sie die Türken hereinlassen wollten. Hegedűs aber mußten wir Daumenschrauben anlegen, dann hat er geschrien: ‚Ich gestehe, ich gestehe, aber vor Herrn Dobó werde ich nachher sagen, daß ich nur gestanden habe, weil ihr mich gefoltert habt.‘ “

Dobó ließ die Offiziere holen. Er rief die vier Oberleutnante, einen Leutnant, einen Wachtmeister, einen Gefreiten und einen Gemeinen in den Rittersaal, ebenso den Schreiber Mihály, den Brotverteiler.

Der Tisch war mit grünem Tuch bedeckt, ein Kruzifix und zwei brennende Kerzen standen darauf. In einer Ecke des Saales sah man den Henker, in rotes Tuch gekleidet, neben ihm ein Becken mit glühenden Kohlen. Er hatte einen Blasebalg in der Hand. Bei dem Becken lagen Bleistücke und eine Zange.

Dobó trug ein schwarzes Tuchgewand, an der Helmspitze mit einer dem Hauptmann gebührenden Adlerfeder. Vor ihm lag ein Bogen Papier.

„Kameraden“, sprach er mit düsterem Ernst, „wir haben uns hier versammelt, um die Tat des Leutnants Hegedűs und der Mitschuldigen zu untersuchen. Ihr Unternehmen läßt darauf schließen, daß sie Verräter sind.“

Er winkte, daß man die Gefangenen vorführe.

Gergely stand auf.

„Meine Herren“, sagte er, „ich kann in dieser Angelegenheit nicht Richter sein, denn ich hege Groll gegen den Angeklagten. Deshalb bitte ich, enthebt mich der Rechtsprechung.

Auch Mekcsey stand auf.
„Ich kann nur Zeuge sein“, sagte er. „Niemand kann Richter und Zeuge zugleich sein.“
Die am Tisch Sitzenden antworteten:
„So sei er Zeuge.“
Gergely verließ das Gebäude.
Mekcsey ging in die Vorhalle.
Die Wächter führten Hegedűs und seine drei Kumpane herein, ebenso den Türken.
Hegedűs war bleich. Er hatte blaue Ringe um die Augen und wagte nicht aufzublicken.
Dobó behielt nur ihn im Saal, die anderen schickte er hinaus.
„Laßt hören“, sagte er, „was habt Ihr mit dem Einlassen der Türken bezweckt?“
Hegedűs riß sich zusammen und sprach stockend:
„Ich wollte die Türken nur ins Wasserbecken locken. Die Burg verraten wollte ich nicht. Das Becken ist groß. Wir hatten einen schmalen Eingang gefunden. Da sagte ich mir, man wird es mir als Verdienst anrechnen, wenn ich dort an die tausend Türken ums Leben bringe.“
Dobó hörte ihn ruhig an. Auch die Offiziere unterbrachen ihn nicht. Als er geendet hatte, gebot ihm Dobó, sich an die Seite zu stellen, und ließ die drei Soldaten einzeln vorführen.
Achselzuckend sagte der erste, ein etwa vierzig Jahre alter Mann mit fahlem Gesicht – sein Rock war schmierig von Lehm: „Wir konnten nichts anderes tun, als was der Herr Leutnant befohlen hatte. Wenn er befiehlt, müssen wir gehorchen.“
„Was hatte er befohlen?“
„Wir sollten uns an den Rand des Wasserbeckens stellen, denn er wollte ein paar Türken hereinholen.“
„Hat er gesagt, weshalb er sie hereinläßt?“
„Um die Übergabe der Burg zu besprechen.“
Dobó sah den Leutnant an.
Der schüttelte den Kopf:
„Das ist nicht wahr. Er lügt.“
„Ich lüge?“ fuhr der Soldat beleidigt auf. „Habt Ihr nicht gesagt, Herr Leutnant, die Türken versprechen so viel Gutes, Herr Dobó hingegen gar nichts; nicht einmal Belagerungssold...“

„Er lügt“, wiederholte Hegedűs.

Der zweite Soldat wurde vorgeführt. Auch er sah verstört aus. In seinem langen schwarzen Haar klebte Lehm. Blinzelnd blieb er stehen.

„Weshalb wart ihr am Brunnen?“

„Weil wir auf die Türken gewartet haben“, antwortete er, „Herr Leutnant Hegedűs hat gesagt, früher oder später fällt die Burg ja doch in die Hände der Türken, und wenn wir uns nicht ergeben, müssen wir alle sterben.“

Dobó ließ auch den dritten Soldaten holen. Es war ein blutjunger Bursche, noch ein Milchgesicht. Seine verschossene rote Hose war am Knie zerrissen.

„Ich weiß von nichts“, stammelte er, „ich war an den Brunnen beordert worden, weshalb, weiß ich nicht.“

„Hat Herr Leutnant Hegedűs nicht gesagt, es wäre gut, sich mit den Türken zu einigen?“

„Doch, das hat er gesagt.“

„Wann hat er zum erstenmal davon gesprochen?“

„Am Abend nach dem großen Angriff.“

„Und wie hat er sich ausgedrückt?“

„Er hat gesagt, daß... daß... na ja... wir sind nur wenige, hat er gesagt, und die sind so viele, und die anderen Burgen haben sich ja auch nicht halten können, dabei waren die beiden Türkenheere damals noch nicht vereinigt...“

„Hat Herr Leutnant Hegedűs etwas vom Belagerungssold erwähnt?“

„Ja. In anderen Burgen wird bei Belagerung doppelter Sold gezahlt, hat er gesagt...“

„Und was hat er von der Übergabe der Burg gesprochen?“

„Er... na... er hat gesagt: Die Türken bekommen die Burg auf jeden Fall, da ist es doch besser, wir lassen uns etwas bezahlen, als daß es uns an den Kragen geht.“

„Und was hat die Mannschaft darauf erwidert?“

„Nichts. Wir haben bloß so am Lagerfeuer darüber gesprochen, als die Türken schon immer heraufgerufen haben.“

„Habt ihr etwa geantwortet?“

„Nein. Nur der Herr Leutnant hat nachts mit ihnen gesprochen.“

„Wie hat er mit ihnen geredet?“

„Durch einen Riß am Alten Tor. Dreimal ist er dahingegangen und hat mit ihnen gesprochen."
„Mit den Türken?"
„Ja."
„Und was hat er gesagt, als er zurückkam?"
„Da hat er erklärt, daß die Türken uns alle frei abziehen lassen und niemanden töten. Den Kassaern geben sie noch obendrein jedem zehn Goldstücke, und die beiden Paschas schicken gesiegelte Briefe, daß sie Wort halten."
„Wie viele von der Mannschaft haben das gehört?"
„Vielleicht zehn."
„Warum habt ihr mir das nicht gemeldet? Ihr habt doch geschworen, nie davon ein Wort zu sprechen, daß sich Burg Eger ergibt."
Der Bursche schwieg.
Dobó fuhr fort:
„Wäre es nicht eure Pflicht gewesen, sofort zu melden, was der Herr Leutnant gesagt hat?"
„Das haben wir nicht gewagt."
„Ihr wart also entschlossen, die Burg den Türken in die Hände zu spielen? Wer gehört noch zu denen, die damit einverstanden waren?"
Der Bursche überlegte und nannte noch sieben Namen. Dann suchte er sich zu entschuldigen:
„Wir haben nichts vereinbart, Herr Hauptmann, wir haben nur dem Vorgesetzten gehorcht. Gesprochen hat nur der Herr Leutnant, und er hat uns befohlen, was wir tun sollten!"
Die Mauer erbebte vom Anprall einer Kanonenkugel. Die auf Stangen gestülpten Harnische rasselten. Von der Wand fiel eine Menge Putz auf den Fußboden.
Dobó sah die Richter an:
„Hat noch jemand etwas zu fragen?"
Die Richter saßen wie versteinert am Tisch. Schließlich begann der gemeine Soldat, der auch mit zum Richter bestimmt war:
„Haben die zehn Soldaten eingewilligt, Burg Eger den Türken zu übergeben?"
Der bleiche junge Mensch zuckte die Achseln:
„Der Soldat kann nichts anderes wollen als seine Offiziere."

Es wurde keine Frage mehr gestellt.
„Der Türke muß noch vernommen werden“, sagte Dobó. „Führt ihn vor.“
Der Türke verneigte sich dreimal, bis er am Tisch anlangte. Dort blieb er in gebeugter Haltung stehen, die Hände über der Brust gekreuzt.
„Verstehst du Ungarisch?“
„Ja, Herr.“
„Wie heißt du?“ fragte Dobó.
„Jussuf.“
„Jussuf, zu ungarisch József. Steh gerade!“
Der Türke richtete sich auf. Er war ein etwa dreißigjähriger Akindschi, ein stämmiger Mann mit kräftigen Muskeln. Seine eingedrückte Nase und eine rote Narbe auf dem Kopf zeugten davon, daß er schon Schlachten erlebt hatte. Seinen Augen sah man die schlaflos verbrachte Nacht an.
Auf die Fragen der Richter antwortete er, daß er seit zehn Jahren in Ungarn sei und daß er zufällig an der Mauer gestanden habe, als Hegedűs durch die Spalte rief: „He, Türken! Wer von euch versteht Ungarisch?“
„Er lügt“, brummte Hegedűs, der so weiß wie die Wand war, „auch Zoltay hat immer mit Türken gesprochen.“
„Ich?“ fuhr Zoltay auf.
„Jawohl, du. Sooft sie angreifen, rufst du ihnen etwas zu.“
Bleich vor Wut sprang Zoltay von Stuhl auf:
„Ich bitte um eine Untersuchung gegen mich“, sagte er. „Auf dem Richterstuhl kann ich nicht mehr sitzen bleiben. Daß ich immer etwas rufe, wenn ich zuschlage, mag stimmen. Aber dann fluche ich bloß, und das ist kein Vergehen. Was sind das für Reden?!“
Dobó beschwichtigte ihn:
„Deine Gewohnheit, zu fluchen, kennen wir alle. Auch andere tun das in der Hitze des Gefechts. Doch da du jetzt über den Angeklagten erzürnt bist, entheben wir dich des Richteramtes.“
Zoltay verbeugte sich und verließ den Saal.
Dobó blickte wieder den Türken an.
Der sagte dann in gebrochenem Ungarisch aus, daß Hegedűs am Alten Tor erst mit einem Aga, dann mit Arslan Beg gesprochen habe. Vom Beg habe er sich als Gewähr dessen Ehrenwort

und hundert Dukaten geben lassen. Und dann habe er zu dem Beg gesagt, er werde in der Nacht die Türken in die Burg einlassen, der Beg solle nur bei dem Tor, an dem immer die große Trommel geschlagen werde, graben lassen. Er (dabei zeigte der Türke auf Hegedűs) habe gesagt, er sei einmal nachts im Wasserbecken gewesen und habe dort einen unterirdischen Gang entdeckt, der aber am Tor verschüttet sei. Und an dieser Stelle habe er über seinem Kopf das Trommeln und auch die Schritte der Soldaten gehört, viel brauche man dort also nicht graben zu lassen. Er erwarte die Türken heute nacht schlag zwölf Uhr. Sie müßten aber dafür bürgen, daß sie die Kassaer Söldner am Alten Tor unbehelligt ließen. Das habe Hegedűs zu dem Beg gesagt, und darüber hätten sie sich geeinigt. Um Mitternacht habe Hegedűs sie dann mit einer Laterne hereingeführt. Durcheinander seien Janitscharen, Assaber und Piaden gekommen. Dreitausend Mann wären in den unterirdischen Gang eingedrungen, während der übrige Teil des Heerlagers – Gott wisse, wieviel tausend Mann – darauf gewartet habe, daß die beiden Tore geöffnet würden. Da sei aber in der Ecke des Wasserbekkens Hegedűs' Laterne an die Mauer gestoßen und ausgegangen. Er habe jedoch die Vorhut im Dunkeln weitergeführt, weil er den Weg kannte. Aber der Rand des großen Wasserbeckens sei schmal. Dennoch habe sich Hegedűs auch im Dunkeln zurechtgefunden, von den Türken aber, die hinter ihm herdrängten, seien viele ins Wasser gefallen.

„Weißt du nichts davon", fragte Dobó, „daß der Derwisch Beg den Sohn eines unserer Offiziere geraubt hat?"

„Doch, ja", antwortete der Türke. „Seit ungefähr zwei Wochen wird in allen Zelten nach dem Knaben geforscht. Der Beg läßt ihn suchen. Er ist ihm drei Tage nach seiner Ankunft gestohlen worden, oder er ist weggelaufen."

Dobó sah Hegedűs an:

„Du Elender!"

Hegedűs fiel auf die Knie:

„Erbarmen! Habt Erbarmen!" jammerte er. „Ich bin auf Abwege geraten, ich war nicht bei Sinnen."

„Gestehst du, daß du die Burg an den Feind verraten wolltest?"

„Ich gestehe es. Nur habt Erbarmen, habt Mitleid mit mir. Ich habe Kinder, ihr müßt es verstehen..."

Und seine Stimme überschlug sich.

Die Verhandlung währte nicht länger als eine Stunde.

Kurz darauf hing Leutnant Hegedűs schon auf dem Burgplatz an einem Galgen, der eilends aus Balken errichtet worden war. Und Fügedy rief dem Burgvolk zu:

„So wird jeder Eidbrüchige gehenkt – Gemeiner oder Offiziere –, der versucht, Burg Eger dem Feind in die Hände zu spielen!"

Den drei Söldnern wurden unter dem Galgen die Ohren abgehauen. Die übrigen sieben mußten mit Ketten an den Füßen im Innern der Festung arbeiten.

Der Türke wurde von der hohen westlichen Burgmauer hinab in die Tiefe gestürzt; mit gebrochenem Genick blieb er zwischen seinen Kameraden liegen.

Das Burgvolk konnte sich überzeugen, daß Dobó keinen Spaß verstand.

8

Stärker als alle Kräfte der Welt ist die Mutterliebe! Sie ist wie Sonnenlicht in menschlichem Gewand, wie das heilige Feuer aus Gottes Herzen. In ihrer Zartheit kennt sie keine Angst vor dem Tod. Du, die du deinen sicheren Hort, die seidenen Kissen und all deine Habe verließest, dich verkleidetest, um so durch den Todeswald hindurch zu deinen Lieben zu gelangen, du, die du in die Tiefe der Erde hinabstiegst und mit deinen schwachen Armen die Mauer durchbrechen willst, an der Hunderttausende bewaffneter Bestien machtlos emporschreien, die du nichts für unmöglich hältst, wenn es darum geht, mit denen, die du liebst, zusammen zu leiden und, wenn es sein muß, auch zusammen zu sterben, du Frau- und Mutterherz – ich bewundere dich!

*

Zwei Nächte und zwei Tage lang gruben sie sich weiter und weiter vor in dem stellenweise verschütteten unterirdischen Gang, ohne die feuchte Kälte unter dem lockeren Gewölbe zu beachten. Zuweilen war die verschüttete Stelle nicht länger als ein paar Schritte; in einer Stunde hatten sie sich durchgearbeitet.

Oft aber hatten sie ihre schwere Not mit den großen Steinen; an solche Arbeit war ja weder die Frau, noch der für sein Alter recht zarte Jüngling gewöhnt.

Am Abend des dritten Oktober, kaum daß es im Lager still geworden war, nahmen sie ihren ganzen Proviant an sich.

Ihrer Berechnung nach konnten sie nur noch hundert Schritt von der Burg entfernt sein. Sie hofften also, daß sie nicht mehr zurückzukehren brauchten.

Die ganze Nacht hindurch arbeiteten sie.

Unter der Erde wußten sie nicht, wann der Morgen graute, wann die Sonne aufging. Sie hörten nur das Getrappel der Reisig und Erde schleppenden Pferde und vernahmen von der Burg das Dröhnen der Geschütze. Sie dachten, ein nächtlicher Angriff sei im Gange, und schaufelten noch eifriger, um bald in die Festung hineinzugelangen.

Draußen indessen graute der Morgen, leuchtete die Morgenröte, wurde es Tag, und die Sonne stieg hinter den Borsoder Bergen empor. Die Knechte des griechischen Pferdehändlers vermuteten, daß das Zelt verlassen sei, und sahen hinein. Der von der Stelle gerückte Stein und das breite Erdloch machten sie stutzig. Da die Reiterei in der Nähe wieder Reisig sammelte, eilte der Pferdehändler selbst zu einem Deli-Aga und meldete ihm, vor Freude förmlich zitternd:

„Herr! Durch mich gelangt Burg Eger in die Hände unseres Heeres! Ich habe heute nacht einen unterirdischen Gang entdeckt."

Da ließen die zahllosen Delis, Akindschis, Beschlis, Gönöllüs und Gurebas auf einmal die Reiser liegen und die Pferde frei herumlaufen. Pfeifen und Trompeten bliesen zum Sammeln. Soldaten verschiedenster Truppenteile drängten sich mit Waffengerassel durch die Mündung des unterirdischen Ganges in die Tiefe.

Der Krämer, eine Fackel in der Hand, führte sie.

*

Unterdessen arbeiteten sich die beiden armen Menschenkinder kriechend, durchnäßt, Steine wälzend vorwärts.

Der Weg wurde an einer Stelle wieder abschüssig. Dort war es trocken, und der Gang verbreiterte sich.

Sie gelangten in einen dreieckigen, großen, unterirdischen feuchten Raum.

„Hier müssen wir unter dem Festungsgraben sein“, mutmaßte Miklós.

„Nein, schon innerhalb der Mauern; das hier wird einst ein Stall gewesen sein oder ein Kornkeller“, meinte Frau Bornemissza.

Nun waren aber in zwei Ecken des Saales verschüttete Ausgänge. Welcher von beiden mochte der richtige sein?

Der eine war sattelförmig gebogen und hatte oben ein kleines Einsturzloch, durch das vielleicht eine Menschenfaust langen konnte. An dem anderen war an der Seite eine finstere schmale Öffnung zu sehen.

„Hier sind zwei Wege“, sagte Miklós, „jetzt fragt es sich, welchen wir aufbrechen sollen.“

Er stieg auf die Steine und hielt die Kerze an das Loch.

Die Flamme flackerte.

Auch an der Öffnung links machte er den Versuch.

Dort blieb die Flamme ruhig.

Miklós steckte die Kerze in den Rand seines Hutes und rüttelte an dem obersten Stein. Éva half ihm. Der Stein rollte polternd zu Boden.

„Noch einen!“ sagte Miklós.

Wieder stemmten sie sich beide gegen einen Block. Aber dieser gab nicht nach.

„Wir müssen erst ringsherum die kleinen entfernen.“

Er nahm den Spaten und stach damit rund um den Stein herum. Dann rüttelte er wieder daran. Der Stein gab nach.

Miklós holte tief Atem und wischte sich das Gesicht ab.

„Ich bin müde.“

„Ruhen wir uns aus“, sagte Éva keuchend.

Und sie setzten sich.

Miklós lehnte sich mit dem Rücken an die Mauer und schlief augenblicklich ein.

Auch Éva war wie betäubt vor Müdigkeit. Ihre Kleidung war bis über die Knie naß und lehmig; ihre Hände bluteten. Ihr Haar, das sich vom vielen Bücken gelöst hatte, steckte teils unter ihrem Dolman, teils hing es ihr im Nacken.

Sie nahm die Kerze und spähte in beide Höhlen.

Zwei Wege standen ihnen jetzt offen, nur mußten sie sich an dieser Stelle noch hindurchzwängen.

„Ein wenig rasten wir“, sagte sie und klebte die Kerze auf den Stein, „aber ich schlafe nicht ein, nein, ich ruhe mich nur aus.“

Und während sie sich zurücklehnte, hörte sie von dort, woher sie gekommen waren, leises Poltern.

Mit zusammengezogenen Augenbrauen lauschte sie: Wurde oben gepoltert oder hier unten?

Da leuchtete aus der Tiefe des unterirdischen Ganges ein Lichtstrahl auf.

„Miklós!“ schrie Éva und rüttelte ihn. „Sie kommen!“

Miklós hob matt die Augenlider.

„Sie kommen!“ wiederholte Éva verzweifelt.

Sie griff nach ihrem Säbel.

Aber es war nur die Scheide da. Der Säbel war irgendwo liegengeblieben, wo sie Steine gestemmt hatten. Auch die Jatagane, die sie im Gurt gehabt hatte, waren schon alle bei der Arbeit zerbrochen, sogar ihr Messer. Nun hatten sie gar keine Waffe mehr.

Der Lichtschein wurde stärker und kam näher.

Éva nahm alle Kraft zusammen und rüttelte an dem Block, Miklós half ihr. Der Stein bewegte sich, gab aber nicht nach.

Starr vor Entsetzen sahen die beiden, wie aus der Finsternis der Pferdehändler mit der Fackel hervortrat, neben ihm mit dem Hängeschnurrbart der stämmige Aga, in dessen Gurt die Handschare blinkten.

Im nächsten Augenblick streckten sich viele Hände nach ihnen aus, und die beiden waren gefangen.

Der Aga warf einen prüfenden Blick auf die begonnene Arbeit und faßte schnell einen Entschluß.

„Nimm die Fackel, Bube“, befahl er Miklós. „Du kennst ja hier den Weg.“

Miklós verstand nicht, was der Aga sagte, er sah nur, daß man ihm die Fackel hinhielt.

Schnell hatten die Soldaten die schweren Steine herausgehoben.

Ein Weg, breit genug für zwei Menschen, wurde frei.

Die Höhle hatte sich nun schon mit Bewaffneten gefüllt.

„Du führst uns“, sagte der Aga zu Miklós, „und der oder die

andere“, fuhr er, auf Éva zeigend, fort, „bleibt hier. Wenn du uns falsch führst, werfe ich das Weibsbild den gemeinen Soldaten hin.“

Éva schloß die Augen.

Ein Janitschar verdolmetschte die Worte des Agas.

Dieser sah zurück:

„Ein Deli soll sie bewachen!“

Und er gab Miklós einen Stoß, daß er vorangehe.

Ein Deli stellte sich neben Éva. Die anderen gingen vorwärts. Da aber der Aga nicht gesagt hatte, welcher die Gefangene bewachen solle, übergab dieser Deli sie bald einem anderen.

„Bewach du sie!“

Nun stand der eine Weile neben ihr, dann aber fiel ihm wohl ein, daß diejenigen, die als erste in die Burg eindrangen, bis an ihr Lebensende große Herren sein würden; so bot er denn die Gefangene einem Müssellem an.

„Ich bewache sie nicht“, sagte der Müssellem abwinkend und ging weiter.

„Ich werde auf sie achten, geh nur“, sagte da ein alter Assaber mit einem mit Iltisfell verbrämten Kalpak.

Er zog seinen Handschar und stellte sich neben die Frau.

Totenbleich lehnte sich Éva an die Mauer. Dicht hintereinander schritten die verschiedenartig gekleideten, nach Schießpulver und Schweiß riechenden schmierigen Soldaten an ihr vorbei. Alle mit blankem Säbel in der Hand und alle mit funkelnden Augen, getrieben von der Hoffnung, zu den ersten zu zählen.

Von Zeit zu Zeit kam ein Fackelträger und leuchtete einer Gruppe. Manchmal kam ein Trupp, der im Dunkel tappte. Die Waffen klirrten und rasselten. Einer trug eine zusammengerollte rote Fahne auf der Schulter.

Plötzlich erklang dumpfes, tiefes Dröhnen, als donnerte es im Innern der Erde. Vom Saaleingang rückwärts stürzte der unterirdische Gang ein. Das Dröhnen dauerte minutenlang an. Steine brachen ab und fielen mit dumpfem Aufschlag nieder. Den Vorangeeilten konnte nun niemand mehr folgen.

Von der Einsturzstelle her erscholl dumpfes Klagen und Ächzen. In der anderen Richtung das leise Rasseln der sich entfernenden Bewaffneten.

Der Assaber neben Éva sagte leise auf ungarisch:

„Fürchtet Euch nicht!"

Und er nahm ihre Hand:

„Wer seid Ihr?"

Sie konnte kein Wort hervorbringen.

„Eine Ungarin?"

Sie nickte.

„Kommt", sagte der Assaber. „Der Weg gabelt sich hier. Wenn ich die andere Öffnung freilegen kann, sind wir gerettet. Aber wenn das Gewölbe auch hier einstürzt..."

Éva fühlte wieder Leben in ihren Adern.

„Wer seid Ihr?" fragte sie, wieder zu sich kommend.

„Mein Name ist Varsányi. Ich will Euer Bestes."

Er nahm Stahl und Feuerstein aus seinem Gurt und schlug Funken.

Der Zunder brannte sogleich. Duftender Rauch vermischte sich mit der muffigen Luft des unterirdischen Raumes. Varsányi hielt den Zündschwamm an die Wachskerze und blies, bis sie anflammte.

„Haltet die Kerze, junge Frau."

Er trat an den verschütteten Ausgang in der linken Ecke. Mit einigen kräftigen Griffen lockerte er die Steine.

Varsányi war ein kleiner, aber starker Mann. Die großen viereckigen Steine fielen einer nach dem anderen, bald nach außen, bald nach innen. Nach kurzer Zeit war die Öffnung so groß, daß ein Mensch hindurchschlüpfen konnte.

Varsányi nahm der Frau die Kerze ab und schritt gebückt voraus, die Hand vor die Flamme haltend. Er ging so rasch, daß Éva ihm kaum folgen konnte.

Der Weg war dort sauberer, führte aber noch immer abwärts.

Einmal drehte sich Varsányi um:

„Seid Ihr vielleicht eine Kundschafterin? Bringt Ihr etwa Botschaft vom König?"

„Ja", antwortete Éva, als spräche sie im Traum.

„Kommt die Truppe des Königs?"

„Ich weiß nicht."

„Na, einerlei. Wenn ich nur wüßte, wo wir sind. Wir müssen uns beeilen, damit wir den Türken zuvorkommen."

Der Weg stieg jetzt an. Hie und da gähnte an der Seite schwarz eine Nische. Die Steine waren braun, und wie Tau glänzte auf ihnen die Feuchtigkeit.

„Eilen wir! Eilen wir!“ sagte Varsányi wieder. „Mir scheint, wir kommen am Wasserbecken heraus.“

Ein weißer Mörtelhaufen versperrte den Weg, die Luft war von starkem Kalkgeruch erfüllt.

Varsányi kratzte sich den Kopf:

„Tjüh, verteufelte Sache!“

„Was ist?“

„Nichts, ich krieche voraus. Haltet Ihr die Kerze.“

Er legte sich bäuchlings auf den Hügel und kroch hinüber. Éva reichte ihm die Kerze.

Varsányi stand bereits auf den Füßen. Er nahm das Licht und machte „Hm“. Dann streckte er Éva die Hand hin, half ihr, daß sie über den Hügel kriechen und sich dann aufrichten konnte.

Sie befanden sich in einer weiten und trotz der Finsternis weiß schimmernden Höhle. Von oben hörten sie Trauergesang: *„In paradisum deducant te angeli“,* und aus der Höhe schimmerte Tageslicht herab.

Die Höhle war voll weißer Särge, die kreuz und quer übereinanderlagen, und ringsherum war gelöschter Kalk. Von den Kanten der Särge hing wie in Fransen trocknender Kalk herab. An der Seite ragte aus dem Kalkteich halb liegend ein erstarrter Toter im Hemd heraus. Die von oben hereinfallende Helligkeit beleuchtete sein schnurrbärtiges, knochiges Gesicht. An seinem Hals hing ein Strick.

Varsányi starrte betroffen auf diesen Toten. Dann drehte er sich um.

Éva lag ohnmächtig hinter ihm auf der Erde.

*

Inzwischen führte Miklós die türkischen Soldaten.

Anfangs konnte er vor Schreck die Glieder kaum bewegen, dann aber stärkte ihn der Gedanke, daß er, wenn sie die Burg erreichten, fürchterlich schreien würde... Und nun trug er, ohne zu wanken, die Fackel bald vor dem Aga, bald neben ihm.

Nach kurzer Zeit stieg auch dieser Weg an. Immer höher und höher kam der Trupp. Dann hinderte ihn eine Mauer am Weitergehen, sie war aus dem gleichen Sandstein gebaut wie ganz Eger, und ihr Verputz ließ darauf schließen, daß sie vor sehr langer Zeit errichtet worden war.

„Brecht die Mauer durch!“ befahl der Aga.

Und unter den eisernen Schlägen der Jatagane und Lanzen fiel bald der Mörtel. Nur die ersten zwei oder drei Steine ließen sich schwer ausheben, die anderen gaben der stählernen Kraft der Arme schon leichter nach.

Dennoch nahm diese Arbeit über eine Stunde in Anspruch.

Als die Lücke groß genug war, einen Menschen durchzulassen, mußte Miklós auf des Agas Befehl als erster hindurchkriechen.

Sie gelangten in einen weiten, kellerartigen Raum. Dort standen Fässer über Fässer. Merkwürdig aber war, daß der Raum eher den Eindruck eines Saales als eines Kellers machte. An der Wand hing ein altes, zerfetztes, großes Gemälde, und darunter stand ein runder Bottich. Auf dem Bild waren von zwei Gestalten fast nur noch die Köpfe zu sehen. Die eine hatte ein trauriges Gesicht mit einem Bart, die andere einen ebenfalls traurigen Jünglingskopf, der an die Brust des Bärtigen gelehnt war. Über beiden Köpfen waren Heiligscheine. Unter dem des Jünglings schimmerte durch einen klaffenden Riß die weiße Wand hindurch.

Das Kommen und Gehen der Burginsassen war zu hören.

„Waffen in die Hand!“ sagte der Aga leise nach hinten. „Still versammeln! Leise! Leise!... Wenn wir die Tür aufreißen, darf keiner brüllen. Sehen wir niemanden, so warten wir, bis die anderen heran sind. Die Fahnenträger springen sofort auf die Mauer.“

Zwei Fahnenträger traten weiter vor.

Der Aga fuhr fort:

„Alle übrigen mit mir aufs Tor zu! Es gibt kein Erbarmen! Die Torwache wird entwaffnet, das Tor aufgebrochen, das ist das erste. Habt ihr verstanden?“

„Jawohl!“ ertönte als Antwort das leise Murmeln der Soldaten.

Der Aga ging weiter und erblickte vor der Eisentür einen großen Bottich Schießpulver. Er stutzte.

Sie waren im Pulverkeller. In den Fässern war kein Wein, sondern Schießpulver.

Auch Miklós hatte bereits erkannt, wohin sie gelangt waren.

Und als er vor dem großen Bottich stand, drehte er sich um.

Er blickte über die Menge der bewaffneten, vorwärtsdrängenden Türken. Sein Gesicht war bleich und verklärt. Er hob die brennende Fackel in die Höhe und schleuderte sie in das Schießpulver.

9

Als der Sarg herabgelassen wurde, rief Varsányi hinauf:

„He! Leute!"

Auf seinen Ruf erschienen oben an der Falltür der Begräbnishöhle verdutzte Gesichter. Ein Kopf unbedeckt, der andere mit einem rostigen, schmucklosen Helm, von einem Riemen um das Kinn gehalten.

Varsányi rief noch einmal:

„He! Ich bin hier unten, Varsányi. Zieht mich hinauf!"

Er nahm Éva auf den Arm und stieg von Sarg zu Sarg bis an die Taue. Er knotete die Seile zusammen und setzte sich hinein.

Die Männer zogen ihn hinauf.

Oben an der Gruft waren nur die beiden Pfarrer und die beiden Bauern, die die Taue zogen, sonst niemand. Die vier Männer starrten auf Éva, die wie eine Tote auf dem Rasen lag, wohin Varsányi sie gelegt hatte.

„Holt Wasser", sagte er den Bauern.

In diesem Augenblick erdröhnte ein welterschütterndes Krachen, und ein Höllenfeuer betäubte und blendete alle: Von der Kirchbastion schoß eine Flammensäule in die Höhe, bis zum Himmel empor, und in den Flammen wirbelten schwarze Bretter, Balken, Steine, Holzstücke und Menschen.

Bei der Explosion erbebte die ganze Burg, so daß die Menschen taumelten und hinfielen, als wäre eine unsichtbare riesige Faust auf sie niedergesaust.

Ein Regen von Steinen, Blut, Waffen, Holz und Faßdauben fiel herab.

Auf diese Detonation folgte minutenlange Totenstille.

Totenstill war es in der Burg und auch draußen im türkischen Heerlager.

Alle waren wie betäubt.

Ist der Himmel herabgestürzt? Oder öffnet sich die Erde, wird zur feuerspeienden Hölle, um die Welt in der fürchterlichen

Feuersbrunst des Jüngsten Gerichts zu verschlingen? Keiner verstand, was geschehen war.

Ein Türkenstreich! – Das war der erste und einzige Gedanke im Kopf eines jeden in der Burg.

Die Burg ist verloren! – Das war das einzige Gefühl, das die vom Donnerkrach verkrampften Herzen zu Stein erstarren ließ.

Gergely hatte unterhalb der Sándor-Bastion mit Sprengladung gefüllte Näpfe zugebunden. Der Luftdruck schleuderte ihn gegen die Schilde, die dort an Nägeln an der Mauer hingen.

Als er den Kopf hob, stand die Flammensäule, oben trichterförmig geöffnet, rot am Himmel; in ihr drehte sich ein schwarzes Mühlrad, um dieses kreisten ein auf dem Rücken liegender Mann und ein einzelnes Menschenbein, das Ganze kam in einer Spirale herab.

Gergely besaß noch die Geistesgegenwart, unter das Gewölbe der Bastion zu springen, doch auch er starrte in der ersten Minute entgeistert vor sich hin.

In der nächsten Minute jedoch war das ganze Burgvolk in Bewegung. Überall sah man Menschen hin und her laufen, Soldaten ihre Waffen hinwerfen, jammernde Frauen und scheu gewordene Pferde, die sich losgerissen hatten.

Unten im türkischen Lager erscholl Triumphgeschrei. Bereitliegende Sturmleitern wurden hochgehoben, und zu Tausenden wogten die bewaffneten Krieger auf die Burg zu.

„Wir sind verloren!“ So tönte es in der Burg durch das Stöhnen und Wehklagen hindurch.

Frauen, die ihre Kinder an der Hand gefaßt oder schnell auf den Arm genommen hatten, rannten über die rußgeschwärzten Steine und Balken kreuz und quer durch die schwelenden Trümmer. Ein jeder flüchtete, und keiner wußte, wohin.

Und der Himmel schien diese Verwirrung noch vergrößern zu wollen: Es fiel dichter schwarzer Schnee. Schwarzer Schnee! Unaufhörlich fielen die schwarzen Flocken. So dicht, daß man keine zehn Schritt weit sehen konnte.

Das war die Flugasche. Sie hüllte die ganze Burg ein, als wollte sie sie mit einem Trauergewand bekleiden.

Verunstaltete Leichen, blutende menschliche Gließmaßen lagen auf den verstreuten Steinen und Balken umher.

Dobó jagte barhäuptig, sein Roß am Zügel reißend, zur Explosionsstätte und beorderte die Soldaten auf die Mauer.

„Nichts ist geschehen!" rief er nach rechts und nach links. „Es waren nur vierundzwanzig Tonnen Schießpulver in der Sakristei!"

Die Offiziere schwangen sich alle aufs Pferd und beruhigten mit Dobós Worten allenthalben das Volk.

„Geht alle wieder auf eure Plätze. Nur vierundzwanzig Tonnen Schießpulver..."

Mekcsey versetzte in seiner Wut den betäubten und ungehorsamen Soldaten Stöße mit einem abgebrochenen Lanzenstiel.

„Zu den Waffen, Himmelkreuzdonnerwetter! Auf den Wehrgang!"

Und auch er sprang vom Pferd, schwang seine klafterlange Lanze und stürmte auf die Mauer.

„Mir nach, Jungen! Wer ein Mann ist, mir nach!"

Die auf die Mauer kletternden Türken wurden mit einer Salve begrüßt. Die Soldaten vom inneren Burgplatz liefen ohne Befehl auf die Mauer, und nun waren Spieße, Säbel und Äxte an der Arbeit.

Die Türken drängten sich, gleichfalls ungeordnet, nach vorn und nach hinten; denn außerhalb der Mauern war die Verwirrung ebenso groß wie in der Festung.

Die meisten rannten zur Explosionsstätte.

Gergely sah von seiner Bastion aus in dem nicht mehr so dichten schwarzen Flugaschenregen das bunte Türkenheer auf die Kirchbastei zuströmen.

„Bleib du hier!" rief er Zoltay zu und rannte mit gezücktem Säbel zu der Angriffsstelle.

„Korcsolás!" rief er einem nach dem Burginnern laufenden Gefreiten zu. „Komm mit mir!"

Der Mann war nur fünf Schritt von ihm entfernt, sah aber nicht einmal zu ihm hin.

„Máté Korcsolás! Potz Donner!"

Der Mann ging, vor sich hinstarrend, ruhig weiter.

Gergely sprang ihm nach und packte ihn bei der Schulter:

„Hörst du denn nicht?"

Der Mann sah Bornemissza wie aus einem Traum aufgeschreckt an.

Da merkte Gergely, daß ihm aus den beiden Ohren Blut floß. Der war tatsächlich taub geworden.

Gergely ließ ihn gehen und eilte weiter.

Unterwegs fiel sein Blick auf die Kessel. Darin kochte die Suppe für die, die mittags Wache gehabt hatten und jetzt ihr Essen bekommen sollten. In den acht großen Kesseln dampfte und brodelte die Brühe mit den Fleischstücken.

Gergely blieb stehen. Er ergriff die Tragestange, stieß sie durch die Henkel eines Kessels und rief dem Bauern, der für die Schüsseln verantwortlich war, zu:

„Faßt am anderen Ende an! Und schafft dann auch die übrigen Kessel auf die Bastei!"

Oben angekommen, schüttete Gergely die kochende Suppe den Türken, die sich auf den Leitern drängten, auf die Köpfe.

*

Als Varsányi zur Besinnung kam, erblickte er vor sich auf der Erde die Frau. Die beiden Pfarrer waren in Chorrock und Stola auf die Mauer geeilt und hatten zu den Waffen gegriffen, die beiden Bauern waren nach verschiedenen Richtungen gerannt, vermutlich an die Geschütze.

Varsányi hob Éva wie einen Sack auf die Schulter und trug sie in den Palas. Er sagte sich: Wenn sie eine Gesandte des Königs ist, gehört sie dorthin; sie wird wohl einen Brief gebracht haben.

Und er überließ es Frau Balogh, sie aus ihrer Ohnmacht zu wecken.

*

Erst als der Sturmangriff zurückgeschlagen war, wurde festgestellt, welchen Schaden die Explosion verursacht hatte.

Die rechte Seite der Kirchbastion und die Sakristei glichen einer schwarzgähnenden Höhle. Die Burgmauer war zusammen mit dem in der Nacht wiederaufgebauten Teil an dieser Stelle eingestürzt, und von den beiden Trockenmühlen, die dort gearbeitet hatten, waren nur noch Trümmer vorhanden. Unterhalb der Sakristei hatten dreißig Rinder gestanden, sie lagen verendet in ihrem Blut.

Die acht Wachtsoldaten fand man in Stücke gerissen auf.

Auch ein Leutnant war umgekommen. Pál Nagy, den György Báthory mit dreißig Kriegern von Burg Erdőd geschickt hatte.

Viele von den Soldaten, die sich in der Nähe aufgehalten hatten, waren verwundet. Einem Kämpfer namens Gergely Horváth hatte ein herabstürzender Stein den Arm im Schultergelenk abgerissen. Er starb noch am selben Tage und wurde in die Begräbnishöhle hinabgelassen.

Ganz beruhigten sich die Leute in der Burg erst, als sie sahen, daß die Türken die Mauern nicht ersteigen und nicht in die Burg eindringen konnten.

„Auch Gott schützt Burg Eger!" rief Dobó, während er sich das Haar nach hinten strich und zum Himmel blickte, „Vertraut auf Gott, Kampfgefährten."

Eigentlich hatte die Suppe den Angriff abgewehrt. Die Türken waren Feuer, Säbel und Lanzen gewöhnt, aber heiße Suppe kannten sie nur in der Schüssel. Als die heiße Paprikabrühe die erste Leiter hinunterfloß, waren die Leitern auf einmal wie leergefegt. Auch die Türken, die sich unten an der Leiter drängten, sprangen auseinander. Der eine griff sich an die Hand, der andere an den Hals, der dritte ins Gesicht. Alle hielten sich den Schild über den Kopf und und verließen fluchend die Mauer.

Die Ungarn atmeten erleichtert auf.

Dobó ließ die Müller und Zimmerleute rufen.

„Sucht rasch zusammen, was von den beiden Mühlen übriggeblieben ist, und baut eine Pulvermühle daraus. Was fehlt, muß von den Zimmerleuten schnell zusammengehauen werden. Wo ist der Rechnungsführer?"

„Aus den Klostermauern trat eine schwarze Gestalt hervor. Sich den Ruß vom Schnurrbart blasend und vom Bart klopfend, trat sie vor Dobó hin.

Es war der alte Sukán.

„Onkel Sukán", sagte Dobó, „gebt aus dem Keller Salpeter, Schwefel und Kohle heraus. Sobald die Mühle fertig ist, sollen die Müller daraus Schießpulver mahlen."

Nun erst dachte Dobó daran, daß er gehen könnte, um sich zu waschen, denn auch er sah aus wie ein Kaminfeger.

*

Vor dem Palas auf der Türschwelle saß ebenfalls ein rußgeschwärzter Mann. Er war halb türkisch gekleidet. In der einen Hand hielt er einen großen gebratenen Kürbis, den er mit einem Löffel aß.

Als er Dobó erblickte, stand er auf.

„Du bist's Varsányi?"

„Ja, Herr, ich bin es."

„Was für Kunde bringst du?"

„Einen Sendboten des Königs habe ich in die Burg gebracht, eine Frau, scheint mir."

Mit großen Schritten eilte Dobó zu Frau Balogh:

„Wo ist der Bote?"

Frau Balogh saß an Petős Bett und nähte. Sie fütterte einen Helm mit roter Seide: den Helm ihres Sohnes.

„Welcher Bote?" fragte sie und sah Dobó erstaunt an. „Hierher hat man nur eine Frau gebracht."

„Nun also diese Frau, wo ist sie?"

Frau Balogh blickte durch eine Türspalte ins Nebenzimmer, zog aber die Tür wieder zu.

„Sie schläft", sagte sie, „wecken wir sie nicht. Die Arme ist sehr erschöpft."

Dobó blickte zur Tür hinein.

Éva lag im Bett, in weißem, sauberem Bettzeug. Nur ihr Kopf war zu sehen, der, von dem braunen Haar umwellt, bleich im Kissen ruhte.

Dobó betrachtete verwundert das auch im Schlaf kummervolle, totenblasse Frauenantlitz. Er kannte es nicht.

Er zog sich zurück.

„Hat sie einen Brief gebracht?"

„Nein."

„Gebt mir bitte ihre Kleider. Wer ist diese Frau?"

Frau Balogh zuckte die Achseln, dann sah sie Dobó bittend an.

„Sie hat gesagt, wir sollen sie nicht nach ihrem Namen fragen. Sie fürchtet, Euer Gnaden nicht willkommen zu sein."

„Ich bitte um die Kleider der Frau!"

Frau Balogh holte vom Flur ein von Lehm und Kalk schmieriges türkisches Soldatengewand und schwefelgelbe kleine Saffianstiefel mit Sporen daran. In der Gurttasche waren etwa fünfzig ungarische Goldmünzen. Am Gurt hingen die Scheide eines Säbels und zwei zerbrochene türkische Jatagane.

„Tastet die Taschen ab."

In einer knisterte Papier.

„Da ist es ja", sagte Dobó und griff hastig danach.

Mit den noch rußigen Händen faltete er das Pergament auseinander.

Es war die Zeichnung von der Burg.

Sonst enthielten die Taschen nichts als ein Taschentuch und ein Paar zerknüllte Handschuhe.

Dobó und Frau Balogh tasteten auch die Nähte des Gewandes ab, trennten sie sogar auf.

Auch die Stiefel untersuchten sie.

Nichts.

„Hat sie den Brief etwa mit ins Bett genommen?"

„Nein", antwortete Frau Balogh. „Ich mußte ja dem armen Wesen ein Hemd geben. Schrecklich, wie erschöpft sie ist... Sie muß schon lange nicht geschlafen haben. Unter der Erde ist sie hereingekommen, durch die *Straße der Toten*."

Dobó ließ Varsányi rufen.

„Du hast gesagt: ein Gesandter."

„So habe ich es verstanden."

„Hat sie es denn nicht deutlich gesagt?"

„Wir haben nicht viel sprechen können, Herr. Durch den unterirdischen Gang sind wir hereingekommen, sozusagen im Laufschritt hereingeflüchtet."

„Durch was für einen?"

„Beim Friedhof."

„Ist denn dort auch ein unterirdischer Gang?"

„Jetzt nicht mehr, Herr."

„Haben die Türken Proviant?"

„Manchmal kommen zehn bis zwanzig Karren Mehl und hin und wieder mal auch eine Herde Schafe. Der Himmel mag wissen, wo sie sich das verschaffen. Reis haben sie schon lange keinen mehr."

„Sie hungern also noch nicht?"

„Bisher nicht unbedingt."

„Was weißt du noch vom Heerlager?"

„Nur, daß sie vom Königsstuhl her eine Mine graben."

„Nach der Burg hin?"
„Sicherlich, denn es sind Lagumdschis an der Arbeit."
„Warum bist du nicht früher gekommen? Du hättest das Reisigschleppen melden müssen."
„Es war nicht möglich. Sie haben die stärksten Janitscharen vor die Tore gestellt, und ich hatte keine Janitscharenkleidung. Sie hätten Verdacht geschöpft, wenn ich so hätte durchkommen wollen."
„Bleibe jetzt in der Burg. Melde dich bei Herrn Gergely Bornemissza und erstatte ihm Bericht, wo sie die Mine graben. Dann komm hierher zurück. Halte dich hier in der Nähe der Tür auf."
Dobó hatte das Pergament noch in der Hand. Er ließ Mekcsey rufen.
„Nimm einmal dieses Blatt", sagte er zu ihm. „Darauf sind die unterirdischen Gänge eingezeichnet. Ich wußte gar nicht, daß es auf der Welt eine solche Skizze gibt. Ruf sofort die Maurer und laß zumauern, wenn irgendwo noch etwas nicht zugeschüttet ist. Zuallererst muß der untere Weg an der Friedhofsgrube verbaut werden."
Er gab auch den beiden Knappen noch Aufträge, dan ließ er sich zwei Eimer Wasser in seinen Zuber gießen. Nach dem Bade zog er ein anderes Gewand an. Auch das Panzerbeinzeug schnallte er um, dann streckte er sich auf der mit einem Bärenfell bedeckten Bank aus.
Stets schlief er so gerüstet, wo ihn gerade zu irgendeiner Stunde des Tages oder der Nacht der Schlaf überkam. Die Soldaten der Burg behaupteten, er schliefe nie.

10

Dobó konnte erst am Abend mit Éva sprechen.
Sie war schon aufgestanden und trug ein leichtes Hausgewand. Es war wohl eines von den Frauenkleidern, die beim ersten Ausfall als Beute in die Hände ihres Mannes gekommen waren.
Diese Gewänder bei der Versteigerung loszuwerden, war nicht

möglich gewesen, deshalb hatte man sie in einem leeren Zimmer des Palas in den Schrank gehängt. Nach der Belagerung sollten sie an die Armen verteilt werden. Als er zu Abend aß, ließ Dobó Éva zu sich rufen.

„Wer seid Ihr, gnädige Frau?“ waren die ersten Worte, die er an sie richtete.

Denn daß sie eine Dame war, sah er sofort.

Balázs, der Page, stand hinter Dobó. Auch Frau Balogh machte sich im Zimmer zu schaffen. Sie stellte zum Hammelbraten Rotwein auf den Tisch, dann zündete sie neben den zwei brennenden Kerzen noch eine dritte an.

„Ich weiß nicht, ob ich Euch das nicht besser unter vier Augen sagen sollte“, erwiderte Éva matt. „Es ist nicht Frau Baloghs wegen, sondern weil ich nicht weiß, ob es Euch recht ist, wenn man meinen Namen erfährt, Herr Burghauptmann.“

Auf Dobós Wink hin entfernte sich der Knappe.

Auch Frau Balogh verließ das Zimmer.

„Ich bin Gergely Bornemisszas Frau.“

Tränen liefen über ihre Wangen.

Dobó fiel das Messer aus der Hand.

Mit besorgtem Blick fuhr Éva fort:

„Ich weiß, es ist nicht richtig, wenn an einem solchen Ort, bei solcher Arbeit Frauen sind. Aber glaubt mir, Euer Gnaden, ich bin nicht gekommen, um Euch zur Last zu fallen, auch nicht, um meinen Mann durch Jammern und Klagen vom Kampf abzuhalten.“

„Bitte“, sagte Dobó und deutete auf einen Stuhl. „Verzeiht, daß ich Euch während des Essens empfange. Darf ich Euch von den Speisen...“

Aber das waren nur leere Worte.

„Nein, danke“, wehrte Éva ab.

Und müde setzte sie sich.

Ein paar Augenblicke schwiegen beide. Dann begann Dobó:

„Weiß Gergely, daß Ihr gekommen seid?“

„Nein. Und es ist wohl gut so.“

„Ja, gnädige Frau“, sagte Dobó nun schon mit freundlicherem Blick, „Ihr habt recht daran getan, Euren Namen zu verschweigen. Gergely darf nicht wissen, daß Ihr hier seid. Darin bin ich unerbittlich. Lange kann sich die Belagerung nicht mehr hinziehen: Die Ersatztruppe muß bald ankommen. Warum seid Ihr hergekommen, gnädige Frau?"

Évas Augen füllten sich mit Tränen.

„Mein Kind..."

„Ist es also wirklich geraubt worden?"

„Ja."

„Und der Ring?"

„Der ist hier", sagte Éva und zog die Schnur, die sie um den Hals trug, hervor.

Dobó warf einen Blick auf den Ring. Dann trank er einen Schluck Wein und stand auf.

„Welche Sicherheit gebt Ihr mir, gnädige Frau, daß Ihr mit Gergely nicht sprecht?"

„Ich gehorche Euch in allem, was Ihr befehlt, Herr Burghauptmann. Ich weiß, daß..."

„Versteht Ihr, gnädige Frau, weshalb Gergely Euch nicht sehen darf?"

„Ich denke es mir."

„Er ist das Hirn von Eger. Seine Gedanken dürfen keinen Augenblick von der Verteidigung der Burg abgelenkt werden. Wen kennt Ihr hier noch, gnädige Frau?"

„Mekcsey, Fügedy, Zoltay. Auch mein Vater ist hier und Onkel Bálint, unser Pfarrer."

„Ihr dürft Euch draußen nicht zeigen, müßt Euch drinnen versteckt halten, in Frau Baloghs Zimmer. Versprecht mir das auf Ehrenwort."

„Ich verspreche es."

„Schwört es mir!"

„Ich schwöre es."

„Dort das Kruzifix an der Wand, bringt es bitte her und schwört mit heiligem Schwur."

Éva nahm das Kruzifix herunter:

„Ich schwöre beim Leben meines Sohnes, meines Mannes und meines Vaters."

„Danke."

„Und ich verspreche Euch, alles zu tun, um Euer Kind aufzufinden. Gebt mir, bitte, den Talisman."

Éva gab ihm den Ring.

Dobó schnallte sich den Helm fest, und bevor er die Handschuhe anzog, reichte er Éva die Hand.

„Vergebt mir, daß ich so rauh bin. Es geht nicht anders. Betrachtet die Zimmer meiner Frau und die Sachen, die sie hiergelassen hat, als die Euren."

„Auf ein Wort noch, Herr Hauptmann: Soll ich Frau Balogh sagen, wer ich bin?"

„Sagt ihr, was Ihr wollt, nur Gergely darf nichts erfahren."

„Er wird es nicht erfahren."

Dobó grüßte, trat zur Tür hinaus und rief nach seinem Pferd.

*

Gegen Abend erhob sich ein starker Wind. Er blies den Ruß und die Flugasche aus der Burg. Wahrlich, niemand hatte dort seit dem Angriff gefegt. Allerorts herrschten Schmutz und Aasgestank. Und erst außerhalb der Burg!

Dobó rief die Maurer und Bauern an die Trümmerhaufen:

„Lest die Steine auf, die überall herumliegen! Baut die Mauer auf, achtet aber darauf, daß ihr immer gedeckt seid."

Dann wandte er sich seinem Knappen zu:

„Lauf hinein Balázs, und hole Siegellack und eine Kerze."

Dann ging er zur Bombarde *Baba* hinauf, setzte sich auf das Geschütz und schrieb mit Blei auf ein Stück Papier:

Höre, Derwisch Beg! Sobald du Bornemisszas Kind gefunden hast, verkünde es uns durch eine blau-rote Fahne an der Pappel, die nördlich von der Burg am Bach steht. Auf diesem Brief ist der Abdruck deines Ringes. Den Knaben kannst du durch einen Mann mit einer weißen Fahne schicken. Ich gebe dir dafür nicht nur den Ring heraus, sondern dazu noch einen türkischen Knaben, der bei uns gefangen ist.

Dobó rief Mekcsey zu sich.

Er bedeckte das Geschriebene mit der Hand und sagte zu ihm:

„Unterschreibe das hier, István."

Mekcsey unterschrieb, ohne ein Wort zu sagen.

Balázs hielt schon Siegellack und Kerze bereit.

Dobó beugte sich auf dem Geschütz zur Seite und ließ den Siegellack auf den Brief neben Mekcseys Namen tropfen. Mekcsey drückte seinen Ring darauf, dann eilte er, ohne etwas zu fragen, weiter.

Dobó faltete den Brief zusammen und drückte auf das äußere Siegel den Ring des Türken. Der Halbmond und die Sterne waren deutlich zu erkennen.

Der Burghauptmann ließ nun Varsányi rufen.

„Freund Varsányi“, sagte er und lächelte ihn an, „ich weiß schon, warum du nicht gern in die Burg kommst. Wozu denn auch, da wir dich doch immer wieder wegschicken. Kennst du den Derwisch Beg?“

„Wie meinen Stiefelschaft“, gab Varsányi lustig zur Antwort.

„Also nimm diesen Brief! Den schmuggelst du in sein Zelt oder in sein Gewand oder in seinen Trinkbecher, wie es eben geht.“

„Ich verstehe.“

„Dann gehst du nach Szarvaskő und wartest dort auf Miklós Vas. Er muß bald zurückkehren.“

„Und wie kommen wir jetzt noch in die Burg hinein?“

„Sag den Torwächtern, sie sollen jede Nacht ein Seil herabhängen lassen. Du findest es, wenn du die Mauer abtastest. Es soll beim Ziehen oben eine Klingel in Bewegung setzen.“

Varsányi wickelte den Brief in ein Tuch und barg ihn in seiner Brusttasche.

Auf die Sándor-Bastion prasselten die Kanonenkugeln. Dobó sah, daß dort Verwirrung herrschte, und die Soldaten ungeordnet wegsprangen.

Die Türken hatten irgendwie in Erfahrung gebracht, daß die äußere Burgmauer mit der inneren durch ein kleines Tor verbunden war. (Dieser Durchgang zwischen den Mauern war wie der Dorn an einer Schnalle.) Wie hatte der Feind das auskundschaften können? Er hatte zwei hohe Leitern aneinandergelehnt und in der Mitte zusammengebunden: Wie ein großes A stand die Doppelleiter oben auf dem Königsstuhl. Ein Türke war hinaufgeklettert und hatte gesehen, daß die Soldaten durch das kleine Tor ein und aus gingen. Da waren drüben auf dem Berg sogleich Geschütze aufgestellt worden, und nun war die Beschießung des Tores im Gange.

Schon nach etwa einer Stunde gab es sehr viele verwundete Ungarn in der Gegend des Tores, und sogar vier oder fünf Tote.

„Bretter hinauf!“ rief Dobó. „Macht den Zaun höher!“

Doch vergebens erhöhten sie dort die Deckung, die türkischen Geschütze standen nun schon so, daß sie die Kugeln durch Zaun und Bretter hindurch auf das Tor streuten.

„Das kostet mich einen Zentner Schießpulver“, brummte Dobó, „gerade jetzt!“

Gergely kam vom Eckturm gelaufen.

„Herr Hauptmann“, keuchte er, „so kann das Tor nicht bleiben! Meine besten Soldaten werden mir erschossen!“

„Dem werden wir abhelfen“, erwiderte Dobó.

Und leise fuhr er fort:

„Wir müssen warten. Solange mit dem Pulvermachen nicht begonnen wird, können wir nicht schießen.“

Wie Hagel prasselten die Kugeln auf das Tor.

„Erlaubt uns, Herr Hauptmann, woanders eine Ausgangsöffnung zu brechen oder unten einen Ausgang zu graben.“

„Du brauchst um keine Erlaubnis zu bitten, Gergely. Handle!“

Gergely ließ ein Loch in die Mauer brechen, und die Soldaten gingen nun dort ein und aus.

Die Türken indessen schossen weiter auf das leere Tor; man konnte die Kugeln unten haufenweise aufsammeln.

In der Nacht schleppten die Türken wieder Erde und Reisig.

Der Mond leuchtete ihnen zuweilen. Aus der Burg fiel ab und zu ein Schuß.

„Nicht schießen!“ sagte Dobó.

Sobald in der Burg Stille herrschte, wurden der Lärm, das Getrappel und das Krachen bei den Türken immer lauter.

Ihre Zahl nahm ständig zu.

Dobó beorderte alle Schützen an die vier Einsturzstellen. Er teilte sie in drei Reihen ein: die vorderste flach liegend, die dahinter kniend und die letzte stehend, vorgebeugt.

Die Laternen erloschen.

Es kamen immer mehr Türken, und sie waren immer weniger gedeckt. Kleine Handlaternen leuchteten ihnen bei der Arbeit.

Als der Trupp höher und höher stieg und die Turbane schon dicht bei den Trümmern auftauchten, rief Dobó:

„Feuer!“

Dem Schießen folgten Geschrei und Verwirrung. Die Hals über Kopf rennenden Gruppen zeugten davon, daß die Schüsse nicht ins Leere gegangen waren. Ein paar Tüfenktschis schossen zurück, trafen aber nicht. Nur unterhalb der Mauer setzte der Feind seine Arbeit fort, aber nun vorsichtig, immer auf Deckung bedacht.

11

Die Mühle polterte Tag und Nacht. Zwölf Pochwerke zerstampften unermüdlich den Salpeter und die Kohle. Schwarz rieselte das frische Schießpulver in den Trog. Die Burgmannschaft war wieder zuversichtlich.

Die Türken warfen neue Schanzen auf, und als der Morgen graute, krachten nahe bei dem Hause des Großpropstes drei Sarbusane. Jetzt bildete der Nordostturm das Ziel. Dort konnten sie zwar schwerlich einen Sturmangriff beginnen, aber vielleicht wollten sie nur die Verteidigungskräfte von den anderen Seiten der Burg ablenken.

Die Einschlagstellen der großen schwarzen Geschosse lagen dem Turm immer näher.

In der Schußrichtung stand längs der Burgmauer nach der Stadt zu die Häuserzeile, wo das Fußvolk sein Quartier hatte. Die zu kurz gezielten Schüsse der Mauerbrecher fielen auf diese Häuser.

Der westliche Trakt des Burgvogtpalas bekam Risse und Löcher.

Frau Balogh stürzte entsetzt in das Zimmer, in dem sie für Dobó das Bett aufgeschlagen hatte.

Der Burghauptmann saß in voller Rüstung, so, wie er sich draußen aufzuhalten pflegte, in seinem Lehnstuhl neben dem Bett. Nur den Helm hatte er abgenommen. Die Hände auf die Armlehne gelegt, schlief er sanft. Vor ihm stand eine brennende Kerze. Über ihm hing ein braun gewordenes Ölgemälde mit König Stephan dem Heiligen wie er Maria die Krone reicht. Es muß schon ein gläubiger Katholik gewesen sein, der es hierher brachte, als die Kirche zur Bastei gemacht wurde. Allerdings war es schon in so schlechtem Zustand, daß die Augen der Figuren nur noch als braune Flecke zu erkennen waren.

Hier pflegte Dobó zu schlafen.

Er war erst gegen Morgen heimgekehrt. Vielleicht hatte er einen frühen Angriff erwartet und sich deshalb nicht ausgezogen.

Gerade jener Trakt des Hauses stand unter Beschuß, in dem er saß und schlief. Die Kugeln erschütterten das Gebäude, daß die Balken krachten. In einer Wand des Zimmers war ein vier Finger breiter Riß. Man konnte durch ihn hindurch auf die Palisaden sehen.

„Herr Hauptmann!" schrie Frau Balogh entsetzt.

Wieder ein Schuß, und der Mörtel fiel ihr auf den Kopf.

Sie sprang zu Dobó und rüttelte ihn.

„Was ist denn?" fragte er, als er die Augen aufschlug.

„Der Palas wird beschossen! Um Himmels willen, steht doch auf!"

Dobó blickte sich um, sah den Riß und stand auf.

„Dann müssen wir mein Bett hinuntertragen lassen", sagte er, „in eines der Zimmer nahe bei der Tür. Ich komme gleich zurück."

Dieses „Ich komme gleich zurück" war etwas, was Dobó sehr oft sagte, aber nie ausführte; Frau Balogh mußte selbst jetzt, in der großen Gefahr, darüber lächeln.

„Wartet wenigstens, bis ich Euch ein Glas Glühwein bringe."

„Ja, das wird mir bekommen. Danke", sagte Dobó und schüttelte sich den Mörtelstaub aus dem Haar. „Mir ist schwach im Magen. Tut bitte auch ein paar Nelken hinein."

„Wohin soll ich es schicken?"

„Ich komme auf einen Sprung herein."

„Das tut Ihr ja doch nicht, Herr Hauptmann. Mein Sohn wird Euch den Glühwein bringen."

Vor der Palastür stand immer ein aufgezäumtes Roß bereit und daneben abwechselnd der eine, dann der andere Knappe mit seinem kleinen arabischen Pferd. Dobó schwang sich in den Sattel und ritt davon, um eine Runde durch die Burg zu machen.

Aus den kleinen Häusern, die als Kasernen eingerichtet waren, drängte ein Teil der Soldaten im Unterzeug heraus. Die Oberkleider und die Waffen hatten sie sich über die Schulter geworfen oder trugen sie unter dem Arm. Einige hatten sich die Hosen um den Hals gehängt. Die Soldaten fluchten.

„Geht ins Kloster“, sagte Dobó zu ihnen, „das wird jetzt nicht beschossen. Tragt auch eure Strohsäcke dorthin. Auf den Korridoren ist Platz.“

Eine andere Gruppe Soldaten, von Mekcsey geführt, eilte über den Marktplatz. Sie trugen Spaten, Hauen und Spitzhakken bei sich. Mekcsey hielt eine lange Büchse in der Hand.

Als er Dobó erblickte, hob er das lange Handrohr hoch und winkte damit. Dobó lenkte sein Roß zu ihm hin.

„Vom Königsstuhl her graben sie Minen“, meldete Mekcsey. „Denen wollen wir das Handwerk legen.“

„Gut“, stimmte Dobó zu, „führe nur die Leute an die Arbeit! Zeige ihnen, wo sie graben sollen, dann kommst du gleich zu mir.“

Er eilte auf die Bolyky-Bastion. Unterhalb dieser saßen fünf Mann vor den Ställen. Sie hatten Helme auf. Ihre Gesichter waren vom Schein eines Feuers rötlich gefärbt. Sie banden kleine Kränze aus Stroh. Neben ihnen standen Kessel, in denen Pech kochte.

Dort saß auch Gergely über die Trommeln gebeugt. Er beobachtete die Erbsen. Als er Dobó erblickte, stand er auf.

„Die Türken graben jetzt Minen. Von einer haben wir schon die Spur. Mekcsey selbst läßt danach suchen.“

„Ich weiß“, erwiderte Dobó.

„Die Spannung der Trommelfelle hat nachgelassen, sie sind unbrauchbar, aber das Zittern des Wassers bringt uns auf die Spur.“

Dobó trat an die Planke und spähte durch eine Lücke hinaus.

An den Einsturzstellen waren die Erdhaufen, die die Türken aufschütteten, ungefähr einen Klafter höher geworden. Die Derwische trugen gerade auf zwei Speeren einen toten Akindschi aus dem Reisig hinaus.

Der war noch bei der Schießerei in der Nacht gefallen.

Den Mauern gegenüber sah man bereits allenthalben Gräben und Bretterzäune. Auch die Türken sorgten für Deckung.

„Es ist wieder etwas in Vorbereitung“, sagte Dobó kopfschüttelnd. „Die Jassaulen und die Janitscharen sind nirgends zu sehen.“

Mekcsey kam jetzt auf die Bastion.
„Sie graben“, meldete er kurz.
Man sah ihm an, daß er in dieser Nacht überhaupt nicht geschlafen hatte. Er war fahl und hatte gerötete Augen. Sein Haar war zerzaust, sein Dolman an den Schultern schmierig von Kalk und Lehm. Sicherlich hatte er den Maurern beim Heben der Balken geholfen.
„Kamerad Hauptmann“, sagte Dobó in strengem Ton, „geh sofort schlafen.“
Der Knappe Balázs kam eben die Treppe herauf. Er trug ein Silbertablett auf dem ein silberner Becher stand. Aus diesem stieg in der kalten Morgenluft weißer Dampf auf.
Mekcsey grüßte und ging hinunter.
Dobó rief ihm in sanftem Ton nach:
„István!“
Mekcsey drehte sich um.
„Nimm den Becher Glühwein, den Balázs gebracht hat, lieber Freund, und trink ihn aus.“

12

In der folgenden Nacht zeigte sich, was die Janitscharen den Tag über zuwege gebracht hatten.
Es waren Gestelle angefertigt worden, die wie die Baldachine aussahen, unter denen die Pfarrer bei Prozessionen die Monstranz tragen. Nur bestand das Dach hier aus starken Brettern, und die Stangen waren vier Speere.
Unter solchen beweglichen Dächern schafften sie von nun an jede Nacht Erde und Reisig herbei.
Die Ungarn gaben diesem Ding den Namen *tárgy*.*
Die höheren Offiziere hatten sich am Nachmittag gut ausgeruht. Sie schliefen jetzt oft nachmittags, da die Sturmangriffe nur morgens zu befürchten waren und sich im Laufe des Vormittags meist schon herausstellte, was die Türken an diesem Tage vor-

* Ungarisch ‚*tárgy*‘ Ding, Sache, Gegenstand hatte im Mittelalter die Bedeutung ‚Schild, Tartsche‘ und wurde zur Bezeichnung der hier beschriebenen *Sturmdächer* verwendet.

hatten. In der Nacht waren alle Offiziere auf den Beinen, und dann konnte die Hälfte der Mannschaft schlafen. Dobó hatte mit Mekcsey vereinbart, daß sie beide sich an keine bestimmte Stunde halten, sondern immer abwechselnd ruhen wollten.

Häufig schlief aber keiner von beiden. Nur hie und da schlummerten sie in einem Winkel an der Bastion oder auf einem Erdhügel sitzend ein Stündchen oder zwei. Dobós Augen sahen aus, als wären die Lieder mit roten Bändern eingefaßt.

Welch ein Ärgernis für die Schützen, daß die Türken jetzt durch die zahllosen Sturmdächer verdeckt waren! Alles, was von den Dachstühlen der Stadthäuser, den Zäunen, den Schweineställen an Brettern übriggeblieben war, hatten die Türken weggeschleppt. Es war ihnen klar geworden, daß sie nur etwas ausrichten konnten, wenn sie sich ebenfalls einen Schutz bauten.

Vor der Sándor-Bastion hatten sie den Wall schon so hoch aufgeschüttet, daß es bis an die Bresche reichte, das heißt bis an den unteren Rand des riesigen Loches, das die Geschosse in die Burgmauer gerissen hatten.

Die Sturmdächer deckten die Türken, die obendrein noch Reisigbündel auf den Köpfen trugen. In der Nähe der Einsturzstelle waren ständig zwanzig ungarische Schützen und ein geladener Mörser in Bereitschaft. Auch die Waffen auf der Mauer waren nach dieser Stelle gerichtet. Aber was nützte das alles, bot doch auch das Dunkel der Nacht den Türken bei ihrer Arbeit Deckung.

Auch Gergely hielt sich meistens dort auf, er ließ diese gefährdete Stelle nicht aus den Augen.

Einmal kamen denn auch etwa zwanzig Türken näher heran. Alle trugen Rebenbündel auf dem Kopf. In der finsteren Nacht näherten sie sich wie Schatten.

Gergely rief von der Mauer hinunter:

„Gasparics!"

„Jawohl", ertönte eine Männerstimme.

„Juckt es euch nicht in der Faust?"

„Gewiß doch, verdammt nochmal! Laßt uns nur hinaus und dreinschlagen, Herr Oberleutnant!"

„Also schlagt zu, Kreuzdonnerwetter! Aber gebt acht, sobald ihr zugestoßen habt, springt ihr sofort zurück."

„Machen wir, Herr Oberleutnant."

An der Bresche arbeiteten die Maurer, das Loch war aber noch immer so groß, daß ein Wagen hätte hindurchfahren können.

Von Gergely angespornt, schlüpfte Gasparics hinaus und stach einen über und über mit Jataganen bewaffneten Türken in die Brust. Dann eilte er zurück.

Dieser Türke brach zusammen, aber die anderen trugen weiter Erde und Reisig.

Auf Gasparics' Heldentat hin sprangen drei Mann durch die Bresche, streckten mit den Lanzen drei feindliche Soldaten nieder und zogen sich wieder zurück.

Die Reisigträger fluchten und zögerten verwirrt. Aber von unten drängten neue nach.

Nun schwangen sich zehn Ungarn durch die Bresche hinab. Die einen mit Säbeln, die anderen mit Lanzen. Sie schlugen und stachen auf die Feinde ein. Dann machten sie kehrt und sprangen einer nach dem anderen wieder durch die Spalte herein.

Die Türken warfen ihre Reisigbündel weg, zu dreißig Mann fielen sie die drei letzten Ungarn an.

„Waj baschina kenef oglu!...“

Gergely ließ von der Mauer schießen. Die Türken sanken einer über den anderen, nur der Gefreite Kálmán kam mit einem tiefen Lanzenstich in der Brust zurück.

„Schießt auch ihr!“ rief Gergely hinunter.

Und nun blitzte es aus der unteren Bresche, und tödlicher Hagel prasselte auf die Türken.

Bei diesem Aufblitzen konnte man sehen, daß schon an die vierzig Türken vor der Bresche in ihrem Blut lagen. Die übrigen stürmten gemeinsam mit Lanzen und Säbeln auf die Bresche los.

„Feuer!“ rief Gergely den Schützen auf dem Wehrgang zu.

In diesem Augenblick kam Dobó.

Vor der Mauer lag Kálmán in seinem Blut. Ein Janitschar stach durch die Lücke, und da er niemanden traf, sprang er johlend herein.

Dobó stand gerade dicht daneben. Mit der bloßen Faust versetzte er dem Janitscharen einen Hieb auf die Nase, daß das Blut nur so spritzte. Im selben Moment durchbohrte Gasparics' Lanze den Janitscharen.

Die übrigen Türken wagten nicht, ihrem Anführer zu folgen.

Sie kehrten um und stolperten in dem lockeren Reisighaufen umher.

„Werft den Hund hinaus!“ sagte Dobó zu den Maurern.

Nun ging er auf den Wehrgang.

„Die Türken haben das Minengraben aufgegeben“, sagte er zu Gergely.

„Das dachte ich mir“, entgegnete dieser.

„Hast du mir etwas zu sagen?“

„Seht Euch unsere Näpfchen an.“

Beim Licht der Öllampe, die im unteren Gewölbe der Bastion hing, waren fünf Mann an der Arbeit, unter ihnen auch der Zigeuner. Einige hundert kleine Tongefäße lagen dort herum. Sie wurden gefüllt.

Einer tat eine Handvoll Schießpulver hinein, der zweite drückte einen Lappen und einen Stein darauf, der dritte schüttete wieder Schießpulver nach. Der vierte saß neben einem Haufen spannenlanger Rohrstücke, die aus rostigen Flintenläufen geschnitten waren, füllte diese Röhren mit Schießpulver und stieß es mit einem Stück Holz von beiden Seiten fest, der fünfte befestigte zwei Stöpsel mit Draht an den Enden der Röhren, und der Zigeuner bestrich sie mit Lehm.

„Dreihundert solcher Näpfchen haben wir schon fertig“, berichtete Gergely.

„Legt auch Schwefel dazwischen“, sagte Dobó, „ein ziemlich großes Stück“.

„Ja, sehr gut“, entgegnete Gergely.

Der Knappe Balázs lief, um Schwefel zu holen.

Mit Wohlgefallen sah Dobó eine Zeitlang zu, dann blickte er suchend umher.

„Ist Gasparics nicht hier?“

„Hier bin ich“, antwortete jemand von unten.

„Komm herauf.“

Der Bursche kam gelaufen und schlug vor Dobó die Hacken zusammen.

„Bist du als erster durch die Bresche gesprungen?“

„Jawohl, Herr Hauptmann.“

„Von heute an bist du Gefreiter.“

*

Daß die Sturmdächer sich in der ersten Nacht als Schutz gut bewährt hatten, davon konnte sich die Burgbesatzung am nächsten Tag überzeugen: Von Propst Héceys Haus an zog sich ein großer, frisch aufgeworfener Erdwall bis zur südwestlichen Burgmauer, zum jetzigen Tor hin.

Nun wurden aus den Gräben Fässer heraufgeschoben, Tausende von Händen langten danach und stellten sie aufeinander.

Die Türken hatten die Weinkeller der Stadt aufgebrochen. Den Wein hatten sie auslaufen lassen, und nun schleppten sie die Fässer und die Kelterbottiche vor die Burg.

Dort bauten sie eine große Mauer auf. Die Fässer wurden von Hand zu Hand gereicht und dann mit dem Boden nach unten aufgestellt.

Noch an diesem Tage wurde der Fässerberg fertig. Er wurde durch die Burgmauer gestützt. An der anderen Seite führte eine Treppe aus Säcken voll Erde hinauf.

Von früh bis spät feuerten die Schützen ihre Handrohre auf die Türken ab, doch die waren ja nun durch die Fässer noch besser gedeckt. Sie arbeiteten emsig weiter.

Sogar in der Nacht dröhnten und polterten die Weinfässer und die Keltergefäße.

Der größte Teil der Schützen wurde jetzt an dieser Seite eingesetzt. Auch die Soldaten, die sonst Mörser bedienten, kauerten auf der Mauer. Ein paar Wallbüchsen zielten von der Seite auf den Fässerberg.

„Die Türken sind ja närrisch", sagte Fügedy.

Nein, sie waren keineswegs närrisch. Am frühen Morgen, als es noch dunkel war, bewegten sich am Fuße des künstlichen Berges einige große, breite Sturmdächer vorwärts. Sie waren auf acht Speere gestützt. Wohl zwanzig bis dreißig Türken hatten unter jedem solchen Dach Platz.

„Feuer und Wasser!" befahl Dobó. „Holt Stroh her, Anker, Enterhaken und andere Eisenhaken, viele!"

Er hatte nämlich nicht nur bemerkt, daß sich die Schutzdächer bewegten, sondern auch, daß die Türken unten in den Gräben Fackeln anzündeten.

Am Vortage hatten sie die Bebek-Bastion ebenfalls beschossen, und auch dort hatten ihnen Säcke voll Erde als Treppe gedient.

Dobó sah sich nun auch dort um.

Er fand Gergely mit allerlei an Ketten befestigten Eisenhaken und Ankern in Bereitschaft. Auf der Bastion brannte ein Feuer. Dort wurde in Kesseln Talg geschmolzen. Ringsherum lagen die schwarzen, in Pech getauchten Strohkränze aufgehäuft. Auch an dieser Seite zogen die Türken unter der Deckung der großen Sturmdächer auf die Burg zu.

Mekcsey ließ am Alten Tor Löcher verstopfen. Auch hier würden ja die Türken die Burg bestürmen.

Am größten war die Gefahr aber an der Südwestecke, am Fässerberg, wo Fügedy stand.

Dobó setzte den Eisenhelm auf und ritt, von dem Knappen Balázs begleitet, dorthin.

Als er ankam, stand die Planke schon in Flammen. Die Türken hatten den Zaun in Brand gesetzt.

Jetzt brüllten sie nicht. Sie verbargen sich unter den Schutzdächern und schossen mit Musketen auf die Burgmannschaft.

Von oben konnte man das Feuer nicht erwidern. So griffen denn die Schützen unterhalb der brennenden Planken den Feind an. Mit Spitzhacken schlugen sie Löcher in die Steinmauer, um durch diese Spalten auch unter die Schutzdächer schießen zu können.

„Werft ihnen Stroh aufs Dach!“ rief Dobó.

Von der einen Seite strömte Wasser auf die brennende Palisade, von der anderen flogen in Öl und Talg getauchte brennende Strohkränze auf die Sturmdächer.

Kam solch ein Schutzdach bis an die Mauer heran, so wurde es mit Enterhaken umgekippt oder weggestoßen. Wenn eines Feuer gefangen hatte, überließ man es seinem Schicksal. Die Türken ließen einer nach dem anderen das brennende Dach fallen und flüchteten schreiend vor dem Feuerregen.

Die Fässer schwankten unter ihren Füßen. Ein Türke in rotem Dolman lief mit einer lodernden Flamme auf dem Rücken davon. Die Verteidiger lachten.

„Stroh, nur immer Stroh!“ befahl Dobó.

Wie glühende, kleine Kometen flogen die in Öl getauchten Strohkränze auf die Sturmdächer. Die Türken, die diese auf den Speeren trugen, warfen alles von sich und rannten Hals über Kopf aus dem Feuerhagel.

„Glückliche Reise!“ riefen ihnen die Burgleute nach.

Es entstand aber nur eine kurze Pause. Sobald die ersten Angreifer zurückgeschlagen waren, nahmen die Türken die Planke unter Geschützfeuer.

Dobó riet seinen Leuten, sich auf den Bauch zu legen, damit sie nicht von den Geschossen getroffen würden. Den Türken gelang es, zwei Eckpfähle von der Palisade wegzuschießen. Diese kam ins Wanken und bog sich in einer Länge von vierzig Klaftern krachend nach außen.

Noch einen Treffer auf einen Pfahl, und sie würde in ihrer ganzen Länge umstürzen.

„Enterhaken her!“ rief Fügedy. „Und Ketten! Seile!“

Fünfzig Haken griffen in den nach außen gebogenen Zaun.

Eisenketten und Seile, neue Pfähle und Pflöcke wurden gebracht. Und bald stand die Schutzmauer wieder, wie sie gestanden hatte.

Dobó war inzwischen schon zum Bolyky-Turm geeilt, wo Gergely in dem Gestank von Pech, Schießpulver und verbranntem Talg den Sturm erwartete.

Auf diesen in der Mitte zerschossenen Eckturm setzten die Türken große Hoffnungen. Durch den Fall eines Turmes hatten sie ja auch Temesvár in die Hand bekommen, deshalb hielten sie nun diese Stelle für eine Glücksecke, obwohl es ihnen beim ersten Sturm nicht gelungen war, dort Fuß zu fassen.

Da sie an der Turmmauer große Mengen Erde aufgehäuft hatten, konnte man ihnen von innen nichts anhaben.

„Sie kommen schon! Sie kommen!“ riefen die Verteidiger in heller Aufregung...

Unter der Deckung der breiten Sturmdächer drängen die Türken dicht hintereinander immer höher herauf. Brennende Pech- und Talgkränze fallen auf sie nieder, dennoch gelingt es ihnen, in den Turm einzudringen.

„Allah akbar!“

„Schlag drein! Haut zu!“

Von der Seite, die nach dem Königsstuhl hin liegt, schieben sich Tausende von bewaffneten Türken heran, um die Mauer zu erklimmen.

Unterhalb des Turms langen Enterhaken und Lanzen von der Mauer hinunter; sie rütteln und zerren an den Schutzdächern oder stoßen sie um.

Doch auch die Türken sind nicht müßig; unter den Schutzdächern hervor schießen die Tüfenktschis; Lanzen, Granaten und Pfeile fliegen auf die Verteidiger.

Ein gepanzerter Spahi springt todesmutig auf die Mauer und schlägt mit den eisenbewehrten Fäusten die Enterhaken und Lanzen auseinander. Ein zweiter und ein dritter folgen ihm auf den Fersen.

Während denen mit Axt und Morgenstern der Garaus gemacht wird, stürmen die anderen über sie hinweg vorwärts.

„Allah! Aferin!"

Keine Minute ist vergangen, und schon haben sie ein mit Kuhhäuten bespanntes Schutzdach oben auf den Turm geschoben, dreißig bis vierzig Janitscharen knien darunter oder liegen auf dem Bauch und beschießen die Verteidiger der Bastion.

„Allah! Allah!" tönt es von unten begeistert aus tausend Kehlen.

„Der Sieg ist nahe!" brüllen die Jassaulen.

Dobó ist der Helm vom Kopf gefallen. Barhäuptig rennt er an die Geschütze.

Die im Turminnern stehenden ungarischen Soldaten haben gegen den bis über ihre Köpfe vorgedrungenen Feind noch gar nichts ausrichten können, denn der Turm ist oben mit Brettern gedeckt, die sie jetzt nicht wegstoßen können, weil die Janitscharen darauf herumtrampeln.

„Kommt heraus!" schreit Gergely, als er sieht, daß Dobó die Geschütze wendet.

Und ohne sich um das Musketenfeuer der Türken zu kümmern, ergreift er einen Enterhaken, hängt ihn in einen der Speere, die das Schutzdach tragen, und läßt so das Sturmdach einstürzen.

Betroffen sehen die Kämpfer auf der Bastion, wie die Türken den Turm besetzen. Sie greifen alle nach den brennenden Strohkränzen, und im Nu sind die an der Mauer heraufdrängenden Janitscharen wie in eine feurige Wolke gehüllt.

Dobó sieht, daß die Kette der Angreifer unterbrochen ist.

„Geschütze abwärts! Feuer!"

Die Schlünde richten sich nach unten und speien krachend Feuer in das Gedränge auf der Böschung an der Mauer.

Soldaten vom Schlage der Janitscharen fürchten Kanonen

nur wenig; die Kugeln von zwei Kanonen richten nicht viel Schaden an, und das Dröhnen sind sie schon gewöhnt. Doch Dobós Kanonen sind mit vielen kleinen Kugeln geladen, und bei Nahfeuer bringt ein Schuß gleich zehn bis zwanzig Türken zur Strecke.

Nun weichen auch die Janitscharen entsetzt zurück.

„Schießt in sie hinein! Feuer!" ertönt nun von oben Gergelys Ruf.

Und auf die, die den Turm erklommen haben, prasseln die Pechkränze. Die Türken greifen in Hast und Verwirrung nach rechts und nach links; ihre Musketen haben sie schon abgefeuert, sie wieder zu laden, ist keine Zeit. Und immer mehr Glut, immer mehr Flammen. Brüllend stürzen sie sich in die Tiefe. Wer nach außen fällt, hat noch Glück, denn der bricht sich sofort das Genick. Die aber, die in die Burg gesprungen sind, werden mit solchem Grimm erschlagen, daß kein Knochen in ihrem Leibe ganz bleibt.

*

An diesem Abend und in der darauffolgenden Nacht führten die Türken den Kampf an der Erdbastion weiter.

Diese war die Fortsetzung der Steinbastion an der nordwestlichen Ecke der Stadt. Dort hatten die Türken von allen Seiten die Erde unterminiert, um unter dem Befestigungswerk ein Loch zu sprengen, aber die Burgmauer war auf dem Berge nicht auf weiche Erde gebaut. Dort stand, wohl zwanzig Klafter tief, Mauer auf Mauer, als wäre in unbekannten Zeiten die Burg im Tal erbaut worden und als hätten die Menschen des folgenden Zeitalters auf die alte Burg Erde aufgeschüttet und sich darauf eine neue Burg gebaut, bis schließlich das Volk König Stephans des Heiligen kam und über diesen beiden die heutigen Burgmauern errichtete.

Dobó durchschaute sehr bald, daß der nächtliche Angriffslärm nur den Zweck hatte, die Aufmerksamkeit der Verteidiger davon abzulenken, daß die Türken Holz heranbrachten.

Er schickte einen Leutnant mit zweihundert Mann auf die Erdbastion, ließ aber anderswo die übliche Zahl der Wache postieren.

Die türkische Reiterei hatte sich weder auf dem Fässerberg

noch bei dem Sturm auf den Turm gezeigt. Es war also vorauszusehen, daß sie in der Nacht wieder Holz herbeischaffen würde.

Die Türken hatten nämlich etwas Neues erfunden: Anstelle des Reisigs schleppten sie Holz heran. Was an Kamelen, Pferden, Ochsen, Büffeln und Maultieren im Lager war, kehrte gegen Abend mit Scheit- und Knüppelholz beladen an die Burgmauern zurück. Von Almagyar und vom Egedberg her knarrte eine endlose Reihe von Wagen und Karren heran.

Zuerst warfen die Türken das Holz von den Erdschanzen aus, die sie den Mauern gegenüber gegraben hatten, nur aufs Geratewohl auf einen Haufen; dann, als dieser so hoch war, daß er sie deckte, begannen sie, ihn zu ordnen.

Tausend und aber tausend Hände hoben, warfen, rückten die Scheite und Knüppel übereinander. Im Gegensatz zu der leisen Arbeit der vergangenen Nächte waren jetzt allenthalben Krachen, Klirren und Klopfen zu hören.

Sie befestigten die Holzstücke mit Eisenklammern und Ketten aneinander.

Dieses große Holzbollwerk wurde vor Gergelys Bastion errichtet, und zwar kaum fünf Klafter von ihr entfernt.

Die Türken arbeiteten mit Verstand: Sie schichteten das Holz so, daß sie immer gedeckt waren, und warfen das dicke Knüppelholz über die klafterhohe Deckung in den Zwischenraum. Dieser wurde rasch ausgefüllt, und der Holzberg an der Steinmauer wuchs zusehends.

Und er kam immer näher an die Burgmauer heran! Wenn er noch weiter erhöht wurde, mußte ihn – das war vorauszusehen – das eigene Gewicht gegen die Mauer drücken.

Gergely spähte bald durch die eine, bald durch die andere Schießscharte, um die Arbeit des Feindes zu beobachten. Schließlich ging er hinauf an die Palisade.

Dort fand er Dobó mit dem Schreiber Boldizsár. Dobó trug seinen gewohnten, bis an die Knie reichenden Umhängepelz, auf dem Kopf einen leichten schwarzen Eisenhut. Er hörte nur halb auf eine Klage des Schreibers.

„Herr Hauptmann", sagte Gergely, „ich bitte um die Schindeln, die wir von den Dächern haben herunterreißen lassen."

„Die kannst du haben."

„Und ich benötige auch Talg, Pech und Öl."

„Laß dir geben, soviel du brauchst. Wieviel Talg haben wir, Boldizsár?"

„An die zehn Doppelzentner."

„Kann ich alles haben?" fragte Gergely. „Wenn wir nur noch mehr hätten! Aber vielleicht läßt sich der Talg durch Speck ersetzen. Dann bitte ich auch um Speck, um viel Speck."

„Speck?"

„Ja, soviel wie möglich."

Dobó drehte sich um und sagte zu Kristóf:

„Geh und laß Sukán wecken. Er soll aus dem Vorratsmagazin Talg und vierzig Speckseiten herausgeben. Bringt es sofort hierher."

Dann erst fragte er, wozu Gergely Talg und Speck brauchte.

Gergely hatte sich ausgedacht, während die Türken da unten das Holz aufhäuften, Speck, Talg und Schindeln zwischen die Scheite und die Knüppel werfen zu lassen.

Die Türken beachteten das nicht. Von der Burg wurde ja immerzu etwas nach ihnen geworfen. Alle Augenblicke flogen Steine, Knochen, gesprungene Töpfe, tote Katzen und anderes herüber. Da fielen die zwei bis drei Finger breiten Speckstücke gar nicht auf.

Und wenn hie und da ein Türke so ein Stück Speck sah, wußte er entweder nicht, was das war, oder aber wandte sich, wenn er es erkannte, angeekelt davon ab.

Gergely ließ den ganzen Speck in Scheiben schneiden und diese von Zeit zu Zeit auf das Holz werfen, abwechselnd mit Talg, Stroh und den mit Ölfarbe gestrichenen Schindeln und dann und wann auch mit einigen von den in Stroh gewickelten irdenen „Näpfchen".

Diese Näpfe waren mit Lehm verklebt und mit Draht umwickelt.

Sie enthielten Schießpulver, mit Pulver gefüllte Eisenrohrstücke und fingerdicke Stücke Schwefel.

Dobó hatte genug erspäht.

„Es wird Tag werden, bis sie fertig sind", sagte er. „Geh, Kristóf, und sieh nach, ob Mekcsey wach ist. Wenn er munter ist, sag ihm, daß ich mich jetzt schlafen lege. Wenn er nicht wach ist, weck ihn nicht. Dann mach die Runde bei den Wachen. Sag ihnen, sowie sie sehen, daß der Feind sich zum Angriff in Bewegung setzt, sollen sie an den Eckturm kommen und Meldung erstatten. Gehst du nicht zur Ruhe, Gergely?"

Gergely schüttelte den Kopf:

„Ich warte den Morgen ab."

„Und Zoltay?"

„Den habe ich schlafen geschickt, damit morgen früh wenigstens einer mit frischer Kraft auf der Bastei ist."

„Wenn die Holzbastei fertig ist, laß mich wecken!"

Er ging in den Eckturm und streckte sich auf einer Soldatenpritsche aus. Der Knappe Kristóf stand mit gezücktem Säbel vor der Tür des Turmes.

Das war seine Pflicht als Knappe. Er behütete den schlafenden Löwen.

13

Als der Morgen graute, war die Holzbastei der Türken schon fast so hoch wie die Burgmauer. Anderthalb Klafter noch, dann würde sie deren Höhe erreicht haben.

Gergely ließ noch zwei mit Kalk geweißte Kanonenrohrstükke füllen und das Pulver mit Holz feststampfen.

„Na", sagte der Zigeuner, „auch diese Kanone hätt nischt gedacht, dasch schie nochmal schieschen würde!"

„So macht man aus alten Geschützen neue", entgegnete einer der Soldaten.

„Wenn schie neu schind, geben wir auch Namen", meinte der Zigeuner. „Die eine scholl *Rajkó,* Zigeunerkind, heischen, die andere *Galamb,* Taube."

Alle Geschütze hatten nämlich Namen.

Gergely nahm eine Bleikugel aus der Tasche und schrieb damit auf das kleinere Stück Kanonenrohr *János* und auf das größere *Éva.*

Dann nahm er die beiden Rohrstücke unter den Arm und stieg auf die Bastion hinauf.

Am Himmel leuchtete schon hell das Morgenlicht. Das Lager unten begann sich zu bewegen. Von allen Seiten kam das Geräusch anmarschierender Truppen näher und näher.

Ein Soldat lief Gergely entgegen:

„Sie kommen, Herr Oberleutnant!"

„Ich sehe es. Lauf schnell zum Herrn Hauptmann in den Eckturm. Sag seinem Knappen, er solle ihn wecken."

Seine Leute standen schon mit Lanzen und Enterhaken auf der Mauer in Bereitschaft. Die Schützen hatten ihre geladenen Büchsen auf die weißbereiften Steine aufgelegt. Die drei Geschütze der Bastion waren nach unten, die beiden des Finstertores nach oben, auf die Mauer, gerichtet.

„Zündet die Pechkränze und die Knüppel an und schleudert sie hinunter!" befahl Gergely.

Und sogleich war die ganze Mannschaft an der Arbeit.

Als Dobó kam, wimmelte es auf den Hügeln schon von Türken wie von Ameisen. Und noch immer schichteten sie Holz und zimmerten es zusammen. Das hölzerne Bollwerk war schon so hoch wie die innere Bastion. Von Zeit zu Zeit stießen sie Holzscheite herüber, um die Lücke zwischen den beiden Mauern auszufüllen. Eine ungeheure Menge Holz war da, ein ganzer Wald. Und die hölzerne Burg war fest gefügt, Schutzdächer, mit Kuhhäuten sorgfältig bedeckt, schwankten heran.

Den feuchten Häuten konnten die brennenden Kränze nichts anhaben, und die, die dazwischen auf die Erde fielen, stießen die Türken mit dem Fuß fort.

Auf einen schrillen Signalpfiff hin erklang aus Tausenden von Kehlen der Ruf *„Bismillah!"*, daß die Luft erzitterte. Türkische Musik erscholl. Und die riesige Holzbastei dröhnte unter den Tritten der heraufstürmenden türkischen Soldaten.

„Allah! Allah!"

„Jesus! Maria!"

Rasch werden kurze Sturmleitern unter den Schutzdächern hervorgeschoben, um den Zwischenraum zwischen dem Holzberg und der Festungsmauer zu überbrücken.

Doch die Verteidiger stehen oben bereit. Zu Hunderten sausen die Feuerkränze auf die Türken hinab.

Brennende Strohbündel und Schwefelstückchen hüllen die Leitern ein, und mit Pech bestrichene Schindeln fallen in die Flammen.

Der erste Trupp Türken, der durch das Feuer hindurch auf die Burgmauer stürmen will, rennt gegen die Spitzen von Speeren und Lanzen. Die folgenden werden von Säbeln, Streitäxten, Feuerknüppeln, Morgensternen und Bengeln empfangen.

Drei Klafter von Gergely entfernt taucht ein mondgesichtiger Türke in grünem Turban auf und hebt einen mächtigen Roßschweif in die Höhe. Wie er so „Allah“ brüllt, daß man von seinen ganzen Gesicht nur noch den Mund sieht, ergreift Gergely das kleinere Stück Kanonenrohr und schleudert es dem Feinde ins Gesicht; das größere wirft er in das lichterloh brennende Feuer hinunter.

„Allah! Allah! Bismillah! Ileri!“

Und wie die Ameisen kribbeln und krabbeln, wenn man auf ihr Nest schlägt, so kribbeln und krabbeln die Türken auf dem großen Holzhaufen, und sie wären durch die Flammen hindurchgerast, wenn nicht plötzlich auch unten Handbüchsen und Kanonen losgegangen wären.

Die „Näpfchen“ begannen zu explodieren und schleuderten brennenden Schwefel umher. Es war, als hätte sich unter den heraufkletternden Türken ein feuerspeiender Berg aufgetan.

„Ja kerim! Ja rachim! Meded! Ei wa! Jetischin!“ brüllten sie verstört und sprangen kreuz und quer durcheinander.

Aber die Jassaulen ließen sie nicht flüchten.

„Wir siegen! Die Stunde des Sieges ist da!“ riefen sie ihnen zu.

Dem Nachschub, der vor der Holzmauer bereitstand, befahlen sie, Wasser zu holen.

„Wasser! Wasser! Viel Wasser!“

Und mit Wasser, mit Waffen, mit Tüchern versuchten sie, das in vielen Tagen und Nächten mühsam aufgebaute Holzbollwerk zu retten.

Jetzt aber fingen Talg und Speck zwischen dem Holz zu schmelzen an. Immer schneller hintereinander schossen die „Näpfchen“ den Schwefel umher und steckten die Holzstämme in Brand.

„Ja kerim! Ja rachim! Durch das Feuer hindurch hinein in die Burg!“

Sie konnten ja nicht wissen, daß die großen Holzstücke sich überall entzünden würden.

Eifrig schleppten sie in Ledereimern, in Bottichen und allerlei Gefäßen, die sie auf Stangen trugen, Wasser herbei. Sie rannten damit überallhin, wo aus dem Holzhaufen wie ein aufschlagender Roßschweif eine Flamme hervorzüngelte. Wütend und entsetzt sprangen sie hin und her und löschten.

„Bre-bre! Ja hu!“ schrien sie fortwährend den Wasserträgern zu.

Aber der Holzbau hatte sich schon in einen riesigen Scheiterhaufen verwandelt. Jetzt erst begannen die mit Pulver gefüllten Gewehrlaufstücke nacheinander zu explodieren. Zischend spritzte das Fett mit blauen Flammen den Löschenden ins Gesicht. Die beiden Kanonenrohrstücke explodierten mit gewaltigem Krach fast gleichzeitig und rissen das Holz und die Türken in Stücke.

Höllischer Schreck, wütendes Geschrei. Jene Janitscharen, die sich durch das hinter ihnen tobende Feuer nicht zurückziehen können, drängen mit großer, immer wieder erneuter Kraftanstrengung aus dem Rauchmeer, zwischen den Feuerinseln hindurch auf die Sturmleiterbrücke. Mit einem verzweifelten Satz springen einige auf die Steinmauer, fallen aber im selben Augenblick mit blutigem Schädel in die Tiefe. Die anderen steigen ergrimmt auf dem Scheiterhaufen umher und schlagen mit ihren Waffen nach den in Brand geratenen Holzstücken.

Doch das ist verlorene Mühe. Ein Flammenmeer hat sich dort neben der Mauer gebildet, und wie der Donner beim Gewitter krachen die vielen Explosionen. Teuflischen Gestalten gleich rasen die Türken in den Flammen hin und her. Ihre Kleider, ihre Bärte, ihre Turbane brennen. Diese gelangen durch die Qualen der Hölle in Mohammeds Paradies.

Auch auf dem Wehrgang war die Hitze ungeheuer groß; die Geschütze wurden weggezogen, und die Soldaten mußten die Sturmstellungen mit Wasser begießen, damit sich nicht auch deren Holz entzündete.

In dem höllischen Feuer schrien die türkischen Verwundeten, denen keine Hilfe zuteil wurde; jenseits der Flammen tönte das erbitterte Gebrüll der Jassaulen, und hochschießender Dampf zeigte an, wo die Türken sich noch mit letzten Löschversuchen abmühten.

Angreifer und Verteidiger sind durch himmelwärts lodernde Flammen und ein Meer von Rauch voneinander getrennt.

14

Wenn es mit Holz nicht gelungen ist, wird es mit Erde glücken – dachten sich die Türken.

Sie nahmen die Vorburg unter Geschützfeuer, die ihnen beim Heranschleppen ihres Materials gefährlich war, knallten und donnerten bei Tage auf sie ein, ließen bei Nacht Reisig und Erde aufhäufen und gossen Wasser darauf.

Gergely beobachtete mit Besorgnis, wie der neue, nicht in Brand zu setzende Weg zur Bastion von Tag zu Tag immer mehr ausgebaut wurde. Auf dieser Straße würden sie kommen, zu Hunderten, zu Tausenden, ja das ganze Heerlager.

Nachdenklich ging er in der Burg umher.

Alle Trümmer- und Steinhaufen, alle Ställe und Gruben betrachtete er mit prüfenden Blicken. Und er wiegte den Kopf und kratzte sich hinter den Ohren.

Auch die zerstörte Sakristei nahm er in Augenschein. Schließlich blieb er in der Ecke, wo die Schlosser arbeiteten, stehen. Vor den unzähligen ungarischen und türkischen Waffen, die dort auf einen Haufen geworfen waren, lag ein großes hölzernes Rad. Gergely erkannte, daß es das Rad der einen zerschossenen Mühle war.

Der Zigeuner saß darauf und löffelte gierig gekochtes Fleisch aus einer großen irdenen Schüssel. Er war furchterregend bewaffnet. Er trug rote Janitscharenschuhe, blanke Jatagane steckten in seinem Gurt. Seinen Kopf schützte ein durchlöcherter Kupferhelm, der wahrscheinlich auch einem Türken gehört hatte.

Da sich der Zigeuner in dieser Ausrüstung wie ein Soldat vorkam, stand er auf. Dabei nahm er die Schüssel unter den linken Arm. Mit der rechten Hand salutierte er.

Dann setzte er sich wieder und aß sein Fleisch weiter.

„Steh nur einmal auf, Freund“, sagte Gergely. „Ich will mir dieses Rad ansehen.“

Der Zigeuner trat zur Seite.

Es war ziemlich stark beschädigt. Gergely stellte sich darauf und rüttelte nacheinander an allen Speichen, aber nur eine von ihnen brach heraus.

„Hm“, machte Gergely und legte nachdenklich den Finger ans Kinn.

Da fragte der Zigeuner:
„Wir laschen wohl Türken mahlen, Euer Gnaden, Herr Oberleutnant?"
„Jawohl", antwortete Gergely. „Nagelt alles fest, was locker ist."
Die Schlosser stellten ihre Schüsseln weg und nahmen die Hämmer zur Hand.
Gergely fragte sie, ob sie Dobó gesehen hätten.
„Er ist heute wohl schon zehnmal hier gewesen", antwortete einer der Schlosser, „aber es ist schon gut eine halbe Stunde her, seit wir ihn das letzte Mal gesehen haben."
Gergely ging, ihn zu suchen. Unterwegs hielt er weiter Umschau unter all dem Kram, der auf der Erde herumlag.
Er schritt auf die Erdbastion zu. Und als er dort zögernd und suchend entlangging, sah er in einem offenen Fenster des Palas ein weibliches Augenpaar. Aus dem Dunkel des Zimmers blickte es ihn an.
Betroffen blieb Gergely stehen.
Er blinzelte und sah genauer hin.
Aber das Augenpaar war verschwunden.
Wie versteinert starrte er in die Fensteröffnung.
Ein seltsames Gefühl der Wärme war ihm durch den ganzen Körper gedrungen, als er diese beiden Augen erblickt hatte, so daß er sich eine Minute lang gar nicht bewegen konnte.
„Ach, Unsinn", murmelte er dann kopfschüttelnd vor sich hin. „Wie konnte ich nur auf solche Gedanken kommen?"
Dennoch sah er ein zweites Mal zu dem Fenster hinauf, wo er jetzt das Gesicht des kleinen türkischen Knaben erkannte.
Von der Erdbastion her kam Dobó.
Gergely eilte ihm entgegen.
„Ich bitte um das Mühlrad, Herr Hauptmann."
Und er hob die Hand an den Helm.
„Nimm es", erwiderte Dobó kurz und ging in den Palas.
Gergely eilte zu den Küchen. Dort saßen Soldaten in langer Reihe auf der Erde. Es roch nach Essig, denn sie aßen Linsen. Fleisch gab es reichlich dazu, der Wein aber war mit Wasser verdünnt. Reinen Wein ließ Dobó den Soldaten nicht geben.
Gergely rief zehn von den Soldaten zu sich. Sie mußten ihm das Mühlrad auf seine Bastion rollen.

*

Rostige und zerbrochene Büchsenrohre gab es in der Burg in Massen. Gergely ließ die Läufe füllen und mit Draht in das Rad binden, so daß die Enden nach außen standen. Die Zwischenräume ließ er mit Spänen, Schwefel, Talg und Pech ausfüllen und das Ganze auf beiden Seiten mit Brettern zunageln. Schließlich befahl er, ein Gestell für das Rad anzufertigen, damit es nicht umkippte.

Das ganze Burgvolk lief zusammen, um diese Höllenmaschine anzustaunen.

Sogar Dobó sah sie sich mehrmals an. Er gab noch einen Mörser dazu und sagte zu Gergely:

„Laß den in der Mitte des Rades anbringen und so einstellen, daß er erst zum Schluß loskracht."

„Wird gemacht, Herr Hauptmann!"

„Brauchst du noch etwas, Gergely?"

„Ja, wenn es geht, möchte ich die leeren Fässer haben."

„Aus dem Keller?"

„Ja, die."

„Es sind genug da. Laß sie holen."

Der Wall der Türken wuchs und wuchs. In der Burg mehrten sich die mit Spänen, Schwefel, Talg und Pech gefüllten Fässer. Sie wurden ebenso ausgestattet wie das Rad. Auch Steine wurden hineingetan, unten, an den Seiten und oben. Dann wurden sie fest zugenagelt, nur aus dem Spundloch hing die Zündschnur heraus.

Dobó hatte viele Wallbüchsen: dreihundert Stück. Das waren eigentlich in die Schießscharten gelegte große Handfeuerwaffen, die mit Kugeln, nicht größer als Nüsse, geladen wurden. Die Ungarn nannten sie „Bart-Kanonen", weil sie größer und schwerer als die Handrohre waren und am äußeren Ende wie Bärte herabhängende Eisenfortsätze hatten. Diese dienten dazu, die Büchse zu stützen, wenn sie beim Abschießen ruckartig nach hinten stieß.

Dobó stellte also für die Fässer auch alte, schon halb verrostete Wallbüchsen zur Verfügung.

Gergely ließ etwa fünfzig solcher Fässer anfertigen. Die Holzreifen wurden fest aneinander gefügt und die Dauben auch mit Draht umwickelt – Eisenreifen kannte man nämlich in jener Zeit noch nicht, darum halfen die Soldaten mit Draht und Nägeln nach. Dann lächelten sie ihnen zu wie Mütter ihren Wickelkindern.

Unterdessen bauten die Türken eifrig Nacht für Nacht an der schräg zur Burgmauer hinaufführenden Straße.

15

Gergely schlief am Vormittag bei seinen Leuten, als Zoltay plötzlich die Meldung davon bekam, daß in der Ecke des untersten Stalles das Wasser sich bewegte und die Erbsen zitterten.

Da zeigte sich also: Die niederträchtigen Türken bauten nicht nur, sondern gruben auch!

Zoltay ließ es nicht zu, daß Gergely geweckt werde. Er schickte nach Mekcsey.

Dieser war bald zur Stelle.

Er ließ die Schüssel mit Wasser und die Trommel mit Erbsen an verschiedene Stellen setzen, bis er schließlich den Ort fand, wo er graben lassen mußte.

Zehn Burschen begannen zu schaufeln. Von Zeit zu Zeit machten sie eine Pause, brachten die Schüssel hierhin und dorthin und beobachteten sie.

Gegen Mittag wachte Gergely auf und eilte sofort an die verdächtige Stelle.

Stickiger Düngergeruch stieg auf. Die Burschen arbeiteten schon drei Klafter tief. Dumpfe klopfende Töne verrieten, daß die Lagumdschis näher kamen.

„Hoho, Herr Hauptmann“, sagte Gergely zu Mekcsey, „das ist meine Bastei! Hier hast du nicht zu befehlen.“

„War es denn nicht richtig, was ich angeordnet habe?“

„Doch, aber wir hören jetzt auf zu graben.“

„Was? Damit sie die Mauer in die Luft sprengen?“

„Damit sie von unserem Vorhaben nichts merken.“

Erst jetzt begriff Mekcsey.

„Dann gib du nur deine Befehle“, sagte er.

Gergely ließ sich eine große Hakenbüchse holen. Eigenhändig steckte er Zündung und Pulver hinein. Dann befahl er zehn Schützen, sich vor ihm aufzustellen, und ließ die Laternen auslöschen.

Es war jetzt stockfinster um sie herum.

Das Klopfen wurde stärker. Manchmal konnte man schon die Stimme des anführenden Offiziers hören.

Gergely legte von Zeit zu Zeit die Handfläche an die Mauer. Er fühlte, daß die Erde stärker bebte.

„Pst“, sagte er leise zu den Soldaten. „Gleich brechen sie durch.“

Und seine Augen strahlen.

Schon schlägt eine Haue durch, und die Erde rieselt vor Gergelys Füße.

Eine Öffnung, breit wie Menschenhüften, entsteht.

Ein Lagumdschi schnüffelt durch das Loch.

Er sieht in der Dunkelheit nichts. Als er sich umdreht, blinken hinter ihm zwei türkische Laternen, dazwischen steht ein dickbäuchiger Aga, goldbetreßt, mit weißem Turban.

Der Lagumdschi ruft, der Weg ins Freie sei erreicht.

Da wendet sich der Aga dem Spalt zu.

Gergely zielt. Seine Büchse knallt.

Der Aga greift sich an den Leib und bricht zusammen.

Gergely springt zurück:

„Feuer!“

Die zehn Schützen stecken ihre Handrohre durch das Loch und schießen – krachbum – auf die Hals über Kopf flüchtenden Lagumdschis.

Die Soldaten holen dreißig Spitzhacken und die Leiche des Agas aus dem Gang.

Nur einer bleibt mit schußbereiter Waffe am Mauerloch zurück; eine Laterne beleuchtet die Mündung des Ganges.

*

Der Aga wurde auf dem Burgplatz aufgebahrt. Man gab sich nicht gerade Mühe dabei, denn als man ihn niederließ, schlug sein Kopf auf dem Pflaster auf und der Turban fiel ab.

Aber ihn schien das nicht mehr zu stören.

Er hatte ein Doppelkinn und einen grauen Bart. Drei lange Narben an seinem kahlen Kopf zeugten davon, daß er sich die Aga-Würde verdient hatte. Gergelys Schuß war ihm in den Bauch gegangen. Eine kleinere Kugel hatte ihn in die Brust getroffen – wahrscheinlich das Werk eines der Schützen.

Rechnungsführer Sukán ließ den Turban des Agas, seinen Gurt, seine Taschen durchsuchen und schrieb auf, wieviel Geld, wie viele Ringe und Waffen er bei sich getragen hatte. Diese Sachen bekamen die Soldaten, die gegraben hatten.

Dann überließ Sukán den Toten den Blicken der Neugierigen.

Zuerst umringten ihn natürlich die Frauen.

„Solche roten Pantoffeln tragen die?"

„Mit Schnüren binden sie sich unten die Pluderhosen zu!"

„Muß wohl ein reicher Herr gewesen sein."

„Leutnant oder Hauptmann."

„Ob er eine Frau gehabt hat?"

„Vielleicht sogar zehn."

„Eigentlich war er gar kein häßlicher Mann", sagte mitleidig Frau Bódy, die Frau des Müllers aus Maklár. „Bloß schade, daß er Türke war."

Auch Zoltay ging hin und sah sich den Toten an.

„Dieser eine Aga ist also doch in die Burg gelangt", sagte er.

Auf einmal schlüpfte der kleine türkische Knabe zwischen den Röcken der Frauen hindurch und bückte sich über den Toten, wobei er freudig rief:

„Baba! Babadschisim! Baba! Tatli Babadschisi!" (Vater! Mein Väterchen! Vater! Mein liebes Väterchen!)

Und er warf sich ihm auf die Brust. Umarmte und küßte ihn. Legte seine Wange an die des Toten. Rüttelte ihn. Lachte ihn an.

„Baba! Babadschisim!"

Die Augen der Frauen füllten sich mit Tränen. Frau Balogh nahm den Knaben an die Hand:

„Komm, Selim. Baba schläft."

16

Als im Morgengrauen das riesige türkische Heer unten im Tale wieder zum Sturmangriff ansetzte, sah die Burgmannschaft dieser Bewegung zu mit dem grimmigen Wohlgefühl, gut vorbereitet zu sein. Gleich der Kraft einer aufgezogenen Feder spannten ihnen Erregung und Rachegefühl die Muskeln. Sie ertrugen das Warten fast nicht mehr. Ein kleiner untersetzter Bursche sprang durch die Bresche auf den aufgeschüttelten Erdwall und drohte dem unter Gebrüll heranwogenden Türkenheer mit dem Säbel.

Die Soldaten auf dem Wehrgang lachten.

„Wer ist das?“ fragte Zoltay lächelnd.

„Der kleine Varga“, antworteten sie, „János Varga“.

Der Bursche schnellte zurück, und da er das große Gelächter hörte, schwang er sich noch einmal durch die Bresche und drohte dem Türkenheer erneut.

Da schossen aber die Tüfenktschis schon mit den Musketen nach ihm. Er sprang noch schneller zurück als das erste Mal. Und die anderen lachten noch lauter.

Diesmal sah es auch Dobó. Lobend nickte er dem kleinen Varga zu.

Und János Varga, durch Dobós Beifall angespornt, eilte ein drittes Mal hinaus, scherte sich nicht um die Kugeln, die da flogen, drohte den ergrimmt heranmarschierenden Türken mächtig und rief ihnen zu:

„Hier sollt ihr allesamt krepieren, ihr Hunde! Kommt nur!“

Kugeln, Bomben, Speere flogen. Nichts traf ihn. Höhnend hüpfte er herum und streckte den Türken die Zunge heraus. Er drehte sich sogar flink um und machte eine zwar unziemliche, zu dieser Gelegenheit aber sehr gut passende Gebärde: Er schlug sich auf das Hinterteil. Dann sprang er wieder durch die Bresche.

Und das alles vor den Augen der Türken. Angesichts eines hunderttausend zählenden bewaffneten Türkenheeres!

„Bist ein Mann, Varga!“ rief Dobó ihm zu. „Verdienst eine Belohnung!“

Als Dobó sich überzeugt hatte, daß hier alles in Ordnung war, eilte er zu seinem Pferd und sprengte ans Alte Tor, denn die Türken griffen die Burg an der Ost- und an der Südseite an. Gegen zwei Stellen waren die gesamten Angriffskräfte gerichtet.

Gergely steht in vollem Harnisch auf seiner Bastion. Noch werden er, die Fässer und das riesige Rad hinter ihm von einem Zaun gedeckt.

Ruhig und fest steht er da, wie ein Fels am Ufer des sturmbewegten Meeres.

Und unten wälzen sich die Wogen des feindlichen Heeres zum

Sturm heran. Alle Geschütze werden auf die Burg abgefeuert. Höllisches Krachen und Geschrei.

„Bismillah! Bismillah!“

Das Kriegsgeschrei übertönt einige Minuten lang die schallende, schmetternde Musik, dann aber bleiben die Spielleute in einem Graben auf dem Königsstuhl stehen, und nun blasen, trommeln und pfeifen sie ohne Unterlaß.

„Gleich werdet ihr auch tanzen!“ ruft Zoltay.

Das Türkenheer kommt heran. Es flattern die Halbmondfahnen mit den Roßschweifen, voran die gelb-rote Fahne der Janitscharen. Weiter hinten die grüne Fahne mit weißen Streifen der Ulefedschis. Bis an die Knie von Schilden gedeckt, ganz in Eisen gekleidet, nahen lärmend die Spahis.

„Allah! Allah!“

In den Händen Lanzen oder Speere, an den Handgelenken an Riemen hängende blanke Säbel, im Gurt noch ein Handschar. Dichtgedrängt jagen sie im Laufschritt aus dem Graben auf die Bastion los.

„Allah akbar! La illah! Il Allah! Ja fettah!“

Als Antwort darauf saust ein schwarzes Faß hinunter: Feuerspeiend rollt es ihnen hüpfend entgegen. Ein Spahi pflanzt vor dem Faß seine Lanze in die Erde, auch ein zweiter und ein dritter.

„Allah! Allah!“

Ein vierter packt das Faß, um es in den Graben zu werfen. In diesem Augenblick explodiert es und zersprengt feuersprühend die Vorhut.

„Allah akbar!“

Als die Türken wieder aufblicken können, ist schon ein zweites Faß bei ihnen angelangt. Es speit und schießt nach allen Richtungen Feuer. Vor den in Eisen gekleideten Männern hört es auf zu rollen und treibt sie auseinander.

„Allah! Allah!“

Doch die Angreifer können nicht zurück; tausend und aber tausend drängen sich hinter ihnen und schieben sie vorwärts. Nichts ist zu sehen als wegspringende und sich an die Mauer drückende Gestalten, das Zurückschrecken der Nachkommenden und das zehn Klafter weit fliegende Feuer. Durch die Gewalt dieses Feuers vom Grauen gepackt, kauern die Männer mit den Schilden nieder.

„Vorwärts Türken, vorwärts! Selbst durchs Feuer!“

In dichten Reihen drängt sich die Schar der Spahis heran.

Doch die Feuerfässer rollen hinunter, eins nach dem anderen.

„Ileri! Ileri! Allah! Allah!“

Die Flut der Türken wälzt sich der Hölle entgegen.

Da öffnet sich auf der Bastion der Zaun, und ein riesiges qualmendes Bretterrad erscheint in der Höhe.

In der Mitte raucht das Rad, raucht und zischt. Nun kippt es nach vorn und saust von der Steinmauer herab, rollt auf die dichte Schar der Feinde an.

„Ileri! Ileri!“ (Vorwärts!) tönt es von allen Seiten, schallen die Befehle der Agas und der Jassaulen.

Doch bei dem Erscheinen des Rades bleibt selbst der Waghalsigste wie angewurzelt stehen.

Es ist kaum bei ihnen angelangt, da schießt schon krachend der erste Blitz heraus; fünfzig Klafter weit reicht jeder Feuerstrahl, und jeder Feuertropfen brennt mit blauer Flamme weiter, wohin er auch immer gefallen ist.

„Gösönü atsch! Ssakin!“ (Achtung! Vorsicht!)

Der Vortrupp des türkischen Heeres wirft sich entsetzt aufs Gesicht, um das Teufelsrad über seinen Rücken hinabrollen zu lassen. Es ist inzwischen zu einem feuerspeienden Ungeheuer geworden, es schießt Flammen, verspritzt brennendes Öl, streut violette Feuertulpen auf die kahlen Türkenköpfe und auf die Kriegsgewänder. Zischend, knallend, puffend rollt es über die Türken hinweg weiter. Aus den Speichen streut, spritzt und schießt es in Kringeln und Strahlen rote, blaue und gelbe Sterne.

„Meded! Allah!“

Selbst die tapfersten Trupps weichen entsetzt zurück, einer rennt den anderen um auf der Flucht vor diesem teuflischen, mörderischen Wunderding.

Das Rad aber scheint Verstand und Willen zu haben; es verfolgt die Flüchtenden, reißt sie um, bespritzt sie mit sengendem Feuer: mit brennendem Öl und Schwefel. Es entzündet ihre Musketen, so daß sie sich gegenseitig beschießen. Es speit ihnen Feuer in Augen, Mund und Ohren und an den Hals, da schlagen selbst die Sterbenden noch Purzelbäume. Und das Ungeheuer rollt weiter. Es schleudert lange, glühende Donnerkeile, die die Jassaulen samt ihren Pferden erschlagen. Der Rauch erstickt sie, die Flammen verzehren sie bis auf die Knochen. Wer noch lebt, wird taub von dem Donnergetöse. Das Rad hüllt die Truppen, an denen es vorbeisaust, in Flammen ein. Und hinter ihm bleiben in Qualen sich windende Sterbende, Hunderte von brennenden Toten, Hunderte von brennenden Lebenden in Wahnsinnstänzen und Wahnsinnszuckungen zurück.

Das Rad rollt, in eine Rauchwolke gehüllt, weiter und schleudert Blitze zu Hunderten.

„Jetischin! Jetischin! Allah! Meded!... Waj!“

Vergeblich ist das Toben der Jassaulen, vergeblich die Nagelpeitsche, die Schläge ins Gesicht; die Türken fliehen, kein einziger wagt mehr die Vorburg zu erstürmen.

Und nun machen die Ungarn noch einen Ausfall durch die Bresche, jagen hinunter nach der Brandstätte, und wer von den Türken vor Angst geduckt und vor Entsetzen erstarrt noch lebendig zurückgeblieben ist, den schlagen, stechen, hauen sie erbarmungslos nieder.

„Zurück! Zurück!“ ertönt aus der Burg der Hornruf.

Gergely vermag kaum seine Soldaten zum Rückzug zu bewegen.

„Fässer auf die Mauer! Fässer!“

Und sie rollen die Fässer heran und stellen sie auf.

Der Rest des türkischen Heeres verstreut sich mit großem Lärm und Gepolter. Nur die Geschütze bleiben dort und bei ihnen die vor Schreck erstarrten Toptschis und die scheuenden Kamele.

*

Es war gut, daß Mekcsey nicht bei der Grube geblieben war, denn die Türken wären in seinem Befehlsbereich, dem Alten Tor, an drei Stellen unter der Erde hereingebrochen.

Während bei der Vorburg das Feuerrad das seine tat, wurde am Alten Tor unter der Erde gekämpft.

Dort war die Mauer schon so zerschossen, daß Türken und Ungarn durch die Löcher zwischen den Steinen herein- und hinausstachen, bis Mekcsey unter der Erde den Türken entgegengraben ließ und ihnen an drei Stellen den Garaus machte.

Schließlich steckten die Türken das Tor in Brand, denn sie

wollten dort eindringen, aber sie stießen hinter dem Tor auf eine dicke, starke Mauer. Die hatte Mekcsey noch rechtzeitig errichten lassen.

Als Gergely vor seiner Bastion die wilde Flucht der Türken und den Ausfall seiner Soldaten sah, bedeckte er die Geschütze und die vollen Pulverkissen mit nassen Häuten. Zehn Mann ließ er als Wache dort, mit den anderen eilte er ans Alte Tor, um Mekcsey zu helfen.

Doch es gab nichts mehr zu helfen. Das Entsetzen der vor dem Feuerrad Geflohenen wirkte sich bis auf den Umkreis des Alten Tores aus. Von den Einheiten, die dorthin beordert worden waren, hatten nur die Tüfenktschis standgehalten. Sie schwärmten um das Tor herum und luden und schossen unaufhörlich.

Oben auf dem Wehrgang, von dem Zaun gedeckt, standen Wachtposten. Nur unten, unter den Gewölben kauerten Soldaten, sie stachen ab und zu durch die Spalten heraus.

Gergely stieg auf die Mauer. Von einem Schild geschützt, blickte er hinunter. Da sah er, daß sich unterhalb der Mauer eine Truppe Türken in Bewegung setzte und daß sie weder von oben noch von der Seite beschossen werden konnte.

Die Ungarn stachen zwar durch die Mauerspalten nach ihnen, die Feinde aber drückten sich entweder an Stellen, wo keine Löcher waren, oder duckten sich. Manche hatten Säcke bei sich, andere Steine. Mit denen wollten sie die Schießscharten zustopfen, damit die Ungarn nicht von dort aus auf sie zielen könnten.

Aber Füllungen dieser Art stießen die Soldaten von innen leicht wieder hinaus.

Die Türken wiederum griffen nach den Lanzen, die durch die Löcher herausfuhren. Zu zweit, auch zu dritt klammerten sie sich daran fest. Eine Weile wurde die Lanze wie eine Säge hin und her gezogen, dann rissen sie sie zu sich herüber.

Die Ungarn fluchten.

„He, Burschen!“ rief Gergely ihnen von oben zu. „Dort habt ihr doch Feuer! Haltet die Lanzen hinein!“

Zwanzig Soldaten liefen sogleich hin und hielten die Lanzenspitzen in die Glut, so lange, bis sie rot glühten.

Die Türken, zum Zufassen bereit, lauerten grinsend auf die nächsten Lanzen.

Da wurden zwanzig auf einmal herausgestoßen.

Hei, wie griffen die Türken danach! Und wie verbrannten sie sich im Nu die Hände!

Auf das wütende Fluchen draußen antwortete drinnen Gelächter.

17

Es ist Mittwoch, der zwölfte Oktober.

Die Burgmauern sind bereits so löcherig wie ein Sieb.

Seit zweiunddreißig Tagen werden sie unaufhörlich beschossen, bald vorn, bald hinten, bald an der einen, bald an der anderen Seite.

In der Burg liegen schon so viele türkische Kanonenkugeln, daß man auf Schritt und Tritt über sie stolpert. Die Bauern fegen die kleineren Geschosse mit Besen aus Birkenreisern beiseite, damit die Soldaten nicht beim nächsten Sturm darüber fallen. Die größeren Geschosse tragen sie zu den Geschützen und auf die Mauern.

Zwischen der Neuen und der Erdbastion gähnt eine V-förmige Öffnung in der Mauer. Von der Zwingerbastion ist an der Seite ein großes Stück abgerissen und in die Tiefe gestürzt. Die Erdbastion gleicht einem Wespennest: Da ist Loch an Loch. Vom Bolyky-Turm stehen nur noch zwei Mauern. Der Eckturm sieht aus wie ein von oben bis unten morscher Baum. Von der Planke ist nur noch da und dort ein Stück vorhanden. Auch die inneren Gebäude sind bloß baufällige Mauern oder Dächer. Im Palas sind drei Zimmer gerade noch bewohnbar, aber auch in die regnet es hinein. Der Marktplatz hat sich sehr verändert; er ist von klaftertiefen Gräben durchschnitten. In diesen geht das Burgvolk während eines Angriffs entlang. Wenn nicht geschossen wird, werden als Stege Bohlen darübergelegt.

Und draußen heulen die grimmigen Wölfe.

Die Ausbesserungsarbeit an den Mauern wird jetzt auch bei Tage betrieben. Mit Brettern und Balken werden die Löcher zugestopft, soweit das noch möglich ist.

Die Steine dienen nur noch als Stütze.

Am Alten Tor schleppt Mekcsey selbst Steine herbei. Er spricht den ermüdeten Leuten Mut zu und ruft Gott um Hilfe an, denn es ist vorauszusehen, daß hier der Sturm am heftigsten toben wird. Dobó, Gergely und Mekcsey prüfen abwechselnd die Mauer. Sie wissen alle drei, daß der Eckturm das Tor nicht mehr schützt; hier sind Handbomben vonnöten. Es werden deshalb Bomben auf die Holzgerüste getragen, und an die Breschen stellt man geübte Schützen.

Gergely verfertigt große Massen von Pechkränzen, Feuerbällen und Knüppeln und läßt sie eilends überallhin tragen.

Zoltay baut an der Sándor-Bastion.

Fügedy läßt in der Neuen Bastion Ketten über die Breschen spannen.

Dobó jagt zu Pferde umher. Für sein Roß ist ringsherum längs der Mauer unter den Gerüsten Platz gelassen. Dennoch muß er oft durch einen Kugelregen reiten. Er beaufsichtigt alles und trifft Anordnungen, damit die Arbeit gleichmäßig fortschreitet. Auf dem letzten der kleinen türkischen Pferde folgt ihm der Knappe Balázs; er gibt die Befehle des Burghauptmanns weiter. Die sieben anderen kleinen Pferde sind schon unter den beiden Knappen weggeschossen worden.

An diesem Tage war auch Pető wieder zu Pferde. Er hatte das Bein bis ans Knie verbunden und war blaß; aber sein Schnurrbart war nach beiden Seiten straffgezogen. Mekcsey arbeitete statt seiner am Alten Tor, und so vertrat Pető ihn bei der Ersatztruppe in der inneren Burg.

Mit seiner klangvollen, tiefen Stimme feuerte jetzt er seine Leute an:

„Seit zweiunddreißig Tagen bestürmen die Türken unsere Burg! Wenn sie nur alle hier wären, daß wir sie bis zum letzten Mann in die Hölle befördern könnten! Die Truppen des Königs haben Verspätung, aber sie bleiben nicht aus! Die ganze Welt spricht von unserer Tapferkeit! Und noch in hundert Jahren wird man sagen: Tapfer wie ein Egerer!“

Eine große Menschenmenge hatte sich um den Redner geschart.

Da blieb auch Dobó stehen, um zu hören, was es denn hier gebe.

Bei Petős letztem Satz mußte er lächeln, und er sagte zu dem alten Cecey, der ebenfalls dort stehengeblieben war:

„In hundert Jahren? Wer wird denn da noch an uns denken?!

Kein Mensch wird sich darum kümmern, wie uns die Nase gewachsen war."

Eigentlich hatte er das eher zu sich selbst gesagt als zum alten Cecey. Und es schien ihm peinlich zu sein, daß er laut gesprochen hatte, denn mit einem Achselzucken fügte er hinzu:

„Es kommt ja nicht auf unsere Nasen an, sondern auf den Geist. Und nicht Ruhm und Lohn sind das Wichtigste, sondern die Pflicht dem Vaterland gegenüber."

Und er ritt auf die Sándor-Bastion zu.

Die Krieger ergötzten sich weiter an den kernigen, anspornenden Worten. Sie hätten zwar auch ohne diese Reden ihren Mann gestanden, aber schöne Worte wirken wie guter Wein.

Pető stieß seinen Helm zur Seite und fuhr fort:

„Der König selbst wird sich hierher begeben, wird die Helden von Eger Aufstellung nehmen lassen und jedem von euch die Hand schütteln. Er wird nach euren Namen fragen: János Nagy, Majestät, Mihály Szabó Nagy, Majestät, werdet ihr antworten. – Gott segne dich, mein Sohn, wird der König mit Freude und Herzlichkeit sagen. Aber ihr habt es ja auch verdient. Ich habe auch gehört, daß er sich seine Offiziere demnächst nur noch unter den hier gedienten Soldaten auswählen wird. Nach der Belagerung wird jeder gemeine Soldat von euch Leutnant, – so habe ich es gehört – vielleicht sogar Hauptmann! Schließlich ist auch für den König nur derjenige Soldat der beste, der sich durchbeißen kann."

Pető blickte zur Seite und sah, wie der Zigeuner vor einer Kugel, die gerade vor ihm einschlug, wie eine Ziege beiseite sprang.

„He, Zigeuner! Wie viele Türken hast du erschlagen?"

„Holsch der Geier", antwortete Sárközi, „wo isch schtehe, traut sich keiner hin, Euer Gnaden, Herr Leutnant!"

*

In der Abenddämmerung erschien an einer Bresche ein Türke mit einem weißen Tuch.

Sie erkannten ihn, es war Miklós Vas.

Sofort zogen sie ihn durch die Spalte und brachten ihn zu Dobó.

Unterwegs wurde er andauernd gefragt:

„Was für Kunde bringst du?"
„Die Truppen kommen!" rief er nach allen Seiten.
Und mit Windeseile verbreitete sich die Freudenbotschaft in der Burg:
„Das Heer des Königs kommt!"
Vas gehorchte aber nur einem Befehl Dobós, als er behauptete, die Ersatztruppen kämen.
„Nun also, das Heer kommt! Herr Oberleutnant Pető hat das demnach nicht nur so gesagt!"
Als er vor Dobó stand, nahm Miklós Vas den Turban ab, holte aus dem Linnen den Brief heraus und gab ihn Dobó.
Dieser sah sich das Siegel an. Der Brief kam vom Bischof. Dobó riß ihn neben dem Siegel auf und entfaltete ihn mit ruhigen Händen.
Er saß im Sattel. Das Burgvolk umringte ihn. Während er den Brief las, suchten die Soldaten dessen Inhalt in Dobós Miene zu lesen.
Aber dessen Gesicht war wie von Stahl. Es veränderte sich nicht, als er zu lesen begann, und es blieb unverändert, als er geendet hatte.
Er legte den Brief zusammen und steckte ihn in die Tasche. Dann blickte er umher, als wundere er sich, daß so viele Mensche um ihn standen.
Von den Oberleutnanten war nur Pető dabei. Und zu ihm sagte Dobó laut, daß es auch die anderen hören konnten:
„Ich lasse die Herren Leutnante am Abend zu mir bitten. Ich habe ihnen eine erfreuliche Nachricht zu übermitteln."
Er ging in sein Zimmer und zog die Tür hinter sich zu.
Er sank auf einen Stuhl. Die stählerne Ruhe in seinen Zügen verwandelte sich in Gram. Bitter und enttäuscht starrte er vor sich hin.

*

An diesem Tage gelangte noch ein Brief für Dobó in die Burg. Ein Bauer brachte ihn. Da er ihn frei in der Hand hielt, merkte man gleich, daß er von den Türken kam.
Dieser Mann war Ali Paschas vierter Abgesandter.
Das Burgvolk wußte schon, daß Dobó die Postboten der Türken kurz und bündig abfertigte, und zwar auf dem Marktplatz. Sie führten ihn deshalb dorthin.

Die Abende waren kalt, und die Soldaten, die Ruhezeit hatten, zündeten auf dem Marktplatz ein Feuer an, um sich daran zu wärmen. Einige brieten Speck und tranken mit Wasser verdünnten Wein dazu.

„Ihr tätet besser, den Brief zu verbrennen, bevor der Herr Hauptmann ihn sieht", sagte wohlmeinend ein Soldat. „Es ergeht Euch sonst schlecht."

„Wie dürfte ich den verbrennen", entgegnete der Bauersmann, „er gehört mir doch nicht."

„Nein, aber Ihr bringt ihn vom Feind."

„Ich bringe ihn von dem, der ihn schickt."

„Ihr werdet gehenkt, Mann!"

„Ich gehenkt?"

„Sicher. Auch einen Leutnant von uns hat der Herr Hauptmann hängen lassen. Und der war ein Adliger, nicht so ein lumpiger Bauer wie Ihr."

Der Galgen stand noch auf dem Marktplatz. Die Soldaten zeigten auf ihn:

„Seht, dort ist der Galgen."

Der Bote erschrak. Der Schweiß brach ihm aus. Er kratzte sich am Schädel. Dann griff er in seinen Quersack.

In diesem Augenblick kam Dobó angeritten.

„Was gibt es?" fragte er. „Wer ist dieser Mann? Was will er?"

Der Bauer schob den Ranzen unter seinen Mantel.

„Ich bin István Kovács, mit Verlaub", antwortete er und drehte verlegen seinen Hut in den Händen.

„Was will Er?"

„Ich? Nichts will ich."

„Wozu ist Er dann hergekommen?"

„Ich bin halt bloß gekommen... Ich hab mir gesagt, ich muß mir doch mal ansehen, was die hier bei der Schießerei machen."

„Er hat wohl einen Brief gebracht?"

„Ich? Ich hab' nicht einmal einen Zettel gebracht."

Da Dobó ihn hierauf mit einem durchdringenden Blick ansah, beteuerte der Mann, sich den Schweiß von der Stirn wischend:

„Gott verdamm mich, ich hab' keinen gebracht!"

„Durchsucht ihn!"

Der Mann erbleichte und ließ es geschehen. Aus dem Quersack kam das Pergament mit dem großen Siegel zum Vorschein.

„Ins Feuer!“ rief Dobó.

Der Soldat warf den Brief ins Feuer.

Der Bauer zitterte am ganzen Leibe.

„Ich weiß nicht, wie der in meinen Ranzen gekommen ist... Den muß jemand hineingesteckt haben“, sagte er und kratzte sich den Kopf.

„In Eisen!“ befahl Dobó. „Dann zu den anderen Gaunern mit ihm!“

18

Es kam wohl vom vielen Schießen, daß es auch an diesem Tage, am zwölften Oktober, regnete. Erst am Abend, als sich ein schneidender Herbstwind erhob, verzogen sich die Wolken.

Die Burgleute bemerkten, daß die Türken sich in den Schanzen sammelten. Dobó ließ nur dreihundert Mann ruhen; alle anderen mußten bei den Breschen und Einsturzstellen in Bereitschaft sein.

Gegen elf Uhr hatte der Wind auch die letzte Wolke verjagt. Der Vollmond erleuchtete Eger beinahe taghell.

„Zu den Waffen, Leute!“ ertönte es plötzlich, allenthalben in der Burg. „Zu den Waffen, auch die, die nicht Soldaten sind!“

Und es schlugen die Trommeln, es bliesen die Hörner.

„Diese Nacht kommt ein Sturmangriff! Alles, was Leben in sich hat, auf die Beine!“

Zwischen den mondbeleuchteten Trümmern tauchten überall Gestalten mit Helmen und Lanzen auf.

Auch Pfarrer Bálint fand sich bewaffnet bei der Reserve auf dem Marktplatz ein. Er hatte eine riesige Lanze in der Hand, so groß wie ein Pfosten. Sogar die beiden Schankwirte kamen. Die Müller, die Zimmerleute, die Metzger und die Bauern, die innere Arbeiten leisteten – sie alle, alle hatten zu den Waffen gegriffen und warteten auf die Befehle.

Das Burgvolk fühlte, daß nun die letzte Kraftprobe bevorstand.

„Mein Gott, steh mir bei, nur diesmal“, flehten einige.

Draußen wirbelten die türkischen Trommeln. Das Türkenheer ergoß sich in die Schanzgräben wie das Wasser nach einem Wolkenbruch in alle Rillen. Und über dieser Menschenflut flatterten Roßschweiffahnen. Jenseits der Schanzen glitzerten im Mondlicht die Edelsteine und Silberreifen an den Pferdegeschirren. Viele Türken hatten den Batist von ihrem Turban um den blinkenden Helm gewickelt.

Die Jassaulen mit den hohen Turbanen jagten hin und her und ordneten die Truppen zum Angriff.

Um Mitternacht flammten rings um die Burg die türkischen Geschütze auf. Fünf Minuten währte das Dröhnen, die Kanonen spien ihre Kugeln zur Burg hinüber. Dann gellten wieder aus hunderttausend Kehlen die Bismillah- und Allah-Rufe, und Fahnen mit Roßschweifen flogen förmlich auf die Mauern.

Vor dem Alten Tor und an gut dreißig Stellen auf der Mauer brannte Feuer. Die Bomben, Fladen und Kränze loderten knisternd auf. In weiten, funkensprühenden Bogen sausten sie hinunter – es war, als stünden Hunderte von feurigen Regenbogen am Himmel.

Doch die Sturmtruppen drangen hartnäckig vor, mehr und mehr Türken kletterten und schoben sich auf die Mauern. Hurtig wurden die Sturmleitern eingehakt, und wie Eichhörnchen hüpften die Janitscharen, die Assaber und die als Fußvolk eingesetzte Reiterei die Leitern hinauf.

Oben krachten die Äxte auf die Eisenhaken der Leitern, und Flammen und Steine flogen durch die Luft.

„Allah akbar! Ja kerim! Ja fettah!“ ...

Schon sinken die Roßschweife hinab, doch neue und wieder neue Hände fangen sie auf. Die abgebrochenen Leitern werden ersetzt. Über die zuckenden Leiber der gestürzten Türken stürmen neue Trupps die Leitern hinauf.

Sie kommen in so dichtem Schwarm, daß sie mit ihren Körpern die Mauer bedecken. Wo die ungarischen Lanzen durch die Breschen hinausstoßen, fallen Türken von den Leitern, aber sofort sind wieder andere da. Sie weichen der gefährlichen Sprosse nicht aus, sondern überlassen es dem Schicksal, ob sie den nächsten Lanzenstich in den Bauch bekommen oder ob er unter ihrem Arm hindurch in die Luft geht.

Die Burg hat kein Tor mehr. Die flinken Beilhiebe der auf den Leitern stehenden Feinde brechen die Balken, mit denen die Mauerbreschen zugestopft sind, heraus. Fallen von oben Türken hinunter, so reißen sie oft welche von denen, die mit den

Beilen arbeiten, mit in die Tiefe und wälzen sich dort in Feuer und Blut, bis gleich darauf ein neuer Schwarm Stürmender über sie hinwegtrampelt und sie verdeckt.

„Allah akbar! Ja kerim! Ja rachim!“

„Jesus, hilf!“

Und es fliegen und fallen die feuersprühenden Werkzeuge; es knallen die Äxte; es dröhnen die Bomben; es krachen die Leitern, es sausen die Beile; es tobt und tost der blutige Höllensturm.

Ein Trupp von fünfzig Angreifern ist bis an die Planke vorgedrungen. Krachend biegt sich diese nach außen. Mekcsey reißt einem seiner Leute die Streitaxt aus der Hand und zerschlägt damit ein Seil, das die Planke festhält.

Sie stürzt nun mit den gepanzerten Türken, die sich an ihr festgeklammert haben, in die Tiefe und reißt noch Hunderte von der Mauer mit hinab.

„Auf die Mauer! Auf die Mauer!“ schreit Mekcsey und springt, mit einer anderthalb Klafter langen Lanze bewaffnet, selbst hinauf.

Und nun sausen große Quadersteine und zentnerschwere Eisenkugeln – die Geschosse der türkischen Sarbusane – auf den Türkenhaufen, der sich unten chaotisch wälzt.

Von dort aber fliegen Pfeile und Steine herauf. Aus Mekcseys Visier fließt Blut.

„Herr Hauptmann!“ rufen ihm die Soldaten warnend zu.

„Feuer! Feuer!“ brüllt Mekcsey.

Und mit dem in Eisen steckenden Fuß stößt er die Glut eines Feuerhaufens auf die sich unten drängenden Türken hinab.

Auch Ungarn fallen, der eine nach außen, der andere nach innen. Aber niemand achtet jetzt darauf, wen es getroffen hat. An die Stelle des Getroffenen springt ein anderer Krieger, stößt mit dem Fuß die Steine, wirft mit der Hand die Sarbusanenkugeln von der Mauer hinab, bis sich von neuem die Leitern füllen und die erbitterten Burgverteidiger mit Streitäxten und Lanzen die Türken empfangen, die oben ankommen.

Ebenso grimmig wütet der Kampf auf der Erdbastion. Dort leitet Dobó die Verteidigung. Als die Türken schon die Hölle der Bomben und Feuerkränze überwunden haben, läßt er Balken holen und auf die Mauer legen. Mit diesen will er die Türken hinunterfegen lassen.

Die so entstandene kurze Kampfpause benutzt er dazu, sich in den Sattel zu schwingen und zum Alten Tor zu sprengen, denn er will sehen, wie die Verteidigung dort standhält. Als er zurückeilt, sieht er unterwegs, daß bei der Zwingerbastei nicht mehr gekämpft wird. Er beordert die Soldaten von dort auf die Erdbastion...

Die Augen dieser Krieger waren ohnedies schon dahin gerichtet. Alle warteten erregt darauf, die Waffen schwingen zu können. Sie standen auf der Palisade, beugten sich über die Mauer oder zogen sich an den Geschützen hoch, um besser sehen zu können, wie auf der benachbarten Bastion gekämpft wurde. Mit großen Sprüngen rannten sie nun, als Dobó sie rief, auf die Erdbastion.

Nun geschah es aber, daß die Türken an die Zwingerbastion wieder Leitern anlegten. Zuerst nur zwei, drei, dann zehn, fünfzehn.

Da weder Feuer noch Steine herunterprasselten, stiegen die Türken geschwind hinauf.

Als der alte Sukán, der auf der Mauer stand, sich umdrehte, tauchte gerade keuchend ein behelmter Türke auf.

„Tjü, verdammt!“ schrie der Alte.

Er rannte mit seiner Lanze zu ihm hin, holte gewaltig aus und ließ das stumpfe Ende der Lanze auf den Türken niedersausen. Der fiel von der Leiter und riß zehn andere mit.

„Hierher! Hierher! He, Leute!“ schrie Sukán, während er auf die Feinde auf der anderen Leiter losstach.

János Pribék fand sich als erster bei ihm ein; der wackere Büchsenmeister schleuderte einem Türken, der mit einer Fahne oben ankam, seinen Schusterschemel ins Gesicht.

Der Soldat, der unten Wache stand, lief, um Hilfe zu holen. Es dauerte keine zwei Minuten, da war schon Pető mit einem Trupp ausgeruhter Leute zur Stelle, und schon flogen die brennenden Kränze und Knüppel, die Steine und Bomben mitten in die Angreifer hinein.

Auf einmal sah Dobó, daß auf der Zwingerbastion die Nationalflagge umbrach; eine Kugel hatte die Stange getroffen. Er ließ die Fahne des Heeres holen und gab sie István Nagy.

Da graute schon der Morgen.

István Nagy rannte im Schein der Morgenröte mit der Fahne zum Zwinger. Ohne Panzer und ohne Helm stieg er auf den Vorsprung der Bastion und suchte nach dem Eisenköcher, um die Fahne hineinzustecken.

„Nicht aufpflanzen!“ rief Dobó. „Da kann sie weggerissen werden!“

Im selben Augenblick griff sich István Nagy ans Herz. Er taumelte und fiel rücklings neben der Kanone auf die Mauer.

Dobó fing die Fahne, die wie ein Vogel auf ihn zuflog, in der Luft auf und gab sie Bocskay:

„Halte sie, mein Sohn!“

Als es heller wurde, begann auch an der Bolyky-Bastion der Sturmangriff.

Mit acht Flaggen rückten die Türken dort an. Am purpurnen Himmel ging die Sonne auf, ihre Strahlen verwandelten den Goldschmuck der Roßschweife in Rubinenknöpfe.

An dieser Bastion war es den Türken schon so oft schlecht ergangen, daß nur die Janitscharen, die ältesten und erprobtesten Tiger des Heeres, sich hier noch einmal heranwagten. Sie trugen Helme, trugen Schleier aus Stahldraht vor Gesicht und Hals, hatten Brust und Arme mit Eisen bedeckt; ihre Beine aber steckten in leichten Saffianstiefeln.

Hier erwarteten Gergely und Zoltay das Herannahen des Sturmes. Die ganze Nacht hindurch hatten sie untätig wachen und reglos zuhören müssen, wie an den anderen drei Bastionen der Kampf tobte. Sie waren froh, daß es endlich hell wurde.

Etwa zweihundert Assaber mit Schläuchen voll Wasser waren in Anmarsch. Sie sollten nur kommen! Gleich würde man sie mit Feuer begrüßen!

Hier kamen die Türken nicht mit Leitern. Sobald sich die Verteidiger auf der Mauer versammelt hatten, rührten sich unten mit einemmal tausend Hände, und es hagelte Steine und Pfeile.

Ein Stein flog Zoltay an den Kopf. Zum Glück trug er seinen Helm. Nur der Niet an seiner Kinnkette brach.

Zoltay fluchte.

„Na, wartet, ihr Hunde!“ schrie er, während er die Kinnkette abriß. „Dafür kriegen hundert von euch heute von mir ein Loch in den Kopf.“

Und es verging keine Viertelstunde, da hörte man ihn schon rufen:

„Da hast du, verdammter Heide für meinen Helm!"

Und einem anderen brüllte er zu:

„Da hast du eine Kostprobe von Eger!"

Ein großes Sturmdach mit Kuhhäuten bedeckt, ragte aus dem Türkenheer hervor, wunderlich anzusehen. Er wurde von allein fünfzig Assabern getragen. Zweihundert Janitscharen hatten unter diesem Sturmdach Platz.

Gergely rief, man solle ein Feuerfaß bringen. Und er zündete das in Öl getauchte Werg an, womit der Eisendraht umwickelt war.

Wie eine Schildkröte kroch das große Schutzdach näher an die Mauer heran. Die Kuhhäute hätte man wohl mit Enterhaken abnehmen, aber bevor man das wandelnde Dach hätte in Brand stecken können, würde es schon auf die Mauer gelangt sein.

Und es war noch fraglich, ob es sich überhaupt anzünden ließ; denn nicht nur die Kuhhäute waren patschnaß, auch von dem Holz tropfte das Wasser. Die Türken sind klüger geworden!

Die Sonne war schon über den Bergen im Osten aufgegangen und schien den Verteidigern der Bolyky-Bastion gerade ins Gesicht. Auch die Sonne half also den Türken.

Als der Riesenbaldachin am Fuß der Bastion anlangte, schrie Gergely schallend:

„Auf den Bauch!"

Die Soldaten begriffen zunächst nicht, warum sie sich auf den Bauch werfen sollten. Als aber ein mächtiges Pulverkrachen erdröhnte, wurde es ihnen klar.

Die Türken waren auf den Gedanken gekommen, das Sturmdach mit Musketen zu spicken. Wie die Orgelpfeifen standen die Läufe nebeneinander, auf die Verteidiger gerichtet. Das hatte Gergely erspäht.

„Aufstehen!" rief er, als die Salve abgegeben war. „Ein Faß her!"

Er rollte das Feuerfaß hinunter.

Die Türken warfen sich vor dem Faß nicht mehr auf die Erde, sondern sprangen zur Seite oder über das Faß und zogen weiter vorwärts.

„Zwei Fässer!" rief Gergely.

Das dritte Faß stellte er selbst ein, bevor es abgestoßen wurde, und hob selbst die Zündschnur hoch, um sie anzustecken.

Die beiden Feuerfässer bahnten in der unten wimmelnden Menge wieder eine Gasse. Das dritte fing ein beleibter Janitschar ab und stieß es in eine Grube. Dann warf er Erde darauf.

Als er die Erde festtrat, explodierte das Faß. Der Janitschar flog samt der Erde in die Luft, und etwa zwanzig Mann, die in der Nähe standen, wurden weggerissen.

Da schreckte die anmarschierende Truppe zurück. Hinten aber schrien die Jassaulen *„Ileri!“* und *„Ssawul!“*, dann hörte man das Rauschen der Wasserschläuche, und es zischte und dampfte; die Türken löschten das fliegende Feuer.

„Jetzt werfen wir Steine!“ rief Gergely.

Er wollte warten, bis die Straße und die Mauer gedrängt voll waren.

Und richtig, unter Allah-Geschrei, durchdringend wie das Gebrüll von hunderttausend Tigern, unter Trompetengeschmetter und Trommelwirbel stürmte die Truppe wieder vorwärts. Ein Wald von Leitern näherte sich der Mauer.

Ein Janitschar warf ein Seil, an dessen Ende ein Haken war, auf die Mauer und kletterte, den Jatagan zwischen den Zähnen, mit der Geschicklichkeit eines Affen an dem Seil herauf.

Ein Stein sauste ihm auf den Kopf und schlug den Helm herunter. Sein kahler Kopf war gerillt wie eine Zuckermelone: ein vernarbter Säbelhieb neben dem anderen.

Er kletterte weiter.

Gergely ergriff die Lanze, um ihn zu erstechen.

Als der Türke nur noch ein Klafter von Gergely entfernt war, wandte er das Gesicht nach oben.

Es triefte von Schweiß, und der Mund keuchte.

Gergely schrak zurück, als hätte er einen Schlag gegen die Brust bekommen.

Dieses Gesicht! Das war ja Pfarrer Gábor, sein ehemaliger Lehrer! Die gleichen grauen Augen; der gleiche dünne Schnurrbart; die gleichen vorstehenden Stirnknochen!

„Du bist Pfarrer Gábors Bruder!“ schrie er dem Türken zu.

Dieser starrte ihn verständnislos an.

„Schlagt ihn tot!“ rief Gergely, sich abwendend. „Der kann nicht einmal mehr Ungarisch!“

Unter schweren Kämpfen tobte dieser Sturmangriff bis zur Abenddämmerung. Dann zogen sich die erschöpften Türken auf allen Seiten von der Mauer zurück.

Um die Burg lagen türkische Tote und Verwundete zu Tausenden, und ringsumher stiegen von der mit noch zuckenden Körpern übersäten Erde Hilferufe und Gewimmer auf:

„Ei wa! Jetischin! Meded Allah!"

Aber auch in der Burg waren die Toten und Verwundeten nicht mehr zu zählen, die Mauern und Gerüste auch innen rot von Blut, die Krieger blutbefleckt, verschwitzt, schmierig, zerlumpt. Ermattete, müde Frauen trugen die Verwundeten und die Toten zusammen.

Die Offiziere gingen, um sich zu waschen. Auch Dobó war schwarz von Ruß, sein Bart und sein Schnurrbart waren versengt; hätte er nicht den Hauptmannshelm auf dem Kopf gehabt, wäre er nicht zu erkennen gewesen.

Doch so, wie er war, nahm er bei der Bombarde *Baba* die Meldungen entgegen.

„Bei mir sind fünfundsechzig Tote und achtundsiebzig Schwerverwundete. Wir haben fünf Doppelzentner Schießpulver verbraucht", meldete Mekcsey.

„Dreißig Tote und hundertzehn Verwundete. Schießpulververbrauch acht Doppelzentner", meldete Gergely Bornemissza. „Die Breschen müssen wir noch diese Nacht zustopfen lassen."

„Drei Doppelzentner Schießpulver, fünfundzwanzig Tote, ungefähr fünfzig Verwundete", meldete Fügedy.

Und er legte die Hand auf die Backe.

„Bist du auch verwundet?" fragte Dobó.

„Nein", antwortete Fügedy, „aber ich habe plötzlich Zahnschmerzen bekommen, als ob mir eine glühende Lanze in der Backe steckte."

Unter denen, die Meldung erstatteten, erblickte Dobó auch Varsányi.

Der Kundschafter trug ein Derwischgewand. Es war von der Brust bis zu den Füßen blutig; das sah aus, als hätte er eine rote Schürze um.

„Varsányi", sagte Dobó, die Meldungen unterbrechend, „komm her! Bist du verwundet?"

„Nein", antwortete der Mann, „ich mußte unten bei den

Türken die Toten schleppen, bis ich endlich hereinkommen konnte.“

„Was für Kunde bringst du?“

„Herr Szalkay hat noch ein zweites Mal überallhin geschrieben, an die Komitate und an die Städte.“

„Und ist noch niemand gekommen?“

„Doch, von da und von dort“, antwortete Varsányi zögernd, „aber sie warten, bis sie alle beisammen sind, dann wollen sie gemeinsam gegen die Türken losziehen.“

Dobó entnahm daraus, daß Szalkay von niemandem Antwort bekommen hatte.

„Was weißt du von den Türken?“

„Vier Tage lang habe ich mich bei ihnen herumgedrückt und habe gesehen, daß sie entsetzlich verbittert sind.“

„Sprich lauter!“ sagte Dobó mit einem Aufleuchten in den Augen.

Und der Kundschafter wiederholte den Satz so laut, daß alle, die in der Nähe standen, ihn hören konnten.

„Die Türken sind entsetzlich verbittert, Herr Hauptmann. Das Wetter ist ihnen zu kalt. Sie haben keinen Proviant mehr. Ich habe mit eigenen Augen gesehen, wie ein Fuhrmann aus Nógrád gestern fünf Wagenladungen Mehl gebracht hat. Mit Schüsseln und Hüten haben sie sich danach gedrängt. Haben nicht einmal gewartet, bis Brot daraus wurde, das rohe Mehl haben sie mit der Hand gegessen, so, wie es aus dem Sack kam. Und was war das schon für so viele Menschen?“

„Kristóf“, sagte Dobó zu seinem Knappen, „geh zu den Metzgern und sage ihnen, sie sollen für die Mannschaft die besten Rinder schlachten. Alle Krieger sollen Braten bekommen.“

Dann wandte er sich wieder dem Kundschafter zu, und dieser fuhr fort:

„Die Janitscharen haben gestern schon sehr gemurrt.“

„Lauter!“

„Die Janitscharen haben gemurrt“, wiederholte Varsányi fast schreiend. „Gott sei auf der Seite der Ungarn, behaupteten sie. Und dann haben sie noch gesagt, sie seien an alle möglichen Kriegswerkzeuge gewöhnt, aber nicht an Höllenfeuer. Solche brennenden Wundermaschinen wie die, gegen die sie hier kämpfen müßten, hätten sie noch nie gesehen.“

Dobó sah einen Augenblick still vor sich hin. Dann sagte er:

„Sei in einer Stunde vor dem Palas. Du wirst mit Miklós Vas wieder nach Szarvaskő gehen."

Dann wandte er sich Sukán zu.

Der alte Rechnungsführer hatte den Kopf und die Nase verbunden; von seinem Gesicht waren nur die beiden Brillengläser und der Schnurrbart zu sehen. Dennoch meldete er mit harter, knarrender Stimme:

„Am heutigen Tage haben wir zwanzig Doppelzentner Pulver verbraucht."

19

Die aufgehende Sonne blickte, als sie aus dem Nebel stieg, auf eine von Blut und Ruß strotzende, an allen Ecken und Enden zerschossene Burg herab. An manchen Stellen schwelte noch ein Balken oder eine Daube der Öl- und Schwefelfässer. Die Luft war schwer von Kadavergestank und widrigem Menschengeruch, und überall lag Unrat herum.

Von den Mauern und aus den Breschen spähten Wachtsoldaten hinunter. Aber sie sahen nur Derwische, die die Leichen wegtrugen. Die Derwische konnten es gar nicht schaffen, so viele Tote lagen dort.

Die Geschütze schwiegen. Es war kalt, selbst die Sonne ging fröstelnd auf; in den Tälern lag Nebel, auch die Stadt steckte bis an den Turm darin.

Erst gegen acht Uhr wurde die Sicht klar. Und dann schien die Sonne so warm vom klar-blauen Himmel herab, als wollte sie den Frühling zurückzaubern.

Auch die Burgleute brachten ihre Toten weg. Die Bauern und die Frauen trugen sie auf Tragbahren von den Mauern, vom Alten Tor wurden sie auf Leiterwagen weggeschafft. Pfarrer Bálint beerdigte sie. Pfarrer Márton gab den Sterbenden die Letzte Ölung.

Die Türken regten sich aber trotzdem; sie versammelten sich und zogen auf die Burg zu. Auch von den fernen Bergen kamen türkische Truppen.

Offenbar zogen sie jetzt ihr ganzes Kriegsvolk zusammen, um, sobald sie sich vereinigt hätten, ihre gesamten Kräfte zu einem Sturmangriff auf die zerstörte Burg einzusetzen.

Die Krieger in der Burg schliefen nach dem langen Kampf in dieser Nacht einen tiefen und langen Schlaf. Dobó ließ sie ruhen, nur mußten sie sich in die Nähe der Bastionen legen. Auf den Bollwerken wachten nur einzelne Posten. Auch die Offiziere lagen in tiefem, totenähnlichem Schlaf. Bornemissza schlief noch um acht Uhr morgens unter der Bombarde *Frosch* so fest, daß weder der Trompetenschall noch die Geräusche des Kommens und Gehens ihn weckten. Er hatte sich in eine dicke Wolldecke gewickelt; auf seinem braunen Haar lag weiß der Reif, sein Gesicht war schwarz von Ruß.

Mekcsey legte ihm ein Tuch über den Kopf und deckte ihn mit seinem Mantel zu.

Dobó befahl, die großschlündigen Geschütze und die Mörser mit kleinen Eisennägeln zu laden. An den Einsturzstellen ließ er Wagen mit Steinen auffahren oder die Spalten und Löcher mit Fässern, Balken, Häuten und allerlei anderen Gegenständen zustopfen. An einigen Stellen schlugen die Maurer das Gesims von den Mauern ab, damit dort keine Leitern eingehakt werden konnten. Überall mußten Steine angehäuft werden. Alle Kessel wurden aus den Küchen auf die Bastionen getragen und mit Wasser gefüllt. Daneben wurde alles, was an Pech auffindbar war, bereitgelegt. Die zinnerne Dachrinne des Palas wurde in Stücke geschnitten, die man auf die Geschütze aufteilte. Die Metzger mußten zum Mittagessen Ochsen am Spieß braten. Das Brot wurde auf den Burgplatz gebracht, wo sich die Soldaten, die Ruhe- oder Wartezeit hatten, zu versammeln pflegten. In großen Bergen lag es da. Schreiber Mihály, der Brotverteiler, ließ jetzt jeden essen, soviel er wollte. Er erschien in einem schönen braunen Dolman und in gelben Stiefeln auf dem Burgplatz bei den Bäckern und schrieb auf seine Liste nur: 14. Oktober: 700 Laibe Brot.

Die Türken sammelten sich in gewaltigen Mengen. Von den Bergen und Hügeln ergoß sich eine bunte Menschenflut ins Tal.

Um zehn Uhr blies auf dem Burgplatz der Trompeter zum Appell. Das Burgvolk fand sich ein. Alles Männer mit verbundenen Köpfen oder verbundenen Armen. Wer keinen großen Verband trug, dem war doch wenigstens ein Finger der rechten

Hand umwickelt. Alle, die sich rühren konnten, mußten auf die Mauern.

Seidene Fahnen wehten in der Mitte des Marktplatzes. Darauf waren, Maria, auf der anderen König Stephan der Heilige und auf der dritten der heilige Johannes abgebildet. Die Fahnen waren zerschlissen und unansehnlich. Man hatte sie aus der Kirche geholt. Die Priester standen an einem Tisch, der als Altar diente. Sie trugen violettes Meßgewand. Auf dem Tisch sah man das Tabernakel.

Es war bereits bekannt, daß eine Messe gelesen werden würde. Man hätte das schon vor den vorherigen Sturmangriffen tun müssen. Doch Dobó erlaubte nicht vom Sterbesakrament zu sprechen.

„Das sind nur Versuche", pflegte er zu sagen, „bis es zum richtigen Angriff kommt, werden die Truppen des Königs hier sein."

Jetzt aber war es offensichtlich, daß das Ende gekommen war.

Die Krieger erschienen sauber gewaschen und frisch gebürstet in ihren besten Gewändern. Die Offiziere prangten in allen Farben; sie trugen rote Sporenstiefel und Federn an den Helmen, ihre Schnurrbärte waren straff gezwirbelt. Mekcsey hatte ein funkelnagelneues, eng am Körper anliegendes Panzerhemd an. Zwei Säbel hingen ihm an der Seite; der eine davon war der mit dem Schlangenknauf, mit dem er sich nur bei feierlichen Gelegenheiten umgürtete.

Gergely Bornemissza kam in einem spitzen Helm von Stahl, drei weiße Kranichfedern schmückten ihn. Die Federn wurden von einem silbernen Vogelfuß gehalten. Gergely trug einen Brustpanzer über dem roten Lederdolman. Die Hände steckten in seidenen Handschuhen, die außen mit kleinen Stahlketten bedeckt waren. Ein goldgestickter Kragen lag um den Hals.

Zoltay konnte denn auch die Bemerkung nicht unterdrücken:

„Hast ja einen Kragen wie ein Bräutigam!"

„Meine Frau hat ihn mir gestickt", entgegnete Gergely ernst. „Nicht den Türken zu Ehren habe ich ihn angelegt..."

Was er unausgesprochen ließ, konnte man sich hinzudenken: „...sondern dem Tode zu Ehren."

Auch Zoltay hatte einen Lederdolman an, einen hellbraunen, und auch ihm rasselten zwei Säbel an der Seite. An seinem Helm war kein Visier, sondern eine kleine Stahlstange, die von der Stirn bis an die Nasenspitze reichte. Und ringsherum hing ein Drahtschleier bis über den Hals. Dieser Helm mochte einem Spahi-Offizier gehört haben. Zoltay hatte ihn bei der Versteigerung nach dem ersten Ausfall gekauft.

Fügedy war vom Kopf bis zu den Füßen gepanzert. Er hatte trübe Augen und klagte noch über Zahnschmerzen:

„Wahrhaftig, ich schäme mich, aber das sind höllische Qualen."

„Um so besser wirst du auf die Türken losschlagen", tröstete ihn Zoltay, „weil dich das wütend macht."

„Das bin ich ohnedies", brummte Fügedy.

Pető war mit Helm und in einem Hirschlederdolman erschienen. Er saß zu Pferde, denn er konnte noch immer nicht gehen. Er hatte im Rücken der Versammlung Aufstellung genommen und von dort mit dem Säbel den Hauptleuten einen Gruß zugewinkt.

Alle hatten also ihre besten Gewänder angelegt, nicht der Messe wegen, denn es wußten zu dem Zeitpunkt noch nicht einmal alle, daß eine Messe gelesen werden würde, nein, sie hatten alle das Gefühl, daß dies der letzte Tag sei. Und der Tod, man mag ihn noch so häßlich darstellen, ist doch ein mächtiger, ehrfurchtgebietender Herr. Wer nichts anderes besaß als sein Alltagsgewand, hatte wenigstens seinen Schnurrbart gewichst und gezwirbelt. Aber es gab kaum einen, dessen Augen nicht von den schlaflosen Nächten und vom ätzenden Rauch gerötet gewesen wären. Und alle waren bleich. Viele hatten Wunden im Gesicht oder an den Händen, frische, verharschende oder schon zugeheilte.

Nur Dobó fehlte noch.

Nun trat er in blinkendem Prunkharnisch vor, auf dem Kopf den vergoldeten Helm, an der Helmspitze eine lange Adlerfeder, einen breiten, mit Edelstein besetzten Säbel an der Seite. Die Hände steckten in Eisenhandschuhen, die teils aus Schuppen, teils aus silberglänzenden Kettengliedern bestanden. In der einen Hand trug er eine Lanze mit vergoldeter Spitze, deren Griff mit rotem Samt überzogen war.

Die beiden Knappen hinter ihm waren ebenfalls vom Scheitel

bis zur Sohle gepanzert. Sie trugen kurze Säbel an der Seite. Das lange Haar unter dem Helm wallte bis auf die Schultern herab.

Dobó verharrte vor dem Altar und nahm seinen Helm ab. Die beiden Priester waren nicht in der Lage, zum Volk zu sprechen; so tat es denn also Mekcsey.

„Brüder“, begann er und nahm den Helm unter den Arm, „nach dem gestrigen Sturm sehen wir heute, daß die Türken alle ihre Streitkräfte zusammenziehen. Am heutigen Tage wird sich die gesamte Kraft des Feindes mit unserer Kraft messen. Doch wo Gott ist, dort wendet sich jegliche Kraft vergeblich gegen seinen Willen, und wären hier sämtliche Heiden dieser Welt. Das Sakrament, das wir hier sehen, zeigt uns, daß der lebendige Jesus gegenwärtig ist. Er ist mit uns!“

„Lasset uns niederknien und beten:“

„Vater unser...“

Sie sprachen es leise und zitternd, Satz für Satz.

Als auch das Amen gesprochen war, versank man in eine lange, feierliche Stille.

Pfarrer Márton beugte sich zu Mekcsey und sagte ihm, was er weiter zu sprechen habe.

Mekcsey erhob sich und fuhr fort:

„Diese beiden treuen Diener Gottes werden jetzt das Sakrament vor uns erheben, um jedem von uns die Vergebung seiner Sünden zu erteilen. Die Zeit reicht nicht aus, daß wir beichten könnten. In solch einer schweren Stunde erteilt die Kriche auch ohne Beichte die Absolution. Bereut eure Sünden nur in eurem Inneren!“

Und wieder kniete er nieder.

Der Ministrant läutete. Pfarrer Bálint erhob die Hostie. Gesenkten Hauptes erhörte das Burgvolk die erlösenden Worte, die der greise Pfarrer mit bebender Stimme sprach.

Als sie ihre Häupter wieder erhoben, war das Sakrament bereits wieder auf dem Tisch und der Priester streckte segnend beide Hände aus, während er mit Tränen in den Augen reglos zum klaren Himmel hinauf blickte.

Mit dem Ende der Zeremonie setzte Dobó den Helm wieder auf. Er stellte sich auf einen Stein und begann feierlich:

„Nachdem ihr nun Gottes Wort vernommen habt, laßt auch mich zu euch sprechen: Vor vierunddreißig Tagen haben wir geschworen, die Burg dem Feind nicht zu übergeben. Wir haben den Schwur gehalten. Burg Eger hat dem Feind getrotzt, wie ein Felsen dem tosenden Orkan. Jetzt steht uns die letzte Prüfung bevor. Gott haben wir um Hilfe angerufen. Von Sünden rein, zum Tode bereit, kämpfen wir für das Fortbestehen unserer Burg und unseres Vaterlands. Mit beispielloser Tapferkeit habt ihr die Burg bis jetzt gehalten, und nie dagewesen ist die Schlappe, die die Türken schon bis jetzt vor Burg Eger erlitten haben. Ich vertraue auf unsere Waffen! Ich vertraue auf die Kraft unserer Seelen! Ich vertraue auf die Jungfrau Maria, die Patronin Ungarns; ich vertraue auf König Stephan den Heiligen, dessen Seele der ungarischen Nation allgegenwärtig ist! Am meisten aber vertraue ich auf Gott selbst! Laßt uns kämpfen, Brüder, mit all unserer Kraft kühn und entschlossen bis zum Tode!“

Trommelwirbel erscholl und Horngeschmetter.

Mit verbitterter Kraft griffen die Krieger nach ihren Lanzen und verstreuten sich. Dobó schwang sich aufs Roß. Seine beiden Knappen folgten ihm gleichfalls zu Pferde.

Dobó hielt oben überall Umschau. Er sah auf den Wiesen und auf den fernen Hügeln türkische Pferde in großen Gruppen ohne Soldaten weiden. Ringsherum aber bewegte sich ein Wald von Lanzen. Einer Meeresflut gleich umwogten die unzähligen Türken die Burg.

Auf dem Königsstuhl waren schon die beiden Paschas zu sehen. Ali Pascha in einem riesigen, melonenförmigen gelben Turban; er hatte ein gelbes Altweibergesicht. Der andere war ein Riese mit einem großen grauen Bart. Beide trugen blauseidene Kaftane, der Ali Paschas war etwas heller. Bei jeder Bewegung, die sie machten, funkelten an den Waffen in ihren Gurten Diamanten.

Die Begs ritten auf prächtigen Pferden an der Spitze der Truppen. Außer ihnen waren nur noch die Agas und die Jassaulen zu Pferde. Das ganze Heer bestand aus Fußvolk. Zwischen den türkischen Kriegsflaggen tauchte eine große schwarze Fahne auf. Die hatten die Burginsassen bisher noch nie gesehen. Nur die Offiziere wußten, was die schwarze Fahne bedeutete; sie verkündete: Es gibt kein Erbarmen! Ihr alle in der Burg seid des Todes!

Gegen Mittag erdröhnten die türkischen Geschütze, und auf beiden Seiten erscholl die Musik der Spielleute.

Die Umgebung der Burg war in Rauchwolken gehüllt, und das Allah-akbar-Geschrei machte die Mauern erbeben.

In der Festung wurden Feuer entzündet.

*

Dobó beorderte die Bauern, die Frauen und das Volk, das sich in die Burg geflüchtet hatte, an die Kessel und an die Mauern. Selbst die Verwundeten schleppten sich hinaus. Wer irgend gehen und stehen konnte, verließ seine Lagerstätte, um zu helfen, wenn auch nur dadurch, daß er Befehle und Anordnungen weitergab. Mancher hatte beide Arme in der Binde, dennoch kam er herbei, stellte sich an einem Feuerhaufen auf, um von Zeit zu Zeit mit dem Fuß die Holzscheite unter den Kessel zu schieben.

In den Häusern im Burginnern blieb niemand außer den Kindern und im Palas die beiden Frauen.

Frau Balogh... Arme Frau Balogh... Sie hatte ihren Sohn zum Krieger erziehen lassen, jetzt wagte sie nicht Dobó zu bitten, ihn bei diesem Sturm vom Dienst zu befreien. Er war ja noch ein Knabe, wie würde er dem Angriff der grimmigen heidnischen Bestien standhalten? Aber nur ihr bleich und bleicher werdendes Gesicht verriet, daß sie um ihr Kind bangte. Dobós eiserner Wille hatte auch Macht über ihre Besorgnis. Wenn er sie ansah, wagte sie kaum zu atmen. Sie handelte wie die Soldaten; auf ein Wort Dobós bewegte sich ein jeder mit mechanischer Folgsamkeit. Sie alle wurden von Dobó im Bann gehalten. Dobó brauchte nichts zu sagen, ein Wink genügte, und die Glieder der Menschen bewegten sich, wie er es wollte.

Was wäre aus der Burg geworden, wenn Dobó vor Furcht auch nur mit der Wimper gezuckt hätte? Er mahnte jeden zu Vorsicht, hieß alle, sich mit Panzern, Harnischen, Helmen zu rüsten, doch als der Tod auf den Mauern erschien, führte Dobó das ganze Burgvolk ohne Ausnahme in den Kampf gegen den Tod.

Kein Menschenleben war zu kostbar für das Vaterland!

Für die arme Frau Balogh waren die Sturmtage qualvoll. Jeden Morgen, wenn ihr Sohn hinter Dobó fortritt, zitterte sie vor Angst. Stunde um Stunde schaute sie nach ihm aus, ob ihn etwa eine Kugel getroffen habe. Und welch freudige Erleichterung fühlte sie, sooft der Knappe Kristóf ihren Sohn ablöste und ihr Balázs müde und von Schießpulver geschwärzt in den Palas zurückkehrte!

Sie empfing ihn jedesmal mit offenen Armen und küßte ihn, als wäre er von einer weiten Reise heimgekehrt. Sie wusch ihn, badete ihn, kämmte und bürstete ihm das lange, seidige Har; und setzte ihm alles Gute vor, was sie in der Küche finden konnte.

„Wer ist gefallen? Wer von den Offizieren ist verwundet?" Das waren stets die ersten Fragen der beiden Frauen.

Balázs wußte nicht, wer Éva war. Er meinte, sie wäre eine Dame aus Eger, die seiner Mutter im Palas half. So erzählte er denn. Und sein Bericht begann immer mit der Aufzählung der Toten und endete mit der Lobpreisung Onkel Gergelys. Was der alles erfand, der Onkel Gergely! Der Knabe war von Bewunderung für ihn erfüllt. Er erzählte, mit wie vielen Türken er ihn hatte kämpfen sehen und mit welch geschickten Griffen Onkel Gergely jeden einzelnen Türken niedergeschlagen hatte.

Mit weitgeöffneten Augen, bleich und stolz hörte Éva zu. Nur wenn Balázs in seinem Bericht dort angekommen war, wo er stets sagte, der Türke habe gegen den wunderbaren Onkel Gergely nichts ausrichten können, mußte sie lächeln.

Während die Sturmangriffe tobten, standen die beiden Frauen weinend und zitternd am Fenster. Durch eine kleine Spalte konnten sie nichts weiter sehen als das hin und her laufende Burgvolk, den Rauch, das immer wieder aufflammende Feuer und die Bader, die mit Schüsseln an den Brunnen eilten und sie mit frischem Wasser füllten. Dann wurden mit einemmal Verwundete gebracht, einzeln, immer dichter hintereinander, immer blutigere Verwundete.

Da wendeten die Frauen diesen ihre ganze Aufmerksamkeit zu. O Gott, schon wieder wird einer gebracht! Es ist nicht Balázs. Es ist nicht Gergely. Gott sei Dank! Schon wieder einer... Aber vielleicht werden sie nicht zu den Verletzten, sondern schon zur Totenkammer gebracht... Oder vielleicht trampeln die kämpfenden Krieger auf ihren Leichen...

Und Évas Vater, ihr greiser, halbverkrüppelter Vater war ja auch hier. Oft sah sie ihn den Weg am Palas entlangschlurfen.

Er trug eine Armbrust geschultert, die so groß war wie er selbst. Manchmal war sein Köcher leer, manchmal voller Pfeile. Wie gern hätte Éva dem alten Mann zugerufen: Vater! Lieber Vater! Gebt acht, seid vorsichtig!

Als an diesem Tage die Kanonen erdröhnten, fielen die beiden Frauen einander weinend in die Arme.

„Wir wollen beten!" sagten sie beide.

Und sie knieten nieder, beugten sich tief, mit dem Gesicht bis auf die Erde, und beteten, und mit ihnen weit und breit in Oberungarn anderthalbtausend Frauen, jeden Tag und jede Nacht... Und die Kinder, die man in Sicherheit gebracht hatte, falteten ihre kleinen Hände und beteten für Vater, der in Eger war: „Lieber Gott, laß meinen Vater am Leben! Bring mir meinen Vater wieder!"

Höllisches Krachen und Dröhnen, Geschützdonner, Hörnerschall, Jesus-Rufe, Allah-Gebrüll. Schwere Rauchwolken verbreiten sich über die Burg.

Schon werden die ersten Verwundeten gebracht. Der erste auf einer Tragbahre, die schwarz ist von Blut. Ein bleicher junger Soldat. Das Bein ist ihm am Knie abgeschossen. Die Bader legen einen Notverband an. Für eine oder zwei Stunden geben sie ihm dadurch Hoffnung, dann verblutet er sowieso – wozu also sich lange mit ihm abmühen.

Man bringt den zweiten Verwundeten, den dritten, den vierten.

Das Gesicht des einen: nur Fleischfetzen. Beide Augen fehlen, die Zähne sind in dem blutigen Fleisch zu sehen. Dem zweiten steckt ein Pfeil im Hals, der muß herausgeschnitten werden. Der dritte preßt die Hand auf die rechte Seite. Die Hand ist blutig, es sieht aus, als hätte der Soldat einen roten Handschuh an. In dicken Strömen quillt das Blut über die Finger. Der Soldat setzt sich auf die Erde und wartet wortlos, bis der Tod ihn in seine Finsternis aufnimmt.

In eiligem Ritt sprengt Dobó am Palas vorbei. Weit hinter ihm zurückbleibend, rennt der Knappe Kristóf.

Wo ist der andere? fragt der besorgte Blick der Mutter. Da hinten, auf die Sándor-Bastei zu, läuft auch der; er hat wohl eine Botschaft zu überbringen. *Gottlob! und oh weh!...*

Es sind schon so viele Verwundete da, daß die dreizehn Bader alle Hände voll zu tun haben. Mit den Verletzten zugleich sind auch drei türkische Fahnen gebracht worden. Das Allah-Rufen der Türken steigert sich immer mehr zum Gebrüll, der Schießpulverrauch verfinstert den ganzen Umkreis der Ost- und der Nordbastion und steht auch über dem Palas. Wie im Winter der Nebel, bei dem man keine drei Schritt weit sehen kann, so dicht lagert jetzt hier der Qualm.

„Barmherziger Gott“, fleht Frau Balogh, „was wird aus uns, wenn die Türken in die Burg eindringen?“

„Dann gehe ich in den Tod“, sagt Éva, die weißer ist als die Wand.

Und sie läuft in den Waffensaal, holt einen Säbel heraus, Dobós Alltagssäbel. Den legt sie nachdenklich auf den Tisch.

Durch das offene Fenster hört man das Seufzen und Stöhnen der Verwundeten.

„Meine Augen, meine Augen!“ jammert einer. „Nichts werde ich mehr von Gottes schöner Welt sehen.“

„Zum Bettler bin ich geworden“, klagt ein anderer, „beide Hände haben sie mir abgehauen.“

Und unablässig werden Verletzte gebracht. Die Bader können nicht mehr alle verbinden, obwohl ihnen schon Frauen helfen. Bleich und still sind diese an der Arbeit, sie waschen die Wunden, bestreichen sie mit Alaun, verbinden sie, genau wie die Bader.

„Wenn Gott uns nur das Leben erhält!“ seufzt ein junger Bursche, der in blutigem Hemd dort sitzt und beide Hände auf den Magen preßt.

Ein Lanzenstich hat ihm von unten nach oben den Magen aufgeschlitzt.

Frau Balogh überläuft ein Schauer.

„Wir müssen hingehen“, sagt sie mit qualvoller Miene, „wir müssen die Bader unterstützen“.

„Ich auch? Ich auch!“ sagt Éva. „Mein Gefühl sagt mir, daß kein Ehrenwort und kein Befehl mir verbieten kann, den Verwundeten zu helfen.“

Der Wind erhebt sich und vertreibt den Rauch. Frau Balogh öffnet die Tür und blickt hinaus in die Richtung der Zwingerbastion. Dort sieht sie Dobó in einer Rauchwolke, wie er mit einem mächtigen Säbelhieb einen Türken, der im Begriff war, auf die

Mauer zu klettern, auf den Kopf schlägt und dann den Toten hinabstößt.

Der Knappe Balázs steht hinter Dobó, im Helm mit herabgelassenem Visier. Er hält die Lanze, den Streitkolben und einen zweiten Säbel seines Herrn unter dem Arm.

Die Sonne versucht mit ihren Strahlen die Wolken und den Rauch zu durchdringen. Es ist kühl, den Kämpfenden aber ergeht es wie bei glühender Hitze. Dobó reißt den Helm vom Kopf und wirft ihn Balázs hin. Dann zieht er ein Tuch aus dem Gurt und wischt sich den Schweiß vom Gesicht.

Unbedeckten Hauptes kämpft er weiter.

Balázs weiß nicht, wo er den goldenen Helm unterbringen soll: Er stülpt ihn auf seinen Kopf.

Eine Rauchwolke verdeckt beide.

Zieh fort, Rauch, oh, zieh fort!

Und die Rauchwolke lichtet sich, als hätte sie das Flehen des Mutterherzens gehört. Balázs steht auf der Mauer. Er beobachtet, wie sein Herr kämpft.

Die Mutter ruft:

„Stell dich mehr nach hinten! Mehr nach unten!“

Als ob ihr Sohn das bei dem Höllenlärm hören könnte!

Und als die Mutter gerade die Hand hebt, um ihm zu winken, läßt er Dobós Waffen fallen. Mit einer schlaffen Bewegung greift er sich an den Hals. Er taumelt, schwankt. Der goldene Helm fällt ihm vom Kopf und rollt weg. Der Knabe stürzt hin, streckt nicht einmal die Hand nach der Erde aus, um den Aufprall zu dämpfen.

Die Mutter stößt einen gellenden Schrei aus, reißt die Tür auf und läuft zu ihm. Sie umschlingt ihren Sohn, weint, wirft sich auf ihn, umarmt ihn.

„Balázs! Balázs!“

Dobó blickt sich um und hebt den weggerollten Helm auf. Dann winkt er einem Soldaten und zeigt auf den Knaben.

Der Soldat hebt den Knappen auf und trägt ihn in den Palas, in das Zimmer der Mutter.

Der Knabe liegt regungslos da, mit blutigem Hals, wie eine geschossene Taube.

„Nun habe ich auch dich verloren, mein Kind, mein Sohn...“, wehklagt die Mutter.

„Vielleicht ist er nur in Ohnmacht gefallen", meint der Soldat. „Aber ich muß gehen."

„Armer Balázs", sagt Éva und weint auch.

Sie schnallt ihm den Helm mit dem Visier, den Brustpanzer und die übrige Rüstung ab.

Am Halse des Knaben klafft eine große Schußwunde. Eingedrungen ist die Kugel aber nicht dort, sondern in den Rumpf. Am Hals ist sie herausgekommen.

Der Schmerz verzerrt das Gesicht der vereinsamten Mutter, an ihren Augäpfeln treten rot die Adern hervor. Sie nimmt den Säbel vom Tisch, den Éva aus dem Waffensaal geholt hat, und rennt damit in den Qualm hinaus, in das Menschengetümmel, hinauf auf die Zwingerbastion.

Dort sind schon mehrere Frauen geschäftig.

Unten kochen sie das Wasser, das Pech, das Blei. Eifrig tragen sie die Töpfe mit dem kochenden Inhalt hinauf und geben sie den Soldaten.

„Bringt auch kaltes Wasser zum Trinken!" rufen die Soldaten in jeder kleinen Kampfpause. „Wasser! Wasser!"

„Frauen in die Keller!" ruft Dobó schallend. „Alle Fässer anzapfen! Bringt den Soldaten Wein in Bechern!"

Ein Teil der Frauen, diejenigen, die den Ruf gehört haben, rennen mit fliegenden Röcken und holen Wein.

Schreiber Imre geht bewaffnet vor dem Keller auf und ab.

Als er die vielen Frauen kommen sieht, steckt er den Schlüssel in die Kellertür.

„Für die Offiziere, nicht wahr?" fragt er Frau Kocsis.

„Für alle, Herr Schreiber, für alle. Der Herr Hauptmann hat es befohlen."

Schreiber Imre stößt die Kellertür auf:

„Hinten ist der beste!"

Und er läßt das Visier herab und zieht den Säbel. Auch er läuft auf die halbzerschossenen Mauern der Zwingerbastion.

In immer größeren Mengen berennen die Türken die Bastion. Einige springen schon herauf und ringen in mörderischem Handgemenge mit den Verteidigern. Auch Dobó packt einen Türken bei der Kehle, einen Riesen, dessen Knochen allein an die zwei Zentner wiegen mögen. Er will ihn zurückstoßen. Der Türke aber steht fest. Einen Augenblick lang starren die beiden keuchend einander an. Da nimmt Dobó alle Kraft zusammen, reißt mit einer raschen Drehung seinen Gegner nach innen und schleudert ihn von der Höhe des Gerüstes hinab auf den Hof.

Dem Türken ist der Helm vom Kopf gefallen, er selbst ist zwischen die Steine gestürzt. Aber er steht wieder auf und wendet den Kopf, um zu sehen, ob seine Gefährten kommen.

In diesem Augenblick erreicht Frau Balogh diese Stelle. Kreischend schwingt sie den Säbel, der fürchterliche Hieb schlägt dem Türken den Kopf ab.

Auch die anderen Frauen betätigen sich jetzt schon oben auf der Bastion. In dem Handgemenge nehmen die Soldaten ihnen das brennende Pech, die Steine, das Blei nicht mehr ab, also tragen sie es selbst hinauf, und oben, inmitten von Rauch, Staub und Flammen, schütten sie es auf die heraufkletternden Türken.

Die Toten sinken hin, aber die Lebenden werden nicht weniger. Jeder hinuntergewälzte Stein, jedes Hinabschütten von Blei und Pech öffnet eine Schneise in den Wald der Türken an der Mauer, aber je mehr sich unten die Leichen häufen, desto leichter können die ausgeruhten türkischen Scharen heraufsteigen. Die Lebenden entreißen den herabstürzenden Toten die Roßschweife, und von neuem schwanken die Fahnen mit den Roßschweifen auf den Leitern.

„Allah! Allah! Der Sieg ist unser!“

„Jesus, steh uns bei!“

Erstaunt sieht Dobó, daß neben ihm Frau Balogh kämpft, aber er hat keine Zeit, etwas zu sagen; er muß die vordringenden Türken abwehren. Über seinen Prunkharnisch fließt Blut von den Schultern bis zu den Fersen.

Schlag auf Schlag versetzt Frau Balogh den heraufdrängenden Türken, bis sie, von einem Lanzenstich tödlich getroffen, umsinkt und von der Bastion auf das Gerüst fällt.

Niemand ist mehr dort, der sie wegziehen könnte. Der Kampf tobt oben auf der Mauer. Über die Toten und die Sterbenden stürmen die Lebenden hinweg. Dobó springt auf eine Zinne und blickt hinunter.

Sogar die Agas sind schon unten an der Mauer. Weli Beg reitet mit einer großen Fahne aus rotem Samt heran. Beim Anblick dieser Fahne brechen die türkischen Soldaten in erneutes Gebrüll aus.

„Allah hilft uns! Die Stunde des Sieges ist da!"

Die rote Samtfahne ist Ali Paschas Siegesflagge. Auf den Zinnen von dreißig Burgen und Festungen hat sie im vergangenen Sommer den Sieg des türkischen Heeres verkündet. Nie wurde sie zu anderem Anlaß als zu glorreichem Ruhm entfaltet.

Weli Beg dringt mit der Fahne bis zur Erdbastion vor. Da scheint ihm die Verteidigung am schwächsten zu sein, weil ja sogar schon Frauen dort kämpfen.

Dobó erblickt die breite festliche Fahne, auf der goldene Buchstaben glänzen. Er schickt Pető Nachricht und eilt auf die Erdbastion.

Dort wird Mann gegen Mann gekämpft. Von Zeit zu Zeit taucht ein Türke mit einer Fahne auf – und verschwindet wieder in der Tiefe. Ein Schleier von Staub und Rauch hüllt die miteinander ringenden Krieger ein. Aus den Staubwolken fliegen, Kometen gleich, die brennenden Pechkränze und Pechfladen.

„Jesus, hilf!" schreit eine Frau.

Dobó kommt in dem Augenblick bei der Erdbastion an, als von oben herab nach innen ein Stein Mátyás Szőr, dem Müller aus Maklár, auf den Kopf fällt. Der Müller bricht zusammen, doch bevor er fällt, bohrt ihm ein breitschultriger Türke den Jatagan bis an den Griff in die Brust. Eine Frau stürzt sich schreiend auf den Türken.

Sie hat den Säbel ihres Mannes ergriffen...

Da kommt Dobó von unten:

„Schlagt zu! Schlagt zu! Es kommt Hilfe!"

Dieser Schrei gibt den Soldaten neue Kraft. Unter Flüchen, die ihnen nicht als Sünde angerechnet werden können, morden sie weiter die anstürmenden Türken.

An einer Seite hauen sich zwei Türken herum. Dobó erkennt in dem einen den geharnischten Mörder des Müllers und stürmt auf ihn los. Er sieht, daß der Türke von oben bis unten mit Derbender Stahl gepanzert ist, und weiß, an dem gleitet der Säbel ab. Kurz entschlossen stürzt er sich auf ihn und drückt ihn auf den toten Müller nieder.

Aber der Türke ist ein sehniger, kräftiger Mann. Er zuckt auf und jappt unter Dobó wie ein Fisch. In der Wut der Machtlosigkeit beißt er in das Eisen an Dobós Arm, dann wirft er sich plötzlich auf die Erde, mit dem Gesicht nach oben. Aber das wird ihm zum Verhängnis. Dobó findet den nackten Hals und erwürgt den Mann erbarmungslos.

Er ist noch nicht aufgestanden, als eine von oben geschleuderte türkische Lanze ihm klirrend ins Bein fährt; sie zerschneidet den Lederriemen und bleibt in der Wade stecken.

Vor Schmerz brüllt Dobó wie ein Löwe. Er sinkt in die Knie und greift sich nach der Wade. Tränen der Qual treten ihm in die Augen.

„Herr!" ruft der Knappe Kristóf entsetzt. „Seid Ihr verwundet?"

Dobó gibt keine Antwort, er rißt die Lanze aus seinem Bein und wirft sie weg. Die Fäuste geballt, steht er einen Augenblick still und zieht zischend die Luft durch die Zähne, bis die erste brennende Pein vergeht. Dann stößt er das Bein vor, versucht, ob es gebrochen ist. Nein, es ist nicht gebrochen, es blutet nur. Sobald der Schmerz nachgelassen hat, hebt Dobó seinen Säbel auf und stürzt sich wie ein Tiger auf die Türken, die durch die Bresche hereindringen. Wehe dem, den Dobó jetzt erwischt!

Während Angreifer und Verteidiger sich hier schon fast mit den Zähnen fassen, wird an der anderen Bresche, knapp zehn Klafter entfernt, die Feindesschar immer dichter.

Unter dem Druck von Hunderten brechen die Balken in der Bresche, und die Türken stimmen ein Siegesgeschrei an, weil sie nun hier die Mauer nicht einmal mehr zu erklettern brauchen.

Einer schiebt und stößt den anderen vor, die Waffe in der rechten Hand, den Roßschweif in der linken. Die vordersten springen mit den Roßschweifen auf die Bastion. Die folgenden fallen die unterhalb der Gerüste wartenden Verwundeten und Frauen an.

Einer stößt mit dem gepanzerten Fuß das Feuer und die im Feuer brennenden Scheite an den Rüstbaum. Die Flammen zügeln hoch und lecken an dem Holz.

Mit den Verwundeten werden die Türken leicht fertig, aber die Frauen packen unter Wutgeschrei die großen Kessel.

Die dicke Frau des Gáspár Kocsis schüttet einem langbärtigen Aga das kochende Wasser ins Gesicht, und als dieser nach seinem prächtigen Bart greift, bleibt ihm der in der Hand.

Eine andere Frau packt von einem anderen Feuer ein brennendes Scheit und schlägt damit einem Türken ins Gesicht, so daß Funken wie kleine Sterne umherfliegen. Mehrere Frauen nehmen den Kampf gegen die Heiden mit Waffen auf.

„Jesus, hilf!"

„Erschlagt sie! Erschlagt sie!" brüllt der Felnémeter Schmied.

Und mit seinem Possekel rennt er zu den Frauen. Auf drei Türken rennt er los, die dort mit dem Rücken gegeneinander stehen und kämpfen. Einem von den dreien versetzt er einen so wuchtigen Hieb auf den Kopf, daß das Hirn durch Nase und Ohren herausspritzt.

Der zweite Türke sinkt, von einem Hieb getroffen, in die Knie, aber er schwingt noch den Jatagan und stößt ihn dem Schmied bis an den Griff in den Bauch.

„Du kommst mit mir ins Jenseits, du Hund!" brüllt der Schmied, schwingt noch einmal den zentnerschweren Possekel, und erst als er sieht, daß sein Gegner mit flachgehauenem Helm tot umsinkt, setzt er sich auf die Erde und greift sich nach dem Leib.

Unterdessen haben die Frauen schon Waffen, die überall herumlagen, ergriffen und kämpfen, wütende Schreie aussto-ßend, gegen die Türken. Die Tücher sind ihnen vom Kopf gefallen, ihre Haare haben sich gelöst, die Röcke fliegen und flattern im Kampf. Sie denken nicht mehr daran, daß sie Frauen sind, keuchend und schreiend schlagen sie auf die Türken ein. Sie fangen keinen Schlag mit dem Säbel auf; wo die feindliche Waffe auf sie niedersaust, werden sie getroffen. Aber auch die Hiebe, die sie austeilen, sitzen.

„Ein Hoch den Frauen!" ruft hinter ihnen Pető.

Und da er das Feuer bemerkt, das mit kleinen Flammen nach dem Gerüst züngelt, langt er nach einem Eimer Wasser und gießt ihn über dem Rüstbaum aus.

Pető ist mit einer ausgeruhten Truppe gekommen. Er schwingt den Säbel und stürzt sich auf einen Akindschi, der katzenartig auf die Mauer springt. Von Pető niedergestreckt, fällt er zwischen die Balken.

Petős Soldaten zerstreuen die eingedrungenen Türken wie Spreu. Und sie machen sogar einen Ausfall durch das Mauer-loch.

Dobó kniet auf der Mauer und blickt hinunter. Er atmet

keuchend, und seine Augen sind starr. Von seinem Säbel und seinem Bart tropft Blut.

Immer mehr der kampfesgrimmigen Egerer stürmen durch die Bresche aus der Burg hinaus und fallen unterhalb der Bastion, wo in Haufen die Toten liegen, die Türken an.

„Zurück!“ schreit Dobó aus voller Kehle. „Zurück!“

Doch bei dem Kampfgetöse hören die dort unten ja nicht einmal ihr eigenes Wort.

Ein gemeiner Soldat namens László Tóth erblickt den Beg mit der roten Samtfahne. Er springt auf ihn zu, hebt das Faustrohr und schießt dem Beg in die Brust. Ein Griff nach der Fahne. Eine zweite Bewegung: Er schleudert das leere Faustrohr einem Türken ins Gesicht. Dann springt er mit seiner Beute zurück, während seine fünf Kameraden, die mit ihm hinausgedrungen waren, von den Janitscharen niedergemetzelt werden.

Dobó sieht nur, daß Weli Beg vom Pferd fällt und daß ein Ungar dem Pascha die Siegesfahne entrissen hat. Er gibt derausgeruhten Truppe ein Zeichen, in welcher Richtung sie kämpfen soll. Dann streicht er über die blutigen Gewandfetzen an seinem linken Arm und rast an die Bresche. Pető steht schon dort und hält ein brennendes Holzscheit an den Mörser vor der Durchbruchsstelle.

Durch diesen Schuß werden die hinter der Fahne herjagenden Janitscharen zurückgeworfen.

„Laden!“ ruft Dobó dem Büchsenmeister Fayrich zu. „Vier von euch bleiben hier. Steine und Balken her! Wenn Zeit dazu ist!“

Und mit erneuter Kraft tobt auf den Bastionen der Feuersturm.

20

Éva war mit dem toten Knappen allein geblieben.

Nachdenklich und starr sah sie ihn an. Endlich bewegte sie sich: Sie setzte den Helm auf, legte den Brustpanzer und die Armschienen an. Der Knabe war ebenso groß wie sie, seine Rüstung paßte ihr.

Balázs’ Säbel erschien ihr zu kurz. Sie ging in Dobós Zimmer und nahm einen langen italienischen Degen von der Wand, den Knaufriemen schlang sie um das Handgelenk.

Die Scheide ließ sie liegen.

Mit dem blanken Degen lief sie zur Tür hinaus und rannte einfach drauflos, wohin, das wußte sie selbst nicht. Sie wußte nur, daß ihr Mann mit Zoltay zusammen die Vorburg verteidigte. Wie man aber vom Palas zur Vorburg gelangte, war ihr unbekannt.

Die Sonne ging schon unter und sah durch die Rauchschwaden hindurch wie eine in der Luft hängengebliebene glühende Kanonenkugel aus.

Von der Zeichnung her erinnerte sich Éva, daß die Vorburg in Form einer Sichel östlich von der Schildkröte lag.

Die Sonne ging rechter Hand unter, also mußte die Vorburg linker Hand liegen.

Éva kamen zehn Burgsoldaten entgegen, schmutzig und schwarz von Rauch. Sie rannten, ihnen voran der Gefreite. Bei allen war der rechte Arm, die ganze rechte Seite dunkel von Blut. Die Soldaten trugen Lanzen geschultert, sie liefen nach der Zwingerbastion. Dann kam ein Soldat angetaumelt... Blut floß ihm vom Gesicht. Er wollte wohl zum Bader. Noch ein paar unsichere Schritte, dann fiel er der Länge nach hin.

Éva eilte hinzu, um ihn aufzuheben. Aber dort lagen noch ein zweiter und ein dritter Toter oder Bewußtloser. Der dritte war der älteste Sohn des Schultheißen von Eger. Sie kannte ihn vom Fenster her. Ein Pfeil steckte in seiner Brust.

Vom Keller her kamen keuchend die Frauen gelaufen. Sie trugen Holzbecher auf den Köpfen und Kübel oder Henkelkrüge in den Händen.

Sie rannten auch nach Osten. Éva schloß sich ihnen an. Als sie an den Ställen vorüber waren, verschwanden sie in einem kleinen, abwärtsführenden unterirdischen Gang, in dem zwei Laternen brannten.

Das war das Finstertor, das die Vorburg mit der oberen Mauer verband.

Éva lief hinter den Frauen her.

Der Staub und der stinkende Qualm wurden immer dichter. Und immer höllischer wurden der Lärm, das Getümmel, das Geschrei; türkische und ungarische Stimmen brüllten durcheinander. Überall lagen Tote herum, die meisten mit dem Gesicht zur Erde. Oben auf der Treppe, auf den Gerüsten, überall Tote. Einen erkannte Éva, es war Pfarrer Bálint, er lag auf dem Rücken, ohne Helm. Sein langer weißer Bart war rot von Blut. Den Säbel hatte er noch in der Hand.

Éva stolperte über einen langstieligen Streitkolben. Rasch hob sie ihn auf und rannte die Treppe hinauf...

Oben wütet der Kampf und wird zum Handgemenge. Auf der Mauer stehend, stoßen die Soldaten die Türken zurück. Eine Frau schleudert das brennende Ende eines Balkens hinab. Eine andere schwingt einen brennenden Knüppel, er saust einem Türken gegen den Hals. Fluchen, Jesus-Rufe, Allah-Gebrüll, Getrappel, Poltern und Krachen ringsumher.

Auf der Bastion dröhnen nacheinander zwei Geschütze.

Éva wendet den Kopf dorthin und erblickt ihren Mann, er hält die rauchende Zündschnur und starrt nach unten, um die Wirkung des Schusses zu beobachten.

Fünf oder sechs Türken bleiben auf dem Mauergesims liegen. Sie werden hinuntergeworfen. Im Kampf tritt eine kurze Pause ein. Die Soldaten drehen sich alle um und schreien aus voller Kehle:

„Wasser! Wasser!“

Ein alter Krieger im Helm ruft dicht neben Éva von einem aus dem Mauerschutt herausragenden Stein her. Blutiger Schweiß tropft ihm vom Gesicht. Die Augen sind vor Blut kaum zu sehen.

Éva erkennt in ihm ihren Vater.

Sie entreißt einer Frau den Becher und streckt ihn ihrem Vater hin. Sie hält das Gefäß und stützt ihn.

Der Alte trinkt gierig. Es ist kein Wasser, sondern guter alter Egerer Rotwein.

Den trinkt der Alte in großen Zügen. Der Wein tropft ihm vom Schnurrbart herab, als er den Becher absetzt und dann kräftig den Atem ausstößt.

Éva sieht, daß seine rechte Hand brennt. Kein Wunder, sie ist ja von Holz. Wahrscheinlich hat sie an dem brennenden Pech und Stroh Feuer gefangen. Der Alte hat es selbst gar nicht gemerkt.

Éva wirft Becher und Streitkolben weg und greift nach dem

Arm ihres Vaters. Sie weiß, wo die hölzerne Hand angeschnallt ist. Ihre flinken Finger lösen die Schnalle, und schon fliegt die hölzerne Hand zwischen die Türken.

Der Alte aber nimmt seinen Säbel, beugt sich über den Rand der Bastion und haut mit der linken Hand auf einen mit Kupfermonden beschlagenen Rohrschild ein.

Éva eilt weiter, hin zu ihrem Mann. Mehrfach muß sie über einen Toten springen. Oft fliegt eine brennende Strohfackel an ihren Augen vorbei, manche Kugel schlägt vor oder hinter ihr in die Mauer. Die Krieger aber trinken alle. Sie rufen ja nur nach Wasser, und schon Wasser wäre Nektar für sie gewesen. Aber Wein! Der durchströmt sie mit schier übermenschlicher Kraft.

Durch den Lärm und den Tumult der brüllenden Türken gellt schrill Zoltays Ruf:

„Kommt, ihr Hunde! Kommt! Nehmt meine Botschaft an Mohammed mit ins Paradies!"

Und einen Augenblick später ruft er nur:

„Gute Nacht!"

Der Türke, dem das galt, hat gewiß vergessen, den Gruß zu erwidern.

„Ileri! Ileri! Der Sieg ist unser!" schreien die Jassaulen in einem fort.

Und von neuem wimmelt es auf dem Totenhügel von Soldaten, von Leitern, von Schilden.

„Allah! Allah!"

Endlich findet Éva Gergely, der gerade ein mit Schießpulver gefülltes Fäßchen anzündet und hinabschleudern läßt.

Dann wirft er seinen Helm auf die Erde und springt zu einer Frau hin. Er reißt ihr den Becher aus der Hand und trinkt so gierig, daß ihm der Rotwein an beiden Seiten aus den Mundwinkeln fließt.

Éva reicht ihren Wein einem anderen Krieger, nimmt den Becher nicht zurück und dreht sich nach dem Helm um. Aber während sie sich bückt, um ihn aufzuheben, dringt ihr Pechqualm in die Augen. Als sie den Rauch herausgeweint hat, ist Gergely nirgends mehr zu sehen.

Sie schaut nach rechts und nach links, nach allen Seiten, überall kauern sich die Soldaten plötzlich nieder.

Unten knattern die Musketen der Tüfenktschis, knapp zehn

Klafter weit von der Mauer. Eine Kugel hat Évas Helm getroffen, er ist geborsten.

Éva taumelt. Es dauert eine Weile, bis sie wieder zu sich kommt.

Unten lärmt die höllische Kriegsmusik, das dumpfe und das rasselnde Getrommel, das Trompetengeschmetter.

Ein langhalsiger Jassaule brüllt unterhalb der Mauer mit schriller Stimme:

„*Ja ajjuha!*" (Hierher!)

Die Truppen unten haben sich schon vermischt. An die Stelle der Janitscharen sind die Assaber mit den Ledermützen und die rotbemützten Akindschis getrieben worden.

Ein weißgekleideter Derwisch, der aber statt des Kamelhaarhutes einen Helm trägt, ergreift eine Fahne, und mit dem Ruf „*Ileri! Ileri!*" stürmt er, von zehn Janitscharen gefolgt, auf die Mauer zu.

Auf Derwische pflegen die Ungarn nicht zu schießen; da dieser aber einen Helm auf dem Kopf und einen Säbel in der Hand hat, tun sie es doch. Auch Éva wird auf ihn aufmerksam.

Ein Windstoß bläst für eine Minute den Rauch weg und läßt den dreiknöpfigen Roßschweif in der Hand des Derwisches flattern. Der Derwisch wendet sich der Festung zu, und Éva sieht, daß er ein Auge verbunden hat.

„Jumurdschak!" kreischte sie grimmig wie ein wildes Tier.

Und wie einen gelben Blitz schleudert sie den Streitkolben aus der Höhe hinab.

Dieser fliegt über des Derwisches Kopf hinweg und trifft einen Janitscharen an der Brust. Der Derwisch hat den Schrei gehört und hinaufgeschaut. Im selben Augenblick hat von der Bastion das Geschützfeuer mitten in die Türkenschar hineingeböllert, und der Derwisch ist samt seinen zehn Janitscharen in Flammen und Rauch gehüllt.

Als sich der Qualm verzogen hat, ist von dem Derwisch nichts mehr zu sehen. Die Mauern aber haben sich mit neuen Scharen gefüllt, die sie erklimmen wollen.

Sie steigen jetzt nicht mehr nur auf Leitern herauf. Ein Janitschar mit weißem Kalpak klettert ganz ohne Leiter, die zerbröckelten Steine der Burgmauer als Sprossen benutzend, von Stein zu Stein herauf. Seine Hände finden überall Vorsprünge, wo sie sich festklammern, seine Füße überall Spalten, wo sie hineintreten können. Besonders leicht läßt es sich an den Stellen klettern, wo Balken sind. Ein zweiter, ein dritter – zehn, zwanzig, hundert folgen ihm. Wie Feuerwanzen im Frühling schwarmweise an sonnbeschienenem Gemäuer krabbeln, so kriechen hier an der Burgmauer die Janitscharen. Und sie steigen und klettern an der ganzen langen Vorburg herauf, keuchen, aber mit leuchtenden Augen. Einige haben Strickleitern bei sich, haken sie an geeigneten Steinen ein, und sofort beginnen die unten Wartenden zu klettern.

Gergely läuft in die Bresche.

Er ist barhäuptig. Sein Gesicht ist vom Schießpulver geschwärzt. Er hält eine Lanze in der Hand.

„Sukán!" ruft er einem blutüberströmten alten Krieger zu, der mit einem Speer kämpft. „Ist noch Pech im Keller?"

Seine Stimme ist heiser. Er neigt sich bei der Frage dem Alten fast bis ans Ohr.

„Nein!" antwortet Sukán. „Aber ein Faß Harz ist noch da."

„Laßt das sofort an das Perényi-Geschütz bringen."

Neben dem Alten kämpft Schreiber Mihály, der Brotverteiler. Er legt die Lanze nieder und eilt hinweg.

„Krieger!" ruft Gergely. „Nehmen wir alle Kraft zusammen!"

Von der anderen Seite schallt wie ein Echo Zoltays Ruf herüber:

„Wenn wir sie jetzt zurückschlagen, kommen sie nicht noch einmal!"

„Feuer! Feuer!" wird anderswo gerufen.

Die Frauen schleppen in Kesseln, die sie an Stangen tragen, flüssiges Blei, siedendes Öl und kochendes Wasser herbei.

Die Frau des Ferenc Vas rennt mit einer großen Eisenschaufel voll Glut auf die Mauer und schüttet sie auf die Köpfe der Türken. Im selben Augenblick fällt ihr die Schaufel aus der Hand, ein Stück Stein, von einer Kugel abgesprengt, ist Frau Vas an die Schläfe geflogen. Sie taumelt mit dem Rücken gegen eine Säule und bricht zusammen.

Eine dicke Frau, über und über von Rauch geschwärzt, bückt sich nach ihr, um ihr aufzuhelfen. Doch sie erkennt auf den ersten Blick, daß hier keine Hilfe mehr gebraucht wird. Ihr zweiter Blick fällt auf einen großen Mauerstein, der neben Frau

Vas liegt. Den hebt sie auf und eilt damit an die Mauer. Eine Kugel dringt ihr in die Brust, sie sinkt tot um.

„Mutter!“ schreit ein Mädchen in rotem Rock auf.

Aber es beugt sich nicht über seine Mutter, es nimmt erst den Stein, den seine Mutter fallen ließ, und schleudert ihn an der Stelle hinunter, wo seine Mutter es tun wollte.

Der Stein hat zwei Türken erschlagen. Erst als das Mädchen das gewahr wird, geht es zu seiner Mutter zurück, umschlingt sie wehklagend und schleppt sie die Stufen des Gerüstes hinunter.

In dem Rauchmeer zieht unten eine Truppe mit Schildkrötentartschen heran. Man kann die Akindschis unter ihren Schilden nicht sehen, doch dicht nebeneinander kommen sie.

„Aufpassen, Leute!“ hört man Gergelys Stimme.

„Wasser und Feuer!“ ruft Zoltay. „Dort! Und dort! Auch an der Mauer klettern sie, ohne Leitern!“

Ein mit Blech bezogenes Sturmdach erhebt sich aus der Schanze. Vier Piaden tragen sie im Laufschritt an die Festung heran. Die Kletterer, die in der Nähe sind, greifen danach und ziehen sie sich über die Köpfe. Und nun nähert sich ein Sturmdach nach dem anderen. Sie sind alle mit Blech überzogen, damit die Verteidiger sie nicht mit Enterhaken an sich reißen können.

„Kochendes Wasser!“ ruft Gergely. „Viel kochendes Wasser!“

Éva springt hin und drückt ihm den Helm auf den Kopf.

„Danke Balázs!“ sagt Gergely. „Hat dich Dobó geschickt?“

Éva gibt keine Antwort. Sie rennt von der Bastei, um kochendes Wasser zu holen.

„Wasser! Kochendes Wasser, Frauen!“ schreit sie aus vollem Halse.

Unterdessen sind oben die mit Blech bedeckten Sturmdächer dicht aneinandergeschoben worden, und die leichtgekleideten Mauerkletterer haben sich darunter verborgen. Manche sind halb nackt, dennoch triefen sie von Schweiß. Keine Helme bedecken ihre Köpfe, alle schweren Waffen, die ihnen sonst im Gurt stecken, haben sie weggeworfen. Nur der scharfe Krummsäbel hängt ihnen an Riemen am Arm.

Die vielen dicht aneinandergeschobenen Sturmdächer bilden

ein breites Eisendach. Auch einige von den Agas sind daruntergesprungen. Derwisch Beg setzt über den Graben und bringt die Halbmondfahne.

Als Éva zurückkommt, um in Gergelys Nähe zu sein, kann sie in dem dichten Rauch keinen Menschen erkennen, sie bemerkt nur fliegende rote Flammenzungen und das Aufblinken der Säbel.

„Allah! Allah!“

Bum, bum, bum! – die Geschütze von innen.

Der Qualm wird noch dichter, dann aber steigt er plötzlich über den Köpfen der Verteidiger in die Höhe und schwebt dort wie der wellenförmig gespannte Schleier eines Himmelbettes. Und nun ist deutlich wahrnehmbar, wie die türkischen Waffen nach oben und die ungarischen nach unten blitzen.

„Wasser! Wasser!“ ruft Gergely.

Man kann sehen, wie das Metalldach von unten her immer höher steigt. Von der Mauer sausen zentnerschwere Steine hinab, aber das Metalldach öffnet sich und verschlingt sie, dann schließt es sich wieder.

„Kochendes Wasser!“ ruft auch Zoltay, der herbeigerannt kommt.

Gergely läuft, sobald er Zoltay erblickt, hinunter an die Geschütze.

Das Harz steht in einem offenen Faß bereit.

Gergely kippt es um und sagt zu den Büchsenmeistern:

„Stopft das in die Kanonen, oben auf das Schießpulver! Soviel nur hineingeht! Schlagt es hinein, damit es zu Staub zerstampft wird! Nur wenig Dichtung darauf!“

Jetzt ist das kochende Wasser von der Mauer heruntergeschüttet worden.

Wo die Steine nicht eindringen konnten, dringt nun das Wasser ein. Die Metalldächer beginnen auf einmal zu schwanken, sie lösen sich voneinander. *„Ei wa“* und *„Meded“* heulend, springen die Türken darunter hervor.

Die Feuerwanzen haben die Mauer nicht verlassen. Gergely feuert einen Mörserschuß auf sie ab. Noch immer bleiben welche dort zurück. Gergely rennt mit der Ladestange auf sie zu.

„Gergely!“ hört man Pető rufen.

„Ja, hier bin ich“, antwortet Gergely heiser.

„Fünfzig Mann habe ich mitgebracht. Ist das genug?“

„Bring noch mehr, so viele wie möglich! Laß unten Feuer anmachen! Man soll kochendes Wasser bringen!“

Die Tüfenktschis schießen wieder; der Rauch vermischt sich mit dem der ungarischen Mörserschüsse, eine Minute lang ist die Mauer davon eingehüllt. Diesen Augenblick benutzen die leichtgekleideten Mauerkletterer dazu, wieder auf die Leitern zu springen.

Gergely läuft zur Kanone zurück.

„Ist sie schon geladen?“ fragt er.

„Ja“, antwortet der alte Gáspár Kocsis.

„Feuer!“

Die Kanone donnert los, speit Flammen.

In einem zwanzig Klafter langen Flammenstrahl schießt das Harz aus ihrem Schlund nach unten. Da springen auch die Türken von der Mauer, die nur den Luftdruck des Schusses gespürt haben.

Nach dieser Mauersäuberung brechen die Jassaulen und Offiziere unten in ein wütendes Geschrei aus.

Auch von der Bastion aus kann man deutlich beobachten, daß alle türkischen Soldaten vor der Festung weglaufen. Assaber, Piaden, Müssellems, Delis, Spahis, Gurebas, Akindschis – alle flüchten sie in heilloser Verwirrung entsetzt nach den Schanzen. Die einen schütteln eine Hand, die anderen einen Fuß. Blutig, ergrimmt und entstellt laufen sie davon. Nur mit Rasen und Toben können die vielen Jassaulen und Agas sie aufhalten. Nicht mehr mit Peitschen, sondern sogar mit Säbeln jagen sie die flüchtende Menge zurück.

„Mir nach, wer Mut hat!“ brüllt Derwisch Beg.

Und die blutige Schar faßt neuen Mut; blutüberströmt und vor Wut schäumend ergreifen sie erneut die Sturmleitern und berennen nun geradenwegs die Mauer, wo die ungarischen Geschütze stehen.

Der Derwisch führt sie. Er stürmt voran. Seine weiße Kutte ist schon rot von Blut. Eine kostbare Fahne zwischen den Zähnen, stürmt er ohne Schild herauf.

Auch auf der Leiter daneben klettert ein Aga herauf, ein breitschultriger, gewaltiger Riese. Sein Turban ist so groß wie ein Storchennest, sein Säbel so lang wie ein Henkerschwert.

Gergely wendet sich um und sieht, daß der Knappe neben ihm wieder schnell und grimmig Steine aufhebt. Jetzt nimmt er einen großen Quadratstein und schleudert ihn hinunter.

„Balázs!“ sagt Gergely, vor ihn hintretend. „Geh hier weg!“ Und seine heisere Stimme klingt bei den letzten Worten warm und besorgt.

„Balázs“ erwidert nichts. Sie hat den italienischen Degen aus Dobós Zimmer in der Hand und springt damit zu der Leiter, auf der der Derwisch heraufkommt.

Gergely blickt hinunter.

„Hajwan!“ schreit er den Riesen an, der gerade keuchend am Mauerrand erscheint. „Oh, du Rindvieh! Du Ochse!“ fährt er auf türkisch fort. „Glaubst du wirklich, die Waffen prallen von dir ab?“

Der Türke stutzt. Seine breite, große Fratze ist plötzlich wie versteinert. Er glotzt Gergely an.

Der nutzt diesen günstigen Augenblick und stößt dem Feinde die Lanze in die Brust.

Hajwan langt mit der einen Hand nach der Lanze, mit der anderen holt er zu einem fürchterlichen Hieb auf Gergely aus. Aber der Säbel saust nur durch die Luft, der riesige Körper stürzt nach hinten und fällt auf das Blechdach eines Sturmdaches.

Unterdessen ist der Derwisch oben angelangt.

Éva weicht seinem Lanzenstich aus, indem sie blitzschnell den Kopf geschickt zur Seite neigt. Dann schlägt sie sofort nach dem Derwisch und trifft seinen linken Arm, mit dem er sich festhält.

Das wollene Gewand an des Derwischs Arm fällt auseinander und ein blinkendes Panzerhemd wird sichtbar.

Mit einem Satz ist der Derwisch auf der Mauer. Er packt seinen am Riemen hängenden Säbel und stürzt grimmig keuchend auf Éva.

Sie springt zwei Schritte zurück und streckt den Degen nach ihm aus. Mit weitaufgerissenen Augen erwartet sie den Angriff.

Doch der Türke geht schon lange in die Schule des Todes, er erkennt sofort, daß ihm ein Degen und kein Säbel droht. Er weiß, daß man in einen ausgestreckten langen Degen besser nicht hineinrennt. Ruckartig bleibt er stehen, haut auf den Degen ein, um ihn zur Seite zu schlagen, damit er dann mit einem zweiten Hieb das Knappenbürschchen ins Himmelreich befördern könne.

Aber Éva kennt diese Art des Angriffs. Ihr Degen schwingt rasch im Kreis von unten nach oben und weicht dem türkischen Säbel aus. Und ehe der Derwisch seine Waffe zum zweitenmal niedersausen lassen kann, ist ihm Évas Degen schon unter die Achsel gefahren.

Das Panzerhemd ist des Türken Rettung. Die eisernen Ketten krachen, aber gleich darauf schlägt der Derwisch zu, und sein Säbel trifft Éva aufs Haupt.

Sie hat das Gefühl, als wäre ihr der Kopf geborsten. Ihr wird schwarz vor den Augen, der Boden schwankt unter ihren Füßen, sie hebt den Arm vor die Augen und fällt wie ein Sack nach der Seite, neben das Geschütz.

21

Als Éva aus der Betäubung erwachte, war alles still. Wo war sie? – sie wußte es nicht. Sie blickte umher und dachte nach. Ein verfallenes Holzgebäude... Zwischen den Balken der klare, mondhelle Himmel, weißflimmernde Sterne... Etwas Hartes drückte sie an der Hüfte, das schmerzte. Am Kopf fühlte sie kalte Feuchtigkeit...

Matt langte sie unter ihre Hüfte. Sie griff in Sand und betastete eine kalte Eisenkugel, die so groß wie ein Apfel war.

Da wurde ihr plötzlich alles klar.

Es war still, also war der Kampf zu Ende. Wer mochte wohl jetzt Herr in der Burg sein, die Türken oder die Ungarn? Auf dem Gerüst waren die langsamen, gleichmäßig stapfenden Schritte einer Wache zu hören: eins, zwei, drei, vier...

Éva wäre gern aufgestanden, aber der Kopf war ihr schwer wie Blei. Bei dem Versuch, sich aufzurichten, sah sie wenigstens, daß sie sich in der Nähe der Bastei befand und daß neben ihr eine Frau auf dem Bauch lag und ein Soldat in blauem Umhängepelz; der Soldat hatte keinen Kopf.

Barmherziger Gott, wenn die Türken gesiegt haben...

Zwischen den Balken schimmerte rötliches Lampenlicht hindurch. Schritte kamen näher. Eine heisere Männerstimme sagte:

„Wen wollen wir zuerst wegtragen, den Knappen oder die Frau?"

Oh, gottlob, es wurde ungarisch gesprochen.

„Alle beide", antwortete eine andere Stimme.

„Doch lieber den Knappen..."

„Also gut, zuerst diesen. Der Herr Hauptmann ist noch auf."

Und die Männer blieben bei Éva stehen.

„Schaffen wir ihn zum Palas oder zu den anderen?"

„Zu den anderen. Im Tode sind doch alle gleich."

Der eine faßte sie an den Füßen, der andere unter den Armen, und so wurde sie auf die Tragstangen gehoben.

Da sagte Éva:

„Leute!"

„Ah, der junge Herr lebt noch? Na, Gott sei Dank, Junker Balázs! Dann tragen wir ihn in den Palas."

„Leute", stammelte Éva, „lebt mein Herr..."

„Freilich lebt der Herr Hauptmann. Die Bader verbinden ihm gerade das Bein."

„Ich frage doch nach Leutnant Ger..."

„Nach wem?" Und er gab seinem Kameraden einen Stoß. „Der redet irre."

Der Mann spuckte sich in die Hände. Sie nahmen die beiden Enden der Tragstangen und hoben sie auf.

„Leute!" sagte jetzt Éva beinahe schreiend. „Antwortet mir: Ist Herr Oberleutnant Gergely Bornemissza am Leben?"

Auf den befehlenden Ton hin antworteten die beiden Männer fast zugleich:

„Ja, er lebt."

„Ist er verwundet?"

„An Hand und Fuß."

„Tragt mich zu ihm!"

Die beiden Bauern blieben stehen.

„Zu ihm?"

Der eine rief zu der Wache hinauf:

„He, Soldat! Wo ist Herr Oberleutnant Gergely?"

„Was wollt ihr?" erklang da Gergelys Stimme.

„Junker Balázs ist hier, gnädiger Herr. Er möchte mit euch sprechen."

Von der Treppe her waren langsam näherkommende Schritte

zu hören. Gergely kam humpelnd heran, in der Hand trug er eine Laterne, in der eine Kerze brannte.

Unten an der Treppe blieb er stehen und sagte zu jemandem:

„Unmöglich! Es sind so viele Tote, die können die Türken nicht einmal in zwei Tagen wegräumen."

„Nicht einmal in vier Tagen", meinte eine heisere Stimme.

Die Laterne kam näher.

„Nehmt mir den Helm ab", sagte Éva.

Der Bauer griff nach der Schnalle unter Évas Kinn.

In diesem Augenblick langte Gergely an.

„Armer Balázs, armer Junge", sagte er, „na, Hauptsache, daß du lebst."

Der Bauer machte die Schnalle auf und hob den Helm ab. Éva fühlte einen schneidenden, brennenden Schmerz im Kopf.

„Au!" rief sie klagend.

Das Helmfutter war am blutigen Haar festgeklebt; der Bauer konnte ja nicht wissen, daß der Liegende am Kopf verwundet war.

Gergely setzte die Laterne nieder und beugte sich über den Verletzten.

Éva sah, daß er noch ebenso rußig im Gesicht war wie beim Kampf. Sein Schnurrbart, sein Bart, seine Augenbrauen waren abgesengt. Die rechte Hand trug er in einem dicken Verband.

Aber auch ihr Gesicht war unkenntlich, es war ganz voll Blut und Ruß. Nur das Weiße ihrer Augen leuchtete in ihrem schmutz- und blutverschmierten Gesicht.

Gergely durchströmte die gleiche Wärme, die er empfunden hatte, als er nach dem Fund des Mühlrades am Palas vorbeigegangen war und dort am Fenster diese Augen gesehen hatte.

Beide Augenpaare waren jetzt aufeinander gerichtet.

„Gergely!"

„Éva! Éva! Wie kommst du hierher?"

Und da ihm in dieser Sekunde alles, was er über seinen Sohn gehört, und alles, was er an der Haltung des vermeintlichen Knappen bewundert hatte, durch das Gehirn zuckte, wurde ihm, während er die Frage stellte, die ganze traurige Lage klar. Tränen quollen ihm aus den Augen und liefen über die vom Pulverrauch geschwärzten Wangen.

22

Nach diesem grauenvollen Sturmangriff wurden drei Tage lang Tote weggeschafft. Derwische und unbewaffnete Assaber trugen die Leichen fort.

Unterhalb der Mauern lagen die Toten haufenweise übereinander. In den Schanzgräben war die Erde vom Blut aufgeweicht; die Türken legten an manchen Stellen Balken als Stege über die Gräben, um sie überqueren zu können. Allenthalben lagen zwischen den Leichen zerbrochene Schilde, Roßschweife, Säbel, Lanzen, Armbrüste und Musketen. Über allem schwebte entsetzlicher Leichengeruch.

Tag und Nach trugen die Türken ihre Toten weg, von den Mauern der Vorburg allein achttausend. Und als sie am dritten Tage die letzten dort wegholten, hatten sich schon unzählige Raben angesammelt, die sie durch Schüsse vertreiben mußten.

Aber auch in der Burg war der Verlust groß. Am Tage nach dem Angriff sang Pfarrer Márton dreihundert Toten das *Absolve Domine*.

In langen Reihen lagen die dreihundert stummen Krieger rings um die gemeinsame Gruft. In der Mitte lag Pfarrer Bálint, in Chorhemd und Stola, auf der Brust ein Kruzifix. Neben ihm Cecey, ohne Kopf. Acht Leutnante, Knappe Balázs und seine Mutter, Máté Szőr, der Müller aus Maklár, Gergely, der Schmied aus Felnémet, Gasparics, Frau Vas und Frauen und Mädchen mit entstellten Gesichtern, eine große, stille Schar verstümmelter und blutiger Toter. Hier und dort nur ein Kopf, hier und dort nur ein Arm oder nur ein blutiges Gewand, zu dem ein Bein im Stiefel gehörte.

Die Offiziere, die am Leben geblieben waren, nahmen an dem Begräbnis teil. Entblößten Hauptes, die Flagge der Burg in der Hand, stand Dobó dabei.

Als der Priester den Toten den letzten Segen erteilte, sprach Dobó, dem die Stimme vor Ergriffenheit versagte:

„Ich ziehe meinen Helm vor Euch, ihr Kampfgefährten, die ihr in Blut und Feuer eines heiligen Todes gestorben seid. Jenseits der Sterne sind schon eure Seelen, im Land der Ewigkeit.

Eure Asche sei gesegnet jetzt und immerdar. Ich senke die Fahne der Burg vor euch, ihr dahingeschiedenen Helden. Fürs Vaterland seid ihr gefallen. Nur Gott kann es euch vergelten. Gott sei mit Euch! Im Reich der Ewigkeit werden wir uns wiedersehen, vor dem Antlitz König Stephans des Heiligen."

Die Toten wurden einzeln und ohne Sarg in die gemeinsame Gruft hinabgelassen.

Vom Himmel schwebte in weißen Flocken der erste Schnee hernieder.

*

Sonntag, der sechzehnte Oktober.

Dobó ruhte am Nachmittag eine Stunde; nachdem er sich den Schlaf aus den Augen gerieben hatte, stieg er auf sein Pferd und ritt nach der Sándor-Bastion.

Das Burgvolk baute und flickte nicht mehr an den Mauern, es stand oder saß nur an den Breschen.

Es war kaltes, trübes Herbstwetter.

Die türkischen Geschütze donnerten unaufhörlich.

„Kristóf", sagte Dobó zu seinem Knappen, „geh, mein Sohn, und sieh nach, was sie an der Bolyky-Bastei machen. Ich reite jetzt ans Alte Tor."

Kristóf – er hatte ein Auge mit einem weißen Tuch verbunden – ritt davon. Beim Finstertor band er das Pferd an einen Pfosten und lief zu Fuß durch das Tor und weiter, den ganzen Wehrgang entlang, zu Bornemissza.

Durch eine Spalte traf ihn eine Musketenkugel. Er stürzte von der Mauer auf ein Brett, auf dem Geröll lag.

Der Wachtsoldat rief Zoltay zu:

„Herr Oberleutnant! Der kleine Knappe ist gefallen!"

Betroffen stieg Zoltay auf die Mauer. Er sah an der Brust des Knaben einen großen Blutfleck. Der Krieger kniete neben Kristóf und schnallte ihm, weil ihm der Kopf auf die Brust gesunken war, den Helm ab.

„Lauf schnell zum Herrn Burghauptmann und melde es ihm", sagte Zoltay zu dem Soldaten, während er den Knaben an sich zog.

Kristóf lebte noch. Sein Gesicht war weiß wie Wachs. Mit mattem Blick sah er Zoltay an und hauchte:

„Meldet, daß ich gestorben bin."

Dann seufzte er und starb.*

*

Am folgenden Morgen dröhnten die Geschütze nicht. Die Zelte schimmerten noch von den Hügeln und Bergabhängen herüber, aber Türken waren nicht zu sehen.

„Wir müssen auf der Hut sein", sagte Dobó besorgt, „dahinter kann eine Kriegslist stecken."

Und er ließ an den unterirdischen Höhlen und an den Einsturzstellen der Mauern Wachen aufstellen.

Denn oben auf den Wehrgängen konnte man nirgends mehr recht stehen. Die Burg glich einer von Mäusen angeknabberten Mandeltorte. An manchen Stellen stürzte das Gemäuer ein, wenn man darauftrat.

Als das Burgvolk die unheimliche Ruhe und die seltsame Menschenleere der türkischen Zelte betrachtete, sagte plötzlich jemand nur so als Vermutung:

„Sie sind fort..."

Und wie ein Lauffeuer sich rasch auf der dürren Heide ausbreitet, so liefen die Worte durch die ganze Burg.

„Sie sind fort! Sie sind fort!"

Immer lauter und freudiger klang es:

„Sie sind fort! Sie sind fort!"

Die Offiziere ließen aber niemanden aus der Festung hinaus.

Eine Viertelstunde nach Sonnenaufgang meldeten die Wachen, eine Frau nähere sich. An dem schwarzseidenen Feredsche, den sie um den Kopf trug, erkannte man, daß sie eine Türkin war.

Sie kam auf einem Maulesel von Maklár her geritten. In dem Sattel mit hohem Knopf saß vor ihr ein kleiner ungarischer

* Istvánffy und die ihn zitierenden Geschichtsschreiber berichten, daß Kristóf Tarjáni der goldene Helm vom Kopf geschossen wurde, was nicht den Tatsachen entspricht. Tinódy unterscheidet klarer zwischen den beiden Knappen; er schreibt, daß Kristóf im Laufen getroffen wurde, als er zur Bolyky-Bastei unterwegs war (Vers 1566–71).

Knabe. Ein etwa fünfzehnjähriger Mohrenknabe führte das Maultier am Zaum.

Der Frau wurde kein Tor geöffnet. Wie hätte man auch ein Tor öffnen können, es war ja keines mehr da.

Sie ritt durch die Bresche neben dem ehemaligen Tor in die Burg. Sie konnte nicht Ungarisch, deshalb rief sie nur:

„Dobó! Dobó!"

Dobó stand oben auf den Trümmern des Tores und spähte in die Gegend von Füzes-Abony. Er hatte die türkische Frau kommen sehen und sich auch gleich gedacht, daß sie die Mutter des kleinen Selim sei. Als sie nun seinen Namen rief, humpelte er hinunter.

Die Frau warf sich ihm zu Füßen. Dann hob sie den Kopf und streckte, immer noch auf den Knien, Dobó das ungarische Kind hin.

„Selim! Selim!" sagte sie in flehendem Ton und rang dann die Hände.

Der ungarische Knabe mochte etwa sechs Jahre alt sein. Er war braun im Gesicht und hatte kluge Augen. In einer Hand hielt er ein geschnitztes hölzernes Pferdchen.

Dobó legte dem Kind die Hand auf den Kopf:

„Wie heißt du, Kleiner?"

„Jancsi."

„Und mit dem anderen Namen?"

„Bojnemissza."

Dobó durchzuckte innige Freude, er wendete sich nach der Sándor-Bastion.

„Gergely! Gergely!" rief er. „Lauft schnell zu Herrn Oberleutnant Gergely!"

Aber Gergely kam schon von der Bastion her angerannt.

„Jancsi! Mein Jancsi!" rief er und hatte Tränen in den Augen.

Er drückte das Kind an sich, herzte und küßte es.

„Komm zur Mutter!"

Die Türkin griff mit allen zehn Fingern wie mit Krallen nach dem Knaben und packte ihn, wie der Adler ein Lamm.

„Selim!" schrie sie, die Augen kreisrund aufgerissen. „Selim!"

Sie war offensichtlich bereit den Knaben zu zerreißen, wenn sie ihr Kind nicht bekäme.

Eine Minute später eilte Éva in flatterndem Unterrock aus

dem Palas. Sie hatte einen weißen Verband um die Stirn, aber ihre Wangen waren rot vor Freude. Der kleine Selim lief an ihrer Hand neben ihr her.

Beide Mütter flogen mit ausgestreckten Armen ihren Kindern entgegen.

Die eine rief:

„Selim!“

Die andere:

„Mein Jancsi!“

Und beide knieten nieder, jede bei ihrem Kind und umarmten, küßten und herzten es.

Und wie die Frauen dort einander gegenüber knieten, begegneten sich ihre Blicke, und sie reichten einander die Hand.

*

Die Türken hatten sich tatsächlich auf und davon gemacht. Varsányi, der kurz nach der Frau in der Burg ankam, erzählte, die Paschas hätten noch einen Sturmangriff machen wollen, aber die Janitscharen hätten, als ihnen das mitgeteilt wurde, vor den Zelten der Paschas die Waffen hingeworfen und wütend geschrien:

„Wir kämpfen nicht weiter! Und wenn ihr uns alle aufknüpft, wir kämpfen nicht mehr! Allah ist mit den Ungarn! Gegen Gott streiten wir nicht!“

Da habe Achmed Pascha in Gegenwart der Soldaten vor Wut geweint und sich den Bart ausgerissen und Ali Pascha beschimpft. „Elender Schurke!“ habe er ihm ins Gesicht gebrüllt. „Du hast gesagt, Eger sei ein erbärmlicher Stall und die Verteidiger von Eger nichts als Schafe! Jetzt geh du zum Kaiser, bring ihm die schmachvolle Kunde!“

Ohne das Einschreiten der Begs wäre es vor den Augen der Soldaten zu einer Schlägerei zwischen den beiden Paschas gekommen.

Die Türken hatten auch unter den Offizieren große Verluste. Weli Beg war auf einer Bahre vom Kampfplatz getragen worden. Auch den Derwisch Beg hatte man in der Nacht halbtot unterhalb der Mauer aufgefunden.

Eine solche Verbitterung hatte sich des türkischen Heeres bemächtigt, und die Zahl der Verwundeten war so groß, daß die

Soldaten sich einfach zurückzuziehen begannen, bevor noch die Paschas den Befehl dazu gegeben hatten. Die Truppe, die in Felnémet gelagert hatte, steckte zum Schluß noch das Dorf in Brand und brach beim Feuerschein auf. Auch die anderen warteten den Morgen nicht ab. Zelte und Troß ließen sie stehen und liegen und machten sich auf den Weg.

Varsányis Bericht versetzte das Volk in Jubel und Freude. Die Männer tanzten, warfen ihre Hüte und Helme zu Boden, pflanzten die türkischen Fahnen auf und schossen die Ladung aus den Geschützen. Pfarrer Márton hob das Kruzifix, das er immer bei sich trug, zum Himmel und schrie vor Freude tobend: „Te Deum laudamus!"

Er sank auf die Knie, warf sich zu Boden, küßte das Kruzifix, weinte.

Nun wurde die Glocke ausgegraben. Der Balken, an dem sie hing, wurde auf zwei Säulen gelegt. Und das Burgvolk schlug die Glocke an.

Bim-bam, bim-bam... läutete sie fröhlich. Pfarrer Márton stand in der Mitte des Marktplatzes und hielt das Kruzifix. Und wie sein Gesang ertönte, kniete das Volk ringsum, und mit ihm auch Dobó, nieder. Selbst die Verwundeten schleppten sich aus den Ecken und Winkeln, aus den unterirdischen Sälen heran und knieten nieder.

Da brüllte auf einmal Lukács Nagy:

„Ihnen nach, hinter den Hunden her, Kreuzdonnerkeil und Mohammed!"

Die bewaffneten Männer hefteten ihre leuchtenden Augen auf Dobó. Der nickte zustimmend.

Wie wurden da schnell die Pferde herbeigeholt, alle, die es noch in der Burg gab! Wie schwangen sich die Soldaten in die Sättel! Heißa, hinaus aus der Burg! Und sie galoppierten nach Maklár zu, den Türken nach.

Die Fußsoldaten rannten in das Lager. Aus den verlassenen Zelten schleppten sie die Beute in Wagen heran.

Gegen Abend kehrten sämtliche Reiter, mit Beute beladen, zurück.

Dreihundert tote Verteidiger der Festung ruhten schon unten in der gemeinsamen Gruft; und überall lagen auf Heu und Stroh im Burginnern noch zweihundert Verwundete, bei denen es fraglich war, ob sie, furchtbar verstümmelt, am Leben bleiben würden.

Auch die höheren Offiziere waren sämtlich verwundet. Dobó und Bornemissza am Arm und am Bein; Zoltay lag darnieder; Mekcsey hatte vom Scheitel bis zur Sohle Wunden und Quetschungen – Haupthaar, Bart, Schnurrbart und Brauen waren auch ihm versengt, ebenso wie Dobó, Bornemissza und dem größten Teil aller Krieger; Fügedys Kopf war so verbunden und umwickelt, daß nur die Augen und die beiden Ohren hervorsahen. Er hatte auch drei Zähne verloren. Ein Türke hatte sie ihm mit dem Streitkolben ausgeschlagen. Einer davon war der schmerzende Zahn gewesen, daher trug Fügedy sein Geschick mit heiterem Gemüt.

Kein Mann und keine Frau in der Burg war ohne Wunden. Das heißt, einen gab es unter ihnen trotzdem: den Zigeuner.

Sukáns letzte Meldung lautete:

„Herr Burghauptmann, ich melde gehorsamst, wir haben alle größeren Geschützkugeln, die hereingeschossen worden sind, gesammelt und gezählt."

„Wie viele sind es?"

„Wenn wir die vielen hundert nicht mitrechnen, die noch in den Mauern stecken, sind es fünf weniger als zwölftausend."

EPILOG

Wer noch wissen möchte, was sich nach der Belagerung begeben hat, kann es in den Geschichtsbüchern lesen. Auch ich habe in ihnen nachgeschlagen und fasse es hier kurz zusammen:

Als Dobó vor der Belagerung den Landtag in Szikszó um Hilfstruppen bat, bekam er oder richtiger gesagt: Mekcsey, der als Dobós Stellvertreter dort vorsprach, zur Antwort:

„Warum seid ihr auf eurem Posten geblieben, wenn ihr so wenig seid? Löffelt nun aus, was ihr euch eingebrockt habt!“

Die Antwort der beiden Hauptleute darauf war diese: Nach der Belagerung legten sie beide ihr Amt nieder.

Die Siegesnachricht verbreitete sich gar bald im Westen. Europa zollte Beifall und jubelte. In Rom hielt der Papst ein Tedeum. Der König wurde in Glückwunschschreiben von allen Seiten hoch gerühmt. Die erbeuteten und nach Wien geschickten türkischen Fahnen wurden von den Wienern bewundert. (Ali Paschas Samtfahne ist mit Sicherheit noch heute in der Kriegstrophäensammlung der Habsburger zu sehen.)

Der König entsandte Oberhauptmann Matthias Sforzia nach Eger, mit dem Auftrag, Dobó und Mekcsey zum Bleiben zu bewegen. Aber beide waren unerbittlich.

„Wir haben unsere Pflicht erfüllt“, antwortete Dobó, „hätten das nur *alle* getan! Übermittelt Seiner Majestät den Ausdruck unserer Ehrerbietung“.

Daraufhin ernannte der König Gergely Bornemissza zum Burghauptmann von Eger.

ANMERKUNGEN

(Die Buchstaben in Klammern bedeuten: *a* arabisch, *d* deusch, *f* französisch, *g* griechisch, *i* italienisch, *l* lateinisch, *m* malaiisch, *p* persisch, *t* türkisch, *tsch* tschechisch, *u* ungarisch.)

Aga (t) Türkischer Offizier oder Hofbeamter mittleren Ranges.

Akindschi (t) Freiwilliger Reiter, der nur zu Kriegszeiten türkischen Militärdienst leistete.

Asper (t) Türkische Münze von geringem Wert.

Assaber (t) Aus dem arabischen *asab* = ledig. Die von den türkischen Statthaltern in den Provinzen unterhaltenen paramilitärischen Truppen; in Ungarn oft in ungarischer Kleidung.

Baschi (t) (*Basch* = Haupt) In verschiedenen Wortverbindungen Bezeichnung der Würdenträger (am Hof des Sultans).

Beg (t) Hoher türkischer Offizier und Verwalter eines Gebietes.

Beglerbeg (t) „Beg der Begs", hoher Verwaltungsbeamter, Statthalter in den eroberten Provinzen *(vilayets)*.

Beide Könige Nach dem Tod des Königs Lajos II. auf dem Schlachtfeld von Mohács (s. dort) wurden zwei Gegenkönige gewählt: Ferdinand von Habsburg und János Szapolyai (Zápolya). Ersterem unterstanden die westlichen und nördlichen Teile des Landes, letzterem die östlichen Gebiete, aus denen das Fürstentum Siebenbürgen hervorging.

Bengel (d) Schwerer Knüppel.

Berettyó (u) Kleiner Fluß in Ostungarn.

Blahe (d) Plache, Zeltbahn.

Bombarde, Bomhart (d aus f) Großkalibriges Geschütz zum Schleudern von Steingeschossen.

Bostandschi (t) Hüter des Palastes und der Gärten des Sultans.

Börek (t) Mit Hackfleisch oder Käse gefüllte, in Fett gebackene Mehlspeise.

Butte (d) Altes Hohlmaß, etwa 22 Liter.

Cicero Im mittelalterlichen Latein wurde das „c" wie „z" gesprochen.

Csáktornya (u) Stadt und Burg in Südwestungarn, Sitz der Familie Zrínyi.

Datura stramonium (l) Stechapfel, eine Giftpflanze.
Debrecen (u) Stadt im Osten der Großen Ungarischen Tiefebene.
Deli (t) Eigentlich: Tollkühner. Freibeuter, der der Beute halber mit dem türkischen Heer zog und an den Kämpfen teilnahm.
Denar (t) Silbermünze.
Derwisch (t) Mohammedanischer Mönch. Die Derwische lebten als Einsiedler oder in Klöstern.
Deutsche Unter Deutschen sind im Buch stets die Österreicher, die Gefolgschaft der Habsburger zu verstehen, gegen die die Ungarn Jahrhunderte hindurch um ihre Freiheit zu kämpfen hatten.
Devla Gott in der Zigeunersprache.
Dolman (t) Die von ungarischen Männern getragene, eng anliegende, meist verschnürte Jacke.
Dózsa, György Führer des großen ungarischen Bauernaufstandes von 1514, nach dessen Niederwerfung die siegreichen Magnaten Dózsa auf einem glühenden Eisenthron verbrannten und seine Anhänger zwangen, von seinem Fleisch zu essen.
Dschebedschi (t) Waffenschmied, eine Art Fußsoldat.
Dschinn (t) Dämon und Plagegeist nach dem mohammedanischen Glauben.

Efendi (t) Hochgestellten Zivil- oder geistlichen Personen zukommender Titel.
Eimer (d) Altes Hohlmaß, etwa 70 Liter.
Érsekújvár (u) Kleine Stadt in Oberungarn nördlich der Donau.
Esan-Gesang (t aus a) Der arabische Gesang, mit dem der *Muezzin* (Ausrufer) die Gläubigen zum Gebet ladet.

Frater (l) Gemeint ist Frater (Bruder) Georgius, eigentlich Georg Utiesenovic-Martinuzzi, der in Kroatien geborene Paulinermönch, später Staatsmann und Erzbischof. Als Kanzler der verwitweten Königin Isabella versuchte er, Türken und Österreicher gegeneinander auszuspielen, um die von beiden Seiten bedrohte Unabhängigkeit Ungarns zu erhalten. 1551 ließ ihn der Wiener Hof ermorden.

Galamb (u) Taube.

Generalwiese (d) Großes freies Feld unter dem Festungsberg Buda, früher militärischer Exerzierplatz.

Gergely (u) Ist die ungarische Form von Gregor und der eigentliche Name unseres Helden. Gergő ist eine Koseform.

Goldenes Horn Hafenbucht des Bosporus bei Konstantinopel.

Gönöllü (t) Freiwilliger Reiter, der meistens in den von den Türken besetzten Gebieten angeworben wurde.

Guardian (l) Vorsteher einer katholischen Klostergemeinschaft.

Gureba (t) Aus dem arab. Wort *garib* = Fremder. Ursprünglich arabische und persische Reiterei in türkischen Diensten.

Gurusch (t) Türkische (Gold-)Münze; entsprach damals einem österreichischen Silbertaler.

Giaur (t) Türkische Bezeichnung aller Nichtmohammedaner. Ursprüngliche Bedeutung: Unreiner.

Győr (u) Westungarische Stadt an der Donau (deutscher Name: Raab).

Handrohr (d) Älteste Art des Schießgewehrs, so wie Faustrohr der ältesten Ausführung der Pistole entspricht. Beide waren noch sehr unsichere Waffen mit geringer Zielsicherheit.

Handschar (t) Einschneidige Schnitt- und Stichwaffe, einem Jagdmesser ähnlich.

Hunyad (u) Ortschaft in Siebenbürgen, Stammsitz der Familie Hunyadi.

Hussein Enkel des Mohammed, der, wie vor ihm sein Bruder Hassan, den Thron seines Vaters Ali zurückgewinnen wollte; fiel in der Schlacht bei der im heutigen Irak gelegenen Ortschaft Kerbela am 10. Oktober 680. Der Jahrestag wird von den persischen *Schiiten* (s. dort) als Trauerfest gefeiert.

Janitschar (t) Eigentlich: *yeni çeri* = neue Truppe. Die aus Gefangenen, meistens aus schon zu Türken erzogenen geraubten Kindern, ausgebildete Elite des türkischen Heeres. Die Janitscharen entarteten später zu einer zügellosen Bande; bei ihrer Auflösung im Jahr 1826 wurden sie größtenteils niedergemetzelt.

Jaramas (t) Schimpfwort, etwa Nichtsnutz, Taugenichts.

Jassaulen (t) Türkische Feldgendarmerie.

Jatagan (t) Kurzer türkischer Krummsäbel.

Jurisich, Miklós Burghauptmann der westungarischen Grenzfeste Kőszeg, die er 1532 gegen die Türken mit Erfolg verteidigte.

Kalpak (t) Spitze Filz- oder Fellmütze, Kopfbedeckung der türkischen Reiter im 16. Jahrhundert.

Kanun (t aus a) Türkische Zimbel.

Kapudschi (t) Türsteher.

Kartaune (d aus l) Geschütz mit kurzem, dickem Lauf.

Kinizsi, Pál Feldhauptmann unter den Königen Mátyás (Matthias) I. und Ulászló (Wladislaw) II. Gelangte durch seine riesige Körperkraft und seine Siege über die Türken zu legendärem Ruhm; starb 1494.

Komitat (d aus l) Verwaltungsbezirk in Ungarn.

Kumbaradschi (t) Feuerwerker, Hersteller von Bomben.

Kurden Tapferes Gebirgsvolk der Armenischen Hochebene.

Lajos König Lajos (Ludwig) II. fiel in der Schlacht bei Mohács 1526. Nach dieser katastrophalen Niederlage der ungarischen Hauptmacht begann die rund 150 Jahre währende türkische Besetzung des Landes.

Lersen (d) Hohe, weiche Stiefel, hauptsächlich vom Adel getragen.

Mamma, mamma... usw. Ein italienisches Lied, deutsch etwa: Mutter, ich sterbe, ich sterbe vor Sehnsucht nach dem, was im Garten ist.

Mátyás (u) König Mátyás (Matthias) I. (1458–1490), Sohn des Feldherrn und Türkenbesiegers János Hunyadi, einer der hervorragendsten Herrscher Ungarns.

Matyi (u) Koseform von Mátyás (Matthias).

Malebi (t aus a) Eigentlich: Mahallebi, Süßspeise aus Reismehl, Milch und Zucker.

Mecsek (u) Gebirge, nahe der südungarischen Stadt Pécs.

Mineur (f) Soldat für den Bau von Minengängen.

Mohács (u) Ortschaft in Südungarn an der Donau, wo 1526 die verhängnisvolle Schlacht stattfand.

Müssellem-Reiter (t aus a) Vom türkischen Mutterland oder von größeren Städten aufgestellte irreguläre Reiterei.

Najaden (d aus g) Nach der griechischen Mythologie Göttinnen von Flüssen, Quellen und anderen Gewässern.

Oberland Der Nordteil Ungarns, der im 16. und 17. Jahrhundert bis zu den Karpaten reichte und von den Habsburgen regiert wurde.

Obermufti (t) Das geistliche Oberhaupt der Mohammedaner, dem es zustand, den Koran auszulegen.

Padischah (p) Großkönig, Titel des türkischen Sultans.

Palas (d) Hauptgebäude der Burg.

Pallasch (t) Schweres, zweischneidiges Schwert.

Pascha (t) Höchster Würdenträger im türkischen Heer und in der Verwaltung. Der Pascha von Buda war Herr über Leben und Tod in dem von den Türken besetzten Teil Ungarns.

Per amorem Dei (l) Um Gottes Liebe.

Piade (t aus p) Eigentlich: Fußgänger. Fußsoldaten.

Pilaf (t) Reis mit Schaffleisch, türkisches Nationalgericht.

Pisang (m) Banane.

Possekel (d) Schwerer Schmiedehammer.

Raizenland (d) Raizen nannte man die südslawische (serbische) Bevölkerung Südungarns, die der griechisch-orthodoxen Religion angehörte.

Rajkó (u) Zigeunerjunge.

Sarbusane (t) Schwere Mauerbrechergeschütze.

Schaff (d) Eine Art Bottich.

Schiiten (a) In Persien verbreitete mohammedanische Sekte, die sich nur an den Wortlaut des Korans hält, die mündlich überlieferten Aussprüche Mohammeds aber nicht anerkennt.

Serail (t) Der Palast des Sultans.

Silidar (t) Schildknappe, Soldat, der die Waffen seines Offiziers trägt und pflegt.

Solake (t) Bogenschütze in der Leibgarde des Sultans.

Sono orfenella e vende i fiori (i) Bin ein kleines Waisenmädchen und verkaufe Blumen.

Sopron (u) Stadt an der Westgrenze Ungarns, deutsch Ödenburg genannt.

Sorbet (t) Aus dem arab. *scherbet*. Erfrischendes Getränk, manchmal vom Saft verschiedener Früchte.

Söller (d) Offener Umgang, vorspringender Teil einer Bastion.

Spahi (t) Eigentlich *sipahi*. Türkischer Gutsbesitzer, dem die Lehenspflicht den Militärdienst zu Pferd auferlegte. Die Spahis bildeten das Rückgrat des türkischen Heeres.

Stephan der Heilige (István I.) der erste König von Ungarn (1001 – 1038), der im Land einen feudalen Staat gründete und das Volk christianisierte.

Stierblut Bei Eger wachsender würziger Rotwein.

Szapolyai (Zápolya), *János* Ungarischer Feudalherr, der 1514 an der Spitze des Heeres der Adligen Dózsas Bauern besiegte. Mit türkischer Unterstützung wurde er als János I. König von Ungarn. Nach seinem 1540 erfolgten Tode trat seine Witwe Isabella an seine Stelle, und auch sein Sohn János II. trug noch den Königstitel.

Thuja (g) Zierbaum in Gärten und Friedhöfen.

Tinódi Sebestyén Tinódi, der Lautenschläger (1505–1556), durchzog das Land als Wandersänger und verewigte die Heldentaten der gegen die Türken kämpfenden Ungarn in seinen Historien.

Toptschi (t) Türkischer Artillerist.

Trabant (tsch) Von Komitaten oder Städten aufgestellter Fußsoldat, später: Leibgardist.

Tschaus (t) Türkischer Polizist, berittener Gendarm.

Tschinelle (d aus i) Becken, türkischer Teller – ein Schlaginstrument.

Tüfenktschi (t) Eigentlich: Flintenträger, ausgedienter Janitschar im Gefolge der Paschas, auch Bedienungsmannschaft der Geschütze.

Werbőczy, István Ungarischer Staatsmann und Rechtsgelehrter, verfaßte nach dem Bauernkrieg von 1514 das Gesetzbuch „Tripartitum“, mit besonders scharfen Bestimmungen gegen die freiheitliche Auflehnung der Fronbauern, denen selbst das Recht der Freizügigkeit genommen wurde.

Wladislaw II. König von Ungarn 1490–1516.

Zrínyi, Miklós (1508–1566) gelangte als erfolgreicher Kämpfer gegen die Türken zu großem Ruhm. Als Burghauptmann von Szigetvár verhinderte er 1566 durch seinen langen Widerstand den Feldzug des Sultans Süleiman gegen Wien. Als die Festung nicht mehr zu halten war, machte Zrínyi mit seinen Helden einen letzten Ausfall, bei dem alle den Tod fanden.